2004 内蒙古统计年鉴

（总第17期 No.17）

INNER MONGOLIA STATISTICAL YEARBOOK

内蒙古自治区统计局·编

Compiled by Inner Mongolia Autonomous Region Bureau of Statistics

中国统计出版社

China Statistics Press

(京)新登字 041 号

图书在版编目(CIP)数据

内蒙古统计年鉴. 2004/内蒙古自治区统计局编
-北京:中国统计出版社, 2004. 4
ISBN 7-5037-4334-4
Ⅰ.内…
Ⅱ.内…
Ⅲ.统计资料-内蒙古-2004-年鉴
Ⅳ.C832.26-54

中国版本图书馆 CIP 数据核字(2004)第 032179 号

内蒙古统计年鉴—2004

作　　者/内蒙古自治区统计局
责任编辑/蔡启新
E-mail/yearbook@stats.gov.cn
责任校对/史孝贞
封面设计/史润林　张　晶
出版发行/中国统计出版社
通信地址/北京市西城区三里河月坛南街 75 号　中国统计出版社
邮　　编/100826
电　　话/(010)63262295
印　　刷/内蒙古统计局机关印刷厂
经　　销/新华书店
开　　本/890×1240 毫米　1/16
字　　数/180 万字
印　　张/54.50
印　　数/1—2000 册
版　　别/2004 年 8 月第 1 版
版　　次/2004 年 8 月第 1 次印刷
书　　号/ISBN 7-5037-4334-4/F·1799
定　　价/260.00 元

《内蒙古统计年鉴》编辑委员会

Editorial Board and Staff

编辑说明

一、《内蒙古统计年鉴》是一部按年度连续出版的大型统计资料书。本《年鉴》通过大量的统计数据，全面反映了2003年内蒙古社会、经济和科技发展变化情况，是国内外各界人士了解内蒙古、认识内蒙古的重要资料工具书。

二、《内蒙古统计年鉴》以不断适应形势发展和满足各方面读者的需要，在内容上增加了城市发展、利用外资、旅游、社会保障、上市公司和西部地区经济社会主要指标对比等方面的资料。为了便于读者查阅，每个细目编排了主要统计指标解释。

三、年鉴全书分为两部分。第一部分为特载，载入了自治区党政部门重要文件和2003年国民经济和社会发展统计公报。第二部分为统计资料，分为25个细目。即，1.行政区划和自然资源；2.综合；3.国民经济核算；4.人口；5.从业人员和职工工资；6.固定资产投资；7.能源生产和消费；8.财政；9.物价指数；10.人民生活；11.城市概况；12.农业；13.工业；14.建筑业；15.运输和邮电；16.国内贸易；17.对外经济贸易；18.旅游；19.金融和保险；20.教育、科技和文化；21.体育、卫生、社会福利、环境保护和其他；22.盟市资料；23.旗县区资料；24.企业资料；25.附录。

四、本年鉴的统计数据大部分来自政府统计部门和业务部门年度统计报表，一部分来自抽样调查。

五、本年鉴对以前发表的统计数据重新进行了核实，相应地调整了部分数据。读者在使用历史数据时，如数据有出入，请以本年鉴为准。

六、资料中所使用的数量单位均采用国际统一标准计量单位。

七、本年鉴部分数据合计数或相对数由于单位取舍不同而产生的计算误差均未作机械调整。

八、本年鉴各表式中，有关对全表的注解均在该表上方，对表中部分指标的注解则在该表下方。

九、本年鉴表中的符号使用说明："…"表示数据不足本表最小单位数；"空格"表示该项统计指标数据不详或无该项数据；"#"表示其中的主要项；"*"表示表中某项数据为增、减百分点(千分点)。

Preface

Ⅰ. Inner Mongolia Statistical Year book is a regular large-scale statistical reference book published yearly. With a vast amount of statistical data, the yearbook reflects various aspects of Inner Mongolia′s socio-economic, science and technology development. It is really an important and efficient reference book for people of various circles in and outside China to know and understand Inner Mongolia.

Ⅱ. To support the opening to outside of Inner Mongolia and meet the foreigners′ needs for the business and investment in Inner Mongolia, The content of Inner Mongolia Statistical Yearbook is enriched by additions on the statistics for development of cities, utilization of foreign capital, tourism, social security, listed stock enterprises and Comparision of main economic and social Indicators of Western of China. For the convenience of consulting, explanatory of main indicators are added to every chapter.

Ⅲ. The yearbook has two parts: Special articles and Statistics. The first part consists of important documents of the Party and the government and Statistical Bulletin of the National Economic and Social Development in Inner Mongolia for 2003. The second part consists of all the 25 chapters as follow, 1.Division of Administrative Areas and Natural Resources; 2.General Survey; 3.National Accounts; 4.Population; 5.Employment and Wages; 6.Investment in Fixed Assets; 7. Production and Consumption of Energy; 8.Government Finance; 9.Prices Indices; 10.People′s Livelihood; 11.General Survey of Cities; 12.Agriculture; 13.Industry; 14.Construction; 15.Transport, Postal and Tele-communications Services; 16.Domestic Trade; 17.Foreign Trade and Economic Cooperation; 18.Tourism; 19.Banking and Insurance; 20.Education, Science and Culture; 21.Sports, Public Health, Social Welfare, Environmental Protection and Other; 22.Information of Leagues and Cities; 23.Information of Banners and Counties (Districts and Cities); 24.Information of Enterprises; 25.Appendix.

Ⅳ. Most of the data in this yearbook sources are from annual statistical reports of government agencies, a small part sources from sample survey.

Ⅴ. Some of the published data are changed in this yearbook according to our checking, therefore, data in this yearbook are reliable whenever you find different data in other publications.

Ⅵ. The units of measurement used in this yearbook are internationally standard measurement units.

Ⅶ. Statistical discrepancies due to rounding are not adjusted in this yearbook.

Ⅷ. The notes concerning the whole table are placed at the upper part of table, while the notes concerning individual indicators are placed at the lower part.

Ⅸ. Notations used in this yearbook: "…" indicates that the figure is not large enough to be measured with the smallest unit in the table, "blank space" indicates that data not available, "#" indicates the major items of the total, " * " indicates the percentage points (points of per thousand).

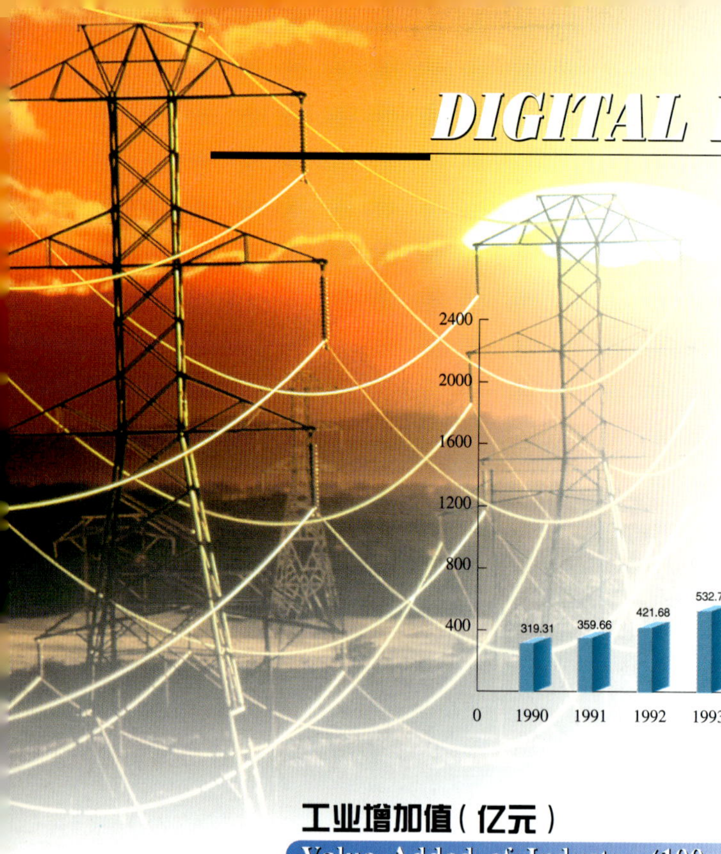

内蒙古生产总值（亿元）
Gross Domestic Product (100 million yuan)

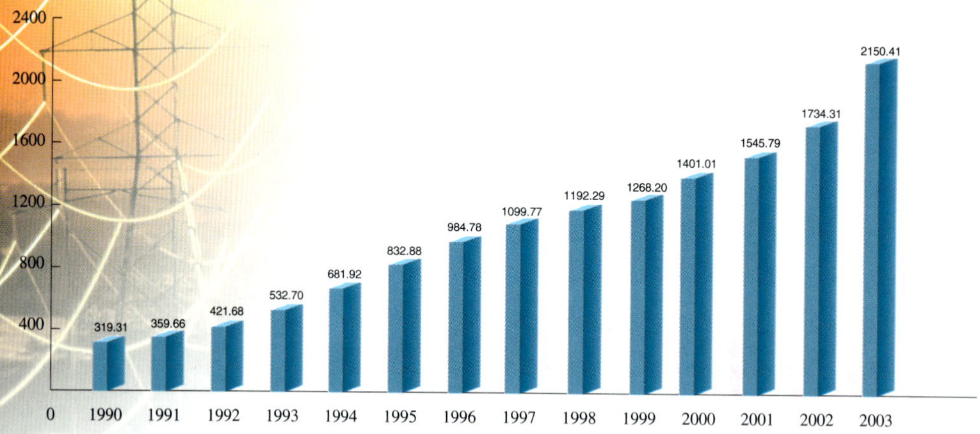

工业增加值（亿元）
Value Added of Industry (100 million yuan)

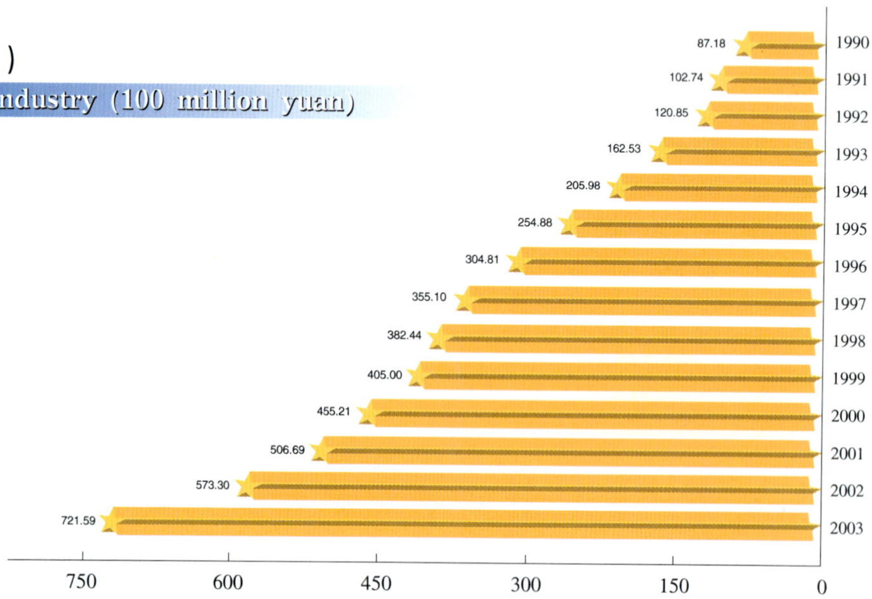

城镇居民人均可支配收入（元）
Annual Disposable Income of Urban Residents Per Capita (yuan)

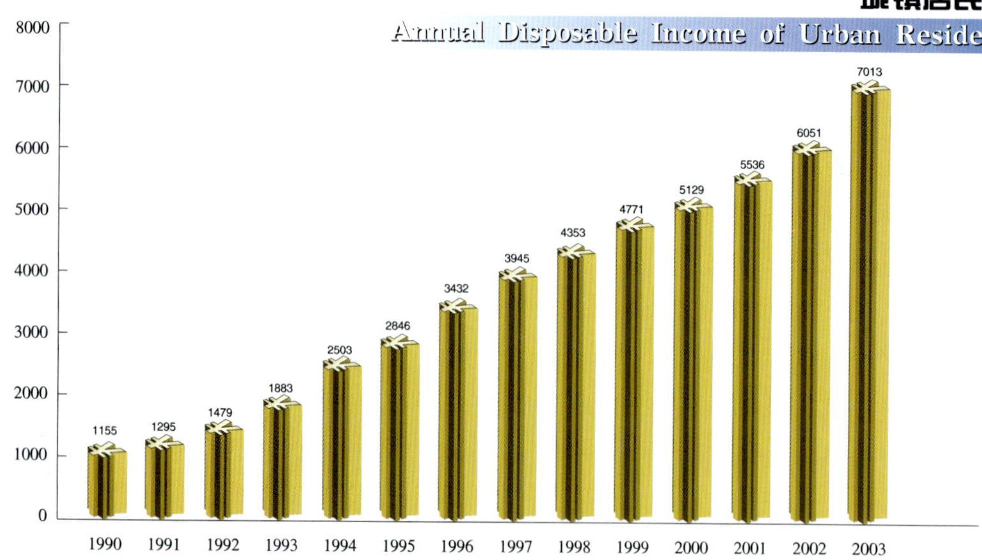

经济发展后劲显著增强

数字内蒙古

全社会固定资产投资（亿元）
Total Investment in Fixed Assets (100 million yuan)

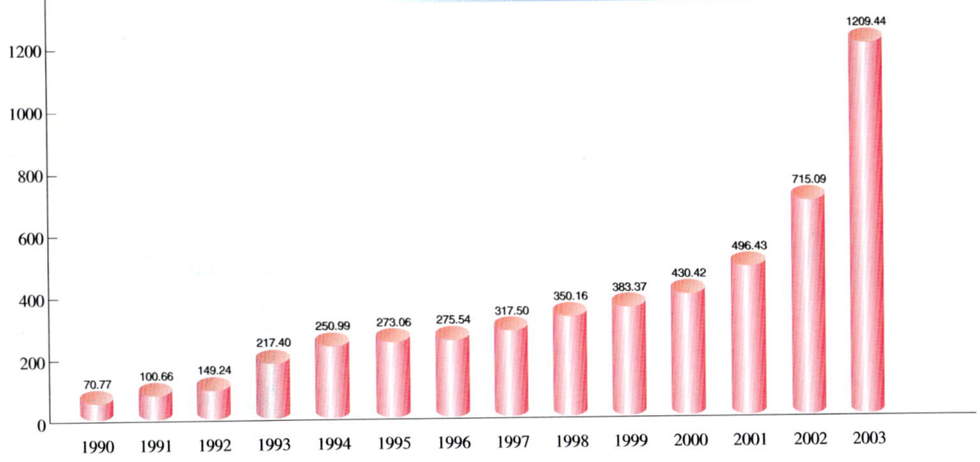

财政总收入（亿元）
Total Government Revenue (100 million yuan)

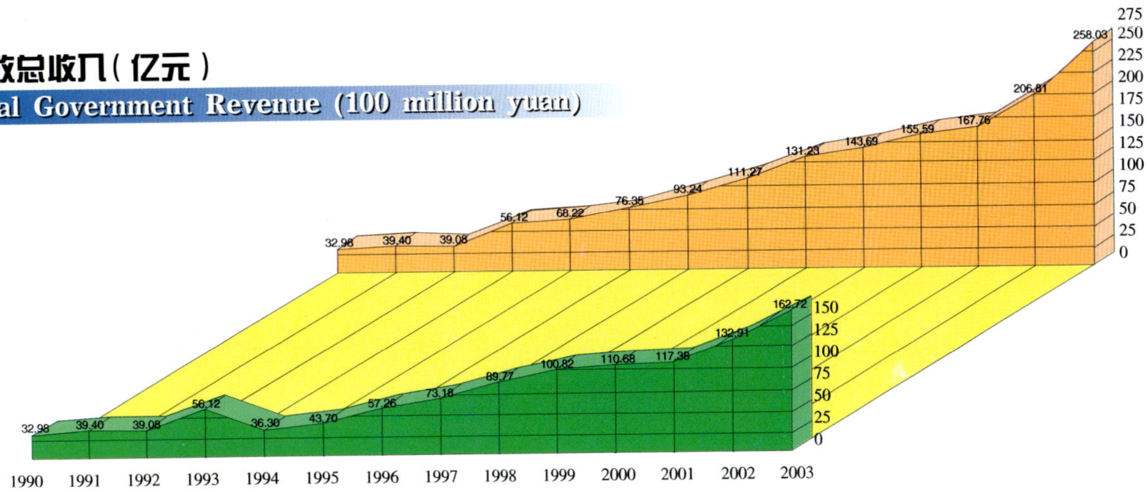

地方财政收入（亿元）
Local Government Revenue (100 million yuan)

农牧民人均纯收入（元）
Annual Net Income of Rural Households Per Capita (yuan)

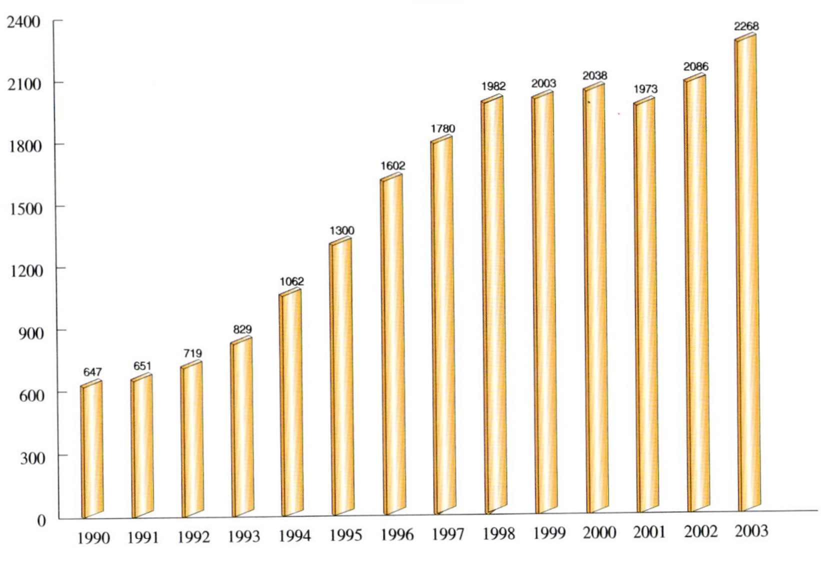

2004 年全区统计工作会议在自治区党政领导的高度重视和大力支持下，由自治区政府主持召开，自治区主席杨晶亲临会议并作重要讲话，国家统计局局长李德水专程出席了会议，自治区常务副主席岳福洪亲自主持会议，这是新世纪自治区统计工作的一次盛会。会议总结了 2003 年全区统计工作，安排和部署 2004 年全区各项统计改革和建设任务。

面对新形势、新机遇、新任务，2004 年全区统计工作的总体要求是：以“三个代表”重要思想和党的十六大、十六届三中全会精神为指导，围绕自治区党委、政府的中心工作，大力解放思想，与时俱进，开拓创新，求真务实，不断加大统计改革创新力度，以提高统计数据质量为中心，以提高统计服务水平为宗旨，以统计制度方法改革和统计信息化建设为动力，全面加强统计基层基础建设和统计队伍建设，不断提高统计数据的准确性、科学性、及时性和统计工作的权威性，努力开创社会主义市场经济新形势下统计工作新局面。

2004 年全区统计工作的主要任务：一是进一步加强统计分析研究，全面提高统计服务水平；二是制定和采取更为有效的措施，确保统计数据质量；三是推进统计制度方法改革；四是切实加强统计法制建设；五是加快统计信息化建设步伐；六是精心组织好全区第一次经济普查工作；七是强化统计基层基础建设；八是以机构改革为契机，进一步加强统计干部队伍建设。

求真务实　大力创新

努力开创自治区统计工作新局面

目　录
CONTENTS

第一部分 特载
PART ONE SPECIAL ARTICLES

第二部分　统计资料
PART TWO STATISTICS

三、国民经济核算
National Accounts

四、人口
Population

五、从业人员和职工工资

Employment and Wages

六、固定资产投资

Investment in Fixed Assets

八、财政
Government Finance

九、物价指数
Price Indices

十、人民生活
People's livelihood

十三、工业
Industry

十四、建筑业
Construction

十五、运输和邮电
Transportation，Postal and Telecommunications Services

十六、国内贸易
Domestic Trade

十七、对外经济贸易
Foreign Trade and Economic Cooperation

十八、旅游
Tourism

十九、金融和保险
Banking and Insurance

二十、教育、科技和文化
Education, Science and Culture

二十一、体育、卫生、社会福利、环境保护和其他
Sports, Public Health, Social Welfare, Environmental Protection and Others

二十二、盟市资料
Statistics of Leagues and Cities

二十三、旗县区资料
Statistics of Banners, Counties and Districts

二十四、企业资料
Statistics of Enterprises

二十五、附录
Appendix

第一部分　特载

PART ONE SPECIAL ARTICLES

在自治区党委七届五次全委会议上的讲话

Report by Comrade Chu Bo on the Firth Plenary session of the Seventh Regional Committee of the Communist Party of China

内蒙古自治区党委书记 储波

(2003年10月29日)

这次全委会议的主要任务是，认真学习贯彻党的十六届三中全会精神，报告今年以来常委会的工作，对下一步工作进行部署。下面，我讲几点意见。

一、关于学习贯彻党的十六届三中全会精神

刚刚闭幕的党的十六届三中全会，是在全党深入贯彻党的十六大精神，全面兴起学习贯彻"三个代表"重要思想新高潮，我国改革开放和现代化建设进入新阶段，开始全面建设小康社会的历史进程中召开的一次十分重要的会议。认真学习贯彻党的十六届三中全会精神，是当前和今后一个时期全党的一项重要任务，必须高度重视，切实抓紧抓好。

(一)认真学习、深刻领会十六届三中全会精神，切实把思想统一到全会精神上来

党的十六届三中全会听取了胡锦涛同志受中央政治局委托所作的工作报告，审议通过了《中共中央关于完善社会主义市场经济体制若干问题的决定》，审议通过了《中共中央关于修改宪法部分内容的建议》并决定提交第十届全国人民代表大会常务委员会审议。吴邦国、温家宝同志分别就《建议(讨论稿)》和《决定(讨论稿)》向全会作了说明。全会充分肯定十六届一中全会以来以胡锦涛同志为总书记的新一届中央领导集体高举旗帜、继往开来、与时俱进、开拓进取，团结带领全党全国各族人民在改革开放和现代化建设中取得的新的重大成就。实践证明，新一届中央领导集体不负全党的重托和人民的期望，表现出高超的驾驭全局的能力和处理复杂问题的能力，是富有凝聚力、号召力和战斗力的坚强领导集体，深受全党和全国人民的拥护和信赖。全会通过的《决定》，深刻分析了我国经济体制改革和经济社会发展面临的新形势、新任务，科学总结了党的十四届三中全会以来我国经济体制改革的成功经验和存在的问题，明确提出了完善社会主义市场经济体制的目标、任务、指导思想和原则，是我们党理论创新和实践创新的最新成果，是开创改革开放和现代化建设新局面的重要指南和行动纲领。胡锦涛同志在全会结束时的重要讲话，对贯彻落实全会精神和做好当前工作提出明确要求。

学习贯彻十六届三中全会精神，就是要认真学习《决定》和胡锦涛同志重要讲话，深刻领会精神实质，在事关完善社会主义市场经济体制的重大问题上统一思想：

一是要在完善社会主义市场经济体制的重要性上统一思想。《决定》和讲话指出，我们已经初步建立的社会主义市场经济体制还不完善，还不适应全面建设小康社会的新要求，还不适应经济全球化趋势加速发展和我国加入世贸组织后的新形势。只有加快推进改革，完善社会主义市场经济体制，才能进一步解放和发展生产力，才能不断增强国际竞争能力和抵御风险能力，才能完成全面建设小康社会的历史任务。

二是要在完善社会主义市场经济体制的目标和任务上统一思想。《决定》提出了完善社会主义市场经济体制的目标是"五个统筹"，即按照统筹城乡发展、统筹区域发展、统筹经济社会发展、统筹人与自然和谐发展、统筹国内发展和对外开放的要求，更大程度地发挥市场在资源配置中的基础性作用，增强企业活力和竞争力，健全国家宏观调控，完善政府社会管理和公共服务职能，为全面建设小康社会提供强有力的体制保障。《决定》同时还提出了完善社会主义市场经济体制的七项主要任务。"五个统筹"的目标和七项主要任务，是对马克思主义改革观、发展观的创新与发展，表明我们党对共产党执政规律、社会主义建设规律和人类社会发展规律认识的进一步深化。

三是要在完善社会主义市场经济体制的指导思想和原则上统一思想。《决定》明确指出，深化经济体制改革，必须以邓小平理论和"三个代表"重要思想为指导，贯彻党的基本路线、基本纲领、基本经验，全面落实十六大精神，解放思想、实事求是、与时俱进。在改革过程中，要切实做到"五个坚持"，即坚持社会主义市场经济的改革方向，注重制度创新和体制创新。坚持尊重群众的首创精神，充分发挥中央和地方的两个积极性。坚持正确处理改革发展稳定的关系，有重点、有步骤地推进改革。坚持统筹兼顾，协调好改革进程中的各种利益关系。坚持以人为本，树立全面、协调、可持续的发展观，促进经济社会和人的全面发展。这一指导思想和原则，体现了"三个代表"的要求，总结了以往改革的成功经验，对确保今后改革顺利进行，具有重要的指导意义。

四是要在完善社会主义市场经济体制的重大创新和突破上统一思想。《决定》坚持解放思想、与时俱进的精神，创造性地提出了完善社会主义市场经济体制的一些重大举措。比如，第一次提出坚持以人为本，树立全面、协调、可持续的发展观；第一次提出大力发展混合所有制经济，实现投资主体多元化，使股份制成为公有制的主要实现形式；第一次提出建立归属清晰、权责明确、保护严格、流转顺畅的现代产权制度；第一次提出允许非公有资本进入法律法规未禁入的基础设施、公用事业及其他行业和领域，给予非公有制企业在投融资、税收、土地使用和对外贸易等方面与其他

企业同等待遇；第一次提出形成城乡劳动者平等就业的制度；第一次提出建立以道德为支撑、产权为基础、法律为保障的社会信用制度；第一次提出废止各种分割市场的规定，建立健全货币市场、资本市场、保险市场协调发展的机制；第一次提出把政府经济管理职能转到主要为市场主体服务上来；第一次提出建立健全各种预警和应急机制，提高政府应对突发事件和风险的能力；第一次提出国家只审批关系经济安全等方面的重大项目；第一次提出增值税由生产型改为消费型，等等。这些重大创新和突破，必将带来市场经济体制的深刻变革。

五是要在完善社会主义市场经济体制的工作要求上统一思想。胡锦涛同志在全会结束时的重要讲话中，对做好深化经济体制改革提出了四个方面的工作要求，要求全党一定要提高认识、坚定信心，坚定不移地坚持社会主义市场经济的改革方向，进一步增强推进改革的自觉性和坚定性；要解放思想、与时俱进，大胆探索、锐意改革，不断在制度建设和创新方面迈出新步伐；要统筹兼顾、协调推进，正确处理好各方面的利益关系，有重点、有步骤地推进各项改革；要加强领导、扎实工作，不断提高驾驭市场经济的能力。我们必须结合实际，认真贯彻落实好这些要求，确保我区经济体制和其他方面改革的顺利进行。

（二）统筹兼顾，重点突破，做好深化改革的各项工作

十六届三中全会通过的《决定》，提出了很多方面的改革任务，是建成完善的社会主义市场经济体制和更具活力、更加开放的经济体系的总体设计，既管当前，又管长远，我们要坚持整体推进、重点突破、循序渐进的原则，扎扎实实地抓好各项改革的落实。

第一，坚持“两个毫不动摇”，进一步完善基本经济制度。党的十六大指出，必须毫不动摇地巩固和发展公有制经济，必须毫不动摇地鼓励、支持和引导非公有制经济的发展，根据解放和发展生产力的要求，坚持和完善公有制为主体、多种所有制经济共同发展的基本经济制度。经过 20 多年的改革和建设，我区以公有制为主体、多种所有制经济共同发展的格局初步形成。但同全国平均水平相比，特别是同沿海发达地区相比，我区的所有制结构仍很不合理。2002 年，我区非公有制经济对 GDP 的贡献率只有 25%，而全国已经达到三分之一，其中广东和浙江分别达到 54%和 55%。基本经济制度不够完善，是制约我区改革和发展的重要原因。我们一定要按照《决定》的要求，加大力度，尽快构筑起充满生机与活力、能够进一步解放和发展生产力的基本经济制度。坚持和完善基本经济制度，必须处理好三个方面的关系：一是进与退的关系。要坚定不移地贯彻“有进有退”、“有所为有所不为”的方针，切实搞好国有经济布局的战略性调整。除关系国家安全和经济命脉的重要行业和关键领域，其他行业和领域的国有企业，都要通过资产重组和结构调整，在市场公平竞争中优胜劣汰。要放手、放胆、放心地大力发展非公有制经济，在不断增强国有经济控制力的同时，进一步提高非公有制经济的比重和贡献率。二是增与减的关系。多元化的股权结构是科学化的企业组织结构的基础。建立规范的现代企业制度，必然要对国有企业进行股份制改造，在增加股本、扩大总量的前提下，降低国有股的比重。这样做，从表面上看，国有股被稀释了，比例下降了，但从全局和根本上看，国有经济的总量增加了，控制力增强了。我国沿海发达地区改革发展的实践已经充分证明了这一点。我们要在股份制改造和调整国有股上做文章，善于通过股份制改造搞活国有企业，善于通过降低国有经济在某些领域、产业的比重做大国有经济总量，善于通过调整国有股建立与我区生产力发展水平相适应的生产关系，使股份制成为我区公有制的主要实现形式。三是大与小的关系。坚持抓大放小，是中央确定的搞好国有企业的重要方针，也是完善所有制结构的基本途径。抓大与放小相辅相成、不可偏废。在深化经济体制改革的新形势下，抓大，就是要通过完善出资人制度、建立现代企业制度、发展股份制经济，把国有大型企业真正做大做强。放小，就是要彻底放开搞活国有中小企业，主要方向是股份制和民营化。

第二，抓好重点环节，在国企改革、农村牧区改革、就业体制和社保体系改革方面取得新进展、新突破。这三个方面的改革，既是十六届三中全会确定的深化经济体制改革的主要任务，又是关系我区改革发展稳定全局的重中之重，也是方向明确、政策明了、条件成熟的改革领域。要进一步加大力度，尽快使这些方面的改革取得新进展、新突破。

一是要在深化国有企业改革方面取得新进展、新突破。加快建立现代产权制度，使国有资产真正做到“归属清晰、权责明确、保护严格、流转顺畅”。大力发展股份制经济，尽快完善国有企业的股权结构。充分利用现有存量，努力扩大对外开放，积极吸引民间资本，通过公募、私募、兼并、协议收购、杠杆收购、联合发起、职工入股、企业相互参股、出售部分国有资产等形式，对国有企业抓紧进行股份制改造。积极争取国家支持，依法对现有 40 多户积重难返的国有大中型企业和资源枯竭矿山企业实施破产。目前，全区 181 户国有大中型企业虽有 120 户初步建立了现代企业制度，但建立和完善现代企业制度的任务仍很艰巨。要按照《决定》和《公司法》的要求，规范设立董事会、监事会、经理层，确定清晰的职能职责，真正形成各司其职、运转协调、有效制衡的权力运行机制。建立健全国有资产管理和监督体制，抓紧组建盟市国资管理机构。坚持政企分开、所有权与经营权分开的原则，正确处理监管国有资产与企业自主经营的关系，充分尊重企业作为市场主体的各项权利。

二是要在深化农村牧区改革方面取得新进展、新突破。长期稳定家庭承包经营制度，依法保障农牧民的各项权利。顺应统筹城乡发展、建设现代农牧业的需要，按照依法、自愿、有偿的原则，进一步完善土地、草场流转办法，逐步发展适度规模经营。采取有力措施，严格用地管理，及时合理补偿，杜绝损害农牧民利益的现象发生。建立健全农牧业社会化服务、农畜产品市场和对农牧业的支持保护体系。把家庭承包经营与农牧业产业化经营结合起来，依托我区的农牧

业优势和特色，大力支持工商企业投资发展农畜产品加工和营销，积极推进农牧业产业化经营。按照自愿、民主的原则，积极发展多种形式的农村牧区专业化合作组织，增强农牧业抗御市场风险的能力。加大政府对农牧业的支持保护力度，增加对农牧业和农村牧区的投入。努力创造条件，不断改善农村牧区富余劳动力转移就业的环境。建立健全培训机制，通过实用技能培训，既使农村牧区劳动力学会“怎样当好农牧民”，也使他们学会“如何不当农牧民”，使农牧民越培训越富、越培训转移越快。改革户籍管理制度，取消不合理的限制性规定，鼓励和支持城乡双向流动就业。巩固发展税费改革成果，确保农牧民负担减下来、不反弹。

三是要在深化就业和社会保障制度改革方面取得新进展、新突破。就业是民生之本，既是经济任务，也是政治任务；既是工作任务，也是工作目标，必须放到与促进发展同样重要的位置来抓。要把改革发展、结构调整和扩大就业紧密结合起来，通过政府引导和市场调节，切实抓好劳动密集型产业、中小企业和非公有制经济的发展。加强就业服务体系建设，完善有关政策和法规，加大资金投入力度，及时对特殊困难群体实施就业援助。要大力加强社会保障制度建设，完善企业职工基本养老保障制度，建立健全自治区养老保险调剂基金，逐步健全失业保险制度，继续完善城镇职工基本医疗保险制度，完善城市居民最低生活保障制度，做好“三条保障线”衔接工作。

第三，统筹兼顾，循序渐进，积极稳妥地推进相关改革。

一是要深化金融体制改革。从总体上看，我区地方金融业的发展，不但落后于沿海发达地区，而且落后于某些西部省区。从融资数量上看，2002 年，我区金融机构贷款余额为 1649 亿元，而同期浙江为 8613 亿元、新疆为 1801 亿元；我区上市公司 20 家，同期浙江 62 家、新疆 25 家。从金融产业规模上看，2002 年，我区金融产业增加值只有 27 亿元，相当于浙江的 8.9%、新疆的 52%。资金短缺、融资渠道不畅，已经成为制约我区经济社会发展的瓶颈。要把金融业的发展同优势产业、重点地区的发展结合起来，扩大金融规模，创新金融服务。加强与中央驻区金融机构的联系和合作，搞好协调服务。大力发展证券融资，积极推进优势企业上市，进一步提高已上市企业的再融资能力。壮大现有城市商业银行，在经济较为发达的盟市组建城市商业银行。加快农村信用社产权制度改革，积极构建新的农村信用社体系。进一步完善自治区、盟市和旗县三级中小企业信用担保体系。发展创业投资，建立健全产权交易市场。以政府信用为先导、以企业信用为重点、以个人信用为基础，加快社会信用体系建设，为金融和经济发展营造良好的信用环境。

二是要深化政府机构改革。进一步调整优化政府机构设置，理顺职能分工，实现政府职责、机构和编制法定化。大力推进依法行政，严格按照法定权限和程序行使权力、履行职责。建立健全各种预警机制和应急机制，提高政府应对突发事件和风险的能力。结合投资体制改革，大幅度减少行政审批项目。中央已经明确，国家只审批关系经济安全、影响环境资源、涉及整体布局的重大项目和政府投资项目及限制类项目，其它项目由审批制改为备案制。要结合自治区实际，明确审批和备案范围，切实把不该审批的项目减下来，还企业以投资主体地位。

三是要深化社会领域改革。推进科技、教育、文化、卫生、体育等领域的改革，是坚持“五个统筹”和全面建设小康社会的必然要求。搞好这方面的改革，必须充分发挥市场机制的作用，在增加政府投入的同时，鼓励社会资金投入。对公益性事业和经营性产业实行不同的管理体制。经营性单位要加快向企业转制，面向市场，壮大实力，加快发展；公益性事业单位要深化劳动人事、收入分配和社会保障改革，增加活力，改善服务。各级政府要强化社会管理和公共服务职能，加强政策引导，规范市场秩序，为社会领域各项事业的改革发展创造良好环境。

（三）加强组织领导，为完善社会主义市场经济体制提供保证

完善社会主义市场经济体制，是一项艰巨而复杂、紧迫而繁重的任务。各级党委、政府要精心组织，周密部署，切实加强和改进领导。要把改革摆到重要议事日程，坚持谋全局、把方向、抓大事，加强衔接、配套和协调，保证各项改革措施的顺利实施。总的要求，一是着眼于加快发展的要求，着力消除各种影响发展的体制性障碍，让改革成为推动各项工作的强大动力；二是立足于为民谋利的宗旨，把最大限度地实现最广大人民的利益作为根本准则，把改革的力度、发展的速度和社会可承受程度统一起来，充分调动人民群众的积极性；三是适应扩大开放的新形势，使改革与开放同步推进，良性互动，促进对外开放向更高水平发展；四是统筹兼顾，用改革的思路、办法和措施，调解好改革进程中的各种利益关系，促进经济社会全面、协调、可持续发展。要正确处理改革的阶段性目标和总体目标的关系，把需要和可能、重点和一般、当前和长远很好地统一起来。对于已经出台、正在进行的改革措施，要加大力度，扎实推进，重在落实；对于国家即将出台的重大改革政策和措施，要认真研究，早作谋划，确保各项改革积极稳妥和协调推进。要加强思想引导和政策宣传，把中央的精神、改革的意义和政策向广大群众讲清讲透。宣传新闻单位要坚持正确的舆论导向，大力宣传各地各部门改革的好做法、好经验，在全社会营造深化改革的良好氛围。要根据改革各个阶段的推进程度，及时搞好舆论引导，有针对性地解疑释惑，动员广大干部群众齐心协力地支持改革、投身改革、推进改革。

二、关于当前工作

根据《党章》、《中国共产党地方委员会工作条例》的规定，地方党委常委会每年要向全委会报告工作。7 月份召开的自治区七届四次全委会已就今年上半年工作向各位委员作了报告。在这次全会上，我着重报告今年前三季度工作和下一步打算。

（一）前三季度工作情况

今年以来，按照党的十六大的要求，我们不断深化对区

情的认识，进一步完善发展思路。认真贯彻年初胡锦涛总书记视察我区重要讲话精神，扎扎实实推进各项工作，经济社会发展取得较好的成绩。

第一，认真学习贯彻“三个代表”重要思想，在全区兴起学习贯彻“三个代表”重要思想新高潮。自治区党委明确要求，全区各级党组织要认真学习中央《通知》和胡锦涛总书记“七一”重要讲话精神，把学习“三个代表”重要思想与贯彻党的十六大精神紧密结合起来，努力在三个方面下功夫。一是在深入学习领会和理解把握基本精神上下功夫，把全区广大党员和干部群众的思想统一到“三个代表”重要思想和党的十六大精神上来。二是在密切联系实际，切实解决问题上下功夫，努力改造主观世界和客观世界。三是在加强领导、狠抓落实上下功夫，确保这一活动扎扎实实向前推进。在学习中，把领导机关和领导干部作为重点，要求各级领导机关和领导干部要学在前面、用在前面，做持久学、深入学的表率，成为学以致用、用有所成的模范。自治区党委召开专题中心组读书会，对“三个代表”重要思想进行深入研讨。自治区党委组织专题研讨班，对各盟市厅局党政主要领导进行培训，并从 9 月开始，到年底以前对全区副厅级干部和旗县党政一把手普遍轮训一遍。召开了全区“三个代表”重要思想理论研讨会，交流、学习、宣传和实践“三个代表”重要思想的体会，组织宣讲团赴各地宣讲“三个代表”重要思想。从我区实际出发，在全区组织开展了“大力解放思想、优化开放环境”专项教育培训活动。目前，全区学习贯彻“三个代表”重要思想新高潮正在蓬勃开展，有力地促进了自治区改革开放和现代化建设事业的发展。

第二，坚持以经济建设为中心，国民经济发展势头良好。今年前三季度，全区完成国内生产总值 1353.8 亿元，同比增长 [illegible]%。分析前三季度全区经济运行情况，有三个亮点：一是从三次产业来看，二产业增势强劲。全区规模以上工业企业完成增加值 332 亿元，同比增长 30.6%，有 8 个盟市工业增速超过 30%。工业经济效益明显提高，1—9 月份全区规模以上工业企业经济效益综合指数达 119.21，同比提高 20.4 个点，利润增长 1 倍，亏损额下降 14.2%。二是从三大拉动来看，固定资产投资对经济增长拉动作用明显。前三季度，全区城镇以上单位完成固定资产投资 760.3 亿元，同比增长 95.9%。不仅投入规模大，而且投向合理，在基础设施建设、生态建设的投入大幅增长的同时，体现地区特色和优势的重点工业项目建设进一步加快，全区用于工业的投资达 342.39 亿元，占城镇以上单位固定资产投资额的 45%。投资主体日趋多元化，非国有投资占到全区投资总额的 45.3%。三是优势地区、优势行业、优势企业对经济发展带动作用进一步增强。呼市、包头市、鄂尔多斯市三个市工业分别增长 43.1%、38.5%、39.2%，对全区工业经济贡献率达到 75%以上。煤炭、电力、冶金、乳业等优势产业增长速度进一步加快。重点企业进一步壮大，今年的 60 家优势企业的销售额已超过规模以上工业企业销售额的一半。从前 9 个月经济运行和发展情况分析，预计全年 GDP 可达到 2030 亿元，比去年增加 300 亿元；固定资产投资可完成 1150 亿元，比去年增加 400 亿元；财政收入超过 250 亿元，比去年增加 50 亿元以上，城镇居民人均可支配收入比去年增加 900—1000 元，农牧民人均纯收入增加 160 元以上。

第三，推动社会各项事业的进步，促进经济社会协调发展。重视科技作为“第一生产力”的作用，加大科技改革力度，积极发展高新技术产业，采用先进适用技术改造提升传统产业。坚持把教育作为经济社会先导事业来抓，在强化基础教育的同时，大力发展高中、大学教育和职业技术教育，加大教育改革力度，促进院校调整和布局优化。按照发展先进文化的要求，认真研究和积极推进文化产业的发展，努力推进文化大区建设。认真总结防治非典的经验教训，大力加强公共卫生体系建设。全面推进社会主义精神文明建设，围绕弘扬民族精神、增强理想信念，广泛开展热爱内蒙古、建设内蒙古、振兴内蒙古的宣传教育活动。以学习贯彻《公民道德建设实施纲要》为重点，积极推进职业道德、社会公德和家庭美德教育，积极开展各种群众性精神文明创建活动。把维护社会稳定放到突出位置来抓，认真落实社会治安综合治理各项措施。高度重视和妥善解决人民内部矛盾，强化思想政治工作和矛盾排查工作，努力把人民内部矛盾解决在萌芽状态。

第四，以制度和作风建设为重点，认真抓好各级领导班子和干部队伍建设。今年以来，进一步加大了学习贯彻《党政领导干部选拔任用工作条例》的力度，认真贯彻执行《党政领导干部选拔任用工作监督检查办法》，建立和完善了有关具体制度，为准确选人用人，坚持正确的用人导向提供制度保障。认真抓好作风建设，要求各级领导干部深刻领会胡锦涛总书记在西柏坡的重要讲话精神，把牢记“两个务必”，做到“八个坚持、八个反对”贯穿于领导班子建设的各个环节。强调以密切党群干群关系为核心，以克服形式主义、官僚主义为重点，切实加强和改进作风建设，努力形成说实话、干实事、求实效的良好风气。常委带头并要求各级领导干部经常深入基层，深入群众，关心群众疾苦，真心实意为群众排忧解难。深入开展党风廉政建设，加大体制和机制的改革力度，努力从源头上治理腐败。

在肯定成绩的同时，要清醒地看到，我们的工作还有不少差距，经济社会发展中还有诸多矛盾和问题。主要是：经济的结构性矛盾比较突出，科技创新能力不强；促进农牧民增收的成效不明显，就业和再就业政策措施不够落实；体制性障碍仍然比较突出，健全社会保障体系的任务还很重；化解新形势下人民内部矛盾的措施和办法不够得力，社会稳定方面还存在一些突出问题；有的党员领导干部脱离群众、作风不正，党的建设有待加强；面对复杂多变的国际形势和国内经济社会的新情况，我们的思想观念和工作方式还不适应，执政能力和领导水平亟待提高。

（二）下一步工作的想法

根据党的十六届三中全会精神，结合我区实际，下一步要突出抓好以下四个方面的工作：

第一，集中精力抓好第一要务，进一步巩固和发展大好来势。党的十六大以后，自治区党委按照全面建设小康社会的奋斗目标，不断完善发展思路。在七届三次全委会上，我们在加快发展的问题上统一了思想，提出近年内全区经济可以实现两位数增长，有条件、有优势的地区可以实现跨越式发展，今后全区经济应该也能够发展得快一些、好一些。在七届四次全会上，大家认为我区经济不能满足于较快的发展速度和人均水平，要在优化结构、提高效益的基础上，努力把经济总量做大。最近，自治区党委召开的第三季度经济形势分析会和常委民主生活会上，常委们根据目前全区经济发展态势，认真分析、深入探讨了今后我区经济的走势，就事关全区经济发展的重大问题，进一步形成共识。概括起来，主要有三点：

一是要把握当前大好来势，争取经济发展有一个较长的快速增长期。我区经济发展继去年实现12.1%的增长之后，今年前三季度又达到了15.5%的较高发展速度。这说明，我区经济已开始进入一个快速发展时期。经济发展有其自身的规律和周期，这种快速发展的势头内在地要持续一个时期。我区广大干部群众思发展、谋发展、促发展的积极性已充分调动起来，各地区不甘落后、奋力争先的精神状态和工作劲头，也会外在地加速这种发展势头。可以说，目前这种发展态势是势不可挡。势来了，我们就要乘势而上，争取一个较长的快速增长期。当年珠江三角洲地区的发展，就是抓住了国家实施沿海发展战略的有利时机，把20%的经济高速增长的势头连续保持了20年，才进入了今天这样的良性循环发展轨道。我区鄂尔多斯市的经济总量由1993年的25.4亿元做到2002年的204.8亿元，翻了3番。呼市近两年经济总量每年增加近100亿元，也是保持了30%左右的高速度。如果我区能够以现在这样的较高速度连续发展五年，经济总量就可以达到一定的规模，经济运行质量就会进一步提高，经济发展也就有了一定的抗风险能力。现在，我们面临的发展机遇很好，本世纪头二十年是我们国家发展的重要战略机遇期，我区还面临着西部大开发、我国加入世贸组织、国家重视加强与俄蒙经济技术合作的现实机遇。机不可失、时不再来。我们一定要强化机遇意识，牢牢把握住目前这种经济开始高速增长的大好来势，进一步完善发展思路，充分发挥比较优势，抓好特色产业，完全可以在今后若干年里继续保持较快较好的发展来势。只有这样，才能不辜负小平同志对内蒙古走进前列的希望，实现江泽民同志关于内蒙古要成为重要支点的要求。同时，越是形势大好，越要保持清醒的头脑，尊重市场经济规律和客观自然规律，按规律办事。要按照十六届三中全会要求，树立科学的发展观，正确处理经济社会生活中的几个重大关系，促进经济社会等方面的协调发展。不能因为我们决策和工作上的失误，使经济社会发展遭受挫折，损伤广大干部群众加快发展的积极性。作为欠发达地区来讲，是付不起这个学费，经不起这种折腾的。

二是要突出发展重点，推动优势地区和优势产业加速发展。非均衡发展是世界各国经济发展的一般规律。改革开放以来，我国的发展就是最先发展沿海地区，然后逐步梯度推进的。对于我区来讲，也有一个正确认识和对待区域发展不平衡的问题，如果不讲条件地要求各地齐步走，结果必然是谁也发展不快、发展不好。只有在有优势、有基础、有条件的地方率先发展，才能更好地带动全局的发展。最近，自治区党委、政府在经过认真调查研究、反复论证的基础上，提出了自治区优先发展的重点。在区域发展上，重点抓好呼、包、鄂三个优势地区，推动它们不断调整产业结构，优化经济环境，加快技术进步，实现跨越式发展，尽快做大经济总量，使这三个市成为全区经济持续高速发展的重要支撑。在城市的发展上，在继续重点抓好呼市、包头市两个中心城市的同时，创造条件逐步把区域人口多的赤峰市，建成百万以上城市人口规模中心城市，同时，要把盟、市所在地的中心城区抓好，发挥中心城市的辐射带动作用。在推进工业化上，重点选择支持14个市辖区、12个市、24个旗县加快发展工业。在产业发展上，突出具有我区特色和优势的能源、冶金、农畜产品加工、机械、化工、高科技等产业，以大企业、大项目为支撑，以拳头产品和知名品牌为龙头，尽快形成具有明显竞争力的优势产业群。在企业发展上，通过自由发展、市场竞争、择优选择、动态管理的办法，重点抓好一定数量销售收入高、经济效益好、主业突出、有发展后劲的重点企业，支持它们做大做强，提高竞争力和市场占有率。在经济园区建设上，突出抓好20个左右基础较好、有一定潜力的重要工业开发区和工业园区，使之尽快成为全区工业经济发展的重要载体和新的增长点。在坚持重点优先的同时，充分兼顾非重点地区的发展，把非均衡发展与全面协调发展有机结合起来，一方面要鼓励有条件的地区发展得更快一些、更好一些，另一方面要帮助其他地区发挥各地优势，因地制宜，扬长避短。同时，要高度关注贫困地区、边境地区的发展和政策扶持。

三是要在经济发展的薄弱环节上尽快取得突破性进展。第三产业发展滞后，对外开放力度不大，城乡居民增收缓慢，这三大问题，是我区经济发展中的三根软肋，对此，我们必须认真研究，采取更加得力的措施，尽快在这三个薄弱环节上取得突破性进展。要在推进工业化进程中加快第三产业的发展。长期以来，我区第三产业发展不快，总量小，水平低。服务业在发达国家，是经济增长的中坚力量。服务业通过其各种服务功能，有机联结社会生产、分配和消费诸环节，加速人流、物流、信息流和资金流运转，对推进工业化和现代化进程具有重要作用。服务业在我国不发达，这与我国还处于工业化的中期有关。我区工业化滞后于全国，在这段时间内服务业发展不会太超前，但应与工业的进展同步。据中国人民大学竞争力与评价研究中心分析，我区服务业虽然综合竞争力排第25位，但成长竞争力方面位居全国31个省市区第三位。自治区有关部门要在充分调研的基础上，尽快研究加快我区服务业发展的思路、规划和重点，拿出具体可行的操作办法和措施，像推进工业化进程那样推动服务业的发展。要在进一步搞好对内开放的同时，加快对外开放步伐。

这几年我区对内开放、横向联合已经取得了一些进展，前三季度到位国内资金 252.7 亿元，同比增长 75.4%。但对国外开放很不理想，这几年进出口贸易额一直徘徊不前，2002 年海关进出口总额排在全国第 26 位；直接利用外资很少，2002 年为 2.28 亿美元，几乎没有一家国外著名大企业、大集团到我区直接投资；利用境外资源特别是俄、蒙资源，没有迈出实质性步伐；口岸这一稀缺资源利用得不好，还没有充分发挥出其在带动全区对外开放中的应有作用。为此，我们必须要把对外开放提到更加突出的位置来抓，以向北开放为重点，以我区资源开发、基础设施建设、国有企业改组改造、农牧业产业化的大项目为依托，把“引进来”与“走出去”紧密结合起来，尽快构筑起我区对外开放的基本框架。抓住国家实施“大通关”工程的有利时机，认真研究口岸经济问题，积极创造条件争取在满洲里、二连口岸率先建设进出口加工体系和经济园区。要在经济持续快速增长的同时，努力提高城乡居民收入水平。生产的目的是满足人们日益增长的物质文化需求。经济发展了，效益提高了，相应地要提高老百姓的收入水平。2002 年我区城镇居民人均可支配收入和农牧民人均纯收入分列全国 29 位和 22 位，今年虽有较大提高，但与全国平均水平相比还有很大差距。我区 GDP2002 年增长 12.1%，城镇居民人均可支配收入和农牧民人均纯收入分别增长 9.3%和 5.7%。各地要切实把增加城乡居民收入当作一件大事来抓。增加农牧民收入的主要途径有四条：一是调整结构增收，二是转移劳动力(含劳务输出)增收，三是减负增收，四是加大扶贫和救灾力度。增加城镇居民收入的主要途径有三条：一是增加就业，二是提高在职人员的收入，三是完善社会保障和社会救助机制。

第二，关心群众生产生活，解决群众急需解决的实际问题。从我区实际出发，要重点抓好三个方面的工作。一是千方百计促进就业和再就业。要认真落实国家和自治区鼓励就业和再就业的各项政策，进一步强化服务措施，努力营造良好的就业环境。要大力开发就业岗位，结合实际，制定发展经济与增加就业岗位有机结合、扩大内需与扩大就业良性互动的具体措施，努力实现经济持续快速健康发展和促进充分就业的双重目标。积极鼓励和扶持各类有就业需求人员的创业活动，大力发展劳动密集型产业和社区服务业，进一步扩大就业容量，帮助更多的下岗失业人员实现再就业。建立健全针对困难群体的再就业援助制度，政府开发的公益性岗位，要优先安排 4050 人员和城镇低保对象等就业困难群体。二是认真解决好困难群体的生产生活问题。在城镇，要妥善解决低收入家庭、特殊困难家庭在住房、子女就学、医疗等方面的实际问题，广泛开展“送温暖、解难题”和“结对帮扶”活动。要抓紧落实中央有关文件精神，认真解决部分企业军转干部生活困难问题。在农村，要搞好救灾救济和扶贫开发，解决灾区、贫困地区困难群众生产生活中的具体困难。加大移民搬迁力度，提高扶贫开发成效。当前，要突出抓好赤峰地震灾区、巴盟决堤淹没地区和东部遭受旱灾等受灾地区的救灾救济工作。不仅要保证受灾群众的基本生活能够过得去，而且要想方设法解决他们冬季取暖、住房、就医、子女上学等实际困难。三是高度重视安全生产。要认真落实国家关于安全生产的各项规定，克服麻痹思想和侥幸心理，狠抓薄弱环节，彻底排查和消除安全隐患，加大煤炭生产、交通运输和防火安全工作力度，搞好公众聚集场所的安全检查，有效防范各类安全事故的发生。同时，要切实增强应对非典防控意识，抓好经常性防控措施的落实。总之，各级一定要牢固树立群众利益无小事的意识，带着对广大人民群众的深厚感情，真心实意地为群众办实事、办好事。凡是群众生产生活的难事、急事，都要作为大事及时帮助解决，不要漫不经心，不要推诿，不要拖拉。

第三，切实维护社会稳定，妥善处理各类人民内部矛盾。当前，全区的社会稳定形势总体是好的，但不稳定因素仍然大量存在。要始终保持对各类刑事犯罪的高压态势，根据需要，适时开展专项整治斗争，牢牢把握斗争的主动权。要严厉打击爆炸、杀人等严重暴力犯罪，重点打击盗窃、抢劫、抢夺、诈骗等严重影响人民群众安全的多发性犯罪。要认真贯彻“打防结合、预防为主”的方针，构建城乡结合、打防控一体化的治安防范网络和工作体系。要依法加强对建筑工地、劳动力市场、暂住人口、流动人口、外出务工返乡人员的管理，寓管理于服务之中。要严密防范和严厉打击暴力恐怖活动，严密防范和严厉打击“法轮功”等邪教组织的非法活动。要坚持“属地管理”和“谁主管，谁负责”的原则，把维护稳定责任落实到部门、落实到单位、落实到人。要严格执行维护稳定责任查究制度。对因责任制不落实，官僚主义严重，失职渎职，导致矛盾激化，发生重大影响社会稳定事件，造成严重后果的；对发生群体性事件后，贻误时机，或处置失当，因而造成事态扩大和严重后果的，要严肃追究有关地区、部门、单位和有关领导的责任。要妥善处理各类人民内部矛盾。当前，影响我区稳定的一个突出问题就是由人民内部矛盾引发的纠纷和群体性事件明显增多。今年 1—8 月，全区共发生群体性事件 560 起，参与人数达 23500 余人，与去年同比分别上升 31.2%和 20%。各级党委、政府要从实践“三个代表”重要思想的高度，把妥善处理人民内部矛盾特别是涉及群众切身利益的矛盾，作为关系改革发展稳定全局的一件大事。要大力加强思想政治工作，努力学会运用说服教育、示范引导和提供服务的方法，妥善处理人民内部矛盾，真正把问题解决在萌芽状态，解决在基层，解决在当地。要进一步建立健全矛盾纠纷排查报告制度，加强信访工作和调解工作，明确责任，分级负责。涉及现行政策和容易引起连锁反应的问题，要做好宣传解释工作，不能乱开口子。解决内部矛盾，要立足于疏导化解，防止激化，同时又要坚持依法办事，引导群众依法维护权益。一旦发生群体性突发事件，领导要亲临现场，靠前指挥，及时妥善处理，绝不能滥用警力和强制手段，把大多数群众推到对立面而酿成大的事端。对插手群体性事件的敌对势力，对幕后策划、指挥、组织的敌对分子和借机打砸抢的犯罪分子，要依法严厉打击，绝不手软。

第四，加强和改进党的建设，切实提高领导班子的执政能力和水平。今年9月，中组部在上海召开了省区市领导班子思想政治建设座谈会，明确提出了加强领导班子思想政治建设的任务和要求。要认真贯彻落实上海会议的精神，以领导班子思想政治建设为核心，大力推进党的思想、组织、作风建设。一是要把学习贯彻“三个代表”重要思想新高潮继续引向深入。各级领导干部要自觉地用“三个代表”重要思想武装头脑，牢固确立“三个代表”重要思想在一切工作中的指导地位，用“三个代表”重要思想指导思想和行动。要带头解放思想，对照“三个代表”的要求，经常反省自己，看一看我们的思想有没有落后于时代的要求，我们的工作有没有滞后于实践的发展。要努力学习新知识，全面了解、准确把握国内外经济社会的发展趋势，认真学习借鉴国内外的先进经验，尊重经济社会发展的客观规律，从我区的实际出发，进一步完善工作思路。要培养世界眼光和战略思维，把我区的现代化建设放在国内外的大背景下来定位和谋划，找准工作的切入点，努力开辟发展先进生产力和先进文化的新途径。二是要在提高领导水平、加强执政能力建设上狠下功夫。要按照党的十六大提出的增强科学判断形势的能力、驾驭市场经济的能力、应对复杂局面的能力、依法执政的能力、总揽全局的能力的要求，坚持不懈地加强各级领导班子和领导干部执政能力建设。各级领导班子要按照集体领导、民主集中、个别酝酿、会议决定的原则，进一步完善决策体系，推进决策的民主化、科学化和制度化。建立健全重大决策论证制度，坚持依法执政和依法行政。要严格按照《党政领导干部选拔任用工作条例》和《深化干部人事制度改革纲要》办事，坚持标准，坚持原则，推进干部工作的民主化、制度化、科学化，努力形成广纳群贤、人尽其才、充满活力的选人用人机制。把自觉实践“三个代表”重要思想作为选拔任用干部的最根本条件，大力选拔那些政治上靠得住、工作上有本事，肯干事、能干事、干成事和群众信任的干部。继续深化干部人事制度改革，全面推行民主推荐、民主测评、考察预告、差额考察、任前公示和试用制度，大力推行公开选拔和竞争上岗制度，认真落实用人失察追究制度。要支持改革者，鼓励创业者，努力营造鼓励和支持人们干事业、干成事业的良好氛围。三是要改进作风，密切同人民群众的血肉联系。加强党的作风建设，核心问题是保持党同人民群众的血肉联系。要按照“八个坚持、八个反对”和“两个务必”的要求，牢固树立立党为公、执政为民的思想，切实做到权为民所用、情为民所系、利为民所谋。坚持从群众中来、到群众中去的工作路线，深入基层、深入群众，特别是要到最困难的地方去，到群众意见多的地方去，到工作推不开的地方去，同干部群众一道排忧解难、化解矛盾，打开工作局面。要大力倡导和发扬求真务实的优良作风，做人要老实，思维要唯实，作风要朴实，工作要扎实，真正做到以诚待人，实事求是，办实事，求实效，不搞花架子，不搞形式主义，不搞短期行为，不追求所谓“轰动效应”，扎扎实实地做好各项工作。要坚持严于律己、廉洁奉公，坚持以身作则、率先垂范，时刻把党和人民的利益放在首位，正确行使手中的权力，始终做到清正廉洁，自觉同各种腐败现象作斗争。近年来，中央和自治区在廉洁从政和加强监督约束方面制定了不少制度和规定，对于规范权力运行具有重要作用，各级领导干部一定要认真贯彻执行，自觉把自己置于制度和规定的约束与监督之下，严格要求自己及其配偶、子女和身边工作人员，切实做到警钟常鸣，防微杜渐。

从现在到年底，还有两个月的时间。各级要以党的十六大和十六届三中全会精神为指导，在前三季度工作的基础上，继续扎扎实实地做好各方面工作，确保完成或超额完成全年的目标任务。同时，要着手谋划明年的工作，为明年良好开局打好基础。

同志们，现在我区改革和发展处在一个关键时期。自治区党委号召，全区各级党组织和广大共产党员，要更加紧密地团结在以胡锦涛同志为总书记的党中央周围，坚持以邓小平理论和“三个代表”重要思想为指导，解放思想、实事求是、与时俱进，为建成完善的社会主义市场经济体制，夺取自治区改革开放和现代化建设事业的新胜利而努力奋斗！

政府工作报告

Report on the Work of the Government

——2004年1月8日在内蒙古自治区第十届人民代表大会第二次会议上

自治区代主席 杨晶

各位代表：

现在，我代表自治区人民政府作工作报告，请予审议，并请自治区政协委员和列席会议的同志们提出意见。

2003年工作的回顾

2003年是新一届政府的起步之年，也是经受严峻考验并取得显著成绩的一年。一年来，在党中央、国务院和自治区党委的正确领导下，自治区政府团结带领全区各族人民，认真贯彻"三个代表"重要思想，紧紧抓住发展这个第一要务，团结一致，顽强拼搏，战胜突如其来的非典疫情和地震、洪涝、干旱、森林火灾等多种自然灾害带来的困难和挑战，改革开放和现代化建设取得新成就，实现了国民经济快速增长和各项社会事业的健康发展，全面超额完成了十届人大一次会议确定的各项奋斗目标。

经济快速增长，固定资产投资力度加大。全区经济发展呈现速度加快、结构优化、效益提高、后劲增强的态势，国内生产总值、规模以上工业增加值、城镇以上单位固定资产投资三项指标增速居全国首位，国民经济开始进入一个快速增长期。预计全年国内生产总值达到2093亿元，比上年增长16.3%，是"七五"以来增速最快的一年。其中，第一产业增加值达到422亿元，增长5%。在局部地区受灾和种植面积减少的情况下，粮食总产量达到1360万吨，减产45万吨；牧业年度牲畜总增3258万头(只)，总增率为44.9%；奶类、肉类和羊绒产量分别增长63%、4%和6%。第二产业增势强劲，增加值达到948亿元，增长26.9%。规模以上工业增加值增长31.9%，工业企业经济效益综合指数达到124，比上年提高20点。第三产业增加值达到723亿元，增长11%。固定资产投资大幅度增长，全社会固定资产投资完成1202亿元，增长68%，比上年提高24个百分点。投资重点集中在工业、生态、基础设施和社会事业等领域，特别是工业投资达到508亿元，增长121%，是近年来投资规模最大的一年。全区社会消费品零售总额729亿元，增长12.8%；居民消费价格总水平上涨2%以上。

改革继续深入，对外开放呈现新局面。大力推进以产权制度为核心的国有企业改革，加快国有企业股权多元化改造，铁路、公路等国有股权的转让和退出取得实质性进展。完成了内蒙古电力公司、包头铝厂、呼市卷烟厂等大企业集团的改革重组，民航机场正式移交地方。全区已有19户国有大中型企业开始实施主辅分离和改制分流工作。国有资产管理体制改革稳步推进，初步建立起所有权与经营权分离，管资产、管人和管事相结合的国有资产监管体制。非公有制经济得到较快发展，增加值占到全区国内生产总值的25%以上。农村牧区税费改革不断完善，农牧民负担进一步减轻。粮食流通体制改革继续深化，在部分地区实施了对农民直接生产性补贴试点工作。行政管理体制改革取得新进展，行政审批制度改革加快，取消、下放、简化审批事项450多项。对外开放进一步扩大，开发利用境外资源取得新突破，招商引资成效显著。全年引进区外资金到位402亿元，增长49.4%；外商直接投资到位3.3亿美元，增长44.7%；外贸进出口总额30亿美元，增长21.5%，其中出口增长55.7%。

财政收入大幅增长，城乡居民收入稳步提高。全区财政总收入257.6亿元，增长28.1%。财政支出结构不断优化，社会保障、扶贫救灾、科技教育、医疗卫生、职工工资等重点支出得到保障。城乡居民收入进一步提高。城镇居民人均可支配收入7010元，增长15.8%；农牧民人均纯收入2284元，增长9.5%。就业和社会保障工作得到加强，累计实现城镇就业和再就业22万人，城镇登记失业率控制在4.5%左右，为70万城镇困难群众提供了最低生活保障，基本做到应保尽保。抗灾救灾投入资金2.85亿元，灾区群众生产生活问题得到妥善解决。

统筹兼顾，各项社会事业全面发展。按照全面、协调、可持续发展观的要求，在加快经济发展的同时，各项社会事业都有了明显进步。科技体制改革逐步深化，以企业为主体的技术创新体系建设加快，科技成果转化和推广力度加大，传统产业改造和高新技术产业化取得新进展。高新技术企业突破200家，其中国家级10家，高新技术产值达到300亿元以上。教育改革和发展步伐加快。"二期义教工程"和"危房改造工程"进展顺利，"两基"达标旗县达到79个。高等教育资源配置趋于优化。民族文化大区建设开始启动，一批重点文化基础设施正在规划和建设，文化事业、文化产业健康发展。人口和计划生育工作继续加强，人口自然增长率控制在3.07‰。医疗卫生工作取得新进展，疾病防控体系不断完善，初步建立了突发性公共卫生事件应急机制，农村牧区合作医疗试点工作有序展开。广泛深入开展群众性体育活动，人民群众健康水平不断提高。环境保护和建设力度加大，土地管理、地矿勘探工作得到重视和加强。人事、统计、档案、气象、地震、人防、侨务、广播电视、新闻出版、社会科学、文物保护、无线电管理、妇女儿童、老龄和残疾人工作均取得新的成绩。

社会主义政治文明、精神文明建设得到加强。全区兴起学习贯彻"三个代表"重要思想新高潮，进一步加强党的基本理论和基本路线教育，城乡精神文明建设成效显著。军警民共建和“双拥”工作深入开展，11个旗县市被评为“全国双拥模范城”。人民解放军、武警官兵、公安干警、民兵预备役在抗灾救灾、应对突发性事件中再立新功，阿盟、乌盟等地为载人航天飞船成功发射和回收做出了积极贡献。认真贯彻落实党的民族和宗教政策，平等、团结、互助的社会主义新型民族关系继续巩固和发展。坚持依法行政，从严治政，认真执行人大决议，自觉接受人大及其常委会的监督，加强与人民政协的联系，充分发挥各民主党派、工商联和无党派人士参政议政和民主监督作用。全年共办理全国和自治区人大代表议案、建议391件，政协委员提案391件，制定政府规章6件，提请人大常委会审议地方性法规草案10件。勤政廉政建设收到实效，政务公开、行政监察、审计监督取得新进展。普法教育深入开展，基层民主法制建设有序推进。社会治安综合治理和严打专项整治斗争取得明显成效。

抗击非典斗争取得阶段性重大胜利。去年上半年，一场突如其来的非典疫情袭击了我区，疫情来势猛、蔓延快、危害大，严重影响了人民群众正常的生产生活秩序。面对非典疫情，全区上下万众一心，众志成城，迎难而上，不怕牺牲，坚持一手抓非典防治不放松，一手抓经济建设不动摇，与非典疫情进行了艰苦卓绝的斗争。先后投入医务人员6600人，流调人员1.7万人，开设和后备了130所定点医院，设置了184个发热门诊，各级财政投入防治资金5.8亿元，接受捐赠款物3.04亿元。在这场斗争中涌现出许多可歌可泣的动人事迹，进一步弘扬了伟大的民族精神，为推进改革开放和现代化建设积累了宝贵经验和巨大的精神财富。

各位代表，回顾过去一年的政府工作，我们之所以在困难比较大的情况下取得这样的成绩，是党中央、国务院和自治区党委坚强领导的结果，是全区各族干部群众团结奋斗、艰苦创业的结果，也是兄弟省市区、社会各界和海内外朋友关心、支持和帮助的结果。在这里，我代表自治区人民政府，向全区各族人民，向在各条战线上为取得这些成绩做出贡献的同志们，向为我区防治和战胜非典做出巨大牺牲和奉献的广大医务工作者以及给予我区无私援助的兄弟省市区、国内外朋友们，表示衷心的感谢和崇高的敬意!

在肯定成绩的同时，我们也清醒地认识到，当前我区经济社会发展仍然存在一些不足和问题，主要是：经济总量偏小，资源、区位等优势尚未得到充分发挥，经济发展水平与发展潜力相比存在较大差距；经济结构不够合理，优势产业有待进一步做大做优做强，东西部工业经济发展不平衡问题日益显现，第三产业和民营经济发展相对缓慢；国有企业改革攻坚任务还很艰巨，部分领域改革滞后，经济社会发展还存在一些体制性障碍；对外开放力度不大，承接国际国内产业转移的工作亟待加强，合作开发利用境外资源的进程需要加快；城乡居民收入水平还比较低，就业压力增加，一些影响社会稳定的因素依然存在等等。对于这些问题，我们要高度重视，坚持用改革和发展的办法，采取有力措施，认真加以解决。

2004年的主要工作任务

2004年是完成“十五”计划的关键一年，也是加快改革和发展的重要一年。**今年政府工作的总体要求是：以邓小平理论和“三个代表”重要思想为指导，深入贯彻党的十六大、十六届三中全会、中央经济工作会议和自治区党委七届五次全委会议精神，紧紧抓住发展这个第一要务，坚持以人为本，牢固树立全面、协调、可持续的发展观，抓住机遇，深化改革，扩大开放，深入实施西部大开发战略，调整优化经济结构，扎实推进“两项建设”和“三化”进程，不断提高经济增长的质量和效益，努力提高人民生活水平，加快各项社会事业的发展和社会主义政治文明、精神文明建设，促进我区经济持续快速协调健康发展和社会全面进步**。主要预期目标是：国内生产总值增长13%，财政总收入增长18%，全社会固定资产投资增长30%，社会消费品零售总额增长12%，外贸进出口总额增长10%，城镇居民人均可支配收入增长13%，农牧民人均纯收入增长8%，城镇登记失业率控制在5%以内，居民消费价格指数上涨2%左右，人口自然增长率控制在7‰以内。为实现这些目标，重点做好以下工作。

一、加快农村牧区经济发展，千方百计增加农牧民收入

高度重视并切实解决好“三农”问题，是政府工作的首要任务。要以农牧民增收为核心，以农牧业产业化经营为突破口，用工业思维谋划农牧业发展，不断繁荣农村牧区经济。

（一）*加快推进农牧业产业化进程*。充分发挥比较优势，逐步形成布局合理、特色鲜明，具有较强竞争力的产加销、贸工农一体化的高效农牧业产业化体系。继续做大做强龙头企业，紧紧围绕六大主导产业，培育发展一批竞争能力强、带动作用大的加工型龙头企业，提升农畜产品加工业的整体水平；积极创办和引进一批商贸流通、仓储运输、科技服务型龙头企业，努力形成完善的企业结构体系。加强农畜产品基地建设，按照区域化布局、专业化生产、规模化经营的要求，努力提高基地的生产能力、产品质量和经济效益。加快实施农牧业“种子工程”和“动物保健工程”，加强动物防疫工作，大力推广适用技术，发展节水农牧业，增加农牧业生产的科技含量。健全农畜产品质量标准体系、检验检测体系和认证体系，确保农畜产品质量安全。加快农村牧区社会化服务体系建设，积极稳妥地发展各类农村牧区经济合作组织，为农牧民提供产前、产中、产后服务。认真落实扶持农牧业产业化经营的各项优惠政策，拓宽投资渠道，加大扶持力度。

（二）*调整优化农村牧区经济结构*。保护农民种粮积极性，稳定发展粮食生产，扩大高效经济作物种植面积，大力发展优质牧草，形成比例协调、效益突出的粮、经、草三元结构。稳固发展牧区畜牧业，严格执行草畜平衡制度，积极推行轮牧、休牧和禁牧，巩固和扩大草场围栏，转变传统的畜牧业生产经营方式。大力发展农区畜牧业，充分利用我区饲草料丰富的有利条件，在农区和半农半牧区广泛推行舍饲圈养，促进种养结合、农牧互补。积极调整农畜产品结构，加快发展优质、高效、无公害的绿色、特色农畜产品，提高市场竞

争力。

(三)大力发展县域经济。加快县域经济结构调整，因地制宜地培育发展特色鲜明、比较优势突出的旗县主导产业，增强旗县综合经济实力。充分发挥旗县承上启下、联结城乡的作用，逐步建立为大中城市服务、与大中城市产业发展相配套的产业体系。要把小城镇建设同农牧业产业化经营、工业小区建设、农村牧区服务业和生态建设结合起来，实现产业、人口和生产要素的相对集中，以县城经济带动县域经济的发展。多渠道、多层次、多形式地开展农牧民职业技能培训，提高农牧民科学文化素质，为参与就业竞争并逐步向城镇及二、三产业转移创造条件。

(四)认真落实党的各项富民政策。继续稳定土地承包制度，落实草牧场“双权一制”，规范土地和草牧场承包经营权的流转。实行最严格的耕地保护制度，坚决遏制乱占耕地现象，严肃查处违反规定乱批乱占和滥用耕地案件，确保耕地总量平衡。深化粮食流通体制和农村牧区税费改革，把对流通环节的间接补贴改为对种粮农民的直接补贴，逐步降低农业税税率，进一步减轻农牧民负担。抓住国债资金向农牧业倾斜的机遇，加快农村牧区水、电、路和教育、文化、卫生等设施建设，改善农牧民生产生活条件。落实好国家关于支持农村牧区发展的金融信贷政策，增加农牧户小额贷款和农牧户联保贷款，切实解决农牧民贷款难问题。

二、继续保持工业经济增长的强劲势头，带动国民经济快速发展

(一)做大做强特色优势产业。以结构调整为切入点，以工业园区、重点项目为支撑，以优势企业和驰名品牌为龙头，大力发展能源、冶金、机械化工、农畜产品加工、高新技术等特色优势产业，尽快形成具有鲜明特色和较强竞争力的优势产业集群。加快煤炭资源的开发利用，规划建设一批大型煤炭基地，力争使煤炭产量达到2亿吨。支持和鼓励区内外大企业集团，运用高新技术对煤炭资源进行就地深度加工转化增值，推进资源大规模、高效率开发利用。加快电力工业发展，规划建设一批较大型的电源项目，力争新开工电力装机容量达到800万千瓦以上。按照适度超前发展的要求，继续加大电网建设力度，抓好重点电网建设，拓宽电力外送通道。积极培育发展冶金和机械化工工业，推进高载能工业健康发展，加快煤电与高载能工业联营步伐，提高技术水平，延长产业链条，增强市场竞争能力。

(二)加快企业技术改造和技术创新步伐。以提高企业核心竞争力为目标，落实好鼓励企业技术改造和创新的政策措施，增强企业自主创新能力。坚持自主创新和引进、消化吸收相结合，加快用先进适用技术改造提升传统产业，使传统产业向高加工度、高集中度、高附加值和低能耗、低污染方向转化，实现产业技术升级和产品更新换代。大力发展高新技术产业，着力抓好以稀土材料、硅材料研发应用为主的新材料产业，以中蒙药标准化、现代化和生物制药产业化为主的医药产业，以TCL集团为龙头的电子信息产业。严格执行环境影响评价和“三同时”制度，对一些技术含量低、资源浪费大、污染严重的企业，加大整治和改造力度。积极推进信息技术在工业领域的应用，加速工业企业生产和经营管理的信息化进程。注重企业人才培养和企业家队伍建设，为加快推进新型工业化提供智力支持和人才保障。

(三)努力促进地区经济协调发展。进一步增强呼和浩特、包头、鄂尔多斯市等工业重点地区和50个重点旗县市区的辐射带动作用，形成互促互动的工业经济发展新格局。在抓好规模以上工业企业的同时，着力抓好60户重点企业，20个发展较好、有一定潜力的重点工业开发区建设。高度重视地区经济协调发展，积极扶持基础较差地区加快发展。抓住国家振兴东北老工业基地的机遇，加大政策倾斜力度，加快振兴东部盟市经济。引导和支持东部盟市主动接受东北老工业基地的辐射带动。认真抓好已确定的73个重点工业项目建设，为东部盟市工业发展培育新的增长点。

三、积极推进城镇化进程，努力加快服务业发展

加快推进城镇化进程，对于促进产业结构和生产力布局调整，具有十分重要的作用。要按照统筹规划、协调发展的原则，积极稳妥地推进城镇化进程。努力构筑和完善区域性中心城市、盟市所在地城市和旗县所在地城镇协调配套、多元发展格局。加快各种生产要素向城镇聚集，培育发展城镇主导产业，建立有比较优势的城镇特色经济体系。进一步确立经营城市理念，科学制定城市发展规划，充分发挥市场机制作用，盘活城市资产，扩大规模，完善功能，增强城市的辐射带动力。

高度重视服务业发展，抓紧编制发展规划，进一步完善具体政策措施和扶持办法。组织实施一批重点项目，积极引进国内外知名企业，带动我区服务业整体水平的提高。调整优化结构，大力发展餐饮、商贸流通、交通运输、房地产、社区服务等吸纳就业能力强的服务业，积极发展信息、金融、保险等现代服务业，鼓励扶持科技、教育、文化、卫生、体育等产业发展，促进会计、律师、咨询等中介服务业规范有序发展。突出抓好旅游业，以建设规模较大、档次较高、特色鲜明的旅游景区、景点为重点，打造旅游精品名牌。鼓励和扩大居民消费，积极培育住房、汽车、通信、旅游、教育、文化等新的消费热点，促进消费结构升级。大力发展消费信贷，完善消费政策，改善消费环境，清理和废除各种限制消费的不合理规定。拓宽消费品进入农村牧区市场渠道，努力扩大农牧民消费。

四、继续加大固定资产投资力度，保持对经济增长的强劲拉动

保持固定资产投资的快速增长，对扩大经济总量、增强经济发展后劲、争取一个较长的快速发展期至关重要。今年要继续抓好一批重大项目，完成固定资产投资1500亿元以上，增长30%。一是抓好重点工业项目建设。认真组织实施246个投资亿元以上的重点工业项目，力争完成投资550亿元。重点抓好霍林河、准格尔、平庄等大型煤炭项目建设，开工建设伊敏二期、达电四期等一批电源点项目，加快蒙西地区500千伏主网架等电网建设，积极推进神华煤制油项目建设。抓好包钢140万吨冷轧薄板、无缝钢管精整线等重点改造工程。大力发展以天然气为原料的有机化工和精细化工，做好天野化工油改气、鄂尔多斯天然气化工综合利用等项目。二是继续抓好退耕还林、退牧还草、京津风沙源治理等重点生态工程，落实政策，完善机制，巩固成果，提高效益。全年完成退耕还林(草)600万亩以上，退牧还草5000万亩以上。三是加快交通建设步伐。年内贯通呼和浩特至北京高速公路，加大东西大通道主体工程建设力度，加快县际公路和乡村道路建设。建设呼和浩特至准格尔、桑根达赉至正蓝旗铁路，力争开工建设集宁至张家口等几条铁路。建成满洲里机场，力争开工建设鄂尔多斯、阿尔山、二连机场，迁建赤峰机场。四是抓好水利重点项目建设，加快尼尔基水利枢纽、河套灌区节水改造等一批重点工程建设进度，加强黄河、嫩江等干流及其主要支流的堤防建设，积极促进牧区草原生态建设水资源保障工程的实施。五是抓好城乡基础设施建设。加快城市供水管网、污水垃圾处理等市政基础设施建设，开工建设呼市水资源综合整治等重点城建项目。按照统筹城乡发展的要求，切实抓好农村牧区“六小”工程建设，搞好城乡基础设施衔接。六是加大对社会事业领域的投资力度。抓好科技、教育、文化、卫生、体育等社会事业基础设施建设，开工建设自治区重点文化工程。

加强项目前期工作，加大前期投入。根据国家产业政策和投资导向，策划一批比较优势明显、技术水平高、市场前景好、带动能力强的重大项目，建设高质量的项目库。加强在建项目管理，严格执行工程项目招投标制、质量监理制和工程质量终身负责制。积极争取国债投资，发挥国债资金对投资的导向和带动作用。加强对国债项目工程质量和资金使用效益的监督检查，严厉查处各种挤占、挪用和浪费国债资金的行为。深化投融资体制改革，充分发挥市场在资源配置中的基础性作用，确立企业的投资主体地位，营造有利于各类投资主体公平、有序竞争的环境。鼓励外商和民营企业投资，加大项目融资力度，促进社会投资快速增长。抓紧编制矿产和水资源开发利用总体规划，加快资源勘探和有序开发利用，为经济持续增长提供后备资源。

五、大力推进改革开放，加快体制创新步伐

按照完善社会主义市场经济体制的目标要求，加大改革攻坚力度。一是继续深化国有企业改革。按照“归属清晰、权责明确、保护严格、流转顺畅”的要求，加快建立现代产权制度。积极推进国有大中型企业的股份制改造，实现股权多元化，使股份制成为公有制的主要实现形式。按照建立现代企业制度的要求，进一步完善公司法人治理结构。继续加快企业主辅分离、辅业改制，搞好配套衔接，加快剥离企业办社会职能步伐。建立健全国有资产监管体制，依法对国有资产实施监督管理，确保国有资产保值增值。二是大力发展非公有制经济。认真落实扶持非公有制经济发展的政策措施，在市场准入、投资融资等方面为非公有制经济发展创造更为有利的条件。在国有企业改制、培育产业集群的过程中，积极引导扶持相关配套民营企业发展，培育一批具有较强带动能力的民营企业集团。三是推进行政管理体制改革。以建设服务型政府为目标，大力转变政府职能，继续深化政府机构改革，调整优化政府机构设置，努力实现政府职责、机构和编制的法定化。继续做好清理行政审批事项工作，明确审批和备案范围，切实把不合法、不合理的审批项目减下来，提高行政效率，推进政府“阳光作业”。四是不断深化事业单位改革。坚持分类指导、稳步推进的原则，对科技、教育、文化、卫生、体育等社会事业领域的经营性单位，加快向企业化转制；对公益性事业单位要深化劳动人事、收入分配等制度改革，引入竞争机制，增强活力。

积极利用两个市场、两种资源，全面扩大对外开放。继续加大招商引资力度，进一步扩大招商引资规模，全年力争引进区外资金480亿元，利用外商直接投资4亿美元。要把利用外资、技术、管理、品牌与促进我区经济发展有机结合起来，依托优势资源、优势企业和优势项目，积极主动地承接国际国内产业转移，加速推动我区产业升级和技术进步。加快实施“走出去”战略，鼓励和支持有条件的企业到境外开展跨国、跨地区经营，力争在有效利用俄、蒙等境外资源和国际市场方面取得更大进展。认真落实鼓励出口的各项政策，按照国家改革出口退税机制的要求，调整出口产品结构，鼓励高附加值和高科技产品出口，培育新的出口增长点。抓住国家实施“大通关”工程的有利时机，加快重点口岸建设，积极创造条件争取在满洲里、二连口岸率先建设出口加工体系和经济园区。继续整顿和规范市场经济秩序，严厉打击制假售假、商业欺诈、操纵物价等扰乱市场的违法犯罪行为。加快以企业为重点的信用体系建设，营造良好的信用环境。

六、认真做好财政金融工作，不断增强宏观调控能力

建立和完善公共财政管理体制，强化财政职能，进一步落实积极的财政政策，充分发挥财政宏观调控作用。严格管理并切实用好国债资金和其它专项资金，为加速推进“三化”进程、改善生态和基础设施状况、促进出口提供有力的财政资金支持。努力抓好财源建设，大力培植新的财源增长点。坚持依法治税，加强税收征管，严厉打击偷漏税行为。按照“一要吃饭，二要建设”的原则，加强预算支出管理，调整优化财政支出结构，重点向农牧业、扩大就业、社会保障、科技教育、公共卫生体系建设等方面倾斜，保证机关事业单位职工工资和离退休人员离退休费按时足额发放，保证国家机关正常运转和执法办案所需的经费支出。进一步完善财政体制，合理划分各级政府的财权和事权，规范转移支付制度，增加旗县乡镇可用财力，缓解基层财政困难。加强审计工作，严肃财经纪律，严格查处各种违反财经纪律的问题，进一步完善管理制度，确保资金使用效益。

加快发展金融业，为经济发展提供有力的金融支持与服务。加强地方政府与金融部门的沟通合作，鼓励银行支持自治区优势产业、重点项目、重点企业和中小企业、民营经济的发展。支持金融机构扩大服务内容，不断提高服务水平。积极引进国内外金融机构，加快地方金融机构发展，抓紧在有条件的市组建城市商业银行，搞好县域金融机构的规划布局。加强金融风险预警和防范，确保地区金融稳定。努力开拓资本市场，积极做好企业上市融资工作，提高上市公司再融资能力。

七、着力解决困难群体生活问题，努力提高人民生活水平

积极贯彻以人为本的思想，在加快经济发展的同时，努力提高人民生活水平，切实解决好关系群众利益的实际问题，使人民群众共享改革发展的成果。

(一)认真做好就业和再就业工作。进一步拓宽就业渠道，增加就业岗位，大力发展非公有制经济、中小企业和劳动密集型企业，吸纳下岗失业人员。引导鼓励下岗失业人员自谋职业、自主创业以及通过临时性、季节性工作等方式实现再就业。认真落实中央和自治区出台的各项政策措施，特别是要把财政信贷支持、税费减免、社保补贴、贷款贴息、工商登记等扶持政策真正落到实处。加强就业援助，政府出资购买的公益性岗位要优先安置“4050”人员。健全和规范城乡劳动力市场，进一步加强再就业服务工作，搞好岗前培训，统筹做好企业下岗职工、进城务工农牧民、复转军人、大学毕业生的就业和再就业工作。

(二)加强社会保障体系建设。做好企业解除劳动关系职工和一次性分流职工养老保险关系接续工作。积极推进下岗职工基本生活保障向失业保险并轨，力争年内全部完成并轨任务。完善社会统筹与个人帐户相结合的基本养老保险制度。依法扩大社保覆盖面，重点抓好个体私营等非公有制企业和灵活就业人员的参保工作，把未参保的企业和职工逐步纳入社会保险。稳步扩大医疗保险覆盖面，积极探索建立多层次的医疗保险体系。高度重视低保工作，把符合条件的城镇困难居民以及资源枯竭矿山等企业困难职工全部纳入最低生活保障范围，鼓励有条件的地方适当提高低保标准。完善社会救助制度，帮助特殊困难家庭解决就医、取暖、子女入学等问题，妥善解决好老复转军人、老劳模以及伤残人员的基本生活保障问题。

(三)努力提高中低收入居民的收入水平。支持企业在提高经济效益的基础上增加职工工资。加大管理和监督力度，确保各类企业严格执行法定最低工资标准，认真解决拖欠农民工工资问题，依法保护农民工的合法权益。继续加大开发式扶贫力度，不断完善扶贫开发新机制。切实把三项扶贫资金落实到位，继续稳步推进“千村扶贫开发工程”、“生态和异地扶贫移民工程”，改善贫困地区农牧民的生产生活条件。积极探索治本之策，加大防灾减灾工作力度。

八、加快各项社会事业发展，大力推进精神文明建设

按照统筹经济社会发展的要求，进一步加快科技、教育、文化、卫生、体育等各项社会事业发展，加强精神文明建设，促进社会全面进步和人的全面发展。

(一)加快实施科教兴区、人才强区战略，推动科技进步和教育发展。以科技体制改革为动力，以提高科技创新能力、加速成果转化为重点，积极推动科技成果向现实生产力的转化，促进科技与经济的紧密结合。加快建立和完善以企业为主体、符合市场经济规律的技术创新体系，鼓励企业进行新技术研究和新产品开发，改造和提升传统产业，促进高新技术产业化。充分发挥高新技术产业开发区、科技园区、特色科技产业基地的示范带动作用，努力提高区域科技创新能力。积极引导民营科技企业及各类科技服务组织加快发展。高度重视科技推广工作，推进各类适用技术的普及和应用。坚持把教育作为经济社会发展的先导来抓。加强基础教育特别是农村牧区基础教育，加快“普九”步伐，妥善解决贫困学生失学、辍学问题，加大“两基”攻坚力度，加快实施危房改造和现代远程教育工程。扩大素质教育试点范围，积极推进素质教育。进一步优化高等教育布局和学科专业结构，不断强化高等院校的教学、科研与社会服务功能，鼓励有条件的大学在搞好人才培养的同时，进一步增强科研及其成果转化功能。优先发展民族教育，重视职业教育，扶持民办教育，促进各级各类教育协调发展。积极实施人才强区战略，进一步制定和完善人才政策，创新人才工作机制，优化人才成长环境，培养、吸引和用好各类人才，开创人才辈出、人尽其才的新局面。

(二)加快建设民族文化大区，满足人民群众日益增长的精神文化需求。以建设先进文化为目标，以弘扬优秀特色民族文化为重点，大力发展文化事业和文化产业。把文化建设纳入经济社会发展总体规划，落实各项政策措施，发挥各类文化设施的功能和作用，形成布局合理、城乡联动的区域文化格局。重视和加强基层文化工作，切实改善农村牧区文化设施和文化生活落后的状况。进一步繁荣和发展文学艺术、广播电视、新闻出版事业，为人民群众提供更多更好的精神文化产品。积极开展全民健身运动，努力提高竞技体育水平。

(三)大力发展医疗卫生事业，提高人民群众健康水平。加大各级各类卫生资源的整合力度，抓好疾病预防控制、医疗救治、公共卫生信息网络和卫生执法监督体系建设，提高公共卫生服务水平和突发性公共卫生事件应急能力。加强卫生法制建设，健全非典等重大传染病防治工作的长效机制。深入持久地开展爱国卫生运动，倡导健康文明生活方式。认真实施农牧民健康工程和妇女儿童保健项目，维护妇女儿童、老年人和残疾人的合法权益。积极做好新型农村牧区合作医疗试点工作。加强中蒙医药开发应用研究，促进蒙医蒙药标准化、现代化。

(四)做好人口与计划生育、环境保护工作，实现可持续发展。继续稳定低生育水平，努力控制人口增长，搞好优生优育，不断提高出生人口素质。处理好资源开发与环境保护的关系，合理开发利用土地、水、森林、矿产等自然资源。完善环境与发展综合决策机制，重点抓好城市大气污染防治、黄河和西辽河水污染防治、生态脆弱地区环境保护。强化全民环保意识，加大执法力度，综合运用法律、经济和必要的行政手段，切实加强环境建设与保护。

(五)以思想道德建设为核心，大力加强精神文明建设。深入开展“三个代表”重要思想学习教育活动，加强党的基本理论和基本路线教育。认真实施公民道德建设纲要，建立与社会主义市场经济相适应、与社会主义法律规范相协调、与中华民族传统美德相承接的社会主义思想道德体系。弘扬和培育民族精神，增强凝聚力，激发创造性，使各族人民始终保持团结和睦、奋发有为、昂扬向上的精神风貌。

九、加强社会主义民主法制建设，努力提高政府依法行政水平

积极推进社会主义民主建设，健全民主制度，扩大基层民主，保证人民依法实行民主选举、民主决策、民主管理和民主监督。各级政府要强化法律意识，自觉接受人大及其常委会的监督，主动加强同人民政协的联系，认真办理人大代表议案、建议和政协委员提案，并为人大、政协工作创造良好的外部环境。充分发挥各民主党派、工商联和无党派人士的参政议政和民主监督作用，推进决策的科学化、民主化。牢固树立法制观念，坚持依法行政，自觉把政府工作纳入法制轨道。进一步加强行政立法、行政执法和法制监督，认真抓好即将施行的《行政许可法》的学习、宣传和贯彻落实，做好相关法规和规章的立、改、废工作。加强行政执法队伍建设，实行行政执法责任制和执法过错追究制。继续抓好普法教育，不断增强全民法制意识。实行政务公开，推行电子政务，规范政府行为，提高政府工作的透明度。牢记“两个务必”的要求，进一步加强廉政建设和反腐败工作，强化监察、审计职能，坚决纠正部门和行业不正之风。积极贯彻民族区域自治法，发扬民族团结的优良传统，促进各民族平等团结和共同发展。全面贯彻党的宗教政策，积极引导宗教与社会主义社会相适应。

认真抓好社会稳定工作，巩固和发展安定团结的政治局面。正确认识和处理新形势下的人民内部矛盾，认真做好群众来信来访工作，努力解决好人民群众反映强烈的突出问题。对人民内部矛盾引发的不稳定因素要认真排查、主动化解，积极预防和妥善处理群体性事件。严厉打击境内外各种敌对势力、民族分裂势力、法轮功等邪教组织的渗透破坏活动。加强社会治安综合治理，建立和完善打防控一体化机制。继续坚持严打方针，严厉打击各种刑事犯罪和有组织犯罪。关心和支持军队建设，加强边防建设，搞好民兵和预备役部队建设，做好拥军优属、拥政爱民工作，进一步巩固和发展军政、军民团结。高度重视安全生产，认真落实责任制，强化安全监察，严防重大事故发生，保障人民生命财产安全。

各位代表！当前，我区正处在加快发展的重要历史时期。让我们更加紧密地团结在以胡锦涛同志为总书记的党中央周围，坚持以邓小平理论和“三个代表”重要思想为指导，认真贯彻落实党的十六大和十六届三中全会精神，与时俱进，开拓创新，扎实工作，为全面完成今年的各项任务而努力奋斗！

关于内蒙古自治区2003年国民经济和社会发展计划执行情况与2004年国民经济和社会发展计划草案的报告

Report on the National Economic and Social Development for 2003 and the Draft Plan for 2004 in Inner Mongolia

——2004年1月8日在内蒙古自治区第十届人民代表大会第二次会议上

内蒙古自治区发展和改革委员会主任　呼尔查

各位代表：

我受自治区人民政府委托，向大会报告全区2003年国民经济和社会发展计划执行情况与2004年国民经济和社会发展计划草案，请予审议，并请自治区政协各位委员提出意见。

一、2003年国民经济和社会发展计划执行情况

2003年，在自治区党委的领导下，我们克服了非典疫情和多种自然灾害的影响，坚持发展这个第一要务，认真实践“三个代表”重要思想，抢抓机遇，乘势而上，国民经济继续保持快速增长，社会事业得到进一步发展，全面超额完成了十届人大一次会议确定的各项预期目标。预计全年国内生产总值完成2093亿元，同比增长16.3%。其中，第一产业增加值完成422亿元，增长5%；第二产业增加值完成948亿元，增长26.9%；第三产业增加值完成723亿元，增长11%。三次产业比例由上年的21.6:42:36.4调整为20.2:45.3:34.5。财政总收入完成257.6亿元，增长28.1%。城镇居民人均可支配收入达到7010元，比上年增加959元，增长15.8%。农牧民人均纯收入达到2284元，比上年增加198元，增长9.5%。

（一）结构调整成效显著，经济效益明显提高

农牧业产业化取得积极进展。龙头企业进一步发展壮大，全区销售收入亿元以上的龙头企业达到38户，其中10亿元以上的达到5户。龙头企业辐射带动作用进一步增强，全区有140万农牧户与龙头企业建立了产销关系，比上年增加20万户。基地建设进一步加强，优质、专用农畜产品产量持续增加，特别是牛奶产量达到275万吨，增长63%；肉类总产量达到151.6万吨，增长4%；羊绒产量达到4806吨，增长6%。畜牧业发展迅速，占农业总产值的比重达到40%，比上年提高2个百分点。种植业在局部地区遭受自然灾害的情况下，粮食产量仍达到1360万吨，玉米、青饲料、牧草等作物进一步增加。企业与农户的利益关系进一步密切，农牧业生产、流通、科技等服务体系得到完善。

工业化进程明显加快。工业总量得到扩大，预计全年工业增加值完成707亿元，增长20.8%，占国内生产总值的比重达到33.8%。经济效益明显提高，全区规模以上工业企业经济效益综合指数达到124，比上年提高20点。特色优势产业发展加快，煤炭、电力、冶金、建材等行业增加值占规模以上工业增加值的比重达到60%以上。多种所有制经济共同发展，股份制及股份合作企业增加值占规模以上工业增加值的比重达到69%，比上年提高4.4个百分点。重点企业的带动作用进一步增强，60户重点企业增加值占规模以上工业增加值的比重达到50%以上。服务业在非典疫情过后迅速恢复，商贸流通、邮政仓储等传统服务业稳步增长，通信、旅游、物流等现代服务业得到较快发展，社会消费品零售总额完成729亿元，比上年增长12.8%。

城镇化步伐进一步加快。呼市、包头等大中城市和盟市所在地的城市基础设施建设得到加强，城镇经济和社会发展明显加快。特别是呼市、包头、赤峰、通辽、鄂尔多斯等大中城市的工业增加值占全区工业的比重达到78%。各类工业园区建设稳步推进，县域经济进一步发展，小城镇面貌逐步改善。自治区确定的50个重点市旗县区和20个重点开发区对全区工业经济增长的贡献进一步提高。城市人口规模进一步扩大，全年共转移农牧业人口30万人左右，城镇化率达到45%以上，比上年提高1个多百分点。

（二）固定资产投资高速增长，对经济拉动作用显著增强

预计全年全社会固定资产投资完成1202亿元，增长68%，比上年提高24个百分点。招商引资、民间投资、银行贷款等各类社会投资成为投资增长的主要力量，非国有投资占全部投资的比重达到45%左右。工业、生态、基础设施和社会事业等领域的投资是促进投资增长的重点。特别是工业投资达到508亿元，比上年增长121%。交通投资达到189亿元，比上年增长70%。各地区投资普遍加快，特别是包头市投资达到220亿元，比上年增长101%，总量居全区第一位。乌兰察布盟投资高速增长，全年达到87亿元，比上年增长176%，增幅居全区第一位。

工业项目建设加快。自治区确定的150个重点项目中，续建的75个已建成40个，计划新开工的75个已开工建设69个。能源工业方面，开工建设了上都、岱海等一批电源点项目，新开工电力装机容量800万千瓦以上。长庆气田至呼和浩特天然气输气管道工程建成投产。扎赉诺尔和大雁煤矿沉陷区治理方案已经得到国家批复，即将实施。冶金、建材

工业方面，包铝二期、乌兰水泥二期建成投产，包钢冷轧薄板正式开工建设。高技术产业方面，全年实施了沙棘开发、12—羟基硬脂酸锂等高技术产业化示范项目 22 个，新批复蒙药扫日劳—7 胶囊、新药妥舒沙星等 6 个高技术产业化项目。

生态和水利建设取得明显成效。生态建设全年共完成退耕面积 457 万亩，宜林荒山荒地造林 541 万亩，完成退牧还草 5618 万亩，治理荒漠化土地面积 9657 万亩。水利重点工程建设加快，尼尔基、绰勒等大型水利枢纽进展顺利，黄河、辽河、嫩江等大江大河治理工程继续加强，河套等大型灌区节水改造进度加快，牧区水利和农田水利基本建设成效显著，全年新增有效灌溉面积 261 万亩，节水灌溉面积 478 万亩。

交通和城市基础设施建设力度加大。公路方面，110 线高速公路包头至磴口段、巴拉贡经新地至麻黄沟段开工建设，国家西部干线阿荣旗至集宁一级公路新开工 463 公里，县际公路新开工 1751 公里，预计全年新增二级以上公路 500 公里。铁路方面，桑蓝铁路和呼准铁路开工建设，东乌铁路、桑张铁路项目已上报国家。机场方面，乌海机场投入运营，满洲里机场开工建设。城市基础设施建设方面，全年开工建设了 58 个城市的污水、垃圾处理及供水、供气国债项目，城市供水、供热能力得到提高，城市环境明显改善。

一年来，自治区党委、政府高度重视投资工作，自治区领导多次带领盟市和部门的同志到国家汇报，并与有关企业衔接，进行项目洽谈和沟通，深入施工现场进行检查指导，及时解决项目实施中存在的问题，极大地激发了各地区抓投资抓项目的积极性，促进了项目建设进度加快、工程质量提高、投资高速增长。2003 年初自治区政府与各盟市及有关厅局签订的投资目标责任状全部超额完成。与此同时，前期工作得到进一步加强，自治区项目库中投资亿元以上的项目达到 1466 个，为持续扩大固定资产投资规模奠定了良好基础。

（三）对外开放进一步扩大，招商引资成效显著

全区各地深入开展“大力解放思想、优化开放环境”的教育活动，进一步扩大了对外开放。对外贸易规模扩大，预计全年外贸进出口总额达到 30 亿美元，增长 21.5%。其中，出口 13 亿美元，增长 55.7%；进口 17 亿美元，增长 4%。

口岸经济得到发展，疏运能力和通关效率进一步提高，预计全年边境贸易进出口额达到 13.4 亿美元，比上年增长 3%。与俄蒙的经济技术合作进一步深化，包钢、神华、内蒙古森工集团等企业与俄蒙的资源开发合作取得新进展。

招商引资力度进一步加大，制定出台了《内蒙古自治区实施西部大开发若干政策措施的规定》，组织参加了第七届西安投资贸易洽谈会、第六届北京科技博览会等大型招商活动，全年共实施招商引资项目 4000 多个，引进区外资金到位 402 亿元，增长 49.4%。实际外商直接投资到位 3.3 亿美元，增长 44.7%。全年落实投资在 5000 万元以上的大项目 271 项，东方希望集团、中国铝业集团等一批大企业集团和优势企业陆续入驻我区。

（四）科技教育得到加强，社会事业稳步发展

科技创新和推广体系进一步完善，科技推广和科技成果转化明显加快，科技对经济发展的带动作用明显增强，全年共组织实施各类科技项目 75 项，高新技术产业产值超过 300 亿元。

基础教育办学条件明显改善，改造中小学危房 35 万平方米。优质高中扩招工程继续推进，24 所重点高中和民族中学列入建设计划。高等教育发展加快，全区普通高校招生 6 万人，增长 32.3%。内蒙古大学“十五”“211”工程、高校后勤园区和内蒙古师范大学新校区等项目相继启动。

社会主义精神文明和民主法制建设得到加强，文化产业发展较快，24 个旗县图书馆、文化馆列入国家专项建设计划。广播电视、体育、民政、新闻出版、环境保护等社会事业稳步推进。卫生事业加快发展，实施了 68 个疾病预防控制项目，加强了自治区、盟市、旗县三级疾病预防控制网络建设。人口和计划生育工作进一步加强，人口自然增长率控制在 3.07‰。

就业和再就业工作取得新进展，预计全年城镇新增就业和再就业 22 万人，城镇登记失业率控制在 4.5%左右。“两个确保”和“三条保障线”政策得到有效落实，全区参加基本养老保险的人数达到 228 万人，参加基本医疗保险的人数达到 235 万人，参加失业保险的人数达 220 万人，70 万城镇贫困人口被纳入了低保范围，基本实现了应保尽保。

（五）各项改革继续推进，市场经济体制逐步完善

粮食流通领域取消了粮食收购保护价和粮食准运制度，对东四盟市的玉米直接给予农民保护性生产补贴。垄断行业改革加快，完成了民航机场移交地方的工作，组建了内蒙古自治区民航机场集团有限责任公司；电力体制厂网分开的改革方案已开始实施；铁路、公路等国有股权的转让和退出迈出实质性步伐。深化了价格改革，推行了重大价格决策听证制度，废止了 51 个价格管理文件，取消了 130 种商品和服务价格审批事项，公布实施了《内蒙古自治区价格管理目录》和《内蒙古自治区行政事业性收费项目标准目录》，呼和浩特、海拉尔、赤峰、通辽、临河等城市实行了阶梯式水价。加大了教育和医疗收费公示力度，全区 1149 个乡镇苏木完成公示工作，1 万多所学校建立了公示制度，一、二、三级医院基本实行了公示。

（六）宏观调控不断加强，经济社会健康发展

针对 2003 年上半年的非典疫情，全区上下认真贯彻自治区党委的决策和部署，坚持一手抓防治非典这件大事不放松，一手抓经济建设这个中心不动摇，全力以赴抗击非典，加强对经济运行的监测分析，准确把握经济社会运行态势，及时采取有针对性的宏观调控措施，保持了国民经济的快速增长和社会的稳定发展，取得了抗击非典的重大阶段性胜利和经济社会快速协调健康发展的好成绩。

按照机构改革和政府职能转变的要求，积极转变工作作风，深入实际调查研究，围绕经济社会发展中的重大战略问题，开展了调整和优化生产力布局、改善投资软环境、统筹

城乡经济解决"三农"问题、推进社会保障体系建设等一批重大课题的调查研究，增强了宏观调控的主动性和预见性。

坚持当前和长远相结合，加强中长期发展战略研究，对自治区近中远期发展目标和思路进行了充实和完善，研究提出了自治区全面建设小康社会规划思路。对"十五"计划执行情况进行了中期评估，启动了"十一五"规划前期工作。加强重点行业发展规划研究，编制完成了煤炭、电力、公路、铁路、民航、天然气、食品、乳业、稀土等行业的发展规划，这些规划有的已上报国家，有的已批复实施。推进东四盟市加快发展，开展了东四盟市发展战略规划研究。围绕保障新型工业化对资源的需求，开展了水资源和后备矿产资源的开发利用研究工作。

2003年，我区经济和社会继续保持了良好发展态势，这是多年来党中央、国务院正确把握形势，实施有效的宏观调控，推进西部大开发战略和扩大内需政策的结果；是自治区党委深化对区情的认识，完善发展思路，坚定不移地扩大投资规模、加快工业发展效应累积的结果；是各地区各部门及广大干部群众抓住机遇，奋发进取，狠抓落实，"聚精会神搞建设，一心一意谋发展"的结果。

各位代表，在看到成绩的同时，我们也要看到我区经济和社会发展中还面临许多困难和问题。主要是："三农"问题仍较突出，产业优势尚未充分发挥，服务业发展滞后；国有企业改革进展较慢，县域经济薄弱；城市化水平较低，就业压力大；城乡困难群体的扶贫济困任务较重；对外开放工作仍需加强，投资环境有待进一步改善。此外，水资源和后备矿产资源需要加快勘探步伐，局部地区还存在电力、运力等方面的制约。对这些问题我们要高度重视，并采取有力措施逐步加以解决。

二、2004年经济和社会发展主要任务

2004年是全面贯彻落实党的十六届三中全会精神，超额完成"十五"计划的关键一年。我们要认真贯彻落实中央经济工作会议精神，按照自治区党委七届五次全委会和全区经济工作会议的总体要求和部署，加快结构调整步伐，全力推进"两项"建设和"三化"进程。经济和社会发展的主要预期目标是：国内生产总值增长13%，全社会固定资产投资增长30%，社会消费品零售总额增长12%，进出口总额增长10%，财政总收入增长18%，城镇居民人均可支配收入增长13%，农牧民人均纯收入增长8%，居民消费价格上涨2%左右，城镇登记失业率控制在5%以内，人口自然增长率控制在7‰以内。为确保完成上述目标，我们必须进一步解放思想，转变观念，以创新的精神和务实的作风，全力做好各项工作。

（一）统筹城乡发展，切实解决好"三农"问题

解决"三农"问题必须坚持统筹城乡经济发展，用工业化的思维谋划农牧业发展，用城镇化的思维谋划农村牧区发展，千方百计增加农牧民收入。全年第一产业增加值达到440亿元，增长4%。

继续大力推进农牧业产业化，突出抓好龙头企业、基地建设和服务体系三个环节。要加快伊利新工业园区、蒙牛四期、塞飞亚肉鸭加工等重点龙头企业项目建设，力争全年液态奶产量达到200万吨，肉类综合加工能力达到40万吨。要重点抓好乳、肉、绒、粮油、薯菜果和饲草料等六大农畜产品生产，适时开发生态后续产业，力争牛奶产量达到380万吨，肉类产量达到165万吨，羊绒产量达到5000吨。大力发展农村合作经济组织，积极引导龙头企业和农户建立共同利益机制，切实维护企业和农牧民的合法权益。

围绕龙头企业和市场需求，积极调整种养结构和区域布局。大力发展优质、专用、绿色、无公害农产品，支持农产品标准化、质量安全和认证体系建设。稳定粮食面积，扩大饲草料种植规模，加快发展农区畜牧业，狠抓粮食、秸秆转化，扩大牛羊育肥和生猪、家禽养殖规模。切实转变草原牧区生产经营方式，推行划区轮牧、休牧禁牧和舍饲圈养。加强畜禽防疫工作，加快畜种改良，提高牲畜个体生产能力。力争今年畜牧业占农业总产值的比重达到42%以上。

统筹城乡发展，加快城镇化步伐。要进一步扩大城市规模、完善城市功能，增强呼市、包头等大中城市和盟市所在地城市的辐射带动作用。以旗县所在地城镇和有条件的建制镇为重点，抓好城镇的扩容提质，扩大人口规模，推动县域经济发展，加快转移农村牧区人口，全年力争达到30万人。进一步加强农村牧区基础设施建设，加快改善农村牧区教育、文化和医疗卫生条件。鼓励农牧民外出务工，采取有效措施，及时兑现进城务工人员工资。要进一步落实减轻农牧民负担的各项措施，切实加强涉农价格和收费监管。加大扶贫开发力度，巩固扶贫开发成果，加快贫困人口的脱贫步伐，解决10万贫困人口的温饱问题。认真做好防灾救灾工作。

（二）加强工业重点项目建设，加快工业化步伐

进一步加强重点地区、重点产业和20个重点工业园区、60户重点企业的辐射带动作用，保持我区工业快速发展的良好势头。2004年全区工业增加值达到840亿元，增长18%。

积极加强国际国内合作，主动承接产业转移，在引进大企业、大集团方面取得重大突破，加快发展我区特色优势产业。一是重点抓好霍林河、平庄、胜利、准格尔等20个大中型煤炭项目建设，煤炭产量达到2亿吨。力争开工建设伊敏二期、通辽电厂三期、元宝山4号机组、包头河西、达电四期、岱海二期、托电四期、上都二期等17个电源点项目，新开工电力装机容量800万千瓦以上。支持大企业、企业集团和重点工业园区创造条件建设一批应急自备电厂，尽快缓解电力紧张局面。抓好准格尔—永圣域等5个500千伏输变电和47个220千伏、39个110千伏以下的电网建设，完成县城电网改造工程。二是搞好技术改造和产业升级项目，坚持高技术、成规模和环保达标的原则，稳步推进高载能工业发展。抓好包钢冷轧薄板、东方希望铝电联产等一批项目，全年钢产量达700万吨以上，铝产量超过50万吨。三是大力发展工程机械和载重汽车，加强新产品开发，力争载重汽车和改装车产量超过1万辆。四是做好包头、鄂尔多斯天然气综合利用项目前期工作，开工建设天野化工油改气项目，

全年天然气开发量达到19亿立方米。五是继续抓好活性多肽、纳米碳酸钙等18个高技术产业化示范项目，加快TCL高清晰度彩电、手机等整机产品开发生产。

加快后备资源的勘探和开发，以开发潜力较大的8个矿产资源集中区为重点，加快能源、有色金属、贵金属等矿产资源的勘探。做好矿产资源开发利用规划，尽快确定一批资源开发利用项目。2004年重点勘查锡林郭勒能源矿产集中区、兴安盟南部—赤峰北部有色金属矿产集中区、阿拉善北山和狼山多金属矿产集中区、包头—白云鄂博铁铌稀土矿产集中区。加快准格尔—清水河、阿左旗—乌海地区铝土矿产资源的普查。

要采取切实有效措施，积极开拓市场，扩大生产和营销。大力推进科技进步，降低能耗和生产成本，节约资源，提高经济效益，促进全区工业持续快速发展。要高度重视安全生产，完善和落实各项制度，加强检查和管理，保障生产安全运行。

（三）采取有力措施，促进服务业发展

加快发展服务业是推动我区经济结构调整，增加城乡就业，实现产业升级的重要举措。2004年要把加快发展服务业作为工作重点，在现有基础上实现较大突破，全区第三产业增加值达到800亿元，增长10%。

加快编制服务业发展规划，制定出台扶持服务业发展的指导意见和政策措施。在商贸流通、运输邮政、旅游、房地产、金融保险、信息咨询、社区服务、公共服务、农牧业服务等重点行业筹划一批服务业重点项目，像抓工业那样，以项目建设为突破口，促进服务业快速发展。

改造提升商贸流通等传统服务业，积极发展现代物流业。加快呼和浩特、包头、通辽、赤峰以及满洲里、二连等地区物流园区建设，支持伊利、蒙牛、草原兴发、小肥羊等企业完善物流配送体系，扩大连锁经营规模，提升连锁经营水平；继续支持北京华联、百盛、肯德基、麦当劳等大型连锁企业在我区发展；积极争取沃尔玛、家乐福等世界知名流通企业落户我区。

按照大旅游、大市场、大产业的理念，进一步加快发展旅游业，扩大旅游项目的招商引资力度，推动旅游业上规模、上档次、上水平。重点加快建设呼和浩特—包头—鄂尔多斯民族文化、草原、沙漠观光线路，满洲里—海拉尔—阿尔山草原、森林、冰雪、边贸旅游线路，锡林郭勒—赤峰民俗文化、温泉渡假线路，阿拉善—银川沙漠、航天基地观光线路。进一步完善旅游景区、景点配套设施建设，开发具有民族和地区特色的旅游产品，2004年旅游总收入力争达到120亿元，增长25%以上。

加快金融业对外开放步伐，争取国内外大型金融企业和企业集团在我区建立分支机构。积极发展地方性金融组织，做好赤峰、乌海、鄂尔多斯组建城市商业银行的前期工作，推动建立农村信用联社和大型企业财务公司。

大力发展房地产二级市场、物业管理、劳务市场、家政服务、社区服务，进一步深化市政公共服务业改革，引入竞争机制，加快推进城市道路、供水、排水、供热、供气、公共交通、垃圾处理、污水处理等市政公共行业的市场化进程。

努力扩大居民消费。在经济发展、效益提高的基础上，进一步提高居民收入水平。完善鼓励和引导消费的政策措施，清理买房、购车等消费环节的不合理收费，扩大住宅、汽车、助学等领域消费信贷规模。加强城乡市场体系建设，拓宽消费品进入农村牧区市场的渠道。继续整顿和规范市场经济秩序，创造良好的消费环境。

（四）狠抓重点项目建设，努力扩大投资规模

要进一步拓宽融资渠道，继续保持固定资产投资高速增长。加大招商引资力度，扩大社会投资领域，力争非国有投资占全部投资的比重达到50%，比上年提高5个百分点。要密切与金融部门合作，做好项目推荐工作，扩大银行对有市场、有效益、有信誉企业的贷款规模。继续加强对企业股票上市和债券发行的协调服务，推动符合条件的企业上市融资，提高直接融资的规模和比重。要继续积极争取国债投资，发挥国债资金对投资的导向和带动作用。2004年固定资产投资要达到1500亿元以上。

加强工业重点项目建设，全年工业投资达到700亿元，占固定资产投资总额的比重达到45%。2004年要抓好246个工业重点项目，确保50个建成投产。突出抓好国家推出的食品专项、“西电东送”和“西气东输”、产业升级和技术改造、高技术产业化示范等重点产业和领域的项目建设。要加快东部地区发展，充分利用国家振兴东北老工业基地的有利时机，发挥东部地区产业优势，抓好自治区重点工业项目中东部地区的73个项目。

继续实施退耕还林、退牧还草、京津风沙源治理等重点工程，全年力争退耕还林（草）600万亩以上，退牧还草5000万亩以上。加强黄河、嫩江等干流及其主要支流的堤防建设，继续加快尼尔基、绰勒等一批重点水利工程建设进度，抓好毕拉河枢纽、红吉水库等一批水利项目前期工作，加快河套灌区节水改造、牧区水利和农田水利基本建设，新增农田和饲草料有效灌溉面积200万亩，节水灌溉面积300万亩。开展水资源勘查，研究制定水资源开发和综合利用规划，合理利用水资源。

加快国道110线高速公路、国家西部干线内蒙古段一级公路、县际公路和乡村道路建设，新开工建设国道208线白音查干经集宁至丰镇、省道103线呼市至东胜高速公路、国道301线海拉尔至满洲里、国道208线二连浩特至赛汗塔拉一级公路和部分盟市一级公路连接线，2004年要建成高速公路215公里，一级公路800公里，县际公路3000公里，建成500个村的通公路工程。加快建设桑蓝铁路、呼准铁路，做好集张铁路、霍林河至白城、准格尔至神木等铁路项目的前期工作，争取早日开工。建成满洲里机场，力争开工建设鄂尔多斯、阿尔山、二连机场，迁建赤峰机场。抓好10个城市供水管网改造、13个污水垃圾处理项目和35个县城供水国债续建项目，新开工建设呼市水资源综合整治等一批城建项目。

各地区、各部门要进一步加大前期工作力度，增加前期投入，搞好项目储备，积极策划一批符合国家产业政策、对当地经济带动强的大项目，充实项目库。要切实加强项目管理，继续实行重点投资项目月报制度。进一步加强项目稽察，推行项目后评估制度，对重大项目建成投产后的运营情况进行跟踪评估。

（五）统筹经济社会发展，促进社会全面进步

深化科技体制改革，优化科技资源配置，促进“产学研”相结合。继续加强重点实验室和中试基地建设，围绕经济社会发展，实施一批重点科研项目。支持企业建立科技研发机构，加快科技成果转化。加快实施“人才强区”战略。

切实加大对农村牧区教育的投入，改善农村牧区教育基础设施，推行农村牧区义务教育以旗县管理为主的体制。继续实施贫困地区义务教育二期工程、中小学危房改造工程、远程教育网络工程和扶贫助学工程，巩固“两基”达标成果，力争普及九年制义务教育以旗县为单位人口覆盖率达到75%。优先发展民族教育，积极发展高中阶段教育，扩大优质高中招生规模，推动各级各类职业教育健康发展。稳步发展高等教育，积极调整学科和专业结构。2004年区内普通高校计划招生7万人，比上年增长16.7%。

继续加强疾病预防控制网络体系和医疗救治体系建设，提高对突发公共卫生事件和疫情快速反应处理能力，争取国家专项投资，建设自治区、盟市、旗县的疾病预防控制项目和传染病院（区）项目。加强农村牧区医疗卫生和环境卫生基础设施建设，推进农村牧区合作医疗试点工作，加快建立农村牧区医疗救助制度。

切实加强精神文明建设，推动文化事业发展。按照建设文化大区的要求，进一步完善公共文化设施。争取国家投资，改造36个县级文化馆和图书馆，加快实施“西新工程”和“农村牧区电影放映工程”。开工建设乌兰恰特大剧院，做好内蒙古博物馆改造等一批重点文化工程前期工作。积极推动广播电视数字化和网络化进程，解决已通电800个村（嘎查）的通广播电视问题。坚持普及与提高相结合，实现群众体育和竞技体育协调发展。

加强环境整治，严格控制污染物排放量。加快环境保护项目建设，加大黄河、西辽河、嫩江流域水污染治理力。引导和支持企业开展清洁生产，新建项目要严格执行环保设施与主体工程同时设计、同时施工、同时投产的“三同时”制度。

（六）努力扩大就业规模，完善社会保障体系

认真落实国家和自治区促进就业和再就业的各项政策，进一步强化服务措施，改善就业环境。加快择业观念的转变，采取有效措施，鼓励有就业需求人员的创业活动。切实做好高校毕业生、复转军人以及进城务工人员的就业指导和服务工作。

大力发展民营经济，加快发展服务业、中小企业和劳动密集型产业，进一步扩大就业空间。努力开发公共就业岗位，建立健全困难群体就业和再就业援助制度。加强职业介绍和培训，提高劳动者就业技能。要统筹做好全社会的就业工作，推进城乡就业一体化进程，2004年新增城镇就业和再就业人员力争达到25万人，比上年增加3万人。

继续做好“两个确保”和“三条保障线”的衔接工作，进一步完善社保体系，推进企业退休人员管理服务社会化。加大对困难群体和低收入群体的生活保障力度，妥善解决城市困难家庭在医疗、住房、入学等方面的实际困难。鼓励有条件的地区建立农牧民最低生活保障制度。

（七）继续扩大对外开放，增强经济发展活力

坚持以质取胜和市场多元化战略，鼓励企业积极开拓国际市场，扩大对外贸易规模，针对国家调整出口退税率，研究制定我区鼓励出口的政策措施。充分发挥口岸优势，加快发展边境贸易。

加快满洲里、二连等口岸的基础设施建设，强化满洲里互市贸易区、木材加工区的功能，巩固对俄罗斯蔬菜等农副产品出口绿色通道，开通对蒙古国蔬菜出口绿色通道。继续大力实施“走出去”战略，支持包钢与蒙古国合作开发巴尔盖铁矿和土牧尔台铁矿、神华集团与蒙古国开发塔温陶勒盖煤矿等跨国合作项目，努力拓宽合作领域。

要抓住国际、国内产业转移的有利时机，进一步加大招商引资力度，努力拓展招商领域，提高招商引资的档次和水平，扩大招商引资规模。以引进国内外有实力的大集团、大企业和优势企业到我区投资为重点，积极做好招商引资工作，促进经济发展。2004年要确保引进区外(国内)资金到位480亿元以上，增长20%；利用外商直接投资到位4亿美元，增长20%。

要继续深入开展“大力解放思想、优化开放环境”的教育。抓紧制定和完善我区招商引资政策，用足用好西部大开发政策和民族区域自治政策，强化政府为市场主体服务的功能，进一步简化审批程序，健全信用制度，继续清理不合理收费项目，建立健全投资环境评价监督体系。

（八）进一步深化改革，为发展创造良好的体制环境

加快建立现代产权制度，抓紧进行国有企业股份制改造，推进国有资产有序退出。鼓励外资和民间资本参与国有企业改制改组，发展混合所有制经济。落实扶持中小企业发展的各项政策，大力发展个体、私营等非公有制经济。加快推进企业经营机制转换，进一步完善企业法人治理结构。健全国有资产监督管理体制。

巩固和完善农村牧区税费改革成果，深化粮食流通体制改革，落实好对种粮农户的直接补贴政策。加快土地征用制度改革，实行严格的耕地保护制度，清理和收回不合理占地。

进一步完善市场价格监测体系，建立健全价格预警和应急处理机制。推进电力体制改革，做好厂网分开后上网电价和输配电价改革的前期工作，扩大城乡同网同价覆盖面，制定峰谷电价实施方案。开展农业用水终端水价试点，扩大阶梯式水价实施范围。制定新的医疗服务价格。扩大价格收费公示范围，开展涉农、就业、教育等收费专项检查。

认真贯彻国家投资体制改革精神，研究制定自治区企业

投资项目核准实施办法和自治区政府投资项目管理办法等地方性配套文件。进一步清理行政审批事项，转变职能，强化为基层服务的意识，提高办事效率。要贯彻落实国家关于垄断行业、财税、文化、事业单位和农村信用社等领域改革的精神，适时研究制定我区的实施办法。

各位代表，当前我区经济已步入了一个快速增长期，各项社会事业发展也进一步加快。让我们紧密团结在以胡锦涛同志为总书记的党中央周围，认真实践“三个代表”重要思想，切实贯彻党中央、国务院的各项方针政策和自治区党委的各项部署，珍惜来势，抓住机遇，扎实工作，开拓创新，为促进全区经济和社会持续快速协调健康发展而努力奋斗。

关于 2003 年预算执行情况和 2004 年预算（草案）的报告

Report on the Implementation of Budgets for 2003 and Draft Budgets for 2004 in Inner Mongolia

——2004 年 1 月 8 日在内蒙古自治区第十届人民代表大会第二次会议上

内蒙古自治区财政厅厅长 符太增

各位代表：

我受自治区人民政府委托，现在向大会提出 2003 年预算执行情况和 2004 年预算（草案）的报告，请予审议，并请自治区政协各位委员提出意见。

一、2003 年全区财政预算执行情况

过去的一年，面对非典疫情和多种自然灾害的严峻考验，自治区党委团结和带领全区各族人民奋发图强，克服困难，把握大局，加快发展，改革开放和现代化建设取得显著成就，本年预算确定的各项目标和任务圆满实现。

根据去年 12 月底财政月报初步统计，当年全区财政总收入实际入库 257.6 亿元，完成预算的 114.5%，比上年增加 56.5 亿元，增长 28.1%。其中：地方财政收入 162.3 亿元，完成预算的 116.8%，比上年增加 32.4 亿元，增长 24.9%；上划中央税收收入 95.3 亿元，完成预算的 110.8%，同比增加 24.1 亿元，增长 33.9%。在地方财政收入中，一般预算收入 138.4 亿元，完成预算的 112.8%，比上年增加 28.6 亿元，增长 26%；基金预算收入 23.9 亿元（不含社会保障基金收入，下同），完成预算的 146.6%，比上年增加 3.8 亿元，增长 19%。当年全区财政总支出为 469.1 亿元，完成全年预算的 92.3%，比上年增加 57.1 亿元，增长 13.9%。其中：一般预算支出 444.8 亿元，完成全年预算的 92.9%，比上年增加 52.6 亿元，增长 13.4%；基金预算支出 24.3 亿元，完成预算的 82.5%，比上年增加 4.5 亿元，增长 22.6%。

自治区本级财政总收入完成 35.6 亿元，完成预算的 120.6%，比上年增加 4.6 亿元，增长 14.6%；财政总支出完成 107.8 亿元，完成预算的 93.5%，比上年减少 2.1 亿元，下降 1.9%。自治区本级支出减少的主要原因是，由于预算编制方法的变化，过去在自治区本级列支的一部分项目改由盟市、旗县列支，相应减少本级支出约近 9 亿元。

2003 年，全年财政收入和支出相抵，加上中央财政转移支付和专项拨款，全区实现了当年收支平衡。在尚未支用的年度支出预算中，扣除按规定应结转到今年的专项资金，自治区本级和部分盟市将有少量结余。为了进一步加快财政支出进度，提高财政专项资金的到位率，根据自治区十届人大常委会第四次会议的要求，今年下半年，自治区政府采取了清理财政暂付款和压缩财政结转的措施，过去暂付款较多的地区相应会减少一部分财政结余，有的甚至要增加一些赤字。清理压缩财政暂付款可以有效防止各类重点支出被挤占挪用，提高预算资金的到位率，从长远看，这项措施有利于财政的健康运行。

为了全面落实十届人大一次会议确定的各项预算任务，自治区政府抢抓机遇，把握国民经济持续快速发展的大好来势，组织各地区、各部门大力推进增收节支工作，收到了明显成效。财政收入超额完成了预算，增速达到近些年来的最高点；财政支出结构进一步优化，各项重点支出得到保证和加强。财政发展呈现出规模持续做大，结构不断优化的良好局面。

（一）在工业经济的强力支撑和固定资产投资的拉动下，以增值税、营业税和所得税为主体的各项税收大幅度增长

去年我区经济运行的突出亮点是工业和投资增势强劲，质量和效益进一步提升，与此紧密相关，全年增值税完成 90.4 亿元，比上年增长 29.2%，为 1994 年实行分税制以来最高增速；营业税完成 36.4 亿元，比上年增长 37.3%；企业和个人所得税完成 31.5 亿元，比上年增长 22.6%。这三大主体税种共计增加 38 亿元，占财政收入总增加额的 67.2%。随着自治区“三化”进程的加快和城乡市场的活跃，城市维护建设税、城镇土地使用税、耕地占用税、资源税等地方税收也增长较快。另外，由于执行一系列减轻农牧民负担的政策，各项涉农税收基本上都是负增长。从区域情况看，去年各地财政收入普遍增长较快，优势地区和重点旗县的带动作用进一步显现，财政收入超亿元的旗县达到 47 个，比上年增加 8 个，有 9 个旗县收入超过 5 亿元。

(二)统筹城乡和经济社会的协调发展，强化公共财政的服务保障功能，支持各项社会事业全面进步

去年全区教育事业费支出 54.4 亿元，比上年增长 12.4%；公共卫生支出 16.9 亿元，比上年增长 38.9%；公检法司支出 22.9 亿元，比上年增长 22.2%；机关事业单位离退休人员离退休费支出 30.1 亿元，比上年增长 21.3%；社会保障和社会福利救济费支出 35.1 亿元，比上年增长 21%，其中城镇居民最低生活保障支出 4.8 亿元，比上年增长 92%，享受“低保”的人数由 64 万增加到 70 万；投入再就业补助经费 3.1 亿元，筹集小额贷款担保贴息资金 6500 万元，支持安置就业和再就业人员 22 万。支持农村和农牧业支出 46.5 亿元，

比上年增长11.4%。积极推进粮食流通体制改革，在部分盟市开展对种粮农民直接补贴试点工作，发放补贴资金3.6亿元。继续实施退耕还林、退牧还草、京津风沙源治理等生态建设工程，给予农牧民粮食和现金补助18.2亿元，比上年增加10.26亿元。继续完善农村牧区税费改革，在连续两年大幅度减轻农牧民负担的基础上，去年又进一步减免涉农税收2.6亿元。各级财政筹集农村中小学助学补助资金5700万元，农村牧区20.4万困难学生得到资助。

(三)支持自治区“三化”进程，推动经济持续、快速和健康发展

各级政府综合运用财政贴息、担保、引导性投资和税收政策等直接、间接手段，为各类市场主体发展创造公平、开放和宽松的财税环境。各级财政支持企业技术改造支出14.3亿元，比上年增长46.7%；城市建设支出18.1亿元，比上年增长25.2%；安排地方预算内基本建设投资16.5亿元，比上年增长37%。各级财政集中资金，为135个重点项目提供了贷款贴息或补助性、引导性投资，利用中小企业担保基金，为999户中小企业提供了融资担保。中央和地方财政筹集安排资金24.2亿元，推进国有煤矿、有色金属、农垦等企业的改革、改制和战略性重组，支持部分资源枯竭矿山依法进入破产程序，并有计划、有步骤地开展了分离企业办社会职能的试点工作。自治区级财政拨付外贸发展基金9500万元，对289户企业的一般商品出口给予了贴息支持；贯彻“走出去”战略，对赴俄森林采伐和境外办厂给予了2600万元的支持。继续落实出口退税和以税还贷政策，实际退税13.5亿元，进一步加强了对外向型企业和支柱出口商品的扶持。

（四）随着财政收入的快速增长，自治区各级财政的应急反应能力和抗风险能力有所增强

去年非典疫情爆发后，自治区党委、政府果断决策，各级财政迅速做出反应，及时采取了对农牧民和城镇困难群众中的非典患者实行免费治疗，对定点医院、发热门诊进行应急改造并购置急救设备和药品，向一线医务人员和防疫人员发放临时补贴等一系列措施。全区各级财政共投入非典防治资金5.8亿元，其中：中央财政1.75亿元，自治区本级财政1.16亿元，盟市、旗县财政2.89亿元。加上各部门自筹和社会捐赠资金3亿元，全区实际投入8亿多元。同时，为克服非典对经济的负面影响，减免部分行业税费和政府性基金2.9亿元。各级政府及社会各方面的全力支持,有效地控制了疫情的蔓延，确保了防治非典斗争的重大胜利。去年，应对局部的严重干旱、洪涝和地震等多种自然灾害，各级财政投入抗灾救灾资金7.33亿元，比上年增加一倍以上，其中：中央财政补助3.6亿元，自治区财政投入1.83亿元，盟市、旗县财政投入1.9亿元。有效缓解了灾区群众生产、生活面临的困难。

（五）预算管理制度改革继续深化，依法理财、依法监督工作进一步加强

以细化预算编制、提高预算的准确性和规范化程度为重点，继续深化部门预算改革，完善了定额标准的核定方法，增强了预算的透明度。积极推进国库集中收付制度改革，自治区本级试点部门由上一年的9个扩大到28个，涵盖219个预算单位，集中支付资金达到10.7亿元，同时，有6个盟市开展了这方面的试点工作。进一步深化“收支两条线”改革，加大各项非税收入的收缴力度，全区纳入预算或财政专户管理的非税收入达到55亿元，比上年增加11亿元。政府采购范围和规模进一步扩大，政府采购总额达到22亿元，比上年增加9亿元。结合对财政资源的整合、重组，继续完善工业重点项目贴息资金和部分农牧业专项资金的专家评审和公示制度，在资金总量增加的情况下，评审公示的支农资金项目数量比上年减少45%，平均每个项目投资额度提高80%。审计和财政监督工作继续加强，提高了财政资金分配使用的安全性、规范性和有效性。

各位代表，总结分析2003年预算执行情况，一年来的发展令人欣慰，但我们也必须清醒地看到，财政运行中还存在一些不容忽视的问题。各级政府的债务负担较重，防范和化解财政风险的任务非常艰巨；部分地区尤其是一些边远旗县和结构单一的农业大县基层财政仍比较困难，财政收支矛盾十分突出；财政支出范围和结构不尽合理，财政供养人员过多、负担过重问题尚未得到有效控制；财政监督乏力，违纪违规操作财政资金现象仍然时有发生，个别地区和单位花钱大手大脚，铺张浪费严重，与当地的经济发展水平和财力状况明显不相适应。对这些问题，我们要高度重视，要通过不断深化改革、加快发展、严肃法纪和规范管理等综合措施，着力加以解决。

二、2004年全区及自治区本级预算草案

2004年是实现“十五”计划的关键一年。编制并执行好今年的预算，对于全面贯彻落实自治区党委七届五次全委会议精神，继续推进自治区的“三化”进程，加快全面建设小康社会的步伐，具有重要的意义。根据自治区党委对今年经济工作的总体部署，2004年全区预算安排总的指导思想是：以邓小平理论和“三个代表”重要思想为指导，坚持以人为本，树立全面、协调、可持续的财政发展观，珍惜来势，抓住机遇，加快发展；大力组织收入，积极培植财源，坚持依法治税，确保财政收入的持续快速增长；积极调整财政支出结构，服务大局，统筹兼顾，确保“三农”、教育、就业、社会保障和公共卫生体系建设等重点支出；继续深化各项财政改革，进一步完善公共财政体系和预算管理制度，推进财税法制建设，强化财政监督。

（一）2004年全区财政预算建议草案

今年财政面临的宏观环境仍然是好的，对此，自治区党委七届五次全委会议和全区经济工作会议作了透彻分析和科学判断。随着扩大内需方针和积极财政政策的继续实施，国民经济的内在增长动力进一步增强，预计全区固定资产投资将继续大幅度增加，结构调整和“三化”进程将继续加快，经济运行的总体质量将进一步提高，特别是近两年开工的一批重点项目陆续建成投产，将为税收增长提供新的动力，财政收入有望继续保持较高的增长率。安排今年预算需要考虑

的政策性减收增支因素主要有：从收入方面看，适当降低涉农税收的税率，改进出口退税机制，加大支持就业和再就业的政策力度，同时落实自治区党委、政府制定的一系列税收优惠政策等等。从支出方面看，除了原有重点支出要妥善安排外，各级财政要集中一部分财力解决当前我区经济和社会发展中存在的突出问题，重点是全面落实“五个统筹”，逐步增加用于改善人民生活的支出，增加用于“三农”、社会保障及其他社会公益事业方面的开支。同时，大力支持各项经济体制改革，也需要财政承担必要的改革成本。

根据上述情况和自治区政府确定的经济发展预期目标，2004年，全区财政总收入安排304亿元，比上年完成数增长18%。其中：地方财政收入安排187.4亿元，增长15.5%；上划中央税收安排116.6亿元，增长22.4%。在地方财政收入中，一般预算收入安排160.2亿元，增长15.8%；基金预算收入安排27.2亿元，增长13.9%。

收入预算作上述安排后，按现行分税制财政体制计算，2004年全区各级财政年初可用财力为361.5亿元，主要资金来源是：当年地方一般预算收入160.2亿元，中央原体制补助18.4亿元，中央税收返还49.7亿元，过渡期及民族地区转移支付收入40.5亿元，工资性转移支付收入47.5亿元，农村牧区税费改革和社会保障转移支付收入35.2亿元，出口退税基数返还收入2.4亿元，各项结算补助收入7.6亿元。

与财力的供给情况相适应，全区汇总的当年一般预算支出相应安排361.5亿元，同口径比上年年初预算增长14%。其中：教育事业费安排58.3亿元，比上年年初预算增长16.8%；科技支出安排5.4亿元，增长14.9%；支援农村和农牧业支出安排26.4亿元，增长14.8%；社会保障补助和社会救济支出安排32.8亿元，增长28.6%；公共卫生支出安排16.2亿元，增长24.7%。

全区基金预算支出安排27.2亿元。一般预算支出和基金预算支出合计为388.7亿元。

财政预算是各级政府依法行政的物质基础，也是对国民经济实施宏观调控的重要手段，预算的基本精神是将有限的财力最有效地运用到政府确定的最重要的目标上。为了使全区预算能够更好地体现中央和自治区的决策和部署，自治区政府决定，今年要进一步加强对各级预算编制及执行的指导和监督，依法规范各级政府的预算行为，搞好上下各级预算的衔接，确保今年各项目标任务的实现。

（二）2004年自治区本级预算草案

2004年，自治区本级财政总收入安排38亿元，比上年完成数增长6.7%，其中一般预算收入安排20.6亿元，增长7.6%。自治区本级财政收入增长幅度不高，主要是由现行财政管理体制决定的。1994年实行分税制财政体制，自治区实行了最大限度地向盟市、旗县放权的政策，各项主要税种基本上都划归盟市、旗县管理，因而税收增长的潜力主要集中在盟市、旗县。本级每年增加的财力，更多地是来自中央财政的税收返还和一部分转移支付。

2004年自治区本级一般预算支出安排71亿元，比上年年初预算增加7.3亿元，增长11.5%。今年在安排自治区本级预算时需要考虑的政策性增支因素很多，除按国家和自治区的规定，继续落实好去年行政事业单位职工调资、对离退休人员增发补贴和提高地方补贴标准的各项政策外，解决好“三农”问题，推进就业和再就业，提高社会保障水平，自治区本级财政必须增加安排一部分支出。此外，为了推动全区经济的快速、协调、可持续发展和社会全面进步，自治区政府需要具备一定的宏观调控能力，在支持发展方面继续保持必要的投入力度。

根据上述要求，以资金的性质和特点划分，在今年自治区本级一般预算支出中，基本支出预算部分安排37.1亿元，占预算总支出的52.2%，比上年增长12.5%，其中工资性支出和对各类人员及家庭的补助性支出28.6亿元，比上年增长14.5%。各部门、各单位的正常运行费用支出8.5亿元，比上年增长4%；项目支出预算部分安排32.6亿元，占预算总支出的46%，比上年增长8.7%。自治区政府总预备费安排1.3亿元，比去年增加3000万元，占预算总支出的1.8%。

按预算支出的功能划分，今年自治区本级预算支出的具体安排情况是：

——支持农村和农牧业支出5.49亿元，比上年增加5800万元，增长11.9%。其中，安排农村和农牧业发展专项资金4.5亿元，比上年增加4800万元，增长11.8%。从今年起，自治区级财政每年安排农牧业产业化发展基金1亿元，重点用于农牧业产业化基地建设，扶持发展龙头企业。

——社会保障补助和社会福利救济支出1.8亿元，比上年增加5500万元，增长43.1%。在现行财政体制和政策框架内，这方面的支出仍将主要由中央财政通过社会保障转移支付解决，但地方各级财政也必须逐年加大投入。今年自治区本级增加的资金将重点支持就业和再就业工作，同时解决部分企业军转干部生活困难问题。

——教育事业费安排7.18亿元，比上年增加1.34亿元，增长23%。其中教育事业发展专项资金1.59亿元，比上年增加3200万元，增长25.9%。今年自治区的专项资金将继续与国家的专款配套安排，重点支持“二期”义务教育工程及危房改造，并对农村牧区贫困学生实施助学补助等。

——科学技术事业费1.51亿元，比上年增加1900万元，增长14.4%。

——公共卫生事业支出2.8亿元，比上年增加4600万元，增长19.6%。其中，专项发展资金安排8700万元，增加2200万元，增长33.9%。新增部分将重点支持农村牧区新型合作医疗改革试点和农村牧区公共卫生建设。

——文化、体育、广播电视事业费3.27亿元，比上年增加1.15亿元。为了推进文化大区建设，近年内自治区将通过多渠道筹集资金，集中建设一批文化重点工程，今年本级预算中安排专项投资1亿元。另外，设置文化事业发展基金1000万元，主要扶持重点文化艺术团体和文艺精品创作。

——公检法司支出和武警补助经费安排7.2亿元，比上年增加8100万元，增长12.7%，其中，各类专项资金安排

1.13 亿元，比上年增加 3900 万元，增长 51.7%，重点支持这些部门改善基层单位的办案和装备条件，支持“严打”和“反恐”斗争，维护社会安全和稳定。

——地方预算内基本建设支出 4.07 亿元，比上年增加 2500 万元。其中安排奖励资金 2000 万元，通过以奖代投的方式，对完成或超额完成固定资产投资目标的地区和部门给予奖励。

——支持企业技术改造和国有企业改革支出 3.63 亿元，比上年增加 3200 万元。其中，安排矿产资源勘探开发基金 1 亿元，国有企业剥离办社会职能改革试点补助资金 2000 万元，20 个旗县重点工业园区建设贴息资金 2000 万元，新增中小企业担保基金 2000 万元。

——机关事业单位离退休经费 5.48 亿元，比上年增加 1.13 亿元，增长 25.9%；行政管理费和其他各部门的事业费 11.76 亿元，比上年增加 7000 万元，增长 6.3%。

三、完成 2004 预算任务需要着力做好的几项工作

（一）充分发挥财政的宏观调控和公共保障职能，促进经济协调、快速、持续发展，支持各项社会事业和公共基础设施建设

牢固树立发展是执政兴国的第一要务和经济决定财政的观念，正确处理财政与经济速度、结构和效益的关系，正确处理生财、聚财和用财的关系，通过促进经济发展来带动财政的发展。要抓住当前新一轮经济增长的上升期，做大财政收入规模，壮大财政实力，增强各级财政的抗风险能力。通过支持公共基础设施建设，扩大财政支出的受益范围，进一步改善对外开放和经济发展环境。遵循市场经济规律，改进财政对产业发展的扶持方式，通过贴息、担保、补贴、投资参股、快速折旧和税收优惠等多种方式，引导更多的社会资金、技术和人才向优势产业聚集，不断增强经济发展的内在动力。发挥好政府投资的引导作用，多渠道筹措资金，加快矿产资源勘查开发，为经济快速发展提供充足的后备资源。落实各项税费优惠政策，用好融资担保基金，拓展担保范围，加强对服务业和民营企业的支持。进一步清理和修订阻碍非公有制经济发展的不合理规定和政策，在财政资金分配上一视同仁，为包括民营企业在内的各类市场主体创造公平和宽松的财税环境。落实外贸进出口退税、贴息等项政策，用好外贸发展基金和奖励基金，支持扩大出口，推动对外承包工程和劳务合作。高度重视县域经济和财政的发展问题，通过支持小城镇和重点工业园区建设等各种财政政策，大力发展县域经济，培育财政亿元县。同时对经济欠发达的边远旗县，要加大财政转移支付的力度。逐步加大对教育、卫生、科技、文化、体育等各项事业的投入，同时运用财税政策引导和拉动社会力量投资兴办社会事业，促进经济社会协调发展。

（二）全面落实好解决“三农”问题的各项政策措施，促进城乡协调发展

进一步加大对农村和农牧业生产的财政性投入，加强农牧林水基础设施建设，大力支持农牧业产业化基地和龙头企业的发展，通过完善制度和加强监督，提高财政支农资金的到位率。继续完善农村牧区税费改革，今年全面取消除烟叶外的农业特产税，农业税税率整体降低一个百分点。进一步研究做好化解乡村债务工作，推进乡镇机构改革，巩固和完善以旗县为主的农村牧区义务教育体制，防止农牧民负担反弹。积极推进粮食流通体制市场化改革，在去年部分盟市对种粮农民实行直接补贴试点的基础上，扩大改革的实施范围和补贴资金规模。改进和完善扶贫开发资金的管理办法和运行机制，提高扶贫开发的成效。各级财政新增的教育、卫生等方面的支出，要重点向农村牧区倾斜。支持“两基”攻坚，继续实施中小学危房改造工程和对农牧区困难学生给予资助的各项政策。加快推进农村牧区合作医疗改革试点工作，探索建立农牧民医疗救助体系，逐步解决农牧民因病返贫等问题，让公共财政政策更多地惠及农村和农牧民。

（三）大力支持就业和社会保障工作，切实改善困难群众生产生活条件，提高人民收入水平

全面落实中央和自治区关于就业和再就业的各项财税优惠政策，运用财政投入、税费减免、小额贷款担保、再就业援助和服务等综合措施，支持就业和再就业工作。各级财政都要加大对再就业资金的投入，并加强监督检查，确保再就业资金和优惠政策实实在在落实到下岗失业人员身上。完善社会保障筹资机制，加强税务机关征收社会保险费工作，增加财政预算安排并及时拨付资金，巩固“两个确保”和“低保”工作成果，支持有条件的地方适当提高“低保”标准。做好防灾、抗灾和救灾工作，完善社会救助制度，切实解决好困难企业军转干部及伤残人员的基本生活保障问题。深化社会保障管理体制改革，妥善处理好就业政策与“三条保障线”等社会保障制度的衔接问题，做好国有企业下岗职工基本生活保障向失业保险并轨工作。完善社会保障预算和财务制度，健全财政监管体系，建立追踪问效制度，逐步探索“以奖代补”等新机制，堵塞资金管理漏洞，提高资金的使用效益。随着经济的发展和效益的提高，逐步提高企业职工和国家公职人员的福利待遇和工资水平。

（四）狠抓财政增收节支工作，加强财政管理和监督，防范和化解财政风险

继续加强税收征管工作，坚决维护税法的权威性和严肃性，制止随意和盲目出台税收优惠政策，优惠政策到期的要及时恢复征税。严厉打击偷逃骗抗税等涉税违法犯罪活动，做到依法征税，应收尽收，同时要防止征收过头税。在经济快速发展的同时，确保各项税收稳定增长。进一步挖掘非税收入的潜力，规范非税收入管理。所有土地资金和国有资产经营收益都要纳入预算或财政专户管理，减少财政资金流失。各级政府在注重用好当年财政增量资金的同时，更应努力挖掘存量资金的潜力，着力解决资金分散、结构失调等问题。进一步强化财政支出管理，严禁不顾财力可能、盲目举债或挤占挪用财政专项资金搞脱离实际的形象工程和政绩工程。完善公务活动接待制度，规范职务消费，厉行节约，制止各种铺张浪费。继续推行财政开支项目的专家评审和公

示制度，扩大评审和公示范围，对财政收支活动的全过程进行监督检查。积极防范和化解财政风险。建立和完善债务预警监测机制，实行政府债务全口径风险管理和报告制度。政府债务借用还和权责利相统一，强化责任意识。各级财政要进一步清理各类财政暂付资金，消除隐性赤字，促进财政可持续发展。

（五）继续推进和深化财政改革，积极支持其他各项改革

进一步完善部门预算制度，规范定员定额核定办法，完善项目支出管理方法和手段，构建科学的绩效预算评价体系。继续深化“收支两条线”管理改革，清理整顿行政事业性收费项目，扩大收支脱钩、编制综合预算和非税收入收缴管理制度改革的试点部门，扩大国库集中收付制度改革的试点范围。全面推进政府采购制度改革，进一步扩大采购范围和规模，完善采购制度和操作规程，促进政府采购的规范化和法制化。调整和完善公共财政体制，建立激励和约束机制。改进和规范财政转移支付制度，运用统一、科学、公平、公正的方法分配转移支付资金，既要考虑各地自我努力程度和财政困难状况，又要考虑控编减人、加强支出管理的情况，调动各地区增收节支的积极性。大力支持社会领域改革，进一步规范财政供给范围，财政重点保障公益性事业的经费需要，经营性产业要加快转制，面向市场，壮大实力。抓紧研究制定国有大中型企业主辅分离、辅业改制，分流安置富余人员的财政财务政策，做好资源枯竭的矿山企业依法破产工作，推动国有经济结构调整；继续推进企业分离办社会职能的试点工作，帮助企业减轻负担。

各位代表：2004 年的财政预算任务十分艰巨。我们要以邓小平理论和“三个代表”重要思想为指导，把思想和行动统一到自治区党委的重大决策和部署上来，倍加珍惜当前我区经济和社会发展的良好势头，全面落实本次代表大会确定的各项任务和目标，抓住机遇，扎实工作，加快发展，确保今年财政预算圆满实现。

内蒙古自治区
2003年国民经济和社会发展统计公报
Statistical Bulletin of the National Economic and Social Development in Inner Mongolia for 2003

内蒙古自治区统计局

（2004年2月23日）

2003年，全区各族人民在自治区党委、政府的领导下，以“三个代表”重要思想为指导，认真贯彻落实党的十六大和十六届三中全会精神，紧紧抓住发展第一要务，努力扩大区内需求，大力优化开放环境，不断深化各项改革，战胜了突如其来的非典疫情和地震、洪涝、干旱、森林火灾等多种自然灾害带来的不利影响，国民经济持续快速健康发展，人民生活水平继续提高，各项社会事业取得新进展。

一、综合

国民经济持续快速增长。初步核算，全年实现生产总值2092.86亿元，按可比价格计算，比上年增长16.3%，经济增长率创1985年以来的最高水平。全年人均生产总值达到8734元，比上年增长16.2%，按当前汇率折算，约为1055美元。

产业结构呈现“二、三、一”次产业增长格局。全年第一产业增加值421.86亿元，增长5%；第二产业增加值947.89亿元，增长26.9%；第三产业增加值723.11亿元，增长11%。全区生产总值中一、二、三次产业比重由上年的22：41.6：36.4调整为20.2：45.3：34.5，其中第二产业比重比上年提高了3.7个百分点，第一、三产业比重分别下降了1.8个和1.9个百分点，全区工业化进程步伐明显加快，二、三产业继续保持快速发展。

市场物价有所回升。全年居民消费价格总水平比上年上涨2.2%。分项目看，食品类价格上涨2.8%，服务类价格上涨8.3%，其它消费品类价格均比上年有不同程度下降。生产和建设领域价格有所上涨，工业品出厂价格和原材料、燃料及动力购进价格分别比上年上涨3.2%和2.9%，固定资产投资价格上涨2.6%。[见附表1]

劳动就业保持基本稳定。年末全区城镇单位就业人员244.5万人，比上年末减少2.8万人。劳动就业结构变化明显，私营企业和第三产业从业人员增加。年末城镇登记失业率为4.5%。

财政收入增长快于支出。全年财政总收入257.57亿元，比上年增长28.1%。其中，地方财政收入162.25亿元，地方财政收入中一般预算收入138.39亿元，分别增长24.9%和26%；上划中央税收收入95.32亿元，增长33.9%。财政支出明显扩大，全年地方财政支出469.07亿元，比上年增长13.9%。在地方财政支出中企业技改、医疗卫生、行政管理费和抚恤及社会福利救济支出分别增长46.7%、38.9%、20%和49.4%。

国民经济和社会发展中存在的主要问题是：经济基础仍然薄弱，经济总量偏小；经济结构不够合理，第三产业发展不足，优势产业尚未得到充分发挥；东西部盟市发展不平衡问题日益显现；非公有制经济发展相对缓慢，对外开放力度不大，城乡居民收入水平仍比较低，就业和再就业压力增大。

二、农业

第一产业在结构调整中稳步发展。第一产业依据市场需求变化呈现多元化发展，农牧业产业化进程进一步加快。全年农林牧渔业增加值421.86亿元，比上年增长5%，增幅比上年提高0.2个百分点。

种植业受灾减产。全年农作物总播面积574.92万公顷，比上年减少13.79万公顷。粮食作物播种面积有所减少，油料和以青饲料为主的其它作物种植面积继续扩大。粮食作物、经济作物和以饲草料为主的其它作物种植结构由上年的73.8:17.7:8.5调整为70.5:18:11.5。受粮食作物播种面积减少、退耕造林种草以及呼伦贝尔市遭受严重干旱等影响，全年粮食总产量1360.73万吨，比上年减产45.35万吨，下降3.2%，其中玉米和薯类产量分别增长8.2%和3.6%；油料产量102.29万吨，下降6.1%；甜菜产量99.44万吨，下降49%；蔬菜产量846.76万吨，增长12.1%；瓜果类产量103.24万吨，下降14.5%。[见附表2]

林业生产继续保持较快发展。以退耕造林种草为主的生态保护和建设继续得到加强，全年完成造林面积83.61万公顷，其中完成退耕造林面积29.94万公顷，比上年增加6.65万公顷，增长28.6%；幼林抚育面积122.55万公顷，增长64.7%。

畜牧业获得丰收。牧业年度牲畜总增3258.39万头(只)，比上年同期增加478.35万头(只)，总增率44.9%，比上年提高5.9个百分点；牧业年度良种及改良牲畜总头数6930.21万头(只)，比重为86.8%，比上年提高6.4个百分点。牲畜出栏头数明显增加，全年牲畜出栏3856.38万头(只)，比上年增长21.6%。全年肉类总产量162.72万吨，比上年增长11.6%；奶类总产量312.21万吨，增长84.9%；山羊绒产量5338吨，增长17.8%；禽蛋类产量34.44万吨，增长24.5%。[见附表2]

渔业生产下降。全年水产品产量7.28万吨，比上年减产6.3%。

农牧业生产条件继续改善。年末全区农牧业机械总动力1616.61万千瓦，比上年增长7%；机耕地面积431.60万公顷，增长1.7%；机电井数量32.51万眼，增长7%；年内新增农田有效灌溉面积16.61万公顷，新增节水灌溉面积21.95万公顷；全年农村牧区用电量24.63亿千瓦时，增长4.4%；化肥施用量(折纯)93.19万吨，增长12.5%。

三、工业和建筑业

工业生产保持快速增长。全年全部工业增加值707.19亿元，比上年增长20.8%，增速快于上年6.9个百分点。其中规模以上工业企业（全部国有及国有控股企业和年产品销售收入500万元以上的非国有工业企业）工业增加值509.74亿元，增长31.5%。在规模以上工业企业中，国有及国有控股企业增加值增长22.8%，集体企业增加值增长14.1%，股份合作企业增加值增长35.1%，股份制企业增加值增长31.8%，外商及港澳台投资企业增加值增长48.5%。在规模以上工业企业中，轻工业增加值160.72亿元，增长29.7%；重工业增加值349.02亿元，增长32.7%。

工业结构调整步伐加快。规模以上工业新产品产值和出口交货值保持较快增长，分别比上年增长43.4%和41%。以农畜产品加工为主的轻工业进一步加快发展，主要能源、原材料和电子信息及机械制造等产品产量增长较快。乳制品、液体乳、小麦粉、淀粉、软饮料、食用植物油和配混合饲料产量分别比上年增长37.3%、1.23倍、53.3%、62.1%、50.1%、46%和68.6%。电子信息产品制造业适应市场需求，生产规模进一步扩大，移动电话机产量222.6万部，增长1.22倍。重工业中的载货汽车增长1倍多，煤炭、天然气、发电量、钢、成品钢材、十种有色金属和电石等产量增长幅度较大。[见附表3]

工业经济效益显著提高。全年规模以上工业企业经济效益综合指数125.56，比上年提高18.7点；实现利润64.97亿元，比上年增长81.3%，其中国有及国有控股企业实现利润28.89亿元，增长93.9%；亏损企业亏损额比上年下降0.3%。产销衔接状况进一步好转，全年规模以上工业产销率98.7%，比上年提高0.7个百分点。

建筑业生产快速增长。全年建筑业增加值240.70亿元，比上年增长50%。全区具有建筑业资质等级的建筑企业施工的单位工程个数8620个，其中投标承包工程5470个，占全部施工单位工程总数的63.5%；房屋建筑施工面积2434万平方米，增长11.7%；竣工房屋面积1257万平方米，下降16%；全年具有建筑业资质等级的建筑企业实现利润5.88亿元，增长44%；实现税金10.55亿元，增长45%。

四、固定资产投资

固定资产投资增势强劲。在建项目投资总规模进一步扩大，全年新开工基本建设和更新改造项目5251个，比上年增加1661个，增长46.3%；全年城镇规模以上固定资产在建项目投资总规模比上年增长83.9%。全年全社会固定资产投资总额1207.94亿元，比上年增长68.9%，增幅高于上年24.9个百分点。其中，城镇以上单位固定资产投资1121.06亿元，增长76.7%。从投资主体看，国有经济单位投资630.72亿元，增长70%；集体经济单位投资31.40亿元，增长12.4%；城乡个人投资66.50亿元，增长10.6%；其他经济类型单位投资479.32亿元，增长1.87倍。按投资管理渠道划分，基本建设投资781.36亿元，增长85.3%；更新改造投资177.90亿元，增长65.4%；房地产开发投资90.93亿元，增长25.5%；其他投资70.86亿元，增长1.17倍。按项目隶属关系分，地方项目完成投资1060.83亿元，增长73.3%；中央项目完成投资147.11亿元，增长42.9%。投资市场机制作用明显增强，企业、地方自筹和民间投资比重显著提高。全年固定资产投资中自筹资金所占比重由上年的49.8%提高到56.8%。

投资重点进一步向生态、工业、交通和城市基础设施建设等方面集中。全年城镇以上单位固定资产投资中，第一产业投资（包括水利投资）93.96亿元，增长20.4%；第二产业投资500.03亿元，其中工业投资497.94亿元，均比上年增长1.15倍；第三产业投资429.12亿元，增长59.7%。西部大开发重点投资中用于生态建设投资40.49亿元，增长44.6%；电力煤气及水的生产和供应业投资179.46亿元，增长79.5%；交通运输业投资189.09亿元，增长83.4%；城市基础设施建设投资130.29亿元，其中用于社会服务业投资90.30亿元，增长94.1%。

重大项目建设进展顺利。年内一大批重点工业项目和基础设施项目开工建设或投产，全年完成投资超亿元的重点建设项目146个，完成固定资产投资457.39亿元，占城镇以上单位固定资产投资的40.8%。长庆气田至呼和浩特市输气管道工程建成投入使用，内蒙古大唐托克托发电有限公司一期工程2×60万千瓦发电机组建成投产，内蒙古上都发电有限责任公司和岱海电厂开工建设；包头稀土高新区希望铝业有限责任公司铝电一体化项目电解铝一期工程建成投产；锡林浩特市至桑根达来铁路全线建成交付运营。

投资效果明显提高。全年城镇以上各种经济类型单位全部建成投产项目4918个，项目建成投产率68%；新增固定资产764.90亿元，固定资产交付使用率68.2%。新增主要生产能力或工程效益有：原煤474.5万吨，生铁115.6万吨，炼钢50万吨，发电装机容量160万千瓦，新建公路3375公里，新建铁路153.4公里；城镇住宅竣工面积1009.1万平方米，其中商品房竣工面积481.79万平方米，商品房销售面积444.15万平方米。

五、国内贸易

市场商品销售快速增长。全年社会消费品零售总额726.76亿元，比上年增长12.6%。分城乡看，城市消费品零售额449.46亿元，增长14.2%；县的消费品零售额166.53亿元，增长11%；县以下消费品零售额110.77亿元，增长9.9%。分行业看，批发零售贸易业零售额592.24亿元，增长12.9%；餐饮业零售额99.20亿元，增长21.3%；其他行业零售额35.32亿元，增长4.6%。

市场消费品结构升级步伐加快，批发零售贸易企业经济效益提高。全年限额以上批发零售贸易企业实现商品销售收入 267.80 亿元，比上年增长 12.3%。其中，通信器材类零售额增长 39.3%，家用电器类零售额增长 16.7%，汽车类零售额增长 1.1 倍。全年限额以上批发零售贸易企业实现利润比上年增长 12.1%。

城乡商品交易市场活跃。各类城乡商品交易市场成为城乡日用消费品和生产资料的重要集散地。年末全区商品交易市场 1821 个，全年商品成交额 379.05 亿元，比上年增长 15.5%。涌入区内的区外大型连锁超市、各类购物中心、专卖店等新型商业发展势头强劲，商业竞争日趋激烈。

六、对外经济

对外贸易快速发展。全年海关统计的外贸出口总额 14.41 亿美元，按可比口径计算，比上年增长 43.2%。扣除中央企业煤炭出口，按进出口商品经营单位所在地统计的海关出口总额 11.6 亿美元，比上年增长 43.3%。海关统计的进口总额 16.73 亿美元，比上年增长 2.4%。

利用外资规模进一步扩大。全年新批准外商直接投资合同项目 148 个，比上年增长 70.1%。合同使用外商直接投资额 4.34 亿美元，全年实际利用外商直接投资 3.68 亿美元，比上年增长 61.4%。年末全区在工商部门注册的外商投资企业 923 户，比上年增加 118 户。

对外承包工程、劳务合作取得新进展。全年新签对外承包工程和劳务合作合同金额 7510 万美元，比上年增长 0.9%；对外承包工程和劳务合作完成营业额 2742 万美元，比上年增长 4.6%。

七、交通、邮电和旅游业

交通运输货运生产加快增长，客运受非典疫情影响下降。全年各种运输方式完成货运量 50045.80 万吨，比上年增长 4.5%。其中，铁路 11512.70 万吨，增长 8.2%；公路 38532 万吨，增长 3.5%；民航 1.1 万吨，增长 10%。全年各种运输方式完成货物周转量 1218.22 亿吨公里，比上年增长 7.6%。其中，铁路 976.18 亿吨公里，增长 8.4%；公路 241.91 亿吨公里，增长 4.5%；民航 0.13 亿吨公里，增长 26.3%。全年各种运输方式完成客运量 23520.80 万人，下降 7.3%。其中，铁路 2551.80 万人，下降 9.6%；公路 20831 万人，下降 7.1%；民航 138 万人，增长 4.5%。全年各种运输方式完成旅客周转量 222.06 亿人公里，比上年下降 6.2%。其中，铁路 85.74 亿人公里，下降 7.6%；公路 122.14 亿人公里，下降 6.5%；民航 14.18 亿人公里，增长 5.8%。

邮电通信业快速发展。全年邮电业务总量 113.60 亿元，比上年增长 25.7%。其中，电信业务总量 105.10 亿元，增长 27.7%；邮政业务总量 8.50 亿元，增长 4.9%。年末局用电话交换机总容量 366.90 万门，增长 5.9%；年末本地网固定电话用户 431.80 万户，增长 38.8%。其中，城市电话用户 345.80 万户，增长 42.5%；乡村电话用户 85.30 万户，增长 24.3%；公用电话点 16.70 万处。年末移动电话用户 479.10 万户，增长 51%。全区电话普及率（包括固定和移动电话）38.3 部/百人，增长 47.3%。年末全区计算机互联网用户 52.50 万户，增长 59.1%。

旅游业发展受“非典”疫情影响下降。全年共接待国内旅游人数 994.14 万人次，比上年下降 13.8%；国内旅游收入 83.29 亿元，增长 1.3%。全年共接待旅游、访问、从事商务考察及其他有关活动的国际旅游人员 41.36 万人次，比上年减少 2.58 万人次，下降 5.9%。全年旅游外汇收入 1.38 亿美元，比上年下降 7.4%。

八、金融和保险业

金融机构存贷款规模进一步扩大。年末全区金融机构各项人民币存款余额 2090.98 亿元，比上年末增加 355.82 亿元，增长 20.5%。其中企业存款余额 544.24 亿元，比上年末增加 121.68 亿元，增长 28.8%；储蓄存款余额 1355.66 亿元，比上年末增加 217.35 亿元，增长 19.1%，储蓄存款增速比上年回升 3.5 个百分点。年末全区金融机构各项人民币贷款余额 1924.13 亿元，比上年末增加 273.64 亿元，增长 16.6%。其中，短期贷款余额 982.99 亿元，比上年末增加 76.34 亿元，增长 8.5%；中期流动资金贷款余额 81.41 亿元，比上年末增加 0.20 亿元；中长期贷款余额 794.75 亿元，比上年末增加 162.18 亿元，增长 25.7%；居民消费贷款继续较快增长，年末个人消费贷款余额 143.29 亿元，比上年末增加 30.85 亿元，增长 27.6%，占同期各项新增贷款总额的比重为 11.3%。全年金融机构现金收入 7539.70 亿元，现金支出 7733.61 亿元，分别比上年增长 28.8%和 28%，收支相抵，货币净投放 193.91 亿元，增长 2.7%。

保险事业快速发展。全年保险业保费收入 42.31 亿元，比上年增长 24.7%。其中，财产险收入 10.65 亿元，增长 9.7%；人寿险收入 28.23 亿元，增长 28.9%；健康险和意外伤害险收入 3.43 亿元，增长 47.7%。全年保险业赔付额 9.42 亿元，增长 10.6%。其中，财产险赔付 5.54 亿元，增长 16.7%；寿险赔付 2.67 亿元，增长 3%；健康险和意外伤害险赔付 1.21 亿元，增长 2.5%。

九、教育和科学技术

教育改革和发展稳步推进，少数民族教育得到加强。年末全区共有普通高等学校 27 所，全年招收学生 5.59 万人，比上年增长 25.3%；年末在校学生 15.87 万人，比上年末增长 31.4%，其中少数民族在校学生 4.20 万人，在少数民族在校学生中有蒙古族 3.52 万人，分别增长 32.3%和 30.9%。年末研究生培养单位 8 个，全年招收研究生 0.17 万人，比上年增长 47.6%；年末在校研究生 0.38 万人，比上年末增长 40.1%，其中少数民族在校研究生 0.13 万人，在少数民族在校学生中有蒙古族研究生 0.11 万人，分别增长 23.9%和 21.4%。年末中等职业技术学校 258 所，招收学生 6.40 万人，比上年增长 1.9%；年末在校学生 17.43 万人，比上年末下降 4.8%。年末普通高中 381 所，全年招收学生 16.60 万人，比上年增长 15.3%；年末在校学生 42.01 万人，比上年末增长 15.4%，其中少数民族学生 11.70 万人，增长 16.9%。年末普通初中 1552 所，全年招收学生 38.55 万人，比上年下降 7.6%；年末在校学生 122.78 万人，比上年末下降 1.1%，其中少数民族学生 29.10 万人，下降 2.6%。全区初中阶段毛入学率

95.3%，普通初中辍学率 1.2%。年末有小学 7763 所，全年招收学生 29.50 万人，比上年下降 19.4%；年末在校学生 173.40 万人，比上年末下降 5.5%。全年学龄儿童入学率 99.4%，小学学生辍学率 0.86%。

科技事业稳步发展。年末全区城镇单位各类专业技术人员达 72.91 万人，比上年增加 1.88 万人。科技经费投入力度继续加大，全年地方财政用于科学支出比上年增长 10.6%。科学研究与技术开发成果显著，全年共取得重大科技成果 340 项，重大科技成果中基础理论成果 18 项，应用技术成果 311 项，软科学成果 11 项；荣获国家级奖励科技成果 1 项，自治区级奖励科技成果 80 项；全年专利申请 1393 项，授权专利 817 项，分别增长 15.9%和 20.3%；年内签订各类技术合同 679 项，技术合同成交金额 10.85 亿元，其中向区外输出技术成交金额 0.85 亿元，分别比上年增长 86.4%和 2 倍。

十、文化、卫生和体育

文化新闻事业稳步发展。年末全区有艺术事业机构 162 个，从业人员 5923 人；艺术表演团体 113 个，其中乌兰牧骑 59 个。年末全区有电影事业机构 1149 个，从业人员 4223 人；制作故事片 20 部，制作蒙语译制片 35 部。年末各类电影放映单位 1047 个，拥有文化馆 104 座，公共图书馆 108 座，博物馆 28 座，档案馆 146 座，已开放各类档案 128.52 万卷。年末全区拥有广播电台 13 座，中短波广播发射台和转播台 55 座，广播人口覆盖率 90%，比上年提高 0.8 个百分点；拥有电视台 13 座，一千瓦以上电视发射台和转播台 80 座，电视人口覆盖率 87.5%，比上年提高 2.6 个百分点；有线电视用户 165.43 万户，比上年增长 6%。自治区和盟市两级出版报纸 24185 万份，其中蒙文版 1657 万份；各类杂志出版量 1754 万册，其中蒙文版 122 万册；出版图书 5631 万册，其中蒙文版 526 万册。

卫生事业进一步发展。年末全区共有卫生机构 3595 个，其中医院、卫生院 1819 个，农村牧区有 1334 个，疾病预防控制机构 146 个，妇幼卫生机构 117 个。年末全区医疗卫生单位拥有病床 6.51 万张，其中医院、卫生院拥有病床 6.04 万张，乡镇卫生院拥有病床 1.29 万张，妇幼卫生机构拥有病床 1920 张。年末全区拥有卫生技术人员 10.10 万人，其中医院、卫生院拥有 7.34 万人，乡镇卫生院拥有卫生技术人员 1.87 万人；执业医师、助理医师 3.31 万人，注册护士 2.13 万人。全区疾病预防控制机构拥有卫生技术人员 6918 人，妇幼卫生机构拥有卫生技术人员 4542 人；拥有乡村医生和卫生员 1.56 万人。

体育事业成绩喜人。年内全区体育健儿在国内外重大竞赛中获奖牌 108 枚，其中国外获奖牌 3 枚，国内获奖牌 105 枚，破自治区记录 9 项。在校学生《青少年体育健康标准》达标率 89.9%。

十一、环境保护

环境和自然保护工作取得新成绩。全区确定的自然保护区 184 个，比上年增加 22 个；自然保护区面积 1496.28 万公顷，比上年增加 202.14 万公顷。其中国家级自然保护区 18 个；自治区级自然保护区 50 个，比上年增加 22 个；已建成环境噪声达标区 49 个，环境噪声达标区面积 258.10 平方公里；年内新建成烟尘控制区 70 个，新建成烟尘控制区面积 460.60 平方公里。全区监测的 12 个城市空气质量达到良好的 6 个，较好的 2 个，轻污染的 2 个，中污染的 1 个，极重污染的 1 个。

重点流域、生态环境和区域污染防治和治理力度进一步加强，生态环境综合治理投入明显增大，城市污水处理建设步伐加快，城市污染得到进一步治理。

十二、人口、人民生活和社会保障

人口增长保持较低水平。全年出生人口 21.98 万人，人口出生率 9.24‰；死亡人口 14.68 万人，人口死亡率 6.17‰；人口自然增长率 3.07‰，比上年下降 0.61 个千分点。年末全区总人口 2379.61 万人，比上年增加 1.02 万人，其中蒙古族人口 412.17 万人。城镇人口 1064.64 万人，比上年增加 16.7 万人，乡村人口 1314.97 万人，比上年减少 15.68 万人；男性人口 1228.26 万人，女性人口 1151.35 万人。在总人口中，65 岁及以上老年人口比重为 6.28%，比上年提高 0.3 个百分点，年末全区老年人口达 149.41 万人。

居民生活继续改善。随着国家和各地区出台各项增加居民收入措施的落实，企业经济效益明显提高，农畜产品价格上涨，以及农村牧区税费改革的全面推进，城乡居民收入明显增加。全年城镇居民人均可支配收入 7012.94 元，比上年增加 962.10 元，增长 15.9%，考虑价格因素实际增长 14.2%。全年农牧民人均纯收入 2267.66 元，比上年增加 181.66 元，增长 8.7%，考虑价格因素实际增长 6%。城乡居民生活水平继续得到改善，农村牧区居民家庭恩格尔系数（即居民家庭食品消费支出占家庭消费总支出的比重）为 41.3%，比上年下降 2.1 个百分点；城镇居民为 31.5%，与上年持平；城乡居民每百户耐用品拥有量有不同程度增长。[见附表 4]

社会保障事业进一步加强。年末全区参加基本养老保险职工 228.30 万人，参加失业保险职工 221.58 万人，领取失业保险金人数为 12.56 万人，比上年减少 5.33 万人；全年有 252.49 万职工和 64.49 万离退休人员参加了基本医疗保险，全年共有 70.46 万城市居民得到最低生活保障救济，比上年增长 8.7%。

社会福利事业继续发展。年末全区各类社会福利院床位 2.25 万张，比上年增长 1.8%，收养 1.61 万人；城镇建立起各种社会服务设施 5995 个，其中建起星光老年之家 408 个。全年筹集社会福利资金 2326 万元，接受社会捐赠 5341 万元。

注：1.本公报为初步统计数。

2.按照国家统计局的统一要求，为更加准确地表述 GDP“中文译名”，从 2004 年 1 月起全国为“国内生产总值”，分地区为“××地区生产总值”；生产总值、各产业增加值绝对数按现价计算，增长速度按可比价计算。

3.环境噪声达标区和烟尘控制区按照国家新标准重新确定，故与上年数据不可比。

附表 1：居民消费价格变动情况

类　别	2003 年
居民消费价格指数（上年=100）	102.2
城市	101.5
农村牧区	103.5
食品类	102.8
粮　食	100.2
肉禽及其制品	101.8
油脂类	116.0
蛋　品	94.1
水产品	94.4
菜	125.1
干鲜果	107.8
烟酒及用品	99.4
衣着类	88.7
家庭设备用品及维修服务	98.1
医疗保健及个人用品	98.9
交通和通讯	97.3
娱乐教育文化用品及服务	112.0
居　住	99.7
服务项目	108.3
城　市	105.2
农　村	111.3

附表 2：主要农畜产品产量和牲畜存栏数

产品名称	计量单位	2003 年	比上年增长%
粮食	万吨	1360.73	–3.2
其中：小麦	万吨	78.96	–35.0
玉米	万吨	888.70	8.2
稻谷	万吨	45.00	–19.6
豆类	万吨	93.87	–32.9
#大豆	万吨	53.62	–44.4
薯类	万吨	174.53	3.6
油料	万吨	102.29	–6.1
甜菜	万吨	99.44	–49.0
水果	万吨	20.09	13.6
肉类总产量	万吨	162.72	11.6
猪牛羊肉产量	万吨	140.62	9.7
猪肉	万吨	71.27	–4.8
牛肉	万吨	24.03	23.3
羊肉	万吨	45.32	34.0
禽蛋	万吨	34.44	24.5
奶类总产量	万吨	12.21	84.9
其中：牛奶	万吨	308.02	86.5
羊毛	万吨	7.50	17.9
其中：绵羊毛	万吨	6.93	18.3
山羊绒	吨	5338.00	17.8
大牲畜存栏			
年中数	万头	718.07	10.1
年末数	万头	615.43	13.3
羊存栏			
年中数	万只	6396.08	12.7
年末数	万只	4450.14	12.6
猪存栏			
年中数	万口	873.48	–6.4
年末数	万口	647.73	–5.0

附表 3：主要工业产品产量

产品名称	计量单位	2003 年	比上年增长%
小麦粉	万吨	146.53	53.3
食用植物油	万吨	25.64	46.0
鲜、冻畜肉	万吨	23.46	1.5
淀粉	万吨	18.19	62.1
机制糖	万吨	14.74	–21.5
乳制品	万吨	13.87	37.3
液体乳	万吨	163.92	122.5
原盐	万吨	148.72	–0.3
卷烟	万箱	30.50	1.7
纱	万吨	2.26	–5.0
呢绒	万米	540.12	–1.9
布	万米	4684.55	–11.2
轻革	万平方米	5.28	–22.9
白酒	万吨	8.31	–48.0
啤酒	万吨	43.54	3.7
软饮料	万吨	7.01	50.1
配混合饲料	万吨	125.30	68.6
服装	万件	3013.95	42.8
移动电话机	万部	222.60	122.0
微型计算机	万部	5.06	–18.7
彩色电视机	万部	134.30	6.0
轮胎外胎	万条	11.61	–48.2
原煤	万吨	14706.82	28.2
洗煤	万吨	1323.68	43.1
天然原油	万吨	92.34	11.5
天然气	亿立方米	11.57	36.3
发电量	亿千瓦小时	647.73	25.1
生铁	万吨	606.90	9.1
钢	万吨	576.83	11.9
成品钢材	万吨	560.36	15.6
十种有色金属	万吨	33.96	61.3
木材	万立方米	255.35	–7.0
水泥	万吨	947.86	20.4
平板玻璃	万重量箱	852.49	13.3
釉面砖	万平方米	281.50	56.4
电石	万吨	116.76	43.2
烧碱	万吨	19.19	–6.3

纯碱	万吨	60.84	–20.1
化肥（折纯）	万吨	50.93	4.6
载货汽车	辆	2709.00	101.0
小型拖拉机	台	1335.00	–68.0

附表4：城乡人民生活

项目	计量单位	2003年	比上年增长%
城镇居民平均每百户耐用消费品拥有量			
彩色电视机	台	113	2.4
电冰箱	台	78	1.4
电风扇	台	66	2.5
电炊具	台	146	2.5
洗衣机	台	93	1.8
家用电脑	台	11	38.5
摩托车	辆	28	10.4
农牧民平均每百户耐用消费品拥有量			
电视机	台	102	10.0
其中：彩电	台	65	14.0
电冰箱	台	10	11.1
电风扇	台	11	3.5
洗衣机	台	30	3.5
摩托车	辆	38	15.2

第二部分　统计资料

PART TWO STATISTICS

一 行政区划和自然资源

DIVISIONS OF ADMINISTRATIVE AREAS AND NATURAL RESOURCES

资料整理 史孝贞
Arranged by Shi Xiaozhen

1-1 自然资源
Natural Resources

项目	Item	2003
土地资源	**Land Resources**	
土地总面积(万平方公里)	Total Land Area(10 000 sq.km)	118.3
# 年末实有耕地面积(万公顷)	Cultivated Land at the Year-end(10 000 hectares)	686.3
耕地面积占土地面积的比重(%)	Composition of Cultivated Land in Total Land Area(%)	5.8
林业用地面积(万公顷)	Area of Afforestated Land(10 000 hectares)	4068.3
森林资源	**Forests Resources**	
森林面积(万公顷)	Forest Area(10 000 hectares)	2078.9
森林覆盖率(%)	Forest-coverage Rate(%)	17.6
林木蓄积量(亿立方米)	Stock Volume of the Forest(100 million cu.m)	12.9
草原资源	**Prairie Resources**	
草原总面积(万公顷)	Prairie Area(10 000 hectares)	8666.7
# 可利用面积(万公顷)	Utilizable Area(10 000 hectares)	6818.0
水利资源	**Water Resources**	
水力资源理论蕴藏量(万千瓦)	Theoretical Hydropower Resources(10 000 kw)	497.6
# 可开发量(万千瓦)	Developable Resources(10 000 kw)	244.3
淡水总面积(万公顷)	Freshwater Area(10 000 hectares)	85.7
# 可养殖面积(万公顷)	Cultivatable Area(10 000 hectares)	51.1
矿产资源	**Mineral Resources**	
煤保有储量(亿吨)	Coal Ensured Reserves(100 million tons)	2239.1
铁矿石保有储量(亿吨)	Iron Ore Ensured Reserves(100 million tons)	23.6
磷矿石保有储量(亿吨)	Phosphate Ore Ensured Reserves(100 million tons)	2.8
稀土氧化物保有储量(万吨)	Rare-earth Ensured Reserves(10 000 tons)	8213.4
铜保有储量(万吨)	Copper Ensured Reserves(10 000 tons)	346.3
铅保有储量(万吨)	Lead Ensured Reserves(10 000 tons)	315.6
锌保有储量(万吨)	Zinc Ensured Reserves(10 000 tons)	1071.7
盐保有储量(万吨)	Salt Ensured Reserves(10 000 tons)	15646.4

注：水力资源理论蕴藏量指500千瓦以上河流。

a) Figures for theoretical hydropower resources are taken from the rivers at 500 kw or above.

1-2 全区行政区划

地 区	Region	旗县级个数(个) Number of Areas at County Level (unit)	旗县(市、区)及名称
全区合计	**Total**	**101**	**旗52个、县17个、盟(市)辖县级市13个、区19个。**
呼和浩特市	Hohhot City	9	新城区、回民区、玉泉区、赛罕区、土默特左旗、托克托县、和林格尔县、清水河县、武川县。
包头市	Baotou City	9	东河区、昆都仑区、青山区、石拐区、白云矿区、九原区、土默特右旗、固阳县、达尔罕茂明安联合旗。
乌海市	Wuhai City	3	海勃湾区、海南区、乌达区。
赤峰市	Chifeng City	12	红山区、元宝山区、松山区、阿鲁科尔沁旗、巴林左旗、巴林右旗、林西县、克什克腾旗、翁牛特旗、喀喇沁旗、宁城县、敖汉旗。
通辽市	Tongliao City	8	科尔沁区、霍林郭勒市、科尔沁左翼中旗、科尔沁左翼后旗、开鲁县、库伦旗、奈曼旗、扎鲁特旗。
鄂尔多斯市	Erdos City	8	东胜区、达拉特旗、准格尔旗、鄂托克前旗、鄂托克旗、杭锦旗、乌审旗、伊金霍洛旗。
呼伦贝尔市	Hulunbeier City	13	海拉尔区、满洲里市、扎兰屯市、牙克石市、额尔古纳市、根河市、阿荣旗、莫力达瓦达斡尔族自治旗、鄂伦春自治旗、鄂温克族自治旗、新巴尔虎右旗、新巴尔虎左旗、陈巴尔虎旗。
兴安盟	Xingan League	6	乌兰浩特市、阿尔山市、科尔沁右翼前旗、科尔沁右翼中旗、扎赉特旗、突泉县。
锡林郭勒盟	Xilinguole League	12	二连浩特市、锡林浩特市、阿巴嘎旗、苏尼特左旗、苏尼特右旗、东乌珠穆沁旗、西乌珠穆沁旗、太仆寺旗、镶黄旗、正镶白旗、正蓝旗、多伦县。
乌兰察布盟	Wulanchabu League	11	集宁市、 丰镇市、 卓资县、化德县、商都县、兴和县、凉城县、察哈尔右翼前旗、察哈尔右翼中旗、察哈尔右翼后旗、四子王旗。
巴彦淖尔盟	Bayannaoer League	7	临河市、五原县、磴口县、乌拉特前旗、乌拉特中旗、乌拉特后旗、杭锦后旗。
阿拉善盟	Alashan League	3	阿拉善左旗、阿拉善右旗、额济纳旗。

Divisions of Administrative Areas in Inner Mongolia

Name of Areas at County(Banner, City and District)

52 Banners, 17 Counties.13 Cities at County Level, 19 Districts under Jurisdiction of Cities.

Xincheng District, Huimin District, Yuquan District, Saihan District, Tumotezuo Banner, Tuoketuo County, Helingeer County, Qingshuihe County, Wuchuan County.

Donghe District, Kundulun District, Qingshan District, Shiguai District, Baiyun Mineral District, Jiuyuan District, Tumoteyou Banner, Guyang County, Daerhanmaomingan Union Banner.

Haibowan District, Hainan District, Wuda District.

Hongshan District, Yuanbaoshan District, Songshan District, Alukeerqin Banner, Balinzuo Banner, Balinyou Banner, Linxi County, Keshiketeng Banner, Wengniute Banner, Kalaqin Banner, Ningcheng County, Aohan Banner.

Keerqin District, Huolinguole City, Keerqinzuoyizhong Banner, Keerqinzuoyihou Banner, Kailu County, Kulun Banner, Naiman Banner, Zhalute Banner.

Dongsheng District, Dalate Banner, Zhungeer Banner, Etuokeqian Banner, Etuoke Banner, Hangjin Banner, Wushen Banner, Yijinhuoluo Banner.

Hailaer District, Manzhouli City, Zhalantun City, Yakeshi City, Eerguna City, Genhe City, Arong Banner, Molidawadawoer Nationality Autonomous Banner, Elunchun Nationality Autonomous Banner, Ewenke Nationality Autonomous Banner, Xinbaerhuyou Banner, Xinbaerhuzuo Banner, Chenbaerhu Banner.

Wulanhaote City, Aershan City, Keerqinyouyiqian Banner, Keerqinyouyizhong Banner, Zhalaite Banner, Tuquan County.

Erlianhaote City, Xilinhaote City, Abaga Banner, Sunitezuo Banner, Suniteyou Banner, Dongwuzhumuqin Banner, Xiwuzhumuqin Banner, Taipusi Banner, Xianghuang Banner, Zhengxiangbai Banner, Zhenglan Banner, Duolun County.

Jining City, Fengzhen City, Zhuozi County, Huade County, Shangdu County, Xinghe County, Liangcheng County, Chahaeryouyiqian Banner, Chahaeryouyizhong Banner, Chahaeryouyihou Banner, Siziwang Banner.

Linhe City, Wuyuan County, Dengkou County, Wulateqian Banner, Wulatezhong Banner, Wulatehou Banner, Hangjinhou Banner.

Alashanzuo Banner, Alashanyou Banner, Ejina Banner.

1-3 边境、牧区、山老区旗县市

地 区	Region	旗县级个数（个）Number of Areas at County Level (unit)	旗 县(市、区) 及 名 称
边境旗市	**Banners & Cities of Frontier**	**19**	
包头市	Baotou City	1	达尔罕茂明安联合旗。
呼伦贝尔市	Hulunbeier City	5	根河市、陈巴尔虎旗、满洲里市、新巴尔虎右旗、新巴尔虎左旗。
兴安盟	Xingan League	2	科尔沁右翼前旗、阿尔山市。
锡林郭勒盟	Xilinguole League	5	东乌珠穆沁旗、阿巴嘎旗、苏尼特左旗、二连浩特市、苏尼特右旗。
乌兰察布盟	Wulanchabu League	1	四子王旗。
巴彦淖尔盟	Bayannaoer League	2	乌拉特中旗、乌拉特后旗。
阿拉善盟	Alashan League	3	阿拉善左旗、阿拉善右旗、额济纳旗。
牧区旗市	**Banners & Cities of Pastoral Area**	**33**	
包头市	Baotou City	1	达尔罕茂明安联合旗。
赤峰市	Chifeng City	5	阿鲁科尔沁旗、巴林左旗、巴林右旗、克什克腾旗、翁牛特旗。
通辽市	Tongliao City	3	科尔沁左翼中旗、科尔沁左翼后旗、扎鲁特旗。
鄂尔多斯市	Erdos City	4	鄂托克前旗、鄂托克旗、杭锦旗、乌审旗。
呼伦贝尔市	Hulunbeier City	4	鄂温克族自治旗、新巴尔虎右旗、新巴尔虎左旗、陈巴尔虎旗。
兴安盟	Xingan League	1	科尔沁右翼中旗。
锡林郭勒盟	Xilinguole League	9	锡林浩特市、阿巴嘎旗、苏尼特左旗、苏尼特右旗、东乌珠穆沁旗、西乌珠穆沁旗、镶黄旗、正镶白旗、正蓝旗。
乌兰察布盟	Wulanchabu League	1	四子王旗。
巴彦淖尔盟	Bayannaoer League	2	乌拉特中旗、乌拉特后旗。
阿拉善盟	Alashan League	3	阿拉善左旗、阿拉善右旗、额济纳旗。
半牧区旗市	**Banners & Cities of Semi-Pastoral Area**	**21**	
赤峰市	Chifeng City	2	林西县、敖汉旗。
通辽市	Tongliao City	4	科尔沁区、开鲁县、库伦旗、奈曼旗。
鄂尔多斯市	Erdos City	4	东胜区、达拉特旗、准格尔旗、伊金霍洛旗。
呼伦贝尔市	Hulunbeier City	3	扎兰屯市、阿荣旗、莫力达瓦达斡尔族自治旗。
兴安盟	Xingan League	3	科尔沁右翼前旗、扎赉特旗、突泉县。
锡林郭勒盟	Xilinguole League	1	太仆寺旗。
乌兰察布盟	Wulanchabu League	2	察哈尔右翼中旗、察哈尔右翼后旗。
巴彦淖尔盟	Bayannaoer League	2	磴口县、乌拉特前旗。
山老区旗县	**Counties & Banners of Mountain & Old Liberated Area**	**25**	
呼和浩特市	Hohhot City	5	土默特左旗、赛罕区、武川县、和林格尔县、清水河县。
包头市	Baotou City	3	土默特右旗、固阳县、达尔罕茂明安联合旗。
赤峰市	Chifeng City	2	喀喇沁旗、宁城县。
鄂尔多斯市	Erdos City	6	达拉特旗、准格尔旗、鄂托克前旗、鄂托克旗、杭锦旗、乌审旗。
乌兰察布盟	Wulanchabu League	8	卓资县、兴和县、丰镇市、凉城县、察哈尔右翼前旗、察哈尔右翼中旗、察哈尔右翼后旗、四子王旗。
巴彦淖尔盟	Bayannaoer League	1	乌拉特前旗。

Banners, Counties and Cities of Frontier, Pure Pastoral Area, Mountain Area and Old Liberated Area

Name of Areas at County(Banner, City & District) Level

Daerhanmaomingan Union Banner.

Genhe City, Chenbaerhu Banner, Manzhouli City, Xinbaerhuyou Banner, Xinbaerhuzuo Banner.

Keerqinyouyiqian Banner, Aershan City.

Dongwuzhumuqin Banner, Abaga Banner, Sunitezuo Banner, Erlianhaote City, Suniteyou Banner.

Siziwang Banner.
Wulatezhong Banner, Wulatehou Banner.
Alashanzuo Banner, Alashanyou Banner, Ejina Banner.

Daerhanmaomingan Union Banner.

Alukeerqin Banner Balinzuo, Banner, Balinyou Banner, Keshiketeng Banner, Wengniute Banner.

Keerqinzuoyizhong Banner, Keerqinzuoyihou Banner, Zhalute Banner.
Etuokeqian Banner, Etuoke Banner, Hangjin Banner, Wushen Banner.

Ewenke Nationality Autonomous Banner, Xinbaerhuyou Banner, Xinbaerhuzuo Banner, Chenbaerhu Banner.

Keerqinyouyizhong Banner.
Xilinhaote City, Abaga Banner, Sunitezuo Banner, Suniteyou Banner, Dongwuzhumuqin Banner, Xiwuzhumuqin Banner, Xianghuang Banner, Zhengxiangbai Banner, Zhenglan Banner.
Siziwang Banner.
Wulatezhong Banne, Wulatehou Banner.
Alashanzuo Banner, Alashanyou Banner, Ejina Banner.

Linxi County, Aohan Banner.
Keerqin District, Kailu County, Kulun Banner, Naiman Banner.
Dongsheng City, Dalate Banner, Zhungeer Banner, Yijinhuoluo Banner.
Zhalantun City, Arong Banner, Molidawadawoer Nationality Autonomous Banner.
Keerqinyouyiqian Banner, Zhalaite Banner, Tuquan County.
Taipusi Banner.
Chahaeryouyizhong Banner, Chahaeryouyihou Banner.
Dengkou County, Wulateqian Banner.

Tumotezuo Banner, Saihan District, Wuchuan County, Helingeer County, Qingshuihe County.
Tumoteyou Banner, Guyang County, Daerhanmaomingan Union Banner.
Kalaqin Banner, Ningcheng County.

Dalate Banner, Zhungeer Banner, Etuokeqian Banner, Etuoke Banner, Hangjin Banner, Wushen Banner.

Zhuozi County, Xinghe County, Fengzhen City, Liangcheng County, Chahaeryouyiqian Banner, Chahaeryouyizhong Banner, Chahaeryouyihou, Siziwang Banner.
Wulateqian Banner.

1-4 主要城市气温(2003年)
Monthly Average Temperature of Major Cities(2003)

单位：摄氏度 (℃)

城市	City	1月 Jan.	2月 Feb.	3月 Mar.	4月 Apr.	5月 May	6月 June	7月 July	8月 Aug.	9月 Sept.	10月 Oct.	11月 Nov.	12月 Dec.	年平均 Annual Average
呼和浩特	Hohhot	-12.8	-5.1	1.5	8.7	16.9	19.8	21.9	21.0	16.7	7.1	-1.2	-8.7	7.2
包　头	Baotou	-12.0	-4.7	2.0	9.2	17.3	20.3	22.4	21.2	17.2	7.5	-1.1	-8.5	7.6
乌　海	Wuhai	-6.8	-0.7	5.2	12.3	19.6	24.2	25.2	24.6	20.4	10.8	1.4	-5.6	10.9
赤　峰	Chifeng	-9.9	-5.1	0.3	10.2	16.9	20.1	22.8	22.4	16.3	7.7	-2.1	-6.9	7.7
通　辽	Tongliao	-12.2	-6.0	0.5	11.4	18.0	21.3	24.3	22.7	17.7	8.6	-3.2	-8.7	7.9
东　胜	Dongsheng	-10.0	-3.9	0.4	7.3	15.2	18.1	20.3	19.5	15.4	7.1	-2.0	-7.4	6.7
海拉尔	Hailaer	-24.4	-17.7	-8.7	5.0	11.3	18.3	20.4	16.7	10.6	2.3	-12.3	-20.6	0.1
乌兰浩特	Wulanhaote	-13.8	-8.6	-0.7	9.6	17.0	21.2	22.7	20.4	15.3	6.8	-6.0	-9.6	6.2
锡林浩特	Xilinhaote	-19.3	-13.4	-4.6	6.5	13.7	17.4	20.5	18.6	14.0	3.9	-6.7	-15.8	2.9
集　宁	Jining	-13.6	-7.6	-2.4	5.3	13.9	16.5	19.0	18.2	13.6	4.8	-4.0	-10.5	4.4
临　河	Linhe	-10.8	-3.2	2.7	10.4	18.4	22.0	23.5	22.3	18.2	9.4	-0.6	-7.1	8.8
巴彦浩特	Bayanhaote	-6.6	-1.6	3.2	9.6	16.8	21.5	22.4	21.4	17.6	8.8	0.2	-6.4	8.9

1-5 主要城市平均相对湿度(2003年)
Monthly Average Relative Humidity of Major Cities(2003)

单位：% (%)

城市	City	1月 Jan.	2月 Feb.	3月 Mar.	4月 Apr.	5月 May	6月 June	7月 July	8月 Aug.	9月 Sept.	10月 Oct.	11月 Nov.	12月 Dec.	年平均 Annual Average
呼和浩特	Hohhot	72	62	55	52	51	50	62	60	64	61	58	55	59
包　头	Baotou	65	57	54	50	49	48	59	61	60	57	59	56	56
乌　海	Wuhai	53	40	40	32	37	33	49	45	44	44	48	43	42
赤　峰	Chifeng	53	46	50	43	47	59	70	61	66	56	56	45	54
通　辽	Tongliao	51	44	44	35	42	62	70	69	62	54	55	52	53
东　胜	Dongsheng	64	50	58	51	56	53	62	61	63	51	62	44	56
海拉尔	Hailaer	92	91	81	45	33	48	62	73	66	65	76	81	68
乌兰浩特	Wulanhaote	63	60	44	35	30	52	72	72	60	52	56	55	54
锡林浩特	Xilinhaote	77	72	58	39	46	54	68	57	56	53	60	64	59
集　宁	Jining	72	67	67	58	53	55	63	60	66	56	61	54	61
临　河	Linhe	67	48	50	39	42	42	55	53	52	47	53	47	50
巴彦浩特	Bayanhaote	48	42	44	37	41	37	52	51	46	45	53	39	45

1-6 主要城市降水量(2003年)

Monthly Precipitation of Major Cities(2003)

单位：毫米 (millimeters)

城市	City	1月 Jan.	2月 Feb.	3月 Mar.	4月 Apr.	5月 May	6月 June	7月 July	8月 Aug.	9月 Sept.	10月 Oct.	11月 Nov.	12月 Dec.	全年 Annual Total
呼和浩特	Hohhot	1.0	7.2	30.1	66.5	56.9	35.7	146.9	118.5	132.3	51.6	6.5	0.9	654.1
包　头	Baotou	1.7	11.6	13.7	40.2	40.0	43.0	85.1	107.4	109.3	10.2	2.9	0.1	465.2
乌　海	Wuhai		0.4	1.3	6.8	19.8	7.6	72.6	4.1	23.5	8.9	1.1		146.1
赤　峰	Chifeng	0.1		21.0	7.4	33.7	60.9	107.9	17.3	80.1	21.7	7.9	0.7	358.7
通　辽	Tongliao			3.0	1.8	24.0	68.2	44.1	96.6	13.8	38.5	3.4	0.2	293.6
东　胜	Dongsheng	0.6	6.4	18.3	68.4	58.3	54.0	139.0	73.5	61.7	18.2	13.3	1.6	513.3
海拉尔	Hailaer	3.9	5.4	3.2	10.2	0.6	21.5	89.4	91.1	50.5	19.2	18.1	6.3	319.4
乌兰浩特	Wulanhaote	1.4	2.4	7.1	12.3	0.7	98.1	152.9	79.4	37.4	16.3	2.9	2.6	413.5
锡林浩特	Xilinhaote	1.6	0.8	2.6	5.8	44.8	108.0	103.3	45.8	54.6	7.8	6.5	1.0	382.6
集　宁	Jining	1.8	3.7	20.2	52.3	49.4	31.5	118.4	69.4	97.2	33.6	5.6	1.9	485.0
临　河	Linhe	0.1	0.7	4.8	8.7	8.9	8.6	56.2	14.7	37.1	0.5			140.3
巴彦浩特	Bayanhaote	4.7	1.5	10.7	21.8	49.4	37.4	90.7	55.5	33.0	17.3	8.1		330.1

1-7 主要城市日照时数(2003年)

Monthly Sunshine Hours of Major Cities(2003)

单位：小时 (hours)

城市	City	1月 Jan.	2月 Feb.	3月 Mar.	4月 Apr.	5月 May	6月 June	7月 July	8月 Aug.	9月 Sept.	10月 Oct.	11月 Nov.	12月 Dec.	全年 Annual Total
呼和浩特	Hohhot	121.7	163.7	193.1	228.3	275.6	187.9	187.8	306.6	240.8	243.9	156.3	179.9	2485.6
包　头	Baotou	182.3	192.1	195.0	197.0	243.3	243.2	245.9	263.9	233.1	239.3	148.8	192.8	2576.7
乌　海	Wuhai	238.6	216.3	241.5	272.3	302.5	319.2	312.3	286.7	256.5	276.7	192.9	226.3	3141.8
赤　峰	Chifeng	212.0	223.3	222.6	229.2	222.2	234.4	210.0	267.5	224.8	229.9	167.3	190.8	2634.0
通　辽	Tongliao	248.1	251.3	280.4	273.6	236.5	190.6	188.2	243.8	235.2	214.0	155.7	204.2	2721.6
东　胜	Dongsheng	244.6	206.9	206.8	230.1	282.2	263.1	268.4	294.2	247.7	271.6	185.4	244.9	2945.9
海拉尔	Hailaer	120.0	161.1	247.4	217.4	109.9	207.1	233.6	253.7	214.4	175.9	131.5	133.9	2205.9
乌兰浩特	Wulanhaote	216.2	209.1	278.0	249.4	225.2	225.1	218.2	259.0	256.3	233.4	173.4	198.5	2741.8
锡林浩特	Xilinhaote	202.6	208.8	247.4	241.9	257.9	218.5	247.9	295.9	256.1	221.0	191.6	207.6	2797.2
集　宁	Jining	228.2	207.3	214.5	228.4	259.1	230.6	230.9	285.5	220.7	249.8	189.8	226.2	2771.0
临　河	Linhe	209.9	209.1	225.2	245.2	269.5	286.0	297.5	275.6	271.5	264.1	186.3	219.2	2959.1
巴彦浩特	Bayanhaote	238.9	215.5	238.4	251.5	304.4	311.6	279.6	261.4	240.5	265.2	210.4	250.0	3067.4

主要统计指标解释

行政区划 指国家对行政区域的划分。根据宪法规定，我国的行政区域划分如下：(1)全国分为省、自治区、直辖市；(2)省、自治区分为自治州(盟)、县(旗)、自治县(旗)、市；(3)自治州分为县、自治县、市；(4)旗、县、自治县(旗)分为乡、民族乡、镇；(5)直辖市和较大的市分为区、县(旗)；(6)国家在必要时设立的特别行政区。

国土 指一个主权国家管辖下的领土、领海和领空。

气候 指地球与大气之间长期能量交换与质量交换所形成的一种自然环境状态，它是多种因素综合作用的结果。气候既是人类生活和生产的环境要素之一，又是供给人类生活和生产的重要资源。气温、降水、湿度等气象要素的多年平均值是用来描述一个地区气候状况的主要参数，而各种气象要素某年、某月的平均值(或总量)则可以反映出该时期天气气候状况的重要特征。

自然资源 指人类可以直接从自然界获得 ，并用于生产和生活的物质资源。自然资源一般可以分成可再生资源和非再生资源两大类。可再生资源指在较短时间内可以再生、可以循环利用的资源，包括土地资源、水资源、气候资源、生物资源和海洋资源等。非再生资源指在使用后不能再生的资源，包括矿产资源和地热能源。

土地资源 土地指陆地的表层部分，它主要由岩石、岩石的风化物和土壤构成。土地资源按利用类型可以分为农用地、建筑用地和未利用地。农用地包括耕地、园地、林地、牧草地和水面。建筑用地包括居民点及工矿用地、交通用地和水利设施用地。未利用地指农用地和建筑用地以外的土地，包括滩涂、荒漠、戈壁、冰川和石山等。

耕地面积 指种植各种农作物的土地面积，包括灌溉水田、望天田、水浇地、旱地、菜地等。

林业用地面积 指生长乔木、竹类、灌木、沿海红树林等林木的土地面积，包括有林地、灌木林、疏林地、未成林造林地、迹地、苗圃等。

草地面积 指牧区和农区用于放牧牲畜或割草，植被盖度在 5%以上的草原、草坡、草山等面积。包括天然的和人工种植或改良的草地面积。

森林资源 指森林、林木、林地以及依托森林、林木、林地生存的野生动物、植物和微生物。林木指树木和竹子。森林指以乔木为主体的植物群落，是集生的乔木及与共同作用的植物、动物、微生物和土壤、气候等的总体。

活立木总蓄积量 指一定范围内土地上全部树木蓄积的总量，包括森林蓄积、疏林蓄积、散生木蓄积和四旁树蓄积。

森林面积 指由乔木树种构成，郁闭度 0.2 以上(含 0.2)的林地或冠幅宽度 10 米以上的林带的面积，即有林地面积。森林面积包括天然起源和人工起源的针叶林面积、阔叶林面积、针阔混交林面积和竹林面积，不包括灌木林地面积和疏林地面积。

森林蓄积量 指一定森林面积上存在着的林木树干部分的总材积。它是反映一个国家或地区森林资源总规模和水平的基本指标之一，也是反映森林资源的丰富程度、衡量森林生态环境优劣的重要依据。

森林覆盖率 指一个国家或地区森林面积占土地面积的百分比。在计算森林覆盖率时，森林面积包括郁闭度 0.2 以上的乔木林地面积和竹林地面积，国家特别规定的灌木林地面积、农田林网以及四旁(村旁、路旁、水旁、宅旁)林木的覆盖面积。森林覆盖率是反映森林资源的丰富程度和生态平衡状况的重要指标。计算公式为：

森林覆盖率(%)=森林面积/土地总面积×100%

水资源 水在自然界中以固体、液体和气态三种聚集状态存在，分布于海洋、陆地(包括土壤)以及大气之中，通过水循环形成水资源。水资源包括经人类控制并直接可供灌溉、发电、给水、航运、养殖等用途的地表水和地下水，以及江河、湖泊、井、泉、潮汐、港湾和养殖水域等。水资源是发展国民经济不可缺少的重要自然资源。

地表水和地下水 陆地上的水因空间分布不同，可以分为地表水和地下水。地表水指分别存在于河流、湖泊、沼泽、冰川和冰盖等水体中水分的总称，又称陆地水。地下水指储存在地面以下饱和岩土孔隙、裂隙及溶洞中的水。

内陆水域总面积 指江、河、湖泊、池塘、塘堰、水库等各种流水或蓄水的水面占地面积。

径流 指大气降水扣除损耗外，从地表和地下向流域出口断面汇集的水流。径流可分为地表径流、地下径流和壤中流。地表径流指沿地表向河流、湖泊、沼泽、海洋等汇集的水流；地下径流指沿潜水层或隔水层间的含水层，向河流、湖泊、沼泽、海洋等汇集的地下水水流。

径流量 指在一定时段内通过河流某一过水断面的水量，用以反映一个国家或地区水资源的丰欠程度。计算公式为：

径流量=降水量-蒸发量

矿产资源 矿产指由地质作用形成，富集于地壳中或出露于地表达到工农业利用要求的有用矿物。矿产是一种重要的自然资源，是社会发展的重要物质基础。从某种意义上讲，一个国家对矿产资源开发利用的广度和深度，可以作为这个国家经济发展水平的标志。

矿产保有储量 指探明的矿产储量(包括工业储量和远景储量)，扣除已开采部分和地下损失量后的年末实有储量，是反映国家矿产资源现状的重要指标。

流域 每条河流都有自己的干流和支流，干支流共同组成这条河流的水系。每条河流都有自己的集水区域，这个集水区域就称为该河流的流域。

外流河 指直接或间接流入海洋的河流，供给外流河水的区域称为外流区域。

内陆河 指在陆地内部干燥地区，河水沿途消失于沙漠或注入内陆湖泊的河流。供给内陆河河水的区域称为内陆区域。

气温 指空气的温度，我国一般以摄氏度(℃)为单位表示。气象观测的温度表是放在离地面约 1.5 米处通风良好的百叶箱里测量的。因此，通常说的气温指的是离地面 1.5 米处百叶箱中的温度。其统计计算方法为：

月平均气温是将全月各日的平均气温相加，除以该月的天数而得。

年平均气温是将 12 个月的月平均气温累加后除以 12 而得。

相对湿度 指空气中实际水气压与当时气温下的饱合水气压之比。其统计方法与气温相同。

降水量 指从天气降落到地面的液态或固态(经融化后)水，未经蒸发、渗透、流失而在地面上积聚的深度。其统计计算方法为：

月降水量是将全月各日的降水量累加而得。

年降水量是将 12 个月的月降水量累加而得。

日照时数 指太阳实际照射地面的时间。其统计方法与降水量相同。

Explanatory Notes on Main Statistical Indicators

Administrative Division refers to the division of administrative areas by the state. The Constitution of the People's Republic of China stipulates that the administrative areas in China are divided as:1) The whole country is divided into provinces, autonomous regions and municipalities directly under the central government; 2) Provinces and autonomous regions are divided into autonomous prefectures (leagues) , counties (banners) , autonomous counties and cities; 3) Autonomous Prefectures are divided into counties , autonomous counties and cities; 4) Counties and autonomous counties are divided into townships, nationality townships and towns; 5) Municipalities and large cities are divided into districts and counties, 6) The state establish special administrative regions when necessary.

Territory refers to territorial land, sea and air space under the administration of a sovereign state.

Climate refers to the natural environmental status formed by the long-time exchange of energy and mass between the earth and the air, and is the results of interaction of many factors. Climate is both one of the environment factors and the important resources for the living and production activities of the human being. The average values across several years of meteorological factors such as temperature, rainfall and humidity are used as important parameters to describe the climate of a region, while the average values (or total values) of a given year or month of meteorological factors reflect the key characteristics of climate for that period of time.

Natural Resources refer to material resources that could be obtained from the nature by human being and used for production and living. Natural resources in general can be classified as renewable resources and non-renewable resources. Renewable resources refer to resources that could be renewed and recycled during a relatively short period of time, including land resource, water resource, climate resource, biology resource and marine resource. Non-renewable resources include resources that could not be renewed, such as minerals and geothermal resource.

Land Resource Land refers to the surface of the earth, consisting of mainly rocks and its weathering and earth. Land resource can be classified, by its utilization, as land for agriculture, land for construction and unused land. Land for agriculture includes cultivated land, plantation land, forestland, grassland and waters. Land for construction includes land for residential purpose, for manufacturing and mining, for transportation and for water conservancy projects. Unused land refers to land other than land for agriculture and construction, including beaches, deserts, Gobi, glaciers and Rock Mountains.

Area of Cultivated Land refers to land for the cultivation of various farm crops, including irrigated land, manual-watered land, dry Land and vegetable land.

Area of Afforestated Land refer to land for trees, bamboo, bushes and mangrove, including forest-cover land, bush-covered land, sparse forest land, land Planned for afforestation and nurseries of young trees.

Area of Grassland refers to areas of grassland, grass-slopes and grass-covered hills with a vegetation-covering rate of over 5% that are used for animal husbandry or harvesting of grass. It includes natural, cultivated and improved grassland areas.

Forest Resource refers to forests, trees, forest land and wild animals, plants and microorganism that live on forest and trees. Trees include trees and bamboo. Forest refers to the population of clusters of trees and other plants, animals and microorganism as well as the earth and climate that have interactions with the trees.

Total Standing Stock Volume refers to the total stock volume of trees growing in land, including trees in forest, tress in sparse forest, scattered trees and trees planted by the side of farm houses and along the roads, rivers and fields.

Forest Area refers to the area of forest land where trees and bamboo grow with canopy density above 0. 2, including land of natural woods and planted woods, but excluding bush land and thin forest land. It reflects the total areas of afforestation.

Stock Volume of Forest refers to total stock volume of wood growing in forest area, which shows the total size and level of forest resources of a country or a region. It is also an important indicator illustrating the richness of forest resource and the status of forest ecological environment.

Forest Coverage Rate refers to the ratio of area of afforested land to total land area. This indicator shows the forest resources and afforestation progress of a country or a region. According to regulations of the government, in addition to afforested land, the area of bush forest, the area of forest land inside farm land and the area of trees planted by the side of farm houses and along the roads, rivers and fields should also be included in the area of afforested land in the calculation of the forest coverage-rate. The formula for calculating forest coverage rate is as follows:

Forestry coverage rate (%)=

Area of afforested Land/ Area of Total Land × 100%

Water Resource Water exists in the nature in solid, liquid and gaseous states, is distributed in the ocean, land (including earth) /and air, and constitutes the water resource through the circulation of water. Water resource includes the surface water and underground water that is controlled by the human being for irrigation, power-generation, water supply, navigation and cultivation. It also includes rivers, lakes, wells, springs, tides, gulf and water area for cultivation. Water resource as an important natural resource is indispensable for the development of the national economy.

Surface Water and Underground Water Water on earth can be divided into surface water and underground water according to its distribution. Surface water refers to moisture exists in rivers, lakes, swamps, glaciers, icecaps and so on. It is also called land water. The underground water refers to water deposited underground in the cranny and the hole of saturated rock soil and in the water-eroded cave.

Inland Water Area refers to water area of rivers, lakes, ponds, reservoir, etc.

Runoff refers to the water gathered at the way out of the cross section of drainage area either from the surface or underground after deducting the wastage of the precipitation. Runoff can be divided into surface runoff, underground runoff and within soil runoff. Surface runoff refers to water flow to the rivers, lakes, swamps, and seas on the surface of the earth. Underground runoff refers to water flow to rivers, lakes, swamps, and seas through the water-bearing stratum of confined layer or unconfined layer.

Volume of Runoff refers to the total volume of water running through a certain cross section of a river during a certain period of time, reflecting the water resource condition in a country or a region. The formula for calculating volume or runoff is as follows:

Runoff = Precipitation-Evaporation

Mineral Resources refer to useful minerals that can be used for industrial or agricultural purposes enriched in lithosphere or on earth due to the geological process.

Ensured Mineral Reserves refer to the actual mineral reserves, which equal to the proven mineral reserves (including industrial reserves and prospective reserves) minus extracted parts and underground losses. This indicator shows the current condition of the mineral resources of a country.

Drainage Area Each river has its own main stream and branches to form the water system of the river. Each river has its own catchments area, which is also called as the drainage area of the river.

Out-flowing Rivers refer to rivers directly or indirectly flowing into the sea. The area providing water to the out-flowing rivers is called as out-flowing area.

Inland Rivers refer to rivers in inland dry areas that die away in desert on the way or infuse into inland lakes. The area providing water to the inland rivers is called as inland area.

Temperature refers to the air temperature. China uses centigrade (^{0}C) as the unit. The thermometry used for weather observation is put in a breezy shutter, which is 1. 5 meters high from the ground. Therefore, the commonly used temperature refers to the temperature in the breezy shutter 1. 5 meters away from the ground. The calculation method is as follows:

Monthly average temperature is the summation of average daily temperature of one month divided by the actual days of that particular month.

Annual average temperature is the summation of monthly average of a year divided by 12 months.

Relative Humidity refers to the ratio of actual water vapor pressure to the saturation water vapor pressure under the current temperature. The calculation method is the same as that of temperature.

Volume of Precipitation refers to the deepness of liquid state or solid state (thawed) water falling from the sky to the ground that has not been evaporated, infiltrated or run off. The calculation method is as follows:

Monthly precipitation is the summation of daily precipitation of a month.

Annual precipitation is the summation of 12 months , precipitation of a year.

Sunshine Hours refer to the actual hours of sun irradiating the earth. The calculation method is the same as that of the precipitation.

二　综合

GENERAL SURVEY

资料整理 崔京英
Arranged by Cui Jingying

2-1 平均每天主要社会经济活动
Major Indicators on Average Daily Social and Economic Activities

指　标	Item	1985	1990	1995	2000	2003
全区每天创造的财富	**Autonomous Regional Daily Production**					
生产总值(万元)	Gross Domestic Product(10 000 yuan)	4488	8748	22819	38384	58915
第一产业	Primary Industry	1467	3084	7128	9611	11510
第二产业	Secondary Industry	1560	2806	8627	15241	26683
工 业	Industry	1258	2388	6983	12472	19770
建筑业	Construction	303	418	1644	2769	6914
第三产业	Tertiary Industry	1461	2858	7063	13532	20723
# 运输邮电业	Transportation, Postal & Telecommunications Services	297	567	1839	3907	5939
商业饮食业	Commerce	538	683	1569	3656	4953
财政收入(万元)	Government Revenue(10 000 yuan)	367	904	2092	4263	7069
财政支出(万元)	Government Expenditures(10 000 yuan)	992	1668	2799	7152	12907
粮食(吨)	Grain(ton)	16551	26657	28915	34025	37280
油料(吨)	Oil-bearing Grops(ton)	2178	1901	1923	3189	2803
肉类(吨)	Meat(ton)	983	1469	2243	3929	4458
牛奶(吨)	Cow Milk(ton)	669	1012	1331	2186	8439
水产品(吨)	Aquatic Products(ton)	49	83	130	198	199
布(万米)	Cloth(10 000 m)	19.46	29.55	23.42	9.01	12.84
乳制品(吨)	Dairy products(ton)	39	60	83	182	380
原煤(万吨)	Coal(10 000 tons)	8.78	13.05	19.33	19.86	40.29
发电量(万千瓦小时)	Electricity(10 000 kwh)	2204	4645	7631	12033	17746
钢(吨)	Steel(ton)	4670	7480	9736	11605	15804
成品钢材(吨)	Steel Products(ton)	2744	4807	7062	10381	15352
水泥(吨)	Cement(ton)	5072	6246	9569	17260	25969
每天消费量	**Daily Consumption**					
最终消费(万元)	Final Consumption Expenditure(10 000 yuan)	3480	5937	13859	21567	33375
居民消费(万元)	Resident Consumption(10 000 yuan)	2880	4652	10846	15854	24565

2-1 续表 continued

指 标	Item	1985	1990	1995	2000	2003
农民	Peasants	1586	2368	5328	6818	6884
非农业居民	Non-agricultural Residents	1294	2284	5518	9036	17682
政府消费(万元)	Government Consumption Expenditure (10 000 yuan)	601	1285	3013	5713	8810
能源消费量(万吨标准煤)	Energy Consumption(10 000 tons of SCE)	5.13	6.64	8.95	10.79	16.17
社会消费品零售总额(万元)	Total Retail Sales of Consumer Goods(10 000 yuan)	2072	3577	8083	13260	19911
每天其他经济活动	**Other Daily Economic Activities**					
资产形成总额(万元)	Gross Capital Formation(10 000 yuan)	1688	3416	10219	16813	35596
固定资产形成	Fixed Capital Formation	1396	1939	7484	11792	33136
存货增加	Changes in Stock	292	1477	2735	5021	2461
城镇新建住宅面积(万平方米)	Residential Buildings Completed in Urban Areas(10 000 sq.m)	1.55	0.96	1.65	2.78	3.53
农牧民个人新建住宅面积(万平方米)	Private Residential Building Complated in Rural Areas(10 000 sq.m)	2.22	1.36	2.65	2.36	2.32
货运量(万吨)	Freight Traffic(10 000 tons)	31.75	73.09	89.68	122.27	137.11
客运量(万人)	Passenger Traffic(10 000 persons)	18.28	28.70	50.06	64.52	64.44
进出口总额(万美元)	Total Imports and Exports(USD 10 000)	50.54	132.68	307.70	557.80	853.02
邮电业务总量(万元)	Volume of Postal and Telecoms Services(10 000 yuan)	17.39	58.07	264.50	1541.00	2973.90
城乡存款新增额(万元)	Outstanding Amount of Savings Deposit (10 000 yuan)	190	822	2496	2140	5960
图书出版(册)	Books Published(copy)	340904	217753	179726	203379	205750
杂志出版(册)	Magazines Issued(copy)	50767	34630	28384	43437	58559
报纸出版(份)	Newspapers Issued(copy)	448027	443616	446192	492253	807125
邮寄函件(件)	Letters Delivered(piece)	257964	221370	458307	265123	604553
每天人口变动与婚姻	**Daily Population Changes & Marriages**					
出生(人)	Births(person)	945	1117	1073	645	602
死亡(人)	Deaths(person)	302	293	417	359	402
结婚(对)	Marriages(couple)		435	475	416	359
离婚(对)	Divorces(couple)		60	75	89	80

2-2 社会经济主要指标人均水平

Major per Capita Indicators on Society and Economy

指标	Item	1985	1990	1995	2000	2003
生产总值(元)	**Gross Domestic Product(yuan)**	**809**	**1478**	**3639**	**5872**	**8975**
财政收入(元)	**Finance Revenue(yuan)**	**67**	**154**	**336**	**657**	**1085**
农牧业生产	**Agriculture Production**					
耕地面积(公顷)	Cultivated Land(hectare)	0.25	0.23	0.24	0.31	0.29
粮食产量(千克)	Output of Grain(kg)	301.37	454.15	464.40	524.60	580.00
油料产量(千克)	Output of Oil-bearing Crops(kg)	39.66	32.38	30.90	49.20	43.00
甜菜产量(千克)	Output of Beet Roots(kg)	126.80	110.36	116.00	59.69	41.80
年末大牲畜(头)	Large Animals at the Year-end(head)	0.37	0.33	0.31	0.26	0.26
年末羊(只)	Sheep and Goats at the Year-end(head)	1.23	1.41	1.46	1.50	1.87
年末生猪(口)	Hogs at the Year-end(head)	0.23	0.24	0.34	0.31	0.27
肉类产量(千克)	Output of Meat(kg)	17.90	25.02	36.03	60.58	68.40
# 牛肉产量(千克)	Output of Beef(kg)	2.35	3.99	4.10	9.23	10.10
羊肉产量(千克)	Output of Mutton(kg)	4.20	5.96	7.42	13.44	19.05
猪肉产量(千克)	Output of Pork(kg)	10.88	13.43	20.97	32.37	29.96
牛奶产量(千克)	Output of Cow Milk(kg)	12.18	17.25	21.37	33.70	129.47
羊毛(千克)	Wool(kg)	2.53	2.87	2.64	2.89	3.15
主要工业产品产量	**Output of Major Industrial Products**					
原煤(吨)	Coal(ton)	1.60	2.22	3.10	3.06	6.19
原盐(吨)	Salt(ton)	0.03	0.04	0.03	0.05	0.06
木材(立方米)	Timber(cu.m)	0.25	0.25	0.22	0.14	0.11
发电量(千瓦小时)	Electricity(kwh)	401	791	1225	1855	2723
糖(千克)	Sugar(kg)	8.92	7.64	7.51	5.09	6.20
乳制品(千克)	Dairy Products(kg)	0.71	1.03	1.33	2.81	5.83
呢绒(米)	Woolen Fabric(m)	0.40	0.49	0.65	0.18	0.23
水泥(吨)	Cement(ton)	0.09	0.11	0.15	0.27	0.40
钢(吨)	Steel(ton)	0.09	0.13	0.16	0.18	0.24
生铁(吨)	Pig Iron(ton)	0.09	0.13	0.15	0.19	0.26
社会消费品零售额(元)	**Total Retail Sales of Consumer Goods(yuan)**	**377.3**	**609.5**	**1298.2**	**2044.6**	**3054.8**
人民生活	**People's Livelihood**					
职工平均工资(元)	Average Wage of Staff and Workers(yuan)	1095	1846	4134	6974	11279
# 国有(元)	State-owned Units(yuan)	1169	1971	4407	7261	11929
集体(元)	Urban Collective-owned Units(yuan)	872	1441	3001	4826	7620
城镇居民可支配收入(元)	Annual Disposable Income of Urban Residents(yuan)	666	1155	2846	5129	7013
城镇居民消费支出(元)	Living Expenditure of Urban Residents(yuan)	595	982	2482	3928	5419
农牧民家庭纯收入(元)	Net Income of Rural Residents(yuan)	400	647	1300	2038	2268
农牧民家庭生活消费支出(元)	Living Expenditure of Rural Residents(yuan)	325	539	1261	1615	1771
城乡居民储蓄存款年末余额(元)	Outstanding Amount of Saving Deposits of Urban and Rural Residents at the Year-end(yuan)	144	515	1804	3875	5698

2-3 国民经济和社会发展总量与速度

指标	Item	总量指标 1978	1985	1990	1995
人口与就业	**Population and Employment**				
人口(万人)	**Population(10 000 persons)**				
年末总人口	Population at the Year-end	1823.4	2015.9	2162.6	2284.4
市镇人口	Urban	397.5	874.1	781.1	873.1
乡村人口	Rural	1425.9	1141.8	1381.4	1411.3
男性人口	Male	957.8	1043.6	1127.6	1187.6
女性人口	Female	865.6	972.3	1035.0	1096.8
就业(万人)	**Employment(10 000 persons)**				
从业人数	Employment	652.8	856.6	924.6	1029.4
# 职工人数	Staff and Workers	227.6	320.4	369.7	383.7
城镇登记失业人数	Registered Unemployed in Urban Areas		13.9	15.2	14.0
宏观经济	**Macroeconomic Indicator**				
国民经济核算(亿元)	**National Accounting(100 million yuan)**				
收入总值	Gross National Product	58.04	163.83	319.19	832.77
生产总值	Gross Domestic Product	58.04	163.83	319.31	832.88
第一产业	Primary Industry	18.96	53.54	112.57	260.18
第二产业	Secondary Industry	26.37	56.95	102.43	314.90
第三产业	Tertiary Industry	12.71	53.34	104.31	257.80
固定资产投资(亿元)	**Investment in Fixed Assets (100 million yuan)**				
全社会固定资产投资总额	Total Investment in Fixed Assets		52.42	70.77	273.06
# 国有单位	State-owned Units		39.10	56.77	210.00
集体单位	Collective-owned Units		2.51	3.06	11.14
个体经济	Individuals		10.81	10.94	44.09
财政(亿元)	**Public Finance(100 million yuan)**				
财政收入	Government Revenue	6.90	13.18	32.98	76.35
财政支出	Government Expenditures	18.69	36.22	60.90	102.18
物价总指数(上年=100)	**Price Indices(preceding year=100)**				
商品零售价格总指数	General Retail Price Index	101.0	108.5	102.9	116.8
居民消费价格总指数	General Consumer Price Index		109.3	102.3	117.5
农产品生产者价格总指数	General Price Indices of Farm Products by Category of Commodities	101.6	113.5	95.2	124.7
能源生产与消费(万吨标准煤)	**Production and Consumption of Energy(10 000 tons of SCE)**				
能源生产总量	Total Energy production	1070.63	2027.75	2821.61	4642.02
能源消费总量	Total Energy Consumption		1870.66	2423.51	3268.44

Principal Aggregate Indicators on National Economic and Social Development and Their Related Indices and Growth Rates

Aggregate Data		速度指标(%) Indices and Growth Rates(%)								
		指数(2003年比以下各年) Index(2003 as Percentage of the following years)					平均增长速度 Average Annual Growth Rate			
2000	2003	1978	1985	1990	1995	2000	1979-2003	1986-1990	1991-1995	1996-2000
2372.4	2379.6	130.5	118.0	110.0	104.2	100.3	1.1	1.4	1.1	0.8
1001.1	1064.6	267.8	121.8	136.3	121.9	106.3	4.2	-2.2	2.3	2.8
1371.3	1315.0	92.2	115.2	95.2	93.2	95.9	-0.3	3.9	0.4	-0.6
1227.2	1228.2	128.2	117.7	108.9	103.4	100.1	1.0	1.6	1.0	0.7
1145.2	1151.4	133.0	118.4	111.2	105.0	100.5	1.2	1.3	1.3	1.2
1061.6	1088.1	166.7	127.0	117.7	105.7	102.5	2.2	1.5	2.2	0.6
263.9	240.3	105.6	75.0	65.0	62.6	91.1	0.2	2.9	0.7	-7.2
12.7	17.6		126.6	115.8	125.7	138.6		1.8	-1.6	-1.9
1400.81	2150.41	1120.5	511.9	365.9	231.0	143.5	10.6	6.9	9.6	10.0
1401.01	2150.41	1122.0	512.6	366.3	231.2	143.5	10.6	6.9	9.6	10.0
350.80	420.10	479.5	255.5	187.9	154.3	113.2	6.8	6.3	4.0	6.4
556.28	973.94	1280.0	702.3	537.2	289.0	166.1	11.2	5.5	13.2	11.7
493.93	756.38	2173.5	612.2	397.8	233.3	140.2	13.7	9.0	11.3	10.7
430.42	1209.44		2307.2	1709.0	442.9	281.0		6.2	31.0	9.5
275.06	630.70		1613.0	1111.0	300.3	229.3		7.7	29.9	5.5
27.15	33.04		1316.3	1079.7	296.6	121.7		4.0	29.5	19.5
51.64	138.86		1284.6	1269.3	314.9	268.9		0.2	32.1	3.2
155.59	258.03	3739.6	1957.7	782.4	338.0	165.8	16.3	20.1	18.3	15.3
261.06	471.09	2520.5	1300.6	773.5	461.0	180.5	14.4	11.0	10.9	20.6
98.8	99.6	356.7	280.2	177.9	101.5	99.0	5.4	9.5	11.9	0.5
101.3	102.2		342.3	219.3	118.5	105.0		9.3	13.1	2.5
99.7	106.5							11.0	15.5	-3.6
4701.23	10787.57	1007.6	532.0	382.3	232.4	229.5	10.1	6.8	10.5	0.3
3937.54	5902.73		315.5	243.6	180.6	149.9		5.3	6.2	3.8

2-3 续表 1

指 标	Item	总量指标 1978	1985	1990	1995
产 业	**Industry**				
农林牧渔业	**Farming, Forestry, Animal Husbandry & Fishery**				
耕地面积(万公顷)	Cultivated Areas(10 000 hectares)	532.60	493.0	496.6	549.1
从业人员(万人)	Persons Engaged in (10 000 persons)	393.80	463.0	477.5	503.0
总产值(亿元)	Gross Output Value(100 million yuan)	28.35	73.20	156.92	373.59
主要农畜产品产量	Output of Major Farm & Livestock Products				
粮食(万吨)	Grain(10 000 tons)	499.00	604.10	972.97	1055.40
油料(万吨)	Oil Bearing Crops(10 000 tons)	12.50	79.50	69.38	70.20
甜菜(万吨)	Beet Roots(10 000 tons)	43.10	254.17	236.44	263.50
造林面积(万公顷)	Forested Areas(10 000 hectares)	29.79	70.41	29.75	40.25
肉类(万吨)	Meat(10 000 tons)		35.90	53.61	81.89
牛奶(万吨)	Cow milk(10 000 tons)		24.41	36.95	48.57
羊毛(万吨)	Wool(10 000 tons)		5.08	6.15	5.99
羊绒(吨)	Cashmere(ton)		1362	2076	3114
水产品(万吨)	Aquatic Products(10 000 tons)	1.50	1.79	3.04	4.76
六月末牲畜总头数(万头、只)	Livestock at Middle of Year(10 000 heads)	4162.3	4341.8	5307.5	6065.7
大牲畜(万头)	Large Animals(10 000 heads)	697.5	775.3	784.5	783.8
羊(万只)	Sheep and Goats(10 000 heads)	2860.5	3060.7	3955.2	4302.5
生猪(万口)	Hogs(10 000 heads)	604.30	505.8	567.2	979.4
工业生产	**Industrial Production**				
工业总产值(亿元)	Gross Output Value(100 million yuan)	52.96	112.93	263.33	678.87
轻工业(亿元)	Light Industry(100 million yuan)	22.05	45.78	108.51	233.96
重工业(亿元)	Heavy Industry(100 million yuan)	30.91	67.15	154.82	444.92
工业增加值(亿元)	Value Added(100 million yuan)	21.84	45.9	87.18	254.88
主要工业产品产量	Output of Major Industrial Products				
原煤(万吨)	Raw Coal(10 000 tons)	2194	3203.86	4761.61	7055.21
原油(万吨)	Crude Oil(10 000 tons)				
原盐(万吨)	Raw Salt(10 000 tons)	65.18	66.34	93.28	76.13
木材(万立方米)	Timber(10 000 cu.m)	378.17	502.07	525.96	504.35
发电量(亿千瓦小时)	Electricity(100 million kwh)	37.38	80.46	169.54	278.54
糖(包括土糖)(万吨)	Sugar(10 000 tons)	4.23	17.88	16.37	17.07
乳制品(万吨)	Dairy Products(10 000 tons)	0.31	1.43	2.2	3.03
呢绒(万米)	Woolen Fabric(10 000 m)	336.80	806.75	1041.85	1477.00
服装(万件)	Garments(10 000 units)			1046	4868
机制纸及纸板(万吨)	Machine Made Paper(10 000 tons)	4.25	9.53	13.59	19.15
水泥(万吨)	Cement(10 000 tons)	91.91	185.11	227.97	349.27
钢(万吨)	Steel(10 000 tons)	99	170.47	273.01	355.36
生铁(万吨)	Pig Iron(10 000 tons)	107	182.37	280.66	345.78
成品钢材(万吨)	Steel Products(10 000 tons)	36.23	100.14	175.47	257.77
电视机(万台)	Television Sets(10 000 sets)	0.10	17.51	38.45	32.68
建筑业	**Construction**				
建筑业从业人数(万人)	Employed Persons(10 000 persons)		29.58	27.02	30.98
建筑企业总产值(亿元)	Gross output Value(100 million yuan)		18.15	27.89	85.52
施工房屋面积(万平方米)	Building Floor Space(10 000 sq.m)		2524.6	1490	1010.92
竣工房屋面积(万平方米)	Completed Floor Space(10 000 sq.m)		2064.40	1159.80	511.86
交通运输	**Transportation**				
货运量(万吨)	Freight Traffic(10 000 tons)	8213	11588	26676	32732
铁路	Railways	3861	5510	6909	8347
公路	Highways	4352	6078	19767	24384
空运	Civil Aviation		0.13	0.17	1.13
客运量(万人)	Passenger Traffic(10 000 persons)	3422	6673	10475	18273
铁路	Railways	1753	2784	2433	2909
公路	Highways	1669	3884	8012	15248
空运	Civil Aviation		5	30	116

continued

Aggregate Data		速度指标(%) Indices and Growth Rates(%)								
2000	2003	指数(2003年比以下各年) Index(2003 as Percentage of the following years)					平均增长速度 Average Annual Growth Rate			
		1978	1985	1990	1995	2000	1979-2003	1986-1990	1991-1995	1996-2000
731.70	686.30	128.9	139.2	138.2	125.0	93.8	1.1	0.1	2.0	5.9
524.30	514.38	130.6	111.1	107.7	102.3	98.1	1.1	0.6	1.0	0.8
543.16	666.38	456.3	298.8	244.8	167.3	116.5	6.5	5.9	4.7	7.3
1241.90	1360.73	272.7	225.2	139.9	128.9	109.6	4.3	10.0	1.6	3.3
116.40	102.29	818.3	128.7	147.4	145.7	87.9	9.2	-2.7	0.2	10.6
141.30	99.44	230.7	39.1	42.1	37.7	70.4	3.5	-1.4	2.2	-11.7
58.90	83.60	280.6	118.7	281.0	207.7	141.9	4.4	-15.8	6.2	7.9
143.40	162.72		453.3	303.5	198.7	113.5		8.4	8.8	11.8
79.80	308.02		1261.9	833.6	634.2	386.0		8.6	5.6	10.4
6.85	7.50		147.6	122.0	125.2	109.5		3.9	-0.5	2.7
3815	5338		391.9	257.1	171.4	139.9		8.8	8.4	4.1
7.21	7.28	485.3	406.7	239.5	152.9	101.0	6.8	11.2	9.4	8.7
7300.47	7987.6	191.9	184.0	150.5	131.7	109.4	2.8	4.1	2.7	3.8
803.31	718.07	102.9	92.6	91.5	91.6	89.4	0.1	0.2	-0.02	0.5
5406.23	6396.08	223.6	209.0	161.7	148.7	118.3	3.4	5.3	1.7	4.7
1090.92	873.48	144.5	172.7	154.0	89.2	80.1	1.5	2.3	2.3	11.5
1266.11	2054.96	1849.6	1037.6	562.7	344.6	189.4	12.9	10.5	12.2	12.5
488.69	801.43	2127.4	1229.1	645.4	429.9	214.1	13.6	10.9	11.0	16.0
777.42	1253.53	1665.1	918.2	510.0	296.1	177.2	12.4	10.1	12.7	10.0
455.21	721.59	1148.1	643.1	481.0	276.5	152.9	10.7	6.0	11.7	12.6
7247.29	14706.82	670.3	459.0	308.9	208.5	202.9	8.3	8.2	8.2	0.5
90.50	92.34					102.0				
126.68	148.72	228.2	224.2	159.4	195.4	117.4	3.5	7.1	-4.0	10.7
321.65	255.35	67.5	50.9	48.5	50.6	79.4	-1.6	0.9	-0.8	-8.6
439.21	647.73	1732.8	805.0	382.1	232.5	147.5	12.6	16.1	10.4	9.5
12.04	14.74	348.5	82.4	90.0	86.4	122.4	5.3	-1.7	0.8	-6.7
6.65	13.87	4474.2	969.9	630.5	457.8	208.6	17.2	9.0	6.6	17.0
421.20	540.12	160.4	67.0	51.8	36.6	128.2	2.0	5.2	7.2	-22.2
1794.70	3013.95			288.1	61.9	167.9			36.0	-18.1
12.19	18.92	445.2	198.5	139.2	98.8	155.2	6.4	7.4	7.1	-8.6
630.00	947.86	1031.3	512.1	415.8	271.4	150.5	10.2	4.3	8.9	12.5
423.59	576.83	582.7	338.4	211.3	162.3	136.2	7.6	9.9	5.4	3.6
440.83	606.90	567.2	332.8	216.2	175.5	137.7	7.5	9.0	4.3	5.0
378.91	560.36	1546.7	559.6	319.3	217.4	147.9	12.1	11.9	8.0	8.0
51.80	134.30	134300.0	767.0	349.3	411.0	259.3	35.0	17.0	-3.2	9.7
35.3	26.63		90.0	98.6	86.0	75.4		-1.8	2.8	2.6
138.8	257.66		1419.6	923.8	301.3	185.6				
1816.94	2494.80		98.8	167.4	246.8	137.3		-10.0	-7.5	12.4
1130.00	1450.70		70.3	125.1	283.4	128.4		-10.9	-15.1	17.2
44629	50046	609.4	431.9	187.6	152.9	112.1	7.8	18.1	4.2	6.4
9648	11513	298.2	208.9	166.6	137.9	119.3	4.7	4.6	3.9	2.9
34979	38532	885.4	634.0	194.9	158.0	110.2	9.5	26.6	4.3	7.5
2.00	1.10		846.2	647.1	97.3	55.0		5.5	46.1	12.1
23549	23521	687.3	352.5	224.5	128.7	99.9	8.4	9.4	11.8	5.2
3378	2552	145.6	91.7	104.9	87.7	75.5	1.6	-2.7	3.6	3
20061	20831	1248.1	536.3	260.0	136.6	103.8	11.1	15.6	13.7	5.6
110	138		2760.0	460.0	119.0	125.5		43.1	31.1	-1.1

2-3 续表 2

指 标	Item	总量指标			
		1978	1985	1990	1995
邮电通信业	**Postal and Telecommunications Services**				
邮电业务总量(亿元)	Total Business Revenue(100 million yuan)	0.42	0.63	2.12	9.66
函 件(万件)	Letters Delivered(10 000 pieces)	6658	9416	8080	16728
报刊期发数(万份)	Newspapers and Magazines Distributed(10 000 copies)	253	605	346	486
局用交换机容量(万门)	Capacity of office Telephone Exchange(10 000 lines)	5.08	15.63	24.13	105.92
电话机(万部)	Number of Telephone sets(10 000 units)	9.96	15.69	29.66	85.49
国内贸易	**Domestic Trade**				
社会消费品零售总额(亿元)	Total Retail Sales of Consumer Goods(100 million yuan)	31.01	75.64	130.58	295.02
对外经济贸易	**Foreign Trade**				
进出口总额(亿美元)	Total Exports and Imports(USD100 million)	0.16	1.84	4.84	11.23
进口额	Imports	0.05	0.47	1.60	5.15
出口额	Exports	0.10	1.37	3.25	6.08
直接利用外资实际到位额(万美元)	Amount of Foreign Capital Actually Utilized(USD 10 000)		530	2530	10838
国际旅游	**International Tourism**				
来华旅游人数(万人)	Number of Tourists(10 000 persons)		1.43	2.04	30.09
旅游外汇收入 (万美元)	Earnings from Tourism (USD 10 000)		198	648	9052
金融保险	**Finance and Insurance**				
金融机构各项存款(亿元)	Deposits of National Banking System(100 million yuan)	16.47	56.08	169.77	566.34
金融机构各项贷款(亿元)	Loans of National Banking System(100 million yuan)	40.33	90.54	272.92	819.87
中资保险公司保险金额(亿元)	Amount Insured of Chinese-funded Insurance Companies(100 million yuan)				1426.00
中资保险公司保费(亿元)	Insurance Premium of Chinese-funded Insurance Companies(100 million yuan)				9.11
中资保险公司赔款及给付(亿元)	Chaim and Payment of Chinese-funded Insurance Companies(100 million yuan)				4.87
教育、科技、文化	**Education, Science, Technology and Culture**				
教育	**Education**				
专任教师数(人)	Full-teachers(person)				
普通高等学校	Institutions of Higher Education	2949	5783	6755	7070
中等学校	Secondary Schools	81208	74299	96166	98437
小学	Primary Schools	121364	133489	153799	153461
在校学生数(人)	Students Enrollment(person)				
普通高等学校	Institutions of Higher Education	12567	31633	32428	37248
中等学校	Secondary Schools	1624573	1253148	1234474	1304852
小学	Primary Schools	2917772	2548977	2342865	2343129
教育经费支出 (万元)	Expenditures on Education (10 000 yuan)				317000
科技	**Science and Technology**				
科学家、工程师数(人)	Number of Scientists and Engineers(person)				5748
研究与发展经费支出(万元)	Expenditures on Research and development (10 000 yuan)				2023.0
技术市场成交额(万元)	Volume of Transaction in Technical Markets(10 000 yuan)				25000
文化	**Culture**				
出版数量	Publications				
图书(万册·张)	Books Published(10 000 copies)	3200.00	12443.00	7948.00	6560.00
杂志(万册)	Magazines Issued(10 000 copies)		1853.00	1264.00	1036.00
报纸(万份)	Newspapers Issued(10 000 copies)		16353.00	16192.00	16286.00
电视节目制作时间(小时)	Time for TV Programs Production(hours)				9843

continued

Aggregate Data		速度指标(%) Indices and Growth Rates(%)								
2000	2003	指数(2003年比以下各年) Index(2003 as Percentage of the following years)					平均增长速度 Average Annual Growth Rate			
		1978	1985	1990	1995	2000	1979-2003	1986-1990	1991-1995	1996-2000
56.25	108.55	25845.2	17230.2	5120.3	1123.7	193.0	26.0	13.4	35.4	42.2
9677	22066	331.4	234.3	273.1	131.9	228.0	5.1	-3.0	15.7	-10.4
395	249	98.4	41.2	72.0	51.2	63.0	-0.1	-10.6	7.0	-4.1
254.30	370.55	7294.3	2370.8	1535.6	349.8	145.7	19.6	9.1	34.4	19.1
322.20	909.05	9127.0	5793.8	3064.9	1063.3	282.1	20.7	13.6	23.6	30.4
483.98	726.76	2343.6	960.8	556.6	246.3	150.2	14.0	11.5	17.7	10.4
20.36	31.14	19462.5	1692.4	643.4	277.3	152.9	24.6	21.3	18.3	12.6
10.14	16.73	33460.0	3559.6	1045.6	324.9	165.0	27.4	27.8	26.3	14.5
10.22	14.41	14410.0	1051.8	443.4	237.0	141.0	23.0	18.9	13.3	10.9
54819	66529		12552.6	2629.6	613.8	121.4		36.7	33.8	38.3
39.19	41.36		2892.3	2027.5	137.5	105.5		7.4	71.3	5.4
12645	13836		6987.9	2135.2	152.9	109.4		26.8	69.4	6.9
1270.13	2090.98	12695.7	3728.6	1231.7	369.2	164.6	22.4	24.8	27.2	17.5
1340.74	1924.13	4771.0	2125.2	705.0	234.7	143.5	17.5	24.7	24.6	10.3
1624.30	6244.53				437.9	384.4				2.6
24.63	42.31				464.4	171.8				22.0
7.92	7.39				151.7	93.3				10.2
8856	12153	412.1	210.2	179.9	171.9	137.2	6.1	3.2	0.9	4.6
101036	101289	124.7	136.3	105.3	102.9	100.3	0.9	5.3	0.5	0.5
129242	127011	104.7	95.1	82.6	82.8	98.3	0.2	2.9	-0.04	-3.4
71967	157602	1254.1	498.2	486.0	423.1	219.0	11.1	0.5	2.8	14.1
1621258	1738378	107.0	138.7	140.8	133.2	107.2	0.3	-0.3	1.1	4.4
2015076	1733702	59.4	68.0	74.0	74.0	86.0	-2.1	-1.7	0.002	-3.0
552808	817581				257.9	147.9				11.8
20543	22450				390.6	109.3				-1.6
24605.8	63898				3158.6	259.7				30.7
60287	160217				640.9	265.8				19.3
7423.34	7509.86	234.7	60.4	94.5	114.5	101.2	3.6	-8.6	-3.8	2.5
1585.46	2137.40		115.3	169.1	206.3	134.8		-7.4	-3.9	8.9
17967.23	29460.06		180.2	181.9	180.9	164.0		-0.2	0.1	2.0
12916	45189				459.1	349.9				5.6

2-3 续表 3

指标	Item	总量指标 1978	1985	1990	1995
家庭、生活、环境	**Family, People's Livelihood and Environment**				
家庭	**Family**				
家庭总户数(万户)	Total Number of Households (10 000 households)		461.63	536.85	594.86
城镇居民平均每户家庭人口(人)	Average Household Size in Urban Areas(person)		4.02	3.73	3.34
农村居民平均每户家庭人口(人)	Average Household Size in Rural Areas(person)	5.78	5.33	5.00	4.40
婚姻	**Marriages and Divorces**				
结婚数(万对)	Number of Marriages(10 000 couples)			15.88	17.35
离婚数(万对)	Number of Divorces(10 000 couples)			2.19	2.75
居住	**Housing**				
城市居民人均居住面积(平方米)	Per Capita Net Floor Space of Urban Residents(sq.m)	3.50	7.29	8.98	12.06
农村居民人均居住面积(平方米)	Per Capita Net Floor Space of Rural Residents(sq.m)		13.50	11.90	15.29
生活	**People's Livelihood**				
城镇居民人均可支配收入(元)	Per Capita Annual Disposable Income of Urban Households(yuan)	301.01	666.00	1155.00	2845.72
农村牧区居民人均纯收入(元)	Per Capita Net Income of Rural Residents(yuan)	131.37	399.62	647.45	1300.00
农民人均纯收入(元)	Farmers(yuan)	126.07	360.41	607.15	1208.38
牧民人均纯收入(元)	Herdsmen(yuan)	188.00	649.89	905.67	1870.97
城乡储蓄存款余额(亿元)	Outstanding Amount of Saving Deposits in Urban and Rural(100 million yuan)	4.34	28.78	110.39	409.87
工资和福利	**Wages and Welfare**				
工资总额(亿元)	Total Wages(100 million yuan)	14.98	33.95	66.22	156.12
职工平均工资(元)	Average Wage of Staff and Workers(yuan)	712	1095	1846	4134
职工保险福利费(万元)	Insurance and Welfare Funds for Staff and Workers(10 000 yuan)			158480	366202
离休、退休、退职职工人数(万人)	Number of Retired Resigned Staff and Workers(10 000 person)		20.05	47.55	55.75
离休、退休、退职费(万元)	Pensions for & Retired Staff and Workers(10 000 yuan)				
卫生	**Health Care**				
医院、卫生院(个)	Number of Hospitals(unit)	1723	1763	1856	2003
医生(人)	Number of Doctors(person)	26724	36467	41453	49345
医院、卫生院床位数(张)	Number of Hospital Beds(unit)	24079	50567	57558	61933
市政建设	**City Construction**				
自来水供应量(亿吨)	Volume of Tap Water Supply(100 million tons)	0.88	1.52	1.88	6.32
下水道长度(公里)	Length of Sewer Pipelines(km)			1751	2156
城市煤气和天然气供气量(万立方米)	Volume of Coal Gas and Natural Gas Supply in Urban Areas(10 000 cu.m)		1200	2581	5694
公共汽车总数(辆)	Total Number of Public Buses(unit)	425	654	911	2078
铺装道路长度(公里)	Length of Paved Roads(km)	677	1227	1509	2229
绿地面积(公顷)	Areas of Green Land(hectare)	2143	4855	7132	13394
环境、灾害	**Environment and Disaster**				
污染治理项目本年完成投资额(亿元)	Actual Investment in Implementation of the Project for Pollution Treatment in the Year(100 million yuan)				
火灾发生数(起)	Number of Fire Disasters(times)				
火灾损失(万元)	Fire Loss(10 000 yuan)				
交通事故发生数(起)	Number of Traffic Accidents(times)				
交通事故损失(万元)	Loss of Traffic Accidents(10 000 yuan)				

continued

Aggregate Data		速度指标(%) Indices and Growth Rates(%)								
		指数(2003年比以下各年) Index(2003 as percentage of the following years)					平均增长速度 Average Annual Growth Rate			
2000	2003	1978	1985	1990	1995	2000	1979-2003	1986-1990	1991-1995	1996-2000
659.08	701.07		151.9	130.6	117.9	106.4		3.1	2.1	3.5
3.08	2.96		73.6	79.4	88.6	96.1		-1.5	-2.2	-1.6
4.10	3.93	68.0	73.7	78.6	89.3	95.9	-1.6	-1.7	-2.1	-1.4
15.20	13.10			82.5	75.5	86.2			1.8	-2.6
3.25	2.90			132.4	105.5	89.2			4.7	3.4
15.54	18.34	524.0	251.6	204.2	152.1	118.0	7.1	3.6	3.3	16.3
17.00	18.32		135.7	153.9	119.8	107.8		-2.5	5.1	2.0
5129.10	7012.94	509.6	294.6	268.8	208.8	132.1	7.0	11.6	19.8	12.5
2038.21	2267.65	436.5	227.0	178.7	159.3	106.8	6.3	10.1	15.0	9.4
1869.00	2132.94	373.1	207.3	179.3	155.3	109.5	5.6	11.0	14.8	9.1
3355.00	3201.09	418.0	190.1	170.8	143.1	92.0	6.1	6.9	15.6	12.4
875.74	1355.66	31236.4	4710.4	1228.1	330.8	154.8	27.0	30.8	30.0	16.4
185.96	272.33	431.7	259.7	217.1	153.8	158.0	6.3	14.3	18.7	3.6
6974	11279	350.4	297.3	292.3	227.7	191.3	5.4	11.0	17.5	11.0
75.45	78.44		391.2	165.0	140.7	104.0		18.9	3.2	6.2
480884	741854					154.3				
1988	1819	105.6	103.2	98.0	90.8	91.5	0.2	1.0	1.5	-0.2
52299	49304	184.5	135.2	118.9	99.9	94.3	2.6	2.6	3.5	1.2
63156	60438	251.0	119.5	105.0	97.6	95.7	3.9	2.6	1.5	0.4
6.18	6.61	751.1	434.9	351.6	104.6	107.0	8.8	4.3	27.4	-0.4
2693	5081			290.2	235.7	188.7			4.2	4.5
7485	9676		806.3	374.9	169.9	129.3		16.6	17.1	5.6
2128	2861	673.2	437.5	314.1	137.7	134.4	8.3	6.9	17.9	0.5
2771	5558	821.0	453.0	368.3	249.3	200.6	9.2	4.2	8.1	4.4
16541	28848	1346.2	594.2	404.5	215.4	174.4	11.4	8.0	13.4	4.3
5.59	2.77					49.6				
2096	3593					171.4				
1365	1089					79.7				
9521	9833					103.3				
2539	2369					93.3				

2-4 国民经济和社会发展结构

Structural Indicators on National Economic and Social Development

单位：%　　　　(%)

指标	Item	1985	1990	1995	2000	2003
人口城乡结构	**Urban and Rural Structure of Population**					
城镇	Urban	43.4	36.1	38.2	42.2	44.7
乡村	Rural	56.6	63.9	61.8	57.8	55.3
人口性别结构	**Sexual Structure of Population**					
男	Male	51.8	52.1	52.0	51.7	51.6
女	Female	48.2	47.9	48.0	48.3	48.4
就业产业结构	**Industrial Structure of Employment**					
第一产业	Primary Industry	60.4	55.8	52.1	52.2	50.4
第二产业	Secondary Industry	20.4	21.8	21.9	17.1	16.4
第三产业	Tertiary Industry	19.2	22.4	26.0	30.7	33.2
生产总值三次产业结构	**Industrial Structure of GDP**					
第一产业	Primary Industry	32.7	35.3	31.2	25.0	19.5
第二产业	Secondary Industry	34.8	32.1	37.8	39.7	45.3
第三产业	Tertiary Industry	32.5	32.6	31.0	35.3	35.2
国民总支出中总投资和总消费结构	**Investment and Consumption as Percentage of National Expenditures**					
总投资	Investment	37.6	39.0	44.8	44.1	59.8
总消费	Consumption	77.5	67.9	60.7	56.6	40.2
工农业总产值中农、轻、重结构	**Structure of Gross Output Value of Agriculture, Light Industry and Heavy Industry**					
农业	Agriculture	39.3	37.3	33.1	30.0	24.2
轻工业	Light Industry	24.5	25.8	21.6	27.0	29.6
重工业	Heavy Industry	36.2	36.9	45.3	43.0	46.2
农、林、牧、渔业产值结构	**Structure of Gross Output Value of Agriculture**					
农业	Farming	63.9	65.7	62.0	56.8	50.4
林业	Forestry	6.6	4.0	3.2	4.3	7.2
牧业	Animal Husbandry	29.2	29.6	34.0	37.8	40.1
渔业	Fishery	0.6	0.7	0.8	1.1	0.7
工业总产值中轻、重工业结构	**Structure of Gross Output Value of Industry**					
轻工业	Light Industry	40.3	41.2	34.5	38.6	39.0
重工业	Heavy Industry	59.7	58.8	65.5	61.4	61.0
固定资产投资额三次产业投资结构	**Type of Industry as Percentage of Total Investment in FixedAssets Capital Construction**					
第一产业	Primary Industry	9.3	7.6	8.6	11.1	8.3
第二产业	Secondary Industry	49.0	57.3	64.8	34.3	46.4
第三产业	Tertiary Industry	41.7	35.1	26.6	54.6	45.3
基本建设投资额中农、轻、重结构	**Agriculture, Light Industry and Heavy Industry as Percentage of Production Investment in Capital Construction**					
农业	Agriculture	2.4	3.9	0.6	7.3	6.9
轻工业	Light Industry	4.9	2.8	3.3	2.3	3.5
重工业	Heavy Industry	51.6	64.0	62.3	26.0	96.5
财政收入结构	**Structure of Financial Revenue**					
地方财政收入	Local Government			57.2	71.1	63.1
上划中央两税	Turn over to Central Government			42.8	28.9	36.9
基建拨款占财政支出的比例	**Capital Construction Expenses as Percentage in Financial Expenditures**	**15.7**	**8.1**	**5.5**	**13.2**	**16.6**
教育经费占财政支出的比例	**Educational Expenses as Percentage in Financial Expenditures**	**13.4**	**14.1**	**16.2**	**11.6**	**11.5**

2-4 续表 continued

单位：% (%)

指标	Item	1985	1990	1995	2000	2003
建筑业总产值结构	**Structure of Gross Output Value of Construction Enterprises**					
土木工程建筑业	Civil Engineering Construction	95.7	96.9	90.0	90.1	94.9
线路管道设备安装业	Line and Equipment Installation	4.3	3.1	9.5	9.3	4.2
建筑物装修装饰业	Building Decoration			0.5	0.6	0.5
货运量结构(按运输方式分)	**Structure of Freight Traffic by Means of Transportation**					
铁路	Railways	48.0	26.0	27.5	21.6	23.0
公路	Highways	52.0	74.0	72.5	78.4	77.0
航空	Civil Aviation		…	…	…	…
管道	Pipelines		…	…	…	…
社会消费品零售总额构成	**Composition of Retail Sales of Consumer Goods**					
市	Cities	50.0	55.0	58.0	60.0	61.8
县	Counties	27.0	25.9	24.0	24.0	22.9
县以下	Below Counties	23.0	19.1	18.0	16.0	15.3
学校在校学生结构	**Structure of Student Enrollment**					
大学生	College and University Students	0.8	0.9	1.0	4.8	4.3
中学生	Secondary School Students	32.7	34.2	35.4	40.9	47.9
小学生	Primary School Students	66.5	64.9	63.6	54.3	47.8
科技经费内部支出结构	**Structure of Internal Expenditures on Scientific and Technological Activities**					
# 劳务费	Service Fees				44.6	30.8
研究与发展经费支出	Expenditures of Research and Development				35.6	34.9
城镇居民消费结构	**Consumption Structure of Urban Residents**					
食品类	Food	46.1	48.3	48.4	34.5	31.5
衣着类	Clothing	20.0	16.5	16.3	14.3	14.6
用品及其他	Articles for Daily Use and Others	33.9	35.2	29.0	42.6	42.5
居住	Residence			6.3	8.6	11.4
农牧民消费结构	**Consumption Structure of Rural Residence**					
食品类	Food			59.7	44.8	41.3
衣着类	Clothing			7.3	6.9	6.9
用品及其他	Articles for Daily Use and Others			19.7	32.9	37.9
居住	Residence			13.3	15.4	13.9
卫生技术人员结构	**Medical Technical Personnel**					
医生	Doctors	41.9	42.8	48.3	51.9	48.8
护师、护士	Nurses	14.5	22.9	24.1	25.6	25.3
医院床位结构	**Hospital Beds by Area**					
市医院	Hospitals at City Level				55.0	
县医院	Hospitals at County Level				45.0	

2-5 国民经济和社会发展比例和效益

Indicators on Proportions and Efficiency in National Economic and Social Development

指标	Item	1985	1990	1995	2000	2003
人口与就业	**Population and Employment**					
人口	Population					
出生率(‰)	Birth Rate(‰)	17.2	21.2	17.2	12.1	9.2
死亡率(‰)	Death Rate(‰)	5.7	7.2	6.7	5.9	6.2
自然增长率(‰)	Natural Growth Rate(‰)	11.5	14.0	10.5	6.1	3.1
就业	**Employment**					
就业者负担人数(人)	Dependency Ratio(person)	1.99	1.89	1.86	1.92	1.89
三次产业从业者比例(以第一产业为100)	Employment Ratio by type of Industry (Employment in Primary industry=100)					
第一产业	Primary Industry	100	100	100	100	100
第二产业	Secondary Industry	33.8	39.1	41.9	33.0	32.5
第三产业	Tertiary Industry	31.7	40.3	50.0	58.8	65.8
城镇登记失业率(%)	Unemployment Rate in Urban Areas(%)	3.97	3.49	3.17	3.34	4.50
宏观经济	**Macro Economy**					
国民经济核算	National Accounting					
三次产业增加值比例(以第一产业为100)	Ratio of Value-added by Type of Industry (Value added in Primary industry=100)					
第一产业	Primary Industry	100	100	100	100	100
第二产业	Secondary Industry	106.4	91.0	121.0	158.6	231.8
第三产业	Tertiary Industry	99.6	92.7	99.1	140.8	180.0
全社会劳动生产率(元/人)	Overall Labor Productivity(yuan/person)	1913	3453	8091	13197	19763
第一产业	Primary Industry	1034	2184	4847	6336	7656
第二产业	Secondary Industry	3258	5086	13996	30498	54685
第三产业	Tertiary Industry	3252	5022	9634	15175	20935
人均生产总值(元)	Per Capita GDP(yuan)	809	1478	3639	5872	8975
固定资产投资	Investment in Fixed Assets					
全社会固定资产投资占生产总值比例(%)	Proportion of Investment in Fixed Assets to GDP(%)	32.0	22.2	32.8	30.7	56.2
全社会房屋建筑面积竣工率(%)	Rate of Total Floor Space of Buildings Completed in Construction(%)	81.8	77.8	80.7	75.5	66.5
基本建设固定资产交付使用率(%)	Rate of Fixed Assets Completed in Capital Construction & Put into Use(%)	99.38	78.53	76.53	62.80	67.7
基本建设项目建成投产率(%)	Rate of Projects Completed in Capital Construction and Put into Use(%)	63.3	60.2	64.1	71.0	67.6
财政	Finance					
财政收入占生产 总值比例(%)	Proportion of Government Revenue to GDP(%)	8.0	10.3	9.2	11.1	12.0
财政支出占生产 总值比例(%)	Proportion of Government Expenditures to GDP(%)	20.9	19.0	12.3	18.6	21.9
利用外资	Utilization of Foreign Capital					
实际利用外资额占签订利用外资额比例(%)	Proportion of Foreign Capital Actually Used toTotal Amount of Foreign Capital for Utilization by Signed Contracts or greements(%)		35.8	169.6	106.9	101.0
能源生产与消费	Production and Consumption of Energy					
能源生产弹性系数	Elasticity Ratio of Energy Production	1.19	0.66	1.78	0.30	1.67
能源消费弹性系数	Elasticity Ratio of Energy Consumption		1.09	1.78	0.86	0.99
每万元生产总值消耗的能源(吨标准煤)	Energy Consumption Per 10 000 yuan GDP(ton of SCE)	11.41	7.59	3.92	2.81	2.74

2-5 续表 1 continued

指 标	Item	1985	1990	1995	2000	2003
产 业	**Industrial**					
农牧业	Agriculture					
人均耕地面积(公顷)	Per Capita Cultivated Land(hectare)	0.25	0.23	0.24	0.31	0.29
农业从业者人均耕地面积(公顷)	Cultivated Land per Agricultural Laborer(hectare)	1.19	1.06	1.10	1.39	1.54
每公顷耕地农业机械总动力(千瓦)	Total Power of Agricultural Machinery per Hectare of Cultivated Land(kw)	0.96	1.53	1.64	1.85	2.36
每公顷耕地用电量(万千瓦小时)	Electric Power Consumption per Hectare of Cultivated Land(10 000 kwh)	130	229	305	291	359
每公顷耕地化肥用量(千克)	Chemical Fertilizer Consumption per Hectare of Cultivated Land(kg)	40	70	98	102	136
每公顷耕地生产的农业产值(元)	Agricultural Output Value per Hectare of Cultivated Land(yuan)	944	2077	4210	4214	4895
农业从业者人均农产品产量(千克)	Output of Farm products per Agricultural Laborer(kg)					
粮 食	Grain	1456	2070	2105	2366	3045
油 料	Oil-bearing Crops	191	148	140	222	229
甜 菜	Beet Roots	613	503	525	269	223
肉 类	Meat	87	114	163	273	364
每公顷播种面积农产品产量(千克)	Output of Farm Crops per Hectare of Sown Area(kg)					
粮 食	Grain	1765	2511	2547	2800	3359
油 料	Oil-bearing Crops	1038	1340	1260	1324	1414
甜 菜	Beet Roots	25420	24884	18821	23998	26579
工业企业效益(规模以上工业)	Economic Efficiency of Industry					
综合效益指数	Index of Multipurpose Efficiency				88.80	125.56
总资产贡献率(%)	Ratio of Total Assets to Industrial Output Value(%)				6.69	8.56
资产负债率(%)	Assets-Liability Ratio(%)				59.46	59.21
成本费用利润率(%)	Ratio of Profits to Industrial Cost(%)				2.41	5.11
流动资产周转次数(次/年)	Number of Times of Annual of Turn-over Circulating Funds(times/year)				1.26	1.73
全员劳动生产率(元/人·年)	Labor Prouctivity(yuan/person·year)	8770	9718	11399	21989	53483
建筑业	Construction					
技术装备率(元/人)	Machinery per Laborer(yuan/person)	1292	2434	3053	5844	13710
产值利税率(%)	Ratio of Per-tax Profits to Gross Output Value(%)	4.0	6.2	3.6	4.2	5.8
全员劳动生产率(元/人)(按总产值计算)	Overall Labor Productivity(yuan/person) (in terms of gross output value per employee)	6646	1369	28440	39319	61020
交通运输业	Transportation					
铁路网密度(公里/万平方公里)	Railway Density(km/10 000 sq.km)	37	47	49	61	63
公路网密度(公里/万平方公里)	Highway Density(km/10 000 sq.km)	323	366	378	569	627
铁路货运密度(吨/公里)	Railway Freight Traffic Density(ton/km)	12522	12338	14391	14705	15398
公路货运密度(吨/公里)	Highway Freight Traffic Density(ton/km)	1599	4597	5443	5194	5198
邮电通信业	Postal & Telecommunications Services					
全区电话普及率(部/百人)	Access to Telephones, Aotonomous Regional(set/100 persons)	0.4	0.8	2.9	8.7	18.1
城市电话普及率(部/百人)	Access to Phones, Urban(set/100 persons)	0.8	1.9	7.3	16.6	32.4
国内贸易	Domestic Trade					
批零和餐饮业人均消费品零售额(元)	Per Capita Retail Sales of Consumer Goods(yuan)	9158	18210	24080	31070	633401
对外经济贸易	Foreign Trade					
进出口总额占生产总值比例(%)	Proportion of Total Imports & Exports to GDP(%)	3.6	7.9	11.3	12.0	12.0

2-5 续表 2 continued

指 标	Item	1985	1990	1995	2000	2003
金融保险	Finance and Insurance					
金融机构存款占生产总值比例(%)	Bank Deposits as Percentage of GDP(%)	34.2	53.2	68.0	90.1	97.2
金融机构贷款占生产总值比例(%)	Bank Loans as Percentage of GDP(%)	55.3	85.5	98.4	95.7	89.5
国家银行现金支出占收入比例(%)	Proportion of Cash Outlay to Cash Receipt in State Banking System(%)	110.5	110.6	108.9	105.0	102.0
教育、科技、文化	**Education, Science, Tech & Culture**					
教育	Education					
学龄儿童入学率(%)	Rate of School-age Children Enrollment(%)	96.8	97.9	98.9	99.5	99.4
小学升学率(%)	Rate of Graduates of primary Schools Entering Junior Secondary Schools(%)	75.7	81.8	90.0	96.1	99.2
初中升学率(%)	Rate of Graduates of Junior Secondary Schools Entering Senior Secondary Schools(%)	49.5	42.1	48.6		
学校教师负担系数(%)	Student-teacher Ratio(in percentage)(%)					
高等学校	Colleges and Universities	5.5	4.8	5.3	8.1	13.0
中等学校	Secondary Schools	17.1	12.7	13.2	16.1	17.2
小学学校	Primary Schools	19.1	15.2	15.3	15.6	13.7
科技	Science and Technology					
研究与开发经费支出占生产总值比例(%)	R&D Expenditures as Percentage of GDP(%)			0.02	0.18	0.30
文化	Culture					
每百万人有艺术表演团体(个)	Number of Troupes per Million Persons(unit)	7.4	5.8	5.2	4.9	4.7
每百万人有公共图书馆(个)	Number of Public Libraries per million Persons(unit)	4.7	4.9	4.7	4.6	4.5
每百万人有博物馆(个)	Number of Museums per million Persons (unit)	0.1	0.5	0.7	1.1	1.2
家庭、生活、环境	**Family, People's Livelihood & Environment**					
家庭	Family					
负担少儿系数(%)	Dependency Ratio of Children(%)		42.1	38.2	29.0	24.6
负担老年系数(%)	Dependency Ratio of the Aged(%)		5.9	6.8	7.3	8.4
生活	People's Livelihood					
城镇居民与农牧民收入增长率比例(1978=100)	Proportion of Growth Rate of Annual Income of Urban Residents to the Growth Rate of Annual Net Income of Rural Residents(1978=100)	0.79	0.62	0.83	0.93	1.22
福利	Welfare					
职工保险福利占工资总额比例(%)	Insurance & Welfare Funds of Staff and Workers as Percentage of Total Wages(%)		23.9	23.5		
离退休退职占在职人数比例(%)	Proportion of the Number of Workers Who Have Retired or Resigned to the Number of Employed Ones(%)	6.3	12.9	14.5	28.6	32.6
卫生	Health Care					
每万人医院数(个)	Number of Hospitals per 10 000 Persons(unit)	0.9	0.9	0.9	0.9	0.8
每万人医生数(个)	Number of Doctors per 10 000 Persons(unit)	18	19	22	22	21
每万人医院床位数(张)	Number of Hospital Beds per 10 000 Persons (unit)	25.2	26.6	27.3	28.2	27.4
市政建设	City Construction					
城市自来水普及率(%)	Percentage of Households with Access to Tap Water(%)	61.1	73.4	80.7	89.1	78.8
城市用气普及率(%)	Percentage of Households with Access to Tap Gas(%)	2.7	16.8	40.5	58.6	52.4
每万人绿地面积(公顷)	Public Green Areas per 10 000 Persons(hectare)	2.4	3.3	5.9	7.0	6.2

主要统计指标解释

可比价格 指计算各种总量指标所采用的扣除了价格变动因素的价格，可进行不同时期总量指标的对比。按可比价格计算总量指标有两种方法：一种是直接用产品产量乘某一年的不变价格计算；另一种是用价格指数进行缩减。

不变价格 指以同类产品某年的平均价格作为固定价格，用于计算各年的产品价值。按不变价格计算的产品价值消除了价格变动因素，不同时期对比可以反映生产的发展速度，新中国成立后，随着工农业产品价格水平的变化，国家统计局先后五次制定了全国统一的工业产品不变价格和农业产品不变价格。从 1952 年到 1957 年使用 1952 年工(农)业产品不变价格。从 1957 年到 1970 年使用 1957 年不变价格，从 1971 年到 1980 年使用 1970 年不变价格，从 1981 年到 1990 年使用 1980 年不变价格，从 1991 年开始使用 1990 年不变价格。

平均增长速度 我国计算平均增长速度有两种方法：一种是习惯上经常使用的“水平法”，又称几何平均法，是以间隔期最后一年的水平同基期水平对比来计算平均每年增长(或下降)速度；另一种是“累计法”，又称代数平均法或方程法，是以间隔期内各年水平的总和同基期水平对比来计算平均每年增长(或下降)速度。在一般正常情况下，两种方法计算的平均每年增长速度比较接近，但在经济发展不平衡、出现大起大落时，两种方法计算的结果差别较大。

本《年鉴》内所列的平均增长速度，除固定资产投资用“累计法”计算外，其余均用“水平法”计算。从某年到某年平均增长速度的年份，均不包括基期年在内。如建国四十三年的平均增长速度是以 1949 年为基期计算的，则写为 1950-1992 年平均增长速度，其余类推。

企业(单位)登记注册类型 是以在工商行政管理机关登记注册的各类企业为划分对象，以工商行政管理部门对企业登记注册的类型为依据，将企业登记注册类型分为内资企业、港澳台商投资企业和外商投资企业三大类。内资企业包括国有企业、集体企业、股份合作企业、联营企业、有限责任公司、股份有限公司、私营公司和其他企业；港澳台商投资企业和外商投资企业分别包括合资经营企业、合作经营企业、独资经营企业和股份有限公司。对不在工商行政管理部门进行登记注册的行政机关、事业单位和社会团体，主要按其经费来源和管理方式进行划分。

国有企业 指企业全部资产归国家所有，并按《中华人民共和国企业法人登记管理条例》规定登记注册的非公司制的经济组织。不包括有限责任公司中的国有独资公司。

集体企业 指企业资产归集体所有，并按《中华人民共和国企业法人登记管理条例》规定登记注册的经济组织。

股份合作企业 指以合作制为基础，由企业职工共同出资入股，吸收一定比例的社会资产投资组建，实行自主经营，自负盈亏，共同劳动，民主管理，按劳分配与按股分红相结合的一种集体经济组织。

联营企业 指两个及两个以上相同或不同所有制性质的企业法人或事业单位法人，按自愿、平等、互利的原则，共同投资组成的经济组织。联营企业包括国有联营企业、集体联营企业、国有与集体联营企业和其他联营企业。

有限责任公司 指根据《中华人民共和国公司登记管理条例》规定登记注册，由两个以上、五十个以下的股东共同出资，每个股东以其所认缴的出资额对公司承担有限责任，公司以其全部资产对其债务承担责任的经济组织。有限责任公司包括国有独资公司以及其他有限责任公司。

股份有限公司 指根据《中华人民共和国公司登记管理条例》规定登记注册，其全部注册资本由等额股份构成并通过发行股票筹集资本，股东以其认购的股份对公司承担有限责任，公司以其全部资产对其债务承担责任的经济组织。

私营企业 指由自然人投资设立或由自然人控股，以雇佣劳动为基础的营利性经济组织。包括按照《公司法》、《合伙企业法》、《私营企业暂行条例》规定登记注册的私营有限责任公司、私营股份有限公司、私营合伙企业和私营独资企业。

其他内资企业 指上述企业之外的其他内资经济组织。

与港澳台商合资经营企业 指港澳台地区投资者与内地企业依照《中华人民共和国中外合资经营企业法》及有关法律的规定，按合同规定的比例投资设立、分享利润和分担风险的企业。

与港澳台商合作经营企业 指港澳台地区投资者与内地企业依照《中华人民共和国中外合作经营企业法》及有关法律的规定，依照合作合同的约定进行投资或提供条件设立、分配利润和分担风险的企业。

港澳台商独资经营企业 指依照《中华人民共和国外资企业法》及有关法律的规定，在内地由港澳台地区投资者全额投资设立的企业。

港澳台商投资股份有限公司 指根据国家有关规定，经外经贸部依法批准设立，其中港、澳、台商的股本占公司注册资本的比例达 25%以上的股份有限公司。凡其中港、澳、台商的股本占公司注册资本的比例小于 25%的，属于内资企业中的股份有限公司。

中外合资经营企业 指外国企业或外国人与中国内地企业依照《中华人民共和国中外合资经营企业法》及有关法律的规定，按合同规定的比例投资设立、分享利润和分担风险的企业。

中外合作经营企业 指外国企业或外国人与中国内地企业依照《中华人民共和国中外合作经营企业法》及有关法律的规定，依照合作合同的约定进行投资或提供条件设立、分配利润和分担风险的企业。

外资企业 指依照《中华人民共和国外资企业法》及有关法律的规定，在中国内地由外国投资者全额投资设立的企业。

外商投资股份有限公司 指根据国家有关规定，经外经贸部依法批准设立，其中外资的股本占公司注册资本的比例达 25%以上的股份有限公司。凡其中外资股本占公司注册资本的比例小于 25%的，属于内资企业中的股份有限公司。

行政机关、事业单位和社会团体 参照企业登记注册类型，主要按其经费来源和管理方式划分。具体规定如下：

(1)行政机关：包括国家机关和政党机关，原则上均列为“国有”。但有特殊规定的，如供销社等，则列为“集体”。

(2)事业单位：包括经国家机构编制部门和有关业务主管部门批准成立的各类事业单位，不包括实行企业化管理的事业单位。事业单位的划分办法如下：

①由国家财政预算拨款或列入财政预算外资金管理以及经费主要来源于国有主管部门或国有上级单位的事业单位，列为“国有”。

②经费主要来源于集体单位的事业单位，列为“集体”。

③公民个人(或个人合伙)开办的事业单位，列为“私营”。

④上述以外的其他事业单位，如果其经费来源不明确，按管理方式进行归类。

(3)社会团体：包括经民政部门批准成立以及未纳入社会团体管理条例范围的工会、妇联等各类社会团体。社会团体的划分办法如下：

①未纳入民政部社会团体管理条例范围的工会、妇联、共青团、青联、工商联、科协、侨联等社会团体，国家拨款设立的基金会或基金管理组织以及经费主要来源于国有业务主管部门或国有上级单位的社会团体，列入“国有”。

②经费主要来源于集体单位的社会团体，列为“集体”。

③公民个人(或个人合伙)开办的社会团体，划为“私营”。

④上述以外的其他社会团体，如果其经费来源不明确，改按管理方式进行归类。

Explanatory Notes on Main Statistical Indicators

Comparable Prices refer to prices that are used to remove the factors of price change in calculating economic aggregates, so as to facilitate comparison of aggregates over time. Two methods are used for calculating economic aggregates at comparable prices: 1. Multiplying the output of products by their constant prices of certain year; 2. Deflation of data at current prices by relevant price index.

Constant Price refers to the average price of a given product in certain year, which is used for comparison of output value over time. As the output value at constant prices removes the factor of price changes, it reflects the trend of production development over time. Since 1949, with the changes in general price level, the State Statistical Bureau has issued nationally unified constant prices five times; the 1952 constant prices for 1949-1957; the 1957 constant prices for 1957-1971; the 1970 constant prices for 1971-1981; the 1980 constant prices for 1981-1990; and the 1990 constant prices have been used since 1991.

Average Annual Growth Rate Two methods for calculating average annual growth rate are applied in China, one is often called "level approach" or the method of calculating geometric average, which is derived by comparing the level of the last year of the interval with that of the beginning year; the other is called accumulative approach or algebraic average or equation method, which is derived by the summation of the actual figure of each year in the interval divided by the figure in the base year.

Usually the results calculated by the two methods are fairly close, but they differed sharply when uneven economic development occurred with striking fluctuations in growth.

The average annual growth rates listed in this statistical yearbook are calculated by "level approach" except for the growth rate of investment in fixed assets. The base years are not listed when the years are listed for average annual growth rates. For instance, the average annual growth rate of 43 years since 1949 is listed as average annual growth rate of 1950-1992 without listing the base year 1949. And the analogy of this is also the same for the rest of the years.

Registration Status of Enterprises Enterprises are classified into 3 categories, namely domestic- funded enterprises, enterprises with investment from Hong Kong, Macao and Taiwan, and enterprises with foreign investment, in the light of the registration status of an enterprise in industrial and commercial administration agencies. Domestic funded enterprises include state owned enterprises, collective owned enterprises, cooperative enterprises, joint ownership enterprises, limited liability corporations, share holding corporations Ltd. , private enterprises and other enterprises. Included in the enterprises with investment from Hong Kong, Macao and Taiwan and enterprises with foreign investment are joint venture enterprises, cooperative enterprises, sole investment enterprises and share holding corporations Ltd. For government agencies, institutions and social organizations which are not requested to be registered in industrial and commercial administration agencies, they are classified mainly by their sources of funds and way of management.

State-owned Enterprises refer to non- corporation economic units where the entire assets are owned by the state and which have registered in accordance with the Regulation of the People's Republic of China on the Management of Registration of Corporate Enterprises. Excluded from this category are sole state funded corporations in the limited liability corporations.

Collective-owned Enterprises refer to economic units where the assets are owned collectively and which have registered in accordance with the Regulation of the People's Republic of China on the Management of Registration of Corporate Enterprises.

Cooperative Enterprises refer to a form of collective economic units (enterprises) where capitals come mainly from employees as their shares, with certain proportion of capital from the outside, where production is organized on the basis of independent operation, independent accounting for profits and losses, joint work, democratic management, and a distribution system that integrates remuneration according to work with dividend according to capital share.

Joint Ownership Enterprises refer to economic units established by two or more corporate enterprises or corporate institutions of the same or different ownership, through joint investment on the basis of equality, voluntary participation and mutual benefits. They include state joint ownership enterprises, collective joint ownership enterprises, joint state-collective enterprises, other joint ownership enterprises.

Limited Liability Corporations refer to economic units established with investment from 2-50 investors and registered in accordance with the Regulation of the people's Republic of China on the Management of Registration of Corporations, each investor bearing limited liability to the corporation depending on its share of investment, and the corporation bearing liability to its debt to the maximum of its total assets. Limited liability corporations include exclusive state-funded limited liability corporations and other limited liability corporations.

Share-holding Corporations Ltd refer to economic units registered in accordance with the Regulation of the People's Republic of China on the Management of Registration of Corporations, with total registered capitals divided into equal shares and raised through issuing stocks. Each investor bears limited liability to the corporation depending on the holding of shares, and the corporation bears liability to its debt to the maximum of its total assets.

Private Enterprises refer to profit-making economic units invested and established by natural persons, or controlled by natural persons using employed labour. Included in this category are private limited liability corporations, private share-holding corporations Ltd. , private partnership enterprises and private funded enterprises registered in accordance with the Corporation Law, Partnership Enterprises Law and Interim Regulations on private Enterprises.

Other Domestic-funded Enterprises refer to domestic-funded economic units other than those mentioned above.

Joint-venture Enterprises with Funds from Hong Kong, Macao and Taiwan refer to enterprises jointly established by investors from Hong Kong, Macao and Taiwan with enterprises in the mainland of China in accordance with the Law of the People's Republic of China on Sino-foreign Joint Venture Enterprises and other relevant laws, where the share of investment, profits and risks is stipulated in the contract.

Cooperative Enterprises with Funds from Hong Kong, Macao and Taiwan established by investors from Hong Kong, Macao and Taiwan with enterprises in the mainland of China in accordance with the Law of the People's Republic of China on Sino-foreign Cooperative Enterprises and other relevant laws, where the investment or provision of facilities, and the share of profits and risks is stipulated in the cooperative contract.

Enterprises with Sole (exclusive) Investment from Hong Kong, Macao and Taiwan refer to enterprises established in the mainland of China with exclusive investment from investors from Hong Kong, Macao and Taiwan in accordance with the Law of the People , s Republic of China on Foreign-Funded Enterprises and other relevant laws.

Share-holding Corporations Ltd. with Investment from Hong Kong, Macao and Taiwan refer to share-holding corporations Ltd. established with the approval from the Ministry of Foreign Trade and Economic Relations in line with relevant state regulations, where the share of investment from Hong Kong, Macao or Taiwan businessmen exceeds 25% of the total registered capital of the corporation. In case the share of investment from Hong Kong, Macao or Taiwan is less than 25% of the total registered capital, the enterprise is to be classified as domestic funded share holding corporation Ltd.

Joint-venture Enterprises with Foreign Investment refer to enterprises jointly established by foreign enterprises of foreigners with enterprises in the mainland of China in accordance with the Law of the People's Republic of China on Sino-foreign Joint Venture Enterprises and other relevant laws, where the share of investment, profits and risks is stipulated in the contract.

Cooperation Enterprises with Foreign Investment refer to enterprises jointly established by foreign enterprises or foreigners with enterprises in the mainland of China in accordance with the Law of the People's Republic of China on Sino-foreign Cooperative Enterprises and other relevant laws, where the investment or provision of facilities, and the share of profits and risks is stipulated in the cooperative contract.

Enterprises with Sole (exclusive) Foreign Investment refer to enterprises established in the mainland of China with exclusive investment from foreign investors in accordance with the Law of the People's Republic of China on Foreign-Funded Enterprises and other relevant laws.

Share-holding Corporations Ltd. with Foreign Investment refer to share-holding corporations Ltd. established with the approval from the Ministry of Foreign Trade and Economic Relations in line with relevant state regulations, where the share of investment from foreign investors exceeds 25% of the total registered capital of the corporation. In case the share of foreign investment is less than 25% of the total registered capital, the enterprise is to be classified as domestic–funded share–holding corporation Ltd.

Government Agencies, Institutions and Social Organizations are classified into following categories by source of funds and way of management taking reference of the registration status of enterprises:

(1) Government agencies include state and party agencies, classified in principles as " state-owned ". There are exceptions, such as supply and marketing cooperatives which are classified as "collective".

(2) Institutions: include institutions of various types established with the approval by organization and staffing departments of the government, but exclude institutions where enterprise management system is introduced. Institutions are further classified as follows:

(a) Institutions whose main budget is listed in the Government budget appropriations or extra-budget funds, or allocated from the budget of their competent government agencies. Such institutions are classified as "state-owned".

(b) Institutions whose budget mainly comes from collective units. Such institutions are classified as "collective".

(c) Institutions Established by Individual(group of Citizen) are classified as " Private ".

(d) Institutions other than those mentioned above whose source of budget is not clear. Such institutions are classified by way of management.

(3) Social organizations: include social organizations established with the approval from the Ministry of Civil Affairs, and organizations that are not covered by social organization management regulations such as trade unions, women's federations etc. Social organizations are further classified as follows:

(a) Social organizations that are not covered by social organization management regulations of the Ministry of Civil Affairs such as trade unions, women's federations, communist youth leagues, youth associations, industrial and commerce associations, scientists associations, overseas Chinese associations, etc. , foundations and fund management organizations established with funds from the state, and social organizations whose funds mainly come from the budget of their competent government agencies. Such institutions are classified as "state-owned".

(b) Social organizations whose budget mainly comes from collective units. Such institutions are classified as "collective".

(c) Social organizations established by individual or a group of citizens, which are classified as "private".

(d) Social organizations other than those mentioned above whose source of budget is not clear. Such organizations are classified by way of management.

三 国民经济核算

NATIONAL ACCOUNTS

资料整理 冯 硕
Arranged by Feng shuo

3-1 生产总值

Gross Domestic Product

本表按当年价格计算。

Data in value terms in this table are calculated at current prices.

单位：亿元 (100 million yuan)

年份 Year	生产总值 Gross Domestic Product	第一产业 Primary Industry	第二产业 Secondary Industry	工业 Industry	建筑业 Construction	第三产业 Tertiary Industry	#交通运输仓储邮电通讯业 Transportation, Post and Telecommunications	#批发和零售贸易餐饮业 Wholesale, Retail & Catering Trade	人均生产总值(元) Per Capita GDP (yuan)
1952	12.16	8.64	1.37	0.99	0.38	2.15	0.41	0.59	173
1953	15.57	10.44	2.25	1.57	0.68	2.88	0.56	1.02	211
1954	19.46	12.37	3.65	2.57	1.08	3.44	0.77	1.20	249
1955	17.49	10.25	3.53	2.73	0.80	3.71	0.78	1.18	213
1956	24.60	14.11	5.43	3.95	1.48	5.06	1.05	1.57	283
1957	21.27	11.29	5.05	3.80	1.25	4.93	0.65	1.78	232
1958	28.10	12.55	9.65	7.04	2.61	5.90	1.54	2.17	292
1959	35.76	14.75	13.41	9.90	3.51	7.60	2.59	2.65	349
1960	36.56	11.80	17.11	13.17	3.94	7.65	2.17	2.81	325
1961	25.25	11.40	7.25	6.06	1.19	6.60	1.44	2.18	215
1962	25.12	12.75	6.56	5.80	0.76	5.81	1.29	1.61	215
1963	29.02	12.71	9.90	8.24	1.66	6.41	1.49	2.04	243
1964	32.55	14.04	11.43	9.37	2.06	7.08	1.67	2.30	262
1965	35.41	15.21	12.08	9.65	2.43	8.12	2.26	2.57	275
1966	38.32	17.12	13.01	10.33	2.68	8.19	2.00	2.71	289
1967	31.80	13.87	10.43	8.46	1.97	7.50	1.58	2.16	233
1968	32.96	14.87	10.54	8.49	2.05	7.55	1.57	2.11	235
1969	32.90	14.78	10.52	8.40	2.12	7.60	1.56	2.07	227
1970	39.17	17.69	12.94	9.87	3.07	8.54	2.03	2.69	263
1971	41.61	16.82	15.99	12.50	3.49	8.80	2.18	2.56	271
1972	39.36	14.56	15.54	12.12	3.42	9.26	2.13	2.66	247
1973	44.07	16.22	18.14	14.29	3.85	9.71	2.38	2.58	269
1974	43.26	15.97	17.30	13.35	3.95	9.99	2.24	2.74	256
1975	48.55	18.15	20.02	15.52	4.50	10.38	2.49	2.66	280
1976	48.09	18.51	18.77	15.11	3.66	10.81	2.49	2.69	272
1977	51.65	18.91	21.60	16.48	5.12	11.14	2.56	2.73	287

3-1 续表 continued

本表按当年价格计算。

Data in value terms in this table are calculated at current prices.

单位：亿元 (100 million yuan)

年份 Year	生产总值 Gross Domestic Product	第一产业 Primary Industry	第二产业 Secondary Industry	工业 Industry	建筑业 Construction	第三产业 Tertiary Industry	#交通运输仓储邮电通讯业 Transportation, Post and Telecommunications	#批发和零售贸易餐饮业 Wholesale, Retail & Catering Trade	人均生产总值(元) Per Capita GDP (yuan)
1978	58.04	18.96	26.37	21.84	4.53	12.71	2.76	2.87	317
1979	64.14	21.03	28.37	23.52	4.85	14.74	2.85	3.25	343
1980	68.40	18.03	32.26	27.30	4.96	18.11	4.12	4.01	361
1981	77.91	27.14	32.04	27.92	4.12	18.73	3.71	4.00	407
1982	93.22	33.32	37.21	32.35	4.86	22.69	5.12	5.20	480
1983	105.88	35.90	41.98	35.90	6.08	28.00	6.58	6.32	535
1984	128.20	42.98	47.74	39.04	8.70	37.48	8.28	10.34	640
1985	163.83	53.54	56.95	45.90	11.05	53.34	10.85	19.65	809
1986	181.58	54.64	61.55	49.74	11.81	65.39	12.59	24.11	888
1987	212.27	62.21	70.42	58.26	12.16	79.64	12.77	32.91	1025
1988	270.81	90.20	85.72	70.28	15.44	94.89	14.30	38.88	1291
1989	292.69	89.08	98.96	83.66	15.30	104.65	18.63	35.58	1377
1990	319.31	112.57	102.43	87.18	15.25	104.31	20.69	24.92	1478
1991	359.66	117.19	124.03	102.74	21.29	118.44	26.84	27.76	1642
1992	421.68	126.86	152.56	120.85	31.71	142.26	32.65	35.04	1906
1993	532.70	149.96	208.05	162.53	45.52	174.69	46.14	38.71	2382
1994	681.92	208.53	261.79	205.98	55.81	211.60	53.56	48.15	3013
1995	832.88	260.18	314.90	254.88	60.02	257.80	67.12	75.62	3639
1996	984.78	312.82	369.57	304.81	64.76	302.39	83.43	88.85	4259
1997	1099.77	322.52	426.26	355.10	71.16	350.99	101.65	101.36	4714
1998	1192.29	341.62	462.55	382.44	80.11	388.12	108.64	109.88	5069
1999	1268.20	342.91	492.13	405.00	87.13	433.16	121.64	121.32	5350
2000	1401.01	350.80	556.28	455.21	101.07	493.93	142.59	133.45	5872
2001	1545.79	358.89	626.47	506.69	119.78	560.43	162.79	148.18	6463
2002	1734.31	374.69	728.34	573.30	155.04	631.28	188.08	164.12	7233
2003	2150.41	420.10	973.94	721.59	252.35	756.38	216.76	180.79	8975

3-2 生产总值构成

Composition of Gross Domestic Product

本表按当年价格计算。

Data in value terms in this table are calculated at current prices.

单位：%　　　　(%)

年 份 Year	生产总值 Gross Domestic Product	第一产业 Primary Industry	第二产业 Secondary Industry	工 业 Industry	建筑业 Construction	第三产业 Tertiary Industry	#交通运输仓储邮电通讯业 Transportation, Post and Telecommunications	#批发和零售贸易餐饮业 Wholesale, Retail & Catering Trade
1952	100	71.1	11.3	8.1	3.1	17.6	3.4	4.9
1953	100	67.1	14.5	10.1	4.4	18.4	3.6	6.6
1954	100	63.6	18.8	13.2	5.5	17.6	4.0	6.2
1955	100	58.6	20.2	15.6	4.6	21.2	4.5	6.7
1956	100	57.4	22.1	16.1	6.0	20.5	4.3	6.4
1957	100	53.1	23.7	17.9	5.9	23.2	3.1	8.4
1958	100	44.7	34.3	25.1	9.3	21.0	5.5	7.7
1959	100	41.2	37.5	27.7	9.8	21.3	7.2	7.4
1960	100	32.3	46.8	36.0	10.8	20.9	5.9	7.7
1961	100	45.1	28.7	24.0	4.7	26.2	5.7	8.6
1962	100	50.8	26.1	23.1	3.0	23.1	5.1	6.4
1963	100	43.8	34.1	28.4	5.7	22.1	5.1	7.0
1964	100	43.1	35.1	28.8	6.3	21.8	5.1	7.1
1965	100	43.0	34.1	27.3	6.9	22.9	6.4	7.3
1966	100	44.7	34.0	27.0	7.0	21.3	5.2	7.1
1967	100	43.6	32.8	26.6	6.2	23.6	5.0	6.8
1968	100	45.1	32.0	25.8	6.2	22.9	4.8	6.4
1969	100	44.9	32.0	25.5	6.4	23.1	4.7	6.3
1970	100	45.2	33.0	25.2	7.8	21.8	5.2	6.9
1971	100	40.4	38.4	30.0	8.4	21.2	5.2	6.2
1972	100	37.0	39.5	30.8	8.7	23.5	5.4	6.8
1973	100	36.8	41.2	32.4	8.7	22.0	5.4	5.9
1974	100	36.9	40.0	30.9	9.1	23.1	5.2	6.3
1975	100	37.4	41.2	32.0	9.3	21.4	5.1	5.5
1976	100	38.5	39.0	31.4	7.6	22.5	5.2	5.6
1977	100	36.6	41.8	31.9	9.9	21.6	5.0	5.3

3-2 续表 continued

本表按当年价格计算。

Data in value terms in this table are calculated at current prices.

单位：%　　　　(%)

年 份 Year	生产总值 Gross Domestic Product	第一产业 Primary Industry	第二产业 Secondary Industry	工 业 Industry	建筑业 Cons-truction	第三产业 Tertiary Industry	#交通运输仓储邮电通讯业 Transpor-tation, Post and Telecomm-unications	#批发和零售贸易餐饮业 Wholesale, Retail & Catering Trade
1978	100	32.7	45.4	37.6	7.8	21.9	4.8	4.9
1979	100	32.8	44.2	36.7	7.6	23.0	4.4	5.1
1980	100	26.4	47.2	40.0	7.3	26.4	6.0	5.9
1981	100	34.8	41.1	35.8	5.3	24.1	4.8	5.1
1982	100	35.7	40.0	34.7	5.2	24.3	5.5	5.6
1983	100	33.9	39.6	33.9	5.7	26.5	6.2	6.0
1984	100	33.5	37.2	30.5	6.8	29.3	6.5	8.1
1985	100	32.7	34.8	28.0	6.7	32.5	6.6	12.0
1986	100	30.1	33.9	27.4	6.5	36.0	6.9	13.3
1987	100	29.3	33.2	27.4	5.7	37.5	6.0	15.5
1988	100	33.3	31.7	26.0	5.7	35.0	5.3	14.4
1989	100	30.4	33.8	28.6	5.2	35.8	6.4	12.2
1990	100	35.3	32.1	27.3	4.8	32.6	6.5	7.8
1991	100	32.6	34.5	28.6	5.9	32.9	7.5	7.7
1992	100	30.1	36.2	28.7	7.5	33.7	7.7	8.3
1993	100	28.2	39.1	30.5	8.5	32.7	8.7	7.3
1994	100	30.6	38.4	30.2	8.2	31.0	7.9	7.1
1995	100	31.2	37.8	30.6	7.2	31.0	8.1	9.1
1996	100	31.8	37.5	31.0	6.6	30.7	8.5	9.0
1997	100	29.3	38.8	32.3	6.5	31.9	9.2	9.2
1998	100	28.7	38.8	32.1	6.7	32.5	9.1	9.2
1999	100	27.0	38.8	31.9	6.9	34.2	9.6	9.6
2000	100	25.0	39.7	32.5	7.2	35.3	10.2	9.5
2001	100	23.2	40.5	32.8	7.7	36.3	10.5	9.6
2002	100	21.6	42.0	33.1	8.9	36.4	10.8	9.5
2003	100	19.5	45.3	33.6	11.7	35.2	10.1	8.4

3-3 生产总值指数

Indices of Gross Domestic Product

本表按可比价格计算。

The indices in this table are calculated at comparable prices.

(上年=100) (Preceding year=100)

年 份 Year	生产总值 Gross Domestic Product	第一产业 Primary Industry	第二产业 Secondary Industry	工 业 Industry	建筑业 Construction	第三产业 Tertiary Industry	#交通运输仓储邮电通讯业 Transportation, Post and Telecommunications	#批发和零售贸易餐饮业 Wholesale, Retail & Catering Trade	人均生产总值 Per Capita GDP
1953	116.3	107.5	159.9	153.7	176.3	127.4	140.6	174.3	110.6
1954	119.4	111.3	160.4	162.3	156.1	117.6	137.8	117.1	112.8
1955	90.7	83.7	97.5	107.0	74.8	107.4	101.6	98.0	86.0
1956	138.7	136.6	152.3	143.2	183.3	131.4	133.3	133.8	131.0
1957	110.9	117.5	98.3	101.7	89.1	106.2	61.9	113.1	105.3
1958	125.3	105.3	184.0	178.6	200.5	127.1	238.5	121.9	119.4
1959	122.9	112.6	139.2	140.7	135.0	125.2	166.9	122.0	115.3
1960	95.8	77.9	126.6	132.1	111.2	86.5	84.1	106.0	87.3
1961	65.3	80.7	39.3	42.6	28.0	95.5	66.1	77.6	62.3
1962	94.7	105.2	84.3	89.1	59.9	86.5	90.4	73.7	95.5
1963	119.7	108.9	148.6	140.0	214.3	115.0	114.4	126.7	117.0
1964	113.2	111.8	117.1	115.5	125.5	111.3	112.6	112.9	108.9
1965	109.8	105.9	113.6	110.8	126.8	112.6	135.1	111.8	105.8
1966	110.0	112.4	114.4	113.7	117.4	99.7	88.4	105.6	106.8
1967	83.3	81.1	81.2	83.0	74.5	91.2	79.4	79.8	81.1
1968	99.9	98.9	102.6	102.0	105.4	98.3	99.2	97.8	96.9
1969	100.8	99.5	103.4	102.5	107.4	99.8	99.2	97.7	97.7
1970	123.3	119.7	140.2	134.0	164.8	105.6	129.6	130.0	120.0
1971	102.1	95.0	106.5	109.1	98.2	108.7	108.0	95.3	99.0
1972	107.8	117.0	97.2	97.0	97.9	110.4	93.1	99.4	104.1
1973	111.7	110.8	116.8	117.9	112.8	105.0	111.7	96.9	108.3
1974	96.2	94.3	95.4	93.5	102.6	101.8	94.0	106.1	93.3
1975	111.3	111.7	115.6	116.2	113.9	103.1	111.1	97.3	108.6
1976	99.4	101.8	94.7	98.4	82.1	103.2	100.0	100.9	97.4
1977	107.0	102.2	114.5	108.5	139.2	103.7	103.2	101.5	105.2

3-3 续表 continued

本表按可比价格计算。

The indices in this table are calculated at comparabl prices.

上年=100 (Preceding year=100)

年份 Year	生产总值 Gross Domestic Product	第一产业 Primary Industry	第二产业 Secondary Industry	工业 Industry	建筑业 Construction	第三产业 Tertiary Industry	#交通运输仓储邮电通信业 Transportation, Post and Telecommunications	#批发和零售贸易餐饮业 Wholesale, Retail & Catering Trade	人均生产总值 Per Capita GDP
1978	108.0	98.8	117.2	127.3	84.6	108.9	107.7	105.2	106.3
1979	109.8	107.7	108.6	108.4	110.0	116.0	103.3	113.1	107.4
1980	101.7	76.0	113.3	116.6	97.6	122.9	144.5	123.5	100.2
1981	110.6	141.8	96.3	98.2	85.7	103.4	90.0	99.9	109.4
1982	118.6	118.2	117.4	117.3	117.9	121.1	138.1	129.9	116.9
1983	109.8	105.0	109.9	108.5	118.8	116.7	117.4	116.1	107.8
1984	116.1	114.0	110.2	107.3	127.7	128.1	119.3	156.8	116.2
1985	117.2	114.1	108.2	105.5	121.7	133.0	129.3	175.1	114.6
1986	105.9	91.7	105.4	106.4	101.2	120.4	115.6	120.0	104.8
1987	109.0	106.8	107.0	109.3	96.5	112.5	96.2	125.6	107.7
1988	109.8	117.3	111.1	108.1	126.6	103.2	111.9	99.5	108.4
1989	102.7	95.1	104.9	107.2	94.9	106.8	121.6	102.6	101.4
1990	107.5	124.4	99.4	99.2	100.5	103.1	101.1	93.4	105.8
1991	107.5	104.0	110.8	108.2	126.0	107.9	121.4	102.5	106.0
1992	111.0	104.0	115.4	110.7	138.8	113.8	118.4	117.1	109.9
1993	110.6	105.0	114.6	112.3	123.6	111.7	124.4	114.9	109.4
1994	110.1	103.2	113.7	114.8	109.7	112.4	115.7	110.8	108.8
1995	109.1	103.9	111.5	112.7	106.9	110.6	115.8	109.8	107.8
1996	113.3	121.4	111.8	115.2	98.0	108.7	110.6	107.5	111.6
1997	109.7	102.0	114.4	114.9	112.2	111.1	113.3	109.9	108.7
1998	109.6	106.2	110.0	110.0	110.0	112.0	113.0	109.9	108.7
1999	107.8	101.0	110.3	110.7	108.7	110.0	109.7	110.4	106.9
2000	109.7	102.6	112.1	112.2	111.7	111.8	114.5	111.0	109.0
2001	109.6	102.0	111.5	110.2	117.1	112.8	113.8	111.0	109.3
2002	112.1	104.8	116.5	113.9	127.5	111.8	116.2	110.4	111.9
2003	116.8	105.9	127.9	121.8	157.3	111.2	114.1	109.3	116.7

3-4 生产总值指数

Indices of Gross Domestic Product

本表按可比价格计算。

The indices in this table are calculated at comparable prices

1952=100 (1952=100)

年 份 Year	生产总值 Gross Domestic Product	第一产业 Primary Industry	第二产业 Secondary Industry	工 业 Industry	建筑业 Construction	第三产业 Tertiary Industry	#交通运输仓储邮电通信业 Transportation, Post and Telecommunications	#批发和零售贸易餐饮业 Wholesale, Retail & Catering Trade	人均生产总值 Per Capita GDP
1952	100	100	100	100	100	100	100	100	100
1953	116.3	107.5	159.9	153.7	176.3	127.4	140.6	174.3	110.6
1954	138.9	119.6	256.6	249.5	275.2	149.8	193.8	204.1	124.8
1955	125.9	100.1	250.1	266.9	206.0	160.9	196.9	200.0	107.4
1956	174.6	136.8	380.9	382.1	377.5	211.3	262.5	267.6	140.7
1957	193.6	160.8	374.2	388.7	336.3	224.5	162.5	302.7	148.2
1958	242.6	169.3	688.6	694.0	674.2	285.4	387.5	368.9	176.9
1959	298.1	190.6	958.4	976.7	910.2	357.3	646.9	450.0	204.1
1960	285.6	148.5	1213.1	1289.8	1011.9	309.1	543.8	477.0	178.1
1961	186.4	119.9	476.5	549.9	283.7	295.1	359.4	370.3	111.0
1962	176.5	126.1	401.8	490.1	169.9	255.4	325.0	273.0	106.0
1963	211.3	137.3	597.2	685.9	364.1	293.8	371.9	345.9	124.0
1964	239.3	153.5	699.5	791.9	457.0	327.0	418.8	390.5	135.1
1965	262.7	162.5	795.0	877.1	579.3	368.3	565.6	456.8	143.0
1966	288.9	182.6	909.8	997.2	680.4	367.2	500.0	460.8	152.7
1967	240.8	148.1	739.2	827.7	506.7	334.9	396.9	367.6	123.8
1968	240.6	146.5	758.6	844.1	534.2	329.1	393.8	359.5	120.1
1969	242.6	145.7	784.6	864.9	573.6	328.3	390.6	351.4	117.3
1970	299.1	174.4	1100.0	1159.0	945.1	346.6	506.3	456.8	140.7
1971	305.3	165.7	1171.8	1264.8	927.7	376.6	546.9	435.1	139.2
1972	329.1	193.9	1138.9	1226.7	908.3	415.8	509.4	432.4	144.9
1973	367.5	214.8	1329.8	1446.2	1024.3	436.5	568.8	418.9	157.0
1974	353.7	202.6	1268.7	1351.8	1050.6	444.4	534.4	444.6	146.5
1975	393.8	226.3	1467.3	1570.2	1197.1	458.4	593.8	432.4	159.1
1976	391.2	230.4	1389.9	1544.8	983.0	473.1	593.8	436.5	155.0
1977	418.7	235.4	1591.6	1676.8	1367.9	490.7	612.5	443.2	163.1

3-4 续表 continued

本表按可比价格计算。

The indices in this table are calculated at comparable prices.

1952=100 (1952=100)

年份 Year	生产总值 Gross Domestic Product	第一产业 Primary Imdustry	第二产业 Secondary Industry	工业 Industry	建筑业 Construction	第三产业 Tertiary Industry	#交通运输仓储邮电通信业 Transportation, Post and Telecommunications	#批发和零售贸易餐饮业 Wholesale, Retail & Catering Trade	人均生产总值 Per Capita GDP
1978	452.2	232.5	1865.3	2134.7	1157.6	534.2	659.4	466.2	173.4
1979	496.3	250.5	2026.3	2241.9	1459.9	619.5	680.9	527.1	186.3
1980	504.6	190.5	2295.8	2682.5	1280.1	761.5	983.9	651.1	186.7
1981	558.1	270.1	2210.8	2566.6	1276.3	787.4	886.0	650.4	204.2
1982	661.8	319.3	2595.1	3006.4	1514.7	953.9	1223.3	844.7	238.8
1983	726.9	335.4	2850.8	3166.6	2021.3	1113.2	1435.9	980.9	257.5
1984	844.4	382.4	3135.9	3613.9	1900.0	1425.5	1712.8	1538.0	299.1
1985	989.8	436.3	3399.5	3811.0	2318.8	1896.5	2215.0	2692.8	342.7
1986	1048.0	400.2	3582.7	4053.5	2345.9	2282.8	2561.1	3232.3	359.1
1987	1142.1	427.6	3832.2	4429.5	2263.1	2568.3	2463.2	4060.2	386.6
1988	1254.0	501.6	4259.3	4789.9	2865.3	2651.2	2755.3	4038.8	419.2
1989	1288.3	476.7	4470.0	5136.7	2718.9	2831.2	3351.4	4142.3	425.0
1990	1385.2	593.2	4444.5	5095.8	2733.6	2919.0	3386.7	3867.8	449.5
1991	1488.7	616.9	4926.5	5513.1	3445.2	3149.9	4111.9	3965.6	476.5
1992	1652.6	641.8	5687.2	6102.3	4780.7	3584.0	4869.8	4642.3	523.7
1993	1827.1	674.0	6516.4	6851.7	5908.2	4004.0	6059.8	5336.1	572.8
1994	2011.6	695.6	7409.1	7865.7	6481.3	4500.5	7011.2	5912.4	622.6
1995	2194.7	722.7	8261.1	8864.7	6928.5	4977.5	8111.9	6491.8	671.2
1996	2486.6	877.4	9235.9	10212.1	6789.9	5410.5	8971.8	6978.7	749.1
1997	2727.8	894.9	10565.9	11733.7	7618.3	6011.1	10165.0	7669.6	814.2
1998	2989.7	950.4	11622.5	12907.1	8380.1	6732.4	11486.5	8428.9	885.0
1999	3222.9	959.9	12819.6	14288.2	9109.2	7405.7	12600.6	9305.5	946.1
2000	3535.5	984.9	14370.8	16031.4	10175.0	8279.6	14427.7	10329.1	1031.2
2001	3874.9	1004.6	16023.4	17666.6	11914.9	9339.4	16418.7	11465.3	1126.9
2002	4343.8	1052.8	18667.3	20122.3	15191.5	10441.4	19078.5	12657.7	1261.0
2003	5073.6	1114.9	23875.5	24509.0	23896.2	11610.8	21768.6	13834.9	1471.6

3-5 第三产业增加值
Value-added of the Tertiary Industry

本表按当年价格计算。

Data in value terms in this table are calculated at current prices.

单位：亿元 (100 million yuan)

行业	Sector	1985	1990	1995	2000	2003
总计	**Total**	**53.34**	**104.31**	**257.80**	**493.93**	**756.38**
农、林、牧、渔服务业	Farming, Forestry, Animal Husbandry and Fishery			2.68	4.68	6.12
地质勘查业水利管理业	Geological Prospecting and Water Conservancy			3.05	6.27	8.94
交通运输、仓储及邮电通信业	Transport, Storage,Post and Telecommunications	10.85	20.69	67.12	142.59	216.76
交通运输和仓储业	Transport and Storage			60.50	121.88	175.74
邮电通信业	Post and Telecommunications			6.62	20.71	41.02
批发和零售贸易餐饮业	Wholesale and Retail Trade and Catering Services	19.65	24.92	75.62	133.45	180.79
金融、保险业	Banking and Insurance	5.95	20.88	22.43	24.27	27.84
房地产业	Real Estate	1.86	3.93	8.85	17.63	24.92
社会服务业	Social Services	1.66	3.72	12.15	43.20	64.33
卫生体育和社会福利业	Health Care, Sports and Social Welfare	1.29	3.89	9.88	17.39	38.18
教育、文化艺术及广播电影电视业	Education, Culture and Arts Radio,Film and Television	4.15	8.91	22.26	40.35	75.83
科学研究和综合技术服务业	Scientific Research and Polytechnical Services	1.13	3.81	4.65	5.87	8.99
国家机关、政党机关和社会团体	Government Agencies,Parties and Social Organizations	4.99	10.95	22.91	45.48	85.46
其他行业	Others	1.81	2.61	6.20	12.75	18.22

3-6 第三产业增加值构成

Composition of Value-added of the Tertiary Industry

本表按当年价格计算。

Data in value terms in this table are calculated at current prices.

单位：%　　(%)

行业	Sector	1985	1990	1995	2000	2003
总计	**Total**	**100**	**100**	**100**	**100**	**100**
农、林、牧、渔服务业	Farming, Forestry, Animal Husbandry and Fishery			1.1	0.9	0.8
地质勘查业水利管理业	Geological Prospecting and Water Conservancy			1.2	1.3	1.2
交通运输、仓储及邮电通信业	Transport, Storage,Post and Telecommunications	20.3	19.8	26.0	28.9	28.7
交通运输和仓储业	Transport and Storage			23.5	24.7	23.2
邮电通信业	Post and Telecommunications			2.5	4.2	5.4
批发和零售贸易餐饮业	Wholesale and Retail Trade and Catering Services	36.8	23.9	29.3	27.0	23.9
金融、保险业	Banking and Insurance	11.2	20.0	8.7	4.9	3.7
房地产业	Real Estate	3.5	3.8	3.5	3.6	3.3
社会服务业	Social Services	3.1	3.6	4.7	8.7	8.5
卫生体育和社会福利业	Health Care, Sports and Social Welfare	2.4	3.7	3.8	3.5	5.0
教育、文化艺术及广播电影电视业	Education, Culture and Arts, Radio, Film and Television	7.8	8.5	8.6	8.2	10.0
科学研究和综合技术服务业	Scientific Research and Polytechnical Services	2.1	3.7	1.8	1.2	1.2
国家机关、政党机关和社会团体	Government Agencies, Parties and Social Organizations	9.4	10.5	8.9	9.2	11.3
其他行业	Others	3.4	2.5	2.4	2.6	2.4

3-7 第三产业增加值指数

Indices of Value-added of the Tertiary Industry

本表按可比价格计算。

The indices in this table are calculated at comparable prices

1985=100 (1985=100)

行业	Sector	1985	1990	1995	2000	2003
总计	**Total**	**100**	**153.9**	**262.4**	**427.7**	**599.8**
农、林、牧、渔服务业	Farming, Forestry, Animal Husbandry and Fishery			100.0	150.4	189.2
地质勘查业水利管理业	Geological Prospecting and Water Conservancy			100.0	172.9	239.0
交通运输、仓储及邮电通信业	Transport, Storage, Post and Telecommunications	100	153.0	349.3	611.0	921.9
交通运输和仓储业	Transport and Storage			100.0	158.0	219.5
邮电通信业	Post and Telecommunications			100.0	290.0	638.1
批发和零售贸易餐饮业	Wholesale and Retail Trade and Catering Services	100	143.7	241.1	372.6	499.1
金融、保险业	Banking and Insurance	100	223.2	286.6	375.0	412.1
房地产业	Real Estate	100	133.9	203.0	363.7	485.3
社会服务业	Social Services	100	142.5	276.4	485.7	650.0
卫生体育和社会福利业	Health Care, Sports and Social Welfare	100	191.7	304.5	489.1	718.1
教育、文化艺术及广播电影电视业	Education, Culture and Arts, Radio, Film and Television	100	136.5	213.6	312.2	437.4
科学研究和综合技术服务业	Scientific Research and Polytechnical Services	100	213.4	363.7	602.6	835.4
国家机关、政党机关和社会团体	Government Agencies, Parties and Social Organizations	100	139.6	200.6	341.5	517.6
其他行业	Others	100	91.0	141.6	246.3	325.7

3-8 支出法生产总值和结构

本表按当年价格计算。

Data in value terms in this table are calculated at current prices.

年份 Year	支出法生产总值(亿元) Gross Domestic Product by Expenditure Approach (100 million yuan)	# 最终消费 Final Consumption Expenditure	# 资本形成总额 Gross Capital Formation	资本形成率(投资率)(%) Capital Formation Rate (%)	最终消费率(消费率)(%) Final Consumption Rate (%)	最终消费 绝对数(亿元) Absolute Figure (100 million yuan)			
						居民消费 Housed-hold Consumption Expenditure	农村居民 Rural House	城镇居民 Urban House	政府消费 Government Consumption Expenditure
1978	58.04	42.91	21.20	36.5	73.9	37.76	17.73	20.03	5.15
1979	64.14	50.84	23.18	36.1	79.3	44.68	20.96	23.72	6.16
1980	68.40	60.07	18.88	27.5	90.7	55.83	28.22	27.61	6.24
1981	77.91	76.51	18.80	24.1	98.2	67.08	34.52	32.56	9.43
1982	93.22	88.01	26.10	28.0	94.4	79.07	43.66	35.41	8.94
1983	105.88	94.01	35.58	33.6	88.8	83.79	46.17	37.62	10.22
1984	128.20	106.57	45.81	35.7	83.1	89.38	48.80	40.58	17.19
1985	163.83	127.04	61.60	37.6	77.5	105.12	57.88	47.24	21.92
1986	181.58	144.84	60.22	33.2	79.8	118.22	59.54	58.68	26.62
1987	212.27	166.12	67.84	32.0	78.3	135.28	68.71	66.57	30.84
1988	270.81	184.46	110.15	40.7	68.1	149.57	77.59	71.98	34.89
1989	292.69	199.14	115.48	39.5	68.0	160.50	81.50	79.00	38.64
1990	319.31	216.70	124.68	39.0	67.9	169.79	86.44	83.35	46.91
1991	359.66	245.90	137.00	38.1	68.4	188.61	93.35	95.26	57.29
1992	421.68	271.08	196.10	46.5	64.3	208.10	101.92	106.18	62.98
1993	532.70	320.92	288.52	54.2	60.2	245.90	116.98	128.92	75.02
1994	681.92	406.88	331.11	48.6	59.7	313.88	144.06	169.82	93.00
1995	832.88	505.84	372.98	44.8	60.7	395.88	194.48	201.40	109.96
1996	984.78	573.13	445.76	45.3	58.2	448.43	215.56	232.87	124.70
1997	1083.14	639.84	473.30	43.7	59.1	496.29	236.46	259.83	143.55
1998	1169.11	663.98	525.13	44.9	56.8	503.68	243.82	259.86	160.30
1999	1254.76	724.54	554.22	44.2	57.7	540.19	232.41	307.78	184.35
2000	1391.88	787.21	613.68	44.1	56.6	578.67	248.84	329.83	208.54
2001	1545.66	931.74	650.91	42.1	60.3	671.12	214.99	456.13	260.62
2002	1763.37	1092.48	847.89	48.1	61.9	827.03	233.62	593.40	265.45
2003	2171.47	1218.20	1299.27	59.8	56.1	896.64	251.25	645.39	321.56

注：支出法生产总值不等于生产总值是由于计算误差的影响。

Gross Domestic Product and Structure by Expenditure Approach

Final Consumption Expenditure				资本形成总额 Gross Capital Formation			
比重 Proportion				绝对数(亿元) Absolute Figure (100 million yuan)		比重 (资本形成总额=100) Proportion (Gross Capital Formation=100)	
最终消费=100 Final Consumption Expenditure=100		居民消费=100 Household Consumption=100					
居民消费 Household Consumption Expenditure	政府消费 Government Consumption Expenditure	农村居民 Rural Households	城镇居民 Urban Households	固定资本形成总额 Gross Fixed Capital Formation	存货增加 Changes in Inventories	固定资本形成总额 Gross Fixed Capital Formation	存货增加 Changes in Inventories
88.0	12.0	47.0	53.0	16.56	4.64	78.1	21.9
87.9	12.1	46.9	53.1	17.65	5.53	76.1	23.9
89.9	10.5	50.5	49.5	15.78	3.10	83.6	16.4
87.7	12.3	51.5	48.5	15.53	3.27	82.6	17.4
89.8	10.2	55.2	44.8	20.94	5.16	80.2	19.8
89.1	10.9	55.1	44.9	29.66	5.92	83.4	16.6
83.9	16.1	54.6	45.4	40.85	4.96	89.2	10.8
82.7	17.3	55.1	44.9	50.94	10.66	82.7	17.3
81.6	18.4	50.4	49.6	47.57	12.65	79.0	21.0
81.4	18.6	50.8	49.2	53.32	14.52	78.6	21.4
81.1	18.9	51.9	48.1	72.05	38.10	65.4	34.6
80.6	19.4	50.8	49.2	70.68	44.80	61.2	38.8
78.4	21.6	50.9	49.1	70.77	53.91	56.8	43.2
76.7	23.3	40.7	59.3	100.66	36.34	73.5	26.5
76.8	23.2	49.0	51.0	149.24	46.86	76.1	23.9
76.6	23.4	47.6	52.4	219.39	69.13	76.0	24.0
77.1	22.9	45.9	54.1	250.23	80.88	75.6	24.4
78.3	21.7	49.1	50.9	273.16	99.82	73.2	26.8
78.2	21.8	48.1	51.9	275.54	170.22	61.8	38.2
77.5	22.5	47.6	52.4	317.47	155.83	67.1	32.9
75.9	24.1	48.9	51.6	350.20	174.93	66.7	33.3
74.6	25.4	43.0	51.0	383.37	170.85	69.2	30.8
73.5	26.5	43.0	57.0	430.42	183.26	70.1	29.9
72.0	28.0	32.0	68.0	498.02	152.89	76.5	23.5
75.7	24.3	28.2	71.8	715.06	132.83	84.3	15.7
73.6	26.4	28.0	72.0	1209.46	89.81	93.1	6.9

a)The gross domestic production by expenditure approach is not equal to gross domestic product due to statistical discrepancies.

3-9 工农业总产出及指数

Gross Output of Industry and Agriculture & Related Indices

年份 Year	工农业总产出(亿元, 当年价) Gross Output of Industry and Agriculture (100 million yuan, at Current prices)			指数(以1952年为100, 可比价) Indices of Output of Industry & Agriculture (1952=100, at comparable Prices)		
	总计 Total	农业总产出 Gross Output of Agriculture	工业总产出 Gorss Output of Industry	工农业总产出 Gross Output of Industry & Aglicluture	农业总产出 Gross Output of Agriculture	工业总产出 Gross Output of Industry
1952	13.70	12.10	1.60	100.0	100.0	100.0
1953	16.90	14.35	2.55	109.2	106.0	152.0
1954	20.54	19.77	3.77	123.9	116.2	224.7
1955	20.01	15.60	4.41	120.2	109.2	264.0
1956	25.57	19.52	6.05	151.3	135.7	356.7
1957	17.50	11.20	6.30	134.0	114.1	394.7
1958	27.63	15.60	12.03	191.4	150.9	722.7
1959	36.92	18.14	18.78	236.0	168.0	1127.2
1960	45.14	16.57	28.57	259.7	149.4	1704.7
1961	32.97	17.04	15.93	181.8	128.5	880.0
1962	31.31	17.05	14.26	164.4	120.9	734.7
1963	38.69	17.43	21.26	202.0	134.9	1080.7
1964	43.87	20.82	23.05	235.6	163.1	1186.7
1965	46.20	19.40	26.80	243.0	148.4	1482.7
1966	50.49	20.93	29.56	272.0	160.1	1738.7
1967	41.74	21.46	20.28	238.4	164.2	1210.0
1968	43.27	22.08	21.19	235.9	156.0	1284.0
1969	42.27	19.95	22.32	230.3	140.9	1401.3
1970	51.80	24.00	27.80	298.9	169.8	1990.7
1971	54.76	23.67	31.09	318.9	167.2	2306.7
1972	52.74	21.17	31.57	302.0	146.3	2342.7
1973	60.39	27.72	32.67	348.8	190.5	2424.0
1974	59.35	29.57	29.78	337.4	194.6	2210.0
1975	67.70	30.80	36.90	379.3	199.4	2737.3
1976	68.90	31.29	37.61	687.5	202.0	2819.3
1977	72.51	28.43	44.08	403.5	183.5	3286.7

3-9 续表 continued

年 份 Year	工农业总产出(亿元, 当年价) Gross Output of Industry and Agriculture (100 million yuan, at Current Prices)			指数(以1952年为100, 可比价) Indices of Output of Industry Agriculture (1952=100, at Comparable Prices)		
	总 计 Total	农业总产出 Gross Output of Agriculture	工业总产出 Gorss Output of Industry	工农业总产出 Gross Output of Industry & Agriculture	农业总产出 Gross Output of Agriculture	工业总产出 Gross Output of Industry
1978	81.30	28.40	53.00	440.9	183.9	3810.0
1979	88.98	31.58	57.40	465.8	194.3	4024.0
1980	90.10	30.70	59.40	447.9	168.5	4110.0
1981	101.20	39.40	61.80	479.6	201.8	4120.7
1982	120.90	47.20	73.70	553.2	233.6	4741.3
1983	134.00	52.40	81.50	601.1	250.5	5196.7
1984	151.30	61.30	90.00	659.0	280.7	5617.3
1985	186.10	73.20	112.90	752.1	309.6	6552.7
1986	203.70	77.30	126.50	781.4	293.3	7178.7
1987	238.60	87.70	150.80	856.0	305.3	8072.7
1988	316.20	122.40	193.90	975.9	348.6	9197.3
1989	371.50	128.30	243.10	1056.5	347.0	10356.0
1990	420.30	156.90	263.30	1147.0	412.0	10780.7
1991	468.50	164.10	304.40	1222.3	428.4	11648.9
1992	544.00	180.30	363.70	1336.5	453.2	12965.2
1993	685.17	220.80	464.37	1480.8	485.8	14622.2
1994	866.00	309.30	556.70	1649.7	501.8	16903.3
1995	1052.46	373.59	678.87	1821.3	522.4	19151.4
1996	1285.45	465.33	820.12	2185.6	646.2	22598.7
1997	1472.08	504.34	967.74	2394.7	662.3	25468.7
1998	1567.62	534.38	1033.24	2592.4	705.3	27582.6
1999	1642.31	532.31	1110.00	2812.8	713.1	30754.6
2000	1809.27	543.16	1266.11	3094.1	730.9	34568.2
2001	1957.63	555.90	1401.73	3320.6	745.5	37886.7
2002	2193.10	572.63	1620.47	3898.4	782.0	45501.9
2003	2710.90	655.94	2054.96	4770.5	827.4	58242.4

3-10 居民消费水平

Household Consumption

本表绝对数按当年价格计算，指数按可比价格计算。

Absolute figures in this table are calculated at current prices, while indices are calculated at comparable prices.

年份 Year	绝对数(元) Value(yuan)			指数(上年=100) Index(Preceding year=100)			指数(1952=100) Index(1952=100)		
	全部居民 All Households	农村居民 Agricultural Households	城镇居民 Non-agricultural Households	全部居民 All Households	农村居民 Agricultural Households	城镇居民 Non-agricultural Households	全部居民 All Households	农村居民 Agricultural Households	城镇居民 Non-agricultural Households
1952	99	88	171				100.0	100.0	100.0
1953	103	93	165	105.0	105.0	96.4	105.0	105.1	96.4
1954	106	93	173	102.8	100.1	105.0	108.0	105.2	101.3
1955	101	85	179	95.3	91.5	103.5	102.9	96.3	104.8
1956	118	98	205	116.3	114.9	114.5	119.7	110.6	120.0
1957	120	99	209	102.1	101.5	101.9	122.3	112.2	122.3
1958	125	99	228	104.0	99.9	109.2	127.1	112.1	133.5
1959	131	99	232	104.5	99.9	101.3	132.8	112.1	135.3
1960	126	93	205	96.5	93.8	88.6	128.2	105.2	119.9
1961	125	96	191	98.6	103.0	92.9	126.4	108.4	111.3
1962	121	98	187	97.5	102.8	97.9	123.3	111.4	109.0
1963	119	96	183	97.7	97.7	98.0	120.5	108.9	106.8
1964	118	96	190	99.2	99.7	103.9	119.5	108.6	111.0
1965	119	95	190	101.2	99.2	100.3	121.0	107.7	111.3
1966	131	102	212	109.7	107.6	111.1	132.7	115.9	123.6
1967	139	108	225	106.3	105.8	106.2	141.1	122.5	131.2
1968	132	100	221	94.9	92.3	98.2	134.0	113.1	128.9
1969	129	88	236	97.5	88.6	107.2	130.6	100.1	138.2
1970	139	99	241	108.0	111.7	101.9	141.0	111.8	140.8
1971	146	98	273	105.0	99.1	113.1	148.1	110.8	159.3
1972	156	97	303	106.8	99.3	111.2	158.2	110.0	177.2
1973	169	113	305	108.5	116.9	100.5	171.6	128.6	178.0
1974	170	115	310	100.3	101.1	101.6	172.2	130.1	181.0
1975	179	122	321	105.6	106.3	103.6	181.8	138.2	187.5
1976	190	128	343	106.1	105.2	107.0	192.8	145.3	200.7
1977	200	135	355	105.1	105.5	103.5	202.7	153.3	207.6

3-10 续表 continued

本表绝对数按当年价格计算，指数按可比价格计算。

Absolute figures in this table are calculated at current prices, while indices are calculated at comparable prices.

年份 Year	绝对数(元) Value(yuan)			指数(上年=100) Index(Preceding year=100)			指数(1952=100) Index(1952=100)		
	全部居民 All House-holde	农村居民 Agricul-tural House-holds	城镇居民 Non agricul-tural House-holds	全部居民 All House-holde	农村居民 Agricul-tural House-holds	城镇居民 Non-agricul-tural House-holds	全部居民 All House-holds	农村居民 Agricul-tural House-holds	城镇居民 Non-agricul-tural House-holds
1978	207	138	370	103.4	101.8	104.2	209.7	156.1	216.4
1979	239	161	420	115.8	116.8	113.4	242.8	182.3	245.4
1980	295	213	484	123.2	132.5	115.3	299.1	241.5	282.8
1981	350	257	567	115.5	116.2	115.0	345.4	280.7	325.2
1982	407	318	619	115.7	124.1	107.9	399.5	348.2	350.9
1983	423	334	632	104.1	106.3	100.4	416.0	370.3	352.4
1984	446	349	671	100.0	99.0	101.1	416.2	366.7	356.3
1985	519	412	762	105.2	105.5	104.3	438.0	386.8	371.6
1986	578	418	942	107.9	100.5	117.2	472.6	388.9	435.5
1987	653	480	1039	105.2	107.9	101.6	497.3	419.4	442.5
1988	713	541	1086	94.1	97.7	89.4	468.1	409.7	395.4
1989	755	565	1157	92.6	89.8	95.0	433.5	368.1	375.6
1990	786	592	1189	99.3	97.0	101.3	430.5	357.0	380.4
1991	861	633	1330	107.0	107.9	105.7	460.7	385.1	402.2
1992	941	686	1461	103.1	104.2	101.6	474.9	401.4	408.7
1993	1100	779	1754	102.6	100.1	105.2	487.1	401.8	430.1
1994	1387	948	2283	101.9	98.8	104.7	496.4	397.0	450.3
1995	1729	1264	2682	105.5	111.1	100.4	523.7	441.1	452.1
1996	1939	1396	3030	104.0	102.5	104.9	544.6	452.1	474.2
1997	2127	1527	3310	105.9	105.7	105.5	576.7	478.2	200.3
1998	2141	1578	3242	101.5	103.8	98.5	585.4	496.4	492.8
1999	2279	1497	3765	106.4	95.2	117.2	622.9	472.6	577.6
2000	2425	1609	3930	105.1	106.2	103.0	654.7	501.9	594.9
2001	2806	1584	4407	104.2	74.1	108.9	682.2	371.8	647.9
2002	3478	1537	6917	129.3	144.0	122.1	889.8	535.4	791.1
2003	3742	1667	7263	105.6	105.1	103.6	939.6	562.7	819.6

主要统计指标解释

地区收入总值 指一个地区所有常住单位在一定时期内收入初次分配的最终结果。一地区常住单位从事生产活动所创造的增加值在初次分配中主要分配给该地区的常住单位，但也有一部分以生产税及进口税（扣除生产和进口补贴）、劳动者报酬和财产收入等形式分配给非常住单位；同时，地区外生产所创造的增加值也有一部分以生产税及进口税（扣除生产和进口补贴）、劳动者报酬和财产收入等形式分配给该地区的常住单位，从而产生了地区收入总值的概念。它等于地区生产总值加上来自地区外的净要素收入。与地区生产总值不同，地区收入总值是个收入概念，而地区生产总值是个生产概念。

地区生产总值 是按市场价格计算的地区生产总值的简称。它是一个地区所有常住单位在一定时期内生产活动的最终成果。地区生产总值有三种表现形式，即价值形态、收入形态和产品形态。从价值形态看，它是所有常住单位在一定时期内所生产的全部货物和服务价值超过同期投入的全部非固定资产货物和服务价值的差额，即所有常住单位的增加值之和；从收入形态看，它是所有常住单位在一定时期内所创造并分配给常住单位和非常住单位的初次分配收入之和；从产品形态看，它是最终使用的货物和服务减去进口货物和服务。在实际核算中，地区生产总值的三种表现形态表现为三种计算方法，即生产法、收入法和支出法。三种方法分别从不同的方面反映地区生产总值及其构成。

支出法地区生产总值 指一个地区所有常住单位在一定时期内用于最终消费、资本形成总额，以及货物和服务的净出口总额，它反映本期生产的地区生产总值的使用构成。

最终消费 指常住单位在一定时期内对于货物和服务的全部最终消费支出，也就是常住单位为满足物质、文化和精神生活的需要，从本国经济领土和国外购买的货物和服务的支出；不包括非常住单位在本国经济领土内的消费支出。最终消费分为居民消费和政府消费。

居民消费 指常住住户对货物和服务的全部最终消费支出。居民消费按市场价格计算，即按居民支付的购买者价格计算。购买者价格是购买者取得货物所支付的价格，包括购买者支付的运输和商业费用。居民消费除了直接以货币形式购买货物和服务的消费之外，还包括以其他方式获得的货物和服务的消费支出，即所谓的虚拟消费支出。居民虚拟消费支出包括以下几种类型：单位以实物报酬及实物转移的形式提供给劳动者的货物和服务；住户生产并由本住户消费了的货物和服务，其中的服务仅指住户的自有住房服务；金融机构提供的金融媒介服务；保险公司提供的保险服务。

政府消费 指政府部门为全社会提供公共服务的消费支出和免费或以较低价格向住户提供的货物和服务的净支出。前者等于政府服务的产出价值减去政府单位所获得的经营收入的价值，政府服务的产出价值等于它的经常性业务支出加上固定资产折旧；后者等于政府部门免费或以较低价格向住户提供的货物和服务的市场价值减去向住户收取的价值。

资本形成总额 指常住单位在一定时期内获得的减去处置的固定资产加存货的变动，包括固定资本形成总额和存货增加。

固定资本形成总额 指常住单位购置、转入和自产自用的固定资产，扣除固定资产的销售和转出后的价值，分有形固定资产形成总额和无形固定资产形成总额。有形固定资产形成总额包括一定时期内完成的建筑工程、安装工程和设备工器具购置（减处置）价值，以及土地改良、新增役、种、奶、毛、娱乐用牲畜和新增经济林木价值。无形固定资产形成总额包括矿藏的勘探、计算机软件、娱乐和文学艺术品原件等获得减处置。

存货增加 指常住单位存货实物量变动的市场价值，即期末价值减期初价值的差额。存货增加可以是正值，也可以是负值；正值表示存货上升，负值表示存货下降。它包括生产单位购进的原材料、燃料和储备物资等存货，以及生产单位生产的产成品、在制品等存货等。

货物和服务净出口 指货物和服务出口减货物和服务进口的差额。出口包括常住单位向非常住单位出售或无偿转让的各种货物和服务的价值；进口包括常住单位从非常住单位购买或无偿得到的各种货物和服务的价值。由于服务活动的提供与使用同时发生，因此服务的进出口业务并不发生出入境现象，一般把常住单位从国外得到的服务作为进口，非常住单位从本国得到的服务作为出口。货物的出口和进口都按离岸价格计算。

劳动者报酬 指劳动者因从事生产活动所获得的全部报酬。包括劳动者获得的各种形式的工资、奖金和津贴，既包括货币形式的，也包括实物形式的；还包括劳动者所享受的公费医疗和医药卫生费、上下班交通补贴和单位支付的社会保险费等。对于个体经济来说，其所有者所获得的劳动报酬和经营利润不易区分，这两部分统一作为劳动者报酬处理。

生产税净额 指生产税减生产补贴后的余额。生产税指政府对生产单位生产、销售和从事经营活动以及因从事生产活动使用某些生产要素（如固定资产、土地、劳动力）所征收的各种税、附加费和规费。生产补贴与生产税相反，指政府对生产单位的单方面收入转移，因此视为负生产税，包括政策亏损补贴、粮食系统价格补贴、外贸企业出口退税收入等。

固定资产折旧 指一定时期内为弥补固定资产损耗按照核定的固定资产折旧率提取的固定资产折旧，或按国民经济核算统一规定的折旧率虚拟计算的固定资产折旧。它反映了固定资产在当期生产中的转移价值。各类企业和企业化管理的事业单位的固定资产折旧是指实际计提并计入成本费中的折旧费；不计提折旧的政府机关、非企业化管理的事业单位和居民住房的固定资产折旧是按照统一规定的折旧率和固定资产原值计算的虚拟折旧。原则上，固定资产折旧应按固定资产的重置价格计算，但是目前我国尚不具备对全社会固定资产进行重估价的基础，所以暂时只能采用上述办法。

营业盈余 指常住单位创造的增加值扣除劳动者报酬、生产税净额和固定资产折旧后的余额。它相当于企业的营业利润加上生产补贴，但要扣除从利润中开支的工资和福利等。

直接消耗系数 指某一个部门生产单位总产出需要直接消耗各部门产品和服务的数量，也称为投入系数。它反映该部门与其他部门之间直接的技术经济联系和直接依赖关系。

完全消耗系数 指增加某一个部门单位总产出需要完全消耗各部门产品和服务的数量。完全消耗系数等于直接消耗系数和全部间接消耗系数之和，它是全面揭示国民经济各部门之间技术经济的全部联系和相互依赖关系的主要指标。

Explanatory Notes on Main Statistical Indicators

Gross National Product (GNP) refers to the final result of the primary distribution of the income created by all the resident units of a region during a certain period of time. The value added created by the resident units of a region engaged in production activities is mainly distributed to the resident units of that region while a part of it is distributed to the non resident units in the form of production tax and import duties (minus subsidies to production and import), remuneration for the laborers and property income. At the meantime, a part of the value added created abroad is distributed to the resident units of the region in the form of production tax and import duties (minus subsidies to production and import), remuneration for the laborers and property income. Thus the concept of gross national product is formed, which equals to gross domestic product plus net factor income from abroad. Unlike gross domestic product, which is a concept of production, gross national product is a concept of income.

Gross Domestic Product (GDP) refers to the final products of all resident units in a region during a certain period of time. Gross domestic product is expressed in three different forms, i.e. value, income, and products respectively. The form of value refers to the total value of all products and services produced by all resident units during a certain period of time minus total value of intimidate input of materials and services of the nature of non fixed assets or the summation of the value added of all resident units; the form of income includes all the income created by all resident units and distributed primarily to all resident and non resident units; the form of products refers to the value of all final goods and services for final use by all resident units plus the value of net exports of goods and services during a given period of time. In the practice of national accounting, gross domestic product is calculated with three approaches, i. e. production approach, income approach, and expenditure approach, which reflect gross domestic product and its composition from different aspects.

GDP Calculated with Expenditure Approach refers to total expenditure on final consumption, total capital formation and net export of goods and services by resident units of a region in a certain period of time. It reflects the composition of GDP by its use.

Final Consumption refers to the total expenditure of resident units on final consumption of goods and services in a certain period, namely the expenditure of the resident units for purchases of goods and services from domestic economic territory and abroad to meet the requirements of material, cultural and spiritual life. It excludes the expenditure of non-resident units on consumption in the economic territory of the country. The final consumption is classified into household consumption and government consumption.

Households consumption refers to the total expenditure of resident households on the final consumption of goods and services. The households consumption is calculated at market prices, namely the purchaser's prices which the households pay; the purchasers' prices of goods are the prices the households pay when they obtain the goods, including the transport and commercial expenses paid by the households. In addition to the consumption of goods and services bought by the households directly with money, the expenditure on goods and services obtained by the households in other ways, i. e. the so called imputed expenditure on consumption, is also included in the households consumption. The imputation expenditure of the households on consumption includes the following types:(a) the goods and services provided to the households by the units in the form of payment in kind and transfer in kind; (b) the goods and services produced and consumed by the households themselves, in which the services refer only to the services provided by the residential buildings owned by the households; (c) the services of financial intermediary provided by the financial institutions; (d) the insurance services provided by the insurance companies.

Government Consumption refers to the expenditure on the consumption of the public services provided by the government to the whole society and the net expenditure on the goods and services provided by the government to the households at free charge or lower prices. The former equals to the output value of the government services minus the value of operating income obtained by the government departments. (The output value of the government services equals to its current operating expenditure plus depreciation of fixed assets) . The latter equals to the market value of the goods and services provided by the government free of charge or at low prices to the households minus the value received by the government from the households.

Total Capital Formation refers to the fixed assets acquired minus those disposed and the change in inventory, including the total fixed assets formation and the increase in inventory.

Total Fixed Capital Formation refers to the value of fixed assets purchased, transferred in by the resident units and those produced and used by themselves deducting the value of fixed assets sold and transferred out.

It can be classified into total tangible assets formation and total intangible assets formation. The total tangible assets formation include the value of the construction projects, installation projects completed and the equipment, apparatus and instruments purchased as well as the value of land improved, the value of draught animals, breeding stock, milk, wool and recreational animals and the newly increased economic forest in a certain period. The total intangible assets formation includes the prospecting of minerals, the acquisition of computer software, the originals of recreational works and works of literature and arts minus the disposal of them.

Increase in Inventory refers to the market value of the change in inventory, i. e. the difference of value between the beginning and the end of the period. The increase in inventory can be positive or negative. A positive value indicates the increase in inventory while a negative value indicates the decrease in stock. The inventory includes the raw materials, fuels and reserve materials purchased by the production units as well as the inventory of finished products, semi finished products, work in progress, etc.

Net Export of Goods and Services refers to the difference of the exports of goods and services minus the imports of goods and services. The imports include the value of various goods and services sold or gratuitously transferred by the resident units to the non-resident units. The imports include the value of various goods and services purchased or gratuitously acquired by the resident units from the non-resident units. Because the provision of services and the use of them happen simultaneously, the import and export of services do not appear to have the phenomena of crossing the border of the country. The acquisition of services by the resident units from abroad is usually treated as import while the acquisition of services by non-resident units in this country is usually treated as export. The export and import of goods are calculated at FOB.

Laborers' Remuneration refers to the whole payment of various forms earned by the laborers from the productive activities they are engaged in. It includes wages, bonuses and allowances the laborers earned in monetary form and in kind. It also includes the free medical services provided to the laborers and the medicine expenses, traffic subsidies and social insurance fee paid by the laborers , working units for them. As the individual economy is concerned, since the laborers , remuneration is not easily distinguished from the operating profit, both are treated as laborers remuneration.

Net Taxes on Production refers to the residual of the taxes on production minus the subsidies on production. The taxes on production refers to the various taxes, extra charges and fees levied on the production units on their production, sale and business activities as well as on some factors of production, such as fixed assets, land and labor force, used in the production activities they are engaged in. In contrast to the taxes on production, the subsidies on production refer to the unilateral transfer of part of the government's revenue to the production units and is therefore regarded as negative taxes on production. They include subsidies on the loss due to implementation of government policies, price subsidies to the grain institutions, foreign trade corporations receipts from drawback, etc.

Depreciation of Fixed Assets refers to the depreciation of fixed assets of a given period, drawn in accordance with the stipulated depreciation rate for the purpose of compensating the wear loss or the fixed assets or the depreciation of fixed assets calculated in a fictitious way in accordance with the stipulated unified depreciation rate in the national economic accounting system. It reflects the value of transfer of the fixed assets in the production of the current period. The depreciation of fixed assets in various enterprises and institutions managed as enterprises refers to the depreciation expenses actually drawn and calculated as part of the coast. In government agencies and institutions not managed as enterprises, which do not draw the depreciation expenses, as well as for the houses of residents, the depreciation of fixed assets is the imputed depreciation, which is calculated in accordance with the stipulated unified depreciation rate. In principle, the depreciation of fixed assets should be calculated on the basis of the re purchased value of the fixed assets. However, there is no actual condition to re evaluate all the fixed assets in China. Therefore, the above-mentioned methods are temporarily adopted at present.

Operating Surplus refers to the balance of the value added created by the resident units deducting the labourers' remuneration, net taxes on production and the depreciation of fixed assets. It is equivalent to the business profit of the enterprises plus subsidies on production, but the wages and welfare expenses paid from the profits should be deducted.

Direct Input Coefficient refers to the volume of products and services of all sectors consumed directly by a certain sector's productive units, which are needed for their total output. It is also named as technical coefficient. It represents the direct technical economical ties and direct interdependence between the sector and other sectors.

Total Input Coefficient refers to the volume of products and services of all sectors needed for a certain sectors productive units to increase their total output. Total input coefficient is equal to the sum of direct input coefficient and total indirect input coefficient. It is a major indicator to disclose the technical economical ties and interdependence between sectors of the national economy.

四 人口

POPULATION

资料整理 马莉莉
Arranged by Ma Lili

4-1 历次全国人口普查内蒙古人口基本情况
Basic Statistics on All Region Population Census in 1953, 1964, 1982, 1990 and 2000

单位：万人 (10 000 persons)

指标	Item	1953	1964	1982	1990	2000
总人口	**Total Population**	**610.02**	**1233.41**	**1927.43**	**2145.65**	**2375.54**
男	Male	343.19	669.28	1005.29	1115.57	1228.90
女	Female	266.83	564.13	922.14	1030.08	1146.64
总户数(万户)	**Total Number of Households (10 000 households)**	**138.70**	**261.39**	**420.00**	**529.34**	**708.16**
家庭户	Family Households			418.75	527.31	695.48
集体户	Non-family Households			1.25	2.03	12.68
各年龄组人口	**Population by Age**					
0-5岁	Age 0-5			237.01	246.92	151.13
6-14岁	Age 6-14			447.58	363.45	354.43
15-64岁	Age 15-64			1173.22	1449.29	1742.85
65岁及以上	Age 65 and Over			69.62	85.99	127.13
民族人口	**Nationality Population**					
汉族	Han Nationality	512.00	1072.94	1627.76	1729.00	1882.39
蒙古族	Mongolian Nationality	88.82	138.45	248.94	337.97	402.92
其他少数民族	other Minority Nationalities	7.24	22.00	50.73	78.67	90.23
15岁及以上人口	**Population Aged 15 and Over**			**1242.84**	**1535.28**	**1869.98**
6岁及以上人口按受教育程度分组	**Population Aged 6 and Over by Educational Level**			**1690.42**	**1898.73**	**2224.41**
大学本科	University				10.83	24.47
大学专科	Three Years College			11.00	20.90	65.88
中专	Specialized Secondary School				42.97	89.66
高中	Senior Secondary School			143.68	173.07	237.22
初中	Junior Secondary School			371.99	546.55	826.65
小学	Primary School			631.58	716.68	739.60
不识字或识字很少	Illiterate and Semi-Illiterate			422.29	332.82	240.93
市镇乡村人口	**Population of Cities, Towns & Countyside**					
市镇人口	City & Town		305.10	556.14	779.69	1013.88
乡村人口	County		928.31	1371.29	1365.96	1361.66

注：1953、1964、1982和1990年人口普查数据为年中数(7月1日零时), 2000年人口普查数据为2000年11月1日零时快速汇总数。

a)Data on census of 1953,1964,1982and 1990 is year-middle data(at zero hour of Jul.1); data on census of 2000 is Data at zero hour of Nov.1.

4-2 年末总人口数及构成
Population and Its Composition at the year-end

单位：万人 (10 000 persons)

年份 Year	年末总人口 Total Population (year-end)	按性别分 By sex		按农业、非农业分 By Agricultural & Non-agricultural Population		按城乡分 By Residence	
		男 Male	女 Female	农业人口 Agricultural	非农业人口 Non-agricultural	市镇人口 Urban	乡村人口 Rural
1947	561.7	313.9	247.8			68.4	493.3
1949	608.1	334.0	274.1			75.2	532.9
1952	715.9	394.3	321.6			91.9	624.0
1957	936.0	519.3	416.7			175.4	760.6
1965	1296.4	700.1	596.3			268.3	1028.1
1970	1491.0	799.0	692.0			320.8	1170.2
1975	1737.9	918.6	819.3	1306.3	431.6	379.3	1358.6
1978	1823.4	957.8	865.6	1360.8	462.6	397.5	1425.9
1980	1876.5	981.2	895.3	1380.8	495.7	433.1	1443.4
1981	1902.9	994.9	908.0	1390.6	512.3	445.2	1457.7
1982	1941.6	996.0	945.6	1414.6	527.0	565.2	1376.4
1983	1969.8	1009.8	960.0	1431.9	537.9	573.8	1396.0
1984	1993.1	1022.7	970.4	1444.9	548.2	847.1	1146.0
1985	2015.9	1043.6	972.3	1441.2	574.7	874.1	1141.8
1986	2040.7	1058.0	982.7	1451.7	589.0	932.2	1108.5
1987	2066.4	1062.3	1004.1	1456.7	609.7	1004.5	1061.9
1988	2093.9	1083.2	1010.7	1461.9	632.0	1033.8	1060.1
1989	2122.2	1102.4	1019.8	1470.8	651.5	1055.8	1066.5
1990	2162.6	1127.6	1035.0	1496.8	665.7	781.1	1381.4
1991	2183.9	1132.8	1051.0	1506.9	677.0	807.4	1376.4
1992	2206.6	1142.1	1064.5	1519.5	687.1	817.1	1389.5
1993	2232.4	1149.8	1082.6	1525.2	707.2	831.8	1400.6
1994	2260.5	1161.5	1099.0	1534.6	725.9	849.3	1411.2
1995	2284.4	1187.6	1096.8	1541.3	743.1	873.1	1411.3
1996	2306.6	1198.0	1108.6	1546.8	759.8	887.2	1419.4
1997	2325.7	1207.5	1118.2	1549.6	776.1	905.6	1420.1
1998	2344.9	1216.7	1128.2	1552.1	792.8	936.7	1408.2
1999	2361.9	1224.6	1137.3	1553.7	808.2	967.8	1394.1
2000	2372.4	1227.2	1145.2	1535.4	837.0	1001.1	1371.3
2001	2377.5	1228.6	1148.9	1525.9	851.6	1035.1	1342.4
2002	2378.6	1228.3	1150.3	1514.5	864.1	1047.9	1330.7
2003	2379.6	1228.2	1151.4	1500.6	879.0	1064.6	1315.0

注：1985-1989年数据是根据1982年、1990年第三、第四次人口普查数据调整的，1990年以后数据是人口变动抽样调查调整数，其余年份为户籍统计数(下表同)。

a)Data in 1985-1989 were adjusted on the basis of the 1982 and 1990 National Population Censuses.Since 1990, data have been stimated on the basis of the annual National Sample Surveys on Population Changes.Data of other years were taken from the annual reports of the Ministry of public Security. (The next table is the same).

4-3 人口出生率、死亡率、自然增长率

Birth Rate, Death Rate and Natural Growth Rate

年 份 Year	出生率 Birth Rate(‰)	死亡率 Death Rate(‰)	自然增长率 Natural Growth Rate(‰)	人口机械增长率 Migratory Growth Rate(‰)
1954	58.8	20.9	37.9	17.4
1955	37.5	11.4	26.1	24.4
1956	29.5	7.9	21.6	40.0
1957	37.2	10.5	26.7	16.3
1958	28.4	7.9	20.5	31.7
1959	30.8	11.0	19.8	54.8
1960	29.4	9.4	20.0	94.1
1961	22.1	8.8	13.3	-37.1
1962	38.2	9.0	29.2	-21.7
1963	41.3	8.5	32.8	3.7
1964	41.9	11.8	30.1	0.9
1965	40.0	9.3	30.7	2.8
1966	36.1	8.1	28.0	-2.8
1967	34.9	7.7	27.2	3.5
1968	34.9	7.3	27.6	1.2
1969	32.5	6.8	25.7	8.4
1970	32.3	6.2	26.1	-5.1
1971	29.7	5.6	24.1	18.0
1972	30.7	6.6	24.1	6.3
1973	28.3	5.7	22.6	7.1
1974	25.9	6.1	19.8	12.4
1975	23.3	6.1	17.2	1.8
1976	20.1	5.5	14.6	3.3
1977	18.1	5.4	12.7	3.5
1978	18.5	5.2	13.3	0.6
1979	18.1	4.9	13.2	-0.3
1980	16.5	4.9	11.5	…
1981	17.3	4.9	12.4	1.3
1982	21.2	5.7	15.5	-0.8
1983	20.0	5.5	14.5	…
1984	18.9	5.5	13.4	-1.7
1985	17.2	5.7	11.5	-0.1
1986	19.1	5.9	13.2	-1.0
1987	19.7	6.1	13.6	-1.1
1988	19.0	5.7	13.3	-0.1
1989	19.3	5.8	13.5	-0.7
1990	21.2	7.2	14.0	-1.1
1991	16.8	7.0	9.8	-1.2
1992	17.1	6.7	10.3	-1.3
1993	18.5	6.8	11.7	-0.5
1994	19.0	6.5	12.5	-0.3
1995	17.2	6.7	10.5	-0.1
1996	16.1	6.4	9.7	0.1
1997	15.2	7.0	8.3	0.1
1998	14.4	6.2	8.2	…
1999	13.3	6.1	7.2	-0.2
2000	12.1	5.9	6.1	-0.6
2001	10.8	5.8	5.0	-0.4
2002	9.6	5.9	3.7	-0.7
2003	9.2	6.2	3.1	-1.1

4-4 年末总人口及人口变动

Population and Its Changes at year-end Compiled From the Sample Survey on Population Changes

项 目	Item	2002	2003	2003年比2002年增长(%) Growth Rate
一、总人口(万人)	**Total Population (10 000 persons)**	**2378.59**	**2379.61**	**0.04**
#蒙古族	Mongolian Nationality	407.91	412.17	1.04
其他少数民族	Other Minority Nationalities	92.87	93.60	0.79
按性别分	**By sex**			
男(万人)	Male(10 000 persons)	1228.29	1228.26	…
女(万人)	Female(10 000 persons)	1150.30	1151.35	0.09
按城乡分	**By Residence**			
市镇人口(万人)	Urban(10 000 persons)	1047.94	1064.64	1.59
乡村人口(万人)	Rural(10 000 persons)	1330.65	1314.97	-1.18
按农业非农业分	**By Agriculture and Non-agriculture**			
农业人口(万人)	Agriculture(10 000 persons)	1514.45	1500.58	-0.92
非农业人口(万人)	Non-agriculture (10 000 persons)	864.14	879.03	1.72
二、人口自然变动	**Population Natural Changes**			
出生人口(万人)	Briths(10 000 persons)	22.83	21.98	-3.72
男	Male	11.90	11.48	-3.53
女	Female	10.93	10.50	-3.93
死亡人口(万人)	Deaths(10 000 persons)	14.08	14.68	4.26
出生率(‰)	Birth Rate(‰)	9.60	9.24	-0.36*
死亡率(‰)	Death Rate(‰)	5.92	6.17	0.25*
自然增长率(‰)	Natural Growth Rate(‰)	3.68	3.07	-0.61*

注：本表数据根据人口变动情况抽样调查资料推算,标*为千分点。

a)Date in the table have been estimated on the basis of the annual Autonomous Regional Sample Surveys on population Changes.

4-5 民族人口及构成

Population Nationality and Its Composition

单位：人 (person)

项目	Item	2002	2003	构成% Composition 2002	构成% Composition 2003
汉族	Han	18550377	18606136	79.45	79.19
蒙古族	Mongolian	3959766	4040441	16.96	17.20
回族	Hui	210785	210622	0.90	0.90
满族	Man	477800	486863	2.05	2.07
朝鲜族	Korean	24009	23863	0.10	0.10
达斡尔族	Daur	79202	79195	0.34	0.34
鄂温克族	Ewenki	27423	27915	0.12	0.12
鄂伦春族	Oroqen	3968	3998	0.02	0.02
壮族	Zhuang	1491	1527	0.01	0.01
藏族	Tibetan	1017	1086	…	…
锡伯族	Xibe	2978	2932	0.01	0.01
苗族	Miao	1066	1130	…	…
土家族	Tujia	1096	1072	…	…
彝族	Yi	582	605	…	…
维吾尔族	Uygur	200	211	…	…
其他少数民族	Other Minority Nationalities	7405	7983	0.03	0.03
外国人加入中国籍	Foreigners Naturalized China	44	33	…	…

注:本表数据为公安户籍统计数。

a) Date in the Table is Registered Statistics

4-6 年末民族人口数

Population by Nationality at the Year-end

年份 Year	在人口总数中 Total Populational Including							
	汉族(万人) Han(10000 persons)	蒙古族(万人) Mongolian (10000 persons)	回族(万人) Hui(10000 persons)	满族(万人) Man(10000 persons)	朝鲜族(人) Korean (person)	达斡尔族(人) Daur (person)	鄂温克族(人) Ewenki (person)	鄂伦春族(人) Oroqen (person)
1947	469.6	83.2	4.4	1.7	5601	16281	4998	905
1948	485.8	83.4	4.4	1.7	5679	16374	5056	909
1949	515.4	83.5	4.5	1.8	5718	16484	5118	911
1950	565.9	84.7	4.6	1.8	5921	16932	5269	916
1951	589.6	87.1	4.7	1.9	6242	18060	5546	919
1952	614.4	91.2	5.0	2.0	6590	19129	5611	929
1953	649.3	98.5	5.2	2.1	6841	19480	5667	953
1954	687.6	102.7	5.4	2.2	7120	21304	5976	989
1955	725.6	105.5	5.8	2.3	7589	21883	6313	1067
1956	775.7	108.6	6.2	2.0	10213	22253	5665	1009
1957	811.2	111.6	6.7	2.1	11247	24278	6178	949
1958	857.1	114.1	7.5	2.5	12674	27656	6723	1025
1959	930.7	115.5	8.0	3.0	13209	29884	6593	1124
1960	1049.8	121.4	9.4	3.2	14056	30420	6935	1135
1961	1021.0	123.5	10.5	2.8	12457	30918	7508	1143
1962	1023.5	129.7	10.0	3.2	11934	31201	8558	1129
1963	1061.1	134.6	10.3	3.8	11827	32509	8469	1145
1964	1091.4	140.3	11.2	5.0	11328	34819	9038	1205
1965	1129.4	144.5	11.3	5.3	11412	35980	9191	1272
1966	1158.3	148.3	11.4	5.5	11513	36620	9591	1318
1971	1358.2	169.7	13.2	6.8	13884	40440	11038	1364
1972	1401.7	172.9	13.4	6.9	13426	42966	11195	1409
1973	1444.5	178.5	13.8	7.1	13864	44971	11268	1454
1974	1493.4	182.6	14.2	7.4	14400	46420	11639	1499
1975	1521.7	186.6	14.3	7.6	14862	48333	12426	1544
1976	1549.0	189.5	14.6	7.8	15750	48967	13554	1592
1977	1573.9	193.1	14.7	7.9	15420	52733	12753	1524
1978	1592.9	198.6	15.0	8.0	15403	55372	12657	1579
1979	1617.0	202.1	14.6	8.7	20881	53954	15592	1600
1980	1632.7	209.0	15.3	10.3	16193	56399	14722	1699
1981	1651.5	215.3	15.8	11.0	16062	56801	15245	1754
1982	1637.9	253.2	17.0	23.7	17337	56883	17525	2186
1983	1657.5	260.3	17.0	24.9	17800	59500	18000	2200
1984	1671.0	268.1	17.6	26.0	18400	60500	18300	2300
1985	1686.2	274.7	17.1	27.1	18600	61500	18900	2300
1986	1696.8	285.5	17.7	29.4	19485	64129	19840	2483
1987	1706.9	297.2	18.3	32.3	19743	65167	20412	2561
1988	1721.8	307.3	18.5	34.4	20152	66462	20499	2686
1989	1729.9	315.7	18.8	35.7	21147	69579	20853	2793
1990	1749.1	328.5	18.7	40.0	22380	70959	22494	2976
1991	1758.7	333.1	19.0	40.9	22047	71598	23138	3171
1992	1766.1	338.3	19.5	41.4	22161	72432	23321	3262
1993	1779.4	343.4	19.7	42.1	21963	73574	23928	3242
1994	1791.6	349.6	19.7	42.8	22735	73354	24427	3302
1995	1803.4	356.5	19.9	43.7	22741	72680	24545	3447
1996	1820.0	364.2	20.0	44.8	22772	73689	25059	3436
1997	1836.8	371.8	20.4	45.5	22759	74992	25632	3599
1998	1851.0	378.6	20.4	46.2	23068	73797	25578	3568
1999	1865.5	382.8	21.0	46.0	23825	73818	26001	3813
2000	1832.5	386.0	20.9	47.0	23278	76374	26546	3704
2001	1843.7	391.8	20.8	48.1	23841	77145	26870	3846
2002	1855.0	396.0	21.1	47.8	24009	79202	27423	3968
2003	1860.6	404.0	21.1	48.7	23863	79195	27915	3998

注：本表数据为公安户籍统计数。

a) Date in the Table is Registered Statistics

主要统计指标解释

人口数　指一定时点、一定地区范围内的有生命的个人的总和。

年度统计的年末人口数指每年 12 月 31 日 24 时的人口数。

市镇总人口和乡村总人口

其定义有两种口径：

第一种口径(按行政建制)

市人口：市管辖区域内的全部人口(含市辖镇，不含市辖区县)；

镇人口：县辖镇的全部人口(不含市辖镇)；

县人口：县辖乡人口。

第二种口径(按常住人口划分)

市人口：设区的市的区人口和不设区的市所辖的街道人口；

镇人口：不设区的市所辖镇的居民委员会人口和县辖镇的居民委员会人口；

县人口：除上述两种人口以外的全部人口。

1952-1980 年数据为第一种口径的数据，1982 年以后的数据为第二种口径的数据。

出生率(又称粗出生率)　指在一定时期内(通常为一年)平均每千人所出生的人数的比率，一般用千分率表示。计算公式为：

出生率=年出生人数/年平均人数×1000‰

式中：出生人数指活产婴儿，即胎儿脱离母体时(不管怀孕月数)，有过呼吸或其他生命现象。年平均人数指年初、年底人口数的平均数，也可用年中人口数代替。

死亡率(又称粗死亡率)　指在一定时期内(通常为一年)一定地区的死亡人数与同期平均人数(或期中人数)之比，一般用千分率表示。计算公式为：

死亡率=年死亡人数/年平均人数×1000‰

人口自然增长率　指在一定时期内(通常为一年)人口自然增加数(出生人数减死亡人数)与该时期内平均人数(或期中人数)之比，一般用千分率表示。计算公式为：

人口自然增长率=(本年出生人数-本年死亡人数)/年平均人数×1000‰

=人口出生率 — 人口死亡率

在业人口(又称就业人口)　指十五周岁及十五周岁以上人口中从事一定的社会劳动并取得劳动报酬或经营收入的人口。

不在业人口　指十五周岁及十五周岁以上人口中未从事社会劳动的人口，包括在校学生、料理家务、待升学、市镇待业、离退休、退职、丧失劳动能力等非在业人口。

Explanatory Notes on Main Statistical Indicators

Total Population refers to the total number of people alive at a certain point of time within a given area.

The annual statistics on total population is taken at midnight, the 3lst of December.

Urban Population and Rural Population There are two definitions. The first definition (according to the administrative organizational system) :

City population: Total population under the jurisdiction of city (including population of the town under the jurisdiction of city. excluding the population of counties under the jurisdiction of city) .

Town population: Total population of town under the jurisdiction of county (excluding the population of town under the jurisdiction of city) .

County population: Total population of country under the jurisdiction of county) .

The second definition (classified by the permanent population) :

City population: Total population of districts under the jurisdiction of city with district establishment and the population of street under the jurisdiction of city without district establishment.

Town population: Total resident committees population of towns under the jurisdiction of city without district establishment and the resident committee's population of towns under the jurisdiction of county.

County population: Total population except city population and town population.

Data from 1952 to 1980 is the figures according to the first definition. Data since 1982 are the figure according to the second definition.

Birth Rate of (Crude Birth Rate) refers to the ratio of the number of births to the average population during a certain period of time (usually a year) which is often expressed in‰. The following formula is used:

Birth Rate = Number of Births /Average Number of Population ×1000‰

Number of births refers to live births i. e. the births when babies had showed any vital phenomena regardless of the length of pregnancy.

Annual Average Number of Population is the average of the number of population at the beginning of the year and that at the end of the year. Sometimes it is substituted for with the mid year population.

Death Rate (or Crude Death Rate) refers to the ratio of the number of deaths to the average population (or mid year population) during a certain period of time (usually a year) which is often expressed in‰. The following formula is used:

Death Rate =Number of Deaths /Annual Average Number of Population ×1000‰

Natural Growth Rate of Population refers to the ratio of natural increase in population (number of births minus number of deaths) in a certain period of time (usually a year) to the average population (or mid year population) of the same period which is often expressed in‰. The following formulas are applied:

Natural Growth of Population=(Number of Births - Number of Deaths) / Average Number of Population ×1000‰

Natural Growth Rate of Population=Birth Rate - Death Rate

Employed Population refers to population aged 15 or over engaging in social labor which generates income.

Unemployed Population refers to population aged 15 or over not engaging in any social labor which generates income, including students enrolled in schools, house wives students waiting for entering schools with higher level, urban job seekers, retirees job quitters, disabled, etc.

五　从业人员和职工工资

EMPLOYMENT AND WAGES

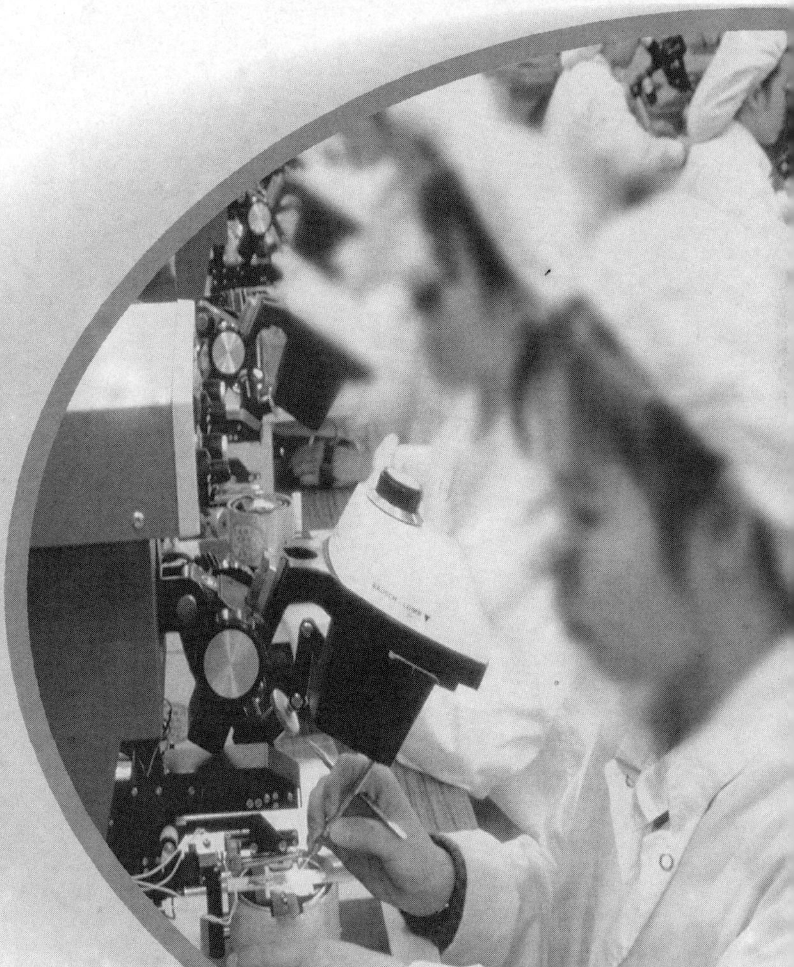

资料整理 杜文杰
Arranged by Du Wenjie

5-1 就业基本情况
Employment

项 目	Item	1990	1995	2000	2003
从业人员总计(万人)	**Total Number of Employed Persons(10 000 persons)**	**924.6**	**1029.4**	**1061.6**	**1088.1**
第一产业	Primary Industry	515.5	536.8	553.7	548.7
第二产业	Secondary Industry	201.4	225.0	182.4	178.1
第三产业	Tertiary Industry	207.7	267.6	325.5	361.3
从业人员构成(总计=100)	**Composition of Employed Persons(total=100)**				
第一产业	Primary Industry	55.8	52.1	52.2	50.4
第二产业	Secondary Industry	21.8	21.9	17.1	16.4
第三产业	Tertiary Industry	22.4	26.0	30.7	33.2
按城乡分从业人员(万人)	**Number of Employed Persons by Urban and Rural Areas(10 000 persons)**	**924.6**	**1029.4**	**1061.6**	**1088.1**
城镇从业人员	**Urban Employed Persons**	**386.6**	**440.0**	**430.1**	**435.8**
# 国有单位	State-owned Units	282.3	302.3	201.1	169.2
城镇集体单位	Urban Collective-owned Units	87.0	70.8	25.6	15.8
股份合作单位	Share Holding Units		5.9	2.9	2.0
联营单位	Joint-owned Units		0.3	0.6	0.3
有限责任公司	Limited Liability Corporations			26.0	40.2
股份有限公司	Share-holding Corporations Ltd.			8.2	12.0
私营企业	Private Enterprises		7.6	28.6	35.7
港澳台商投资单位	Units Funded by Entrepreneurs from Hong Kong, Macao & Taiwan		2.0	1.7	1.7
外商投资单位	Foreign Funded Units		2.2	2.2	2.5
个体	Self-employed Individuals	16.9	36.7	88.2	72.8
乡村从业人员	**Rural Employed Persons**	**538.0**	**589.4**	**631.5**	**652.3**
# 私营企业	Private Enterprises		2.5	12.8	15.6
个体	Self-employed Individuals		26.6	71.5	35.6
职工人数(万人)	**Number of Staff and Workers(10 000 persons)**	**369.7**	**383.7**	**263.9**	**240.3**
国有单位	State-owned Units	282.3	302.3	197.3	166.1
城镇集体单位	Urban Collective-owned Units	87.0	70.8	25.4	15.5
其他单位	Units of Other Types of Ownership	0.4	10.6	41.2	58.7
城镇单位女性从业人员(万人)	**Number of Female Employment in Urban Units(10 000 persons)**	**138.7**	**149.9**	**102.9**	**92.6**
城镇登记失业人数(万人)	**Number of Registered Unemployed Persons in Urban Areas (10 000 persons)**	**15.19**	**13.97**	**12.65**	**17.59**
城镇登记失业率(%)	**Registered Unemployment Rate in Urban Areas(%)**	**3.49**	**3.17**	**3.34**	**4.50**

注：1998年及以后城镇单位从业人员、职工人数统计口径有调整，详见本篇末指标解释。

a)Statistical coverage of staff and workers employed in urban units was adjusted after 1998.Please refer to the explanatory notes at the end of this chapter.

5-2 按三次产业划分的年末从业人员

Number of Employed Persons at the Year-end by Type of Industry

年份 Year	从业人员(万人) Total (10 000 persons)	第一产业 Primary Industry	第二产业 Secondary Industry	第三产业 Tertiary Industry	构成(合计=100) Composition in Percentage(total=100) 第一产业 Primary Industry	第二产业 Secondary Industry	第三产业 Tertiary Industry
1952	345.3	302.6	13.0	29.7	87.63	3.76	8.61
1957	400.6	347.4	21.1	32.1	86.72	5.27	8.01
1965	476.8	379.7	45.3	51.8	79.64	9.50	10.86
1970	524.4	405.2	63.6	55.6	77.27	12.13	10.60
1975	607.5	441.6	95.5	70.4	72.69	15.72	11.59
1978	652.8	438.0	120.5	94.3	67.10	18.45	14.45
1980	698.4	460.7	129.7	108.0	65.97	18.57	15.46
1981	731.2	478.8	136.4	116.0	65.48	18.66	15.86
1982	762.4	501.5	140.1	120.8	65.78	18.38	15.84
1983	798.8	515.8	146.7	136.3	64.57	18.37	17.06
1984	827.8	524.5	154.5	148.8	63.36	18.66	17.98
1985	856.6	517.8	174.8	164.0	60.45	20.40	19.15
1986	875.4	521.7	184.6	169.1	59.60	21.08	19.32
1987	891.0	490.3	188.0	212.7	55.03	21.10	23.87
1988	909.7	490.0	200.1	219.6	53.86	22.00	24.14
1989	910.3	491.3	199.1	219.9	53.97	21.87	24.16
1990	924.6	515.5	201.4	207.7	55.76	21.78	22.46
1991	962.9	537.9	208.8	216.2	55.86	21.68	22.45
1992	976.0	531.4	217.1	227.5	54.45	22.24	23.31
1993	1008.2	535.4	220.4	252.4	53.10	21.86	25.04
1994	1033.4	536.5	225.1	271.8	51.92	21.78	26.30
1995	1029.4	536.8	225.0	267.6	52.15	21.85	26.00
1996	1039.0	546.8	223.4	268.8	52.63	21.50	25.87
1997	1050.3	544.6	213.2	292.5	51.85	20.30	27.85
1998	1050.3	542.6	207.1	300.6	51.66	19.72	28.62
1999	1056.7	555.4	185.5	315.8	52.56	17.55	29.89
2000	1061.6	553.7	182.4	325.5	52.20	17.10	30.70
2001	1067.0	550.5	179.3	337.2	51.60	16.80	31.60
2002	1086.1	552.3	173.7	360.1	50.90	16.00	33.10
2003	1088.1	548.7	178.1	361.3	50.43	16.37	33.20

5-3 分行业城镇单位年末女性从业人员(2003年)

Number of Female Employed in Urban Units at the Year-end by Sector(2003)

单位：人 (person)

项 目	Item	合 计 Total	国有单位 State-owned Units	城镇集体单位 Urban Collective-owned Units	其他单位 Units of Other Types of Ownership
总 计	**Total**	**925843**	**640510**	**73994**	**211339**
按企、事业和机关分组	**Grouped by Enterprises, Institutions and Agencies**				
企业	Enterprises	530783	255135	65645	210003
事业	Institutions	315445	305830	8279	1336
机关	Agencies & Organizations	79615	79545	70	
按国民经济行业分组	**Grouped by Sector**				
农、林、牧、渔业	Farming, Forestry, Animal Husbandry and Fishery	112696	107945	1303	3448
采矿业	Mining	46669	18885	7576	20208
制造业	Manufacturing	181809	21351	21097	139361
电力、燃气及水的生产和供应业	Production & Supply of Electric Power, Gas and Water	29797	21175	264	8358
建筑业	Construction	27604	8489	9066	10049
交通运输、仓储和邮政业	Transportation, Storage and Postal Services	45698	39061	2159	4478
信息传输、计算机服务和软件业	Information Transmission, Computer Service & Computer Software	10306	9410	34	862
批发和零售业	Wholesale and Retail Trade	39380	18971	8236	12173
住宿和餐饮业	Quarters and Catering	15410	8394	1851	5165
金融业	Banking	36517	25235	9546	1736
房地产业	Real Estate	4932	3845	121	966
租赁和商务服务业	Leasing and Commercial Services	12959	9702	2206	1051
科学研究、技术服务和地质勘查业	Scientific Research,Technical Services & Geological Prospecting	13897	13352	90	455
水利、环境和公共设施管理业	Water Conservancy, Environment and Public Facilities Administration	23874	22394	1193	287
居民服务和其他服务业	Resident Services and Other Services	4660	2299	1968	393
教育	Education	161145	159265	200	1680
卫生、社会保障和社会福利业	Health Care, Social Security and Social Welfare	59967	52888	6888	191
文化、体育和娱乐业	Culture, Sports & Recreational Services	13656	13123	55	478
公共管理和社会组织	Public Administration and Social Organizations	84867	84726	141	
国际组织	International Organizations				

5-4 按登记注册类型和城乡划分的年末从业人员

单位：万人

年份 Year	总计 Total	城镇						
		小计 Subtotal	#国有单位 State-owned Units	#集体单位 Collective-owned Units	#股份合作单位 Share Holding Units	#联营单位 Joint-owned Units	#有限责任公司 Limited Liability Corporations	#股份责任公司 Share-holding Corporations Ltd.
1952	345.3	49.9	16.9					
1957	400.6	56.3	46.1	9.4				
1965	476.8	101.2	86.5	13.4				
1970	524.4	124.8	110.9	13.9				
1975	607.5	176.9	143.8	32.9				
1978	652.8	227.8	183.2	44.4				
1980	698.4	225.4	200.6	53.7				
1985	856.6	335.6	241.4	79.0				
1987	891.0	359.7	260.2	82.5		0.1		
1988	909.7	373.3	268.3	84.7		0.2		
1989	910.3	375.4	271.0	86.0		0.3		
1990	924.6	386.6	282.3	87.0		0.4		
1991	962.9	404.2	293.2	89.3		0.6		
1992	976.0	415.7	302.1	89.6		1.0		
1993	1008.2	434.2	301.1	87.4	1.2	0.3		
1994	1033.4	453.8	301.7	76.1	5.0	0.4		
1995	1029.4	440.0	302.3	70.8	5.9	0.3		
1996	1039.0	434.7	302.1	66.8	5.9	0.3		
1997	1050.3	444.9	291.9	59.4	7.1	0.2		
1998	1050.3	443.4	252.4	45.7	2.9	0.8	18.1	6.9
1999	1056.7	435.7	232.4	37.8	2.9	0.9	23.4	8.0
2000	1061.6	430.1	201.1	25.6	2.9	0.6	26.0	8.2
2001	1067.0	434.5	188.9	20.5	2.2	0.5	29.3	9.3
2002	1086.1	435.6	177.8	17.7	1.9	0.4	34.4	11.1
2003	1088.1	435.8	169.2	15.8	2.0	0.3	40.2	12.0

Number of Employed Persons at the Year-end by Status of Registration and Residence in Urban and Rural Areas

(10 000 persons)

Urban Area				乡村Rural Area		
#私营企业 Private Enterprises	#港澳台商投资单位 Economic Units Funded by Entrepreneurs from Hong Kong, Macao and Taiwan	#外商投资单位 Foreign Funded Economic Units	#个体 Self-employed individuals	合计 Sub-total	#私营企业 Private Enterprises	#个体 Self-employed Individuals
			33.0	295.4		
			0.8	344.3		
			1.3	375.6		
				399.6		
			0.2	430.6		
			0.2	425.0		
			1.1	443.0		
			15.2	521.0		
			16.9	531.3		
			20.1	536.4		
			18.1	534.9		
			16.9	538.0		
			21.1	558.7		
			23.0	560.3		
3.8	1.0	1.1	28.7	574.0		
5.5	1.4	1.7	38.1	579.6		
7.6	2.0	2.2	36.7	589.4	2.5	26.6
10.8	1.9	2.7	40.7	604.3	3.2	32.9
14.0	2.1	2.8	57.9	605.4	3.7	37.1
23.0	2.3	1.7	73.2	606.9	5.9	48.8
25.1	2.0	2.1	88.0	621.0	13.6	59.7
28.6	1.7	2.2	88.2	631.5	12.8	71.5
30.4	1.7	1.8	96.2	632.5	15.2	73.7
29.0	1.8	2.0	87.9	650.5	22.8	77.6
35.7	1.7	2.5	72.8	652.3	15.6	35.6

5-5 年末分行业从业人员

单位：人

年 份 Year	总 计 Total	农、林、牧、渔业 Farming, Forestry, Animal Husbandry & Fishery	采掘业 Mining and Quarrying	制造业 Manufac-turing	电力、煤气及水的生产和供应业 Production & Supply of Electricity Gas & Water	建筑业 Construc-tion	地质勘查业水利管理业 Geological Prospecting and Water Conservancy
1978	6528000	4164864	1044480			208896	
1980	6984000	4457149	1119592			224421	
1985	8566000	4975710	1413490			391485	
1986	8754000	4967200	1473618			372021	28166
1987	8910000	4957310	1494217			386078	27504
1988	9097000	4953010	1568808			395634	27718
1989	9103000	4990112	1606140			360995	24541
1990	9246000	5154686	1650884			364503	25549
1991	9629000	5379000	1711000			377000	24000
1992	9760000	5323000	1760000			420000	24000
1993	10082000	5337019	593408	1064885	83977	440414	50255
1994	10334000	5336266	590662	1110963	84730	451608	46887
1995	10294000	5366541	603985	1093733	85532	466599	43013
1996	10390000	5468081	603941	1091302	82526	465884	43226
1997	10503000	5446068	569804	1029696	82440	444715	41692
1998	10503000	5514075	304587	1039797	84024	409617	31509
1999	10566800	5554300	307300	1046000	85300	416100	32000
2000	10616000	5537000	285000	1000000	85000	455000	31000
2001	10670000	5459000	292000	822000	88000	414000	32000
2002	10861000	5523000	292955	792596	88348	389083	32189
2003	10881000						

注:1.分行业年底从业人员数包括乡村从业人员。

2.1993年以前采掘业中的数据为全部工业行业。

Number of Employed Persons at the Year-end by Sector

(person)

交通运输仓储和邮电通信业 Transport, Storage, post & Telecommunications	批发零售贸易和餐饮业 Wholesale & Retail Trade & Catering Services	金融、保险业 Finance and Insurance	房地产业 Real Estate Trade	社会服务业 Social Services	卫生体育和社会福利业 Health Care, Sports & Social Welfare	教育、文化艺术和广播电影电视业 Education, Culture & Art, Radio, Film and Television	科学研究和综合技术服务业 Scientific Research & Polytechnical Services	国家机关、政党机关和社会团体 Government Agencies, Party Agencies and Social Organizations	其他 Others
169728	319872	19584		13056		261120	13056	137088	176256
184754	345500	23716		16848		278333	13816	144804	175067
270771	669428	36399		54939		341772	19639	219751	172616
272152	558883	41235	86167		85205	266453	26103	236378	340419
283567	585875	45928	90833		88606	276555	27457	245794	400276
292008	623561	50768	94900		90076	283347	26976	253817	436377
290825	629990	54124	93029		91433	287918	27879	258282	387732
298922	638344	57147	101144		94374	296323	27466	269640	267018
308000	693000	62000	108000		114000	365000	30000	296000	160000
319000	753000	65000	122000		114000	371000	31000	302000	156000
361809	775534	73174	8437	133753	97299	308513	27273	277460	448790
386981	805675	72329	10409	124625	101018	365818	28789	277944	539296
381749	853616	74953	9310	146195	102996	372995	30003	281834	282472
387909	889874	78621	11650	153440	104828	377594	31205	296602	303317
407281	926383	80064	11074	189551	106722	379535	31303	296536	460318
472635	997785	73521	21006	273078	105030	367605	31509	294084	483138
471900	1005400	77000	16000	274700	106300	367800	29600	297200	479900
480000	1020000	78000	17000	289000	106000	361000	28000	297000	547000
365000	1160000	77000	17000	286000	105000	359000	27000	295000	872000
395233	1152432	77183	19048	340480	104677	354953	25915	279125	993783

a)Employed persons at the year-end by sector include employed persons in rural area.

b)The Data about mining and quarrying refer to data of whole Industry before1993.

5-6 分行业城镇单位年末从业人员

单位：人

年份 Year	总 计 Total	农、林、牧、渔业 Farming, Forestry, Animal Husbandry & Fishery	采掘业 Mining & Quarrying	制造业 Manufacturing	电力、煤气及水的生产和供应业 Production & Supply of Electricity Gas & Water	建筑业 Construction	地质勘查业水利管理业 Geological Prospecting and Water Conservancy
1978	1001683	109864	397160			89716	
1980	2553933	315149	1016592			224421	
1985	3356384	345458	1267287			325919	
1986	3348581	355948	1305415			295455	28166
1987	3427955	372054	1312083			302190	27504
1988	3531623	371836	1373774			305160	27718
1989	3572184	363026	1420086			277154	24541
1990	3696726	379686	1475703			280532	25549
1991	3832000	376000	1539000			289000	24000
1992	3927000	374000	1567000			313000	24000
1993	3921565	337866	429778	1025595	83977	301052	50255
1994	3943813	336409	423860	1058804	84730	292817	46887
1995	3906558	335343	423087	1036830	85532	284807	43013
1996	3872123	324901	416578	1019035	82526	271057	43226
1997	3700770	321578	399723	926961	82440	252621	41692
1998	3036483	289778	338686	655127	85169	192013	37120
1999	2830142	276831	294978	594036	85300	165486	32017
2000	2682519	269113	272189	544741	84972	142313	30745
2001	2541964	251370	257875	486120	88269	128269	31806
2002	2472607	250819	256564	452682	88348	128632	32189
2003	2443525	323278	168516	449714	88954	130495	26937

注：1993年以前采掘业中的数据为全部工业行业,2003年数据按新行业标准汇总，采掘业中的木材采运业划到农林牧渔业中。

Number of Employed Persons in Urban Units at the Year-end by Sector

(person)

交通运输仓储和邮电通信业 Transport, Storage, post & Telecommunications	批发零售贸易和餐饮业 Wholesale and Retail Trade & Catering Services	金融、保险业 Finance and Insurance	房地产业 Real Estate Trade	社会服务业 Social Services	卫生体育和社会福利业 Health Care, Sports & Social Welfare	教育、文化艺术和广播电影电视业 Education, Culture & Art, Radio, Film and Television	科学研究和综合技术服务业 Scientific Research & Polytechnical Services	国家机关、政党机关和社会团体 Government Agencies, Party Agencies & Social Organizations	其他 Others
67360	123683	5919		8373		122394	6155	71059	
184754	335500	23716		16848		278333	13816	144804	
223711	543204	36399		35584		339432	19639	219751	
219092	424659	41235	66812		83357	265961	26103	236378	
220760	441370	45928	70153		86625	276037	27457	245794	
222966	457052	50768	71010		87808	282738	26976	253817	
226937	473288	54124	70693		89464	286710	27879	258282	
231023	489850	57147	72623		91880	295627	27466	269640	
237000	518000	60000	78000		95000	302000	28000	284000	
240000	539000	63000	83000		97000	310000	27000	290000	
255577	527385	73174	8437	99944	97299	308513	27273	277460	17980
262158	490781	72329	10409	79743	101018	365818	28789	277944	11317
249403	477263	74953	9310	86399	102996	372995	30003	281834	12790
248974	457105	78621	11650	85763	104828	377594	31205	296602	22458
240798	406959	80064	11074	89035	106722	379353	31303	296536	33911
200219	231935	79706	16298	82941	104125	371607	29839	292423	29497
200374	177272	77004	15968	76256	106274	367767	29643	297241	33695
193656	147698	78296	17370	76727	106106	361405	28401	296531	32256
184772	123505	77171	16587	73266	104811	358795	27176	295380	36892
180625	104109	77183	19048	78925	104677	354953	25915	279125	38813
189527	110159	75733	14585	84713	104824	351348	29244	296498	1000

a)The Data about Mining and quarrying refer to data of whole Industry before1993.The data in 2003 was gathered according to GB/T 4754-2002.

5-7 分行业年末职工(2003年)

Number of Staff and Workers at the Year-end by Sector(2003)

单位：人 (person)

项 目	Item	合 计 Total	国有单位 State-owned Units	城镇集体单位 Urban Collective-owned Unit	其他单位 Units of Other Types of Ownership
总 计	**National Total**	**2402689**	**1660781**	**155160**	**586748**
按企、事业和机关分组	**Grouped by Enterprises, Institutions and Agencies**				
企业	Enterprises	1454743	732388	137810	584545
事业	Institutions	673209	653884	17122	2203
机关	Agencies & Organizations	274737	274509	228	
按国民经济行业分组	**Grouped by Sector**				
农、林、牧、渔业	**Farming, Forestry, Animal Husbandry and Fishery**	**323031**	**309794**	**3871**	**9366**
农业	Farming	128748	124075	807	3866
林业	Forestry	111669	110948	214	507
畜牧业	Animal Husbandry	33934	28896	120	4918
渔业	Fishery	5461	5459	2	
农、林、牧、渔服务业	Agricultural Services	43219	40416	2728	75
采矿业	**Mining**	**166054**	**63468**	**12914**	**89672**
制造业	**Manufacturing**	**446680**	**56833**	**42235**	**347612**
电力、燃气及水的生产和供应业	**Production and Supply of Electric Power, Gas and Water**	**88666**	**62040**	**599**	**26027**
建筑业	**Construction**	**125914**	**41358**	**27448**	**57108**
房屋和土木工程建筑业	Housing and Civil Engineering Construction	113792	37098	23073	53621
建筑安装业	Installation of Buildings	10232	4190	4312	1730
建筑装饰业	Decoration of Buildings	500	29	33	438
其他建筑业	Other Construction	1390	41	30	1319
交通运输、仓储和邮政业	**Transportation, Storage and Postal Services**	**160529**	**144706**	**5464**	**10359**
铁路运输业	Railway Transport	85616	82999	2617	
道路运输业	Roadway Transport	33692	29358	777	3557
城市公共交通业	Public traffic in Cities	11173	5315		5858
水上运输业	Waterway Transport	49	49		
航空运输业	Air Transport	2761	2699		62
管道运输业	Pipeline Transport				
装卸搬运和其他运输服务业	Loading,Unloading, Carrying and Transport	3884	1029	2070	785
仓储业	Storage	12234	12137		97
邮政业	Postal Services	11120	11120		
信息传输、计算机服务和软件业	**Information Transmission, Computer Service & Computer Software**	**24481**	**22817**	**112**	**1552**
电信和其他信息传输服务	Telecommunication and other Information Transmission	23967	22474	91	1402
计算机服务业	Computer Services	236	193	21	22
软件业	Software	278	150		128
批发和零售业	**Wholesale & Retail Trade**	**83474**	**46836**	**14736**	**21902**
批发业	Wholesale Trade	44575	33165	3189	8221
零售业	Retail Trade	38899	13671	11547	13681
住宿和餐饮业	**Quarters and Catering**	**25690**	**14065**	**2885**	**8740**
住宿业	Quarters	20173	12572	1950	5651
餐饮业	Catering	5517	1493	935	3089

5-7 续表 continued

单位：人 (person)

项目	Item	合计 Total	国有单位 State-owned Units	城镇集体单位 Urban Collective-owned Unit	其他单位 Units of Other Types of Ownership
金融业	**Finance**	**69362**	**48395**	**19146**	**1821**
银行业	Banking	62576	42405	18953	1218
证券业	Bond	485	143		342
保险业	Insurance	5439	5228		211
其他金融活动	Others	862	619	193	50
房地产业	**Real Estate**	**14530**	**10837**	**273**	**3420**
房地产业	Real Estate	14530	10837	273	3420
租赁和商务服务业	**Leasing and Commercial Services**	**32693**	**24802**	**5516**	**2375**
租赁业	Leasing Services	131	71		60
商务服务业	Commercial Services	32562	24731	5516	2315
科学研究、技术服务和地质勘查业	**Scientific Research ,Technical Services & Geological Prospecting**	**38973**	**37408**	**186**	**1379**
研究与试验发展	Research and Development	9172	9172		
专业技术服务业	Special Technical Services	17005	15655	168	1182
科技交流和推广服务业	Science and Technological Exchanging and Spreading	2242	2182	18	42
地质勘查业	Geological Prospecting	10554	10399		155
水利、环境和公共设施管理业	**Water Conservancy, Environment and Public Facilities Administration**	**52101**	**48951**	**2283**	**867**
水利管理业	Water Conservancy	16376	16074	117	185
环境管理业	Environment	25068	23055	1562	451
公共设施管理业	Public Facilities Administration	10657	9822	604	231
居民服务和其他服务业	**Resident Services and Other Services**	**9217**	**5117**	**3415**	**685**
居民服务业	Resident Services	5143	3896	807	440
其他服务业	Other Services	4074	1221	2608	245
教育	**Education**	**316691**	**313794**	**314**	**2583**
教育	Education	316691	313794	314	2583
卫生、社会保障和社会福利业	**Health Care, Social Security and Social Welfare**	**101963**	**88342**	**13353**	**268**
卫生	Health Care	96579	82988	13323	268
社会保障业	Social Security	2816	2816		
社会福利业	Social Welfare	2568	2538	30	
文化、体育和娱乐业	**Culture, Sports and Recreational Services**	**31264**	**30163**	**89**	**1012**
新闻出版业	Press	4849	4354		495
广播、电视和音像业	Radio ,Television and Audio-visual	11481	11252		229
文化艺术业	Culture and Arts	12855	12780	42	33
体育	Sports	1640	1640		
娱乐业	Recreational Services	439	137	47	255
公共管理和社会组织	**Public Administration and Social Organization**	**291376**	**291055**	**321**	
中国共产党机关	Chinese Communist Party Agencies	15509	15509		
国家机构	Government Agencies	264575	264351	224	
人民政协和民主党派	People's Politics Consultative Conference and Democratic Parties	2990	2990		
群众团体、社会团体和宗教组	Mass Organization ,Social Organization and Religious Organization	8302	8205	97	
基层群众自治组织	Basic Mass Autonomous Organization				
国际组织	**International Organizations**				
国际组织	International Organizations				

5-8 年末分行业专业技术人员(2003年)

单位：人

地 区	Region	全 区 Total	呼和浩特市 Hohhot City	包头市 Baotou City	乌海市 Wuhai City
总 计	**Total**	**729322**	**98059**	**91353**	**18729**
农、林、牧、渔业	Farming, Forestry, Animal Husbandry & Fishery	60460	1620	1436	449
采矿业	Mining	24252	42	2396	4766
制造业	Manufacturing	75321	10153	37163	2246
电力、燃气及水的生产和供应业	Production & Supply of Electric Power,Gas & Water	25193	4331	3364	891
建筑业	Construction	25632	4110	5193	1757
交通运输、仓储和邮政业	Transportation, Storage & postal Services	20365	2368	1703	516
信息传输、计算机服务和软件业	Information Transmission,Computer Service & Computer Software	8746	2180	728	228
批发和零售业	Wholesale & Retail Trade	14109	2050	1516	220
住宿和餐饮业	Quarters & Catering	2879	969	272	33
金融业	Banking	37520	6424	4232	1364
房地产业	Real Estate	3835	637	377	75
租赁和商务服务业	Leasing & Commercial Services	7250	1909	333	144
科学研究、技术服务和地质勘查业	Scientific Research,Technical Services & Geological Prospecting	21130	7575	3004	345
水利、环境和公共设施管理业	Water Conservancy, Environment & Public Facilities Administration	9113	1133	954	220
居民服务和其他服务业	Resident Services & Other Services	774	92	37	22
教育	Education	269432	35172	19341	3547
卫生、社会保障和社会福利业	Health Care, Social Security & Social Welfare	78162	9679	7317	1393
文化、体育和娱乐业	Culture, Sports & Recreational Services	17550	5351	1225	364
公共管理和社会组织	Public Administration & Social Organization	27599	2264	762	149
国际组织	International Organizations				

Number of Technical Personnel at the Year-end by Sector(2003)

(person)

赤峰市 Chifeng City	通辽市 Tongliao City	鄂尔多斯市 Erdos City	呼伦贝尔市 Hulunbeier City	兴安盟 Xingan League	锡林郭勒盟 Xilinguole League	乌兰察布盟 Wulanchabu League	巴彦淖尔盟 Bayannaoer League	阿拉善盟 Alashan League	直报单位 Unit of Direct Report
106911	**94030**	**38135**	**66543**	**44403**	**27846**	**47031**	**44377**	**10252**	**41653**
2175	15429	1647	7156	4374	2125	2940	2203	691	18215
1935	2387	4487	5943	125	1100	94	214	760	3
5494	5508	2746	2673	1915	879	1291	3235	473	1545
2203	2769	2376	2590	916	1185	2267	1736	162	403
1789	3040	800	1745	619	630	434	3833	424	1258
1684	2081	443	1896	452	791	772	640	511	6508
685	1014	386	913	461	507	475	197	329	643
2810	2839	252	1531	1023	504	581	364	66	353
251	266	61	470	82	180	163	86	19	27
4361	4229	2017	3942	1977	2189	2894	3105	741	45
422	281	363	330	208	298	325	125	26	368
521	140	132	688	210	439	237	226	319	1952
1555	1410	478	1460	1277	791	1286	1175	549	225
905	1339	708	406	520	610	716	1495	107	
72	63	18	97	12	56	23	37	114	131
56090	38188	13152	23146	21944	10204	23308	17721	2997	4622
12710	9244	4238	8078	4988	3852	5182	5618	1260	4603
2059	1166	995	1976	779	915	1235	761	535	189
9190	2637	2836	1503	2521	591	2808	1606	169	563

5-9 私营企业年末从业人员(2003年)

Number of Employed Persons in Private Enterprises at the Year-end(2003)

单位：户、人　　(household)(person)

项目	Item	合计 Total			城镇 Urban Areas			乡村 Rural Areas		
		户数 Number of Enterprises	从业人员 Number of Employed Persons	#投资者 Employers	户数 Number of Enterprises	从业人员 Number of Employed Persons	#投资者 Employers	户数 Number of Enterprises	从业人员 Number of Employed Persons	#投资者 Employers
总计	**Total**	**35114**	**513509**	**102538**	**26008**	**357308**	**71825**	**9106**	**156201**	**30713**
农、林、牧、渔业	Farming, Forestry, Animal Husbandry and Fishery	1124	20026	3193	611	8167	1629	513	11859	1564
采掘业	Mining and Quarrying	1025	24001	2910	440	8914	1251	585	15087	1659
制造业	Manufacturing	6970	139196	21333	5076	100388	15605	1894	38808	5728
建筑业	Construction	1440	39129	5408	1227	27174	4602	213	11955	806
交通运输、仓储业	Transport, Storage	611	9103	2400	467	6767	1871	144	2336	529
批发零售贸易餐饮业	Wholesale & Retail Trade & Catering Services	16999	204341	49243	12592	146882	33889	4407	57459	15354
社会服务业	Social Services	5080	57697	13347	3964	41368	8931	1116	16329	4416
其他行业	Others	1865	20016	4704	1631	17648	4047	234	2368	657

5-10 个体年末从业人员(2003年)

Number of Self-employed Individuals at the Year-end(2003)

单位:户、人 (household)(person)

项目	Item	合计 Total		城镇 Urban Areas		乡村 Rural Areas	
		户数 Number of Households	从业人员 Number of Employed Individuals	户数 Number of Households	从业人员 Number of Employed Individuals	户数 Number of Households	从业人员 Number of Employed Individuals
总计	**Total**	**555513**	**1083796**	**376252**	**728071**	**179261**	**355725**
农、林、牧、渔业	Farming, Forestry, Animal Husbandry and Fishery	18692	43007	4693	12143	13999	30864
采掘业	Mining and Quarrying	2789	13454	1448	6835	1341	6619
制造业	Manufacturing	44499	108980	29745	70125	14754	38855
建筑业	Construction	2116	13230	1320	8650	796	4580
交通运输、仓储业	Transport, Storage	62737	102918	46032	75200	16705	27718
批发零售贸易餐饮业	Wholesale and Retail Trade and Catering Services	314960	597314	217107	415842	97853	181472
社会服务业	Social Services	93508	171354	66211	119813	27297	51541
其他行业	Others	16212	33539	9696	19463	6516	14076

5-11 城镇就业及失业人数
Employment and Unemployment in Urban Areas

年份 Year	当年需要安置人数(人) Number of Need Settled down(person)	当年就业人数(人) New Employment in the Year(person)	年末城镇失业人数(人) Unemployment at year-end(person)			失业青年占城镇失业人数(%) Percentage of Young Unemployed Persons to Total Unemployed Persons In Urban Areas	登记失业率(%) Registered Unemployment Rate in Urban Areas
			合计 Total	失业青年 Youth	#女青年 Female		
1979		212267	429080				15.01
1980	429100	202696	367280				12.62
1981	464100	344573	283181				9.39
1982	488300	202958	285369				9.11
1983	464100	179283	267539	200340	118998	74.88	8.18
1984	427500	198995	177568	154862	94559	87.21	5.34
1985	335600	178336	138773	116939	73140	84.27	3.97
1986	347000	207440	127726	117477	62683	91.97	3.51
1987	307800	161514	129753	118699	70580	91.48	3.48
1988	268100	140598	123579	116792	67630	94.51	3.69
1989	266700	116515	143681	135679	78826	94.43	3.78
1990	282800	124582	151916	142721	82631	93.95	3.49
1991	292500	140710	146319	136929	80088	93.58	2.68
1992	275300	154848	114894	107026	61745	93.15	3.49
1993	226400	107653	113405	99184	58281	87.46	2.62
1994	215400	88637	123660	111602	65544	90.25	2.86
1995	232084	87033	139713	123135	74850	88.13	3.17
1996	263436	86341	144107	101083	58311	70.14	3.47
1997	258299	105927	145253	102837	59602	70.79	3.40
1998	265256	115162	131138	78096	43191	59.55	3.13
1999	222695	96002	123858	64958	32897	52.45	3.10
2000	239620	106020	126478	61785	32408	48.85	3.34
2001	274460	116527	144689	66892	35535	46.23	3.70
2002	345500	174300	162700				4.10
2003	406755	215118	175889				4.50

注：本资料由劳动社会保障厅提供。

a)The Statistics are provided by the Bureau of Labour and Social Insurance

5-12 职工工资总额和指数

Total Wages of Staff and Workers and Related Index

年份 Year	工资总额(万元) Total Wages(10 000 yuan)				指数(上年=100) Index(preceding year=100)			
	总计 Total	国有单位 State-owned Units	城镇集体单位 Urban Collective-owned Units	其他单位 Units of Other Types of Ownership	总计 Total	国有单位 State-owned Units	城镇集体单位 Urban Collective-owned Units	其他单位 Units of other Types of Ownership
1952	10337	7099	3238					
1957	39634	34054	5580					
1965	70670	63788	6882					
1970	77531	71047	6484					
1975	111072	99489	11583					
1978	149779	128019	21760		112.7	115.5	98.6	
1980	198255	164897	33358		110.0	109.0	115.0	
1981	210486	175079	35407		104.2	104.2	104.2	
1982	230005	189964	40041		107.4	106.7	111.2	
1983	247989	203182	44807		106.5	105.7	110.6	
1984	292787	234455	58332		112.5	110.0	124.1	
1985	339534	271875	67619	40.3	106.5	106.5	106.4	
1986	405310	324839	80423	48.4	113.1	113.3	112.7	113.8
1987	436260	350557	85628	75.2	99.2	99.5	98.1	143.2
1988	531584	429383	102028	172.9	104.1	104.7	101.8	196.5
1989	589385	475264	113791	329.7	96.2	96.0	96.7	165.4
1990	662156	540255	121270	630.7	110.4	111.7	104.7	187.9
1991	755609	615184	139230	1194.3	107.7	107.4	108.3	178.6
1992	897992	735751	160172	2068.9	109.3	110.0	105.8	159.3
1993	1090634	894747	185691	10196.4	104.3	104.5	99.6	423.4
1994	1410664	1178947	201545	30171.9	104.1	106.0	87.3	238.1
1995	1561199	1312079	208706	40413.8	94.5	95.0	88.4	114.4
1996	1758549	1483936	227478	47135.7	104.6	105.1	101.3	108.4
1997	1853641	1586052	210134	57454.5	100.8	102.2	88.3	116.5
1998	1747030	1375390	161525	210115.1	96.2	88.5	77.9	376.2
1999	1779688	1379154	141567	258966.9	101.6	100.0	87.3	122.9
2000	1859617	1442792	125315	291509.9	103.2	103.3	87.4	111.1
2001	2105277	1633364	121820	350093.2	118.3	118.4	86.1	135.2
2002	2374765	1791830	112018	490917.6	112.8	109.7	92.0	140.2
2003	2723285	1988162	115527	619597.3	114.7	111.0	103.1	126.2

注：1998年及以后职工工资总额为在岗职工的工资总额，指数按可比口径计算(以下各表同)。

a)Data on total wages since1998 refer to wages of fully employed staff and workers, and the index was calculated on the basis of comparable coverage (similarly in the following tables).

5-13 职工平均工资及指数

Average Wages of Staff and Workers and Related Index

年份 Year	职工平均工资(元) Average Wages(yuan)				指数(上年=100) Index(preceding year=100)			
	总计 Total	国有单位 State-owned Units	城镇集体单位 Urban Collective-owned Units	其他单位 Units of Other Types of Ownership	总计 Total	国有单位 State-owned Units	城镇集体单位 Urban Collective-owned Units	其他单位 Units of Other Types of Ownership
1952	400	454	319					
1957	691	729	505					
1965	728	751	544					
1970	648	671	475					
1975	667	707	495					
1978	712	749	563		100.0	105.1	102.1	
1980	796	839	635		104.8	105.4	103.4	
1981	807	851	642		99.5	99.5	99.2	
1982	826	869	669		100.6	100.4	102.5	
1983	862	903	714		103.1	102.7	105.5	
1984	986	1047	801		109.0	110.5	106.9	
1985	1095	1169	872	1023	102.0	102.5	100.0	
1986	1239	1325	982	1034	107.3	107.4	106.7	95.8
1987	1301	1410	1053	1000	96.8	98.1	98.8	89.1
1988	1548	1641	1251	1105	101.7	99.5	101.5	94.4
1989	1685	1779	1381	1451	94.4	94.0	95.7	113.9
1990	1846	1971	1441	1858	107.6	108.8	102.5	125.8
1991	2012	2148	1573	1984	102.8	102.8	103.0	100.7
1992	2339	2493	1823	2292	106.9	106.8	106.6	106.3
1993	2796	2998	2107	2940	102.7	103.2	99.3	110.2
1994	3675	3942	2667	3299	105.7	105.8	101.9	90.3
1995	4134	4407	3001	3906	96.1	95.5	96.1	101.1
1996	4716	4996	3508	4283	106.0	105.4	108.6	102.0
1997	5124	5462	3551	4687	103.9	104.5	96.8	104.6
1998	5792	5979	4184	6367	102.9	101.5	99.5	119.3
1999	6347	6580	4548	6526	109.3	109.7	108.4	102.2
2000	6974	7261	4826	6947	108.5	108.9	104.8	105.1
2001	8250	8737	5525	7579	130.0	132.8	121.5	116.1
2002	9683	10287	6431	8777	116.4	116.8	115.4	114.9
2003	11279	11929	7620	10391	116.5	116.0	118.5	118.4

5-14 分行业职工平均工资(2003年)

Average Wage of Staff and Workers by Sector(2003)

单位：元 (yuan)

项 目	Item	合 计 Total	国有单位 State-owned Units	城镇集体单位 Urban Collective-owned Units	其他单位 Units of Other Types of Ownership
总 计	**Total**	**11279**	**11929**	**7620**	**10391**
按企、事业和机关分组	**Grouped by Enterprises, Institutions & Agencies**				
企业	Enterprises	10219	10550	7607	10398
事业	Institutions	12557	12696	7644	8271
机关	Agencies & Organizations	13868	13869	13284	
按国民经济行业分组	**Grouped by Sector**				
农、林、牧、渔业	Farming, Forestry, Animal Husbandry & Fishery	6832	6858	4571	6935
采矿业	Mining	9760	9138	6379	10629
制造业	Manufacturing	10050	9430	6902	10544
电力、燃气及水的生产和供应业	Production and Supply of Electric Power, Gas & Water	17942	16216	13813	22088
建筑业	Construction	8297	9154	8217	7842
交通运输、仓储和邮政业	Transportation, Storage & Postal Services	13604	14495	5288	5334
信息传输、计算机服务和软件业	Information Transmission, Computer Service and Computer Software	17367	16943	9148	24300
批发和零售业	Wholesale and Retail Trade	7867	8630	6224	7220
住宿和餐饮业	Quarters and Catering	7516	7479	6721	7846
金融业	Banking	14060	15026	11663	12812
房地产业	Real Estate	10858	11528	10852	8688
租赁和商务服务业	Leasing and Commercial Services	12511	13903	6609	11579
科学研究、技术服务和地质勘查业	Scientific Research,Technical Services & Geological Prospecting	14060	14267	14043	8312
水利、环境和公共设施管理业	Water Conservancy, Environment & Public Facilities Administration	10235	10424	5463	9061
居民服务和其他服务业	Resident Services & Other Services	7257	8763	5062	7354
教育	Education	13383	13430	9375	7770
卫生、社会保障和社会福利业	Health Care, Social Security and Social Welfare	13353	14191	7870	9510
文化、体育和娱乐业	Culture, Sports and Recreational Services	13664	13877	6050	7691
公共管理和社会组织	Public Administration and Social Organization	13886	13888	12633	
国际组织	International Organizations				

5-15 分行业职工平均工资

单位：元

年份 Year	合计 Total	农、林、牧、渔业 Farming, Forestry, Animal Husbandry and Fishery	采掘业 Mining & Quarrying	制造业 Manufacturing	电力、煤气及水的生产和供应业 Production & Supply of Electricity Gas & Water	建筑业 Construction	地质勘查业水利管理业 Geological Prospecting and Water Conservancy	交通运输仓储和邮电通信业 Transport, Storage, post & Telecommunications
1978	712	514	724			832		795
1980	796	675	831			923		898
1985	1095	826	1124			1350		1264
1986	1239	965	1254			1446	1777	1464
1987	1301	1009	1313			1532	1823	1572
1988	1548	1130	1532			1756	1957	1899
1989	1685	1189	1734			1919	2079	2140
1990	1846	1364	1911			2065	2333	2375
1991	2012	1554	2117			2413	2483	2660
1992	2339	1783	2357			2894	2851	3173
1993	2796	1973	3208	2580	3995	3544	3052	3464
1994	3675	2406	3868	3339	6058	4333	4135	5288
1995	4134	2831	4417	3681	7008	4651	4381	6653
1996	4716	3766	4888	4095	7281	4940	4601	7970
1997	5124	3926	5449	4523	7996	5299	4922	8215
1998	5792	3998	5781	5217	9925	5760	5729	8846
1999	6347	4632	5734	5612	10556	5719	6308	9296
2000	6974	4729	6067	6135	11777	6022	6990	10239
2001	8250	5289	6693	6733	13619	6313	8621	11264
2002	9683	6211	7440	8153	14776	7201	9827	12932
2003	11279							

Average Wage of Staff and Workers by Sector

(yuan)

批发零售贸易和餐饮业 Wholesale and Retail Trade & Catering Services	金融、保险业 Banking and Insurance	房地产业 Real Estate Trade	社会服务业 Social Services	卫生体育和社会福利业 Health Care, Sports & Social Welfare	教育、文化艺术和广播电影电视业 Education, Culture and Art, Radio, Film and Television	科学研究和综合技术服务业 Scientific Research & Polytechnic Services	国家机关、政党机关和社会团体 Government Agencies, Party Agencies & Social Organizations	其他 Others
638	672		767		590	673	709	
717	763		749		710	815	828	
862	1143		952		1184	1183	1142	
1020	1297	1029		1340	1307	1389	1327	
1058	1299	1106		1409	1371	1460	1418	
1231	1530	1273		1635	1678	1671	1631	
1301	1621	1415		1761	1726	1783	1682	
1408	1788	1488		1909	1856	1948	1832	
1555	1938	1691		2062	2017	2081	1963	
1738	2552	2022		2552	2494	2567	2503	
2010	3919	2758	2181	3153	3102	3270	2951	2150
2440	6515	3917	3333	4260	4048	4708	3962	3676
2787	6191	4219	3798	4882	4424	5052	4372	3747
3204	6653	4486	4157	5608	5068	5856	5076	5575
3095	7642	5122	4643	6169	5591	6155	5582	6101
3977	8091	7068	5147	6489	5961	6799	6145	6795
4261	8750	7139	5668	7251	6710	7405	7040	7852
4824	9519	8012	6126	8146	7426	8538	7780	8609
5328	10938	9245	7077	9959	9608	10256	10302	10627
6272	12741	9955	8047	11697	11655	12626	12094	11715

5-16 国有单位年末从业人员和劳动报酬(2003年)

Employed Persons at the Year-end & Earnings in State-owned Units(2003)

项 目	Item	从业人员(人) Number of Employed (person)	#女性 Female	在岗职工(人) Fully Employed Staff & Workers (person)	#专业技术人员 Technical personnel
总 计	**Total**	**1691942**	**640510**	**1660781**	**592393**
按企、事业和机关分组	**Grouped by Enterprises, Institutions & Agencies**				
企业	Enterprises	750504	255135	732388	155522
事业	Institutions	663277	305830	653884	411870
机关	Agencies & Organizations	278161	79545	274509	25001
按国民经济行业分组	**Grouped by Sector**				
农、林、牧、渔业	Farming, Forestry, Animal Husbandry & Fishery	310017	107945	309794	58981
采矿业	Mining	64650	18885	63468	13678
制造业	Manufacturing	57044	21351	56833	9347
电力、燃气及水的生产和供应业	Production & Supply of Electric Power, Gas & Water	62279	21175	62040	18144
建筑业	Construction	42974	8489	41358	8367
交通运输、仓储和邮政业	Transportation, Storage & Postal Services	148980	39061	144706	18793
信息传输、计算机服务和软件业	Information Transmission, Computer Service & Computer Software	23365	9410	22817	8178
批发和零售业	Wholesale & Retail Trade	47295	18971	46836	9629
住宿和餐饮业	Quarters & Catering	14409	8394	14065	1444
金融业	Banking	53207	25235	48395	27675
房地产业	Real Estate	10867	3845	10837	2680
租赁和商务服务业	Leasing & Commercial Services	29260	9702	24802	5950
科学研究、技术服务和地质勘查业	Scientific Research,Technical Services & Geological Prospecting	37609	13352	37408	20128
水利、环境和公共设施管理业	Water Conservancy, Environment & Public Facilities Administration	50470	22394	48951	8907
居民服务和其他服务业	Resident Services & Other Services	5138	2299	5117	615
教育	Education	318489	159265	313794	267674
卫生、社会保障和社会福利业	Health Care, Social Security & Social Welfare	89393	52888	88342	67349
文化、体育和娱乐业	Culture, Sports & Recreational Services	30376	13123	30163	17404
公共管理和社会组织	Public Administration & Social Organization	296120	84726	291055	27450
国际组织	International Organizations				

5-16 续表 continued

单位：万元 (10 000 yuan)

行业	Sector	单位从业人员劳动报酬 Total Remuneration	在岗职工工资总额 Wages of Fully Employed Staff & Workers	其他从业人员劳动报酬 Remuneration for Other Employed Persons	#聘用的离退休人员 Re-employed Retirements
总计	**Total**	**2010459**	**1988162**	**22297**	**1673**
按企、事业和机关分组	**Grouped by Enterprises, Institutions & Agencies**				
企业	Enterprises	801918	785990	15928	589
事业	Institutions	828123	823161	4962	896
机关	Agencies & Organizations	380418	379011	1408	189
按国民经济行业分组	**Grouped by Sector**				
农、林、牧、渔业	Farming, Forestry, Animal Husbandry & Fishery	211818	211745	74	33
采矿业	Mining	61406	60434	972	20
制造业	Manufacturing	54224	54098	126	49
电力、燃气及水的生产和供应业	Production & Supply of Electric Power, Gas & Water	100434	100298	136	13
建筑业	Construction	44595	43549	1046	43
交通运输、仓储和邮政业	Transportation, Storage & Postal Services	215694	212592	3102	135
信息传输、计算机服务和软件业	Information Transmission, Computer Service &Software	38283	37918	365	20
批发和零售业	Wholesale & Retail Trade	41876	41652	224	32
住宿和餐饮业	Quarters & Catering	10621	10436	185	25
金融业	Banking	78379	74138	4241	24
房地产业	Real Estate	12637	12605	31	5
租赁和商务服务业	Leasing & Commercial Services	39510	34008	5502	214
科学研究、技术服务和地质勘查业	Scientific Research,Technical Services & Geological Prospecting	53958	53724	234	200
水利、环境和公共设施管理业	Water Conservancy, Environment & Public Facilities Administration	48906	48417	489	7
居民服务和其他服务业	Resident Services & Other Services	4293	4281	12	6
教育	Education	420604	418618	1986	169
卫生、社会保障和社会福利业	Health Care, Social Security & Social Welfare	126372	125533	839	431
文化、体育和娱乐业	Culture, Sports & Recreational Services	41936	41785	152	40
公共管理和社会组织	Public Administration & Social Organization	404914	402329	2585	208
国际组织	International Organizations				

5-17 城镇集体单位年末从业人员和劳动报酬(2003年)
Employed Persons at the Year-end & Earnings in Urban Collective-owned Units(2003)

项 目	Item	从业人员(人) Number of Employed (Person)	#女 性 Female	在岗职工(人) Fully Employed Staff & Workers (person)	#专业技术人员 Technical personnel
总 计	**Total**	**157765**	**73994**	**155160**	**32144**
按企、事业和机关分组	**Grouped by Enterprises, Institutions & Agencies**				
企业	Enterprises	140255	65645	137810	20257
事业	Institutions	17278	8279	17122	11820
机关	Agencies & Organizations	232	70	228	67
按国民经济行业分组	**Grouped by Sector**				
农、林、牧、渔业	Farming, Forestry, Animal Husbandry and Fishery	3884	1303	3871	1006
采矿业	Mining	12936	7576	12914	497
制造业	Manufacturing	43416	21097	42235	3654
电力、燃气及水的生产和供应业	Production & Supply of Electric Power, Gas & Water	599	264	599	196
建筑业	Construction	28128	9066	27448	3476
交通运输、仓储和邮政业	Transportation, Storage & Postal Services	5588	2159	5464	250
信息传输、计算机服务和软件业	Information Transmission, Computer Service & Software	112	34	112	57
批发和零售业	Wholesale & Retail Trade	14779	8236	14736	1766
住宿和餐饮业	Quarters & Catering	2908	1851	2885	430
金融业	Banking	19378	9546	19146	9057
房地产业	Real Estate	278	121	273	74
租赁和商务服务业	Leasing & Commercial Services	5521	2206	5516	493
科学研究、技术服务和地质勘查业	Scientific Research,Technical Services & Geological Prospecting	207	90	186	96
水利、环境和公共设施管理业	Water Conservancy, Environment & Public Facilities Administration	2283	1193	2283	40
居民服务和其他服务业	Resident Services & Other Services	3461	1968	3415	105
教育	Education	320	200	314	208
卫生、社会保障和社会福利业	Health Care, Social Security & Social Welfare	13500	6888	13353	10579
文化、体育和娱乐业	Culture, Sports & Recreational Services	89	55	89	11
公共管理和社会组织	Public Administration & Socia Organization	378	141	321	149
国际组织	International Organizations				

5-17 续表 continued

单位：万元 (10 000 yuan)

行业	Sector	单位从业人员劳动报酬 Total Remuneration	在岗职工工资总额 Wages of Fully Employed Staff & Workers	其他从业人员劳动报酬 Remuneration for Other Employed Persons	#聘用的离退休人员 Re-employed Retirements
总计	**Total**	**117417**	**115527**	**1891**	**880**
按企、事业和机关分组	**Grouped by Enterprises, Institutions & Agencies**				
企业	Enterprises	104361	102634	1728	795
事业	Institutions	12746	12585	161	85
机关	Agencies & Organizations	310	308	2	1
按国民经济行业分组	**Grouped by Sector**				
农、林、牧、渔业	Farming, Forestry, Animal Husbandry and Fishery	1828	1824	4	2
采矿业	Mining	5152	5128	24	6
制造业	Manufacturing	30001	29346	655	357
电力、燃气及水的生产和供应业	Production & Supply of Electric Power, Gas & Water	680	680		
建筑业	Construction	24723	24122	601	351
交通运输、仓储和邮政业	Transportation, Storage & Postal Services	3000	2875	125	35
信息传输、计算机服务和软件业	Information Transmission, Computer Service & Software	105	105		
批发和零售业	Wholesale & Retail Trade	9133	9105	27	12
住宿和餐饮业	Quarters & Catering	1910	1895	14	7
金融业	Banking	22339	22173	166	5
房地产业	Real Estate	570	567	4	4
租赁和商务服务业	Leasing & Commercial Services	3566	3563	4	4
科学研究、技术服务和地质勘查业	Scientific Research, Technical Services & Geological Prospecting	279	261	18	15
水利、环境和公共设施管理业	Water Conservancy, Environment & Public Facilities Administration	890	890		
居民服务和其他服务业	Resident Services & Other Services	1742	1713	29	3
教育	Education	308	305	4	4
卫生、社会保障和社会福利业	Health Care, Social Security & Social Welfare	10657	10502	155	79
文化、体育和娱乐业	Culture, Sports & Recreational Services	61	61		
公共管理和社会组织	Public Administration & Social Organization	474	413	61	1
国际组织	International Organizations				

5-18 其他单位年末从业人员和劳动报酬(2003年)

Employed Persons at the Year-end and Earnings in Other Types of Ownership(2003)

项 目	Item	从业人员(人) Number of Employed (Person)	#女 性 Female	在岗职工(人) Fully Employed Staff and Workers (person)	#专业技术人员 Technical personnel
总 计	**Total**	**593818**	**211339**	**586748**	**104785**
按企、事业和机关分组	**Grouped by Enterprises, Institutions & Agencies**				
企业	Enterprises	591526	210003	584545	103591
事业	Institutions	2292	1336	2203	1194
机关	Agencies & Organizations				
按国民经济行业分组	**Grouped by Sector**				
农、林、牧、渔业	Farming, Forestry, Animal Husbandry and Fishery	9377	3448	9366	473
采矿业	Mining	90930	20208	89672	10077
制造业	Manufacturing	349254	139361	347612	62320
电力、燃气及水的生产和供应业	Production & Supply of Electric Power, Gas & Water	26076	8358	26027	6853
建筑业	Construction	59393	10049	57108	13789
交通运输、仓储和邮政业	Transportation, Storage & Postal Services	10363	4478	10359	1322
信息传输、计算机服务和软件业	Information Transmission, Service & Software	1639	862	1552	511
批发和零售业	Wholesale & Retail Trade	21990	12173	21902	2714
住宿和餐饮业	Quarters & Catering	8778	5165	8740	1005
金融业	Banking	3148	1736	1821	788
房地产业	Real Estate	3440	966	3420	1081
租赁和商务服务业	Leasing & Commercial Services	2408	1051	2375	807
科学研究、技术服务和地质勘查业	Scientific Research,Technical Services & Geological Prospecting	1465	455	1379	906
水利、环境和公共设施管理业	Water Conservancy, Environment & Public Facilities Administration	867	287	867	166
居民服务和其他服务业	Resident Services & Other Services	685	393	685	54
教育	Education	2713	1680	2583	1550
卫生、社会保障和社会福利业	Health Care, Social Security & Social Welfare	280	191	268	234
文化、体育和娱乐业	Culture, Sports & Recreational Services	1012	478	1012	135
公共管理和社会组织	Public Administration & Social Organization				
国际组织	International Organizations				

5-18 续表 continued

单位：万元 (10 000 yuan)

行业	Sector	单位从业人员劳动报酬 Total Remuneration	在岗职工工资总额 Wages of Fully Employed Staff & Workers	其他从业人员劳动报酬 Remuneration for Other Employed Persons	# 聘用的离退休人员 Re-employed Retirements
总 计	**Total**	**625956**	**619597**	**6358**	**1134**
按企、事业和机关分组	**Grouped by Enterprises, Institutions & Agencies**				
企业	Enterprises	624172	617881	6291	1077
事业	Institutions	1784	1716	67	57
机关	Agencies & Organizations				
按国民经济行业分组	**Grouped by Sector**				
农、林、牧、渔业	Farming, Forestry, Animal Husbandry and Fishery	6732	6723	9	5
采矿业	Mining	84595	83496	1099	56
制造业	Manufacturing	363642	361984	1658	687
电力、燃气及水的生产和供应业	Production & Supply of Electric Power, Gas & Water	57993	57953	40	24
建筑业	Construction	68071	66344	1728	136
交通运输、仓储和邮政业	Transportation, Storage & Postal Services	5515	5512	3	2
信息传输、计算机服务和软件业	Information Transmission, Computer Service & Software	3850	3662	188	8
批发和零售业	Wholesale & Retail Trade	14303	14271	33	26
住宿和餐饮业	Quarters & Catering	6623	6589	35	28
金融业	Banking	3512	2169	1343	3
房地产业	Real Estate	2945	2930	16	12
租赁和商务服务业	Leasing & Commercial Services	2814	2782	31	9
科学研究、技术服务和地质勘查业	Scientific Research, Technical Services & Geological Prospecting	1212	1129	84	55
水利、环境和公共设施管理业	Water Conservancy, Environment & Public Facilities Administration	770	770		
居民服务和其他服务业	Resident Services & Other Services	508	507	1	1
教育	Education	1901	1820	81	70
卫生、社会保障和社会福利业	Health Care, Social Security & Social Welfare	241	229	12	12
文化、体育和娱乐业	Culture, Sports & Recreational Services	728	728		
公共管理和社会组织	Public Administration & Social Organization				
国际组织	International Organizations				

主要统计指标解释

经济活动人口 指在 16 岁以上，有劳动能力，参加或要求参加社会经济活动的人口；包括从业人员和失业人员。

从业人员 指从事一定社会劳动并取得劳动报酬或经营收入的人员，包括全部职工、再就业的离退休人员、私营业主、个体户主、私营和个体从业人员、乡镇企业从业人员、农村从业人员、其他从业人员(包括民办教师、宗教职业者、现役军人等)。这一指标反映了一定时期内全部劳动力资源的实际利用情况，是研究我国基本国情国力的重要指标。

各单位的从业人员 指在各级国家机关、政党机关、社会团体及企业、事业单位中工作，取得工资或其他形式的劳动报酬的全部人员。包括在岗职工、再就业的离退休人员、民办教师以及在各单位中工作的外方人员和港澳台方人员、兼职人员、借用的外单位人员和第二职业者。不包括离开本单位仍保留劳动关系的职工。各单位的从业人员反映了各单位实际参加生产或工作的全部劳动力。

城镇私营和个体从业人员 城镇私营从业人员指在工商管理部门注册登记，其经营地址设在县城关镇(含城关镇)以上的私营企业从业人员；包括私营企业投资者和雇工。城镇个体从业人员指在工商管理部门注册登记，并持有城镇户口或在城镇长期居住，经批准从事个体工商经营的从业人员；包括个体经营者和在个体工商户劳动的家庭帮工和雇工。

城镇登记失业人员 指有非农业户口，在一定的劳动年龄内，有劳动能力，无业而要求就业，并在当地就业服务机构进行求职登记的人员。

城镇登记失业率 指城镇登记失业人数同城镇从业人数与城镇登记失业人数之和的比。计算公式为：

城镇登记失业率=城镇登记失业人数/(城镇从业人数+城镇登记失业人数)×100%

职工 指在国有经济、城镇集体经济、联营经济、股份制经济、外商和港、澳、台投资经济、其他经济单位及其附属机构工作，并由其支付工资的各类人员，不包括返聘的离退休人员、民办教师、在国有经济单位工作的外方人员和港、澳、台人员(1998 年以后的数据均为在岗职工数据，其他相关指标如职工工资总额，职工平均工资等指标也从 1998 年按此口径进行了相应调整)。

国有单位职工 指在国有经济单位及其附属机构工作，并由其支付工资的各类人员。

城镇集体单位职工 指在城镇集体经济单位及其管理部门工作，并由其支付工资的各类人员。

其他单位职工 指在联营经济、股份制经济、外商投资经济、港、澳、台投资经济单位工作，并由其支付工资的各类人员。

在岗职工 指在本单位工作并由单位支付工资的人员，以及有工作岗位，但由于学习、病伤产假等原因暂未工作，仍由单位支付工资的人员。

职工工资总额 指各单位在一定时期内直接支付给本单位全部职工的劳动报酬总额。工资总额的计算原则应以直接支付给职工的全部劳动报酬为根据。各单位支付给职工的劳动报酬以及其他根据有关规定支付的工资，不论是计入成本的还是不计入成本的，不论是按国家规定列入计征奖金税项目的，还是未列入计征奖金税项目的，不论是以货币形式支付的还是以实物形式支付的，均包括在工资总额内。

奖金 指支付给职工的超额劳动报酬和增收节支的劳动报酬。

津贴和补贴 指为了补偿职工特殊或额外的劳动消耗和因其他特殊原因支付给职工的津贴，以及为了保证职工工资水平不受物价影响支付给职工的物价补贴。

职工平均工资 指企业、事业、机关单位的职工在一定时期内平均每人所得的货币工资额。它表明一定时期职工工资收入的高低程度，是反映职工工资水平的主要指标。计算公式为：

职工平均工资=报告期实际支付的全部职工工资总额/报告期全部职工平均人数

职工平均工资指数 指报告期职工平均工资与基期职工平均工资的比率，是反映不同时期职工货币工资水平变动情况的相对数。计算公式为：

职工平均工资指数=报告期职工平均工资/基期职工平均工资

职工平均实际工资指数 职工平均实际工资指扣除物价变动因素后的职工平均工资。职工平均实际工资指数是反映实际工资变动情况的相对数，表明职工实际工资水平提高或降低的程度。计算公式为：

职工平均实际工资指数=报告期职工平均工资指数/报告期城镇居民消费价格指数×100%

Explanatory Notes on Main Statistical Indicators

Economically Active Population refers to the population aged 16 and over who are capable to work, are participating in or willing to participate in economic activities, including employed persons and unemployed persons.

Employees refers to the persons who are engaged in social labor and receive remuneration payment or earn business income, including: total staff and workers, re-employed retirees, employers of private enterprises, self-employed workers, employers in private and individual economy, employees in township, employed persons in the rural areas, and other employed persons (including teachers in the schools run by the local people, people engaged in religious profession and the servicemen, etc.) . This indicator reflects the actual utilization of total labor force during a certain period of time and is often used for the research on China's economic affairs and national power.

Persons Employed in Various Units refer to all the persons working in government agencies of various levels, political and party organizations, social organizations, enterprises and institutions, and receiving wages or other forms of payment. They include fully employed staff and workers, re-employed retirees, teachers in schools run by the local people, foreigners and Chinese compatriots from Hong Kong, Macao and Taiwan working in various units, part time employees, employees of other units working temporarily at current posts, and employees holding the second job, but exclude staff and workers who have left their working units while keeping their labor contract (employment relation) unchanged. This indicator reflects the total number of laborers actually engaged in production or other operations in various units.

Persons-Employed in Private Enterprises and Self Employed Individuals in Urban Areas Persons employed in private enterprises refer to the persons employed in the private enterprises which have been registered at the departments of industrial and commercial administration and are situated at a county town (i. e. a town where the county government is located) for business operation or at urban areas with the level higher than a county town. The self employed individuals in urban areas refer to persons who hold the certificates of residence in urban areas or have resided in the urban areas for a long time and have been registered at the departments of industrial and commercial administration and approved to be engaged in individual industrial or commercial business, including self-employed persons as well as helpers and hired laborers who work in the individual households engaged in industrial or commercial business.

Registered Urban Unemployed Persons The registered unemployed persons in urban areas refer to the persons who are registered as permanent residents in the urban areas engaged in non agricultural activities, aged within the range of working age, capable to labor, unemployed but desirous to be employed and have been registered at the local employment service agencies to apply for a job.

Registered Urban Unemployment Rate Registered unemployment rate in urban areas refers to the ratio of the number of the registered unemployed persons to the sum of the number of employed persons and the registered unemployed persons. The formula is as follows:

Registered urban unemployment rate = number of registered urban unemployed persons / (urban employed person number + registered urban unemployed person number) $\times 100\%$

Staff and Workers refer to the persons who work in (and receive payment there from) enterprises and institutions of state ownership, collective ownership, joint ownership, share holding, foreign ownership, and ownership by entrepreneurs from Hong Kong, Macao, and Taiwan, and other types of ownership and their affiliated units, excluding the retired persons invited to work in the units again, teachers in the schools run by the local people and foreigners and persons coming from Hong Kong, Macao, and Taiwan and working in the state owned economic units. (The figures since 1998 refer to those of fully employed staff and workers. Other relative figures since 1998, such as total wages of staff and workers, average wage of staff and workers, etc. , were adjusted according to the standard) .

Staff and Workers in State owned-Economic Units refer to the persons who work in the state owned economic units or their attached units and are listed in their payrolls.

Staff and Workers of Collective Owned Units in Urban Areas refer to the persons who work in collective owned units in urban areas and their administration departments and receive payment there from.

Staff and Workers in Units of Other types of Ownership refer to those who work in (and receive payment there from) enterprises and institutions of joint ownership, share holding, foreign ownership, and ownership by entrepreneurs from Hong Kong, Macao, and Taiwan.

Fully Employed Staff and Workers refer to persons who work in, and receive wages from their working units, as well as persons who have their work posts, but are temporarily absent from work for reasons of study or on sick, injury or maternal leave and still receive wages from their working units.

Total Wages of Staff and Workers refer to the total remuneration payment to staff and workers in various units during a certain period of time. The calculation of total wages is based on the total remuneration payment to the staff and workers. Therefore, all the wages and salaries and other payments to staff and workers are included in the total wages regardless of their sources, category, and forms (in kind or cash) .

Bonus refers to remuneration payment to workers for extra work and for increasing earnings and practicing economy.

Subsidies and Allowances refer to subsidies paid to staff and workers for compensating special or extra labor and allowances paid to staff and workers to offset the impact of inflation on real wages.

Average Wage of Staff and Workers refers to the average wage in money terms per person during a certain period of time for staff and workers in enterprises, institu-tions, and government agencies, which reflects the general level of wage income during a certain period of time and is calculated as follows:

Average Wage of Staff and Workers = Total Wages of Staff and Workers in Reference Period / Average Number of Staff and Workers in Reference Period

Index of Average Wage of Staff and Worker refers to the ratio of average wage of staff and workers at the report time to that at the reference time. It reflects the relative changing degree of average wage in money terms at the several of time, which is calculated as following:

Index of Average Wage of Staff and Worker = average wage of staff and workers at the report time / average wage of staff and workers at the reference time

Index of Average Real Wage of Staff and Worker refers to the average wage which has removed the factor of price change. Index of average real wage of staff and worker reflects the relative changing degree of average real wage, and indicates the degree of the rising or declining degree of real wage of staff and worker, which is calculated as following:

Index of Average Real Wage of Staff and Worker = Index of Average Wage of Staff and Worker at the Report Time / Urban Consumer Prices Index at the Report Time ×100%

六 固定资产投资

INVESTMENT IN FIXED ASSETS

资料整理 云俊生 陈剑明 郭晓玲
Arranged by Yun Junsheng , Chen Jianming , Guo Xiaoling

6-1 全社会固定资产投资
Total Investment in Fixed Assets

指标	Item	2002	2003	2003年比2002年增长% Increase Rate in 2003 over 2002(%)
投资总额(亿元)	**Total Investment(100 million yuan)**	**715.09**	**1209.44**	**69.13**
按登记注册类型分	Grouped by Status of Registration			
国有	State-owned Units	341.58	582.33	70.48
集体	Collective-owned Units	23.93	29.51	23.32
# 农 村	Rural	20.40	21.88	7.25
联营	Joint-ownership Economic Units	1.01	2.28	125.74
# 国有联营	State Joint-ownership Economic Units	0.10	1.84	1740.00
集体联营	Collective Joint-ownership Enterprises	0.01		
国有与集体联营	Joint State-collective	0.24	0.06	-75.00
有限责任公司	Limited Liability Corporations	173.07	322.26	86.20
# 国有独资	Exclusive State-funded Limited Liability Corp.	29.29	46.53	58.86
股份有限公司	Share-holding Corporations	58.46	108.42	85.46
私营	Private Enterprises	39.12	69.93	78.76
其他	Others	3.76	7.36	95.74
港澳台商投资	Economic Units Funded by Entrepreneurs from Hong Kong.Macao and Taiwan	5.91	6.42	8.63
外商投资	Foreign Funded Economic Units	2.81	8.47	201.42
个人投资	Individuals	61.45	68.93	12.17
# 农村	Rural	52.16	55.68	6.75
按管理渠道分	Grouped by Channel of Management			
基本建设	Capital Construction	421.75	781.12	85.21
更新改造	Innovation	107.55	177.90	65.41
房地产开发	Real Estate Development	72.53	90.87	25.29
其他投资	Others	32.75	71.11	117.13
按资金来源分	Grouped by Source of Funds			
国家预算内资金	State Budgetary Appropriation	113.10	124.28	9.89
国内贷款	Domestic Loans	110.60	228.52	106.62
利用外资	Foreign Investment	18.43	9.65	-47.64
自筹资金	Fund Raising	323.10	669.73	107.28
其他资金	Others	84.07	111.41	32.52
按构成分	Grouped by Use of Funds			
建筑安装工程	Construction and Installation	467.86	789.66	68.78
设备工器具购置	Purchase of Equipment and Instruments	152.19	256.25	68.38
其他费用	Others	95.04	163.53	72.06
房屋建筑面积(万平方米)	**Floor Space of Buildings(10 000 sq.m)**			
施工面积	Floor Space under Construction	3942.50	5138.33	30.33
竣工面积	Floor Space Completed	2804.96	3415.95	21.78
# 住宅	Residential Buildings	1782.99	2028.11	13.75

注：按资金来源分组为财务拨款数，各项相加不等于投资总额。以下各表同。

a)Total investment grouped by sources of finance refers to financial appropriation, and the broken down figures do not add up to the total. The same as in the following tables.

6-2 全社会固定资产投资(按登记注册类型和产业分)

单位：亿元

年 份 Year	投资总额 Total Investment	# 住宅 Residential Buildings	按登记注册类型分 国有及国有控股 State-owned or Controlling Share Hold Units	基本建设 Capital Construction	更新改造 Innovation
1985	52.42	11.17	39.10	27.40	7.43
1986	47.57	7.76	37.00	23.17	11.35
1987	53.32	9.65	39.06	24.49	12.31
1988	72.05	12.61	49.23	29.00	14.59
1989	70.68	12.71	52.92	37.96	14.13
1990	70.77	13.71	56.77	39.72	15.04
1991	100.66	19.64	81.63	59.76	18.15
1992	149.24	15.38	123.61	91.33	25.94
1993	217.40	41.26	178.41	126.71	39.52
1994	250.99	46.65	200.74	141.40	51.12
1995	273.06	51.93	210.00	136.92	65.09
1996	275.54	59.47	208.10	145.99	51.65
1997	317.50	59.63	223.35	166.99	45.90
1998	350.16	77.27	225.69	168.73	44.63
1999	383.37	87.06	241.76	183.67	45.50
2000	430.42	87.38	275.06	221.15	41.35
2001	496.43	96.04	269.69	214.06	44.33
2002	715.09	98.35	370.96	298.82	64.31
2003	1209.44	114.27	630.70	530.08	84.30

Total Investment in Fixed Assets by Status of Registration and Industry

(100 millon yuan)

Grouped by Status of Registration					
房地产开发 Real Estate Development	国有其他 State-owned Others	集体 Collective-owned Units	城镇集体 Urban	农村集体 Rural	个体 Individuals
	4.27	2.51	1.38	1.13	10.81
	2.48	2.52	1.54	0.98	8.05
	2.26	3.07	1.86	1.21	11.19
	5.64	4.44	2.43	2.01	18.38
	0.83	3.98	2.06	1.92	13.78
1.17	0.84	3.06	1.32	1.74	10.94
2.15	1.57	4.72	1.98	2.74	14.31
4.21	2.13	6.52	3.29	3.23	19.11
9.31	2.87	7.93	3.72	3.05	19.68
5.69	2.53	8.29	2.41	4.67	30.46
5.02	2.97	11.14	2.42	7.19	44.09
6.97	3.48	11.96	2.87	7.32	44.18
7.61	2.85	12.37	2.83	8.43	45.90
9.63	2.70	14.69	2.60	9.36	53.03
9.64	2.95	24.51	2.63	19.28	55.06
10.20	2.35	27.15	3.61	19.13	51.64
9.58	1.70	28.00	4.01	19.39	86.25
4.68	3.16	27.94	7.54	20.40	100.57
7.53	8.80	33.04	11.16	21.88	138.86

6-2 续表

单位：亿元

年 份 Year	按登记类型分 Grouped by Status of Registration			按隶属关系分 By Administrative Relationship	
	城镇工矿区建房 Building Construction of Citied, Towns, Industrial and Mining Areas	农村个人投资 Indivdual Investment in Rural Areas	其他类型投资 Others	中央项目 Central Government Projects	地方项目 Local Projects
1985	2.07	8.74		23.44	28.98
1986	2.05	6.00		17.48	30.09
1987	2.33	8.86		17.96	35.36
1988	3.47	14.91		24.63	47.42
1989	2.94	10.84		29.31	41.37
1990	2.81	8.13		29.81	40.96
1991	3.28	11.03		42.16	58.50
1992	5.84	13.27		62.50	86.74
1993	7.02	12.66	11.38	78.02	139.38
1994	7.23	23.23	11.50	92.55	158.44
1995	7.56	36.53	7.83	98.50	174.56
1996	7.52	36.66	11.30	96.53	179.01
1997	6.89	39.01	35.88	142.34	175.16
1998	12.09	40.94	56.75	109.49	240.67
1999	12.05	43.01	62.04	90.28	293.09
2000	5.40	45.88	76.57	60.41	370.01
2001	6.09	48.74	112.49	60.31	436.12
2002	7.96	52.16	215.62	103.75	611.34
2003	10.88	55.68	406.84	129.78	1079.66

continued

(100 million yuan)

按三次产业分 Grouped by Type of Industry			房屋建筑面积 Floor Space of Buildings		
第一产业 Primary Industry	第二产业 Secondary Industry	第三产业 Tertiary Industry	施工面积（万平方米） Floor space under Construction (10 000 sq.m)	竣工面积（万平方米） Floor Space Completed (10 000 sq.m)	#住宅 Residential Buildings
4.85	25.69	21.88	2524.6	2064.4	1379.2
3.49	23.66	20.42	1769.8	1359.5	931.6
1.92	26.55	24.85	1892.3	1518.8	1023.8
5.58	38.89	27.58	1953.1	1513.5	1088.9
5.38	42.05	23.25	1638.0	1282.4	912.5
5.39	40.55	24.83	1490.0	1159.8	844.4
8.02	54.53	38.11	2122.2	1570.8	1167.8
10.18	81.05	58.01	1408.0	1409.7	959.8
7.62	106.17	62.35	1752.9	1885.1	1230.1
11.25	132.09	60.00	2419.0	1907.2	1413.8
18.95	143.34	58.84	2744.2	2216.0	1569.3
16.75	128.90	70.42	2749.9	2099.7	1584.2
24.15	145.14	88.59	2972.9	2476.6	1709.1
29.44	131.69	144.40	3276.4	2638.7	1788.7
37.27	101.92	153.19	3342.6	2555.1	1825.2
138.03	117.76	187.25	3444.1	2599.9	1874.9
40.79	152.86	206.74	3633.2	2618.2	1807.8
80.83	245.55	290.37	3942.5	2805.0	1783.0
90.78	508.49	495.90	5138.3	3416.0	2028.1

6-3 全社会固定资产投资(按资金来源和构成分)
Total Investment of Fixed Assets by Source of Finance & Use of Fund

年份 Year	按资金来源分 Grouped by Source of Finance				按构成分 Grouped by Use of Funds		
	国家预算内资金 State Budgetary Appropriations	国内贷款 Domestic Loans	利用外资 Foreign Investment	自筹和其他资金 Fund Raising and Others	建筑安装工程 Construction and Installation	设备工具器具购置 Purchase of Equipment & Instruments	其他费用 Others
投资额(万元) Investment (10 000 yuan)							
1985	152009	58493	11220	302486	344422	143230	36556
1986	151484	75170	7911	241143	327771	110557	37380
1987	148842	89471	7309	287564	370975	121794	40417
1988	165576	139830	8510	406625	513956	161270	45315
1989	133482	100369	43142	429757	481415	163606	61729
1990	148453	132199	57241	369846	466990	160187	80562
1991	177154	212819	129313	515106	692780	206234	105747
1992	187841	399716	217757	744941	1003377	330977	158877
1993	145484	524756	228825	1153498	1475388	495323	203289
1994	190289	646675	172001	1442919	1538978	657469	278796
1995	175546	583256	232002	1617671	1609643	749927	370991
1996	150246	710872	76386	1661729	1666690	664510	424171
1997	143587	997032	79710	1880868	1937796	753100	484275
1998	266157	888211	45659	2211536	2306538	708744	486673
1999	442502	689372	144490	2442264	2627258	735037	417817
2000	435776	761680	155448	2732802	2985528	870546	448109
2001	437274	1066975	301567	2867155	3439701	939451	585138
2002	1130966	1106042	184314	4071758	4678575	1521943	950372
2003	1242788	2285156	96546	7811394	7896627	2562501	1635268
构成(%) Percentage							
1985	29.0	11.2	2.1	57.7	65.7	27.3	7.0
1986	31.8	15.8	1.7	50.7	68.9	23.2	7.9
1987	27.9	16.8	1.4	53.9	69.6	22.8	7.6
1988	23.0	19.4	1.2	56.4	71.3	22.4	6.3
1989	18.9	14.2	6.1	60.8	68.1	23.2	8.7
1990	21.0	18.7	8.1	52.2	66.0	22.6	11.4
1991	17.1	20.6	12.5	49.8	69.0	20.5	10.5
1992	12.1	25.8	14.0	48.1	67.2	22.2	10.6
1993	7.1	25.6	11.1	56.2	67.9	22.8	9.3
1994	7.8	26.4	7.0	58.8	62.2	26.6	11.2
1995	6.7	22.4	8.9	62.0	58.9	27.5	13.6
1996	5.8	27.3	2.9	63.9	60.5	24.1	15.4
1997	4.6	32.2	2.6	60.6	61.0	23.7	15.3
1998	7.8	26.1	1.3	64.8	65.9	20.2	13.9
1999	11.9	18.5	3.9	65.7	69.5	19.4	11.1
2000	10.7	18.6	3.8	66.9	69.4	20.2	10.4
2001	9.3	22.8	6.5	61.4	69.3	18.9	11.8
2002	17.4	17.0	2.8	62.7	65.4	21.3	13.3
2003	10.9	20.0	0.8	68.3	65.3	21.2	13.5

6-4 基本建设和更新改造投资

Investment in Capital Construction and Innovation

单位：万元 (10 000 yuan)

年份 Year	基本建设投资 Investment in Capital Construction	# 国家预算内投资 State Budgetary Appropriations	更新改造投资 Investment in Innovation	# 国家预算内投资 State Budgetary Appropriations
1953	9023	9023		
1957	33924	30600		
1958	92561	87100		
1959	123349	109837		
1960	126527	105647		
1961	37891	33580		
1962	22441	20383		
1963	32433	29364	896	810
1964	45811	40998	943	844
1965	60092	53731	983	879
1966	57947	49172	1213	1029
1967	30140	26592	3913	3451
1968	32118	28830	4396	3943
1969	34500	30963	4831	4333
1970	57821	49819	5684	4899
1971	63575	49921	6315	4957
1972	64531	50146	6648	5165
1973	73940	59538	7148	5754
1974	92615	74837	7505	5944
1975	92791	73482	8256	6538
1976	90651	69994	10748	8197
1977	103920	81680	14330	11149
1978	139107	115969	12795	10519
1979	145529	113401	18134	14026
1980	131240	71096	18504	10029
1981	86507	49210	35337	2099
1982	125569	52891	48698	2196
1983	172975	76682	62467	9552
1984	220620	130018	52717	12373
1985	273998	129286	74296	4138
1986	231732	112239	113495	3182
1987	244947	107333	123046	2787
1988	290063	111867	145892	2147
1989	379582	104085	141302	1201
1990	397181	121853	150422	1722
1991	597637	105134	181532	1154
1992	913261	130855	259437	5476
1993	1335193	120365	408039	10766
1994	1494656	171234	525459	3535
1995	1406923	156893	670806	9288
1996	1529479	123613	539286	10857
1997	1962144	123759	488494	3166
1998	2063004	186567	516131	14553
1999	2035362	389627	559002	13459
2000	2420326	366130	591502	14074
2001	2688191	407173	695827	28097
2002	4217455	1007553	1075476	32972
2003	7811198	1133553	1779034	52972

6-5 按登记注册类型分的全社会固定资产投资(2003年)

指标	Item	总计 Total	内资 国有 State-owned Units	集体 Collective-owned Units	股份合作 Coopeative Enterprises
投资总额(万元)	**Total Investment(10 000 yuan)**	**12094396**	**5823261**	**295062**	**35394**
按资金来源分	Grouped by Source of Funds				
国家预算内资金	State Appropriations	1242788	1062284	40157	2880
国内贷款	Domestic Loans	2285156	1168741	59479	2385
利用外资	Foreign Investment	96546	47726	4349	
自筹资金	Fund Raising	6697268	2459549	171878	25160
其他资金	Others	1114126	485925	15385	5524
按管理渠道分	Grouped by Channel of Management				
基本建设	Capital Construction	7811198	5106546	13537	9645
更新改造	Innovation	1779034	561734	11133	3946
房地产开发	Real Estate Development	908681	75226	14980	10331
其他投资	Others	711079	79755	36575	11472
按构成分	Grouped by Use of Funds				
建筑安装工程	Construction and Installation	7896627	4371282	161309	25157
设备、工具器具购置	Purchase of Equipment & Instruments	2562501	707212	76315	6020
其他费用	Others	1635268	744767	57438	4217
新增固定资产(万元)	**Newly Increased Fixed Assets (10 000 yuan)**	**8501029**	**4020061**	**271463**	**20377**
房屋建筑面积(万平方米)	**Floor Space of Buildings (10 000 sq.m)**				
施工面积	Floor Space Under Construction	5138.33	1796.71	239.63	39.05
竣工面积	Floor Space Completed	3415.95	963.49	223.32	18.18
# 住宅	Residential Buildings	2028.11	427.44	72.42	6.96

Total Investment in Fixed Assets by Status of Registration(2003)

Domistic-funded Enterprises					港澳台投资 Economic Units Funded by Entrepreneurs from HK,Macao & Taiwan	外商投资 Foreign Funded Economic Units	个人投资 Indivi-duals	#个体经营 Manage by Indiv-iduals
联营经济 Joint-owned Economic Units	有限责任公司 Limited Liabibity Corp.	股份有限公司 Share-holding Corp.Ltd.	私营 Private Enter-prises	其他 Others				
22776	**3222570**	**1084197**	**699307**	**73627**	**64201**	**84681**	**689320**	**8650**
	122867	12000	1400	300		100	800	
800	568522	329087	61335	2520	15400	2600	74287	30
	10105	4010	642		15930	13784		
18471	2153671	637736	494530	44365	23466	68999	599443	6712
2880	341250	94856	126440	26052	600	375	14839	1975
20630	1786114	688620	86722	36400	23913	35103	3968	1250
893	815836	278931	27577	4310	28966	45258	450	50
	447117	35680	314897	7570	800	950	1130	
1253	173503	80966	270111	25347	10522	3370	18205	7350
5568	1765135	599223	474852	51542	34490	38383	369686	5187
16402	986246	356113	143048	19906	25405	38128	187706	2342
806	471189	128861	81407	2179	4306	8170	131928	1121
6447	**2417510**	**494193**	**454959**	**59750**	**21157**	**79769**	**655343**	**6907**
3.67	1159.69	213.75	546.01	78.92	7.47	38.77	1314.66	5.16
3.67	555.59	78.79	281.37	34.43	6.47	31.32	1219.33	4.06
0.07	307.3	28.52	175.91	13.52	0.35	9.61	986.03	0.88

6-6 国有经济按各种分组的固定资产投资
Investment in Fixed Assets of State-owned Units

指 标	Item	1995	2000	2003
投资总额(万元)	**Total Investment(10 000 yuan)**	**2099845**	**2750621**	**6307021**
按资金来源分	Grouped by Source of Funds			
国家预算内资金	State Budgetary Appropriations	167282	375824	1111231
国内贷款	Domestic Loans	514959	509425	1286845
利用外资	Foreign Investment	207128	127053	47726
自筹资金	Fund Raising	939696	1139959	2763808
其他资金	Others	153491	454853	519935
按构成分	Grouped by Use of Funds			
建筑安装工程	Construction and Installation	1173494	1925160	4584694
设备、工具器具购置	Purchase of Equipment and Instruments	615448	554610	901106
其他费用	Others	310903	270851	821221
按建设性质分	Grouped by Type of Construction			
# 新建	New Construction	820541	588067	2916960
扩建	Expansion	917390	1258468	1930106
改建	Reconstruction	242964	604524	1165100
按产业分	Grouped by Type of Industry			
第一产业	Primary Industry	22483	162552	526768
第二产业	Secondary Industry	1350248	774968	1713476
第三产业	Tertiary Industry	488069	1460516	4066777
按国民经济主要行业分	Grouped by Main Sector			
农业	Agriculture	22483	162552	26097
工业	Industry	1341029	767129	1704333
# 能源工业	Energy	800786	427666	1200748
运输邮电业	Transportation, Postal and Telecommunications Services	280048	866275	1849025
新增固定资产(万元)	**Newly Increased Fixed Assets(10 000 yuan)**	**1766780**	**1877577**	**4363368**
房屋建筑面积(万平方米)	**Floor Space of Buildings(10 000 sq.m)**			
施工面积	Floor Space Under Construction	874.36	1177.96	1605.24
竣工面积	Floor Space Completed	493.23	757.69	1026.66
# 住宅	Residential Buildings	281.08	466.73	463.44

注：1.改建投资中不含单纯建造生活设施投资。

2.按国民经济行业分、按建设性质分不含房地产投资，其他统计分组的含。

3.根据新国民经济核算标准，对第一产业投资进行了调整。

a) The investment in reconstruction includes the investment in construction of facilities simply for the improvement of residents'life.

b) The investment in the real estate development is not included in the investment grouped by main sector and by type of construction.

c) Data on the investment in primary industry has been adjusted according to the new classification standards of national economic accounting.

6-7 按资金来源和隶属关系分的基本建设投资

Investment in Capital Construction by Source of Funds & Administrative Relationship

单位：万元 (10 000 yuan)

年 份 Year	按资金来源分 Grouped by Source of Funds					隶属关系分 By Administrative Relationship	
	国家预算内资金 State Budgetary Appropriations	国内贷款 Domestic Loans	利用外资 Foreign Investment	自筹资金 Fund-Raising	其他资金 Others	中央项目 Central Government Projects	地方项目 Local Projects
1985	146820	21377	10918	81333	13550	166059	107939
1986	135135	29794	6078	57267	3458	131526	100206
1987	137139	25394	5384	68025	9005	143558	101389
1988	136259	47573	6631	85692	13908	172905	117158
1989	126235	58469	40709	143792	10377	249004	130578
1990	142516	72677	55469	115055	11464	251972	145209
1991	168473	107337	127670	173198	31761	373152	224485
1992	176228	252511	209767	267285	52410	535674	377587
1993	120365	405433	216767	475446	117182	635773	681420
1994	171234	456712	154892	503527	138322	792381	702275
1995	156893	462336	168795	464207	121388	806394	600529
1996	123613	568722	64621	530553	178598	795136	734343
1997	123759	813583	64625	600910	296490	1222434	739710
1998	186567	703850	31828	638887	420120	893514	1169490
1999	389627	490073	132379	640897	356078	661395	1373967
2000	366130	502799	128939	871066	416347	375223	2045103
2001	407173	673466	206500	787733	380190	368991	2319200
2002	1007553	771038	163367	1357233	397857	775406	3442049
2003	1133553	1679756	62199	3674820	634885	905648	6905550

6-8 按构成和建设性质分的基本建设投资

Investment in Capital Construction by Use & Type of Construction

单位：万元 (10 000 yuan)

年 份 Year	投资额 Total	按构成分 By Use of Funds			按建筑性质分 By Type of Construction		
		建筑安装工程 Construction and Installation	设备、工具器具购置 Purchase of Equipment & Instruments	其他费用 Others	#新 建 New Construction	#扩 建 Expansion	#改 建 Reconstruction
1985	273998	190467	56803	26728	127955	121163	7334
1986	231732	167490	39201	25041	108171	104063	7807
1987	244947	178537	42216	24194	121229	95310	12974
1988	290063	208246	54674	27143	142558	114092	13843
1989	379582	267785	74114	37683	221421	126260	14397
1990	397181	263934	73376	59871	192731	167742	18454
1991	597637	426100	93500	78000	314800	225100	28200
1992	913261	620230	173200	119831	502590	312245	46206
1993	1335193	920453	269719	145021	720925	460961	64865
1994	1494656	878325	393836	222495	4729588	3314248	185081
1995	1406923	827901	301023	26899	803867	4191447	75730
1996	1529479	914691	271500	343288	655272	637595	98427
1997	1962144	1209339	353702	399103	954278	726615	107935
1998	2063004	1399370	295772	367862	785389	785398	293840
1999	2035362	1547240	236162	251960	536610	910642	378931
2000	2420326	1790167	367351	262808	689285	1062705	476023
2001	2688191	2008125	364008	316058	927176	1107920	480441
2002	4217455	3082956	571630	562869	1839594	1632682	564987
2003	7811198	5586457	1166648	1058093	4744552	1793669	1018810

6-9 国民经济各行业按建设性质分的基本建设投资(2003年)

Investment in Capital Construction by Type of Construction & by Sector(2003)

单位：万元 (10 000 yuan)

行业	Sector	投资额 Investment	#新建 New Constr-uction	#扩建 Expa-nsion	#改建 Recons-truction
全　　区	**Autonomous Regional Total**	**7811198**	**4744552**	**1793669**	**1018810**
一、按农、轻、重分	**Grouped by Agriculture, Light Industry & Heavy Industry**				
农 业	Agriculture	536642	211009	222109	100257
轻工业	Light Industry	276167	186375	44215	10914
#以农产品为原料的工业	Using Farming Products as Raw Material	212124	135222	33295	10864
重工业	Heavy Industry	7535031	4558177	1749454	1007896
二、按国民经济行业分	**Grouped By Sector**				
农、林、牧、渔业	**Farming, Forestry, Animal Husbandry & Fishery**	**536642**	**211009**	**222109**	**100257**
农 业	Farming	28802	20705	6571	250
林 业	Forestry	305881	93213	162002	49742
畜牧业	Animal Husbandry	76142	41530	23245	11367
渔 业	Fishery	450	450		
农、林、牧、渔服务业	Agricultural Services	125367	55111	30291	38898
采矿业	**Mining**	**342069**	**181490**	**147043**	**9141**
煤炭开采和洗选业	Coal Mining & Processing	111770	86232	16262	5151
石油和天然气开采业	Extraction of Petroleum & Natural Gas	163806	52005	111601	
黑色金属矿采选业	Mining & Dressing of Ferrous Metals	19122	16902	2220	
有色金属矿采选业	Mining & Dressing of Nonferrous Metals	35896	15676	16160	3990
非金属矿采选业	Mining & Dressing of Nonmetal Minerals	10498	9698	800	
其他采矿业	Mining of Other Mineral	977	977		
制造业	**Manufacturing**	**1253765**	**1005890**	**187316**	**12227**
农副食品加工业	Processing of Agricultural Side-line Food	58891	28556	16999	5286
食品制造业	Food Manufacturing	85089	63595	894	
饮料制造业	Beverage Manufacturing	8948	1600	986	4890
烟草制品业	Tobacco Products				
纺织业	Textile Industry	22929	12868	9461	600
纺织服装、鞋、帽制造业	Textile Products, Clothes, Shoes & Hats	3688	1300		88
皮革、毛皮、羽毛（绒）及其制品业	Leather, Furs, Down & Related Products	1270	1000	270	
木材加工及木、竹、藤、棕、草制品业	Timber Processing, Bamboo, Cane, Palm Fiber & Straw Products	12628	8603	4025	
家具制造业	Furniture Manufacturing	1050	1050		
造纸及纸制品业	Paper-making & Paper Products	14273	13292	660	
印刷业和记录媒介的复制	Printing & Record Pressing	2150	1350	800	
文教体育用品制造业	Cultural, Educational & Sports Goods				
石油加工、炼焦及核燃料加工业	Petroleum Processing , Coke Products & Processing of Nuclear Fuel	72670	67170	5300	
化学原料及化学制品制造业	Raw Chemical Materials & Chemical Products	99695	93421	4350	1313
医药制造业	Medicine Manufacturing	55073	43393	10120	
化学纤维制造业	Chemical Fiber Manufacturing	200	200		

6-9 续表 1 continued

单位：万元 (10 000 yuan)

行业	Sector	投资额 Investment	#新建 New Construction	#扩建 Expansion	#改建 Reconstruction
橡胶制品业	Rubber Products	3358	3358		
塑料制品业	Plastic Products	6620	6210		50
非金属矿物制品业	Nonmetal Mineral Products	74711	58544	14755	
黑色金属冶炼及压延加工业	Smelting & Pressing of Ferrous Metals	203722	155218	48178	
有色金属冶炼及压延加工业	Smelting & Pressing of Nonferrous Metals	419663	395878	23785	
金属制品业	Metal Products	6273	5743	530	
通用设备制造业	Manufacturing of General Purpose Equipment	2105	880		
专用设备制造业	Special Purposes Equipment Manufacturing	84183	30624	45000	
交通运输设备制造业	Transportation Equipment Manufacturing	6773	4380	1203	
电气机械及器材制造业	Electric Equipment & Machinery	1400	1400		
通信设备、计算机及其他电子设备制造业	Manufacturing of Telecommunications, Computer & Other Electronic Equipment	5693	5547		
仪器仪表及文化、办公用机械制造业	Instruments, Meters, Cultural & Office Machinery				
工艺品及其他制造业	Handicrafts & Other Production	710	710		
废弃资源和废旧材料回收加工业	Recovering of Abandoned Resource & Waste Materical				
电力、燃气及水的生产和供应业	**Production & Supply of Electric Power,Gas & Water**	**1466761**	**989649**	**269408**	**181987**
电力、热力的生产和供应业	Production & Supply of Electric Power and Heating Power	1306781	863929	237913	179765
燃气生产和供应业	Production & Supply of Gas	104980	95358	9622	
水的生产和供应业	Production & Supply of Water	55000	30362	21873	2222
建筑业	**Construction**	**23618**	**10467**	**372**	**213**
房屋和土木工程建筑业	Housing & Civil Engineering Construction	23618	10467	372	213
建筑安装业	Installation of Buildings				
建筑装饰业	Decoration of Buildings				
其他建筑业	Other Construction				
交通运输、仓储和邮政业	**Transportation, Storage & Postal Services**	**1833623**	**1039244**	**280673**	**508155**
铁路运输业	Railway Transport	132404	54071	76371	762
道路运输业	Roadway Transport	1649745	962477	178662	506715
城市公共交通业	Public Traffic in Cities	3848		3616	
水上运输业	Waterway Transport				
航空运输业	Air Transport	14429	12117	950	678
管道运输业	Pipeline Transport				
装卸搬运和其他运输服务业	Loading,Unloading,Carrying & Transport	60	60		
仓储业	Storage	28487	10464	16729	
邮政业	Postal Services	4650	55	4345	
信息传输、计算机服务和软件业	**Information Transmission,Computer Service & Computer Software**	**50185**	**19943**	**27941**	**2066**
电信和其他信息传输服务	Telecommunication & other Information Transmission	50185	19943	27941	2066
计算机服务业	Computer Services				
软件业	Software				
批发和零售业	**Wholesale & Retail Trade**	**137214**	**83433**	**31989**	**16126**
批发业	Wholesale Trade	65360	39053	17547	5404
零售业	Retail Trade	71854	44380	14442	10722
住宿和餐饮业	**Quarters & Catering**	**48343**	**29782**	**7893**	**7765**
住宿业	Quarters	27883	17825	7153	2705
餐饮业	Catering	20460	11957	740	5060

6-9 续表 2 continued

单位：万元 (10 000 yuan)

行业	Sector	投资额 Investmert	#新建 New Construction	#扩建 Expansion	#改建 Reconstruction
金融业	**Finance**	**15856**	**9257**	**1797**	**107**
银行业	Banking	14986	8807	1797	107
证券业	Bond				
保险业	Insurance	870	450		
其他金融活动	Others				
房地产业	**Real Estate**	**80470**	**50856**	**9528**	**3886**
房地产业	Real Estate	80470	50856	9528	3886
租赁和商务服务业	**Leasing & Commercial Services**	**15102**	**11133**	**3469**	**500**
租赁业	Leasing Services	1600	1600		
商务服务业	Commercial Services	13502	9533	3469	500
科学研究、技术服务和地质勘查业	**Scientific Research ,Technical Services & Geological Prospecting**	**43281**	**28763**	**11239**	
研究与试验发展	Research & Development	5287	2214	2040	
专业技术服务业	Special Technical Services	11813	5717	4410	
科技交流和推广服务业	Science & Technology Exchanging & Spreading	5745	5600	145	
地质勘查业	Geological Prospecting	20436	15232	4644	
水利、环境和公共设施管理业	**Water Conservancy, Environment & Public Facilities Administration**	**1157379**	**713464**	**306070**	**131266**
水利管理业	Water Conservancy	364724	200299	115630	46727
环境管理业	Environment	50161	14663	30851	1793
公共设施管理业	Public Facilities Administration	742494	498502	159589	82746
居民服务和其他服务业	**Resident Services & Other Services**	**14208**	**10668**	**840**	**2700**
居民服务业	Resident Services	14208	10668	840	2700
其他服务业	Other Services				
教育	**Education**	**218634**	**89467**	**97667**	**8844**
教育	Education	218634	89467	97667	8844
卫生、社会保障和社会福利业	**Health Care, Social Security &Social Welfare**	**75110**	**24963**	**37326**	**2960**
卫生	Health Care	71260	23168	36896	2860
社会保障业	Social Security	379	283	96	
社会福利业	Social Welfare	3471	1512	334	100
文化、体育和娱乐业	**Culture, Sports & Recreational Services**	**86802**	**51129**	**12260**	**22833**
新闻出版业	Press	8718	8568	150	
广播、电视和音像业	Radio ,Television & Audio-visual	7995	3347	3955	693
文化艺术业	Culture & Arts	16769	12682	2745	1222
体育	Sports	13454	8276	4300	418
娱乐业	Recreational Services	39866	18256	1110	20500
公共管理和社会组织	**Public Administration & Social Organization**	**412136**	**183945**	**138729**	**7777**
中国共产党机关	Chinese Communist Party Agencies	18528	11405	4376	400
国家机构	Government Agencies	384293	168826	131353	7217
人民政协和民主党派	People's Politics Consultative Conference & Democratic Parties	1216	520	56	160
群众团体、社会团体和宗教组织	Mass Organization ,Social Organization and Religious Organization	6049	1694	2644	
基层群众自治组织	Basic Mass Autonomous Organization	2050	1500	300	
国际组织	**International Organizations**				
国际组织	International Organizations				

注：改建不含单纯建造生活设施投资。

a)The investment in reconstruction includes the investment in construction of facilities simply for the improvement of residents'life.

6-10 国民经济各行业基本建设投资和新增固定资产(2003年)

Investment in Capital Construction & Newly Increased Fixed Assets by Sector(2003)

单位：万元 (10 000 yuan)

行业	Sector	投资额 Investment	# 地方项目 Local Projects	新增固定资产 Newly Increased Fixed Assets	# 地方项目 Local Projects
全　区	**Autonomous Regional Total**	**7811198**	**6905550**	**5289686**	**4497176**
一、按农、轻、重分	**Grouped by Agriculture, Light Industry & Heavy Industry**				
农 业	Agriculture	536642	536642	439232	439232
轻工业	Light Industry	276167	276167	139051	139051
# 以农产品为原料的工业	Using Farming Products as Raw Material	212124	212124	137501	137501
重工业	Heavy Industry	7535031	6629383	5150635	4358125
二、按国民经济行业分	**Grouped By Sector**				
农、林、牧、渔业	**Farming, Forestry, Animal Husbandry & Fishery**	**536642**	**536642**	**439232**	**439232**
农 业	Farming	28802	28802	19395	19395
林 业	Forestry	305881	305881	234044	234044
畜牧业	Animal Husbandry	76142	76142	66388	66388
渔 业	Fishery	450	450	300	300
农、林、牧、渔服务业	Agricultural Services	125367	125367	119105	119105
采矿业	**Mining**	**342069**	**152569**	**204456**	**104937**
煤炭开采和洗选业	Coal Mining & Processing	111770	37011	82398	17004
石油和天然气开采业	Extraction of Petroleum & Natural Gas	163806	52005	68600	37415
黑色金属矿采选业	Mining & Dressing of Ferrous Metals	19122	19122	17014	17014
有色金属矿采选业	Mining & Dressing of Nonferrous Metals	35896	32956	28756	25816
非金属矿采选业	Mining & Dressing of Nonmetal Minerals	10498	10498	7688	7688
其他采矿业	Mining of Other Mineral	977	977		
制造业	**Manufacturing**	**1253765**	**1162412**	**824586**	**749557**
农副食品加工业	Processing of Agricultural Side-line Food	58891	58891	52452	52452
食品制造业	Food Manufacturing	85089	85089	40350	40350
饮料制造业	Beverage Manufacturing	8948	8948	10649	10649
烟草制品业	Tobacco Products				
纺织业	Textile Industry	22929	22929	16389	16389
纺织服装、鞋、帽制造业	Textile Products, Clothes, Shoes & Hats	3688	3688	628	628
皮革、毛皮、羽毛（绒）及其制品业	Leather, Furs, Down & Related Products	1270	1270	1320	1320
木材加工及木、竹、藤、棕、草制品业	Timber Processing, Bamboo, Cane, Palm Fiber & Straw Products	12628	12628	7852	7852
家具制造业	Furniture Manufacturing	1050	1050		
造纸及纸制品业	Paper-making & Paper Products	14273	14273	7861	7861
印刷业和记录媒介的复制	Printing & Record Pressing	2150	2150	1350	1350
文教体育用品制造业	Cultural, Educational & Sports Goods				
石油加工、炼焦及核燃料加工业	Petroleum Processing , Coke Products & Processing of Nuclear Fuel	72670	68670	32290	28290
化学原料及化学制品制造业	Raw Chemical Materials& Chemical Products	99695	98695	33816	32816
医药制造业	Medicine Manufacturing	55073	55073	15192	15192
化学纤维制造业	Chemical Fiber Manufacturing	200	200	200	200

6-10 续表 1 continued

单位：万元 (10 000 yuan)

行业	Sector	投资额 Investment	#地方项目 Local Projects	新增固定资产 Newly Increased Fixed Assets	#地方项目 Local Projects
橡胶制品业	Rubber Products	3358	3358	858	858
塑料制品业	Plastic Products	6620	6620	3480	3480
非金属矿物制品业	Nonmetal Mineral Products	74711	73295	42139	40723
黑色金属冶炼及压延加工业	Smelting & Pressing of Ferrous Metals	203722	203722	80332	80332
有色金属冶炼及压延加工业	Smelting & Pressing of Nonferrous Metals	419663	419663	393585	393585
金属制品业	Metal Products	6273	6273	1933	1933
通用设备制造业	Manufacturing of General Purpose Equipment	2105	2105	1705	1705
专用设备制造业	Special Purposes Equipment Manufacturing	84183	869	67809	819
交通运输设备制造业	Transportation Equipment Manufacturing	6773	5150	5293	3670
电气机械及器材制造业	Electric Equipment & Machinery	1400	1400	810	810
通信设备、计算机及其他电子设备制造业	Manufacturing of Telecommunications, Computer & Other Electronic Equipment	5693	5693	5693	5693
仪器仪表及文化、办公用机械制造业	Instruments, Meters, Cultural & Office Machinery				
工艺品及其他制造业	Handicrafts & Other Production	710	710	600	600
废弃资源和废旧材料回收加工业	Recovering of Abandoned Resource & Waste Materical				
电力、燃气及水的生产和供应业	**Production & Supply of Electric Power,Gas & Water**	**1466761**	**1168734**	**1243608**	**740164**
电力、热力的生产和供应业	Production & Supply of Electric Power and Heating Power	1306781	1008754	1137631	634187
燃气生产和供应业	Production & Supply of Gas	104980	104980	51205	51205
水的生产和供应业	Production & Supply of Water	55000	55000	54772	54772
建筑业	**Construction**	**23618**	**23548**	**14771**	**14701**
房屋和土木工程建筑业	Housing & Civil Engineering Construction	23618	23548	14771	14701
建筑安装业	Installation of Buildings				
建筑装饰业	Decoration of Buildings				
其他建筑业	Other Construction				
交通运输、仓储和邮政业	**Transportation, Storage & Postal Services**	**1833623**	**1695558**	**926135**	**897651**
铁路运输业	Railway Transport	132404	63783	106121	86721
道路运输业	Roadway Transport	1649745	1595745	758245	756245
城市公共交通业	Public Traffic in Cities	3848	3848	4048	4048
水上运输业	Waterway Transport				
航空运输业	Air Transport	14429	3635	16299	13615
管道运输业	Pipeline Transport				
装卸搬运和其他运输服务业	Loading,Unloading,Carrying & Transport	60	60	60	60
仓储业	Storage	28487	28487	36962	36962
邮政业	Postal Services	4650		4400	
信息传输、计算机服务和软件业	**Information Transmission,Computer Service & Computer Software**	**50185**	**13956**	**39771**	**12222**
电信和其他信息传输服务	Telecommunication & other Information Transmission	50185	13956	39771	12222
计算机服务业	Computer Services				
软件业	Software				
批发和零售业	**Wholesale & Retail Trade**	**137214**	**136319**	**100187**	**99522**
批发业	Wholesale Trade	65360	64540	45493	44903
零售业	Retail Trade	71854	71779	54694	54619
住宿和餐饮业	**Quarters & Catering**	**48343**	**48288**	**30703**	**30648**
住宿业	Quarters	27883	27828	16828	16773
餐饮业	Catering	20460	20460	13875	13875

6-10 续表 2 continued

单位：万元 (10 000 yuan)

行业	Sector	投资额 Investment	# 地方项目 Local Projects	新增固定资产 Newly Increased Fixed Assets	# 地方项目 Local Projects
金融业	**Finance**	**15856**	**1140**	**18211**	**520**
银行业	Banking	14986	1020	17421	400
证券业	Bond				
保险业	Insurance	870	120	790	120
其他金融活动	Others				
房地产业	**Real Estate**	**80470**	**80430**	**55267**	**55027**
房地产业	Real Estate	80470	80430	55267	55027
租赁和商务服务业	**Leasing & Commercial Services**	**15102**	**15102**	**10162**	**10162**
租赁业	Leasing Services	1600	1600	1600	1600
商务服务业	Commercial Services	13502	13502	8562	8562
科学研究、技术服务和地质勘查业	**Scientific Research ,Technical Services & Geological Prospecting**	**43281**	**38412**	**22189**	**16170**
研究与试验发展	Research & Development	5287	3535	6127	3225
专业技术服务业	Special Technical Services	11813	8696	11513	8396
科技交流和推广服务业	Science & Technology Exchanging & Spreading	5745	5745	145	145
地质勘查业	Geological Prospecting	20436	20436	4404	4404
水利、环境和公共设施管理业	**Water Conservancy, Environment & Public Facilities Administration**	**1157379**	**1055153**	**779156**	**776788**
水利管理业	Water Conservancy	364724	264024	265508	264666
环境管理业	Environment	50161	50161	32708	32708
公共设施管理业	Public Facilities Administration	742494	740968	480940	479414
居民服务和其他服务业	**Resident Services & Other Services**	**14208**	**14208**	**12718**	**12718**
居民服务业	Resident Services	14208	14208	12718	12718
其他服务业	Other Services				
教育	**Education**	**218634**	**218634**	**150589**	**150589**
教育	Education	218634	218634	150589	150589
卫生、社会保障和社会福利业	**Health Care, Social Security & Social Welfare**	**75110**	**75110**	**50259**	**50259**
卫生	Health Care	71260	71260	46339	46339
社会保障业	Social Security	379	379	453	453
社会福利业	Social Welfare	3471	3471	3467	3467
文化、体育和娱乐业	**Culture, Sports & Recreational Services**	**86802**	**86802**	**25286**	**25286**
新闻出版业	Press	8718	8718	258	258
广播、电视和音像业	Radio ,Television & Audio-visual	7995	7995	6423	6423
文化艺术业	Culture & Arts	16769	16769	9498	9498
体育	Sports	13454	13454	5297	5297
娱乐业	Recreational Services	39866	39866	3810	3810
公共管理和社会组织	**Public Administration & Social Organization**	**412136**	**382533**	**342400**	**311023**
中国共产党机关	Chinese Communist Party Agencies	18528	18528	11783	11783
国家机构	Government Agencies	384293	354690	323965	292588
人民政协和民主党派	People's Politics Consultative Conference & Democratic Parties	1216	1216	816	816
群众团体、社会团体和宗教组织	Mass Organization ,Social Organization and Religious Organization	6049	6049	4436	4436
基层群众自治组织	Basic Mass Autonomous Organization	2050	2050	1400	1400
国际组织	**International Organizations**				
国际组织	International Organizations				

6-11 按项目规模分的基本建设投资及项目

Number of Capital Construction Projects by Project Size

年份 Year	项目投资(万元) Investment in Projects(10 000 yuan) 大中型 Large and Medium Sized	小 型 Small Sized	施工项目(个) Number of Projects Under Construction (unit)	#大中型 Large and Medium Sized	新开工项目(个) Started This Year (unit)	#大中型 Large and Medium Sized
1985	141087	132911	2602	32	2039	5
1986	118510	113222	1922	37	1299	6
1987	137881	107066	1902	37	1231	4
1988	168984	121079	2022	38	1381	5
1989	256555	123027	1496	38	756	3
1990	281350	115831	1537	37	878	3
1991	427420	170217	1811	35	1225	5
1992	602553	310708	2276	44	1523	8
1993	824334	510859	2307	45	1391	4
1994	1011035	483621	1916	51	1100	8
1995	971377	435546	1783	50	1153	6
1996	967996	561483	2030	38	1427	4
1997	1258672	703472	1948	40	1261	6
1998	936496	1126508	2302	56	1705	7
1999	448762	1586600	2546	26	1711	3
2000	517064	1903262	2642	20	1899	6
2001	561396	2122143	2626	18	2010	3
2002	753799	3456336	3160	23	2571	11
2003	1828570	5970368	4522	75	3790	50

6-11 续表 continued

年份 Year	全部建成投产项目(个) Number of Projects Completed and Put into Use (unit)	# 大中型 Large and Medium Sized	新增固定资产(万元) Newly Increased Fixed Assets (10 000 yuan)	# 大中型 Large and Medium Sized
1985	1646	5	272285	167221
1986	1251	3	230613	143564
1987	1261	4	208370	117292
1988	1282	3	213664	124476
1989	837	4	365084	246755
1990	925	9	311965	237159
1991	1043	4	350991	206136
1992	1271	2	622902	392304
1993	1365	5	676071	330740
1994	1193	5	788787	386548
1995	1143	10	1076805	674278
1996	1309	7	908367	444350
1997	1312	7	1213592	568369
1998	1405	7	1955913	930390
1999	1680	6	2652715	1387299
2000	1877	3	1521000	111583
2001	1917	4	1749297	172277
2002	2269	5	3281806	792187
2003	3056	19	5289686	1396303

6-12 基本建设房屋建筑面积

Floor Space of Buildings Through Capital Construction

单位：万平方米 (10 000 sq.m)

年 份 Year	施工面积 Floor Space of Buildings Under Construction	#住 宅 Residential Buildings	竣工面积 Floor Space of Buildings Completed	#住 宅 Residential Buildings
1985	777.30	318.40	412.50	184.90
1986	569.78	202.45	313.02	129.55
1987	525.64	182.26	302.60	109.81
1988	541.63	201.58	288.86	124.32
1989	450.58	183.53	235.92	105.88
1990	476.82	196.86	253.30	114.75
1991	611.47	262.02	307.70	152.32
1992	901.66	358.96	404.76	184.83
1993	957.12	369.25	467.32	222.34
1994	891.33	377.99	433.09	225.98
1995	743.89	377.03	412.21	231.88
1996	825.11	435.23	426.35	232.67
1997	856.18	478.02	556.28	336.20
1998	968.06	523.87	580.85	323.80
1999	993.71	534.78	640.79	386.36
2000	1015.87	495.25	658.31	368.31
2001	1034.81	461.98	693.10	344.74
2002	1231.22	469.96	797.70	341.42
2003	1942.26	657.30	1103.97	444.95

6-13 基本建设新增主要生产能力(2003年)

Newly Increased Productive Capacities Through Capital Construction(2003)

能力名称	Item	2003
原煤开采(万吨/年)	Coal Mining (10 000 tons/year)	80
洗煤(万吨/年)	Washer coal (10 000 tons/year)	109
焦炭(万吨/年)	Coke (10 000 tons/year)	897
天然原油开采(万吨/年)	Petroleum Extraction(10 000 tons/year)	40.30
天然气开采(亿立方米/年)	Natural Gas Extraction (100 million cubic meters/year)	1
天然气管输(公里)	Natural Gas Piping (kilomater)	745
天然气管输(亿立方米/年)	Natural Gas Piping (100 million cubic meters/year)	13.50
石油加工：蒸馏设备能力(万吨/年)	Distilling Equipment (10 000 tons/year)	10
生铁(万吨/年)	Iron Smelting (10 000 tons/year)	22
铁合金(万吨/年)	Iron Alloy, Electric Furnace(10 000 tons/year)	10
热轧钢材(万吨/年)	Hot Rolling Steel Products(10 000 tons/year)	11.40
薄钢板(万吨/年)	Steel Sheet (10 000 tons/year)	6
电解铝(万吨/年)	Electrolytical Aluminium (10 000 tons/year)	25
火力发电(万千瓦)	Thermal Power(10 000kw)	163.50
输电线路长度(11万伏及以上)(公里)	Length of Electric Cable (over 110 000 V)(km)	611.70
变电设备能力(11万伏及以上)(万千伏安)	Capacity of Transformer(over 110 000V)(10 000 kva)	99.95
水泥(万吨/年)	Cement (10 000 tons/year)	20
硫酸(吨/年)	Sulphuric Acid(ton/year)	10000
电石(吨/年)	Calcium Carbide(ton/year)	20000
合成氨(吨/年)	Synthetic Ammonia (ton/year)	150000
氮肥(吨/年)	Nitrogen Fertlizers (ton/year)	161000
精甲醇(吨/年)	Purify Methanol(ton/year)	200000
化学原料药(吨/年)	Chemical Material Medicine (ton/year)	10000
片剂(万片/年)	Tablet (10 000 tablets/year)	35000
输液(万瓶/年)	Infusion (10 000 bottles/year)	7800
胶囊剂(万粒/年)	Capsule (10 000 pcs/year)	50000
中成药(吨/年)	Chinese Patent Drug (ton/year)	140
大中型变压器(万千伏安)	Large & Medium Type Transformer (10 000 kva)	22
电力电缆(公里)	Electric Cable (km)	119.33
食用植物油(日处理原料：吨)	Edible Vegetable Oil (Raw Materials Processing :ton/day)	120
食用植物油(日精炼油：吨)	Edible Vegetable Oil (Oil Refining :ton/day)	40
肉加工品(吨/年)	Meat Processed Products(ton/year)	6548
# 熟肉加工(吨/年)	Cooked Meat Processing (ton/year)	2548
移动电话机(手持机)(指生产能力)(部/年)	Mobile Phone (set/year)	5000000
新建铁路主线正线交付运营里程(公里)	Length of Newly Built Mian Railway put into Operation (km)	153.40
新建公路(公里)	Length of New Highways (km)	2818.91
# 高速公路	Expressway	6.00
一级公路	First Class Highway	392.50
二级公路)	Second Class Highway	700.79
改建公路(公里)	Length of Reconstructed Highways (km)	3451.37
# 一级公路	First Class Highway	14.90
二级公路	Second Class Highway	1191.86

6-13 续表 continued

能力名称	Item	2003
新建独立公路桥梁（延长米）	New-built Separate Highway and Bridge (extended meter)	5859.70
新建独立公路桥梁（座）	New-built Separate Highway and Bridge (unit)	3
新（扩）建客、货运站（个）	New-built or Expanded Passenger & Freight Stations(unit)	1
（平方米）	(sq.m)	3453
民航机场跑道（条）	Civil Airport Runway (ling)	1
民航机场跑道（米）	Civil Airport Runway (metre)	4300
候机楼（座）	Airport Lounge (set)	1
候机楼（平方米）	Airport Lounge (sq.m)	2400
长途电缆线路长度（公里）	Long-distance Cable (km)	113.40
商品蛋鸡场（万公斤蛋/年）	Chicken Farm for Marketable Egg(10 000 kg eggs/year)	16.40
造林面积（万亩）	Afforested Area (10 000 mu)	625.76
有效灌溉面积（万亩）	Effective Irrigated Area (10 000 mu)	57.40
商业冷藏库（万吨）	Commercial Freezers (10 000 tons)	1
粮食仓库（万公斤）	Grain Storehouses (10 000 kg)	25800
粮食仓库（平方米）	Grain Storehouses (sq.m)	65405
高等院校：学生席位（个）	University and College:Student Seats (unit)	19820
建筑面积（平方米）	Floor Space (sq.m)	101944
中等学校：学生席位（个）	Secondary School:Student Seats (unit)	92933
建筑面积（平方米）	Floor Space(sq.m)	433004
小学校：学生席位（个）	Primary School:Student Seats (unit)	87041
建筑面积（平方米）	Floor Space(sq.m)	192665
公共图书馆：藏书量（万册（件））	Book Collection (10 000 copies)	21.20
阅览室座席（个）	Seats in Reading Room(unit)	200
建筑面积（平方米）	Floor Space (sq.m)	2600
医院病床（张）	Sick Beds (unit)	2116
宾馆、旅馆、招待所客房数（间）	Rooms in Guest Houses, Hotels and Hostels(unit)	1092
（平方米）	(sq.m)	50999
城市自来水供水能力（万吨/日）	Capacity of City Tap Water Supply (10 000 tons/day)	60.82
城市自来水管道长度（公里）	Length of City Tap Water Pipe (km)	423.37
城市液化石油气储气能力（吨）	Urban Natural Gas Storage(ton)	230
城市供热能力：蒸汽（吨/小时）	City Heat-supply Capacitys:Steam (ton/hour)	335
热水（兆瓦/小时）	Hot Water (mw/hour)	424.73
城市公共交通车辆购置（辆）	Purchase of City Communiting Vehicles (unit)	199
城市道路扩建长度（公里）	Length of City Road Extended (km)	512.49
城市道路扩建面积（万平方米）	Area of City Road Extended (10 000 sq.m)	622.01
城市排水管道铺设长度（公里）	Length of Sewer Pipelines (km)	231.80
城市污水处理能力（万吨/日）	Disposal Capacity of Sewer (10 000 tons/day)	54.50
城市永久性桥梁（座）	City Permanent Bridge (unit)	7
城市防洪堤长度（公里）	Length of City Embarkment (km)	212.57

6-14 按资金来源和隶属关系分的更新改造投资

Investment in Innovation by Source of Funds & Administrative Relationship

单位：万元 (10 000 yuan)

年份 Year	按资金来源分 Grouped by Source of Funds					隶属关系分 By Administrative Relationship	
	国家预算内资金 State Budgetary Appropriations	国内贷款 Domestic Loans	利用外资 Foreign Investment	自筹资金 Fund Raising	其他资金 Others	中央项目 Ceneral Government Projects	地方项目 Local Projects
1985	4138	28117	289	39845	1907	30725	43571
1986	3182	36738	1803	68290	3482	28779	84716
1987	2986	42271	1925	73417	2447	30310	92736
1988	2212	50606	1879	83231	7964	36475	109417
1989	1201	33534	1669	97445	7453	42816	98486
1990	1722	43075	1758	94872	8995	43705	106717
1991	1154	74960	1420	114021	7570	61678	119854
1992	5476	92326	7105	156650	7111	84031	175400
1993	10766	117939	24908	239478	14948	126439	281600
1994	3535	131490	13463	392110	22901	128599	396860
1995	9288	82543	55519	446798	16871	171635	499171
1996	10857	85195	10458	327696	10797	158129	381157
1997	3166	78929	9472	346663	40274	194449	294045
1998	14553	80958	10528	377720	24469	198655	317476
1999	13459	73767	6598	412894	36151	241378	317624
2000	14074	88665	18442	416343	43002	227236	364266
2001	28097	168996	4433	462929	32289	232594	463233
2002	32972	160140	15334	759595	44170	261079	814397
2003	52972	361175	8050	1294005	88372	381081	1397953

6-15 按构成和建设性质分的更新改造投资

Investment in Innovation by Use of Funds & Type of Construction

单位：万元 (10 000 yuan)

年份 Year	投资额 Total	按构成分 By Use OF funds 建筑安装工程 Construction and Installation	设备、工器具购置 Purchase of Equipment & Instruments	其他费用 Other	按建筑性质分 By Type of Construction #新建 New Construction	#扩建 Expansion	#改建 Reconstruction
1985	74296	37423	32931	3942	3532	41168	23564
1986	113495	58688	49080	5727	6042	56583	43626
1987	123046	64546	50752	7748	6333	59569	48116
1988	145892	78435	60329	7128	6164	80732	51687
1989	141302	73496	55067	12739	9956	68459	56930
1990	150422	79506	61357	9559	17183	68333	57390
1991	181532	95117	76099	10316	9693	77455	86207
1992	259437	134672	110873	13892	5499	133797	111072
1993	408039	218068	169537	20434	14174	270168	111418
1994	525459	308860	194798	21801	50490	1123346	293608
1995	670806	310691	320060	40055	18156	482636	162414
1996	539286	260444	260853	17989	11252	364993	139068
1997	488494	226415	249285	12794	4951	299830	149727
1998	516131	242654	263213	10264	11804	340343	142732
1999	559002	245862	293154	19986	23953	366137	148658
2000	591502	232576	339205	19721	16117	371096	173196
2001	695827	287168	371342	37317	34060	474036	175534
2002	1075476	363253	634253	77970	66570	645380	306358
2003	1779034	741939	893229	143866	378377	1052534	326251

6-16 国民经济各行业按建设性质分的更新改造投资(2003年)

Investment in Innovation by Type of Construction & Sector(2003)

单位：万元 (10 000 yuan)

行业	Sector	投资额 Investment	#新建 New Construction	#扩建 Expansion	#改建 Reconstruction
全　　区	**Autonomous Regional Total**	**1779034**	**378377**	**1052534**	**326251**
一、按农、轻、重分	**Grouped by Agriculture, Light Industry & Heavy Industry**				
农 业	Agriculture	11519	350	11169	
轻工业	Light Industry	471758	82409	334555	49562
#以农产品为原料的工业	Using Farming Products as Raw Material	390792	70441	279295	38788
重工业	Heavy Industry	1307276	295968	717979	276689
二、按国民经济行业分	**Grouped By Sector**				
农、林、牧、渔业	**Farming, Forestry, Animal Husbandry & Fishery**	**11519**	**350**	**11169**	
农 业	Farming				
林 业	Forestry	5150		5150	
畜牧业	Animal Husbandry	2150	350	1800	
渔 业	Fishery				
农、林、牧、渔服务业	Agricultural Services	4219		4219	
采矿业	**Mining**	**220180**	**81410**	**90230**	**45079**
煤炭开采和洗选业	Coal Mining & Processing	127383	50095	60557	14798
石油和天然气开采业	Extraction of Petroleum & Natural Gas	3020	2100		
黑色金属矿采选业	Mining & Dressing of Ferrous Metals	42447	21161	7043	14243
有色金属矿采选业	Mining & Dressing of Nonferrous Metals	17657	8054	4905	4090
非金属矿采选业	Mining & Dressing of Nonmetal Minerals	29673		17725	11948
其他采矿业	Mining of Other Mineral				
制造业	**Manufacturing**	**984746**	**177554**	**689594**	**110916**
农副食品加工业	Processing of Agricultural Side-line Food	129236	21829	90854	15813
食品制造业	Food Manufacturing	149673	21604	122759	5150
饮料制造业	Beverage Manufacturing	38451	11678	23853	2920
烟草制品业	Tobacco Products	5559			5559
纺织业	Textile Industry	42429	8210	31815	1886
纺织服装、鞋、帽制造业	Textile Products, Clothes, Shoes & Hats	765		765	
皮革、毛皮、羽毛（绒）及其制品业	Leather, Furs, Down & Related Products	1300	1300		
木材加工及木、竹、藤、棕、草制品业	Timber Processing, Bamboo, Cane, Palm Fiber & Straw Products	11970	3860	550	7460
家具制造业	Furniture Manufacturing	710	260	300	
造纸及纸制品业	Paper-making & Paper Products	10699	1700	8399	
印刷业和记录媒介的复制	Printing & Record Pressing	10090	1563	8527	
文教体育用品制造业	Cultural, Educational & Sports Goods	40		40	
石油加工、炼焦及核燃料加工业	Petroleum Processing , Coke Products & Processing of Nuclear Fuel	16543		15543	1000
化学原料及化学制品制造业	Raw Chemical Materials & Chemical Products	69088	10334	51274	7480
医药制造业	Medicine Manufacturing	57872	7000	40120	7990
化学纤维制造业	Chemical Fiber Manufacturing				

6-16 续表 1 continued

单位：万元 (10 000 yuan)

行业	Sector	投资额 Investment	#新建 New Construction	#扩建 Expansion	#改建 Reconstruction
橡胶制品业	Rubber Products				
塑料制品业	Plastic Products	12964	3405	6573	2784
非金属矿物制品业	Nonmetal Mineral Products	70860	16784	46046	7850
黑色金属冶炼及压延加工业	Smelting & Pressing of Ferrous Metals	148055	31762	112863	3000
有色金属冶炼及压延加工业	Smelting & Pressing of Nonferrous Metals	117042	29515	72544	14293
金属制品业	Metal Products	9651	1030	3142	5429
通用设备制造业	Manufacturing of General Purpose Equipment	5168	220	4788	60
专用设备制造业	Special Purposes Equipment Manufacturing	38288	1825	16954	19509
交通运输设备制造业	Transportation Equipment Manufacturing	27248		24515	2733
电气机械及器材制造业	Electric Equipment & Machinery	4495	3445	1050	
通信设备、计算机及其他电子设备制造业	Manufacturing of Telecommunications, Computer & Other Electronic Equipment	4690	230	4460	
仪器仪表及文化、办公用机械制造业	Instruments, Meters, Cultural & Office Machinery	60		60	
工艺品及其他制造业	Handicrafts & Other Production	1800		1800	
废弃资源和废旧材料回收加工业	Recovering of Abandoned Resource & Waste Materical				
电力、燃气及水的生产和供应业	**Production & Supply of Electric Power,Gas & Water**	**301354**	**71263**	**138615**	**91476**
电力、热力的生产和供应业	Production & Supply of Electric Power and Heating Power	286026	71263	138615	76148
燃气生产和供应业	Production & Supply of Gas				
水的生产和供应业	Production & Supply of Water	15328			15328
建筑业	**Construction**				
房屋和土木工程建筑业	Housing & Civil Engineering Construction				
建筑安装业	Installation of Buildings				
建筑装饰业	Decoration of Buildings				
其他建筑业	Other Construction				
交通运输、仓储和邮政业	**Transportation, Storage & Postal Services**	**70019**		**23484**	**40868**
铁路运输业	Railway Transport	47716		12903	34813
道路运输业	Roadway Transport	20275		9200	5795
城市公共交通业	Public Traffic in Cities	387			
水上运输业	Waterway Transport				
航空运输业	Air Transport	1641		1381	260
管道运输业	Pipeline Transport				
装卸搬运和其他运输服务业	Loading,Unloading,Carrying & Transport				
仓储业	Storage				
邮政业	Postal Services				
信息传输、计算机服务和软件业	**Information Transmission,Computer Service & Computer Software**	**146182**	**47100**	**85418**	**12376**
电信和其他信息传输服务	Telecommunication & other Information Transmission	146182	47100	85418	12376
计算机服务业	Computer Services				
软件业	Software				
批发和零售业	**Wholesale & Retail Trade**				
批发业	Wholesale Trade				
零售业	Retail Trade				
住宿和餐饮业	**Quarters & Catering**	**725**			**725**
住宿业	Quarters	725			725
餐饮业	Catering				

6-16 续表 2 continued

单位：万元 (10 000 yuan)

行业	Sector	投资额 Investment	#新建 New Construction	#扩建 Expansion	#改建 Reconstruction
金融业	**Finance**				
银行业	Banking				
证券业	Bond				
保险业	Insurance				
其他金融活动	Others				
房地产业	**Real Estate**	**11702**	**500**		**11202**
房地产业	Real Estate	11702	500		11202
租赁和商务服务业	**Leasing & Commercial Services**	**800**		**800**	
租赁业	Leasing Services				
商务服务业	Commercial Services	800		800	
科学研究、技术服务和地质勘查业	**Scientific Research ,Technical Services & Geological Prospecting**				
研究与试验发展	Research & Development				
专业技术服务业	Special Technical Services				
科技交流和推广服务业	Science & Technology Exchanging & Spreading				
地质勘查业	Geological Prospecting				
水利、环境和公共设施管理业	**Water Conservancy, Environment & Public Facilities Administration**	**19783**		**6174**	**13609**
水利管理业	Water Conservancy				
环境管理业	Environment	681		681	
公共设施管理业	Public Facilities Administration	19102		5493	13609
居民服务和其他服务业	**Resident Services & Other Services**				
居民服务业	Resident Services				
其他服务业	Other Services				
教育	**Education**	**320**			
教育	Education	320			
卫生、社会保障和社会福利业	**Health Care, Social Security & Social Welfare**	**3767**			
卫生	Health Care	3767			
社会保障业	Social Security				
社会福利业	Social Welfare				
文化、体育和娱乐业	**Culture, Sports & Recreational Services**	**87**			
新闻出版业	Press	87			
广播、电视和音像业	Radio ,Television & Audio-visual				
文化艺术业	Culture & Arts				
体育	Sports				
娱乐业	Recreational Services				
公共管理和社会组织	**Public Administration & Social Organization**	**7850**	**200**	**7050**	
中国共产党机关	Chinese Communist Party Agencies				
国家机构	Government Agencies	7850	200	7050	
人民政协和民主党派	People's Politics Consultative Conference & Democratic Parties				
群众团体、社会团体和宗教组织	Mass Organization ,Social Organization and Religious Organization				
基层群众自治组织	Basic Mass Autonomous Organization				
国际组织	**International Organizations**				
国际组织	International Organizations				

6-17 国民经济各行业更新改造投资和新增固定资产(2003年)

Investment in Innovation & Newly Increased Fixed Assets by Sector(2003)

行 业	Sector	投资额 Investment	#地方项目 Local Projects	新增固定资产 Newly Increased Fixed Assets	#地方项目 Local Projects
全　区	**Autonomous Regional Total**	**1779034**	**1397953**	**1258352**	**913633**
一、按农、轻、重分	**Grouped by Agriculture, Light Industry & Heavy Industry**				
农 业	Agriculture	11519	11519	3730	3730
轻工业	Light Industry	471758	472174	312619	312203
#以农产品为原料的工业	Using Farming Products as Raw Material	390792	390376	266493	266077
重工业	Heavy Industry	1307276	925779	945733	601430
二、按国民经济行业分	**Grouped By Sector**				
农、林、牧、渔业	**Farming, Forestry, Animal Husbandry & Fishery**	**11519**	**11519**	**3730**	**3730**
农 业	Farming				
林 业	Forestry	5150	5150	3380	3380
畜牧业	Animal Husbandry	2150	2150	350	350
渔 业	Fishery				
农、林、牧、渔服务业	Agricultural Services	4219	4219		
采矿业	**Mining**	**220180**	**167832**	**184122**	**133630**
煤炭开采和洗选业	Coal Mining & Processing	127383	75955	98489	48917
石油和天然气开采业	Extraction of Petroleum & Natural Gas	3020	2100	920	
黑色金属矿采选业	Mining & Dressing of Ferrous Metals	42447	42447	39224	39224
有色金属矿采选业	Mining & Dressing of Nonferrous Metals	17657	17657	19417	19417
非金属矿采选业	Mining & Dressing of Nonmetal Minerals	29673	29673	26072	26072
其他采矿业	Mining of Other Mineral				
制造业	**Manufacturing**	**984746**	**921977**	**635574**	**586506**
农副食品加工业	Processing of Agricultural Side-line Food	129236	129236	104179	104179
食品制造业	Food Manufacturing	149673	149673	102886	102886
饮料制造业	Beverage Manufacturing	38451	38451	19873	19873
烟草制品业	Tobacco Products	5559	5559		
纺织业	Textile Industry	42429	42013	22514	22098
纺织服装、鞋、帽制造业	Textile Products, Clothes, Shoes & Hats	765	765		
皮革、毛皮、羽毛（绒）及其制品业	Leather, Furs, Down & Related Products	1300	1300	1300	1300
木材加工及木、竹、藤、棕、草制品业	Timber Processing, Bamboo, Cane, Palm Fiber & Straw Products	11970	11970	11520	11520
家具制造业	Furniture Manufacturing	710	710	510	510
造纸及纸制品业	Paper-making & Paper Products	10699	10699	3711	3711
印刷业和记录媒介的复制	Printing & Record Pressing	10090	10090	126	126
文教体育用品制造业	Cultural, Educational & Sports Goods	40	40		
石油加工、炼焦及核燃料加工业	Petroleum Processing , Coke Products & Processing of Nuclear Fuel	16543	16543	1000	1000
化学原料及化学制品制造业	Raw Chemical Materials & Chemical Products	69088	69088	34760	34760
医药制造业	Medicine Manufacturing	57872	57872	36104	36104
化学纤维制造业	Chemical Fiber Manufacturing				

6-17 续表 1 continued

单位：万元 (10 000 yuan)

行业	Sector	投资额 Investment	# 地方项目 Local Projects	新增固定资产 Newly Increased Fixed Assets	# 地方项目 Local Projects
橡胶制品业	Rubber Products				
塑料制品业	Plastic Products	12964	12964	9896	9896
非金属矿物制品业	Nonmetal Mineral Products	70860	70860	45496	45496
黑色金属冶炼及压延加工业	Smelting & Pressing of Ferrous Metals	148055	148055	84256	84256
有色金属冶炼及压延加工业	Smelting & Pressing of Nonferrous Metals	117042	117042	87162	87162
金属制品业	Metal Products	9651	9459	11804	11804
通用设备制造业	Manufacturing of General Purpose Equipment	5168	5168	770	770
专用设备制造业	Special Purposes Equipment Manufacturing	38288	1975	34456	1040
交通运输设备制造业	Transportation Equipment Manufacturing	27248	1400	15236	
电气机械及器材制造业	Electric Equipment & Machinery	4495	4495	3495	3495
通信设备、计算机及其他电子设备制造业	Manufacturing of Telecommunications, Computer & Other Electronic Equipment	4690	4690	4460	4460
仪器仪表及文化、办公用机械制造业	Instruments, Meters, Cultural & Office Machinery	60	60	60	60
工艺品及其他制造业	Handicrafts & Other Production	1800	1800		
废弃资源和废旧材料回收加工业	Recovering of Abandoned Resource & Waste Materical				
电力、燃气及水的生产和供应业	**Production & Supply of Electric Power,Gas & Water**	**301354**	**213882**	**202695**	**116886**
电力、热力的生产和供应业	Production & Supply of Electric Power and Heating Power	286026	198554	202495	116686
燃气生产和供应业	Production & Supply of Gas				
水的生产和供应业	Production & Supply of Water	15328	15328	200	200
建筑业	**Construction**				
房屋和土木工程建筑业	Housing & Civil Engineering Construction				
建筑安装业	Installation of Buildings				
建筑装饰业	Decoration of Buildings				
其他建筑业	Other Construction				
交通运输、仓储和邮政业	**Transportation, Storage & Postal Services**	**70019**	**35206**	**61755**	**30646**
铁路运输业	Railway Transport	47716	12903	43947	12838
道路运输业	Roadway Transport	20275	20275	15980	15980
城市公共交通业	Public Traffic in Cities	387	387	387	387
水上运输业	Waterway Transport				
航空运输业	Air Transport	1641	1641	1441	1441
管道运输业	Pipeline Transport				
装卸搬运和其他运输服务业	Loading,Unloading,Carrying & Transport				
仓储业	Storage				
邮政业	Postal Services				
信息传输、计算机服务和软件业	**Information Transmission,Computer Service & Computer Software**	**146182**	**5543**	**129914**	**5493**
电信和其他信息传输服务	Telecommunication & other Information Transmission	146182	5543	129914	5493
计算机服务业	Computer Services				
软件业	Software				
批发和零售业	**Wholesale & Retail Trade**				
批发业	Wholesale Trade				
零售业	Retail Trade				
住宿和餐饮业	**Quarters & Catering**	**725**	**725**	**725**	**725**
住宿业	Quarters	725	725	725	725
餐饮业	Catering				

6-17 续表 2 continued

单位：万元 (10 000 yuan)

行业	Sector	投资额 Investment	# 地方项目 Local Projects	新增固定资产 Newly Increased Fixed Assets	# 地方项目 Local Projects
金融业	**Finance**				
银行业	Banking				
证券业	Bond				
保险业	Insurance				
其他金融活动	Others				
房地产业	**Real Estate**	**11702**	**8982**	**12515**	**8695**
房地产业	Real Estate	11702	8982	12515	8695
租赁和商务服务业	**Leasing & Commercial Services**	**800**	**800**		
租赁业	Leasing Services				
商务服务业	Commercial Services	800	800		
科学研究、技术服务和地质勘查业	**Scientific Research ,Technical Services & Geological Prospecting**				
研究与试验发展	Research & Development				
专业技术服务业	Special Technical Services				
科技交流和推广服务业	Science & Technology Exchanging & Spreading				
地质勘查业	Geological Prospecting				
水利、环境和公共设施管理业	**Water Conservancy, Environment & Public Facilities Administration**	**19783**	**19783**	**15668**	**15668**
水利管理业	Water Conservancy				
环境管理业	Environment	681	681		
公共设施管理业	Public Facilities Administration	19102	19102	15668	15668
居民服务和其他服务业	**Resident Services & Other Services**				
居民服务业	Resident Services				
其他服务业	Other Services				
教育	**Education**	**320**			
教育	Education	320			
卫生、社会保障和社会福利业	**Health Care, Social Security & Social Welfare**	**3767**	**3767**	**3767**	**3767**
卫生	Health Care	3767	3767	3767	3767
社会保障业	Social Security				
社会福利业	Social Welfare				
文化、体育和娱乐业	**Culture, Sports & Recreational Services**	**87**	**87**	**87**	**87**
新闻出版业	Press	87	87	87	87
广播、电视和音像业	Radio ,Television & Audio-visual				
文化艺术业	Culture & Arts				
体育	Sports				
娱乐业	Recreational Services				
公共管理和社会组织	**Public Administration & Social Organization**	**7850**	**7850**	**7800**	**7800**
中国共产党机关	Chinese Communist Party Agencies				
国家机构	Government Agencies	7850	7850	7800	7800
人民政协和民主党派	People's Politics Consultative Conference & Democratic Parties				
群众团体、社会团体和宗教组织	Mass Organization ,Social Organization and Religious Organization				
基层群众自治组织	Basic Mass Autonomous Organization				
国际组织	**International Organizations**				
国际组织	International Organizations				

6-18 更新改造施工、投产项目和新增固定资产
Number of Innovation Projects Under Construction and Put into Use and Newly Increased Fixed Assets

年份 Year	项目投资(万元) Investment in Projects(10 000 yuan) 限额以上 Above Quota	限额以下 Under Quota	施工项目 (个) Number of Projects Under Construction (unit)	#限额以上更新项目 Innovation Above Quota	新开工项目 (个) Started This Year (unit)	#限额以上更新项目 Innovation Above Quota
1985	5483	68813	1480	8		1
1986	5972	107523	1842	11	1302	3
1987	8375	114671	1826	13	1184	2
1988	8613	137279	1701	16	1122	3
1989	11764	129538	1269	16	671	4
1990	16076	134346	1300	15	785	
1991	17778	163754	1504	13	1069	1
1992	35896	223541	1590	19	1113	4
1993	79087	328952	1416	29	929	10
1994	226170	299289	1194	45	767	11
1995	398693	272113	1012	43	704	8
1996	220788	318498	1003	49	741	13
1997	157200	331294	950	44	680	10
1998	146257	369874	839	42	639	16
1999	194218	364784	774	48	582	13
2000	150956	440546	1255	35	1107	12
2001	290894	404933	738	52	554	25
2002	401842	673634	1262	73	1021	35
2003	777871	1001163	1695	150	1452	95

6-18 续表 continued

年份 Year	全部建成投产项目(个) Number of Projects Completed and Put into Use (unit)	#限额以上更改项目 Innovation Above Quota	新增固定资产(万元) Newly Increased Fixed Assets (10 000 yuan)	#限额以上更改项目 Innovation Above Quota
1985	940		50592	744
1986	1200		83682	8424
1987	1247		103094	304
1988	1103	4	123501	11933
1989	763	1	113613	2966
1990	868	3	137713	16773
1991	904	2	152052	12030
1992	1020	5	188753	13447
1993	777	4	282787	49454
1994	793	13	419671	137183
1995	645	15	680885	422183
1996	695	5	378360	103149
1997	742	13	440942	102501
1998	611	5	444483	79149
1999	561	13	436116	107967
2000	1036	10	477262	92469
2001	529	16	554811	195157
2002	931	27	968735	411393
2003	1159	45	1258352	469453

6-19 按用途分的更新改造投资和房屋建筑面积

Investment in Innovation by Purpose and Floor Space of Buildings

年份 Year	按用途分的更新改造投资(万元) Investment in Innovation by Purpose(10 000 yuan)							房屋建筑面积(万平方米) Floor Space of Buildings(10 000 sq.m)			
	增产 Increasing Production	节约能源 Energy Saving	其他节约 Other Saving Measures	增加品种 Increasing Product Variety	提高产品质量 Improving Product Quality	三废治理 Environmental Protection	其他 Others	施工面积 under Construction	#住宅 Residential Buildings	竣工面积 Completed	#住宅 Residential Buildings
1985	22069	2436	443	11043	5512	1454	31339	139.60	39.80	79.70	26.90
1986	36666	4541	125	16800	4549	2434	48380	212.55	68.49	126.74	47.22
1987	37264	3580	353	13905	5409	1511	61024	221.92	86.31	134.21	57.02
1988	54605	1922	179	19963	5665	779	62779	242.93	90.64	144.96	63.23
1989	44153	2697	132	24644	4899	1053	63724	202.09	87.60	115.45	52.35
1990	36942	6569	186	28738	4515	2323	71149	190.40	85.78	115.39	53.41
1991	48310	5867	219	32443	5272	1916	87505	187.86	77.91	99.09	40.45
1992	85912	11708	339	519675	7039	36195	134200	245.66	110.85	107.96	48.60
1993	123514	17550	459	71492	8806	5323	180895	237.79	96.83	122.67	56.92
1994	234451	10032	133	46615	10955	2311	220962	255.77	134.89	140.11	79.24
1995	357735	2364	848	82815	30729	4298	187021	163.64	66.91	101.91	50.02
1996	174463	3015	1491	27307	100018	5857	227135	180.31	98.01	87.38	51.32
1997	168224	4489	2121	27695	29089	1301	255575	177.31	109.28	102.69	70.05
1998	175566	10971	2377	25587	35816	1392	264422	145.51	73.72	98.45	60.14
1999	182606	24709	2139	37628	23821	7802	280297	90.51	51.24	70.16	49.52
2000	197124	9677	345	51092	26626	20047	286591	107.26	52.19	74.26	50.78
2001	262295	19422	290	82303	52150	20389	258978	93.92	10.24	40.09	10.24
2002	347415	51394	1351	192044	97831	16226	369215	123.94	11.20	60.22	3.96
2003								285.91	38.83	143.81	29.93

6-20 更新改造新增主要生产能力(2003年)

Newly Increased Productive Capacities Through Innovation(2003)

能力名称	Item	2003
原煤开采(万吨/年)	Coal Mining (10 000 tons/year)	164
洗煤(万吨/年)	Coal Washing(10 000 tons/year)	40
铁矿开采(原矿)(万吨/年)	Iron-ore Mining (10 000 tons/year)	37
铁矿石成品矿(万吨/年)	Mine of Iron Ore (10 000 tons/year)	20
生铁(万吨/年)	Iron Smelting (10 000 tons/year)	47.60
炼钢(万吨/年)	Steel Making (10 000 tons/year)	50
铁合金(万吨/年)	Iron Alloy, Electric Furnace(10 000 tons/year)	26
热轧钢材(万吨/年)	Hot Rolling Steel Products(10 000 tons/year)	10
冷加工钢材(万吨/年)	Cold-rolled steel (10 000 tons/year)	10
电解铝(万吨/年)	Electrolytical Aluminium (10 000 tons/year)	5
火力发电(万千瓦)	Thermal Power(10 000 kw)	24
输电线路长度(11万伏及以上)(公里)	Length of Electric Cable (over 110 000 va)(km)	409.80
变电设备能力(11万伏及以上)(万千伏安)	Capacity of Transformer(over 110 000V)(10 000 kva)	111.03
水泥(万吨/年)	Cement (10 000 tons/year)	78.04
平板玻璃(万重量箱/年)	Plate Glass (10 000 weight case/year)	4
墙地砖(万平方米)	Ceramics for Floor & wall (10 000 sq.m)	18
胶合板(万立方米/年)	Plywood (10 000 cu.m/year)	6.4
纤维板(万立方米/年)	Fiber Board(10 000 cu.m/year)	1.68
烧碱(吨/年)	Caustic Soda (ton/year)	35000
电石(吨/年)	Calcium Carbide(ton/year)	224000
塑料树脂及共聚物(万吨/年)	Plastic Resin and Copolymer(10 000 tons/year)	3.90
化学原料药(吨/年)	Chemical Material Medicine (ton/year)	1000
注射液(万支/年)	Injection (10 000 pcs/year)	10000
片剂(万片/年)	Tablet (10 000 tablet/year)	98000
胶囊剂(万粒/年)	Capsule (10 000 pcs/year)	2400
中成药(吨/年)	Chinese Patent Drug (ton/year)	1410
光纤通讯电缆(指生产能力)(芯公里)	Optical-fiber Telecommunication Cable(cord kilometer)	165
其它汽车制造(辆/年)	Other Manufaturing for Automobile(unit/year)	200
彩色电视机(万部/年)	Colour TV Set(10 000 set/year)	20
电子计算机外部设备(万台/年)	Exterior Facilities of Computer (10 000 unit/year)	43
食用植物油(日处理原料：吨)	Edible Vegetable Oil (Raw Materials Processing :ton/day)	1190
食用植物油(日精炼油：吨)	Edible Vegetable Oil (Oil Refining :ton/day)	264
肉加工品(吨/年)	Meat Processed Products(ton/year)	76186
#熟肉加工(吨/年)	Cooked Meat Processing (ton/year)	7200
其他乳制品(吨/年)	Other Dairy Products (ton/year)	158830
啤酒(万吨/年)	Beer (10 000 tons/year)	21
软饮料(吨/年)	Soft Drinks (ton/year)	301100
移动通信基站设备(指安装能力)(个/年)	Mobile Communicating Base Station Equipment (unit/year)	72
程控交换机 (指安装能力)(万线/年)	Program-controlled Telephone Exchange(10 000 lines/year)	3809.68
改建公路(公里)	Length of Reconstructed Highways (km)	83
长途电缆线路长度(公里)	Length of Long-distance Cable (km)	20
城市供热能力：蒸汽(吨/小时)	City Heat-supply Capacitys:Steam (ton/hour)	50
热水(兆瓦/小时)	Hot Water (mw/hour)	655.37
城市公共交通车辆购置(辆)	Purchase of City Communiting Vehicles (unit)	30
城市道路扩建长度(公里)	Length of City Road Extended (km)	21.63
城市道路扩建面积(万平方米)	Area of City Road Extended (10 000 sq.m)	25.57
城市排水管道铺设长度(公里)	Length of Sewer Pipelines (km)	3.40
城市污水处理能力(万吨/日)	Disposal CapaCity of Sewer (10 000 tons/day)	2

6-21 其他固定资产投资及城镇集体投资(2003年)

Other Investment in Fixed Assets and Investment of Urban Collective-owned Units(2003)

项目	Item	其他投资 Other Investment	# 城镇集体 Urban Collective-owned Units
施工项目个数(个)	**Number of Projects Under Construetion(unit)**	**1008**	**70**
# 新开工项目	Started This Year	915	59
全部建成投产项目(个)	**Number of Projects Completed and Put into Use**	**700**	**47**
投资总额(万元)	**Total Investment(10 000 yuan)**	**711079**	**48047**
按资金来源分	**Grouped by Source of Funds**		
国家预算内资金	State Appropriations	15514	2738
国内贷款	Domestic Loans	30638	1104
利用外资	Foreign Investment	21593	20
自筹资金	Fund Raising	473425	33018
其他资金	Others	179735	9018
按构成分	**Grouped by Use of Funds**		
建筑安装工程	Construction and Installation	407465	39784
设备、工器具购置	Purchase of Equipment and Instruments	245910	5901
其他费用	Other	57704	2362
按建筑性质分	**Grouped by Type of Construction**		
新建	New Construction	494137	26772
扩建	Expansion	156951	19095
改建	Reconstruction	28764	581
新增固定资产(万元)	**Newly Increased Fixed Assets(10 000 yuan)**	**511761**	**37706**
房屋建筑面积(万平方米)	**Floor Space of Buildings(10 000 sq.m)**		
施工面积	Floor Space Under Construction	267.90	47.23
# 住宅	Residential Buildings	64.13	24.48
竣工面积	Floor Space Completed	177.86	39.67
# 住宅	Residential Buildings	52.37	24.13

6-22 国民经济各行业其他固定资产及城镇集体投资和新增固定资产(2003年)

Other Investment in Fixed Assets & Urban Collective-owned Units & Newly Increased Fixed Assets by Sector(2003)

单位：万元 (10 000 yuan)

行业	Sector	投资额 Investment in Fixed Assets	# 城镇集体 Urban Collective-owned Units	新增固定资产 Newly Increased Fixed Assets	# 城镇集体 Urban Collective-owned Units
全　　区	**Autonomous Regional Total**	**711079**	**48047**	**511761**	**37706**
一、按农、轻、重分	**Grouped by Agriculture, Light Industry & Heavy Industry**				
农　业	Agriculture	45540	3080	22542	350
轻工业	Light Industry	110203	4729	81134	2139
# 以农产品为原料的工业	Using Farming Products as Raw Material	96038	1899	68504	1859
重工业	Heavy Industry	600876	43318	430627	35567
二、按国民经济行业分	**Grouped By Sector**				
农、林、牧、渔业	**Farming, Forestry, Animal Husbandry & Fishery**	**45540**	**3080**	**22542**	**350**
农　业	Farming	3317		1417	
林　业	Forestry	21513	2730	8871	
畜牧业	Animal Husbandry	19016	350	11110	350
渔　业	Fishery				
农、林、牧、渔服务业	Agricultural Services	1694		1144	
采矿业	**Mining**	**42134**	**1541**	**35322**	**941**
煤炭开采和洗选业	Coal Mining & Processing	8144	841	4769	841
石油和天然气开采业	Extraction of Petroleum & Natural Gas				
黑色金属矿采选业	Mining & Dressing of Ferrous Metals	16878	100	15536	100
有色金属矿采选业	Mining & Dressing of Nonferrous Metals	4791	600	3021	
非金属矿采选业	Mining & Dressing of Nonmetal Minerals	12321		11996	
其他采矿业	Mining of Other Mineral				
制造业	**Manufacturing**	**386028**	**12816**	**261167**	**8545**
农副食品加工业	Processing of Agricultural Side-line Food	44272	350	42606	350
食品制造业	Food Manufacturing	7508		2971	
饮料制造业	Beverage Manufacturing	2410	100	1433	60
烟草制品业	Tobacco Products				
纺织业	Textile Industry	8505		6780	
纺织服装、鞋、帽制造业	Textile Products, Clothes, Shoes & Hats	6005	1005	6025	1005
皮革、毛皮、羽毛（绒）及其制品业	Leather, Furs, Down & Related Products	250		250	
木材加工及木、竹、藤、棕、草制品业	Timber Processing, Bamboo, Cane, Palm Fiber & Straw Products	15874	190	6388	190
家具制造业	Furniture Manufacturing	841	194	841	194
造纸及纸制品业	Paper-making & Paper Products	10373	60	1210	60
印刷业和记录媒介的复制	Printing & Record Pressing	1695		1103	
文教体育用品制造业	Cultural, Educational & Sports Goods	100			
石油加工、炼焦及核燃料加工业	Petroleum Processing , Coke Products & Processing of Nuclear Fuel	46821		38445	
化学原料及化学制品制造业	Raw Chemical Materials & Chemical Products	85614	4650	55534	4650
医药制造业	Medicine Manufacturing	8400	2500	8182	
化学纤维制造业	Chemical Fiber Manufacturing				

6-22 续表 1 continued

单位：万元 (10 000 yuan)

行业	Sector	投资额 Investment in Fixed Assets	# 城镇集体 Urban Collective-owned Units	新增固定资产 Newly Increased Fixed Assets	# 城镇集体 Urban Collective-owned Units
橡胶制品业	Rubber Products				
塑料制品业	Plastic Products	3970	330	3345	280
非金属矿物制品业	Nonmetal Mineral Products	33605	970	30037	680
黑色金属冶炼及压延加工业	Smelting & Pressing of Ferrous Metals	87734	500	47530	
有色金属冶炼及压延加工业	Smelting & Pressing of Nonferrous Metals	12480		2660	
金属制品业	Metal Products	4669	420	3020	420
通用设备制造业	Manufacturing of General Purpose Equipment	1317	465	1508	656
专用设备制造业	Special Purposes Equipment Manufacturing	405		165	
交通运输设备制造业	Transportation Equipment Manufacturing	920		420	
电气机械及器材制造业	Electric Equipment & Machinery				
通信设备、计算机及其他电子设备制造业	Manufacturing of Telecommunications, Computer & Other Electronic Equipment				
仪器仪表及文化、办公用机械制造业	Instruments, Meters, Cultural & Office Machinery				
工艺品及其他制造业	Handicrafts & Other Production	2260	1082	714	
废弃资源和废旧材料回收加工业	Recovering of Abandoned Resource & Waste Materical				
电力、燃气及水的生产和供应业	**Production & Supply of Electric Power,Gas & Water**	**35896**	**4340**	**12435**	**3000**
电力、热力的生产和供应业	Production & Supply of Electric Power and Heating Power	21571	4340	12220	3000
燃气生产和供应业	Production & Supply of Gas	14145		65	
水的生产和供应业	Production & Supply of Water	180		150	
建筑业	**Construction**	**5176**	**510**	**3799**	**510**
房屋和土木工程建筑业	Housing & Civil Engineering Construction	2337	110	1250	110
建筑安装业	Installation of Buildings	1181	400	1136	400
建筑装饰业	Decoration of Buildings	358		313	
其他建筑业	Other Construction	1300		1100	
交通运输、仓储和邮政业	**Transportation, Storage & Postal Services**	**41259**		**26170**	
铁路运输业	Railway Transport				
道路运输业	Roadway Transport	35018		20289	
城市公共交通业	Public Traffic in Cities	4836		4836	
水上运输业	Waterway Transport				
航空运输业	Air Transport				
管道运输业	Pipeline Transport				
装卸搬运和其他运输服务业	Loading,Unloading,Carrying & Transport				
仓储业	Storage	1405		1045	
邮政业	Postal Services				
信息传输、计算机服务和软件业	**Information Transmission,Computer Service & Computer Software**	**2090**		**2090**	
电信和其他信息传输服务	Telecommunication & Others Information Transmission	2090		2090	
计算机服务业	Computer Services				
软件业	Software				
批发和零售业	**Wholesale & Retail Trade**	**62248**	**2761**	**53237**	**1081**
批发业	Wholesale Trade	19348	1356	19393	276
零售业	Retail Trade	42900	1405	33844	805
住宿和餐饮业	**Quarters & Catering**	**10980**	**866**	**10773**	**866**
住宿业	Quarters	7050	116	5853	116
餐饮业	Catering	3930	750	4920	750

6-22 续表 2 continued

单位：万元 (10 000 yuan)

行业	Sector	投资额 Investment in Fixed Assets	# 城镇集体 Urban Collective-owned Units	新增固定资产 Newly Increased Fixed Assets	# 城镇集体 Urban Collective-owned Units
金融业	**Finance**	**6153**	**2969**	**6538**	**3354**
银行业	Banking	6153	2969	6538	3354
证券业	Bond				
保险业	Insurance				
其他金融活动	Others				
房地产业	**Real Estate**	**9954**	**520**	**7438**	**520**
房地产业	Real Estate	9954	520	7438	520
租赁和商务服务业	**Leasing & Commercial Services**	**1039**		**1039**	
租赁业	Leasing Services				
商务服务业	Commercial Services	1039		1039	
科学研究、技术服务和地质勘查业	**Scientific Research ,Technical Services & Geological Prospecting**	**2515**		**90**	
研究与试验发展	Research & Development				
专业技术服务业	Special Technical Services				
科技交流和推广服务业	Science & Technology Exchanging & Spreading				
地质勘查业	Geological Prospecting	2515		90	
水利、环境和公共设施管理业	**Water Conservancy, Environment & Public Facilities Administration**	**9453**		**6415**	
水利管理业	Water Conservancy	4309		2071	
环境管理业	Environment	794		94	
公共设施管理业	Public Facilities Administration	4350		4250	
居民服务和其他服务业	**Resident Services & Other Services**	**6748**		**6640**	
居民服务业	Resident Services	6040		6040	
其他服务业	Other Services	708		600	
教育	**Education**	**5564**	**399**	**3431**	**359**
教育	Education	5564	399	3431	359
卫生、社会保障和社会福利业	**Health Care, Social Security & Social Welfare**	**2630**	**180**	**585**	**180**
卫生	Health Care	2272	180	247	180
社会保障业	Social Security	358		338	
社会福利业	Social Welfare				
文化、体育和娱乐业	**Culture, Sports & Recreational Services**	**12373**		**28816**	
新闻出版业	Press				
广播、电视和音像业	Radio ,Television & Audio-visual	50		50	
文化艺术业	Culture & Arts	2823			
体育	Sports				
娱乐业	Recreational Services	9500		28766	
公共管理和社会组织	**Public Administration & Social Organization**	**23299**	**18065**	**23234**	**18000**
中国共产党机关	Chinese Communist Party Agencies				
国家机构	Government Agencies	22840	18000	22840	18000
人民政协和民主党派	People's Politics Consultative Conference & Democratic Parties				
群众团体、社会团体和宗教组织	Mass Organization ,Social Organization and Religious Organization	280		280	
基层群众自治组织	Basic Mass Autonomous Organization	179	65	114	
国际组织	**International Organizations**				
国际组织	International Organizations				

6-23 其他固定资产和城镇集体投资新增主要生产能力(2003年)

Newly Increased Productive Capacities Through Other Investment in Fixed Assets & Investment of Urban Collective owned Units(2003)

能力名称	Item	其他投资 Other Investment	#城镇集体 Urban Collective-owned Units
原煤开采(万吨/年)	Coal Mining (10 000 tons/year)	41.50	
洗煤(万吨/年)	Washer coal (10 000 tons/year)	93	
焦炭(万吨/年)	Coke (10 000 tons/year)	178	
生铁(万吨/年)	Iron Smelting (10 000 tons/year)	31.10	
锌冶炼(吨/年)	Zinc Smelting(ton/year)	30000	
水泥(万吨/年)	Cement (10 000 tons/year)	30	
石墨及炭素制品(吨/年)	Product of Graphite(ton/year)	10980	
胶合板(万立方米/年)	Plywood (10 000 cu.m/year)	1.55	
纤维板(万立方米/年)	Fiber Board(10 000 cu.m/year)	1	
刨花板(万立方米/年)	Shaving Board(10 000 cu.m/year)	2	
电石(万吨/年)	Calcium Carbide(10 000 tons/year)	31.21	
食用植物油(日处理原料：吨)	Edible Vegetable Oil (Raw Materials Processing :ton/day)	355	
食用植物油(日精炼油：吨)	Edible Vegetable Oil (Oil Refining :ton/day)	73	
肉加工品(万吨/年)	Meat Processed Products(10 000 tons/year)	15500	
服装(万件/年)	Garments (10 000 pcs/year)	58	
移动通信基站设备(安装能力)(个/年)	Mobile Communicating Base Station Equipment (unit/year)	8	
改建公路(公里)	Length of Reconstructed Highways (km)	252.57	
中等学校：学生席位(个)	Secondary School:Student Seats (unit)	2520	550
建筑面积(平方米)	Floor Space(sq.m)	10110	2400
小学校：学生席位(个)	Primary School:Student Seats (unit)	2510	1910
建筑面积(平方米)	Floor Space(sq.m)	7817	6094
其他学校：学生席位(个)	Other School: Student Seat(unit)	510	
建筑面积(平方米)	Floor Space(sq.m)	5900	
宾馆、旅馆、招待所客房数(间)	Rooms in Guest Houses, Hotels and Hostels(unit)	1322	
(平方米)	(sq.m)	38138	
城市自来水供水能力(万吨/日)	Capacity of City Tap Water Supply (10 000 tons/day)	2.40	
城市自来水管道长度(公里)	Length of City Tap Water Pipe (km)	7	
热水(兆瓦/小时)	Hot Water (mw/hour)	116.29	
城市公共交通车辆购置(辆)	Purchase of City Communiting Vehicles(unit)	155	

6-24 城镇和工矿区个人建房

Building Construction by Individuals in Cities & Towns & in Industrial & Mining Areas

年份 Year	城镇工矿区个数(个) Number of Cities, Towns, Industrial & Mining Areas (unit)	建房户数(户) Number of Households with Building Construction (household)	竣工房屋建筑面积(万平方米) Floor Space of Buildings Completed (10 000 sq.m)	#住宅 Residential Buildings	竣工房屋价值(万元) Value of Buildings Completed (10 000 yuan)	#住宅 Residential Buildings
1985	219	34855	232.08	210.80	20729	18652
1986	238	28392	223.58	177.48	20524	18526
1987	233	28722	204.39	184.23	23330	20691
1988	243	38171	261.75	248.15	34702	32801
1989	235	25463	195.64	175.43	29397	26723
1990	228	21976	158.08	146.99	28159	25960
1991	234	21146	157.70	147.30	32818	30964
1992	248	30576	232.99	206.52	58386	48502
1993	243	29460	238.53	211.73	70156	61782
1994	268	26584	247.53	216.59	72325	62164
1995	258	22478	219.05	198.17	75566	66375
1996	282	20888	198.11	169.96	75214	64340
1997	261	20150	170.72	149.16	68924	58880
1998	308	27745	289.40	257.54	120851	109102
1999	331	30793	299.96	254.74	120477	103251
2000	370	30906	280.40	238.81	109790	93030
2001	423	31402	302.02	250.37	118404	99317
2002	437	26387	281.65	223.79	133826	102877
2003	403	34368	352.30	281.91	180946	132623

6-25 农村个人固定资产投资和建房

Individual Investment in Fixed Assets & Building Construction in Rural Areas

年份 Year	投资总额 (万元) Total Investment (10 000 yuan)	#竣工房屋投资 Investment in Buildings Completed		施工房屋建筑面积 (万平方米) Floor Space of Buildings Under Construction (10 000 sq.m)	竣工房屋建筑面积 (万平方米) Floor Space of Buildings Completed (10 000 sq.m)		竣工房屋造价 (元/平方米) Cost of Buildings Completed (yuan/sq.m)	
		小计 Subtotal	#住宅 Residential Buildings		总计 Total	#住宅 Residential Buildings	总计 Total	#住宅 Residential Buildings
1985	87369	48929	35718	1112	1112	812		44.0
1986	59978		17787	636	590	549		32.4
1987	88573		31132	749	719	613		50.8
1988	149132		38671	696	684	635		60.9
1989	108402		45120	42971	552	495		86.1
1990	81263	45120	42971	552	552	495	91.7	86.8
1991	110319	74186	66180	1010	910	782	91.5	84.6
1992	132675	74766	56356	813	770	656	97.1	85.8
1993	126581	62776	53630	1258	900	629	99.8	85.3
1994	195856	109418	102269	1007	967	789	113.2	129.6
1995	365345	193582	177824	1239	1221	967	158.5	183.9
1996	381618	239963	208326	1238	1224	1020	196.0	204.2
1997	390141	230023	174965	1344	1344	1018	171.1	171.9
1998	409854	207169	179393	1382	1216	875	170.4	205.0
1999	430084	231832	196678	1173	1051	863	220.6	227.9
2000	458815	220926	200248	1092	985	860	224.3	232.8
2001	502098	253278	229572	1151	1079	916	234.6	250.6
2002	521562	223103	199163	1117	1047	869	213.1	229.2
2003	556773	220324	195820	1109	1018	848	207.0	221.6

6-26 房地产开发情况

Main Indicators of Real Estate Development

指标	Item	2002	2003
企业个数(个)	**Number of Enterprises(unit)**	**604**	**688**
内资	Domestic Funded	602	682
# 国有	State-owned Enterprises	48	45
集体	Collective-owned Enterprises	11	10
股份有限公司	Share-holding Corporations Ltd.	36	34
私营	Private Enterprises	203	263
港、澳、台投资	Funded by Entrepreneurs From Hong Kong.Macao and Taiwan	1	1
外商投资	Foreign Funded	1	1
平均从业人员(人)	**Average Number of Employed Persons(person)**	**17804**	**17599**
内资	Domestic Funded	17762	17480
# 国有	State-owned Enterprises	1433	1007
集体	Collective-owned Enterprises	163	123
股份有限公司	Share-holding Corporations Ltd.	1034	886
私营	Private Enterprises	7001	7250
港、澳、台投资	Funded by Entrepreneurs From Hong Kong.Macao and Taiwan	16	16
外商投资	Foreign Funded	26	45
土地开发及购置(万平方米)	**Land Development and Purchase(10 000 sq.m)**		
本年土地开发面积	Land Space Developed This Year	164.49	284.01
待开发的土地面积	Land Space Needed to Development	60.67	7.60
本年土地购置面积	Land Space Purchased This Year	271.09	521.30
房地产开发建设投资总规模及完成投资(万元)	**General Scale of & Actually Completed Investment in Real Estate Development(10 000 yuan)**		
实际需要总投资	Total Investment Actually Needed	1430886	1860930
自开始建设至本年底累计完成投资	Accumulative Investment Actually Made Since Starting of Construction up to the End This Year	1044898	1230486
# 本年完成投资	Investment Made This Year	725322	908681
全部建成尚需投资	Further Investment Required for the Completion of Construction	385988	630444
按用途分的房地产开发完成投资额(万元)	**Actually Completed Investment of Enterprises for Real Estate Development by Use(10 000 yuan)**		
本年完成投资额	Investment Made This Year	725322	908681
住宅	Residential Buildings	386601	515632
# 别墅、高档公寓	Villas and Good Apartments	1107	8373
经济适用房屋	Economical Houses	156777	75702
办公楼	Office Buildings	27298	55181
商业营业用房	Houses for Business Use	210924	258169
其他	Others	100499	79699

6-26 续表 continued

指 标	Item	2002	2003
资金来源小计(万元)	**Source of Funds(10 000 yuan)**	**632345**	**840788**
# 国内贷款	Domestical Loans	89935	83040
利用外资	Foreign Investment	1153	375
自筹资金	Fund Raising	317341	555574
房屋建筑面积(万平方米)	**Floor Space of Buildings(10 000 sq.m)**		
施工面积	Floor Space under Construction	1085.69	1178.87
本年新开工面积	Floor Space Started This Year	643.57	798.76
# 住宅	Residential Buildings	755.25	547.58
# 经济适用房屋	Economical Houses	313.15	71.91
竣工面积	Floor Space Completed	583.38	615.91
# 住宅	Residential Buildings	412.11	479.38
# 经济适用房屋	Economical Houses	187.10	54.52
竣工房屋价值(万元)	Value of Buildings Completed(10 000 yuan)	517317	530759
竣工房屋造价(元/平方米)	Cost of Buildings Completed(yuan/sq.m)	886.8	861.7
商品房屋销售情况	**Selling of Commercial Houses**		
房屋销售面积(万平方米)	Floor Space of Selling House(10 000 sq.m)	422.13	547.97
# 住宅	Residential Buildings	347.44	433.97
# 经济适用房屋	Economical Houses	147.49	87.14
个人购买商品住宅(万平方米)	Commercial Houses Purchased by Individuals(10 000 sq.m)	414.45	432.18
商品房销售额(万元)	Total Sales Of Commercial House (10 000 yuan)	530070	696144
# 住宅	Residential Buildings	361721	467570
# 经济适用房屋	Economical Houses	156599	87737
商品房屋销售价格(元/平方米)	Selling Price of House(yuan/sq.m)	1255.7	1270.4
# 住宅	Residential Buildings	1041.1	1077.4
# 经济适用房屋	Economical Houses	1061.7	1006.9
房地产开发企业的资产负债(万元)	**Asset Balance of Enterprises for Real Estate Development（10 000 yuan）**		
实收资本合计	Total Capital Hold	328341	420501
# 国家资本金	State Capital	23105	8558
资产总计	Total Assets	1238328	1558372
累计折旧	Total Depreciation	26956	20856
# 本年折旧	Depreciation This Year	4416	5005
负债总计	Total Liabilities	894843	1063707
所有者权益	Creditors Equity	343485	494665
资产负债率(%)	Ratio of Liabilities to Assets	72.26	68.26
经营总收入(万元)	**Total Revenue(10 000 yuan)**	**504922**	**701717**
# 土地转让收入	Land Transferred	2522	2459

主要统计指标解释

全社会固定资产投资 固定资产投资是社会固定资产再生产的主要手段。通过建造和购置固定资产的活动，国民经济不断采用先进技术装备，建立新兴部门，进一步调整经济结构和生产力的地区分布，增强经济实力，为改善人民物质文化生活创造物质条件。这对我国的社会主义现代化建设具有重要意义。

固定资产投资额是以货币表现的建造和购置固定资产活动的工作量，它是反映固定资产投资规模、速度、比例关系和使用方向的综合性指标。全社会固定资产投资按经济类型可分为国有、集体、个体、联营、股份制、外商、港澳台商、其他等。按照管理渠道，全社会固定资产投资总额分为基本建设、更新改造、房地产开发投资和其他固定资产投资四个部门。

基本建设投资 基本建设指企业、事业、行政单位以扩大生产能力或工程效益为主要目的的新建、扩建工程及有关工作。其综合范围为总投资 50 万元以上(含 50 万元，下同)的基本建设项目。具体包括：(1)列入中央和各级地方本年基本建设计划的建设项目，以及虽未列入本年基本建设计划，但使用以前年度基建计划内结转投资(包括利用基建库存设备材料)在本年继续施工的建设项目；(2)本年基本建设计划内投资与更新改造计划内投资结合安排的新建项目和新增生产能力(或工程效益)达到大中型项目标准的扩建项目，以及为改变生产力布局而进行的全厂性迁建项目；(3)国有单位既未列入基建计划，也未列入更新改造计划的总投资在 50 万元以上的新建、扩建、恢复项目和为改变生产力布局而进行的全厂性迁建项目，以及行政、事业单位增建业务用房和行政单位增建生活福利设施的项目。

更新改造投资 更新改造指企业、事业单位对原有设施进行固定资产更新和技术改造，以及相应配套的工程和有关工作(不包括大修理和维护工程)。其综合范围为总投资 50 万元以上的更新改造项目。具体包括：(1)列入中央和各级地方本年更新改造计划的投资单位(项目)和虽未列入本年更新改造计划，但使用上年更新改造计划内结转的投资在本年继续施工的项目；(2)本年更新改造计划内投资与基本建设计划内投资结合安排的对企、事业单位原有设施进行技术改造或更新的项目和增建主要生产车间、分厂等其新增生产能力(或工程效益)未达到大中型项目标准的项目，以及由于城市环境保护和安全生产的需要而进行的迁建工程；(3)国有企、事业单位既未列入基建计划也未列入更新改造计划，总投资在 50 万元以上的属于改建或更新改造性质的项目，以及由于城市环境保护和安全生产的需要而进行的迁建工程。

房地产开发投资 指房地产开发公司、商品房建设公司及其他房地产开发法人单位和附属于其他法人单位实际从事房地产开发或经营的活动单位统一开发的包括统代建、拆迁还建的住宅、厂房、仓库、饭店、宾馆、度假村、写字楼、办公楼等房屋建筑物和配套的服务设施，土地开发工程(如道路、给水、排水、供电、供热、通讯、平整场地等基础设施工程)的投资；不包括单纯的土地交易活动。

其他固定资产投资 指全社会固定资产投资中未列入基本建设、更新改造和房地产开发投资的建造和购置固定资产的活动。具体包括：

(1)国有单位按规定不纳入基本建设计划和更新改造计划管理，计划总投资(或实际需要总投资)在 50 万元以上的以下工程：①用油田维护费和石油开发基金进行的油田维护和开发工程；②煤炭、铁矿、森工等采掘采伐业用维简费进行的开拓延伸工程；③交通部门用公路养路费对原有公路、桥梁进行改建的工程；④商业部门用简易建筑费建造的仓库工程。

(2)城镇集体固定资产投资：指所有隶属城市、县城和经国务院及省、自治区、直辖市批准建制的镇领导的集体单位(乡镇企业局管理的除外)建造和购置固定资产计划总投资(或实际需要总投资)在 50 万元以上的项目。

(3)除上述以外的其他各种企、事业单位、个体建造和购置固定资产总投资在 50 万元以上的、未列入基本建设计划和更新改造计划的项目。

城镇和工矿区私人建房投资和农村个人投资 城镇和工矿区私人建房包括市、县城、镇、工矿区所辖范围内的全部私人建房，不论其房主是否系本地的常住户口均应包括。农村个人投资包括农村个人建房及购置生产性固定资产的投资。

固定资产投资的资金来源 根据固定资产投资的资金来源不同，分为国家预算内资金、国内贷款、利用外资、自筹资金和其他资金来源。

(1)国家预算内资金：指中央财政和地方财政中由国家统筹安排的基本建设拨款和更新改造拨款，以及中央财政安排的专项拨款中用于基本建设的资金和基本建设拨款改贷款的资金等。

(2)国内贷款：指报告期内企、事业单位向银行及非银行金融机构借入的用于固定资产投资的各种国内借款。包括银行利用自有资金及吸收的存款发放的贷款、上级主管部门拨入的国内贷款、国家专项贷款(包括煤代油贷款、劳改煤矿专项贷款等。)、地方财政专项资金安排的贷款、国内储备贷款、周转贷款等。

(3)利用外资：指报告期内收到的用于固定资产投资的国外资金，包括统借统还、自借自还的国外贷款，中外合资项目中的外资，以及对外发行债券和股票等。国家统借统还的外资指由我国政府出面同外国政府、团体或金融组织签订贷款协议、并负责偿还本息的国外贷款。

(4)自筹资金：指建设单位报告期内收到的，用于进行固定资产投资的上级主管部门、地方和企、事业单位自筹资金。

(5)其他资金来源：指报告期内收到的除以上各种拨款、借款、自筹资金之外，其他用于固定资产投资的资金。

固定资产投资按国民经济行业分 建设项目归哪个行业，按其建成投产后的主要产品或主要用途及社会经济活动性质来确定。基本建设按建设项目划分国民经济行业，更新改造、国有单位其他固定资产投资及城镇集体投资根据整个企业、事业单位所属的行业来划分。一般情况下，一个建设项目或一个企业、事业单位只属于一种国民经济行业。为了更准确地反映国民经济各行业之间的比例关系，联合企业(总厂)所属分厂属于不同行业的，原则上按分厂划分行业。

固定资产投资按建设性质分 建设项目的性质一般分为新建、扩建、改建、迁建、恢复。基本建设按建设项目划分建设性质，更新改造、国有单位其他固定资产投资及城镇集体投资等按整个企业、事业单位的建设情况确定建设性质，房地产开发单位、农村投资、城镇工矿区私人建房等投资不划分建设性质。

(1)新建：一般是指从无到有、“平地起家”新开始建设的单位。有的单位原有的基础很小，经过建设后其新增加的固定资产价值超过原有固定资产价值(原值)三倍以上的也算新建。

(2)扩建：一般是指为扩大原有产品的生产能力，在厂内或其他地点增建主要生产车间(或主要工程)、独立的生产线或分厂的企业；事业单位和行政单位在原单位增建业务用房(如学校增建教学用房、医院增建门诊部或病床用房、行政机关增建办公楼等)也作为扩建。

(3)改建：一般是指现有企业、事业单位为了技术进步，提高产品质量，增加花色品种，促进产品升级换代，降低消耗和成本，加强资源综合利用和三废治理、劳保安全等，采用新技术、新工艺、新设备、新材料等对现有设施、工艺条件进行技术改造或更新(包括相应配套的辅助性生产、生活福利设施)。有的企业为充分发挥现有生产能力，进行填平补齐而增建不增加本单位主要产品生产能力的车间等，也属于改建。

固定资产投资按构成分 固定资产投资活动按其工作内容和实现方式分为建筑安装工程，设备、工具、器具购置，其他费用三个部门。

(1)建筑安装工程(建筑安装工作量)：指各种房屋、建筑物的建造工程和各种设备、装置的安装工程。包括各种房屋建造工程，各种用途设备基础和各种工业窑炉的砌筑工程；为施工而进行的各种准备工作和临时工程以及完工后的清理工作等；铁路、道路的铺设，矿井的开凿及石油管道的架设等；水利工程；防空地下建筑等特殊工程；以及各机械设备的安装工程；为测定安装工程质量，对设备进行的试运工作。在安装工程中，不包括被安装设备本身的价值；

(2)设备、工具、器具购置：指购置或自制达到固定资产标准的设备、工具、器具的价值，固定资产的标准按财务部门规定。新建单位、扩建单位的新建车间按照设计和计划要求购置或自制的全部设备、工具、器具，不论是否达到固定资产标准均计入“设备、工具、器具购置”中。

(3)其他费用：指在固定资产建造和购置过程中发生的，除建筑安装工程和设备、工具、器具购置以外的各种应摊入固定资产的费用。

基本建设项目按大中小型划分 基本建设划分大中小型项目原则上应按照上级批准的设计任务书或初步设计所确定的总规模或总投资划分，没有正式批准设计任务书或初步设计的，按国家或省、自治区、直辖市年度基本建设投资计划中所列的总规模或总投资划分。上述两条均不具备的，按本年计划施工工程的建设总规模或总投资划分。生产单一产品的工业项目，按产品的设计能力划分；生产多种产品的工业项目，按其主要产品的设计能力划分。生产多种产品的工业项目，按其主要产品的设计能力划分。品种繁多，难以按生产能力划分的，按全部计划投资额划分。划分标准以国家颁发的《大中小型建设项目划分标准》为依据。国家曾在 1953 年、1962 年、1972 年、1977 年和 1979 年先后五次修订《大中小型建设项目划分标准》，因此各历史时期的大中型项目数不完全可比。

施工项目 指报告期内曾进行建筑或安装工程施工活动的建设项目，包括报告期内新开工项目、报告期以前开工跨人报告期继续施工的项目以及报告期施过工并在报告期内全部建成投产或停缓建的项目。

全部建成投产项目 工业项目是指设计文件规定形成生产能力的主体工业及其相应配套的辅助设施全部建成，经负荷试运转，证明具备生产设计规定合格产品的条件，并经过验收鉴定合格或达到竣工验收标准，与生产性工程配套的生活福利设施可以满足近期正常生产的需要，正式移交生产的建设项目。非工业项目是指设计文件规定的主体工程和相应的配套工程全部建成，能够发挥设计规定的全部效益，经验收鉴定合格或达到竣工验收标准，正式移交作用的建设项目。

新增生产能力 指通过固定资投资活动而增加的设计能力或工程效益，它是用实物形态表示的固定资产投资的成果，也是考核投资经济效果的重要依据。新增生产能力的计算，是以能独立发挥生产能力或工程效益的单项工程(或项目)为对象。当单项工程(或项目)建成，经有关部门鉴定合格，正式移交投人生产，即可算新增生产能力。

新增生产能力或工程效益有以下几种表现形式：

(1) 用产品数量表示，以工程在单位时间内（一般是一年）所能生产的产品数量（即年产量）表示。如原煤开采用万吨/年表示。

(2) 用单位时间内所能处理的原料数量表示，以工程每天（或小时）所能处理原料的数量表示。

(3) 以新增的主要设备数量或容量表示，如棉纺锭锭数、发电机组容量等。

(4) 以节约的原材料、燃料、动力实物量表示，适用于反映更新改造节约项目的效益。

(5) 以建筑物容积、容量、面积或长度表示，是非工业项目或工程新增效益的一种表现形式。如水库容量、铁路公路里程等。

根据工程的特点，有时需要用两种或两种以上的复合计量单位表示新增生产能力（或工程效益），如新增内燃机生产能力同时用年产台数、千瓦数表示等。

房屋建筑面积 指从房屋外墙线算起的各层平面面积的总和，包括可供使用的有效面积和房屋结构(如柱、墙)占用的面积。多层建筑按各层(包括地下室)面积总和计算。

住宅建筑面积 指施工和竣工房屋建筑面积中供居住用

的施工和竣工房屋建筑面积。

施工面积 指报告期内施工的全部房屋建筑面积。包括本期新开工的面积、上期跨人本期继续施工的房屋面积、上期停缓建在本期恢复施工的房屋面积、本期竣工的房屋面积及本期施工后又停缓建的房屋面积。

竣工面积 指在报告期内房屋建筑按照设计要求已全部完工，达到住人和使用条件，经验收鉴定合格，正式移交使用单位的建筑面积。

房屋建筑面积竣工率 批一定时期内房屋竣工面积占同期房屋施面积的比率。它是从房屋建筑施工速度的角度反映投资效果和建筑业经济效益的指标。

新增固定资产 指通过投资活动所形成的新的固定资产价值，包括已经建成投入生产或交付使用的工程价值和达到固定资产标准的设备、工具、器具的价值及有关应摊入的费用。它是以价值形式表示的固定资产投资成果的综合性指标，可以综合反映不同时期、不同部门、不同地区的固定资产投资成果。

建设项目投产率 指一定时期内全部建成投入生产项目个数与同期正式施工项目个数的比率。它是从项目建设速度的角度反映投资效果的指标。

固定资产交付使用率 指一定时期新增固定资产与同期完成投资额的比率。它是反映各个时期固定资产动用速度，衡量建设过程中投资效果的一个综合性指标。

Explanatory Notes on Main Statistical Indicators

Total Investment in Fixed Assets in the Whole Country Investment in fixed assets is the essential means for Social reproduction of fixed assets. By means of construction and purchase of fixed assets, more advanced technologies and equipment are adopted in the national economy, and new sectors are established, which promote the adjustment of economic structure and the regional distribution of productive forces and enhance the economic strengths so as to provide the material conditions for improving people's livelihood. This is significant for speeding up the drive of socialist modernization in China.

Amount of investment in fixed assets refers to the volume of activities in construction and purchases of fixed assets in monetary terms. It is a comprehensive indicator which shows the size, pace, proportional relations and use orientation of the investment in fixed assets. Total investment in fixed assets in the whole country includes, by status of economic ownership, the investment by the state owned units, collective units, individuals, joint ownership units, share holding units, as well as investment by businessmen from foreign countries and from Hong Kong, Macao and Taiwan, and by other units. According to China's current management system, the investment in fixed assets in the whole country is classified into the following four parts: investment in capital construction, investment in innovation, investment in real estates development and other investment in fixed assets.

Investment in Capital Construction Capital construction refers to the new construction projects or extension projects and the related work of the enterprises, institutions or administrative units mainly for the purpose of expanding production capacity or improving project efficiency covering only projects each with a total investment of 500, 000 RMB yuan and over. It includes:(1) projects listed in the capital construction plan of the current year of the central government and the local governments at various levels as well as the projects, though not listed in the capital construction plan of the current year, but continued to be constructed in this year, using the investment listed in the plan of capital construction of previous years and carried forward to this year(also using the equipment and materials kept in stock of the capital construction) ; (2) new construction projects arranged both in the plan of capital construction and the plan of innovation; extension projects with the newly increased production capacity (or project efficiency) up to the standard of a large and medium sized project; and the projects of moving the whole factory to a new site so as to improve the distribution of productive forces; (3) new construction projects, extension projector restoration projects with the total investment of 500, 000 RMB yuan and over by the state owned units, though listed neither in the plan of capital construction nor in the plan of innovation; the projects in the state owned units of moving the whole factory to a new site so as to improve the distribution of productive forces; and the projects of building additional business houses by the administrative units and institutions and building welfare facilities by the administrative units.

Investment in Innovation Innovation refers to the renewal of fixed assets and technological innovation of the original facilities by the enterprises and institutions as well as the corresponding supplementary projects and the related work (excluding major overhaul and maintenance projects) covering only projects each with a total investment of 500, 000 RMB yuan and over. It includes; (1) projects listed in the innovation plan of the current year of the central government and the local governments at various levels as well as the projects, though not listed in the innovation plan of the current year, but continued to be constructed in this year, using the investment listed in the plan of innovation of previous years and carried forward to this year; (2) projects of technological innovation or renewal of the original facilities, arranged both in the plan of innovation and in the plan of capital construction; extension projects(main workshops oar branch of the factory) with the newly increased production capacity(or project efficiency) not up to the standard of a large and medium sized project; and the projects of moving the whole factory to a new site so as to meet the requirements of urban environmental protection or safe production; (3) projects of reconstruction or technological innovation with the total investment of 500, 000 RMB yuan and over by the state owned units, though listed neither in the plan of capital construction nor in the plan of innovation; the projects in the state owned units of moving the whole factory to a new sits so as to meet the requirements of urban environmental protection or safe production.

Investment in Real Estate Development It includes the investment by the real estate development companies, commercial buildings construction companies and other real estate development units of various types of ownership in the construction of house buildings, such as residential buildings, factory buildings, warehouses, hotels, guesthouses, holiday villages, office buildings, and the complementary service facilities and land development projects, such as roads, water supply, water drainage, power supply, heating, telecommunications, land leveling and other projects of infrastructure. It excludes the activities in simple land transactions.

Other Investment in Fixed Assets refers to the construction and purchases of fixed assets not listed in the investment in capital construction, investment in innovation and investment in real estate development. It includes:

A) The following projects of the state owned units with the total planned (or actually needed) investment of 500, 000 yuan and over, which are not included in the plan of capital construction and the plan of innovation:(1) projects of oil fields maintenance and exploitation with the oil fields maintenance funds and petroleum development funds; (2) opening and extending projects with the maintenance funds in coal, ore and other mining enterprises and logging enterprises; (3) project of reconstruction of the original highways and bridges with the highway maintenance funds in the department of communication; (4) projects of construction of warehouses with the funds of simple construction in the commercial department.

B) The investment in fixed assets by urban collective units: refer to projects of construction and purchases of fixed assets with the planned total investment of 500, 000 yuan and over by all collective units in cities and county towns and in townships which are approved by the State Council or provincial governments, excluding investment by collective units under township enterprise administration offices.

C) The projects of construction and purchases of fixed assets by the enterprises, institutions or individuals other than those mentioned above with total investment of 500, 000 yuan and over, which are not included in the plan of capital construct on and the plan of innovation.

Private Investment in House Construction in Urban Areas, Industrial and Mining Areas and Individual Investment in Rural Areas The private house construction in the urban areas and industrial and mining areas includes all the private house construction under the jurisdiction of cities, counties, towns and industrial and mining areas, no matter whether the owner of the house is registered as the permanent resident in the locality or not. The individual investment in the rural areas includes the investment in house construction and purchase of productive fixed assets by the individuals in the rural areas.

Sources of funds for Investment in Fixed Assets State budgetary appropriation, domestic loans, foreign investment, self raised funds, and others.

(1) State budgetary appropriation refers to appropriation in the budget of the central and local governments earmarked for capital construction and for innovation projects, and the special appropriation from the budget of the central government for capital construction and for the transfer fund to banks to be issued as loans for capital construction projects.

(2) Domestic loans refer to various funds borrowed by enterprises and institutions from banks and non bank financial institutions during the reference period for the purpose of investment in fixed assets, including loans issued by banks from their self owned funds and deposit, loans appropriated by higher responsible authorities, special loans by government (including loan for replacing petroleum with coal, special loan for reform through labor coal mines) , loans arranged by local government from special funds, domestic reserve loan, and working loan, etc. .

(3) Foreign Investment refers to foreign funds received during the reference period for the purpose of investment in fixed assets, including foreign funds borrowed and managed by the government, by individual units, foreign fund in joint venture program, and issue of bonds and stocks at the international financial markets. The foreign funds borrowed and managed by the government refer to foreign loans borrowed by the government from foreign governments, organizations, or financial institutions under official agreements signed by both parties, under which government is responsible for the repayment of both the principal and interests of the foreign loans.

(4) Self-raised funds refer to funds received by construction enterprises from their higher responsible authorities, local governments, or raised by enterprises or institutions themselves for the purpose of investment in fixed assets during the reference period.

(5) Others refer to funds received during the reference period which are not included in the above mentioned sources.

Investment in Fixed Assets by Sector The classification of construction projects by sector is determined by the major products or the purpose of the projects when they are put into production or use, and by the nature of their social economic activities. The investment in capital construction is classified by construction projects, while investment in innovation, other investment by state owned units and urban collective units are classified according to the sector which the whole enterprise or institution belongs to. In general, one project or one enterprise or institution can only belong to one sector. In order to reflect more accurately the proportions among various sectors, the branch factories of integrated complex are classified into different sectors according to their economic activities.

Investment in Fixes by Type of Construction The construction projects in general can be classified by the type of construction into new construction, expansion, reconstruction and moving away. In capital construction, the type of construction is determined by the condition of the project. In investment in innovation, in other investment by state owned units and investment by collective owned units, the type of construction is determined by the condition of the whole enterprise or institutions. Investment by type of construction is not applied to investment by real estate development units, investment in rural areas and investment in housing by urban individuals.

(1) New construction in general refers to newly constructed units. In the case in which the value of the original fixed assets is quite small, and the value of newly added fixed assets exceeds the original ones by three times, the expansion construction is considered as new construction.

(2) Expansion refers to construction of new major production workshop or independent production line within a factory or in other locations, or construction of a branch factory so as to increase the production capacity of the original products. Newly constructed business houses in institutions and administrative organizations (such as the newly constructed teaching buildings in schools, clinics or bed building in hospitals, and office buildings in administrative agencies, etc.) Are also classified as expansion.

(3) Reconstruction refers to technical innovation and transformation of the existing equipment and technical conditions undertaken by enterprises and institutions for the purposes of technological advancement, improvement in product quality, enlarging variety of products, promoting new generation of products, reducing production consumption and cost, promoting comprehensive utilization of resources, strengthening treatment of waste gas, waste water and solid wastes, and safety in production, etc. through application of new technologies and techniques, use of new equipment and new materials(including accessory facilities for production or for living and welfare purposes) . Construction of new workshops for improving existing production capacity rather than increasing production capacity is also considered as reconstruction.

Investment in Fixed Assets by Structure refers to the three major parts of investment activities, i. e. construction and installation, purchase of equipment and instrument, and other expenses.

(1) Construction and installation (work volume of construction and installation) refers to the construction of various houses and buildings and installation of various kinds of equipment and instruments, including construction of various houses, equipment foundations and industrial kilns and stoves, preparation works for project construction, and clearing up works post project construction, pavement of railways and roads, drilling of mines and putting up of oil pipes, construction of projects of water conservancy, construction of underground air raid shelters and construction of other special projects, installation of various machinery the quality of installation projects, The value of equipment installed is not included in the value of installation projects.

(2) Purchase of equipment and instruments refers to the total value of equipment, tools, and vessels purchased or self produced which come up to standards for fixed assets. Equipment, tools and vessels purchased or self produced for new work shops by newly established or expanded units are categorized as" purchase of equipment and instruments" no matter whether they come up to the standards for fixed assets or not.

(3) Other expenses refer to expenses occurring during the construction or purchase of fixed assets other than construction, installation or purchase of equipment and instruments.

Capital Construction Projects by Size The classification of size of capital construction projects should be determined according to the total scale or total investment set in the approved construction plan by higher responsible authorities or in the tentative design, otherwise according to the total scale or total investment set in the current capital construction plan of the state, provinces, autonomous regions, and municipalities directly under central government. Industrial projects which produce unitary products are classified according to its design capacity of products; projects which produce multi products are classified by the design capacity of the major products or by the total planned investment. Standards for the Classification of Construction Projects into large, medium sized and small ones issued by the government are the base for size division of construction projects, which was revised five times in 1953, 1962, 1972, 1977, and 1979 respectively and therefore, data on projects by size are not entirely comparable from year to year.

Projects Under Construction refer to projects having construction and installation activities undertaken in the reference period, including projects started in the reference period, or continued from the previous period, or completed and put into production or suspended in the reference period.

Projects Completed and Put into Use Industrial projects refer to the major projects and accessory facilities completed which result in forming production capacity and have been checked and accepted while the living and welfare facilities have been completed and can ensure normal production and formally put into production. Non-industrial projects refer to the major projects and accessory facilities completed which possess the designed capacity and have been checked, accepted and formally put into production.

Newly Increased Production Capacity refers to the increase of designed capacity and project efficiency through investment in fixed assets, which reflects the accomplishment of investment in fixed assets in kind. The calculation of newly increased production capacity is based on individual project which operates independently and efficiently. When an individual project is completed and checked and accepted and put into production, it is counted as newly increased production capacity.

The newly increased production capacity and project efficiency are usually expressed in one of the following forms:

(1) output of products, i. e. the output that the project can produce during a given period (usually a year) . For instance, the capacity in coal mining is expressed in 10, 000 tons/year, etc;

(2) raw materials processing capacity, i. e. the volume of raw materials that could be processed by the project per day (or per hour) , such as tons of materials processed per day by a sugar refining project or edible vegetable oil project, or tons of urban sewage processed per day;

(3) number or capacity of major equipment increased, such as number of cotton or silk looms increased, wool spindles in-creased, or capacity (in kilowatt s) of power generators increased;

(4) saved raw materials, fuels or power, which are mainly used for the efficiency of innovation and transformation projects; and

(5) physical measures (volume, capacity, area, and length) of construction, which is typical for non industrial projects, for instance, the length of new railways, etc.

Features of projects sometimes call for combined use of two or more measurement to reflect the increased production capacity (or project efficiency) , for instance, the new capacity for the production of internal combustion engines are expressed in sets per year and kilowatts per year simultaneously.

Floor Space of Buildings under Construction and Completed refers to total floor space in each story of buildings calculated from the outside line of building walls, including both usable space and the space occupied by constructions like pillars or walls. The floor space of multi story buildings includes the total floor space of each story (including basement) .

Floor Space of Residential Buildings refers to the floor space of the residential buildings under construction and completed among the total space of buildings under construction and completed.

Floor Space Under Construction refers to total floor space of all buildings under construction during the reference period, including floor space of newly started buildings during the reference period, floor space of construction extended from the previous period to the current period, floor space of construction suspended during the previous period and resumed in the current period, floor space of construction completed in the current period, and floor space of construction started and then suspended in the current period.

Floor Space of Buildings Completed refers to the floor space of buildings completed in the reference period, which have come up to the designed standards and have been put into use.

Completion Rate of Floor Space of Buildings refers to the ratio of the floor space of buildings completed in certain period of time to the floor space of buildings under construction in the same period, which reflects the investment result and economic efficiency of the construction industry from the angle of the speed of project construction.

Newly Increased Fixed Assets refer to the newly increased value of fixed assets through investment, including the value of projects completed and put into production, the value of equipment, tools, and vessels considered as fixed assets, as well as the relevant expenses as investment in fixed assets. This is a comprehensive indicator of investment in fixed assets, reflecting the achievements of investment in fixed assets in different periods, different sectors, and different regions.

Rate of Construction Projects Completed and put into Use refers to the ratio of the number of construction projects completed and put into use in certain period of time to the number of projects under construction in the same period, this reflects the investment efficiency from the angle of the speed of projects construction.

Rate of Projects of Fixed Assets Completed and Put into Operation refers to the ratio of the newly increased fixed assets to the total investment made in the same period. This is a comprehensive indicator, reflecting the speed of the employment of fixed assets and the investment efficiency.

七 能源生产和消费

PRODUCTION AND CONSUMPTION OF ENERGY

资料整理 斯琴
Arranged by Si Qin

7-1 能源生产总量及构成

Total Production of Energy and Its Composition

年 份 Year	能源生产总量 (万吨标准煤) Total Energy Production (10 000 tons of SCE)	占能源生产总量的比重(%)As Percentage of Total Energy Production(%)			
		原 煤 Coal	原 油 Crude Oil	天然气 Natural Gas	水 电 Hydro-power
1978	1070.63	99.83			0.17
1980	1078.94	99.81			0.19
1985	2027.75	99.99			0.19
1986	2007.72	99.85			0.15
1987	2092.12	99.82			0.18
1988	2252.60	99.88			0.12
1989	2688.70	99.90			0.10
1990	2821.61	99.81			0.19
1991	3069.14	99.81			0.19
1992	3221.65	95.43			0.13
1993	3647.44	94.05	3.96		0.04
1994	3994.00	94.27	5.69		0.05
1995	4642.02	94.55	5.41		0.03
1996	4767.47	95.48	4.49		0.03
1997	5354.63	96.46	3.53		0.03
1998	5019.91	96.28	3.66		0.06
1999	4566.42	96.34	3.59		0.05
2000	4701.23	95.90	2.75		0.12
2001	6047.84	96.40	2.01	1.41	0.13
2002	8428.61	97.21	1.40	1.22	0.10
2003	10787.57	97.38	1.22	1.30	0.08

注：电力折算标准煤的系数根据当年平均发电煤耗计算，下表同。

a) The coefficient for conversion of electric power into SCE(standard coal equivalent)is calculated on the basic of the data on the average coal consumption in generating electric power in the same year.The same as in the following tables.

7-2 能源消费总量及构成

Total Consumption of Energy and Its Composition

年 份 Year	能源消费总量 (万吨标准煤) Total Energy Production (10 000 tons of SCE)	占能源消费总量的比重(%)As Percentage of Total Energy Consumption(%)			
		原 煤 Coal	原 油 Crude Oil	天然气 Natural Gas	水 电 Hydro-power
1985	1870.66				
1986	1856.66	57.38	0.11		0.16
1987	1967.11	55.76	0.07		0.20
1988	2035.52	54.25	0.04		0.14
1989	2250.36	54.89	0.04		0.12
1990	2423.51	52.77	0.04		0.22
1991	2505.19	53.30	0.03		0.20
1992	2554.99	50.50	1.65		0.17
1993	2676.11	93.00	4.94		0.05
1994	2812.19	94.63	4.87		0.07
1995	3268.44	82.38	3.82		0.05
1996	3144.36	93.87	4.56		0.05
1997	3708.95	93.23	4.36		0.05
1998	3440.06	95.44	4.78		0.09
1999	3634.88	94.97	4.96		0.06
2000	3937.54	93.14	4.58		0.14
2001	4453.48	93.34	4.27	0.04	0.16
2002	5190.12	93.47	3.47	0.05	0.16
2003	5902.73	94.32	3.04	0.41	0.15

注：1999年以后能源消费量为估算数。

a)Data on energy consumption were estimated figures since 1999.

7-3 综合能源平衡表
Overall Energy Balance

单位：万吨标准煤 (10 000 tons of SCE)

项目	Item	1985	1990	1995	2000	2003
可供消费的能源总量	**Total Energy Available for Consumption**	**1877.55**	**2418.00**	**2922.20**	**3996.41**	**6088.50**
一次能源生产量	Primary Energy Output	2027.75	2821.61	4642.02	4701.23	10787.57
回收量	Recovery of Energy				193.37	262.39
进口量	Imports		3.33	4.56		8.03
出口量(-)	Exports(-)	3.16	16.81	48.38	141.96	50.86
年初年末库存差额	Stock Changes in the Year	-37.95	-57.33	-61.74	47.81	91.61
能源消费总量	**Total Energy Consumption**	**1870.66**	**2423.51**	**3268.44**	**3937.54**	**6052.48**
在总量中:	Consumption by Sector					
1.农、林、牧、渔业	1.Farming, Forestry, Animal Husbandry & Fishery	67.90	83.39	100.09	128.62	184.03
2.工业	2.Industry	1058.46	1368.62	1338.90	2059.93	5138.41
3.建筑业	3.Construction	68.32	29.69	35.69	57.57	69.91
4.交通运输、仓储及邮电通信业	4.Transportation, Storage, Post & Telecommunications Services	131.81	152.46	154.58	151.07	177.60
5.批发、零售业和住宿餐饮业	5.Wholesale，Retail Trade, Quarters & Catering	39.04	43.72	73.44	92.87	108.71
6.其他	6.Others	93.86	115.66	128.19	80.27	86.40
7.生活消费	7.Residential Consumption	411.25	437.18	155.45	225.40	288.57
在总量中:	Consumption by Usage					
(一)终端消费	(Ⅰ)Final Consumption	1818.10	2230.72	1986.38	2795.70	3773.82
# 工业	Industry	1058.48	1368.62	1338.90	2059.93	2858.60
(二)加工转换损失量	(Ⅱ)Losses in Processing & Transformation	29.82	135.67	905.20	1119.59	2265.53
# 炼焦	Coking	11.02	43.91	36.52	16.30	14.47
炼油	Petroleum Refining			1.11	24.69	7.94
(三)损失量	(Ⅲ)Other Losses	22.74	57.12	376.86	22.25	14.30
平衡差额	**Balance**	**6.89**	**-5.51**	**-346.24**	**58.87**	**36.02**

注: 1.村办工业包括在工业中(下同)。

2.电力、热力按等价热值折算,因此加工转换损失量中不包括发电、供热损失量。

3.进口量包括我国飞机、轮船在国外加油量; 出口量包括外国飞机、轮船在我国加油量。

a)Data on industry include the data of village-run industry.(The same as in the following tables).

b)Electric power & heat are converted on the basic of equal caloric value.Therefore, losses in processing and transformation exclude losses in power generation and heating.

c)Data on imports include the petroleum consumed by the Chinese airplane and ships in refueling abroad.Data on exports include the petroleum consumed by the foreign airplanes and ships in refueling in China.

7-4 石油平衡表
Petroleum Balance

单位：万吨 (10 000 tons)

项 目	Item	2002	2003
可供量	**Total Energy Available for Consumption**	**247.28**	**268.61**
生产量	Output	82.79	92.34
外省(区、市)调入量	Transfer From Other Province(Region、City)	233.72	195.37
本省(区、市)调出量(-)	Transfer to Other Province(Region、City)(-)	-69.75	-13.80
年初年末库存差额	Stock Changes in the Year	1.57	6.55
消费量	**Total Energy Consumption**	**349.41**	**379.54**
在消费总量中:	Consumption by Sector		
1.农、林、牧、渔业	1.Farming, Forestry, Animal Husbandry and Fishery	44.55	51.36
2.工业	2.Industry	201.07	212.06
3.建筑业	3.Construction	19.98	22.96
4.交通运输、仓储及邮电通信业	4.Transportation, Storage, Post and Telecommunications Services	43.98	48.18
5.批发、零售业和住宿餐饮业	5.Wholesale，Retail Trade, Quarters and Catering	17.07	20.66
6.其他	6.Others	7.14	8.08
7.生活消费	7.Residential Consumption	15.62	16.24
在消费总量中:	Consumption by Usage		
(一)终端消费	(Ⅰ)Final Consumption	204.82	230.74
# 工业	Industry	56.48	63.26
(二)中间消费	(Ⅱ)Intermediate Consumption	117.74	121.07
(用于加工转换)	(Consumed in Transformation)		
发电	Power Generation	1.60	3.56
供热	Heating	0.07	24.15
炼焦	Coking		
制气	Gas Production		
(三)洗选损耗	(Ⅲ)Losses in Coal Washingand Dressing		
平衡差额	**Balance**		

注：生产量为原油产量。

a)Data on output refer to the output of crude oil.

7-5 煤炭平衡表
Coal Balance Sheet

单位：万吨 (10 000 tons)

项 目	Item	1985	1990	1995	2000	2003
可供量	**Total Energy supply**	**2908.08**	**3887.83**	**4342.19**	**5817.19**	**8287.82**
生产量	Output	3204.00	4761.61	7055.21	7247.29	14706.82
进口量	Imports		4.25			
出口量(-)	Exports(-)	4.00	21.43	71.51	197.59	-38.00
年初年末库存差额	Stock Changes in the Year	59.95	57.06		117.49	31.01
消费量	**Total Energy Consumption**	**2898.31**	**3905.04**	**4329.02**	**5739.52**	**8268.21**
在消费总量中：	Consumption by Sector					
1.农、林、牧、渔业	1.Farming,Forestry,Animal Husbandry & Fishery	37.00	43.51	57.87	75.25	89.90
2.工业	2.Industry	1777.23	898.09	934.94	1420.45	7854.68
3.建筑业	3.Construction	70.00	25.40	30.75	30.55	38.20
4.交通运输、仓储及邮电通信业	4.Transport, Storage, Post & Telecomm Services	152.00	181.97	186.65	99.99	98.22
5.批发、零售业和住宿餐饮业	5.Wholesale，Retail Trade, Quarters & Catering	46.00	50.50	65.87	37.58	31.30
6.其他	6.Others	104.00	132.77	92.11	38.00	30.00
7.生活消费	7.Residential Consumption	576.00	585.76	144.00	143.44	126.00
在消费总量中：	Consumption by Usage					
(一)终端消费	(Ⅰ)Final Consumption	1724.44	1918.00	1512.19	1845.26	2398.35
# 工业	Industry	1724.44		934.94	1420.45	1984.73
(二)中间消费	(Ⅱ)Intermediate Consumption	-1160.13	-1936.37	-2786.83	-3864.26	-5849.86
(用于加工转换)	(Consumed in Transformation)					
发电	Power Generation	592.12	1273.25	1882.61	2566.34	3949.32
供热	Heating	110.00	165.43	275.56	366.26	523.08
炼焦	Coking	263.38	151.98	60.45	126.06	16.22
制气	Gas Production					10.43
(三)洗选损耗	(Ⅲ)Losses in Coal Washing	18.70				
平衡差额	**Balance**	**12.73**	**-17.21**	**13.17**	**77.67**	**19.52**

注：生产量为原煤产量。
a)Data on output refer to the output of raw coal.

7-6 电力平衡表
Electricity Balance Sheet

单位：亿千瓦小时 (100 million kwh)

项目	Item	1985	1990	1995	2000	2003
可供量	**Total Energy supply**	**69.65**	**121.82**	**102.77**	**176.02**	**232.91**
生产量	Output	80.46	169.54	278.54	439.22	647.73
水电	Hydro-power	0.61	1.34	1.43	5.59	7.07
火电	Thermal Power	79.85	168.50	277.11	432.09	639.53
核电	Nuclear Power					
进口量	Imports					
出口量(-)	Exports(-)					
消费量	**Total Energy Consumption**	**69.65**	**121.82**	**186.83**	**256.07**	**406.62**
在消费总量中:	Consumption by Sector					
1.农、林、牧、渔业	1.Farming, estry,Animal Husbandry & Fishery	6.22	9.10	11.59	16.99	21.92
2.工业	2.Industry	48.57	95.28	145.52	195.65	332.17
3.建筑业	3.Construction	2.42	1.50	1.79	4.27	2.20
4.交通运输、仓储及邮电通信业	4.Transportation, Storage, Post & Telecommunications Services	0.26	1.45	2.50	4.22	4.56
5.批发、零售业和住宿餐饮业	5.Wholesale，Retail Trade. Quarters & Catering		1.50	2.94	5.65	5.56
6.其他	6.Others	2.75	4.20	6.88	7.36	11.62
7.生活消费	7.Residential Consumption	5.16	8.79	15.61	22.36	28.59
在消费总量中:	Consumption by Usage					
(一)终端消费	(Ⅰ)Final Consumption	66.02	115.84	186.83	256.07	406.62
#工业	Industry	48.57	95.28	145.52	195.65	332.17
(二)输配电损失量	(Ⅱ)Losses in Transmission	3.63	5.98			

7-7 重点耗能工业企业分行业产值能耗(2003年)

Energy Consumption & Gross Output Value of Major Energy Consumption Enterprises by Industrial Branch(2003)

行业	Sector	综合能源消费量(吨标准煤) Total Energy Consumption (ton of SCE)	工业总产值(万元) Gross Industrial Output Value (10 000 yuan)	产值综合能耗(吨标准煤/万元) Energy Consumption of Gross Output Value (ton of SCE /10 000 yuan)
总计	**Total**	**32043628**	**5125508**	**6.25**
煤炭开采和洗选业	Coal Mining & Processing	1903994	244368	7.79
石油和天然气开采业	Extraction of Petroleum & Natural Gas	182166	21517	8.47
黑色金属矿采选业	Mining & Dressing of Ferrous Metals	9526	5484	1.74
有色金属矿采选业	Mining & Dressing of Nonferrous Metals	73678	51517	1.43
非金属矿采选业	Mining & Dressing of Nonmetal Minerals	54749	33865	1.62
其他采矿业	Mining of Other Mineral			
农副食品加工业	Processing of Agricultural Side-line Food	250170	248909	1.01
食品制造业	Food Manufacturing	217633	418110	0.52
饮料制造业	Beverage Manufacturing	91905	73710	1.25
烟草制品业	Tobacco Products	11960	61871	0.19
纺织业	Textile Industry	127673	293246	0.44
纺织服装、鞋、帽制造业	Textile Products, Clothes, Shoes & Hats	13245	4154	3.19
皮革、毛皮、羽毛(绒)及其制品业	Leather, Furs, Down & Related Products			
木材加工及木、竹、藤、棕、草制品业	Timber Processing, Bamboo, Cane, Palm Fiber & Straw Products	45152	9944	4.54
家具制造业	Furniture Manufacturing			
造纸及纸制品业	Paper-making & Paper Products	331783	80039	4.15
印刷业和记录媒介的复制	Printing & Record Pressing			
文教体育用品制造业	Cultural, Educational & Sports Goods			
石油加工、炼焦及核燃料加工业	Petroleum Processing , Coke Products & Processing of Nuclear Fuel	1061734	116234	9.13

注：重点耗能企业指年耗能万吨以上企业，工业总产值按不变价格计算。

a)The major energy consumption enterprises refer to the total energy consumption exceeds 10000 tons in each year.The gross industrial output value is calculated at 1990 constant prices.

7-7 续表 continued

行 业	Sector	综合能源消费量(吨标准煤) Total Energy Consumption (ton of SCE)	工业总产值(万元) Gross Industrial Output Value (10 000 yuan)	产值综合能耗(吨标准煤/万元) Energy Consumption of Gross Output Value (ton of SCE /10 000 yuan)
化学原料及化学制品制造业	Raw Chemical Materials & Chemical Products	3855815	475007	8.12
医药制造业	Medicine Manufacturing	93228	65265	1.43
化学纤维制造业	Chemical Fiber Manufacturing			
橡胶制品业	Rubber Products	9501	7050	1.35
塑料制品业	Plastic Products			
非金属矿物制品业	Nonmetal Mineral Products	1651355	219654	7.52
黑色金属冶炼及压延加工业	Smelting & Pressing of Ferrous Metals	8858740	1085684	8.16
有色金属冶炼及压延加工业	Smelting & Pressing of Nonferrous Metals	1912628	405660	4.71
金属制品业	Metal Products			
通用设备制造业	Manufacturing of General Purpose Equipment	29623	18466	1.60
专用设备制造业	Special Purposes Equipment Manufacturing			
交通运输设备制造业	Transportation Equipment Manufacturing	11955	82873	0.14
电气机械及器材制造业	Electric Equipment & Machinery	402560	515752	0.78
通信设备、计算机及其他电子设备制造业	Manufacturing of Telecoms, Computer & Other Electronic Equipment			
仪器仪表及文化、办公用机械制造业	Instruments, Meters, Cultural & Office Machinery			
工艺品及其他制造业	Handicrafts & Other Production			
废弃资源和废旧材料回收加工业	Recovering of Abandoned Resource & Waste Materical			
电力、热力的生产和供应业	Production & Supply of Electric Power & Heating Power	10650974	572463	18.61
燃气生产和供应业	Production & Supply of Gas	70280	9467	7.42
水的生产和供应业	Production & Supply of Water	33472	3239	10.33

7-8 分行业能源消费总量和主要能源品种消费量(2003年)

Consumption of Total Energy & Its Main Varieties by Sector(2003)

行业	Sector	能源消费总量(万吨标准煤) Total Energy Consumption (10 000 tons of SCE)	煤炭消费量(万吨) Coal Consumption (10 000 tons)	焦炭消费量(万吨) Coke Consumption (10 000 tons)	原油消费量(万吨) Crude Oil Consumption (10 000 tons)	汽油消费量(万吨) Gasoline Consumption (10 000 tons)
消费总量	**Total Consumption**	**6052**	**8268**	**472**	**129**	**83**
农、林、牧、渔业	**Farming, Forestry, Animal Husbandry & Fishery**	**184**	**90**	**4**		**15**
工业	**Industry**	**5138**	**7855**	**464**	**129**	**18**
采矿业	**Mining**	**487**	**1501**	**4**	**8**	**6**
煤炭开采和洗选业	Coal Mining & Processing	413	1421	4	8	4
石油和天然气开采业	Extraction of Petroleum & Natural Gas	45	57	1	1	
黑色金属矿采选业	Mining & Dressing of Ferrous Metals	8	5			1
有色金属矿采选业	Mining & Dressing of Nonferrous Metals	11	10			
非金属矿采选业	Mining & Dressing of Nonmetal Minerals	8	8			
其他采矿业	Mining of Other Mineral	1				
制造业	**Manufacturing**	**2390**	**2160**	**459**	**121**	**8**
农副食品加工业	Processing of Agricultural Side-line Food	120	173			1
食品制造业	Food Manufacturing	23	29			1
饮料制造业	Beverage Manufacturing	34	44	1		
烟草制品业	Tobacco Products	4	4			
纺织业	Textile Industry	60	80			
纺织服装、鞋、帽制造业	Textile Products, Clothes, Shoes & Hats	4	5			
皮革、毛皮、羽毛(绒)及其制品业	Leather, Furs, Down & Related Products	6	8			
木材加工及木、竹、藤、棕、草制品业	Timber Processing, Bamboo, Cane, Palm Fiber & Straw Products	3	4			
家具制造业	Furniture Manufacturing					
造纸及纸制品业	Paper-making & Paper Products	35	51			
印刷业和记录媒介的复制	Printing & Record Pressing	1	1			
文教体育用品制造业	Cultural, Educational & Sports Goods					

注： 1.工业能源消费量中包括村办工业。

2.工业分行业数字中不包括其他石油制品和其他焦化产品,但工业合计中包括。

a)The energy consumption by the industrial sector includes the consumption by village run industry.

b)The consumption of other petroleum products and other coking products (such as benzence etc.) is included in the total consumption of the industrial sector , but not included the various industrial branches.

7-8 续表 1 continued

行业	Sector	煤油消费量(万吨) Kerosene Consumption (10 000 tons)	柴油消费量(万吨) Diesel Oil Consumption (10 000 tons)	燃料油消费量(万吨) Fuel Oil Consumption (10 000 tons)	天然气消费量(亿立方米) Natural Gas Consumption (100 million cu.m)	电力消费量(亿千瓦小时) Electricity Consumption (100 million kwh)
消费总量	**Total Consumption**	**2**	**118**	**39**	**2**	**407**
农、林、牧、渔业	**Farming, Forestry, Animal Husbandry & Fishery**		**37**			**22**
工业	**Industry**		**26**	**35**		**332**
采矿业	**Mining**		**4**			**22**
煤炭开采和洗选业	Coal Mining & Processing		3			13
石油和天然气开采业	Extraction of Petroleum & Natural Gas					2
黑色金属矿采选业	Mining & Dressing of Ferrous Metals					2
有色金属矿采选业	Mining & Dressing of Nonferrous Metals					3
非金属矿采选业	Mining & Dressing of Nonmetal Minerals					2
其他采矿业	Mining of Other Mineral					
制造业	**Manufacturing**		**18**	**32**		**224**
农副食品加工业	Processing of Agricultural Side-line Food					3
食品制造业	Food Manufacturing					1
饮料制造业	Beverage Manufacturing					
烟草制品业	Tobacco Products					
纺织业	Textile Industry					2
纺织服装、鞋、帽制造业	Textile Products, Clothes, Shoes & Hats					
皮革、毛皮、羽毛(绒)及其制品业	Leather, Furs, Down & Related Products					
木材加工及木、竹、藤、棕、草制品业	Timber Processing, Bamboo, Cane, Palm Fiber & Straw Products					
家具制造业	Furniture Manufacturing					
造纸及纸制品业	Paper-making & Paper Products					3
印刷业和记录媒介的复制	Printing & Record Pressing					
文教体育用品制造业	Cultural, Educational & Sports Goods					

7-8 续表 2 continued

行业	Sector	能源消费总量(万吨标准煤) Total Energy Consumption (10 000 tons of SCE)	煤炭消费量(万吨) Coal Consumption (10 000 tons)	焦炭消费量(万吨) Coke Consumption (10 000 tons)	原油消费量(万吨) Crude Oil Consumption (10 000 tons)	汽油消费量(万吨) Gasoline Consumption (10 000 tons)
石油加工、炼焦及核燃料加工业	Petroleum Processing, Coke Products & Processing of Nuclear Fuel	137	453	1	121	
化学原料及化学制品制造业	Raw Chemical Materials & Chemical Products	430	440	48		1
医药制造业	Medicine Manufacturing	41	51			
化学纤维制造业	Chemical Fiber Manufacturing	2	2			
橡胶制品业	Rubber Products	3	2			
塑料制品业	Plastic Products	5		4		
非金属矿物制品业	Nonmetal Mineral Products	184	220	3		
黑色金属冶炼及压延加工业	Smelting & Pressing of Ferrous Metals	1085	466	393		2
有色金属冶炼及压延加工业	Smelting & Pressing of Nonferrous Metals	91	38	5		
金属制品业	Metal Products	7	7	1		
通用设备制造业	Manufacturing of General-Purpose Equipment	13	8	1		
专用设备制造业	Special Purposes Equipment Manufacturing	65	41			1
交通运输设备制造业	Transportation Equipment Manufacturing	13	13			
电气机械及器材制造业	Electric Equipment & Machinery	3	4			
信设备、计算机及其他电子设备制造业	Manufacturing of Telecommunications, Computer & Other Electronic Equipment	4	5			
仪器仪表及文化、办公用机械制造业	Instruments, Meters, Cultural & Office Machinery					
工艺品及其他制造业	Handicrafts & Other Production	10	4	2		
废弃资源和废旧材料回收加工业	Recovering of Abandoned Resource & Waste Materical	5	7			
电力、燃气及水的生产和供应业	**Production & Supply of Electric Power, Gas & Water**	**2262**	**4194**			**3**
电力、热力的生产和供应业	Production & Supply of Electric Power & Heating Power	2244	4178			3
燃气生产和供应业	Production & Supply of Gas	14	14			
水的生产和供应业	Production & Supply of Water	4	2			
建筑业	**Construction**	**70**	**38**			**7**
交通运输、仓储及邮电通信业	**Transportation,Storage, Postal & Telecommunications Services**	**178**	**98**			**23**
批发、零售业和住宿、餐饮业	**Wholesale, Retail Trade, Quarters & Catering**	**109**	**31**	**4**		**9**
其他	**Others**	**86**	**30**			**6**
生活消费	**Residential Consumption**	**289**	**126**			**7**

7-8 续表 3 continued

行业	Sector	煤油消费量（万吨）Kerosene Consumption (10 000 tons)	柴油消费量（万吨）Diesel Oil Consumption (10 000 tons)	燃料油消费量（万吨）Fuel Oil Consumption (10 000 tons)	天然气消费量（亿立方米）Nat ural Gas Consumption (100 million cu.m)	电力消费量（亿千瓦小时）Electricity Consumption (100 million kwh)
石油加工、炼焦及核燃料加工业	Petroleum Processing, Coke Products & Processing of Nuclear Fuel		7	3		3
化学原料及化学制品制造业	Raw Chemical Materials & Chemical Products		2	25		66
医药制造业	Medicine Manufacturing					3
化学纤维制造业	Chemical Fiber Manufacturing					
橡胶制品业	Rubber Products					1
塑料制品业	Plastic Products					
非金属矿物制品业	Nonmetal Mineral Products		3	1		15
黑色金属冶炼及压延加工业	Smelting & Pressing of Ferrous Metals		4	1		65
有色金属冶炼及压延加工业	Smelting & Pressing of Nonferrous Metals			1		45
金属制品业	Metal Products					1
通用设备制造业	Manufacturing of General-Purpose Equipment					5
专用设备制造业	Special Purposes Equipment Manufacturing		1	1		6
交通运输设备制造业	Transportation Equipment Manufacturing					1
电气机械及器材制造业	Electric Equipment & Machinery					
信设备、计算机及其他电子设备制造业	Manufacturing of Telecommunications, Computer & Other Electronic Equipment					1
仪器仪表及文化、办公用机械制造业	Instruments, Meters, Cultural & Office Machinery					
工艺品及其他制造业	Handicrafts & Other Production					4
废弃资源和废旧材料回收加工业	Recovering of Abandoned Resource & Waste Materical					
电力、燃气及水的生产和供应业	**Production & Supply of Electric Power, Gas & Water**		5	3		87
电力、热力的生产和供应业	Production & Supply of Electric Power & Heating Power		5	3		85
燃气生产和供应业	Production & Supply of Gas					
水的生产和供应业	Production & Supply of Water					2
建筑业	**Construction**		14	2		2
交通运输、仓储及邮电通信业	**Transportation,Storage, Postal & Telecommunications Services**	2	24			5
批发、零售业和住宿、餐饮业	**Wholesale，Retail Trade, Quarters & Catering**		10	2		6
其他	**Others**		2			11
生活消费	**Residential Consumption**		5		2	29

7-9 能源生产弹性系数

Elasticity Ratio of Energy Production

年份 Year	能源生产比上年增长% Growth Rate of Energy Production over Preceding Year (%)	电力生产比上年增长% Growth Rate of Electricity Production over Preceding Year (%)	生产总值比上年增长% Growth Rate of Gross Domestic Product(GDP) over Preceding Year (%)	能源生产弹性系数 Elasticity Ratio of Energy Production	电力生产弹性系数 Elasticity Ratio of Electricity Production
1984	10.15	14.35	16.1	0.63	0.89
1985	20.49	15.69	17.2	1.19	0.91
1986	-0.99	39.54	5.9	-0.17	6.30
1987	4.20	13.76	9.0	0.47	1.53
1988	7.67	9.33	9.8	0.78	0.95
1989	19.36	11.12	2.7	7.17	4.12
1990	4.94	10.51	7.5	0.66	1.40
1991	8.77	11.31	7.5	1.17	1.51
1992	4.97	17.63	11.0	0.45	1.60
1993	13.22	5.82	10.6	1.25	0.55
1994	9.50	11.07	10.1	0.94	1.10
1995	16.22	6.61	9.1	1.78	0.73
1996	2.70	16.32	13.3	0.21	1.23
1997	12.32	5.62	9.7	1.27	0.58
1998	-6.25	2.39	9.6	-0.65	0.25
1999	-9.03	8.62	7.8	1.16	1.11
2000	2.95	16.87	9.7	0.30	1.74
2001	28.64	5.98	9.6	2.98	0.62
2002	39.37	11.38	12.1	3.46	0.94
2003	27.99	24.93	16.8	1.67	1.48

注：生产总值增长速度按可比价格计算，下表同。

a)The growth rates of GDP are calculated at comparable prices.The same as in the following tables.

7-10 能源消费弹性系数

Elasticity Ratio of Energy Consumption

年份 Year	能源消费比上年增长% Growth Rate of Energy Consumption over Preceding Year (%)	电力消费比上年增长% Growth Rate of Electricity Consumption over Preceding Year (%)	生产总值比上年增长% Growth Rate of Gross Domestic Product(GDP) over Preceding Year (%)	能源消费弹性系数 Elasticity Ratio of Energy Consumption	电力消费弹性系数 Elasticity Ratio of Electricity Consumption
1986	1.97	7.94	5.9	0.33	1.35
1987	5.95	9.70	9.0	0.66	1.08
1988	3.48	14.15	9.8	0.36	1.44
1989	10.03	13.95	2.7	3.71	5.17
1990	8.21	13.55	7.5	1.09	1.81
1991	3.37	3.87	7.5	0.45	0.52
1992	1.98	10.65	11.0	0.18	0.97
1993	4.74	39.43	10.6	0.45	3.72
1994	5.08	-17.23	10.1	0.50	-1.71
1995	16.22	-18.43	9.1	1.78	-2.03
1996	-3.80	49.76	13.3	-0.29	3.70
1997	17.96	4.68	9.7	1.85	0.48
1998	-7.25	-10.42	9.6	-0.76	-1.09
1999	5.66	24.91	7.8	0.73	3.19
2000	8.33	8.15	9.7	0.86	0.84
2001	13.10	9.22	9.6	1.36	0.96
2002	16.54	14.57	12.1	1.37	1.20
2003	16.61	26.89	16.8	0.99	1.60

注:1999年以后为估算数。

a) The data were estimated figures since 1999.

主要统计指标解释

能源生产总量 指一定时期内全区一次能源生产量的总和，是观察全区能源生产水平、规模、构成和发展速度的总量指标。一次能源生产量包括原煤、原油、天然气、水电、核能及其他动力能(如风能、地热能等)发电量，不包括低热值燃料生产量、生物质能、太阳能等的利用和由一次能源加工转换而成的二次能源产量。

能源消费总量 指一定时期内全区物质生产部门、非物质生产部门和生活消费的各种能源的总和，是观察能源消费水平、构成和增长速度的总量指标。能源消费总量包括原煤和原油及其制品、天然气、电力，不包括低热值燃料、生物质能和太阳能等的利用。能源消费总量分为终端能源消费量、能源加工转换损失量和损失量三部分。

(1)终端能源消费量：指一定时期内全区生产和生活消费的各种能源在扣除了用于加工转换二次能源消费量和损失量以后的数量。

(2)能源加工转换损失量：指一定时期内全区投入加工转换的各种能源数量之和与产出各种能源产品之和的差额，是观察能源在加工转换过程中损失量变化的指标。

(3)能源损失量：指一定时期内能源在输送、分配、储存过程中发生的损失和由客观原因造成的各种损失量，不包括各种气体能源放空、放散量。

能源生产弹性系数 是研究能源生产增长速度与国民经济增长速度之间关系的指标。计算分式为：

能源生产弹性系数=能源生产总量年平均增长速度/国民经济年平均增长速度

国民经济年平均增长速度，可根据不同的目的或需要，用地区收入总值、地区生产总值等指标来计算，本年鉴是采用国内生产总值指标计算的。

电力生产弹性系数 是研究电力生产增长速度与国民经济增长速度之间关系的指标。一般来说，电力的发展应当快于国民经济的发展，也就是说电力应超前发展。计算公式为：

电力生产弹性系数=电力生产量年平均增长速度/国民经济年平均增长速度

能源消费弹性系数 是反映能源消费增长速度与国民经济增长速度之间比例关系的指标。计算公式为：

能源消费弹性系数=能源消费量年平均增长速度/国民经济年平均增长速度

电力消费弹性系数 反映电力消费增长速度与国民经济增长速度之间比例关系的指标。计算公式为：

电力消费弹性系数=电力消费量年平均增长速度/国民经济年平均增长速度

能源加工转换效率 指一定时期内能源经过加工、转换后，产出的各种能源产品的数量与同期内投入加工转换的各种能源数量的比率。它是观察能源加工转换装置和生产工艺先进与落后、管理水平高低等的重要指标。计算公式为：

能源加工转换效率=能源加工、转换产出量/能源加工、转换投入量×100%

Explanatory Notes on Main Statistical Indicators

Total Energy Production refers to the total product ion of primary energy by all energy producing enterprises in the autonomous region in a given period of time. It is a comprehensive indicator to show the capacity, scale, composition and development of energy production of the country. The production of primary energy includes that of coal, crude oil, natural gas, hydropower and elect recite generated by nuclear energy and other means such as wind power and geothermal power. However, it excludes the production of fuels of low calorific value, bio-energy, solar-energy and the secondary energy converted from the primary energy.

Total Domestic Energy Consumption refers to the total consumption of energy of various kinds by material production sectors, nonmaterial production sectors and households in the autonomous region in a given period of time. It is a comprehensive indicator to show the scale, composition and development of energy consumption. The total energy consumption includes that of coal, crude oil and their products, natural gas and electricity. However, it excludes the consumption of fuel of low calorific value, bio-energy and solar energy. Total domestic energy consumption can be divided into three parts:

(1) Final Energy Consumption: It refers to the total energy consumption by material production sectors. Non material production sectors and households in the autonomous region in a given period of time, but excludes the consumption in conversion o f the primary energy into the secondary energy and the loss in the process of energy conversion.

(2) Loss During the Process of Energy Conversion: It refers to the total input of various kinds of energy for conversion, minus the total output of various kinds of energy in the autonomous region in a given period of time. It is an indicator to show the loss that occurs during the process of energy conversion.

(3) Loss: It refers to the total of the loss of energy during the course of energy transport, distribution and storage and the loss caused by any objective reason in a given period of time. The loss of various kinds of gas due to gas discharges and stocktaking is excluded.

Elasticity Ratio of Energy Production is an indicator to show the relationship between the growth rate of energy production and the growth rat e of the national economy. The formula is:

Elasticity Ratio of Energy Production=Average Annual Growth Rate of Energy Production ÷ Average Annual Growth Rate of National Economy

The average annual growth rate of the national economy can be shown by the gross national product, gross domestic product and other indicators, depending upon the purposes or needs. The gross domestic product is used in calculation of the ratio in this chapter.

Elasticity Ratio of Electricity Production is an indicator to show the relations hip between the growth rate of electricity production and the growth rate of the national economy. Generally speaking, the growth rate of electricity production should be higher than that of the national economy. Its formula is:

Elasticity Ratio of Electricity Production = Average Annual Growth Rate of Electricity Production ÷ Average Annual Growth Rate of National Economy

Elasticity Ratio of Energy Consumption is an indicator to show the relationship between the growth rate of energy consumption and the growth r ate of the national economy. The formula is:

Elasticity Ratio of Energy Consumption=Average Annual Growth Rate of Energy Consumption ÷ Average Annual Growth Rate of National Economy

Elasticity Ratio of Electricity Consumption is an indicator to show the relation ship between the growth rate of electricity consumption and the growth rate of t he national economy. The formula is:

Elasticity Ratio of Electricity Consumption = Average Annual Growth Rate of Electricity ÷ Average Annual Growth Rate of National Economy

Efficiency of Energy Processing and Conversion refers to the ratio of the total output of energy products of various kinds after processing and conversion and t he total input of energy of various kinds for processing and conversion in the same reference period. It is an important indicator to show the current conditions of energy processing and conversion equipment, production technique and management. The formula is:

Efficiency of Energy Processing and Conversion = Output of Energy After Processing and Conversion ÷ Input of Energy for Processing and Conversion×100%

八 财政

GOVERNMENT FINANCE

资料整理 包利军
Arranged by Bao Lijun

8-1 财政收支总额及增长速度

Total Government Revenue and Expenditures and Their Increase Rate

年 份 Year	财政收入 (万元) Total Revenue (10 000 yuan)	财政支出 (万元) Total Expenditures (10 000 yuan)	增长速度(%) Incease Rate(%) 财政收入 Total Revenue	财政支出 Total Expenditures
1947	9	39		
1948	110	262	1122.2	571.8
1949	739	786	571.8	200.0
1950	5347	4562	623.5	480.4
1951	5376	6025	0.5	32.1
1952	13335	10280	148.0	70.6
1953	8657	13997	-35.1	36.2
1954	18503	18045	113.7	28.9
1955	21090	17489	14.0	-3.1
1956	27597	29032	30.9	66.0
1957	31385	26771	13.7	-7.8
1958	42764	64432	36.3	140.7
1959	70269	99357	64.3	54.2
1960	89917	122162	28.0	23.0
1961	49529	56471	-44.9	-53.8
1962	33590	37641	-32.2	-33.3
1963	38345	39952	14.2	6.1
1964	43219	49683	12.7	24.4
1965	45967	51808	6.4	4.3
1966	48455	59224	5.4	14.3
1967	40232	47949	-17.0	-19.0
1968	38882	41477	-3.4	-13.5
1969	27680	61706	-28.8	48.8
1970	44088	78582	59.3	27.3
1971	36543	90915	-17.1	15.7
1972	31314	97994	-14.3	7.8
1973	34123	114983	9.0	17.3
1974	26863	124842	-21.3	8.6
1975	27375	129157	1.9	3.6
1976	26587	138332	-2.9	7.1
1977	29339	140470	10.4	1.5

8-1 续表 continued

单位：万元 (10 000 yuan)

年 份 Year	财政收入 (万元) Total Revenue (10 000 yuan)	财政支出 (万元) Total Expenditures (10 000 yuan)	增长速度(%) Incease Rate(%) 财政收入 Total Revenue	财政支出 Total Expenditures
1978	69046	186888	135.3	33.0
1979	45553	210416	-34.0	12.6
1980	41284	183721	-9.4	-12.7
1981	41585	163506	0.7	-11.0
1982	51842	203074	24.7	24.2
1983	69891	228273	34.8	12.4
1984	84556	308604	21.0	35.2
1985	131789	341832	55.9	10.8
1986	160206	438955	21.6	28.4
1987	194326	455597	21.3	3.8
1988	241343	510137	24.2	12.0
1989	286679	558124	18.8	9.4
1990	329763	609023	15.0	9.1
1991	393966	666190	19.5	9.4
1992	390775	720731	-0.8	8.2
1993	561177	882773	43.6	22.5
1994	682167	928235	21.6	5.1
1995	763458	1021780	11.9	10.1
1996	932403	1263825	22.1	23.7
1997	1112749	1429118	19.3	13.1
1998	1312330	1817593	17.9	27.2
1999	1436887	2128369	9.5	17.1
2000	1555898	2610629	8.3	22.7
2001	1677409	3359808	7.8	28.7
2002	2068097	4133327	23.3	23.0
2003	2580321	4710924	24.8	14.0

注：在财政收支中，价格补贴1985年以前冲减财政收入，1986年以后列为财政支出。

a) Government price subsidies were listed as negative revenue items prior to 1986, but they have been listed as expenditure items in government accounts since 1986.

8-2 财政收入占生产总值的比重

Government Revenue as Percentage to Gross Domestic Product

年 份 Year	财政收入 (亿元) Total Revenue (100 million yuan)	生产总值 (亿元) Gross Domestic Products (100 million yuan)	财政收入占 生产总值的比重(%) Percentage of Government Revenue to GDP(%)
1949	0.001	5.37	…
1952	1.33	12.16	11.0
1953	0.87	15.57	5.6
1957	3.14	21.27	14.8
1962	3.36	25.12	13.4
1965	4.60	35.41	13.0
1970	4.41	39.17	11.3
1975	2.74	48.55	5.6
1978	6.90	58.04	11.9
1979	4.56	64.14	7.1
1980	4.13	68.40	6.0
1981	4.16	77.91	5.3
1982	5.18	93.22	5.6
1983	6.99	105.88	6.6
1984	8.46	128.20	6.6
1985	13.18	163.83	8.0
1986	16.02	181.58	8.8
1987	19.43	212.27	9.2
1988	24.13	270.81	8.9
1989	28.67	292.69	9.8
1990	32.98	319.31	10.3
1991	39.40	359.66	11.0
1992	39.08	421.68	9.3
1993	56.12	532.70	10.5
1994	68.23	681.92	10.0
1995	76.35	832.88	9.2
1996	93.24	984.78	9.5
1997	111.27	1099.77	10.1
1998	131.12	1192.29	11.0
1999	143.69	1268.20	11.3
2000	155.59	1401.01	11.1
2001	167.74	1545.79	10.9
2002	206.81	1734.31	11.9
2003	258.03	2150.41	12.0

8-3 财政分项收入

Government Revenue by Source

单位：万元 (10 000 yuan)

年份 Year	财政收入 Total Government Revenue	地方财政收入 Local Government Revenue	一般预算收入 General Budgetary Financial Revenue	#工商税收 Industrial and Commercial Tax	#农牧业税和耕地占用税 Agricultural and Animal Husbandry and Tax on the use of Cultivated land	#企业所得税 Income Tax of Enterprises	#国有企业上缴利润 Payed Profits by State-owned Enterprises
1947	9	9	9			1	
1948	110	110	110		43	20	
1949	739	739	739	149	282	196	
1950	5347	5347	5347	1852	1680	1568	
1951	5376	5376	5376	2266	510	1306	
1952	13335	13335	13335	3744	2700	5049	
1953	8657	8657	8657	4507	450	2550	
1954	18503	18503	18503	7725	4544	5260	
1955	21090	21090	21090	8549	5370	6324	
1956	27597	27597	27597	11797	5512	9328	
1957	31385	31385	31385	12535	5550	9409	
1958	42764	42764	42764	15174	5598	17065	
1959	70269	70269	70269	19237	6506	39150	
1960	89917	89917	89917	24690	6410	52872	
1961	49529	49529	49529	16531	4297	24238	
1962	33590	33590	33590	18027	5000	7788	
1963	38345	38345	38345	19929	5996	9734	
1964	43219	43219	43219	20196	7500	12499	
1965	45967	45967	45967	22577	6128	13144	
1966	48455	48455	48455	21712	6978	16086	
1967	40232	40232	40232	20303	7519	9058	
1968	38882	38882	38882	20537	6636	7549	
1969	27680	27680	27680	20168	5265	1509	
1970	44088	44088	44088	27399	9627	6076	
1971	36543	36543	36543	29455	7743	-1820	
1972	31314	31314	31314	31085	4845	-5822	
1973	34123	34123	34123	34954	7500	-9309	
1974	26863	26863	26863	34257	7604	-16136	
1975	27375	27375	27375	40295	6894	-21044	
1976	26587	26587	26587	43142	7988	-25703	
1977	29339	29339	29339	49579	7271	-29193	

8-3 续表 continued

单位：万元 (10 000 yuan)

年份 Year	财政收入 Total Government Revenue	地方财政收入 Local Government Revenue	一般预算收入 General Budgetary Financial Revenue	#工商税收 Industrial and Commercial Tax	#农牧业税和耕地占用税 Agricultural and Animal Husbandry and Tax on the use of Cultivated land	#企业所得税 Income Tax of Enterprises	#国有企业上缴利润 Payed Profits by State-owned Enterprises
1978	69046	69046	69046	54486	5639	3234	
1979	45553	45553	45553	54648	6158	-20749	
1980	41284	41284	41284	58537	3668	-26724	
1981	41585	41585	41585	62493	6022	-32579	
1982	51842	51842	51842	71540	6701	-35624	
1983	69891	69891	69891	78370	7628	-25171	
1984	84556	84556	84556	86862	8774	-20618	
1985	131789	131789	131789	119871	10688	36495	7429
1986	160206	160206	160206	145866	9303	37092	706
1987	194326	194326	194326	176890	10241	35797	9344
1988	241343	241343	241343	214128	14631	41206	11050
1989	286679	286679	286679	261270	15836	40045	3193
1990	329763	329763	329763	278480	22760	40954	17895
1991	393966	393966	393966	299621	22137	39320	16833
1992	390775	390775	390775	335490	28081	38992	12382
1993	561177	561177	561177	511777	28520	37311	9745
1994	682167	362969	362969	261719	57655	43005	4900
1995	763458	437028	437028	278344	65817	62222	4070
1996	932403	572571	548777	339614	113751	56853	5230
1997	1112747	731774	660777	415328	130023	60554	5964
1998	1312330	897747	776654	492585	127233	50815	12083
1999	1436887	1008228	865714	502477	134371	80821	13766
2000	1555898	1106808	950320	546435	126444	105983	12815
2001	1677630	1173825	994313	571829	105819	151985	19489
2002	2068097	1329097	1128546	673679	121828	90287	40610
2003	2580321	1627213	1387157	857381	136418	71615	60521

注：1.1984年以前企业所得税包括国有企业上缴利润和国有企业亏损补贴；

2.1994年以来地方财政收入为分税制财政体制统计口径。

a)Before 1984, Enterprises income tax including payed profits and planned subsidies for the losses of the state-owned enterprises;

b)Since 1994, Revenue of the local governments has been counted by the classification of the structure of the government finance.

8-4 地方财政支出及主要支出项目

单位：万元

年 份 Year	地方财政支出 Local Government Expenditure	基本建设 Expenditure for Capital Construction	技术改造 Innovation Funds of Enterprises	支援农业及其事业费 Expenditure for Supporting Agricultural Production and Agricultural Operating Expenses	工交商事业 Operating Expenses of Industrial, Transportation and Commercial Departments	教、科、文、卫 Operating Expenses of Science, Education, Culture & Health-care
1947	39				26	
1948	262			1	53	5
1949	786			22	107	23
1950	4562			653	904	375
1951	6025	161		634	191	1055
1952	10280	2538		370	9	1467
1953	13997	4886		595	153	2939
1954	18045	6248		1705	114	3165
1955	17489	5739		1391	432	2949
1956	29032	13170		2382	584	4354
1957	26771	9818		2974	652	5345
1958	64432	41211		4784	2556	6187
1959	99357	60090		8158	3379	7072
1960	122162	64463		13188	3149	10306
1961	56471	11553		9497	1081	8767
1962	37641	7446		5530	470	8096
1963	39952	8963		7059	388	8913
1964	49683	12785		5926	645	10158
1965	51808	18704	165	5692	645	10560
1966	59224	20208	495	7109	845	10912
1967	47949	16741	29	5412	690	10812
1968	41477	13614	254	4223	600	9194
1969	61706	23589		5051	635	9706
1970	78582	35075		5091	809	11013
1971	90915	37465	2238	6836	810	13650
1972	97994	37032	2058	9657	1324	17094
1973	114983	39413	1338	16863	1488	18509
1974	124842	48527	1833	18103	1417	19931
1975	129157	44712	1609	20869	1633	21228
1976	138332	43050	2665	23387	1801	23035
1977	140470	36983	4181	26237	2137	24444

Local Government Expenditures by Accounting Item

(10 000 yuan)

#教育事业 Educational Operating Expenses	城市维护 Expenditure for City Maintenance	社会保障补助支出 Expenditure on Subsidies to Social Security Programs	抚恤社救 Expenditure for Pensions Social Welfare and Relief	国家管理 Government Management	#行政管理 Expenditure for Government Administration
				8	8
				75	75
8			8	365	365
150	28		77	1559	1559
377	61		237	2785	2785
674	6		552	3022	3022
1784	236		295	3886	3886
1905	79		262	4702	4702
1894	94		360	4443	4443
2614	150		625	5808	5808
3337	156		406	5743	5743
3969	127		493	6199	6199
4144	269		609	8043	8043
6061	337		509	8873	8873
5338	205		807	8626	8626
5068	180		1550	7128	7128
5593	555		1171	7425	7425
6141	993		1340	8310	8310
6512	815		1738	8037	8037
7024	741		2242	8560	8560
7118	618		2337	7385	7385
6091	559		1194	7667	7667
5816	703		1766	9489	9489
6368	889		1687	10864	10864
8193	1422		1579	12498	12498
10261	1519		2308	12956	12956
10984	1679		3638	12834	12834
11739	1818		2824	13125	13125
12357	1932		2623	14035	14035
13490	2219		4013	15046	15046
14267	2336		3700	16172	16172

8-4 续表

单位：万元

年 份 Year	地方财政支出 Local Government Expenditure	基本建设 Expenditure for Capital Construction	技术改造 Innovation Funds of Enterprises	支援农业及其事业费 Expenditure for Supporting Agricultural Production and Agricultural Operating Expenses	工交商事业 Operating Expenses of Industrial, Transportion and Commercial Departments	教、科、文、卫 Operating Expenses of Science, Education, Culture & Health-care
1978	186888	55978	10310	34582	2265	30439
1979	210416	61070	7762	39042	2527	34134
1980	183721	40674	7892	39605	2495	38017
1981	163506	20784	7652	33177	2351	41396
1982	203074	28733	10658	37083	2837	50282
1983	228273	35479	14724	41206	3239	57613
1984	308604	44460	23958	50332	5194	74432
1985	341832	56848	17019	47901	6457	83954
1986	438955	72939	24210	56524	7911	98486
1987	455597	54114	25196	58632	7299	105036
1988	510137	50165	27945	62685	9048	123436
1989	558124	45852	36297	70723	10596	134540
1990	609023	49415	37777	80121	11342	150197
1991	666190	62478	35871	83901	12241	156308
1992	720731	63988	47315	87189	12482	176436
1993	882773	61791	129793	94196	14008	209357
1994	928235	57617	99683	104992	17733	252797
1995	1021780	56159	88247	102837	16555	276638
1996	1263825	75551	65970	125911	18346	261614
1997	1429118	91114	72650	136318	23296	341169
1998	1817593	143054	60571	171262	17390	388895
1999	2128369	181797	61502	218848	18793	431302
2000	2610629	343664	92525	215342	19498	466695
2001	3359808	513916	97683	348649	29841	627072
2002	4133327	812413	97799	364853	36134	717519
2003	4710924	781312	147553	355487	44016	836686

continued

(10 000 yuan)

# 教育事业 Educational Operating Expenses	城市维护 Expenditure for City Maintenance	社会保障补助支出 Expenditure on Subsidies to Social Security Programs	抚恤社救 Expenditure for Pensions Social Welfare and Relief	国家管理 Government Management	# 行政管理 Expenditure for Government Administration	# 公检法 Expenditure for Bureau of Public Security, Procurator's Agency and Court of Justice	政策性补贴 Expenditure for Price Subsidies
17873	2647		4821	17180	17180		
19807	3673		6130	20003	20003		
22736	4311		5896	22573	22573		
24589	4320		6221	23420	23420		
29409	6967		5352	28972	28972		
32294	9752		6366	34202	34202		
41660	18601		8184	49006	49006		
48420	17283		9404	40697	40697		40706
55765	23508		11965	50967	41000	9967	46408
60345	20629		11132	50976	41365	9611	67237
71570	23258		11803	65619	48533	17086	76976
77245	26732		11463	72101	52253	19848	84116
85647	27940		14094	86470	63413	23057	80141
85884	30441		13487	98264	73149	25115	76102
100203	30421		14806	118675	88907	29768	96425
122475	37522		16266	143303	108521	34782	68366
150400	44289		19710	175202	130705	44497	61803
165580	46407	782	21679	199402	149798	49604	71089
197786	57257	945	33275	236496	173468	63028	127019
202451	64198	2956	31948	260401	191056	69345	122402
242189	63681	47355	42065	302634	198978	103656	112521
275159	71025	91094	38229	343095	213031	130064	139641
297521	73168	146199	40656	393348	242583	145405	186028
397389	112129	161678	54268	503144	317596	173835	178737
482847	141729	220864	72861	580553	378229	187481	219506
543525	185405	244960	109468	703312	456517	229631	198437

8-5 各项税收收入

Government Tax Revenue

单位：万元 (10 000 yuan)

年份 Year	税收总额 Total Tax	地方税收 Local Government Tax	#工商税收 Industrial and Commercial Tax	#农业各税 Agricultural and Related	#企业所得税 Income Tax of Enterprises	税收总额占财政收入比重(%) Percentage of Government Tax Revenue to Government Revenue(%)
1947	4	4	4		1	44.4
1948	69	69	26	43	20	62.7
1949	431	431	149	282	196	58.3
1950	3588	3588	1908	1680	1568	67.1
1951	2871	2871	2361	510	1306	53.4
1952	6544	6544	3856	2700	5049	49.1
1953	4981	4981	4546	450	2550	57.5
1954	12373	12373	7867	4544	5260	66.9
1955	14249	14249	8904	5370	6324	67.6
1956	17834	17834	12334	5512	9328	64.6
1957	21579	21579	16209	5550	9409	68.8
1958	25331	25331	19733	5598	17065	59.2
1959	29277	29277	22771	6506	39150	41.7
1960	34050	34050	27640	6410	52872	47.9
1961	23348	23348	18421	4297	24238	47.2
1962	24442	24442	19442	5000	7788	72.8
1963	27163	27163	21167	5996	9734	70.8
1964	29705	29705	22205	7500	12499	68.7
1965	31784	31784	25656	6128	13144	69.1
1966	31722	31722	24744	6978	16086	65.5
1967	30754	30754	23235	7519	9058	76.4
1968	30590	30590	23954	6636	7549	78.7
1969	25668	25668	20403	5265	1509	92.7
1970	37427	37427	27800	9627	6076	84.9
1971	37573	37573	29830	7743	-1820	102.8
1972	36369	36369	31524	4845	-5822	116.1
1973	42897	42897	35397	7500	-9309	125.7
1974	42330	42330	34726	7604	-16136	157.5
1975	47743	47743	40849	6894	-21044	174.4
1976	51665	51665	43677	7988	-25703	194.3
1977	57440	57440	50169	7271	-29193	195.8

8-5 续表 continued

单位：万元 (10 000 yuan)

年份 Year	税收总额 Total Tax	地方税收 Local Government Tax	#工商税收 Industrial and Commercial Tax	#农业各税 Agricultural and Related	#企业所得税 Income Tax of Enterprises	税收总额占财政收入比重(%) Percentage of Government Tax Revenue to Government Revenue(%)
1978	60750	60750	55111	5639	3234	88.0
1979	63755	63755	57597	6158	-20749	139.9
1980	64858	64858	61190	3668	-26724	157.1
1981	71049	71049	65071	6022	-32579	170.9
1982	81872	81872	75171	6701	-35624	157.9
1983	89833	89833	82205	7628	-25171	128.5
1984	99926	99926	91152	8774	-20618	118.2
1985	130558	130558	119865	10688	36495	97.5
1986	155167	155167	145866	9432	37092	96.8
1987	187130	187130	176890	10483	35797	96.3
1988	228758	228758	214128	15117	41206	94.8
1989	317150	317150	261270	16397	40045	110.6
1990	342192	342192	278480	23565	40954	103.8
1991	355665	355665	299621	23181	39320	90.3
1992	363571	363571	335490	29712	38992	93.0
1993	540247	540247	511777	29736	37311	96.3
1994	631630	312432	261719	58722	43005	92.6
1995	672614	346184	278344	66469	60801	88.1
1996	870713	510884	339614	113751	57519	93.3
1997	988192	607219	415328	130023	61868	88.8
1998	1085216	670633	492585	127233	50815	82.7
1999	1144680	716021	502477	134371	80821	79.7
2000	1226549	777459	546435	126444	105983	78.8
2001	1315328	811744	571829	105819	151985	78.4
2002	1624794	885794	673679	121828	90287	78.6
2003	2018522	1065414	857381	136418	71615	78.2

注：1.农业各税包括农业税、牧业税、耕地占用税、农业特产税和契税。

2.企业所得税中1985-1993年包括国有企业调节税，1994年以后包括地方金融企业所得税，2002年以后包括上划中央税收收入。

a)The agricultural and retail taxes include the agricultural tax, the animal husbandry tax, the tax on the use of cultivated land, the tax on special agricultural products and the contract tax.

b)During the Years 1985 to 1993, the income tax levied on state-owned enterprises included the tax for adjusting income. Since 1994,it has also included the income tax levied on banking institutions.

主要统计指标解释

财政收入 指国家财政参与社会产品分配所取得的收入，是实现国家职能的财力保证。财政收入所包括的内容几经变化，目前主要包括：

(1)各项税收：包括增值税、营业税、消费税、土地增值税、城市维护建设税、资源税、城市土地使用税、印花税、个人所得税、企业所得税、关税、农牧业税和耕地占用税等。

(2)专项收入：包括征收排污费收入、征收城市水资源费收入、教育费附加收入等。

(3)其他收入：包括基本建设贷款归还收入、基本建设收入、捐赠收入等。

(4)国有企业计划亏损补贴：这项为负收入，冲减财政收入。

财政支出 国家财政将筹集起来的资金进行分配使用，以满足经济建设和各项事业的需要，主要包括：

(1)基本建设支出：指按国家有关规定，属于基本建设范围内的基本建设有偿使用、拨款、资本金支出以及经国家批准对专项和政策性基建投资贷款，在部门的基建投资额中统筹支付的贴息支出。

(2)企业挖潜改造资金：指国家预算内拨给的用于企业挖潜、革新和改造方面的资金。包括各部门企业挖潜改造资金和企业挖潜改造贷款资金，为农业服务的县办“五小”企业技术改造补助，挖潜改造贷款利息支出。

(3)地质勘探费用：指国家预算用于地质勘探单位的勘探工作费用，包括地质勘探管理机构及其事业单位经费、地质勘探经费。

(4)科技三项费用：指国家预算用于科技支出的费用，包括新产品试制费、中间试验费、 重要科学研究补助费。

(5)支援农村生产支出：指国家财政支援农村集体(户)各项生产的支出。包括对农村举办的小型农田水利和打井、喷灌等的补助费，对农村水土保持措施的补助费，对农村举办的小水电站的补助费，特大抗旱的补助费，农村开荒补助费，扶持乡镇企业资金，农村农技推广和植保补助费，农村草场和畜禽保护补助费，农村造林和林木保护补助费，农村水产补助费，发展粮食生产专项资金。

(6)农林水利气象等部门的事业费用：指国家财政用于农垦、农场、农业、畜牧、农机、林 业、森工、水利、水产、气象、乡镇企业的技术推广、良种推广(示范)、动植物(畜禽、森 林)保护、水质监测、勘探设计、资源调查、干部训练等项费用，园艺特产场补助费，中等专业学校经费，飞播牧草试验补助费，营林机构、气象机构经费，渔政费以及农业管理事业费等。

(7)工业交通商业等部门的事业费：指国家预算支付给工交商各部门用于事业发展的经费， 包括勘探设计费、中等专业学校经费、技术学校经费、干部训练费。

(8)文教科学卫生事业费：指国家预算用于文化、出版、文物、教育、卫生、中医、公费医疗、体育、档案、地震、海洋、通讯、电影电视、计划生育、党政群干部训练、自然科学、 社会科学、科协等项事业的经费支出和高技术研究专项经费。主要包括工资、补助工资、福利费、离退休费、助学金、公务费、设备购置费、修缮费、业务费、差额补助费。

(9)抚恤和社会福利救济费：指国家预算用于抚恤和社会福利救济事业的经费。包括由民政部门开支的烈士家属和牺牲病残人员家属的一次性、定期抚恤金，革命伤残人员的抚恤金，各种伤残 补助费，烈军属、复员退伍军人生活补助费，退伍军人安置费，优抚事业单位经费，烈士纪念建筑物管理、维修费，自然灾害救济事业费和特大自然灾害灾后重建补助费等。

(10)行政事业单位离退休支出：指实行归口管理的行政事业单位离退休经费。

(11)社会保障补助支出：指国家预算用于社会保障的补助支出，包括对社会保障基金的补助、促进就业补助、国有企业下岗职工补助、补充全国社会保障基金等。

(12) 国防支出：指国家预算用于国防建设和保卫国家安全的支出，包括国防费、国防科研事业费、民兵建设以及专项工程支出等。

(13)行政管理费：包括行政管理支出，党派团体补助支出，外交支出、公安安全支出，司法 支出、法院支出，检察院支出和公检法办案费用补助。

(14) 政策性补贴支出：指经国家批准，由国家财政拨给的政策性补贴支出。主要包括粮、棉、油差价补贴，平抑物价和储备糖补贴，农业生产资料价差补贴，粮食风险基金，副食品风险基金，地方煤炭风险基金等。

(15)债务利息支出：指国家预算中用于偿还国内外债务利息的支出。

中央财政收入和地方财政收入 指按财政体制划分的中央本级收入和地方本级收入。1994 年分税制财政体制以后，属于中央财政的收入包括关税、海关代征消费税和增值税，消费税，中央企业所得税，地方银行和外资银行及非银行金融企业所得税，铁道、银行总行、保险总公司等集中缴纳的营业税、所得税、利润和城市维护建设税，增值税的 75%部分，证券交易税(印花税)94%部分和海洋石油资源税。属于地方财政的收入包括营业税，地方企业所得税，个人所得税，城镇土地使用税，固定资产投资方向调节税，城镇维护建设税，房产税，车船使用税，印花税、屠宰税，农牧业税，农业特产税，耕地占用税，契税，增值税 25%部分，证券交易税(印花税)6%部分和除海洋石油资源税以外的其他资源税。

中央财政支出和地方财政支出 指根据政府在经济和社会活动中的不同职责，划分中央和地方政府的责权，按照政府的责权划分确定的支出。中央财政支出包括国防支出，武装警察部队支出，中央级行政管理费和各项事业费，重点建设支出以及中央政府调整国民经济结构、协调地区发展、实施宏观调控的支出。地方财政支出主要包括地方行政管理和各项事业费，地方统筹的基本建设、技术改造支出，支援农村生产支出，城市维护和建设经费，价格补贴支出等。

预算外资金收支 预算外资金指国家机关、事业单位和社会团体为履行或代行政府职能，依据国家法律、法规和具有法律效力的规章而收取、提取和安排使用 的未纳入国家预算管理的各种财政性资金。其范围主要包括：法律、法规规定的行政事业性收费、基金和附加收入等；国务院或省级人民政府及其财政、计划（物价）部门审批的行政事业性收费；国务院及财政部审批建立的基金、附加收入等；主管部门所属单位集中上缴资金 ；用于乡镇政府开支的乡自筹和乡统筹资金；其他末纳入预算管理的财政性资金。社会保障基金在国家财政尚未建立社会保障预算制度以前，先按预算外资金管理制度进行管理，专款 专用。财政部门在银行开设统一的专户，用于预算外资金收入和支出管理。部门和单位的预算外收入必须上缴同级财政专户，支出由同级财政按预算外资金收支计划和单位财务收支计划统筹安排，从财政专户中拨付，实行收支两条线管理。

Explanatory Notes on Main Statistical Indicators

Government Revenue refers to the revenue of the government finance by means of participating in the distribution of the social products, which are the financial resources for ensuring the government to function. The contents of government revenue have been changed several times. Now it includes the following main items:

(1) Various tax revenues, including value added tax, business tax, consumption tax, land value added tax, tax on city maintenance and construction, resources tax, tax on use of urban land, stamp tax, personal income tax, enterprise income tax, tariff, tax on agriculture and animal husbandry and tax on occupancy of cultivated l and, etc.

(2) Special revenues, including revenue collected from imposing fee on sewage treatment, revenue collected from imposing fee on urban water resources, and extra charges for education, etc.

(3) Other revenues, including revenue from the repayment of capital construction l loan, revenue from capital construction projects, and donations and grants.

(4) Planned subsidies for the losses of the state owned enterprises. This is s an item of negative revenue, used to eat up part of the government revenue.

Government Expenditure refers to the distribution and use of the funds the government finance has raise d, so as to meet the needs of economic construction and various causes. It include s the following main items:

(1) Expenditure for capital construction: It refers to the non gratuitous use and appropriation of funds for capital construction in the range of capital construction, outlay of capital as well as the loans on capital construction approved by the government for special purpose or policy purpose and the expenditure with discount paid in an overall way within the amount of the funds appropriated to the departments for capital construction.

(2) Innovation funds of the enterprises: They refer to the funds appropriated from the government budget for the enterprises to tap the latent power, upgrade the technology and carry out innovation, including the innovation fund of the departments, loan of the enterprises for innovation, subsidies on the innovation of the small fertilizer plant, small cement plant, small coal mines, small machinery plant and small steel plant, the expenditure of interest for the loan for innovation.

(3) Geological prospecting expenses: They refer to the expenses appropriated from the government budget to the geological prospecting units for the expenditure of the prospecting work, including the expenditures of the administrative agencies for geological prospecting and their institutional units as well as the geologic al prospecting expenditure.

(4) Expenditures for science and technology promotion: They refer to the expense s appropriated from the government budget for the scientific and technological expenditure, including new products development expenditure, expenditure for intermediate trial and subsidies on important scientific researches.

(5) Expenditure for supporting rural production: It refers to the expenditures appropriated from the government budget for supporting the various expenditures of the rural collective units or households for production, including the subsidies to the small water conservancy projects and well drilling, sprinkling irrigation projects run by the villages; subsidies on the rural water and soil conserving measures; subsidies to the small power stations run by the villages; subsidies to the expenditure for fighting against particularly severe draughts; subsidies on the rural was the land exclamation; fund for supporting the township enterprises; subsidies to the expenditure for popularization of the agricultural technologies and plant protection in the rural areas; subsidies to the expenditure for the protection of grasslands and cattle and fowls; subsidies on afforestation and forest protection in rural areas; subsidies on the rural aquatic products industry; special fund for developing grain production.

(6) Operating expenses of the departments of farming, forestry, water conservancy and meteorology etc. : They refer to the expenses appropriated from the government budget for the expenditures of agricultural exclamation, farms, agriculture, animal husbandry, agricultural machinery, forestry, timber industry, water conservancy, aqua tic products industry, meteorology, technology popularization in township enterprises, popularization (demonstration) of improved varieties, plant (cattle and fowls, forest) protection, water quality monitoring, prospecting and designing, resources investigation, cadres training, subsidies to horticulture gardens, expenditure of specialized secondary schools, subsidies on the experiments of sowing herbage seeds by flights, expenditures of afforestation agencies and meteorology agencies, expenses for fishery administration and operating expenses for agricultural administration, etc.

(7) Operating expenses of the departments of industry, transport and commerce: They refer to the expenses appropriated from the government budget to the departments of industry, transport and commerce for the expenditure of business development, including expenses for prospecting and designing, expenditures of specialized

secondary schools, expenditures of the technical training schools and expenditures or cadres training, etc.

(8) Operating expenses of the departments of culture, education, science and public health: They refer to the expenses appropriated from the government budget for t he expenditures of the causes of culture, publication, cultural relics, education, public health, traditional Chinese medical science, free medical services, sports, archives, earthquake, ocean, communications, broadcasting, film and television, family planning; expenditure for training of cadres of government, party and mass organization; expenditures for natural sciences, social sciences, associations for science and technology and the special expenditure for the high tech researches. They include mainly wages, extra wages, welfare funds, pension for the retirees, stipend, expenses for official business, expenses for equipment purchases, expenses for repairs, business expenses and subsidies to the un its which are unable to support their expenditures by their own earnings.

(9) Pension for the disabled or for the families of the bereaved and relief funds for social welfare: They refer to the funds appropriated from the government bud get for the expenditures of pension for the disabled or for the families of the bereaved and relief funds for social welfare, including the lump sum or regular pension paid by the departments of civil affairs to the members of martyrs families and families of those who died for the public interest, pension to the revolutionary disabled, subsidies for permanent disability of various kinds, subsidies to t he military martyrs dependents and the demobilized servicemen, expenditure for settling down the demobilized servicemen, operating expenses of the consoling institutions, expenses for management and repair of the commemorative buildings for the martyrs, the expenses managed by the departments of civil affairs for the retirees and those who have quitted their work, expenses for social relief in rural and urban areas, operating expenses for providing relief to the areas of natural calamity and subsidies on the reconstruction after the particularly severe natural calamities, etc.

(10)) Expenditures on retiree : It refers to the expenditures of government agencies and institutions that covered by the state budget.

(11) Expenditures on subsidies to social security system: It refers to expenditure from the state budget for subsidies to the social insurance fund, subsidies to promoting employment, subsidies to laid-off workers of state-owner enterprises, supplement to national social security funds, etc.

(12) Expenditures for national defence: They refer to the funds appropriated from the government budget for the expenditures for building up national defence and safeguarding national security, including expenses of national defence, expenses o f scientific researches on national defence, expenses for building up people's militia and expenditure for special projects, etc.

(13) Administrative expenses: They include expenditure for administration, subsidies to the parties and mass organizations, diplomatic expenditure, expenditure for public security, judicial expenditure, law court expenditure, procuratorial expenditure and subsidies to the expenses for treating the cases by the public security departments, procuratorial organs and law courts.

(14) Expenditure for price subsidies: It refers to the expenditure appropriated, with the approval of the government, from the government budget for the policy subsidies to price adjustment, including the fund for the increase of grain prices, the subsidies to the difference between the selling prices and purchasing prices o f grains, cotton and edible oil, awards in addition to the purchasing prices of cotton, risk fund for non staple food, subsidies on the prices of meat and meat products, subsidies on the price difference for curbing the high market prices of meat, meat products and vegetables and the subsidies approved by the government on the prices of textbooks and newsprint of newspapers and periodicals.

(15) Expenditure on interest of debts: It refers to expenses from the state budget on paying interest of domestic and foreign debts.

Revenue of the central government and revenue of the local governments In accordance with the classification of the structure of the government finance in 1994 on the basis of the classification of channels for collection of tax revenues, the revenue of the central government and the revenue of the local governments have different coverage. The revenue of the central government includes tariff, consumption tax and value added tax levied by the customs, consumption tax, income tax of the enterprises subordinate to the central government, income taxes of the local banks, foreign funded banks and non bank financial institutions, business tax, income tax and profits of railways, head offices of banks, head office of insurance company, which are handed over to the government in a centralized way, tax on city maintenance and construction, 75% of the value added tax, tax on ocean petroleum resources, 94% of the tax on stock dealing (stamp tax) . The revenue of the local governments includes business tax, income tax of the enterprises subordinate to the local government, personal income tax, tax on the use of urban land, tax on the adjustment of the investment in fixed assets, tax on town maintenance and construction, tax on real estates, tax on the use of vehicles and ships, stamp tax, slaughter tax, tax on agriculture and animal husbandry, tax on special agricultural products, tax on the occupancy of cultivated land, contract tax, 25% of the value added tax, 6% of the tax on stock dealing(stamp tax) and tax on resources other than the ocean petroleum resources.

Expenditure of the central government and expenditure of the local governments according to the different functions of the central government and local governments in the economic and social activities, the rights of affairs administration are classified between the central government and local governments; and the classification of the expenditure between the central government and local governments are made on the basis of the classification of the rights of affairs administration between them. The expenditure of the central government includes the expenditure for national defence, expenditure for armed police forces, the administrative expenses and various operating expenses at the level of central government, expenditure for key projects and the expenditure of the central government for adjusting the national economic structure, coordinating the development among different regions and exercising the macro economic regulation and control. The expenditure of the local governments includes mainly the administrative expenses and various operating expenses at the level of local governments, the expenditure for capital construction and technological innovation with the funds raised by the loc al government, expenditure for supporting rural production, expenditure for city maintenance and construction and expenditure for price subsidies, etc.

Extra-budgetary revenue and expenditure Extra-budgetary fund refers to financial fund of various types not covered by the regular government budgetary management, which is collected, allocated or arranged by government agencies, institutions and social organizations while performing duties delegated to them or on behalf o f the government in accordance with laws, rules and regulations. It mainly covers following items: administrative and institutional fees, funds and extra charges that are stipulated by laws and regulations; administrative and institutional fees approved by the State Council and provincial governments and their financial and planning (price management) departments; funds and extra charges established by the State Council and the Ministry of Finance; funds turned over to competent departments by their subordinate institutions; self raised and collected funds by township governments for their own expenditure; and other financial funds that are not covered in budgetary management. Social security funds are treated as extra budget fund and managed for its exclusive use, given the circumstance that separate government budgetary system for social security is yet to be designed. Special accounts are opened by the financial departments in banks for the management of revenue and expenditure of extra budgetary fund. Extra budgetary revenue and expenditure is managed separately, namely, revenue of institutions and departments must enter into the special accounts of the financial department s at the same administrative level, and their extra budgetary expenditure is arranged in line with the extra budget plans and appropriated from these accounts.

九　物价指数

PRICE INDICES

资料整理 陈宏瑞 邢宗路 刘世友
Arranged by Chen Hongrui , Xing Zonglu , Liu Shiyou

9-1 各种价格总指数

General Price Indices

(上年=100) (preceding year=100)

年 份 Year	居民消费价格指数 General Consumer Price Index	城市居民消费价格指数 Urban Areas	农村居民消费价格指数 Rural Areas	商品零售价格指数 General Retail Price Index	农产品收购价格指数 General Purchasing Price Index of Farm Products	农村工业品零售价格指数 General Rural Retail Price Index of Industrial Products	工农业商品综合比价指数 General Price Parity Index of Industrial & Farm Products
1952		110.7		109.4	100.1	109.8	109.7
1953		104.7		103.2	113.3	102.2	90.2
1957		97.8		99.3	105.1	98.3	93.5
1962		104.9		108.2	101.7	107.9	106.1
1965		98.6		99.6	99.1	98.1	99.0
1970		100.4		100.1	101.1	100.4	99.3
1975		101.4		100.7	101.8	99.5	98.0
1978		101.5		101.0	101.6	100.0	98.8
1979		102.3		101.9	120.2	99.6	82.9
1980		106.1		105.5	112.0	100.4	89.6
1981		101.9		101.8	106.3	100.9	94.9
1982		101.7		101.7	99.9	101.4	101.5
1983		101.2		101.0	101.6	100.9	99.3
1984	104.0	104.9	102.2	104.4	106.9	103.6	96.9
1985	109.3	108.9	110.0	108.5	113.5	103.9	91.5
1986	105.2	105.5	104.5	105.0	114.1	103.1	90.4
1987	107.8	108.5	106.0	108.1	118.6	105.7	89.1
1988	116.3	117.0	115.0	116.3	124.6	114.3	91.7
1989	115.7	114.7	118.3	115.9	105.1	117.9	112.2
1990	102.3	101.8	103.4	102.9	95.2	107.0	112.4
1991	104.6	106.0	102.5	104.5	95.0	103.4	108.8
1992	107.4	108.7	103.9	106.8	104.0	102.4	98.5
1993	114.1	114.7	112.5	112.5	115.5	110.5	95.7
1994	122.9	124.3	121.3	119.6	144.6	116.7	80.7
1995	117.5	117.1	118.0	116.8	124.7	112.8	90.5
1996	107.6	107.5	107.7	105.8	96.3	105.8	109.9
1997	104.5	104.6	104.3	102.3	94.9	102.7	108.2
1998	99.3	99.3	99.2	98.1	97.3	99.0	101.7
1999	99.8	100.3	99.1	97.7	93.8	97.3	103.7
2000	101.3	101.3	101.2	98.8	99.7	99.6	99.9
2001	100.6	100.6	100.5	100.0	105.7	99.4	94.0
2002	102.3	100.8	105.4	99.4	99.0	99.3	100.3
2003	102.2	101.5	103.5	99.6		98.9	

注：工农业商品综合比价指数是以农产品收购价格指数为100，下表同。

a)The general purchasing price index of farm products is taken as 100 in calculating the general price parity index of industrial and farm products.The same as in the following table.

9-2 各种价格总指数
General Price Indices

(1978年=100) (1978=100)

年 份 Year	居民消费价格指数 General Consumer Price Index	城市居民消费价格指数 Urban Areas	农村居民消费价格指数 Rural Areas	商品零售价格指数 General Retail Price Index	农产品收购价格指数 General Purchasing Price Index of Farm Products	农村工业品零售价格指数 General Rural Retail Price Index of Industrial Products	工农业商品综合比价指数 General Price Parity Index of Industrial & Farm Products
1978		100.0		100.0	100.0	100.0	
1979		102.3		101.9	120.2	99.6	82.9
1980		108.5		107.5	134.6	100.0	74.3
1981		110.6		109.4	143.1	100.9	70.5
1982		112.5		111.3	143.0	102.3	71.5
1983	100.0	113.8	100.0	112.4	145.2	103.2	71.1
1984	104.0	119.4	102.2	117.3	155.3	106.9	68.8
1985	113.7	130.0	112.4	127.3	176.2	111.1	63.1
1986	119.6	137.2	117.5	133.7	201.1	114.6	57.0
1987	128.9	148.9	124.5	144.5	238.5	121.1	50.8
1988	149.9	174.2	143.2	168.1	297.2	138.4	46.6
1989	173.5	199.8	169.4	194.8	312.3	163.2	52.3
1990	177.5	203.3	175.2	200.5	297.3	174.5	58.7
1991	185.6	215.6	179.6	209.5	282.4	180.5	63.9
1992	199.3	234.3	186.6	223.7	293.7	184.9	63.0
1993	227.5	268.7	209.9	251.7	339.3	204.1	60.2
1994	279.5	334.1	254.6	301.0	490.6	238.2	48.6
1995	328.5	391.2	300.4	351.6	611.8	268.8	43.9
1996	353.4	420.5	323.5	372.0	589.1	284.3	48.2
1997	369.3	439.9	337.4	380.6	559.1	291.9	52.2
1998	366.7	436.8	334.7	373.3	544.0	289.0	53.1
1999	366.0	438.1	331.7	364.7	510.3	281.2	55.1
2000	370.8	443.8	335.7	360.3	508.7	280.1	55.1
2001	372.2	446.5	337.4	360.3	537.7	278.4	51.8
2002	380.8	450.1	355.6	358.1	532.3	276.5	51.9
2003	389.2	456.9	368.0	356.7		273.5	

9-3 居民消费价格分类指数(2003年)
Consumer Price Indices by Category(2003)

(上年=100) (preceding year=100)

项目	Item	全区 Autonomous Regional Indices	城市 Urban Indices	农村 Rural Indices
居民消费价格总指数	**General Consumer Price Index**	**102.2**	**101.5**	**103.5**
非食品价格指数	Non-food Price Index	101.9	100.8	103.7
服务项目价格指数	Service Index	108.3	105.2	113.0
扣除鲜菜鲜果总指数	General Index Except Fresh Vegetables & Fruits	101.5	100.6	103.1
消费品价格指数	Consumer Goods Price Index	100.0	100.3	99.4
食品	**Food**	**102.8**	**103.0**	**102.3**
粮食	Grain	100.2	100.2	100.1
# 大米	Rice	99.0	99.3	98.7
面粉	Flour	102.1	101.8	102.4
淀粉及薯类	Starches & Tubers	100.9	102.2	98.6
干豆类及豆制品	Bean and Its Products	101.9	101.3	103.8
油脂	Oil or Fat	105.3	106.0	103.7
# 植物油脂	Vegetable Oil	107.5	108.9	104.0
肉禽及其制品	Meal, Poultry and Their Products	101.8	101.5	103.0
食用畜肉及副产品	Meal and Its Products	103.2	102.9	105.1
# 猪肉	Pork	102.2	101.7	105.1
牛肉	Beef	107.3	107.1	108.8
羊肉	Mutton	101.2	101.1	101.8
禽	Poultry	98.2	96.7	102.0
肉禽加工制品	Products of Meal and Poultry	96.9	96.1	98.7
蛋	Eggs	94.1	93.6	96.9
水产品	Aquatic Products	94.4	93.2	97.7
鱼	Fish	94.3	93.0	97.9
其它水产品	Other Aquatic Products	94.6	94.0	96.6
菜	Vegetables	125.1	126.3	121.2
调味品	Flavoring	106.2	105.2	107.1
# 盐	Salt	122.4	124.2	120.9
糖	Carbohydrate	94.2	96.2	91.5
# 食糖	Sugar	83.4	85.4	81.2
糖果	Candy	98.6	101.6	95.9
茶及饮料	Tea and Beverages	104.5	106.3	98.8
# 茶叶	Tea	98.4	96.3	100.9
饮料	Beverages	106.0	107.9	97.4
干鲜瓜果	Dried and Fresh Melon and Fruits	107.8	109.7	99.1

9-3 续表 1 continued

(上年=100) (preceding year=100)

项目	Item	全区 Autonomous Regional Indices	城市 Urban Indices	农村 Rural Indices
# 鲜果	Fresh Fruits	108.6	111.0	97.2
糕点饼干面包	Cake, Biscuit and Bread	99.6	100.3	97.7
奶及奶制品	Milk and Its Products	99.1	99.1	99.1
# 鲜奶	Fresh Milk	100.2	100.3	99.8
奶粉	Milk Powder	97.7	97.1	99.0
在外用膳食品	Outdoor Food	99.1	98.2	102.5
# 主食	Staple Food	97.8	96.6	101.2
炒菜	Fried Dishes	99.6	98.7	104.2
其它食品及食品加工服务	Other Food & Service of Food Processing	99.8	99.6	100.0
烟酒及用品	**Tobacco and Liquor and Articles for Them**	**99.4**	**99.3**	**99.4**
烟草	Tobacco	98.9	98.8	99.0
# 国产卷烟	Cigarette Made in China	98.2	97.8	98.6
酒	Alcoholic Drink	100.0	100.0	100.0
# 白酒	Liquor	100.3	101.1	99.8
啤酒	Beer	99.2	97.6	100.4
吸烟饮酒用品	Articles for Smoking and Drinking	97.3	99.7	94.3
衣着	**Clothing**	**98.7**	**99.1**	**97.7**
服装	Garments	98.6	99.1	96.8
男式服装	Men's Garment	98.5	98.5	98.4
女式服装	Women's Garment	99.1	99.7	96.3
儿童服装	Children's Garment	96.4	97.1	95.7
衣着材料	Clothing Material	97.0	96.1	98.8
# 棉布	Cotton Cloth	97.2	98.5	96.4
化纤布	Chemical Fiber Cloth	95.9	94.6	98.2
毛织品	Woolen Textiles	97.7	98.5	93.9
鞋袜帽	Footwear and Hats	99.5	99.8	99.0
鞋	Shoes	99.6	99.9	98.8
袜子	Socks and stockings	99.7	99.1	100.1
帽子	Hats	97.0	97.1	96.9
衣着加工服务	Service of Clothing Processing	96.5	96.8	94.5
家庭设备用品及维修服务	**Household Facilities and Repairing Services**	**98.1**	**98.2**	**97.7**
耐用消费品	Durable Consumer Goods	98.4	98.4	98.3
家具	Furniture	100.2	100.1	100.0
家庭设备	Household Facilities	97.1	97.2	96.6

9-3 续表 2 continued

(上年=100) (preceding year=100)

项目	Item	全区 Autonomous Regional Indices	城市 Urban Indices	农村 Rural Indices
# 洗衣机	Washing Machine	96.3	95.6	98.1
电冰箱(柜)	Refrigerator	97.7	97.9	96.9
电炊具	Electric Cooking Appliances	95.5	95.9	95.1
室内装饰品	Interior Decorations	98.4	98.6	97.7
床上用品	Bed Articles	96.0	97.2	93.8
家庭日用杂品	Daily Use Household Articles	97.5	97.5	97.4
家庭服务及加工维修服务	Family Service and Repairing Service	100.2	99.8	102.8
医疗保健和个人用品	**Medicine & Medical Articles and Personal Necessities**	**98.9**	**99.1**	**98.7**
医疗保健	Medical and Health Care	97.9	98.3	97.3
医疗器具及用品	Medical Appliances and Articles	101.9	100.2	102.1
中药材及中成药	Traditional Chinese Medicine	100.0	101.1	98.0
西药	Western Medicine	93.2	93.4	93.1
# 感冒药	Medicine for Cold	97.1	97.6	96.0
心血管病用药	Cardiovascular Drug	89.7	89.7	89.4
保健器具及用品	Health Care Appliances and Articles	98.7	96.7	99.9
医疗保健服务	Medical and Health Care Services	104.8	110.1	100.5
# 挂号费	Registration Fee	101.0	101.9	100.0
手术费	Operation Fee	101.4	102.7	100.0
住院费	Hospitalization Expenses	104.1	107.8	102.2
个人用品及服务	Personal Necessities and Services	101.0	100.8	101.3
化妆美容用品	Cosmetic and Beauties	104.0	104.9	98.6
卫生用品	Articles for Daily Use	96.8	96.3	98.2
个人饰品	Personal Decorations	100.1	102.5	96.9
个人服务	Personal Services	103.5	101.1	105.6
交通和通讯	**Transportation and Communication**	**97.3**	**97.1**	**97.8**
交通	Transportation	98.7	98.8	98.5
交通工具	Means of Transportation	93.9	91.4	96.7
# 摩托车	Motor	92.7	89.7	97.0
自行车	Bike	96.7	98.0	96.1
汽　车	Automobile	90.9	89.5	100.0
车用燃料及零配件	Fuel and Spares of Vehicles	116.3	118.5	105.6
# 汽油	Gasoline	127.1	129.1	111.3
柴油	Diesel Oil	125.6	128.7	112.0
车辆使用及维修	Utilize and Repair of Vehicles	98.2	99.5	94.8

9-3 续表 3 continued

(上年=100) (preceding year=100)

项目	Item	全区 Autonomous Regional Indices	城市 Urban Indices	农村 Rural Indices
市区公共交通	Public Traffic in City	99.3	98.9	100.9
# 公共汽车票	Bus Ticket	99.0	98.3	101.2
出租汽车	Taxi	99.7	99.7	100.0
城市间交通	Traffic between Cities	101.5	101.7	101.4
# 火车票	Train Ticket	101.0	100.6	101.4
长途汽车	Long Distance Bus	101.5	101.6	101.4
通信	Communication	95.6	95.5	95.9
通信工具	Means of Communication	86.3	84.5	90.8
通信服务	Service of Communication	98.3	98.2	98.7
娱乐教育文化用品及服务	**Recreation, Education and Culture Articles & Services**	**112.0**	**107.8**	**117.9**
文娱用耐用消费品及服务	Durable Consumer Goods for Recreation Use and Service	95.9	95.5	96.7
# 电视机	Television	95.5	95.2	96.4
影碟机	Video Disc Player	90.4	90.9	88.1
照相机	Camera	99.4	99.4	99.4
电　脑	Computer	96.1	96.1	99.2
教育	Education	117.7	113.6	121.6
教材及参考书	Teaching Materials and Reference Books	102.6	103.7	100.2
学杂托幼费	Tuition and Child Care	118.2	114.0	122.0
文化娱乐用品	Cultural and Recreational Articles	103.0	103.8	99.5
文化娱乐	Culture and Recreation	98.8	98.7	98.9
书报杂志	Newspapers and Magazines	102.0	102.1	101.5
文娱费	Recreational Fee	109.1	109.9	100.1
旅游及外出	Tourism and Outdoor	100.0	100.0	100.1
居住	**Residence**	**99.7**	**100.3**	**98.6**
建房及装修材料	Housing and Building Decoration Material	97.9	98.3	97.6
# 木材	Wood	98.4	101.0	95.7
水泥	Cement	99.7	99.2	99.9
涂料	Paint	99.6	100.0	99.2
玻璃	Glass	94.9	94.7	95.2
租房	Rent	100.6	99.8	102.7
自有住房	Individual-own House	98.2	99.3	93.2
水、电、燃料	Water, Electricity and Fuels	101.5	101.5	100.9
# 水	Water	110.2	111.7	99.9
电	Electricity	100.1	100.0	100.3

9-4 商品零售价格分类指数(2003年)

Retail Price Indices by Category of Commodities(2003)

(上年=100) (preceding year=100)

项 目	Item	全区 Autonomous Regional Indices	城市 Urban Indices	农村 Rural Indices
商品零售价格指数	**General Retail Price Index**	**99.6**	**99.6**	**99.6**
食品	**Food**	**102.5**	**101.7**	**103.8**
粮食	Grain	100.2	100.1	100.4
淀粉及薯类	Starch and Potatoes	101.2	101.8	100.3
干豆类及豆制品	Dry Beans and Bean Products	102.2	101.5	103.1
油脂	Oil or Fat	104.2	104.6	103.6
肉禽及制品	Meal, Poultry	101.8	100.8	103.3
蛋	Eggs	95.8	95.4	96.4
水产品	Aquatic Products	96.2	95.2	97.8
菜	Vegetables	118.3	111.1	131.7
调味品	Condiments	103.0	102.9	103.2
糖	Sugar	94.5	96.0	92.7
干鲜瓜果	Dried and fresh Fruits	105.9	109.6	100.0
糕点饼干面包	Cake, Biscuits and Bread	99.1	99.9	97.9
奶及奶制品	Mike and Its Products	99.1	98.9	99.5
在外用膳食品	Out-of-home Food	99.8	98.3	102.2
其他食品	Other Food	99.1	99.3	98.9
饮料烟酒	**Beverages, Tobacco and Liquor**	**99.6**	**100.1**	**98.9**
茶及饮料	Tea and Beverages	101.3	103.1	98.9
烟草	Tobacco	98.3	98.4	98.3
酒	Liquor	100.1	100.2	99.8
服装鞋帽	**Garments, Shoes and Hats**	**98.9**	**99.2**	**98.2**
服装	Garments	98.3	98.9	97.0
鞋袜帽	Shoes, Sock and Cap	100.4	100.4	100.5
其他	Others	97.4	95.3	100.2
纺织品	**Textiled**	**96.9**	**97.1**	**96.7**
衣着材料	Material of Cloth	98.2	98.0	98.3
床上用品	Bedding	95.8	96.5	94.5
家用电器及音像器材	**Household Appliances**	**97.0**	**97.1**	**96.7**
文化办公用品	**Cultural and Office Goods**	**98.7**	**99.1**	**98.1**
日用品	**Articles for Daily Use**	**98.7**	**99.1**	**98.3**
体育娱乐用品	**Sports Entertainment Goods**	**100.0**	**100.2**	**99.8**
交通通信用品	**Transportation and communication**	**92.3**	**92.1**	**92.5**
家　具	**Furniture**	**99.3**	**99.7**	**98.1**
化妆品	**Cosmetics**	**98.9**	**99.6**	**97.4**
金银珠宝	**Jewelry**	**108.6**	**109.5**	**107.5**
中西药品及医疗保健用品	**Traditional Chinese and Western Medicines**	**97.5**	**96.8**	**98.4**
医疗器具及用品	Medical Appliances and Articles	101.9	99.7	103.7
中药材及中成药	Traditional Chinese Medicine	102.1	102.0	102.4
西药	Western Medicines	94.0	93.3	95.2
保健器具及用品	Health Care Appliances and Articles	98.6	97.2	100.5
书报杂志及电子出版物	**Newspapers,Magazines and Electronic Publications**	**101.2**	**102.0**	**100.1**
燃料	**Fuels**	**104.8**	**105.7**	**103.3**
建筑材料及五金电料	**Building Materials and Hardwares**	**98.2**	**98.9**	**97.6**

9-5 农产品生产者价格分类指数

Yielding Price Indices of Farm Products by Category of Commodities

(上年=100) (preceding year=100)

项 目	Item	2002	2003
总指数	**General Index**	**99.3**	**106.5**
农产品	**Farm Products**	**97.6**	**107.2**
谷物(原粮)	Grain(Primary Grain)	97.6	105.1
小麦	Wheat	99.1	107.4
稻谷	Rice	100.3	107.9
玉米	Corn	97.0	104.9
杂粮	Other grain	97.5	92.5
马铃薯	Potatos	103.8	100.3
豆类	Legume	94.3	116.1
# 大豆	Soybean	94.8	119.3
油料	Edible Oil	93.4	107.5
甜菜	Sugar Beet	103.8	107.0
牧草	Herbage	129.1	107.2
蔬菜	Vegetables	93.5	118.1
水果	Fruits	94.0	102.6
中药材	Raw Material of Traditional Chinese Medicine	129.1	106.8
林产品	**Forest Products**	**112.8**	**97.2**
畜产品	**Livestock Products**	**99.5**	**105.6**
牛肉	Beef	89.8	99.8
羊肉	Mutton	109.9	101.2
猪肉	Pork	98.8	104.0
家禽	Poultry	97.0	105.5
禽蛋	Poultry's egg	99.0	105.7
牛奶	Milk	108.9	104.4
绵羊毛	Sheep's wool	95.2	106.6
山羊绒	Cashmere	76.1	111.9
水产品	**Aquatic Products**	**110.1**	**109.2**

9-6 农业生产资料价格分类指数

Price Indices of Agricultural Means of Production by Category

(上年=100) (preceding year=100)

项 目	Item	2000	2001	2002	2003
总指数	**General Index**	**106.1**	**101.4**	**102.6**	**101.2**
小农具	Small Farm Tools	100.1	102.3	100.9	96.5
饲料	Forage	97.7	99.9	105.5	95.4
幼禽家畜	Young Livestock & Fowls	144.3	116.8	121.5	99.5
大牲畜	Large Animal	96.8	100.0	106.0	108.8
半机械化农具	Semi-mechanized Farm Tools	99.3	98.9	99.9	98.3
机械化农具	Mechanized Farm Tools	95.3	96.9	99.0	102.5
化学肥料	Chemical Fertilizer	94.6	97.0	104.0	104.7
农药及农药械	Pesticide & Its Appliances	96.9	97.6	98.9	97.6
化学农药	Chemical Pesticide	96.6	97.3	98.7	96.7
农药械具	pesticidal Appliance	99.0	99.5	100.1	101.7
农机用油	Oil for Farm Machinery	123.5	106.0	99.4	104.0
其他	Others	99.3	101.0	99.3	96.2

9-7 工业品出厂价格分类指数

Ex-factory Price Indices of Industrial Products

(上年=100) (preceding year=100)

项 目	Item	2000	2001	2002	2003
全部工业品	**Total Industry Products**	**102.8**	**101.1**	**99.3**	**103.2**
生产资料	**Means of Production**	**103.7**	**100.9**	**99.3**	**104.5**
采掘工业	Mining & Quarrying Industry	112.3	100.1	101.7	103.9
原材料工业	Raw Materials Industry	101.4	101.4	98.9	105.4
加工工业	Manufacturing Industry	103.2	99.9	98.4	103.4
生活资料	**Consumer Goods**	**99.9**	**102.0**	**99.3**	**99.7**
食品类	Food	99.1	102.4	99.9	100.2
衣着类	Clothing	101.7	100.5	99.3	98.5
一般日用品	Articles for Daily Uses	99.5	98.7	100.0	101.3
耐用消费品	Durable Consumer Goods	96.5	99.4	93.3	97.6

9-8 主要工业原材料购进价格指数
Purchasing Price Index of Majority Industrial Raw Materials

(上年=100) (preceding year=100)

项 目	Item	2000	2001	2002	2003
原材料、燃料、动力购进价格总指数	**General Purchasing Price Index of Raw Materials and Energy**	**106.8**	**101.3**	**99.9**	**102.9**
燃料、动力	Fuels and Energy	109.5	101.4	102.6	103.5
黑色金属材料	Ferrous Metals	102.6	101.5	100.0	106.7
#钢 材	Steel Products	103.8	101.3	98.8	106.2
有色金属材料和电线	Nonferrous Metals and Wires	106.2	95.0	95.6	106.0
化工原料	Chemical Raw Materials	103.0	100.2	98.1	99.9
木材及纸浆	Wood and Paper Pulps	108.4	95.4	100.9	98.2
建筑材料类及非金属矿	Construction Materials	98.3	99.5	99.8	99.9
其它工业原材料类及半成品	Other Industrial Raw Materials and Semi-products	98.1	102.3	100.0	101.1 7
农副产品类	Farm and Sideline Products	104.2	104.2	97.4	103.3
纺织原料类	Textile Raw Materials	105.1	95.9	92.2	100.4

9-9 固定资产投资价格指数
Price Indices of Investment in Fixed Assets

(上年=100) (preceding year=100)

项 目	Item	2000	2001	2002	2003
固定资产投资	**Investment in Fixed Assets**	**101.9**	**100.8**	**101.0**	**102.6**
建筑安装工程	Construction and Installation	103.9	101.2	101.5	103.7
设备、工器具购置	Purchase of Equipment,Tools & Instruments	98.0	99.8	99.7	100.2
其他费用	Others	98.7	100.4	100.4	100.5

主要统计指标解释

商品零售价格指数 是反映城乡商品零售价格变动趋势的一种经济指数。零售物价的调整变动直接影响到城乡居民的生活支出和国家的财政收入，影响 居民购买力和市场供需平衡，影响消费与积累的比例。因此，计算零售价格指数，可以从一个侧面对上述经济活动进行观察和分析。

居民消费价格指数 是反映一定时期内城乡居民所购买的生活消费品价格和服务项目价格变动趋势和程度的相对数，是对城市居民消费价格指数和农村居民消费价格指数进行综合汇总计算的结果。利用居民消费价格指数，可以观察和分析消费品的零售价格和服务价格变动对城乡居民实际生活费支出的影响程度。

城市居民消费价格指数 是反映城市居民家庭所购买的生活消费品价格和服务项目价格变动趋势和程度的相对数。城市居民消费价格指数可以观察和分析消费品的零售价格和服务项目价格变动对职工货币工资的影响，作为研究职工生活和确立工资政策的依 据 。

农村居民消费价格指数 是反映农村居民家庭所购买的生活消费品价格和服务项目价格变动趋势和程度的相对数。农村居民消费价格指数可以观察农村消费品零售价格和 服务项目价格变动对农村居民生活消费支出的影响，直接反映农民生活水平的实际变化情况，为分析和研究农村居民生活问题提供依据。

农产品收购价格指数 是反映国有商业、集体商业、个体商业、外贸部门、国家机关、社会团体等各种经济类型的商业企业和有关部门收购农产品价格的变动趋势和程度的相对数。农产品收购价格指数可以观察和研究农产品收购价格总水平的变化情况，以及 对农民货币收入的影响，作为制订和检查农产品价格政策的依据。

农村工业品零售价格指数 是反映农村市场工业品零售价格水平变动趋势和程度的相对数。通过农村工业品零售价格指数，可以观察工业品零售价格变动对农民货币支 出的影响。

工业品出厂价格指数 是反映全部工业产品出厂价格总水平变动趋势和程度的相对数，包括工业企业售给本企业以外所有单位各种产品和直接售给居民用于生 活消费的产品。通过工业品出厂价格指数能观察出厂价格变动对工业总产值的影响。

固定资产投资价格指数 是反映固定资产投资额价格变动趋势和程度的相对数。固定资产投资额是由建筑安装工程投资完成额、设备、工器具购置投资完成额和其他费用投资完成额三部分组成的。编制固定资产投资价格指数应首先分别编制上述三部分投资 的价格指数，然后采用加权算术平均法求出固定资产投资价格总指数。

编制固定资产投资价格指数可以准确地反映固定资产投资中涉及的各类商品和取费项目价格变动趋势和变动幅度，消除按现价计算的固定资产投资指标中的价格变动因素，真实地反映固定资产投资的规模、速度、结构和效益，为国家科学地制定、检查固定资产投资计划并提 高宏观调控水平，为完善国民经济核算体系提供科学的、可靠的依据。

Explanatory Notes on Main Statistical Indicators

Retail Price Index reflects the general change in retail prices of commodities. The change and adjustment in retail prices directly affect the living expenditure of urban and rural residents, government revenue, purchasing power of residents and the equilibrium of market supply and demand, and the ratio of consumption to accumulation. Therefore, the calculation of retail p rice index is useful to analyze the changes of the above economic activities.

Consumer Price Index reflects the trend and degree of changes in prices of consumer goods and services purchased by urban and rural residents, and is a composite index derived from the urban consumer price index and the rural consumer price index. Consumer price index can be used to analyze the impact of consumer price change on actual expenditure for living cost of urban and rural residents.

Urban Consumer Price Index reflects the trend and degree of changes in prices of consumer goods and services purchased by urban households. It can be used to observe and analyze the impact of price changes in consumer goods and services on money wages of staff and workers, and provide basis for policy making concerning t he living cost and wages of staff and workers.

Rural Consumer Price Index reflects the trend and degree of changes in prices of consumer goods and services purchased by rural households. It can be used to observe the impact of change in retail prices of consumer goods and service prices in rural areas on living expenditure of rural households, and t o show the changes in the living standard of peasants. It provides basis for analysis and research on condition of life in rural areas.

Index of Purchasing Prices of Farm Products reflects the trend and degree of changes in purchasing prices of farm products purchased by state owned, collective owned, and individual commercial enterprises, foreign trade sectors, government agencies, social organizations and other units of various types of ownership. It is used to observe the impact of change in purchasing prices of farm products on the cash income of peasants, and serves as basis for the formulation and supervision of pricing policies for farm products.

Retail Price Index of Rural Industrial Products reflects the t rend and degree of changes in prices of industrial products in rural market and can be used to observe the impact of the price change on farmers money expenditure.

Ex-Factory Price Index of Industrial Products reflects the trend and degree of changes in general ex factory prices of all industrial products, including sales of industrial products by an industrial enterprise to all units outside the enterprise, as well as sales of consumer goods to residents. It can be used to analyze the impact of ex factory prices on gross industrial output value.

Price Index of Investment in Fixed Assets reflects the trend and degree of changes in prices of investment in fixed assets. The investment in fixed assets consists of three components, namely the investment in construction and installation, the investment in Purchases of equipment and instrument, and the investment in other items. Price index of investment in fixed assets is calculated as the weighted arithmetic mean of the price indices of the three component s of investment in fixed assets. Removing the factor of price change in the aggregates of investment at current prices, this indicator shows the changes in the pr ices of commodities and fees involved in the investment of fixed assets, and can be used to observe the actual size, growth, structure, and efficiency of investment in fixed assets and provides reliable and scientific data for government planning, management, decision making, and further improving the current national accounting system.

十 人民生活

PEOPLE'S LIVELIHOOD

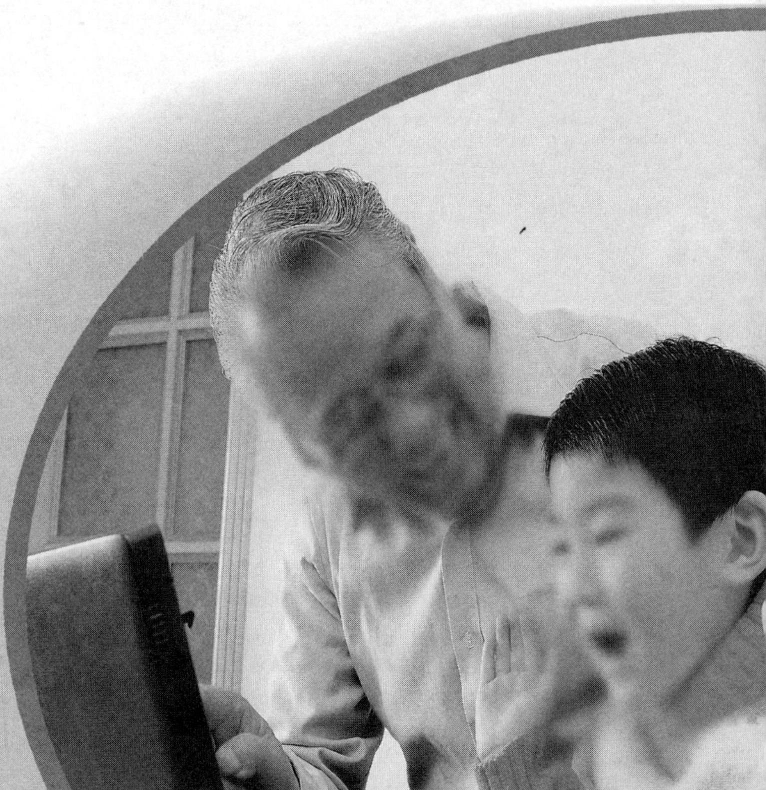

资料整理 李万才 方玲 高志农
Arranged by Li Wancai , Fang Ling , Gao Zhinong

10-1 人民物质文化生活情况

People's Material & Cultural Life

项 目	Item	1985	1990	1995	2000	2003
就 业	**Employment**					
每一农村劳动力负担人数(人)	Dependents per Rural Laborer(person)	1.84	1.68	1.55	1.48	1.44
每一城镇就业者负担人数(人)	Dependents per Urban Employee(person)	1.99	1.89	1.86	1.92	1.89
城镇登记失业率(%)	Urban Unemployment Rate(%)	4.00	3.80	3.17	3.34	4.50
收 入	**Income of Rural & Urban Residents**					
农村牧区人均纯收入(元)	Per Capita Net Income of Rural(yuan)	400	647	1300	2038	2268
农民人均纯收入	Peasants	360	607	1208	1869	2133
牧民人均纯收入	Herdermen	650	906	1871	3354	3201
农村牧区居民家庭人均纯收入指数(1978=100)	Index of Per Capita Net Income of Rural Residents(1978=100)	192.3	224.3	274.0	408.7	436.4
城镇居民人均可支配收入(元)	Per Capita Disposable Income of Urban Residents(yuan)	666	1155	2846	5129	7013
城镇居民人均可支配收入指数(1978=100)	Index of Annual Per Capita Disposable Income of Urban Residents(1978=100)	173	190	244	386	510
职工年平均工资(元)	Average Wages of Staff & Workers (yuan)	1095	1846	4134	6974	11279
消 费	**Consumption**					
农村牧区居民人均消费支出(元)	Expenditure of Rural Residents(yuan)	325	539	1261	1615	1771
农村居民人均消费支出	Peasants	291	492	1181	1442	1545
牧区居民人均消费支出	Herdsmen	550	843	1762	2959	3334
城镇居民人均消费支出(元)	Expenditure of Urban Residents(yuan)	595	982	2482	3928	5419
恩格尔系数(%)	Engel Coefficient(%)					
城镇居民	Urban Residerts	46.1	48.3	48.4	34.5	31.5
农民家庭	Households of Peasant	63.0	59.2	59.7	47.7	43.5
牧民家庭	Households of Herdsman	48.0	48.3	48.1	33.8	34.3
储 蓄	**Savings**					
城乡居民年底储蓄余额(亿元)	Balance of Savings Deposit of Rural & Urban Residents (100 million yuan)	29	110	410	876	1356
平均每人储蓄存款余额(元)	Per Capita Balance of Saving Deposit(yuan)	144	515	1804	3875	5698
住房面积(平方米)	**Per Capita Floor Space(sq.m)**					
农村牧区平均每人居住	Rural Areas	13.5	11.9	15.3	17.0	18.3
城市平均每人居住	Urban Areas	7.29	8.98	12.06	15.54	18.34
城市公用事业	**Public Utilities in Urban Areas**					
自来水普及率(%)	Rate of Access to Tap Water(%)	61.1	73.4	80.7	89.1	78.8
用气普及率(%)	Rate of Access to Gas(%)	2.7	16.8	40.5	58.6	52.4
每万人拥有绿地(公顷)	Green Area per 10 000 Persons(hectare)	2.4	3.3	5.9	7.0	6.2
文 化	**Culture**					
城镇每百户有彩色电视机(台)	Number of Color TV Set per 100 Households in Urban Areas(unit)	23.18	53.43	84.22	106.66	112.55
农村每百户有电视机(台)	TV sets per 100 Households in Rural Areas(unit)	9.23	42.14	84.89	96.07	101.99
广播综合人口覆盖率(%)	Broadcast Covering Rate (%)				85.6	90.0
电视综合人口覆盖率(%)	TV Covering Rate of Population(%)				81.4	87.5
每人每年拥有报纸(份)	Newspapers per Capita(copy)	2.24	2.06	7.17	7.56	12.38
每人每年拥有图书杂志(册)	Books & Magazines per capita(copy)	7.13	4.30	3.34	3.79	3.26
教 育	**Education**					
学龄儿童入学率(%)	Enrollment Ratio of School Age Children(%)	96.80	97.90	98.90	99.50	99.40
每万人口中在校大学生数(人)	Number of University Students per 10 000 Persons(person)	15.60	15.10	16.39	29.60	66.71
卫 生	**Public Health**					
每万人有医院、卫生院病床(张)	Number of Hospital Beds per 10 000 Persons(unit)	25.20	26.62	27.25	28.24	25.40
每万人有卫生技术人员(人)	Number of Medical Technical Personnel per 10 000 Persons(person)	43.40	45.10	44.97	42.39	42.48
每万人有医生数(人)	Doctors per 10 000 Persons(person)	18	19	22	22	21

10-2 城乡居民家庭人均收入及指数

年 份 Year	农牧民人均纯收入 Annual Net Income of Rural Households per Capita			
	农牧民 Peasant and Herdsman		农 民 Peasant	
	绝对数(元) Value(yuan)	指数(1978=100) Index	绝对数(元) Value(yuan)	指数(1978=100) Index
1978	131	100.0	126	100.0
1979	164	115.8	156	114.9
1980	192	123.9	181	121.6
1981	241	146.1	228	144.0
1982	288	163.8	273	162.0
1983	325	174.1	294	163.6
1984	368	189.0	336	179.6
1985	400	192.3	360	180.0
1986	382	171.3	340	157.7
1987	426	185.7	389	175.8
1988	547	219.3	500	209.4
1989	553	214.5	478	179.9
1990	647	244.3	607	208.1
1991	651	242.1	618	208.7
1992	719	251.8	672	222.3
1993	829	254.1	778	225.2
1994	1062	266.2	970	228.6
1995	1300	274.0	1208	240.2
1996	1602	314.5	1552	288.7
1997	1780	335.9	1705	304.6
1998	1982	379.2	1911	341.5
1999	2003	403.5	1903	350.3
2000	2038	408.7	1869	340.8
2001	1973	393.2	1784	323.4
2002	2086	411.7	1948	350.3
2003	2268	436.5	2133	373.1

Per Capita Annual Income of Urban and Rural Household and Related Index

牧 民 Herdsman		城镇居民可支配收入 Annual Disposable Income of Urban Residents per Capita	
绝对数(元) Value(yuan)	指数(1978=100) Index	绝对数(元) Value(yuan)	指数(1978=100) Index
188	100.0	301.0	100.0
236	116.8	350.1	115.5
265	118.8	407.1	124.7
326	137.2	418.3	124.7
387	153.0	452.7	133.6
530	199.5	474.2	138.5
573	206.5	548.8	152.8
650	219.9	666.0	173.0
649	205.1	773.6	187.4
662	203.3	819.7	183.0
850	233.4	915.8	174.8
1038	249.0	1052.8	175.9
906	244.8	1155.0	189.6
868	230.8	1294.7	200.5
1022	264.1	1478.9	210.7
1164	262.5	1883.3	235.2
1664	314.5	2503.0	251.5
1871	292.1	2845.7	244.1
1951	278.1	3431.8	273.9
2345	321.8	3944.7	300.9
2516	345.2	4353.0	334.5
2698	370.5	4770.5	365.5
3354	454.2	5129.1	385.8
3277	441.0	5535.9	411.9
3052	403.9	6051.0	446.7
3201	418.0	7012.9	509.6

10-3 城镇居民家庭基本情况
Basic Conditions of Urban Households

项 目	Item	1985	1990
调查户数(户)	**Number of Households Surveyed (household)**	**850**	**1400**
平均每户家庭人口(人)	**Average Household Size(person)**	**4.02**	**3.73**
平均每户就业人口(人)	**Average Number of Employed Persons per Household(person)**	**2.17**	**1.97**
平均每户就业面(%)	**Percentage of Employment per Household(%)**	**53.98**	**52.79**
平均每一就业者负担人数(包括就业者本人)(人)	**Number of Persons Supported by Each Employee including the employee himself or herself(person)**	**1.85**	**1.89**
平均每人全部年收入(元)	**Per Capita Annual Income(yuan)**	**666**	**1160**
#可支配收入	Disposable Income	666	1155
薪水	Salary		
国有单位职工工资	Wages of Staff & Workers in State-owned Units	435	704
集体及其它经济类型单位职工工资	Wages of Staff and Workers in Collective owned Units and Units of Other Type of Ownership	80	104
职工从工作单位得到的其他收入	Other Income of Staff and Workers from Their Working Units	43	61
个体经营劳动者收入	Income of Individual Laborers		16
被聘用或留用的离退休人员收入	Income of Re employed Retirees		7
其他就业者收入	Income of Other Employees		4
其他劳动收入	Part time Income		28
财产性收入	Property Income		11
转移性收入	Transfer Income		180
其他收入	Other Income		
平均每人消费性支出(元)	**Per Capita Annual Living Expenditures for Consumption(yuan)**	**646**	**982**
#食 品	Food	298	474
衣 着	Clothing	129	162
家庭设备用品及服务	Household Facilities, Articles and Service		
医疗保健	Medicine and Medical Service	5	20
交通通讯	Transportation and Communications		
娱乐教育文化服务	Recreation, Education & Cultural Service		
居 住	Residence		
杂项商品与服务	Miscellaneous Commodities and Services		

10-3 续表 continued

项 目	Item	1995	2000	2003
调查户数(户)	**Number of Households Surveyed (household)**	**1400**	**2300**	**2300**
平均每户家庭人口(人)	**Average Household Size(person)**	**3.34**	**3.08**	**2.96**
平均每户就业人口(人)	**Average Number of Employed Persons per Household(person)**	**1.80**	**1.61**	**1.57**
平均每户就业面(%)	**Percentage of Employment per Household(%)**	**53.89**	**52.15**	**52.51**
平均每一就业者负担人数(包括就业者本人)(人)	**Number of Persons Supported by Each Employee including the employee himself or herself(person)**	**1.86**	**1.92**	**1.89**
平均每人全部年收入(元)	**Per Capita Annual Income(yuan)**	**2874**	**5151**	**7351**
#可支配收入	Disposable Income	2846	5129	7013
薪水	Salary			5236
国有单位职工工资	Wages of Staff & Workers in State owned Units	1941	2909	
集体及其它经济类型单位职工工资	Wages of Staff and Workers in Collective-owned Units and Units of Other Type of Ownership	147	191	
职工从工作单位得到的其他收入	Other Income of Staff and from Their Working Units	103		
个体经营者净收入	Income of Individuals	62	495	614
被聘用或留用的离退休人员收入	Income of Re employed Retirees	16	93	
其他就业者收入	Income of Other Employees	2	13	
其他劳动收入	Part time Income	84	187	274
财产性收入	Property Income	39	59	84
转移性收入	Transfer Income	474	1110	1418
其他收入	Other Income			
平均每人消费性支出(元)	**Per Capita Annual Living Expenditures for Consumption(yuan)**	**2482**	**3928**	**5419**
#食 品	Food	1202	1353	1706
衣 着	Clothing	405	561	793
家庭设备用品及服务	Household Facilities, Articles and Service	168	289	298
医疗保健	Medicine and Medical Service	100	287	426
交通通讯	Transportation and Communications	123	359	596
娱乐教育文化服务	Recreation, Education & Cultural Service	224	488	770
居 住	Residence	156	339	618
杂项商品与服务	Miscellaneous Commodities and Services	104	252	213

10-4 城镇居民家庭基本情况(2003年)

项目	Item	全区 All Regional Cities and County Towns
调查户数(户)	**Number of Households Surveyed(household)**	**2300**
平均每户家庭人口(人)	Average Household Size(person)	2.96
平均每户就业人口(人)	Average Number of Employees per Household(person)	1.57
平均每户就业面(%)	Percentage of Employed Persons per Household(%)	52.51
平均每一就业者负担人数(包括就业者本人)(人)	Number of Persons Supported by Each Employee (including the employee himsel for herself)(person)	1.89
平均每人全部年收入(元)	Per Capita Annual Income(yuan)	7351.58
平均每人可支配收入(元)	Per Capita Disposable Income(yuan)	7012.90
平均每人消费性支出(元)	Per Capita Annual Living Expenditure(yuan)	5419.14

10-5 城镇居民家庭平均每人全年消费性支出及构成(2003年)

单位：元

项目	Item	总平均 Average	最低收入户 lowest Income Households (first decile)	#困难户 Difficult Households (first five percent)
消费性支出	**Total Living Expenditures**	**5419.14**	**2620.63**	**2592.04**
食品	Food	1705.56	1019.53	987.86
#粮食	Grain	211.98	188.23	186.63
肉禽及其制品	Meat, Poultry and Related Products	344.84	216.28	197.88
蛋类	Eggs	47.33	38.65	37.68
水产品	Aquatic Products	41.52	25.78	22.88
奶及奶制品	Milk and Dairy Products	85.81	36.20	33.38
衣着	Clothing	793.53	330.54	331.51
#服装	Garments	548.32	215.57	216.50
家庭设备用品及服务	Household Facilities, Articles and Services	297.69	90.28	100.21
#耐用消费品	Durable Consumer Goods	140.60	21.59	26.10
医疗保健	Medicine and Medical Services	425.88	168.11	169.95
交通和通讯	Transportation and Communications	596.21	259.42	287.38
娱乐教育文化服务	Recreation, Education and Cultural Services	770.50	355.13	341.04
#文娱用耐用消费品	Durable Consumer Goods for Recreational Use	230.85	56.88	49.96
居住	Residence	618.18	299.67	270.57
#住房	Housing	181.58	67.67	37.65
杂项商品和服务	Miscellaneous Commodities	212.76	96.39	100.08

Basic Conditions of Urban Households(2003)

最低收入户 lowest Income Households (first decile)	# 困难户 Difficult Households (first five percent)	低收入户 Low Income Households (second decile)	中等偏下户 Lower Middle Income Households (second quintile)	中等收入户 Middle Income Households (third quintile)	中等偏上户 Upper Middle Income Households (fourth quintile)	高收入户 High Income Households (ninth decile)	最高收入户 Highest Income Households (tenth decile)
按收入等级分 Grouped by Percentile of Households							
231	**115**	**229**	**460**	**462**	**458**	**230**	**230**
3.25	3.19	3.15	3.07	3.01	2.87	2.64	2.54
1.48	1.48	1.52	1.58	1.68	1.63	1.52	1.42
45.54	46.39	48.25	51.47	55.81	56.79	57.58	55.91
2.20	2.16	2.07	1.94	1.79	1.76	1.74	1.79
2127.73	1591.87	3625.66	5113.39	6849.87	8967.45	11739.85	19779.17
1859.74	1211.25	3429.57	4863.54	6532.86	8542.11	11223.00	19206.21
2620.63	2592.04	3278.41	4473.34	5232.61	6508.07	7996.89	10599.09

Per Capita Annual Living Expenditure of Urban Households and its Composition(2003)

(yuan)

低收入户 Low Income Households (second decile)	中等偏下户 Lower Middle Income Households (second quintile)	中等收入户 Middle Income Households (third quintile)	中等偏上户 Upper Middle Income Households (fourth quintile)	高收入户 High Income Households (ninth decile)	最高收入户 Highest Income Households (tenth decile)
3278.41	**4473.34**	**5232.61**	**6508.07**	**7996.89**	**10599.09**
1240.11	1468.78	1600.73	2009.31	2392.74	2936.43
195.68	202.73	199.03	227.68	248.81	259.47
269.22	307.88	336.43	393.51	474.37	524.23
47.10	47.90	48.00	46.57	52.81	52.98
30.47	36.20	39.00	48.51	62.24	65.19
51.59	74.88	85.55	108.56	128.42	142.84
430.11	610.46	769.98	1012.20	1315.28	1531.00
284.21	411.62	526.80	700.98	931.24	1111.90
125.90	195.73	284.59	382.71	526.85	737.38
34.67	70.53	126.15	194.02	283.31	433.34
229.29	528.10	338.72	446.11	559.98	864.47
294.47	429.64	650.05	746.73	846.30	1226.52
511.91	624.84	766.89	952.48	1055.36	1457.22
111.67	132.47	240.85	281.85	414.04	594.92
324.83	448.62	610.94	722.72	955.34	1407.47
54.91	84.11	141.83	176.05	399.62	699.56
121.96	168.25	212.56	238.18	346.98	439.97

10-6 按收入等级分的城镇居民家庭平均每人全年现金收入(2003年)

单位：元

项 目	Item	总平均 Average	最低收入户 lowest Income Households (first decile)	#困难户 Difficult Households (first five percent)
实际收入	**Real Income**	**7351.58**	**2127.73**	**1591.87**
#可支配收入	Disposable Income	7012.90	1859.74	1211.25
薪水	Salary	5235.96	1442.55	1088.95
个体经营者净收益	Net Profits of Self employed Individuals	614.22	315.62	269.68
个体被雇者收入	Income of Employed Individuals			
离退休再就业者收入	Income of Re employed Retirees			
其它就业者收入	Income of Other Employees			
其它劳动收入	Part time Income	274.18	152.13	113.09
财产收入	Property Income	83.73	12.47	15.00
#利息	Interest	7.49	1.37	2.41
红利	Bonus	9.98	0.03	
其它财产租金收入	Other Property and Rent Income	49.98	11.06	12.59
转移收入	Transfer Income	1417.66	357.09	218.23
#离退休金	Pension	1220.24	305.18	164.97
赡养收入	Supporting Income	40.04	10.16	7.83
赠送收入	Giving Income	89.61	7.82	6.20
家庭副业生产收入	Production Income of Household Sideline Products			
借贷收入	**Loan Income**	**1575.60**	**1230.48**	**1332.59**
#提取储蓄存款	Withdraw Saving Deposit	1318.63	880.51	1139.88
提取储金汇款	Withdraw Saving Fund			
收回借出款	Paid back Loan	34.30	4.25	2.83
收回储蓄性保险本金	Withdraw Saving Premium	2.09	0.02	
兑售有价证券	Securities Encashed and Sold	0.04		
为购置房屋从银行贷款	Loan from Bank for Buying Housing	52.61	2.25	4.50
其它借贷收入	Other Loan Income	14.74	4.05	

Per Capita Annual Cash Income of Urban Households by Level of Income(2003)

(yuan)

低收入户 Low Income Households (second decile)	中等偏下户 Lower Middle Income Households (second quintile)	中等收入户 Middle Income Households (third quintile)	中等偏上户 Upper Middle Income Households (fourth quintile)	高收入户 High Income Households (ninth decile)	最高收入户 Highest Income Households (tenth decile)
3625.66	**5113.39**	**6849.87**	**8967.45**	**11739.85**	**19779.17**
3429.57	4863.54	6532.86	8542.11	11223.00	19206.21
2646.41	3765.76	5440.45	6763.18	8343.73	11308.21
384.42	481.95	417.26	641.31	663.41	2202.20
197.80	209.73	203.62	278.44	441.51	761.58
19.35	17.05	38.05	67.83	119.30	595.72
0.33	1.95	2.58	9.85	16.18	41.85
0.94	0.96	0.56	8.61	21.37	80.91
17.90	13.76	34.06	46.42	69.06	287.51
575.49	848.63	954.11	1495.14	2613.41	5672.55
522.85	797.78	889.32	1379.55	2413.45	4084.73
11.59	13.09	16.83	38.34	58.91	250.31
9.33	15.91	20.33	39.02	99.45	831.82
782.62	**1125.77**	**1294.72**	**1700.02**	**2112.66**	**4423.08**
604.24	957.66	1133.10	1471.97	1790.00	3673.54
41.66	30.90	25.49	35.74	21.11	113.64
0.24		0.80	5.28	0.74	11.48
	0.20				
68.63	13.53	14.13	25.01	74.50	363.93
2.07	5.71	11.22	16.01	92.65	

10-7 城镇居民家庭平均每人全年购买的主要商品数量

Per Capita Annual Purchases of Major Commodities in Urban Households

项目	Item	1985	1990	1995	2000	2003
粮食(千克)	Grain(kg)	141.30	134.98	101.17	77.72	84.41
食用植物油(千克)	Edible Vegetable Oil(kg)	4.10	4.45	5.82	5.56	6.59
猪肉(千克)	Pork(kg)		11.43	11.82	11.59	13.32
牛羊肉(千克)	Beef and Mutton(kg)		6.39	5.02	6.61	7.49
家禽(千克)	Poultry(kg)	0.50	0.59	1.77	3.25	4.61
鲜蛋(千克)	Fresh Eggs(kg)	2.70	2.31	7.92	9.67	10.68
水产品(千克)	Aquatic Products(kg)			3.44	4.30	4.95
鲜菜(千克)	Fresh Vegetables(kg)	201.00	162.03	125.87	107.45	111.08
干菜(千克)	Dry Vegetables(kg)				0.13	0.26
食糖(千克)	Sugar(kg)		1.44	1.14	1.08	
糖果(千克)	Candy(kg)		0.68		0.53	
卷烟(盒)	Cigarettes(pack)		38.06	29.71	26.13	
白酒(千克)	Strong White Spirit(kg)		3.77	3.78	3.17	2.93
啤酒(千克)	Beer(kg)		3.91	6.31	4.95	5.87
茶叶(千克)	Tea(kg)		0.34		0.24	0.19
鲜瓜果(千克)	Fresh Melons and Fruits(kg)		41.50	42.77	63.11	53.33
鲜奶(千克)	Fresh Milk(kg)		2.80	5.83	12.58	23.91
夹克衫(件)	Jackets(piece)				0.14	
毛线衣(件)	Woollen Sweater(piece)				0.29	
衬衫(件)	Shirts(piece)				0.19	
裤子(条)	Pants				0.54	
棉布(米)	Cotton Cloth(m)				0.26	
化纤布(米)	Chemical Fiber Cloth(m)		1.74		0.50	
呢绒(米)	Woolen Fabric(m)	0.40	0.31	0.25	0.07	
绸缎(米)	Silk and Satin(m)	0.50	0.43	0.17	0.02	
毛线(千克)	Knitting Wool(kg)				0.37	
皮鞋(双)	Leather Shoes(pair)	0.60	0.55	0.86	0.97	
旅游鞋(双)	Jogging Shoes(pair)				0.09	
布鞋(双)	Cloth Shoes(pair)		0.93		0.28	
肥皂(块)	Soap(piece)		3.57		1.28	
洗衣粉(千克)	Washing Powder for Clothes(kg)		1.43		1.47	
煤炭(千克)	Coal(kg)		480.64		205.07	
液化石油气(千克)	Liquefied Gas(kg)		2.17		8.27	

10-8 城镇居民家庭平均每百户耐用消费品年末拥有量
Number of Major Durable Consumer Goods Owned Per 100 Urban Households at Year-end

项 目	Item	2002	2003
组合家具(套)	Composite Furniture	62.93	65.87
摩托车(辆)	Motorcycle	25.46	28.10
自行车(辆)	Bicycle	191.28	193.20
家用汽车(辆)	Automobile	0.88	1.22
洗衣机(台)	Washing Machine	90.95	92.57
电风扇(台)	Electric Fan	64.14	65.79
电冰箱(台)	Refrigerator	77.25	78.36
冰 柜(台)	Freezer	13.48	13.80
彩色电视机(台)	Color TV Set	109.89	112.55
影碟机(台)	Video Disc Player	38.29	42.77
录放像机(台)	Video recorder	10.55	10.40
家用电脑(台)	Computer	8.01	11.09
组合音响(套)	Hi -Fi Stereo Component System	12.84	13.24
摄相机(架)	Pickup Camera	0.89	0.94
照相机(架)	Camera	33.59	33.39
钢 琴(架)	Piano	0.91	0.86
中高档乐器(件)	Other High Grade Music Instrument	6.24	6.63
微波炉(台)	Micro Wave Oven	9.55	13.05
空调器(台)	Air Conditioner	2.23	2.93
电炊具(台)	Electric Cooking Utensils	142.76	146.37
淋浴热水器(台)	Shower	29.84	32.39
排油烟机(台)	Kitchen Ventilator	50.70	54.44
洗碗机(台)	Washing-up Machine	0.27	0.24
消毒碗柜(台)	Sterilized Cupboard	0.79	0.78
饮水机(台)	Drinking Machine	17.81	20.51
吸尘器(台)	Dust Catcher	9.74	10.20
健身器材(件)	Healthy Equipment	1.47	1.86
移动电话(部)	Mobile Telephone	50.24	67.13
普通电话(部)	Telephone	85.71	87.34
传真机(部)	Fax Machine	0.25	0.32

10-9 按收入等级分的城镇居民家庭平均每人全年购买商品数量(2003年)

Per Capita Annual Purchases of Major Commodities of Urban Households by Level of Income(2003)

项 目	Item	总平均 Average	最低收入户 lowest Income Households	# 困难户 Difficult Households	低收入户 Low Income Households	中等偏下户 Lower Middle Income Households	中等收入户 Middle Income Households	中等偏上户 Upper Middle Income Households	高收入户 High Income Households	最高收入户 Highest Income Households
淀粉及薯类(千克)	Starches & Tubers(kg)	13.17	13.80	13.92	14.85	13.14	11.54	13.32	13.80	13.68
大米(千克)	Rice(kg)	31.05	33.76	35.21	31.57	29.54	29.33	31.90	31.88	32.76
面粉(千克)	Flour(kg)	27.52	34.66	34.55	30.68	28.17	23.11	25.84	27.69	27.05
食用植物油(千克)	Edible Vegetable Oil(kg)	6.59	5.54	5.02	6.49	6.45	5.73	7.44	7.64	8.14
食用动物油(千克)	Edible Animal Oil(kg)	0.18	0.27	0.39	0.20	0.25	0.17	0.09	0.10	0.13
猪肉(千克)	Pork(kg)	13.32	9.73	9.26	11.99	12.41	13.25	14.54	16.94	16.72
牛肉(千克)	Beef(kg)	3.25	1.97	1.32	2.96	2.96	3.20	3.25	4.00	5.67
羊肉(千克)	Mutton(kg)	4.24	2.55	2.38	2.61	3.45	3.96	5.25	6.51	7.41
家禽(千克)	Poultry(kg)	3.48	2.74	2.71	2.70	3.29	3.23	3.81	4.65	5.04
鸡(千克)	Chicken(kg)	3.24	2.70	2.67	2.68	3.21	3.18	3.75	4.49	4.94
禽制品(千克)	Products of Poultry(kg)	1.13	0.49	0.44	0.88	1.06	1.32	1.24	1.35	1.53
鲜蛋(千克)	Fresh Eggs(kg)	10.68	9.11	8.84	10.94	10.96	10.84	10.32	11.42	11.40
鱼(千克)	Fish(kg)	4.51	3.46	3.14	3.86	4.14	4.27	5.11	6.01	5.84
虾(千克)	Shrimp(kg)	0.21	0.06	0.04	0.13	0.17	0.22	0.24	0.33	0.49
水产制品(千克)	Aquatic Products(kg)	1.73	0.63	0.69	0.71	1.13	1.50	2.92	2.56	3.61
鲜菜(千克)	Fresh Vegetables(kg)	111.08	92.43	89.43	102.22	113.42	99.20	116.41	136.63	140.32
干菜(千克)	Dried Vegetables(kg)	0.26	0.13	0.12	0.14	0.23	0.28	0.35	0.29	0.37
菜制品(千克)	Products of Vegetables(kg)	5.53	3.03	3.09	4.99	4.14	5.50	6.65	7.89	8.93
白酒(千克)	liquor(kg)	2.93	2.26	1.94	2.31	2.94	2.23	3.32	4.15	4.71
果酒(千克)	Fruit Wine(kg)	0.12	0.05	0.06	0.03	0.10	0.09	0.17	0.21	0.24
啤酒(千克)	Beer(kg)	5.87	5.07	4.40	6.18	5.51	5.82	5.52	7.79	6.52
其他酒(千克)	Other Liquor(kg)	0.03			0.01	0.02	0.03	0.02	0.06	0.07
鲜果(千克)	Fresh Fruits(kg)	37.71	22.45	21.25	29.07	34.64	38.75	44.35	45.82	54.56
鲜瓜(千克)	Melons(kg)	20.39	14.16	12.92	18.57	20.30	19.78	22.27	25.45	24.68
糕点(千克)	Cake(kg)	2.88	1.67	1.51	2.41	2.83	2.82	3.14	3.53	4.31
鲜乳品(千克)	Fresh Dairy Products(kg)	23.91	9.56	8.50	14.92	21.47	23.81	31.02	34.71	37.54
奶粉(千克)	Milk Powder(kg)	0.43	0.43	0.43	0.50	0.46	0.38	0.36	0.49	0.50
酸奶(千克)	Yogurt Milk(kg)	2.16	0.98	1.07	1.00	1.88	2.27	2.71	3.19	3.73
男士服装(件)	Men's Clothing(piece)	3.19	2.07	2.07	2.18	2.92	3.25	3.57	4.30	4.86
女士服装(件)	Women's Clothing(piece)	3.58	1.99	2.11	2.60	3.12	3.82	4.02	5.13	5.34
儿童服装(件)	Children's Clothing (piece)	0.83	0.66	0.72	0.52	0.72	0.99	0.81	1.19	1.01
鞋类(双)	Shoes(pair)	2.96	2.07	2.13	2.51	2.77	3.21	3.14	3.57	3.66

10-10 按收入等级分的城镇居民家庭平均每百户耐用消费品年末拥有量(2003年)

Number of Durable Consumer Goods Owned Per 100 Urban Households at Year-end by Level of Income(2003)

项 目	Item	总平均 Average	最低收入户 lowest Income Households	#困难户 Difficult Households	低收入户 Low Income Households	中等偏下户 Lower Middle Income Households	中等收入户 Middle Income Households	中等偏上户 Upper Middle Income Households	高收入户 High Income Households	最高收入户 Highest Income Households
组合家具(套)	Composite Furniture	65.87	50.20	53.60	56.38	63.19	71.99	70.91	68.34	73.45
摩托车(辆)	Motorcycle	28.10	24.28	25.55	23.55	28.54	33.54	29.35	24.81	24.18
自行车(辆)	Bicycle	193.20	190.07	189.80	195.63	193.74	198.30	193.08	188.99	184.92
家用汽车(辆)	Automobile	1.22	1.05	0.43	0.47	1.14	0.99	1.27	1.24	2.89
洗衣机(台)	Washing Machine	92.57	82.71	84.13	87.35	91.55	96.67	93.98	94.47	97.52
电风扇(台)	Electric Fan	65.79	56.37	58.19	63.29	62.87	72.96	65.01	67.40	68.72
电冰箱(台)	Refrigerator	78.36	57.52	57.51	63.28	73.28	83.08	87.20	89.07	91.37
冰 柜(台)	Freezer	13.80	13.55	14.65	13.84	14.48	11.91	12.11	17.38	16.94
彩色电视机(台)	Color TV Set	112.55	107.03	103.37	110.06	112.40	112.79	113.23	114.01	118.64
影碟机(台)	Video Disc Player	42.77	32.74	30.64	32.91	38.50	46.94	47.84	46.38	51.50
录放像机(台)	Video recorder	10.40	3.76	2.91	7.70	8.40	13.01	11.16	13.19	15.11
家用电脑(台)	Computer	11.09	1.17	0.85	4.80	7.19	13.22	14.28	19.45	18.68
组合音响(套)	Hi -Fi Stereo Component System	13.24	10.66	11.86	9.81	11.77	15.15	14.55	13.51	15.90
摄相机(架)	Pickup Camera	0.94	0.20	0.37	0.21	0.46	0.92	1.59	1.45	2.01
照相机(架)	Camera	33.39	18.27	17.86	23.17	24.69	35.37	40.44	45.97	50.96
钢 琴(架)	Piano	0.86	0.37	0.23	0.38	0.39	0.77	1.51	1.02	1.82
中高档乐器(件)	Other High Grade Music Instrument	6.63	4.78	4.76	3.03	4.71	7.64	8.90	8.97	7.92
微波炉(台)	Micro Wave Oven	13.05	2.27	2.15	4.37	8.53	15.21	15.40	23.87	24.96
空调器(台)	Air Conditioner	2.93	0.86	0.83	0.68	1.27	2.20	3.57	8.32	6.75
电炊具(台)	Electric Cooking Utensils	146.37	137.00	138.40	141.89	139.98	150.12	156.29	146.95	147.42
淋浴热水器(台)	Shower	32.39	10.33	9.00	20.31	26.25	37.78	39.20	41.79	49.52
排油烟机(台)	Kitchen Ventilator	54.44	27.01	23.93	40.99	49.82	58.25	63.37	66.72	72.59
洗碗机(台)	Washing-up Machine	0.24	0.08	0.02	0.14	0.18	0.05	0.09	1.06	0.64
消毒碗柜(台)	Sterilized Cupboard	0.78	0.36	0.23	0.48	0.42	0.71	1.13	1.25	1.38
饮水机(台)	Drinking Machine	20.51	4.60	4.32	6.07	14.78	20.49	29.50	33.85	37.20
吸尘器(台)	Dust Catcher	10.20	1.68	1.63	6.07	7.20	10.96	13.22	16.35	17.65
健身器材(件)	Healthy Equipment	1.86	0.36	0.59	0.30	0.75	1.18	1.94	5.87	5.36
移动电话(部)	Mobile Telephone	67.13	33.11	35.91	40.79	57.16	79.64	80.66	82.22	86.62
普通电话(部)	Telephone	87.34	71.32	69.59	81.44	85.54	90.04	92.58	93.67	93.27
传真机(部)	Fax Machine	0.32	0.12	0.17	0.05	0.22	0.23	0.63	0.55	0.40

10-11 农村牧区居民家庭基本情况

Basic Conditions of Rural Households

项 目	Item	1990	1995	2000	2003
调查户数(户)	**Number of Households Surveyed(Household)**	**2060**	**2060**	**2036**	**2060**
调查户常住人口(人)	**Number of Permanent Residentsin the Households Surveyed(person)**	**10299**	**9293**	**8351**	**8104**
平均每户常住人口(人)	Average Number of Permanent Residents per Household(person)	5.00	4.50	4.10	3.93
平均每户整半劳力(人)	Average Number of Able bodied and Semi able bodied Laborers per Household(person)	2.98	2.90	2.77	2.74
平均每个劳动力负担人口(含本人)(人)	Average Number of Persons Supported by a Laborer(including the laborer himself)(person)	1.68	1.55	1.48	1.44
平均每人年收入(元)	**Per Capita Annual Income(yuan)**				
总收入	Total Revenue	1021.70	2272.40	3440.31	3862.02
可支配收入	Disposable Income			1908.44	2155.85
纯收入	Net Income	647.10	1300.00	2038.21	2267.65
现金收入	Cash Income			2448.89	2934.13
按纯收入分组户数占调查户比重(%)	**Percentage of Households Grouped by Per Capita Annual Net Income(%)**				
500元以下	Under500 Yuan			4.17	6.07
500-800(元)	500-800 Yuan			6.78	6.31
800-1000(元)	800-1000 Yuan			7.17	5.63
1000-1500(元)	1000-1500 Yuan			22.94	17.67
1500-1700(元)	1500-1700 Yuan			8.94	7.28
1700-2000(元)	1700-2000 Yuan			10.56	9.27
2000-2500(元)	2000-2500 Yuan			13.31	13.50
2500-3000(元)	2500-3000 Yuan			8.69	9.90
3000-4000(元)	3000-4000 Yuan			8.60	11.31
4000以上(元)	4000 Yuan and over			8.84	13.06
平均每人年支出(元)	**Per Capita Annual Expenditure(yuan)**				
总支出	Total Expenditure	1003.90	2236.50	3123.29	3583.91
家庭经营费用支出	Expenditure for Household Business			1009.60	1279.93
生活消费支出	Expenditure for Consumption			1614.91	1770.56
其他非生产性支出	Other Nonproductive Expenditures			158.68	130.84
现金支出	Cash Expenditure	605.33	1826.71	2355.68	2879.15
生产费用	Productive Costs	143.59	509.33	833.36	1246.00
缴纳税金和上交集体承包费支出等	Taxes and Payments to Collective Units			219.15	86.46
生活消费支出	Expenditure for Consumption	323.20	798.80	1170.97	1417.27

10-12 农民家庭基本情况

Basic Conditions of Households of Peasants

项目	Item	1990	1995	2000	2003
调查户数(户)	**Number of Households Surveyed(Household)**	**1820**	**1820**	**1820**	**1820**
调查户常住人口(人)	**Number of Permanent Residentsin the Households Surveyed(person)**	**8922**	**7999**	**7398**	**7082**
平均每户常住人口(人)	Average Number of Permanent Residents per Household(person)	4.90	4.40	4.06	3.89
平均每户整半劳力(人)	Average Number of Able bodied and Semiable bodied Laborers per Household(person)	2.90	2.80	2.75	2.72
平均每个劳动力负担人口(含本人)(人)	Average Number of Persons Supported by a Laborer(including the laborer himself)(person)	1.69	1.57	1.48	1.43
平均每人年收入(元)	**Per Capita Annual Income(yuan)**				
总收入	Total Revenue	947.20	2053.80	3006.58	3470.89
可支配收入	Disposable Income			1738.81	2035.25
纯收入	Net Income	607.20	1208.40	1868.62	2132.94
现金收入	Cash Income			2089.00	2538.77
按纯收入分组户数占调查户比重(%)	**Percentage of Households Grouped by per Capita Annual Net Income(%)**				
500元以下	Under500 Yuan			4.45	5.77
500-800(元)	500-800 Yuan			7.31	6.54
800-1000(元)	800-1000 Yuan			7.64	5.93
1000-1500(元)	1000-1500 Yuan			24.00	18.52
1500-1700(元)	1500-1700 Yuan			9.45	7.31
1700-2000(元)	1700-2000 Yuan			10.93	9.73
2000-2500(元)	2000-2500 Yuan			13.20	14.07
2500-3000(元)	2500-3000 Yuan			8.02	9.67
3000-4000(元)	3000-4000 Yuan			7.47	11.54
4000(元)以上	4000 Yuan and over			7.53	10.93
平均每人年支出(元)	**Per Capita Annual Expenditure(yuan)**				
总支出	Total Expenditure	827.70	2098.10	2679.38	3124.97
家庭经营费用支出	Expenditure for Household Business	261.80	664.00	804.80	1055.22
生活消费支出	Expenditure for Consumption	491.91	1180.50	1441.78	1545.02
现金支出	Cash Expendiure	500.60	1584.30	1992.27	2484.70
生产费用	Productive Costs	157.60	535.60	690.67	1079.95
缴纳税金和上交集体承包费支出等	Taxes and Payments to Collective Units	35.90	104.20	176.14	90.70
生活消费支出	Expenditure for Consumption	271.20	689.20	995.18	1199.35

10-13 牧民家庭基本情况

Basic Conditions of Households of Herdsmen

项目	Item	1990	1995	2000	2003
调查户数(户)	**Number of Households Surveyed(Household)**	**240**	**240**	**216**	**240**
调查户常住人口(人)	**Number of Permanent Residentsin the Households Surveyed(person)**	**1377**	**1294**	**953**	**1022**
平均每户常住人口(人)	Average Number of Permanent Residents per Household(person)	5.74	5.39	4.41	4.26
平均每户整半劳力(人)	Average Number of Able bodied and Semiable bodied Laborers per Household(person)	2.70	3.00	2.92	2.91
平均每个劳动力负担人口(含本人)(人)	Average Number of Persons Supported by a Laborer(including the laborer himself)(person)	2.13	1.80	1.51	1.46
平均每人年收入(元)	**Per Capita Annual Income(yuan)**				
总收入	Total Revenue	1371.40	3364.60	6807.26	6572.39
可支配收入	Disposable Income			3225.28	2991.33
纯收入	Net Income	905.70	1871.00	3354.71	3201.09
现金收入	Cash Income	1340.80	3474.10	5234.96	5673.79
按纯收入分组户数	**Percentage of Households Grouped by**				
占调查户比重(%)	**Per Capita Annual Net Income(%)**				
500元以下	Under 500 Yuan			1.85	8.33
500-800(元)	500-800Yuan			2.32	4.58
800-1000(元)	800-1000Yuan			3.24	3.33
1000-1500(元)	1000-1500Yuan			13.89	11.25
1500-1700(元)	1500-1700Yuan			4.63	7.08
1700-2000(元)	1700-2000Yuan			7.41	5.83
2000-2500(元)	2000-2500Yuan			9.26	9.17
2500-3000(元)	2500-3000Yuan			14.35	11.67
3000-4000(元)	3000-4000Yuan			18.06	9.58
4000(元)以上	4000 Yuan and over			25.00	29.17
平均每人年支出(元)	**Per Capita Annual Expenditure(yuan)**				
总支出	Total Expenditure	1257.20	3348.90	6569.29	6764.17
家庭经营费用支出	Expenditure for Household Business	263.80	1092.50	2599.41	2837.04
生活消费支出	Expenditure for Consumption	843.40	1762.20	2958.94	3333.50
其他非生产性支出	Other Nonproductive Expenditures	35.90	75.90	149.92	237.28
现金支出	Cash Expendiure	1283.90	3312.50	5176.73	5612.47
生产费用	Productive Costs			1941.02	2396.66
缴纳税金和上交集体承包费支出等	Taxes and Payments to Collective Units			553.01	57.01
生活消费支出	Expenditure for Consumption			2535.55	2927.39

10-14 农村牧区居民家庭平均每人总收入和纯收入

Per Capita Annual Gross and Net Income of Rural Households

单位：元 (yuan)

项 目	Item	2002	2003
总收入	**Gross Income**	**3657.01**	**3862.02**
工资性收入	Laborers'Remuneration	320.03	344.60
在非企业组织中劳动得到	Obtained from Non-enterprises	106.61	109.55
在本地企业中劳动得到	Obtained from Native Enterprises	15.13	13.48
外出从业得到	Obtained from Going on Business	111.89	112.93
其他	Others	86.40	108.64
家庭经营收入	Income from Household Business Operation	3197.54	3394.12
农业收入	Farming	1893.75	1962.63
林业收入	Forestry	19.84	25.36
牧业收入	Animal Husbandry	1154.70	1281.24
渔业收入	Fishery		
工业收入	Industry	21.57	19.84
建筑业收入	Construction	1.68	8.23
交通运输和邮电业收入	Transportation Telecommunication	30.81	29.22
批发零售贸易餐饮业收入	Wholesale and Retail Trade and Catering Services	33.99	35.94
社会服务业收入	Social Services	14.80	8.42
文教卫生业收入	Culture, Education and Health Care	6.30	7.00
其他家庭经营收入	Others	20.10	16.24
转移性和财产性收入	Transfer Income and Property Income	139.44	123.32
纯收入	**Net Income**	**2086.02**	**2267.65**
按收入来源分	**By Source**		
工资性收入	Laborers' Remuneration	320.03	344.60
家庭经营纯收入	Net Income from Household Business	1694.40	1818.78
转移性和财产性收入	Transfer Income and Property Income	71.59	104.28
按收入性质分	**Grouped by Type of Income**		
生产性纯收入	Productive Income	2014.43	2163.37
第一产业收入	Primary Industry	1765.78	1813.10
第二产业收入	Secondary Industry	104.55	140.07
第三产业收入	Tertiary Industry	144.10	210.20
非生产性纯收入	Non-productive Income	71.59	104.27

10-15 农民家庭平均每人总收入和纯收入

Per Capita Annual Gross and Net Income of Household of Peasants

单位：元 (yuan)

项 目	Item	2002	2003
总收入	**Gross Income**	**3322.82**	**3470.89**
基本收入	Basic Income		
劳动者报酬收入	Laborers' Remuneration	340.24	360.83
在非企业组织中劳动得到	Obtained from Non enterprises	109.80	116.70
在本地企业中劳动得到	Obtained from Native Enterprises	17.22	14.98
外出从业得到	Obtained from Going on Business	124.86	122.58
其他	Others	88.36	106.56
家庭经营收入	Income from Household Business Operation	2851.54	2993.37
农业收入	Farming	2084.86	2165.21
林业收入	Forestry	21.17	28.17
牧业收入	Animal Husbandry	611.57	671.53
渔业收入	Fishery		
工业收入	Industry	24.19	20.02
建筑业收入	Construction	1.92	9.42
交通运输和邮电业收入	Transportation Telecommunication	32.29	32.79
批发零售贸易餐饮业收入	Wholesale and Retail Trade and Catering Services	33.09	36.83
社会服务业收入	Social Services	14.14	7.80
文教卫生业收入	Culture, Education and Health Care	7.18	7.84
其他家庭经营收入	Others	21.12	13.77
转移性和财产性收入	Transfer Income and Property Income	131.04	116.70
按收入来源分	**Net Income By Source**		
纯收入	**Net Income**	**1947.58**	**2132.94**
基本收入	Basic Income		
劳动者报酬收入	Laborers' Remuneration	340.24	360.83
家庭经营纯收入	Net Income from Household Business	1548.11	1673.23
转移性和财产性收入	Transfer Income and Property Income	59.23	98.88
按收入性质分	**Grouped by Type of Income**		
生产性纯收入	Productive Income	1888.35	2034.06
第一产业收入	Primary Industry	1612.07	1664.56
第二产业收入	Secondary Industry	114.17	140.34
第三产业收入	Tertiary Industry	162.10	229.16
非生产性纯收入	Nonproductive Income	59.23	98.88

10-16 牧民家庭平均每人总收入和纯收入

Per Capita Annual Gross and Net Income of Household of Herdsmen

单位：元 (yuan)

项目	Item	2002	2003
总收入	**Gross Income**	**5988.59**	**6572.39**
基本收入	Basic Income		
劳动者报酬收入	Laborers' Remuneration	179.06	232.13
在非企业组织中劳动得到	Obtained from Non-enterprises	84.39	60.00
在本地企业中劳动得到	Obtained from Native Enterprises	0.55	3.11
外出从业得到	Obtained from Going on Business	21.39	46.04
其他	Others	72.73	122.98
家庭经营收入	Income from Household Business Operation	5611.47	6171.13
农业收入	Farming	560.38	558.84
林业收入	Forestry	10.57	5.90
牧业收入	Animal Husbandry	4943.95	5506.21
渔业收入	Fishery		
工业收入	Industry	3.30	18.63
建筑业收入	Construction		
交通运输和邮电业收入	Transportation Telecommunication	20.53	4.45
批发零售贸易餐饮业收入	Wholesale and Retail Trade and Catering Services	40.22	29.77
社会服务业收入	Social Services	19.35	12.70
文教卫生业收入	Culture, Education and Health Care	0.15	1.19
其他家庭经营收入	Others	13.04	33.44
转移性和财产性收入	Transfer Income and Property Income	198.06	169.13
纯收入	**Net Income**	**3051.82**	**3201.09**
按收入来源分	**By Source**		
基本收入	Basic Income		
劳动者报酬收入	Laborers' Remuneration	179.06	232.13
家庭经营纯收入	Net Income from Household Business	2714.98	2827.35
转移性和财产性收入	Transfer Income and Property Income	157.78	141.61
按收入性质分	**Grouped by Type of Income**		
生产性纯收入	Productive Income	2894.04	3059.48
第一产业收入	Primary Industry	2771.44	2862.50
第二产业收入	Secondary Industry	19.30	90.61
第三产业收入	Tertiary Industry	103.30	106.37
非生产性纯收入	Nonproductive Income	157.78	141.61

10-17 农村牧区居民家庭平均每人生活消费支出
Per Capita Living Expenditure of Rural Households

单位：元 (yuan)

项 目	Item	2002	2003
生活消费支出	**Living Expenditure**	**1647.04**	**1770.56**
按消费类别分	**By Category of Consumption**		
食品	Food	714.96	731.12
# 主食	Staple Food	262.41	218.62
副食	Non-staple Food	266.94	274.12
其他食品	Other Food	132.25	134.25
衣着	Clothing	115.48	121.81
居住	Residence	245.54	246.85
家庭设备用品及服务	Household Facilities, Articles and Services	64.82	65.73
医疗保健	Medicine and Medical Services	116.82	124.42
交通通讯	Transportation and Communications	117.51	192.00
文教娱乐用品及服务	Cultural, Education and Recreational Articles and Services	229.63	256.17
其他商品及服务	Other Commodities and Services	42.29	32.46
按消费性质分	**By Source of Consumption**		
货币性消费	**Consumption Paid by Money**	**1258.36**	**1417.27**
食品	Food	383.35	426.65
衣着	Clothing	115.16	120.84
居住	Residence	188.78	205.07
家庭设备用品及服务	Household Facilities, Articles and Services	64.82	65.73
医疗保健	Medicine and Medical Services	116.82	124.42
交通通讯	Transportation and Communications	117.51	192.00
文教娱乐用品及服务	Cultural, Education and Recreation Articles and Services	229.63	256.17
其他商品及服务	Other Commodities and Services	42.29	26.39
实物性消费	**Consumption in kind**	**388.69**	**348.23**
食品	Food	331.61	305.47
衣着	Clothing	0.32	0.97
居住	Residence	56.76	41.79

10-18 农民家庭平均每人生活消费支出

Per Capita Living Expenditure of Households of Peasants

单位：元 (yuan)

项 目	Item	1990	1995	2000	2003
生活消费支出	**Living Expenditure**	**491.90**	**1180.50**	**1441.78**	**1545.02**
按消费类别分	**By Category of Consumption**				
食品	Food	291.00	704.70	687.72	671.51
# 主食	Staple Food	136.30	362.90	300.46	214.31
副食	Non-staple Food	111.20	239.00	243.29	248.51
其他食品	Other Food	39.70	84.00	106.05	124.12
衣着	Clothing	43.80	86.20	90.85	96.99
居住	Residence	62.00	157.00	216.17	225.95
家庭设备用品及服务	Household Facilities, Articles and Services	26.10	50.00	50.67	51.41
医疗保健	Medicine and Medical Services	16.30	48.50	90.13	100.37
交通通讯	Transportation and Communications	4.60	22.40	62.56	129.47
文教娱乐用品及服务	Cultural, Education and Recreational Articles and Services	36.70	97.50	212.63	238.65
其他商品及服务	Other Commodities and Services	11.40	14.20	31.05	30.66
按消费性质分	**By Source of Consumption**				
货币性消费	**Consumption Paid by Money**	**271.20**	**689.20**	**995.18**	**1199.35**
食品	Food	89.10	232.90	298.33	374.17
衣着	Clothing	43.70	85.70	90.83	96.48
居住	Residence	43.60	137.90	158.99	185.07
家庭设备用品及服务	Household Facilities, Articles and Services	26.10	50.00	50.67	51.41
医疗保健	Medicine and Medical Services	16.30	48.50	90.13	100.37
交通通讯	Transportation and Communications	4.60	22.40	62.56	129.47
文教娱乐用品及服务	Cultural, Education and Recreation, Articles and Services	36.70	97.50	212.63	238.65
其他商品及服务	Other Commodities and Services	11.10	14.30	31.05	23.72
实物性消费	**Consumption in kind**	**220.70**	**491.30**	**446.60**	**338.73**
食品	Food	201.90	471.80	389.39	297.34
衣着	Clothing	0.10	0.50	0.02	0.51
居住	Residence	18.40	19.10	57.18	40.88

10-19 牧民家庭平均每人生活消费支出

Per Capita Living Expenditure of Households of Herdsmen

单位：元 (yuan)

项目	Item	2002	2003
生活消费支出	**Living Expenditure**	**2895.50**	**3333.50**
按消费类别分	**By Category of Consumption**		
食品	Food	988.38	1144.21
#主食	Staple Food	220.46	248.49
副食	Non-staple Food	422.32	451.51
其他食品	Other Food	267.97	274.16
衣着	Clothing	258.09	293.81
居住	Residence	397.71	391.70
家庭设备用品及服务	Household Facilities, Articles and Services	143.14	164.95
医疗保健	Medicine and Medical Services	273.85	291.04
交通通讯	Transportation and Communications	349.21	625.31
文教娱乐用品及服务	Cultural, Education and Recreational Articles and Services	382.33	377.60
其他商品及服务	Other Commodities and Services	102.79	44.89
按消费性质分	**By Source of Consumption**		
货币性消费	**Consumption Paid by Money**	**2546.70**	**2927.39**
食品	Food	677.88	790.29
衣着	Clothing	258.09	289.65
居住	Residence	359.41	343.66
家庭设备用品及服务	Household Facilities, Articles and Services	143.14	164.95
医疗保健	Medicine and Medical Services	273.85	291.04
交通通讯	Transportation and Communications	349.21	625.31
文教娱乐用品及服务	Cultural, Education and Recreation, Articles and Services	382.33	377.60
其他商品及服务	Other Commodities and Services	102.79	44.89
实物性消费	**Consumption in kind**	**348.80**	**406.12**
食品	Food	310.50	353.92
衣着	Clothing		4.16
居住	Residence	38.30	48.04

10-20 农村牧区居民家庭平均每人主要消费品消费量
Per Capita Consumption of Major Consumer Goods in Rural Households

项 目	Item	2002	2003
粮食(公斤)	Grain(kg)	220.08	208.54
蔬菜(公斤)	Fresh Vegetables(kg)	75.08	70.77
食油(公斤)	Edible Oil(kg)	4.50	2.79
猪牛羊肉(公斤)	Pork, Beef and Mutton(kg)	18.61	21.18
家禽(公斤)	Poultry(kg)	1.20	1.41
蛋及制品(公斤)	Eggs and Related Products(kg)	3.48	3.82
水产品(公斤)	Fish and Shrimp(kg)	1.52	1.45
食糖(公斤)	Sugar(kg)	1.44	1.34
酒 (公斤)	Liquor(kg)	10.72	10.77

10-21 农民家庭平均每人主要消费品消费量
Per Capita Consumption of Major Consumer Goods in Households of Peasants

项 目	Item	2002	2003
粮 食(公斤)	Grain(kg)	233.24	212.00
蔬 菜(公斤)	Fresh Vegetables(kg)	79.54	73.70
食 油(公斤)	Edible Oil(kg)	4.79	2.85
猪牛羊肉(公斤)	Pork, Beef and Mutton(kg)	17.14	18.39
家 禽(公斤)	Poultry(kg)	1.23	1.46
蛋及制品(公斤)	Eggs and Related Products(kg)	3.79	4.26
鱼 虾(公斤)	Fish and Shrimp(kg)	1.65	1.59
食 糖(公斤)	Sugar(kg)	1.40	1.32
酒(公斤)	Liquor(kg)	10.42	10.85

10-22 牧民家庭平均每人主要消费品消费量

Per Capita Consumption of Major Consumer Goods in Households of Herdsmen

项 目	Item	2002	2003
粮 食(公斤)	Grain(kg)	128.25	184.57
蔬 菜(公斤)	Fresh Vegetables(kg)	44.01	50.46
食 油(公斤)	Edible Oil(kg)	2.44	2.36
猪牛羊肉(公斤)	Pork, Beef and Mutton(kg)	28.71	40.42
家 禽(公斤)	Poultry(kg)	1.01	1.09
蛋及制品(公斤)	Eggs and Related Products(kg)	1.35	0.78
鱼 虾(公斤)	Fish and Shrimp(kg)	0.56	0.53
食 糖(公斤)	Sugar(kg)	1.73	1.45
酒(公斤)	Liquor(kg)	12.83	10.25

10-23 农村牧区居民家庭平均每百户耐用消费品年末拥有量

Number of Durable Consumer Goods Owned Per 100 Rural Households at the Year-end

品 名	Item	2002	2003
电风扇(台)	Electric Fan(unit)	10.63	11.07
洗衣机(台)	Washing Machine(unit)	28.83	29.90
家用电冰箱(台)	Refrigerator(unit)	8.79	10.05
摩托车(辆)	Motorcycle(unit)	32.48	37.57
黑白电视机(台)	Black and White TV Set(unit)	44.03	36.80
彩色电视机(台)	Color TV Set(unit)	56.65	65.19
收录机(台)	Radio Cassette Player(unit)	34.22	32.28
照相机(架)	Camera(unit)	3.01	2.86

10-24 农民家庭平均每百户耐用消费品年末拥有量
Number of Durable Consumer Goods Owned Per 100 Households of Peasants at the Year-end

品名	Item	2002	2003
自行车(辆)	Bicycle(unit)	86.48	86.00
电风扇(台)	Electric Fan(unit)	11.76	12.00
洗衣机(台)	Washing Machine(unit)	31.26	32.00
家用电冰箱(台)	Refrigerator(unit)	8.46	9.00
摩托车(辆)	Motorcycle(unit)	24.56	30.00
黑白电视机(台)	Black and White TV Set(unit)	43.46	36.00
彩色电视机(台)	Color TV Set(unit)	57.86	67.00
收录机(台)	Radio Cassette Player(unit)	29.07	26.00
照相机(架)	Camera(unit)	1.92	2.00

10-25 牧民家庭平均每百户耐用消费品年末拥有量
Number of Durable Consumer Goods Owned Per 100 Households of Herdsmen at the Year-end

品名	Item	2002	2003
自行车(辆)	Bicycle(unit)	32.92	39.00
电风扇(台)	Electric Fan(unit)	2.08	5.00
洗衣机(台)	Washing Machine(unit)	10.42	13.00
家用电冰箱(台)	Refrigerator(unit)	11.25	16.00
摩托车(辆)	Motorcycle(unit)	92.50	96.00
电视机(台)	Black and White TV Set(unit)	95.83	101.00
彩色电视机(台)	Color TV Set(unit)	47.50	55.00
收录机(台)	Radio Cassette Player(unit)	73.33	77.00
照相机(架)	Camera(unit)	11.25	11.00

10-26 农牧民家庭房屋使用情况
Housing Conditions of Rural Households

本表为农村住户抽样调查资料。
Data in this table are obtained from the sample surveys on rural households.

项 目	Item	2002	2003
牧民家庭	**Households of Peasants**		
本年新建购房屋面积(平方米/户)	**Rooms Newly Built Within the Year Per Household Floor Space of Houses(sq.m/househole)**	**2.46**	**2.22**
# 砖木结构	Brick and Wood Structure	2.07	1.36
每平方米价值(元)	Value per Square Meter(yuan)	417.80	207.29
年末使用房屋	**Rooms Used at the End of Year**		
居住面积(平方米/人)	Per Capita Floor Space(sq.m/person)	17.69	18.41
# 砖木结构	Brick and Wood Structure	10.63	7.05
钢筋混凝土结构	Reinforced Concrete Structures	0.09	0.09
房屋价值(元/平方米)	Value per Room(yuan/sq.m)	213.80	218.63
农民家庭	**Households of Herdsmen**		
本年新建房屋面积(平方米/户)	**Rooms Newly Built Within the Year Per Capita Floor Space of Houses(sq.m/person)**	**2.02**	**1.54**
# 砖木结构	Brick and Wood Structure	1.90	1.54
钢筋混凝土结构	Reinforced Concrete Structure	0.10	
每平方米价值(元)	Value per Square Meter(yuan)	242.36	222.80
年末使用房屋	**Rooms Used at the End of Year**		
居住面积(平方米/人)	Per Capita Floor Space(sq.m/person)	17.72	18.32
# 砖木结构	Brick and Wood Structure	9.50	10.16
钢筋混凝土结构	Reinforced Concrete Structures	0.06	0.03
房屋价值(元/平方米)	Value per Room(yuan/sq.m)	141.36	148.85

主要统计指标解释

城镇居民家庭全部收入 指被调查城镇居民家庭全部的实际收入，包括经常或固定得到的收入和一次性收入。不包括周转性收入，如提取银行存款、向亲友借款、收回借出款以及其他各种暂收款。

城镇居民家庭可支配收入 指被调查的城镇居民家庭在支付个人所得税、财产税及其他经常性转移支出后所余下的实际收入。

城镇居民家庭消费性支出 指被调查的城镇居民家庭用于日常生活的全部支出，包括购买商品支出和文化生活、服务等非商品性支出。不包括罚没、丢失款和缴纳的各种税款（如个人所得税、牌照税、房产税等），也不包括个体劳动者生产经营过程中发生的各项费用。

城镇居民家庭购买商品支出 指被调查的城镇居民家庭为自用或赠送亲友而购买商品的全部支出，包括从商店、工厂、饮食业、工作单位食堂、集市以及直接从农民手中购买各种商品的开支。商品支出分为以下八类：食品；衣着；家庭设备用品及服务；医疗保健；交通与通信；娱乐、教育、文化服务；居住；杂项商品和服务。

农村牧区居民家庭纯收入 指农村牧区常住居民家庭总收入中，扣除从事生产和非生产经营费用支出、缴纳税款和上交承包集体任务金额以后剩余的，可直接用于进行生产性、非生产性建设投资、生活消费和积蓄的那一部分收入。农村牧区居民家庭纯收入包括从事生产性和非生产性的经营收入，取自在外人口寄回带回和国家财政救济、各种补贴等非经营性收入；既包括货币收入，又包括自产自用的实物收入。但不包括向银行、信用社和向亲友借款等属于借贷性的收入。

农村牧区居民家庭生活消费支出 指农村牧区常住居民家庭用于日常生活的全部开支，是反映和研究农牧民家庭实际生活消费水平高低的重要指标。

城镇居民储蓄存款余额 指某一时点城乡居民存入银行及农村信用社的储蓄金额，包括城镇居民储蓄存款和农牧民个人储蓄存款，不包括居民的手存现金和工矿企业、部队、机关、团体等单位存款。

Explanatory Notes on Main Statistical Indicators

Total Income of Urban Households refers to the total actual income of the sample households, including regular or fixed income and occasional income. The income of a circulating nature such as withdrawal from bank deposits, loans borrowed from relatives or friends, repayment of loans received and various temporary collection of money are excluded.

Disposable Income of Urban Households refers to the income of the sample households which can be used for daily expenses, i. e. . total income minus income tax, property tax and other current transfers.

Expenditure for Consumption of Urban Households refers to total expenditure of the sample households for consumption in daily life, including expenditure for various commodities and expenses for non commodity items such as culture and service, etc. , but excluding fines and confiscation, loss, tax payments(such as income tax, license tax, real estates tax, etc.) And various expenses by individual laborers for business purposes.

Expenditure for Purchases of Commodities of Urban Households refers to total expenses of the sample households for the purchases of commodities, for their own use or as gifts to relatives and friends, from shops, factories, catering trade, canteens, markets and from the peasants. Such expenditure is classified into eight categories: food, clothing, household appliances and services, health care and medical services, transport and communications, recreation, education and cultural services, housing, miscellaneous goods and services.

Net Income of Rural Households refers to the total income of the permanent residents of the rural households during a year after the deduction of the expenses for productive and non productive business operation, the payment for taxes and the payment for collective units for their contracted tasks, which can then be spent for investments in productive and non productive construction, for consumption in daily life and for savings deposit. It is a comprehensive indicator to show the actual level of the income of the peasants' household. The net income of the rural households includes not only the income from the productive and non productive business operation, but also the income from the non business operation, such as the money remitted or brought back by the members of the household who are in other places, the government relief payment and various subsidies. It includes not only the money income, but also the income in kind. But the income from borrowing from banks, friends and relatives is excludes.

Expenditure of Rural Households for Consumption refers to total expenses of rural households on daily life, including expenses on food, clothing, housing, fuel, articles for daily use, and expenses on cultural life and services. This indicator is used to show the actual consumption level of peasants.

The Savings Deposits of Urban and Rural Residents refers to the total value of Savings deposits of urban and rural households in banks and rural credit cooperatives at a given point of time, including the savings deposit of urban residents and the savings deposit of rural residents. The cash in hand by residents and the deposits of organizations such as enterprises, military units, government agencies, institutions, etc. are not included.

十一　城市概况

GENERAL SURVEY OF CITIES

资料整理 崔京英
Arranged by Cui Jingying

11-1 城市社会经济指标(2003年)
Main Social and Economic Indicators of Cities(2003)

指 标	Item	包括市辖县 Counties Included	不包括市辖县 Counties Excluded
年末人口数(万人)	**Population (year-end) (10 000 persons)**	**1815.55**	**862.27**
# 非农业人口	Non-agricultural Population	757.81	567.69
全社会从业者人数(万人)	**Number of Employed Persons(10 000 persons)**	**818.88**	**384.43**
# 单位职工人数	Staff and Workers	198.51	130.10
按产业分的从业人员	Grouped by Industry		
第一产业	Primary Industry	378.42	97.66
第二产业	Secondary Industry	156.73	110.60
第三产业	Tertiary Industry	279.72	176.18
土地面积(万平方公里)	**Total Area (10 000 sq.km)**	**56.62**	**14.41**
生产总值(亿元)	**Gross Domestic Product (100 million yuan)**	**2060.46**	**1303.17**
第一产业	Primary Industry	310.87	98.76
第二产业	Secondary Indutry	933.01	624.49
# 工业	Industry	697.71	478.30
第三产业	Tertiary Industry	816.61	579.61
生产总值指数(上年=100)	Indices of Gross Domestic Product (Preceding year=100)	120.4	120.2
农林牧渔业总产值(当年价格,亿元)	**Gross Agricultural Output Value (at current prices) (100 million yuan)**	**479.35**	**157.71**
年末实有耕地面积(万公顷)	**Area of Cultivated land year-end (10 000 hectares)**	**503.58**	**164.08**
主要农产品产量	**Output of Major Agricultural Products**		
粮食产量(万吨)	Gain (10 000 tons)	943.64	241.36
猪牛羊肉产量(万吨)	Pork, Beef and Mutton (10 000 tons)	95.98	29.73
水 果(万吨)	Fruits (10 000 tons)	12.88	7.50
水产品(万吨)	Aquatic Products (10 000 tons)	5.95	2.89
规模以上工业	**Industry of All State-owned & Non-state-owned Industrial Enterprises above Designated Size**		
工业总产值(当年价格,亿元)	Gross Output Value (100 million yuan)	1244.50	927.82
工业增加值(当年价，亿元)	Value Added (100 million yuan)	470.33	340.88
工业产品销售收入(亿元)	Sales Revenue (100 millon yuan)	1166.33	866.63
工业利润总额(亿元)	Total Profits(100 million yuan)	57.68	43.52
运输邮电	**Transportation, Postal and Telecom**		
客运量(发送)(亿人)	Passenger Traffic (100 million persons)	2.31	0.29
货运量(发送)(亿吨)	Freight Traffic (100 million tons)	5.06	1.14

11-1 续表 continued

指 标	Item	包括市辖县 Counties Included	不包括市辖县 Counties Excluded
邮电业务总量(2000年不变价.亿元)	Revenud of Postal and Telecommunications Services (at 2000 constant prices) (100 million yuan)	82.73	56.11
本地网电话机部数(万部)	Number of Telephons Sets(10 000 sets)	467.40	284.85
固定资产投资额(亿元)	**Total Investment in Fixed Assets (100 million yuan)**	**1030.12**	**633.79**
#基本建设投资	Investment in Copital construction	652.64	308.46
社会消费品零售总额(亿元)	**Total Retail Sales of Consumer Goods (100 million yuan)**	**628.42**	**377.57**
实际利用外资金额(亿美元)	**Amount of Foreign Capital Actually Utilized (USD 100 million)**	**3.84**	**1.03**
在校学生数(万人)	**Student Enrollment (10 000 persons)**		
普通高等学校	Number of Regular Institutes of Higher Education	15.67	15.67
中等专业学校	Number of Specialized Secondary Schools	9.74	9.36
普通中学	Number of Regular Secondary Schools	124.15	66.46
小学	Number of Primary Schools	137.77	69.36
成人高等学校	Noumber of Schools Higher Education for Aduals	7.81	8.29
医院、卫生院数(个)	**Number of Hospitals (unit)**	**1240**	**518**
医院、卫生院床位数(万张)	**Number of Beds in Hospitals (10 000 unit)**	**5.20**	**3.67**
卫生技术人员数(万人)	**Number of Medical Technical Personnel in Hospitals (10 000 persons)**	**6.15**	**4.27**
专业技术人员数(万人)	**Number of Technical Personnel (10 000 persons)**	**48.96**	**32.18**
在岗职工工资总额(亿元)	**Total Wages of Fully Emploged Staff and Workers (100 million yuan)**	**224.75**	**140.38**
年底城乡储蓄存款余额(亿元)	**Outstanding Amount of Savings Deposit in Urban and Rural Areas at year end(100 million yuan)**	**1211.11**	**968.19**
地方财政一般预算收入(亿元)	**Budgetary Reuenue of Local Governments (100 million yuan)**	**108.04**	**79.26**

11-2 城市主要经济指标(2003年)

Main Economic Indicators of Cities(2003)

城市名称	City	土地面积(万平方公里) Total Area (10 000 Sq.km)	年末总人口(万人) Population (year-end) (10 000 persons)	不包括市辖县 Counties Excluded	年末非农业人口(万人) Nonagricultural Population (year-end) (10 000 Persons)	不包括市辖县 Counties Excluded	生产总值(亿元) Gross Domestic Product (100 million yuan)	不包括市辖县 Counties Excluded
合 计	**Total**	**56.62**	**1815.55**	**862.27**	**757.81**	**567.69**	**2060.46**	**1303.17**
呼和浩特市	Hohhot City	1.72	213.89	109.70	97.81	83.12	406.20	298.84
包头市	Baotou City	2.78	238.13	178.65	143.66	130.63	450.19	393.04
乌海市	Wuhai City	0.18	41.60	41.60	35.75	35.75	67.63	67.63
赤峰市	Chifeng City	9.00	447.25	113.11	95.45	50.69	242.48	81.19
通辽市	Tongliao City	5.95	309.30	80.19	74.52	33.66	238.15	94.63
鄂尔多斯市	Erdos City	8.68	135.97	21.94	44.05	15.30	271.40	62.01
呼伦贝尔市	Hulunbeier City	25.34	269.70	25.34	168.85	23.04	213.26	29.43
霍林郭勒市	Huolinguole City	0.06	7.02	7.02	5.52	5.52	12.55	12.55
满洲里市	Manzhouli City	0.07	15.71	15.71	15.64	15.64	24.58	24.58
扎兰屯市	Zhalantun City	1.68	43.59	43.59	15.28	15.28	20.23	20.23
牙克石市	Yakeshi City	2.76	40.13	40.13	38.40	38.40	23.26	23.26
根河市	Genhe City	1.97	17.11	17.11	17.09	17.09	16.23	16.23
额尔古纳市	Eerguna City	2.80	8.47	8.47	5.85	5.85	8.40	8.40
乌兰浩特市	Wulanhaote City	0.08	28.28	28.28	21.57	21.57	29.00	29.00
阿尔山市	Aershan City	0.74	5.02	5.02	4.85	4.85	3.52	3.52
二连浩特市	Erlianhaote City	0.05	2.20	2.20	2.01	2.01	8.12	8.12
锡林浩特市	Xilinhaote City	1.58	15.04	15.04	12.67	12.67	31.04	31.04
集宁市	Jining City	0.01	25.79	25.79	23.11	23.11	28.57	28.57
丰镇市	Fengzhen City	0.27	31.24	31.24	7.33	7.33	22.07	22.07
临河市	Linhe City	0.24	52.14	52.14	26.18	26.18	48.83	48.83

注：通辽市总数中包括霍林郭勒市数据，呼伦贝尔市总数中包括满洲里市、扎兰屯市、牙克石市、根河市和额尔古纳市的数据.

a)Total Numbers of Tongliao City include that of HuoLinguole City,Total Numbers of Hulunbeier City include that of Manzhouli City, Yakeshi City,Genhe City and Eerguna City.

11-2 续表 1 continued

城市名称	City	农业总产值(亿元) Gross Agricultural Output Value (100 million yuan)	不包括市辖县 Counties Excluded	工业总产值(亿元) Gross Industrial Output Value (100 million yuan)	不包括市辖县 Counties Excluded	客运总量(万人) Total Passenger Traffic (10 000 persons)	货运总量(万吨) Total Freight Traffic (10 000 tons)	基本建设投资(亿元) Invest-ment in Capital Construction (10000 million yuan)	不包括市辖县 Counties Excluded
合 计	**Total**	**479.35**	**157.71**	**1244.50**	**927.82**	**23090**	**50567**	**652.64**	**308.46**
呼和浩特市	Hohhot City	56.13	12.89	240.78	175.37	3420	4538	127.22	24.87
包头市	Baotou City	36.80	12.19	431.78	426.45	9298	15638	142.75	125.60
乌海市	Wuhai City	2.63	2.63	59.05	59.05	213	2800	31.28	31.28
赤峰市	Chifeng City	101.05	18.81	97.97	27.41	2836	10426	71.36	10.30
通辽市	Tongliao City	120.19	33.06	87.99	56.57	2700	5288	66.96	25.50
鄂尔多斯市	Erdos City	49.74	2.57	186.40	63.08	1065	4321	95.07	8.87
呼伦贝尔市	Hulunbeier City	74.98	3.72	60.96	9.36	2884	6320	60.02	5.95
霍林郭勒市	Huolinguole City	0.88	0.88	10.97	10.97	52	265	0.82	0.82
满洲里市	Manzhouli City	1.87	1.87	5.31	5.31	81	1622	5.75	5.75
扎兰屯市	Zhalantun City	9.34	9.34	8.25	8.25	374	407	5.20	5.20
牙克石市	Yakeshi City	8.51	8.51	4.65	4.65	332	1587	3.11	3.11
根河市	Genhe City	6.54	6.54	0.31	0.31	96	285	1.80	1.80
额尔古纳市	Eerguna City	6.87	6.87	1.47	1.47	25	42	1.43	1.43
乌兰浩特市	Wulanhaote City	3.84	3.84	18.49	18.49	182	453	11.57	11.57
阿尔山市	Aershan City	1.75	1.75	0.06	0.06	18	31	0.87	0.87
二连浩特市	Erlianhaote City	0.11	0.11	0.28	0.28	32	31	2.99	2.99
锡林浩特市	Xilinhaote City	3.73	3.73	18.52	18.52	78	252	11.70	11.70
集宁市	Jining City	1.11	1.11	9.03	9.03	151	250	18.95	18.95
丰镇市	Fengzhen City	6.24	6.24	14.97	14.97	64	133	3.71	3.71
临河市	Linhe City	21.05	21.05	18.22	18.22	148	86	8.19	8.19

注：工业总产值为规模以上工业企业。

a) The gross industrial output value is covered all state-owned and Non-state-owned industrial enterprises above designated size.

11-2 续表 2 continued

城市名称	City	地方财政一般预算收入(亿元) Budgetary Revenueof Local Govern-ments (100 million yuan)	#不包括市辖县 Counties Excluded	城乡居民年底储蓄余额(亿元) Outstanding Amount of Savings Deposit of Urban and Rural Residents year-end(100 million yuan)	在岗职工人数(万人) Number of Fully-empolyec Staff and Workers (10 000 persons)	#不包括市辖县 Counties Excluded	在岗职工工资总额(亿元) Total Wages of Fully-empolyed Staff and Workers (100 million yuan)	#不包括市辖县 Counties Excluded
合 计	**Total**	**108.04**	**79.26**	**1211.11**	**198.51**	**130.10**	**224.75**	**140.38**
呼和浩特市	Hohhot City	20.58	16.58	255.45	28.67	23.16	37.84	16.71
包头市	Baotou City	25.92	23.76	243.46	34.76	31.76	47.13	44.01
乌海市	Wuhai City	3.51	3.51	50.41	9.96	9.96	9.95	9.95
赤峰市	Chifeng City	10.09	5.92	160.96	30.90	12.87	28.67	11.74
通辽市	Tongliao City	8.27	4.88	79.95	22.35	8.74	21.64	8.31
鄂尔多斯市	Erdos City	14.73	4.65	91.70	13.32	4.62	17.15	5.45
呼伦贝尔市	Hulunbeier City	11.93	6.95	186.04	39.22	4.20	39.25	5.51
霍林郭勒市	Huolinguole City	0.67	0.67	5.29	1.30	1.30	2.07	2.07
满洲里市	Manzhouli City	2.26	2.26	31.88	3.30	3.30	2.99	2.99
扎兰屯市	Zhalantun City	0.64	0.64	13.54	2.63	2.63	2.56	2.56
牙克石市	Yakeshi City	0.87	0.87	35.96	2.80	2.80	3.12	3.12
根河市	Genhe City	0.59	0.59	15.22	3.72	3.72	3.26	3.26
额尔古纳市	Eerguna City	0.38	0.38	6.96	1.71	1.71	1.58	1.58
乌兰浩特市	Wulanhaote City	0.81	0.81	21.08	3.91	3.91	4.46	4.46
阿尔山市	Aeshan City	0.24	0.24	2.69	0.51	0.51	0.40	0.4
二连浩特市	Erlianhaote City	0.72	0.72	7.20	0.39	0.39	0.61	0.61
锡林浩特市	Xilinhaote City	0.84	0.84	13.81	3.92	3.92	4.65	4.65
集宁市	Jining City	1.55	1.55	45.19	3.55	3.55	4.34	4.34
丰镇市	Fengzhen City	1.41	1.41	10.17	1.46	1.46	2.22	2.22
临河市	Linhe City	2.03	2.03	43.01	5.59	5.59	6.44	6.44

11-3 城市公用事业基本情况

Basic Statistics on Urban Public Utilities

项目	Item	2002	2003
城市及建筑物面积	**Cities Areas and Floor Space of Buildings**		
建成区面积(平方公里)	Developed Areas(sq.km)	664.80	679.28
城市人口密度(人/平方公里)	Population Density of Urban Districts(person/sq.km)	508	635
年末实有房屋建筑面积(万平方米)	Total Floor Space of Buildings(yearend)(10 000 sq.m)	20224	28011
年末实有住宅建筑面积(万平方米)	Total Floor Space of Residential Buildings (year-end)(10 000 sq.m)	11840	17309
人均住房面积(平方米)	Capita Buildings Space(sq.m)	19.33	20.05
供水、供气及供热	**Water Supply, Gas Supply and Heating**		
自来水年供水量(万吨)	Annual Supply of Tap Water(10 000 tons)	58179	66071
# 生活用水量	Water Consumption for Residentialuse	22339	15227
平均每人日生活用水(升)	Per Capita Water Consumption for Residential use(liter)	129.23	103.72
用水普及率(%)	Percentage of Population with Access to Tap Water(%)	77.21	78.82
煤气供气量(万立方米)	Coal Gas Supply(10 000 cu.m)	7692	9143
# 家庭用量	Consumption of Coal Gas for Residential Use	5965	6593
天然气供气量(万立方米)	Natural Gas Supply(10 000 cu.m)		533
# 家庭用量	Consumption of Natural Gas for Residedtial Use		263
液化石油气供气量(吨)	Liquefied Petroleum Gas(ton)	111052	151493
# 家庭用量(吨)	Consumption of Liquefied Gas for Residential use(ton)	107350	43544
煤气管道长度(公里)	Length of Gas Pipelines(km)	1022.00	846.00
用气普及率(%)	Percentage of Population with Access to Gas(%)	51.92	52.37
集中供热面积(万平方米)	Heated Area(10 000 sq.m)	6930.42	9435.68
市政工程	**Municipal Engineering**		
铺装道路长度(公里)	Length of Paved Roads(km)	3217.95	5558.29
平均每万人拥有道路长度(公里)	Length of Paved Roads per 10000 Population(km)	6.55	6.10
铺装道路面积(万平方米)	Area of Paved Roads(10 000 sq.m)	4625.10	8243.50
人均铺装道路面积(平方米)	Area of Paved Roads per Population(sq.m)	7.52	9.05
下水道长度(公里)	Length of Sewer Pipelines(km)	3560.53	5080.50
平均每万人拥有下水道(公里)	Length of Sewer Pipelines per 10000 Population(km)	7.24	7.13
公共交通	**Public Traffic**		
公共汽车总数(辆)	Number of Public Transportation Vehicles(unit)	2726	2861
平均每万人拥有(辆)	Number of Public Transportation Vehicles Per 10 000 Population(unit)	3.59	2.74
出租汽车(辆)	Taxi(unit)	30793	37123
城市绿化	**Afforestation in Cities**		
绿地面积(公顷)	Public Green Areas(hectare)	17069	23754.4
人均绿地面积(平方米)	Public Green Areas per(Population(sq.m)	5.59	6.22
公园动物园个数(个)	Number of Parks and Zoos(unit)	74	154
公园动物园面积(公顷)	Area of Parks and Zoos(hectare)	2474.74	3677.91
环境卫生	**Environmental Sanitation**		
清运垃圾(万吨)	Volume of Garbage Disposal(10 000 tons)	380.00	624.00
清运粪便(万吨)	Volume of Disposal of Excrement and Urine(10 000 tons)	109.30	227.70
每万人有公厕(座)	Number of Public Lavatories per 10 000 Population(unit)	7.68	5.77

注：人均拥有指标按城市人口计算。

a)Data on the public utilities per 10 000 population are based on population in urban areas.

11-4 城市人口、面积和房屋建筑及住房(2003年)

Basic Statistics on Building Construction and Housing Condition in Cities(2003)

地 区	Region	城市人口(万人) Population of Urban Districts (10 000 persons)	城市面积(平方公里) Urban Area (sq.km)	建成区面积(平方公里) Developed Areas (sq.km)	征用土地面积(平方公里) Land Put in Requisition for State Construction Projects (sq.km)	市区人口密度(人/平方公里) Population Density of Urban Districts (person/sq.km)	年末城市实有房屋建筑面积(万平方米) Total Floor Space of Buildings (year-end) (10 000 sq.m)	年末城市实有住宅建筑面积(万平方米) Total Floor Space of Residential Buildings (year-end) (10 000 sq.m)
合 计	**Total**	**619.4**	**11938.39**	**679.28**	**2.57**	**635**	**22005.78**	**13183.27**
呼和浩特市	Hohhot City	109.69	2054.00	120.00		534	3363.00	1865.00
包头市	Baotou City	141.9	2591.00	150.00		548	6013.69	3208.72
乌海市	Wuhai City	41.60	1685.00	55.80		247	1146.00	823.00
赤峰市	Chifeng City	67.11	1017.85	46.15	0.17	1082	1709.00	940.00
通辽市	Tongliao City	31.34	51.70	32.23		6062	1172.00	630.00
鄂尔多斯市	Erdos City	23.00	470.00	23.00		489	1572.12	1201.23
呼伦贝尔市	Hulunbeier City	25.30	135.00	28.00		1874	880.00	534.00
霍林郭勒市	Huolinguole City	7.00	585.00	15.00		120	138.30	85.66
满洲里市	Manzhouli City	15.70	732.44	27.06		214	502.64	297.98
扎兰屯市	Zhalantun City	13.85	310.00	14.00		447	497.00	333.00
牙克石市	Yakeshi City	13.15	24.00	15.70		5479	633.50	331.60
根河市	Genhe City	7.75	350.00	17.50		221	321.80	261.80
额尔古纳市	Eerguna City	3.51	253.00	10.37		139	281.00	168.00
乌兰浩特市	Wulanhaote City	28.30	261.00	19.57		1084	641.00	446.00
阿尔山市	Aershan City	6.00	137.00	9.00		438	121.00	65.00
二连浩特市	Erlianhaote City	5.47	19.20	13.00		2849	109.10	46.90
锡林浩特市	Xilinhaote City	15.00	400.00	20.80		376	503.00	299.00
集宁市	Jining City	29.10	114.20	28.10	0.20	2548	1220.83	780.60
丰镇市	Fengzhen City	11.69	280.00	15.00	2.20	418	431.40	289.60
临河市	Linhe City	22.94	468.00	19.00		490	749.40	576.18

11-5 城市自来水(2003年)
Basic Statistics on Tap Water Supply in Cities(2003)

地 区	Region	年末自来水生产能力 (万吨/日) Production Capacity of Tap Water (year-end) (10 000 tons/day)	年末供水管道长度 (公里) Length of Water Supply Pipelines (year-end) (km)	全年供水总量 (万吨) Total Annual Volume of Water Supply (10 000 tons)	#生活用水 For Residential Use	#生产用水 For Productive Use	用水人口 (万人) Number of Residents with Access to Tap Water (10 000 persons)	人均日生活用水量 (升) Per Capita Daily Consumption of Tap Water for Residedtial Use(litre)
合 计	**Total**	**309.42**	**5635.53**	**59276.00**	**22529.00**	**33742.00**	**495.76**	**124.50**
呼和浩特市	Hohhot City	58.70	525.00	10591	6000	3654	95.00	173.04
包头市	Baotou City	108.00	1739.70	22712	5647	16442	128.20	120.68
乌海市	Wuhai City	29.20	556.31	8443	2057	5869	37.52	150.20
赤峰市	Chifeng City	15.40	445.64	3997	2280	1617	39.56	157.90
通辽市	Tongliao City	30.25	462.00	3174	1249	1535	31.34	109.19
鄂尔多斯市	Erdos City	3.00	290.00	1000	683	305	22.00	85.06
呼伦贝尔市	Hulunbeier City	12.70	131.00	1882	779	1075	17.49	122.03
霍林郭勒市	Huolinguole City	3.10	215.00	382	374	3	6.65	154.08
满洲里市	Manzhouli City	4.30	296.50	1302	1001	300	15.62	175.57
扎兰屯市	Zhalantun City	1.70	60.00	203	189	10	5.80	89.28
牙克石市	Yakeshi City	1.60	18.50	185	183	1	4.05	123.80
根河市	Gen He City	3.80	35.00	158	88	54	5.50	43.84
额尔古纳市	Eerguna City	5.00	20.00	51	50		1.50	91.32
乌兰浩特市	Wulanhaote City	5.30	78.67	594	280	304	17.60	43.59
阿尔山市	Aershan City	0.57	27.70	54	23	26	1.30	48.47
二连浩特市	Erlianhaote City	2.10	54.51	191	122	33	5.43	61.56
锡林浩特市	Xilinhaote City	9.70	300.00	700	567	88	11.20	138.70
集宁市	Jining City	4.40	188.00	1009	473	298	22.20	58.37
丰镇市	Fengzhen City	6.20	97.00	2157	129	1998	7.80	45.31
临河市	Linhe City	4.40	95.00	491	355	130	20.00	48.63

11-6 城市煤气、液化石油气、天然气(2003年)
Basic Statistics on Supply of Gas, Liquefied Petroleum Gas and Natural Gas in Cities(2003)

地区	Region	人工煤气生产能力(万立方米/日) Production Capacity of Coal Gas(10 000 cu.m/day)	管道长度(公里) Length of Gas Pipelines(km)		全年供气总量 Total Gas Supply			用气人口(万人) Population with Access to Gas(10 000 persons)		
			人工煤气 Coal Gas	天然气 Natural Gas	人工煤气(万立方米) Coal Gas(10 000 cu.m)	液化石油气(吨) Liquefied Petroleum Gas(ton)	天然气(万立方米) Natural Gas(10 000 cu.m)	人工煤气 Coal Gas	液化石油气 Liquefied Petroleum Gas	天然气 Natural Gas
合计	**Total**	**190.40**	**824**	**250**	**9043**	**134270**	**33**	**74.14**	**260.26**	**28.00**
呼和浩特市	Hohhot City	16.40	250	250	5045	75586	33	20.00	35.75	28
包头市	Baotou City	164.00	500		3418	7011		51.14	34.01	
乌海市	Wuhai City	10.00	74		580	1516		3.00	7.80	
赤峰市	Chifeng City					25595			35.58	
通辽市	Tongliao City					3440			26.50	
鄂尔多斯市	Erdos City					2500			12.00	
呼伦贝尔市	Hulunbeier City					3130			12.80	
霍林郭勒市	Huolinguole City					240			3.44	
满洲里市	Manzhouli City					2725			11.34	
扎兰屯市	Zhalantun City					590			7.94	
牙克石市	Yakeshi City					2100			7.08	
根河市	Genhe City					634			2.90	
额尔古纳市	Eerguna City					1350			2.85	
乌兰浩特市	Wulanhaote City					3000			12.30	
阿尔山市	Aershan City					176			0.40	
二连浩特市	Erlianhaote City					357			4.10	
锡林浩特市	Xilinhaote City					1480			7.80	
集宁市	Jining City					1500			21.00	
丰镇市	Fengzhen City					860			2.17	
临河市	Linhe City					480			12.50	

11-7 城市集中供热(2003年)
Basic Statistics on Heating in Cities(2003)

地 区	Region	供应能力 Heating Capacity		供热总量 Volume Supplied		管道长度(公里) Length of Pipelines(km)		供热面积(万平方米) Heated Area (10 000 sq.m)
		蒸汽(吨/小时) Steam (ton/hour)	热水(兆瓦) Hot Water (mw)	蒸汽(万吉焦) Steam (10 000 gigajoules)	热水(万吉焦) Hot Water (10 000 gigajoules)	蒸汽 Steam	热水 Hot Water	
合 计	**Total**	**874**	**9536**	**532**	**7557**	**97**	**2977**	**7907.18**
呼和浩特市	Hohhot City	40	1789	7	919	18	204	1434.30
包头市	Baotou City		2427		2085		1451	2634.31
乌海市	Wuhai City		474		569		223	341.00
赤峰市	Chifeng City	802	1275	518	664	70	169	582.00
通辽市	Tongliao City		498		584		105	534.00
鄂尔多斯市	Erdos City		687		300		60	240.00
呼伦贝尔市	Hulunbeier City		320		350		83	336.00
霍林郭勒市	Huolinguole City		126		194		64	105.00
满洲里市	Manzhouli City		313		251		131	265.00
扎兰屯市	Zhalantun City		40		70		30	54.00
牙克石市	Yakeshi City		187		215		44	195.00
根河市	Genhe City		91		132		9	65.00
额尔古纳市	Eerguna City		4		19		4	16.80
乌兰浩特市	Wulanhaote City		380		269		56	305.00
阿尔山市	Aershan City		17		90		10	14.00
二连浩特市	Erloianhaote City		56		102		25	30.00
锡林浩特市	Xilinhaote City		333		431		78	233.37
集宁市	Jining City		118		61		147	51.00
丰镇市	Fengzhen City	2		5		6		41.40
临河市	Linhe City	30	401	2	252	3	84	430.00

11-8 城市市政工程(2003年)

Basic Statistics on Municipal Engineering in Cities(2003)

地 区	Region	年末实有铺装道路长度(公里) Length of Paved Roads (year-end) (km)	年末实有铺装道路面积(万平方米) Area of Paved Roads (year-end) (10 000 sq.m)	城市桥梁(座) Number of Bridges (unit)	城市排水管道长度(公里) Length of Sewer Pipelines (km)	城市污水日处理能力(万吨) Daily Disposal Capacity of Sewage (10 000 tons)	城市路灯(盏) Number of Street Lights (unit)
合 计	**Total**	**3393.12**	**5344.40**	**250**	**3999.78**	**79.60**	**193870**
呼和浩特市	Hohhot City	516.30	979.10	28	674.04	15.00	23556
包头市	Baotou City	784.99	1208.60	21	1026.39	16.50	20892
乌海市	Wuhai City	305.95	383.80	47	174.31		7002
赤峰市	Chifeng City	268.15	306.80	23	232.26	15.00	12006
通辽市	Tongliao City	133.40	296.30	4	367.40	15.00	65183
鄂尔多斯市	Erdos City	122.00	268.00	2	113.00	3.00	13000
呼伦贝尔市	Hulunbeier City	158.00	249.00	8	102.80		6104
霍林郭勒市	Huolinguole City	66.30	114.00	6	95.00		1045
满洲里市	Manzhouli City	153.31	212.70	5	298.00		2725
扎兰屯市	Zhalantun City	66.00	109.00	28	20.00		7646
牙克石市	Yakeshi City	140.00	189.30	25	9.00		895
根河市	Genhe City	28.30	38.10	7	8.00		654
额尔古纳市	Eerguna City	60.00	62.00	3	3.43		629
乌兰浩特市	Wulanhaote City	97.60	125.00	4	91.00	2.00	7978
阿尔山市	Aershan City	48.00	45.50	7	26.00	0.60	1500
二连浩特市	Erlianhaote City	37.32	70.30		64.35		10018
锡林浩特市	Xilinhaote City	79.90	140.30		101.60		3201
集宁市	Jining City	109.60	251.70	13	194.50	4.50	5844
丰镇市	Fengzhen City	45.00	59.50	13	56.70	2.00	1132
临河市	Linhe City	173.00	235.40	6	342.00	6.00	2860

11-9 城市公共汽车、出租汽车(2003年)

Basic Statistics on Buses and Taxis in Cities(2003)

地 区	Region	年末实有公共汽车(辆) Public Transportation Vehicles(year-end) (unit)	运 客 总 数 (万人次) Number of Passengers Carried (10 000 Person times)	出租汽车 (辆) Number of Taxis (unit)
合 计	**Total**	**2849**	**25334**	**30789**
呼和浩特市	Hohhot City	603	7817	3960
包头市	Baotou City	772	8451	5606
乌海市	Wuhai City	387	2197	1000
赤峰市	Chifeng City	168	711	3046
通辽市	Tongliao City	179	1300	2200
鄂尔多斯市	Erdos City	95	1710	2200
呼伦贝尔市	Hulunbeier City	120	540	1971
霍林郭勒市	Huolinguole City			286
满洲里市	Manzhouli City	38	80	1245
扎兰屯市	Zhalantun City	68	162	270
牙克石市	Yakeshi City	36	65	400
根河市	Genhe City	24	80	216
额尔古纳市	Eerguna City			145
乌兰浩特市	Wulanhaote City	78	427	1630
阿尔山市	Aershan City	38	35	62
二连浩特市	Erlianhaote City			262
锡林浩特市	Xilinhaote City	56	240	1600
集宁市	Jining City	72	660	2800
丰镇市	Fengzhen City	17	260	350
临河市	Linhe City	98	600	1540

11-10 城市园林绿化(2003年)

Basic Statistics on Parks, Gardens and Green Areas in Cities(2003)

地 区	Region	城市园林绿地面积(公顷) Total Area (hectare)	公共绿地面积(公顷) Public Green Areas (hectare)	公 园(个) Number of Parks (unit)	公园面积(公顷) Area of Parks (hectare)	年游人量(万人次) Visitors in the Year (10 000 person times)
合 计	**Total**	**17731.50**	**3875.73**	**71**	**2282.16**	**989.10**
呼和浩特市	Hohhot City	2916.00	494.40	8	153.30	180.00
包头市	Baotou City	5071.60	1129.52	12	757.06	332.10
乌海市	Wuhai City	864.00	156.00	4	63.00	57.00
赤峰市	Chifeng City	1224.90	194.87	7	71.70	56.00
通辽市	Tongliao City	751.80	121.00	2	47.80	100.00
鄂尔多斯市	Erdos City	140.00	34.00	1	8.70	45.00
呼伦贝尔市	Hulunbeier City	765.10	503.51	1	450.00	20.00
霍林郭勒市	Huolinguole City	135.00	33.00	4	14.50	15.00
满洲里市	Manzhouli City	695.00	140.79	4	38.10	20.00
扎兰屯市	Zhalantun City	2379.00	144.50	1	68.00	11.00
牙克石市	Yakeshi City	135.00	51.68	2	21.00	2.00
根河市	Genhe City	246.00	31.70	4	26.50	25.00
额尔古纳市	Eerguna City	70.00	44.31			
乌兰浩特市	Wulanhaote City	619.00	336.00	3	336.00	30.00
阿尔山市	Aershan City	288.00	133.00	3	1.00	9.00
二连浩特市	Erlianhaote City	68.00	23.45	1	23.00	1.00
锡林浩特市	Xilinhaote City	539.00	81.00	2	36.00	8.00
集宁市	Jining City	208.10	61.00	4	42.00	6.00
丰镇市	Fengzhen City	84.00	42.00	2	29.00	14.00
临河市	Linhe City	532.00	120.00	6	95.50	58.00

11-11 城市公共卫生(2003年)
Basic Statistics on Urban Sanitation in Cities(2003)

地 区	Region	清扫面积 (万平方米) Area Under Cleaning Program (10 000 sq.m)	生活垃圾清运量 (万吨) Volume of Garbage Disposal (10 000tons)	粪便清运量 (万吨) Volume of Excrement and Urine Disposal (10 000 tons)	环卫机械总数 (台) Environmental Sanitation Equipment (unit)	公共厕所 (座) Number of Public Lavatories (unit)	# 水冲式 Water-Closet
合 计	**Total**	**4502.30**	**392**	**95.00**	**1077**	**3574**	**623**
呼和浩特市	Hohhot City	1092.00	62	3.20	163	171	123
包头市	Baotou City	1038.00	66	12.50	285	271	217
乌海市	Wuhai City	322.00	42	14.20	81	251	22
赤峰市	Chifeng City	595.00	23	7.70	98	123	52
通辽市	Tongliao City	227.00	21	6.90	29	184	53
鄂尔多斯市	Erdos City	140.00	16	7.00	65	396	20
呼伦贝尔市	Hulunbeier City	152.00	14	4.00	54	304	16
霍林郭勒市	Huolinguole City	51.00	7	0.80	12	30	8
满洲里市	Manzhouli City	180.00	18	4.00	63	604	14
扎兰屯市	Zhalantun City	60.00	18	4.30	28	35	4
牙克石市	Yakeshi City	73.00	11	3.80	22	73	2
根河市	Genhe City	37.00	14	0.70	7	30	4
尔古纳市	Erguna City	46.40	9	0.30	4	10	2
乌兰浩特市	Wulanhaote City	7.00	17	1.80	15	204	12
阿尔山市	Aershan City	13.00	3	1.60	5	39	2
二连浩特市	Erlianhaote City	70.30	6	2.00	6	57	8
锡林浩特市	Xilinhaote City	104.00	9	2.40	22	31	11
集宁市	Jining City	129.60	14	3.00	53	257	11
丰镇市	Fengzhen City	32.00	5	1.30	18	156	2
临河市	Linhe City	133.00	17	13.50	47	348	40

11-12 城市设施水平(2003年)
Level of Public Facilities in Cities(2003)

地 区	Region	城市人口用水普及率(%) Percentage of Population with Access to Tap Water(%)	城市用气普及率(%) Percentage of Population with Access to Gas(%)	每万人拥有公共汽车辆(标台) Number of Public Buses per 10 000 Persons (st.set)	人均拥有铺装道路面积(平方米) Per Capita Area of Paved Roads (sq.m)	人均公共绿地面积(平方米) Per Capita Public Green Areas (sq.m)	每万人拥有公共厕所(座) Number of Public Lavatories per 10 000 Population (unit)
全 区	**All Region**	**78.82**	**52.37**	**2.74**	**9.05**	**6.22**	**5.77**
呼和浩特市	Hohhot City	86.61	76.35	5.10	8.93	4.51	1.56
包头市	Baotou City	90.35	60.01	5.13	8.52	7.96	1.91
乌海市	Wuhai City	90.19	25.96	8.05	9.23	3.75	0.60
赤峰市	Chifeng City	58.95	53.02	2.15	4.57	2.90	1.83
通辽市	Tongliao City	100.00	84.56	4.02	9.45	3.86	5.87
鄂尔多斯市	Erdos City	95.65	52.17	3.70	11.65	1.48	17.22
呼伦贝尔市	Hulunbeier City	69.13	50.59	4.23	9.84	19.90	12.02
霍林郭勒市	Huolinguole City	95.00	49.14		16.29	4.71	4.29
满洲里市	Manzhouli City	99.49	72.23	2.87	13.55	8.97	38.47
扎兰屯市	Zhalantun City	41.88	57.33	4.04	7.87	10.43	2.53
牙克石市	Yakeshi City	30.80	53.84	2.05	14.40	3.93	5.55
根河市	Genhe City	70.97	37.42	2.32	4.92	4.09	3.87
额尔古纳市	Eerguna City	42.74	81.20		17.66	12.62	2.85
乌兰浩特市	Wulanhaote City	62.19	43.46	2.12	4.42	11.87	7.21
阿尔山市	Aershan City	21.67	6.67	4.50	7.58	22.17	6.50
二连浩特市	Erlianhaote City	99.27	74.95		12.85	4.29	10.42
锡林浩特市	Xilinhaote City	74.67	52.00	2.67	9.35	5.40	2.07
集宁市	Jining City	76.29	72.16	1.82	8.65	2.10	8.83
丰镇市	Fengzhen City	66.72	18.56	1.03	5.09	3.59	13.34
临河市	Linhe City	17.18	54.49	3.14	10.26	5.23	15.17

主要统计指标解释

年末自来水生产能力 指年底城建部门管理的自来水厂和自备水源的社会单位取水、净化、送水、出厂输水干管等环节的实际生产能力。

年末供水管道长度 指从送水泵到用户水表之间所有管道的长度。全年供水总量指公用自来水厂和自备水源的社会单位全年的供水总量，包括有效供水量及损失水量。

年末供水总量 指报告期供水企业（单位）供出的全部水量，包括有效供水量及损失水量。

生活用水量 指居民日常生活与公共福利设施的用水量，包括居民、饮食店、旅馆、医院、理发店、浴池、洗衣店、游泳池、商店、学校、机关、部队等单位的用水量。

城市人口用水普及率 指城市用水的非农业人口数(不包括临时人口和流动人口)与城市非农业人口总数之比。计算公式为：

用水普及率=城市用水的非农业人口数/城市非农业人口数×100%

人工煤气生产能力 指城市煤气厂制气、净化、输送等环节的综合实际生产能力。

输气管道长度 指由压缩机、鼓风机、储气罐的出口到用户煤气表之间的全部管道长度。

全年供气总量 指全年售给各类用户的全部煤气量，包括工业用量、家庭用量和其他用量。

城市用气普及率 指使用煤气(包括人工煤气、液化石油气、天然气)的城市非农业人口数(不包括临时人口和流动人口)与城市非农业人口总数之比。计算公式为：

城市煤气普及率=城市用气的非农业人口数/城市非农业人口总数×100%

城市供热能力 指热电厂、热力公司和达到标准的集中采暖锅炉房和城市输送的供热源的设计能力，即每小时向城市输送蒸汽、热水的能力。

城市供热总量 指热电厂、热力公司和达到标准的集中采暖锅炉房向城市输送的全部蒸汽、热水量。

城市供热管道长度 指热电厂、热力公司和达到标准的集中采暖锅炉房管理的集中供热热源到用户之间的全部供气、供热水的管道长度。

年底实有铺装道路长度 指除土路外，路面经过铺装宽度在 3.5 米以上的道路，包括高级、次高级道路和普通道路。

城市桥梁 指城市范围内，修建在河道上的桥梁和道路与道路立交、道路跨越铁路的立交桥及人行天桥。包括永久性桥和半永久性桥，不包括临时性桥、铁路桥、涵洞。

城市下水道总长度 指所有排水总管、干管、支管及暗渠、检查井、连接井进出水口等长度之和。

城市污水日处理能力 指污水处理厂每昼夜处理污水量的设计能力。

年末实有公共汽车 指年底可参加营运的全部车辆数，包括营运车辆数和库存查封未参加营运的车辆。不包括非营运车辆，如架线车、油罐车、工程车、货车及其他专用车辆和借入的客运车辆。

城市园林绿地面积 指城市公共绿地、专用绿地、生产绿地、防护绿地、郊区风景名胜区的全部面积。

公共绿地 指供游览休息的各种公园、动物园、植物园、陵园以及花园、游园和供游览休息用的林荫道绿地、广场绿地，不包括一般栽植的行道树及林荫道的面积。

Explanatory Notes on Main Statistical Indicators

Production Capacity of Tap Water at the Year-end refers to the actual comprehensive production capacity of the waterworks administered by the urban construction department and those owned by enterprises or institutions, taking the capacity of the main links, such as water inflow, purification, conveyance and outflow of the trunk pipelines into account.

Length of Water Supply Pipelines at the Year-end refers to the total length of all the pipelines between the water pumps and the users water meters.

Annual Volume of Water Supply refers to the total volume of water supplied by the public water works and those owned by individual enterprises and institutions during the whole year, including both the effective water supply and loss during the water supply.

Consumption of Water for Residential Use refers to the water consumption of households for daily life and the water consumption of public welfare facilities, including the consumption of restaurants, hotels, hospitals, barber shops, public bathhouses, laundries, swimming pools, shops, schools, institutions, army units and other units.

Percentage of Urban Population with Access to Tap Water refers to the ratio of the urban non-agricultural population (excluding temporary and mobile population) with access to tap water to the total urban non-agricultural population. The formula is:

Percentage of Population with Access to Tap Water = Urban Non-agricultural Population with Access to Tap Water ÷ Urban Nonagricultural Population×100%

Production Capacity of Gasworks Gas refers to the actual comprehensive production capacity of the urban gasworks in gas generation, purification and delivery.

Length of Gas Pipelines refers to the total length of pipelines between the outlet of the compressor, blower or gas tank and the gas meters of users.

Volume of Gas Supply refers to the total volume of gas sold to users in a year, including the volume for industrial use, residential use and other uses.

Percentage of Urban Population with Access to the Gas refers to ratio of the urban non-agricultural population with access to gas(including gas, liquefied petroleum gas and natural gas) to the urban non agricultural population(excluding temporary and mobile population) . The formula is:

Percentage of Population with Access to Gas = Urban Non-agricultural Population with Access to Gas ÷ Urban Non-agricultural Population×100%

Heating Capacity in Urban Area refers to the capacity of hourly supply of steam and hot water to cities by thermal power plants, heating corporations and centralized heating boiler rooms which meet certain standard

Heating Volume in Urban Area refers to the total volume of steam and hot water supplied to cities every year by thermal power plants, heating corporations and centralized heating boiler rooms which meet certain standard.

Length of Heating Pipelines refers to the total length of pipelines for centralized supply of steam and hot water from the thermal power plants, heating corporations and centralized heating boiler rooms which meet certain standard to the users.

Length of Paved Roads at the Year-end refers to the length of roads with a paved surface, and with a width of more than 3-5 meters, including high quality, medium quality and ordinary roads.

Urban Bridges refer to bridges over river courses, great separated junctions and overpasses in urban areas. Permanent bridges and semi permanent bridges are included. Temporary bridges, railway bridges and culverts are excluded.

Length of Urban Sewage Pipes refers to the total length of general drainage, trunks. Branch and blind drainage, inspection wells, connection wells, inlets and outlets, etc.

Daily Disposal Capacity of Urban Sewage refers to the designed 24-hour capacity of sewage disposal at the sewage treatment works.

Number of Public Vehicles at the Year-end refers to the total number of operational buses available at the year-end, including the year-end operational vehicles and vehicles in stock. Non -operational vehicles such astringing cars, tank cars, machine shop cars, trucks and other special vehicles and the borrowed passenger vehicles are excluded.

Area of Urban Gardens and Green Areas refers to the total area of urban public green land, special green land, production green land, protection green land and suburban scenic spots.

Public Green Area refers to green areas of various parks, zoos, botanical gardens, cemeteries, amusement parks, tree flanked boulevards' Greenland squares for tourism and relaxing. Areas with trees planted along side the streets and boulevards are excluded.

十二　农业

AGRICULTURE

资料整理 共青 李丽萍 张俊卿
Arranged by Gong Qing , Li Liping , Zhang Junqing

12-1 农村牧区基层组织和农牧业基本情况(2003年)

Basic Conditions of Rural Grassroots Units, Farming &Animal Husbandry(2003)

指 标	Item	总 计 Total	农村 Farm Area	牧区 Pastoral Area
农村牧区基层组织情况	**Basic Conditions of Rural Grassroots Units**			
乡镇(苏木)(个)	Number of Township &Town Governments(unit)	1138	783	355
#镇(个)	Number of Town Governments(unit)	427	346	81
村委会(嘎查)(个)	Number of Villages' Committees(unit)	12269	9341	2928
农村牧区社会基础设施	**Rural Fundamental Facilities of Society**			
自来水受益村(个)	Number of Villages Benefiting from Pipewater(unit)	4570	4189	381
通汽车村(个)	Number of Villages Automobiles Arriving at(unit)	10797	8651	2146
通电话村(个)	Number of Villages with Telecomm Services(unit)	10148	7930	2218
农村牧区人口与从业人口	**Rural Population &Employment**			
乡村户数(万户)	Number of Rural Households(10 000 households)	350.98	350.96	45.02
乡村人口(万人)	Rural Population(10 000 persons)	1358.07	1178.57	179.50
乡村劳动力资源(万人)	Resource of Rural Laborers(10 000 persons)	726.27	633.80	92.47
乡村从业人员(万人)	Number of Rural Employed Persons(10 000 persons)	652.28	567.66	84.62
男(万人)	Male(10 000 persons)	366.25	318.81	47.44
女(万人)	Female(10 000 persons)	286.02	248.84	37.18
按行业分乡村劳动力	**Rural Employed Persons by Sector**			
农林牧渔业从业人员(万人)	Number of Rural Employee of Farming, Foresting, Animal Husbandry & Fishery(10 000 persons)	514.38	436.70	77.67
#农业从业人员(万人)	Farming(10 000 persons)	446.85	407.57	39.28
牧业从业人员(万人)	Animal Husbandry(10 000 persons)	61.56	24.94	36.62
工业从业人员(万人)	Employed Persons of Industry(10 000 persons)	21.25	20.42	0.83
建筑业从业人员(万人)	Employed Persons of Construction(10 000 persons)	25.28	24.38	0.90
交通运输业、仓储及邮电通信从业人员(万人)	Employed Persons of Transport, Storage, Post &Telecommunication services(10 000 persons)	12.58	11.89	0.69
批零贸易及餐饮从业人员(万人)	Employed Persons of Wholesale, Retail Trade & Catering Service(10 000 persons)	19.33	17.94	1.39
其他非农行业人员(万人)	Employed Persons of Other Non-agricultural Trades(10 000 persons)	59.46	56.32	3.14
农牧业生产条件	**Productive Condition of Farming & Animal Husbandry**			
年末实有耕地面积(万公顷)	Cultivated Areas at Year-end(10 000 hectares)	686.30		
农作物总播种面积(万公顷)	Total Sown Areas(10 000 hectares)	574.90		
年末草场面积(万公顷)	Areas of Grassland at Year-end(10 000 hectares)			
有效灌溉面积(万公顷)	Irrigated Areas(10 000 hectares)	256.85		
农牧业机械总动力(万千瓦)	Total Power of Machinery for Farming &Animal Husbandry(10 000 kw)	1616.61		
化肥施用量(折纯)(万吨)	Consumption of Chemical Fertilizers(10 000 tons)	93.19		
农村牧区用电量(亿千瓦小时)	Electricity Consumed in Rural Area &Pastoral Area(100 Million kwh)	24.63		
主要农牧业生产情况	**Output of Farming &Animal Husbandry**			
粮食总产量(万吨)	Gross Yield of Grain(10 000 tons)	1360.73		
牲畜总增头数(万头只)	Total Number of Livestocks Added(10 000 heads)	3258.39		
肉类总产量(万吨)	Gross Output of Meat(10 000 tons)	162.72		
蔬菜总产量(万吨)	Gross Output of Vegetables(10 000 tons)	846.76		

12-2 农、林、牧、渔业总产值

Gross Output Value of Farming, Forestry, Animal Husbandry and Fishery

单位:万元 (10 000 yuan)

年份 Year	农林牧渔业总产值 Total	#农业 Farming	#种植业 Plant Products Industry	#林业 Forestry	#畜牧业 Animal Husbandry	#渔业 Fishery
1947	47200	37335	35588	48	9770	47
1949	60100	47780	46217	60	12200	60
1952	120600	96601	94430	844	22914	241
1957	112000	82992	25712	1792	26992	224
1962	170500	116281	100084	2387	50639	1193
1965	194000	129980	109998	4656	58200	1164
1970	240000	158160	140160	9360	72000	480
1975	308300	198545	169256	8016	101122	617
1978	283500	187961	173786	10490	84200	849
1979	315800	206533	189796	11369	97266	632
1980	306844	197403	181340	13460	95199	782
1981	394274	255550	232657	22848	114744	1132
1982	471608	307328	274780	31393	131391	1496
1983	524301	347389	299604	38108	136887	1917
1984	612772	408789	341956	44356	157230	2397
1985	731955	465638	401175	48284	214048	3985
1986	772500	483567	402848	43670	239908	5355
1987	877426	544449	450608	36254	290178	6545
1988	1223765	729359	614262	38582	447432	8392
1989	1267208	763517	639781	39968	453357	10366
1990	1569192	1031256	888314	62298	464131	11507
1991	1640837	1066021	918894	66705	494474	13637
1992	1802705	1156550	1005362	78040	552787	15328
1993	2208047	1420784	1265080	91549	677461	18253
1994	3093195	1892180	1682500	103350	1070005	27659
1995	3735936	2311734	2080477	121176	1271609	31417
1996	4653285	2995270	2731580	139653	1485617	32745
1997	5043396	3142026	2833824	152632	1712322	36416
1998	5343765	3353206	3032350	168785	1773911	47863
1999	5323166	3187204	2852798	210062	1871452	54448
2000	5431645	3083645	2725199	236071	2054581	57349
2001	5559041	3075703	2706529	260696	2162426	60216
2002	5869716	3321447	3043459	288371	2205642	54256
2003	6663815	3359567	2640337	479357	2671028	49373

注：本表绝对数按当年价格计算。

a)Data value terms in this table are calculated at current prices.

12-3 主要年份农业总产值指数

Indices of Gross Output Value of Farming, Forestry, Animal Husbandry and Fishery

按可比价格计算。

Indices are calculated at comparable prices。

上年=100 (Preceding year=100)

年份 Year	农林牧渔业总产值 Total	#农业 Farming	#种植业 Plant Products Industry	#林业 Forestry	#畜牧业 Animal Husbandry	#渔业 Fishery
1979	104.8	102.8	102.8	102.3	108.4	70.5
1980	87.1	81.4	96.3	87.1	96.9	96.3
1981	120.2	123.2	123.2	151.9	112.2	131.1
1982	115.8	115.2	115.2	113.8	111.9	101.6
1983	107.2	106.8	106.8	120.4	99.6	109.7
1984	112.1	110.1	110.1	113.3	105.1	106.7
1985	110.3	113.0	113.0	104.2	113.6	129.5
1986	94.7	88.9	88.9	85.8	104.1	121.6
1987	104.1	103.3	103.3	83.2	104.6	105.6
1988	114.2	120.2	120.2	95.6	109.0	109.6
1989	98.3	91.9	91.9	101.5	108.5	121.6
1990	120.2	133.7	133.7	114.1	102.4	100.8
1991	104.0	101.3	101.3	104.3	108.8	112.8
1992	105.8	106.8	106.7	113.0	105.2	110.0
1993	107.1	123.4	109.1	111.4	104.3	115.7
1994	103.3	99.3	96.7	104.7	108.4	124.7
1995	103.5	99.9	98.1	106.7	110.9	111.7
1996	123.7	131.4	136.0	103.8	114.9	99.7
1997	104.0	98.7	98.0	110.1	112.7	103.9
1998	106.5	108.5	108.8	105.3	103.1	126.2
1999	101.3	97.4	96.7	111.6	106.3	113.6
2000	102.5	100.3	99.9	115.0	104.1	104.8
2001	102.0	99.3	98.7	109.5	104.9	105.5
2002	104.9	106.5	114.1	110.8	102.0	102.2
2003	106.2	94.8	91.6	110.1	122.0	87.2

12-4 年末主要农牧业机械拥有量

Major Machinery for Farming & Animal Husbandry at Year-end

项 目	Item	2002	2003
农牧业机械原值(万元)	Original Value of Machinery for Farming and Animal Husbandry(10 000 yuan)	959108	1015752
农牧业机械净值(万元)	Net Value of Machinery for Farming & Animal Husbandry (10 000 yuan)	721762	771011
农牧业机械总动力(万千瓦)	Total Power of Machinery for Farming & Animal Husbandry (10 000 kw)	1510	1617
大中型农用拖拉机(混合台)	Large & Medium Agricultural Tractors (mixed unit)	37148	42270
大中型农用拖拉机(万千瓦)	Large & Medium Agricultural Tractors(10 000 kw)	151	160
小型拖拉机(台)	Mini -Tractors (unit)	470454	498816
小型拖拉机(万千瓦)	Mini -Tractors (10 000 kw)	526	555
联合收割机(台)	Combine Harvesters (unit)	4410	4257
联合收割机(万千瓦)	Combine Harvesters (10 000 kw)	28	26
农用运输车(万辆)	Trucks for Agricultural Use (10000unit)	31	34
农用运输车(万千瓦)	Trucks for Agricultural Use (10 000 kw)	456	496
排灌用电动机(台)	Electric Motor for Irrigating & Draining (unit)	121796	156696
排灌用电动机(万千瓦)	Electric Motor for Irrigating & Draining (10 000 kw)	105	112
排灌用柴油机(台)	Diesel Engine for Irrigating & Draining (unit)	135963	148554
排灌用柴油机(万千瓦)	Diesel Engine for Irrigating & Draining (10 000 kw)	118	136
大中型拖拉机配套农具(部)	Number of Large & Medium Agricultural Tractor Towing Farm Machinery (unit)	54738	57022
小型拖拉机配套农具(部)	Number of Mini-tractor Towing Farm Machinery (unit)	607529	624173
机动脱粒机(台)	Motorized Threshing Machines (unit)	64694	66381
机动割晒机(台)	Motorized Harvesters (unit)	10161	9961
机引牧草收割机(部)	Towed Harvesters for Grass (unit)	28517	33702
饲料粉碎机(部)	Smashing Machines for Feed (unit)	59340	84620
机动剪毛机(台)	Motorized Sheepshears (unit)	122	133
农 用 水 泵(万台)	Water Pumps for Agricultural Use (10 000 unit)	28	31

12-5 灌溉、化肥施用量、农村牧区用电、水库和治理水土情况
Irrigation, Consumption of Chemical Fertilizers, Electricity Consumption of Rural Area, Number of Reservoirs and Areas of Soil Erosion under Control

项 目	Item	2002	2003
有效灌溉面积(万公顷)	Effective Irrigated Areas(10 000 hectares)	253.76	256.85
# 灌区有效灌溉面积(万公顷)	Effective Irrigated Areas in Irrigation Area(10 000 hectares)	128.53	129.00
节水灌溉面积(万公顷)	Watersaving Irrigated Areas(10 000 hectares)	108.21	122.95
喷灌和滴灌(万公顷)	Jetting Irrigation Dropping Irrigatation(10000 hectares)	30.47	39.75
管道输水(万公顷)	Pipeline Transportation(10 000 hectares)	41.09	38.87
化肥施用量(万吨)	Consumption of Chemical Fertilizers(10 000 tons)	82.84	93.19
氮肥(万吨)	Nitrogenous Fertilizer(10 000 tons)	45.92	50.45
磷肥(万吨)	Phosphate Fertilizer(10 000 tons)	14.52	15.61
钾肥(万吨)	Potash Fertilizer(10 000 tons)	4.53	5.70
复合肥(万吨)	Compound Fertilizer(10 000 tons)	17.87	21.43
农村用电量(万千瓦时)	Electricity Consumption in Rural Area(10 000 kwh)	236048	246324
水库个数(座)	Number of Reservoirs(unit)	463	466
大型水库(座)	Large(unit)	9	9
中型水库(座)	Medium-sized(unit)	66	70
小型水库(座)	Small(unit)	388	387
水库容量(亿立方米)	Capacity of Reservoirs(100 million cu.m)	75.86	78.37
大型水库(亿立方米)	Large(100 million cu.m)	49.00	49.58
中型水库(亿立方米)	Medium-Sized(100 million cu.m)	20.58	22.53
小型水库(亿立方米)	Small(100 million cu.m)	6.27	6.26
治理水土面积(万公顷)	Areas of Soil Erosion under Control(10 000 hectares)	113.17	165.22
退耕地造林面积(万公顷)	Areas Returned to Forest (10 000 hectares)	23.29	29.94
荒山荒地造林面积(万公顷)	Areas of Afforesting on Waste land(10 000 hectares)	39.87	35.55

12-6 农牧民家庭平均每户年末固定资产原值

Original Value of Fixed Assets Owned Per Rural Household (End of Year)

单位:元 (yuan)

项 目	Item	2002	2003
年末生产性固定资产原值	**Original Value of Productive Fixed Assets**	**10936.85**	**12319.43**
役畜、产品畜	Draught Animals, Commodity Animals	2419.50	3200.01
大中型铁木农具	Large and Medium Wood and Iron Farm Tools	678.48	575.01
农林牧渔业机械	Machinery for Farming, Forestry, Animal Husbandry and Fishery	3108.52	3743.19
工业机械	Industrial Machinery	228.51	61.75
运输机械	Transport Machinery	494.97	322.02
生产用房	Building for Productive Purpose	3104.13	2942.76
其他生产用固定资产	Others	902.74	1474.69

注:本表为农村牧区住户抽样调查资料(以下7至9表同)。

a) Data in this table are obtained from the sample surveys on rural households(same as table 7 to 9).

12-7 农牧民家庭平均每百户年末拥有固定资产数量

Number of Fixed Assets Owned Per 100 Rural Households (End of Year)

项 目	Item	2002	2003
汽 车(辆)	Automobiles(unit)	1.58	2.06
大中型拖拉机(台)	Large and Medium Tractors(unit)	1.98	2.50
小型和手扶拖拉机(台)	Mini - tractors and Walking Tractors(unit)	41.30	44.08
机动脱粒机(台)	Motorized Threshing Machines(unit)	3.74	4.56
胶 轮 大 车(辆)	Carts with Rubber Tires(unit)	38.80	38.01
水 泵(台)	Pumps(unit)	36.07	36.36
役 畜(头)	Draught Animals(head)	88.65	81.31
产 品 畜(头)	Commodity Animals(head)	168.40	240.00

12-8 农民家庭平均每户年末生产性固定资产原值
Original Value of Productive Fixed Assets Owned Per Peasant Household (End of Year)

单位:元 (yuan)

项 目	Item	2002	2003
年末生产性固定资产原值	**Original Value of Productive Fixed Assets at Year-end**	**8629.67**	**10155.87**
役畜、产品畜	Draught Animals, Commodity Animals	2162.49	3053.12
大中型铁木农具	Large and Medium Wood and Iron Farm Tools	596.80	488.81
农林牧渔业机械	Machinery for Farming, Forestry, Animal Husbandry and Fishery	2853.09	3510.47
工业机械	Industrial Machinery	172.85	100.85
运输机械	Transport Machinery	286.01	364.49
生产用房	Building for Productive Purpose	2089.00	2226.72
其他生产用固定资产	Others	469.43	411.41

12-9 农民家庭平均每百户固定资产拥有量
Number of Fixed Assets Owned Per 100 Peasant Households (End of Year)

项 目	Item	2002	2003
汽车(辆)	Automobiles(unit)	0.96	1.00
大中型拖拉机(台)	Large and Medium Tractors(unit)	1.80	2.00
小型和手扶拖拉机(台)	Mini - tractors and Walking Tractors(unit)	41.30	44.00
机动脱粒机(台)	Motorized Threshing Machines(unit)	3.85	4.00
胶轮大车(辆)	Carts with Rubber Tires(unit)	42.15	41.00
水泵(台)	Pumps(unit)	37.25	37.00
役畜(头)	Draught Animals(head)	83.96	78.00
产品畜(头)	Commodity Animals(head)	92.97	94.00

12-10 牧民家庭年末生产性固定资产原值及固定资产拥有量
Original Value and Number of Productive Fixed Assets Owned Herdsman Households (End of Year)

项 目	Item	2002	2003
生产性固定资产原值(平均每户)(元)	**Original Value of Productive Fixed Assets Owned Per Herdsman Household(Yuan)**	**28433**	**28726**
役畜、产品畜(元)	Draught Animals, Commodity Animals(yuan)	4369	4314
大中型牧业工具(元)	Large and Medium Animal Husbandry Tools(yuan)	1298	1229
农林牧业机械(元)	Machinery for Farming, Forestry and Animal Husbandry(yuan)	5046	5508
运 输 机 械(元)	Transport Machinery(yuan)	2080	2110
生产资料拥有量(平均每百户)	**Number of Productive material (Per 100 Households)**		
汽 车(辆)	Automobiles(unit)	6.25	8.00
大中型拖拉机(台)	Large and Medium -Tractors(unit)	3.33	3.00
小型拖拉机(台)	Mini -Tractors(unit)	41.25	44.00
水 泵(台)	Pumps (unit)	27.08	32.00

12-11 农业机械化、电气化情况
Basic Statistics on Agricultural Mechanization and Electrification

项 目	Item	2002	2003
农业机械化程度	**Level of Agricultural Mechanization**		
机耕地面积(万公顷)	Areas of Tractor Plowing(10 000 hectares)	424.25	431.59
占耕地面积的比重(%)	Percentage to Cultivated Areas(%)	59.82	62.88
机械播种面积(万公顷)	Areas of Mechine Sowing(10 000 hectares)	325.89	342.46
占农作物总播种面积的比重(%)	Percentage to Total Sown Areas(%)	55.36	61.59
机械收割面积(万公顷)	Areas of Machine Harvesting(10 000 hectares)	79.49	87.90
占农作物总播种面积的比重(%)	Percentage to Total Sown Areas(%)	13.50	15.80
每公顷耕地拥有农业机械总动力(瓦特)	Total Power of Machinery for Per Hectare(w)	2129.45	2355.47
农业电气化情况	**Level of Agricultural Electrification**		
农村用电量(亿千瓦小时)	Electricity Consumption by Rural Area (100 million kwh)	23.60	24.63
平均每公顷耕地用电量(千瓦小时)	Electricity Consumption Per Hectare(kwh)	332.88	358.90
乡村(嘎查)及村以下办水电站个数(个)	Number of Hydroelectric Stations Run by Villiges and Lower Level (unit)	4	3
发 电 量(万千瓦小时)	Number of Generating Electricity(10 000 kwh)	23.80	24.8

12-12 耕地面积、造林面积和播种面积
Cultivated Areas, Afforested Areas and Sown Areas

单位：万公顷 (10 000 hectares)

年 份 Year	年末实有耕地面积 Cultivated Areas at Year end	水 田 Paddy Fields	旱 地 Dry Fields	# 水浇地 Irrigated Fields	当年造林面积 Annual Afforested Hilly Areas	总播种面积 Total Sown Areas	粮食作物播种面积 Sown Areas of Grain Crops	经济作物播种面积 Sown Areas of Industrial Crops
1947	396.7	0.8	395.9	29.5		347.9	318.9	20.4
1948	417.0	0.9	416.1	31.6		372.7	337.2	27.1
1949	433.1	1.4	431.7	32.1		389.6	352.8	28.0
1950	472.6	2.0	470.6	33.5	0.53	423.8	388.8	28.3
1951	506.3	1.8	504.5	39.8	1.66	469.7	416.0	46.2
1952	517.4	1.5	515.9	52.9	4.43	494.9	436.0	49.7
1953	531.9	1.6	530.3	54.3	3.68	477.6	428.7	40.5
1954	531.6	1.1	530.5	55.5	3.93	484.9	437.8	36.6
1955	542.3	1.4	540.9	57.9	3.73	488.6	435.8	41.9
1956	569.9	3.3	566.6	68.0	12.79	531.0	472.9	42.8
1957	571.5	4.3	567.2	64.5	8.27	527.9	463.2	48.6
1958	555.3	9.4	545.9	104.1	37.13	505.5	445.2	40.9
1959	539.3	9.7	529.6	100.1	31.93	487.0	414.2	56.6
1960	602.0	9.8	592.2	108.3	39.10	575.0	486.2	56.1
1961	609.7	7.0	602.7	78.3	7.41	580.0	503.1	43.8
1962	586.7	4.0	582.7	55.4	4.73	544.6	484.7	39.0
1963	554.2	3.6	550.6	56.3	5.23	526.1	471.6	36.4
1964	561.4	3.1	558.3	67.4	15.86	534.2	478.4	39.5
1965	561.5	1.9	559.6	86.9	20.00	528.1	470.9	37.9
1966	548.0	1.7	546.3	110.7	16.32	510.0	449.4	33.7
1967	540.3	1.7	538.6	99.4	15.55	510.2	448.5	35.9
1968	531.2	2.3	528.9	91.5	11.10	497.1	443.4	34.0
1969	534.3	2.9	531.4	87.0	9.61	499.3	445.7	35.7
1970	545.0	2.8	542.2	93.6	11.71	508.4	453.5	35.3
1971	544.1	1.9	542.2	95.1	16.33	503.5	451.0	32.2
1972	542.7	2.1	540.6	100.5	16.20	499.8	444.1	33.9
1973	541.2	1.7	539.5	107.0	18.77	498.9	441.0	35.5
1974	537.7	1.5	536.2	113.1	20.59	496.3	436.1	36.4
1975	534.1	1.5	532.6	124.7	23.68	490.9	429.0	37.7
1976	526.7	2.0	524.7	130.3	26.19	480.7	410.1	42.9
1977	525.1	2.7	522.4	122.8	34.52	478.1	406.5	44.7

12-12 续表 continued

单位：万公顷 (10 000 hectares)

年 份 Year	年末实有耕地面积 Cultivated Areas at Year-end	水 田 Paddy Fields	旱 地 Dry Fields	# 水浇地 Irrigated Fields	当年造林面积 Annual Afforested Hilly Areas	总播种面积 Total Sown Areas	粮食作物播种面积 Sown Areas of Grain Crops	经济作物播种面积 Sown Areas of Industrial Crops
1978	532.6	1.7	530.9	120.9	29.79	482.4	409.4	44.9
1979	534.7	1.7	533.0	115.2	30.47	488.1	404.2	52.8
1980	525.2	1.5	523.7	106.0	29.81	479.7	388.2	61.1
1981	518.6	1.7	516.9	103.2	38.12	466.2	385.4	55.6
1982	510.9	1.6	509.3	101.1	51.65	464.1	384.3	58.2
1983	506.5	1.7	504.8	100.5	60.94	463.1	383.7	58.5
1984	500.6	1.9	498.7	96.1	69.91	463.1	376.2	63.9
1985	493.0	2.3	490.7	94.2	70.41	454.9	342.2	91.4
1986	489.5	2.7	486.8	97.9	22.63	455.6	358.1	71.6
1987	485.1	2.8	482.3	101.0	24.83	447.4	355.6	64.3
1988	487.1	3.6	483.5	104.3	26.60	455.9	363.6	66.8
1989	491.2	5.1	486.1	110.2	23.70	457.6	372.1	61.9
1990	496.6	7.6	489.0	117.3	29.80	472.2	387.5	62.6
1991	500.5	8.7	491.8	123.6	41.08	476.8	387.9	68.9
1992	508.1	9.5	498.6	127.3	51.82	485.4	392.5	72.4
1993	517.1	7.4	509.7	130.8	39.68	486.8	398.7	67.3
1994	531.0	6.5	524.5	132.1	37.19	492.5	402.7	66.3
1995	549.1	8.4	540.7	135.8	40.25	507.9	414.3	71.3
1996	592.4	9.1	583.3	146.5	43.59	529.1	442.4	64.9
1997	746.3	11.3	735.0	173.5	46.44	583.8	490.6	80.4
1998	722.4	11.3	711.0	171.7	47.78	602.7	503.1	85.9
1999	752.4	11.6	740.8	191.9	53.40	607.7	495.1	97.2
2000	731.7	12.1	719.6	194.6	59.00	591.4	443.6	122.9
2001	709.1	11.1	698.0	195.5	73.19	570.7	438.3	92.4
2002	709.1	11.6	697.5	202.1	90.74	588.7	434.3	104.0
2003	686.3	10.1	676.3	207.9	83.60	574.9	405.1	103.6

注：1997年耕地面积为农业普查数据；1997年以后耕地面积以该口径调整。

a) The Cultivated Areas at end of 1997 is obtained from Agricultural Census; The Cultivated Areas after 1997 is calculated at this specification.

12-13 主要粮食作物播种面积
Sown Areas of Major Grain Crops

单位：万公顷 (10 000 hectares)

年份 Year	农作物总播种面积 Total Sown Area	粮食作物播种面积 Sown Areas of Grain Crops	谷物 Cereal						薯类 Tubers	豆类 Beans
			小麦 Wheat	玉米 Corn	稻谷 Rice	谷子 Millet	莜麦 Sweet-oats	糜黍 Broom Corn Millet		#大豆 Soybean
1947	347.9	318.9	22.6	19.1	0.8	61.0	32.0	42.0	15.1	14.7
1948	372.7	337.2	25.0	20.1	0.9	63.8	33.1	46.0	16.2	14.9
1949	389.6	352.8	26.7	22.4	1.4	65.7	35.3	46.7	16.6	16.5
1950	423.8	388.8	29.6	24.7	2.0	73.3	40.3	49.3	17.1	11.7
1951	469.7	416.0	33.9	19.1	1.6	73.5	52.7	56.5	21.8	11.1
1952	494.9	436.0	43.9	22.9	1.5	79.8	60.8	71.5	22.1	15.8
1953	477.6	428.7	47.6	24.4	0.8	77.0	62.0	69.1	21.1	21.7
1954	484.9	437.8	58.0	26.4	1.0	73.3	60.4	70.4	20.6	22.7
1955	488.6	435.8	60.2	31.9	1.4	71.9	64.7	68.8	19.8	26.9
1956	531.0	472.9	60.1	50.6	2.9	88.7	59.6	71.9	21.9	24.2
1957	527.9	463.2	64.0	36.2	4.0	84.7	64.2	68.1	22.4	26.8
1958	505.5	445.2	57.9	57.6	8.9	81.8	55.5	48.1	39.4	21.2
1959	487.0	414.2	59.7	35.1	8.9	68.2	61.4	53.6	27.1	20.5
1960	575.0	486.2	73.7	52.2	8.9	79.1	63.2	66.6	29.6	23.0
1961	580.0	503.1	80.8	48.7	6.3	73.0	67.8	73.2	31.2	23.1
1962	544.6	484.7	67.1	50.1	3.9	79.7	69.7	68.8	26.7	23.5
1963	526.1	471.6	67.1	45.0	3.5	76.8	70.7	66.0	27.1	
1964	534.2	478.4	71.4	47.7	3.4	83.1	71.3	63.4	26.0	26.6
1965	528.1	470.9	72.5	50.1	1.8	85.3	66.3	63.9	24.2	24.4
1966	510.1	449.4	71.4	66.4	1.6	80.3	62.2	55.9	32.2	21.7
1967	510.2	448.5	74.1	62.3		82.2	63.3	52.4	24.4	
1968	497.1	443.4	72.3	56.2		78.1	61.7	55.1	23.7	
1969	499.3	445.7	78.3	53.3		81.1	64.2	45.7	22.5	
1970	508.4	453.5	84.8	52.4		82.1	65.2	53.7	21.8	
1971	503.5	451.0	85.7	63.5		79.7	58.7	50.3	22.9	
1972	499.8	444.1	83.8	61.6		72.3	54.8	53.1	23.6	
1973	498.9	441.0	86.9	59.7		78.0	50.5	51.1	25.6	
1974	496.3	436.1	87.0	66.5		74.7	48.6	45.0	25.6	
1975	490.9	429.0	92.1	70.9		68.5	47.3	40.3	26.9	
1976	480.7	410.1	105.5	70.7		57.2	39.1	34.7	25.3	
1977	478.1	406.5	108.4	65.2		55.9	40.4	31.2	26.6	

12-13 续表 continued

单位：万公顷 (10 000 hectares)

年份 Year	农作物总播种面积 Total Sown Area	粮食作物播种面积 Sown Areas of Grain Crops	谷物 Cereal	小麦 Wheat	玉米 Corn	稻谷 Rice	谷子 Millet	莜麦 Sweet-oats	糜黍 Broom Corn Millet	薯类 Tubers	豆类 Beans	#大豆 Soybean
1978	482.4	409.4		108.6	66.8		56.7	38.6	29.6	29.2		
1979	488.1	404.2		95.2	67.0	1.6	56.4	45.4	37.6	27.7		18.3
1980	479.7	388.2		95.7	65.3	1.5	50.2	47.4	36.0	25.2		17.1
1981	466.2	385.4		90.3	59.2	1.6	53.4	43.8	41.5	23.2		19.4
1982	464.1	384.3		87.8	50.5	1.6	57.0	44.4	39.7	24.3		23.9
1983	463.1	383.7		91.1	49.4	1.7	55.9	45.0	38.2	25.4		21.9
1984	463.1	376.3		93.2	46.4	1.8	51.9	41.4	40.9	24.6		19.3
1985	454.9	342.2		92.7	43.4	2.4	46.3	36.5	31.1	22.7		21.9
1986	455.6	358.1		93.7	54.8	2.7	41.4	34.0	32.4	22.5		26.4
1987	447.4	355.7		92.1	66.0	2.8	38.7	33.8	26.8	22.9		27.5
1988	455.9	363.6		97.4	66.9	3.5	38.5	28.9	26.8	25.3		31.1
1989	457.6	372.1		100.8	69.6	5.3	37.4	26.8	13.0	24.7		31.8
1990	472.2	387.5		115.4	77.4	7.9	35.7	26.5	11.7	24.6		30.1
1991	476.8	387.9		119.2	81.2	8.8	33.4	25.2	11.0	23.9		30.1
1992	485.4	392.5	318.8	133.4	77.5	9.4	28.5	18.7	9.8	25.0	48.7	35.6
1993	486.8	398.7	293.6	118.9	76.2	7.3	25.8	17.2	7.9	26.3	78.8	57.1
1994	492.5	402.7	292.1	103.4	83.7	6.8	23.3	16.9	8.5	25.3	85.3	60.4
1995	507.9	414.3	300.9	101.7	99.2	7.9	23.7	13.7	8.2	35.5	77.9	55.7
1996	529.1	442.4	323.2	109.4	111.6	9.0	25.2	13.0	17.1	41.6	77.6	55.5
1997	583.8	490.6	339.0	116.5	127.9	12.2	25.7	11.3	20.7	46.4	105.2	75.8
1998	602.7	503.1	340.5	109.3	147.1	11.8	22.4	10.2	14.9	50.1	112.5	77.1
1999	607.7	495.1	330.9	93.8	157.2	11.7	20.7	9.3	12.4	58.2	106.0	73.7
2000	591.4	443.6	264.8	61.7	129.8	11.8	16.4	6.2	12.8	65.0	113.7	79.4
2001	570.7	438.3	263.8	51.6	151.9	8.6	17.6	3.3	11.5	56.7	117.9	75.5
2002	588.7	434.3	271.8	46.5	156.2	9.0	17.7	4.5	10.0	58.0	104.6	59.6
2003	574.9	405.1	243.4	31.8	159.1	6.7	14.2	4.4	8.1	53.6	108.2	69.7

12-14 主要经济作物播种面积
Sown Areas of Industrial Crops

单位：万公顷 (10 000 hectares)

年份 Year	经济作物播种面积 Sown Areas of Indus-trial Crops	油料 Oil bearing Crops	葵花籽 Sunflo-wer Seeds	胡麻籽 Flax Seeds	油菜籽 Rape Seeds	甜菜 Beet-roots	烟叶 Tob-acco	麻类 Fiber Crops	蔬菜 Vege-table	果用瓜 Melons (use on Fruit)	其它作物播种面积 Sown Areas of other Crops	#青饲料 Green fodder
1947	20.4	18.7		7.8	2.3		0.2	0.8	2.3		38.6	
1948	27.1	25.0		8.5	2.4		0.2	1.0	4.7		8.4	
1949	28.0	25.8		9.2	1.9		0.2	1.0	5.0		8.8	
1950	28.3	25.0		9.4	3.4		0.1	0.8	3.7		6.6	
1951	46.2	36.4		14.3	5.0		0.2	0.9	4.2		7.5	
1952	49.7	46.6		17.7	6.9		0.2	1.5	5.1		9.3	
1953	40.5	38.4		17.2	6.0		0.2	1.2	4.7		8.3	
1954	36.7	34.9		17.3	4.8		0.2	0.9	5.6		10.4	
1955	41.9	39.6		21.5	4.8	0.8	0.3	0.9	6.0		11.0	
1956	42.8	39.8		21.6	5.6	1.0	0.3	0.9	6.3		15.3	
1957	48.6	43.1		22.7	5.4	1.4	0.3	1.7	6.6		16.1	
1958	40.9	35.9		18.9	4.6	1.6	0.3	1.6	7.4		19.4	
1959	56.6	48.6		23.8	5.8	2.4	0.4	2.1	8.8		16.1	
1960	56.1	48.1		21.8	8.1	3.7	0.3	2.0	152.0		32.7	
1961	43.8	38.3		16.6	7.3	1.9	0.5	1.9	19.1		33.1	
1962	39.0	34.4		14.3	6.3	0.7	0.5	2.1	12.2		20.8	
1963	36.4	31.8		14.9	4.5	0.8	0.4	2.1	9.5		18.1	
1964	39.5	33.5		14.8	5.1	1.5	0.4	1.9	8.1		16.3	
1965	37.9	31.4		14.7	4.7	1.9	0.3	1.8	7.9		19.3	
1966	33.7	27.8		13.1	4.1	2.2	0.3	1.6	8.2		26.9	
1967	35.9	28.9				2.8					25.8	
1968	34.0	27.4				2.8					19.7	
1969	35.7	38.3				3.1					17.9	
1970	35.3	28.9				2.9					19.6	
1971	32.2	26.7				2.4					20.3	
1972	33.9	27.2				3.6					21.8	
1973	35.5	27.2				4.6					22.4	
1974	36.4	28.4				4.1					23.8	
1975	37.7	28.8				4.7					24.2	
1976	42.9	32.4				5.7					27.7	
1977	44.7	34.2				5.3					26.9	

12-14 续表 continued

单位：万公顷 (10 000 hectares)

年 份 Year	经济作物播种面积 Sown Areas of Industrial Crops	油料 Oil-bearing Crops	葵花籽 Sunflo-wer Seeds	胡麻籽 Flax Seeds	油菜籽 Rape Seeds	甜菜 Beet-roots	烟叶 Tob-acco	麻类 Fiber Crops	蔬菜 Vege-table	果用瓜 Melons (use on Fruit)	其它作物播种面积 Sown Areas of other Crops	#青饲料 Green fodder
1978	44.9	34.8				4.8					28.1	
1979	52.8	41.9	5.7	19.1	7.1	4.5	0.4	1.6	8.9	2.0	31.1	15.3
1980	61.1	52.0	16.3	18.9	7.9	5.6	0.3	1.2	8.5	1.4	30.4	14.0
1981	55.6	46.9	14.3	14.6	8.1	5.7	0.4	0.9	7.3	1.6	25.2	10.4
1982	58.2	49.3	15.0	16.4	7.8	6.1	0.5	0.4	6.8	1.5	21.6	9.7
1983	58.5	49.0	15.4	16.3	6.8	6.1	0.2	0.3	6.7	1.3	20.9	9.6
1984	63.9	54.3	21.5	15.4	6.9	6.1	0.2	0.2	6.1	1.7	23.0	11.8
1985	91.4	76.6	30.1	18.3	8.8	10.0	0.4	0.3	5.8	2.0	21.4	11.4
1986	71.6	60.4	25.8	15.6	6.7	7.5	0.4	0.3	5.7	2.0	26.0	14.4
1987	64.3	54.6	22.3	16.6	6.6	7.5	0.3	0.1	6.4	1.6	27.4	16.7
1988	66.8	53.7	19.0	17.4	7.3	10.3	0.5	0.1	6.1	1.7	25.6	14.6
1989	61.9	51.1	17.7	16.4	4.9	8.2	0.7	0.1	6.3	1.2	23.6	13.0
1990	62.6	51.8	17.2	16.8	6.0	9.5	0.5	0.3	6.4	0.9	22.2	12.4
1991	68.9	55.1	19.7	17.2	7.5	11.9	0.7	0.4	5.9	0.9	20.1	11.2
1992	72.4	58.2	22.6	16.9	9.1	10.8	0.4	0.5	7.8	1.5	20.5	9.8
1993	67.3	50.3	18.3	15.2	7.9	10.9	0.4	0.1	8.2	1.5	20.9	9.5
1994	66.3	53.1	20.7	15.2	10.8	11.8	0.2	0.4	7.1	1.3	23.5	10.6
1995	71.3	55.7	20.7	15.1	13.5	14.0	3.0	0.8	1.3	1.3	9.9	
1996	64.9	50.6	18.9	14.6	11.8	12.7	0.8	0.4	8.8	1.5	21.8	8.4
1997	78.8	49.9	21.6	13.5	11.7	12.6	1.6	0.4	11.8	1.8	14.4	9.8
1998	84.3	56.7	27.1	11.5	15.6	11.7	0.6	0.3	11.5	2.6	15.3	9.3
1999	97.2	68.0	35.1	10.5	17.5	6.6	0.7	0.6	16.4	4.1	15.4	9.0
2000	122.9	87.9	36.3	10.1	29.5	5.9	0.8	0.1	20.9	4.8	25.0	13.1
2001	92.4	60.8	32.0	3.8	19.9	5.8	0.6	0.3	18.2	3.5	40.0	33.3
2002	104.0	68.9	34.5	7.6	22.5	7.1	0.5	0.4	20.8	3.6	50.4	43.8
2003	103.6	72.3	32.8	6.8	28.0	3.7	0.7	0.5	19.2	3.8	66.2	56.5

12-15 主要年份主要农产品产量

Yield of Major Farm Crops in Major Years

单位:万吨 (10 000 tons)

年份 Year	粮食 Grain										
		谷物 Cereal							薯类 Tubers	豆类 Beans	
			小麦 Wheat	玉米 Corn	稻谷 Rice	谷子 Millet	莜麦 Sweet-oats	糜子 Broom Corn Millet			#大豆 Soybean
1947	184.5		10.0	19.0	1.2	43.5	16.9	13.0	14.8		6.3
1949	212.5		13.0	24.0	2.0	43.5	18.6	19.2	18.1		8.0
1952	348.5		25.5	28.5	2.5	72.0	33.0	42.7	42.9		12.2
1957	302.5		52.5	34.5	4.2	51.0	32.7	33.8	29.2		14.6
1965	382.0		59.5	81.0	2.8	64.0	35.9	34.6	22.2		16.0
1970	469.5		66.0	101.0		95.0	46.5	42.0	25.0		
1975	519.5		93.5	157.0		71.5	34.0	36.0	37.5		
1978	499.0		88.0	173.5	3.6	60.0	25.0	26.5	42.0		
1980	396.5		82.7	139.2	4.1	39.7	21.3	19.0	30.0		12.4
1981	510.0		99.8	142.6	4.0	59.9	37.8	36.3	37.6		19.3
1982	530.0		126.7	105.9	4.7	71.2	37.2	23.3	41.6		24.3
1983	560.2		120.9	142.9	4.2	79.2	20.9	26.4	41.9		24.3
1984	594.4		144.2	148.3	6.0	73.6	32.5	26.4	49.9		24.3
1985	604.1		148.5	159.8	7.8	78.6	28.6	18.1	48.2		28.8
1986	528.5		130.8	192.7	8.3	38.3	15.9	12.3	36.4		41.0
1987	607.0		125.7	273.3	7.7	52.1	7.3	10.1	33.7		36.7
1988	738.3		163.4	305.5	12.0	46.4	20.9	15.5	61.2		47.5
1989	677.9		187.5	285.1	19.2	31.3	9.0	10.0	42.5		36.9
1990	973.0		261.7	393.1	31.1	59.4	25.3	13.6	61.3		47.7
1991	958.5		280.2	413.7	35.2	45.1	17.0	9.3	46.5		45.1
1992	1046.8	937.4	330.3	435.4	41.4	44.3	13.3	12.4	58.7	50.7	40.0
1993	1108.3	930.9	298.5	453.9	33.0	48.4	12.1	9.2	63.8	113.6	90.1
1994	1083.5	910.4	234.8	482.3	30.5	41.4	10.0	10.7	55.3	117.8	94.0
1995	1055.4	914.1	262.2	518.4	39.6	23.9	8.8	7.3	74.3	67.0	52.5
1996	1535.3	1301.7	318.9	751.5	51.0	49.3	13.4	11.4	124.0	109.6	83.4
1997	1421.0	1188.0	307.9	677.9	70.6	41.1	7.6	11.0	114.4	118.7	97.4
1998	1575.4	1319.9	282.7	839.8	60.3	44.3	10.0	10.8	127.0	128.5	93.8
1999	1428.5	1210.6	273.1	771.4	68.8	29.2	6.4	5.5	110.7	107.2	82.5
2000	1241.9	947.9	181.8	629.2	72.2	15.0	2.7	5.3	184.3	109.7	85.8
2001	1239.1	1016.5	127.1	757.0	56.7	25.7	1.3	5.1	108.8	113.8	83.4
2002	1406.1	1097.7	121.5	821.5	56.0	30.3	3.9	5.3	168.5	139.9	96.4
2003	1360.7	1092.3	79.0	888.7	45.0	21.4	5.9	5.5	174.5	93.9	53.6

12-15 续表 continued

单位：万吨 (10 000 tons)

年份 Year	油料 Oil-bearing Crops	葵花籽 Sunflower Seeds	胡麻籽 Flax Seeds	油菜籽 Rape -seeds	甜菜 Beet-roots	烟叶 Tobacco	麻类 Fiber Crops	蔬菜 Veget-ables	果用瓜 Melons (Use on Fruit)
1947	6.0		1.6	0.7		0.2	0.3	21.1	
1949	9.0		2.5	0.7		0.1	0.4	44.9	
1952	17.5		5.2	2.1	0.1	0.1	0.8	46.4	
1957	13.0		7.5	1.5	22.1	0.2	0.6	66.4	
1965	9.0		4.7	0.9	20.9	0.2	0.5	110.7	
1970	10.5				34.0				
1975	10.5				37.1				
1978	12.5				43.1				
1980	25.0	16.5	4.6	1.8	81.2	0.2	0.4	157.6	9.7
1981	36.5	23.7	4.7	2.2	82.3	0.6	0.4	147.1	17.5
1982	49.0	32.0	8.2	3.0	115.2	0.9	0.2	156.8	16.3
1983	54.0	38.7	5.7	1.5	135.1	0.3	0.1	199.0	19.4
1984	60.0	42.1	8.4	3.0	141.0	0.3	0.1	158.5	23.3
1985	79.5	49.5	10.8	4.6	254.2	0.6	0.3	182.7	33.4
1986	66.0	48.4	7.6	2.2	159.0	0.6	0.2	220.9	36.9
1987	54.0	38.6	6.4	2.2	167.8	0.4	0.1	195.4	34.1
1988	56.5	35.0	10.3	3.2	219.0	0.8	0.1	203.0	36.3
1989	48.6	33.8	6.0	1.7	177.6	0.9	0.1	226.8	30.0
1990	69.4	41.7	11.5	4.4	236.4	0.8	0.7	243.3	22.8
1991	71.8	50.1	10.8	3.3	302.8	1.2	0.8	220.5	27.9
1992	81.4	56.8	11.1	5.5	260.1	0.8	1.4	271.2	50.9
1993	72.6	49.8	9.6	5.7	278.6	1.3	0.2	327.6	44.5
1994	65.0	44.5	8.7	8.3	233.6	0.9	0.9	267.9	121.8
1995	70.2	47.2	8.0	9.5	263.5	0.5	1.5	308.3	40.5
1996	81.4	53.9	11.2	10.5	320.7	1.8	1.0	365.4	49.6
1997	73.1	53.5	8.5	8.9	306.4	4.1	0.6	420.4	61.9
1998	90.3	59.4	10.6	14.1	259.2	1.3	0.3	433.4	84.4
1999	100.9	71.6	7.2	18.5	136.8	1.6		594.9	121.8
2000	116.4	69.1	6.5	30.5	141.3	1.4	0.1	759.9	161.7
2001	80.6	61.0	1.9	13.0	133.1	1.0	0.4	768.7	106.9
2002	108.9	70.4	6.5	28.2	195.0	1.0	1.0	755.3	120.8
2003	102.3	62.6	6.9	25.3	99.4	1.6	1.2	846.8	103.2

12-16 主要农产品产量及单位面积产量

Yield of Major Farm Crops and Yield of Major Farm Crops Per Hectare

年份	Item	2002		2003	
		总产量(万吨) Total Yield (10000 tons)	单位面积产量(公斤/公顷) Yield Per Hectare (kg/hectare)	总产量(万吨) Total Yield (10000 tons)	单位面积产量(公斤/公顷) Yield Per Hectare (kg/hectare)
粮食	**Grain**	**1406.08**	**3237**	**1360.73**	**3359**
谷物	Cereal	1097.74	4040	1092.34	4489
#稻谷	Rice	55.99	6238	45.00	6719
小麦	Wheat	121.49	2615	78.96	2486
玉米	Corn	821.52	5259	888.70	5585
高粱	Sorghum	34.52	3157	29.75	3524
谷子	Millet	30.28	1709	21.43	1509
莜麦	Sweet Oats	3.92	870	5.91	1344
糜子	Broom Corn Millet	5.28	1171	5.49	1551
荞麦	Buckwheat	15.84	990	8.68	923
豆类	Beans	139.89	1338	93.87	868
#大豆	Soybean	96.35	1616	53.62	769
薯类	Tubers	168.45	2903	174.53	3255
油料	**Oil bearing Crops**	**108.91**	**1582**	**102.29**	**1414**
#葵花籽	Sunflower Seeds	70.39	2039	62.62	1912
油菜籽	Rape seeds	28.22	1255	25.27	903
胡麻籽	Flax Seeds	6.52	854	6.95	1026
甜菜	**Beetroots**	**195.02**	**27662**	**99.44**	**26579**
棉花	**Cotton**	**0.26**	**3658**	**0.53**	**3868**
麻类	**Fiber Crops**	**1.04**	**2910**	**1.25**	**2666**
蔬菜	**Vegetables**	**755.26**	**36363**	**846.76**	**44077**
瓜类(果用瓜)	**Melons (Useon Fruit)**	**120.82**	**33445**	**103.24**	**27046**
水果	**Fruits**	**17.69**	**4042**	**20.09**	**4160**

12-17 自然灾害面积

Areas Covered by Natural Disaster

单位：万公顷 (10 000 hectares)

项目	Item	2002	2003
农作物受灾面积	**Areas Covered**	**320.80**	**355.21**
旱　灾	Drought	189.91	210.25
洪涝灾	Flood	22.35	46.25
风雹灾	Windstorm and Hail	73.04	56.83
低温冷冻灾	Freeze Injury	5.17	19.44
病虫害	Plant Diseases and Insect Pests	30.27	17.25
农作物成灾面积	**Areas Affected**	**238.34**	**315.41**
旱　灾	Drought	148.47	192.24
洪涝灾	Flood	18.17	42.05
风雹灾	Windstorm and Hail	47.14	46.84
低温冷冻灾	Freeze Injury	4.71	17.82
病虫害	Plant Diseases and Insect Pests	19.80	12.46
农作物绝收面积	**Areas Without Output**	**101.27**	**168.44**
旱　灾	Drought	38.65	101.68
洪涝灾	Flood	9.67	24.52
风雹灾	Windstorm and Hail	19.55	25.04
低温冷冻灾	Freeze Injury	3.13	11.41
病虫害	Plant Diseases and Insect Pests	30.27	5.79

12-18 造　林　面　积

Afforested Hill Areas

项目	Item	2002	2003
当年造林面积(万公顷)	**Annual Afforested Hill Areas(10 000 hectares)**	**90.74**	**83.60**
按所有制分	**Afforested Hill Areas by Ownership**		
国有造林(万公顷)	State-owned(10 000 hectares)	7.62	4.63
国社合作造林(万公顷)	State and Society(10 000 hectares)	0.41	
集体造林(万公顷)	Collective(10 000 hectares)	17.32	10.73
个人造林(万公顷)	Individual(10 000 hectares)	65.38	68.26
按主要林种用途分	**Afforested Hill Areas by Use**		
用材林(万公顷)	Stuff Forest(10 000 hectares)	1.70	1.70
经济林(万公顷)	Industrial Forest(10 000 hectares)	1.40	0.50
防护林(万公顷)	Protective Forest(10 000 hectares)	87.60	81.30
# 农田防护林(万公顷)	Protective Forest for Fields (10 000 hectares)		
薪炭林(万公顷)	Fuel Forest(10 000 hectares)	0.02	0.10
其他林(万公顷)	Others(10 000 hectares)		
在当年造林面积中：飞机播种(万公顷)	Areas of Aircraft Sowing Included in Annual Afforested Hill Areas(10 000 hectores)	21.00	13.70
木材采伐量(万立方米)	**Logging (10 000 cu.m)**		**327.80**

注:当年造林面积按年末实际成活率达到85%及以上面积计算。

a) Annual Afforested Hill Areas include the areas in which survival rate of new trees planted this year attain more than 85%.

12-19 草原建设及利用情况

Basic Statistics on Construction and Utilization of Grasslands

项 目	Item	2002	2003
草场面积(万公顷)	**Areas of Grasslands(10 000 hectares)**	**8666.70**	**8666.70**
# 承包到户面积(万公顷)	Areas Contracted with Households (10 000 hectares)	5161.28	5244.24
草库伦面积(围栏草场面积)(万公顷)	**Areas of Fenced Grasslands(10 000 hectares)**	**1390.80**	**1894.80**
# 当年新增面积(万公顷)	Annual Newly Increased Areas (10 000 hectares)	364.80	252.69
人工种草保有面积(万公顷)	**Areas of Grasslands Planted and Surviving (10 000 hectares)**	**199.20**	**209.41**
# 当年种草面积(万公顷)	Annual Areas of Planted Grasslands (10 000 hectares)	86.27	111.02
飞机播种面积(万公顷)	Aircraft Sowing(10 000 hectares)	54.52	58.90
当年打草量(万吨)	**Annual Quantity of Harvested Grass(10 000 tons)**	**850.00**	**1213.65**
现有畜棚数(万间)	**Number of Animal Sheds in Present(10 000 units)**	**326.00**	**336.98**
畜棚面积(万平方米)	Areas of Animal Sheds(10 000 sq.m)	8447.16	8253.08
每平米畜棚拥有牲畜数(只/平方米)	Number of Animals per Square meter in Sheds(head/sq.m)	0.95	0.89
现有畜圈数(万座)	**Number of Animal Corrals in Present (10 000 units)**	**248.07**	**248.98**
畜圈面积(万平方米)	Areas of Animal Corrals(10 000 sq.m)	13769.77	10667.22
每平米畜圈拥有牲畜数(只/平方米)	Number of Animals per Square meter in Corrals(head/sq.m)	0.59	69.05
草原利用率	**Utilization Rate of Grasslands**		
草原(可利用草原)载畜量(只/万公顷)	Animal Loading Capacity of Grasslands (head/10 000 hectares)	9801.99	10831.74

注:每平方米畜棚、畜圈拥有牲畜及草原载畜量均按标准羊单位计算；草原载畜量为每万公顷草场饲养牲畜数量。

a) Number of Animals per S.m in Sheds, Number of Animals per S.m Corrals and Animal Loading Capacity of Grasslands are Calculated at standardized sheep; Animal Loading Capacity of Grasslands is the number of animals which per 10000 hectares grassland can load.

12-20 牲畜总头数和总增头数

Total Number of Livestock and Livestock Added

单位:万头(只) (10 000 heads)

项 目	Item	2002 总头数 年中数 Year-middle	2002 总头数 年末数 Year-end	2002 总增头数 Total Number Added of Livestocks	2003 总头数 年中数 Year-middle	2003 总头数 年末数 Year-end	2003 总增头数 Total Number Added of Livestocks
大牲畜和羊合计	**Total Number of Large Animals, Sheep and Goats**	**6327.23**	**4495.11**	**2315.96**	**7114.14**	**5065.58**	**2787.17**
大牲畜	Large Animals	652.01	543.37	133.89	718.07	615.43	169.81
牛	Cattles	419.55	327.32	103.90	499.27	409.73	138.56
# 良种及改良种乳牛	Fine Breed and Improved Milk Cows	90.41	98.36	28.28	126.03	144.46	36.85
马	Horses	87.56	79.67	12.86	79.23	72.02	12.30
驴	Donkeys	80.42	77.72	14.31	81.13	78.64	15.34
骡	Mules	55.54	50.96	2.55	49.38	47.48	2.22
骆驼	Camels	8.93	7.69	0.27	9.05	7.56	1.39
羊	Sheep and Goats	5675.22	3951.74	2182.07	6396.08	4450.14	2617.36
绵羊	Sheep	3476.81	2405.94	1473.15	3973.96	2832.92	1767.73
# 细毛羊及改良羊	Nap Sheep or Improved Sheep	1466.60	1060.40		1688.12	1150.50	
半细毛羊及改良羊	Semi-nap Sheep or Improved Sheep	646.58	521.25		704.74	550.93	
山羊	Goats	2198.41	1545.80	708.92	2422.12	1617.23	849.63
猪	**Hogs**	**932.87**	**681.82**	**464.08**	**873.48**	**647.73**	**471.22**

注：总增头数是指牧业年度繁殖成活仔畜头数减去期内成幼畜死亡头数。

a) Total Number of Livestoks Added refers to survival number of newborn livestocks in the period subtract death livestocks.

12-21 牲 畜 总 头 数

Total Number of Livestock

单位：万头(只) (10 000 heads)

年份 Year	年中数 Year-middle				年末数 Year-end			
	合计 Total	大牲畜 Large Animals	羊 Sheep & Goats	猪 Hogs	合计 Total	大牲畜 Large Animals	羊 Sheep & Goats	猪 Hogs
1947	931.9	271.0	570.8	90.1	851.8	262.9	510.8	78.1
1948	949.9	286.5	571.6	91.8	869.1	277.9	511.6	79.6
1949	1058.6	313.7	642.6	102.3	968.6	304.3	575.6	88.7
1950	1191.4	343.1	731.8	116.5	1068.4	331.1	636.3	101.0
1951	1418.1	388.0	902.0	128.1	1278.6	372.5	795.0	111.1
1952	1749.9	450.6	1143.2	156.1	1467.6	430.3	902.0	135.3
1953	2105.2	504.5	1434.4	166.3	1844.7	442.5	1235.0	167.2
1954	2428.6	558.4	1672.2	198.0	1959.0	494.7	1292.6	171.7
1955	2501.3	586.9	1724.4	190.0	1912.3	514.7	1232.9	164.7
1956	2635.2	591.6	1874.9	168.7	2094.4	496.9	1451.2	146.3
1957	2438.9	552.7	1713.9	172.3	1809.9	450.5	1210.0	149.4
1958	2674.0	550.7	1879.7	243.6	2184.9	468.1	1505.6	211.2
1959	3070.8	589.0	2244.2	237.6	2576.7	537.2	1833.5	206.0
1960	3315.5	612.9	2431.7	270.9	2709.4	553.5	1921.0	234.9
1961	3305.4	623.4	2494.8	187.2	2671.2	550.5	1958.4	162.3
1962	3497.3	643.3	2621.0	233.0	2801.4	568.1	2031.3	202.0
1963	3981.7	699.7	3005.5	276.5	3242.4	628.3	2374.4	239.7
1964	4282.5	750.1	3242.1	290.3	3315.5	664.6	2399.2	251.7
1965	4488.4	787.9	3388.3	312.2	3606.1	716.2	2619.2	270.7
1966	4012.8	748.5	2969.0	295.3	3231.4	680.4	2295.0	256.0
1967	4164.6	730.0	3140.6	294.0	3469.4	680.9	2531.0	257.5
1968	4150.7	750.2	3067.6	332.9	3288.2	679.8	2349.0	259.4
1969	3844.5	721.7	2823.1	299.7	3213.0	665.1	2311.2	236.7
1970	3865.2	726.4	2840.3	298.5	3319.6	689.1	2356.4	274.1
1971	4032.5	754.3	2922.0	356.2	3419.7	712.2	2363.4	344.1
1972	4197.2	775.6	2985.5	436.1	3478.5	717.2	2372.3	389.0
1973	4317.2	781.3	3092.7	443.2	3654.6	738.2	2519.4	397.0
1974	4425.5	805.8	3160.3	459.4	3707.0	752.3	2532.6	422.1
1975	4628.5	820.3	3307.9	500.3	3757.6	766.8	2638.1	352.7
1976	4465.4	808.4	3058.0	599.0	3649.0	748.7	2397.8	502.5
1977	4428.6	784.1	3056.4	588.1	3643.4	715.3	2394.6	533.5

12-21 续表 continued

单位：万头(只) (10 000 heads)

年份 Year	年中数 Year-middle 合计 Total	大牲畜 Large Animals	羊 Sheep & Goats	猪 Hogs	年末数 Year-end 合计 Total	大牲畜 Large Animals	羊 Sheep & Goats	猪 Hogs
1978	4162.3	697.5	2860.5	604.3	3586.5	659.3	2378.1	549.1
1979	4513.4	724.6	3177.6	611.2	3873.1	685.3	2633.2	554.6
1980	4656.8	741.3	3317.0	598.5	3753.3	681.3	2553.4	518.6
1981	4565.6	723.2	3307.2	535.2	3817.2	678.9	2670.0	468.3
1982	4721.9	744.3	3474.0	503.6	3903.9	708.0	2735.0	460.9
1983	4413.6	739.9	3177.9	495.8	3539.8	694.7	2418.0	427.1
1984	4259.5	740.9	3053.7	464.9	3488.3	698.2	2377.3	412.8
1985	4341.8	775.3	3060.7	505.8	3667.4	736.6	2468.4	462.4
1986	4434.5	799.5	3082.7	552.3	3734.5	751.3	2502.2	481.0
1987	4555.2	811.5	3219.9	523.8	3731.0	730.8	2544.7	455.5
1988	4685.9	792.3	3408.8	484.8	4093.8	734.6	2892.8	466.4
1989	5301.5	812.7	3945.0	543.8	4215.4	718.6	3009.5	487.3
1990	5307.5	784.9	3955.2	567.4	4254.4	707.5	3023.9	523.0
1991	5568.2	783.8	4160.0	624.4	4220.5	699.8	2960.9	559.8
1992	5558.0	774.4	4067.4	716.2	4168.4	690.2	2856.7	621.5
1993	5577.9	771.8	3942.1	864.0	4231.9	685.7	2860.3	685.9
1994	5711.3	756.6	4038.9	915.8	4450.7	682.4	3028.1	740.2
1995	6065.7	783.8	4302.5	979.4	4795.0	708.3	3321.0	765.7
1996	6697.7	825.5	4804.3	1067.9	5066.8	734.9	3561.8	770.1
1997	7112.4	840.8	5164.8	1106.8	5180.4	714.0	3656.7	809.7
1998	7387.2	817.8	5383.5	1185.9	5206.3	677.3	3712.9	816.1
1999	7436.2	802.8	5491.6	1141.7	5147.6	667.4	3702.6	777.6
2000	7300.5	803.3	5406.2	1090.9	4912.0	622.1	3551.6	738.3
2001	7135.0	702.3	5427.8	1004.9	4817.6	536.3	3515.9	765.4
2002	7260.1	652.0	5675.2	932.9	5176.9	543.4	3951.7	681.8
2003	7987.6	718.1	6396.1	873.5	5713.3	615.4	4450.1	647.7

12-22 大牲畜和羊(年中数)

Total Number of Large Animals, Sheep and Goats(Year-middle)

单位：万头(只) (10 000 heads)

年份 Year	合计 Total	牛 Cattles	马 Horses	驴 Donkeys	骡 Mules	骆驼 Camels	绵羊 Sheep	山羊 Goats
1947	841.8	174.6	48.7	33.7	3.0	11.0	342.6	228.2
1948	858.1	186.7	48.1	37.6	3.2	10.9	348.0	223.6
1949	956.3	208.5	45.3	44.9	3.2	11.8	403.8	238.8
1950	1074.9	232.1	45.0	94.1	3.7	13.2	457.3	274.5
1951	1290.1	262.6	50.5	56.3	4.3	14.3	550.2	351.9
1952	1593.8	307.1	59.7	63.6	4.9	15.3	692.4	450.8
1953	1938.9	348.9	67.0	66.4	5.4	16.8	853.7	580.7
1954	2230.6	385.6	73.8	74.7	6.2	18.1	991.3	680.9
1955	2311.3	394.2	83.5	81.2	7.8	20.2	1030.6	693.8
1956	2466.5	389.0	90.9	82.1	8.5	21.2	1098.8	776.1
1957	2266.6	353.2	94.5	74.6	8.1	22.3	992.5	721.4
1958	2430.4	346.9	95.9	77.5	8.2	22.2	1097.9	781.8
1959	2833.2	380.7	103.1	73.5	8.5	23.2	1281.0	963.2
1960	3044.6	402.8	109.5	66.0	9.0	25.6	1379.0	1052.7
1961	3118.2	415.7	116.3	57.1	8.9	25.4	1417.8	1077.0
1962	3264.3	421.2	125.3	61.1	8.9	26.8	1453.3	1167.7
1963	3705.2	454.2	140.4	68.6	9.3	27.2	1696.3	1309.2
1964	3992.2	476.7	155.6	78.7	10.4	28.7	1875.7	1366.4
1965	4176.2	493.2	166.9	85.3	11.6	30.9	2017.4	1370.9
1966	3717.5	454.3	165.9	88.6	13.4	26.3	1844.2	1124.8
1967	3870.6	436.7	163.0	88.8	16.0	25.5	1952.8	1187.8
1968	3817.8	427.5	180.7	92.2	19.2	30.6	1935.8	1131.8
1969	3544.8	396.9	184.9	86.0	22.4	31.5	1755.1	1068.0
1970	3566.7	390.5	196.7	86.7	23.2	29.3	1815.4	1024.9
1971	3676.3	400.2	205.5	88.8	27.2	32.6	1887.8	1034.2
1972	3761.1	409.8	212.7	90.9	28.8	33.4	1974.6	1010.9
1973	3874.0	410.2	218.9	90.6	30.6	31.0	2119.0	973.7
1974	3966.1	418.1	231.4	93.1	32.3	30.9	2186.8	973.5
1975	4128.2	422.7	239.0	91.2	34.2	33.2	2304.2	1003.7
1976	3866.4	423.2	231.2	84.4	35.2	34.4	2162.4	895.6
1977	3840.5	412.3	224.9	76.3	34.7	35.9	2183.5	872.9

12-22 续表 continued

单位：万头(只) (10 000 heads)

年份 Year	合计 Total	牛 Cattles	马 Horses	驴 Donkeys	骡 Mules	骆驼 Camels	绵羊 Sheep	山羊 Goats
1978	3558.0	358.5	192.8	75.9	34.4	35.9	1986.7	873.8
1979	3902.2	376.2	198.2	78.0	34.1	38.2	2212.4	965.2
1980	4058.3	391.1	196.3	80.9	34.1	38.9	2354.7	962.3
1981	4030.4	381.6	187.7	79.8	33.9	40.2	2408.7	898.5
1982	4218.3	404.2	189.1	75.2	35.0	40.8	2543.8	930.2
1983	3917.8	407.4	185.1	74.3	37.6	35.6	2394.8	783.1
1984	3794.6	404.0	184.2	78.1	40.8	33.8	2273.4	780.3
1985	3836.0	424.0	189.4	85.2	44.6	32.2	2263.2	797.5
1986	3882.2	437.3	192.3	90.8	48.5	30.6	2255.5	827.2
1987	4031.4	445.2	194.2	93.2	51.9	27.0	2365.3	854.6
1988	4201.1	438.4	184.1	91.4	53.8	24.6	2454.1	954.7
1989	4757.7	457.8	180.9	92.1	56.5	25.4	2776.0	1169.0
1990	4740.1	439.8	169.2	93.0	58.2	24.7	2734.3	1220.9
1991	4943.8	434.9	166.8	96.7	61.8	23.6	2847.4	1312.6
1992	4841.9	426.4	164.1	97.6	65.3	21.0	2779.8	1287.7
1993	4713.8	424.2	161.9	100.1	68.0	17.7	2652.3	1289.8
1994	4795.5	415.4	158.2	96.8	69.7	16.6	2694.6	1344.3
1995	5086.3	442.7	158.0	97.6	69.4	16.1	2779.6	1522.9
1996	5629.8	477.2	161.5	100.4	70.1	16.3	3083.4	1720.9
1997	6005.6	488.0	161.3	102.9	72.2	16.5	3285.0	1879.9
1998	6201.3	478.6	149.9	101.8	71.8	15.7	3419.0	1964.5
1999	6294.5	475.2	140.4	100.9	71.6	14.8	3544.0	1947.6
2000	6209.6	490.2	130.5	99.5	69.5	13.6	3537.4	1868.8
2001	6130.1	431.4	108.4	87.9	62.3	12.3	3408.1	2019.7
2002	6327.2	419.6	87.6	80.4	55.5	8.9	3476.8	2198.4
2003	7114.1	499.3	79.2	81.1	49.4	9.1	3974.0	2422.1

12-23 牲畜增减变化情况(2003年,年末数)

Number of Newly Increased and Decreased Livestock(End of 2003)

单位:万头(只) (10 000 heads)

项 目	Item	繁殖仔畜 New Born Stocks	成活仔畜 Survival New Born Stocks 头数 Number	成活率(%) Survival Rate	成幼畜死亡 Death Number of Young and Adult Stocks 头数 Number	死亡率(%) Death Rate
大牲畜和羊合计	**Total Number of Large Animals, Sheep and Goats**	**3085.63**	**2985.74**	**96.76**	**71.92**	**1.60**
大牲畜	Large Animals	184.03	179.46	97.51	4.35	0.80
牛	Cattles	146.36	142.70	97.50	2.95	0.90
#良种及改良种乳牛	Fine Breed and Improved Milk Cows	48.43	46.70	96.43	0.69	0.72
马	Horses	14.46	14.05	97.17	0.70	0.88
驴	Donkeys	19.07	18.67	97.87	0.47	0.60
骡	Mules	2.71	2.65	98.11	0.16	0.32
骆驼	Camels	1.43	1.38	96.32	0.07	0.87
羊	Sheep and Goats	2901.59	2806.28	96.72	67.56	1.71
绵羊	Sheep	2032.09	1969.41	96.92	42.20	1.75
山羊	Goats	869.50	836.88	96.25	25.36	1.64
猪	**Hogs**	**516.21**	**498.01**	**96.47**	**16.57**	**2.43**

12-23 续表 continued

单位:万头(只) (10 000 heads)

项 目	Item	自宰自食 killed for Self-use	出卖 Selling	#出卖肉畜 Sold Meat Stocks	出栏率(%) Slaughter Rate	商品率(%) Commodity Rate
大牲畜和羊合计	**Total Number of Large Animals, Sheep and Goats**	**357.10**	**3014.71**	**2707.37**	**68.17**	**108.16**
大牲畜	Large Animals	11.43	229.38	185.30	36.21	135.08
牛	Cattles	9.30	166.54	139.77	45.54	120.20
马	Horses	0.41	26.86	20.48	26.23	218.35
驴	Donkeys	1.28	24.82	17.12	23.67	161.82
骡	Mules	0.29	9.47	6.38	13.10	426.78
骆驼	Camels	0.15	1.69	1.55	22.11	121.71
羊	Sheep and Goats	345.67	2785.33	2522.07	72.57	106.42
绵羊	Sheep	232.61	1867.66	1693.55	80.06	105.65
山羊	Goats	113.06	917.67	828.52	60.91	108.01
猪	**Hogs**	**627.39**	**679.71**	**524.53**	**116.15**	**111.31**

12-24 牲畜总增情况(年中数)

Total Number of Newly Increased Livestock(Middle of Year)

单位:万头(只) (10 000 heads)

项目	Item	总增头数 Total Number of Livestocks Added 2002	2003	总增率(%) Growth Rate 2002	2003
大牲畜和羊合计	**Total Number of Large Animals, Sheep and Goats**	**2315.96**	**2787.17**	**37.78**	**44.05**
大牲畜	Large Animals	133.89	169.81	19.06	26.04
牛	Cattles	103.90	138.56	24.08	33.03
# 良种及改良种乳牛	Fine Breed and Improved Milk Cows	28.28	36.85	34.02	40.76
马	Horses	12.86	12.30	11.87	14.05
驴	Donkeys	14.31	15.34	16.28	19.07
骡	Mules	2.55	2.22	4.10	3.99
骆驼	Camels	0.27	1.39	2.20	15.59
羊	Sheep and Goats	2182.07	2617.36	40.20	46.12
绵羊	Sheep	1473.15	1767.73	43.22	50.84
山羊	Goats	708.92	849.63	35.10	38.65
猪	**Hogs**	**464.08**	**471.22**	**46.18**	**50.51**

12-25 牲畜增减变化情况(2003年,年中数)

Number of Newly Increased and Decreased Livestock(Middle of 2003)

单位:万头(只) (10 000 heads)

项目	Item	繁殖成活仔畜 New Born Stocks And Survival New Born Stocks: 繁殖仔畜 New Born Stocks	成活仔畜 Survival New Born Stocks	成活率(%) Survival Rate	繁成率(%) Rate of Breeding and Surviving	成幼畜死亡 Death Number of Stocks: 头数 Number	死亡率(%) Death Rate
大牲畜和羊合计	**Total Number of Large Animals, Sheep and Goats**	**2971.43**	**2873.47**	**96.70**	**99.96**	**86.30**	**1.36**
大牲畜	Large Animals	179.67	175.01	97.41	71.56	5.20	0.80
牛	Cattles	145.75	142.06	97.47	78.59	3.50	0.83
# 良种及改良种乳牛	Fine Breed and Improved Milk Cows	38.08	37.37	98.16	66.48	0.52	0.58
马	Horses	13.58	13.15	96.82	50.30	0.85	0.97
驴	Donkeys	16.27	15.87	97.52	46.70	0.53	0.66
骡	Mules	2.49	2.42	97.25		0.20	0.37
骆驼	Camels	1.58	1.51	95.52	40.86	0.11	1.28
羊	Sheep and Goats	2791.76	2698.47	96.66	102.60	81.10	1.43
绵羊	Sheep	1872.08	1816.77	97.05	107.55	49.04	1.41
山羊	Goats	919.68	881.69	95.87	93.71	32.07	1.46
猪	**Hogs**	**505.87**	**489.44**	**96.75**	**701.08**	**18.22**	**1.95**

12-26 能繁殖母畜、耕畜及改良畜(2003年, 年中数)

Female Parent Stocks, Plow Stocks and Improved Stock(Middle of 2003)

单位: 万头(只) (10 000 heads)

项 目	Item	能繁殖母畜 Female Parent Stocks	耕 畜 Plow Stocks	良种牲畜 Fine Breed Stocks	改良种牲畜 Improved Stocks
大牲畜和羊合计	**Total Number of Large Animals, Sheep and Goats**	**3804.49**	**183.66**	**2468.05**	**3725.38**
大牲畜	Large Animals	306.52	183.66	124.14	375.91
牛	Cattles	241.96	40.65	102.29	298.99
# 良种及改良种乳牛	Fine Breed and Improved Milk Cows	69.57			
马	Horses	24.71	43.95	6.77	36.31
驴	Donkeys	36.19	57.00	9.71	40.15
骡	Mules		41.25		
骆驼	Camels	3.65	0.81	5.38	0.45
羊	Sheep and Goats	3497.97		2343.91	3349.47
绵羊	Sheep	2209.78		1539.56	2083.39
# 细毛羊及改良羊	Nap Sheep or Improved Sheep	672.04			
半细毛羊及改良羊	Semi nap Sheep or Improved Sheep	353.78			
山羊	Goats	1288.19		804.35	126.61
猪	**Hogs**	**59.29**		**186.37**	**550.41**

12-27 能繁殖母畜、耕畜及改良畜(2003年, 年末数)

Female Parent Stocks, Plow Stocks and Improved Stock(End of 2003)

单位:万头(只) (10 000 heads)

项 目	Item	能繁殖母畜 Female Parent Stocks	耕 畜 Plow Stocks	良种牲畜 Fine Breed Stocks	改良种牲畜 Improved Stocks
大牲畜和羊合计	**Total Number of Large Animals,Sheep and Goats**	**3336.74**	**170.81**	**1799.92**	**2607.99**
大牲畜	Large Animals	295.31	170.81	126.37	307.89
牛	Cattles	230.94	31.86	105.61	231.43
马	Horses	23.84	43.07	8.38	32.83
驴	Donkeys	37.13	55.69	7.73	42.92
骡	Mules		39.56		
骆驼	Camels	3.40	0.63	4.65	0.70
羊	Sheep and Goats	3041.43		1673.55	2300.10
绵羊	Sheep	2026.48		1156.28	1446.31
山羊	Goats	1014.94		517.28	853.79
猪	**Hogs**	**54.32**		**142.73**	**407.52**

12-28 主要畜禽产品产量
Output of Major Livestock and Poultry

项 目	Item	2002	2003
当年出栏肉猪头数(头)	Annual Number of Sold Fatten Hogs (head)	8384593	7919113
当年出栏和自宰的肉用牛(头)	Annual Number of Sold and Killed Meat Cattles (head)	1296312	1490656
当年出售和自宰的肉用羊(只)	Annual Numberof Sold and Killed Mutton Goats and Sheep (head)	21560099	28677389
当年肉类总产量(吨)	Annual Output of Meat (ton)	1457755	1627246
# 猪肉产量(吨)	Pork (ton)	748840	712719
牛肉产量(吨)	Beef (ton)	194890	240252
羊肉产量(吨)	Mutton (ton)	338107	453163
奶类产品(吨)	Milks (ton)	1688941	3122129
# 牛 奶(吨)	Cow Millk (ton)	1651996	3080222
山羊毛产量(吨)	Goat Wool (ton)	5133	5793
绵羊毛产量(吨)	Sheep Wool (ton)	58538	69255
山羊绒产量(吨)	Cashmere (ton)	4531	5338
蜂蜜产量(吨)	Honey (ton)	2298	2653
禽蛋产量(吨)	Poultry Eggs (ton)	276578	344437
年末实有家禽(万只)	Number of Poultry at Yearend (10 000 heads)	5256.81	5422.21
年内牛皮产量(张)	Annual Output of Cattle Skin (unit)	1045051	1403072
绵羊皮产量(张)	Output of Sheep Skin (unit)	14147619	19037144
山羊皮产量(张)	Output of Goat Skin (unit)	6325130	9374144
驼绒产量(吨)	Output of Fine Hair of Camel (ton)	312	326
出售肉类总量(吨)	Products of Sold Meat (ton)	1087183	1229174
# 出售猪肉(吨)	Pork (ton)	525968	472083
出售牛肉(吨)	Beef (ton)	161525	208232
出售羊肉(吨)	Mutton (ton)	267850	371808
出售牛羊奶数量(吨)	Products of Sold Milk (ton)	1406415	2701968
出售羊毛数量(吨)	Products of Sold Wool of Sheep and Goats (ton)	56178	62889
出售家禽只数(万只)	Number of Sold Poultry (10 000 heads)	5101.85	7046.49
水 产 品(吨)	Aquatic Products (ton)	77707	72794

主要统计指标解释

农林牧渔业总产值 指以货币表现的农、林、牧、渔业全部产品的总量，它反映一定时期内农业生产总规模和总成果。农业总产值的计算方法通常是按农林牧渔业产品及其副产品的产量分别乘以各自单位产品价格求得；少数生产周期较长，当年没有产品或产品产量不易统计的，则采用间接方法匡算其产值；然后将四业产品产值相加即为农业总产值。

粮食产量 指全社会的产量。包括国有经济经营的、集体统一经营的和农民家庭经营的粮食产量，还包括工矿企业办的农场和其他生产单位的产量。粮食除包括稻谷、小麦、玉米、高粱、谷子及其他杂粮外，还包括薯类和豆类。其产量计算方法，豆类按去豆荚后的干豆计算；薯类(包括甘薯和马铃薯，不包括芋头和木薯)1963 年以前按每 4 公斤鲜薯折 1 公斤粮食计算，从 1964 年开始改为按 5 公斤鲜薯折 1 公斤粮食计算。城市郊区作为蔬菜的薯类(如马铃薯等)按鲜品计算，并且不作粮食统计。其他粮食一律按脱粒后的原粮计算。

油料产量 指全部油料作物的生产量。包括花生、油菜籽、芝麻、向日葵籽、胡麻籽(亚麻籽)和其他油料。不包括大豆，木本油料和野生油料。花生以带壳干花生计算。

水产品产量 指人工养殖的水产品和天然生长的水产品的捕捞量。包括海水的鱼类、虾蟹类、贝类和藻类以及内陆水域的鱼类、虾蟹类和贝类，不包括淡水生植物。

猪、牛、羊肉产量 指当年出栏并已屠宰、除去头蹄下水后带骨肉(即胴体重)的重量。

牲畜总增头数 是反映牲畜的总体增长情况、牲畜头数增殖情况和死亡损失情况的一项数量指标，以大畜、小畜和猪分畜种计算。

总增头数=期内繁殖成活仔畜头数—期内成幼畜死亡头数

期末牲畜存栏头数 指调查期末农村各种合作经济组织和国营农场，农民个人，机关、团体、学校、工矿企业，部队等单位以及城镇居民饲养的大牲畜、猪、羊的存栏头数。

耕地面积 指可以用来种植农作物、经常进行耕锄的田地，包括熟地、当年新开荒地、连续撂荒未满三年的耕地和当年的休闲地(轮歇地)，还包括以种植农作物为主并附带种植桑树、茶树、果树和其他林木的土地，以及沿海、沿湖地区已围垦利用的“海涂”、“湖田”等面积。不包括属于专业性的桑园、茶园、果园、果木苗圃、林地、芦苇地、天然或人工草地面积。

农作物播种面积 指实际播种或移植有农作物的面积。凡是实际种植有农作物的面积，不论种植在耕地上还是种植在非耕地上，均包括在农作物播种面积中。在播种季节基本结束后，因遭灾而重新改种和补种的农作物面积，也包括在内。

有效灌溉面积 指具有一定的水源，地块比较平整，灌溉工程或设备已经配套，在一般年景下当年能够进行正常灌溉的耕地面积。

农用化肥施用量 指本年内实际用于农业生产的化肥数量，包括氮肥、磷肥、钾肥和复合肥。化肥施用量要求按折纯量计算数量。折纯量是把氮肥、磷肥、钾肥分别按含氮、含五氧化二磷、含氧化钾的百分之一百成份进行折算后的数量。复合肥按其所含主要成分折算。

农业机械总动力 指主要用于农、林、牧、渔业的各种动力机械的动力总和。包括耕作机械、排灌机械、收获机械、农用运输机械、植物保护机械、牧业机械、林业机械、渔业机械和其他农业机械［内燃机按引擎马力折成瓦(特)计算、电动机按功率折成瓦(特)计算］。不包括专门用于乡、镇、村、组办工业、基本建设、非农业运输、科学试验和教学等非农业生产方面用的动力机械与作业机械。

农林牧渔业劳动力 指全社会直接参加农林牧渔业生产活动的劳动力。

Explanatory Notes on Main Statistical Indicators

Gross Output Value of Farming, Forestry, Animal Husbandry and Fishery refers to the total value of products of farming, forestry, animal husbandry and fishery, which reflects the total scale and result of agricultural production during a given period. Gross output value of agriculture is obtained by first multiplying the output of each product or by product by its price, resulting in the output value of each single item. For a small number of products, annual output of which is not available or difficult to get due to the long production growing process involved, the output value is estimated through an indirect approach. The sum of output value of all products of farming, forestry, animal husbandry, and fishery is then equal to the gross output value of agriculture.

Grain Yield refers to the yield in the whole country including grains produced by state farms, collective units, industrial enterprises and mines. Grain includes rice, wheat, corn, sorghum, millet and other miscellaneous grains as well as tubers and beans. Output of beans refers to dry beans without pods. The output of tubers (sweet potatoes and potatoes, not including taros and cassava) was converted into that of grain at the ratio 4:1, i. e. 4 kilograms of fresh tubers was equivalent to 1 kilogram of grain up to 1963. Since 1964 the ratio for conversion has been 5:1. Tubers supplied as vegetables (such as potatoes) in cities and suburbs are calculated as fresh vegetables and their output is not included in the output of grain . Output of all other grains refers to husked grain.

Yield of Oil-bearing Crops refers to the total yield of oil bearing crops of various kinds, including peanuts, (dry, in shell) rape seeds, sesame, sunflower seeds, flax seeds, and other oil bearing crops, Soybeans, oil bearing woody plants, and wild oil bearing crops are not included.

Output of Aquatic Products refers to catches of both artificially cultured and naturally grown aquatic products, including fish, shrimps, crabs and shellfish in sea and inland water as well as seaweed. Freshwater plants are not included.

Output of pork, Beef, and Mutton refers to the meat of slaughtered hogs, cattle, sheep and goats with head, feet, and offal taken away.

Total Number of Livestock Added is a kind of numeral index which reflects the total statistics of increase, breeding and death of livestock, it is calculated at different kinds of livestock.

Total Number of Livestock Added = Survival Number of Newborn Livestock in the given Period-Death Number of Livestock

Number of Livestock in stock at Beginning(or End) refers to the total number of large animals, pigs, sheep, etc. raised by rural cooperative organizations, state farms, rural individuals, government agencies, schools, industrial and mining enterprises, army, and urban residents at the beginning(or end) of the reference period.

Cultivated Area (Area under cultivation) refers to farmland which is plowed constantly for growing crops, including cultivated land, newly cultivated land in the current year, farmland left without cultivation for less than three years and fallow land in the current year, rotation land, rotation land of grass and crops, farmland with some fruit trees, mulberry trees and other trees and cultivated seashore land, lake land and etc. The land of mulberry fields, tea plantations, orchards, nurseries of young plants, forestland, reed land, natural and manmade grassland and other land are not included in cultivated land.

Sown Area of Crops refers to area of land sown or transplanted with crops regardless of being in cultivated area or non-cultivated area. Area of land re sown due to natural disasters is also included.

Irrigated Area refers to areas that are effectively irrigated, i. e. level land which has water source and complete sets of irrigation facilities to lift and move adequate water for irrigation purpose under normal conditions.

Consumption of Chemical Fertilizers in Agriculture refers to the quantity of chemical fertilizers applied in agriculture in the year, including nitrogenous fertilizer, phosphate fertilizer, potash fertilizer, and compound fertilizer. The consumption of chemical fertilizers is required in calculation to convert the gross weight into weight containing 100% effective component. Compound fertilizer is converted with its major component.

Total Power of Farm Machinery refers to total mechanical power of machinery used in farming, forestry, animal husbandry, and fishery, including ploughing, irrigation and drainage, harvesting, transport, plant protection, stock breeding, forestry and fishery. The power of internal combustion engines is required to convert horsepower into watts and the power of electric motors is required to be converted into watts. Machinery employed for non-agricultural purposes, such as the machines used in township run and village run industry, construction, non agricultural transport, scientific experiments and teaching, is excluded.

Labour Force Engaged in Farming, Forestry, Animal Husbandry and Fishery refers to the total laborers who are directly engaged in production of farming, forestry, animal husbandry and fishery.

十三 工业

INDUSTRY

资料整理 梁卫国 杨文武
Arranged by Liang Weiguo , Yang Wenwu

13-1 工业企业单位数和工业总产值
Number of Industrial Enterprises and Gross Industrial Output Value by Ownership

项 目	Item	1995	2000	2003
企业单位数(个)	**Number of Industrial Enterprises(unit)**	**99865**	**147769**	**106602**
在总计中:	Of the Total:			
国有及国有控股企业	State-owned Enterprises(including enterprises with controlling share hold by the state)	3264	757	591
在总计中:	Of the Total:			
轻工业	Light Industry	66812	97464	68870
重工业	Heavy Industry	33053	50305	37732
在总计中:	Of the Total:			
国有企业	State-owned Enterprises	3264	545	357
集体企业	Collective-owned Enterprises	13036	3874	3198
个体企业	Individual-owned Enterprises	81417	133421	96589
其他经济类型企业	Enterprises of Other Types of Ownership	461	9929	6458
# 股份制经济	Share-holding Corporations	99	371	617
外商及港澳台商投资企业	Enterprises Funded by Foreigners or by Entrepreneurs from Hong Kong, Macao and Taiwan	272	90	109
工业总产值(亿元)	**Gross Industrial Output Value (100 million yuan)**	**678.87**	**1266.11**	**2054.96**
在总计中:	Of the Total:			
国有及国有控股企业	State-owned Enterprises(including enterprises with controlling share hold by the state)	422.47	670.44	901.84
在总计中:	Of the Total:			
轻工业	Light Industry	233.96	488.69	801.43
重工业	Heavy Industry	444.92	777.42	1253.53
在总计中:	Of the Total:			
国有企业	State-owned Enterprises	422.47	258.61	211.28
集体企业	Collective-owned Enterprises	131.55	69.09	82.23
个体企业	Individual-owned Enterprises	69.20	258.20	411.65
其他经济类型企业	Enterprises of Other Types of Ownership	55.66	680.18	1349.80
# 股份制经济	Share-holding Corporations	14.49	431.95	921.90
外商及港澳台商投资企业	Enterprises Funded by Foreigners or by Entrepreneurs from Hong Kong, Macao and Taiwan	26.08	61.16	170.91

注：工业总产值按核算口径工业总产出计算。

a)The gross industrial output value is calculated at gross industrial output of national accounts .

13-2 工业总产值

Gross Industrial Output Value

本表按当年价计算。

Data in this table are calculated at current prices.

单位：亿元 (100 million yuan)

年份 Year	工业总产值 Total Industry	按轻重工业分 Grouped by Light & Heavy Industry		按经济类型分 Grouped by Ownership			
		轻工业 Light Industry	重工业 Heavy Industry	国有及国有控股企业 State-owned or Controlling Share Hold Industry	集体企业 Collective-owned Industry	个体企业 Individual-Owned Industry	其他经济类型企业 Industry of Other Types of Ownership
1952	1.63	1.06	0.57	0.91	0.01	0.71	
1957	6.33	3.48	2.85	5.23	1.02	0.08	
1962	14.26	7.84	6.42	11.78	2.29	0.18	
1965	26.79	9.61	17.18	24.15	2.60	0.03	
1970	27.80	8.85	18.95	25.16	2.64		
1975	36.89	15.28	21.61	30.22	6.67		
1978	52.96	22.05	30.91	40.89	10.78		
1979	57.40	23.90	33.50	44.32	11.68		
1980	59.39	24.58	34.81	46.23	13.13	0.02	0.01
1981	61.76	28.41	33.35	49.10	12.60	0.04	0.02
1982	73.73	31.45	42.28				
1983	81.53	34.06	47.47	65.76	15.62	0.13	0.03
1984	90.02	36.99	53.03	75.57	17.09	0.35	0.02
1985	112.93	45.78	67.15	91.86	20.38	0.65	0.04
1986	126.46	52.69	73.77	97.87	25.67	2.84	0.07
1987	150.84	64.10	86.74	115.86	30.93	3.94	0.11
1988	193.86	86.41	107.45	144.60	42.21	6.76	0.28
1989	243.13	105.31	137.82	178.22	55.03	9.20	0.68
1990	263.33	108.51	154.82	193.14	57.69	11.55	0.94
1991	304.43	108.98	195.45	233.55	55.15	13.03	2.70
1992	363.72	131.55	234.91	276.33	67.11	15.98	4.30
1993	464.37	140.06	324.31	367.17	69.36	20.51	7.33
1994	556.70	181.24	375.46	418.39	100.38	26.06	11.87
1995	678.87	233.96	444.92	422.47	131.55	69.20	55.66
1996	820.12	322.53	497.59	500.11	160.24	86.69	73.09
1997	967.74	385.18	582.56	561.06	180.01	129.44	97.23
1998	1033.24	406.99	626.25	518.44	178.63	193.64	142.53
1999	1110.00	403.60	706.40	588.80	91.56	217.17	212.47
2000	1266.11	488.69	777.42	670.44	69.09	258.20	268.39
2001	1401.73	558.48	843.25	717.05	56.10	280.79	347.79
2002	1620.47	648.20	972.27	810.28	64.85	324.61	420.73
2003	2054.96	801.43	1253.53	901.84	82.23	411.65	659.24

注：工业总产值按核算口径工业总产出计算。

a)The gross industrial output value is calculated at gross industrial output of national accounts.

13-3 工业总产值指数

Indices of Gross Industrial Output Value

(上年=100) (preceding year=100)

年份 Year	工业总产值 Total Industry	按轻重工业分 Grouped by Light & Heavy Industry		按经济类型分 Grouped by Ownership			
		轻工业 Light Industry	重工业 Heavy Industry	国有及国有控股企业 State-owned or Controlling Share Hold Industry	集体企业 Collective-owned Industry	个体企业 Individual-Owned Industry	其他经济类型企业 Industry of Other Types of Ownership
1978	116.2	109.0	121.9	114.2	110.1		
1979	106.7	101.5	110.3	108.4	112.9		
1980	104.8	112.3	99.9	104.0	107.5		
1981	100.6	110.9	92.9	102.7	92.8	191.7	300.0
1982	115.1	107.9	121.1	114.9	115.5	200.5	96.7
1983	109.6	108.4	110.5	110.3	106.3	173.2	120.0
1984	108.1	107.4	108.6	108.0	107.1	252.9	87.0
1985	116.6	116.8	116.6	113.9	93.6	444.7	157.5
1986	109.6	112.8	107.2	107.7	146.0	168.3	188.7
1987	112.5	115.6	110.0	111.5	113.5	130.8	136.2
1988	113.9	116.1	112.2	110.7	121.1	152.1	229.2
1989	112.6	107.7	116.7	110.7	117.0	122.1	217.9
1990	104.1	102.8	105.0	104.1	100.7	120.7	134.0
1991	108.1	108.1	108.0	106.4	107.8	138.4	156.1
1992	111.3	108.0	113.5	107.9	118.4	133.8	148.5
1993	112.8	106.0	117.2	105.1	124.5	143.9	272.5
1994	115.6	118.0	114.2	103.7	122.1	142.0	295.0
1995	113.3	115.5	111.0	107.2	97.0	186.8	126.3
1996	118.0	119.5	117.1	101.6	124.6	158.9	161.1
1997	112.7	114.2	112.0	101.5	118.0	127.4	140.0
1998	108.3	108.7	108.4	106.5	86.6	114.8	145.3
1999	111.5	117.2	105.9	109.6	91.3	111.1	123.6
2000	112.4	120.7	106.8	106.7	67.2	125.5	135.6
2001	109.6	114.1	108.6	106.3	76.6	110.3	125.4
2002	120.1	122.8	118.5	115.1	108.4	112.4	137.4
2003	128.0	126.6	128.9	109.1	119.9	108.3	146.1

注：本表按可比价格计算，以上年为100。

a)Data in this table are calculated at comparable prices, preceding year=100.

13-4 全部国有及规模以上非国有工业分行业职工(2003年)

Number of Staff & Workers in All State-owned & Non-state-owned above Designated Size Industrial Enterprises by Industrial Branch(2003)

单位：万人　　　　(10 000 persons)

项目	Item	2003
总计	**Total**	**72.15**
按登记注册类型分	**Grouped by Ownership**	
国有	State-owned	14.18
集体	Collective-owned	3.94
其他	Other Ownership	
按行业分	**Grouped by Sector**	
采矿业	**Mining**	
煤炭开采和洗选业	Coal Mining & Processing	12.12
石油和天然气开采业	Petroleum & Natural Gas Pumped	0.24
黑色金属矿采选业	Mining & Dressing of Ferrous Metals	0.53
有色金属矿采选业	Mining & Dressing of Nonferrous Metals	1.61
非金属矿采选业	Mining & Dressing of Nonmetal Minerals	0.83
其他采矿业	Mining of Other Mineral	
制造业	**Manufacturing**	
农副食品加工业	Processing of Agricultural Side-Line Food	3.71
食品制造业	Food Manufacturing	2.65
饮料制造业	Beverage Manufacturing	3.10
烟草制品业	Tobacco Products	0.21
纺织业	Textile Industry	5.89
纺织服装、鞋、帽制造业	Textile Products, Clothes, Shoes & Hats	0.85
皮革、毛皮、羽毛（绒）及其制品业	Leather, Furs, Down & Related Products	0.19
木材加工及木、竹、藤、棕、草制品业	Timber Processing, Bamboo, Cane, Palm Fiber & Straw Products	0.23
家具制造业	Furniture Manufacturing	0.05
造纸及纸制品业	Paper-making & Paper Products	0.92
印刷业和记录媒介的复制	Printing & Record Pressing	0.29
文教体育用品制造业	Cultural, Educational & Sports Goods	
石油加工、炼焦及核燃料加工业	Petroleum Processing ,Coke Products & Processing of Nuclear Fuel	0.69
化学原料及化学制品制造业	Raw Chemical Materials & Chemical Products	4.37
医药制造业	Medicine Manufacturing	1.28
化学纤维制造业	Chemical Fiber Manufacturing	0.02
橡胶制品业	Rubber Products	0.09
塑料制品业	Plastic Products	0.10
非金属矿物制品业	Nonmetal Mineral Products	3.92
黑色金属冶炼及压延加工业	Smelting & Pressing of Ferrous Metals	8.43
有色金属冶炼及压延加工业	Smelting & Pressing of Nonferrous Metals	2.68
金属制品业	Metal Products	0.58
通用设备制造业	Manufacturing of General-Purpose Equipment	1.51
专用设备制造业	Special Purposes Equipment Manufacturing	4.28
交通运输设备制造业	Transportation Equipment Manufacturing	0.61
电气机械及器材制造业	Electric Equipment & Machinery	0.61
通信设备、计算机及其他电子设备制造业	Manufacturing of Telecoms,Computer & Other Electronic Equipment	0.43
仪器仪表及文化、办公用机械制造业	Instruments, Meters, Cultural & Office Machinery	0.02
工艺品及其他制造业	Handicrafts & Other Production	0.65
废弃资源和废旧材料回收加工业	Recovering of Abandoned Resource & Waste Materical	
电力、燃气及水的生产和供应业	**Production & Supply of Electric Power,Gas & Water**	
电力、热力的生产和供应业	Production & Supply of Electric Power & Heating Power	7.12
燃气生产和供应业	Production & Supply of Gas	0.24
水的生产和供应业	Production & Supply of Water	1.10

注：规模以上工业是指全部国有工业和年销售收入500万元以上的非国有工业(下同)。

a)Industrial enterprises above designated size refer to all state-owned plus the non state-owned \industrial enterprises with an annual sales income of over 5 million yuan(The next table is the same)

13-5 全部国有及规模以上非国有工业企业工业总产值(2003年)

Gross Industrial Output Value of All State-owned and Non state-owned above Designated Size Industrial Enterprises(2003)

单位：万元 (10 000 yuan)

行业	Item	2002年工业总产值(现价) Gross Industrial Output Value in 2002 (at current prices)	2003年工业总产值(现价) Gross Industrial Output Value in 2003 (at current prices)	2003年比上年增长%(按不变价计算) Increase rate (at constant price)
总 计	**Total**	**9947521**	**13544507**	**37.43**
按经济类型分	**Grouped by Ownership**			
在总计中:	Of the Total:			
国有及国有控股企业	State-owned Enterprises(including with controlling share hold by the state)	7163132	7972603	9.09
在总计中:	Of the Total:			
集体企业	Collective-owned Enterprises	170312	220985	28.73
股份有限公司	Share-holding Corporation	2263159	3261079	33.55
外商投资企业	Foreign Funded Enterprises	537445	943609	124.44
港澳台商投资企业	Enterprises Funded by Entrepreneurs from Hong Kong, Macao and Taiwan	419987	574986	68.73
按轻重工业分	**Grouped by Light & Heavy Industry**			
轻工业	Light Industry	3272202	4287684	35.87
重工业	Heavy Industry	6675319	9256824	38.40
按企业规模分	**Grouped by Size of Enterprises**			
大型企业	Large	3806084	5110981	33.38
中型企业	Medium-sized	3370455	4559983	38.85
小型企业	Small	2777361	3873543	38.12
按行业分	**Grouped by Sector**			
煤炭开采和洗选业	Coal Mining and Processing	831855	1147314	37.02
石油和天然气开采业	Petroleum and Natural Gas Pumped	100013	136328	9.59
黑色金属矿采选业	Mining and Dressing of Ferrous Metals	33861	84336	209.06
有色金属矿采选业	Mining and Dressing of Nonferrous Metals	91699	145442	56.98
非金属矿采选业	Mining and Dressing of Nonmetal Minerals	71901	91450	22.46
其他采矿业	Mining of Other Mineral			
农副食品加工业	Processing of Agricultural Side-line Food	828014	1072242	30.40
食品制造业	Food Manufacturing	677334	1138859	68.38
饮料制造业	Beverage Manufacturing	230224	235922	-1.87

13-5 续表 1 continued

单位：万元 (10 000 yuan)

行业	Item	2002年工业总产值(现价) Gross Industrial Output Value in 2002 (at current prices)	2003年工业总产值(现价) Gross Industrial Output Value in 2003 (at current prices)	2003年比上年增长%(按不变价计算) Increase rate (at constant price)
烟草制品业	Tobacco Products	95753	113939	6.50
纺织业	Textile Industry	809207	1025048	34.58
纺织服装、鞋、帽制造业	Textile Products, Clothes, Shoes and Hats	65170	72762	12.15
皮革、毛皮、羽毛(绒)及其制品业	Leather, Furs, Down & Related Products	21698	21161	-0.33
木材加工及木、竹、藤、棕、草制品业	Timber Processing, Bamboo, Cane, Palm Fiber & Straw Products	18167	27550	45.42
家具制造业	Furniture Manufacturing	1283	1207	-12.22
造纸及纸制品业	Paper-making and Paper Products	93183	106918	14.16
印刷业和记录媒介的复制	Printing and Record Pressing	17985	18099	1.51
文教体育用品制造业	Cultural, Educational and Sports Goods			
石油加工、炼焦及核燃料加工业	Petroleum Processing , Coke Products & Processing of Nuclear Fuel	267375	365316	25.88
化学原料及化学制品制造业	Raw Materials & Chemical Products	559092	706593	18.77
医药制造业	Medicine Manufacturing	174343	225308	27.78
化学纤维制造业	Chemical Fiber Manufacturing		4036	
橡胶制品业	Rubber Products	13713	7408	-47.00
塑料制品业	Plastic Products	17462	17738	0.39
非金属矿物制品业	Nonmetal Mineral Products	368798	477640	26.01

13-5 续表 2 continued

单位：万元 (10 000 yuan)

行 业	Item	2002年工业总产值(现价) Gross Industrial Output Value in 2002 (at current prices)	2003年工业总产值(现价) Gross Industrial Output Value in 2003 (at current prices)	2003年比上年增长%(按不变价计算) Increase rate (at constant price)
黑色金属冶炼及压延加工业	Smelting and Pressing of Ferrous Metals	1660172	2364316	33.98
有色金属冶炼及压延加工业	Smelting and Pressing of Nonferrous Metals	449684	774936	78.85
金属制品业	Metal Products	64905	67047	9.40
通用设备制造业	Manufacturing of General Purpose Equipment	73275	82190	13.62
专用设备制造业	Special Purposes Equipment Manufacturing	412177	579817	39.99
交通运输设备制造业	Transportation Equipment Manufacturing	115206	159213	46.98
电气机械及器材制造业	Electric Equipment and Machinery	44612	54040	27.12
通信设备、计算机及其他电子设备制造业	Manufacturing of Telecomm ,Computer & Other Electronic Equipment	345524	418576	45.87
仪器仪表及文化、办公用机械制造业	Instruments, Meters, Cultural & Office Machinery	74	23	-67.93
工艺品及其他制造业	Handicrafts and Other Production	30600	35546	9.11
废弃资源和废旧材料回收加工业	Recovering of Abandoned Resource & Waste Materical			
电力、热力的生产和供应业	Production & Supply of Electric Power & Heating Power	1268098	1632126	28.30
燃气生产和供应业	Production and Supply of Gas	66972	96345	34.31
水的生产和供应业	Production and Supply of Water	34472	37718	-4.03

13-6 全部国有及规模以上非国有工业企业主要经济指标(2003年)

单位:万元

项目	Item	企业单位数(个) Number of Enterprises (unit)	工业总产值(现价) Gross Industrial Output Value (at current prices)	工业增加值(当年价) Value Added of Industry (at current prices)
总计	**Total**	**1653**	**13544507**	**5158678**
在总计中:	Of the Total:			
亏损企业	Enterprises at Lose	337	1452950	478800
按轻重分	**Grouped by Light & Heavy Industry**			
轻工业	Light Industry	653	4287684	1457013
重工业	Heavy Industry	1000	9256824	3701665
按行业分	**Grouped by Sector**			
采矿业	Mining	203	1604870	844107
制造业	Manufacturing	1228	10173448	3465207
电力、燃气及水的生产和供应业	Production & Supply of Electric Power,Gas & Water	222	1766189	849364
按企业规模分	**Grouped by Size of Enterprises**			
大型企业	Large	31	5110981	1836749
中型企业	Medium sized	224	4559983	1699292
小型企业	Small	1398	3873543	1622637
按登记注册类型分组	**Grouped by Registration Status**			
内资企业	Domestic-funded Enterprise	1544	12025913	4624337
国有企业	State-owned Enterprises	357	1823898	756838
中央企业	Central Enterprises	30	737341	254967
地方企业	Local Enterprises	327	1086557	501871
集体企业	Collective-owned Enterprises	102	220985	92242
股份合作企业	Cooperative Enterprises	32	155915	56973
联营企业	Joint Ownership Enterprises	5	15904	6467
国有联营企业	State joint Ownership Enterprises			
集体联营企业	Collective Joint Ownership Enterprises	1	5304	2653
国有与集体联营企业	Joint State Collective Enterprises	1	1014	394
其他联营企业	Other Joint Ownership Enterprises	3	9587	3420
有限责任公司	Limited Liability Corporations	480	5158535	1903406
国有独资公司	Exclusive State-funded Limited Liability Corporations	45	2873414	1020997
股份有限公司	Share-holding Corporations Ltd.	137	3261079	1271295
私营企业	Private Enterprises	423	1366363	529638
港澳台商投资企业	Enterprises Funded by Entrepreneurs from Hong Kong, Macao and Taiwan	48	574986	227664
外商投资企业	Enterprises Funded by Foreigners	61	943609	306677

Main Indicators of All State-owned and Non state-owned Industrial Enterprises above Designated Size(2003)

(10 000 yuan)

资产合计 Total Assets	流动资产合计 Circulating Funds	流动资产年平均余额 Annual Average Balance of Funds Circulating	固定资产原价 Original Value of Fixed Assets	固定资产净值年平均余额 Annual Average Balance of Net Value of Fixed Assets	流动负债合计 Liquid Liabilities
24390802	**8353747**	**7835443**	**19087301**	**11559048**	**8474863**
3714812	1188758	1163849	2960887	2123116	1631498
5220124	2601093	2579062	2192910	1473536	2078335
19170678	5752654	5256381	16894391	10085512	6396529
4113008	1175349	1100451	3457467	2298961	1168820
13972739	6251273	5859390	8706402	5064084	5784047
6305055	927125	875602	6923432	4196003	1521996
9846025	3597608	3346424	7300255	4339879	3257107
7523676	2707926	2558265	6118370	3725335	2874954
7021100	2048213	1930754	5668677	3493834	2342802
22417627	7175873	6635223	18389802	11052906	7852661
4037535	1194070	1123150	3782514	2118105	1274247
1038597	348855	324681	1066614	607498	243433
2998938	845215	798469	2715900	1510607	1030814
258770	131542	126227	140055	93051	134105
112466	54737	52717	59066	41219	47581
8332	3779	3516	4983	3970	3696
1691	655	617	1145	756	696
418	338	317	150	67	115
6222	2786	2582	3687	3147	2885
11928847	3451479	3170250	9848945	6368171	4148807
7373087	2192326	1970198	6472568	3951683	2583340
4747172	1706450	1575525	3937902	1976962	1594750
1312953	628572	578837	609988	445479	645906
814738	565224	540431	283082	223810	230090
1158436	612651	659789	414417	282331	392112

13-6 续表

单位:万元

项 目	Item	长期负债合计 Long-term Liabilities	所有者权益 Creditors Equity	实收资本 Total Capital Hold
总 计	**Total**	**5713193**	**9941617**	**7169220**
在总计中:	Of the Total:			
亏损企业	Enterprises at Lose	1439219	620827	865217
按轻重分	**Grouped by Light & Heavy Industry**			
轻工业	Light Industry	661847	2441526	1201977
重工业	Heavy Industry	5051346	7500091	5967243
按行业分	**Grouped by Sector**			
采矿业	Mining	654050	2284188	1966206
制造业	Manufacturing	1820784	6286473	4050733
电力、燃气及水的生产和供应业	Production & Supply of Electric Power,Gas & Water	3238359	1370956	1152281
按企业规模分	**Grouped by Size of Enterprises**			
大型企业	Large	1470895	5107984	3464619
中型企业	Medium-sized	2159526	2436959	1896318
小型企业	Small	2082773	2396674	1808283
按登记注册类型分组	**Grouped by Registration Status**			
内资企业	Domestic funded Enterprise	5336063	8981540	6720561
国有企业	State-owned Enterprises	1298716	1273152	945278
中央企业	Central Enterprises	239048	416305	202265
地方企业	Local Enterprises	1059668	856848	743013
集体企业	Collective-owned Enterprises	24596	92669	58629
股份合作企业	Cooperative Enterprises	6286	57632	43221
联营企业	Joint Ownership Enterprises	53	4582	3083
国有联营企业	State joint Ownership Enterprises			
集体联营企业	Collective Joint Ownership Enterprises		996	300
国有与集体联营企业	Joint State Collective Enterprises		303	378
其他联营企业	Other Joint Ownership Enterprises	53	3284	2405
有限责任公司	Limited Liability Corporations	3251776	4502431	4218399
国有独资公司	Exclusive State-funded Limited Liability Corporations	1953055	2832499	2730260
股份有限公司	Share-holding Corporations Ltd.	615787	2520570	1070339
私营企业	Private Enterprises	138124	523346	379075
港澳台商投资企业	Enterprises Funded by Entrepreneurs from Hong Kong, Macao and Taiwan	281262	290924	151309
外商投资企业	Enterprises Funded by Foreigners	95868	669154	297350

continued

(10 000 yuan)

产品销售收入 Sales Revenus	产品销售成本 Cost of Sales	产品销售税金及附加 Sales Tax and Extra Charges	产品销售利润 Sales Profit	利润总额 Total Profits	本年应交增值税 Value Added Tax Payable
13575244	**11053637**	**179362**	**1757879**	**649670**	**714473**
1385491	1213215	11614	117911	-111354	74528
4070835	3243747	87083	475838	208758	131107
9504409	7809890	92278	1282041	440912	583366
1688987	1205300	29660	251612	100786	123946
9794641	8197923	131110	1101090	489756	390814
2091616	1650414	18592	405177	59128	199713
5337880	4507823	36201	586729	263316	266774
4333101	3358883	106185	602024	221633	231878
3904263	3186931	36976	569127	164721	215822
12019491	9830947	178981	1505177	507233	666131
2442037	1956020	84667	352044	47711	139506
750609	604008	67926	59627	15229	51278
1691428	1352011	16741	292416	32482	88227
203111	173272	2408	22793	5642	10910
133600	104859	2855	15477	7460	4490
15258	13573	121	1100	251	428
5267	4877	11	179	5	134
1014	876	7	58	30	24
8977	7821	104	863	216	270
5018505	4171706	55225	653422	151083	318107
2983267	2544978	27605	360103	51059	196643
2915847	2295886	22454	347842	231402	149743
1272580	1098676	11136	111380	63281	42701
559273	440717	62	106392	82619	29370
996480	781973	318	146311	59818	18972

13-7 大中型工业企业主要经济指标(2003年)

单位:万元

项 目	Item	企业单位数(个) Number of Enterprises (unit)	工业总产值(现价) Gross Industrial Output Value (at curent prices)	工业增加值(现价) Value Added of Industry (at curent prices)
总 计	**Total**	**255**	**9670964**	**3536041**
在总计中:	Of the Total:			
亏损企业	Enterprises at Lose	48	1030501	336740
按轻重分	**Grouped by Light & Heavy Industry**			
轻工业	Light Industry	98	3019352	992488
重工业	Heavy Industry	157	6651612	2543554
按行业分	**Grouped by Sector**			
采矿业	Mining	39	1222276	697285
制造业	Manufacturing	190	7821216	2580724
电力、燃气及水的生产和供应业	Production & Supply of Electric Power,Gas & Water	26	627472	258032
按企业规模分	**Grouped by Size of Enterprises**			
大型企业	Large	31	5110981	1836749
中型企业	Medium sized	224	4559983	1699292
按登记注册类型分组	**Grouped by Registration Status**			
内资企业	Domestic funded Enterprise	229	8458781	3117080
国有企业	State-owned Enterprises	44	1233862	433902
中央企业	Central Enterprises	14	710293	242288
地方企业	Local Enterprises	30	523569	191614
集体企业	Collective-owned Enterprises	7	52651	23385
股份合作企业	Cooperative Enterprises	3	94498	33939
有限责任公司	Limited Liability Corporations	92	3890296	1389424
国有独资公司	Exclusive State-funded Limited Liability Corporations	25	2699510	934592
股份有限公司	Share-holding Corporations Ltd.	48	2775475	1069672
私营企业	Private Enterprises	34	402369	163162
港澳台商投资企业	Enterprises Funded by Entrepreneurs from Hong Kong, Macao and Taiwan	11	417850	163079
外商投资企业	Enterprises Funded by Foreigners	15	794333	255882

Main Indicators on Economic Benefit of Large-scale and Medium-scale Industrial Enterprises(2003)

(10 000 yuan)

资产合计 Total Assets	流动资产合计 Circulating Funds	流动资产年平均余额 Annul Average Balance of Circulating Funds	固定资产原价 Original Value of Fixed Assets	固定资产净值年平均余额 Annual Average Balance of Net Value of Fixed Assets	流动负债合计 Liquid Liabilities
17369701	**6305533**	**5904688**	**13418625**	**8065214**	**6132062**
2761729	779628	758336	2434381	1762437	1143873
3785372	1896474	1902860	1463308	981455	1403918
13584329	4409060	4001829	11955316	7083759	4728144
3627465	1027116	968060	3137110	2066620	1008039
11233072	4888599	4564944	7343937	4116338	4421890
2509164	389818	371684	2937578	1882256	702133
9846025	3597608	3346424	7300255	4339879	3257107
7523676	2707926	2558265	6118370	3725335	2874954
15959753	5377519	4949648	13069264	7820687	5721772
2021458	715721	662090	2018713	1024713	743771
845033	321365	297646	1013319	464104	226747
1176425	394356	364444	1005394	560609	517024
76367	34880	34212	44376	30764	34890
36236	15516	13139	16248	11818	13423
9363756	2881100	2627478	7601976	5056580	3292507
6758765	2123629	1909292	5910401	3770703	2438375
3889584	1461303	1358915	3119220	1518119	1341695
565473	265650	250740	265285	175485	293546
443451	401325	375100	55522	37964	105636
966498	526690	579941	293839	206563	304654

13-7 续表

单位:万元

项 目	Item	长期负债合计 Long-term Liabilities	所有者权益 Creditors Equity	实收资本 Total Capital Hold
总 计	**Total**	**3630420**	**7544943**	**5360937**
在总计中:	Of the Total:			
亏损企业	Enterprises at Lose	1312219	293243	540887
按轻重分	**Grouped by Light & Heavy Industry**			
轻工业	Light Industry	503474	1851786	762407
重工业	Heavy Industry	3126946	5693157	4598529
按行业分	**Grouped by Sector**			
采矿业	Mining	608015	2006117	1785449
制造业	Manufacturing	1554781	5206932	3209732
电力、燃气及水的生产和供应业	Production & Supply of Electric Power,Gas & Water	1467624	331894	365756
按企业规模分	**Grouped by Size of Enterprises**			
大型企业	Large	1470895	5107984	3464619
中型企业	Medium-sized	2159526	2436959	1896318
按登记注册类型分组	**Grouped by Registration Status of Enterprises**			
内资企业	Domestic funded Enterprise	3393763	6794334	5112021
国有企业	State-owned Enterprises	447049	801736	508217
中央企业	Central Enterprises	215000	386098	181175
地方企业	Local Enterprises	232049	415638	327042
集体企业	Collective-owned Enterprises	11963	26515	17295
股份合作企业	Cooperative Enterprises	1230	21583	12582
有限责任公司	Limited Liability Corporations	2410715	3645813	3538521
国有独资公司	Exclusive State funded Limited Liability Corporations	1703275	2612922	2599437
股份有限公司	Share-holding Corporations Ltd.	453408	2092200	887962
私营企业	Private Enterprises	68899	202047	146943
港澳台商投资企业	Enterprises Funded by Entrepreneurs from Hong Kong, Macao and Taiwan	157732	167690	38458
外商投资企业	Enterprises Funded by Foreigners	78925	582919	210458

continued

(10 000 yuan)

产品销售收入 Sales Revenue	产品销售成本 Cost of Sales	产品销售税金及附加 Sales Tax and Extra Charges	产品销售利润 Sales Profit	利润总额 Total Profits	本年应交增值税 Value Added Tax Payable
9670981	**7866706**	**142386**	**1188753**	**484949**	**498652**
1008525	878213	7829	97776	-68121	60324
2968833	2298314	73484	371399	191209	102933
6702148	5568392	68902	817354	293740	395719
1390654	1002725	24061	186605	67462	105313
7602068	6306548	111956	-295921	437874	319872
678259	557433	6369	109316	-20387	73467
5337880	4507823	36201	586729	263316	266774
4333101	3358883	106185	602024	221633	231878
8405800	6884381	142116	975291	353341	461526
1214672	986271	72475	125514	23811	74148
718752	580196	67722	56172	15837	46156
495920	406075	4753	69343	7973	27993
40264	33888	293	5328	1599	2383
86486	67990	997	10068	5934	2081
4010447	3380211	44921	475556	72168	240008
2829425	2446662	26312	306964	17933	181259
2662718	2083343	19877	320512	221626	127501
385229	327256	3534	37799	27944	15324
407530	318355	1	81518	74019	20261
857651	663971	269	131944	57589	16865

13-8 国有及国有控股工业企业主要经济指标(2003年)

单位:万元

项 目	Item	企业单位数(个) Number of Enterprises (unit)	工业总产值(现价) Gross Industrial Output Value (at curent prices)
总 计	**Total**	**591**	**7972603**
在总计中:亏损企业	Of the Total: Enterprises at Lose	151	1006255
在总计中:中央企业	Of the Total: Central Enterprises	46	2217363
地方企业	Local Enterprises	545	5755240
在总计中：轻工业	Of the Total:Light Industry	218	1249103
重工业	Heavy Industry	373	6723500
在总计中:	Of the Total:		
采矿业	Mining	74	1001099
制造业	Manufacturing	310	5373993
电力、燃气及水的生产和供应业	Production & Supply of Electric Power,Gas & Water	207	1597511
在总计中:	Of the Total:		
大型企业	Large	26	4107975
中型企业	Medium-sized	105	2458860
小型企业	Small	460	1405769

13-8 续表

单位：万元

行 业	Item	长期负债合计 Long-term Liabilities	所有者权益 Creditors Equity
总 计	**Total**	**4808765**	**7099440**
在总计中:亏损企业	Of the Total:Enterpreises at Lose	1358666	391690
在总计中:中央企业	Of the Total:Central Enterprises	1949996	1935492
地方企业	Local Enterprises	2858769	5163948
在总计中：轻工业	Of the Total:Light Industry	364118	913335
重工业	Heavy Industry	4444647	6186104
在总计中:	Of the Total:		
采矿业	Mining	582126	1943173
制造业	Manufacturing	1328152	3947992
电力、燃气及水的生产和供应业	Production & Supply of Electric Power,Gas & Water	2898487	1208275
在总计中:	Of the Total:		
大型企业	Large	1383802	4368946
中型企业	Medium-sized	1878696	1474951
小型企业	Small	1546267	1255543

Main Indicators on Economic Benefit of State-owned and State Holding Majority Shares Industrial Enterprises(2003)

(10 000 yuan)

工业增加值(现价) Value Added of Industry (at curent prices)	资产合计 Total Assets	流动资产合计 Circulating Funds	流动资产年平均余额 Annual Average Balance of Circulating Funds	固定资产原价 Original Value of Fixed Assets	固定资产净值年平均余额 Annual Average Balance of Net Value of Fixed Assets	流动负债合计 Liquid Liabilities
3067440	**18073844**	**5442204**	**5074376**	**15395228**	**9380846**	**5952562**
326674	2982486	845151	836703	2592578	1870231	1219164
864797	5484489	1336190	1212168	5346653	3508629	1458740
2202642	12589355	4106014	3862209	10048575	5872217	4493822
409453	2119323	996941	991303	1008155	637130	825375
2657987	15954521	4445263	4083074	14387073	8743716	5127187
571883	3419536	892267	846372	3123874	2045000	888942
1724953	8976895	3679304	3401150	5944037	3606013	3663712
770604	5677413	870633	826854	6327317	3729833	1399908
1508985	8632723	3010238	2747507	6961039	4086926	2870935
874967	5333233	1568857	1504250	4470716	3046383	1941203
683488	4107888	863109	822620	3963473	2247537	1140423

continued

(10 000 yuan)

实收资本 Total Capital Hold	产品销售收入 Sales Revenue	产品销售成本 Cost of Sales	产品销售税金及附加 Sales Tax and Extra Charges	产品销售利润 Sales Profit	利润总额 Total Profits	本年应交增值税 Value Added Tax Payable
5580182	**8269476**	**6812630**	**138545**	**1129362**	**288881**	**507168**
645731	999188	865461	8816	103847	-83430	62163
1808565	2293743	1842796	85151	309195	44209	152205
3771617	5975732	4969835	53394	820167	244672	354964
462417	1146848	884473	65136	139653	47449	49970
5117766	7122628	5928157	73410	989709	241432	457198
1774799	1145361	854686	20299	206080	61745	89265
2800504	5194672	4439608	101009	546256	184954	232127
1004879	1929443	1518336	17237	377026	42182	185776
3268394	4306581	3699287	32048	499620	177248	226787
1378574	2325014	1854001	90399	298361	37377	149074
933214	1637881	1259342	16098	331381	74257	131307

13-9 规模以上集体工业企业主要经济指标(2003年)

单位:万元

项 目	Item	企业单位数(个) Number of Enterprises (unit)	工业总产值(现价) Gross Industrial Output Value (at current prices)
总计	**Total**	**102**	**220985**
在总计中：亏损企业	Of the Total：Enterpeises at Lose	13	20909
在总计中：轻工业	Of the Total：Light Industry	16	29478
重工业	Heavy Industry	86	191507
在总计中：	Of the Total：		
采矿业	Mining	20	28437
制造业	Manufacturing	77	180712
电力、燃气及水的生产和供应业	Production & Supply of Electric Power,Gas & Water	5	11836
在总计中：	Of the Total：		
大型企业	Large		
中型企业	Medium-sized	7	52651
小型企业	Small	95	168334

13-9 续表

单位：万元

项 目	Item	长期负债合计 Long-term Liabilities	所有者权益 Creditors Equity
总 计	**Total**	**24596**	**92669**
在总计中：亏损企业	Of the Total：Enterpeises at Lose	9117	12898
在总计中：轻工业	Of the Total：Light Industry	13610	7960
重工业	Heavy Industry	10986	84709
在总计中：	Of the Total：		
采矿业	Mining	1709	28713
制造业	Manufacturing	19342	49248
电力、燃气及水的生产和供应业	Production & Supply of Electric Power,Gas & Water	3545	14708
在总计中：	Of the Total：		
大型企业	Large		
中型企业	Medium-sized	11963	26515
小型企业	Small	12634	66154

Main Indicator on Economic Benefit of Collective-owned Enterprises above Designated Size(2003)

(10 000 yuan)

工业增加值(现价) Value Added of Industry (at current prices)	资产合计 Total Assets	流动资产合计 Circulating Funds	流动资产年平均余额 Annual Average Balance of Circulating Funds	固定资产原价 Original Value of Fixed Assets	固定资产净值年平均余额 Annual Average Balance of Net Value of Fixed Assets	流动负债合计 Liquid Liabilities
92242	**258770**	**131542**	**126227**	**140055**	**93051**	**134105**
7547	54772	25432	25643	35255	22621	29606
11288	47902	22492	22857	31343	20782	23331
80954	210868	109050	103370	108712	72270	110774
15724	48081	16431	15632	21809	18309	17660
70482	179673	107654	103103	88592	56335	106682
6036	31016	7457	7492	29654	18407	9763
23385	76367	34880	34212	44376	30764	34890
68857	182403	96663	92014	95679	62287	99216

continued

(10 000 yuan)

实收资本 Total Capital Hold	产品销售收入 Sales Revenue	产品销售成本 Cost of Sales	产品销售税金及附加 Sales Tax and Extra Charges	产品销售利润 Sales Profit	利润总额 Total Profits	本年应交增值税 Value Added Tax Payable
58629	**203111**	**173272**	**2408**	**22793**	**5642**	**10910**
9425	18262	15687	178	2282	-1771	1094
9882	23141	20261	469	1415	-602	828
48747	179970	153011	1940	21378	6244	10082
16120	29022	21257	826	6221	3293	2179
37579	164305	144228	1498	14830	2659	7920
4930	9784	7787	84	1742	-310	811
17295	40264	33888	293	5328	1599	2383
41334	162847	139385	2115	17466	4043	8527

13-10 全部国有及规模以上非国有工业企业分行业主要经济指标(2003年)

单位:万元

行业	Item	企业单位数(个) Number of Enterprise (unit)	工业总产值(现价) Gross Industrial Output Value (at current prices)
按行业分	**Grouped by Sector**	**1653**	**13544507**
采矿业	**Mining**		
煤炭开采和洗选业	Coal Mining & Processing	102	1147314
石油和天然气开采业	Petroleum & Natural Gas Extraction	4	136328
黑色金属矿采选业	Mining & Dressing of Ferrous Metals	20	84336
有色金属矿采选业	Mining & Dressing of Nonferrous Metals	44	145442
非金属矿采选业	Mining & Dressing of Nonmetal Minerals	33	91450
其他采矿业	Mining of Other Mineral		
制造业	**Manufacturing**		
农副食品加工业	Processing of Agricultural Side-Line Food	192	1072242
食品制造业	Food Manufacturing	56	1138859
饮料制造业	Beverage Manufacturing	58	235922
烟草制品业	Tobacco Products	2	113939
纺织业	Textile Industry	116	1025048
纺织服装、鞋、帽制造业	Textile Products, Clothes, Shoes & Hats	24	72762
皮革、毛皮、羽毛（绒）及其制品业	Leather, Furs, Down & Related Products	9	21161
木材加工及木、竹、藤、棕、草制品业	Timber Processing, Bamboo, Cane, Palm Fiber & Straw Products	17	27550
家具制造业	Furniture Manufacturing	4	1207
造纸及纸制品业	Paper-making & Paper Products	18	106918
印刷业和记录媒介的复制	Printing & Record Pressing	19	18099
文教体育用品制造业	Cultural, Educational & Sports Goods		
石油加工、炼焦及核燃料加工业	Petroleum Processing , Coke Products & Processing of Nuclear Fuel	36	365316
化学原料及化学制品制造业	Raw Chemical Materials & Chemical Products	129	706593
医药制造业	Medicine Manufacturing	50	225308
化学纤维制造业	Chemical Fiber Manufacturing	1	4036
橡胶制品业	Rubber Products	2	7408
塑料制品业	Plastic Products	14	17738
非金属矿物制品业	Nonmetal Mineral Products	162	477640
黑色金属冶炼及压延加工业	Smelting & Pressing of Ferrous Metals	90	2364316
有色金属冶炼及压延加工业	Smelting & Pressing of Nonferrous Metals	65	774936
金属制品业	Metal Products	25	67047
通用设备制造业	Manufacturing of General-Purpose Equipment	41	82190
专用设备制造业	Special Purposes Equipment Manufacturing	23	579817
交通运输设备制造业	Transportation Equipment Manufacturing	21	159213
电气机械及器材制造业	Electric Equipment & Machinery	28	54040
通信设备、计算机及其他电子设备制造业	Manufacturing of Telecommunications, Computer & Other Electronic Equipment	16	418576
仪器仪表及文化、办公用机械制造业	Instruments, Meters, Cultural & Office Machinery	1	23
工艺品及其他制造业	Handicrafts & Other Production	9	35546
废弃资源和废旧材料回收加工业	Recovering of Abandoned Resource & Waste Materical		
电力、燃气及水的生产和供应业	**Production & Supply of Electric Power,Gas & Water**		
电力、热力的生产和供应业	Production & Supply of Electric Power & Heating Power	150	1632126
燃气生产和供应业	Production & Supply of Gas	4	96345
水的生产和供应业	Production & Supply of Water	68	37718

Main Indicators on Economic Benefit of All State-owned & Non-state-owned Industrial Enterprises above Designated Size by Industrial Branch(2003)

(10 000 yuan)

工业增加值(现价) Value Added of Industry (at current prices)	资产合计 Total Assets	流动资产合计 Circulating Funds	流动资产年平均余额 Annual Average Balance of Circulating Funds	固定资产原价 Original Value of Fixed Assets	固定资产净值年平均余额 Annual Average Balance of Net Value of Fixed Assets	流动负债合计 Liquid Liabilities
5158678	**24390802**	**8353747**	**7835443**	**19087301**	**11559048**	**8474863**
581067	3253678	926482	875565	2608082	1856673	932370
107870	293615	28599	22200	512672	233209	16029
41260	108934	55543	52341	50283	35832	50176
62669	249273	83349	71907	172872	103813	94080
51241	207508	81376	78438	113558	69434	76165
325067	1085582	396199	408436	439246	313674	435842
362476	868851	393199	348194	326908	241688	322312
102915	405644	222955	215017	210645	137081	195379
76992	110380	72104	74666	54695	32487	59724
332528	1623341	999805	1064691	501318	341198	670136
24494	148474	97865	95224	42325	31381	40703
7167	41206	19881	15224	23840	16145	16768
11266	47813	13268	12015	35233	27825	18629
375	5479	2287	2438	2711	2019	1983
36143	127269	51664	47335	101936	64344	71669
6238	23546	9311	9745	18973	11792	13730
79853	241851	92449	86329	215095	137302	92969
274215	1455257	515441	477348	985745	681967	526919
97237	339070	157339	156059	137531	102542	137659
1953	418	409	170	12	9	221
1138	10656	4440	6198	6047	4048	6447
9310	23137	14704	14417	10288	6960	12955
201103	895574	302632	309834	1268693	402325	333908
840532	3665313	1412670	1244642	2916088	1638951	1567998
244292	916997	384494	320015	568861	363409	407739
24794	89313	44603	41622	42258	30970	39645
28397	166495	99812	97896	94683	46853	106297
154992	826772	390230	349360	424770	246388	409248
33632	411037	227097	185804	148036	105032	154929
17267	125339	69424	65391	51825	33815	60000
157584	237008	211532	171148	33884	18834	54276
2	645	201	210	437	437	226
13248	80274	45263	39963	44321	24609	25735
786119	5993155	858679	813263	6605545	4027120	1466092
40176	93206	15635	27356	86894	47416	27844
23069	218694	52811	34983	230993	121467	28060

13-10 续表

单位：万元

行业	Item	长期负债合计 Long-term Liabilities	所有者权益 Creditors Equity	实收资本 Total Capital Hold
按行业分	**Grouped by Sector**	**5713193**	**9941617**	**7169220**
采矿业	**Mining**			
煤炭开采和洗选业	Coal Mining & Processing	593463	1722178	1512254
石油和天然气开采业	Petroleum & Natural Gas Extraction	1110	276476	281086
黑色金属矿采选业	Mining & Dressing of Ferrous Metals	13384	45374	35019
有色金属矿采选业	Mining & Dressing of Nonferrous Metals	32902	122213	89267
非金属矿采选业	Mining & Dressing of Nonmetal Minerals	13191	117947	48580
其他采矿业	Mining of Other Mineral			
制造业	**Manufacturing**			
农副食品加工业	Processing of Agricultural Side-Line Food	118195	529170	237461
食品制造业	Food Manufacturing	91104	451040	146138
饮料制造业	Beverage Manufacturing	52462	149515	97643
烟草制品业	Tobacco Products	4129	46527	34022
纺织业	Textile Industry	210943	741571	383642
纺织服装、鞋、帽制造业	Textile Products, Clothes, Shoes & Hats	1696	89875	34422
皮革、毛皮、羽毛（绒）及其制品业	Leather, Furs, Down & Related Products	8068	16370	8694
木材加工及木、竹、藤、棕、草制品业	Timber Processing, Bamboo, Cane, Palm Fiber & Straw Products	10143	19041	14917
家具制造业	Furniture Manufacturing	632	2864	1825
造纸及纸制品业	Paper-making & Paper Products	16857	38743	37342
印刷业和记录媒介的复制	Printing & Record Pressing	1467	8348	8330
文教体育用品制造业	Cultural, Educational & Sports Goods			
石油加工、炼焦及核燃料加工业	Petroleum Processing , Coke Products & Processing of Nuclear Fuel	38694	94840	99485
化学原料及化学制品制造业	Raw Chemical Materials & Chemical Products	213096	701268	523678
医药制造业	Medicine Manufacturing	68649	129519	98149
化学纤维制造业	Chemical Fiber Manufacturing		197	200
橡胶制品业	Rubber Products	1588	2622	4636
塑料制品业	Plastic Products	1877	8105	7733
非金属矿物制品业	Nonmetal Mineral Products	193392	361257	255287
黑色金属冶炼及压延加工业	Smelting & Pressing of Ferrous Metals	388853	1707295	1338518
有色金属冶炼及压延加工业	Smelting & Pressing of Nonferrous Metals	146076	356845	230929
金属制品业	Metal Products	5986	43683	35528
通用设备制造业	Manufacturing of General-Purpose Equipment	10939	48302	46368
专用设备制造业	Special Purposes Equipment Manufacturing	149762	267762	161239
交通运输设备制造业	Transportation Equipment Manufacturing	45301	210173	165184
电气机械及器材制造业	Electric Equipment & Machinery	20894	43846	31305
通信设备、计算机及其他电子设备制造业	Manufacturing of Telecommunications, Computer & Other Electronic Equipment	3002	179724	25957
仪器仪表及文化、办公用机械制造业	Instruments, Meters, Cultural & Office Machinery		419	18
工艺品及其他制造业	Handicrafts & Other Production	16984	37555	22085
废弃资源和废旧材料回收加工业	Recovering of Abandoned Resource & Waste Materical			
电力、燃气及水的生产和供应业	**Production & Supply of Electric Power, Gas & Water**			
电力、热力的生产和供应业	Production & Supply of Electric Power & Heating Power	3180269	1183817	1058602
燃气生产和供应业	Production & Supply of Gas	3084	54736	50145
水的生产和供应业	Production & Supply of Water	55006	132403	43534

continued

(10 000 yuan)

产品销售收入 Sales Revenue	产品销售成本 Cost of Sales	产品销售税金及附加 Sales Tax & Extra Charges	产品销售利润 Sales Profit	利润总额 Total Profits	本年应交增值税 Value Added Tax Payable
13575244	**11053637**	**179362**	**1757879**	**649670**	**714473**
1253143	899721	21720	144966	62750	90608
139162	98044	2275	38784	7677	13838
80097	59617	1985	14709	8049	5001
133894	95029	1035	32519	15238	8032
82691	52889	2645	20634	7072	6467
968611	792123	1857	139761	25260	12402
1076030	836311	2505	91796	78041	41796
216045	128141	28439	38180	19499	17507
114525	45634	48263	18627	8744	12724
1087578	978897	3140	80671	46686	18681
56324	49438	156	4235	-407	1397
16589	13460	15	2545	810	376
23172	21098	99	1214	295	1363
1056	816	33	179	-7	55
91843	79740	456	7949	-294	5276
16932	12650	90	3953	769	882
371880	334102	18035	13096	10488	15433
639964	536475	3051	75121	21340	33112
186922	111189	1244	49340	11274	11394
3922	3839	6	50		13
5649	5027	368	-470	-320	305
13334	10227	36	2666	1192	594
433657	339042	3236	66932	29023	28433
2451454	2195843	14995	224944	116563	133749
697831	610328	2287	74510	20243	11279
61482	54675	191	5620	1680	1127
72851	60341	535	10696	-2250	3964
551875	479472	1220	65244	2764	11051
136691	111730	277	18875	2149	2419
54164	44765	294	5973	342	2328
415863	322337	211	91621	94068	22700
14	16	1	-6	-68	1
28382	20210	73	7772	1872	455
1961358	1537248	17685	391747	58939	193425
93980	87198	525	4831	874	4147
36278	25968	382	8599	-685	2141

13-11 大中型工业企业分行业主要经济指标(2003年)

单位:万元

行业	Item	企业单位数(个) Number of Enterpris (unit)	工业总产值(现价) Gross Industrial Output Value (at current prices)
按行业分	**Grouped by Sector**	**255**	**9670964**
采矿业	**Mining**		
煤炭开采和洗选业	Coal Mining & Processing	25	1027735
石油和天然气开采业	Petroleum & Natural Gas Extraction	1	113272
黑色金属矿采选业	Mining & Dressing of Ferrous Metals	5	41879
有色金属矿采选业	Mining & Dressing of Nonferrous Metals	6	
非金属矿采选业	Mining & Dressing of Nonmetal Minerals	2	39390
其他采矿业	Mining of Other Mineral		
制造业	**Manufacturing**		
农副食品加工业	Processing of Agricultural Side-Line Food	14	526498
食品制造业	Food Manufacturing	11	1021334
饮料制造业	Beverage Manufacturing	14	163904
烟草制品业	Tobacco Products	2	113939
纺织业	Textile Industry	34	781659
纺织服装、鞋、帽制造业	Textile Products, Clothes, Shoes & Hats	2	27785
皮革、毛皮、羽毛(绒)及其制品业	Leather, Furs, Down & Related Products	1	5024
木材加工及木、竹、藤、棕、草制品业	Timber Processing, Bamboo, Cane, Palm Fiber & Straw Products	1	6977
家具制造业	Furniture Manufacturing		
造纸及纸制品业	Paper-making & Paper Products	5	72476
印刷业和记录媒介的复制	Printing & Record Pressing		
文教体育用品制造业	Cultural, Educational & Sports Goods		
石油加工、炼焦及核燃料加工业	Petroleum Processing, Coke Products & Processing of Nuclear Fuel	6	323048
化学原料及化学制品制造业	Raw Chemical Materials & Chemical Products	28	452674
医药制造业	Medicine Manufacturing	7	120820
化学纤维制造业	Chemical Fiber Manufacturing		
橡胶制品业	Rubber Products	1	6379
塑料制品业	Plastic Products		
非金属矿物制品业	Nonmetal Mineral Products	24	284392
黑色金属冶炼及压延加工业	Smelting & Pressing of Ferrous Metals	10	2072362
有色金属冶炼及压延加工业	Smelting & Pressing of Nonferrous Metals	13	645211
金属制品业	Metal Products	1	13788
通用设备制造业	Manufacturing of General-Purpose Equipment	4	34259
专用设备制造业	Special Purposes Equipment Manufacturing	3	539677
交通运输设备制造业	Transportation Equipment Manufacturing	3	138126
电气机械及器材制造业	Electric Equipment & Machinery	1	4466
通信设备、计算机及其他电子设备制造业	Manufacturing of Telecommunications, Computer & Other Electronic Equipment	3	379674
仪器仪表及文化、办公用机械制造业	Instruments, Meters, Cultural & Office Machinery		
工艺品及其他制造业	Handicrafts & Other Production	2	24239
废弃资源和废旧材料回收加工业	Recovering of Abandoned Resource & Waste Materical		
电力、燃气及水的生产和供应业	**Production & Supply of Electric Power,Gas & Water**		
电力、热力的生产和供应业	Production & Supply of Electric Power & Heating Power	23	587125
燃气生产和供应业	Production & Supply of Gas	1	20455
水的生产和供应业	Production & Supply of Water	2	19892

Main Indicators on Economic Benefit of Large-scale & Medium-scale Industrial Enterprises by Industrial Branch(2003)

(10 000 yuan)

工业增加值(现价) Value Added of Industry (at current prices)	资产合计 Total Assets	流动资产合计 Circulating Funds	流动资产年平均余额 Annual Average Balance of Circulating Funds	固定资产原价 Original Value of Fixed Assets	固定资产净值年平均余额 Annual Average Balance of Net Value of Fixed Assets	流动负债合计 Liquid Liabilities
3536041	**17369701**	**6305533**	**5904688**	**13418625**	**8065214**	**6132062**
518647	3104748	868567	822884	2535045	1805230	874439
101006	217230	27973	21580	437334	163952	15684
23629	74421	41892	39523	29964	21330	33672
24893	106683	36853	33243	84164	43094	39619
29110	124383	51831	50830	50603	33014	44625
134928	655698	213598	241423	200083	136750	222103
323336	772447	351956	308376	280161	208593	280979
71883	312230	179508	169936	160402	103547	147638
76992	110380	72104	74666	54695	32487	59724
243866	1356619	825104	883334	395555	271335	517209
9674	38939	28550	24984	14461	9955	12812
1762	8065	5214	4658	4153	2851	3420
2910	11131	4113	3282	6756	4336	6440
23825	107795	40202	36652	91603	56031	60258
58567	203053	74243	71306	195736	120909	80294
176147	1152714	379827	347676	819854	568888	386858
52214	163033	84154	86138	74859	53181	50084
730	10039	4029	5807	5593	3708	6024
126693	636693	182059	194719	1107438	295385	197830
739140	3490248	1317229	1162403	2840210	1584754	1475680
202314	754045	306681	254484	482932	306897	317736
4709	4960	2438	2309	3086	1812	2224
10070	62326	43529	41952	41120	14713	38840
139387	766563	354963	318196	398294	229270	374765
26944	348068	194226	153934	116160	82036	118968
1431	9606	6355	6689	2742	1285	5818
144991	205152	191773	150800	15531	10340	39560
8211	53268	26749	21220	32515	17274	16628
236369	2301456	345876	339458	2746106	1775874	667781
7294	55632	9332	15322	59349	28440	20954
14369	152076	34610	16904	132123	77942	13398

13-11 续表

单位：万元

行 业	Item	长期负债合计 Long-term Liabilities	所有者权益 Creditors Equity	实收资本 Total Capital Hold
按行业分	**Grouped by Sector**	**3630420**	**7544943**	**5360937**
采矿业	**Mining**			
煤炭开采和洗选业	Coal Mining & Processing	571534	1653480	1457223
石油和天然气开采业	Petroleum & Natural Gas Extraction		201546	250461
黑色金属矿采选业	Mining & Dressing of Ferrous Metals	10259	30490	21768
有色金属矿采选业	Mining & Dressing of Nonferrous Metals	17729	49336	30872
非金属矿采选业	Mining & Dressing of Nonmetal Minerals	8493	71265	25125
其他采矿业	Mining of Other Mineral			
制造业	**Manufacturing**			
农副食品加工业	Processing of Agricultural Side-Line Food	53221	379364	126869
食品制造业	Food Manufacturing	87193	402693	103820
饮料制造业	Beverage Manufacturing	43819	112772	71429
烟草制品业	Tobacco Products	4129	46527	34022
纺织业	Textile Industry	204093	635316	293992
纺织服装、鞋、帽制造业	Textile Products, Clothes, Shoes & Hats		13733	7906
皮革、毛皮、羽毛（绒）及其制品业	Leather, Furs, Down & Related Products	270	4374	1837
木材加工及木、竹、藤、棕、草制品业	Timber Processing, Bamboo, Cane, Palm Fiber & Straw Products	1108	3583	3247
家具制造业	Furniture Manufacturing			
造纸及纸制品业	Paper-making & Paper Products	15097	32441	29813
印刷业和记录媒介的复制	Printing & Record Pressing			
文教体育用品制造业	Cultural, Educational & Sports Goods			
石油加工、炼焦及核燃料加工业	Petroleum Processing , Coke Products & Processing of Nuclear Fuel	34352	73163	78583
化学原料及化学制品制造业	Raw Chemical Materials & Chemical Products	184086	581490	433483
医药制造业	Medicine Manufacturing	39533	70209	52291
化学纤维制造业	Chemical Fiber Manufacturing			
橡胶制品业	Rubber Products	1588	2428	4455
塑料制品业	Plastic Products			
非金属矿物制品业	Nonmetal Mineral Products	168280	266577	172109
黑色金属冶炼及压延加工业	Smelting & Pressing of Ferrous Metals	382319	1632249	1284151
有色金属冶炼及压延加工业	Smelting & Pressing of Nonferrous Metals	133250	299315	172448
金属制品业	Metal Products		2736	2489
通用设备制造业	Manufacturing of General-Purpose Equipment	5582	17905	19312
专用设备制造业	Special Purposes Equipment Manufacturing	145121	246677	144049
交通运输设备制造业	Transportation Equipment Manufacturing	37525	191576	145520
电气机械及器材制造业	Electric Equipment & Machinery		3788	2526
通信设备、计算机及其他电子设备制造业	Manufacturing of Telecommunications, Computer & Other Electronic Equipment	489	165104	14155
仪器仪表及文化、办公用机械制造业	Instruments, Meters, Cultural & Office Machinery			
工艺品及其他制造业	Handicrafts & Other Production	13728	22912	11227
废弃资源和废旧材料回收加工业	Recovering of Abandoned Resource & Waste Materical			
电力、燃气及水的生产和供应业	**Production & Supply of Electric Power, Gas & Water**			
电力、热力的生产和供应业	Production & Supply of Electric Power & Heating Power	1425866	207809	324693
燃气生产和供应业	Production & Supply of Gas	10	27155	26617
水的生产和供应业	Production & Supply of Water	41748	96930	14446

continued

(10 000 yuan)

产品销售收入 Sales Revenue	产品销售成本 Cost of Sales	产品销售税金及附加 Sales Tax and Extra Charges	产品销售利润 Sales Profit	利润总额 Total Profits	本年应交增值税 Value Added Tax Payable
9670981	**7866706**	**142386**	**1188753**	**484949**	**498652**
1142194	831674	18577	124121	56098	81678
116151	83829	1902	30421		13674
39334	27879	1039	7203	4166	2529
59032	42881	514	13683	3397	3290
33943	16462	2029	11177	3801	4142
496913	360389	754	112146	18536	6438
964720	736187	2107	85255	76140	37817
155783	85378	18318	34129	19294	13665
114525	45634	48263	18627	8744	12724
862364	778461	2753	62052	40114	14927
19205	16188	1	2800	275	444
5032	3882	3	891	188	3
5063	4632	15	163	87	189
68969	59429	409	6069	-949	4453
331821	301822	17665	8896	7681	12626
408782	338571	1869	54360	15625	21812
102413	64756	583	20129	11097	6662
5215	4633	363	-496	-287	302
258717	195811	1429	44281	21582	19456
2167782	1940050	13795	203267	102118	124245
570537	496224	2074	63674	20704	9029
14376	13129		946	368	342
29225	24273	177	4461	-1277	1777
516084	448117	1131	61548	3136	10229
113538	93084	102	15346	3103	1472
4339	3279	53	1005	52	457
368701	280641	91	87314	90065	20794
17966	11980	3	5971	1479	11
636655	527157	6045	99726	-20808	70198
21710	16961	205	3850	228	2053
19894	13315	119	5740	193	1216

13-12 国有及国有控股工业企业分行业主要经济指标(2003年)

单位:万元

行业	Item	企业单位数(个) Number of Enterprise (unit)	工业总产值(现价) Gross Industrial Output Value (at current prices)
按行业分	**Grouped by Sector**	**591**	**7972603**
采矿业	**Mining**		
煤炭开采和洗选业	Coal Mining & Processing	36	736123
石油和天然气开采业	Petroleum & Natural Gas Extraction	4	136328
黑色金属矿采选业	Mining & Dressing of Ferrous Metals	2	3642
有色金属矿采选业	Mining & Dressing of Nonferrous Metals	16	65006
非金属矿采选业	Mining & Dressing of Nonmetal Minerals	16	60000
其他采矿业	Mining of Other Mineral		
制造业	**Manufacturing**		
农副食品加工业	Processing of Agricultural Side-Line Food	36	315116
食品制造业	Food Manufacturing	15	35080
饮料制造业	Beverage Manufacturing	17	112809
烟草制品业	Tobacco Products	2	113939
纺织业	Textile Industry	16	247904
纺织服装、鞋、帽制造业	Textile Products, Clothes, Shoes & Hats	10	35795
皮革、毛皮、羽毛（绒）及其制品业	Leather, Furs, Down & Related Products	1	5024
木材加工及木、竹、藤、棕、草制品业	Timber Processing, Bamboo, Cane, Palm Fiber & Straw Products	2	1236
家具制造业	Furniture Manufacturing	2	73
造纸及纸制品业	Paper-making & Paper Products	7	62006
印刷业和记录媒介的复制	Printing & Record Pressing	13	4844
文教体育用品制造业	Cultural, Educational & Sports Goods		
石油加工、炼焦及核燃料加工业	Petroleum Processing, Coke Products & Processing of Nuclear Fuel	4	268414
化学原料及化学制品制造业	Raw Chemical Materials & Chemical Products	28	347008
医药制造业	Medicine Manufacturing	19	122752
化学纤维制造业	Chemical Fiber Manufacturing		
橡胶制品业	Rubber Products	1	6379
塑料制品业	Plastic Products	3	
非金属矿物制品业	Nonmetal Mineral Products	51	209781
黑色金属冶炼及压延加工业	Smelting & Pressing of Ferrous Metals	11	2009498
有色金属冶炼及压延加工业	Smelting & Pressing of Nonferrous Metals	17	590157
金属制品业	Metal Products	5	3080
通用设备制造业	Manufacturing of General-Purpose Equipment	13	32931
专用设备制造业	Special Purposes Equipment Manufacturing	10	551069
交通运输设备制造业	Transportation Equipment Manufacturing	10	134747
电气机械及器材制造业	Electric Equipment & Machinery	6	8716
通信设备、计算机及其他电子设备制造业	Manufacturing of Telecommunications, Computer & Other Electronic Equipment	6	130124
仪器仪表及文化、办公用机械制造业	Instruments, Meters, Cultural & Office Machinery		
工艺品及其他制造业	Handicrafts & Other Production	5	25510
废弃资源和废旧材料回收加工业	Recovering of Abandoned Resource & Waste Materical		
电力、燃气及水的生产和供应业	**Production & Supply of Electric Power,Gas & Water**		
电力、热力的生产和供应业	Production & Supply of Electric Power & Heating Power	138	1539268
燃气生产和供应业	Production & Supply of Gas	2	21626
水的生产和供应业	Production & Supply of Water	67	36617

Main Indicators on Economic Benefit of State-owned and State Holding Majority Shares Industrial Enterprises by Industrial Branch(2003)

(10 000 yuan)

工业增加值(现价) Value Added of Industry (at current prices)	资产合计 Total Assets	流动资产合计 Circulating Funds	流动资产年平均余额 Annual Average Balance of Circulating Funds	固定资产原价 Original Value of Fixed Assets	固定资产净值年平均余额 Annual Average Balance of Net Value of Fixed Assets	流动负债合计 Liquid Liabilities
3067440	**18073844**	**5442204**	**5074376**	**15395228**	**9380846**	**5952562**
394065	2821787	747790	715591	2425080	1703759	752120
107870	293615	28599	22200	512672	233209	16029
1686	5107	1839	1796	4166	2479	4282
28624	137293	44111	39083	104129	54928	50179
39638	161734	69928	67702	77827	50625	66332
71141	586894	174953	200429	184839	126302	196331
10806	26237	9717	9381	19782	15718	14492
49535	212814	129459	119761	99380	66021	115569
76992	110380	72104	74666	54695	32487	59724
56250	464047	316439	318849	152082	100674	187715
11789	56500	41396	37921	20916	14829	25741
1762	8065	5214	4658	4153	2851	3420
488	10551	1539	1581	8697	7473	2937
33	1488	397	609	905	795	366
20779	99615	36805	34528	87211	53923	57356
1329	12524	3727	3995	11167	6832	9175
30207	118885	31856	33428	145663	84280	31650
136208	1072939	345922	316603	761512	538948	358031
50644	197581	86473	89547	79776	60310	85979
730	10039	4029	5807	5593	3708	6024
12	2947	1532	1583	3283	1291	558
90580	429418	138959	143529	330654	207584	146538
710805	3405784	1257061	1115472	2813029	1570419	1429025
185453	723573	291630	240209	479531	304947	298506
1096	38522	16201	15378	20803	17320	8498
9769	91161	58722	57507	62885	27749	57018
144045	789934	369379	330969	408546	235793	389321
26584	353885	196518	156406	118718	84981	131908
2964	48318	27308	31424	15564	9288	15802
26511	41124	28833	29343	15735	10840	10924
8442	63673	33132	27569	38919	20653	21102
740211	5385483	807642	769892	6024885	3574523	1348987
7782	79278	11195	22956	78126	38870	23891
22611	212652	51796	34006	224306	116440	27030

13-12 续表

单位:万元

行业	Item	长期负债合计 Long-term Liabilities	所有者权益 Creditors Equity
按行业分	**Grouped by Sector**	**4808765**	**7099440**
采矿业	**Mining**		
煤炭开采和洗选业	Coal Mining & Processing	551118	1513254
石油和天然气开采业	Petroleum & Natural Gas Extraction	1110	276476
黑色金属矿采选业	Mining & Dressing of Ferrous Metals		825
有色金属矿采选业	Mining & Dressing of Nonferrous Metals	17573	69541
非金属矿采选业	Mining & Dressing of Nonmetal Minerals	12325	83077
其他采矿业	Mining of Other Mineral		
制造业	**Manufacturing**		
农副食品加工业	Processing of Agricultural Side-Line Food	47253	342973
食品制造业	Food Manufacturing	1072	10490
饮料制造业	Beverage Manufacturing	19727	77518
烟草制品业	Tobacco Products	4129	46527
纺织业	Textile Industry	164855	111326
纺织服装、鞋、帽制造业	Textile Products, Clothes, Shoes & Hats	846	17519
皮革、毛皮、羽毛（绒）及其制品业	Leather, Furs, Down & Related Products	270	4374
木材加工及木、竹、藤、棕、草制品业	Timber Processing, Bamboo, Cane, Palm Fiber & Straw Products	2925	4689
家具制造业	Furniture Manufacturing	1	1120
造纸及纸制品业	Paper-making & Paper Products	15097	27161
印刷业和记录媒介的复制	Printing & Record Pressing	978	2372
文教体育用品制造业	Cultural, Educational & Sports Goods		
石油加工、炼焦及核燃料加工业	Petroleum Processing, Coke Products & Processing of Nuclear Fuel	24321	48638
化学原料及化学制品制造业	Raw Chemical Materials & Chemical Products	177081	537827
医药制造业	Medicine Manufacturing	28906	79487
化学纤维制造业	Chemical Fiber Manufacturing		
橡胶制品业	Rubber Products	1588	2428
塑料制品业	Plastic Products	1174	1215
非金属矿物制品业	Nonmetal Mineral Products	106978	174679
黑色金属冶炼及压延加工业	Smelting & Pressing of Ferrous Metals	374750	1602009
有色金属冶炼及压延加工业	Smelting & Pressing of Nonferrous Metals	130190	291132
金属制品业	Metal Products	4258	25766
通用设备制造业	Manufacturing of General-Purpose Equipment	8740	24514
专用设备制造业	Special Purposes Equipment Manufacturing	148147	252466
交通运输设备制造业	Transportation Equipment Manufacturing	31756	189587
电气机械及器材制造业	Electric Equipment & Machinery	17250	15266
通信设备、计算机及其他电子设备制造业	Manufacturing of Telecommunications, Computer & Other Electronic Equipment		30200
仪器仪表及文化、办公用机械制造业	Instruments, Meters, Cultural & Office Machinery		
工艺品及其他制造业	Handicrafts & Other Production	15863	26709
废弃资源和废旧材料回收加工业	Recovering of Abandoned Resource & Waste Materical		
电力、燃气及水的生产和供应业	**Production & Supply of Electric Power, Gas & Water**		
电力、热力的生产和供应业	Production & Supply of Electric Power & Heating Power	2842202	1031317
燃气生产和供应业	Production & Supply of Gas	2279	45566
水的生产和供应业	Production & Supply of Water	54006	131392

continued

(10 000 yuan)

实收资本 Total Capital Hold	产品销售收入 Sales Revenue	产品销售成本 Cost of Sales	产品销售税金及附加 Sales Tax and Extra Charges	产品销售利润 Sales Profit	利润总额 Total Profits	本年应交增值税 Value Added Tax Payable
5580182	**8269476**	**6812630**	**138545**	**1129362**	**288881**	**507168**
1407131	885401	682205	14997	131946	39065	65547
281086	139162	98044	2275	38784	7677	13838
1570	3605	3158	21	352	127	257
51411	64213	42406	635	18332	9104	4025
33601	52980	28873	2371	16666	5772	5598
87639	284852	240230	668	29486	13793	4127
11549	31266	28186	104	1777	407	1514
44297	108258	56273	14155	22301	12658	9259
34022	114525	45634	48263	18627	8744	12724
88934	231812	215961	318	11282	-1474	4726
12082	24622	20704	10	3216	-269	547
1837	5032	3882	3	891	188	3
1881	1426	1118	2	202	-28	130
410	79	82	1	-9	-11	10
28400	60105	52778	351	4486	-2269	3880
4754	4965	3500	30	1399	-426	288
49999	276155	260863	17101	-2883	573	7278
402321	319177	266065	1562	40207	8012	18204
65031	96210	64547	728	16140	1671	6762
4455	5215	4633	363	-496	-287	302
2895	153	188		-36	-250	12
139065	186161	138397	1108	33299	12749	14234
1261531	2105036	1888105	12559	196912	97308	123234
172700	508845	437255	1989	63302	15949	6391
22951	3730	3142	44	409	145	62
25932	29469	23675	171	4997	-2058	1891
149143	526000	456753	1159	62686	2697	10371
151505	112071	92999	115	14200	1340	1459
9051	9023	7357	70	1492	-299	650
12534	131184	114223	132	16149	14731	3982
15588	19302	13059	5	6224	1363	91
917412	1871143	1475068	16649	364994	43571	181591
44996	23124	18405	212	3423	-1142	2110
42471	35176	24863	376	8609	-247	2075

13-13 规模以上集体工业企业分行业主要经济指标(2003年)

单位:万元

行 业	Item	企业单位数(个) Number of Enterprise (unit)	工业总产值(现价) Gross Industrial Output Value (at current prices)
按行业分	**Grouped by Sector**	**102**	**220985**
采矿业	**Mining**		
煤炭开采和洗选业	Coal Mining & Processing	14	19029
石油和天然气开采业	Petroleum & Natural Gas Extraction		
黑色金属矿采选业	Mining & Dressing of Ferrous Metals	1	
有色金属矿采选业	Mining & Dressing of Nonferrous Metals	4	6149
非金属矿采选业	Mining & Dressing of Nonmetal Minerals	1	3259
其他采矿业	Mining of Other Mineral		
制造业	**Manufacturing**		
农副食品加工业	Processing of Agricultural Side-Line Food	6	7223
食品制造业	Food Manufacturing		
饮料制造业	Beverage Manufacturing	3	7797
烟草制品业	Tobacco Products		
纺织业	Textile Industry		
纺织服装、鞋、帽制造业	Textile Products, Clothes, Shoes & Hats	1	2844
皮革、毛皮、羽毛（绒）及其制品业	Leather, Furs, Down & Related Products		
木材加工及木、竹、藤、棕、草制品业	Timber Processing, Bamboo, Cane, Palm Fiber & Straw Products		
家具制造业	Furniture Manufacturing		
造纸及纸制品业	Paper-making & Paper Products	1	600
印刷业和记录媒介的复制	Printing & Record Pressing	1	562
文教体育用品制造业	Cultural, Educational & Sports Goods		
石油加工、炼焦及核燃料加工业	Petroleum Processing , Coke Products & Processing of Nuclear Fuel		
化学原料及化学制品制造业	Raw Chemical Materials & Chemical Products	8	34468
医药制造业	Medicine Manufacturing	2	8500
化学纤维制造业	Chemical Fiber Manufacturing		
橡胶制品业	Rubber Products		
塑料制品业	Plastic Products	1	528
非金属矿物制品业	Nonmetal Mineral Products	15	36658
黑色金属冶炼及压延加工业	Smelting & Pressing of Ferrous Metals	11	27605
有色金属冶炼及压延加工业	Smelting & Pressing of Nonferrous Metals	5	5561
金属制品业	Metal Products	5	13729
通用设备制造业	Manufacturing of General-Purpose Equipment	8	20716
专用设备制造业	Special Purposes Equipment Manufacturing		
交通运输设备制造业	Transportation Equipment Manufacturing	3	1726
电气机械及器材制造业	Electric Equipment & Machinery	7	12196
通信设备、计算机及其他电子设备制造业	Manufacturing of Telecommunications, Computer & Other Electronic Equipment		
仪器仪表及文化、办公用机械制造业	Instruments, Meters, Cultural & Office Machinery		
工艺品及其他制造业	Handicrafts & Other Production		
废弃资源和废旧材料回收加工业	Recovering of Abandoned Resource & Waste Materical		
电力、燃气及水的生产和供应业	**Production & Supply of Electric Power,Gas & Water**		
电力、热力的生产和供应业	Production & Supply of Electric Power & Heating Power	4	10734
燃气生产和供应业	Production & Supply of Gas		
水的生产和供应业	Production & Supply of Water	1	1102

Main Indicators on Economic Benefit of Collective-owned Enterprises above Designated Size by Industrial Branch(2003)

(10 000 yuan)

工业增加值（现价）Value Added of Industry (at current prices)	资产合计 Total Assets	流动资产合计 Circulating Funds	流动资产年平均余额 Annual Average Balance of Circulating Funds	固定资产原价 Original Value of Fixed Assets	固定资产净值年平均余额 Annual Average Balance of Net Value of Fixed Assets	流动负债合计 Liquid Liabilities
92242	**258770**	**131542**	**126227**	**140055**	**93051**	**134105**
12447	26333	11558	10945	14482	12906	11246
-649	2370	1580	1326	1098	692	2027
2776	17707	1842	1887	6010	4514	3644
1150	1671	1451	1474	219	197	743
3120	8774	2849	2391	6642	4145	2801
2901	25474	14072	14881	13506	8685	16495
1071	1417	1059	1169	542	356	664
152	1055	333	294	802	761	253
173	451	161	195	462	289	307
14683	32804	16870	15382	16459	12770	19655
3134	3587	2295	2246	2284	1129	1659
177	1530	436	586	1184	944	242
14574	28392	17946	16307	12603	8873	13358
9754	22901	12147	13772	14578	6991	13567
2148	8122	5831	5484	3356	2333	6043
5365	8087	6333	5770	3283	1572	3815
8220	19086	14219	12808	6792	3284	13474
661	3562	2127	2104	1563	1174	1610
4348	14433	10978	9715	4537	3030	12740
5578	24974	6441	6515	22967	13380	8733
458	6042	1016	977	6687	5027	1030

13-13 续表

单位：万元

行业	Item	长期负债合计 Long-term Liabilities	所有者权益 Creditors Equity
按行业分	**Grouped by Sector**	**24596**	**92669**
采矿业	**Mining**		
煤炭开采和洗选业	Coal Mining & Processing	458	14629
石油和天然气开采业	Petroleum & Natural Gas Extraction		
黑色金属矿采选业	Mining & Dressing of Ferrous Metals	180	163
有色金属矿采选业	Mining & Dressing of Nonferrous Metals	1071	12993
非金属矿采选业	Mining & Dressing of Nonmetal Minerals		928
其他采矿业	Mining of Other Mineral		
制造业	**Manufacturing**		
农副食品加工业	Processing of Agricultural Side-Line Food	3497	2476
食品制造业	Food Manufacturing		
饮料制造业	Beverage Manufacturing	6922	2057
烟草制品业	Tobacco Products		
纺织业	Textile Industry		
纺织服装、鞋、帽制造业	Textile Products, Clothes, Shoes & Hats	378	375
皮革、毛皮、羽毛（绒）及其制品业	Leather, Furs, Down & Related Products		
木材加工及木、竹、藤、棕、草制品业	Timber Processing, Bamboo, Cane, Palm Fiber & Straw Products		
家具制造业	Furniture Manufacturing		802
造纸及纸制品业	Paper-making & Paper Products		144
印刷业和记录媒介的复制	Printing & Record Pressing		
文教体育用品制造业	Cultural, Educational & Sports Goods		
石油加工、炼焦及核燃料加工业	Petroleum Processing , Coke Products & Processing of Nuclear Fuel		
化学原料及化学制品制造业	Raw Chemical Materials & Chemical Products	3502	9647
医药制造业	Medicine Manufacturing	1582	346
化学纤维制造业	Chemical Fiber Manufacturing		
橡胶制品业	Rubber Products		
塑料制品业	Plastic Products	484	803
非金属矿物制品业	Nonmetal Mineral Products	694	10391
黑色金属冶炼及压延加工业	Smelting & Pressing of Ferrous Metals	148	8736
有色金属冶炼及压延加工业	Smelting & Pressing of Nonferrous Metals	1125	955
金属制品业	Metal Products	19	4253
通用设备制造业	Manufacturing of General-Purpose Equipment		5612
专用设备制造业	Special Purposes Equipment Manufacturing		
交通运输设备制造业	Transportation Equipment Manufacturing	968	983
电气机械及器材制造业	Electric Equipment & Machinery	24	1669
通信设备、计算机及其他电子设备制造业	Manufacturing of Telecommunications, Computer & Other Electronic Equipment		
仪器仪表及文化、办公用机械制造业	Instruments, Meters, Cultural & Office Machinery		
工艺品及其他制造业	Handicrafts & Other Production		
废弃资源和废旧材料回收加工业	Recovering of Abandoned Resource & Waste Materical		
电力、燃气及水的生产和供应业	**Production & Supply of Electric Power,Gas & Water**		
电力、热力的生产和供应业	Production & Supply of Electric Power & Heating Power	2545	13696
燃气生产和供应业	Production & Supply of Gas		
水的生产和供应业	Production & Supply of Water	1000	1012

continued

(10 000 yuan)

实收资本 Total Capital Hold	产品销售收入 Sales Revenue	产品销售成本 Cost of Sales	产品销售税金及附加 Sales Tax and Extra Charges	产品销售利润 Sales Profit	利润总额 Total Profits	本年应交增值税 Value Added Tax Payable
58629	**203111**	**173272**	**2408**	**22793**	**5642**	**10910**
12324	18688	12754	591	4809	3146	1652
140	1426	1056	126	225	4	248
3536	5694	4912	62	555	113	224
120	3214	2535	47	632	30	55
873	6776	6071	8	520	231	45
5882	5207	4331	304	421	-617	516
57	2144	2087	6	29	8	41
802	528	362	30	136	3	16
24	613	506	5	100	11	37
8383	32791	28117	201	2971	701	2377
862	5982	5153	109	137	186	64
780	462	367	3	83	13	38
5777	32520	28152	352	3425	1539	1543
4709	27456	24699	163	2429	377	1456
1469	6103	5786	36	267	-235	127
1482	12370	11201	78	939	206	278
4121	17325	14954	156	2195	160	792
				0		
607	1814	1341	8	435	10	64
1752	12214	11103	40	744	67	527
3867	8682	6681	77	1753	128	745
1063	1102	1106	7	-11	-438	66

13-14 主要工业产品产量

年份 Year	原煤 (万吨) Coal (10000 tons)	原盐 (万吨) Salt (10000 tons)	发电量 (亿千瓦小时) Electricity (100 million kwh)	钢 (万吨) Steel (10000 tons)	成品钢材 (万吨) Steel Products (10000 tons)	生铁 (万吨) Pig Iron (10000 tons)	水泥 (万吨) Cement (10000 tons)	木材 (万立方米) Timber (10000 cu·m)	平板玻璃 (万重量箱) Plate Glass (10000 Weight cases)	小型拖拉机 (台) Small Tractors (unit)
1947	35	6.84	0.13					6.47		
1949	46	6.51	0.12					17.47		
1952	75	11.91	0.15					42.71		
1957	217	43.89	0.92			0.02		186.67		
1965	806	8.16	12.55	34	1.76	51.00	3.06	391.36		
1970	1215	63.58	22.01	81	16.02	66.00	11.14	244.43		
1975	1699	38.03	28.26	49	27.44	50.00	57.64	378.65	6.74	361
1978	2194	65.18	37.78	99	36.23	107.00	91.91	378.17	11.83	193
1980	2211	43.00	49.05	133	41.32	138.00	109.85	414.55	23.66	537
1981	2180	45.53	54.50	132	37.71	137.00	104.40	427.15	23.99	370
1982	2382	48.79	58.40	129	54.94	137.00	124.43	448.71	40.75	1365
1983	2487	61.61	60.82	134	60.47	151.00	145.88	480.48	121.60	6196
1984	2740	62.74	69.55	149	74.80	160.00	151.40	478.47	175.53	12118
1985	3204	66.34	80.46	170	100.14	182.00	185.11	502.07	112.84	16025
1986	3292	99.13	111.24	186	106.85	214.00	207.97	626.99	154.54	12045
1987	3410	97.29	126.54	216	130.53	257.00	218.84	596.00	157.41	17073
1988	3734	86.88	138.47	221	137.70	227.00	239.62	594.74	118.82	23780
1989	4382	109.97	153.72	242	157.27	255.00	250.55	527.89	235.32	12488
1990	4762	93.28	169.54	273	175.47	281.00	227.97	525.96	250.20	12464
1991	4923	100.66	189.04	269	179.69	271.00	270.60	483.87	254.92	14520
1992	5039	116.05	222.29	309	210.97	302.00	319.61	494.19	163.64	12852
1993	5514	111.93	235.23	346.11	244.58	329.95	371.50	500.02	341.07	3700
1994	6052	107.09	261.27	335.75	267.11	328.88	312.00	500.00	393.55	4522
1995	7055	76.13	278.54	355.36	257.77	345.78	349.27	504.35	445.42	7903
1996	7317	83.22	324.01	431.95	291.44	428.12	399.84	540.73	388.14	3948
1997	8303	100.00	342.23	453.32	339.94	450.84	465.76	524.15	399.77	5070
1998	7769	148.28	350.41	404.36	342.10	408.74	486.82	486.86	339.49	2881
1999	7071	132.07	380.61	416.30	365.80	424.86	549.70	379.23	390.93	5809
2000	7247	126.68	439.22	423.60	378.91	440.84	630.00	321.65	371.58	8419
2001	8163	136.75	465.50	453.75	388.39	476.06	698.00	280.72	464.33	5266
2002	11471	149.18	517.98	515.58	484.71	556.12	787.22	274.61	752.61	4175
2003	14707	148.72	647.73	576.83	560.36	606.90	947.86	255.35	852.49	1335

注:1979年以后化肥产量按折合100%计算。

Output of Major Industrial Products

化肥 (万吨) Chemical Fertilizer (10000 tons)	机制纸及纸板 (万吨) Machine-made Paper and Paperboards (10000 tons)	合成洗涤剂 (吨) Synthetic Detergents (ton)	糖 (万吨) Sugar (10000 tons)	电视机 (台) Television Sets (unit)	彩色电视机 (台) Color Television Sets (unit)	自行车 (辆) Bicycle (unit)	纱 (吨) Yarn (ton)	布 (万米) Cloth (10000 m)
	0.37		1.83					
0.49	0.69		0.16				104	37
0.88	1.83		4.17				706	238
2.91	1.88		5.80				10267	5562
8.19	3.08	1352	3.28	150			8559	4741
16.65	4.25	2042	4.23	1020			14278	7604
4.00	4.24	2646	6.92	13803		1121	14814	7950
6.22	4.02	2641	10.93	26736		18189	15328	8270
9.54	4.67	3322	9.58	41360		13559	14884	8448
10.16	2.50	4851	12.87	52992	3000	6206	13475	8202
10.81	7.16	6417	17.28	100111	8676	15317	12851	7168
9.81	9.53	7898	17.88	175087	66889	25074	14951	7104
10.16	10.70	8261	20.60	155047	84448	62038	16860	8109
12.13	10.92	11919	17.15	220168	108858	61500	19334	8814
12.84	11.73	19354	15.22	276936	135286	51276	21612	10313
12.18	13.02	16353	19.76	342102	134548	44004	22581	10548
13.48	13.59	11936	16.37	384451	157331	19110	23950	10785
12.50	15.05	9530	23.54	286128	170647	7732	24090	10826
13.44	15.64	10454	29.23	293761	213085	10552	20912	9537
13.03	14.45	11686	26.43	333600	229200	5000	17742	8782
17.92	14.90	13130	18.34	410000	305285	10000	19343	9232
17.35	19.15	17326	17.07	326833	270907	600	19105	8548
20.95	20.14	10588	27.21	228718	170210	2524	18921	8728
16.87	16.03	7730	26.70	156560	115779	1955	19782	8271
21.12	13.76	4240	20.12	34307	34307	1548	18241	7197
43.72	14.27	2252	11.95	127796	125396	1627	18312	6191
35.54	12.19	1929	12.04	518000	518000	504	15718	3287
39.58	14.33	1064	19.67	961388	961388		20523	4078
48.70	18.59	127	18.77	1267016	1267016		23814	5275
50.93	18.92	329	14.74	1342993	1342993		22560	4685

a)The output of chemical fertilizer is calculated on the basis of 100% effective content since 1979.

13-15 主要工业产品产量
Output of Major Industrial Products

项　目	Item	2002	2003
原煤(万吨)	Coal(10 000 tons)	11470.69	14706.82
汽油(万吨)	Gasoline(10 000 tons)	30.44	39.20
柴油(万吨)	Diesel Oil(10 000 tons)	42.62	45.63
原油(万吨)	Crude Oil(10 000 tons)	82.79	92.34
发电量(亿千瓦小时)	Electricity(100 million kwh)	517.98	647.73
食用植物油(万吨)	Edible Vegetable Oil(10 000 tons)	17.56	25.64
罐头(万吨)	Canned Food(10 000 tons)	0.23	0.21
乳制品(吨)	Dairy Products(ton)	100988.50	138697.10
啤酒(千升)	Beer(1000 litres)	429142.00	448239.97
白酒(千升)	Liquor(1000 litres)	208195.70	161455.72
卷烟(万支)	Cigarettes(10000 pcs)	1500000.00	1524995.00
呢绒(万米)	Woolen Piece Goods(10 000 m)	550.72	540.12
服装(万件)	Garments(10 000 pcs)	2110.19	3013.95
中成药(万吨)	Traditional Chinese Medicine(10 000 tons)	0.27	0.25
化学原料药(万吨)	Chemical Medicine(10 000 tons)	1.23	1.33
胶合板(万立方米)	Plywood(10 000cu·m)	0.82	0.96
纤维板(万立方米)	Fiberboard(10 000cu·m)	13.78	12.75
印染布(万米)	Printed and Dyed Cloth(10 000 m)	259.66	221.15
焦炭(万吨)	Coke(10 000 tons)	506.74	805.25
硫酸(万吨)	Sulfuric Acid(10 000 tons)	17.92	21.29
烧碱(氢氧化钠)(万吨)	Caustic Soda(10 000 tons)	20.48	19.19
纯碱(无水碳酸钠)(万吨)	Soda Ash(10 000 tons)	76.11	60.84
农用化学肥料(万吨)	Chemical Fertilizer(10 000 tons)	48.70	50.93
氮肥(万吨)	Nitrogen Fertilizers(10 000 tons)	45.66	50.02
磷肥(万吨)	Phosphate Fertlizers(10 000 tons)	2.07	0.91
合成氨(万吨)	Synthetic Ammonia(10 000 tons)	55.70	59.23
合成洗涤剂(吨)	Synthetic Detergent(ton)	127.00	329.00
轮胎外胎(万条)	Tires(10 000 pieces)	22.40	11.61
水泥(万吨)	Cement(10 000 tons)	787.22	947.86
平板玻璃(万重量箱)	Plate Glass(10 000 weight cases)	752.61	852.49
铝(万吨)	Aluminum(10 000 tons)	15.64	25.30
生铁(万吨)	Pig Iron(10 000 tons)	556.12	606.90
钢(万吨)	Steel(10 000 tons)	515.58	576.83
成品钢材(万吨)	Steel Products(10 000 tons)	484.71	560.36
小型拖拉机(万台)	Small Tractor(10 000 units)	0.42	0.13
载货汽车(辆)	Trucks(unit)	1348.00	2709.00
铁路货车(万辆)	Railway Freight Coaches(10 000 units)	0.17	0.35
微型电子计算机(万部)	Micro computers(10 000 sets)	6.22	5.06
彩色电视机(万部)	Color Television Sets(10 000 sets)	126.70	134.30

注：生产量包括规模以下非国有工业企业工业产品产量。

a)The output of products includes the products of non-state-owned industrial enterprises below designated size.

主要统计指标解释

工业 指从事自然资源的开采，对采掘品和农产品进行加工和再加工的物质生产部门。具体包括：(1)对自然资源的开采，如采矿、晒盐、森林采伐等(但不包括禽兽捕猎和水产捕捞)(2)对农副产品的加工、再加工，如粮油加工、食品加工、轧花、缫丝、纺织、制革等；(3)对采掘品的加工、再加工，如炼铁、炼钢、化工生产、石油加工、机器制造、木材加工等，以及电力、自来水、煤气的生产和供应等；(4)对工业品的修理、翻新，如机器设备的修理，交通运输工具(包括小卧车)的修理等。

工业统计调查单位 工业统计调查单位分为两类：独立核算法人工业企业和工业活动单位。

(1)独立核算法人工业企业 是指从事工业生产经营活动的单位。独立核算法人工业企业应同时具备以下条件：①依法成立，有自己的名称、组织机构和场所，能够承担民事责任；②独立拥有和使用资产，承担负债，有权与其他单位签订合同；③独立核算盈亏，并能够编制资产负债表。

(2)工业活动单位 是指在一个场所从事一种或主要从事一种工业生产活动的经济单位。它包括独立核算工业企业按主营业务活动(即工业生产活动)划分的主营业务活动单位和非工业企业所属的工业生产活动单位(即原非独立核算工业生产单位)。工业活动单位，一般应同时具备以下三个条件：①具有一个场所，从事一种或主要从事一种工业活动；②单独组织工业生产、经营或业务活动；③单独核算收入和支出。

轻工业 指主要提供生活消费品和制作手工工具的工业。按其所使用的原料不同，可分为两大类：(1)以农产品为原料的轻工业，是指直接或间接以农产品为基本原料的轻工业。主要包括食品制造、饮料制造、烟草加工、纺织、缝纫、皮革和毛皮制作、造纸以及印刷等工业；(2)以非农产品为原料的轻工业，是指以工业品为原料的轻工业。主要包括文教体育用品、化学药品制造、合成纤维制造、日用化学制品、日用玻璃制品、日用金属制品、手工工具制造、医疗器械制造、文化和办公用机械制造等工业。

重工业 是指为国民经济各部门提供物质技术基础的主要生产资料的工业。按其生产性质和产品用途，可以分为下列三类：(1)采掘(伐)工业，是指对自然资源的开采，包括石油开采、煤炭开采、金属矿开采、非金属矿开采和木材采伐等工业；(2)原材料工业，指向国民经济各部门提供基本材料、动力和燃料的工业。包括金属冶炼及加工、炼焦及焦炭、化学、化工原料、水泥、人造板以及电力、石油和煤炭加工等工业；(3)加工工业，是指对工业原材料进行再加工制造的工业。包括装备国民经济各部门的机械设备制造工业、金属结构、水泥制品等工业，以及为农业提供的生产资料如化肥、农药等工业。

根据上述划分原则，修理业中以重工业产品为修理作业对象的划为重工业，反之划为轻工业。

工业总产值 是以货币表现的工业企业在一定时期内生产的已出售或可供出售工业产品总量，它反映一定时间内工业生产的总规模和总水平。它包括：在本企业内不再进行加工，经检验、包装入库(规定不需包装的产品除外)的成品价值，对外加工费收入，自制半成品、在产品期末期初差额价值。工业总产值采用“工厂法”计算，即以工业企业作为一个整体，按企业工业生产活动的最终成果来计算，企业内部不允许重复计算，不能把企业内部各个车间(分厂)生产的成果相加。但在企业之间、行业之间、地区之间存在着重复计算。

工业增加值 是指工业行业在报告期内以货币表现的工业生产活动的最终成果。

实收资本 指企业实际收到的投资人投入的资本。按投资主体可分为国家资本、集体资本、法人资本、个人资本、港澳台资本和外商资本等。

资产合计 指企业拥有或控制的能以货币计量的经济资源。包括各种财产、债权和其他权利。资产按其流动性划分为流动资产、长期投资、固定资产、无形及递延资产和其他资产。

(1)流动资产 指企业可以在一年内或者超过一年的一个生产周期内变现或耗用的资产合计。包括现金及各种存款、短期投资、应收及预付款项、存货等。

(2)固定资产 指企业固定资产净值、固定资产清理、在建工程、待处理固定资产损失所占用的资金合计。

(3)无形资产 指企业长期使用而没有实物形态的资产。包括专利权、非专利技术、商标权、著作权、土地使用权、商誉等。

负债合计 指企业承担的能以货币计量，将以资产或劳务偿付的债务。负债一般按偿还期长短分为流动负债和长期负债、递延税项等。

(1)流动负债 指企业在一年内或者超过一年的一个营业周期内需要偿还的债务合计，其中包括短期借款、应付及预收款项、应付工资、应交税金和应交利润等。

(2)长期负债 指企业在一年以上或者超过一年的一个营业周期以上需要偿还的债务合计，其中包括长期借款、应付债务、长期应付款项等。

所有者权益 指企业投资人对企业净资产的所有权。企业净资产等于企业全部资产减去全部负债后的余额，其中包括投资者对企业的最初投入，以及资本公积金、盈余公积金和未分配利润，对股份制企业即为股东权益。

固定资产原价 指企业在建造、购置、安装、改建、扩建、技术改造某项固定资产时所支出的全部货币总额。它一般包括买价、包装费、运杂费和安装费等。

固定资产净值 是指固定资产原价减去历年已提折旧额后的净额。

流动资产 是指可以在一年或者超过一年的一个营业周期内变现或者耗用的资产，包括现金及各种存款、短期投资、应收及预付货款、存货等。

产品销售收入 指企业销售产品和提供劳务等主要经营业务取得的业务总额。

产品销售成本　指企业销售产品和提供劳务等主要经营业务的实际成本。

产品销售税金及附加　指企业销售产品和提供工业性劳务等主要经营业务应负担的城市维护建设税、消费税、资源税和教育费附加。

产品销售利润　指企业销售产品和提供工业性劳务等主要经营业务收入扣除其成本、费用、税金后的利润。

利润总额　指企业实现的利润。

应交增值税　指企业在报告期内应交纳的增值税额。

总资产贡献率　反映企业全部资产的获利能力，是企业经营业绩和管理水平的集中体现，是评价和考核企业盈利能力的核心指标。计算公式为：

总资产贡献率(%)=(利润总额+税金总额+利息支出)/平均资产总额×100%

资产负债率　该指标既反映企业经营风险的大小，也反映企业利用债权人提供的资金从事经营活动的能力。计算公式为：

总资产负债率(%)=负债总额/资产总额×100%

工业成本费用利润率　指在一定时期内实现的利润与成本费用之比，是反映工业生产成本及费用投入的经济效益指标，同时也是反映降低成本的经济效益的指标。计算公式为：

工业成本费用利润率(%)=利润总额/成本费用总额×100%

工业增加值率　指在一定时期内工业增加值占同期工业总产值的比重，反映降低中间消耗的经济效益。计算公式为：

工业增加值率(%)=工业增加值(现价)/工业总产值(现价)×100%

流动资金周转次数　指在一定时期内流动资产完成的周转次数，反映流动资产的周转速度。计算公式为：

流动资金周转次数=产品销售收入/全部流动资产平均余额

产品销售率　指报告期工业销售产值与同期全部工业总产值之比，是反映工业产品已实现销售的程度，分析工业产销衔接情况，研究工业产品满足社会需求程度的指标。计算公式为：

产品销售率(%)=工业销售产值/工业总产值(现价)×100%

全员劳动生产率　指根据产品的价值量指标计算的平均每一个从业人员在单位时间内的产品生产量。是考核企业经济活动的重要指标，是企业生产技术水平、经营管理水平、职工技术熟练程度和劳动积极性的综合表现。目前我国的全员劳动生产率是将工业企业的工业增加值除以同一时期全部从业人员的平均人数来计算的。计算公式为：

全员劳动生产率=工业增加值/全部从业人员平均人数

为了使各年度的全员劳动生产率数字可以比较，1990年以前各年的全员劳动生产率均按指数换算成1990年不变价格。

Explanatory Notes on Main Statistical Indicators

Industry refers to the material production sector which is engaged in extraction of natural resources and processing and reprocessing of minerals and agricultural products, including (1) extraction of natural resources, such as mining, salt production, logging (but not including hunting and fishing) ; (2) processing and reprocessing of farm and sideline produces, such as rice husking, flour milling, wine making, oil pressing, cotton ginning, silk reeling, spinning and weaving, and leather making; (3) manufacture of industrial products, such as steel making, iron smelting, chemicals manufacturing, petroleum processing, machine building, timber processing; water and gas production and electricity generation and supply; (4) repairing of industrial products such as the repairing of machinery and means of transport(including cars) .

Units of Industrial Statistics and Inquiry They are classified into two categories (1) corporate industrial enterprises with independent accounting system (2) industrial establishments.

(1) Corporate industrial enterprises with independent accounting system refer to enterprises engaging in industrial production activities, which meet the following requirements: ①They are established legally, having their own names, organizations, location, able to take civil liability; ②They possess and use their assets independently, assume liabilities, and are entitled to sign contracts with other units; □They are financially independent and compile their own balance sheets.

(2) Industrial establishments refer to economic units which located in one single place and engaged entirely or primarily in one kind of industrial activity, including financially independent industrial enterprises and units engaged in industrial activities under the non industrial enterprises (or financially dependent) . Industrial establishments generally meet the following requirements: ①They have each one location and are engaged in one kind of industrial activity each; ②They operate and manage their industrial production activities separately; ③They have accounts of income and expenditures separately.

Light Industry refers to the industry that produces consumer goods and hand tools. It consists of two categories, depending on the materials used:

(1) Industries using farm products as raw materials. These are branches of light industry which directly or indirectly use farm products as basic raw materials, including the manufacture of food and beverages, tobacco processing, textile, clothing, fur and leather manufacturing, paper making printing, etc.

(2) Industries using non farm products as raw materials. These are branches of light industry which use manufactured goods as raw materials, including the manufacture of cultural, educational articles and sports goods, chemicals, synthetic fiber, chemical products for daily use, glass products for daily use, metal products for daily use, hand tools, medical apparatus and instruments, and the manufacture of cultural and clerical machinery

Heavy Industry refers to the industry which produces capital goods, and provides various sectors of the national economy with necessary material and technical basis. It consists of the following three branches according to the purpose of production or the use of products:

(1) Mining, quarrying and logging industry refers to the industry that extracts natural resources, including extraction of petroleum, coal, metal and non metal and logging.

(2) Raw materials industry refers to the industry that provides various sectors of the national economy with raw materials, fuels and power. It includes smelting and processing of metals, coking and coke chemistry, chemical materials and building materials such as cement, plywood, and power, petroleum refining and coal dressing.

(3) Manufacturing industry refers to the industry that processes raw materials. It includes machine building industry which equips sectors of the national economy, industries of metal structure and cement products, industries producing means of agricultural production, such as chemical fertilizers and pesticides. According to the above principle of classification, the repairing trades which are engaged primarily in repairing products of heavy industry are classified into heavy industry while these engaged in repairing products of light industry are classified into light industry.

Gross Industrial Output Value is the total volume of industrial products sold or available for sale in value terms which reflects the total achievements and overall scale of industrial production during a given period. It includes the value of the finished products, which are not to be further processed in the enterprises and have been inspected, packed and put in storage, the value of industrial services rendered to other units, and the changes in the value of the semi finished products and products in process between the beginning and closing of the period. The gross industrial output value is calculated with "factory method". No double calculations are to be made within the same enterprise. However, double counting does occur among different enterprises.

Value-added of Industry refers to the final results

of industrial production of the industrial trade in money terms during the reference period.

Capital Obtained refers to capital actually received by the enterprise from investors. It can be further classified by investors as state capital, collective capital, corporate capital, individual capital, capital from Hong Kong, Macao and Taiwan and foreign capital.

Total Assets refer to all economic resources, owned or controlled by enterprises that could be measured in monetary terms, including properties, creditors equity and other economic rights of all forms. Classified by the degree of equitability, total assets include circulating assets, long term investment, fixed assets, intangible assets and deferred assets, and other assets.

(1) Circulating assets (working capital) refer to assets which can be cashed in or spent or consumed in an operating cycle of one year or over one year, including cash, all kinds of deposits, short term investment, receivables, advance payment, stock, etc.

(2) Fixed assets refer to the net value of fixed assets, clearance of fixed assets, project under construction, fixed assets losses in suspense. These are corporations, fund holdings.

(3) Intangible assets refer to the assets without material form used by enterprises over a long time, such as patents, non patent technologies, trade marks, copyright, land use right, business reputation, etc.

Total Liabilities refer to the debts, measured in monetary terms, that enterprises are responsible for repayment in the form of cash, assets or labour. Classified by terms of repayment, liability includes liquid liabilities and long-term liabilities.

(1) Liquid liabilities (also called quick liabilities or immediate liabilities) refer to enterprises' total debt payable within an operating cycle of one year or over one year, including short term loans, payables and advance payments, wages payable, taxes payable and profit payable, etc.

(2) Long term liabilities refers to total debt payable within an operating cycle of one year or over one year, including long term loans, payable liabilities, long term payables, etc.

Creditors' Equity refers to investors' ownership of net assets of the enterprise. It is equal to the total assets of the enterprise minus its total liabilities, including the primary input from investors, capital accumulation fund, surplus accumulation fund and undistributed profit. It is the shareholder's equity in shareholding companies.

Original Value of Fixed Assets refers to the original value of all fixed assets owned by industrial enterprises, calculated at the cost paid at the time of purchase, installation, reconstruction, expansion, and technical innovation and transformation of the said assets, which includes expenses on purchase, package, transportation, and installation, etc.

Net Value of Fixed Assets is obtained by deducting depreciation over years from the original value of fixed assets.

Working Capital (Circulating Assets) refers to assets which can be cashed in or spent or consumed in an operating cycle of one year or over one year, which includes cash, various deposits, short term investment, and receivable payments, and advance payments, stock, etc.

Sales Revenue of Industrial Products refers to the revenue from the sales of products by industrial enterprises and the revenue from services provided and etc.

Sales Cost of Industrial Products refers to the actual cost of products of industrial enterprises and industrial services provided, etc. .

Tax and Extra Charges on Sales of Products refer to the tax on city maintenance and construction, consumption tax, resources tax and extra charges for education, which should be borne by the enterprises in selling products and providing industrial services.

Sales Profit of Products refers to the profit gained by the enterprises by deducting cost, charges and taxes from the business income of the enterprises obtained in selling products and providing industrial services.

Total Profits refer to the profits gained by the enterprises.

Value-added Tax Payable refers to the amount of the value added tax which should be paid by the enterprises in the reporting period.

Ratio of Profits, Taxes and Interests to Average Assets reflects the profit making capability of all assets of the enterprise and is a key indicator manifesting the performance and management and evaluating the profit making potential of the enterprise. It is calculated as follows:

Ratio of profits, taxes and interests to average assets(%) =[(Total profits + total Taxes + interest payment) ÷ average assets] ×100%

Ratio of Debts to Assets reflect both the operation risk and the capability of the enterprise in making use of the capital from the creditors. It is calculated as follows:

Ratio of debts to assets (%) =(Total debts ÷ total assets) ×100%

Ratio of Profits to Total Industrial Costs refers to the ratio of profits realized in a given period to the total costs in the same period, which reflects the economic efficiency of input cost and is calculated as follows:

Ratio of Profits to Total Industrial Cost(%) =(Total

Profits ÷ Total Costs) ×100%

Value-added Rate of Industry refers to the ratio of value added of industry in a given period to the gross output value in the same period, which reflects the economic efficiency of cutting down the intermediate input and is calculated as follows:

Value added Rate of Industry(%) = [Value added of Industry(at current prices)] ÷ [Gross Output Value(at Current Prices)] ×100%

Turnover of Working Capital refers to the number of times of turnover of working capital in a given period of time, which reflects the speed of the turnover of working capital and is calculated as follows:

Turnover of Working Capital (%) =(Sales Revenue of Products) ÷(Average Balance of Total Working Capital) ×100%

Ratio of Sales to Gross Output Value refers to the sales of industrial products to the gross industrial output value during the reference period, and is important in reflecting the linkage between production and sales and the extent of the needs of the society that has been met by the supply of industrial products. It is calculated as follows:

Ratio of Sales to Gross Output Value=Industrial sales ÷ Gross industrial output value (at current prices) ×100%

Overall Labour Productivity of Industrial Enterprises refers to the average output per employed person in industrial enterprises in value terms. At present, the value added and the average number of staff and workers of an industrial enterprise in a given period are used to calculate the overall labour productivity. The formula used is:

Overall Labour Productivity=(Value Added of Industry) ÷(Average Number of Staff and Workers)

For the purpose of comparison of the overall labour productivity among different years, the data on the overall labour productivity of the years prior to 1990 have been adjusted on the basis of 1990 constant prices.

十四　建筑业

CONSTRUCTION

资料整理　云俊生　胡梅林
Arranged by Yun Junsheng , Hu Meilin

14-1 建筑业企业概况

Main Indicators on Construction Enterprises

年份 Year	总计 Total	国有 State-owned	城镇集体 Urban Collective-owned	其他经济 Others
企业单位数(个) Number of Enterprises(unit)				
1990	650	133	517	
1991	470	113	357	
1992	484	126	358	
1993	806	256	536	14
1994	811	234	549	28
1995	815	235	532	48
1996	836	212	524	100
1997	809	200	479	130
1998	859	174	337	348
1999	975	164	266	545
2000	984	140	211	633
2001	919	112	192	615
2002	726	56	67	603
2003	674	39	31	604
年末从业人员(万人) Number of Persons Engaged(10 000 persons)				
1990	27.02	14.60	12.42	
1991	23.30	13.70	9.60	
1992	26.20	15.22	10.98	
1993	35.33	18.76	16.17	0.40
1994	32.64	17.06	14.79	0.82
1995	30.98	15.37	14.04	1.57
1996	34.70	14.08	18.19	2.43
1997	32.50	14.75	14.26	1.49
1998	30.33	11.53	9.36	9.44
1999	33.22	9.92	8.57	14.73
2000	35.30	9.20	6.68	19.42
2001	39.37	9.40	6.71	23.26
2002	27.68	5.00	1.88	20.80
2003	26.63	2.10	0.67	23.86
建筑业总产值(亿元) Gross Output Value(100 million yuan)				
1990	27.89	16.60	11.29	
1991	32.21	19.85	12.36	
1992	46.10	27.79	18.31	
1993	74.50	44.76	28.75	0.99
1994	83.78	52.75	29.13	1.90
1995	85.52	50.35	31.58	3.59
1996	87.64	44.15	38.17	5.32
1997	96.39	50.51	37.50	8.38
1998	101.76	47.65	27.38	26.73
1999	116.87	46.50	24.77	45.60
2000	138.80	50.11	21.29	67.40
2001	178.26	61.12	23.96	93.18
2002	220.02	50.53	13.68	155.81
2003	257.66	36.34	9.92	211.40

注：1996年起建筑业企业的统计范围是资质等级四级及四级以上建筑业企业，因此数据存在着与以前年度不可比因素。

a)The statistical coverage since 1996 included the fourth & higher grade construction enterprises,therefore the data were not entirely comparable with the data of the previous years.

14-2 建筑业企业主要经济指标(2003年)

指 标	Item	合计 Total
建筑业企业个数(个)	Number of Construction Enterprises(unit)	674
#亏损企业个数	Number of Loss-mading Exterprises	93
从业人员(万人)	Number of Persons Engaged(10 000 persons)	26.63
自有机械设备净价(万元)	Fixed Machinery and Equipment Owned(net valued)(10 000 yuan)	365097
自有机械设备台数(万台)	Number of Machinery and Equipment Owned(10000 set)	10.25
自有机械设备总功率(万千瓦)	Total Power of Machinery and Equipment Owned(10 000 kw)	182.22
建筑业总产值(万元)	Gross Output Value of Construction(10 000 yuan)	2576575
建筑工程	Construction Projects	2224610
安装工程	Installation Projests	301201
其他产值	Other	50764
竣工产值	Output of Buildings Completed	2165355
建筑业增加值(万元)	Value Added of Construction(10 000 yuan)	810047
#固定资产折旧(万元)	Depreciation of Fixed Assets(10 000 yuan)	45630
应付工资(万元)	Wages Payable(10 000 yuan)	392136
应付福利费(万元)	Welfare Expenses Payable(10 000 yuan)	40493
工程结算税金及附加(万元)	Taxes and Extra Charges on Project Settle Accounts(10 000 yuan)	86159
管理费用中的税金(万元)	Taxes in Management Expenses(10 000 yuan)	6851
工程结算利润(万元)	Profits of Project Settle Accounts(10 000 yuan)	214717
施工面积(万平方米)	Floor Space of Buildings Under Construction(10 000 sq.m)	2494.8
竣工面积(万平方米)	Floor Space of Buildings Completed(10 000 sq.m)	1450.7
利润总额(万元)	Total Profits(10 000 yuan)	55473
税金总额(万元)	Total Tax(10 000 yuan)	93010
劳动生产率	Overall Labor Productivity	
按总产值计算(元/人)	In Terms of Gross Output Value(yuan/person)	61020
按增加值计算(元/人)	In Terms of Value-added(yuan/person)	19184
技术装备率(元/人)	Value of Machines per Laborer(yuan/person)	13710
动力装备率(千瓦/人)	Power of Machines per Laborer(kw/person)	6.8
房屋建筑面积竣工率(%)	Rate of Floor Space of Buildings Completed(%)	58.2
产值利润率(%)	Ratio of Profit to Gross Output Value(%)	2.2
产值利税率(%)	Ratio of Pre-tax Profit to Gross Output Value(%)	5.8

Main Economic Indicators on Construction Enterprises(2003)

内资企业 Domestic Funded Enterprises	#国有 State-owned Enterprises	#集体 Collective-owned Enterprise	#股份合作企业 Share Holding Enterprises	#私营企业 Private Enterprises	港澳台商投资企业 Funded by Entrepreneurs from Hong Kong, Macao and Taiwan	外商投资企业 Foreign Funded Enterprises
670	37	17	14	206	2	2
91	8	6	2	18	1	1
26.59	2.03	0.28	0.39	5.28	0.03	0.02
364475	63040	3087	7773	69270	515	107
10.21	0.84	0.17	0.17	2.53	0.03	0.01
182.07	23.8	2.29	3.68	31.96	0.02	0.13
2571697	355845	29550	39636	500992	3678	1200
2219732	319500	21441	38206	459011	3678	1200
301201	34009	7969	1273	31317		
50764	2336	140	157	10664		
2161121	255129	26347	36859	434342	3146	1088
808283	101105	10565	12375	175375	1064	700
45490	6529	569	290	7627	87	53
391412	45468	5677	6875	92304	505	219
40455	4928	833	196	10486	8	30
86005	12908	1067	1589	16635	52	102
6848	382	148	392	1327	3	
214016	26577	2187	2964	45370	405	296
2491	70.8	46.6	65.8	681.2		3.8
1450.7	33.1	28.7	41	403.9		
55191	6709	85	677	19629	266	16
92853	13290	1215	1981	17962	55	102
60975	92188	31544	45164	53890	132302	58252
19164	26193	11278	14101	18865	38273	33981
13709	31079	11225	19895	13121	20196	6294
6.8	11.7	8.3	9.4	6.1	0.6	7.8
58.2	46.8	61.5	62.3	59.3		
2.1	1.9	0.3	1.7	3.9	7.2	1.3
5.8	5.6	4.4	6.7	7.5	8.7	9.8

14-3 建筑业企业分行业主要经济指标(2003年)

项目	Item	合计 Total
建筑业企业个数(个)	Number of Construction Enterprises(unit)	674
# 亏损企业个数	Number of Loss-mading Exterprises	93
从业人员(万人)	Number of Persons Engaged(10 000 persons)	26.63
自有机械设备净价(万元)	Fixed Machinery and Equipment Owned(net valued)(10 000 yuan)	365097
自有机械设备台数(万台)	Number of Machinery and Equipment Owned(10 000 set)	10.25
自有机械设备总功率(万千瓦)	Total Power of Machinery and Equipment Owned(10 000 kw)	182.22
建筑业总产值(万元)	Gross Output Value of Construction(10 000 yuan)	2576575
建筑工程	Construction Projects	2224610
安装工程	Installation Projests	301201
其他产值	Other	50764
竣工产值	Output of Buildings Completed	2165355
建筑业增加值(万元)	Value Added of Construction(10 000 yuan)	810047
# 固定资产折旧(万元)	Depreciation of Fixed Assets(10 000 yuan)	45630
应付工资(万元)	Wages Payable(10 000 yuan)	392136
应付福利费(万元)	Welfare Expenses Payable(10 000 yuan)	40493
工程结算税金及附加(万元)	Taxes and Extra Charges on Project Settle Accounts(10 000 yuan)	86159
管理费用中的税金(万元)	Taxes in Management Expenses(10 000 yuan)	6851
工程结算利润(万元)	Profits of Project Settle Accounts(10 000 yuan)	214717
施工面积(万平方米)	Floor Space of Buildings Under Construction(10 000 sq.m)	2494.8
竣工面积(万平方米)	Floor Space of Buildings Completed(10 000 sq.m)	1450.7
利润总额(万元)	Total Profits(10 000 yuan)	55473
税金总额(万元)	Total Tax(10 000 yuan)	93010
劳动生产率	Overall Labor Productivity	
按总产值计算(元/人)	In Terms of Gross Output Value(yuan/person)	61020
按增加值计算(元/人)	In Terms of Value-added(yuan/person)	19184
技术装备率(元/人)	Value of Machines per Laborer(yuan/person)	13710
动力装备率(千瓦/人)	Power of Machines per Laborer(kw/person)	6.8
房屋建筑面积竣工率(%)	Rate of Floor Space of Buildings Completed(%)	58.2
产值利润率(%)	Ratio of Profit to Gross Output Value(%)	2.2
产值利税率(%)	Ratio of Pre-tax Profit to Gross Output Value(%)	5.8

Main Economic Indictors of Construction Enterprises by Branch(2003)

房屋和土木工程建筑业 Housing & Civil Engineering Construction	#房屋工程建筑 Housing	#土木工程建筑 Civil Engineering	建筑安装业 Installation of Buildings	建筑装饰业 Decoration of Building	其他建筑业 Other Construction
595	461	134	42	26	11
73	54	19	11	5	4
25.15	20.03	5.11	1.23	0.18	0.08
346035	221868	124167	15237	1714	2111
9.73	8.07	1.66	0.34	0.15	0.03
175.85	120.95	54.9	5.4	0.54	0.43
2445579	1610510	835069	108553	14138	8305
2173686	1511072	662614	35000	9897	6027
226982	68831	158151	72389	795	1035
44911	30607	14304	1164	3446	1243
2029653	1356084	673569	116598	10957	8147
769080	522358	246722	34664	4567	1736
42601	23993	18608	2381	272	376
375067	277280	97787	14250	2231	588
38343	29933	8410	1904	168	78
82000	53600	28400	3608	394	157
6248	4138	2110	570	23	10
202718	119714	83004	10011	1465	523
2457.1	2405.1	52	37.5		0.3
1431	1400.5	30.5	19.7		
54440	36661	17779	271	562	200
88248	57738	30510	4178	417	167
60248	51059	92278	84287	57919	82065
18947	16561	27264	26915	18710	17154
13761	11075	24286	12399	9549	27703
7	6	10.7	4.4	3	5.7
58.2	58.2	58.7	52.6		
2.2	2.3	2.1	0.2	4	2.4
5.8	5.9	5.8	4.1	6.9	4.4

14-4 建筑施工企业主要财务指标(2003年)

单位：万元

项目	Item	资产合计 Total Assets	流动资产合计 Total Circulating Assets	# 存货 Stock	长期投资 Longterm Invest-ment
总 计	**Total**	**2644409**	**1753701**	**332404**	**61676**
按企业登记注册类型分	**Grouped by Type of Enterprises Registered**				
内资企业	Domestic Investment	2635745	1747580	331226	61496
国有企业	State-owned	316774	204968	24722	2904
集体企业	Collective-owned	28871	16658	5040	1793
私营企业	Private	484381	306895	54634	16021
联营企业	Joint-owned	765	567		
股份有限公司	Share Holding Company	333841	235221	27854	4499
有限责任公司	Limited-liability Company	1434053	967206	212966	29149
股份合作企业	Share Holding Cooperative	37060	16065	6010	7130
其他企业	Others				
外商投资企业	Foreign Funded	2383	2124	234	
港、澳、台商投资企业	Hong kong, Macao & Taiwan Funded	6281	3997	944	180
按行业类别分	**Grouped by Sector**				
房屋和土木工程建筑业	Housing Construction and Civil Engineering Industry	2488254	1655507	318653	54909
建筑安装业	Construction and Installation Industry	124731	76223	11119	6096
建筑装饰业	Construction and Decoration Industry	20464	14038	2299	668
其他建筑业	Other Construction Industries	10960	7933	333	3
按隶属关系分	**Grouped by Administrative Relationship**				
中 央	Central	86862	56197	8251	2300
地 方	Local	2557547	1697504	324153	59376
自治区属	Approach to Autonomous Region	684822	479655	122989	11014
盟市属	Approach to Leagues & Cities	622751	415321	52901	8635
旗县属	Approach to Banners & Counties	321475	201085	35321	3693
其 他	Others	928499	601443	112942	36034
按企业资质等级分	**Grouped by Intelligent Grade of Enterprises**				
# 一 级	First	772600	516694	59065	9429
二 级	Second	835306	553031	89663	31417
三 级	Third	822645	511654	102489	18293

Main Financial Indicators on Construction Enterprises With Independent Accounting System(2003)

固定资产合计 Total Fixed Assets	固定资产原价合计 Original Value of Fixed Assets	#生产经营用 for Production Use	累计折旧 Accumulative Depreciation	#本年折旧 Of this Year	在建工程 Under Construction	无形及递延资产合计 Intangible & Deffered Assets	#无形资产 Intangible	其它资产 others
724548	**963450**	**803852**	**276091**	**45630**	**29521**	**86135**	**73281**	**18349**
722293	960406	801605	275302	45490	29521	86055	73201	18321
94161	141128	122363	52944	6529	3256	14065	11032	676
9328	11867	9665	3898	569	348	981	946	111
141572	156519	126206	28280	7627	11722	15391	11110	4502
194	345	345	151	14		2	2	2
69247	91945	74463	25072	3832	1545	23763	20723	1111
395449	544266	456307	162901	26629	12589	30507	28368	11742
12342	14336	12256	2056	290	61	1346	1020	177
219	546	296	327	53		40	40	
2036	2498	1951	462	87		40	40	28
685441	909480	762554	258255	42601	27556	75235	62594	17162
30884	43774	33868	15700	2381	1935	10491	10282	1037
5538	6787	4845	1338	272	30	161	157	59
2685	3409	2585	798	376		248	248	91
27704	39991	33575	15174	1429	2734	427	305	234
696844	923459	770277	260917	44201	26787	85708	72976	18115
164122	275447	239573	111586	13235	1800	23526	19665	6505
170606	213179	179208	49254	9550	5824	27267	26203	922
107758	129061	108955	30805	6983	4942	7176	4348	1763
254358	305772	242541	69272	14433	14221	27739	22760	8925
197130	284212	244017	91744	12811	4540	45069	41687	4278
224664	282238	229223	72801	13012	12682	21310	14388	4884
267046	324223	259142	76073	16333	11562	19304	17104	6348

14-4 续表 1

单位：万元

项 目	Item	负债合计 Total Liability	流动负债合计 Total Circulating Liability	长期负债合计 Total Longterm Liability	所有者权益合计 Ownership Interest
总 计	**Total**	**1572998**	**1488683**	**84315**	**1071411**
按企业登记注册类型分	**Grouped by Type of Enterprises Registered**				
内资企业	Domestic Investment	1567820	1483515	84305	1067925
国有企业	State-owned	204798	185775	19023	111976
集体企业	Collective-owned	17672	17672		11199
私营企业	Private	224494	215502	8992	259887
联营企业	Joint-owned	194	194		571
股份有限公司	Share Holding Company	219575	211803	7772	114266
有限责任公司	Limited-liability Company	883343	836653	46690	550710
股份合作企业	Share Holding Cooperative	17744	15916	1828	19316
其他企业	Others				
外商投资企业	Foreign Funded	1265	1265		1118
港、澳、台商投资企业	Hong kong, Macao & Taiwan Funded	3913	3903	10	2368
按行业类别分	**Grouped by Sector**				
房屋和土木工程建筑业	Housing Construction and Civil Engineering Industry	1478348	1396061	82287	1009906
建筑安装业	Construction and Installation Industry	78588	76858	1730	46143
建筑装饰业	Construction and Decoration Industry	8655	8588	67	11809
其他建筑业	Other Construction Industries	7407	7176	231	3553
按隶属关系分	**Grouped by Administrative Relationship**				
中 央	Central	49428	46147	3281	37434
地 方	Local	1523570	1442536	81034	1033977
自治区属	Approach to Autonomous Region	476558	447547	29011	208264
盟市属	Approach to Leagues & Cities	402383	374082	28301	220368
旗县属	Approach to Banners & Counties	172752	165152	7600	148723
其 他	Others	471877	455755	16122	456622
按企业资质等级分	**Grouped by Intelligent Grade of Enterprises**				
# 一 级	First	541482	493306	48176	231118
二 级	Second	485970	470038	15932	349336
三 级	Third	389414	373685	15729	433231

continued

(10 000 yuan)

实收资本 Contributed Capital	国家资本 State	集体资本 Collective	法人资本 Institutionnal Units	个人资本 Individuals	港澳台资本 Hong kong, Macao & Taiwan	外商资本 Foreign	工程结算收入 Revenue of Settlement of Projects
884044	**165196**	**86553**	**284258**	**347201**	**568**	**268**	**2510306**
880426	165196	86553	282130	346547			2507437
93426	70778		22648				340116
10179		9024	1155				30034
204057			74125	129932			484217
485			485				625
101597	20723	6998	32846	41030			269955
455673	73695	69644	136749	175585			1341186
15009		887	14122				41304
1072			150	654		268	1199
2546			1978		568		1670
829771	152724	77507	269425	329847		268	2394077
40085	11540	8984	8105	11456			99208
10805		62	5968	4207	568		12138
3383	932		760	1691			4883
37536	16075	6143	8446	6872			76772
846508	149121	80410	275812	340329	568	268	2433534
159339	71919	30829	42670	13921			656062
191464	56752	18070	45106	71486	50		530374
122000	13365	15411	49266	43958			345464
373705	7085	16100	138770	210964	518	268	901634
189125	70414	12948	59663	46100			722066
296356	49668	27877	93975	124736	50	50	806290
360671	26555	29294	130220	173866	518	218	838366

14-4 续表 2

单位：万元

项 目	Item	工程结算成本 Cost of Settlement of Projects	工程结算税金及附加 Tax and Extra Charges of Settlement of Projects	工程结算利润 Profits of Settlement of Projects
总 计	**Total**	**2209430**	**86159**	**214717**
按企业登记注册类型分	**Grouped by Type of Enterprises Registered**			
内资企业	Domestic Investment	2207416	86005	214016
国有企业	State-owned	300631	12908	26577
集体企业	Collective-owned	26780	1067	2187
私营企业	Private	422212	16635	45370
联营企业	Joint-owned	569	21	35
股份有限公司	Share Holding Company	242328	8950	18677
有限责任公司	Limited-liability Company	1178145	44835	118206
股份合作企业	Share Holding Cooperative	36751	1589	2964
其他企业	Others			
外商投资企业	Foreign Funded	801	102	296
港、澳、台商投资企业	Hong kong, Macao & Taiwan Funded	1213	52	405
按行业类别分	**Grouped by Sector**			
房屋和土木工程建筑业	Housing Construction and Civil Engineering Industry	2109359	82000	202718
建筑安装业	Construction and Installation Industry	85589	3608	10011
建筑装饰业	Construction and Decoration Industry	10279	394	1465
其他建筑业	Other Construction Industries	4203	157	523
按隶属关系分	**Grouped by Administrative Relationship**			
中 央	Central	66615	2533	7624
地 方	Local	2142815	83626	207093
自治区属	Approach to Autonomous Region	574706	22530	58826
盟市属	Approach to Leagues & Cities	475110	17878	37386
旗县属	Approach to Banners & Counties	306605	12488	26371
其 他	Others	786394	30730	84510
按企业资质等级分	**Grouped by Intelligent Grade of Enterprises**			
# 一 级	First	640864	25012	56190
二 级	Second	708021	26850	71419
三 级	Third	736893	30162	71311

continued

(10 000 yuan)

其他业务收入 Revenue of Other Business	其他业务利润 Profits of Other Business	管理费用 Management Expenses	#税金 Taxes	#财产保险费 Premium of Property	#劳动待业保险费 Premium for Employment	财务费用 Financial Expense	#利息支出 Interest Expenditure	营业利润 Operating Profits	利润总额 Total Profits
33304	**8786**	**143921**	**6851**	**1240**	**24061**	**19107**	**10058**	**60475**	**55473**
33304	8786	143544	6848	1235	24057	19065	10013	60193	55191
1708	138	19029	382	38	4313	1013	538	6673	6709
110	104	2193	148	7	84	26	6	72	85
3609	783	22716	1327	414	1626	3623	2803	19814	19629
29	17	52	1	1	3				
2648	303	13044	1175	90	1655	1294	1048	4642	1915
24939	7357	84758	3423	654	16307	12482	5024	28323	26176
261	84	1752	392	31	69	627	594	669	677
		283				-3		16	16
		94	3	5	4	45	45	266	266
31302	8142	132778	6248	1202	22103	18725	9755	59357	54440
1673	580	10036	570	21	1940	231	194	324	271
224	54	844	23	16	14	126	92	549	562
105	10	263	10	1	4	25	17	245	200
776	-263	6334	165	17	1025	290	243	737	716
32528	9049	137587	6686	1223	23036	18817	9815	59738	54757
19879	5632	54863	1858	124	15189	2567	2386	7028	6980
5745	1354	24267	869	90	2771	6939	1150	7534	2376
2071	797	15924	1341	332	2007	1741	1082	9503	9722
4833	1266	42533	2618	677	3069	7570	5197	35673	35679
6492	987	41692	1626	93	9745	7297	1787	8188	3746
3781	1644	38713	1453	514	5066	5340	3190	29010	28940
5875	1037	44485	3213	588	2818	5174	3787	22689	22138

14-4 续表 3

单位：万元

项 目	Item	应交所得税 Income Tax Payable	应付利润 Profits Payable
总 计	**Total**	**12263**	**15809**
按企业登记注册类型分	**Grouped by Type of Enterprises Registered**		
内资企业	Domestic Investment	12253	15775
国有企业	State-owned	1580	853
集体企业	Collective-owned	73	125
私营企业	Private	3415	7822
联营企业	Joint-owned		
股份有限公司	Share Holding Company	942	1856
有限责任公司	Limited-liability Company	6136	4886
股份合作企业	Share Holding Cooperative	107	233
其他企业	Others		
外商投资企业	Foreign Funded	7	15
港、澳、台商投资企业	Hong kong, Macao & Taiwan Funded	3	19
按行业类别分	**Grouped by Sector**		
房屋和土木工程建筑业	Housing Construction and Civil Engineering Industry	11800	15406
建筑安装业	Construction and Installation Industry	386	275
建筑装饰业	Construction and Decoration Industry	70	81
其他建筑业	Other Construction Industries	7	47
按隶属关系分	**Grouped by Administrative Relationship**		
中 央	Central	241	211
地 方	Local	12022	15598
自治区属	Approach to Autonomous Region	1987	830
盟市属	Approach to Leagues & Cities	2578	181
旗县属	Approach to Banners & Counties	1703	2334
其 他	Others	5754	12253
按企业资质等级分	**Grouped by Intelligent Grade of Enterprises**		
#一 级	First	2431	-1607
二 级	Second	4777	8675
三 级	Third	4982	8495

continued

(10 000 yuan)

本年应付工资总额 Total Wages Payable in the Year	# 主营业务应付工资 Wage Payable of Major Business	本年应付福利费总额 Welfares Payable in the Year	# 主营业务应付 of Major Business	建筑业增加值 Value Added of Construction
401234	**392136**	**42390**	**40493**	**810047**
400488	391412	42349	40455	808283
46556	45468	5124	4928	101105
5708	5677	837	833	10565
93303	92304	10671	10486	175375
121	99	17	14	187
39239	38171	4114	3896	76356
208516	202818	21380	20102	432320
7045	6875	206	196	12375
241	219	33	30	700
505	505	8	8	1064
383293	375067	40099	38343	769080
15074	14250	2037	1904	34664
2271	2231	175	168	4567
596	588	79	78	1736
13319	12809	1518	1459	27044
387915	379327	40872	39034	783003
84107	81588	9897	9534	202760
73838	71369	7699	7256	147079
55036	53892	5237	4536	107618
174934	172478	18039	17708	325546
94991	92437	10192	9826	207647
132090	129717	13754	13214	260731
160253	157132	16527	15684	296653

主要统计指标解释

建筑业统计单位 指从事房屋、构筑物建造和设备安装活动的法人企业。建筑业法人企业应同时具备的条件是：①依法成立，有自己的名称、组织机构和场所，能够承担民事责任；②独立拥有和使用资产，承担负债，有权与其他单位签订合同；③独立核算盈亏，能够编制资产负债表。

建筑业总产值(即自行完成施工产值) 是以货币表现的建筑安装企业在一定时期内生产的建筑业产品的总和。建筑业总产值包括：

(1)建筑工程产值： 指列入建筑工程预算内的各种工程价值。

(2)安装工程产值：指设备安装工程价值，不包括被安装设备本身价值。

(3)其他产值：建筑业总产值中，除建筑工程、安装工程以外的产值。包括房屋、构筑物修理产值、非标准设备制造产值、总包企业向分包企业收取的管理费以及不能明确划分的施工活动所完成的产值。

a 房屋、构筑物修理产值：指房屋、构筑物修理所完成的价值，但不包括被修理房屋、构筑物本身的价值和生产设备的修理价值。

b 非标准设备制造产值：指加工制造没有定型的、非标准的生产设备的加工费和原材料价值，以及附属加工厂为本企业承建工程制作的非标准设备的价值。

建筑业增加值 指建筑业企业在报告期内以货币表现的建筑业生产经营活动的最终成果。目前建筑业增加值采用分配法(收入法)计算，即从收入的角度出发，根据生产要素在生产过程中应得的收入份额计算。具体计算公式为：

建筑业增加值=本年提取的固定资产折旧+主营业务应付工资+主营业务应付福利费+管理费用中的劳动待业保险金、税金+工程结算税金及附加+工程结算利润

房屋建筑施工面积 指在报告期内施工的全部房屋建筑面积、包括本期新开工的房屋面积、上期施工跨入本期继续施工的房屋面积、上期停缓建在本期恢复施工的房屋面积、本期竣工的房屋面积及本期施工后又停缓建的房屋面积。

房屋建筑竣工面积 指在报告期内房屋建筑按照设计要求全部完工，达到了住人和使用条件，经验收鉴定合格，正式移交使用单位的房屋建筑面积。

自有机械设备年末总台数 指归本企业所有，属于本企业固定资产的生产性机械设备年末总台数。包括施工机械、生产设备、运输设备以及其他设备。

自有机械设备年末总功率 指本企业自有施工机械、生产设备、运输设备以及其他设备等列为在册固定资产的生产性机械设备年末总功率，按设定能力或查定能力计算。包括机械本身的动力和为该机械服务的单独动力设备，如电动机等。计算单位用千瓦，动力换算可按 1 马力=0.735 千瓦折合成千瓦数。电焊机、变压器、锅炉不计算动力。

工程结算收入 指企业承包工程实现的工程价款结算收入，以及向发包单位收取的除工程价款以外的按规定列作营业收入的各种款项，如临时设施费、劳动保险费、施工机械调迁费等以及向发包单位收取的各种索赔款。

工程结算利润 指已结算工程实现的利润，如亏损以“-”号表示。计算公式为：

工程结算利润=工程结算收入-工程结算成本-工程结算税金及附加

企业总收入 指与企业生产经营直接有关的各项收入，包括工程结算收入和其他业务收入。计算公式为：

企业总收入=工程结算收入+其他业务收入

Explanatory Notes on Main Statistical Indicators

Statistical Unit in Construction refers to corporate enterprise engaged in the construction of buildings and structures and in the installation of equipment. A corporate construction enterprise should meet the following requirements: ①being set up in line with relevant legal basis, having its full name, organization and location, and capable of taking civil liabilities; ②independently possessing and using its assets and assuming its liabilities, and entitled to sign contracts with other institutions; ③ making independent accounts of its profits and losses, and capable of compiling its own balance sheet.

Gross Output Value of Construction (Output Value of Projects Under Construction) refers to total of construction products, expressed in money terms, completed by construction and installation enterprises during a given period of time. It includes:

(1) Output value of construction projects, that is the value of projects covered by the project budgets;

(2) Output value of installation projects, that is the value of the installation of equipment, (excluding the value of the equipment to be installed) ;

(3)Other Output value:

a 、Output value of repair of buildings and structures, that is the value created through the repairs of buildings or structures, but does not include the value of buildings or structures being repaired and the value of the repair of production equipment;

b 、Output value of manufactured nonstandard equipment, that is the value of nonstandard production equipment which including raw materials and manufacturing cost made for the construction project, and the equipment manufactured by subsidiary workshops.

Value added of Construction refers to the final result of the activities of production and management of construction in monetary terms in the reference period. At present, the value added of construction is calculated with the income approach. In other words, it is the sum of income of various production factors in the production process. The formula is as follows:

Value added of construction = depreciation of fixed assets in the year + wages payable of the major operation + welfare expenses payable of the major operation + insurance premium and tax for waiting for employment in the administrative expenses + taxes and surcharges on project settlement + profit gained from Project settlement.

Floor Space of Buildings Under Construction refers to floor space of buildings under construction during the reference period, including newly started buildings, buildings started earlier and continued during the reference period, and buildings suspended earlier but restarted during the reference period, buildings completed during the reference period, and buildings under construction , and then suspended during the reference period.

Floor Space of Buildings Completed refers to the floor space of buildings that are completed in the reference period in accordance with the requirements of the design, up to the standard for putting them into use, and have been checked and accepted by concerned departments as qualified ones.

Total Number of Machinery and Equipment Owned by the End of Year refers to the number of machines and equipment owned by the enterprises, and listed as the fixed assets of the enterprises by the end of the year, including machinery and equipment for construction, production and transportation.

Total Power of Machinery and Equipment Owned by the End of Year refers to the total power of machinery and equipment owned by the enterprises, and listed as the fixed assets of the enterprises by the end of the year, including machinery and equipment for construction, production and transportation. The power of the machinery is calculated on basis of the designed or verified capacity, covering the power of the machinery/equipment and the separate power equipment serving the machinery/equipment(such as electric motors) , but excluding welders, transformers and boilers. The unit used for the calculation of power is kilowatt, with horsepower converted to kilowatt by 1 horse power = 0. 735 kilowatt.

Income from Settlement of Projects refers to the income received by the construction enterprise from the contracted project through settlement procedures, and other charges to the contractoree as operational costs in addition to the value of the project, such as temporary facility fee, labour insurance premium, moving cost of construction equipment, as well as various types of claims to the contractee.

Profit from Settlement of Projects refers to profit realized through settled projects. It is calculated with the following formula:

Profit from Settlement of Projects=Income from Settlement of Projects - Cost - Taxes and Other Cost

Total Revenue of Enterprises refers to the sum of income from production and operation of enterprises, including income from settlement of projects and other operational income, namely:

Total Revenue of Enterprises = Income from Settlement of Projects + Other Operational Income

十五 运输和邮电

TRANSPORTATION, POSTAL AND TELECOMMUNICATIONS SERVICES

资料整理 杨文武
Arranged by Yang Wenwu

15-1 交通运输业基本情况

Basic Conditions of Transportation

指 标	Item	2002	2003
运输线路长度(公里)	**Length of Transportation Routes(km)**		
中央铁路营业里程	Railways in Operation	5011	5024
地方铁路	Local Railways	1180	1180
公路	Highways	72673	74135
内河	Navigable Inland Waterways	1188	2517
民航	Total Civil Aviation Routes	56890	78705
客运量总计(万人)	**Total Passenger Traffic(10 000 persons)**	**25376**	**23521**
铁路	Railways	2824	2552
公路	Highways	22421	20831
民用航空	Civil Aviation	132	138
旅客周转量总计(亿人公里)	**Total Passenger Kilometers(100 million passenger-km)**	**236.8**	**222.1**
铁路	Railways	92.7	85.7
公路	Highways	130.7	122.2
民用航空	Civil Aviation	13.4	14.2
货运量总计(万吨)	**Total Freight Traffic(10 000 tons)**	**47879**	**50046**
铁路	Railways	10639	11513
公路	Highways	37239	38532
民用航空	Civil Aviation	1	1
货物周转量总计(亿吨公里)	**Total Freight Ton-kilometers(100 million ton-km)**	**1132.0**	**1218.2**
铁路	Railways	900.5	976.2
公路	Highways	231.4	241.9
民用航空	Civil Aviation	0.1	0.1
民用汽车拥有量(辆)	**Number of Civil Motor Vehicles Owned(unit)**	**427347**	**498547**
载客汽车辆数(辆)	Number of Buses and Cars(unit)	237719	286481
载客汽车客位(万客位)	Number of Seats in Buses and Cars(10 000 units)	155.8	
载货汽车辆数(辆)	Number of Trucks(unit)	182971	202306
#普通载货汽车	Ordinary Trucks	152259	
载货汽车吨位(万吨)	Trucks Capacity(10 000 tons)	121.9	
#普通载货汽车	Ordinary Trucks	99	
其他机动车(辆)	Number of Other Motor Vehicles(unit)	14200	20843
私人汽车拥有量(辆)	Number of Motor Vehicles Owned by Individuals(unit)	246313	313270
民用运输船舶拥有量(艘)	**Number of Civil Transport Vessels(unit)**	**513**	**1197**

注：公路部门营运汽车统计口径为全社会营运汽车。

a)The statistical coverage of number of motor vehicles owned by highway departments has extended to motor vehicles of all society.

15-2 主要交通运输工具和线路里程

Major Tools and Length of Transports

年 份 Year	载货汽车 (辆) Trucks (unit)	载客汽车 (辆) Buses and Cars (unit)	铁 路 Railways 机车(台) Locomotives (unit)	铁 路 Railways 客车(辆) Passenger Coaches (unit)	飞 机 (架) Number of Civil Aircraft(unit)	铁路正线延展里程(公里) Extention Length of the Trunk Lines(km)	公路线路里程 (公里) Total Length of Highways (km)
1947	76	18				1557	1974
1948	81	25				1557	1872
1949	89	25				1557	2394
1950	227	53				1557	3259
1951	343	78				1557	4037
1952	344	101				1574	4821
1953	617	173				1574	5495
1954	1066	269				1912	6253
1955	1750	391				1912	8325
1956	2459	496				2106	11501
1957	2828	641				2404	13020
1958	3492	797				2644	18020
1959	4100	996				3091	18752
1960	5198	1061				3222	21131
1961	5446	970				3219	21131
1962	5595	1003				3222	22804
1963	5398	1033				3190	22195
1964	5871	1000				3299	22103
1965	6335	1348				3541	25688
1966	7335	1718				3635	25180
1967	6905	1605				3496	24407
1968	7110	1669				3496	25234
1969	7007	1781				3590	25676
1970	8174	2027				3593	27605
1971	9140	2316				3491	31355
1972	11061	2852				3537	34676
1973	14388	3733				3747	29043
1974	15496	4237				3747	30308
1975	19611	5172				3747	31362
1976	23281	6046				3697	33414
1977	25001	6448				3755	36471

15-2 续表 continued

年 份 Year	载货汽车(辆) Trucks (unit)	载客汽车(辆) Buses and Cars (unit)	铁路 Railways 机 车(台) Locomotives (unit)	铁路 Railways 客 车(辆) Passenger Coaches (unit)	飞 机(架) Number of Civil Aircraft (unit)	铁路正线延展里程(公里) Extention Length of the Trunk Lines(km)	公路线路里程(公里) Total Length of Highways (km)	民航通航里程(公里) Length of Civil Aviation Routes(km)
1978	29027	7669				3803	37535	
1979	33011	8476				3760	23769	
1980	38647	9969				4361	35016	3734
1981	42482	11842	341	601	16	4379	35856	3734
1982	47125	13254	500	910	16	4360	36828	2933
1983	49674	14087	507	955	18	4360	37939	2933
1984	51663	15405	562	1003	18	4355	37456	7565
1985	57354	19078	532	838	21	4364	38198	7565
1986	66258	23409	627	1121	21	4405	40380	8824
1987	68618	24883	667	1282	19	4821	41984	10005
1988	71856	29940	706	1275	18	4825	42800	23193
1989	77909	32634	691	1339	19	5445	43080	21745
1990	87161	35763	676	1471	19	5596	43274	21431
1991	95489	41081	686	1522	21	5653	43396	20506
1992	103757	47958	661	1473	20	5770	43704	22496
1993	115807	58084	641	1561	19	5800	43789	38976
1994	118985	65374	668	1661	19	5733	44202	51951
1995	131055	85825	759	1802	18	5790	44753	48136
1996	111675	94187	789	1802	18	7588	45744	76116
1997	130350	118978	650	1771	19	7031	49992	66532
1998	142255	144216	745	1694	19	7083	58430	61199
1999	157377	169241	838	1595	13	7331	63824	64426
2000	167004	188154	883	1818	9	7179	67346	40469
2001	180481	241364	865	1886	11	7240	70408	51476
2002	182971	237719	898	1903	11	7475	72673	56890
2003	202306	286481	912	1757	10	7477	74135	78705

15-3 运输线路长度
Length of Transports Routes

单位：公里 (km)

项 目	Item	2002	2003
铁路线路长度	**Length of Railways Routes**	**7453**	**7477**
中央铁路	Central Railways		
正线延展里程	Extention Length of the Trunk Lines	6273	6296
营业里程	Length of Railways in Operations	5011	5024
# 呼铁局	Huhhot Railway Bureau	1627	1628
哈铁局(内蒙地段)	Harbin Railway Bureau(Section of Inner Mongolia)	1469	1469
沈铁局(内蒙地段)	Shengyang Railway Bureau(Section of Inner Mongolia)	1489	1551
地方铁路线路里程	Local Railways Length of Routes	1180	1180
公路	**Highways**		
公路里程	Total Length of Highways	72673	74135
等级公路	Expressway and Class I to IV Highway	63000	65157
# 一级公路	First Class	330	341
二级公路	Second Class	6069	6604
等外路	Highway Below Class IV	9673	8978
内河	**Inland Rivers**		
航道里程	Length of Navigabe Inland Waterways	1188	2517
民用航空	**Civil Aviation**	**56890**	**78705**
国内航线	Domestic Routes	54630	51000
国际航线	International Routes	2260	27705

15-4 民用车辆船舶年末拥有量

Figure of Civil Vehicles and Shipping at the Year-end

项 目	Item	2002 合计 Total	2002 #私人 Private-owned	2003 合计 Total	2003 #私人 Private-owned
铁路运输工具	**Tool of Railway Transport**				
中央铁路：机车(台)	Central Railways:Locomotives(unit)	763		778	
客车(辆)	Passenger Coaches(unit)	1809		1651	
地方铁路：机车(台)	Local Railways:Locomotives(unit)	135		134	
客车(辆)	Passenger Coaches(unit)	94		106	
民用汽车(辆)	**Number of Civil Motor Vehicles(unit)**	**427347**	**246313**	**498547**	**313270**
#载货汽车辆数(辆)	Number of Trucks(unit)	182971	113317	202306	122927
载货汽车吨位(万吨)	Capacity of Trucks(10 000 tons)	121.9	73.2		
载客汽车(辆)	Buses and Cars(unit)	237719	131319	286481	187589
载客汽车客位(万客位)	Number of Seats(10 000 seats)	155.8	76.6		
轮胎式拖拉机(台)	**Type Tractors(unit)**	**486160**	**486122**	**541150**	**487076**
摩托车(辆)	**Motors(unit)**	**715340**	**624251**	**874134**	**848414**
#两轮摩托车	Two-wheel Motors	681374	597446	768797	745802
载货车挂车(辆)	**Trailer(unit)**	**33156**	**19118**	**38743**	**20225**
民用运输船(艘)	**Civil Transport Vessels(unit)**	**1260**		**1217**	
#机动运输船(艘)	Motor Vessels(unit)	242		222	
非机动船(艘)	Non-motor Vessels(unit)	744		721	
挂浆船(艘)	Vessels with Oar(unit)	274		274	
民航飞机(架)	**Civil Aircraft(unit)**	**11**		**10**	
#通用飞机	General Aircraft	11		10	

15-5 客货运输量
Passenger Traffic and Freight Traffic

年份 Year	客运量 (万人) Passenger Traffic (10 000 persons)	铁路 Railways	公路 Highways	货运量 (万吨) Freight Traffic (10 000 tons)	铁路 Railways	公路 Highways
1949			0.6		0.2	0.2
1950			0.8	0.2		0.2
1951			3.0	396	391	5
1952			16	447	417	30
1953			39	755	526	229
1954			58	1168	694	474
1955			87	1433	496	937
1956			131	2093	622	1471
1957			189	2224	739	1485
1958			181	3390	1039	2351
1959	1238	993	245	6911	2657	4254
1960	1754	1456	298	5986	3289	2697
1961	2022	1723	299	3749	2355	1394
1962	1869	1585	284	2729	1754	975
1963	1416	1118	298	2235	1434	801
1964	1268	914	354	2759	1640	1116
1965	1320	852	468	3614	2060	1554
1966	1463	836	627	4160	2425	1735
1967	1688	978	710	4409	2881	1528
1968	1651	990	661	3284	1889	1395
1969	1546	1046	500	3200	1792	1408
1970	1688	1016	672	4625	2882	1743
1971	1865	1080	785	4964	2749	2215
1972	2223	1164	1059	5387	2859	2528
1973	2338	1199	1139	5477	2668	2709
1974	2364	1161	1203	5453	2604	2849
1975	2599	1324	1275	6325	3190	3135
1976	2588	1300	1288	6487	3114	3373
1977	3017	1564	1453	7399	3529	3870

15-5 续表 continued

年份 Year	客运量 (万人) Passenger Traffic (10 000 persons)	铁路 Railways	公路 Highways	航空 Civil Aviation	货运量 (万吨) Freight Traffic (10 000 tons)	铁路 Railways	公路 Highways	航空 Civil Aviation
1978	3422	1753	1669		8213	3861	4352	
1979	3470	1689	1781		8046	3924	4122	
1980	4162	1994	2164	4	7653	4142	3511	0.05
1981	4250	2071	2176	3	7305	3989	3316	0.05
1982	4926	2288	2635	3	8314	4317	3997	0.04
1983	5703	2556	3145	2	9103	4542	4561	0.04
1984	6313	2738	3573	2	10149	4957	5192	0.03
1985	6673	2784	3884	5	11588	5510	6078	0.13
1986	7612	2833	4775	4	15348	5638	9710	0.06
1987	8493	2965	5509	19	16979	6065	10914	0.06
1988	9518	3242	6242	34	18533	5296	13237	0.06
1989	9411	2997	6405	9	22515	6678	15837	0.06
1990	10475	2433	8012	30	26676	6909	19767	0.17
1991	9148	2565	6543	40	25678	7027	18651	0.24
1992	10406	2801	7567	38	29126	7198	21928	0.34
1993	11165	3014	8108	43	31708	7587	24121	0.41
1994	15294	3042	12162	90	31386	7812	23573	0.90
1995	18273	2909	15248	116	32732	8347	24384	1.13
1996	18099	2563	15418	118	34321	9435	24885	1.15
1997	19148	2735	16287	126	39008	9960	29047	1.27
1998	20205	2542	17552	111	39564	8227	31336	1.17
1999	21498	2824	18576	98	41652	8747	32903	1.90
2000	23549	3378	20061	110	44629	9648	34979	2.00
2001	24133	2956	21041	136	45970	9816	36145	0.90
2002	25376	2824	22421	132	47879	10639	37239	1.00
2003	23521	2552	20831	138	50046	11513	38532	1.10

15-6 客货周转量

Passenger-kilometers and Freight Ton-kilometers

年份 Year	旅客周转量 (亿人公里) Passenger-kilometers (100 million passenger-km)	铁路 Railways	公路 Highways	航空 Civil Aviation	货物周转量 (亿吨公里) Freight Ton-kilometers (100 milion ton km)	#铁路 Railways	#公路 Highways
1978	31.80	22.38	9.42		224.55	214.96	9.59
1980	43.19	31.84	11.35		174.92	164.78	10.14
1981	45.55	34.33	11.22	0.15	252.36	243.98	8.38
1982	52.06	37.50	14.40	0.16	299.40	288.62	10.78
1983	61.41	43.92	17.36	0.13	348.97	335.57	13.40
1984	70.63	50.29	20.34	0.13	391.94	376.45	15.49
1985	82.53	58.34	23.86	0.32	442.51	424.30	18.20
1986	90.85	62.57	28.03	0.25	470.56	449.30	21.26
1987	100.92	65.55	33.78	1.59	492.62	469.12	23.50
1988	115.69	74.49	37.58	3.62	491.93	466.08	25.85
1989	111.29	68.18	39.84	3.27	579.63	501.93	77.70
1990	99.01	57.54	38.07	3.40	621.90	519.41	102.49
1991	104.90	60.64	40.06	4.20	608.08	505.15	102.93
1992	113.60	69.24	40.26	4.10	655.89	515.18	137.56
1993	152.95	74.44	74.03	4.48	697.86	546.50	151.36
1994	174.86	75.09	89.55	10.22	734.25	586.94	143.85
1995	173.58	71.97	89.85	11.76	785.12	625.56	159.56
1996	167.10	63.79	90.68	12.63	832.66	658.96	170.11
1997	180.27	69.14	97.69	13.43	881.49	695.86	182.18
1998	187.91	76.13	100.44	11.34	844.35	657.08	187.27
1999	205.50	88.00	108.18	9.26	898.80	701.00	197.75
2000	219.10	92.30	116.30	10.50	1041.20	828.60	211.80
2001	225.30	89.70	121.90	13.70	1090.10	869.70	220.30
2002	236.80	92.70	130.70	13.40	1132.00	900.50	231.40
2003	222.06	85.74	122.14	14.18	1218.22	976.18	241.91

15-7 邮电业务基本情况

Basic Conditions of Post and Telecommunications Services

指 标	Item	2002	2003
邮电业务总量(万元)	Business Volume of Post and Telecommunications Service(10 000 yuan)	903847.6	1085474.4
邮政业务总量	Business Volume of Post Service	80447.6	85115.0
电信业务总量	Business Volume of Telecommunications Service	823400.0	1000359.4
函件(万件)	Number of Letters(10 000 pcs)	14002.0	22066.2
包件(万件)	Number of Parcels(10 000 pcs)	316.0	166.0
特快专递(万件)	Pieces of Express Mail Services(10 000 pcs)	166.8	205.4
报刊期发数(万份)	Number of Newspapers and Magazines Circulation(10 000 copies)	249.0	248.5
长途电话(万次)	Number of Long distance Calls(10 000 times)	23358.4	23695.6
本地电话年末用户(万户)	Local Telephone Subscribers at Year-end (10 000 subscribers)	311.2	430.0
年末市内电话用户(万户)	Local(Urban)Telephone Subscribers at Year-end (10 000 subscribers)	242.6	345.1
# 住宅电话用户	Residential Telephone Subscribers	188.4	260.7
年末农村电话用户(万户)	Number of Rural Telephones Subscribers at Year-end (10 000 subscribers)	68.6	85.0
年末无线寻呼电话用户(万户)	Number of Subscribers of Pageing Service at Year-end (10 000 subscribers)	31.5	10.4
年末移动电话用户(万户)	Number of Mobile Telephones Subscribers at Year-end (10 000 subscribers)	317.2	479.1
邮电局所(处)	Number of Post &Telecommunications Offices(unit)	1671	1678
邮路及农村投递路线总长度(公里)	Length of Postal Routes and Rural Delivery Routes(km)	173702	173980
# 汽车邮路	Highway Routes	42558	42799
铁路邮路	Railway Routes	5764	5764
长话电路(路)	Number of Long-distance Telephone Lines(line)	166749	247110
邮电通信工具拥有量	Telecommunications Facilities		
局用交换机容量(万门)	Capacity of Office Telephone Exchanges(10 000 lines)	346.3	370.6
中央国有	Central State-owned	346.3	370.6
地方国有	Local State-owned		
电话机(含移动电话)(万部)	Number of Telephone Sets(10 000 units)	628.4	909.1
中央国有	Central State-owned	628.4	909.1
地方国有	Local State-owned		

注：1.邮电业务总量按2000年不变价格计算。

a)The business volume of post and telecommunications is calculated at 2000 constant prices.

15-8 城乡邮电局所和电话机数

Number of Post and Telecommunications Office and Telephones

年份 Year	邮电局所(处) Number of Telecommunications Offices (unit)	城市 Urban	乡村 Rural	每万人口中邮电局所(处) Number of Post and Telecommunications Offices per 10 000(unit)	本地网电话机部数(万部) Number of Telephone in Local Network (10 000 set)	城市本地网 Urban	乡村本地网 Rural	每万人口中电话机数(部) Number of Telephones per 10 000 persons (set)
1949	114	100	14	0.19	0.04		0.04	0.66
1952	353	330	23	0.49	0.04		0.04	0.56
1957	563	149	414	0.60	1.03	0.90	0.13	18.71
1958	799	308	481	0.82	1.31	1.17	0.14	25.69
1965	951	161	790	0.73	3.33	2.23	1.10	13.88
1970	1111	216	895	0.75	2.07	1.49	0.58	15.13
1975	835	151	684	0.48	2.66	1.98	0.68	14.59
1978	857	163	694	0.48	3.10	2.36	0.74	17.00
1979	1513	206	1307	0.82	5.87	4.16	1.71	31.70
1980	1515	212	1303	0.81	6.04	4.34	1.70	32.19
1981	1519	212	1307	0.80	6.13	4.57	1.56	32.21
1982	1520	218	1302	0.78	6.47	4.97	1.50	33.32
1983	1517	216	1301	0.77	6.98	5.46	1.52	35.44
1984	1545	232	1313	0.78	7.63	6.14	1.49	38.28
1985	1603	232	1371	0.80	8.51	7.00	1.51	42.21
1986	1634	254	1380	0.80	9.07	7.56	1.51	44.45
1987	1615	229	1386	0.78	10.31	8.71	1.60	49.89
1988	1632	236	1396	0.78	12.67	10.98	1.69	60.51
1989	1636	232	1404	0.77	14.70	12.81	1.89	69.27
1990	1638	225	1413	0.76	16.83	14.80	2.03	77.82
1991	1645	230	1415	0.75	18.48	16.34	2.14	84.62
1992	1648	228	1420	0.75	21.18	18.66	2.52	95.98
1993	1651	233	1418	0.74	28.05	25.08	2.97	125.65
1994	1765	247	1518	0.78	62.47	59.51	2.96	276.35
1995	1804	419	1385	0.79	65.89	63.59	2.26	289.94
1996	1831	424	1407	0.80	85.98	85.07	0.91	374.60
1997	1837	407	1430	0.79	105.64	89.44	16.20	454.23
1998	1815	414	1401	1.20	150.08	128.66	21.42	640.05
1999	1739	413	1326	0.74	155.26	127.63	27.63	657.35
2000	1728	417	1311	0.73	206.90	166.35	40.55	872.11
2001	1671	446	1215	0.70	258.00	203.00	55.00	1087.51
2002	1671	521	1150	0.70	311.20	242.60	68.60	1308.64
2003	1678	551	1127	0.71	430.04	345.09	84.95	1807.19

15-9 邮电业务量

Telecommunications Services

年份 Year	邮电业务总量（万元）Business Volume of post & Telecommunications (10 000 yuan)	邮政业务总量 Business Volume of Post	电信业务总量 Business Volume of Telecommunications	邮电业务总量指数（1978年=100）Index of Business Volume of Post & Telecommunications(1978=100)	函件（万件）Number of Letters (10 000 pcs)	特快专递（万件）Pieces of Express Mail Services (10 000 pcs)	报刊期发数（万份）Newspapers & Magazines Circulation (10 000 copies)
1978	7515			100	6658		253
1980	8216			109	7146		329
1985	11471			153	9416		605
1986	11953			159	9589		507
1987	14436			192	9778		596
1988	17119			228	9946	1	515
1989	18652			248	8637	1	342
1990	21194	7373	13821	282	8080		
1991	25096	8126	16970	334	7782	3	419
1992	32195	10093	22102	428	8001	9	412
1993	46809	11866	34943	623	9539	28	560
1994	69688	15317	54371	927	10858	55	567
1995	96552	19031	77521	1284	16728	95	486
1996	128846	21677	107169	1714	10277	153	625
1997	174001	25413	148588	2314	9479	157	650
1998	247762	29003	218759	3295	8521	115	408
1999	391291	34591	356700	5204	8332	100	341
2000	562463	59463	523000	7481	9677	111	395
2001	580521	76007	504515	10956	12249	147	268
2002	903848	80448	823400	17058	14002	167	249
2003	1085474	85115	1000359		22066	205	249

注：邮电业务总量2000年及以前按1990年不变价格计算，2001年以后按2000年价格计算。

a)Business Volume of Post and telecommunications before 2000 is calculated at 1990 constant Prices,and after 2001 it is calculated at 2000 constant Prices.

15-9 续表 1 continued

年 份 Year	集邮业务 (万元) Philately (10 000 yuan)	长途电话 (万次) Number of Long Distance Telephone Calls(10 000 times)	无线寻呼用户 (户) Number of Subscribers of Pageing Service (subscriber)	移动电话用户 (户) Number of Mobile Telephone Subscribers (subscriber)	电子信箱用户 (户) Number of Subscribers of E-mail Service (subscriber)	国际互联网络用户 (户) Number of Subscribers of Internet Service (subscriber)
1978		451				
1980		495				
1985		792				
1986		856				
1987		923	175			
1988	287	1100	558			
1989		1071	1120			
1990	1373	1257	1747			
1991	2149	1722	3799	70		
1992	3959	2615	8246	636		
1993	4829	4856	24549	2298		
1994	4944	7623	52794	8351		
1995	4935	10422	102653	21852	15	
1996	6248	14349	179383	52388	22	25
1997	10173	15686	300692	127630	43	382
1998	11158	17429	420108	258881	70	1454
1999	10024	19101	530011	533000	85	10306
2000	7830	21088	780008	1153000	108	56556
2001	11768	22160	430000	2090000	188	161420
2002	12527	23358	315000	3172000		330133
2003	7095	23696	104000	4790500		547046

15-9 续表 2 continued

年 份 Year	本地电话年末用户(户) Number of Subscribers of Local Telephone at Year-end (subscribers)	城市电话用户 Number of Urban Telephone Subscribers	#住宅电话 Residential Telephone Subscribers	乡村电话用户 Rural Telephone Subscribers	#住宅电话 Residential Telephone Subscribers	公用电话(户) Public Telephone (Subscribers)
1978	30991	23561		7430		218
1980	60483	43435		17048		95
1985	86230	71101	733	15129	87	317
1986	97947	82004	2096	15943	156	386
1987	110409	93869	3047	16540	366	436
1988	127372	109781	6484	17591	484	467
1989	147108	128187	24732	18921	398	391
1990	168328	147964	32003	20364	518	278
1991	184856	163414	41193	21442	1785	376
1992	211796	186574	64151	25222	3319	679
1993	280512	250772	118788	29740	6139	1480
1994	440361	409220	265776	31141	10482	2958
1995	658577	635945	441383	22632	10586	6887
1996	859754	850652	615126	9102	3349	11759
1997	1056355	894372	697425	161983	118986	20400
1998	1254391	1040109	845015	214282	172736	32451
1999	1552582	1276323	1027119	276259	236006	41271
2000	2069000	1664000	1339000	405000	358000	48039
2001	2580000	2030000	1620000	550000	490000	70000
2002	3112000	2426000	1884000	686000	616000	74000
2003	4300400	3450900	2607300	849500	765400	168063

15-10 年末邮电局所数及邮递线路

Postal and Telecommunications Services Facilities(Year-end)

年 份 Year	邮电局所(处) Number of Post and Telecommunica-tions Offices (unit)	信筒信箱 (处) Number of Post Boxes (unit)	邮路总长度 (公里) Length of Postal Routes (km)	# 汽车邮路 Highway Routes	# 铁路邮路 Railway Routes	农村投递线路 (公里) Rural Delivery Routes (km)
1978	857		94978	19250	2674	
1980	1515	3220	70944	35115	5740	
1985	1603	3557	59292	36174	6726	117800
1986	1634	3554	60831	37480	7023	110363
1987	1615	3671	60591	36485	7174	111786
1988	1632	3721	59203	35843	7024	110093
1989	1636	3637	63017	36037	7025	116686
1990	1638	3549	64495	36666	6802	109926
1991	1645	3600	67048	37235	6772	108231
1992	1648	3496	66966	37230	6772	107295
1993	1651	3590	66139	36401	6772	105501
1994	1765	3561	67551	39339	7050	101706
1995	1804	3576	68751	41030	6929	102757
1996	1831	3641	68873	43729	6929	104694
1997	1837	3616	71006	45955	6623	103991
1998	1815	3471	69261	44286	5936	107262
1999	1739	3059	64183	43747	5173	107280
2000	1728	3096	63759	43232	5514	106539
2001	1671	4502	72499	42969	5838	111394
2002	1671	3478	62307	42558	5764	111395
2003	1678	3022	62344	42799	5764	111636

15-11 年末邮电通信电路及长途电信线路

Telecommunications Facilities(Year-end)

年 份 Year	长话业务电路 (路) Long Distance Telephone Lines(line)	# 光缆电路 Optical Cable Lines	# 数字电路 Digital Lines	长途光缆线路长度 (公里) Length of Long Distance Optical Cable Lines(km)	微波线路长度 (公里) Length of Long Distance Micro-wave Lines(km)
1990	1736				
1991	2349	351		309	
1992	3191	611	881	309	382
1993	6593	1663	2154	950	849
1994	10043	4230	1658	3274	990
1995	11669	6765	8578	8074	1346
1996	17174	13760	15920	9282	1475
1997	19199	17220	18833	9846	3002
1998	30569	27320	30559	11416	2923
1999	26053		26053	11625	1187
2000	48309		48309	16420	2084
2001	84036		84036	15890	4413
2002	166749		166749	25018	6437
2003	247110		247110	28597	6457

15-12 邮电通信水平

Level of Postal and Telecommunications Services

指 标	Item	1990	1995	2000	2003
全区邮电通信水平	**Autonomous Regional Level**				
平均每人每年发函件数(件)	Annual Average Number of Letters Mailed per Capita(piece)	3.78	4.72	4.09	9.27
平均每百人每年订报刊数(份)	Annual Average Number of Newspaper and Magazine Subscribed per 100 Persons(copy)	16.15	21.39	16.69	10.44
平均每百人拥有电话机部数(部)	Number of Telephone Sets Owned per 100 Persons(set)	0.79	2.90	8.75	38.2
农村邮电通信水平	**Rural Level**				
设有邮电局、所的乡(镇)比重(%)	Percentage of Townships with Post and Telephone Communications Offices(%)			100	100
通电话的乡(镇)比重(%)	Percentage of Townships with Telephone Communication(%)	97.40	94.20	100	100
进入长话自动网的乡(镇)比重(%)	Percentage of Townships with Connected Autoexchange Net of Long Distance Call(%)		37.60	100	100

15-13 邮电通信设备年末拥有量

Telecommunications Facilities at the Year-end

年份 Year	长途自动交换机容量(路端) Capacity of Long-distance Telehone Exchanges (circuit)	本地电话局用交换机容量(门) Capacity of Local-office Telehone Exchanges (line)	#中央国有 Central State-owned	#地方国有 Local State-owned	电话机(部) Number of Telephone (set)	#中央国有 Central State-owned	#地方国有 Local State-owned
1978		50830	312180	19550	99636	42726	56910
1980		104050	60450	43600	106473	74235	32238
1985		156280	108230	48050	156929	128360	28569
1986		163960	113930	50030	181936	149191	32745
1987		179070	128820	50250	164123	129670	34453
1988	200	193155	141190	51965	232159	194589	37570
1989	1560	222675	169540	53135	266627	226723	39904
1990	1560	241305	188020	53285	296601	253525	43076
1991	2249	268605	212950	55655	329689	283773	45916
1992	5342	351793	251230	100563	363537	312632	50905
1993	9906	449154	358984	90170	454013	398342	55671
1994	25895	682979	618964	64015	624729	595081	29648
1995	68127	1059151	1029828	29323	854869	838265	16604
1996	70336	1284301	1260288	24013	1100640	1088151	12489
1997	81050	1554614	1226356	328258	1313097	1063609	249488
1998	92200	1889691	1508344	381347	1500674	1200539	300135
1999	94200	2119776	1769500	350276	2086000	1748959	337041
2000	96320	2543000	2122789	420211	3222000	2577600	644400
2001	110000	3034400	3034400		4670000	4670000	
2002	137060	3463000	3463000		6284000	6284000	
2003	230690	3705538	3705538		9090500	9090500	

主要统计指标解释

铁路营业里程 又称营业长度(包括正式营业和临时营业里程)，指办理客货运输业务的铁路正线总长度。凡是全线或部分建成双线及以上的线路，以第一线的实际长度计算；复线、站线、段管线、岔线和特殊用途线以及不计算运费的联络线都不计算营业里程。铁路营业里程是反映铁路运输业基础设施发展水平的重要指标，也是计算客货周转量、运输密度和机车车辆运用效率等指标的基础资料。

铁路正线延展里程 指正线第一线、第二线、第三线和其他正线建筑里程之和，不包括站线、段管线、岔线及特殊用途线的延展里程。它是作为计算铁路上钢轨、枕木及路基砂石需要量的主要依据。

铁路电气化里程 指在全部铁路营业里程中已安装了供电线路及设备，可以供电力机车牵引列车运行的区段的总里程。

铁路自动、半自动闭塞里程 为保证列车安全运行，在一个区间、同一时间内，一般只允许一列列车运行，这种保证列车在这个区间安全间隔运行的技术方法称为“闭塞”。自动和半自动闭塞里程是指装有列车自动或人工完成闭塞状态的铁路设备里程。自动或半自动闭塞里程占铁路营业里程的比重是反映铁路现代化的重要标志之一。

公路里程 指在一定时期内实际达到《公路工程技术标准 JTJ01-88》规定的等级公路，并经公路主管部门正式验收交付使用的公路里程数。包括大中城市的郊区公路以及通过小城镇街道部分的公路里程和桥梁、渡口的长度，不包括大中城市的街道、厂矿、林区生产用道和农业生产用道的里程。两条或多条公路共同经由同一路段，只计算一次，不得重复计算里程长度。它是反映公路建设发展规模的重要指标，也是计算运输网密度等指标的基础资料。

内河航道里程 也称内河通航里程，指在一定时期内，能通航运输船舶及排筏的天然河流、湖泊水库、运河及通航渠道的长度。包括全年季节性通航累计三个月以上的航道，不包括仅供零散流放竹、木排的河道。它是内河水运网规模、水平和发展情况的主要指标。

民用航空线里程 指民航运输定期班机飞行的航线长度的总和。航线长度按机场之间的距离计算，通常有两种计算方法：一是将每条航线长度相加称为重复计算航线里程；二是将两线或两条以上航线经过同一区段里程，只计算一次航线长度称为不重复计算航线里程，一般常用的是后者，它能确切反映民航运输网的规模，是表明民航事业为国民经济服务和方便人民生活程度的主要指标。

输油(气)管道长度 也称输油(气)里程，指油品(或天然气)的实际输送距离，一般按输油(气)管道的单线长度计算。若包括复线和备用线长度则称为输油(气)管道延展长度，是指管道铺设的实际长度。我们通常使用的是不包括复线的“输油(气)管道里程”，它是反映管道运输发展规模和水平的主要指标。

货(客)运量 指在一定时期内，各种运输工具实际运送的货物(旅客)数量。它是反映运输业为国民经济和人民生活服务的数量指标，也是制定和检查运输生产计划、研究运输发展规模和速度的重要指标。货运按吨计算，客运按人计算。货物不论运输距离长短、货物类别，均按实际重量统计。旅客不论行程远近或票价多少，均按一人一次客运量统计；半价票、小孩票也按一人统计。

货(客)运密度 指在一定时期内某种运输方式在营运线路的某一区段平均每公里线路通过的货物(旅客)运输周转量。计算公式为：

货(客)运密度=货物(旅客)周转量/营业线路长度

货(客)运密度是反映交通运输线路上货物(旅客)运输量运输繁忙程度的主要指标，是平衡运输线路运输能力和通过能力，规划线路建设及改造、配备技术设备，研究运输网布局的重要依据。

货物(旅客)周转量 指在一定时期内，由各种运输工具运送的货物(旅客)数量与其相应运输距离的乘积之总和。它是反映运输业生产总成果的重要指标，也是编制和检查运输生产计划，计算运输效率、劳动生产率以及核算运输单位成本的主要基础资料。计算货物周转量通常按发出站与到达站之间的最短距离，也就是计费距离计算。计算公式为：

货物(旅客)周转量=Σ货物(旅客)运输量×运输距离

铁路货车平均静载重 指铁路货车在始发站静止状态下平均每车装载的货物重量，用以分析货车完成装车时车辆载重力的利用情况。计算公式为：

货车平均静载重=货物发送吨数/装车数

静载重的多少取决于运送货物的性质、种类、车辆的类型和装载技术的高低。根据货车的平均标记载重与静载重进行对比，可以反映货车载重能力的利用程度。计算公式为：

货车载重力利用率(%)=货车平均静载重/货车平均标记载重×100%

铁路货运机车日产量 指在一定时期内，平均每台货运机车在一昼夜内所完成的总重吨公里数，包括载运货物的重量和车辆本身的自重。它从时间和牵引能力两方面反映了机车运用效率。计算公式为：

货运机车平均日产量=货运总重吨公里数/货运机车台日数

邮电业务总量 指以价值量形式表现的邮电通信企业为社会提供各类邮电通信服务的总数量。邮电业务量按专业分类包括函件、包件、汇票、报刊发行、邮政快件、特快专递、邮政储蓄、集邮、公众电报、用户电报、传真、长途电话、出租电路、市话无线寻呼、移动电话、分组交换数据通信、出租代维等。计算方法为各类产品乘以相应的平均单价(不变价)之和，再加上出租电路和设备、代用户维护电话交换机和线路等的服务收入。它综合反映了一定时期邮电业务发展的总成果，是研究邮电业务量构成和发展趋势的重要指标。计算公式为：

邮电业务总量=Σ(各类邮电业务量×不变单价)+出租代维及其他业务收入

无线寻呼电话用户 指携带小型寻呼机、接收市话用户通过无线寻呼中心，在规定范围内向其发出声音、数字或文字显示信息的用户。在寻呼台办理登记手续的无线寻呼用户，每一部寻呼机按一户计算。

移动电话用户 指在移动电话营业部门登记，通过移动电话交换机进入电话网、占有移动电话号码的电话用户。用户数量以实际办理登记手续进入邮电部门移动电话网的户数进行计算，一部或一台移动电话统计为一户。

电话用户 指接入国家公众固定资产电话网，并按固定电话业务进行经营管理的电话用户。1997 年以前，电话用户分为市内电话用户和农村电话用户。市内电话用户是指接入县城及县以上城市电话网上的电话用户；农村电话用户是指接入县邮电局农话台及县以下农村电话交换点，以县城为中心(除市话用户外)联通县、乡(镇)、行政村、村民小组的用户。从 1997 年起，电话用户数分组调整为以用户所在区域划分为“城市电话用户”和“乡村电话用户”与过去的按市内电话和农村电话划分方法不同。而电话用户数、电话机部数统计方法不变。

住宅电话 指话机装在居民住宅里的电话，包括私人付费、公费和免费三个部分。

私人付费电话 指住宅居民自费安装并自己缴纳通话费的电话。

Explanatory Notes on Main Statistical Indicators

Length of Railways in Operation refers to the total length of the trunk line under passenger and freight transportation (including both full operation and temporary operation) . The calculation is based on the actual length of the first line even if this line has a full or partial double track or more tracks, excluding double tracks, station sidings, tracks under the charge of station, branch lines, special purpose lines and the non payable connecting lines, The length of railways in operation is an important indicator to show the development of the infrastructure for the railway transport, and also the essential data to calculate volume of passenger freight transport, traffic density and utilization efficiency of the locomotives and carriages.

Extenuation Length of Trunk Lines refers to the sum of the first, the second, the third lines and other constructed length of the trunk railways, excluding the extenuation length of the station lines, lines under the jurisdiction of depots, sidings and lines for special purpose. It provides important information for the calculation of the needs for rails, sleepers, sand and stone for the construction of railways.

Length of Electrified Railways refers to the length of the section of railways in operation in which the power supply lines and other equipment are installed for the running of electrified locomotives. The proportion of the length of electrified railways to the total length of railways in operation is an important indicator to show the modernization of railways.

Automatic-blocking and Semi-automatic blocking Length of Railways Blocking is a spacing technique by which a section of the railway only allows one train to pass at a time, in order to ensure the traffic safety. Automatic (semiautomatic) blocking length of railways refers to railways installed with equipment to perform automatic or manual blocking of trains, the proportion of automatic/semi automatic blocking length to the total length of railways in operation is an important indicator to show the modernization of railways.

Length of Highways refers to the length of highways which are built in conformity with the grades specified by the highway engineering standard formulated by the Ministry of Communications, and have been formally checked and accepted by departments of highways and put into use. The length of highways includes that of the suburb highways at large and medium sized cities, highways passing through streets at small cities and towns, and also the length of bridges and ferries. It does not include the length of streets in big and medium sized cities and highways built for the production purpose at factories, mines, forest areas and agricultural areas. If two or more highways go the same section of the way, the length of the section is only calculated for once and no duplication is allowed. The length of highways is an important indicator to show the development of the highway construction and to provide essential information to calculate the transport network density.

Length of Navigable Inland Waterways an indicator reflecting the size and development of inland water network, it refers to the length of the natural rivers, lakes, reservoirs, canals, and ditches open to navigation during a given period, which enables the transport by ships and rafts. It includes the channels open to navigation for over an accumulative 3 months in a year, yet this does not include the river courses which are only used to float odd logs and bamboo rafts.

Length of Civil Aviation Routes refers to the length of all routes for regular civil aviation flights. There are usually two ways to calculate the distance between airports connected by the route length: One is to put the length of all air routes together, called duplicated calculation of the length of the routes, the other is not to allow the duplication in calculation when two or more routes passing the same section of aviation routes. The latter is usually used, as it can precisely show the size of the civil aviation network and indicate the extent of civil aviation serving the national economy and the people.

Length of Oil (Gas) Pipelines used as an indicator to show the development, scale and level of the pipeline transportation, it refers to the actual transport distance of oil (or gas) products, and is in general calculated in the length of single pipeline. If the length of the double pipelined and alternate pip-line is included, it is called the extension length of the oil (gas) pipelines, which indicates the actual length of the pipelines built, excluding double pipelines.

Freight (Passenger) Traffic refers to the volume of freight (passenger) transported with various means. Freight transport is calculated in tons and passenger traffic is calculated in the number of persons. Despite the type of freight and traveling distance, the freight transport is calculated in the actual weight of the goods: and despite the traveling distance and ticket price, the passenger traffic is calculated by the principle that one person can be counted only once in one travel. The passenger who travels a half price ticket or a child ticket is also calculated as one person. The freight (passenger) traffic provides a quantitative measure to show how the transport industry serves the national economy and people, and is also an important indicator for planning the transport industry and for studying the development scale and speed of the transport industry.

Freight (Passenger) Traffic Density refers to the freight(passenger) traffic volume carried by a particular means of transportation during a given period through one kilometer of a specific section of transportation route. The formula is as follows.

Freight (Passenger) Traffic Density =[Freight Ton-kilometers (Passenger-kilometers)] ÷(Length of Route in Operation)

Freight (passenger) traffic density reflects the degree of business of freight (passenger) traffic on transportation routes, and therefore provides important information for balancing transport capability, planning construction and upgrading of transport routes and studying the distribution of transport network.

Freight Ton-kilometers (Passenger kilometers) refer to the sum of the products of the volume of transported cargo(passengers) multiplying by the transport distance, usually using ton kilometer and passenger kilometer as units for measurement. Normally, the shortest distance between the departure station and the destination station (i. e, the payable distance) is the basis to calculate the freight Ton kilometers. This is an important indicator to show the total results of the transport industry, to prepare and examine the transport plan and to measure the efficiency, the labour productivity and the unit cost of transport. The formula is as follows:

Freight Ton kilometers(Passenger kilometers) = {Freight (Passenger) Traffic × Distance of Transportation}

Measuring unit: ton kilometer(person kilometer)

Static Load of Freight Cars refers to the average cargo weight as loaded by each freight car under the static condition at the departure station. It is used to show the utilization extent of the loading capacity of the freight cars. The formula is:

Static Load (ton) of Freight Car=(Tonnage of Goods Dispatched) ÷(Number of Freight Cars Loaded)

The static load of freight cars is determined by the nature and type of goods loaded, the type of vehicles, and the technique of loading. The difference between the average marked load and the static load of freight cars reflects the utilization of loading capacity of freight cars. For its calculation the following formula is applied:

Utilization Rate of Capacity of Freight Cars(%) = [(Average Static Load) ×100%] ÷(Average Marked Load)

Average Daily Haul of Freight Locomotives refers to the average total ton kilometers accomplished by each freight transport locomotive over day and night during a given period of time. It includes both the weight of the goods carried and the dead weight of the train itself. It is a comprehensive indicator reflecting the locomotive efficiency in terms of both time and the pulling force.

Average Daily Haul of Freight Transport Locomotive(ton kilometer) = [(Total Ton (Kilometers of Freight)] ÷(Daily Number of Freight Transport Locomotive) .

Business Volume of Post and Telecommunications refers to the total amount of post telecommunications services, expressed in value terms, provided by the post and telecommunications departments for the society. Post and telecommunication services can be classified as letters, parcels, remittance, issue of newspapers and magazines, fast mail service, express mail service, savings deposits, stamps for collection, public and individual telegraph service, facsimiles, long distance telephone service, leasing of telephone lines, urban paging service, mobile telephone service, data transfer and transmission, etc. The accounting approach is to multiply the service products of all types with their average unit price (constant price) to get sum of business value, plus income from other services such as leasing of telephone lines and equipment, maintenance of telephone switchboards and lines on behalf of customers. This indicator reflects the overall results of post and telecommunications service during a given period, and is important to study the composition of business service and the development of post and telecommunications service.

The formula is follows:

Business Volume of Post and Telecommunications = Σ(Transaction of Post and Telecommunication Service × Constant Price) + Income from Leasing, Maintenance and other Services

Subscribers of Paging Services refer to subscribers who carry small size pagers and receive audio signals, digital signals or character signals sent out by telephone through wireless paging center within assigned area. Each pager is counted as a subscriber.

Mobile Telephone Subscribers refer to the persons who own mobile telephone number connected with the mobile telephone communication network and have registered in mobile communication enterprises. The number of subscribers is calculated only when the subscribers who have gone through all the register formalities and entered into the mobile telephone network. One mobile telephone is treated as a subscriber.

Telephones Subscribers refer to subscribers that are connected to the public line telephone network provided with telephone services. Before 1997, telephone subscribers were classified as city subscribers and village subscribers. City subscribers referred to those connected to city telephone networks in county towns and cities, while village subscribers referred to those connected to village telephone stations at and below counties. Since 1997, the classification of telephone subscribers was modified on the basis of physical location of the subscribers as "urban telephone subscribers "and" rural telephone subscribers", which is different from the previous classification of categorizing "local telephones "and "rural telephones", while the definition of total subscribers and total number of telephones remain unchanged.

Household telephone subscribers refer to telephone sets installed in the dwelling units of residents, include 3 types of payment for the service: private payment, public payment and free service.

Private-paid telephone subscribers refer to subscribers of households who pay for the installation and service of telephones.

十六 国内贸易

DOMESTIC TRADE

资料整理 王亦兵 柏丽
Arranged by Wang Yibing , Bai Li

16-1 社会消费品零售总额(按销售单位所在地和行业分)

Total Retail Sale of Consumer Goods by Location of Retailers and by Sector

单位：万元 (10 000 yuan)

年 份 Year	社会消费品零售总额 Total Retail Sales of Consumer Goods	市 City	县 County	县以下 Under County Level
1978	368336	109765	173880	84691
1979	396306	115097	212109	69100
1980	443085	134370	234472	74243
1981	473558	154209	220104	102245
1982	521169	168509	184330	168330
1983	576479	213026	190936	172517
1984	682854	272508	219274	191072
1985	756373	379587	204430	172356
1986	848809	435847	226870	186092
1987	963006	493222	257461	212323
1988	1188967	615424	319333	254210
1989	1256875	674326	333493	249056
1990	1305760	718633	338223	248904
1991	1455207	847989	378809	228409
1992	1686851	978585	421058	287208
1993	2021478	1200512	497081	323885
1994	2472913	1494701	581290	396922
1995	2950161	1728608	697956	523597
1996	3353601	1957057	801033	595511
1997	3679157	2225101	864308	589748
1998	4008872	2384878	959323	664671
1999	4373813	2613476	1044766	715572
2000	4839814	2893727	1166570	779535
2001	5373071	3243050	1289119	840902
2002	5989646	3663548	1411798	914300
2003	7267630	4494623	1665335	1107672

16-1 续表 continued

单位：万元 (10 000 yuan)

年份 Year	批发零售贸易业 Wholesale and Retail Sale Trade	餐饮业 Catering Trade	制造业 Manufacturing	农业生产者 Agriculture	其他行业 Others
1978	324557	9176	18424	4500	11679
1979	349203	9873	19823	4806	12601
1980	377210	12425	26812	11745	14893
1981	395242	13436	32747	12613	19520
1982	429129	15383	40642	16000	20015
1983	468060	17180	49112	18419	23708
1984	540456	21996	64587	28201	27614
1985	639621	26309	83076	43560	34446
1986	717482	31180	83815	51319	42686
1987	822095	37134	84602	60161	50035
1988	1022036	45026	110832	72734	54327
1989	1097906	44454	121209	81943	40349
1990	1154732	46081	126464	93257	41615
1991	1277458	54716	138160	111773	49581
1992	1424440	61275	166494	138677	74718
1993	1552020	78858	140254	176213	74133
1994	1705439	149920	202013	281177	415541
1995	1997752	205003	243640	372308	503766
1996	2214151	259971	274119	435570	605361
1997	2394272	310079	325426	533050	649379
1998	2598770	344627	324441	594886	741034
1999	2792878	406317	336213	615688	222718
2000	3146209	480482	347090	661461	204590
2001	3491105	565391	378599	715309	222667
2002	4667069	670089			652488
2003	5922430	992030			353170

16-2 限额以上批发零售贸易、餐饮业基本情况
(2003年,按登记注册类型分)

Basic Conditions of Enterprises above Designated Size in Wholesale and Retail Sale, Catering Trades by Registration(2003)

指标	Item	法人企业(个) Number of Corporation Unit(unit)	产业活动单位数(个) Number of Active Unit (unit)	从业人数(人) Persons Engaged (person)
总计	**Total**	**495**	**530**	**62402**
一、批发业合计	**Wholesale Trade**	**177**	**184**	**21850**
内资企业	**Domestic Funded Enterprises**	**177**	**183**	**21827**
国有企业	State-owned Enterprises	120	120	15169
集体企业	Collective-owned Enterprises	7	7	725
股份合作企业	Cooperative Enterprises	1	1	70
联营企业	Joint Ownership Enterprises			
国有联营公司	State Joint Ownership Enterprises			
集体联营企业	Collective Joint Ownership Enterprises			
国有与集体联营企业	Joint State collective Enterprises			
其他联营企业	Other Joint Ownership Enterprises			
有限责任公司	Limited Liability Corporations	26	29	3078
国有独资企业	State funded Corporations	1	2	483
其他有限责任公司	Other Limited Liability Corporations	25	27	2595
股份有限公司	Share-holding Corporations Ltd.	10	12	1948
私营企业	Private Enterprises	13	14	837
私营独资企业	Private-funded Enterprises	3	3	25
私营合伙企业	Private Partnership Enterprises			
私营有限责任公司	Private Limited Liability Corporations	9	10	750
私营股份有限公司	Private Share-holding Corporations Ltd.	1	1	62
其他企业	Other Enterprises			
港、澳、台商投资企业	**Enterprises with Investment from Hong Kong, Macao & Taiwan**			
港澳台资合资经营	Joint-venture Enterprises (HK,Macao & Taiwan)			
港澳台资合作经营	Cooperative Enterprises (HK,Macao & Taiwan)			
港澳台商独资企业	Sole Investment from HK, Macao & Taiwan			
港澳台商投资股份有限公司	Share-holding Co.,Ltd.from HK, Macao & Ttaiwan			
外商投资企业	**Enterprises With Foreign Investment**		**1**	**23**
中外合资经营	Joint venture Enterprises			
中外合作经营	Cooperation Enterprises		1	23
外资企业	Enterprises with Sole Foreign Investment			
外商投资股份有限公司	Share-holding Co., Ltd.with Foreign Investment			
二、零售业合计	**Retail Trade**	**177**	**184**	**26765**
内资企业	**Domestic Funded Enterprises**	**175**	**182**	**26496**
国有企业	State-owned Enterprises	49	49	7518
集体企业	Collective-owned Enterprises	6	7	667
股份合作企业	Cooperative Enterprises	5	5	1752
联营企业	Joint Ownership Enterprises			
国有联营公司	State Joint Ownership Enterprises			
集体联营企业	Collective Joint Ownership Enterprises			
国有与集体联营企业	Joint-State-collective Enterprises			
其他联营企业	Other Joint Ownership Enterprises			
有限责任公司	Limited Liability Corporations	40	42	6579
国有独资企业	State funded Corporations		1	38
其他有限责任公司	Other Limited Liability Corporations	40	41	6541
股份有限公司	Share-holding Corporations Ltd.	22	24	4564

16-2 续表 continued

指标	Item	法人企业(个) Number of Corporation Unit (unit)	产业活动单位(个) Number of Active Unit (unit)	从业人数(人) Persons Engaged (person)
私营企业	Private Enterprises	53	55	5416
私营独资企业	Private funded Enterprises	5	6	257
私营合伙企业	Private Partnership Enterprises	2	2	20
私营有限责任公司	Private Limited Liability Corporations	43	44	4915
私营股份有限公司	Private Share holding Corporations Ltd.	3	3	224
其他企业	Other Enterprises			
港、澳、台商投资企业	**Enterprises with Investment from Hong Kong, Macao & Taiwan**	**2**	**2**	**269**
港澳台资合资经营	Joint-venture Enterprises (HK,Macao & Taiwan)	2	2	269
港澳台资合作经营	Cooperative Enterprises (HK,Macao & Taiwan)			
港澳台商独资企业	Sole Investment from HK, Macao & Taiwan			
港澳台商投资股份有限公司	Share-holding Co.,Ltd.from HK, Macao & Ttaiwan			
外商投资企业	**Enterprises With Foreign Investment**			
中外合资经营企业	Joint venture Enterprises			
中外合作经营企业	Cooperation Enterprises			
外资企业	Enterprises with Sole Foreign Investment			
外商投资股份有限公司	Share-holding Co., Ltd.with Foreign Investment			
三、餐饮业合计	**Catering Trade**	**141**	**162**	**13787**
内资企业	**Domestic Funded Enterprises**	**134**	**146**	**12738**
国有企业	State owned Enterprises	22	25	2074
集体企业	Collective owned Enterprises	3	3	153
股份合作企业	Cooperative Enterprises	5	6	241
联营企业	Joint Ownership Enterprises			
国有联营公司	State Joint Ownership Enterprises			
集体联营企业	Collective Joint Ownership Enterprises			
国有与集体联营企业	Joint State collective Enterprises			
其他联营企业	Other Joint Ownership Enterprises			
有限责任公司	Limited Liability Corporations	21	24	4144
国有独资企业	State funded Corporations		1	208
其他有限责任公司	Other Limited Liability Corporations	21	23	3936
股份有限公司	Share holding Corporations Ltd.	11	12	1193
私营企业	Private Enterprises	67	71	4598
私营独资企业	Private funded Enterprises	17	19	863
私营合伙企业	Private Partnership Enterprises	5	5	
私营有限责任公司	Private Limited Liability Corporations	40	42	3362
私营股份有限公司	Private Share holding Corporations Ltd.	5	5	373
其他企业	Other Enterprises	5	5	335
港、澳、台商投资企业	**Enterprises with Investment from Hong Kong, Macao Taiwan**	**7**	**8**	**730**
港澳台资合资经营	Joint-venture Enterprises (HK,Macao & Taiwan)	5	6	571
港澳台资合作经营	Cooperative Enterprises (HK,Macao & Taiwan)	1	1	98
港澳台商独资企业	Sole Investment from HK, Macao & Taiwan	1	1	61
港澳台商投资股份有限公司	Share-holding Co.,Ltd.from HK, Macao & Ttaiwan			
外商投资企业	**Enterprises With Foreign Investment**		**8**	**319**
中外合资经营企业	Joint venture Enterprises			
中外合作经营企业	Cooperation Enterprises		1	70
外资企业	Enterprises with Sole Foreign Investment		7	249
外商投资股份有限公司	Share-holding Co., Ltd.with Foreign Investment			

16-3 限额以上批发、零售贸易业商品购、销、存总额 (2003年,按行业分)

Total Purchases, Sales & Inventory of Enterprise above Designated Size in Wholesale & Retail Trade by Sector(2003)

单位：万元 (10 000 yuan)

指标	Item	购进总额 Total Purchases	销售总额 Total Sales
总计	**Total**	**3004164**	**3292480**
批发业合计	**Wholesale Trade**	**2170668**	**2465682**
农畜产品批发	Workstock Products	258728	332263
#谷物、豆及薯类批发	Cereal,Beans & Tubers	247736	322649
食品、饮料及烟草制品批发	Food, Beverages & Tobaccos	726493	715994
#米、面制品及食用油批发	Grains & Edible Oil	228	127
果品、蔬菜批发	Fruits & Vegetables	36931	36931
肉、禽、蛋及水产品批发	Meat,Poultry,Eggs & Aquatic Products	1296	2116
纺织、服装及日用品批发	Textile, Garment & Household Goods	77431	74464
#纺织品、针织品及原料批发	Textile,Kintwear	6389	5566
服装批发	Garment		
文化、体育用品及器材批发	Cultural,Sports & Equipment	32324	35571
医药及医疗器材批发	Medicines & Medical Appliances	19725	19901
矿产品、建材及化工产品批发	Minerals,Building & Chemicals	874679	1117208
#石油及制品批发	Petroleum & Related Products	539503	532689
煤炭及制品批发	Coal & Related Products	241826	506764
化肥批发	Chemical Materials	18074	19092
机械设备、五金交电及电子产品批发	Machinery,Hardware,Electrics	155291	140827
#汽车、摩托车及零配件批发	Automobile,Motorcycles & Parts	103071	99323
贸易经纪与代理	Trading Brokerage & Agency		
其他批发	Others	25998	29454
零售业合计	**Retail Trade**	**833496**	**826798**
综合零售	Comprehensive Retail	227686	302019
#百货零售	Consumer Goods	191663	253597
食品、饮料及烟草制品专门零售	Food, Drink & Tobaccos	41789	46103
#粮油零售	Grains & Edible Oil	8748	12601
纺织、服装及日用品专门零售	Textile , Garment & Household Goods	8707	7132
#纺织品及针织品零售	Textile & Kintwear Products	2792	2824
服装零售	Garments	4970	3720
鞋帽零售	Shoes & Hats	945	588
文化、体育用品及器材专门零售	Cultural,Sports Goods	23677	21358
#文具用品零售	Cultural Goods		
体育用品零售	Sports Goods		
图书零售	Books	23677	21358
报刊零售	Newspapers & Magazines		
医药及医疗器材专门零售	Medicines & Medical Appliances	11311	11896
汽车、摩托车、燃料及零配件专门零售	Auto,Motorbikes,Fuel & Accessory	437743	347728
家用电器及电子产品专门零售	Electronic Products	61664	69351
#计算机、软件及辅助设备零售	Computers, Software & Office Appliances	10114	17776
五金、家具及室内装修材料专门零售	Hardware,Furniture & Home Decoration Material	12917	12233
无店铺及其他零售	Non-Shop Retail & Other Retails	8003	8978

16-3 续表 continued

单位：万元　　　　(10 000 yuan)

指标	Item	销售总额 Total Sales		年末库存总额
		批发 Wholesale	零售 Retail	Inventory (Year-end)
总计	**Total**	**2334777**	**957703**	**371452**
批发业合计	**Wholesale Trade**	**2203416**	**262266**	**266930**
农畜产品批发	Workstock Products	326630	5633	126204
#谷物、豆及薯类批发	Cereal,Beans & Tubers	317016	5633	121826
食品、饮料及烟草制品批发	Food, Beverages & Tobaccos	687436	28558	44589
#米、面制品及食用油批发	Grains & Edible Oil		127	35
果品、蔬菜批发	Fruits & Vegetables	19539	17392	136
肉、禽、蛋及水产品批发	Meat,Poultry,Eggs & Aquatic Products	2050	66	473
纺织、服装及日用品批发	Textile, Garment & Household Goods	66203	8261	6954
#纺织品、针织品及原料批发	Textile,Kintwear	5561	6	2
服装批发	Garment			
文化、体育用品及器材批发	Cultural,Sports & Equipment	34244	1327	2230
医药及医疗器材批发	Medicines & Medical Appliances	12201	7700	6417
矿产品、建材及化工产品批发	Minerals,Building & Chemicals	926552	190657	62291
#石油及制品批发	Petroleum & Related Products	343242	189446	37679
煤炭及制品批发	Coal & Related Products	506764		22806
化肥批发	Chemical Materials	19092		1149
机械设备、五金交电及电子产品批发	Machinery,Hardware,Electrics	120731	20096	17956
#汽车、摩托车及零配件批发	Automobile,Motorcycles & Parts	79806	19517	11195
贸易经纪与代理	Trading Brokerage & Agency			
其他批发	Others	29419	35	289
零售业合计	**Retail Trade**	**131361**	**695437**	**104522**
综合零售	Comprehensive Retail	15211	286808	29400
#百货零售	Consumer Goods	12592	241004	24315
食品、饮料及烟草制品专门零售	Food, Drink & Tobaccos	12802	33302	8389
#粮油零售	Grains & Edible Oil	6177	6425	7715
纺织、服装及日用品专门零售	Textile , Garment & Household Goods		7132	4003
#纺织品及针织品零售	Textile & Kintwear Products		2824	163
服装零售	Garments		3720	3376
鞋帽零售	Shoes & Hats		588	463
文化、体育用品及器材专门零售	Cultural,Sports Goods	3580	17778	7690
#文具用品零售	Cultural Goods			
体育用品零售	Sports Goods			
图书零售	Books	3580	17778	7690
报刊零售	Newspapers & Magazines			
医药及医疗器材专门零售	Medicines & Medical Appliances	5649	6247	3339
汽车、摩托车、燃料及零配件专门零售	Auto,Motorbikes,Fuel & Accessory	80806	266922	29699
家用电器及电子产品专门零售	Electronic Products	8619	60732	20773
#计算机、软件及辅助设备零售	Computers, Software & Office Appliances	637	17140	1542
五金、家具及室内装修材料专门零售	Hardware,Furniture & Home Decoration Material	4402	7830	886
无店铺及其他零售	Non-Shop Retail & Other Retails	292	8687	344

16-4 限额以上批发零售贸易业商品分类销售额

Total Sales of Enterprises above Designated Size in Wholesale and Retail Sale by Category of Main Commodities

单位：万元 (10 000 yuan)

项 目	Item	合计 Total		批发 Wholesale		零售 Retail Sale	
		2002	2003	2002	2003	2002	2003
食品类	Food	607047	1054053	565124	955098	41923	98955
# 肉禽蛋类	Meat, Poultry and Eggs	14548	23632	6098	6433	8450	17199
饮料类	Beverages	15002	54430	5105	44837	9897	9593
烟酒类	Tobacco and Liquor	577497	651316	553921	624948	23576	26368
服装、鞋帽类	Garments, Footwear and Hats	114613	146983	406	4174	114207	142809
针、纺织品类	Knitwear and Textiles	32403	24108	11226	1404	21177	22704
化妆品类	Cosmetics	10009	10985	243	129	9766	10856
金银珠宝类	Gold, Silver and Jewelry	4785	6383	50	1	4735	6382
日用品类	Articles for Daily Use	25564	37172	1784	9006	23780	28166
# 洗涤用品类	Washing Articles	5494	8475	292	308	5202	8167
五金、电料类	Hardware and Electrical Materials	3725	6872	421	4497	3304	2375
体育、娱乐用品类	Sports and Recreation Articles	2624	2148	33	52	2591	2096
书报杂志类	Newspapers and Magazines	45457	55632	28441	37907	17016	17725
电子出版物及音像制品类	E journal and Video Products	600	659	4		596	659
家用电器和音像器材类	Household Appliances and Video Appliances	91266	109883	17606	23899	73660	85984
中西药品类	Traditional Chinese and Western Medicines	30833	38829	9926	20936	20907	17893
文化、办公用品类	Cultural and Official Goods	10165	18160	885	1084	9280	17076
家具类	Furniture	6412	4609	33	3	6379	4606
通讯器材类	Communication Appliances	7356	15056	1520	6927	5836	8129
煤炭及制品类	Coal and Related Product	24531	51836	24531	50483		1353
木材及制品类	Wood and Wooden Product	20187	5049	20187	5049		
石油及制品类	Petroleum and Related Product	591141	678127	375848	391011	215293	287116
化工材料类	Raw Chemical Materials	129732	132045	127969	130693	1763	1352
黑色金属材料类	Ferrous Metals Materials						
有色金属材料类	Nonferrous Metals						
建筑及装潢材料类	Building and Decoration Materials	4803	13348	769	6114	4034	7234
机电产品设备类	Mechanical and Electrical Products	152410	346449	52737	144169	99673	202280
# 农机类	Agricultural Machinery	11265	20343	11265	20343		
种子饲料类	Seed and Feedstuff	2546	4769	2546	4769		
棉麻、土畜类	Cotton, Hemp and Local livestock	23	2691	23	2691		

16-5 餐饮业销售情况
Catering Trade

单位：万元 (10 000 yuan)

指标	Item	2002 营业收入 Business Revenue	2002 # 商品零售额 Retail Sales of Commodities	2003 营业收入 Business Revenue	2003 # 商品零售额 Retail Sales of Commodities
总 计	**Total**	**695007**	**668058**	**1015563**	**994708**
按限额标准分	**By Size of Enterprises**				
限额以上企业	Above Designated Size	48301	44886	74298	71822
正餐服务	Dinner Services	45700	42285	68799	66323
快餐服务	Fast Food Services	2601	2601	5499	5499
饮料及冷饮服务	Cold/Ice drink,Icecream/Ice Lolly Services				
其他餐饮服务	Others				
限额以下企业	Below Designated Size	646707	623172	941264	922886
按地区分	**By Region**				
呼和浩特市	Hohhot City	101070	101063	146742	146742
包 头 市	Baotou City	112374	111629	306955	306925
乌 海 市	Wuhai City	15668	15416	19896	19896
赤 峰 市	Chifeng City	90244	90244	101322	101322
通 辽 市	Tongliao City	66924	56960	76730	67749
鄂尔多斯市	Erdos City	49673	49673	78049	78049
呼伦贝尔市	Hulunbeier City	63069	53895	73441	65933
兴 安 盟	Xingan League	31285	30194	35748	34748
锡林郭勒盟	Xilinguole League	26608	26608	31328	31328
乌兰察布盟	Wulanchabu League	56414	54296	63261	60729
巴彦淖尔盟	Bayannaoer League	75137	71823	73200	72860
阿 拉 善 盟	Alashan League	6542	6256	8891	8427

16-6 限额以上批发零售贸易企业资产及负债(2003年,按登记注册类型分)

Assets and Liability of Enterprises above Designated Size in Whole sale and Retail Sale by Registration(2003)

单位：万元 (10 000 yuan)

指标	Item	资产合计 Total Assets	# 流动资产 Circula-ting Funds	# 固定资产 Fixed Asset	负债合计 Total Liabi-lities
总 计	**Total**	**1621950**	**1086105**	**430916**	**1233455**
一、批发业合计	**Wholesale Trade**	**1036169**	**782205**	**188587**	**823187**
内资企业	**Domestic-Funded Enterprises**	**1036169**	**782205**	**188587**	**823187**
国有企业	State-owned	707531	527887	133965	600496
集体企业	Collective owned	67011	62337	4104	59081
股份合作企业	Cooperative	2144	1501	228	2211
联营企业	Joint Ownership				
国有联营公司	State Joint Ownership				
集体联营企业	Collective Joint Ownership				
国有与集体联营企业	Joint State collective				
其他联营企业	Other Joint Ownership				
有限责任公司	Limited Liability Co.	143552	110143	31230	99865
国有独资企业	State funded	24849	17932	6401	23951
其他有限责任公司	Other Limited Liability Co.	118703	92211	24829	75914
股份有限公司	Share holding Co. Ltd.	91986	61693	16673	46062
私营企业	Private Enterprises	23945	18644	2386	15472
私营独资企业	Private funded	5938	5566	269	5485
私营合伙企业	Private Partnership				
私营有限责任公司	Private Limited Liability Co.	17198	12656	1838	9481
私营股份有限公司	Private Share holding Co. Ltd.	809	423	280	506
其他企业	Other Enterprises				
港、澳、台商投资企业	**Enterprises with Investment from Hong Kong, Macao & Taiwan**				
港澳台资合资经营	Joint-venture				
港澳台资合作经营	Cooperative				
港澳台商独资企业	Sole Investment				
港澳台商投资股份有限公司	Share-holding Co.Ltd.				
外商投资企业	**Enterprises With Foreign Investment**				
中外合资经营企业	Joint venture				
中外合作经营企业	Cooperation				
外资企业	Enterprises with Sole				
外商投资股份有限公司	Share-holding Co. Ltd.				

16-6 续表 continued

单位：万元 (10 000 yuan)

指标	Item	资产合计 Total Assets	# 流动资产 Circulating Funds	# 固定资产 Fixed Asset	负债合计 Total Liabilities
二、零售业合计	**Retail Trade**	**585781**	**303900**	**242329**	**410268**
内资企业	**Domestic Funded Enterprises**	**571011**	**297545**	**235037**	**400372**
国有企业	State owned	216469	122533	100045	173599
集体企业	Collective owned	8732	6297	2278	6901
股份合作企业	Cooperative	10889	7846	2309	9291
联营企业	Joint Ownership				
国有联营公司	State Joint Ownership				
集体联营企业	Collective Joint Ownership				
国有与集体联营企业	Joint State collective				
其他联营企业	Other Joint Ownership				
有限责任公司	Limited Liability Co.	88169	49350	46317	61430
国有独资企业	State funded				
其他有限责任公司	Other Limited Liability Co.	88169	49350	46317	61430
股份有限公司	Share holding Co. Ltd.	95669	32960	46769	46634
私营企业	Private Enterprises	151084	78560	37319	102517
私营独资企业	Private funded	15997	13764	2141	14839
私营合伙企业	Private Partnership	1071	566	247	607
私营有限责任公司	Private Limited Liability Co.	126193	58577	32959	81423
私营股份有限公司	Private Share holding Co. Ltd.	7823	5652	1972	5649
其他企业	Other Enterprises				
港、澳、台商投资企业	**Enterprises with Investment from Hong Kong, Macao & Taiwan**	**14770**	**6355**	**7292**	**9896**
港澳台资合资经营	Joint-venture	14770	6355	7292	9896
港澳台资合作经营	Cooperative				
港澳台商独资企业	Sole Investment				
港澳台商投资股份有限公司	Share-holding Co.Ltd.				
外商投资企业	**Enterprises With Foreign Investment**				
中外合资经营企业	Joint venture				
中外合作经营企业	Cooperation				
外资企业	Enterprises with Sole				
外商投资股份有限公司	Share-holding Co. Ltd.				

16-7 限额以上批发、零售贸易企业资产及负债(2003年,按行业分)

Assets and Liability of Enterprises above Designated Size in Wholesale and Retail by Sector(2003)

单位：万元 (10 000 yuan)

指 标	Item	资产合计 Total Assets	#流动资产 Circulating Funds	#固定资产 Fixed Asset	负债合计 Total Liabilities
总 计	**Total**	**1621950**	**1086105**	**430916**	**1233455**
批发业合计	**Wholesale Trade**	**1036169**	**782205**	**188587**	**823187**
农畜产品批发	Workstock Products	373054	344636	33715	436614
#谷物、豆及薯类批发	Cereal,Beans & Tubers	339918	318932	28227	326563
食品、饮料及烟草制品批发	Food, drink & Tobaccos	195422	140634	46802	99231
#米、面制品及食用油批发	Grains & Edible Oil	1117	810	307	1036
果品、蔬菜批发	Fruits & Vegetables	1516	177	524	718
肉、禽、蛋及水产品批发	Meat,Poultry,Eggs & Aqui- Products	10474	6875	2918	6029
纺织、服装及日用品批发	Textile,Garment & Household Goods	59674	55677	3818	51747
#纺织品、针织品及原料批发	Textile,Kintwear & Material	3260	2163	1037	1393
服装批发	Garment				
文化、体育用品及器材批发	Cultural,Sports Goods & Equipment	26770	19229	6888	24509
医药及医疗器材批发	Medicines & Medical Appliances	25293	18067	4114	19909
矿产品、建材及化工产品批发	Minerals,Building Materials & Chemicals	254641	120668	82021	116652
#石油及制品批发	Petroleum & Related Products	192871	65777	76405	89546
煤炭及制品批发	Coal & Related Products	31632	21079	4161	8465
化肥批发	Chemical Materials	8555	7303	701	6589
机械设备、五金交电及电子产品批发	Machinery, Equipment, Hardware, Electrical Products	82837	71916	7598	63440
#汽车、摩托车及零配件批发	Motor Vehicles,Motorcycles & Parts	61116	55355	3939	45935
贸易经纪与代理	Trading Brokerage & Agency				
其他批发	Others	18478	11378	3631	11085
零售业合计	**Retail Trade**	**585781**	**303900**	**242329**	**410268**
综合零售	Comprehensive Retail	227986	90883	129330	165822
#百货零售	Consumer Goods	194610	73645	115033	151189
食品、饮料及烟草制品专门零售	Food, Beverages & Tobaccos Products	77693	50871	24953	58191
#粮油零售	Grains & Edible Oil	64033	49334	14374	54539
纺织、服装及日用品专门零售	Textile , Garment & Household Goods	17149	4804	12381	8122
#纺织品及针织品零售	Textile & Kintwear Products	8134	903	7178	1468
服装零售	Garments	8799	3747	5141	6536
鞋帽零售	Shoes & Hats	216	154	61	119
文化、体育用品及器材专门零售	Cultural,Sports Goods	27040	28711	16259	20790
#文具用品零售	Cultural Goods				
体育用品零售	Sports Goods				
图书零售	Books	27040	28711	16259	20790
报刊零售	Newspapers & Magazines				
医药及医疗器材专门零售	Medicines & Medical Appliances	11270	7801	2814	7504
汽车、摩托车、燃料及零配件专门零售	Auto,Motorbikes, Fuel & Spare & Accessory & Parts	149943	77097	44856	93714
家用电器及电子产品专门零售	Household Appliances & Electronic Products	33457	30030	2757	31694
#计算机、软件及辅助设备零售	Computers, Software & Appliances	4188	3604	202	3347
五金、家具及室内装修材料专门零售	Hardware,Furniture and Interior Decoration Material	34331	11134	4962	20195
无店铺及其他零售	Non-Shop Retail & Other Retails	6914	2569	4016	4235

16-8 限额以上餐饮企业资产及负债(2003年,按登记注册类型和行业分)

Assets and Liability of Enterprises above Designated Size in Catering Trades by Registration and by Sector(2003)

单位：万元 (10 000 yuan)

指标	Item	资产合计 Total Assets	#流动资产 Circulating Funds	#固定资产 Fixed Asset	负债合计 Total Liabilities
总计	**Total**	**202494**	**46809**	**145287**	**134686**
按登记注册类型分	**By Status of Registration**				
内资企业	**Domestic Funded Enterprises**	**166412**	**41283**	**114796**	**104909**
国有企业	State owned	100122	12525	78167	62597
集体企业	Collective owned	682	333	345	647
股份合作企业	Cooperative	2059	307	1585	1209
联营企业	Joint Ownership				
国有联营公司	State Joint Ownership				
集体联营企业	Collective Joint Ownership				
国有与集体联营企业	Joint State collective				
其他联营企业	Other Joint Ownership				
有限责任公司	Limited Liability Co.	34945	5279	20127	21506
国有独资企业	State funded Co.				
其他有限责任公司	Other Limited Liability Co.	34945	5279	20127	21506
股份有限公司	Share holding Co. Ltd.	3803	2304	1322	1411
私营企业	Private Enterprises	24347	20411	12945	17446
私营独资企业	Private funded	1099	631	694	430
私营合伙企业	Private Partnership	322	10980	295	85
私营有限责任公司	Private Limited Liability Co.	21925	8363	11515	16529
私营股份有限公司	Private Share holding Co. Ltd.	1001	437	441	402
其他企业	Other .	454	124	304	93
港、澳、台商投资企业	**Enterprises with Investment from HK , Macao & Taiwan**	**36083**	**5526**	**30491**	**29778**
港澳台资合资经营	Joint-venture Enterprises (HK,Macao & Taiwan)	30361	3746	26609	20878
港澳台资合作经营	Cooperative Enterprises (HK,Macao & Taiwan)	5426	1548	3878	8740
港澳台商独资企业	Sole Investment from HK, Macao & Taiwan	296	233	4	160
港澳台商投资股份有限公司	Share-holding Co.,Ltd.from HK, Macao & Ttaiwan				
外商投资企业	**Enterprises With Foreign Investment**				
中外合资经营企业	Joint venture				
中外合作经营企业	Cooperation				
外资企业	Enterprises with Sole Foreign Investment				
外商投资股份有限公司	Share-holding Co.Ltd. with Foreign Investment				
按国民经济行业分	**By Sector**				
正餐服务	Dinner Services	202091	46465	145228	134580
快餐服务	Fast Food Services	404	345	59	107
饮料及冷饮服务	Cold drink Services				

16-9 限额以上批发零售贸易企业主要财务指标 (2003年,按登记注册类型分)

Main Financial Indicators of Enterprises above Designated Size in Wholesale and Retail Sale by Registration(2003)

单位：万元 (10 000 yuan)

指标	Item	商品销售收入 Sales Revenue	商品销售成本 Cost of Sales	经营费用 Manag-ement Cost	商品销售税金及附加 Sales Tax & Extra Changes	商品销售利润 Total Profits
批发零售贸易业总计	**Total**	**2654465**	**2396335**	**120183**	**6672**	**131276**
一、 批发业合计	**Wholesale Trades**	**1955343**	**1764778**	**86486**	**4218**	**99860**
内资企业	**Domestic Funded Enterprises**	**1955343**	**1764778**	**86486**	**4218**	**99860**
国有企业	State owned	1401828	1254535	65154	1986	80154
集体企业	Collective owned	78538	74143	2183	8	2204
股份合作企业	Cooperative	3996	3109	368		519
联营企业	Joint Ownership					
国有联营公司	State Joint Ownership					
集体联营企业	Collective Joint Ownership					
国有与集体联营企业	Joint State collective					
其他联营企业	Other Joint Ownership					
有限责任公司	Limited Liability Co.	251761	231704	8720	292	11046
国有独资企业	State funded Co.	22668	20245	1213	1	1210
其他有限责任公司	Other Limited Liability Co.	229094	211460	7507	291	9836
股份有限公司	Share holding Corporations Ltd.	136830	121912	8441	1893	4584
私营企业	Private	82390	79376	1621	40	1354
私营独资企业	Private funded	16055	15825	385	4	-159
私营合伙企业	Private Partnership					
私营有限责任公司	Private Limited Liability Co.	61472	58990	1069	34	1378
私营股份有限公司	Private Share holding Co. Ltd.	4863	4560	166	2	135
其他企业	Other Enterprises					
港、澳、台商投资企业	**Enterprises with Investment from Hong Kong, Macao & Taiwan**					
港澳台资合资经营	Joint-venture Enterprises (HK,Macao & Taiwan)					
港澳台资合作经营	Cooperative Enterprises (HK,Macao & Taiwan)					
港澳台商独资企业	Sole Investment from HK, Macao & Taiwan					
港澳台商投资股份有限公司	Share-holding Co.,Ltd.from HK, Macao & Ttaiwan					
外商投资企业	**Enterprises With Foreign Investment**					
中外合资经营企业	Joint venture					
中外合作经营企业	Cooperation					
外资企业	Sole Foreign Investment					
外商投资股份有限公司	Share-holding Co. Ltd.with Foreign Investment					

16-9 续表 continued

单位：万元 (10 000 yuan)

指标	Item	商品销售收入 Sales Revenue	商品销售成本 Cost of Sales	经营费用 Management Cost	商品销售税金及附加 Sales Tax & Extra Changes	商品销售利润 Total Profits
二、零售企业合计	**Retail Sale Trades**	**699123**	**631557**	**33697**	**2454**	**31415**
内资企业	**Domestic Funded Enterprises**	**695574**	**629458**	**33610**	**2331**	**30175**
国有企业	State owned	138672	121114	9220	530	7808
集体企业	Collective owned	22804	21226	845	38	695
股份合作企业	Cooperative	24962	21588	790	52	2532
联营企业	Joint Ownership					
国有联营公司	State Joint Ownership					
集体联营企业	Collective Joint Ownership					
国有与集体联营企业	Joint State collective					
其他联营企业	Other Joint Ownership					
有限责任公司	Limited Liability Co.	158075	141642	8434	973	7027
国有独资企业	State funded Co.					
其他有限责任公司	Other Limited Liability Co.	158075	141642	8434	973	7027
股份有限公司	Share holding Corporations Ltd.	170946	152496	10095	352	8004
私营企业	Private	180115	171393	4227	387	4109
私营独资企业	Private funded	38046	37130	119	59	738
私营合伙企业	Private Partnership	2454	1843	81	4	526
私营有限责任公司	Private Limited Liability Co.	128295	121649	3554	315	2778
私营股份有限公司	Private Share holding Co. Ltd.	11319	10770	473	9	67
其他企业	Other Enterprises					
港、澳、台商投资企业	**Enterprises with Investment from Hong Kong, Macao & Taiwan**	**3549**	**2099**	**86**	**123**	**1241**
港澳台资合资经营	Joint-venture Enterprises (HK,Macao & Taiwan)	3549	2099	86	123	1241
港澳台资合作经营	Cooperative Enterprises (HK,Macao & Taiwan)					
港澳台商独资企业	Sole Investment from HK, Macao & Taiwan					
港澳台商投资股份有限公司	Share-holding Co.,Ltd.from HK, Macao & Ttaiwan					
外商投资企业	**Enterprises With Foreign Investment**					
中外合资经营企业	Joint venture					
中外合作经营企业	Cooperation					
外资企业	Sole Foreign Investment					
外商投资股份有限公司	Share-holding Co. Ltd.with Foreign Investment					

16-10 限额以上批发、零售贸易企业主要财务指标(2003年,按行业分)

Main Financial Indicators of Enterprises above Designated Size in Wholesale and Retail Sale by Sector(2003)

单位：万元　　(10 000 yuan)

指标	Item	商品销售收入 Sales Revenue	商品销售成本 Cost of Sales
总 计	**Total**	**2654465**	**2396335**
批发业合计	**Wholesale Trade**	**1955343**	**1764778**
农畜产品批发	Workstock Products	333906	320777
#谷物、豆及薯类批发	Cereal,Beans & Tubers	323581	311906
食品、饮料及烟草制品批发	Food, Beverages & Tobaccos	682623	594022
#米、面制品及食用油批发	Grains & Edible Oil	127	220
果品、蔬菜批发	Fruits & Vegetables	36931	36654
肉、禽、蛋及水产品批发	Meat,Poultry,Eggs & Aquatic Products	2187	1965
纺织、服装及日用品批发	Textile Products, Garment & Household Goods	66398	63270
#纺织品、针织品及原料批发	Textile,Kintwear Products & Material	5756	5313
服装批发	Garment		
文化、体育用品及器材批发	Cultural,Sports Goods & Equipment	24177	21179
医药及医疗器材批发	Medicines & Medical Appliances	28367	24987
矿产品、建材及化工产品批发	Minerals,Building Materials & Chemical Products	661419	589270
#石油及制品批发	Petroleum & Related Products	556107	494341
煤炭及制品批发	Coal & Related Products	27466	21618
化肥批发	Chemical Materials	19039	17649
机械设备、五金交电及电子产品批发	Machinery, Equipment,Hardware,Communication, Electrical Appliances & Products	136120	130234
#汽车、摩托车及零配件批发	Motor Vehicles,Motorcycles & Parts	93822	90847
贸易经纪与代理	Trading Brokerage & Agency		
其他批发	Others	22331	21040
零售业合计	**Retail Trade**	**699123**	**631557**
综合零售	Comprehensive Retail	221555	190864
#百货零售	Consumer Goods	170051	146447
食品、饮料及烟草制品专门零售	Special Retail of Food, Beverages & Tobaccos Products	28627	27106
#粮油零售	Grains & Edible Oil	12354	12617
纺织、服装及日用品专门零售	Special Retail of Textile Products, Garment & Household Goods	6991	6008
#纺织品及针织品零售	Textile & Kintwear Products	2708	2992
服装零售	Garments	4055	2849
鞋帽零售	Shoes & Hats	228	166
文化、体育用品及器材专门零售	Special Retail of Cultural,Sports Goods and Equipment	17800	13470
#文具用品零售	Cultural Goods		
体育用品零售	Sports Goods		
图书零售	Books	17800	13470
报刊零售	Newspapers & Magazines		
医药及医疗器材专门零售	Special Retail of Medicines & Medical Appliances	10671	9199
汽车、摩托车、燃料及零配件专门零售	Special Retail of Auto,Motorbikes, Fuel & Spare & Accessory & Parts	316458	297590
家用电器及电子产品专门零售	Special Retail of Household Appliances & Electronic Products	86927	79302
#计算机、软件及辅助设备零售	Computers, Software & Office Appliances	17133	16617
五金、家具及室内装修材料专门零售	Special Retail of Hardware,Furniture and Interior Decoration Material	1350	681
无店铺及其他零售	Non-Shop Retail & Other Retails	8744	7338

16-10 续表 continued

单位：万元 (10 000 yuan)

指 标	Item	经营费用 Management Cost	商品销售税金及附加 Sales Tax & Extra Changes	商品销售利润 Total Profits
总 计	**Total**	**120183**	**6672**	**131276**
批发业合计	**Wholesale Trade**	**86486**	**4218**	**99860**
农畜产品批发	Workstock Products	21031	26	-7928
#谷物、豆及薯类批发	Cereal,Beans & Tubers	20178	21	-8524
食品、饮料及烟草制品批发	Food, Beverages & Tobaccos	20283	1179	67139
#米、面制品及食用油批发	Grains & Edible Oil	40		-133
果品、蔬菜批发	Fruits & Vegetables	106	14	156
肉、禽、蛋及水产品批发	Meat,Poultry,Eggs & Aquatic Products	63	1	159
纺织、服装及日用品批发	Textile, Garment & Household Goods	1742	22	1364
#纺织品、针织品及原料批发	Textile,Kintwear Products & Material	425	22	-3
服装批发	Garment			
文化、体育用品及器材批发	Cultural,Sports Goods & Equipment	1148	9	1842
医药及医疗器材批发	Medicines & Medical Appliances	1476	30	1874
矿产品、建材及化工产品批发	Minerals,Building Materials & Chemical Products	35843	2865	33441
#石油及制品批发	Petroleum & Related Products	29446	2691	29629
煤炭及制品批发	Coal & Related Products	2742	116	2990
化肥批发	Chemical Materials	626	1	763
机械设备、五金交电及电子产品批发	Machinery, Hardware,Electrical	4103	44	1740
#汽车、摩托车及零配件批发	Motor Vehicles,Motorcycles & Parts	2141	21	813
贸易经纪与代理	Trading Brokerage & Agency			
其他批发	Others	861	43	388
零售业合计	**Retail Trade**	**33697**	**2454**	**31415**
综合零售	Comprehensive Retail	11227	1138	18326
#百货零售	Consumer Goods	8569	917	14117
食品、饮料及烟草制品专门零售	Special Retail of Food, Beverages & Tobaccos Products	2898	595	-1972
#粮油零售	Grains & Edible Oil	1998	82	-2344
纺织、服装及日用品专门零售	Special Retail of Textile Products, Garment & Household Goods	248	139	596
#纺织品及针织品零售	Textile & Kintwear Products	96	37	-417
服装零售	Garments	140	76	989
鞋帽零售	Shoes & Hats	12	26	24
文化、体育用品及器材专门零售	Special Retail of Cultural,Sports Goods and Equipment	1847	60	2423
#文具用品零售	Cultural Goods			
体育用品零售	Sports Goods			
图书零售	Books	1847	60	2423
报刊零售	Newspapers & Magazines			
医药及医疗器材专门零售	Medicines & Medical Appliances	961	23	487
汽车、摩托车、燃料及零配件专门零售	Special Retail of Auto,Motorbikes, Fuel & Spare & Accessory & Parts	10586	274	8007
家用电器及电子产品专门零售	Special Retail of Household Appliances & Electronic Products	5274	95	2257
#计算机、软件及辅助设备零售	Computers, Software & Office Appliances	361	12	143
五金、家具及室内装修材料专门零售	Special Retail of Hardware,Furniture and Interior Decoration Material	119	79	471
无店铺及其他零售	Non-Shop Retail & Other Retails	536	50	820

16-11 限额以上餐饮企业主要财务指标 (2003年,按登记注册类型和行业分)

Main Financial Indicators of Enterprises above Designated Size in Catering Trades by Registration and by Sector(2003)

单位：万元 (10 000 yuan)

指标	Item	商品销售收入 Sales Revenue	商品销售成本 Cost of Sales	经营费用 Manag-ement Cost	商品销售税金及附加 Sales Tax & Extra Changes	商品销售利润 Total Profits
总 计	**Total**	**78439**	**33339**	**22772**	**4022**	**18305**
按登记注册类型分	**By Status of Registration**					
内资企业	**Domestic Funded Enterprises**	**73439**	**31053**	**21704**	**3780**	**16903**
国有企业	State owned	29162	7888	8688	1512	11074
集体企业	Collective owned	760	378	152	49	181
股份合作企业	Cooperative	1553	799	406	68	280
联营企业	Joint Ownership					
国有联营公司	State Joint Ownership					
集体联营企业	Collective Joint Ownership					
国有与集体联营企业	Joint State collective					
其他联营企业	Other Joint Ownership					
有限责任公司	Limited Liability Co.	14252	6603	4907	774	1968
国有独资企业	State funded Co.					
其他有限责任公司	Other Limited Liability Co.	14252	6603	4907	774	1968
股份有限公司	Share holding Co.Ltd.	5518	2571	1786	216	944
私营企业	Private Enterprises	20754	11980	5308	1096	2369
私营独资企业	Private funded	4776	2950	1136	277	413
私营合伙企业	Private Partnership	942	551	267	41	83
私营有限责任公司	Private Limited Liability Co.	13851	7520	3583	638	2109
私营股份有限公司	Private Share holding Co. Ltd.	1185	959	321	140	-235
其他企业	Other	1441	834	457	64	87
港、澳、台商投资企业	**Enterprises with Investment from HK , Macao & Taiwan**	**5000**	**2287**	**1069**	**243**	**1402**
港澳台资合资经营	Joint-venture Enterprises (HK,Macao & Taiwan)	3364	1280	773	159	1152
港澳台资合作经营	Cooperative Enterprises (HK,Macao & Taiwan)	654	370	102	34	148
港澳台商独资企业	Sole Investment from HK, Macao & Taiwan	982	637	194	49	102
港澳台商投资股份有限公司	Share-holding Co.,Ltd.from HK, Macao & Ttaiwan					
外商投资企业	**Enterprises With Foreign Investment**					
中外合资经营企业	Joint venture					
中外合作经营企业	Cooperation					
外资企业	Sole Foreign Investment					
外商投资股份有限公司	Share-holding Co. Ltd. with Foreign Investment					
按国民经济行业分	**By Sector**					
正餐服务	Dinner Services	77925	33241	22600	4011	18073
快餐服务	Fast Food Services	514	98	172	12	232
饮料及冷饮服务	Cold drink Services					
其他餐饮服务	Others					

主要统计指标解释

社会消费品零售总额 指国民经济各行业直接售给城乡居民和社会集团的消费品总额。它是反映各行业通过多种商品流通渠道向居民和社会集团供应的生活消费品总量，是研究国内零售市场变动情况、反映经济景气程度的重要指标。

社会消费品零售总额包括：(1)售给城乡居民作为生活用的商品和修建房屋用的建筑材料；(2)售给社会集团的各种办公用品和公用消费品；(3)售给机关、团体、学校、部队、企业、事业单位的职工食堂和旅店(招待所)附设专门供本店旅客食用，不对外营业的食堂的各种食品、燃料；企业、单位和国营农场直接售给本单位职工和职工食堂的自己生产的产品；(4)售给部队干部、战士生活用的粮食、副食品、衣着品、日用品、燃料；(5)售给来华的外国人、华侨、港澳台同胞的消费品；(6)居民自费购买的中、西药品、中药材及医疗用品；(7)报社、出版社直接售给居民和社会集团的报纸、图书、杂志，集邮公司出售的新、旧纪念邮票、特种邮票、首日封、集邮册、集邮工具等；(8)旧货寄售商店自购、自销部分的商品；(9)煤气公司、液化石油气站售给居民和社会集团的煤气灶具和罐装液化石油气；(10)农民售给非农业居民和社会集团的商品。不包括售给国民经济各部门企业、事业单位(包括国有经济的农场)生产经营用的各种原材料、燃料、设备、工具等和售给批发零售贸易业、餐饮业作为转卖用的商品，旧货寄售商店受托寄售卖出的商品，服务业的营业收入，邮局出售邮票的收入，自来水、电力、煤气生产(供应)单位的产品供应收入，也不包括农民之间的商品销售。

批发零售贸易业商品购、销、存总额 指各种登记注册类型的批发、零售贸易业(不包括个体)企业(单位)以本企业(单位)为总体的商品购进、销售、库存总额。

商品购进总额 指从本企业(单位)以外的单位和个人购进(包括从境外直接进口)作为转卖或加工后转卖的商品总额。它反映批发零售贸易业从国内、国外市场上购进商品的总量。商品购进总额包括：(1)从工农业生产者购进的商品；(2)从出版社、报社的出版发行部门购进的图书、杂志和报纸；(3)从各种登记注册类型的批发零售贸易企业(单位)购进的商品；(4)从其他单位购进的商品，如从机关、团体、企业等单位购进的剩余物资，从餐饮业、服务业购进的商品，从海关、市场管理部门购进的缉私和没收的商品，从居民手中收购的废旧商品等；(5)从国(境)外直接进口的商品。不包括企业(单位)为自身经营用和未通过买卖行为而收入的商品以及销售退回、商品升溢等。

商品销售总额 指对本企业(单位)以外的单位和个人出售(包括对境外直接出口)的商品总额。它反映批发零售贸易业在国内市场上销售商品以及出口商品的总量。商品销售总额包括：(1)售给城乡居民和社会集团消费用的商品；(2)售给工业、农业、建筑业、运输邮电业、批发零售贸易业、餐饮业、服务业等作为生产、经营使用的商品；(3)售给批发零售贸易业作为转卖或加工后转卖的商品；(4)对国(境)外直接出口的商品。不包括出售本企业(单位)自用的废旧包装用品；未通过买卖行为付出的商品；经本单位介绍，由买卖双方直接结算，本单位只收取手续费的业务；购货退出的商品以及商品损耗和损失等。

批发零售贸易业库存 指报告期末各种登记注册类型的批发零售贸易企业(单位)已取得所有权的商品。它反映批发零售贸易企业(单位)的商品库存情况和对市场商品供应的保证程度。期末库存包括：(1)存放在批发零售贸易业经营单位(如门市部、批发站、经营处)仓库、货场、货柜和货架中的商品；(2)挑选、整理、包装中的商品；(3)已记入购进而尚未运到本单位的商品，即发货单或银行承兑凭证已到而货未到的部分，(4)寄放他处的商品，如因购货方拒绝承付而暂时存放在购货方的商品和已办完加工成品收回手续而未提回的商品；(5)委托其他单位代销(未作销售或调出)尚未售出的商品；(6)代其他单位购进尚未交付的商品。不包括所有权不属于本单位的商品、拨付除批发零售贸易业以外的其他行业所属独立核算加工厂等加工生产尚未收回成品的商品、代国家物资储备部门保管的商品等。

库存总额采用的计算价格是：农副产品采购单位按购进价计算；批发单位按进货价计算；零售单位按核算价格计算，即按什么价格核算就按什么价格计算。

餐饮业营业收入 指餐饮企业、活动单位或个体户的全部营业额，包括商品零售额和其他服务性收入。其主要反映餐饮企业、活动单位或个体户的经营情况及发展变化趋势。

餐饮业商品零售额 指餐饮企业、活动单位或个体户直接对居民和社会集团零售的各种商品。包括：（1）经烹饪、调制加工后出售的各种食品，如主食、炒菜、凉拌菜等；（2）不经加工直接转卖的各种外购商品，如卷烟、酒、饮料、熟食、水果等；（3）附设非独立核算的销售商品的小卖部出售的各种食品及其他商品。

消费品市场成交额 指从事消费品交易的商品市场的全部商品成交金额。消费品市场包括农副产品市场和工业消费品市场。

Explanatory Notes on Main Statistical Indicators

Total Retail Sales of Consumer Goods refer to the sum of retail sales of consumer goods sold by all sectors of the national economy to urban and rural residents and social groups. This indicator is used to show the supply of consumer goods through various channels to households and institutions, and is very important for the study on changes at the domestic retail market, and on economic cycles

The retail sales of consumer goods include:(1) commodities sold to urban and rural residents for their daily use and building materials sold to them for the construction or repair of houses; (2) office appliances and supplies sold to institutions; (3) food and fuels sold to canteens of institutions, enterprises, schools, military units and to canteens of hotels and hostels that only serve their guests, and commodities produced by enterprises, institutions or state farms and sold directly to their employees or their canteens; (4) grain and non staple food, clothing, daily articles and fuels sold to military personnel; (5) consumer goods sold to foreigners, overseas Chinese, and Chinese compatriots from Taiwan, Hong Kong and Macao during their stay in the mainland of China; (6) Chinese and western medicines, herbs and medical facilities purchased by residents; (7) newspapers, books and magazines directly sold to residents and social groups by publishers, new and old commemorative stamps, special stamps, first day covers, stamp albums and other stamp collection articles sold by stamp companies; (8) consumer goods purchased and then sold by second hand shops; (9) stoves and other heating facilities and liquefied gas sold by gas companies to households and institutions; and (10) commodities sold by farmers to non agricultural residents and social groups . Excluded under this heading are: raw materials, fuels, equipment, tools sold to enterprises, institutions and state farms for production purpose; commodities sold to trade establishments for reselling; commissioned sales at second hand shops; operational income of urban public utilities; stamps sold at post offices; income of water, power, gas production and supply establishments from the supply of their products; and sales of commodities among farmers.

Purchase, Sales and Stock of Commodities by Wholesale and Retail Trade refer to the purchase, sales and stock of commodities by wholesale and retail establishments of different status of registration (excluding individual sellers) .

Total Purchases of Commodities refer to the total value of purchases of commodities by the establishments from other establishments or individuals (including direct import from abroad) for the purpose of re selling, either with or without further processing of the commodities purchased. This indicator is used to show the total value of purchases of commodities by wholesale and retail establishments from domestic and overseas markets. The total purchases include: (1)agricultural and industrial products purchased from producers; (2)books, magazines and newspapers purchased from distribution departments of the publishers;(3)commodities purchased from wholesale and retail establishments of different status of registration; (4)commodities purchased from other units, such as surplus materials purchased from government agencies, enterprises or institutions, commodities purchased from catering and service establishments, confiscated goods purchased from customs authorities or market management agencies, second hand goods and wastes purchased from residents; and (5)commodities directly imported from abroad. Excluded are commodities purchased by establishments (units) for use in their own business operation, commodities obtained without buying or selling procedures, rejected commodities, etc.

Total Sales of Commodities refer to value of commodities sold by the establishments to other establishments and individuals (including direct export) . This indicator is used to show the total value of sales of commodities at domestic markets and export. The total sales include:(1) commodities sold to urban and rural residents and social groups for their consumption; (2) commodities sold to establishments in industry, agriculture, construction, transportation, post and telecommunications, wholesale and retail trades, catering trade and public utility for their production and operation; (3) commodities sold to wholesale and retail establishments for re selling, with or without further processing; and (4) commodities for direct export to other countries. Excluded are selling of waste packaging materials used by the establishments (units) themselves, commodities transferred without buying or selling procedures, commission income from brokerage in transactions whose settlement is directly handled by buyers and sellers, rejected commodities in the purchase, loss in commodities, etc.

Commodity Stock of Wholesale and Retail Enterprises refers to total commodities possessed by wholesale and retail enterprises (units) of various types of registration status at the end of the reference period, which reflects the commodity stock level of various wholesale and retail enterprises and the potential for market supply. It includes:(1) commodities located in storage, garages, counters, and shelves of operating units(such as sale stores, wholesale centers, and operating offices) of wholesale and retail enterprises; (2) commodities in the process of selecting, sorting, and packing; (3) commodities not arrived but recorded as purchase in the account, i. e. . commodities not arrived but payment receipts for the commodities from the sellers or the banks arrived; (4) commodities deposited in other places rather than places mentioned above, for instance: commodities in the hold of purchasers temporarily due to the refusal of payment and commodities not taken back after going through the formalities; (5) commodities entrusted to other units to sell but not sold yet; (6) commodities purchased for other units but not delivered yet. Commodities not included as stock are those not owned by the enterprises (units) , those allocated to financially independent factories rather than wholesale and retail enterprises for processing but not taken back yet, and finally those put in stock by wholesale and retail enterprises on behalf of the state material reserves units.

For the calculation of the value of commodities stock,the value is calculated at purchasing prices in agricultural goods purchasing units and wholesale units, and at the accounting prices in retail units.

Business Income of Catering Industryrefer to the total turnover of catering businesses, establishments or individuals, including retail sales and other services income. It reflects the operational and managerial conditions and development trend of catering businesses, establishment s and individuals in t his sector.

Retail Sales of Commodities in Catering Indus tryrefer to retail sales to residents and social groups by catering enterprises, establishments and individual, including: (1) various food sold after cooking and processing, such as: staple food, cooked dishes, cold and dressed dishes and so on. (2) re-selling commodities without further processing, such as: cigarettes, liquor, beverage, cooked food, fruit s and son on. (3) various food and other commodities sold in and ascent buffets with dependant accounting system.

Volume of Transaction at Free Markets for Consumer Goods refers to the value of transaction or all goods at the free trade markets for consumer goods, where markets include both free markets for farm and sideline products and for manufactured consumer goods.

十七 对外经济贸易

FOREIGN TRADE AND ECONOMIC COOPERATION

资料整理 钱新源
Arranged by Qian Xinyuan

17-1 对外经济贸易

Foreign Trade and Economic Cooperation

指标	Item	1995	2000	2003
进出口总额(万元人民币)	**Total Imports and Exports (RMB10 000 yuan)**	**937671**	**1687811**	**2576975**
出口总额	Total Exports	506785	847114	1192581
进口总额	Total Imports	430886	840697	1384394
进出口总额(万美元)	**Total Imports and Exports(USD 10 000)**	**112310**	**203596**	**311353**
出口总额	Total Exports	60840	102185	144089
进口总额	Total Imports	51470	101411	167264
外商投资企业进出口额(万美元)	**Total Imports and Exports of Foreign-funded Enterprises(USD 10 000)**		**13597**	**20898**
出口总额	Total Exports		11535	14906
进口总额	Total Imports		2062	5992
对外签订利用外资协议(合同)项目(个)	**Number of Projects for Utilization of Foreign Capital in the Signed Agreements & Contracts(unit)**	**173**	**127**	**163**
对外借款	Foreign Loans	12	32	15
外商直接投资	Foreign Direct Investments	161	95	148
对外签订利用外资协议(合同)金额(万美元)	**Total Amount of Foreign Capital to Be Utilized in the Signed Agreements & Contracts(USD 10 000)**	**13797**	**51273**	**65843**
对外借款	Foreign Loans	280	25475	22405
外商直接投资	Foreign Direct Investments	13517	25798	43438
外商其他投资	Other Foreign Investments			
实际利用外资额(万美元)	**Total Amount of Foreign Capital Actually Used(USD 10 000)**	**10838**	**54819**	**66529**
对外借款	Foreign Loans	233	43583	29724
外商直接投资	Foreign Direct Investments	10605	11236	36805
外商其他投资	Other Foreign Investments			
外商投资企业基本情况	**Registered Foreign-funded Enterprises**			
年底登记户数(户)	Number of Registered Enterprises(unit)	649	874	923
投资总额(万美元)	Total Investment(USD 10 000)		253634	383605
注册资本(万美元)	Registered Capital(USD 10 000)		171773	220518
# 外方	Capital from Foreign Partners		84084	137871
对外经济合作(万美元)	**Economic Cooperation with Foreign Countries & Territories(USD 10 000)**			
合同金额	Contracted Value	63	5157	7510
# 对外承包工程	Contracted Projects	750	1730	3366
对外劳务合作	Labor Services	5502	3427	4144
完成营业额	Value of Business Fulfilled	4421	2549	2742
# 对外承包工程	Contracted Projects	1083	404	1385
对外劳务合作	Labor services	3338	2145	1357

17-2 外贸进出口贸易总额
Total Imports and Exports

年份 Year	按人民币计算(万元) RMB 10 000 Yuan			按美元计算(万美元) USD 10 000		
	进出口总额 Total Imports & Exports	出口总额 Total Exports	进口总额 Total Imports	进出口总额 Total Imports & Exports	出口总额 Total Exports	进口总额 Total Imports
1952				1062		1062
1957				1754		1754
1965				333		333
1970				554	158	396
1975				925	394	531
1978	2674	1768	906	1552	1026	526
1980	6555	3970	2585	4397	2663	1734
1981	10676	8100	2576	6008	4558	1450
1982	15733	13881	1852	8173	7211	962
1983	17615	11176	6439	9001	5711	3290
1984	28557	20661	7896	10912	7895	3017
1985	59053	43880	15173	18448	13708	4740
1986	89086	63656	25430	23937	17104	6833
1987	113130	84310	28820	30398	22654	7744
1988	141303	109390	31913	37968	29393	8575
1989	161191	125158	36033	43312	33630	9682
1990	252898	169483	83415	48430	32456	15974
1991	321692	224597	97095	59964	41865	18099
1992	507068	319168	187901	93555	58887	34668
1993	1041650	561843	479807	120283	64878	55405
1994	914685	513373	401312	106128	59565	46563
1995	937671	506785	430886	112310	60840	51470
1996	1038914	569132	469782	124981	68590	56391
1997	1086188	609458	476730	131027	73519	57508
1998	1147173	681635	465538	138581	82343	56238
1999	1330986	750028	580958	160786	90605	70181
2000	1687811	847114	840697	203596	102185	101411
2001	2109035	943996	1165039	254819	114056	140763
2002	2487279	1134776	1352503	300494	137095	163399
2003	2576975	1192581	1384394	311353	144089	167264

注：本表2003年数据由海关提供。（下同）

a) Data of 2003 in this table were obtained from the Customs statistics.The same as in the following table.

17-3 对外贸易出口总值
Total Value of Export Commodities

单位:万美元 (USD 10 000)

项目	Item	2002	2003
出口总值	**Total Value**	**137095**	**144089**
按商品类别分	**By Category of Commodities**		
粮油食品类	Foods	24483	25560
土畜产类	Animal Products	3985	5264
纺织丝绸类	Textile and Silk Fabrics	15665	23491
轻工业品	Light Industrial Products	3858	5429
服装类	Garments	14749	20826
工艺品类	Handicraft Articles	204	
五金矿产类	Minerals	20025	18846
化工类	Chemicals and Related Products	5940	10150
运输工具类	Transport Equipment	1603	345
医药类	Pharmaceutical Products	2314	1981
机械设备类	Machinery	2000	2217
家电设备类	Households	556	
煤炭类	Coals	18102	28516
其他	Others	23611	1464
按国家(地区)分	**Country(Territory)**		
中国香港	Hong kong, China	11971	9163
中国澳门	Macao, China	54	262
中国台湾	Taiwan, China	4465	1823
日本	Japan	24597	24616
新加坡	Singapore	1534	609
德国	Federal Republic of Germany	1344	1116
法国	France	764	661
意大利	Italy	4466	5888
英国	United Kingdom	3355	2135
加拿大	Canada	498	649
美国	United States	6569	6921
比利时	Belgium	61	146
俄罗斯	Russia	14388	11228
蒙古	Mongolia	14853	5016
韩国	Korea	23050	21225

17-4 对外贸易出口主要商品数量

Main Export Commodities of Foreign Trade in Volume

项 目	Item	2002	2003
荞麦(吨)	Buckwheat(ton)	24028	34629
活 牛(头)	Live Cattles(head)	5090	4305
冻 牛 肉(吨)	Beef Frozen(ton)	138	52
土 豆(吨)	Potato(ton)	1405	24696
化纤布(万米)	Chemical Fiber Cloth(10 000 m)	95157	983
涤棉混纺布(万米)	Polyester Cotton Cloth(10 000 m)	896	661
棉涤纶布(万米)	Cotton Polyester Cloth(10 000 m)	20	94
羊 绒 衫(万件)	Cashmere Sweater(10 000 unit)	373	149
羊绒围巾(打)	Cashmere Muffler(dozen)	477768	769206
羊 绒(吨)	Cashmere(ton)	44	1368
绵 羊 毛(吨)	Sheep's Wool(ton)		
山 羊 毛(吨)	Goat's Wool(ton)	538	329
革皮服装(件)	Fur Clothing(unit)	1846	314
地 毯(平方米)	Carpet(sq.m)	867915	1108171
卡 盘(件)	Chuck(unit)	130151	
铜 锁(打)	Bronze Lock(dozen)	128054	51675
钢 坯(吨)	Steel Billet(ton)	15456	4925
氯化稀土(吨)	Chloride Rare Earth(ton)	140	188
混合稀土金属(公斤)	Mixed Rare Earth(kg)	276517	305302
无 烟 煤(吨)	Anthracite(ton)	11018	
发 菜(吨)	Hairlike Fungi(ton)		
甘 草(吨)	Licorice Root(ton)	91	131
枸 杞(吨)	Ch.Wolfberry(ton)		662
麻黄碱(公斤)	Ephedrine(kg)	29404	66746

17-5 对外贸易进口总值及主要商品数量

Main Import Commodities of Foreign Trade in Value and Volume

项 目	Item	2002	2003
进口总值(万美元)	**Total Import Value(USD 10 000)**	**163399**	**167264**
按主要商品类别分	**By Categories of Commodities**		
机械及设备类(万美元)	Machineries and Equipments(USD 10 000)	9699	16392
运输工具类(万美元)	Transportations(USD 10 000)	1367	4089
光电产品类(万美元)	Optical and Electric Products(USD 10 000)	146	1685
木材类(万美元)	Timbers(USD 10 000)	34038	46814
五矿类(万美元)	Minerals of Hardware(USD 10 000)	26008	22718
化工类(万美元)	Chemicals(USD 10 000)	18542	27495
医药类(万美元)	Medicines(USD 10 000)		40
轻工类(万美元)	Light Indaustrial Products(USD 10 000)	17501	18848
纺织类(万美元)	Textile Products(USD 10 000)	939	2206
粮油类(万美元)	Foods and Vegetable Oils(USD 10 000)	1319	448
土畜类(万美元)	Animal Products(USD 10 000)	723	3013
其他(万美元)	Others(USD 10 000)	53117	23516
按品种分	**By Varieties**		
汽车(辆)	Automobile(unit)		28
钢材(吨)	Steel(ton)	22282	79052
金属矿砂(吨)	Metal Ores(ton)	404246	586526
合成纤维(万美元)	Synthetic Fibers(USD 10 000)	26	448
原木(立方米)	Logs(cu.m)	5169686	6503715
化肥(吨)	Chemical Fertilizers(ton)	349634	347309
化工原料(万美元)	Chemical Raw Materials(USD 10 000)	18416	27495

17-6 利用外资

Utilization of Foreign Capital

单位：万美元 (USD 10 000)

年 份 Year	实际利用外资额 Total Amount of Foreign Capital Actually Used	对外借款 Foreign Loans	外商直接投资 Direct Foreign Investments	外商其他投资额 Other Foreign Investments
1984	178	178		
1985	530			530
1986	664	230	136	298
1987	1120	468	109	543
1988	961	491	337	133
1989	3050	2415	42	593
1990	2530	1199	1064	267
1991	5532	5422	110	
1992	7910	7300	610	
1993	19213	10713	8093	407
1994	29086	17484	11602	
1995	61801	37696	10605	13500
1996	38355	32931	5424	
1997	44209	29076	8433	6700
1998	44253	31771	9082	3400
1999	40133	30683	9450	
2000	54819	43583	11236	
2001	47342	36466	10876	
2002	58211	35410	22801	
2003	66529	29724	36805	

17-7 利用外资(按方式分,2003年)

Amount of Utilization of Foreign Capital and Foreign Investment(2003)

项目单位：个 金额单位：万美元 (unit)(USD 10 000)

指标	Item	项 目 Number of Projects	合同金额 Contract Value	实际使用金额 Used Value
总 计	**Total**	**163**	**65843**	**66529**
对外借款	**Foreign Loans**	**15**	**22405**	**29724**
外国政府贷款	Government Loans	6	4455	8523
国际金融机构贷款	Loans from International Financial Organizations			825
外国银行商业贷款	Commercial Loans	1	2300	2300
对外发行债券	External Bonds			
其他	Others	8	15650	18076
外商直接投资	**Foreign Direct Investments**	**148**	**43438**	**36805**
合资经营企业	Joint Ventures Enterprises	47	8620	9808
合作经营企业	Cooperative Operation Enterprises	14	17954	3629
外资企业	Foreign Investment Enterprises	71	13171	11772
外商投资股份制企业	Foreign Investment Share Enterprises		1161	9737
合作开发	Cooperative Development	1	256	
其 他	Others	15	2276	1859
外商其他投资	**Other Foreign Investment**			
对外发行股票	Sale Share			
国际租赁	International Lease			
补偿贸易	Compensation Trade			
加工装配	Processing and Assembly			

17-8 按行业分对外签订外商直接投资协议额(2003年)

Agreement of Foreign Direct Investment by Sector(2003)

行业	Sector	项目(个) Number of Projects(unit)	金额(万美元) Amount of Capital (USD 10 000)
总计	**Total**	**148**	**43438**
农、林、牧、渔业	Farming, Forestry, Animal Husbandry & Fishery	16	5777
采矿业	Mining	9	3022
制造业	Manufacturing	79	18585
电力、燃气及水的生产和供应业	Production & Supply of Electric Power, Gas & Water	2	1284
建筑业	Construction	8	9417
交通运输、仓储和邮政业	Transportation, Storage & Postal Services	1	123
信息传输、计算机服务和软件业	Information Transmission, Computer Service & Computer Software		
批发和零售业	Wholesale & Retail Trade	3	45
住宿和餐饮业	Quarters & Catering		
金融业	Banking		
房地产业	Real Estate	5	1641
租赁和商务服务业	Leasing & Commercial Services		
科学研究、技术服务和地质勘查业	Scientific Research,Technical Services & Geological Prospecting	1	145
水利、环境和公共设施管理业	Water Conservancy, Environment & Public Facilities Administration		
居民服务和其他服务业	Resident Services & Other Services	22	3273
教育	Education		3
卫生、社会保障和社会福利业	Health Care, Social Security & Social Welfare	1	58
文化、体育和娱乐业	Culture, Sports & Recreational Services		
公共管理和社会组织	Public Administration & Social Organization	1	65
国际组织	International Organizations		

注：本表由自治区商务厅提供,下同。

a)The Data are obtained from Inner Mongolia Department of Commerce.

17-9 按行业分外商实际直接投资额(2003年)

Actually Used Amount of Foreign Direct Investment by Sector(2003)

单位：万美元 (USD 10 000)

行业	Sector	2003
总计	**Total**	36805
农、林、牧、渔业	Farming, Forestry, Animal Husbandry & Fishery	663
采矿业	Mining	2973
制造业	Manufacturing	23302
电力、燃气及水的生产和供应业	Production & Supply of Electric Power, Gas & Water	34
建筑业	Construction	15
交通运输、仓储和邮政业	Transportation, Storage & Postal Services	306
信息传输、计算机服务和软件业	Information Transmission, Computer Service & Computer Software	
批发和零售业	Wholesale & Retail Trade	203
住宿和餐饮业	Quarters & Catering	
金融业	Banking	
房地产业	Real Estate	4448
租赁和商务服务业	Leasing & Commercial Services	
科学研究、技术服务和地质勘查业	Scientific Research,Technical Services & Geological Prospecting	
水利、环境和公共设施管理业	Water Conservancy, Environment & Public Facilities Administration	
居民服务和其他服务业	Resident Services & Other Services	4861
教育	Education	
卫生、社会保障和社会福利业	Health Care, Social Security & Social Welfare	
文化、体育和娱乐业	Culture, Sports & Recreational Services	
公共管理和社会组织	Public Administration & Social Organization	
国际组织	International Organizations	

17-10 年末登记外商投资企业行业分布(2003年)

Sector Distribution Registered of Foreign-Funded Enterprises(2003)

行业	Sector	企业数(户) Number of Registered Enterprises (unit)	投资总额(万美元) Total Investment (USD 10 000)	注册资本(万美元) Registeres Capital (USD 10 000)	#外方 Capital Invested by Foreign Partner
总计	**Total**	**923**	**383605**	**220518**	**137871**
农、林、牧、渔业	Farming, Forestry, Animal Husbandry & Fishery	77	32342	19172	16143
采矿业	Mining	26	14879	9425	6082
制造业	Manufacturing	555	168245	119233	66377
电力、燃气及水的生产和供应业	Production & Supply of Electric Power, Gas & Water	11	34146	11285	6432
建筑业	Construction	21	13793	13283	11216
交通运输、仓储和邮政业	Transportation, Storage & Postal Services	16	4157	3091	1963
信息传输、计算机服务和软件业	Information Transmission, Computer Service & Software				77
批发和零售业	Wholesale & Retail Trade	88	27300	14187	8709
住宿和餐饮业	Quarters & Catering	27	8840	5982	3524
金融业	Banking				
房地产业	Real Estate	38	17205	13770	11187
租赁和商务服务业	Leasing & Commercial Services				
科学研究、技术服务和地质勘查业	Scientific Research, Tech Services & Geological Prospecting	26	2547	2412	1401
水利、环境和公共设施管理业	Water Conservancy, Environment & Public Facilities Administration	3	438	351	232
居民服务和其他服务业	Resident Services & Other Services	22	56291	6308	2685
教育	Education				
卫生、社会保障和社会福利业	Health Care, Social Security & Social Welfare	1	24	24	20
文化、体育和娱乐业	Culture, Sports & Recreational Services	7	183	180	91
公共管理和社会组织	Public Administration & Social Organization				
其他行业	Others	5	3215	1815	1809

17-11 对外经济合作

Economic Cooperation with Foreign Countries or Territories

年 份 Year	合同数 (份) Number of Contracts (copy)	合同金额 (万美元) Contracted Value (USD 10 000)	完成营业额 (万美元) Value of Business Fulfilled (USD 10 000)
总 计 Total			
1976-1988	2	613	337
1989	32	11772	6150
1990	99	5572	2787
1991	72	2636	1450
1992	242	8245	4536
1993	143	12281	6755
1994	124	6047	2176
1995	151	6258	4281
1996	164	8532	4636
1997	100	2943	1853
1998	103	4540	2393
1999	102	5298	3173
2000	80	5157	2549
2001	84	5403	2511
2002	110	7440	5092
2003	120	7510	2742
对外承包工程 Contracted Projects			
1976-1988			
1989	5	938	191
1990	30	2070	1064
1991	3	220	121
1992	4	1003	694
1993	1	3360	1848
1994	3	2296	287
1995	5	756	1083
1996	14	1459	1182
1997	5	434	688
1998	25	1362	718
1999	21	2119	1269
2000	9	1730	404
2001	10	3630	1561
2002	24	5040	2622
2003	16	3366	1385
对外劳务合作 Labor Cooperation			
1976-1988	2	613	337
1989	27	10834	5959
1990	60	3507	1723
1991	69	2416	1329
1992	238	7242	3842
1993	142	8921	4907
1994	121	3751	1889
1995	146	5502	3198
1996	150	7073	3454
1997	95	2509	1175
1998	78	3178	1675
1999	81	3178	1903
2000	71	3427	2145
2001	74	1773	950
2002	86	2400	2470
2003	104	4144	1357

主要统计指标解释

进出口总额 海关进出口总额指实际进出我国国境的货物总金额。包括对外贸易实际进出口货物，来料加工装配进出口货物，国家间、联合国及国际组织无偿援助物资和赠送品，华侨、港澳台同胞和外籍华人捐赠品，租赁期满归承租人所有的租赁货物，进料加工进出口货物，边境地方贸易及边境地区小额贸易进出口货物(边民互市贸易除外)，中外合资经营企业、中外合作经营企业、外商独资企业进出口货物和公用物品，到日离岸价格在规定限额以上的进出口货样和广告品(无商业价值、无使用价值和免费提供出口的除外)，从保税仓库提取在中国境内销售的进口货物，以及其他进出口货物。进出口总额用以观察一个国家在对外贸易方面的总规模。我国规定出口货物按离岸价格统计，进口货物按到岸价格统计。

商品经营单位所在地进、出口额 指所在地海关注册登记的有进出口经营权的企业实际进、出口额。

利用外资 指我国各级政府、部门、企业和其他经济组织通过对外 借款、吸收外商直接投资以及用其他方式筹措的境外现汇、设备、技术等。

对外借款 是我国利用外资的重要部分。指通过对外正式签订借款 协议，从境外筹措的资金 ，包括外国政府贷款、国际金融组织贷款、外国银行商业贷款、出口信贷以及对外发行债券等。1996 年及以前还包括对外发行股票。

外商直接投资 指外国企业和经济组织或个人(包括华侨、港澳台胞以及我国在境外注册的企业)按我国有关政策、法规，用现汇、实物、技术等在我国境内开办外商独资企业、与我国境内的企业或经济组织共同举办中外合资经营企业，合作经营企业或合作开发资源的投资 (包括外商投资收益的再投资)，以及经政府有关部门批准的项目投资总额内企业从境外借入的资金。

外商其他投资 指除对外借款和外商直接投资以外的各种利用外资的形式。包括企业在境内外股票市场公开发行的以外币计价的股票(目前主要是在香港证券市场发行的 H 股和在境内证券市场发行的 B 股)发行价总额，国际租赁进口设备的应付款，补偿贸易中外商提供的进口设备、技术、物料的价款，加工装配贸易中外商提供的进口设备、物料的价款。

对外承包工程 指各对外承包公司以招标议标承包方式承揽的下列业务：(1)承包国外工程建设项目，(2)承包我国对外经援项目，(3)承包我国驻外机构的工程建设项目，(4)承包我国境内利用外资进行建设的工程项目，(5)与外国承包公司合营或联合承包工程项目时我国公司分包部分，(6)对外承包兼营的房屋开发业务。对外承包工程的营业额是以货币表现的本期内完成的对外承包工程的工作量，包括以前年度签订的合同和本年度新签订的合同在报告期内完成的工作量。

对外劳务合作 指以收取工资的形式向业主或承包商提供技术和劳动服务的活动。我国对外承包公司在境外开办的合营企业，中国公司同时又提供劳务的，其劳务部分也纳入劳务合作统计。劳务合作营业额按报告期向雇主提交的结算数(包括工资、加班费和奖金等)统计。

对外设计咨询 指以服务成果向业主收费的技术服务项目。包括承担地形地貌测绘，地质资源勘探与普查，建设区域规划，提供设计文件、图纸、生产工艺技术资料和工程技术经济咨询，工程项目的可行性考察、研究和评估，进行技术指导和培训人员等；也包括承担国(境)内利用外资进行建设的工程项目的上述规定的设计咨询项目的收取外币部分。

Explanatory Notes on Main Statistical Indicators

Total Imports and Exports at Customs refer to the value of commodities imported into and exported from the boundary of China. They include the actual imports and exports through foreign trade, imported and exported goods under the processing and assembling trades and materials, supplies and gifts as aid given gratis between governments and by the United Nation and other international organizations, and contributions donated by over seas Chinese, compatriots in Hong Kong and Macao and Chinese with foreign citizenship, leasing commodities owned by tenant at the expiration of leasing period, the imported and exported commodities processed with imported materials, commodities trading in border areas(excluding mutual exchange goods) , the imported and exported commodities and articles for public use of the Sino foreign joint ventures, cooperative enterprises and ventures exclusively with foreign own investment. Also included are import or export of samples and advertising goods for whose CIF or FOB value are beyond the permitted ceiling (excluding goods of no trading or use value and free commodities for export) , imported goods sold in China from bonded warehouses and other imported or exported goods. The indicator of the total imports and exports at customs can be used to ob serve the total size of external trade in a country. In accordance with the stipulation of the Chinese government, imports are calculated at CIF, while exports are calculated at FOB

Import Export Value by Location of China's Foreign Trade Managing Units refers to actual value of imports and exports carried out by corporations which have been registered by the local customhouse and are vested with right to run import export business.

Utilization of Foreign Capital refers to remittance, equipment and technology financed from abroad, by loans, foreign direct investment and other forms undertaken by the Chinese governments at all levels by various departments, enterprises and other economic units.

Foreign Borrowings an important part of China's utilization of foreign capital, it refers to funds borrowed from abroad through formal signing o f borrowing agreements with foreign institutions, including loans of foreign governments, loans of international financial institutions, commercial loans of foreign banks, export credit, and funds raised by Chinese bonds (and shares before 1996) issued abroad.

Direct Investment by Foreign Entrepreneurs refers to the investments inside China by foreign enterprises and economic organizations or individuals (including overseas Chinese, compatriots from Hong Kong and Macao, and Chinese enterprises registered abroad) , following the relevant policies and laws of China, for the establishment of ventures exclusively with foreign own investment, Sino-foreign joint ventures and cooperative enterprises or for co operative exploration of resources with enterprises or economic organizations in China. It includes the re investment of the foreign entrepreneurs with the profits gained fro m the investment an d the funds that enterprises borrow from abroad in the total investment of projects which are approved by the relevant department of the government.

Other Investment by Foreign Entrepreneurs refers to all forms of utilization of foreign capitals other than foreign borrowings and foreign direct investment. It includes the total value of stock shares in foreign currencies issued by enterprises at domestic or foreign stock exchanges (now mainly consisting of H shares issued at Hong Kong Security Market and B shares issued at domestic security markets) , rent payable for the imported equipment through international leasing arrangement, cost of imported equipment, technology and materials provided by foreign counterparts in compensation trade and processing and assembly trade.

Contracted Projects with Foreign Countries refer to projects undertaken by Chine se contractors (project contracting companies) through bidding process. They include:(1) overseas civil engineering construction projects financed by foreign investors;(2) overseas projects financed by the Chinese government through its foreign aid programs;(3) construction projects of Chinese diplomatic missions, trade offices and other institutions stationed abroad;(4) construction projects in China financed by foreign investment;(5) subcontracted projects to be taken by Chinese contractors through a joint umbrella project with foreign contractor;(6) housing development projects. The business income from international contracted projects is the work volume of contracted projects completed during the reference period, expressed in monetary terms, including completed work on projects signed in previous years.

Service Cooperation with Foreign Countries refers to the activities of providing technology and labour services to employers or contractors in the forms of receiving salaries and wages. Labour services providing by contractual joint venture s of Chinese international contracting corporations should be included in the statistics of service cooperation with foreign countries. The business income of l abour service co-operation is the income in the form of wages and salaries, over time pay, bonuses and other remuneration received from the employers during the reference period.

Overseas Design and Consultation Service refers to projects wit h charges for technical services from overseas operators. It includes geographic and topographic mapping, geological resource prospecting and survey, planning of construction areas, provision of design documents, blueprints, materials on production process and techniques, as well as engineering, technical and economic consultation, and feasibility study, research and evaluation of projects. Also included under this category are the abovementioned services of foreign financed projects in China that are paid in foreign currencies.

十八　旅游

TOURISM

资料整理 钱新源
Arranged by Qian Xinyuan

18-1 旅游事业发展情况
Development of Tourism

指标	Item	1995	2000	2003
旅行社总数(个)	**Total Number of Agencies(unit)**	**23**	**88**	**220**
国际旅行社	International Travel Agencies	17	25	29
国内旅行社	Domestic Travel Agencies	6	63	191
旅行社职工人数(人)	**Number of Staff and Workers of Travel Agencies(person)**	**558**	**1075**	**1797**
国际旅行社	International Travel Agencies	510	562	940
国内旅行社	Domestic Travel Agencies	48	513	857
星级饭店个数(个)	**Total Number of Stars Hotel(unit)**			**152**
入境旅游人数(人次)	**Total Number of International Tourists Inbound (person-times)**	**300900**	**391970**	**413639**
外国人	Foreigners	294641	384000	410900
华侨	Overseas Chinese	100		
港澳同胞	Compatriots from Hong Kong and Macao	3940	2814	1546
台湾同胞	Compatriots from Taiwan	2211	5156	1193
国内居民出境总人数(人次)	**Total Number of Domestic Resident Outbound(person-times)**	**20063**	**19425**	**8902**
#因私出境人数	For Private Purpose	20063	19425	8902
国内旅游人数(人)	**Number of Domestic Tourism(person)**	**3800000**	**7350000**	**9940000**
旅游总收入(亿元人民币)	**Income of Tourism(100 million yuan)**	**13.21**	**42.72**	**94.74**
国际旅游外汇收入 (万美元)	Earnings from International Tourism (USD 10 000)	9052	12645	13836
国内旅游收入(万元人民币)	Earnings from Domestic Tourism (10 000 RMB yuan)	57000	322300	832900

注：2000年及以前的星级饭店个数为涉外饭店数。

a)Prior to 2000,the total number of toruist hotels is the number of hotels that concerning foreign arraife.

18-2 各地区旅行社单位数(2003年末)

Number of Travel Agencies by Region(End of 2003)

地区	Region	旅行社数(个) Total Number of Travel Agencies (unit)	国际旅行社 International Travel Agencies	国内旅行社 Domestic Travel Agencies
全 区	**Autonomous Regional Total**	**220**	**29**	**191**
呼和浩特市	Hohhot City	83	12	71
包 头 市	Baotou City	33	1	32
乌 海 市	Wuhai City	3		3
赤 峰 市	Chifeng City	18	1	17
通 辽 市	Tongliao City	9		9
鄂尔多斯市	Erdos City	16		16
呼伦贝尔市	Hulunbeier City	26	11	15
兴 安 盟	Xingan League	5		5
锡林郭勒盟	Xilinguole League	7	4	3
乌兰察布盟	Wulanchabu League	10		10
巴彦淖尔盟	Bayannaoer League	7		7
阿 拉 善 盟	Alashan League	3		3

18-3 各地区星级宾馆个数(2003年末)

Number of Stars Hotels by Region(End of 2003)

单位：个 (unit)

地区	Region	星级宾馆个数 Total Number of Stars Hotels	五星级 Five Stars	四星级 Four Stars	三星级 Three Stars	二星级 Two Stars	一星级 One Stars
全 区	**Autonomous Regional Total**	**152**	**2**	**5**	**36**	**88**	**21**
呼和浩特市	Hohhot City	24	2	3	9	10	
包 头 市	Baotou City	24		1	9	13	1
乌 海 市	Wuhai City	3			1	2	
赤 峰 市	Chifeng City	16			2	14	
通 辽 市	Tongliao City	10		1	2	7	
鄂尔多斯市	Erdos City	10			2	6	2
呼伦贝尔市	Hulunbeier City	31			6	20	5
兴 安 盟	Xingan League	6			1	5	
锡林郭勒盟	Xilinguole League	11			3	3	5
乌兰察布盟	Wulanchabu League	9				4	5
巴彦淖尔盟	Bayannaoer League	5				3	2
阿 拉 善 盟	Alashan League	3			1	1	1

18-4 接待外国旅游人数

Number of Foreign Tourists by Country

国别	country	2002	2003
入境旅游人数总计(人/次)	**Total Number of Entry Tourists(person/times)**	**439405**	**413639**
外国人(包括外籍华人)	Foreigners(Including Chinese owning foreign nationality)	434256	410900
日本	Japan	17036	5965
菲律宾	Philippines	125	316
新加坡	Sigapore	781	483
美国	United States	3313	2381
加拿大	Canada	729	745
英国	United Kingdom	1441	1036
德国	Federal Republic of Germany	1107	848
法国	France	511	728
意大利	Italy	749	356
瑞士	Switzerland	210	248
荷兰	Netherlands	121	119
澳大利亚	Australia	1143	909
新西兰	New Zealand	363	244
俄罗斯	Russia	134732	146521
蒙古	Mongolia	256079	241809
华侨	Overseas Chinese		
港澳台同胞	Chinese Compatriots from Hong Kong, Macao and Taiwan	5149	2739
旅游者平均逗留天数(天)	**Average Days of Tourist Staying(day)**	**1.81**	**1.81**
外国人(包括外籍华人)	Foreigners(Including Chinese owing foreign nationality)	1.82	1.82
华侨	Overseas Chinese		
港澳台同胞	Chinese Compatriots from Hong Kong, Macao and Taiwan	1.19	1.19

18-5 国际旅游外汇收入
Foreign Exchange Earnings

项目	Item	2002	2003
旅游外汇收入总额(万美元)	**Foreign Exchange Earnings (USD 10000)**	**14935**	**13836**
长途交通费	Long Distance Transportation	3508	3249
#飞机	Air	2372	2209
火车	Railway	478	442
汽车	Highway	658	598
住宿	Accommodation	880	814
餐饮	Cater	700	649
景区游览	Visiting	328	303
娱乐	Entertainment	760	704
购物	Shopping	7002	6486
市内交通	Local Transportation	194	180
邮电通讯	Postal and Communication	626	580
其他	Other	937	871

18-6 国内旅游情况
Condition of Civil Tourism

项目	Item	2002	2003
国内旅游总人数(人次)	**Total of Civil Tourist (person-times)**	**11530000**	**9940000**
#城镇居民	Urban Residents	11530000	9940000
农村居民	Rural Residents		
国内旅游总花费(万元)	**Total Expenditure of Civil Tourist (10 000 yuan)**	**700000**	**832900**
#城镇居民	Urban Residents	700000	832900
农村居民	Rural Residents		
人均花费(元/天)	Per Capita Expenditure (yuan/day)	303	320

主要统计指标解释

旅游人数 包括入境国际旅游者人数、出境居民人数和国内旅游者人数。

(1)入境国际旅游者人数：指来中国参观、访问、旅行、探亲、访友、休养、考察、参加会议和从事经济、科技、文化、教育、宗教等活动的外国人、华侨、港澳同胞和台湾同胞的人数。不包括外国在我国的常驻机构，如使领馆、通讯社、企业办事处的工作人员；来我国常住的外国专家、留学生以及在岸逗留不过夜人员。

(2)出境居民人数：指大陆居民因公务活动或私人事务短期出境的人数。公务活动出境居民人数包括在国际交通工具上的中国服务员工，因私出境居民人数不包括在国际交通工具上的中国服务员工。

(3)国内旅游者人数：指我国大陆居民和在我国常住1年以上的外国人、华侨、港澳台同胞离开常住地在境内其他地方的旅游设施内至少停留一夜，最长不超过6个月的人数。

国际旅游(外汇)收入 指入境旅游的外国人、华侨、港澳同胞和台湾同胞在中国大陆旅游过程中发生的一切旅游支出，对于国家来说就是国际旅游(外汇)收入。

国际旅行社 指经营对外招徕并接待外国人、华侨、港澳同胞和台湾同胞来中国、归国或回内地旅游业务的旅行社。

国内旅行社 指负责经营招徕、组团、接待国内旅客的旅游业务，以及不对外招徕，负责经营接待国际旅行社或其它涉外部门组织的外国人、华侨、港澳同胞和台湾同胞来中国、归国或回内地的旅游业务的旅行社。

星级饭店 指已评定星级的饭店。

Explanatory Notes on Main Statistical Indicators

Number of Tourists include international tourists entering into China, Chinese residents going abroad and domestic tourists.

(1) International tourists refer to foreigners, overseas Chinese, Chinese compatriots from Hong Kong, Macao and Taiwan coming to China for sightseeing, visits, tours, family reunions, vacations, study tours, conferences and other activities of a business, scientific and technological, cultural, educational and religious nature. It does not include representatives and employees of resident institutions of foreign countries in China such as embassies, consulates, news agencies and offices of foreign companies and organizations, nor does it include long term foreign experts or students residing in China, or persons in transition without spending a night in China.

(2) Chinese residents going abroad refer to Chinese residents going abroad for short terms for either public business or private purposes. Chinese employees working on international transport carriers are included in those going abroad for public business purpose, not in those for private purpose.

(3) Domestic tourists refer to residents of the mainland of China who stay for one night at least, but no more than 6 months at tourist facilities in other places than their permanent residence within the territory of the mainland China, including foreigners, overseas Chinese and Chinese compatriots from Hong Kong, Macao and Taiwan who have resided in China for over one year.

Foreign Exchange Earnings from International Tourism refer to the total expenditures of foreigners, overseas Chinese, Chinese compatriots from Hong Kong, Macao and Taiwan during their stay in the mainland of China, which are earnings of foreign exchange from international tourism from the point of view from China.

International Travel Agencies refer to travel agencies engaged in the promotion, solicitation, organization and reception of tours to the mainland of China by foreigners, overseas Chinese, Chinese compatriots from Hong Kong, Macao and Taiwan.

Domestic Travel Agencies refer to travel agencies engaged in the promotion, solicitation, organization and reception of domestic tourists, and in the reception of foreigners, overseas Chinese, Chinese compatriots from Hong Kong, Macao and Taiwan organized by international travel agencies or other departments concerned, without their own promotion and solicitation programs.

Tourist Hotels refer to hotels that are able, with the approval of departments concerned, to accommodate foreigners, overseas Chinese, Chinese compatriots from Hong Kong, Macao and Taiwan Province.

Star-hotels refer to hotels rated with stars.

十九　金融和保险

BANKING AND INSURANCE

资料整理 包利军
Arranged by Bao Lijun

19-1 银行系统机构、人员数(2003年末)

Number of Institutions and Persons Engaged in Finance System(End of 2003)

项 目	Item	机构数(个) Number of Institutions (unit)	年末人数(人) Number of Staff and Workers (person)
总计	**Total**	**2818**	**48251**
中国人民银行	The People's Bank of China	92	5998
中国工商银行	Industrial and Commercial Bank of China	886	11675
中国农业银行	Agricultural Bank of China	919	13897
中国银行	Bank of China	275	4117
国家开发银行	State Development Bank	1	59
中国建设银行	Construction Bank of China	436	8230
中国农业发展银行	Agricultural Development Bank of China	84	1956
交通银行包头分行	Bank of Communications Baotou Branch	10	199
城市商业银行	City Commercial Bank	110	1781
资产管理公司	Asset Management Corporation	3	196
信托管理公司	Trust and Investment Corporation	2	143

19-2 金融机构信贷资金平衡表(2003年，按资金来源)

Credit Funds Balance Sheet of Financial Institutions(2003,Sources of Funds)

(年末余额)单位：万元 (year-end)(10 000 yuan)

项 目	Item	2003
资金来源合计	**All Sources**	**21213983**
各项存款余额	Deposits	20909846
企业存款	Deposits of Enterprises	5442363
财政存款	Treasury Deposits	419013
机关团体存款	Deposits of Government Agencies and Organizations	733634
城乡储蓄存款	Urban and Rural Savings Deposits	13556610
农业存款	Agricultural Deposits	313568
信托存款	Trusted Deposits	8104
委托存款	Entrusted Deposits	-315983
其他存款	Other Deposits	752537
金融债券	Bonds	-144578
其 他	Others	-128478

注：金融机构包括人民银行、政策性银行、国有独资商业银行、邮政储蓄机构、其他商业银行、城市合作银行、农村信用社、城市信用社、信托投资公司、租赁公司、财务公司等。

a) Financial Institutions include banks, savings deposit agencies of postal officies, housing saving banks, urban credit cooperative banks, rural credit cooperatives, urban credit banks, financial trust investment agencies and finacial companies etc.

19-3 金融机构信贷资金平衡表(2003年，按资金运用)
Credit Funds Balance Sheet of Financial Institutions(2003,Use of Funds)

(年末余额)单位：万元 (year-end)(10 000 yuan)

项目	Item	2003
资金运用合计	**All Uses**	**21213983**
各项贷款余额	Loans	19241312
短期贷款	Short-term Loans	9829960
工业贷款	Industrial Loans	3264636
商业贷款	Commercial Loans	3121745
建筑业贷款	Construction Loans	118023
农业贷款	Agricultural Loans	1136558
乡镇企业贷款	Loans to Township Enterprises	404094
私营企业及个体贷款	Loans to Private Enterprises and Individuals	112360
三资企业贷款	Loans to Sino-foreign Joint Venture and Cooperative Enterprises and Foreign-funded Enterprises	85602
其他短期贷款	Other Short-term Loans	1586942
中期流动资金贷款	Medium-term Working Capital Loans	814141
中长期贷款	Medium-term & Long-term Loans	7947454
信托类贷款	Credcit Loans	12298
其他类贷款	Other Loans	637459
有价证券及投资	Securities & Investment	651117
应收及预付款	Deserved and Prepaid Money	416825
金银占款	Purchase of Gole & Silver	23
外汇占款	Purchase of Foreign Exchanges	7641
财政占款	Government Debt	
库存现金	Cash in Hand	225099
委托投资	Entrusted Investment	14947

19-4 金融机构现金收入(2003年)
Cash Income of Financial Institutions(2003)

单位：万元 (10 000 yuan)

项 目	Item	2003
收入总计	**Total Income**	**75397042**
商品销售收入	Income from Commodity Sales	1469490
服务业收入	Income from Service Trade	2661065
税款收入	Income from Taxes	533446
城乡个体经营收入	Income from Urban and Rural Individual Business	1506582
储蓄存款收入	Income from Savings Deposits	56530309
其他金融机构收入	Income from Other Financial Institutions	291314
居民归还贷款收入	Income from Repayment of Loans by Residents	2037689
汇兑收入	Income from Remittances	720261
有价证券收入	Income from Securities	72887
其他收入	Other Income	4655651
#兑换外币收入	Income from Exchange of Foreign Currencies	32603

19-5 金融机构现金支出(2003年)

Cash Expenditures of Financial Institutions(2003)

单位：万元 (10 000 yuan)

项 目	Item	2003
支出总计	**Total**	**77336143**
工资性支出	Wages	4631672
农副产品采购支出	Purchases of Agricultural and Sideline Products	2321172
工矿及其他产品采购支出	Expenditures for Purchases of Industrial and Mineral Products	829865
行政事业管理费支出	Government and Enterprises Overhead	2985344
城乡个体经营支出	Expenditures for Individual Business	2036899
储蓄存款支出	Expenditure for Savings Deposits	56676644
其他金融机构支出	Expenditure for Other Financial Institutions	325897
居民提取贷款支出	Expenditure for Loans by Residents	2030847
汇兑支出	Expenditure for Remittances	481029
有价证券支出	Expenditure for Securitites	75545
其他支出	Other Expenditure	4941229

19-6 金融机构现金投放回笼差额

Cash Statistics of Financial Institutions

单位：万元 (10 000 yuan)

年份 Year	现金收入 Cash Income	现金支出 Cash Expenditures	投放 Currency Issuance
1957	96679	100217	3538
1962	143970	152371	8401
1965	145337	149936	4599
1970	176281	179675	3394
1975	248013	266734	18721
1978	298013	321277	23264
1980	418115	462285	44170
1986	1250322	1379167	128845
1987	1602153	1714137	111984
1988	2270253	2481981	211728
1989	2508577	2744153	235576
1990	2847454	3149857	302403
1991	3434787	3772786	337999
1992	4569761	5150855	581094
1993	6802651	7642020	839369
1994	9564614	10546016	981402
1995	13031467	14186247	1154780
1996	15761966	17020632	1258666
1997	34244200	35993800	1749200
1998	41387500	43300600	1913100
1999	34243414	35993245	1749831
2000	41387490	43300578	1913088
2001	49696827	51539283	1842456
2002	58538869	60426223	1887354
2003	75397042	77336143	1939101

19-7 金融机构存、贷款年末余额

Saving Deposits and Loans of Financial Institutions at the Year-end

单位：万元 (10 000 yuan)

年 份 Year	各项存款余额合计 Depoits	# 企业存款 Depoits of Enterprises	# 城乡储蓄存款 Urban and Rural Savings Deposits	各项贷款余额合计 Loans	# 工业贷款 Loans to Industrial Enterprises	# 商业贷款 Loans to Commercial Enterprises	# 农业贷款 Agricultural Loans
1949	140	120		195	92	91	12
1950	1525	635	119	767	75	459	233
1951	4227	1619	219	3312	402	2163	747
1952	9034	3161	397	7089	593	5017	1479
1953	9937	3543	590	16492	1367	13360	1765
1954	12477	4223	1256	33777	2146	29908	1723
1955	17259	4126	1235	40223	2445	36242	1536
1956	15456	6427	2426	40576	3745	30496	6330
1957	19212	5527	3456	45042	3536	36810	4696
1958	50202	14707	5481	66279	12923	48083	5273
1959	62204	11976	7776	140589	49725	86119	4745
1960	83174	14756	10272	177063	85910	84703	6450
1961	76297	19608	5616	173300	59865	105884	7551
1962	66097	31248	3708	140530	37211	93696	9623
1963	63565	27446	4144	107154	25294	73514	8346
1964	86304	19796	5885	98027	25451	72465	111
1965	76946	22060	6913	102246	24133	77336	777
1966	91036	29410	7386	134554	30299	92977	11278
1967	85323	29687	7814	146590	44634	89084	12872
1968	94204	34411	8380	154190	51580	89045	13565
1969	84049	33112	7068	174312	61467	97906	14939
1970	98931	35109	7844	233001	68242	150137	14622
1971	105614	39136	9504	268530	82034	172315	14181
1972	102931	40288	11994	260678	77738	165836	17104
1973	127154	51746	14163	279108	88418	167532	23158
1974	123097	50332	15959	292432	91734	174258	26440
1975	148439	68452	17464	318410	92559	196711	29140
1976	153865	70737	18552	345268	95167	216124	33977
1977	162209	67821	21908	367586	97370	231722	38494

19-7 续表 continued

单位：万元 (10 000 yuan)

年份 Year	各项存款余额合计 Depoits	# 企业存款 Depoits of Enterp-rises	# 城乡储蓄存款 Urban & Rural Savings Deposits	各项贷款余额合计 Loans	# 工业贷款 Loans to Industrial Enterprises	# 商业贷款 Loans to Commercial Enterprises	# 农业贷款 Agricu-ltural Loans	# 基建贷款 Loans for Capital Constr-uction	# 技改贷款 Loans for Technical Innovation
1978	164678	67214	25307	403314	110930	246495	45889		
1979	206997	75522	33092	436393	120396	256689	52236		
1980	231227	82688	48642	492949	129636	289980	67516		5677
1981	296065	103970	63106	558697	141810	330354	68239		14667
1982	364613	114791	84452	620194	148745	355038	73375	15587	26437
1983	442119	121952	112569	710563	175272	402264	75706	24778	28525
1984	500609	169826	155599	809114	219008	434714	86724	24767	32332
1985	560822	165393	210077	905412	275658	490451	89030	22465	42905
1986	782114	291284	290738	1291351	373446	590163	99373	48935	82523
1987	971166	337985	389691	1520239	436267	689530	114882	93458	188982
1988	1198527	401268	508287	1802119	537013	819194	126932	66132	119188
1989	1360860	382088	679584	2127588	681802	944070	139861	78510	139794
1990	1697712	424678	934355	2729173	869405	1272231	158545	109050	158675
1991	2057796	483906	1193618	3268535	1017327	1447576	188438	229244	201602
1992	2628246	783031	1497165	3951616	1153695	1683779	229783	353655	275853
1993	3505394	773581	2321390	5297191	1379014	2033053	427737	603560	327876
1994	4577562	1135970	3183199	6743662	1617514	2290203	229180	1054354	382402
1995	5663419	1303563	4108239	8198675	1879398	2566713	428884	1535360	466283
1996	7037693	1651490	5053804	10029833	2215841	3025593	510457	2011886	547128
1997	8455291	1993334	6050130	11721737	2518926	3467961	582678	2565495	587911
1998	9966107	2233337	7075160	13187511	2813556	3764324	533490	2885535	652933
1999	10923695	2512228	7976283	13641685	2649791	3794411	614282	3005261	636275
2000	12701349	3041165	8757399	13407383	2313181	3565930	692289	2513615	577427
2001	14987869	3750596	9867305	14707493	2570704	3437091	874092	3041254	594685
2002	17352559	4227073	11381038	16497795	2795982	3402539	1041324	4280175	139797
2003	20909846	5442363	13556610	19241312	3264636	3121745	1136558	5342779	222438

19-8 国家银行存、贷款年末余额
Deposits and Loans of State Banks

单位:万元　　(10 000 yuan)

项 目	Item	2002	2003	构成(%) Composition 2002	构成(%) Composition 2003
各项存款	**Deposits**	**14619137**	**17211480**	**100**	**100**
# 企业存款	Deposits of Enterprises	3516380	4462340	24.1	25.9
财政存款	Treasury Deposits	558429	406275	3.8	2.4
机关团体部队存款	Deposits of Government Agencies and Organizations	573622	714880	3.9	4.2
城乡储蓄存款	Urban and Rural Savings Deposits	9336741	10963492	63.9	63.7
# 定 期	Fixed Deposits	5786413	6605253	39.6	38.4
农业存款	Agricultural Deposits	70138	73654	0.5	0.4
其他类存款	Other Deposits	563827	590839	3.8	3.4
各项贷款	**Loans**	**14322148**	**16516839**	**100**	**100**
短期贷款	Short-term Loans	7123861	7532834	49.7	45.6
工业贷款	Loans to Industrial Enterprises	2587701	2937929	18.1	17.8
商业贷款	Loans to Commercial Enterprises	3282411	2969954	22.9	18.0
# 农副产品采购贷款	Loans of Purchases of Agricultural and Sideline Products	2372629	2148820	16.6	13.0
建筑业贷款	Loans to Construction Enterprises	103305	51034	0.7	0.3
农业贷款	Agricultural Loans	259214	274688	1.8	1.7
乡镇企业贷款	Loans to Urban Collective Enterpises	113729	112848	0.8	0.7
私营及个体工商企业贷款	Loans to Private Enterprises and Individuals	68938	73825	0.5	0.4
三资企业贷款	Loans to Sino-foreign Joint Venture and Cooperative Enterprises and Foreign funded Enterprises	65631	80652	0.5	0.5
其他短期贷款	Other Short-term Loans	642932	1031904	4.5	6.2
中期流动资金贷款	Medium-term Working Capital Loans	812114	814135	5.7	4.9
中长期贷款	Medium-term & Long-term Loans	6132071	7647555	42.8	46.3
基本建设贷款	Loans to Capital Construction	4240185	5267316	29.6	31.9
技术改造贷款	Loans to Technical Updates and Transformation	136677	219318	1	1.3
其他中长期贷款	Other Medium-term & Long-term Loans	1755209	2160921	12.3	13.1
票据融资	Circulated Fund by Bills	170213	455460	1.2	2.8
各项垫款	Money Advanced	83889	66855	0.6	0.4

19-9 金融机构法定存款利率

Legal Interest Rates on Deposits of Financial Institutions

单位：年利率% (annual interest rate %)

项目	Item	1996年 8月23日 Aug. 23, 1996	1997年 10月23日 Oct. 23, 1997	1998年 3月25日 Mar. 25, 1998	1998年 7月1日 Jul. 1, 1998	1998年 12月7日 Dec. 7, 1998	1999年 6月10日 Jun. 10, 1999	2000年
个人人民币储蓄存款	**Household Deposits**							
活期	Demand	1.98	1.71	1.71	1.44	1.44	0.99	0.99
定期	Time							
三个月	3Months	3.33	2.88	2.88	2.79	2.79	1.98	1.98
半年	6Months	5.40	4.14	4.14	3.96	3.33	2.16	2.16
一年	1Year	7.47	5.67	5.22	4.77	3.78	2.25	2.25
二年	2Year	7.92	5.94	5.58	4.86	3.96	2.43	2.43
三年	3Year	8.28	6.21	6.21	4.95	4.14	2.70	2.70
五年	5Year	9.00	6.66	6.66	5.22	4.50	2.88	2.88
企业单位	**Enterprises Deposits**							
活期	Demand	1.98	1.71	1.71	1.44	1.44	0.99	0.99
定期	Tirne							
三个月	3Months	3.33	2.88	2.88	2.79	2.79	1.98	1.98
半年	6Months	5.40	4.14	4.14	3.96	3.33	2.16	2.16
一年	1Year	7.47	5.67	5.22	4.77	3.78	2.25	2.25
二年	2Year	7.92	5.94	5.58	4.86	3.96	2.43	2.43
三年	3Year	8.28	6.21	6.21	4.95	4.14	2.70	2.70
五年	5Year	9.00	6.66	6.66	5.22	4.50	2.88	2.88
大额可转让定期存单	**CDs**							
1个月	1Months	2.70						
3个月	3Months	3.33	2.88	2.88	2.79	2.79		
6个月	6Months	5.40	4.14	4.14	3.96	3.33		
9个月	9Months	6.66						
12个月	12Months	7.47	5.67	5.22	4.77	3.78		

19-10 金融机构法定贷款利率

Legal Interest Rates on Loans of Financial Institutions

单位：年利率% (annual interest rate%)

项目	Item	1996年 8月23日 Aug. 23, 1996	1997年 10月23日 Oct. 23, 1997	1998年 3月25日 Mar. 25, 1998	1998年 7月1日 Jul. 1, 1998	1998年 12月7日 Dec. 7, 1998	1999年 6月10日 Jun. 10, 1999	2000年
流动资金贷款	**Working Capital Loans**							
一般流动资金	Ordinary							
六个月	6 Months	9.18	7.65	7.02	6.57	6.12	5.58	5.58
一年	1 Year	10.08	8.64	7.92	6.93	6.39	5.85	5.85
个体工商户贷款	Individuals Enteprises	a)	b)					
固定资产投资贷款	**Fixed Asset Investment Loans**							
技术改造贷款	Technical Innovation	c)	c)	c)	c)	c)	c)	c)
基本建设贷款	Capital Construdtion							
一年以内及一年	1 Year or Less	10.08	8.64	7.92	6.93	6.12-6.39	5.58-5.85	5.58-5.85
一年以上至三年	3 Year Less	10.98	9.36	9.00	7.11	6.66	5.94	5.94
三年以上至五年	5 Year or Less	11.70	9.90	9.72	7.65	7.20	6.03	6.03
五年以上	More than 5 Year	12.42	10.53	10.35	8.01	7.56	6.21	6.21

注：a)在10.08%基础上上浮10%。b)在8.64%基础上上浮10%。c)与同档次基本建设贷款相同。

a)Can be 10 higher than 10.08%. b)Can be 10 higher than 8.64%. c)Same as interest rates on capital construction loans with corresponding maturity

19-11 上市公司情况

Summary for Number of Listed Companies

单位：个　　　　　　　　　　　　　　　　　　　　　　　　　　　　　　　　　　(unit)

年 份 Year	全区合计 All Region	上交所 Shanghai Stock Exchange	深交所 Shenzhen Stock Exchange	仅发A股公司 A share Only	仅发B股公司 B share Only	增发A股公司 A Share Add
1994	1	1		1		
1995	1	1			1	
1996	4	1	3	4		
1997	5	3	2	4	1	
1998	2	2		2		
1999	1	1		1		
2000	5	5		5		
2001	1	1		1		1
2002						2
2003						

注：2002年发行A股公司为增发A股。

a)The companies Issuing A share in 2002 only Issued A share add.

19-12 股票发行筹资情况

Issuing Summary for Stocks

年 份 Year	股票发行额 (万股) Amount Issued (10 000 shares)	A股 A share	B股 B share	A、B股配股 A & B Shares Rights Issued	股票筹资额 (亿元) Raised Capital (100 million yuan)	A股 A share	B股 B share	A、B股配股 A & B Shares Rights Issued
1989	1820	1820			0.5	0.5		
1994	5000	5000			1.95	1.95		
1995	11000		11000		4.38	4.38		
1996	6520	5020		1500	3.46	2.86		0.60
1997	51800	22200	16600	13000	25.36	10.83	5.61	8.92
1998	32852	13100	19752	22.72	8.37		14.35	
1999	13095			13095	9.71		9.71	
2000	38230	30800		7430	32.58	24.10		8.48
2001	44720	43000		1720	33.84	31.57		2.27
2002	15896	15896			17.95	17.95		
2003	1258			1258	7.84			7.84

19-13 中资保险公司业务技术指标(2003年)

Economic and Technical Indicators of Insurance Companies Funded With Chinese Capital(2003)

项 目	Item	保险金额(亿元) Amount Insured (100 million yuan)	保费收入(万元) Premium (10 000 yuan)	赔款及给付(万元) Claim and Payment (10 000 yuan)
总 计	**Total**	**6244.53**	**423131**	**73883**
财产保险	**Property Insurance**	**1590.23**	**103039**	**52178**
企业财产险	Enterprise Property Insurance	880.20	18838	16343
家庭财产险	Family Property Insurance	224.71	6029	601
机动车辆及第三责任者	Motor Vehicle Insurance and Third Liability	276.15	72699	33010
货物运输险	Freight Transport Insurance	113.06	3122	1390
建筑、安装工程	Construction and Installation Projects	94.29	1927	681
其它财产保险	Other Property Insurance	1.82	424	153
责任险	**Liability Insurance**	**0.03**	**3360**	**2200**
产品责任险	Products Liability Insurance		2	
雇主责任险	Employers Liability Insurance	0.03	21	17
公众责任险	Public Liability Insurance		1	
其它责任险	Other Liability Insurance		3336	2183
信用保险	**Credit Insurance**			**1036**
保证保险	**Guarantee Insurance**	**2.02**		
农业保险	**Agriculture Insurance**	**0.18**	**48**	**5**
人寿保险	**Life Insurance**	**4652.07**	**312974**	**18464**
寿险	Life Insurance	178.75	280315	6696
健康险	Health Insurance	1919.03	16390	8185
人身意外伤害险	Unforeseen Human Injury Insurance	2554.29	14251	3583
补充养老保险	Supplement Endowment Insurance		2018	

注:"企业财产险"中包括"机器损坏保险"。

a)The Data of Enterprise Property Insurance Including Machine Damage Insurance.

19-14 财产保险业务收入与赔付(2003年)

Premiums and Claim & Payment of Property Insurance(2003)

单位：万元 (10 000 yuan)

项目	Item	保险金额 Amount Insured	保费收入 Promiums	已决赔款 Indrmnity	未决赔款 Loss Assessment of Unsrttled Claims
总计	**Total**	**15924520**	**106447**	**54383**	**23555**
财产保险	Property Insurance	15902302	103039	52178	22821
#企事业财产险	Enterprise Property	8801975	18838	16343	4181
家庭财产险	Family Property	2247105	6029	601	319
机动车辆及第三者责任	Motor Vehicle Insurance and Third Liability	2761477	72699	33010	15692
货物运输保险	Freight Transport Insurance	1130603	3211	1390	2629
责任险	Liability Insurance	255	3360	2200	734
#产品责任险	Products Liability Insurance		2		
雇主责任险	Employers Liability Insurance	255	21	17	87
公众责任险	Public Liability Insurance		1		
其他责任险	Other Liability Insurance		3336	2183	647
保证保险	Guarantee Insurance	20158			
农业保险	Agriculture Insurance	1805	48	5	
#种植业险	Planting Insurance				
养殖业险	Animal Husbandry Insurance	1805	48	5	

19-15 人寿保险业务收入与赔付(2003年)

Premiums and Claim & Payment of Life Insurance(2003)

项目	Item	新保承保人数(万人) New Person of Insurance (10 000 Person)	保费收入(万元) Premiums (10 000 yuan)	赔款(万元) Claim (10 000 yuan)	满期给付(万元) Value of Expiration Payment (10 000 yuan)
总计	**Total**	**474**	**312973**	**11768**	**6696**
人寿保险	Life Insurance	34	280315		6696
#非分红产品	Non-Share out Bonus Products	22	138319		6274
分红产品	Share out Bonus Products	12	140547		422
投资连接产品	Products Link to Insvestment		1449		
万能产品	All-purpose Products				
意外伤害产品	Unforeseen Human Injury Insurance	218	14251	3583	
#一年期以内	Less than one Year	8	558	68	
一年期	One Year	210	13693	3515	
健康保险	Health Insurance	222	16390	8185	
#一年期(及一年期以内)	One Year(Less than one Year)	206	11039	8185	
一年期以上	Over One Year	16	5351		
补充养老保险	Supplement Endownment Insurance		2018		

主要统计指标解释

信贷资金 指金融机构以信用方式积聚和分配的货币资金。金融机构信贷资金的来源有各项存款、对国际金融机构负债、流通中货币、银行自有资金及当年结益等；信贷资金的运用有各项贷款、黄金占款、外汇占款、财政借款及在国际金融机构中的资产等。

存款 指企业、机关、团体或居民根据资金必须收回的原则，把货币资金存入银行或其他信用机构保管并取得一定利息的一种信用活动形式。根据存款对象的不同可划分为企业存款、财政存款、机关团体存款、基本建设存款、城镇储蓄存款、农村存款等科目。它是银行信贷资金的主要来源。

贷款 指银行或其他信用机构根据资金必须归还的原则，按一定利率，为企业、个人等提供资金的一种信用活动形式。我国银行贷款分为流动资金贷款、固定资产贷款、城乡个体工商户贷款以及农业贷款等科目。

中资保险公司 指中国公民、法人或其他组织出资(含外资参股)设立的保险公司。

保险金额 指保险人承担赔偿或者给付保险金责任的最高限额。

保费 指投保人为取得保险人在约定范围内所承担赔偿责任而支付给保险人的费用。

赔款 指保险人根据保险合同的规定，向被保险人支付的赔偿保险责任损失的金额。

给付 包括死伤医疗给付和满期给付。死伤医疗给付是指保险人根据人寿保险及长期健康保险合同的规定，因被保险人在保险期内发生保险责任范围内的保险事故支付给被保险人(或受益人)的金额。满期给付是指被保险人生存期满，保险人按人寿保险合同规定支付给被保险人的满期保险金额。

Explanatory Notes on Main Statistical Indicators

Credit Funds refer to the funds issued as loans by banking institutions. The sources of credit funds of the banking institutions included deposits, Liabilities to international financial institutions, currency in circulation, self-owned funds and current retained profits, etc. The credit funds can be used in forms of loans, gold, foreign exchange, government debt and assets in the international financial institutions.

Deposit is a form of credit by which enterprises, institutions, organizations or households can put money into banks and other credit institutions for safekeeping and interest earning under the principle of free withdrawal. According to different depositors, deposits are divided into enterprise deposits, treasury deposits, deposits of government agencies and organizations, capital construction deposits, urban savings deposits, rural deposits and other deposits. Deposits are major sources of the credit funds of banks.

Loan is a form of credit by which banks and other credit institutions provide funds at certain interest rate to enterprises and individuals in the light of the principle of unconditional repayment. Loans from Chinese banks include circulating capital loans, fixed assets loans, loans to urban and rural individuals engaged in industrial and commercial business and agricultural loans.

Insurance Companies Funded with Chinese Capital refer to insurance companies established with capitals from Chinese citizens, corporate institutions or other organizations (including companies with shares from foreign capital) .

Amount Insured refers to the maximum that the insurant will get for the claim of the case insured.

Premium is the fee paid by the insurant to the insurer to obtain the obligation of compensation from the insurance within the agreed terms.

Settled Claim is the compensation paid by the insurer to the insurant in accordance with the insurance contract.

Payment includes payment for death, injury or medical treatment and mature payment. Payment for death, injury or medical treatment refers to the money paid to the insurant (or the beneficiary) in accordance with the life or health insurance contract when the insurant encounters accidents within the insured period covered in the contract. Mature payment refers to the mature payment to the insurant in accordance with the life insurance contract at the end of the insured period.

二十　教育、科技和文化

EDUCATION,SCIENCE AND CULTURE

资料整理 宋秀平 白丽丽
Arranged by Song Xiuping , Bai Lili

20-1 教育事业基本情况

Basic Statistics on Education

项 目	Item	2002	2003
学校数(所)	**Number of Schools(unit)**		
普通高等学校	Regular Institutions of Higher Education	21	27
普通中等学校	Secondary Schools	2159	1992
# 中等专业学校	Specialized Secondary Schools	76	58
中等技术学校	Technical Secondary Schools	71	54
中等师范学校	Teacher Secondary Schools	5	4
普通中学	Regular Secondary Schools	1762	1743
高 中	Senior Secondary Schools	381	381
初 中	Junior Secondary Schools	1381	1362
职业中学	Vocational Secondary Schools	320	311
小 学	Primary Schools	8472	7763
幼儿园	Kindergartens	1101	1140
特殊教育	Special Schools	25	31
专任教师(人)	**Number of Full time Teachers(person)**		
普通高等学校	Regular Instiutions of Higher Education	9583	12153
普通中等学校	Secondary Schools	105942	101289
# 中等专业学校	Specialized Secondary Schools	5760	4417
中等技术学校	Technical Secondary Schools	5364	4054
中等师范学校	Teacher Secondary Schools	396	332
普通中学	Regular Secondary Schools	87099	89935
高 中	Senior Secondary Schools	20501	22472
初 中	Junior Secondary Schools	66598	67463
职业中学	Vocational Secondary Schools	13044	12643
小 学	Primary Schools	128331	127011
幼儿园	Kindergartens	9824	9735
特殊教育	Special Schools	577	610
招生数(人)	**New Student Enrollment(person)**		
普通高等学校	Regular Institutions of Higher Education	44624	59450
普通中等学校	Secondary Schools	617075	581398
# 中等专业学校	Specialized Secondary Schools	28399	30102
中等技术学校	Technical Secondary Schools	23931	26363
中等师范学校	Teacher Secondary Schools	4468	3739
普通中学	Regular Secondary Schools	522945	519092
高 中	Senior Secondary Schools	143584	165772
初 中	Junior Secondary Schools	379361	353320
职业中学	Vocational Secondary Schools	65687	61634
小 学	Primary Schools	365473	294991
幼儿园	Kindergartens	237047	220008
特殊教育	Special Schools	506	402
在校学生(人)	**Student Enrollment(person)**		
普通高等学校	Regular Institutions of Higher Education	120782	157602
普通中等学校	Secondary Schools	1772656	1738378
# 中等专业学校	Specialized Secondary Schools	99387	90415
中等技术学校	Technical Secondary Schools	83552	75358
中等师范学校	Teacher Secondary Schools	15835	15057
普通中学	Regular Secondary Schools	1492313	1543724
高 中	Senior Secondary Schools	364046	420138
初 中	Junior Secondary Schools	1128267	1123586
职业中学	Vocational Secondary Schools	180891	176779
小 学	Primary Schools	1834499	1733702
幼儿园	Kindergartens	310601	290612
特殊教育	Special Schools	3292	3037
毕业生数(人)	**Graduates(person)**		
普通高等学校	Regular Institutions of Higher Education	15608	24919
普通中等学校	Secondary Schools	448192	461325
# 中等专业学校	Specialized Secondary Schools	32140	33516
中等技术学校	Technical Secondary Schools	26159	28892
中等师范学校	Teacher Secondary Schools	5981	4624
普通中学	Regular Secondary Schools	371812	402194
高 中	Senior Secondary Schools	84724	102500
初 中	Junior Secondary Schools	287088	299694
职业中学	Vocational Secondary Schools	44240	43712
小 学	Primary Schools	420479	388019
幼儿园	Kindergartens	253149	208475
特殊教育	Special Schools	265	249

注：普通中学的高中学校数包括高级中学和完全中学。

a)Number of senior secondary schools in regular secondary schools include senior secondary schools & whole secondary schools.

20-2 在校学生民族构成

Composition of Student Enrollment by Nationality

单位:人 (person)

项 目	Item	2002	2003
普通高等教育	**Regular Institutions of Higher Education**	**120782**	**158710**
蒙古族	Mongolian	26883	35196
其他少数民族	Other Minority Nationality	4867	6795
高等教育中研究生	Postgradate Students Enrollment	2747	3848
蒙古族	Mongolian	921	1118
其他少数民族	Other Minority Nationality	88	132
中等专业学校	**Specialized Secondary Schools**	**99387**	**90415**
中等技术学校	Technical Schools	83552	75358
蒙古族	Mongolian	12909	12262
其他少数民族	Other Minority Nationality	2732	3100
中等师范学校	Teacher Training Schools Secondary	15835	15057
蒙古族	Mongolian	3978	4133
其他少数民族	Other Minority Nationality	1302	816
普通中学	**Rogular Secondary Schools**	**1492313**	**1543724**
高中	Senior	364046	420138
蒙古族	Mongolian	86103	98337
其他少数民族	Other Minority Nationality	13926	18900
初中	Junior	1128267	1123586
蒙古族	Mongolian	242881	238725
其他少数民族	Other Minority Nationality	40991	39110
职业中学	**Vocational Secondary Schools**	**180891**	**176779**
蒙古族	Mongalian	24899	22899
其他少数民族	Other Minority Nationality	3520	3872
小学	**Primary Schools**	**1834499**	**1733702**
蒙古族	Mongolian	359961	350759
其他少数民族	Other Minority Nationality	52925	44427

20-3 普通高等学校分类情况(2003年)

Basic Statistics of Colleges and Universities(2003)

项　目	Item	学校数(所) Number (unit)	毕业生数(人) Graduates (person)	招生数(人) New Student Enrollment (person)	在校学生(人) Student Enrollment (person)
普通高校	**Regular Institutions of Higher Education**	**27**	**24611**	**59101**	**156600**
综合大学	Comprehensive Universities	1	2693	3839	12880
理工院校	Science and Engineering Universities	4	7502	16736	46489
农业大学	Agricultural Universities	1	2875	5291	16559
医药院校	Medicinal Universities	1	563	1307	4306
师范院校	Normal Universities	4	6934	15850	44191
财经院校	Economics and Finance Universities	1	936	2670	7549
职业技术学院	Vocation Colleges	14	2129	11921	21475
语文院校	Language Colleges	1	979	1487	3151

注：学生数中不含成人高校附设普通班学生数。

a)The number of student does not include the number of student who as studing in general class belonging to adult university.

20-3 续表 continued

项 目	Item	教职工合计(人) Number of Staff and Workers (person)	# 专任教师 Teachers	# 正、副教授 Professors and Asso.Prof.	# 讲师 Lecturers	# 助教、教员 Assistants and Instructors
普通高校	**Regular Institutions of Higher Education**	**22592**	**12153**	**4304**	**4179**	**3670**
综合大学	Comprehensive Universities	2249	1195	400	399	396
理工院校	Science and Engineering Universities	4475	2381	917	716	748
农业大学	Agricultural Universities	2272	1012	446	292	274
医药院校	Medicinal Universities	968	431	190	131	110
师范院校	Normal Universities	6492	3593	1314	1265	1014
财经院校	Economics and Finance Universities	906	474	215	144	115
职业技术学院	Vocation Colleges	4768	2755	740	1140	875
语文院校	Language Colleges	462	312	82	92	138

20-4 普通高等院校基本情况(2003年)

Basic Statistics of Colleges and Universities(2003)

项　目	Item	毕业生数(人) Graduates (person)	招生数(人) New Student Enrollment (person)	在校生数(人) Student Enrollment (person)	#研究生数 Number of Postgr-aduates
内蒙古大学	Inner Mongolia University	2693	3839	12880	1323
内蒙古科技大学	Inner Mongolia Science & Technology University	3452	8608	24609	252
内蒙古工业大学	Inner Mongolia Engineering University	2380	5746	15819	456
内蒙古农业大学	Inner Mongolia Agriculture University	2875	5291	16559	761
内蒙古财经学院	Inner Mongolia Economics & Finance College	936	2670	7549	
内蒙古医学院	Inner Mongolia Medicinal College	563	1307	4306	367
内蒙古师范大学	Inner Mongolia Normal University	2755	5905	16110	565
内蒙古民族大学	Inner Mongolia Nationality University	1743	4164	13185	114
赤峰学院	Chifeng College	1376	2097	4915	
集宁师范高等专科学校	Jining Teacher Training Academy	1080	2574	7180	
呼伦贝尔学院	Hulunbeier College	1356	3207	7716	
民办内蒙古丰州学院	Inner Mongolia Fengzhou College Run by Local People	294	285	1146	
河套大学	Hetao University	49	1818	3682	
包头职业技术学院	Baotou Professional and Technical College	976	1632	3627	
内蒙古民族高等专科学校	Inner Mongolia Nationality Academy	979	1487	3151	
内蒙古建筑职业技术学院	Hohhot Professionai and Technical College	546	2040	4447	
兴安职业技术学院	Xingan Professional and Technical College	44	631	735	
内蒙古警察职业学院	Inner Mongolia Police Vocational College		995	2499	
内蒙古体育职业学院	Inner Mongolia Sport Vocational College		270	375	
内蒙古财税职业学院	Inner Mongolia Finance & Tax Vocational College		558	558	
内蒙古商贸职业学院	Inner Mongolia Trade Vocational College		415	415	
内蒙古电子职业技术学院	Inner Mongolia Electronics Vocational College		701	701	
内蒙古机电职业技术学院	Inner Mongolia Machinery & Electronics Professional and Technical College		393	393	
内蒙古化工职业学院	Inner Mongolia Chemical Engineering Vocational College		618	618	
包头轻工职业技术学院	Baotou Light Industry Professional and Technical College		647	647	
呼和浩特职业学院	Hohhot Vocational College	514	967	2311	
锡林郭勒职业学院	Xilingguole Vocational College		236	467	

注：学生数中不含成人高校附设普通班学生数。

a)The number of student does not include the number of student who was studing in general class belonging toadult university.

20-4 续表 continued

项 目	Item	教职工总数 (人) Number of Staff & Workers (person)	#专任教师 Teacher	中级职称以上教师 Medium over Professional Certification
内蒙古大学	Inner Mongolia University	2249	1195	799
内蒙古科技大学	Inner Mongolia Science & Technology University	2700	1352	873
内蒙古工业大学	Inner Mongolia Engineering University	1775	1029	760
内蒙古农业大学	Inner Mongolia Agriculture University	2272	1012	738
内蒙古财经学院	Inner Mongolia Economics & Finance College	906	474	359
内蒙古医学院	Inner Mongolia Medicinal College	968	431	321
内蒙古师范大学	Inner Mongolia Normal University	1822	967	743
内蒙古民族大学	Inner Mongolia Nationality University	1664	806	609
赤峰学院	Chifeng College	1263	657	502
集宁师范高等专科学校	Jining Teacher Training Academy	963	620	381
呼伦贝尔学院	Hulunbeier College	780	543	344
民办内蒙古丰州学院	Inner Mongolia Fengzhou College Run by Local People	89		
河套大学	Hetao University	541	350	273
包头职业技术学院	Baotou Professional and Technical College	473	179	112
内蒙古民族高等专科学校	Inner Mongolia Nationality Academy	462	312	174
内蒙古建筑职业技术学院	Inner Mongolia Professionai and Technical College	366	228	142
兴安职业技术学院	Xingan Professional and Technical College	317	215	152
内蒙古警察职业学院	Inner Mongolia Police Vocational College	324	201	106
内蒙古体育职业学院	Inner Mongolia Sport Vocational College	135	66	41
内蒙古财税职业学院	Inner Mongolia Finance & Tax Vocational College	193	126	74
内蒙古商贸职业学院	Inner Mongolia Trade Vocational College	319	193	136
内蒙古电子职业技术学院	Inner Mongolia Electronics Vocational College	141	96	68
内蒙古机电职业技术学院	Inner Mongolia Machinery & Electronics Professional and Technical College	222	130	101
内蒙古化工职业学院	Inner Mongolia Chemical Engineering Vocational College	233	153	101
包头轻工职业技术学院	Baotou Light Industry Professional and Technical College	276	180	110
呼和浩特职业学院	Hohhot Vocational College	592	322	220
锡林郭勒职业学院	Xilingguole Vocational College	547	316	244

20-5 科技活动基本情况(2003年)

Basic Statistics on Scientific and Technological Activities(2003)

项 目	Item	2003
科技活动	**Scientific and Technological Activities**	
科技活动人员(人)	**Number of Persons Engaged in Scientific and Technological Activities(person)**	**34367**
# 科学家与工程师	Scientists and Engineers	22450
研究与试验发展折合全时人员(人年)	**Number of Full-time Persons in Research and Developmeut Activities(person year)**	**8686**
# 科学家与工程师	Scientists and Engineers	7126
科技经费筹集额(万元)	**Funding for Scientific and Technological Activities(10 000 yuan)**	**182937**
# 政府资金	Government Funds	62459
企业资金	Self-raised by Enterprises	111143
银行贷款	Bank Loans	2517
科技经费内部支出(万元)	**Expenditures for Scientific and Technological Activities (10 000 yuan)**	**183340**
# 劳务费	Service Fees	56412
固定资产购建费	Purchases of Fixed Assets	47131
# 研究与试验发展经费内部支出	Research and Development Expenses	63898
基础研究	Fundamental Research	3419
应用研究	Applied Research	9994
试验发展	Experimental Development	50485
研究与发展经费支出占生产总值比重(%)	**Proportion of Research and Development Expenses to GDP(%)**	**0.30**
技术成果和国家奖励	**Achievements in Scientific and Technological Research and National Prizes Won**	
自治区科技进步奖(项)	Number of Major Achievements in Science and Technology(item)	80
国家发明奖(项)	Number of National Invention Prizes Awarded(item)	
国家科学技术进步奖(项)	Number of National Scientific and Technological Progress Prizes Awarded(item)	1
技术市场成交额(万元)	**Transaction Value in Technical Market(10 000 yuan)**	**160217**
专 利	**Patent**	
专利申请受理量(件)	Total Patent Applications Examined(item)	1394
发明	Creation and Inventions	242
实用新型	Utility Models	716
外观设计	Designs	436
专利申请批准量(件)	Total Patent Applications Certified(item)	816
发明	Creation and Inventions	82
实用新型	Utility Models	419
外观设计	Designs	315

20-6 地方国有单位各类专业技术人员
Special Technical Personnel of State-owned Units

单位:人 (person)

年份 Year	合计 Total	工程技术人员 Engineering	农业技术人员 Agriculture	科学研究人员 Scientific Research	卫生技术人员 Health Care	教学人员 Teaching
1986	298360	50544	16026	1561	43130	137854
1987	344667	58353	17665	1794	44962	166079
1988	385181	66901	18436	1646	47332	158905
1989	428612	71848	18649	1845	49311	175621
1990	442659	75686	19644	1803	51184	180408
1991	453193	78705	20168	1839	53585	184784
1992	461901	79224	20710	2174	54257	187739
1993	454591	77474	18534	2043	54236	192023
1994	463501	77624	19096	2026	54873	199488
1995	471197	78640	18781	1877	56045	205952
1996	476610	78450	18946	1832	56854	214200
1997	477411	77127	19010	1792	60806	218651
1998	476012	74538	18499	1762	60990	223704
1999	504045	78903	19246	1992	65578	242551
2000	509470	77348	19076	2002	68954	250740
2001	497202	69548	18979	2084	69156	257165
2002	486215	64635	18288	1927	68725	260445
2003	514746	68669	22202	2029	72508	274565

20-7 国有各类独立科技机构、人员、经费(2003年)

Number of State-owned Research and Development Institutions, Persons and Funds(2003)

项目	Item	旗县以上国有科技机构合计 R & D Institutions at & above County Level	自然科学与技术领域 Natural Sciences and Techonology	转制科研机构 Transform Character of Institutions	社会与人文科学领域 Social Sciences & Humanities	科技信息与文献机构 Scientific Technological Information & Literature Institutions	旗县属科技机构 Scientific Institation of County
机构数(个)	Institutions(unit)	142	92	23	13	14	6
从业人员数(人)	Staff & workers(person)	11468	8094	2563	540	271	94
# 从事科技活动人员	Scientific & Tech Activities	7591	5557	1396	420	218	69
# 科学家、工程师	Scientists & Engineers	5183	3659	1075	311	138	20
经费收入总额(万元)	Income(10 000 yuan)	78948	44378	31279	2402	889	192
# 政府拨款	Government Appropriations	44607	37206	4271	2332	798	181
经费支出总额(万元)	Expenditures(10 000 yuan)	70526	41236	26206	2211	873	186
# 科技经费支出额	Service Charge	57364	37887	16405	2202	870	186
R&D经费支出额	Fands of R&D	16246	12471	2973	758	44	4
固定资产(万元)	Fixed Assets(10 000 yuan)	77378	49050	24050	3336	942	129
课题数(个)	Number of Topics(unit)	806	618	87	76	25	8
课题经费支出(万元)	Funds of Topic(10 000 yuan)	14436	9326	4392	455	263	27
# R&D经费支出	Funds of R&D	9197	6576	2197	410	14	4
课题投入人员(人年)	Persons of Topics(person-year)	3392	2708	400	188	96	16
# R&D课题投入	R&D of Topics	2390	1926	301	155	8	
专利申请受理(项)	Number of Patent Applications Accepted(item)	10	4	6			
专利授权(项)	Number of Patent Applications Granted(item)	16	8	8			
科技论文(篇)	Science Papers(piece)	923	622	97	179	25	3

注：R&D为研究与发展(Research and Development)的缩写。

a) R&D is abridge of Research and Development.

20-8 旗县以上国有独立自然科学与技术领域及转制科研机构、人员、经费(2003年)

Transformed and State-Owned Natural Scientific and Technological Institutions, Staff and Expenditure (2003)

项 目	Item	机构数(个) Institutions (unit)	从业人数(人) Staff & workers (person)	# 从事科技活动人员 Science & Technology	# 科学家工程师 Scientists & Engineers
总 计	**Total**	**115**	**10657**	**6953**	**4734**
按隶属关系分	**Grouped by Level**				
国务院部门属	Institutions Attached to Central Government	12	3481	2341	1536
自治区属	Institutions Attached to Autonomous Region	32	3148	1960	1582
盟市属	Institutions Attached to Leaguesand Cities	71	4028	2652	1616
按行政地域分	**Grouped by Region**				
呼和浩特市	Hohhot City	48	5305	3387	2497
包头市	Baotou City	13	2134	1495	943
乌海市	Wuhai City	1	46	24	12
赤峰市	Chifeng City	6	329	281	198
通辽市	Tongliao City	5	461	264	184
鄂尔多斯市	Yihezhao City	7	414	294	190
呼伦贝尔市	Hulunbeieir City	8	428	311	192
兴安盟	Xingan League	5	130	78	52
锡林郭勒盟	Xilingole League	6	350	252	148
乌兰察布盟	Wulanchabu League	5	316	189	92
巴彦淖尔盟	Bayannaoer League	8	675	313	185
阿拉善盟	Alashan League	3	69	65	41

20-8 续表 continued

单位：万元 (10 000 yuan)

项 目	Item	经费收入总额 Income	# 政府拨款 Government Appropriations	经费支出总额 Expenditures	# 科技经费 Scientific Charge	固定资产原值 Purchasing Fixed	课题经费支出 Funds of Topics
总 计	**Total**	**75657**	**41476**	**67442**	**54292**	**73100**	**13718**
按隶属关系分	**Grouped by Level**						
国务院部门属	Institutions Attached to Central Government	33248	18751	30465	19779	39845	5241
自治区属	Institutions Attached toAutonomous Region	26827	12432	23924	22237	19026	6390
盟市属	Institutions Attached to Leaguesand Cities	15582	10293	13053	12276	14229	2087
按行政地域分	**Grouped by Region**						
呼和浩特市	Hohhot City	45099	26679	39519	37608	35283	9389
包头市	Baotou City	18315	6293	17550	6759	26007	2603
乌海市	Wuhai City	135	135	135	135	225	29
赤峰市	Chifeng City	1207	1153	1172	1172	1264	436
通辽市	Tongliao City	1403	1248	1403	1385	960	363
鄂尔多斯市	Yihezhao City	3276	805	1782	1431	3143	134
呼伦贝尔市	Hulunbeieir City	2083	1903	2074	2074	2206	292
兴安盟	Xingan League	474	459	365	364	318	103
锡林郭勒盟	Xilingole League	1249	513	1094	1033	1534	65
乌兰察布盟	Wulanchabu League	495	494	498	498	335	50
巴彦淖尔盟	Bayannaoer League	1707	1595	1637	1620	1705	235
阿拉善盟	Alashan League	214	199	213	213	120	19

20-9 大中型工业企业科技活动基本情况
Basic Statistics on Scientific and Technological Activities of Large and Medium-sized Industrial Enterprises

项 目	Item	2002	2003
单位数(个)	**Number of units(units)**	**271**	**254**
#有科技活动单位数	Having Scientific and Technological Activities	112	87
有R&D活动单位数	Having Activivities of R&D	51	52
从业人员年平均人数(人)	**Average of Staff and Workers(person)**	**531266**	**475594**
#科技活动人员	Persons Engaged in Scientific & Technological Activities	15307	16336
科学家和工程师	Scientists and Engineers	8782	9035
R&D人员折合全时人员(人年)	**Persons Engaged in R&D Converted into Full-time Persons(person/year)**	**3081**	**2927**
#科学家和工程师	Scientists and Engineers	2778	2206
科技活动经费筹集额(万元)	**Funds for Scientific and Technological Activities(10 000 yuan)**	**59198**	**90780**
#政府资金	Government Funds	6898	10537
企业资金	Enterprises Funds	51867	79217
金融机构贷款	Bank Loans	100	649
其他资金	Other Funds	333	377
科技经费内部支出(万元)	**Internal Expenditures of Funds of R&D (10 000 yuan)**	**73415**	**102721**
#劳务费	Labor Wage	17026	25366
固定资产购建费	Expenditures of Purchasing and Fixing Fixed Assets	26003	31354
R&D经费内部支出(万元)	**Inter Expenditures of Funds of R&D(10 000 yuan)**	**24220**	**36000**
#基础研究	Fundamental Research	39	
应用研究	Applied Research	937	2275
试验发展	Experiment and Development	23244	33725

20-10 高等学校科技活动基本情况
Basic Statistics on Scientific and Technological Activities of Colleges and Universities

项 目	Item	2002	2003
单位数(个)	**Number of units(unit)**	**16**	**19**
#有科技活动单位数	Units Having Scientific and Technological Activites	15	19
有R&D活动单位数	Units Having Activities of R&D	15	19
科技活动人员(人)	**Persons Engaged in Scientific & Technological Activities**	**4728**	**4223**
#科学家工程师	Scientists and Engineers	4703	4193
R&D人员全时当量(人年)	**Persons Engaged in R&D Converted into Full-time(person/year)**	**1924**	**1941**
#科学家工程师	Scientists and Engineers	1821	1924
基础研究	Fundamental Research	749	709
应用研究	Applied Research	799	900
试验发展	Experiment and Development	376	332
科技经费筹集额(万元)	**Funds for Science and Technology(10 000 yuan)**	**7431**	**9271**
#政府资金	Government Funds	4503	5930
自筹资金	Self-raised	111	45
银行贷款	Bank Loans		
科技经费内部支出额(万元)	**Internal Expenditures of Funds of R&D(10 000 yuan)**	**5188**	**7529**
#劳务费	Labor Expenses	1462	2098
固定资产购建费	Expenditurd of Purchases of Fixed Assets	1098	1495
R&D经费内部支出(万元)	**Inter Expenditures of Funds of R&D(10 000 yuan)**	**3437**	**5125**
#基础研究	Fundamental Research	1276	1677
应用研究	Applied Research	1266	1601
试验发展	Experiment and Development	895	1847

20-11 科技成果获奖

Number of Achievements in Scientific and Technological Research and National Prizes Won

单位：项 (item)

年份 Year	国家发明奖 Number of National Invention Prizes Awarded	国家科技进步奖 Number of National Scientific & Technological Prizes Awarded	国家自然科学奖 Number of National Natural Sciences Prizes Awarded	自治区科技进步奖 Number of Autonomous Regional Scientific & Technological Prizes Awarded	一等奖 First Class Prize	二等奖 Second Class Prize	三等奖 Third Class Prize
1983				126	2	32	92
1985	1	4		167	12	36	119
1986				96	8	20	68
1987			1	121	12	35	74
1988	2	3		103	3	22	78
1989		4		102	7	20	75
1990		3		103	5	20	78
1991		2	1	130	6	14	110
1992		4		105	3	15	87
1993	1	3		123	3	18	102
1994				104	4	14	86
1995	1	2		124	7	22	95
1996		3		129	5	21	103
1997		2		115	3	25	87
1998		1		123	4	22	97
1999	1	3	2	142	4	20	118
2000		1		89	5	16	68
2001		1		100	5	20	75
2002				93	4	20	69
2003		1		80	5	18	57

20-12 三种专利申请受理量及批准量

Three Types of Patent Applications Examined and Granted

单位：项 (item)

年份 Year	申请受理量合计 Number of Patent Applications Examined	发明 Inventions	实用新型 Utility Models	外观设计 Designs	批准量合计 Number of Patent Applications Granted	发明 Inventions	实用新型 Utility Models	外观设计 Designs
1985	76	42	32	2				
1986	90	31	48	11	44	2	42	
1987	154	39	101	15	48	3	36	9
1988	231	46	179	6	63	7	53	3
1989	231	45	170	16	128	10	107	11
1990	347	54	270	23	170	5	158	7
1991	431	86	310	35	153	6	131	16
1992	510	102	366	42	242	14	212	16
1993	601	89	491	21	438	9	232	18
1994	731	124	474	133	337	7	299	31
1995	647	117	449	81	415	8	293	114
1996	858	215	507	136	326	6	265	55
1997	940	261	499	180	372	11	256	105
1998	785	125	519	141	523	12	375	136
1999	1007	193	576	238	723	17	521	185
2000	1138	234	602	302	775	60	530	185
2001	1089	185	664	240	743	73	440	230
2002	1202	233	643	326	679	53	428	198
2003	1394	242	716	436	816	82	419	315

20-13 文化艺术和文物事业机构、人员(2003年)

Number of Institutions and Personnel in Culture, Art and Cultural Relics(2003)

机构类别	Category of Institution	机构数(个) Number of Institutions (unit)	从业人数(人) Number of Persons Engaged (person)
文化事业合计	**Culture**	**1702**	**13045**
艺术事业	Art Institutions	143	5458
艺术表演团体	Art Performance Troupes	113	4938
话剧、儿童剧、滑稽剧团	Drama, Children Plays and Comedy Troupes	2	100
歌剧、舞剧、歌舞剧团	Opera, Ballet and Dance Troupes	1	21
歌舞团、轻音乐团	Song and Dance Troupe, Light Music Troupe	14	1541
文工团、文宣队、乌兰牧骑	Cultural and Performance Troupes and Ulanmuchi (equestrain art troupes)	67	1979
戏曲剧团	Local Opera Troupes	26	1145
# 京剧	Local Beijing Opera Troupes	2	96
曲艺、杂技、木偶、皮影团	Recitation and Ballad Troupes, Acrobatics and Circus Troupes, Puppet Show Troupes and Shadow Play Troupes	3	152
艺术表演场所	Art Centers	30	520
剧场、影剧院	Theaters and Music Halls	30	520
书场、曲艺场	Storytelling Places, Recitation and Ballad Places		
杂技、马戏场	Acrobatics, Circus Places		
音乐厅	Concert Halls		
图书馆事业	Libraries	108	1775
群众文化事业	Mass Culture	1407	4132
群众艺术馆	Mass Art Centers	13	417
文化馆	Cultural Centers	103	1342
文化站	Cultural Stations	1291	2373
# 乡文化站	Township Cultural Stations	1143	2162
艺术教育事业	Culture and Education	8	587
其他文化事业	Other Cultural Units	36	1093
艺术创作机构	Art Creation Institutions	10	56
艺术研究机构	Art Research Institutions	8	118
艺术展览机构	Art Exhibition Institutions	3	175
# 美术馆	Art Gallery		
文化艺术经纪与代理业	Brokers and Agents for Cultural and Arts Activities		
其他	Others	15	744
文物事业合计	**Cultural Relics**	**108**	**1389**
文物保护管理机构	Agency of Historical Relics Preservation	72	605
文物科研机构	Scientific and Research Historical Relics Agency	2	65
其他文物机构	Other Historical Relics Agency		
博物馆	Museums	28	659
综合性博物馆	Comprehensive Museum	24	629
历史类博物馆	Special Museum	3	28
其他博物馆	Memorial Museum	1	2
文物商店	Cultural Relics Agencies	6	60

20-14 图书、杂志、报纸出版
Books, Magazines and Newspapers Published

项目	Item	2002	2003
图书	**Books Published**		
种 数(种)	Number of Publications(kind)	1589	1366
#蒙 文(种)	Mongol(kind)	682	372
书 籍(种)	Books(kind)	1175	778
课 本(种)	Textbooks(kind)	414	216
总印数(万册)	Total Printed Copies(10 000 copies)	7080.38	7509.86
#蒙 文(万册)	Mongol(10 000 copies)	796.9	840.25
书 籍(万册)	Books(10 000 copies)	1612.66	999.00
课 本(万册)	Textbooks(10 000 copies)	5467.72	5670.61
图 片(万张)	Pictures(10 000 sheets)		
总印张数(万印张)	Printed Sheets(10 000 sheets)	47472.05	50628.02
杂 志	**Magazines Publised**		
种 数(种)	Number of Publications(kind)	159	159
#蒙 文(种)	Mongol(kind)	46	47
总印数(万册)	Total Printed Copies(10 000 copies)	1943.20	2137.40
#蒙 文(万册)	Mongol(10 000 copies)	122.65	203.76
总印张数(万印张)	Printed Sheets(10 000 sheets)	5873.10	6397.72
每期平均印数(万份)	Average Printed Copies per Issue(10 000 copies)	156.36	159.41
报 纸	**Newspapers Publised**		
种 数(种)	Number of News Published(kind)	60	58
#蒙 文(种)	Mongol(kind)	13	13
总印数(万份)	Total Printed Copies(10 000 copies)	18790.58	29460.06
#蒙 文(万份)	Mongol(10 000 copies)	526.84	1857.14
总印张数(万印张)	Printed Signatures(10 000 sheets)	22578.61	38669.11
每期平均印数(万份)	Average Printed Copies per Issue(10 000 copies)	104.95	165.44

20-15 广 播 电 视 事 业

Statistics on Broadcasting and Television Stations

项 目	Item	2002	2003
广 播	**Broadcasting**		
广播电台(座)	Number of Broadcasting Stations(set)	13	13
广播发射台和转播台(座)	Number of Broadcast Transmission Stations and Relaying Stations(set)	55	55
广播人口覆盖率(%)	Listener Rating(%)	89.20	90.00
节目套数(套)	Number of Programs(set)	110	113
平均每日播音时间(时：分)	Broadcasting Hours Per Day(minute:hour)	1300:28	1328:30
# 蒙语播音	Broadcasting of Mongol	136:02	163.47
广播节目制作(时：分)	Self Produced Programs(minute:hour)	144789:00	156143:00
新 闻	News Programs	20345:00	20795:00
专 题	Special Subject Programs	33289:00	37100:00
教 育	Educational Programs	4933:00	4766:00
文 艺	Programs of Entertainment	54578:00	59686:00
服务性	Service Programs	17533:00	16261:00
电 视	**Television**		
电 视 台(座)	Number of Television Stations(set)	13	13
电视发射台和转播台(座)	Television Transmission Stations and Relaying Stations(set)	1989	1987
卫星电视地球站(座)	Satellits Television Station(set)	1	1
电视人口覆盖率(%)	Viewer Rating(%)	84.90	87.50
节 目 套 数(套)	Number of Programs(set)	96	119
平均每周播出时间(时：分)	Broadcasting Hours Per week(minute:hour)	4972:00	7097:00
# 蒙语播出	Broadcastiong of Mongol	552:57	574:38
电视节目制作(时：分)	Production of TV Programs(minute:hour)	40245:00	45189:00
新 闻	News Programs	5320:00	6570:00
专 题	Special Subject Programs	5631:00	6596:00
教 育	Educational Programs	421:00	934:00
文 艺	Programs of Entertainment	18200:00	15752:00
服 务 性	Service Programs	3651:00	4671:00

主要统计指标解释

普通高等学校 指按照国家规定的设置标准和审批程序批准举办，通过国家统一招生考试，招收高中毕业生为主要培养对象，实施高等教育的全日制大学、独立设置的学院和高等专科学校、短期职业大学。

成人高等学校 指按照国家有关规定审批，招收通过全国成人高教统一招生考试的具有高中毕业或同等学历的在职从业人员，利用脱产、半脱产、业余或函授等多种形式对其实施高等学历教育，培养高等教育专科或本科毕业水平的专门人才，修业年限，课程设置和总学时数均按高等学历教育要求付诸实施的学校。包括广播电视大学、职工高等学校、农民高等学校、管理干部学院、教育学院、独立设备的函授学院等。

小学学龄儿童入学率 指调查范围内已入小学学习的学龄儿童占校内外学龄儿童总数(包括弱智儿童，不包括盲聋哑儿童)的比重。计算公式为：

小学学龄儿童入学率=已入学的小学学龄儿童数/校内外小学学龄儿童总数×100%

科技活动 指在自然科学、农业科学、医药科学、工程与技术科学、人文与社会科学领域(简称科学技术领域)中，与科技知识的产生、发展、传播和应用密切相关的有组织的活动。可分为研究与试验发展(R&D)、研究与试验发展成果应用及相关的科技服务三类活动。该定义是联合国教科文组织考虑成员国特别是发展中国家开展科技统计工作的需要，而对科技活动所作的统计界定。

科技活动人员 指直接从事科技活动、以及专门从事科技活动管理和为科技活动提供直接服务，累计的实际工作时间占全年制度工作时间 10%及以上的人员。(1)直接从事科技活动的人员包括：在独立核算的科学研究与技术开发机构、高等学校、各类企业及其他事业单位内设的研究室、实验室、技术开发中心及中试车间(基地)等机构中从事科技活动的研究人员、工程技术人员、技术工人及其它人员；虽不在上述机构工作，但编入科技活动项目(课题)组的人员；科技信息与文献机构中的专业技术人员；从事论文设计的研究生等。(2)专门从事科技活动管理和为科技活动提供直接服务的人员，包括：独立核算的科学研究与技术开发机构、科技信息与文献机构、高等学校、各类企业及其他事业单位主管科技工作的负责人，专门从事科技活动的计划、行政、人事、财务、物资供应、设备维护、图书资料管理等工作的各类人员，但不包括保卫、医疗保健人员、司机、食堂人员、茶炉工、水暖工、清洁工等为科技活动提供间接服务的人员。该指标用来反映投入科技活动人力的规模。

科学家与工程师 指科技活动人员中具有高、中级技术职称(职务)的人员和不具有高、中级技术职称(职务)的大学本科及以上学历人员。该指标用来反映投入科技活动人力的素质。

专业技术人员 指从事专业技术工作和专业技术管理工作的人员，即企事业单位中已经聘任专业技术职务从事专业技术工作和专业技术管理工作的人员，以及未聘任专业技术职务，现在专业技术岗位上工作的人员。包括工程技术人员，农业技术人员，科学研究人员，卫生技术人员，教学人× 100%员，经济人员，会计人员，统计人员，翻译人员，图书资料、档案、文博人员，新闻出版人员，律师、公证人员，广播电视播音人员，工艺美术人员，体育人员，艺术人员及企业政治思想工作人员，共十七个专业技术职务类别。用来反映科技人力资源情况。

研究与试验发展(R&D) 指在科学技术领域，为增加知识总量、以及运用这些知识去创造新的应用进行的系统的创造性的活动，包括基础研究、应用研究、试验发展三类活动。国际上通常采用 R&D 活动的规模和强度指标反映一国的科技实力和核心竞争力。

科技活动经费筹集 指从各种渠道筹集到的计划用于科技活动的经费，包括政府资金、企业资金、事业单位资金、金融机构贷款、国外资金和其他资金等。反映各社会经济主体对促进科技进步所做的努力。

专利 是专利权的简称，是对发明人的发明创造经审查合格后，由专利局依据专利法授予发明人和设计人对该项发明创造享有的专有权。包括发明、实用新型和外观设计。反映拥有自主知识产权的科技和设计成果情况。

发明 是专利法及其实施细则所称的发明，指对有关产品、方法或其改进所提出的新的技术方案。

实用新型 是专利法及其实施细则所称的实用新型，指对产品的形状、构造或者其结合所提出的适于实用的新的技术方案。

外观设计 是专利法及其实施细则所称的外观设计，指对产品的形状、图案、色彩或者其结合所作出的富有美感并适于工业上应用的新设计。

文化事业机构 指从事专业文化工作和为专业文化工作服务的独立建制的单位。不包括这些单位另外举办独立核算的其他机构和各部门的业余文化组织。

艺术表演团体 指从事戏曲、音乐、舞蹈、杂技等专业艺术表演，有独立帐户的单位，不包括半工半艺、半农半艺和民间职业剧团。

电影放映单位 指具有放映机器设备、固定或不固定的放映场所与专职或兼职的放映技术人员，经有关部门登记批准，经常为一定的观众对象放映电影的机构。

艺术表演观众人数(人次) 指售票、包场演出或民族地区免费演出的艺术表演观众人次数，不包括彩排审查和内部观摩演出的观看人次数。

Explanatory on Main Statistical Indicators

Regular Institutions of Higher Learning refer to educational establishments set up according to the government evaluation and approval procedures, enrolling graduates from senior secondary schools and providing higher education courses and training for senior professionals. They include fulltime universities, colleges, high professional schools and short-term professional universities.

Institutions of Higher Learning for Adults refer to educational establishments, set up in line with relevant rules approved by the government, enrolling staff and workers with senior secondary school or equivalent education, and providing higher education courses in many forms of full time, pray time, spare time, or correspondence for adults. Professionals thus trained receive a qualification equivalent to graduates studying regular courses at regular universities, colleges and professional colleges. Institutions of higher learning for adults include Radio and TV universities, schools of high education for staff and workers and peasants, colleges for management cadres, pedagogical colleges, independent correspondence colleges.

Enrollment Rate of Primary School age Children refers to the proportion of school age children enrolled at schools to the total number of school age children both in and outside schools (including retarded children, but excluding blind, deaf and mute children) . The formula is: Enrollment Rate of Primary School age Children=(Total Primary School age Children at Schools) ÷(Total Primary School age Children Both at and Outside Schools) ×100%

Scientific and Technological Activities (S&T Activities) refer to organized activities which are closely related with the creation, development, dissemination and application of the scientific and technical knowledge in t he fields of natural sciences, agricultural science, medical science, engineering and technological science, humanities and social sciences (referred to as scientific and technological fields) . S&T activities can be classified in to 3 categories: research and development (R&D) activities, application of R&D results, and related S&T services. This statistical definition is made by UNICHIEF for scientific and technological activities to meet the need of carrying out statistical work in this field for its member countries in particular those developing countries.

Personnel Engaged in S&T Activities refer to personnel directly engaged in S&T activities, in the management of S&T activities, and in providing direct service to S&T activities, who sp end over 10% of the total working hours in a year in S&T activities. (1) Personnel directly engaged in S&T activities include researchers, engineers, technicians and other related personnel engaged in S&T activities in independent-accounting R&D institutions, institutions of higher learning, and in research institutes, laboratories, technology development centers and central experiment workshops under enterprises and institutions. Also included are people working in S&T research project teams, professional and technical personnel working in S&T information archiving institutes, and graduate students working on the design of their thesis. (2) Personnel engaged in the management of S&T activities and in providing direct service to S&T activities include senior management people responsible for S&T activities in independent -accounting R&D institutions, S&T information archiving institutes, institutions of higher learning, and in enterprises and institutions where S&T activities are undertaken. Also included are people responsible for the planning, administration, personnel management, financial management, logistics supply, equipment maintenance, information and library management that are related with S&T activities. People providing indirect services are excluded, such as security, medical service, drivers, plumbers, cleaners and those providing catering and related service. This indicator reflects the size of personnel engaged in S&T activities.

Scientists and Engineers refer to persons engaged in S&T activities who have obtained titles of senior and middle level professional positions, and those without such position but have completed university or higher education. This indicator reflects the quality of personnel engaged in S&T activities.

Professional and Technical Personnel refer to persons engaged in professional and technical work or in the management of professional and technical activities, i. e. , people with professional or technical posit ions who are engaged in professional and technical work or in the management of professional and technical activities, and people without professional or technical positions but are working on professional or technical posts. They include professionals and technicians working in 17 categories of technical occupations including engineering, agriculture, scientific researches, medical service, teaching, economic research and application, accounting, statistics, translation, libraries, archives, cultural and museum service, journalism and publication, lawyers, notarization service, radio and television broadcasting, handicraft and fine arts, sports, performing art, and political workers in enterprises. This indicator reflects the condition of human resources in S&T.

Research and Development (R&D) refers to systematic and creative activities in the field of science and technology aiming at increasing the knowledge and using the knowledge for new application. R&D includes 3 categories of activities: basic research, applied research and experiments and development. The scale and intensity of R&D are widely us ed internationally to reflect the strength of S&T and the core competitiveness of a country in the world.

Funding for S&T Activities refers to funds obtained from various sources for S&T activities, including government funds, self-raised funds by enterprises, self-raised funds by institutions, loans from financial institutions, foreign funds and other funds . This indicator reflects the efforts made by various social economic entities i: promoting the development of S&T.

Patent is an abbreviation for the patent right and refers to the exclusive right of ownership by the inventors or designers for the creation or inventions, given from the patent offices after due process of assessment and approval in accordance wit h the Patent Law. Patents are grant ed for inventions, utility model sand designs. This indicator reflects the achievements of S&T and design with in dependent intellectual property.

Inventions refer to the inventions as specified by the patent law and its detailed rules and regulations for implementation. They refer to the new technical proposals to the products or methods or their modifications.

Utility Models refer to the utility models as specified by the patent law and its detailed rules and regulations for implementation. They refer to the practical and new technical proposals on the shape and structure of the product or the combination of both.

Designs refer to the designs as specified by the Patent law and its detailed rules and regulation for implementation. They refer to the aesthetics and industry applicable new designs for the shape, pattern and color of the product, or their combinations.

Cultural Institutions refer to units which have their own organizational system and independent accounting system and specialize in or serve cultural development. They exclude other establishments run by these cultural institutions and amateur cultural groups established by various departments.

Art Troupe refers to the troupe which is engaged in drama, opera, music, dance, acrobatics or other art performance, opens independent accounts with banks and has self supporting accounting system; excluding the troupes which are engaged partly in industrial or agricultural activities, partly in art performance and the professional troupes organized by the people.

Film Projection Units refer to units with film projection equipment, full or part time projectionists, permanent or non permanent places, approved by related administrative departments to show films regularly for certain groups of audience, including those film projection units which have been approved to give commercial shows and run business with independent accounting system as well as those film renting units of the military system.

Number of Spectators at Art performance refers to the number of attendants at commercial shows, completely booked shows or free shows given in minority national areas, and does not include the number of spectators at rehearsals for examination and internal shows for study.

二十一 体育、卫生、社会福利、环境保护和其他

SPORTS, PUBLIC HEALTH, SOCIAL WELFARE, ENVIRONMENTAL PROTECTION AND OTHERS

资料整理 宋秀平
Arranged by Song Xiuping

21-1 等级运动员分项发展情况(2003年)

Development Athletes in Grade By Type of Sports(2003)

单位:人 (person)

项 目	Item	合计 Total	国际级健将 International Master of Sports	国家级运动健将 National Master of Sports	一级 First Grade Sportsmen	二级 Second Grade Sportsmen
总 计	**Total**	**442**	**2**	**20**	**111**	**309**
# 田 径	Track and Field	138		3	16	119
游 泳	Swimming	10			3	7
举 重	Weightlifting	1			1	
拳 击	Box	14		6	4	4
国际式摔跤	Wrestling	54		1	14	39
跆拳道	Tackwonde	28		4	8	16
柔 道	Judo	54		2	12	40
射 击	Shooting	16	2	1	12	1
足 球	Football	11				11
篮 球	Basketball	29				29
排 球	Volleyball	13				13
乒乓球	Table Tennis	7			2	5
网 球	Tennis	33			17	16
软式网球	Soft Tennis	15			15	
速度滑冰	Speed Skating					
短道速滑	Short Skating					
航空模型	Model Airplane					
武 术	Wu Shu	3			1	2
马 术	Horsemanship	3		2	1	
围 棋	Encirclement Chess					
国际象棋	International Chess					
中国象棋	Chinese Chess					
射 箭	Archery	13		1	5	7

21-2 运动员获奖牌情况(2003年)

Medals Won by Athletes(2003)

单位：枚 (piece)

项 目	Item	金牌 Gold Medal	银牌 Silver Medal	铜牌 Copper Medal
总 计	**Total**	**59**	**53**	**57**
国际比赛	International Race	3	2	2
国内比赛	National Race	56	51	55

21-3 等级裁判员分项发展情况(2003年)

Development Referees in Grades by Type of Sports(2003)

单位:人 (person)

项 目	Item	合计 Total	国际裁判 International Referees	国家级 National Referees	一级 First Grade Referees	二级 Second Grade Referees
总计	**Total**	**486**		**7**	**46**	**433**
#田径	Track and Field	118		3	10	105
游泳	Swimming	11			1	10
体操	Gymnastics					
举重	Weightlifting	1				1
拳击	Boxing	2			2	
国际式摔跤	Wrestling	9		1		8
中国式摔跤	Chinese Wrestling					
跆拳道	Tackwonde	3			3	
射击	Shooting	2			2	
射箭	Archery					
足球	Football	40			5	35
篮球	Basketball	165			2	163
排球	Volleyball	11			6	5
乒乓球	Table Tennis	16				16
羽毛球	Badminton	9			1	8
网球	Tennis	7		2	1	4
毽球	Shuttlecock	1			1	
速度滑冰	Speed Skating					
台球	Billiards					
武术	Wu Shu	8			4	4
马术	Horsemanship	1			1	
自行车	Cycling					
围棋	Encirclement Chess	1		1		
中国象棋	Chinese Chess					
桥牌	Bridge					
马球	Polo					
无线电测向	Radio Goniometry					
门球	Doorball	47			2	45
信鸽	Pigeon	34			5	29

21-4 医疗卫生事业

Basic Statistics of Public Health

项目	Item	2002	2003
卫生机构(个)	**Health Institutions(unit)**	**3768**	**3595**
# 医院、卫生院	Hospitals	1857	1819
县及县以上医院	Hospitals at County and Higher Levels		
乡镇卫生院	Health Center at Town	1396	1334
疗养院、所	Sanatoriums	10	9
门诊部	Clinics	57	57
社区卫生服务中心（站）	Health Service Center for Community	277	275
妇幼保健所、站	Maternity and Child Care Centers	118	117
疾病预防控制机构	CDC(Center for Disease Control)	147	146
床位(张)	**Beds(unit)**	**64742**	**65072**
# 医院、卫生院	Hospitals	61909	60438
县及县以上医院	Hospitals at County and Higher Levels		
乡镇卫生院	Health Center at Town	13600	12909
疗养院、所	Sanatoriums	1773	1768
职工人数(人)	**Persons Engaged in Health Institution(person)**	**120628**	**120264**
# 卫生技术人员	Medical Technical Personnel	100665	101073
# 执业医师	Permitted Doctors	39901	40241
助理执业医师	Assistant Permitted Doctors	8965	9063
注册护师	Registered Nurses	25740	25555
药剂人员	Pharmacists	8450	8689
检验人员	Laboratory Technical	4602	4479
其他技术人员	Other Technical Personnel	12855	4119
管理人员	Managerical Personnel	7342	6786
工勤人员	Logistics Workers	8957	8286

21-5 卫生机构

Number of Health Care Institutions

单位：个　　　　(unit)

年份 Year	总　计 Total	医院、卫生院 Hospitals & Public Health Clinic	疗养院所 Sanat-oriums	门诊部所 Clinics	专科防治所站 Specialized Prevention & Treatment Centers or Stations	疾病预防控制中心 CDC	妇幼保健所站 Maternity & Child Care Centers	每万人口拥有卫生机构数 Number of Health Institutions Per 10000 Population
1947	55	28		26		1		0.10
1949	78	25	1	36	4	12		0.13
1952	538	103	9	312	14	5	93	0.75
1957	2152	136	3	1682	28	59	234	2.30
1965	3820	436	16	3065	18	116	116	2.95
1970	4952	1582	4	3219	4	88	50	3.32
1975	3621	1612	9	1725	8	113	110	2.08
1978	4000	1723	8	1935	26	118	117	2.19
1979	4146	1743	8	2003	34	117	116	2.24
1980	4350	1760	9	2164	39	126	118	2.32
1981	4630	1794	12	2393	42	136	120	2.43
1982	4660	1796	14	2411	43	138	121	2.41
1983	4632	1819	14	2362	45	135	120	2.37
1984	4711	1841	14	2405	53	139	121	2.37
1985	4749	1763	14	2511	55	141	120	2.37
1986	4905	1770	13	2655	57	140	122	2.42
1987	4991	1780	12	2720	60	143	123	2.42
1988	5120	1787	13	2833	61	144	123	2.45
1989	5152	1810	11	2833	62	150	118	2.43
1990	5161	1856	12	2787	64	153	122	2.39
1991	5172	1927	12	2716	66	155	122	2.37
1992	5253	1928	12	2796	61	157	120	2.38
1993	4932	1987	11	2375	64	190	119	2.21
1994	4918	2000	11	2348	65	189	119	2.18
1995	4915	2003	11	2348	64	188	117	2.16
1996	5037	2016	11	2462	53	143	107	2.19
1997	4863	1991	11	2233	63	183	113	2.10
1998	4641	1991	11	2248	63	182	110	1.99
1999	4468	1982	11	1942	63	183	108	1.89
2000	4427	1988	11	1902	63	185	108	1.87
2001	4296	1892	11	1911	61	187	107	1.85
2002	3768	1857	10	1444	58	147	118	1.58
2003	3595	1819	9	1032	57	146	117	1.51

21-6 卫生机构床位
Number of Beds in Health Institutions

单位：张 (unit)

年份 Year	总计 Total	医院、卫生院 Hospitals & Public Health Clinic	疗养院所 Sanat-oriums	门诊部所 Clinics	专科防治所站 Specialized Prevention & Treatment Centers or Stations	疾病预防控制中心 CDC	妇幼保健所站 Maternity & Child Care Centers	每万人口医院床位数 Number of Hospital Beds Per 10 000 Population
1947	519	519						0.92
1949	726	639	70					1.05
1952	2890	1274	1567					1.78
1957	7733	5700	194					6.09
1965	23241	15820	1669					12.20
1970	25614	24833	280					16.66
1975	22198	21089	500					21.87
1978	25023	24079	500					24.23
1979	48769	46495	1290					25.11
1980	49630	47271	1295					25.19
1981	51319	47942	1948					25.19
1982	51002	47339	2270					24.44
1983	52436	48739	2217					24.92
1984	52911	49307	2274					24.84
1985	53572	50567	2194					25.20
1986	54726	51566	2053	553			344	25.41
1987	57651	54354	1933	644	6		401	26.30
1988	59414	55867	2143	656	36		421	26.68
1989	60090	56776	1863	538	88		402	26.75
1990	60727	57558	1871	385	87		404	26.62
1991	62929	59268	2182	532	66	4	452	27.14
1992	64446	60730	2182	582	66	4	514	27.52
1993	65221	60893	2062	946	97	12	584	27.28
1994	65464	61425	2007	979	65		500	27.17
1995	66515	61933	2124	986	144	15	574	27.25
1996	65247	61667	2260	1131	105	4	716	26.86
1997	65387	61918	2260	1228	123		749	26.73
1998	65794	62499	2080	1350	83		766	26.76
1999	66367	62832	2102	546	147		740	28.10
2000	66903	63156	1984	314	176		1000	28.24
2001	66682	63071	1884	250	191	25	1580	28.75
2002	64742	61909	1773	350	409	54	1944	27.30
2003	65072	60438	1768	377	224	26	1920	27.37

注：医院、卫生院2002年以前为医院口径。

a)The Data about Hospitals and Public Health Clinic Refer to Date of Hospitals before 2002.

21-7 卫生机构人员

Number of Persons Engaged in Health Institutions

单位：人 (person)

年份 Year	总计 Total	卫生技术人员 Medical Technical Personnel	#医生 Doctors	#中医 Doctors of Traditional Chinese Medicine	#西医师 Doctors of Western Medicine	#西医士 Paramedics of Western Medicine	#护师、护士 Senior and Junior Nurses	每万人口医生数 Number of Doctors per 10 000 Population
1947	6158	5979	4483	4097	330	56	128	8
1949	7529	7204	4736	4315	353	68	201	8
1952	12233	10727	6097	4904	585	608	552	9
1957	21848	18290	10556	6800	1020	2736	1977	11
1965	40695	33215	18027	8104	3735	6188	4664	14
1970	42097	33333	17101	4336	5777	6988	6490	11
1975	60529	47845	22114	5529	7121	9464	7932	13
1978	75123	59277	26724	6932	8471	11321	8225	15
1979	82855	65615	28417	5998	8751	11781	7949	16
1980	88188	70022	31068	8411	11131	11526	9129	17
1981	98165	77647	32184	9013	11888	11283	10426	17
1982	101637	80450	32975	6535	12261	11648	10969	17
1983	104446	82873	33456	6481	12435	11911	11768	17
1984	107234	85185	34903	6684	12782	12605	12264	18
1985	109210	87130	36467	6752	13627	13279	12598	18
1986	112011	89257	38103	6873	13348	15109	13427	19
1987	115164	91437	37781	7012	13359	14552	14458	18
1988	117779	94095	42794	7539	19881	12366	18605	20
1989	119044	94969	44579	7589	22091	11883	21310	21
1990	121443	96764	41453	4709	22632	12099	22123	19
1991	123935	97984	42520	4801	23674	11904	22797	19
1992	126859	100365	46612	4809	24036	15605	23157	21
1993	127494	99878	47171	4816	24540	15686	23425	21
1994	129101	102220	48962	6947	25818	12675	24575	22
1995	129483	102187	49345	6989	26789	12155	24617	22
1996	130368	103606	50263	6609	25429	10476	25313	22
1997	129306	102983	52438	4453	28671	13958	25953	22
1998	129765	104890	56384	5193	30220	14202	26163	24
1999	125632	101312	51602	4598	30987	13271	25766	22
2000	124362	100688	52299	5204	30551	9740	25726	22
2001	131931	109147	53021	5692	33563	10478	26755	22
2002	120628	100665	48866				25740	21
2003	120264	101073	49304				25555	21

21-8 交通事故情况(2003年)
Basic Statistics on Traffic Accidents(2003)

类 别	Type	发生数(起) Traffic Accidents (case)	死亡人数(人) Deaths (person)	受伤人数(人) Injuries (person)	损失折款(万元) Losses Coverted into Cash (10 000 yuan)
总 计	**Total**	**9833**	**2103**	**7995**	**2368.85**
#重大事故	Serious	1800	1956	1051	537.03
特大事故	Extraordinarily Serious	40	147	83	186.91
机动车	Motor-driven Vehicles	9558	2013	7782	2358.96
#汽 车	Automobiles	6617	1198	4923	2020.07
摩托车	Mototcycles	1846	507	1951	131.58
拖拉机	Tractors	150	59	120	19.78
非机动车	Non-motor-driven Vehicles	150	37	128	7.12
#自行车	Bicycles	118	26	99	4.48
行人乘车人	Pedestrians and Passengers	125	53	85	2.77

注：损失折款指直接损失(下表同)。

a)Losses converted into cash refer to direct losses(the same as in the following table).

21-9 火灾事故情况(2003年)
Basic Statistics on Fires(2003)

项 目	Item	合计 Total	按事故发生程度分 By Serious Degree of Fires 特大 Extraordinarily Serious	重大 Serious	一般 Ordinary
发 生(起)	Fires(case)	3593	1	3	3589
死 亡(人)	Deaths(person)	25			25
受 伤(人)	Injuries(person)	23			23
损失折款(万元)	Losses Converted into Cash(10 000 yuan)	1089	83	174	831
平均每起事故损失(元)	Average Loss per Fire(yuan)	3030	834500	581000	2313

21-10 社会保障基本情况

Basic Statistics on Social Security

项目	Item	2002	2003
一、社会救济和社会优抚	**Persons Receiving Social Special Relief and Pensions**		
城镇居民最低生活保障人数(人)	Persons Receiving Lowest Cost-of-Living in Urban Area(person)	648253	704559
城镇居民最低生活保障户数(户)	Housholds(household)		296385
农村居民最低生活保障人数(人)	Persons Receiving Lowest Cost-of-Living in Rural Area(person)	38619	27400
农村居民最低生活保障户数(户)	Housholds(household)		8584
二、社会福利事业	**Social Welfare**		
收养性福利事业单位(个)	Adopting Social Welfare Instiutions(unit)	812	802
国家办	Run by Governments	83	87
集体和民办	Run by Communities or Privates	729	715
收养性福利事业单位床位数(张)	Number of Beds of Adopting Social Welfare Instiutions(bed)	21813	21706
国家办	Run by Governments	6391	6391
集体和民办	Run by Communities or Privates	15422	15315
年末收养人数(人)	Number of Persons Adopted at the year-end(person)	15941	15758
国家办	Run by Governments	4204	4222
集体和民办	Run by Communities or Privates	11737	11536
社会福利事业支出(万元)	Expenditure for Social Welfare		101065
#抚恤、离退休和社会福利救济	Pensions and Relief Funds for Social Welfare		82806
自然灾害生活救助	Life Salvation of Natural Calamity		16562
三、社会福利企业	**Social Welfare Enterprises**		
单位数(个)	Number of Units(unit)	444	440
工作人员(人)	Number of Staff and Works(person)	16621	16015
四、社区服务	**Community Service**		
城镇社区服务设施(个)	Number of Urban Welfare Facilities(uint)	4398	5995
城镇便民利民服务网点(个)	Number of Urban Service Points for Civilian(uint)	34420	41868
农村社会保障网络数(个)	Number of Rural Social Security Network(uint)	411	296
五、社会保障	**Social Security**		
参加基本养老保险职工人数(万人)	Employees join in Basic Pension Insurance(10 000 persons)	222	228
参加基本养老保险离退休人数(万人)	Retirees join in Basic Pension Insurance(10 000 persons)	71	73
参加失业保险人数(万人)	Contributors of Unemployment Insurance(10 000 persons)	220	222
参加基本医疗保险人数(万人)	Contributors of Basic Medical Insurance(10 000 persons)	221	252
农村社会养老保险投保人数(万人)	Contributors of Rural Social Pension Insurance(10 000 persons)		1359
社会保险基金收入(万元)	Revenue of Social Insurance Funds(10 000 yuan)		784442
社会保险基金支出(万元)	Expenses of Social Insurance Funds(10 000 yuan)		666245
#失业保险基金支出(万元)	Relief Funds of Unemployment(10 000 yuan)		29151
社会保险基金累计节余(万元)	Balance of Social Insurance Funds(10 000 yuan)		464185

21-11 社会福利事业、企业单位和工作人员
Number of Social Welfare Institutions and Enterprises and Persons Engaged

项　目	Item	机 构(个) Number of Institutions or Enterprises(unit)		工作人员(人) Number of Persons Engaged(person)	
		2002	2003	2002	2003
全区总计	**Autonomous Regional Total**	**1824**	**1494**	**22885**	**22621**
收养性福利事业单位	Adopting Social Welfare Insttiutions	812	802	3933	3866
国家办	Run by Governments	83	87	1931	1900
集体和民办	Run by Communities or Privates	729	715	2002	1966
社会福利企业	Social Welfare Enterprises	444	440	16621	16015
国 有	Run by Governments	45	39	4852	2476
集体和其他	Run by Communities or Others	399	401	11769	13539
社会救助单位	Social Salvation Organizations	29	30	382	390
殡葬事业单位	Funeral and Intermert Instiutions	94	94	1379	1407
福利彩票发行单位	Welfare Lottery Ticket	18	20	104	119
社区服务单位	Community Service Institutions	427	108	466	824

21-12 社会福利事业单位基本情况(2003年)
Basic Statistics on Social Welfare Institutions(2003)

项　目	Item	院 数(个) Homes (unit)	工作人员(人) Staff and Workers (person)	床 位(张) Beds (unit)	年末收养人数(人) Persons Housed year-end (person)
全区总计	**Autonomous Regional Total**	**1667**	**8578**	**44142**	**31630**
收养性福利事业单位	Adopting Social Welfare Institutions	802	3866	21706	15758
国家办	Run by Government	87	1900	6391	4222
集体办	Run by Collective Units	711	1957	15265	11492
民 办	Run by Private Units	4	9	50	44
优抚休、疗养院	Convalescent Homes	5	331	490	242
光荣院	Homes for Disabled Veterans	28	364	1480	1021
社会福利院	Social Welfare Homes	34	687	2722	1865
儿童福利院	Baby Welfare Homes	3	116	400	308
精神病福利院	Psychopathy Welfare Homes	3	281	550	332
城镇老年性福利机构	Urban Elderly Welfare Units	59	249	1520	1019
其他收养机构	Other Adopting Units	670	1844	14549	10971
优抚安置单位	Units for Arranging the Family Members of Matryrs and Disabled Veterans	33	450		
社会救助单位	Social Salvation Organizations	30	390	725	114

21-13 享受补助、救济人员情况(2003年)

Persons Receiving Subsidies or Relief Funds(2003)

单位：人、户、人次　　(person)(household)

项　目	Item	2003
城镇社会救济情况	**Social Relief in Urban Area**	
1、城镇居民最低生活保障人数	Number of Persons Receiving Lowest Cost-of-Living in Urban Area	704559
2、城镇居民最低生活保障家庭数	Number of Housholds Receiving Lowest Cost-of-Living in Urban Area	296385
3、城镇临时救济人数	Number of Poor Persons Receiving Temporary Almsgiving in Urban Area	50733
农村社会救济情况	**Social Relief in Rural Area**	
1、农村居民最低生活保障人数	Number of Persons Receiving Lowest Cost-of-Living in Rural Area	27400
2、农村居民最低生活保障家庭数	Number of Housholds Receiving Lowest Cost-of-Living in Rural Area	8584
3、农村定期救济人数	Number of Poor Persons Receiving Periodical Relief	70857
4、农村定期救济户数	Number of Poor Housholds Receiving Periodical Relief	56516
5、农村临时救济人次数	Number of Poor Persons Receiving Temporary Almsgiving in Rural Area	311163

21-14 城镇社区服务设施和农村社会保障网络(2003年)

Basic Statistics on Urban Welfare Facilities and Rural Social Security Network(2003)

单位：个　　(unit)

地区 Region	城镇社区服务设施数 Number of Urban Welfare Facilities	城镇便民、利民服务网点 Urban Service Points for Civilian	农村社会保障网络数 Rural Social Security Network
总计 Total	**5995**	**41868**	**296**
呼和浩特市 Hohhot City	230	1871	
包头市 Baotou City	2010	4555	17
乌海市 Wuhai City	347	444	
赤峰市 Chifeng City	896	16157	116
通辽市 Tongliao City	1449	4385	107
鄂尔多斯市 Erdos City	119	2947	8
呼伦贝尔市 Hulunbeier City	254	6469	3
兴安盟 Xingan League	35	2049	4
锡林郭勒盟 Xilinguole League	48	893	25
乌兰察布盟 Wulanchabu League	161	660	
巴彦淖尔盟 Bayannaoer League	348	1425	16
阿拉善盟 Alashan League	98	13	

21-15 年末离休、退休、退职人员

Number of Retired and Resigned Persons at the Year-end

单位：万人 (10 000 persons)

项 目	Item	2002	2003
全区离休、退休、退职人员数	**Number of Retired and Resigned Persons**	**76.20**	**78.44**
# 企业人员	Enterprises	53.88	55.11
离休人员数	Number of Retired Veterans	2.97	2.77
# 企业人员	Enterprises	1.26	1.18
退休人员数	Number of Retired Persons	72.01	74.53
# 企业人员	Enterprises	51.55	53.05
退职人员数	Number of Resigned Persons	1.21	1.14
# 企业人员	Enterprises	1.07	0.88

21-16 离休、退休、退职保险福利费

Insurance and Welfare for Retired and Resigned Persons

单位：万元 (10 000 yuan)

项 目	Item	2002	2003
全区离休、退休、退职人员保险福利费	**Total Regional Social Insurauce and Welfare Fund of Retired and Resigned Persons**	**647019**	**741854**
# 国有单位	Funds of State-owned Units	486821	588735
集体单位	Funds of Urban Collective-owned Units	18982	28000
其他单位	Funds of Other Ownership Units	141216	125120
平均每人领取额(元)	Per Capita Funds(yuan)	7612	8598

21-17 民间组织管理情况(2003年)
Statistics on Nongovernmental Organizations(2003)

单位：个、人 unit.person

项 目	Item	2003
社团管理	**Mass Organizations**	
年末实有社团数	The Number of Mass Organizations at Year-end	2429
本年注、撤消、取缔社团数	The Number of Mass Organizations Canceled in The year	216
社团负责人	The Number of Leaders of Mass Organizations	7491
# 女性	Female	1181
应建立党组织的社会团体	Mass Organizations Need Setting up Party Organization	969
民办非企业单位	**Nonbusinesses Run by Local People**	
年末实有民办非企业单位	Nonbusinesses Run by Local People at Year-end	1611
本年注、撤消、取缔单位	Nonbusinesses Canceled in The year	152
民办非企业单位负责人	Leaders of Nonbusinesses	1743
# 女性	Female	630
应建立党组织的民办非企业单位	Nonbusinesses Need Setting up Party Organization	330

21-18 年末环保系统机构、人员(2003年)
Environmental Protection Agencies and Persons Engaged by Region(2003)

地 区	Region	机构总数(个) Agencies (unit)	人员总数(人) Staff & Workers (person)	# 科技人员 Scientific & Technical Personnel	# 监测人员 Monitoring Personal	# 监理人员 Supervising & Administrative Personnel
总 计	**Total**	**353**	**3626**	**2251**	**1121**	**750**
呼和浩特市	Hohhot City	28	558	339	111	158
包 头 市	Baotou City	21	435	344	240	35
乌 海 市	Wuhai City	11	153	102	44	43
赤 峰 市	Chifeng City	106	461	336	135	132
通 辽 市	Tongliao City	19	226	125	94	26
鄂尔多斯市	Erdos City	37	283	105	57	1
呼伦贝尔市	Hulunbeier City	33	235	149	94	55
兴 安 盟	Xingan League	23	193	133	57	64
锡林郭勒盟	Xilinguole League	22	164	80	28	52
乌兰察布盟	Wulanchabu League	28	388	274	92	161
巴彦淖尔盟	Bayannaoer League	12	275	89	66	23
阿 拉 善 盟	Alashan League	6	50	16	16	
自治区直属	Directly Under Autonomous Region	7	205	159	87	

21-19 县及县以上工业企业“三废”排放及治理

Discharge and Treatment of Waste Water, Waste Gas and Solid Wastes by Industry Enterprises at and Above County Level

项 目	Item	2002	2003
废 水	**Waste Water**		
工业废水排放总量(万吨)	Total Volume of Industrial Waste Water Discharged (10 000 tons)	22737.08	23576.77
工业废水排放达标量(万吨)	Volume of Industrial Waste Water up to the Standards for Discharge(10 000 tons)	15758.68	15075.88
工业废水排放达标率(%)	Percentage of Industrial Waste Water up to the Standards for Discharge(%)	69.31	63.94
废 气	**Waste Gas**		
工业废气排放总量(亿标立方米)	Total Volume of Industrial Waste Gas Diffused (100 Million cu.m)	5997.59	7960.52
工业二氧化硫排放量(万吨)	Volume of Sulphur Dioxide Diffused(10 000 tons)	52.73	65.78
烟尘排放量(万吨)	Volume of Soot Diffused(10 000 tons)	23.04	29.79
工业粉尘排放量(万吨)	Volume of Industrial Dust Diffused(10 000 tons)	13.04	15.42
固体废物	**Solid Wastes**		
工业固体废物产生量(万吨)	Volume of Industrial Solid Wastes Produced (10 000 tons)	2789.74	3647.24
工业固体废物综合利用量(万吨)	Volume of Industrial Solid Wastes Utilized in a Comprehensive way(10 000 tons)	811.74	1196.31
工业固体废物综合利用率(%)	Percentage of Industrial Solid Wastes Utilized in a Comprehensive way(%)	28.68	32.51
工业固体废物贮存量(万吨)	Volume of Industrial Solid Wastes Accumulated (10 000 tons)	1560.62	2083.5
工业固体废物处置量(万吨)	Volume of Industrial Solid Wastes Treated (10 000 tons)	421.77	337.45
工业固体废物排放量(万吨)	Volume of Industrial Solid Wastes Discharged (10 000 tons)	36.16	64.53
“三废”综合利用产品产值(万元)	Output Value of Products Made from Waste Gas, Waste Water and Solid Wastes(10 000 yuan)	33276.10	36429.30
污染治理	**Pollution Treatment**		
当年安排污染治理项目数(个)	Number of Projects for Pollution Treatment in the Year(unit)	183	80
污染治理项目本年完成投资额(万元)	Actual Investment in Implementation of the Project for Pollution Treatment in the Year(10 000 yuan)	25895.30	27697.90
# 治理废水	Treatment of Waste Water	17234.70	20040.70
治理废气	Treatment of Waste Gas	5394.10	6021.90
治理固体废物	Treatment of Solid Wastes	440.00	1157.40
治理噪声	Noise Abatmenet	21.00	37.00
治理其他	Others	2805.50	440.90
排污收费及使用	**Fee for Discharging Waste and Fines for Pollution**		
排污费交纳单位(个)	Number of Units Charged levied(unit)	19251.00	20734.00
排污费征收额(万元)	Amount of Pollution Charges(10 000 yuan)	7416.90	8302.80
排污费支出额(万元)	Outlays of Pollution levy Charges(10 000 yuan)	5498.80	5489.50

21-20 工业分行业废气排放及处理情况(2003年)

行业	Branch	汇总工业企业数(个) Industrial Enterprises (unit)	废气治理设施数(套) Facilities (set)
总 计	**Total**	**959**	**3256**
采矿业	**Mining**	**120**	**279**
煤炭开采和洗选业	Coal Mining & Processing	53	153
石油和天然气开采业	Petroleum & Natural Gas Pumped	1	
黑色金属矿采选业	Mining & Dressing of Ferrous Metals	8	73
有色金属矿采选业	Mining & Dressing of Nonferrous Metals	46	42
非金属矿采选业	Mining & Dressing of Nonmetal Minerals	12	11
其他采矿业	Mining of Other Mineral		
制造业	**Manufacturing**	**631**	**1945**
农副食品加工业	Processing of Agricultural Side-Line Food	68	79
食品制造业	Manufacturing of Food	52	60
饮料制造业	Manufacturing of Beverage	52	87
烟草制品业	Tobacco Products	3	8
纺织业	Textile Industry	34	43
纺织服装、鞋、帽制造业	Textile, Clothes, Shoes & Hats	5	9
皮革、毛皮、羽毛(绒)及其制品业	Leather, Furs, Down & Related Products	5	3
木材加工及木、竹、藤、棕、草制品业	Timber Processing, Bamboo, Cane, Palm Fiber & Straw Products	9	16
家具制造业	Manufacturing of Furniture	1	
造纸及纸制品业	Paper-making & Paper Products	16	28
印刷业和记录媒介的复制	Printing & Record Pressing	1	1
文教体育用品制造业	Cultural, Educational & Sports Goods		
石油加工、炼焦及核燃料加工业	Petroleum Processing, Coke Products & Processing of Nuclear Fuel	22	61
化学原料及化学制品制造业	Chemical Materials & Products	83	192
医药制造业	Manufacturing of Medicine	26	41
化学纤维制造业	Chemical Fiber		
橡胶制品业	Rubber Products	2	3
塑料制品业	Plastic Products	3	5
非金属矿物制品业	Nonmetal Mineral Products	142	408
黑色金属冶炼及压延加工业	Smelting & Pressing of Ferrous Metals	36	526
有色金属冶炼及压延加工业	Smelting & Pressing of Nonferrous Metals	25	153
金属制品业	Metal Products	8	8
通用设备制造业	General-Purpose Equipment		
专用设备制造业	Special Equipment	7	18
交通运输设备制造业	Transported Equipment	9	163
电气机械及器材制造业	Electric Equipment & Machinery	3	9
通信设备、计算机及其他电子设备制造业	Manufacturing of Telecoms, Computer & Other Electronic Equipment	5	8
仪器仪表及文化、办公用机械制造业	Instruments, Meters, Cultural & Office Machinery	2	4
工艺品及其他制造业	Handicrafts & Other Production	4	4
废弃资源和废旧材料回收加工业	Recovering of Abandoned Resource & Waste Materical	1	
电力、燃气及水的生产和供应业	**Production & Supply of Electric Power,Gas & Water**		
电力、热力的生产和供应业	Production & Supply of Electric Power	87	476
燃气生产和供应业	Production & Supply of Gas	3	51
水的生产和供应业	Production & Supply of Water	3	5
其他行业	**Other Sectors**	**107**	**345**

Emission and Treatment of Waste Gas by Branch of Industry(2003)

工业废气排放总量(万标立方米) Waste Gas Diffused (10 000 cu.m)	燃料燃烧中废气排放量 from Burning Process of Fuels	生产工艺中废气排放量 from Process of Prduction	工业二氧化硫排放量(吨) Sulphur Dioxide Emission(ton)	工业二氧化硫去除量(吨) Sulphur Dioxide Removed(ton)	工业烟尘排放量(吨) Industrial Soot Emission(ton)	工业烟尘去除量(吨) Industrial Soot Removed(ton)
79605227	**52731417**	**26873810**	**611903**	**140197**	**271733**	**5922401**
836702	**727598**	**109104**	**11430**	**345**	**7998**	**41814**
515034	496946	18088	6158	290	4042	37247
3650	3650		34		65	259
173101	91325	81776	1013		1416	1259
47004	37764	9240	1252	32	761	2823
97913	97913		2973	23	1714	226
34194837	**8316088**	**25880749**	**187126**	**113284**	**82488**	**524607**
123867	119641	4226	2840	602	1627	11102
108531	108531		1143	103	1144	6065
194702	194702		4350	59	1349	7665
32151	32151		183	35	79	1430
167191	167191		1258	993	689	18810
3788	3788		63	26	26	121
1759	1759		12		24	33
38078	38078		384		321	1635
231	231		1		21	
300258	235795	64463	4446	1159	2238	9848
124	124		1		1	2
8526719	95207	8431512	46596	453	18995	46221
2986664	2398198	588466	39106	3320	22205	121194
223163	223163		2571	1051	981	14547
267	267		2		4	18
540	540		6		6	28
3725377	1155522	2569855	13189	1375	14590	51374
12255242	3195507	9061735	54618	36529	16356	224269
5269641	163440	5106201	15187	67516	1064	7430
6631	4327	2304	43	28	70	94
3980	3980		62	1	111	465
80300	74305	5995	284	1	156	603
114554	77840	36714	643	16	302	1217
14700	5422	9278	15	12	13	7
8589	8589		61	1	48	250
2977	2977		17	2	7	79
4683	4683		43	2	59	91
130	130		2		2	9
43283694	43211538	72156	406367	25681	169603	5342213
843699	31898	811801	4028		9302	3110
7046	7046		62	50	94	35
411233	**411233**		**2644**	**835**	**2016**	**8879**

21-20 续表 continued

行业	Branch	工业粉尘排放量(吨) Industrial Soot Diffused(ton)	工业粉尘去除量(吨) Industrial Dust Removed(ton)
总 计	**Total**	**144645**	**1163886**
采矿业	**Mining**	**664**	**2069**
煤炭开采和洗选业	Coal Mining & Processing	362	1720
石油和天然气开采业	Petroleum & Natural Gas Pumped		
黑色金属矿采选业	Mining & Dressing of Ferrous Metals	233	349
有色金属矿采选业	Mining & Dressing of Nonferrous Metals		
非金属矿采选业	Mining & Dressing of Nonmetal Minerals	69	
其他采矿业	Mining of Other Mineral		
制造业	**Manufacturing**	**127462**	**1020043**
农副食品加工业	Processing of Agricultural Side-line Food	82	218
食品制造业	Manufacturing of Food		
饮料制造业	Manufacturing of Beverage		
烟草制品业	Tobacco Products		
纺织业	Textile Industry		
纺织服装、鞋、帽制造业	Textile, Clothes, Shoes & Hats		
皮革、毛皮、羽毛(绒)及其制品业	Leather, Furs, Down & Related Products		
木材加工及木、竹、藤、棕、草制品业	Timber Processing, Bamboo, Cane, Palm Fiber & Straw Products		
家具制造业	Manufacturing of Furniture		
造纸及纸制品业	Paper-making & Paper Products	1820	
印刷业和记录媒介的复制	Printing & Record Pressing		
文教体育用品制造业	Cultural, Educational & Sports Goods		
石油加工、炼焦及核燃料加工业	Petroleum Processing, Coke Products & Processing of Nuclear Fuel	4328	
化学原料及化学制品制造业	Chemical Materials & Products	8127	5330
医药制造业	Manufacturing of Medicine		
化学纤维制造业	Manufacturing of Chemical Fiber		
橡胶制品业	Rubber Products		
塑料制品业	Plastic Products		
非金属矿物制品业	Nonmetal Mineral Products	67701	364060
黑色金属冶炼及压延加工业	Smelting & Pressing of Ferrous Metals	38060	596778
有色金属冶炼及压延加工业	Smelting & Pressing of Nonferrous Metals	7278	53374
金属制品业	Metal Products		
通用设备制造业	General-Purpose Equipment		
专用设备制造业	Special Equipment	38	30
交通运输设备制造业	Transported Equipment	27	252
电气机械及器材制造业	Electric Equipment & Machinery	1	1
通信设备、计算机及其他电子设备制造业	Manufacturing of Telecoms, Computer & Other Electronic Equipment		
仪器仪表及文化、办公用机械制造业	Instruments, Meters, Cultural & Office Machinery		
工艺品及其他制造业	Handicrafts & Other Production		
废弃资源和废旧材料回收加工业	Recovering of Abandoned Resource & Waste Materical		
电力、燃气及水的生产和供应业	**Production & Supply of Electric Power,Gas & Water**		
电力、热力的生产和供应业	Production & Supply of Electric Power		
燃气生产和供应业	Production & Supply of Gas	16473	141773
水的生产和供应业	Production & Supply of Water		
其他行业	**Other Sectors**	**46**	

主要统计指标解释

等级运动员人数 指经考核正式批准授予等级运动员称号的人数。运动员等级分为国际级运动健将，运动健将、一级运动员、二级运动员、三级运动员、少年级运动员。

等级裁判员人数 指经考核正式批准授予等级裁判员称号的人数。裁判员等级分为国际裁判、国家级裁判、一级裁判、二级裁判、三级裁判。

体育场 指有 400 米跑道(中心含足球场)，有固定道牙，跑道 6 条以上，并有固定看台的室外田径场地。体育场按看台容纳观众人数分为：甲级 25000 人以上，乙级 15000-25000 人，丙级 5000-15000 人，丁级 5000 人以下。

体育馆 指有固定看台，可供篮球、排球、羽毛球、乒乓球、体操等项目训练比赛活动用的室内运动场地。体育馆按看台容纳观众人数分为：甲级 6000 人以上，乙级 4000-6000 人，丙级 2000-4000 人，丁级 2000 人以下。

卫生机构 包括医疗机构、疾病预防控制中心(防疫站)、采供血机构、卫生监督及监测(检验)机构、医学科研和在职培训机构、健康教育所等。医疗机构包括医院、社区卫生服务中心(站)、疗养院、卫生院、门诊部、诊所(卫生所、医务室)、妇幼保健院(所、站)、专科疾病防治院(所、站)、急救中心(站)和临床检验中心。医疗机构分为非赢利性医疗机构和赢利性医疗机构。

医院 包括综合医院、中医医院、中西医结合医院、民族医院、各类专科医院和护理院。

卫生技术人员 指卫生机构中医生、护理人员、药剂人员、检验人员等卫生技术人员。

医生 指在医疗、预防保健机构工作且取得《执业医师证书》的执业医师和执业助理医师。

卫生服务总费用 反映全国当年用于医疗卫生保健服务所消耗的资金总额，用筹资来源法测算。政府预算卫生支出指各级政府用于卫生事业的财政预算拨款。社会卫生支出指政府预算外的卫生资金投入，主要表现为社会医疗保险。其中包括如企事业单位和乡村集体经济单位举办医疗卫生机构设施建设费，企业职工医疗卫生费，行政事业单位负担的职工公费医疗超支部分等。居民个人卫生支出指城乡居民用自己可支配的经济收入支付的各项医疗卫生费用和医疗保险费用。

社会福利事业单位 指集中收养社会孤老、残、幼的机构，包括由民政部门管理的社会福利院、儿童福利院、精神病人福利院和城镇集体举办的福利院及农村集体举办的敬老院以及优抚医院和具有收养能力的社区服务中心等。该指标主要反映我国在社会福利性单位投人的水平。

社会福利事业单位收养人数 包括民政部门管理和城镇、农村集体举办的社会福利事业单位中收养的老人、少年儿童、缺乏生活自理能力的残疾人员和精神病人。

社会福利企业单位 指以安置城镇有一定劳动能力的盲、聋、哑和肢体残疾人员就业为目的，享受国家减免税待遇的国有或集体企业。包括福利工厂、福利商业和服务业、假肢厂和安置农场等单位。

农村五保户 指农村中既无劳动能力，又无经济来源的老、弱、孤、残的农民，其生活由集体供养，实行保吃、保穿、保住、保医、保葬(孤儿保教)，简称“五保”。享受五保待遇的家庭叫五保户。

双扶户 包括被扶持的优抚户和贫困户。主要是对具有一定劳动能力且生活困难的两户给予一定的救济金以扶持其通过生产自救达到脱贫的目的。

基本养老保险

1.参加保险人数：指报告期末按照国家法律、法规和有关政策规定参加基本养老保险的职工人数。包括不能正常缴费、已中断缴费但未终止保险关系的职工人数。

2.社会统筹基金收入：指根据国家规定，由纳入基本养老保险范围的单位，按照国家规定的缴费基数和缴费比例缴纳的社会统筹基金， 以及通过其他方式取得的形成基金来源的收入，包括：单位缴纳的社会统筹基金收入、财政补贴收入、利息收入、其他收入。

3.社会统筹基金支出：指按照国家政策规定的开支范围和开支标准从社会统筹基金中支付给参加基本养老保险的离休、退休、退职人员个人的养老金、丧葬抚恤补助，以及由于保险关系转移、上下级之间调剂资金等原因而发生的支出。包括：基础性养老金、过渡性养老金、离休金、退休金、退职金、补贴、丧葬抚恤补助、其他支出。

4.社会统筹基金结余：指截止报告期末基本养老保险的社会统筹基金结余金额。包括银行存款、财政专户、债券投资和其他。

基本医疗保险

1.参加保险人数：指报告期末按国家有关规定参加基本医疗保险的人数。包括参加保险的职工人数和退休人员人数。

2.社会统筹基金收入：指根据国家有关规定，由纳入基本医疗保险范围的缴费单位， 按国家规定的缴费基数和缴费比例缴纳的社会统筹基金，以及通过其他方式取得的形成基金来源的款项，包括：单位缴纳的社会统筹基金收入、财政补贴收入、利息收入、其他收入。

3.社会统筹基金支出：指按照国家政策规定的开支范围和开支标准从社会统筹基金中支付给参加基本医疗保险的职工和退休人员的医疗保险待遇支出及其他支出。包括：住院医疗费用支出、门急诊医疗费用支出、其他支出。

4.社会统筹基金结余：指截止报告期末基本医疗保险的社会统筹基金结余金额。包括银行存款、财政专户、债券投资和其他。

失业保险

1.参加保险人数：指报告期末按照国家法律、法规和有关政策规定参加了失业保险的城镇企业事业单位的职工及地方政府规定参加失业保险的其他人员的人数。

2.失业保险金：指为保障失业人员的基本生活而按规定支付的失业保险金金额。保险福利费用总额指各单位在工资以外支付给职工和离休、退休、退职人员个人和用于集体的保险福利费用，不包括用于职工的劳动保护费用，由保险福利费用开支的医务人员工资，集体福利机构工作人员和病伤休息期满 6 个月以上人员的工资。

保险福利费用总额 指各单位在工资以外支付给职工和离休、退休、退职人员、个人和集体的保险福利费用，不包括用于职工的劳动保护费用，由保险福利费用开支的医务人员工资，具体福利机构工作人员和病伤休息期满 6 个月以上人员的工资。

离休、退休、退职人员 指正式办理了离休、退休、退职手续，并享受相应的离休、退休、退职待遇的人员。

离休、退休、退职人员保险福利费用 包括：

1.离休金：指发给离休干部的工资和按 1982 年国务院《关于老干部离职休养制度的几项规定的通知》发给符合规定的离休干部相当于一至两个月标准工资的生活补贴及 1988 年增发的生活补贴。

2.退休金：指按照国家有关规定发给退休职工的退休费和 1988 年增发的生活补贴。

3.退职生活费：指按照 1978 年国务院《关于工人退休、退职的暂行办法》发给退职人员的生活费用和 1988 年增发的生活补贴。

以上离退休、退职人员的离退休金、退职生活费还应包括发给离退休、退职人员的生活补贴和物价补贴。

4.医疗卫生费：指离休、退休、退职人员的医疗费、住院费以及住院伙食补助等费用。

5.其他：指上述费用以外的其他保险福利费用，如丧葬抚恤救济费、交通费补贴、冬季取暖补贴等。

工业废水排放量 指经过企业厂区所有排放口排到企业外部的工业废水量。包括生产废水、外排的直接冷却水、超标排放的矿井地下水和与工业废水混排的厂区生活污水，不包括外排的间接冷却水(清污不分流的间接冷却水应计算在内)。

工业废水排放达标量 指各项指标都达到国家或地方排放标准的外排工业废水量，包括未经处理外排达标和经过处理后外排达标两部分。

工业废水处理量 指报告期内各种水治理设施实际处理的工业废水量，包括处理后外排和处理后回用的工业废水量和虽经处理但未达到国家或地方排放标准的废水量。如车间和厂排放口均有治理设施，并对同一废水分级处理时，不应重复计算工业废水处理量。

工业废气排放量 指企业厂区内燃料燃烧和生产工艺过程中产生的各种排入空气的含有污染物的气体总量，按标准状态 [273K，101325pa] 计算。

工业二氧化硫排放量 指企业在燃料燃烧和生产工艺过程中排入大气的二氧化硫数量。 烟尘排放量 指企业厂区内燃料燃烧产生的烟气中夹带的颗粒物数量。

工业粉尘排放量 指企业在生产工艺过程中排放的颗粒物重量，如钢铁企业的耐火材料粉尘、焦化企业的筛焦系统粉尘、烧结机的粉尘、石灰窑的粉尘、建材企业的水泥粉尘等。不包括电厂排入大气的烟尘。

工业固体废物产生量 指企业在生产过程中产生的固体状、半固体状和高浓度液体状废弃物的总量，包括危险废物、冶炼废渣、粉煤灰、炉渣、煤矸石、尾矿、放射性废物和其他废物等；不包括矿山开采的剥离废石和掘进废石(煤矸石和呈酸性或碱性的废石除外)。酸性或碱性废石指采掘的废石其流经水、雨淋水的 PH 值小于 4 或 PH 值大于 10.5 者。

危险废物 指列入国家危险废物名录或根据国家规定的危险废物鉴别标准和鉴别方法认定的，具有爆炸性、易燃性、易氧化性、毒性、腐蚀性、易传染疾病等危险特性之一的废物。

工业固体废物综合利用量 指通过回收、加工、循环、交换等方式，从固体废物中提取或者使其转化为可以利用的资源、能源和其他原材料的固体废物量(包括当年利用往年的工业固体废物累计贮存量)，如用作农业肥料、生产建筑材料、筑路等。综合利用量由原产生固体废物的单位统计。

工业固体废物贮存量 指以综合利用或处置为目的，将固体废物暂时贮存或堆存在专设的贮存设施或专设的集中堆存场所内的数量。专设的固体废物贮存场所或贮存设施必须有防扩散、防流失、防渗漏、防止污染大气、水体的措施。

工业固体废物处置量 指将固体废物焚烧或者最终置于符合环境保护规定要求的场所，并不再回取的工业固体废物量(包括当年处置往年的工业固体废物累计贮存量)。处置方法有填埋(其中危险废物应安全填埋)、焚烧、专业贮存场(库)封场处理、深层灌注、回填矿井等。

工业固体废物排放量 指将所产生的固体废物排到固体废物污染防治设施、场所以外的数量，不包括矿山开采的剥离废石和掘进废石(煤矸石和呈酸性或碱性的废石除外)。

“三废”综合利用产品产值 指利用“三废”(废液、废气、废渣)作为主要原料生产的产品价值(现行价)，已经销售或准备销售的应计算产品价值，留作生产自用的不应计算产品价值。

“三废”综合利用产品利润 指利用“三废”(废液、废气、废渣)生产的产品，销售后所得到的利润。

环境污染与破坏事故 指由于违反环境保护法规的经济、社会活动与行为，以及意外因素的影响或不可抗拒的自然灾害等原因，致使环境受到污染，国家重点保护的野生动植物、自然保护区受到破坏，人体健康受到危害，社会经济和人民财产受到损失，造成不良社会影响的突发性事件。

Explanatory Notes on Main Statistical Indicators

Number of Athletes in Grades refers to the number of athletes who have been given titles through examination. The titles of athletes include international masters of sports, masters of sports, first grade, second grade and third grade sportsmen and young athletes.

Number of Referees in Grades refers to the number of referees who have been given titles after examination. They are classified as international referees, national referees and referees of the first, second and third grades.

Stadiums refer to stadiums for track and field events with six lane 400 meter tracks around soccer fields, permanent track marks and permanent bleachers. Stadiums are classified according to seating capacity. They include: Class A stadiums seating 25000 people each. Class B stadiums seating 15000 to 25000 people each. Class C stadiums seating 5000 to 15000 people each, and Class D stadiums seating fewer than 5000 people.

Gymnasiums refer to indoor sports grounds with permanent seats in which basketball, volleyball. Badminton, table tennis and gymnastics competitions can be held. Gymnasiums are classified according to seating capacity. They include Class A gymnasiums seating over 6000 people. Class B gymnasiums seating 4000 to 6000 people. Class C gymnasiums seating 2000 to 4000 people, and Class D gymnasiums seating fewer than 2000 people.

Medical Organizations include: hospitals, health service centers (stations) of communities, nursing homes, health centers, clinics, clinics (health stations and infirmaries) , maternity and child care agencies (centers and stations) , special disease prevention and curing agencies (centers and stations) , first aid centers (stations) and clinical inspection centers. Medical organizations are grouped by two types: profit- making and non- profit-making medical organizations.

Hospitals include: polyclinics, traditional Chinese medical hospitals, hospitals integrated with traditional Chinese therapeutics and western therapeutics, ethical hospitals, various specialties hospitals and nursing hospitals.

Medical Technical Personnel refers to doctors, assistant nurses, pharmacists, and laboratory technicians working in medical institutions.

Doctors refer to certified physicians and certified assistant physicians with certifications working in medical and health care and prevention agencies.

Total Cost of Health Services reflects the total expenditures on medical and health care services for the whole country, calculated on basis of sources of funding. Health expenditure from government budget refers to budgetary allocation for health undertakings by governments at all levels. Social health expenditure refers to non-government budgetary cap ital input, mainly the health insurance. It includes expenditure on health institutions run by enterprises and rural collective entities, expenditure on medical and health care of employees of enterprises, and excessive health expenditure of government employees that could be covered by the government health care system. Health expenditure on individuals refers to expenditure on health service and health insurance paid by residents from their disposable income.

Social Welfare Institutions refer to institutions taking care of old pople without children, handicapped people and orphans. They include social welfare institutions run by civil affairs departments, children welfare institutions, social welfare institutions for mental patients, collective-owned old peoples homes in rural areas, convalescent homes and community service centers with the capaCity of receiving those people. This indicator reflects the input in social welfare institutions.

Number of People Taken in by Social Welfare Institutions refers to the number of old people, children, totally dependent handicapped people and mental patients taken in by social welfare institutions run by civil affairs departments and those run by collective units in urban and rural areas.

Social Welfare Enterprises are collective-owned enterprises which employ the blind, deaf mute, and other handicapped people who are able to work in cities and towns and enjoy exemption from state taxes, including welfare plants, welfare commercial services, artificial limb plants and farms, etc.

Rural Households with Livelihood Guaranteed in Five Aspects refer to the households in which there are old people without child, orphans and handicapped people who are unable to work and without financial resources in rural areas. They are taken care of by the collective units and their food, clothing, housing, medical care, funeral expenses (or schooling for orphans) are guaranteed to be provided for.

Households in the Poor Household Support Program refer to the households of martyrs and disabled servicemen, and poor households, who are able to work but in poor conditions, receiving government or collective relief funds. In this way, the households can get to work and make them break away from poverty.

Basic Endowment Insurance

1. Number of people participating in the insurance program: by the end of reference period, number of staff

and workers participating in the insurance program in line with national laws, regulations and related policies, including those who can not make regular payment or interrupt payment but not terminate the insurance program.

2. Revenue of social comprehensive funds: according to national provision, payments made by units covered in basic endowment insurance program, and income from other resources, including: income of social comprehensive funds paid by unites, financial subsidies, interest income and others.

3. Expenditure of social comprehensive funds: refer to payment made to those retired and resigned people covered in endowment insurance program in terms of pens ion or compensation within the expenditure scope and standards according to related national policies, and the expenditure occurred due to shift of the insurance relationship or adjustment funds among agencies, including: basic pension, transitional pension, pension for resigned people, pension for retired people, pension for people quitting jobs, subsidies, funeral subsidies and other expenditure.

4. Balance of social comprehensive funds: refer to the balance of basic endowment insurance of social comprehensive funds at the end of the reference period, including: bank savings, special fiscal account, investment in bonds and others.

Basic Medical Care Insurance:

1. Number of people participated in the insurance program: refer to number of people participated in the basic medical care insurance program according to related regulation by the end of reference period, including: number of staff and workers and retired persons participated in this insurance program.

2. Revenue of social comprehensive funds: according to national provision, payments made by units covered in basic medical care insurance program, and income from other resources, including: income of social comprehensive funds paid by unites, financial subsidies, interest income and others.

3. Expenditure of social comprehensive funds: refer to payment made to those retired and resigned people covered in basic medical care insurance within the expenditure scope and standards according to related national policies, including: expenditure on fee-for-service in hospital, expenditure on fee-for-service in clinic and other expenditure.

4. Balance of social comprehensive funds: refer to the balance of medical care insurance of social comprehensive funds at the end of the reference period, including: bank savings, special fiscal account, investment in bonds and others.

Unemployment Insurance

1. Number of people participated in unemployment insurance program: number of staff and workers in urban enterprises or institutions and other people according to local government regulations participated in unemployment insurance program in line with national law, regulations and related policies by the end of the reference period.

2. Sum of Unemployment Insurance: refer to total amount of insurance paid to un-employees to guarantee their basic lives according to related regulations.

Retired or Resigned Personnel refers to the persons who have formally gone through the formalities for their retirement or quitting work and enjoy the corresponding treatments.

Insurance and Welfare Funds refers to labor insurance and welfare fund paid by enterprises, organizations and institutions to their staff and workers as well as retired and resigned persons in addition to their wages and salaries excluding labor protection fees, wages paid to medical workers from insurance and welfare fund and wages paid to staff members working in collective welfare agencies and to people with over 6 months of sick-leave.

Insurance and Welfare Funds for Retired and Resigned Staff and Workers

1. Pensions for retired veteran cadres: They refer to pensions, other subsidies, and additional allowances paid to retired in line with relevant government documents.

2. Pensions for Retirement: They refer to living allowance; other subsidies and additional allowances paid to retired staff and workers in line with the relevant government documents.

3. Resignation Allowances for Living Expenses: They refer to living allowance, and additional allowances subsidies paid to resigned staff and workers in line with relevant government instructions.

It also includes living subsidies and prices subsidies paid to retired and resigned staff and workers.

4. Medical Care Allowance: refer to fee-for-service, cost of medical care and per diem subsidies during hospitalizations of retired and resigned staff and workers.

5. Others: They refer to other expenses, including other types of insurance and welfare fund, fees for funerals, traveling subsidies and heating subsidies during the winter time.

Volume of Industrial Waste Water Discharged refers to the volume of industrial waste water discharged, through all outlets, to the outside of industrial enterprises, including waste water produced, direct cooling water, underground water from mines that does not meet the standard of discharge, and the domestic sewage mixed up with industrial waste water when discharged, but excluding discharged indirect cooling water.

Volume of Waste Water up to the Standard for Discharge refers to the volume of discharged industrial waste water that, with or without treatment, has come up to the national or local standards for discharge.

Volume of Treated Industrial Waste Water refers to the volume of industrial waste water after being treated and purified through various water treatment facilities in the reference period, including the volume discharged or recovered after being treated. The volume of waste water that fails to meet the national or local standards after treatment is also included. If there are treatment facilities both at the outlets of workshops and at the outlets of the factory, and the same volume of waste water has been treated twice, duplication should be avoided in the calculation of the volume of treated industrial waste water.

Volume of Waste Industrial Gas Emission refers to waste gas emitted from burning of fuels and from production process in the area of the factory, and is measured by 10000 standard cubic meters each year under normal condition.

Volume of Industrial Sulphur Dioxide Discharged refers to the volume of sulphur dioxide discharged to the air in the process of fuel burning or in the production process.

Volume of Industrial Soot Discharged refers to the volume of solid soot in the smoke discharged in the process of fuel burning in the area of the factory.

Industrial Dust Discharged refers to the total weight of solid dust discharged by industrial enterprises in the production process, such as dust of refractory materials from iron plants, dust from coke screening system or from sintering machines of coking plants, dust from lime kilns, cement dust from building material enterprises, etc. but excluding smoke and dust discharged by power plants.

Volume of Industrial Solid Wastes Produced refers to the total volume of solid, semi solid or high concentration liquid residue produced by industrial enterprises in their production process, including dangerous wastes, residues from melting, slag, powdered coal ash, gangue, chemical residues, tailings, radio active residues and other residues, but excluding stripped or dug stones in mining(except gangue and acid or alkali stones which are stones washed or soaked by water with a pH value smaller than 4 or larger than 10. 5)

Dangerous Wastes refers to the wastes which are listed by the government as the dangerous wastes or the wastes which are explosive, inflammable, oxidizable, poisonous, corrosive or liable to cause infectious diseases or have other dangerous characteristics specified in accordance with the standards or methods stipulated by the government for identifying the dangerous wastes.

Volume of Industrial Solid Wastes Utilized in a Comprehensive Way refers to the volume of solid wastes from which useful materials can be extracted or which can be changed to be utilizable resources, energy or other materials, including the volume of industrial solid wastes stored up in the previous years and utilized in the current year, such as the solid wastes utilized as fertilizers, building materials, for making roads or for other purpose. Statistical data on utilization of industrial solid wastes are collected by solid wastes producing units.

Volume of Industrial Stored up Solid Wastes refers to the volume of industrial solid wastes temporarily stored up or piled with special facilities or piled in the special sites for purpose of utilization or treatment in future. The special facilities or special sites for the storing up solid wastes should have the measures against spreading or being washed away to other places, permeating the soil or causing air pollution or water contamination.

Volume of Industrial Solid Wastes Treated refers to solid wastes disposed of in a non recoverable place that meet the requirement of environmental protection, such as burying (The dangerous wastes should be buried safely) , burning, piling in designated sites, pouring water into the deep strata, filling of old mines, etc. (including treatment of solid wastes piled up in the previous years) .

Volume of Industrial Solid Wastes Discharged refers to the volume of industrial solid wastes produced and discharged at the places outside the special facilities or special sites for preventing against pollution, excluding stripped or dug stones in mining(except gangue and acid or alkali waste stones) .

Output Value of Products Made from Utilization of Waste Gas, Waste Water and Industrial Solid Wastes refers to the value of products (calculated at current prices) made by industrial enterprises using recovered waste water, waste gas or solid wastes as main raw materials. Only the value of the products which have been sold or are ready to be sold should be included. The value of the products which will be used in the production of the enterprises should not be included.

Profit Obtained from Utilization of Waste Gas, Waste Water and Industrial Solid Wastes refers to profit obtained from selling or own consumption of products made by industrial enterprises using recovered waste water, waste gas or solid wastes as main raw materials.

Accidents of Environment Pollution and Destruction refer to sudden accidents, due to economic and social behavior or activities in contrast with environment protection legislation, unexpected factors or irresistible natural disasters, that cause the pollution of environment, the destruction of natural protection zones, wild plants and animals, the danger to the health of people, and the loss in the property of the society and people.

二十二　盟市资料

STATISTICS OF LEAGUES AND CITIES

资料整理　史孝贞
Arranged by　Shi Xiaozhen

22-1 各盟市行政区域土地面积和城市建设(2003年)
Administrative Areas and Construction in Cities by Region(2003)

地 区	Region	行政区域土地面积(万平方公里) Gross Area (10 000 sq.km)	城市面积(平方公里) Areas of City (sq.km)	城市建成区面积(平方公里) Urban Developed Area (sq.km)	公园个数(个) Parks (unit)	公园面积(公顷) Area of Parks (hectare)	建成区绿化覆盖率(%) Green Coverage Rate in Developed Area(%)
总 计	**Total**	**118.30**	**14342.96**	**1253.26**	**154**	**3677.91**	**18.09**
呼和浩特市	Hohhot City	1.72	2177.17	169.46	21	462.30	19.38
包头市	Baotou City	2.77	2656.62	174.20	16	762.92	30.85
乌海市	Wuhai City	0.17	1685.00	55.80	4	63.00	15.39
赤峰市	Chifeng City	9.00	1017.85	119.45	15	301.90	24.91
通辽市	Tongliao City	5.95	753.53	103.09	15	287.30	12.58
鄂尔多斯市	Erdos City	8.68	628.40	91.21	11	124.39	6.67
呼伦贝尔市	Hulunbeier City	25.30	2624.52	158.29	22	697.96	19.52
兴安盟	Xingan League	5.98	815.50	76.00	8	438.00	14.98
锡林郭勒盟	Xilinguole League	20.26	575.57	104.80	12	118.69	9.68
乌兰察布盟	Wulanchabu League	5.50	572.87	111.47	13	116.65	5.12
巴彦淖尔盟	Bayannaoer League	6.44	788.03	58.77	12	139.40	11.58
阿拉善盟	Alashan League	27.04	47.9	30.72	5	165.40	3.06

22-2 各盟市总户数和总人口(2003年)
Number of Households and Population at the Year-end by Region(2003)

地 区	Region	总户数(万户) Total Number of Households (10 000 households)	#乡村户数 Number of Rural Households	总人口(万人) Total Population(10 000 Persons) 合计 Total	男 Male	女 Female	出生人口(人) Birth (person)	死亡人口(人) Death (person)
呼和浩特市	Hohhot City	63.76	17.98	213.89	111.20	102.69	16841	6276
包头市	Baotou City	62.78	14.77	209.33	107.67	101.66	15119	6730
乌海市	Wuhai City	13.63		41.60	21.35	20.25	4314	1164
赤峰市	Chifeng City	131.86	44.18	447.26	230.32	216.94	42325	20171
通辽市	Tongliao City	87.36	16.80	309.30	157.39	151.92	24991	9715
鄂尔多斯市	Erdos City	43.62	11.38	135.97	71.22	64.76	12513	4954
呼伦贝尔市	Hulunbeier City	83.95	7.69	269.70	137.82	131.88	19523	10522
兴安盟	Xingan League	46.05	17.56	163.84	84.13	79.71	13443	7075
锡林郭勒盟	Xilinguole League	28.86	10.09	93.97	48.33	45.65	7787	3607
乌兰察布盟	Wulanchabu League	83.72	35.54	270.60	142.88	127.73	19302	12308
巴彦淖尔盟	Bayannaoer League	48.80	12.76	176.13	89.59	86.54	10000	5272
阿拉善盟	Alashan League	6.69	0.98	17.96	9.17	8.79	1580	661

注:本表数据为公安户籍统计数。

a) Date in the Table is Registered Statistics

22-3 各盟市生产总值(2003年)

Gross Domestic Product by Region(2003)

单位：亿元 (100 million yuan)

地区	Region	生产总值 Gross Domestic Product	第一产业 Primary Industry	第二产业 Secondary Industry	工业 Industry	建筑业 Construc -tion	第三产业 Tertiary Industry	人均生产总值(元) Per Capita GDP(yuan)
呼和浩特市	Hohhot City	405.64	36.66	174.75	128.12	46.63	194.23	18791
包头市	Baotou City	450.19	23.74	253.37	203.60	49.78	173.08	19088
乌海市	Wuhai City	67.63	1.56	48.03	37.55	10.48	18.04	16344
赤峰市	Chifeng City	242.48	63.64	89.76	62.40	27.36	89.09	5315
通辽市	Tongliao City	238.15	77.03	81.45	51.91	29.55	79.67	7730
鄂尔多斯市	Erdos City	278.46	33.11	157.57	131.36	26.21	87.79	20596
呼伦贝尔市	Hulunbeier City	213.26	49.84	59.12	35.62	23.49	104.31	7902
兴安盟	Xingan League	83.23	27.78	24.86	17.80	7.06	30.59	5094
锡林郭勒盟	Xilinguole League	100.68	28.54	42.48	27.94	14.54	29.65	10582
乌兰察布盟	Wulanchabu League	155.30	47.05	65.60	39.76	25.84	42.65	5739
巴彦淖尔盟	Bayannaoer League	151.37	53.37	44.48	27.62	16.86	53.53	8643
阿拉善盟	Alashan League	36.55	3.75	19.44	14.23	5.21	13.36	16960

注：本表按当年价格计算。

a)Data in value terms in this table are calculated at current prices.

22-4 各盟市生产总值指数(2003年)

Indices of Gross Domestic Product by Region(2003)

(上年=100) (preceding year=100)

地区	Region	生产总值 Gross Domestic Product	第一产业 Primary Industry	第二产业 Secondary Industry	工业 Industry	建筑业 Construc -tion	第三产业 Tertiary Industry	人均生产总值 Per Capita GDP
呼和浩特市	Hohhot City	124.9	118.1	128.2	121.7	152.8	123.0	124.3
包头市	Baotou City	131.5	122.7	136.4	129.8	176.0	125.7	129.7
乌海市	Wuhai City	126.3	106.0	134.5	127.5	174.4	111.1	125.4
赤峰市	Chifeng City	119.0	118.2	129.2	120.4	157.9	110.6	118.5
通辽市	Tongliao City	118.1	116.2	123.2	120.2	129.5	115.0	117.3
鄂尔多斯市	Erdos City	127.1	119.6	129.9	123.8	176.2	125.1	125.6
呼伦贝尔市	Hulunbeier City	110.8	91.6	125.7	124.5	127.7	114.6	109.8
兴安盟	Xingan League	120.4	125.5	132.2	128.8	141.6	108.1	119.7
锡林郭勒盟	Xilinguole League	115.1	112.1	120.2	115.5	131.4	110.9	113.4
乌兰察布盟	Wulanchabu League	129.3	114.9	156.7	126.2	257.0	113.8	129.0
巴彦淖尔盟	Bayannaoer League	113.2	104.2	133.2	134.8	130.5	107.4	112.4
阿拉善盟	Alashan League	120.1	108.2	134.7	127.0	169.8	107.3	122.3

注：本表按可比价格计算。

a)The indices in this table are calculated at comparable prices.

22-5 各盟市按三次产业分的年末从业人员(2003年)

Number of Employed Persons at the Year-end by Type of Industry and by Region(2003)

地区	Region	从业人员(万人) Number of Employed Persons (10 000 persons)	第一产业 Primary Industry	第二产业 Secondary Industry	第三产业 Tertiary Industry	构成(合计=100) Composition in Percentage(total=100) 第一产业 Primary Industry	第二产业 Secondary Industry	第三产业 Tertiary Industry
呼和浩特市	Hohhot City	138.20	44.00	40.40	53.80	31.8	29.3	38.9
包头市	Baotou City	112.53	30.83	33.35	48.35	27.4	29.6	43.0
乌海市	Wuhai City	18.15	2.53	8.89	6.73	13.9	49.0	37.1
赤峰市	Chifeng City	200.04	108.61	28.18	63.25	54.3	14.1	31.6
通辽市	Tongliao City	119.43	88.98	9.55	20.90	74.5	8.0	17.5
鄂尔多斯市	Erdos City	75.07	37.56	12.90	24.61	50.0	17.2	32.8
呼伦贝尔市	Hulunbeier City	84.31	42.67	12.62	29.02	50.6	15.0	34.4
兴安盟	Xingan League	62.70	43.34	4.99	14.37	69.1	8.0	22.9
锡林郭勒盟	Xilinguole League	44.54	25.09	3.23	16.22	56.3	7.3	36.4
乌兰察布盟	Wulanchabu League	137.20	73.92	16.88	46.40	53.9	12.3	33.8
巴彦淖尔盟	Bayannaoer League	86.60	52.40	9.70	24.50	60.5	11.2	28.3
阿拉善盟	Alashan League	8.96	3.74	2.11	3.11	41.7	23.6	34.7

22-6 各盟市城镇年末从业人员(2003年)

Number of Employed Persons at the Year-end in Urban Areas by Region(2003)

单位：人 (person)

地区	Region	合计 Total	国有单位 State-owned Units	集体单位 Collective-owned Units	其他单位 Units of Other Types of Ownership
呼和浩特市	Hohhot City	480163	209473	15598	64747
包头市	Baotou City	432272	132861	36688	180941
乌海市	Wuhai City	116547	46524	7942	46239
赤峰市	Chifeng City	425406	212828	25566	73730
通辽市	Tongliao City	305344	181524	16513	28522
鄂尔多斯市	Erdos City	220271	85215	3234	47887
呼伦贝尔市	Hulunbeier City	382089	202896	7448	56709
兴安盟	Xingan League	170091	95678	4995	17191
锡林郭勒盟	Xilinguole League	140895	78084	3182	16614
乌兰察布盟	Wulanchabu League	334162	103795	4882	13142
巴彦淖尔盟	Bayannaoer League	222950	106158	5430	29453
阿拉善盟	Alashan League	51698	21877	762	12466
直报单位	Units of Direct Reporting	247016	215029	25525	6177

22-6 续表 continued

单位：人 (person)

地区	Region	#港澳台商投资单位 Economic Units Funded by Entrepreneurs from H. K,Macao and Taiwan	#外商投资单位 Foreign Funded Units	私营企业 Private Enterprises	个体 Self-employed Individuals
呼和浩特市	Hohhot City	3315	3471	99952	90393
包头市	Baotou City	6169	3808	44335	37447
乌海市	Wuhai City	393	210	8151	7691
赤峰市	Chifeng City	668	439	35417	77865
通辽市	Tongliao City	333	1149	14769	64016
鄂尔多斯市	Erdos City	1662	13498	39157	44778
呼伦贝尔市	Hulunbeier City	387	390	25859	89177
兴安盟	Xingan League	74	206	16975	35252
锡林郭勒盟	Xilinguole League	105	210	12279	30736
乌兰察布盟	Wulanchabu League	1382	20	32288	180055
巴彦淖尔盟	Bayannaoer League	1070	1223	19226	62683
阿拉善盟	Alashan League	60	5	8615	7978
直报单位	Units of Direct Reporting	1271	57	285	

22-7 各盟市登记注册类型年末职工人数(2003年)
Number of Staff and Workers at the Year-end by Status of Registration and by Region(2003)

单位：人 (person)

地区	Region	合计 Total	国有单位 State-owned Units	城镇集体单位 Urban Collective-owned Units	其他单位 Units of Other Types of Ownership
呼和浩特市	Hohhot City	286669	208085	15583	63001
包头市	Baotou City	347604	131582	35936	180086
乌海市	Wuhai City	99582	46255	7929	45398
赤峰市	Chifeng City	308958	209780	25508	73670
通辽市	Tongliao City	223519	179890	16110	27519
鄂尔多斯市	Erdos city	133200	83101	3234	46865
呼伦贝尔市	Hulunbeier City	263423	199459	7357	56607
兴安盟	Xingan League	115777	94203	4540	17034
锡林郭勒盟	Xilinguole League	95986	76305	3166	16515
乌兰察布盟	Wulanchabu League	117561	100557	4795	12209
巴彦淖尔盟	Bayannaoer League	139919	105272	5396	29251
阿拉善盟	Alashan League	34759	21582	757	12420
直报单位	Units of Direct Reporting	235732	204710	24849	6173

22-8 各盟市登记注册类型女性年末从业人员(2003年)

Number of Female Employed by Registration Status and by Region at the Year-end(2003)

单位：人 (person)

地区	Region	合计 Total	国有单位 State-owned Units	城镇集体单位 Urban Collective-owned Units	其他单位 Units of Other Types of Ownership
呼和浩特市	Hohhot City	122651	85708	6568	30375
包头市	Baotou City	142037	54417	17550	70070
乌海市	Wuhai City	32031	18872	1635	11524
赤峰市	Chifeng City	116164	81181	14181	20802
通辽市	Tongliao City	85557	68353	7999	9205
鄂尔多斯市	Erdos City	55731	32121	1178	22432
呼伦贝尔市	Hulunbeier City	103517	81470	3660	18387
兴安盟	Xingan League	45955	38335	2221	5399
锡林郭勒盟	Xilinguole League	36776	30561	1404	4811
乌兰察布盟	Wulanchabu League	42537	36791	2154	3592
巴彦淖尔盟	Bayannaoer League	58036	45430	2929	9677
阿拉善盟	Alashan League	12770	9359	400	3011
直报单位	Units of Direct Reporting	72081	57912	12115	2054

22-9 各盟市私营企业年末从业人员(2003年)

Number of Employed Persons in Private Enterprises at the Year-end by Region(2003)

单位：户、人 (enterprise, person)

地区	Region	合计 Total			城镇 Urban Areas			乡村 Rural Areas		
		户数 Number of Enter-prises	从业人数 Number of Employed Persons	#投资者 Empl-oyers	户数 Number of Enter-prises	从业人数 Number of Employed Persons	#投资者 Empl-oyers	户数 Number of Enter-prises	从业人数 Number of Employed Persons	#投资者 Empl-oyers
总计	**Total**	**35114**	**513509**	**102538**	**26008**	**357308**	**71825**	**9106**	**156201**	**30713**
呼和浩特市	Hohhot City	9711	124377	25182	8750	100237	22134	961	24140	3048
包头市	Baotou City	6354	92359	23603	3051	44335	8974	3303	48024	14629
乌海市	Wuhai City	1176	13382	3329	497	8151	1802	679	5231	1527
赤峰市	Chifeng City	3863	48490	11306	3128	35417	8870	735	13073	2436
通辽市	Tongliao City	2094	24610	4638	1267	14769	2668	827	9841	1970
鄂尔多斯市	Erdos City	3008	64332	10917	2129	39157	8011	879	25175	2906
呼伦贝尔市	Hulunbeier City	2640	33340	9040	1945	25859	7035	695	7481	2005
兴安盟	Xingan League	1244	18712	2141	1138	16975	1973	106	1737	168
锡林郭勒盟	Xilinguole League	1030	14793	2800	928	12279	2418	102	2514	382
乌兰察布盟	Wulanchabu League	1720	45294	4183	1281	32288	3255	439	13006	928
巴彦淖尔盟	Bayannaoer League	1664	23364	3832	1391	19226	3444	273	4138	388
阿拉善盟	Alashan League	610	10456	1567	503	8615	1241	107	1841	326

22-10 各盟市年末个体从业人员(2003年)

Number of Self-Employed Individuals at the Year-end by Region(2003)

单位：户、人 (enterprise, person)

地区	Region	合计 Total 户数 Number of Households	合计 Total 从业人数 Number of Employed Individuals	城镇 Urban Areas 户数 Number of Households	城镇 Urban Areas 从业人数 Number of Employed Individuals	乡村 Rural Areas 户数 Number of Households	乡村 Rural Areas 从业人数 Number of Employed Individuals
总计	**Total**	**555513**	**1083796**	**376252**	**728071**	**179261**	**355725**
呼和浩特市	Hohhot City	57186	112805	46053	90393	11133	22412
包头市	Baotou City	49945	99675	16035	37447	33910	62228
乌海市	Wuhai City	12050	22377	5330	7691	6720	14686
赤峰市	Chifeng City	73714	133642	43961	77865	29753	55777
通辽市	Tongliao City	59126	101285	38193	64016	20933	37269
鄂尔多斯市	Erdos City	37574	62763	27436	44778	10138	17985
呼伦贝尔市	Hulunbeier City	61527	100963	54988	89177	6539	11786
兴安盟	Xingan League	19128	39932	16149	35252	2979	4680
锡林郭勒盟	Xilinguole League	21042	39360	16057	30736	4985	8624
乌兰察布盟	Wulanchabu League	110063	274908	72133	180055	37930	94853
巴彦淖尔盟	Bayannaoer League	47276	86412	34306	62683	12970	23729
阿拉善盟	Alashan League	6882	9674	5611	7978	1271	1696

22-11 各盟市城镇登记年末失业人员

Number of Registered Unemployed Persons at the Year-end in Urban Areas by Region

单位：人 (person)

地区	Region	1990	1995	2000	2003
总计	**Total**	**146319**	**139713**	**126478**	**175889**
呼和浩特市	Hohhot City	9025	11781	13120	22293
包头市	Baotou City	37914	27205	20412	31746
乌海市	Wuhai City	10130	8359	5715	6615
赤峰市	Chifeng City	14635	14266	14374	19996
通辽市	Tongliao City	5839	12559	8696	15991
鄂尔多斯市	Erdos City	7669	5900	3653	8793
呼伦贝尔市	Hulunbeier City	23912	25887	29283	25305
兴安盟	Xingan League	4280	4079	5564	10778
锡林郭勒盟	Xilinguole League	6444	4783	4943	6564
乌兰察布盟	Wulanchabu League	9905	11337	9155	14388
巴彦淖尔盟	Bayannaoer League	12232	11511	9562	11076
阿拉善盟	Alashan League	1334	2046	2001	2344

22-12 各盟市城镇登记失业率

Registered Unemployment Rate in Urban Areas by Region

单位：%　　(%)

地 区	Region	1995	2000	2001	2002	2003
总 计	**Total**	**3.17**	**3.34**	**3.65**	**4.10**	**4.50**
呼和浩特市	Hohhot City	2.41	3.01	3.54	4.10	4.50
包 头 市	Baotou City	3.81	3.44	4.01	4.30	4.50
乌 海 市	Wuhai City	5.12	4.40	4.37	4.50	4.50
赤 峰 市	Chifeng City	3.13	2.90	2.96	3.40	4.00
通 辽 市	Tongliao City	3.14	2.46	2.96	4.00	4.00
鄂尔多斯市	Erdos City	3.13	2.07	2.57	3.20	4.00
呼伦贝尔市	Hulunbeier City	4.83	4.24	4.33	4.70	4.40
兴 安 盟	Xingan League	1.88	2.48	3.15	3.50	4.00
锡林郭勒盟	Xilinguole League	2.77	3.25	3.47	4.20	4.40
乌兰察布盟	Wulanchabu League	3.63	4.01	4.19	4.20	4.20
巴彦淖尔盟	Bayannaoer League	4.49	3.84	4.20	4.20	4.40
阿拉善盟	Alashan League	4.00	3.46	3.94	4.50	4.50

22-13 各盟市职工工资总额和指数(2003年)

Total Wages of Staff and Workers and Related Index by Region(2003)

地 区	Region	工资总额(万元) Total Wages(10 000 yuan)				指 数(上年=100) Index(preceding year=100)			
		合 计 Total	国有单位 State-owned Units	城镇集体单位 Urban Collect-iveowned Units	其他单位 Units of Other Types of Ownership	合 计 Total	国有单位 State-owned Units	城镇集体单位 Urban Collect-iveowned Units	其他单位 Units of Other Types of Ownership
呼和浩特市	Hohhot City	378397	305620	13286	59491	116.2	113.2	109.7	136.2
包 头 市	Baotou City	471324	201602	33426	236296	126.6	129.3	116.3	126.0
乌 海 市	Wuhai City	99544	58106	6530	34909	115.0	113.8	127.0	115.1
赤 峰 市	Chifeng City	286670	219338	13138	54194	109.4	98.6	86.5	222.5
通 辽 市	Tongliao City	216440	174656	12634	29150	117.4	116.6	83.3	150.7
鄂尔多斯市	Erdos City	171471	113792	3685	53994	116.9	109.0	123.4	137.6
呼伦贝尔市	Hulunbeier City	284091	224607	5710	53774	109.2	107.4	84.9	121.5
兴 安 盟	Xingan League	104778	88657	3247	12873	106.9	106.5	95.2	113.4
锡林郭勒盟	Xilinguole League	108814	90637	2679	15498	107.1	107.1	105.0	107.8
乌兰察布盟	Wulanchabu League	133308	112106	3109	18092	112.8	111.2	89.3	130.6
巴彦淖尔盟	Bayannaoer League	149258	109946	6217	33096	111.5	110.6	116.6	113.8
阿拉善盟	Alashan League	49582	34577	1058	13948	108.2	106.8	104.7	112.3

22-14 各盟市职工平均工资及指数(2003年)

Average Wage of Staff and Workers and Related Indices by Region(2003)

地区	Region	平均货币工资(元) Average Money Wage(yuan)				指数(上年=100)Indices (preceding year=100)			
		合计 Total	国有单位 State-owned Units	城镇集体单位 Urban Collective-owned Units	其他单位 Units of Other Types of Ownership	合计 Total	国有单位 State-owned Units	城镇集体单位 Urban Collective-owned Units	其他单位 Units of Other Types of Ownership
呼和浩特市	Hohhot City	13092	14590	7969	9458	117.3	117.0	116.4	124.8
包头市	Baotou City	13417	15165	8974	13048	131.4	134.1	121.8	130.6
乌海市	Wuhai City	10107	12167	8804	8059	118.6	114.9	138.5	120.4
赤峰市	Chifeng City	9579	10513	6751	7616	108.7	111.5	109.6	114.7
通辽市	Tongliao City	9581	9578	7762	10685	125.5	124.7	121.8	124.8
鄂尔多斯市	Erdos City	13150	13851	11522	11986	117.2	118.9	119.9	115.7
呼伦贝尔市	Hulunbeier City	10819	11311	7446	9545	111.5	111.3	136.0	107.6
兴安盟	Xingan League	8830	9309	6778	6910	110.8	111.0	108.1	111.6
锡林郭勒盟	Xilinguole League	11231	11860	8251	8998	108.4	108.7	109.4	106.8
乌兰察布盟	Wulanchabu League	11287	11196	6498	13711	114.1	112.7	93.8	127.1
巴彦淖尔盟	Bayannaoer League	9771	10371	10697	8084	111.5	117.0	117.9	96.5
阿拉善盟	Alashan League	14091	15861	14236	11032	110.9	111.5	126.4	110.8

22-15 各盟市全社会固定资产投资(2003年, 按管理渠道分)

Total Investment in Fixed Assets by Channel of Management and by Region(2003)

单位：万元 (10 000 yuan)

地区	Region	总计 Total	基本建设 Investment in Capital Construction	更新改造 Investment in Innovation	房地产开发 Investment in Real Estate Development	其它 Others
呼和浩特市	Hohhot City	2060000	1272190	212360	273982	301468
包头市	Baotou City	2379000	1427490	501766	179112	270632
乌海市	Wuhai City	467400	312653	98913	38098	17736
赤峰市	Chifeng City	1080100	713553	156577	61430	148540
通辽市	Tongliao City	1076000	513762	323106	73340	165792
鄂尔多斯市	Erdos City	1355700	950739	51863	55574	297524
呼伦贝尔市	Hulunbeier City	970700	542370	142884	73346	212100
兴安盟	Xingan League	319600	200180	42480	32749	44191
锡林郭勒盟	Xilinguole League	527200	353558	21572	38221	113849
乌兰察布盟	Wulanchabu League	870300	634992	35257	25814	174237
巴彦淖尔盟	Bayannaoer League	740100	468011	55277	54587	162225
阿拉善盟	Alashan League	245000	189311	41008	2428	12253

22-16 各盟市按建设性质分的基本建设投资(2003年)
Investment in Capital Construction by Type of Construction and by Region(2003)

单位：万元 (10 000 yuan)

地区	Region	投资额 Investment	#新建 New Construction	#扩建 Expansion	#改建 Reconstruction
呼和浩特市	Hohhot City	1272190	851135	317568	51438
包头市	Baotou City	1427490	1059572	203619	131026
乌海市	Wuhai City	312653	246151	34478	29619
赤峰市	Chifeng City	713553	335351	135506	211005
通辽市	Tongliao City	513762	87631	250615	158913
鄂尔多斯市	Erdos City	950739	858074	69087	8989
呼伦贝尔市	Hulunbeier City	542370	444475	61165	10864
兴安盟	Xingan League	200180	115986	33289	42091
锡林郭勒盟	Xilinguole League	353558	167692	97650	72698
乌兰察布盟	Wulanchabu League	634992	372622	99639	143164
巴彦淖尔盟	Bayannaoer League	468011	126354	233372	88751
阿拉善盟	Alashan League	189311	79509	25292	70252

22-17 各盟市基本建设施工、投产项目个数和新增固定资产(2003年)
Number of Capital Construction Projects under Construction and Put into Use and Newly Increased Fixed Assets by Region(2003)

地区	Region	施工项目(个) Number of Projects under Construction (unit)	全部建成投产项目(个) Number of Projects Completed & Put into Use (unit)	项目建成投产率(%) Rate of Projects Completed and Put into Use(%)	新增固定资产(万元) Newly Increased Fixed Assets (10 000 yuan)	固定资产交付使用率(%) Rate of Fixed Assets Put into Use(%)
呼和浩特市	Hohhot City	434	254	58.53	1275952	100.3
包头市	Baotou City	463	275	59.40	822122	57.59
乌海市	Wuhai City	139	80	57.55	267516	85.56
赤峰市	Chifeng City	509	354	69.55	602731	84.47
通辽市	Tongliao City	445	373	83.82	475934	92.64
鄂尔多斯市	Erdos City	444	240	54.05	609254	64.08
呼伦贝尔市	Hulunbeier City	541	373	68.95	341838	63.03
兴安盟	Xingan League	217	153	70.51	87092	43.51
锡林郭勒盟	Xilinguole League	410	286	69.76	209129	59.15
乌兰察布盟	Wulanchabu League	347	233	67.15	213270	33.59
巴彦淖尔盟	Bayannaoer League	450	356	79.11	252612	53.98
阿拉善盟	Alashan League	117	76	64.96	75844	40.06

22-18 各盟市基本建设房屋建筑面积(2003年)

Floor Space of Buildings Through Capital Construction by Region(2003)

单位：万平方米 (10 000 sq.m)

地区	Region	施工面积 Floor Space of Buildings Under Construction	#住宅 Residential Buildings	竣工面积 Floor Space of Buildings Completed	#住宅 Residential Buildings
呼和浩特市	Hohhot City	404.07	106.92	144.35	52.31
包头市	Baotou City	375.92	154.51	218.99	120.98
乌海市	Wuhai City	45.55	8.34	25.07	7.91
赤峰市	Chifeng City	271.51	71.61	206.46	54.64
通辽市	Tongliao City	188.75	57.20	135.50	37.37
鄂尔多斯市	Erdos City	101.63	34.57	52.98	23.80
呼伦贝尔市	Hulunbeier City	147.84	61.29	83.89	44.02
兴安盟	Xingan League	51.90	20.87	29.14	11.15
锡林郭勒盟	Xilinguole League	86.85	35.96	62.95	29.28
乌兰察布盟	Wulanchabu League	109.85	56.23	58.50	33.21
巴彦淖尔盟	Bayannaoer League	109.06	28.81	62.34	18.66
阿拉善盟	Alashan League	28.50	8.04	16.63	5.30

22-19 各盟市按建设性质分的更新改造投资(2003年)

Investment in Innovation by Type of Construction and by Region(2003)

单位：万元 (10 000 yuan)

地区	Region	投资额 Investment	#新建 New Construction	#扩建 Expansion	#改建 Reconstruction
呼和浩特市	Hohhot City	212360	29249	167499	12850
包头市	Baotou City	501766	68330	319604	111162
乌海市	Wuhai City	98913		86669	11770
赤峰市	Chifeng City	156577	50509	61717	44135
通辽市	Tongliao City	323106	99071	194914	28721
鄂尔多斯市	Erdos City	51863	19680	23366	6884
呼伦贝尔市	Hulunbeier City	142884	43920	82537	15588
兴安盟	Xingan League	42480	3860	33160	2020
锡林郭勒盟	Xilinguole League	21572	301	3116	15747
乌兰察布盟	Wulanchabu League	35257	8750	12705	13802
巴彦淖尔盟	Bayannaoer League	55277	6912	32702	8933
阿拉善盟	Alashan League	41008	4690	16492	19826

22-20 各盟市更新改造施工、投产项目和新增固定资产(2003年)

Number of Innovation Projects Under Construction and Put into Use and Newly Increased Fixed Assets by Region(2003)

地区	Region	施工项目(个) Number of Projects under Construction (unit)	全部建成投产项目(个) Number of Projects Completed & Put into Use (unit)	项目建成投产率(%) Rate of Projects Completed and Put into Use(%)	新增固定资产(万元) Newly Increased Fixed Assets (10 000 yuan)	固定资产交付使用率(%) Rate of Fixed Assets Put into Use (%)
呼和浩特市	Hohhot City	180	115	63.89	126287	59.47
包头市	Baotou City	521	390	74.86	359101	71.57
乌海市	Wuhai City	141	64	45.39	75691	76.52
赤峰市	Chifeng City	51	30	58.82	104996	67.06
通辽市	Tongliao City	248	165	66.53	201254	62.29
鄂尔多斯市	Erdos City	34	20	58.82	35460	68.37
呼伦贝尔市	Hulunbeier City	123	77	62.60	116562	81.58
兴安盟	Xingan League	57	32	56.14	21207	49.92
锡林郭勒盟	Xilinguole League	22	14	63.64	20147	93.39
乌兰察布盟	Wulanchabu League	19	10	52.63	27631	78.37
巴彦淖尔盟	Bayannaoer League	42	27	64.29	50620	91.58
阿拉善盟	Alashan League	16	7	43.75	28964	70.63

22-21 各盟市房屋建筑面积(2003年)

Floor Space of Buildings by Region(2003)

地区	Region	房屋建筑面积(万平方米) Floor Space of Buildings(10 000 sq. m)			
		施工面积 Under Construction	#住宅 Residential Buildings	竣工面积 Completed	#住宅 Residential Buildings
呼和浩特市	Hohhot City	73.88		30.28	
包头市	Baotou City	106.92	33.18	57.90	24.38
乌海市	Wuhai City	3.88	0.22	3.18	0.12
赤峰市	Chifeng City	9.78	1.39	8.15	1.39
通辽市	Tongliao City	58.55	0.36	24.15	0.36
鄂尔多斯市	Erdos City	1.05	0.21	1.04	0.21
呼伦贝尔市	Hulunbeier City	8.57	0.49	4.08	0.49
兴安盟	Xingan League	1.27		1.27	
锡林郭勒盟	Xilinguole League	0.30	0.03	0.28	0.03
乌兰察布盟	Wulanchabu League	5.67		2.42	
巴彦淖尔盟	Bayannaoer League	8.92		6.04	
阿拉善盟	Alashan League	0.15	0.09	0.15	0.09

22-22 各盟市城镇集体单位固定资产投资、新增固定资产和房屋建筑面积(2003年)

Investment in Fixed Assets of Urban Collective-Owned Units and Floor Space of Buildings by Region(2003)

地区	Region	投资额(万元) Investment (10 000 yuan)	新增固定资产(万元) Newly Increased Fixed Assets (10 000 yuan)	房屋建筑面积(万平方米) Floor Space of Buildings(10 000 sq. m)			
				施工面积 Under Construction	#住宅 Residential Buildings	竣工面积 Completed	#住宅 Residential Buildings
呼和浩特市	Hohhot City	376	476	2.33	0.41	2.33	0.41
包头市	Baotou City	18915	19016	20.16	20.07	20.16	20.07
乌海市	Wuhai City						
赤峰市	Chifeng City	12204	9879	13.84	0.38	9.93	0.38
通辽市	Tongliao City	1937	750	1.18	0.35	0.60	
鄂尔多斯市	Erdos City	758	808	0.89	0.65	0.89	0.65
呼伦贝尔市	Hulunbeier City	4421	3821	3.23	1.52	3.23	1.52
兴安盟	Xingan League	7505	1475	4.00	0.65	1.30	0.65
锡林郭勒盟	Xilinguole League	356	356	0.38	0.38	0.38	0.38
乌兰察布盟	Wulanchabu League	1459	1009	1.16		0.78	
巴彦淖尔盟	Bayannaoer League	116	116	0.07	0.07	0.07	0.07
阿拉善盟	Alashan League						

22-23 各盟市房地产开发企业(单位)个数(2003年)

Number of Enterprises for Real Estate Development by Region(2003)

单位：个 (unit)

地区	Region	企业个数 Number of Enterprises	内资企业 Domestic Funded Enterprises	#国有 State-owned Enterprises	#集体 Collective Owned Enterprises	港、澳、台投资企业 Funded by Entrepreneurs from Hong Kong Macao & Taiwan	外商投资企业 Foreign Funded Enterprises
呼和浩特市	Hohhot City	156	156	4	2		
包头市	Baotou City	106	106	7	2		
乌海市	Wuhai City	33	33	3			
赤峰市	Chifeng City	41	41	3	3		
通辽市	Tongliao City	60	60	6	6		
鄂尔多斯市	Erdos City	44	43	1	1		1
呼伦贝尔市	Hulunbeier City	96	95	14	3	1	
兴安盟	Xingan League	41	41	2	2		
锡林郭勒盟	Xilinguole League	36	36	1	5		
乌兰察布盟	Wulanchabu League	50	50	3			
巴彦淖尔盟	Bayannaoer League	23	23	2	1		
阿拉善盟	Alashan League	2	2				

22-24 各盟市房地产开发企业(单位)从业人员(2003年)

Number of Employed Persons in Enterprises for Real Estate Development by Region(end of 2003)

单位：人　　(person)

地区	Region	年末从业人数 Number of Employed Persons	内资企业 Domestic Funded Enterprises	#国有 State-owned Enterprises	#集体 Collective-owned Enterprises	港、澳、台投资企业 Funded by Entrepreneurs from Hong Kong Macao and Taiwan	外商投资企业 Foreign Funded Enterprises
呼和浩特市	Hohhot City	2980	2980	69	33		
包头市	Baotou City	2548	2548	200	32		
乌海市	Wuhai City	1152	1152	37			
赤峰市	Chifeng City	2757	2757	132	415		
通辽市	Tongliao City	1280	1280	66	290		
鄂尔多斯市	Erdos City	1643	1598	56	5		45
呼伦贝尔市	Hulunbeier City	1461	1445	371	15	16	
兴安盟	Xingan League	555	555	41	14		
锡林郭勒盟	Xilinguole League	864	864	12	36		
乌兰察布盟	Wulanchabu League	1137	1137	40			
巴彦淖尔盟	Bayannaoer League	609	609	9	25		
阿拉善盟	Alashan League	613	613				

22-25 各盟市按用途分的房地产开发企业(单位)完成投资额(2003年)

Actually Completed Investment of Enterprises for Real Estate Development by Region and by Use(2003)

单位：万元　　(10 000 yuan)

地区	Region	本年完成投资额 Investment Made This Year	住宅 Residential Buildings	#经济适用房屋 Economical Houses	办公楼 Office Buildings	商业营业用房 Houses for Business Use	其他 Others
呼和浩特市	Hohhot City	273982	123772	31148	34230	92725	23255
包头市	Baotou City	179112	117404	5900	9906	41929	9873
乌海市	Wuhai City	38098	28877	562	100	8453	668
赤峰市	Chifeng City	61430	44872	11616	872	10311	5375
通辽市	Tongliao City	73340	30423	900	1553	26554	14810
鄂尔多斯市	Erdos City	55574	36426	1157	4322	13531	1295
呼伦贝尔市	Hulunbeier City	73346	37718	17484	2350	18351	14927
兴安盟	Xingan League	32749	18140	1021	424	12582	1603
锡林郭勒盟	Xilinguole League	38221	11974	1481	389	20906	4952
乌兰察布盟	Wulanchabu League	25814	18148	2205	735	6855	76
巴彦淖尔盟	Bayannaoer League	54587	45650		300	5772	2865
阿拉善盟	Alashan League	2428	2228	2228		200	

22-26 各盟市房地产开发建设房屋建筑面积和造价(2003年)

Floor Space of Buildings and their Cost in Real Estate Development by Region(2003)

地 区	Region	施工房屋面积(万平方米) Floor Space of Buildings under Construction (10 000 sq.m)	竣工房屋面积(万平方米) Floor Space of Buildings Completed (10 000 sq.m)	房屋建筑面积竣工率(%) Rate of Floor Space of Buildings Completed (%)	竣工房屋价值(万元) Value of Buildings Completed (10 000 yuan)	竣工房屋造价(元/平方米) Cost of Buildings Completed (yuan/sq.m)
呼和浩特市	Hohhot City	342.01	131.84	38.5	118094	896
包头市	Baotou City	235.22	133.6	56.8	108929	815
乌海市	Wuhai City	56.69	30.53	53.9	26970	883
赤峰市	Chifeng City	65.35	50.61	77.4	46133	911
通辽市	Tongliao City	89.29	33.46	37.5	28911	864
鄂尔多斯市	Erdos City	60.66	45.93	75.7	42825	932
呼伦贝尔市	Hulunbeier City	93.57	53.5	57.2	49019	916
兴安盟	Xingan League	45.15	30.3	67.1	23233	767
锡林郭勒盟	Xilinguole League	41.51	17.63	42.5	13991	794
乌兰察布盟	Wulanchabu League	88.96	42.83	48.2	32912	768
巴彦淖尔盟	Bayannaoer League	57.21	42.43	74.2	37314	879
阿拉善盟	Alashan League	3.26	3.26	100	2428	744

22-27 各盟市商品房屋销售情况(2003年)

Selling of Commercial Houses by Region(2003)

地 区	Region	房屋销售面积(万平方米) Floor Space of Selling House (10 000 sq. m)	#住宅 Residential Buildings	个人购买商品住宅(万平方米) Commerical Houses Purchased by Individuals (10 000 sq. m)	商品房销售额(万元) Total Sales of Commerical Houses (10 000 yuan)	#住宅 Residential Buildings
呼和浩特市	Hohhot City	137.38	112.97	112.97	213211	144293
包头市	Baotou City	114.04	99.05	98.82	127351	101913
乌海市	Wuhai City	30.68	26.06	26.06	35365	26582
赤峰市	Chifeng City	45.16	38.07	38	53927	41737
通辽市	Tongliao City	32.16	22.35	22.35	40604	24484
鄂尔多斯市	Erdos City	33.19	24.78	23.52	49302	26456
呼伦贝尔市	Hulunbeier City	58.46	37.75	37.75	81196	39487
兴安盟	Xingan League	30.77	16.6	16.5	33485	15641
锡林郭勒盟	Xilinguole League	10.36	8.65	8.65	11262	8538
乌兰察布盟	Wulanchabu League	29.46	22.1	21.98	27156	16278
巴彦淖尔盟	Bayannaoer League	25.37	24.63	24.63	22328	21204
阿拉善盟	Alashan League	0.95	0.95	0.95	957	957

22-28 各盟市地方财政收支(2003年)

Financial Revenue and Expenditure by Region(2003)

单位：万元 (10 000 yuan)

地 区	Region	地方财政收入 Total Revenue	#地方一般预算收入 Intra-Budgetary Revenue	地方财政支出 Total Expenditure	#地方一般预算支出 Intra-Budgetary Expenditure
呼和浩特市	Hohhot City	213699	205779	433133	420219
包头市	Baotou City	297638	259216	497066	457959
乌海市	Wuhai City	36470	35132	85422	83699
赤峰市	Chifeng City	110292	100935	471181	461677
通辽市	Tongliao City	95260	82746	329839	316120
鄂尔多斯市	Erdos City	154399	147336	341105	332584
呼伦贝尔市	Hulunbeier City	152411	119251	429320	405890
兴安盟	Xingan League	42835	36564	182733	176191
锡林郭勒盟	Xilinguole League	46317	40346	217092	212785
乌兰察布盟	Wulanchabu League	78957	70816	306592	297848
巴彦淖尔盟	Bayannaoer League	77647	72890	249552	245300
阿拉善盟	Alashan League	21624	21480	83887	83663

注：财政收、支合计中不包括社会保险基金。

a)Financial revenue and expenditure enclude social insurance fund

22-29 各盟市地方财政收入(2003年)

Final Statement of Local Government Revenue by Region(2003)

单位：万元 (10 000 yuan)

地 区	Region	收入合计 Total Revenue	#增值税 Value-added Tax	#营业税 Operation Tax	#企业所得税 Enterprises Income Tax	#农业五税 Agricultural Five Taxes
呼和浩特市	Hohhot City	213699	32202	63818	9837	18342
包头市	Baotou City	297638	59547	51358	8977	12777
乌海市	Wuhai City	36470	10257	9815	1168	636
赤峰市	Chifeng City	110292	17994	23687	4201	23879
通辽市	Tongliao City	95260	8684	18916	2686	22065
鄂尔多斯市	Erdos City	154399	36587	48310	8412	4206
呼伦贝尔市	Hulunbeier City	152411	18987	31695	2720	19700
兴安盟	Xingan League	42835	4236	9283	539	10612
锡林郭勒盟	Xilinguole League	46317	8385	9982	756	2664
乌兰察布盟	Wulanchabu League	78957	12106	22246	1012	8857
巴彦淖尔盟	Bayannaoer League	77647	8440	19265	2418	12339
阿拉善盟	Alashan League	21624	5002	6787	1690	320

注：地方财政收入中不含中央、自治区财政返还。

a)Local government revenue does not include the back parts of the tax revenue sent by central and autonomous regional government.

22-30 各盟市地方财政支出(2003年)

Final Statement of Local Government Expenditure by Region(2003)

单位：万元 (10 000 yuan)

地 区	Region	支出合计 Total Expenditure	#基本建设 Expenditure for Capital Construction	#农林水利气象部门支出 Expenditure for Agriculture Forestry Water Conservancy & Mateorology	#医疗卫生支出 Expenditure for Medical treatment and Health
呼和浩特市	Hohhot City	433133	75308	17170	21541
包头市	Baotou City	497066	64678	13107	17570
乌海市	Wuhai City	85422	23712	2556	4191
赤峰市	Chifeng City	471181	114174	32811	15974
通辽市	Tongliao City	329839	61954	23811	10552
鄂尔多斯市	Erdos City	341105	76813	27005	12611
呼伦贝尔市	Hulunbeier City	429320	73100	28166	19181
兴安盟	Xingan League	182733	32978	11807	5539
锡林郭勒盟	Xilinguole League	217092	59237	13517	10544
乌兰察布盟	Wulanchabu League	306592	58270	25788	8936
巴彦淖尔盟	Bayannaoer League	249552	45417	24078	11992
阿拉善盟	Alashan League	83887	23383	5827	4477

22-30 续表 continued

单位：万元 (10 000 yuan)

地 区	Region	#社会保障补助支出 Expenditure Subsidies to Social Security Programs	#行政管理费 Govermment Administration	#教育支出 Expenditure for Education	#公检法司支出 Expenditure of Public Security, Procuratorate and Court
呼和浩特市	Hohhot City	19425	41653	53307	21050
包头市	Baotou City	37093	47879	44462	25794
乌海市	Wuhai City	4771	9428	7696	4389
赤峰市	Chifeng City	17587	53301	86710	17614
通辽市	Tongliao City	12280	39768	52785	11562
鄂尔多斯市	Erdos City	10484	46248	32705	12739
呼伦贝尔市	Hulunbeier City	22676	54434	51584	18135
兴安盟	Xingan League	9075	21546	32562	6983
锡林郭勒盟	Xilinguole League	8287	29572	22930	8385
乌兰察布盟	Wulanchabu League	12713	36727	37781	11107
巴彦淖尔盟	Bayannaoer League	12217	36593	40065	10941
阿拉善盟	Alashan League	4324	12106	9288	2946

22-31 各盟市金融机构存、贷款余额(2003年末)

Saving Deposits and loans of Finanical Institutions by Region(end of 2003)

单位：万元 (10 000 yuan)

地区	Region	金融机构存款 Deposits	#企业存款 Deposits of Enterprises	#居民储蓄存款 Urban and Rural Savings Deposits	定期 Time	活期 Demand
呼和浩特市	Hohhot City	4786700	1596100	2554500	1428500	1126000
包头市	Baotou City	4308300	1463200	2434600	1474800	959800
乌海市	Wuhai City	753900	218800	504100	268800	235300
赤峰市	Chifeng City	2155100	351000	1609600	1031300	578300
通辽市	Tongliao City	1298100	375000	799500	462200	337300
鄂尔多斯市	Erdos City	1410000	349100	917000	455000	462000
呼伦贝尔市	Hulunbeier City	2294400	377900	1860300	1243200	617100
兴安盟	Xingan League	565300	105900	400400	236500	163900
锡林郭勒盟	Xilinguole League	670700	138200	461200	219700	241500
乌兰察布盟	Wulanchabu League	1113200	158200	871500	534200	337400
巴彦淖尔盟	Bayannaoer League	1229100	211600	941700	483400	458300
阿拉善盟	Alashan League	330600	79700	208600	129600	79000

22-31 续表 continued

单位：万元 (10 000 yuan)

地区	Region	金融机构贷款 Deposits	#工业短期贷款 Short-term Industrial Loans	#商业短期贷款 Short-term Commercial Loans	#农业短期贷款 Short-term Agricultural Loans
呼和浩特市	Hohhot City	3872300	479100	428900	111200
包头市	Baotou City	2491100	870600	266400	70400
乌海市	Wuhai City	626800	132600	17600	3200
赤峰市	Chifeng City	1767400	239000	255200	258800
通辽市	Tongliao City	1692000	326600	753900	119000
鄂尔多斯市	Erdos City	1699600	528000	92000	74100
呼伦贝尔市	Hulunbeier City	1762000	234900	454800	143900
兴安盟	Xingan League	732100	71500	352300	68700
锡林郭勒盟	Xilinguole League	502900	48200	77500	62100
乌兰察布盟	Wulanchabu League	658400	105100	159600	73900
巴彦淖尔盟	Bayannaoer League	959600	160400	252100	118800
阿拉善盟	Alashan League	333900	74700	11600	32400

22-32 各盟市中资保险公司业务经济技术指标(2003年)

Economic and Technical Indicators of Insurance Companies Funded with Chinese Capital by Region(2003)

单位：万元 (10 000 yuan)

地 区	Region	保险金额 Amount Insured	财产保险 Property Insurance	人寿保险 Life Insurance	保 费 Premium	财产保险 Property Insurance	人寿保险 Life Insurance
呼和浩特市	Hohhot City	8697300	6549900	2147400	96000	20977	75023
包头市	Baotou City	6655100	5305400	1349700	73558	19458	54100
乌海市	Wuhai City	626100	587000	39100	14615	3415	11200
赤峰市	Chifeng City	4327700	3061100	1266600	48892	10527	38365
通辽市	Tongliao City	3078300	1863700	1214600	28820	7862	20958
鄂尔多斯市	Erdos City	2842000	2491200	350800	41881	12808	29073
呼伦贝尔市	Hulunbeier City	5042100	3247300	1794800	49187	13509	35678
兴安盟	Xingan League	865500	567500	298000	14152	2752	11400
锡林郭勒盟	Xilinguole League	968700	614300	354400	14553	4031	10522
乌兰察布盟	Wulanchabu League	2000100	1034400	965700	16568	6368	10200
巴彦淖尔盟	Bayannaoer League	2092600	696000	1396600	21735	4490	17245
阿拉善盟	Alashan League	725700	725700		2601	2601	

22-32 续表 continued

地 区	Region	赔款及给付(万元) Claim and Payment (10 000 yuan)	财产保险 Property Insurance	人寿保险 Life Insurance	机构数(个) Number of Institution (unit)	财产保险 Property Insurance	人寿保险 Life Insurance
呼和浩特市	Hohhot City	16129	9807	6322	23	11	12
包头市	Baotou City	13284	8514	4770	25	14	11
乌海市	Wuhai City	2767	1510	1257	21	5	16
赤峰市	Chifeng City	12629	6950	5679	35	16	19
通辽市	Tongliao City	5498	4370	1128	22	9	13
鄂尔多斯市	Erdos City	9125	6252	2873	28	16	12
呼伦贝尔市	Hulunbeier City	13408	8327	5081	70	54	16
兴安盟	Xingan League	3923	2121	1802	12	6	6
锡林郭勒盟	Xilinguole League	3206	1642	1564	27	14	13
乌兰察布盟	Wulanchabu League	7758	5551	2207	25	12	13
巴彦淖尔盟	Bayannaoer League	3451	1843	1608	16	8	8
阿拉善盟	Alashan League	1121	1121		4	4	

22-33 各盟市财产保险业务收入与赔付(2003年)

Insurance Business Income of Property and Claim & Payment by Region(2003)

单位：万元 (10 000 yuan)

地区	Region	保费收入合计 Total Premium	#企业财产保险 Enterprise Property Insurance	#家庭财产保险 Family Property Insurance	#机动车辆保险 Motor Vehicle Insurance	#货物运输保险 Freight Transport Insurance	#农业保险 Agriculture Insurance
呼和浩特市	Hohhot City	20977	3290	1488	15590	608	
包头市	Baotou City	19458	3197	784	12932	1006	43
乌海市	Wuhai City	3415	442	56	2473	41	
赤峰市	Chifeng City	10527	2041	542	6714	191	
通辽市	Tongliao City	7862	1689	444	469	387	5
鄂尔多斯市	Erdos City	12808	2600	385	7967	428	
呼伦贝尔市	Hulunbeier City	13509	3532	1008	6741	183	
兴安盟	Xingan League	2752	270	324	2031	21	
锡林郭勒盟	Xilinguole League	4031	607	393	2752	22	
乌兰察布盟	Wulanchabu League	6368	617	108	5014	52	
巴彦淖尔盟	Bayannaoer League	4490	473	365	3270	74	
阿拉善盟	Alashan League	2601	468	32	1097	107	

22-33 续表 continued

单位：万元 (10 000 yuan)

地区	Region	赔款支出合计 Claim and Payment	#企业财产保险 Enterprise Property Insurance	#其他财产保险 Other Property Insurance	#机动车辆保险 Motor venicle Insurance	#货物运输保险 Frenight Transport Insurance	#农业保险 Agriculture Insurance
呼和浩特市	Hohhot City	9807	1608	1688	6214	297	
包头市	Baotou City	8514	2604	575	5042	293	
乌海市	Wuhai City	1510	150	248	1096	16	
赤峰市	Chifeng City	6950	1167	2612	3137	34	
通辽市	Tongliao City	4370	1253	193	2868	56	
鄂尔多斯市	Erdos City	6252	1537	428	3893	394	
呼伦贝尔市	Hulunbeier City	8327	3506	692	3980	149	
兴安盟	Xingan League	2121	532	96	1456	37	
锡林郭勒盟	Xilinguole League	1642	326	80	1229	7	
乌兰察布盟	Wulanchabu League	5551	3253	137	2151	10	
巴彦淖尔盟	Bayannaoer League	1843	217	99	1474	53	
阿拉善盟	Alashan League	1121	259	243	587	32	

22-34 各盟市人寿保险业务收入与赔付(2003年)

Insurance Business Income and Settled Claim & Payment of life Insurance by Region(2003)

单位：万元 (10 000 yuan)

地 区	Region	保费收入 Remium	人身保险 Life Insurance Business	意外伤害险 Personal Insurance Accident	健康险 Health Insurance
呼和浩特市	Hohhot City	75023	64275	2804	7944
包头市	Baotou City	54100	51000	2000	1100
乌海市	Wuhai City	11200	10200	500	500
赤峰市	Chifeng City	38365	38034	197	134
通辽市	Tongliao City	20958	19334	882	742
鄂尔多斯市	Erdos City	29073	26531	1512	1030
呼伦贝尔市	Hulunbeier City	35678	33264	1530	884
兴安盟	Xingan League	11400	10000	500	900
锡林郭勒盟	Xilinguole League	10522	9479	581	462
乌兰察布盟	Wulanchabu League	10200	8900	800	500
巴彦淖尔盟	Bayannaoer League	17245	15434	897	914
阿拉善盟	Alashan League				

22-34 续表 continued

单位：万元 (10 000 yuan)

地 区	Region	赔款支出 Benefit Paid	意外伤害险 Personal Accident Insurance	健康险 Health Insuranec	给付支出 Expenditare of Payment	人身保险 Life Insurance Business
呼和浩特市	Hohhot City	2138	540	1598	4184	4184
包头市	Baotou City	600	489	111	4170	4170
乌海市	Wuhai City	542	197	345	715	715
赤峰市	Chifeng City	1542	344	1198	4137	4137
通辽市	Tongliao City	304	131	173	824	824
鄂尔多斯市	Erdos City	994	332	662	1879	1879
呼伦贝尔市	Hulunbeier City	1398	578	820	3683	3683
兴安盟	Xingan League	730	162	568	1072	1072
锡林郭勒盟	Xilinguole League	459	219	240	1105	1105
乌兰察布盟	Wulanchabu League	665	238	427	1542	1542
巴彦淖尔盟	Bayannaoer League	783	187	596	825	825
阿拉善盟	Alashan League					

22-35 各盟市居民消费水平(2003年)

Household Consumption by Region(2003)

地区	Region	绝对数(元) Value(yuan)			指数(上年=100) Index(preceding year=100)		
		全部居民 All Households	农村居民 Agricultural Households	城镇居民 Nonagricultural Households	全部居民 All Households	农村居民 Agricultural Households	城镇居民 Nonagricultural Households
呼和浩特市	Hohhot City	4546	2163	7319	114.5	121.8	111.9
包头市	Baotou City	5941	2353	7518	115.7	102.5	117.5
乌海市	Wuhai City	5968	2726	6520	114.9	102.0	115.7
赤峰市	Chifeng City	2302	1616	4952	104.0	104.1	101.7
通辽市	Tongliao City	2542	1789	4943	102.3	97.4	108.0
鄂尔多斯市	Erdos City	5004	2893	5918	114.6	137.7	108.5
呼伦贝尔市	Hulunbeier City	3788	2161	4760	108.8	115.1	106.9
兴安盟	Xingan League	2789	1986	4688	112.3	117.1	106.3
锡林郭勒盟	Xilinguole League	3956	2597	5357	106.8	112.5	101.6
乌兰察布盟	Wulanchabu League	2313	1461	4726	105.6	104.4	104.6
巴彦淖尔盟	Bayannaoer League	3055	2389	4453	100.3	101.3	98.3
阿拉善盟	Alashan League	5790	3770	6168	105.0	102.0	105.5

注：本表绝对数按当年价格计算，指数按可比价格计算。

a)Absolute figures in this table are calculated at current prices, while indices are calculated at comparable prices.

22-36 各盟市居民消费价格分类指数(2003年)

Consumer Price Indices by Category and by Region(2003)

(上年=100) (preceding year=100)

地区	Region	总指数 General Index	食品 Food	衣着 Clothing	家庭设备及用品 Household Appliances	医疗保健用品 Health Care	交通和通讯工具 Means of Transportation & Communication	娱乐教育和文化用品 Recreational, Educational & Cultural Goods	居住 Housing
呼和浩特市	Hohhot City	101.7	102.0	102.8	97.5	97.1	97.2	109.9	101.1
包头市	Baotou City	101.4	103.4	97.9	97.9	101.5	98.6	107.4	98.5
乌海市	Wuhai City	102.0	103.6	98.2	99.1	101.9	100.0	107.6	100.2
赤峰市	Chifeng City	102.5	102.6	99.2	99.9	98.2	99.0	112.2	101.5
通辽市	Tongliao City	101.9	103.5	100.1	98.9	100.5	99.2	104.8	101.8
鄂尔多斯市	Erdos City	102.0	102.5	98.5	98.5	102.2	95.0	110.7	100.4
呼伦贝尔市	Hulunbeier City	101.6	103.9	97.4	97.6	97.9	97.3	108.8	100.9
兴安盟	Xingan League	102.4	103.1	98.3	97.8	100.0	97.4	110.5	101.4
锡林郭勒盟	Xilinguole League	101.4	100.4	99.7	100.5	93.7	98.5	119.5	100.6
乌兰察布盟	Wulanchabu League	101.7	102.5	96.7	98.8	101.7	93.8	108.4	100.0
巴彦淖尔盟	Bayannaoer League	102.8	101.8	100.2	100.5	102.6	99.6	112.0	101.1
阿拉善盟	Alashan League	102.1	105.4	96.1	93.8	95.8	98.4	112.7	99.8

22-37 各盟市城镇居民家庭基本情况(2003年)
Basic Conditions of Urban Households by Region(2003)

地区	Region	调查户数(户) Number of Households Surveyed (household)	平均每户家庭人口数(人) Average Household Size (person)	平均每户就业人口(人) Average Number of Employed Persons per Household (person)	平均每户就业面(%) Percentage of Employment per Household (%)	平均每一就业者负担人数(人) Number of Persons Supported by Each Employee (person)
呼和浩特市	Hohhot City	400	2.72	1.28	47.1	2.13
包头市	Baotou City	400	2.90	1.61	55.5	1.80
乌海市	Wuhai City	150	2.99	1.64	54.9	1.82
赤峰市	Chifeng City	400	3.06	1.63	53.3	1.88
通辽市	Tongliao City	300	3.09	1.68	54.4	1.84
鄂尔多斯市	Erdos City	300	3.05	1.70	55.7	1.79
呼伦贝尔市	Hulunbeier City	400	3.11	1.75	56.3	1.78
兴安盟	Xingan League	300	3.25	1.67	51.4	1.95
锡林郭勒盟	Xilinguole League	300	3.01	1.48	49.2	2.03
乌兰察布盟	Wulanchabu League	350	2.97	1.45	48.8	2.05
巴彦淖尔盟	Bayannaoer League	400	3.02	1.63	54.0	1.85
阿拉善盟	Alashan League	130	3.15	1.36	43.2	2.32

22-37 续表 continued

地区	Region	平均每人实际收入(元) Per Capita Annual Income (yuan)	平均每人可支配收入(元) Per Capita Disposable Income (yuan)	平均每人消费支出(元) Per Capita Annual Living Expenditures for Consumption (yuan)	#食品支出 Food	平均每人居住面积(平方米) Per Capita Net Living Space in Urban Areas (sq.m)
呼和浩特市	Hohhot City	8626.83	8230.44	6332.14	2171.85	18.44
包头市	Baotou City	9679.24	9216.40	6817.48	2150.93	20.00
乌海市	Wuhai City	7152.16	6745.22	5004.66	1670.46	19.79
赤峰市	Chifeng City	6347.02	6027.12	4876.63	1511.39	18.46
通辽市	Tongliao City	6398.89	6060.39	4412.21	1475.96	17.10
鄂尔多斯市	Erdos City	7499.53	7204.19	5507.20	1571.36	24.59
呼伦贝尔市	Hulunbeier City	6563.28	6246.09	4617.12	1423.70	16.77
兴安盟	Xingan League	5955.78	5836.91	4157.09	1251.66	17.66
锡林郭勒盟	Xilinguole League	5939.94	5622.50	4904.90	1886.76	21.00
乌兰察布盟	Wulanchabu League	5802.96	5628.56	4726.05	1437.69	18.27
巴彦淖尔盟	Bayannaoer League	6309.08	6112.28	4382.36	1414.40	20.14
阿拉善盟	Alashan League	7090.24	6654.81	5862.45	1767.38	22.76

22-38 各盟市农村牧区居民家庭基本情况(2003年)

Basic Conditions of Rural Households by Region(2003)

地区	Region	调查户数(户) Number of Households Surveyed (household)	调查户人口(人) Number of Residents Surveyed (person)	平均每户常住人口(人) Average Number of Permanent Residents per Household (person)	平均每户整半劳动力(人) Average Number of Able bodied and Semiable-bodied Laborers per Household (person)	平均每个劳动力负担人口(人) Average Number of Persons Supported by a Laborer (person)
呼和浩特市	Hohhot City	265	1037	3.91	2.72	1.44
包头市	Baotou City	305	1156	3.79	2.68	1.41
乌海市	Wuhai City	30	103	3.43	2.60	1.32
赤峰市	Chifeng City	905	3572	3.95	2.72	1.45
通辽市	Tongliao City	597	2534	4.25	2.95	1.44
鄂尔多斯市	Erdos City	300	1102	3.67	2.65	1.39
呼伦贝尔市	Hulunbeier City	355	1567	4.18	2.84	1.47
兴安盟	Xingan League	490	2038	4.16	2.47	1.69
锡林郭勒盟	Xilinguole League	335	1299	3.88	2.69	1.44
乌兰察布盟	Wulanchabu League	381	1304	3.42	2.43	1.41
巴彦淖尔盟	Bayannaoer League	660	2319	3.64	2.54	1.44
阿拉善盟	Alashan League	80	307	3.84	2.56	1.50

22-38 续表 continued

地区	Region	平均每人年收入(元) Per Capita Annual Income (yuan)	平均每人纯收入(元) Net Income (yuan)	平均每人现金收入(元) Cash Income (yuan)	平均每人年支出(元) Per Capita Annual Expenditure (yuan)	#食品支出 Food
呼和浩特市	Hohhot City	4637.27	3169.15	3526.33	3609.53	721.37
包头市	Baotou City	5484.68	3434.56	4410.24	4404.27	980.59
乌海市	Wuhai City	5514.96	3080.49	4296.68	4859.92	1314.09
赤峰市	Chifeng City	3113.02	2050.58	2371.68	2804.84	672.31
通辽市	Tongliao City	3866.75	2482.94	3050.77	3063.17	614.33
鄂尔多斯市	Erdos City	5072.22	3090.06	3727.17	4195.50	837.63
呼伦贝尔市	Hulunbeier City	3216.36	1679.99	2949.38	3763.53	691.98
兴安盟	Xingan League	2716.54	1865.21	1968.03	2138.14	591.44
锡林郭勒盟	Xilinguole League	5329.71	2220.40	4557.38	5677.88	916.98
乌兰察布盟	Wulanchabu League	3227.87	2138.37	2387.12	2899.05	586.08
巴彦淖尔盟	Bayannaoer League	5566.76	3015.23	4223.34	5036.09	972.48
阿拉善盟	Alashan League	6226.84	2962.18	7617.12	6846.39	1619.25

22-39 各盟市农牧民人均纯收入(2003年)

Per Capita Annual Net Income of Peasant and Herdsman Households by Region(2003)

单位：元 (yuan)

地区	Region	农牧民人均可支配收入 Annual Per Capita Pisposable Income of Rural Residents	农牧民人均纯收入 Peasant and Herdsman Household Net Income	农民 Peasant	牧民 Herdsman
呼和浩特市	Hohhot City	3092.10	3169.15	3169.15	
包头市	Baotou City	3341.63	3434.56	3385.00	4303.00
乌海市	Wuhai City	2872.85	3080.49	3080.49	
赤峰市	Chifeng City	1976.57	2050.58	2076.00	1829.00
通辽市	Tongliao City	2370.07	2482.94	2482.94	
鄂尔多斯市	Erdos City	3007.41	3090.06	3114.00	3045.00
呼伦贝尔市	Hulunbeier City	1402.39	1679.99	1530.00	3508.00
兴安盟	Xingan League	1819.54	1865.21	1865.21	
锡林郭勒盟	Xilinguole League	2181.21	2220.40	1629.00	3061.00
乌兰察布盟	Wulanchabu League	2040.40	2138.37	2127.00	2767.00
巴彦淖尔盟	Bayannaoer League	2860.56	3015.23	3031.00	2690.00
阿拉善盟	Alashan League	2724.85	2962.18		2962.18

22-40 各盟市农村基层组织情况(2003年)

Basic Conditions of Rural Grassroots Units by Region(2003)

地区	Region	乡镇数(个) Number of Township & Town Govern-ments (unit)	# 镇数 Town Gover-nments	村民委员会(个) Number of Villagers' Committees (unit)	乡村户数(万户) Number of Households (10 000 households)	乡村人口数(万人) Rural Population (10 000 persons)	乡村从业人员(万人) Number of Rural Emplorers (10 000 persons)	男 Male	女 Fe-male
呼和浩特市	Hohhot City	72	17	1007	29.91	113.28	55.49	32.63	22.86
包头市	Baotou City	59	17	673	19.04	71.87	38.05	21.66	16.39
乌海市	Wuhai City	6	1	63	1.32	4.68	2.74	1.54	1.20
赤峰市	Chifeng City	224	77	2249	90.37	346.87	157.50	84.53	72.97
通辽市	Tongliao City	134	77	2422	56.74	221.91	96.76	55.20	41.56
鄂尔多斯市	Erdos City	99	52	999	22.00	79.28	47.04	25.89	21.15
呼伦贝尔市	Hulunbeier City	87	37	787	20.65	85.07	30.89	18.66	12.23
兴安盟	Xingan League	75	38	853	27.53	108.18	45.70	27.34	18.36
锡林郭勒盟	Xilinguole League	107	19	828	12.50	47.61	25.57	13.98	11.59
乌兰察布盟	Wulanchabu League	141	34	1388	42.94	162.10	93.01	51.70	41.31
巴彦淖尔盟	Bayannaoer League	95	44	798	26.33	111.45	55.73	31.11	24.62
阿拉善盟	Alashan League	39	14	202	1.65	5.78	3.79	2.02	1.77

22-41 各盟市乡村年末从业人员(2003年)
Rural Employers Force by Sector at the Year-end by Region(2003)

单位：万人 (10 000 persons)

地区	Region	农林牧渔业 Farming Forestry Animal Husbandry and Fishery	工业 Industry	建筑业 Construction	交通运输业、仓储及邮电通信业 Transportation and Storage	批发零售贸易业餐饮业 Wholesale, Retail Sale - Catering Trades	其他非农行业 Other Non-agricultural Trades
呼和浩特市	Hohhot City	42.62	2.99	3.30	1.58	2.15	2.85
包头市	Baotou City	29.71	2.02	1.55	1.14	1.38	2.26
乌海市	Wuhai City	2.26	0.22	0.06	0.06	0.08	0.07
赤峰市	Chifeng City	106.12	5.28	9.04	3.20	4.31	29.55
通辽市	Tongliao City	83.13	1.75	2.95	1.15	2.83	4.96
鄂尔多斯市	Erdos City	33.97	3.43	1.37	2.25	2.22	3.80
呼伦贝尔市	Hulunbeier City	28.01	0.45	0.42	0.24	0.96	0.81
兴安盟	Xingan League	41.30	0.61	0.93	0.35	1.31	1.19
锡林郭勒盟	Xilinguole League	23.53	0.09	0.34	0.12	0.22	1.28
乌兰察布盟	Wulanchabu League	70.72	2.58	4.49	1.58	2.24	11.40
巴彦淖尔盟	Bayannaoer League	49.51	1.79	0.81	0.84	1.57	1.22
阿拉善盟	Alashan League	3.52	0.03	0.01	0.07	0.08	0.08

22-42 各盟市农、林、牧、渔业总产值(2003年)
Gross Output Value of Farming, Forestry, Animal Husbandry and Fishery by Region(2003)

单位:万元 (10 000 yuan)

地区	Region	农林牧渔业总产值 Total	#农业 Farming	#林业 Forestry	#牧业 Animal Husbandry	#渔业 Fishery
呼和浩特市	Hohhot City	561320.2	227128.3	40037.5	279097.2	6619.5
包头市	Baotou City	367967.2	192998.8	8556.7	155818.0	3648.1
乌海市	Wuhai City	26651.4	13812.0	1251.8	9366.6	137.0
赤峰市	Chifeng City	1030829.0	486858.6	63287.0	456351.7	4000.7
通辽市	Tongliao City	1230267.0	730030.0	49349.0	420025.0	2523.0
鄂尔多斯市	Erdos City	497371.1	233336.7	46974.0	212552.5	4507.8
呼伦贝尔市	Hulunbeier City	749756.0	270919.0	150278.0	285662.0	15363.0
兴安盟	Xingan League	446375.9	242055.4	29206.4	165343.2	3002.9
锡林郭勒盟	Xilinguole League	428094.1	107285.4	13629.3	298543.4	371.3
乌兰察布盟	Wulanchabu League	756150.6	390189.7	44367.2	301514.5	1387.2
巴彦淖尔盟	Bayannaoer League	767911.7	486583.9	28445.3	233513.7	7452.2
阿拉善盟	Alashan League	61871.4	26068.0	3974.8	26329.7	386.9

注:本表绝对数按当年价格计算。

a)Data in value terms in this table are calculated at current prices.

22-43 各盟市农、林、牧、渔业总产值指数(2003年)

Indices of Gross Output of Farming, Forestry, Animal Husbandry and Fishery by Region(2003)

(上年=100) (preceinge year=100)

地区	Region	农林牧渔业总产值 Total	#农业 Farming	#林业 Forestry	#牧业 Animal Husbandry	#渔业 Fishery
呼和浩特市	Hohhot City	117.9	115.3	96.0	122.4	104.9
包头市	Baotou City	121.8	116.4	82.7	131.4	104.8
乌海市	Wuhai City	109.1	102.0	168.9	115.0	113.9
赤峰市	Chifeng City	114.1	101.1	113.9	128.6	89.3
通辽市	Tongliao City	115.1	109.9	100.5	128.2	77.8
鄂尔多斯市	Erdos City	125.2	113.5	126.6	135.6	124.9
呼伦贝尔市	Hulunbeier City	82.8	51.6	115.3	127.0	96.5
兴安盟	Xingan League	109.1	100.6	116.5	116.1	77.2
锡林郭勒盟	Xilinguole League	112.1	104.0	143.0	114.8	66.0
乌兰察布盟	Wulanchabu League	116.5	111.8	121.0	122.2	72.5
巴彦淖尔盟	Bayannaoer League	104.6	94.8	106.6	131.1	109.2
阿拉善盟	Alashan League	103.7	105.3	83.7	110.6	101.7

注:指数按可比价格计算。

a)The indices in this table are calculated at comparable prices.

22-44 各盟市造林、耕地及农作物播种面积(2003年)

Afforested Area, Cultivated Area and Sown Area of Farm Crops by Region(2003)

单位：千公顷 (1 000 hectares)

地区	Region	造林面积 Afforested Area	耕地面积 Cultivated Area	农作物总播种面积 Total Sown Area	#粮食作物播种面积 Sown Area of Grain Crops	有效灌溉面积 Irrigated Area
呼和浩特市	Hohhot City	38.80	514.04	374.10	228.30	179.11
包头市	Baotou City	18.50	429.62	267.10	156.80	127.72
乌海市	Wuhai City	4.00	6.41	6.30	3.70	9.51
赤峰市	Chifeng City	144.00	923.27	924.00	703.40	370.86
通辽市	Tongliao City	113.40	860.44	843.00	646.70	577.18
鄂尔多斯市	Erdos City	164.10	394.33	272.30	127.50	179.27
呼伦贝尔市	Hulunbeier City	9.70	1197.00	1083.80	801.40	130.62
兴安盟	Xingan League	54.70	608.31	615.10	515.30	196.53
锡林郭勒盟	Xilinguole League	70.70	173.22	158.70	46.90	16.86
乌兰察布盟	Wulanchabu League	152.20	870.07	596.30	440.50	200.39
巴彦淖尔盟	Bayannaoer League	51.70	580.95	399.40	181.70	580.49
阿拉善盟	Alashan League	6.60	24.30	19.60	9.20	

22-45 各盟市农业机械总动力和农村用电量及化肥施用量(2003年)

Total Power of Agricultural Machinery, Electricity Consumed in Rural Area and Consumption of Chemical Fertilizer by Region(2003)

地区	Region	农业机械总动力(万千瓦) Total Power of Agricultural Machinery (10 000 kw)	农村用电量(万千瓦小时) Electricity Consumed in Rural Area (10 000 kwh)	农药使用量(吨) Consumption of Pesticide (ton)	化肥施用量(折纯量)(吨) Consumption of Chemical Fertilizer (ton)
呼和浩特市	Hohhot City	128.00	21402.35	413	70668
包头市	Baotou City	101.50	19241.38	576	49915
乌海市	Wuhai City	15.50	2974.00	111	5868
赤峰市	Chifeng City	234.60	66530.96	1240	131060
通辽市	Tongliao City	231.80	39666.00	2346	203815
鄂尔多斯市	Erdos City	163.30	21050.00	605	70902
呼伦贝尔市	Hulunbeier City	186.40	12813.36	2517	82425
兴安盟	Xingan League	138.70	10520.20	799	85231
锡林郭勒盟	Xilinguole League	66.70	2588.01	661	8376
乌兰察布盟	Wulanchabu League	123.20	13862.51	353	49194
巴彦淖尔盟	Bayannaoer League	210.20	28630.21	869	169598
阿拉善盟	Alashan League	16.60	7044.60	78	4870

22-46 各盟市主要农产品产量(2003年)

Yield of Major Farm Crops by Region(2003)

单位：万吨 (10 000 tons)

地区	Region	粮食 Grain	谷物 Cereal	#小麦 Wheat	#玉米 Corn	豆类 Beans	薯类 Tubers	油料 Oil-bearing Crops
呼和浩特市	Hohhot City	91.85	65.46	2.79	57.80	2.08	24.30	6.57
包头市	Baotou City	66.10	50.25	3.41	44.73	0.49	15.36	6.34
乌海市	Wuhai City	2.32	2.16	0.41	1.70		0.16	0.08
赤峰市	Chifeng City	242.92	217.69	6.67	166.37	12.97	12.26	6.51
通辽市	Tongliao City	341.73	321.49	7.90	276.08	17.94	2.29	10.27
鄂尔多斯市	Erdos City	75.99	65.41	1.63	60.30	0.51	10.07	6.45
呼伦贝尔市	Hulunbeier City	64.91	24.11	9.83	11.27	33.62	7.18	16.12
兴安盟	Xingan League	154.26	125.21	2.95	98.60	18.28	10.77	5.41
锡林郭勒盟	Xilinguole League	14.61	6.76	0.92	5.09	0.53	7.32	1.27
乌兰察布盟	Wulanchabu League	135.81	46.44	1.55	41.13	7.20	82.18	6.68
巴彦淖尔盟	Bayannaoer League	142.76	140.02	49.64	90.08	0.16	2.58	35.46
阿拉善盟	Alashan League	6.54	6.42	0.77	5.10	0.08	0.04	1.11

22-47 各盟市大牲畜年中数(2003年)

Number of Large Animals at the Middle of Year by Region(2003)

单位：万头　　(10 000 heads)

地区	Region	大牲畜 Large Animals	牛 Cattle and Buffalos	马 Horses	驴 Donkeys	骡 Mules	骆驼 Camels
呼和浩特市	Hohhot City	45.07	35.83	0.86	3.66	4.50	0.22
包头市	Baotou City	25.39	19.88	0.33	2.69	1.97	0.53
乌海市	Wuhai City	0.63	0.19		0.16	0.27	
赤峰市	Chifeng City	155.49	81.61	14.62	42.98	16.25	0.03
通辽市	Tongliao City	165.49	121.51	24.11	13.46	6.40	
鄂尔多斯市	Erdos City	22.91	12.67	1.21	4.32	4.62	0.09
呼伦贝尔市	Hulunbeier City	90.07	74.57	14.09	0.81	0.46	0.15
兴安盟	Xingan League	46.31	32.81	7.26	4.80	1.43	
锡林郭勒盟	Xilinguole League	81.87	68.56	12.14	0.42	0.15	0.59
乌兰察布盟	Wulanchabu League	56.65	43.75	2.97	3.49	6.04	0.41
巴彦淖尔盟	Bayannaoer League	20.45	7.30	1.53	3.88	7.16	0.58
阿拉善盟	Alashan League	7.74	0.61	0.10	0.46	0.13	6.45

22-48 各盟市大牲畜年末数(2003年)

Number of Large Animals at the Year-end by Region(2003)

单位：万头　　(10 000 heads)

地区	Region	大牲畜 Large Animals	牛 Cattle and Buffalos	马 Horses	驴 Donkeys	骡 Mules	骆驼 Camels
呼和浩特市	Hohhot City	47.31	40.40	0.61	2.66	3.44	0.21
包头市	Baotou City	29.43	25.84	0.36	1.59	1.29	0.35
乌海市	Wuhai City	0.62	0.19		0.17	0.26	
赤峰市	Chifeng City	144.60	71.26	14.48	42.80	16.04	0.03
通辽市	Tongliao City	125.90	77.96	25.37	14.84	7.73	
鄂尔多斯市	Erdos City	22.62	12.41	1.22	4.33	4.58	0.01
呼伦贝尔市	Hulunbeier City	74.76	62.25	11.41	0.65	0.31	0.14
兴安盟	Xingan League	44.10	30.80	7.23	4.57	1.50	
锡林郭勒盟	Xilinguole League	58.19	49.46	7.82	0.34	0.12	0.46
乌兰察布盟	Wulanchabu League	38.64	29.49	1.85	2.47	4.64	0.19
巴彦淖尔盟	Bayannaoer League	22.59	9.16	1.60	3.86	7.46	0.51
阿拉善盟	Alashan League	6.67	0.51	0.07	0.38	0.12	5.60

22-49 各盟市羊和猪年中数(2003年)

Number of Sheep, Goats and Hogs at the Middle of Year by Region(2003)

单位：万只(头) (10 000 heads)

地区	Region	羊 Sheep and Goats	绵羊 Sheep	山羊 Goats	生猪 Hogs
呼和浩特市	Hohhot City	134.01	103.50	30.51	60.34
包头市	Baotou City	190.06	113.43	76.63	35.02
乌海市	Wuhai City	8.73	4.25	4.48	4.30
赤峰市	Chifeng City	685.19	304.83	380.35	128.31
通辽市	Tongliao City	283.03	128.80	154.23	251.07
鄂尔多斯市	Erdos City	725.93	296.13	429.80	71.40
呼伦贝尔市	Hulunbeier City	689.28	557.78	131.50	75.68
兴安盟	Xingan League	644.29	367.52	276.78	63.87
锡林郭勒盟	Xilinguole League	1629.80	1144.90	484.90	6.27
乌兰察布盟	Wulanchabu League	559.01	451.49	107.52	101.59
巴彦淖尔盟	Bayannaoer League	667.06	449.25	217.81	74.54
阿拉善盟	Alashan League	179.68	52.08	127.60	1.08

22-50 各盟市羊和猪年末数(2003年)

Number of Sheep, Goats and Hogs at the Year-end by Region(2003)

单位：万只(头) (10 000 heads)

地区	Region	羊 Sheep and Goats	绵羊 Sheep	山羊 Goats	生猪 Hogs	肉猪出栏头数 Slaughtered Fattened Hogs
呼和浩特市	Hohhot City	75.70	61.87	13.83	35.65	70.78
包头市	Baotou City	123.85	82.62	41.23	23.15	34.22
乌海市	Wuhai City	7.75	4.18	3.57	4.48	6.03
赤峰市	Chifeng City	478.45	254.02	224.43	118.92	134.64
通辽市	Tongliao City	252.22	113.88	138.34	157.05	157.89
鄂尔多斯市	Erdos City	580.57	239.51	341.06	47.93	62.09
呼伦贝尔市	Hulunbeier City	487.65	391.21	96.45	52.02	68.46
兴安盟	Xingan League	491.90	292.13	199.76	51.36	55.40
锡林郭勒盟	Xilinguole League	861.91	624.22	237.69	3.43	6.25
乌兰察布盟	Wulanchabu League	302.32	262.49	39.83	49.23	141.95
巴彦淖尔盟	Bayannaoer League	653.74	471.73	182.01	72.50	71.16
阿拉善盟	Alashan League	134.09	35.07	99.03	0.61	1.10

22-51 各盟市主要畜产品产量(2003年)

Output of Major Livestock Products by Region(2003)

地区	Region	肉类产量(吨) Output of Meat (ton)	#猪牛羊肉 Output of Pork, Beef and Mutton	猪肉 Pork	牛肉 Beef	羊肉 Mutton	奶类(吨) Milk (ton)	#牛奶 Cow Milk
呼和浩特市	Hohhot City	92033	84622	65691	6977	11954	1007627	1007587
包头市	Baotou City	55061	49382	27020	7534	14828	433175	431704
乌海市	Wuhai City	8150	7557	6522	128	907	4202	4202
赤峰市	Chifeng City	307983	218971	135703	41179	42089	70571	70556
通辽市	Tongliao City	309503	247745	143406	84390	19949	208358	208202
鄂尔多斯市	Erdos City	122292	119021	74509	3771	40741	165845	136461
呼伦贝尔市	Hulunbeier City	164684	148550	69369	34709	44472	472993	470432
兴安盟	Xingan League	120805	101926	55410	18300	28216	107285	106903
锡林郭勒盟	Xilinguole League	164993	159264	5022	28425	125817	128338	125355
乌兰察布盟	Wulanchabu League	203894	185650	115032	10768	59850	329717	328036
巴彦淖尔盟	Bayannaoer League	150890	137498	78274	3874	55350	188089	188089
阿拉善盟	Alashan League	12229	10119	932	197	8990	5929	2695

22-51 续表 continued

地区	Region	绵羊毛(吨) Sheep Wool (ton)	山羊毛(吨) Goat Wool (ton)	羊绒(吨) Cashmere (ton)	牛皮(万张) Cattle hide (10 000 pieces)	羊皮(万张) Sheep skin (10 000 pieces)	禽蛋(吨) Poultry Eggs (ton)	水产品总产量(吨) Total Aquatic Products (ton)
呼和浩特市	Hohhot City	1973	137	49	4.93	76.87	33121	7701
包头市	Baotou City	2344	61	129	5.01	112.79	18974	5252
乌海市	Wuhai City	73	68	9	0.06	5.67	1400	200
赤峰市	Chifeng City	7535	1252	998	23.29	217.4	182285	8078
通辽市	Tongliao City	3100	1101	399	39.22	117.03	35650	4600
鄂尔多斯市	Erdos City	7285	1137	1053	2.90	253.76	6405	5204
呼伦贝尔市	Hulunbeier City	8731	135	206	23.29	262.8	23657	25020
兴安盟	Xingan League	9558	1320	616	9.31	229.26	14011	3503
锡林郭勒盟	Xilinguole League	12756	155	1036	20.46	758.23	3448	1122
乌兰察布盟	Wulanchabu League	8930	65	139	9.23	373.58	17688	2034
巴彦淖尔盟	Bayannaoer League	6437	72	412	2.37	373.09	7538	9820
阿拉善盟	Alashan League	533	290	292	0.20	60.61	260	260

22-52 各盟市工业总产值和指数(2003年)

Gross Industrial Output Value and Related Indices by Region(2003)

地区	Region	工业总产值(万元) Total Industry (10 000 yuan)	#国有及国有控股企业 State-owned or Controlling Share Hold Industry	工业总产值指数(上年=100) Indices of Gross Industrial output Value (preceding year=100)	#国有及国有控股企业 State-owned or Controlling Share Hold Industry
呼和浩特市	Hohhot City	3696737	1004957	130.8	81.45
包头市	Baotou City	5647800	3599031	129.5	132.84
乌海市	Wuhai City	715387	341465	127.5	113.66
赤峰市	Chifeng City	1749690	683149	128.7	113.95
通辽市	Tongliao City	1462079	386885	117.0	128.76
鄂尔多斯市	Erdos City	2978493	706333	123.9	85.72
呼伦贝尔市	Hulunbeier City	916178	432455	108.6	123.83
兴安盟	Xingan League	440340	117961	127.6	96.04
锡林郭勒盟	Xilinguole League	518760	230237	118.9	98.02
乌兰察布盟	Wulanchabu League	960742	191337	104.0	67.65
巴彦淖尔盟	Bayannaoer League	749671	180984	135.7	107.95
阿拉善盟	Alashan League	243873	94342	131.4	109.24

22-53 各盟市全部国有及规模以上非国有工业企业单位数和工业总产值(2003年)

Number of All State owned and Non-state owned above Designated Size Industrial Enterprises and Their Gross Output Value by Region(2003)

单位：个、万元 (unit)(10 000 yuan)

地区	Region	全部国有及规模以上非国有企业 All States-owned and Non state-owned Enterprises above Designated Size			#国有及国有控股企业 State-owned Enterprises		
		企业单位数 Number of Enterprises	总产值 Gross Output Value		企业单位数 Number of Enterprises	总产值 Gross Output Value	
			当年价格 At Current Prices	指数(上年=100) Indices		当年价格 At Current Prices	指数(上年=100) Indices
呼和浩特市	Hohhot City	185	2407794	150.08	87	1004957	81.45
包头市	Baotou City	254	4317814	136.53	77	3599031	132.84
乌海市	Wuhai City	83	590525	142.33	20	341465	113.66
赤峰市	Chifeng City	173	979690	128.69	75	683149	113.95
通辽市	Tongliao City	100	879864	135.76	28	386885	128.76
鄂尔多斯市	Erdos City	228	1864025	142.63	53	706333	85.72
呼伦贝尔市	Hulunbeier City	120	609620	135.09	71	432455	123.83
兴安盟	Xingan League	63	250340	143.19	21	117961	96.04
锡林郭勒盟	Xilinguole League	140	365205	125.08	68	230237	98.02
乌兰察布盟	Wulanchabu League	141	545742	130.58	38	191337	67.65
巴彦淖尔盟	Bayannaoer League	123	543548	142.79	36	180984	107.95
阿拉善盟	Alashan League	38	186873	135.90	12	94342	109.24

22-53 续表 1 continued

单位：个、万元 (unit)(10 000 yuan)

地区	Region	#集体企业 Collective-owned Enterprises 企业单位数 Number of Enterprises	总产值 Gross Output Value 当年价格 At Current Prices	指数(上年=100) Indices (preceding year=100)	#股份有限公司 Share Holding Enterprises 企业单位数 Number of Enterprises	总产值 Gross Output Value 当年价格 At Current Prices	指数(上年=100) Indices (preceding year=100)
呼和浩特市	Hohhot City	5	7145	120.3	12	586767	103.4
包头市	Baotou City	39	97053	123.7	24	1319966	152.8
乌海市	Wuhai City	1	13421	110.6	5	89495	138.3
赤峰市	Chifeng City	19	32186	136.0	26	286652	130.3
通辽市	Tongliao City	12	19933	131.6	8	25583	90.2
鄂尔多斯市	Erdos City	4	16970	137.9	26	410877	188.2
呼伦贝尔市	Hulunbeier City	4	3630	147.6	1	2770	251.2
兴安盟	Xingan League	2	3406	130.2	3	9857	117.4
锡林郭勒盟	Xilinguole League	8	11449	121.1	14	149272	134.2
乌兰察布盟	Wulanchabu League	5	7660	387.2	6	166921	122.2
巴彦淖尔盟	Bayannaoer League	3	8132	157.3	8	139428	120.0
阿拉善盟	Alashan League				4	73491	163.5

22-53 续表 2 continued

单位：个、万元 (unit)(10 000 yuan)

地区	Region	#外商投资企业 Foreign Funded Enterprises 企业单位数 Number of Enterprises	总产值 Gross Output Value 当年价格 At Current Prices	指数(上年=100) Indices (preceding year=100)	#港澳台商投资企业 Enterprises Funded by Entrepreneurs from Hong Kong, Macao & Taiwan 企业单位数 Number of Enterprises	总产值 Gross Output Value 当年价格 At Current Prices	指数(上年=100) Indices (preceding year=100)
呼和浩特市	Hohhot City	17	450233	1523.9	13	321692	209.3
包头市	Baotou City	14	84083	126.5	10	126736	112.3
乌海市	Wuhai City	1	424	42.4	2	8920	129.4
赤峰市	Chifeng City	1	127	21.1	7	22358	301.3
通辽市	Tongliao City	4	116927	390.9			
鄂尔多斯市	Erdos City	15	253659	118.4	4	29063	195.3
呼伦贝尔市	Hulunbeier City	2	3348	274.9	1	10547	
兴安盟	Xingan League	2	4736	108.4			
锡林郭勒盟	Xilinguole League	1	524	125.4			
乌兰察布盟	Wulanchabu League	1	861	210.0	4	22126	146.7
巴彦淖尔盟	Bayannaoer League	3	28688	122.5	6	30543	105.0
阿拉善盟	Alashan League				1	3001	61.6

22-53 续表 3 continued

单位：个、万元 (unit)(10 000 yuan)

地区	Region	轻工业 Enterprises of Light Industry			重工业 Enterprises of Heavy Industry		
		企业单位数 Number of Enterprises	总产值 Gross Output Value		企业单位数 Number of Enterprises	总产值 Gross Output Value	
			当年价格 At Current Prices	指数(上年=100) Indices (preceding year=100)		当年价格 At Current Prices	指数(上年=100) Indices (preceding year=100)
呼和浩特市	Hohhot City	95	1320848	141.5	90	1086946	165.0
包头市	Baotou City	62	579143	152.6	192	3738670	133.5
乌海市	Wuhai City	11	7468	101.1	72	583056	143.3
赤峰市	Chifeng City	64	420115	123.9	109	559575	134.8
通辽市	Tongliao City	45	434534	132.8	55	445330	139.3
鄂尔多斯市	Erdos City	77	539025	139.4	151	1325000	145.0
呼伦贝尔市	Hulunbeier City	54	200891	145.3	66	408729	127.5
兴安盟	Xingan League	35	137205	175.6	28	113135	110.3
锡林郭勒盟	Xilinguole League	89	126981	128.9	51	238223	122.8
乌兰察布盟	Wulanchabu League	51	166867	100.4	90	378875	151.4
巴彦淖尔盟	Bayannaoer League	65	340562	130.2	58	202985	177.2
阿拉善盟	Alashan League	5	14043	38.0	33	172831	226.4

22-53 续表 4 continued

单位：个、万元 (unit)(10 000 yuan)

地区	Region	大型企业 Large Enterprises			中型企业 Medium-sized Enterprises			小型企业 Small Enterprises		
		企业单位数 Number of Enterprises	总产值 Gross Output Value		企业单位数 Number of Enterprises	总产值 Gross Output Value		企业单位数 Number of Enterprises	总产值 Gross Output Value	
			当年价格 At Current Prices	指数(上年=100) Indices (preceding year=100)		当年价格 At Current Prices	指数(上年=100) Indices (preceding year=100)		当年价格 At Current Prices	指数(上年=100) Indices (preceding year=100)
呼和浩特市	Hohhot City	2	748644	157.2	33	1300015	142.7	150	359134	128.4
包头市	Baotou City	11	2910743	133.0	40	704741	154.8	203	702330	134.2
乌海市	Wuhai City	2	130123	140.5	15	215930	115.5	66	244471	190.6
赤峰市	Chifeng City	5	409842	117.4	29	349972	124.3	139	219877	134.3
通辽市	Tongliao City	2	170472	124.2	18	458160	143.8	80	251232	119.7
鄂尔多斯市	Erdos City	4	469247	129.4	30	651500	140.5	194	743279	140.8
呼伦贝尔市	Hulunbeier City	2	66738	105.7	12	262055	115.0	106	280827	134.7
兴安盟	Xingan League	1	59737	109.6	6	74912	183.3	56	115691	130.9
锡林郭勒盟	Xilinguole League	2	145435	95.4	1	11316		137	208454	138.8
乌兰察布盟	Wulanchabu League				9	127582	127.1	132	418160	148.8
巴彦淖尔盟	Bayannaoer League				19	267859	125.2	104	275689	144.3
阿拉善盟	Alashan League				11	135942	125.8	27	50932	156.4

22-54 各盟市全部国有及规模以上非国有工业企业主要指标(2003年)

Main Indicators of All State owned and Non state owned above designed Size Industrial Enterprises by Region(2003)

单位：万元　　　　(10 000 yuan)

地 区	Region	工业增加值 Value Added of Industry	资产合计 Total Assets	负债合计 Total Liabilities	产品销售收入 Sales Revenue	利润总额 Total Profits
呼和浩特市	Hohhot City	822095	3438391	2037608	2274891	183411
包头市	Baotou City	1460820	7223832	3991684	4126647	160803
乌海市	Wuhai City	311084	1199274	772826	487044	37399
赤峰市	Chifeng City	329061	2410284	1442899	1017989	28379
通辽市	Tongliao City	341211	1194966	724666	790287	32883
鄂尔多斯市	Erdos City	821079	3990617	2045311	1818842	125793
呼伦贝尔市	Hulunbeier City	249597	1872141	1661626	515981	-4027
兴安盟	Xingan League	95002	298890	205265	246029	-1224
锡林郭勒盟	Xilinguole League	221109	632867	258760	308955	9703
乌兰察布盟	Wulanchabu League	202525	863912	479947	393404	16554
巴彦淖尔盟	Bayannaoer League	196133	793253	503605	459130	20841
阿拉善盟	Alashan League	108340	428081	292017	186173	10942

22-55 各盟市主要工业产品产量(2003年)

Output of Major Industrial Products by Region(2003)

地 区	Region	白酒(千升) Liquor (1000 litres)	糖(吨) Sugar (ton)	乳制品(吨) Dairy (ton)	卷烟(万支) Cigarettes (10 000 pcs)	布(万米) Cloth (10 000 m)	毛线(吨) Knitting Wool (ton)	呢绒(万米) Woolen Piece Goods (10 000 m)
呼和浩特市	Hohhot City	9800		44802	1205000	2015.55	55.00	38.39
包头市	Baotou City	8315	40177	1035		2669.00		12.00
乌海市	Wuhai City	1018						
赤峰市	Chifeng City	11275	58921	1642			72.50	238.73
通辽市	Tongliao City	30933	10047	1282				225.00
鄂尔多斯市	Erdos City	7358		1475				26.00
呼伦贝尔市	Hulunbeier City	15068	6800	39765				
兴安盟	Xingan League	20847	8732	2042	319995			
锡林郭勒盟	Xilinguole League	4129		828				
乌兰察布盟	Wulanchabu League	21607	17813	44644				
巴彦淖尔盟	Bayannaoer League	30809	4893	1182				
阿拉善盟	Alashan League	276						

22-55 续表 1 continued

地 区	Region	原盐(万吨) Salt (10 000 tons)	机制纸及纸板(吨) Machine-made Paper and Paperboards (ton)	原油(吨) Crude Oil (ton)	原煤(万吨) Coal (10 000 tons)	发电量(亿千瓦小时) Electricity (100 million kwh)	焦炭(万吨) Coke (10 000 tons)
呼和浩特市	Hohhot City		40819		0.90	71.63	30.16
包头市	Baotou City		1260		247.11	65.21	227.83
乌海市	Wuhai City				1114.57	55.23	208.09
赤峰市	Chifeng City		3113		1362.54	93.04	
通辽市	Tongliao City		50	54700	1122.25	50.18	
鄂尔多斯市	Erdos City	5.48			8103.29	150.38	325.03
呼伦贝尔市	Hulunbeier City		36625	122948	1820.75	66.42	
兴安盟	Xingan League		5700		108.14	1.99	
锡林郭勒盟	Xilinguole League		26010	736000	198.48	4.32	
乌兰察布盟	Wulanchabu League		10949			73.83	9.46
巴彦淖尔盟	Bayannaoer League		64681	9740	36.27	15.24	0.27
阿拉善盟	Alashan League	136.12			588.32	0.03	4.41

22-55 续表 2 continued

地 区	Region	钢(万吨) Steel (10 000 tons)	生铁(万吨) Pig Iron (10 000 tons)	成品钢材(万吨) Steel Products (10 000 tons)	水泥(万吨) Cement (10 000 tons)	木材(万立方米) Timber (10 000 cu.m)	化肥(万吨) Chemical Fertilizer (10 000 tons)
呼和浩特市	Hohhot City		7.65		117.92		28.69
包头市	Baotou City	539.95	546.51	517.70	64.14		2.28
乌海市	Wuhai City		14.96		127.42		
赤峰市	Chifeng City	9.24			133.5		1.65
通辽市	Tongliao City			9.35	40.89		2.48
鄂尔多斯市	Erdos City		10.54	5.85	166.24		1.82
呼伦贝尔市	Hulunbeier City			0.76	83.65		2.87
兴安盟	Xingan League	27.48	26.33	26.70	36.23	7.89	
锡林郭勒盟	Xilinguole League				9.27		
乌兰察布盟	Wulanchabu League				111.92		1.57
巴彦淖尔盟	Bayannaoer League	0.16	0.91		30.97		9.58
阿拉善盟	Alashan League				21.41		

22-56 各盟市建筑业企业情况(2003年)

Main Indicators on Construction Enterprises by Region(2003)

地 区	Region	企业单位数(个) Number of Enterprises (unit)	# 国有 State-owned	# 集体 Collective owned	从业人员(人) Number of Persons Employed (person)	# 国有 State-owned	# 集体 Collective owned	建筑业总产值(万元) Gross Output Value (10 000 yuan)	# 国有 State-owned	# 集体 Collective owned
呼和浩特市	Hohhot City	150	13	11	57154	8881	2003	675959	160155	19214
包 头 市	Baotou City	99	5	7	55424	2917	1064	452711	32057	8919
乌 海 市	Wuhai City	30	1		9407	326		94849	11346	
赤 峰 市	Chifeng City	95	3	3	57663	482	1868	286379	3423	13152
通 辽 市	Tongliao City	38	3	2	14775	4069	532	113214	40014	3092
鄂尔多斯市	Erdos City	61	5	3	16082	1115	783	371182	26647	12425
呼伦贝尔市	Hulunbeier City	60	1	1	21811	1459	97	213562	62059	331
兴 安 盟	Xingan League	17	2	2	3086	270	136	45733	589	9245
锡林郭勒盟	Xilinguole League	24	3	1	5327	735	72	51062	17419	1068
乌兰察布盟	Wulanchabu League	39			12970			82497		
巴彦淖尔盟	Bayannaoer League	53	3	1	10767	753	102	174199	9726	1740
阿拉善盟	Alashan League	8			1834			15228		

22-57 各盟市房屋建筑面积(2003年)

Floor Space of Building by Region(2003)

单位：万平方米 (10 000 sq.m)

地 区	Region	房屋建筑面积 Floor Space of Building Construction			国有 State-owned		集体 Collective-owned	
		施工面积 Floor Space Under Construction	竣工面积 Floor Space Completed	# 住宅 Residential Buildings	施工面积 Floor Space Under Construction	竣工面积 Floor Space Completed	施工面积 Floor Space Under Construction	竣工面积 Floor Space Completed
呼和浩特市	Hohhot City	720.46	265.73	169.75	42.61	21.76	38.32	13.19
包 头 市	Baotou City	461.79	218.23	110.17	9.21	3.72	27.85	14.69
乌 海 市	Wuhai City	86.50	51.32	32.06				
赤 峰 市	Chifeng City	367.61	282.43	180.36	1.56	1.56	17.09	15.24
通 辽 市	Tongliao City	100.75	80.62	45.60	5.83	5.83	4.66	4.35
鄂尔多斯市	Erdos City	250.09	163.66	83.41	1.93	1.93	9.10	9.10
呼伦贝尔市	Hulunbeier City	142.84	104.53	72.31	11.34			
兴 安 盟	Xingan League	44.98	24.85	15.81			10.37	9.37
锡林郭勒盟	Xilinguole League	43.93	36.05	18.56			1.33	
乌兰察布盟	Wulanchabu League	102.60	83.32	54.12				
巴彦淖尔盟	Bayannaoer League	150.78	125.68	74.42			3.72	3.72
阿拉善盟	Alashan League	22.46	14.32	5.99				

22-58 各盟市城镇自来水情况(2003年)

Basic Statistics on Tap Water Supply in Towns and Cities by Region(2003)

地 区	Region	年末供水管道长度(公里) Length of Water Supply Pipelines (year-end)(km)	全年供水总量(万吨) Total Annual Volume of Water Supply (10 000 tons)	#生产运营用水 For Productive Use	#生活用水 For Residential Use	用水人口(万人) Number of Residents with Access to Tap water (10 000 persons)
总 计	**Total**	**11443.52**	**66071**	**35449**	**27174**	**717.81**
呼和浩特市	Hohhot City	1199.00	11263	3894	6405	113.22
包头市	Baotou City	1843.20	23089	16545	5914	142.10
乌海市	Wuhai City	556.31	8443	5869	2057	37.52
赤峰市	Chifeng City	1522.76	5889	2168	3536	77.97
通辽市	Tongliao City	1151.90	4203	1758	2013	63.24
鄂尔多斯市	Erdos City	986.00	1628	431	1110	41.80
呼伦贝尔市	Hulunbeier City	722.00	3996	1489	2449	61.03
兴安盟	Xingan League	432.37	897	336	524	29.30
锡林郭勒盟	Xilinguole League	685.68	1216	152	940	38.24
乌兰察布盟	Wulanchabu League	929.10	3834	2439	1079	57.37
巴彦淖尔盟	Bayannaoer League	602.60	1025	233	747	47.23
阿拉善盟	Alashan League	812.60	588	135	376	8.79

22-59 各盟市城镇煤气、液化石油气、天然气(2003年)

Basic Statistics on Supply of Gas, Liquefied Petroleum Gas and Natural Gas in Towns and Cities by Region(2003)

地 区	Region	煤气供气量(万立方米) Coal Gas Supply (10 000 cu.m)	#家庭用量 For Residential Use	天然气供气量(万立方米) Natural Gas Supply (10 000 cu.m)	#家庭用量 For Residential Use	液化石油气供气量(万立方米) Liquefied Petroleum Gas Supply (10 000 cu.m)	#家庭用量 For Residential Use
总计	**Total**	**9143**	**6593**	**533**	**263**	**151493**	**143544**
呼和浩特市	Hohhot City	5045	2835	33	33	75650	74097
包头市	Baotou City	3418	3418			7839	6675
乌海市	Wuhai City	580	240			1516	1133
赤峰市	Chifeng City					32525	31350
通辽市	Tongliao City					5310	4985
鄂尔多斯市	Erdos City	100	100	500	230	5118	4468
呼伦贝尔市	Hulunbeier City					12028	11086
兴安盟	Xingan League					3747	3176
锡林郭勒盟	Xilinguole League					2504	2189
乌兰察布盟	Wulanchabu League					3828	3046
巴彦淖尔盟	Bayannaoer League					1015	965
阿拉善盟	Alashan League					414	392

22-60 各盟市城镇市政工程(2003年)
Basic Statistics on Municipal Engineering in Towns and Cities by Region(2003)

地区	Region	污水排放量(万吨) Volume of Waste Water Discharged (10 000 tons)	城市污水日处理能力(万吨) Daily Disposal Capacity of Sewage (10 000 tons)	排水管道长度(公里) Length of Sewer Pipelines (km)	生活垃圾清运量(万吨) Volume of Garbage Disposal (10 000 tons)	生活垃圾无害化处理量(万吨) Volume of Garbage Treated (10 000 tons)
总计	**Total**	**41107.95**	**79.60**	**5080.50**	**624**	**131.21**
呼和浩特市	Hohhot City	8095.80	15.00	759.44	86	38.80
包头市	Baotou City	13085.62	16.50	1070.57	76	63.07
乌海市	Wuhai City	6300.00		174.31	42	
赤峰市	Chifeng City	4057.98	15.00	469.42	57	4.54
通辽市	Tongliao City	2587.00	15.00	628.62	42	
鄂尔多斯市	Erdos City	661.00	3.00	241.40	45	
呼伦贝尔市	Hulunbeier City	1878.00		283.76	99	
兴安盟	Xingan League	554.10	2.60	165.10	33	16.80
锡林郭勒盟	Xilinguole League	986.35		269.94	49	8.00
乌兰察布盟	Wulanchabu League	2402.00	6.50	370.63	47	
巴彦淖尔盟	Bayannaoer League	498.30	6.00	591.70	41	
阿拉善盟	Alashan League	1.80		55.61	9	

22-61 各盟市年末公路运输线路长度和运量(2003年)
Length of Highways for Transportation Routes and Traffic by Region(End of 2003)

地区	Region	公路里程(公里) Total Length of Highways (km)	等级路 Expre-ssway & Class I to IV Highway	等外路 Highway Below Class IV	客运量(万人) Passenger Traffic (10 000 persons)	旅客周转量(万人公里) Passenger-Kilometers (10 000 passenger-km)	货运量(万吨) Freight Traffic (10 000 tons)	货物周转量(万吨公里) Freight Ton-Kilometers (10 000 ton-km)
呼和浩特市	Hohhot City	3617	3231	386	2985	349117	3852	308139
包头市	Baotou City	3764	3391	373	9033	365028	12420	884700
乌海市	Wuhai City	481	430	51	213	8752	2830	114102
赤峰市	Chifeng City	10742	10409	333	2590	146200	6720	315500
通辽市	Tongliao City	8870	8014	856	1989	126601	3556	199490
鄂尔多斯市	Erdos City	8315	7365	950	1065	79875	4321	346588
呼伦贝尔市	Hulunbeier City	9947	9610	337	2307	112096	3793	211057
兴安盟	Xingan League	4628	4295	333	514	54236	1149	105700
锡林郭勒盟	Xilinguole League	7571	5257	2314	680	99933	803	111692
乌兰察布盟	Wulanchabu League	6953	5506	1447	866	89111	1959	152354
巴彦淖尔盟	Bayannaoer League	5397	4169	1228	1900	158357	2138	249305
阿拉善盟	Alashan League	3850	3480	370	306	26362	766	64473

22-62 各盟市邮政业务基本情况(2003年)

Basic Conditions of Post and Telecommunications Services by Region(2003)

地区	Region	邮政业务总量(万元) Business Volume of Post and Telecommunications (10 000 yuan)	函件 (万件) Number of Letters (10 000 Pcs)	报刊期发数(万份) Newspapers and Magazines Circulation (10 000 copies)	邮政局所总数 (处) Number of Post and Telecommunications Offices (unit)
呼和浩特市	Hohhot City	16789	4220	53	131
包头市	Baotou City	12654	2002	37	116
乌海市	Wuhai City	3267	199	5	30
赤峰市	Chifeng City	10507	1663	33	279
通辽市	Tongliao City	7430	858	20	147
鄂尔多斯市	Erdos City	5966	1123	22	145
呼伦贝尔市	Hulunbeier City	10822	1208	26	227
兴安盟	Xingan League	3398	598	9	104
锡林郭勒盟	Xilinguole League	2940	319	11	166
乌兰察布盟	Wulanchabu League	4963	442	12	140
巴彦淖尔盟	Bayannaoer League	4368	951	17	161
阿拉善盟	Alashan League	1814	148	4	40

22-63 各盟市社会消费品零售总额(2003年,按销售单位所在地分)

Total Retail Sale of Consumer Goods by Location of Retailers by Region(2003)

单位：万元 (10 000 yuan)

地区	Region	社会消费品零售总额 Total Retail Sales of Consumer Goods	市 City	县 County	县以下 Under County Level
呼和浩特市	Hohhot City	1230000	1082208	92406	55386
包头市	Baotou City	1393000	1258284	93979	40737
乌海市	Wuhai City	182130	182130		
赤峰市	Chifeng City	980010	492052	265419	222539
通辽市	Tongliao City	665000	290695	176803	197502
鄂尔多斯市	Erdos City	470605	146554	207933	116118
呼伦贝尔市	Hulunbeier City	719710	496378	146486	76846
兴安盟	Xingan League	370058	192203	105675	72180
锡林郭勒盟	Xilinguole League	351088	135265	151275	64548
乌兰察布盟	Wulanchabu League	405000	101395	171655	131950
巴彦淖尔盟	Bayannaoer League	410023	117459	183484	109080
阿拉善盟	Alashan League	91005		70219	20786

22-64 各盟市社会消费品零售总额(2003年，按行业分)

Total Retail Sale of Consumer Goods by Sector by Region(2003)

单位：万元 (10 000 yuan)

地区	Region	批发零售贸易业 Whole sale-and Retail Sale Trade	餐饮业 Catering Trade	其他行业 Others
呼和浩特市	Hohhot City	1035720	146742	47538
包头市	Baotou City	1035129	302761	55110
乌海市	Wuhai City	164481	17085	564
赤峰市	Chifeng City	839846	101322	38842
通辽市	Tongliao City	568410	67749	28841
鄂尔多斯市	Erdos City	371404	76049	23152
呼伦贝尔市	Hulunbeier City	604329	65933	49448
兴安盟	Xingan League	307102	40298	22658
锡林郭勒盟	Xilinguole League	310659	31328	9101
乌兰察布盟	Wulanchabu League	321925	60729	22346
巴彦淖尔盟	Bayannaoer League	283972	73199	52852
阿拉善盟	Alashan League	79451	8835	2719

22-65 各盟市限额以上批发零售贸易、餐饮业法人企业(2003年)

Number of Corporation Units above Designated Size in Wholesale and Retail Sale, Catering Trades (2003)

单位：个 (unit)

地区	Region	合计 Total	批发业 Wholesale Trade	零售业 Retail Trade	餐饮业 Catering Trade
呼和浩特市	Hohhot City	158	38	41	79
包头市	Baotou City	120	28	59	33
乌海市	Wuhai City	22	2	10	10
赤峰市	Chifeng City	25	19	6	
通辽市	Tongliao City	11	10	1	
鄂尔多斯市	Erdos City	27	10	9	8
呼伦贝尔市	Hulunbeier City	53	29	21	3
兴安盟	Xingan League	30	15	12	3
锡林郭勒盟	Xilinguole League	6	2	4	
乌兰察布盟	Wulanchabu League	13	9	3	1
巴彦淖尔盟	Bayannaoer League	26	12	10	4
阿拉善盟	Alashan League	4	3	1	

22-66 各盟市限额以上批发零售贸易、餐饮业产业活动单位(2003年)

Number of Active Units above Designated Size in Wholesale and Retail Sale, Catering Trades (2003)

单位：个 (unit)

地区	Region	合计 Total	批发业 Wholesale Trade	零售业 Retail Trade	餐饮业 Catering Trade
呼和浩特市	Hohhot City	167	39	42	86
包头市	Baotou City	137	32	63	42
乌海市	Wuhai City	22	2	10	10
赤峰市	Chifeng City	25	19	6	
通辽市	Tongliao City	11	10	1	
鄂尔多斯市	Erdos City	30	11	10	9
呼伦贝尔市	Hulunbeier City	57	29	21	7
兴安盟	Xingan League	30	15	12	3
锡林郭勒盟	Xilinguole League	7	2	5	
乌兰察布盟	Wulanchabu League	13	9	3	1
巴彦淖尔盟	Bayannaoer League	26	12	10	4
阿拉善盟	Alashan League	5	4	1	

22-67 各盟市限额以上批发零售贸易、餐饮业从业人员(2003年)

Number of Persons Engaged in Enterprises above Designated Size in Wholesale and Retail Sale, Catering Trades (2003)

单位：人 (person)

地区	Region	合计 Total	批发业 Wholesale Trade	零售业 Retail Trade	餐饮业 Catering Trade
呼和浩特市	Hohhot City	18968	6839	5000	7129
包头市	Baotou City	17603	3175	11264	3164
乌海市	Wuhai City	2674	241	1612	821
赤峰市	Chifeng City	4206	3097	1109	
通辽市	Tongliao City	1724	1569	155	
鄂尔多斯市	Erdos City	2699	536	1198	965
呼伦贝尔市	Hulunbeier City	5716	2465	2777	474
兴安盟	Xingan League	2144	804	986	354
锡林郭勒盟	Xilinguole League	816	99	717	
乌兰察布盟	Wulanchabu League	2225	609	1352	264
巴彦淖尔盟	Bayannaoer League	3354	2148	590	616
阿拉善盟	Alashan League	273	268	5	

22-68 各盟市限额以上批发零售贸易业商品购、销、存总额(2003年)

Total Sales and Inventory of Enterprise above Designated Size in Wholesale and Retail Sale Trades by Region(2003)

单位：万元 (10 000 yuan)

地 区	Region	购进总额 Total Goods Purchase	销售总额 Total Sales	批发 Wholesale Trade	零售 Retail Trade	年末库存总额 Inventory (year-end)
呼和浩特市	Hohhot City	1030263	1027677	710825	316853	90845
包头市	Baotou City	548511	613116	350308	262808	80759
乌海市	Wuhai City	39672	49710	32064	17646	8378
赤峰市	Chifeng City	198608	217717	147709	70009	28267
通辽市	Tongliao City	114577	83918	64379	19539	10767
鄂尔多斯市	Erdos City	375326	538141	479281	58860	36721
呼伦贝尔市	Hulunbeier City	282984	266378	167521	98857	32358
兴安盟	Xingan League	135889	177393	125998	51394	27376
锡林郭勒盟	Xilinguole League	23366	26206	12229	13977	3381
乌兰察布盟	Wulanchabu League	81082	83964	67223	16741	8485
巴彦淖尔盟	Bayannaoer League	144450	177166	155901	21265	40497
阿拉善盟	Alashan League	29437	31094	21340	9754	3618

22-69 各盟市限额以上批发零售贸易企业主要财务指标(2003年)

Main Financial Indicators of Enterprises above Designated Size in Wholesale and Retail by Region(2003)

单位：万元 (10 000 yuan)

地 区	Region	商品销售收入 Sales Revenue	商品销售成本 Cost of Sales	经营费用 Management Cost	商品销售税金及附加 Sales Tax and Extra Changes	商品销售利润 Total Profits
呼和浩特市	Hohhot City	866052	805847	30822	2702	26682
包头市	Baotou City	537732	492768	17163	1384	26418
乌海市	Wuhai City	46712	39403	5023	130	2156
赤峰市	Chifeng City	202023	171588	9898	407	20130
通辽市	Tongliao City	126560	109699	5535	300	11025
鄂尔多斯市	Erdos City	139530	129085	5612	276	4557
呼伦贝尔市	Hulunbeier City	277161	249983	14640	588	11949
兴安盟	Xingan League	160186	145433	10376	174	4203
锡林郭勒盟	Xilinguole League	20106	17429	1706	54	918
乌兰察布盟	Wulanchabu League	79507	70772	2702	98	5935
巴彦淖尔盟	Bayannaoer League	168374	137835	15526	515	14499
阿拉善盟	Alashan League	30524	26492	1181	46	2805

22-70 各盟市限额以上餐饮企业主要财务指标(2003年)

Main Financial Indicators of Enterprises above Designated Size in Catering Trade by Region(2003)

单位：万元 (10 000 yuan)

地区	Region	营业收入 Sales Revenue	营业成本 Cost of Sales	营业费用 Management Cost	商品销售税金及附加 Sales Tax and Extra Changes	经营利润 Profits
呼和浩特市	Hohhot City	54139	20232	16083	2816	.15008
包头市	Baotou City	14123	7647	4019	735	1722
乌海市	Wuhai City	2704	1489	721	106	388
赤峰市	Chifeng City					
通辽市	Tongliao City					
鄂尔多斯市	Erdos City	2678	1758	435	88	397
呼伦贝尔市	Hulunbeier City	1540	650	448	87	356
兴安盟	Xingan League	736	345	291	57	42
锡林郭勒盟	Xilinguole League					
乌兰察布盟	Wulanchabu League	1006	536	258	52	160
巴彦淖尔盟	Bayannaoer League	1514	682	517	81	233
阿拉善盟	Alashan League					

22-71 各盟市国际旅游人数和收入(2003年)

Development of Foreign Tourism by Region(2003)

地区	Region	国际旅游人数(人次) Total Number of International Tourists Inbound (person-times)	#外国人 Foreigners	旅游外汇收入(万美元) Earnings from International Tourism(USD 10 000)
呼和浩特市	Hohhot City	12023	10773	355.34
包头市	Baotou City	4865	4440	175.74
乌海市	Wuhai City	69	69	2.02
赤峰市	Chifeng City	1596	1546	47.17
通辽市	Tongliao City	632	590	18.68
鄂尔多斯市	Erdos City	4340	4197	72.41
呼伦贝尔市	Hulunbeier City	146951	146873	5388.99
兴安盟	Xingan League	182	145	9.03
锡林郭勒盟	Xilinguole League	231733	231711	7440.90
乌兰察布盟	Wulanchabu League	2226	1538	45.78
巴彦淖尔盟	Bayannaoer League	3986	3986	127.99
阿拉善盟	Alashan League	5032	5028	151.59

22-72各盟市普通高等学校基本情况(2003年)
Basic Statistics on Higher Education by Region(2003)

地区	Region	学校数(所) Number of Schools (unit)	毕业生数(人) Number of Graduates (person)	招生数(人) New Student Enrollment (person)	在校学生数(人) Student Enrollment (person)	教职工数(人) Number of Staff and Teachers (person)	#专任教师 Full-time Teachers
总计	**Total**	**27**	**24611**	**59101**	**156600**	**22592**	**12153**
呼和浩特市	Hohhot City	17	14535	33487	89837	13068	6935
包头市	Baotou City	3	4428	10887	28883	3449	1711
乌海市	Wuhai City						
赤峰市	Chifeng City	1	1376	2097	4915	1263	657
通辽市	Tongliao City	1	1743	4164	13185	1664	806
鄂尔多斯市	Erdos City						
呼伦贝尔市	Hulunbeier City	1	1356	3207	7716	780	543
兴安盟	Xingan League	1	44	631	735	317	215
锡林郭勒盟	Xilinguole League	1		236	467	547	316
乌兰察布盟	Wulanchabu League	1	1080	2574	7180	963	620
巴彦淖尔盟	Bayannaoer League	1	49	1818	3682	541	350
阿拉善盟	Alashan League						

注：毕业生数、招生数、在校学生数不包括成人高校附设普通班学生数。

a)Number of Graduates and New Student Enrollment and Student Enrodment don't include the number of Students of Ordinary classes attached adult Colleges.

22-73 各盟市成人高等学校基本情况(2003年)
Basic Statistics on Adult Education by Region(2003)

地区	Region	学校数(所) Number of Schools (unit)	毕业生数(人) Number of Graduates (person)	招生数(人) New Student Enrollment (person)	在校学生数(人) Student Enrollment (person)	教职工数(人) Number of Staff and Teachers (person)	#专任教师 Full-time Teachers
总计	**Total**	**7**	**25779**	**35333**	**102009**	**2558**	**1363**
呼和浩特市	Hohhot City	2	16515	20468	54431	1466	689
包头市	Baotou City	2	3641	7867	21808	307	182
乌海市	Wuhai City	1	248	986	2385	104	51
赤峰市	Chifeng City		987	1155	4132		
通辽市	Tongliao City	1	2901	3135	13623	451	297
鄂尔多斯市	Erdos City	1	249	199	754	230	144
呼伦贝尔市	Hulunbeier City		132	261	682		
兴安盟	Xingan League		40	376	1274		
锡林郭勒盟	Xilinguole League		612	464	1015		
乌兰察布盟	Wulanchabu League		409	331	1657		
巴彦淖尔盟	Bayannaoer League		45	91	248		
阿拉善盟	Alashan League						

注：毕业生数、招生数，在校学生数不包括普通高校附设成人班学生数。

a)Number of Graduates and New Student Enrollment and Student Enrodment don't include the number of students of Ordinary classes attached adult Colleges.

22-74 各盟市中等专业学校基本情况(2003年)
Basic Statistics on Specialized Secondary Schools by Region(2003)

地 区	Region	学校数(所) Number of Schools (unit)	毕业生数(人) Number of Graduates (person)	招生数(人) New Student Enrollment (person)	在校学生数(人) Student Enrollment (person)	教职工数(人) Number of Staff and Teachers (person)	# 专任教师 Full-time Teacher
总 计	**Total**	**58**	**33516**	**30102**	**90415**	**7429**	**4417**
呼和浩特市	Hohhot City	10	13868	10946	31921	1106	479
包 头 市	Baotou City	8	4285	4942	12986	1005	602
乌 海 市	Wuhai City	1	144	255	658	81	43
赤 峰 市	Chifeng City	6	4088	3032	11308	789	488
通 辽 市	Tongliao City	5	2479	1325	5169	675	427
鄂尔多斯市	Erdos City	4	1164	1902	6040	761	520
呼伦贝尔市	Hulunbeier City	11	2670	3832	9033	1317	769
兴 安 盟	Xingan League	2	626	880	2659	167	100
锡林郭勒盟	Xilinguole League	2	614	1036	2508	275	143
乌兰察布盟	Wulanchabu League	3	2036	525	4324	632	489
巴彦淖尔盟	Bayannaoer League	6	1542	1427	3809	621	357
阿拉善盟	Alashan League						

22-75 各盟市普通中学基本情况(2003年)
Basic Statistics on Regular Secondary Schools by Region(2003)

地 区	Region	学校数(所) Number of Schools (unit)	毕业生数(人) Number of Graduates (person)	初 中 Junior Secondary Schools	高 中 Senior Secondary Schools	招生数(人) New Student Enrosllment (person)	初 中 Junior Secondary Schools	高 中 Senior Secondary Schools
总 计	**Total**	**1743**	**402194**	**299694**	**102500**	**519092**	**353320**	**165772**
呼和浩特市	Hohhot City	166	37215	24739	12476	51233	35048	16185
包 头 市	Baotou City	161	34684	25646	9038	51523	33608	17915
乌 海 市	Wuhai City	39	8304	5947	2357	10912	7394	3518
赤 峰 市	Chifeng City	354	90746	71593	19153	109990	73584	36406
通 辽 市	Tongliao City	251	51956	40616	11340	68608	49511	19097
鄂尔多斯市	Erdos City	73	17231	11147	6084	27660	16675	10985
呼伦贝尔市	Hulunbeier City	276	46858	36064	10794	58326	41597	16729
兴 安 盟	Xingan League	132	28248	21998	6250	33642	25853	7789
锡林郭勒盟	Xilinguole League	51	15183	11585	3598	19926	13154	6772
乌兰察布盟	Wulanchabu League	116	35850	24638	11212	44535	28962	15573
巴彦淖尔盟	Bayannaoer League	105	32850	23314	9536	38526	25153	13373
阿拉善盟	Alashan League	19	3069	2407	662	4211	2781	1430

22-75 续表 continued

地区	Region	在校学生数(人) Student Enrollment (person)	初中 Junior Secondary Schools	高中 Senior Secondary Schools	教职工数(人) Number of Staff and Teachers (person)	#专任教师 Full-time Teacher
总计	**Total**	**1543724**	**1123586**	**420138**	**118311**	**89935**
呼和浩特市	Hohhot City	140684	98128	42556	11361	8043
包头市	Baotou City	170562	129340	41222	12506	9434
乌海市	Wuhai City	30975	21376	9599	2450	1706
赤峰市	Chifeng City	333659	242328	91331	23919	18714
通辽市	Tongliao City	189647	144294	45353	14933	11987
鄂尔多斯市	Erdos City	83033	55945	27088	6020	4651
呼伦贝尔市	Hulunbeier City	178517	135236	43281	15642	12023
兴安盟	Xingan League	96774	74255	22519	8959	6551
锡林郭勒盟	Xilinguole League	58632	41962	16670	4532	3351
乌兰察布盟	Wulanchabu League	125251	84135	41116	8455	6154
巴彦淖尔盟	Bayannaoer League	121579	85655	35924	8042	6180
阿拉善盟	Alashan League	14411	10932	3479	1492	1141

22-76 各盟市职业中学基本情况(2003年)
Basic Statistics on Vocational Secondary Schools by Region(2003)

地区	Region	学校数(所) Number of Schools (unit)	毕业生数(人) Number of Graduates (person)	招生数(人) New Student Enrollment (person)	在校学生数(人) Student Enrollment (person)	教职工数(人) Number of Staff and Teachers (person)	#专任教师 Full-time Teacher
总计	**Total**	**311**	**43712**	**61634**	**176779**	**17007**	**12851**
呼和浩特市	Hohhot City	33	4790	8181	21712	1932	1455
包头市	Baotou City	10	2045	3299	7850	1028	746
乌海市	Wuhai City	2	98	352	756	111	86
赤峰市	Chifeng City	53	10611	12789	38493	3194	2533
通辽市	Total city	27	3182	4242	12165	1296	1051
鄂尔多斯市	Erdos City	56	5376	7390	26208	2900	2017
呼伦贝尔市	Hulunbeier City	16	1630	2413	6685	896	701
兴安盟	Xingan League	10	1826	2746	7371	559	409
锡林郭勒盟	Xilinguole League	20	3037	3712	10180	1215	824
乌兰察布盟	Wulanchabu League	48	5976	8568	23041	1717	1353
巴彦淖尔盟	Bayannaoer League	33	5050	7557	21446	2004	1566
阿拉善盟	Alashan League	3	91	385	872	155	110

22-77 各盟市小学基本情况(2003年)

Basic Statistics on Primary Schools by Region(2003)

地区	Region	学校数(所) Number of Schools (unit)	毕业生数(人) Number of Graduates (person)	招生数(人) New Student Enrollment (person)	在校学生数(人) Student Enrollment (person)	教职工数(人) Number of Staff and Teachers (person)	#专任教师 Full-time Teacher
总计	**Total**	**7763**	**388019**	**294991**	**1733702**	**145166**	**127011**
呼和浩特市	Hohhot City	773	39635	29064	196151	12420	10878
包头市	Baotou City	474	31479	27452	149796	10234	9136
乌海市	Wuhai City	54	7394	6004	38447	2922	2426
赤峰市	Chifeng City	1781	79035	60327	330352	28079	25515
通辽市	Tongliao City	1363	54922	42577	249586	20857	19506
鄂尔多斯市	Erdos City	266	23197	18197	97290	7767	6167
呼伦贝尔市	Hulunbeier City	860	42683	32125	190834	17490	15039
兴安盟	Xingan League	761	27111	19913	118870	13183	10515
锡林郭勒盟	Xilinguole League	212	15426	12137	70107	7008	5547
乌兰察布盟	Wulanchabu League	563	34977	23213	157016	13982	12239
巴彦淖尔盟	Bayannaoer League	621	29379	21448	122759	9880	8897
阿拉善盟	Alashan League	35	2781	2534	12494	1344	1146

22-78 各盟市幼儿园基本情况(2003年)

Basic Statistics on Kindergartens by Region(2003)

地区	Region	园数(所) Number of Kindergartens (unit)	幼儿数(人) Student Enrollment (person)	教职工数(人) Number of Staff and Teachers (person)	#教师 Teachers
总计	**Total**	**1140**	**290612**	**15839**	**9735**
呼和浩特市	Hohhot City	105	33112	2511	1296
包头市	Baotou City	75	25800	2165	1170
乌海市	Wuhai City	19	6339	388	228
赤峰市	Chifeng City	333	60892	2496	1773
通辽市	Tongliao City	21	27913	562	386
鄂尔多斯市	Erdos City	101	25731	1677	1157
呼伦贝尔市	Hulunbeier City	151	29575	2256	1224
兴安盟	Xingan League	98	16323	768	485
锡林郭勒盟	Xilinguole League	37	13939	690	417
乌兰察布盟	Wulanchabu League	42	14603	563	424
巴彦淖尔盟	Bayannaoer League	146	32287	1382	936
阿拉善盟	Alashan League	12	4098	381	239

22-79 各盟市文化艺术、文物事业单位数(2003年)

Number of Institutions for Culture, Art and Cultural Relics by Region(2003)

单位：个 (unit)

地 区	Region	艺术表演团体 Art Performance Troupes	艺术表演场所 Art Performance Places	文化馆 Cultural Centers	公共图书馆 Public Libraries	博物馆 Museums
总 计	**Total**	**113**	**30**	**103**	**108**	**28**
呼和浩特市	Hohhot City	7	1	9	9	2
包头市	Baotou City	8	3	10	10	1
乌海市	Wuhai City	1	1	3	1	
赤峰市	Chifeng City	12	2	12	14	8
通辽市	Tongliao City	8	5	8	9	3
鄂尔多斯市	Erdos City	10	3	8	9	1
呼伦贝尔市	Hulunbeier City	13	3	14	14	5
兴安盟	Xingan League	7	2	6	6	1
锡林郭勒盟	Xilinguole League	13	1	12	12	1
乌兰察布盟	Wulanchabu League	13	3	11	11	2
巴彦淖尔盟	Bayannaoer League	11	5	7	8	2
阿拉善盟	Alashan League	4	1	3	4	1
自治区直属	Units Attached to Autonomous Region	6			1	1

22-80 各盟市卫生机构、床位(2003年)

Number of Health Institutions, Beds by Region(2003)

地 区	Region	机构数(个) Health Institutions (unit)	# 医院、卫生院 Hospital	#疾病预防控制中心 CDC	# 妇幼保健所、站 Maternity and Child Care Centers	床位合计(张) Beds Total (unit)	# 医院、卫生院 Hospital
总 计	**Total**	**3595**	**1819**	**146**	**117**	**65072**	**60438**
呼和浩特市	Hohhot City	347	139	11	11	7464	7063
包头市	Baotou City	331	117	12	11	9768	9081
乌海市	Wuhai City	62	23	4	3	1855	1719
赤峰市	Chifeng City	582	293	15	13	10567	9949
通辽市	Tongliao City	304	181	10	9	5058	4792
鄂尔多斯市	Erdos City	176	134	9	9	4057	3938
呼伦贝尔市	Hulunbeier City	730	250	40	17	10321	9534
兴安盟	Xingan League	168	113	6	7	4145	3592
锡林郭勒盟	Xilinguole League	312	152	14	13	2643	2188
乌兰察布盟	Wulanchabu League	310	234	12	12	3833	3665
巴彦淖尔盟	Bayannaoer League	188	134	9	8	4629	4232
阿拉善盟	Alashan League	85	49	4	4	732	685

22-81 各盟市卫生机构人员(2003年)

Number of Persons Engaged in Health Institutions by Region(2003)

单位：人 (person)

地区	Region	卫生机构人员 Total	卫生技术人员 Medical Technical Personnel	执业医师、执业助理医师 Doctors	# 执业医师 Physician	执业护师、士 Senior and Junior Nurses
总计	**Total**	**120264**	**101073**	**49304**	**40241**	**25555**
呼和浩特市	Hohhot City	14692	11904	5303	4742	3556
包头市	Baotou City	16831	13841	6215	5686	4698
乌海市	Wuhai City	2938	2455	1120	956	747
赤峰市	Chifeng City	17422	14915	7269	5683	3100
通辽市	Tongliao City	11368	9784	5176	4217	2164
鄂尔多斯市	Erdos City	6404	5657	3070	2518	1276
呼伦贝尔市	Hulunbeier City	18748	15647	7444	5511	4394
兴安盟	Xingan League	7416	6060	2905	2162	1315
锡林郭勒盟	Xilinguole League	5979	4981	2724	2344	942
乌兰察布盟	Wulanchabu League	8434	7110	3752	2925	1349
巴彦淖尔盟	Bayannaoer League	8262	7159	3395	2763	1648
阿拉善盟	Alashan League	1770	1560	931	734	366

22-82 各盟市交通事故(2003年)

Basic Statistics on Traffic Accidents by Region(2003)

地区	Region	发生数(起) Number of Traffic Accidents (case)	死亡人数(人) Number of Deaths (person)	受伤人数(人) Number of Injuries (person)	直接经济损失(万元) Direct Losses (10 000 yuan)
总计	**Total**	**9833**	**2103**	**7995**	**2369**
呼和浩特市	Hohhot City	1494	265	1118	415
包头市	Baotou City	2598	218	1626	262
乌海市	Wuhai City	157	75	121	49
赤峰市	Chifeng City	1564	353	1397	306
通辽市	Tongliao City	1110	229	1025	207
鄂尔多斯市	Erdos City	776	195	674	279
呼伦贝尔市	Hulunbeier City	368	212	297	95
兴安盟	Xingan League	156	47	180	37
锡林郭勒盟	Xilinguole League	133	73	133	34
乌兰察布盟	Wulanchabu League	859	207	831	461
巴彦淖尔盟	Bayannaoer League	473	184	403	171
阿拉善盟	Alashan League	145	45	190	54

22-83 各盟市火灾事故(2003年)

Basic Statistics on Fires by Region(2003)

地 区	Region	发生数(起) Number of Traffic Accidents (case)	死亡人数(人) Number of Deaths (person)	受伤人数(人) Number of Injuries (person)	直接经济损失(万元) Direct Losses (10 000 yuan)
总 计	**Total**	**3593**	**25**	**23**	**1089**
呼和浩特市	Hohhot City	771	1		72
包 头 市	Baotou City	647	7	1	27
乌 海 市	Wuhai City	203			28
赤 峰 市	Chifeng City	480	2	3	92
通 辽 市	Tongliao City	292	4	1	132
鄂尔多斯市	Erdos City	140	1	7	107
呼伦贝尔市	Hulunbeier City	384	3	2	329
兴 安 盟	Xingan League	140	4		61
锡林郭勒盟	Xilinguole League	104	1	3	70
乌兰察布盟	Wulanchabu League	85		3	77
巴彦淖尔盟	Bayannaoer League	240	1	2	57
阿拉善盟	Alashan League	38	1	1	14
大兴安岭林管局	DaXinganLing	69			22

22-84 各盟市环境污染与破坏事故(2003年)

Pollution Accidents by Region(2003)

地 区	Region	环境污染与破坏事故次数(次) Number of Pollution Accidents (times)	#水污染 Water Pollution	#大气污染 Air Pollution	污染直接经济损失(万元) Losses Coverted into Cash (10 000 yuan)	污染事故赔、罚款总额(万元) Amount of Reparations and Fines (10 000 yuan)
总 计	**Total**	**10**	**7**	**3**	**55.7**	**11.5**
呼和浩特市	Hohhot City					
包 头 市	Baotou City					
乌 海 市	Wuhai City					
赤 峰 市	Chifeng City					
通 辽 市	Tongliao City					
鄂尔多斯市	Erdos City	2	2		41	6
呼伦贝尔市	Hulunbeier City					
兴 安 盟	Xingan League					
锡林郭勒盟	Xilinguole League	2	2		9.2	
乌兰察布盟	Wulanchabu League					
巴彦淖尔盟	Bayannaoer League	6	3	3	5.5	5.5
阿拉善盟	Alashan League					

22-85 各盟市县以上国有研究与开发机构及科技信息与文献机构、人员(2003年)

State-Owned Research Development Information Literature Institutions at Above County Level & Persons Engaged by Region(2003)

地区	Region	合计 Total Number			自然科学技术领域及转制科研机构 Field of Natural Sciences & Technology,Transformed Institution		
		机构(个) Institutions (unit)	从业人员(人) Employees (person)	#科技活动人员 S&T personnel	机构(个) Institutions (unit)	从业人员(人) Employees (person)	#科技活动人员 S&T personnel
总计	**Total**	**142**	**11468**	**7591**	**115**	**10657**	**6953**
呼和浩特市	Hohhot City	61	5866	3816	48	5305	3387
包头市	Baotou City	14	2155	1514	13	2134	1495
乌海市	Wuhai City	2	56	30	1	46	24
赤峰市	Chifeng City	8	354	305	6	329	281
通辽市	Tongliao City	7	491	288	5	461	264
鄂尔多斯市	Erdos City	9	459	334	7	414	294
呼伦贝尔市	Hulunbeier City	9	444	326	8	428	311
兴安盟	Xingan League	6	147	93	5	130	78
锡林郭勒盟	Xilinguole League	7	366	264	6	350	252
乌兰察布盟	Wulanchabu League	6	358	217	5	316	189
巴彦淖尔盟	Bayannaoer League	9	697	335	8	675	313
阿拉善盟	Alashan League	4	75	69	3	69	65

22-85 续表 continued

地区	Region	社会、人文科学技术领域 Field of Social Sciences & Humanities			科技信息和文献机构 Scientific Technical Information & Literature Institutions		
		机构(个) Institutions (unit)	从业人员(人) Employees (person)	#科技活动人员 S&T personnel	机构(个) Institutions (unit)	从业人员(人) Employees (person)	#科技活动人员 S&T personnel
总计	**Total**	**13**	**540**	**420**	**14**	**271**	**218**
呼和浩特市	Hohhot City	10	483	365	3	78	64
包头市	Baotou City				1	21	19
乌海市	Wuhai City				1	10	6
赤峰市	Chifeng City	1	12	12	1	13	12
通辽市	Tongliao City	1	10	10	1	20	14
鄂尔多斯市	Erdos City	1	35	33	1	10	7
呼伦贝尔市	Hulunbeier City				1	16	15
兴安盟	Xingan League				1	17	15
锡林郭勒盟	Xilinguole League				1	16	12
乌兰察布盟	Wulanchabu League				1	42	28
巴彦淖尔盟	Bayannaoer League				1	22	22
阿拉善盟	Alashan League				1	6	4

22-86 各盟市旗县以上国有研究与开发机构及科技信息与文献机构科技经费筹集和支出总额(2003年)

Total Funds & Expenditures of State-Owned Research & Development Information & Literature Institutions at above County Level by Region(2003)

单位：万元 (10 000 yuan)

地区	Region	合计 Total		自然科学技术领域及转制机构 Field of Natural Sciences & Tech & Trasformd Institution			
		科技经费筹集总额 Scientific Funds	科技经费支出总额 Scientific Expenditures	科技经费筹集总额 Scientific Funds	#政府拨款 Government Appropriations	科技经费支出总额 Scientific Expenditures	#资产购建支出 For purchase & Construction of Assets
总计	**Total**	**63773**	**57364**	**60541**	**41476**	**54292**	**5854**
呼和浩特市	Hohhot City	45533	40017	42988	26679	37608	5177
包头市	Baotou City	8003	6811	7950	6293	6759	258
乌海市	Wuhai City	171	163	135	135	135	
赤峰市	Chifeng City	1309	1270	1207	1153	1172	
通辽市	Tongliao City	1369	1464	1291	1248	1386	9
鄂尔多斯市	Erdos City	1309	1580	1151	805	1431	71
呼伦贝尔市	Hulunbeier City	2126	2118	2083	1903	2074	104
兴安盟	Xingan League	519	404	473	460	364	40
锡林郭勒盟	Xilinguole League	910	1078	870	513	1034	38
乌兰察布盟	Wulanchabu League	565	567	495	494	498	1
巴彦淖尔盟	Bayannaoer League	1736	1670	1685	1595	1620	148
阿拉善盟	Alashan League	224	223	214	199	213	8

22-86 续表 continued

单位：万元 (10 000 yuan)

地区	Region	社会、人文科学技术领域 Field of Social Sciences and Humanities				科技信息和文献机构 Scientific Technical Information and Literature Institutions			
		科技经费筹集总额 Scientific Funds	#政府拨款 Government Appropriations	科技经费支出总额 Scientific Expenditures	#资产购建支出 For purchase & Construction of Assets	科技经费筹集总额 scientific Funds	#政府拨款 Government Appropriations	科技经费支出总额 Scientific Expenditures	#资产购建支出 For purchase & Construction of Assets
总计	**Total**	**2346**	**2332**	**2202**	**2332**	**886**	**799**	**870**	**24**
呼和浩特市	Hohhot City	2140	2137	2008	2137	406	327	402	8
包头市	Baotou City					52	50	52	3
乌海市	Wuhai City					36	36	28	2
赤峰市	Chifeng City	53	42	50	42	48	48	48	
通辽市	Tongliao City	31	31	31	31	47	47	47	
鄂尔多斯市	Erdos City	122	122	114	122	36	36	36	
呼伦贝尔市	Hulunbeier City					44	44	44	5
兴安盟	Xingan League					46	46	39	5
锡林郭勒盟	Xilinguole League					40	34	44	0
乌兰察布盟	Wulanchabu League					70	70	70	
巴彦淖尔盟	Bayannaoer League					51	51	50	1
阿拉善盟	Alashan League					10	10	10	

二十三　旗县区资料

STATISTICS OF BANNERS, COUNTIES AND DISTRICTS

资料整理　史孝贞　崔京英
Arranged by Shi Xiaozhen , Cui Jingying

23-1 各旗县(区)按年末总人口排序(2003年)

Banners, Counties and Districts Ranked by Population (Year end of 2003)

单位：万人 (10 000 persons)

位次 Order	旗县(区)名称	Name of Banners, Counties and Districts	年末总人口 Total Population at the Year-end
1	通辽市科尔沁区	Keerqin District in Tongliao City	80.19
2	赤峰市宁城县	Ningcheng County in Chifeng City	59.66
3	赤峰市敖汉旗	Aohan Banner in Chifeng City	58.70
4	赤峰市松山区	Songshan District in Chifeng City	53.68
5	通辽市科尔沁左翼中旗	Keerqinzuoyizhong Banner in Tongliao City	52.70
6	巴彦淖尔盟临河市	Linhe City in Bayannaoer League	52.14
7	赤峰市翁牛特旗	Wengniute Banner in Chifeng City	46.88
8	包头市昆都仑区	Kundulun District in Baotou City	46.08
9	包头市东河区	Donghe District in Baotou City	44.35
10	呼伦贝尔市扎兰屯市	Zhalantun in Hulunbeier City	43.59
11	通辽市奈曼旗	Naiman Banner in Tongliao City	43.15
12	呼伦贝尔市牙克石市	Yakeshi in Hulunbeier City	40.13
13	通辽市科尔沁左翼后旗	Keerqinzuoyihou Banner in Tongliao City	39.54
14	兴安盟扎赉特旗	Zhalaite Banner in Xingan League	39.43
15	通辽市开鲁县	Kailu County in Tongliao City	38.89
16	赤峰市喀喇沁旗	Kalaqin Banner in Chifeng City	36.67
17	呼和浩特市赛罕区	Saihan District in Hohhot City	36.04
18	赤峰市巴林左旗	Balinzuo Banner in Chifeng City	36.03
19	兴安盟科尔沁右翼前旗	Keerqinyouyiqian Banner in Xingan League	35.98
20	包头市青山区	Qingshan District in Baotou City	35.54
21	呼和浩特市土默特左旗	Tumotezuo Banner in Hohhot City	35.11
22	巴彦淖尔盟乌拉特前旗	Wulateqian Banner in Bayannaoer League	33.48
23	乌兰察布盟商都县	Shangdu County in Wulanchabu League	33.45
24	鄂尔多斯市达拉特旗	Dalate Banner in Erdos City	33.31
25	呼和浩特市新城区	Xincheng District in Hohhot City	32.46
26	包头市土默特右旗	Tumoteyou Banner in Baotou City	31.80
27	呼伦贝尔市阿荣旗	Arong Banner in Hulunbeier City	31.70
28	呼伦贝尔市莫力达瓦达斡尔族自治旗	Molidawadawoer National Autonomous Banner in Hulunbeier City	31.46
29	乌兰察布盟丰镇市	Fengzhen City in Wulanchabu League	31.24
30	兴安盟突泉县	Tuquan County in Xingan League	30.56
31	通辽市扎鲁特旗	Zhalute Banner in Tongliao City	30.34
32	赤峰市红山区	Hongshan District in Chifeng City	30.31
33	包头市九原区	Jiuyuan District in Baotou City	29.91
34	巴彦淖尔盟杭锦后旗	Hangjinhou Banner in Bayannaoer League	29.87

23-1 续表 1 continued

单位：万人 （10 000 persons）

位次 Order	旗县(区)名称	Name of Banners, Counties and Districts	年末总人口 Total Population at the Year-end
35	赤峰市阿鲁科尔沁旗	Alukeerqin Banner in Chifeng City	29.87
36	乌兰察布盟兴和县	Xinghe County in Wulanchabu League	29.54
37	赤峰市元宝山区	Yuanbaoshan District in Chifeng City	29.12
38	巴彦淖尔盟五原县	Wuyuan County in Bayannaoer League	28.86
39	呼伦贝尔市鄂伦春自治旗	Elunchun National Autonomous Banner in Hulunbeier City	28.31
40	兴安盟乌兰浩特市	Wulanhaote City in Xingan League	28.28
41	鄂尔多斯市准格尔旗	Zhungeer Banner in Erdos City	27.22
42	乌兰察布盟察哈尔右翼前旗	Chahaeryouyiqian Banner in Wulanchabu League	26.02
43	乌兰察布盟集宁市	Jining City in Wulanchabu League	25.79
44	呼伦贝尔市海拉尔区	Hailaer District in Hulunbeier City	25.34
45	赤峰市克什克腾旗	Keshiketeng Banner in Chifeng City	24.87
46	兴安盟科尔沁右翼中旗	Keerqinyouyizhong Banner in Xingan League	24.57
47	赤峰市林西县	Linxi County in Chifeng City	23.62
48	乌兰察布盟凉城县	Liangcheng County in Wulanchabu League	23.35
49	乌兰察布盟卓资县	Zhuozi County in Wulanchabu League	22.78
50	呼和浩特市回民区	Huimin District in Hohhot City	22.12
51	鄂尔多斯市东胜区	Dongsheng District in Erdos City	21.94
52	乌兰察布盟察哈尔右翼中旗	Chahaeryouyizhong Banner in Wulanchabu League	21.49
53	乌兰察布盟察哈尔右翼后旗	Chahaeryouyihou Banner in Wulanchabu League	20.85
54	乌兰察布盟四子王旗	Siziwang Banner in Wulanchabu League	20.40
55	锡林郭勒盟太仆寺旗	Taipusi Banner in Xilinguole League	20.28
56	呼和浩特市托克托县	Tuoketuo County in Hohhot City	19.43
57	呼和浩特市玉泉区	Yuquan District in Hohhot City	19.08
58	乌海市海勃湾区	Haibowan District in Wuhai City	19.04
59	呼和浩特市和林格尔县	Helingeer County in Hohhot City	18.91
60	赤峰市巴林右旗	Balinyou Banner in Chifeng City	17.86
61	包头市固阳县	Guyang County in Baotou City	17.51
62	通辽市库伦旗	Kulun Banner in Tongliao City	17.48
63	呼伦贝尔市根河市	Genhe in Hulunbeier City	17.11
64	呼和浩特市武川县	Wuchuan County in Hohhot City	17.10
65	呼伦贝尔市满洲里市	Manzhouli in Hulunbeier City	15.72
66	乌兰察布盟化德县	Huade County in Wulanchabu League	15.70
67	锡林郭勒盟锡林浩特市	Xilinhaote City in Xilinguole League	15.04
68	呼伦贝尔市鄂温克族自治旗	Ewenke National Autonomous Banner in Hulunbeier City	14.43

23-1 续表 2 continued

单位：万人　　(10 000 persons)

位次 Order	旗县(区)名称	Name of Banners, Counties and Districts	年末总人口 Total Population at the Year-end
69	鄂尔多斯市伊金霍洛旗	Yijinhuoluo Banner in Erdos City	14.16
70	阿拉善盟阿拉善左旗	Alashanzuo Banner in Alashan League	13.93
71	巴彦淖尔盟乌拉特中旗	Wulatezhong Banner in Bayannaoer League	13.83
72	呼和浩特市清水河县	Qingshuihe County in Hohhot City	13.65
73	鄂尔多斯市杭锦旗	Hangjin Banner in Erdos City	13.39
74	乌海市乌达区	Wuda District in Wuhai City	12.88
75	巴彦淖尔盟磴口县	Dengkou County in Bayannaoer League	12.30
76	包头市达尔罕茂明安联合旗	Daerhanmaomingan Union Banner in Baotou City	10.17
77	锡林郭勒盟多伦县	Duolun County in Xilinguole League	10.08
78	乌海市海南区	Hainan District in Wuhai City	9.68
79	鄂尔多斯市乌审旗	Wushen Banner in Erdos City	9.54
80	鄂尔多斯市鄂托克旗	Etuoke Banner in Erdos City	9.09
81	呼伦贝尔市额尔古纳市	Eerguna in Hulunbeier City	8.47
82	锡林郭勒盟正蓝旗	Zhenglan Banner in Xilinguole League	7.79
83	鄂尔多斯市鄂托克前旗	Etuokeqian Banner in Erdos City	7.33
84	锡林郭勒盟西乌珠穆沁旗	xiwuzhumuqin Banner in Xilinguole League	7.19
85	锡林郭勒盟正镶白旗	Zhengxiangbai Banner in Xilinguole League	7.14
86	通辽市霍林郭勒市	Huolinguole City in Tongliao City	7.02
87	锡林郭勒盟东乌珠穆沁旗	Dongwuzhumuqin Banner in Xilinguole League	6.95
88	锡林郭勒盟苏尼特右旗	Suniteyou Banner in Xilinguole League	6.79
89	呼伦贝尔市陈巴尔虎旗	Chenbaerhu Banner in Hulunbeier City	5.84
90	巴彦淖尔盟乌拉特后旗	Wulatehou Banner in Bayannaoer League	5.66
91	兴安盟阿尔山市	Aershan City in Xingan League	5.02
92	包头市石拐区	Shiguai District in Baotou City	4.89
93	锡林郭勒盟阿巴嘎旗	Abaga Banner in Xilinguole League	4.38
94	呼伦贝尔市新巴尔虎左旗	Xinbaerhuzuo Banner in Hulunbeier City	4.14
95	呼伦贝尔市新巴尔虎右旗	Xinbaerhuyou Banner in Hulunbeier City	3.46
96	锡林郭勒盟苏尼特左旗	Sunitezuo Banner in Xilinguole League	3.31
97	锡林郭勒盟镶黄旗	Xianghuang Banner in Xilinguole League	2.84
98	包头市白云矿区	Baiyun Mineral District in Baotou City	2.43
99	阿拉善盟阿拉善右旗	Alashanyou Banner in Alashan League	2.36
100	锡林郭勒盟二连浩特市	Erlianhaote City in Xilinguole League	2.20
101	阿拉善盟额济纳旗	Ejina Banner in Alashan League	1.67

23-2 各旗县（区）按生产总值排序（2003年）

Banners, Counties and Districts Ranked by Gross Domestic Product(2003)

单位：万元　　　　(10 000 yuan)

位次 Order	旗县(区)名称	Name of Banners, Counties and Districts	生产总值 GDP
1	包头市昆都仑区	Kundulun District in Baotou City	1542375
2	通辽市科尔沁区	Keerqin District in Tongliao City	946241
3	呼和浩特市赛罕区	Saihan District in Hohhot City	942100
4	呼和浩特市新城区	Xincheng District in Hohhot City	869800
5	包头市青山区	Qingshan District in Baotou City	796660
6	包头市东河区	Donghe District in Baotou City	654703
7	鄂尔多斯市东胜区	Dongsheng District in Erdos City	620122
8	鄂尔多斯市准格尔旗	Zhungeer Banner in Erdos City	570050
9	呼和浩特市回民区	Huimin District in Hohhot City	548200
10	包头市九原区	Jiuyuan District in Baotou City	501649
11	巴彦淖尔盟临河市	Linhe City in Bayannaoer League	488273
12	鄂尔多斯市达拉特旗	Dalate Banner in Erdos City	480263
13	鄂尔多斯市伊金霍洛旗	Yijinhuoluo Banner in Erdos City	383953
14	呼和浩特市玉泉区	Yuquan District in Hohhot City	366900
15	呼和浩特市土默特左旗	Tumotezuo Banner in Hohhot City	349276
16	赤峰市元宝山区	Yuanbaoshan District in Chifeng City	331632
17	乌兰察布盟集宁市	Jining City in Wulanchabu League	325960
18	锡林郭勒盟锡林浩特市	Xilinhaote City in Xilinguole League	310350
19	通辽市开鲁县	Kailu County in Tongliao City	310098
20	乌海市海勃湾区	Haibowan District in Wuhai City	306612
21	通辽市科尔沁左翼后旗	Keerqinzuoyihou Banner in Tongliao City	305996
22	呼伦贝尔市海拉尔区	Hailaer District in Hulunbeier City	294259
23	呼和浩特市和林格尔县	Helingeer County in Hohhot City	293203
24	兴安盟乌兰浩特市	Wulanhaote City in Xingan League	290002
25	巴彦淖尔盟乌拉特前旗	Wulateqian Banner in Bayannaoer League	281150
26	赤峰市宁城县	Ningcheng County in Chifeng City	274005
27	赤峰市红山区	Hongshan District in Chifeng City	255670
28	巴彦淖尔盟杭锦后旗	Hangjinhou Banner in Bayannaoer League	255298
29	包头市土默特右旗	Tumoteyou Banner in Baotou City	254934
30	鄂尔多斯市鄂托克旗	Etuoke Banner in Erdos City	248420
31	通辽市奈曼旗	Naiman Banner in Tongliao City	247802
32	呼伦贝尔市满洲里市	Manzhouli in Hulunbeier City	245815
33	呼伦贝尔市牙克石市	Yakeshi in Hulunbeier City	232606
34	呼和浩特市托克托县	Tuoketuo County in Hohhot City	230920

23-2 续表 1 continued

单位：万元 (10 000 yuan)

位次 Order	旗县(区)名称	Name of Banners, Counties and Districts	生产总值 GDP
35	赤峰市敖汉旗	Aohan Banner in Chifeng City	227778
36	通辽市扎鲁特旗	Zhalute Banner in Tongliao City	226510
37	通辽市科尔沁左翼中旗	Keerqinzuoyizhong Banner in Tongliao City	225408
38	赤峰市松山区	Songshan District in Chifeng City	224555
39	乌兰察布盟丰镇市	Fengzhen City in Wulanchabu League	220730
40	乌海市海南区	Hainan District in Wuhai City	209649
41	赤峰市翁牛特旗	Wengniute Banner in Chifeng City	205802
42	呼伦贝尔市扎兰屯市	Zhalantun in Hulunbeier City	202240
43	巴彦淖尔盟五原县	Wuyuan County in Bayannaoer League	195494
44	呼伦贝尔市鄂温克族自治旗	Ewenke National Autonomous Banner in Hulunbeier City	183930
45	呼伦贝尔市莫力达瓦达斡尔族自治旗	Molidawadawoer National Autonomous Banner in Hulunbeier City	172071
46	包头市达尔罕茂明安联合旗	Daerhanmaomingan Union Banner in Baotou City	169771
47	兴安盟科尔沁右翼前旗	Keerqinyouyiqian Banner in Xingan League	169344
48	呼伦贝尔市根河市	Genhe in Hulunbeier City	162340
49	鄂尔多斯市乌审旗	Wushen Banner in Erdos City	149837
50	乌海市乌达区	Wuda District in Wuhai City	146900
51	包头市固阳县	Guyang County in Baotou City	146765
52	赤峰市巴林左旗	Balinzuo Banner in Chifeng City	146150
53	鄂尔多斯市杭锦旗	Hangjin Banner in Erdos City	144227
54	乌兰察布盟察哈尔右翼前旗	Chahaeryouyiqian Banner in Wulanchabu League	139140
55	阿拉善盟阿拉善左旗	Alashanzuo Banner in Alashan League	135879
56	兴安盟扎赉特旗	Zhalaite Banner in Xingan League	132732
57	赤峰市林西县	Linxi County in Chifeng City	130701
58	乌兰察布盟察哈尔右翼后旗	Chahaeryouyihou Banner in Wulanchabu League	130619
59	通辽市霍林郭勒市	Huolinguole City in Tongliao City	125476
60	乌兰察布盟四子王旗	Siziwang Banner in Wulanchabu League	122877
61	兴安盟突泉县	Tuquan County in Xingan League	122587
62	呼和浩特市武川县	Wuchuan County in Hohhot City	121433
63	乌兰察布盟凉城县	Liangcheng County in Wulanchabu League	118893
64	锡林郭勒盟东乌珠穆沁旗	Dongwuzhumuqin Banner in Xilinguole League	117570
65	呼伦贝尔市阿荣旗	Arong Banner in Hulunbeier City	116114
66	巴彦淖尔盟磴口县	Dengkou County in Bayannaoer League	112919
67	乌兰察布盟卓资县	Zhuozi County in Wulanchabu League	111202
68	乌兰察布盟商都县	Shangdu County in Wulanchabu League	108414

23-2 续表 2 continued

单位：万元 （10 000 yuan）

位次 Order	旗县(区)名称	Name of Banners, Counties and Districts	生产总值 GDP
69	赤峰市阿鲁科尔沁旗	Alukeerqin Banner in Chifeng City	106919
70	巴彦淖尔盟乌拉特中旗	Wulatezhong Banner in Bayannaoer League	104900
71	赤峰市喀喇沁旗	Kalaqin Banner in Chifeng City	104418
72	兴安盟科尔沁右翼中旗	Keerqinyouyizhong Banner in Xingan League	103379
73	乌兰察布盟兴和县	Xinghe County in Wulanchabu League	102774
74	鄂尔多斯市鄂托克前旗	Etuokeqian Banner in Erdos City	102167
75	赤峰市克什克腾旗	Keshiketeng Banner in Chifeng City	96744
76	乌兰察布盟察哈尔右翼中旗	Chahaeryouyizhong Banner in Wulanchabu League	96043
77	呼伦贝尔市鄂伦春自治旗	Elunchun National Autonomous Banner in Hulunbeier City	88838
78	锡林郭勒盟太仆寺旗	Taipusi Banner in Xilinguole League	86782
79	锡林郭勒盟西乌珠穆沁旗	xiwuzhumuqin Banner in Xilinguole League	86238
80	通辽市库伦旗	Kulun Banner in Tongliao City	84048
81	呼伦贝尔市额尔古纳市	Eerguna in Hulunbeier City	84035
82	呼和浩特市清水河县	Qingshuihe County in Hohhot City	82213
83	锡林郭勒盟二连浩特市	Erlianhaote City in Xilinguole League	81183
84	赤峰市巴林右旗	Balinyou Banner in Chifeng City	75913
85	锡林郭勒盟正蓝旗	Zhenglan Banner in Xilinguole League	73535
86	乌兰察布盟化德县	Huade County in Wulanchabu League	71958
87	锡林郭勒盟苏尼特右旗	Suniteyou Banner in Xilinguole League	71339
88	呼伦贝尔市陈巴尔虎旗	Chenbaerhu Banner in Hulunbeier City	71158
89	巴彦淖尔盟乌拉特后旗	Wulatehou Banner in Bayannaoer League	66201
90	呼伦贝尔市新巴尔虎左旗	Xinbaerhuzuo Banner in Hulunbeier City	61636
91	锡林郭勒盟多伦县	Duolun County in Xilinguole League	61499
92	包头市石拐区	Shiguai District in Baotou City	55460
93	呼伦贝尔市新巴尔虎右旗	Xinbaerhuyou Banner in Hulunbeier City	49910
94	包头市白云矿区	Baiyun Mineral District in Baotou City	46603
95	锡林郭勒盟正镶白旗	Zhengxiangbai Banner in Xilinguole League	46088
96	锡林郭勒盟阿巴嘎旗	Abaga Banner in Xilinguole League	44068
97	锡林郭勒盟苏尼特左旗	Sunitezuo Banner in Xilinguole League	41460
98	阿拉善盟阿拉善右旗	Alashanyou Banner in Alashan League	39450
99	兴安盟阿尔山市	Aershan City in Xingan League	35215
100	阿拉善盟额济纳旗	Ejina Banner in Alashan League	27731
101	锡林郭勒盟镶黄旗	Xianghuang Banner in Xilinguole League	15548

23-3 各旗县（区）按粮食产量排序（2003年）

Banners, Counties and Districts Ranked by Output of Grain （2003）

单位：吨 (ton)

位 次 Order	旗县(区)名称	Name of Banners, Counties and Districts	粮食产量 Output of Grain
1	通辽市科尔沁区	Keerqin District in Tongliao City	825348
2	通辽市科尔沁左翼中旗	Keerqinzuoyizhong Banner in Tongliao City	707651
3	通辽市开鲁县	Kailu County in Tongliao City	585002
4	兴安盟扎赉特旗	Zhalaite Banner in Xingan League	482397
5	通辽市科尔沁左翼后旗	Keerqinzuoyihou Banner in Tongliao City	446233
6	兴安盟科尔沁右翼前旗	Keerqinyouyiqian Banner in Xingan League	410395
7	兴安盟突泉县	Tuquan County in Xingan League	407073
8	赤峰市松山区	Songshan District in Chifeng City	400051
9	通辽市奈曼旗	Naiman Banner in Tongliao City	372042
10	巴彦淖尔盟临河市	Linhe City in Bayannaoer League	366977
11	赤峰市宁城县	Ningcheng County in Chifeng City	352500
12	赤峰市敖汉旗	Aohan Banner in Chifeng City	340000
13	包头市土默特右旗	Tumoteyou Banner in Baotou City	334125
14	赤峰市翁牛特旗	Wengniute Banner in Chifeng City	333103
15	通辽市扎鲁特旗	Zhalute Banner in Tongliao City	318452
16	巴彦淖尔盟杭锦后旗	Hangjinhou Banner in Bayannaoer League	308986
17	巴彦淖尔盟五原县	Wuyuan County in Bayannaoer League	301161
18	巴彦淖尔盟乌拉特前旗	Wulateqian Banner in Bayannaoer League	258109
19	赤峰市巴林左旗	Balinzuo Banner in Chifeng City	240046
20	鄂尔多斯市达拉特旗	Dalate Banner in Erdos City	236995
21	呼伦贝尔市莫力达瓦达斡尔族自治旗	Molidawadawoer National Autonomous Banner in Hulunbeier City	206694
22	呼和浩特市武川县	Wuchuan County in Hohhot City	199287
23	呼和浩特市土默特左旗	Tumotezuo Banner in Hohhot City	192860
24	乌兰察布盟四子王旗	Siziwang Banner in Wulanchabu League	184375
25	兴安盟科尔沁右翼中旗	Keerqinyouyizhong Banner in Xingan League	182582
26	乌兰察布盟凉城县	Liangcheng County in Wulanchabu League	177548
27	赤峰市阿鲁科尔沁旗	Alukeerqin Banner in Chifeng City	165000
28	呼和浩特市和林格尔县	Helingeer County in Hohhot City	163646
29	通辽市库伦旗	Kulun Banner in Tongliao City	154368
30	乌兰察布盟丰镇市	Fengzhen City in Wulanchabu League	144645
31	赤峰市克什克腾旗	Keshiketeng Banner in Chifeng City	140143
32	赤峰市林西县	Linxi County in Chifeng City	140018
33	乌兰察布盟察哈尔右翼中旗	Chahaeryouyizhong Banner in Wulanchabu League	139805
34	呼和浩特市托克托县	Tuoketuo County in Hohhot City	139455

23-3 续表 1 continued

单位：吨 (ton)

位次 Order	旗县(区)名称	Name of Banners, Counties and Districts	粮食产量 Output of Grain
35	包头市固阳县	Guyang County in Baotou City	133740
36	乌兰察布盟商都县	Shangdu County in Wulanchabu League	133593
37	乌兰察布盟兴和县	Xinghe County in Wulanchabu League	128865
38	乌兰察布盟察哈尔右翼前旗	Chahaeryouyiqian Banner in Wulanchabu League	126289
39	赤峰市喀喇沁旗	Kalaqin Banner in Chifeng City	124020
40	呼伦贝尔市扎兰屯市	Zhalantun in Hulunbeier City	122130
41	乌兰察布盟卓资县	Zhuozi County in Wulanchabu League	121046
42	乌兰察布盟察哈尔右翼后旗	Chahaeryouyihou Banner in Wulanchabu League	118003
43	鄂尔多斯市准格尔旗	Zhungeer Banner in Erdos City	112998
44	巴彦淖尔盟乌拉特中旗	Wulatezhong Banner in Bayannaoer League	111321
45	呼伦贝尔市鄂伦春自治旗	Elunchun National Autonomous Banner in Hulunbeier City	107255
46	赤峰市巴林右旗	Balinyou Banner in Chifeng City	101230
47	鄂尔多斯市乌审旗	Wushen Banner in Erdos City	100416
48	呼伦贝尔市阿荣旗	Arong Banner in Hulunbeier City	96881
49	包头市达尔罕茂明安联合旗	Daerhanmaomingan Union Banner in Baotou City	94510
50	呼和浩特市赛罕区	Saihan District in Hohhot City	92535
51	鄂尔多斯市伊金霍洛旗	Yijinhuoluo Banner in Erdos City	90321
52	包头市九原区	Jiuyuan District in Baotou City	88731
53	乌兰察布盟化德县	Huade County in Wulanchabu League	82051
54	鄂尔多斯市杭锦旗	Hangjin Banner in Erdos City	80541
55	锡林郭勒盟多伦县	Duolun County in Xilinguole League	68518
56	呼和浩特市清水河县	Qingshuihe County in Hohhot City	66486
57	巴彦淖尔盟磴口县	Dengkou County in Bayannaoer League	66271
58	赤峰市元宝山区	Yuanbaoshan District in Chifeng City	62500
59	阿拉善盟阿拉善左旗	Alashanzuo Banner in Alashan League	57691
60	呼伦贝尔市牙克石市	Yakeshi in Hulunbeier City	51400
61	锡林郭勒盟太仆寺旗	Taipusi Banner in Xilinguole League	51075
62	鄂尔多斯市东胜区	Dongsheng District in Erdos City	49114
63	鄂尔多斯市鄂托克旗	Etuoke Banner in Erdos City	45198
64	鄂尔多斯市鄂托克前旗	Etuokeqian Banner in Erdos City	44340
65	兴安盟乌兰浩特市	Wulanhaote City in Xingan League	42657
66	呼伦贝尔市额尔古纳市	Eerguna in Hulunbeier City	26002
67	呼和浩特市玉泉区	Yuquan District in Hohhot City	23489
68	呼和浩特市新城区	Xincheng District in Hohhot City	22261

23-3 续表 2 continued

单位：吨 (ton)

位次 Order	旗县(区)名称	Name of Banners, Counties and Districts	粮食产量 Output of Grain
69	赤峰市红山区	Hongshan District in Chifeng City	22000
70	呼伦贝尔市新巴尔虎左旗	Xinbaerhuzuo Banner in Hulunbeier City	17549
71	兴安盟阿尔山市	Aershan City in Xingan League	17503
72	巴彦淖尔盟乌拉特后旗	Wulatehou Banner in Bayannaoer League	14752
73	乌海市海南区	Hainan District in Wuhai City	14369
74	锡林郭勒盟正蓝旗	Zhenglan Banner in Xilinguole League	12134
75	呼伦贝尔市鄂温克族自治旗	Ewenke National Autonomous Banner in Hulunbeier City	9305
76	通辽市霍林郭勒市	Huolinguole City in Tongliao City	8197
77	锡林郭勒盟正镶白旗	Zhengxiangbai Banner in Xilinguole League	7749
78	呼伦贝尔市陈巴尔虎旗	Chenbaerhu Banner in Hulunbeier City	7086
79	阿拉善盟阿拉善右旗	Alashanyou Banner in Alashan League	6826
80	乌海市海勃湾区	Haibowan District in Wuhai City	5913
81	包头市石拐区	Shiguai District in Baotou City	4841
82	锡林郭勒盟锡林浩特市	Xilinhaote City in Xilinguole League	4462
83	呼和浩特市回民区	Huimin District in Hohhot City	3780
84	乌海市乌达区	Wuda District in Wuhai City	2884
85	呼伦贝尔市海拉尔区	Hailaer District in Hulunbeier City	2217
86	乌兰察布盟集宁市	Jining City in Wulanchabu League	1902
87	包头市东河区	Donghe District in Baotou City	1897
88	呼伦贝尔市根河市	Genhe in Hulunbeier City	1780
89	阿拉善盟额济纳旗	Ejina Banner in Alashan League	917
90	锡林郭勒盟西乌珠穆沁旗	xiwuzhumuqin Banner in Xilinguole League	855
91	包头市青山区	Qingshan District in Baotou City	771
92	呼伦贝尔市满洲里市	Manzhouli in Hulunbeier City	767
93	锡林郭勒盟东乌珠穆沁旗	Dongwuzhumuqin Banner in Xilinguole League	676
94	锡林郭勒盟苏尼特右旗	Suniteyou Banner in Xilinguole League	563
95	锡林郭勒盟镶黄旗	Xianghuang Banner in Xilinguole League	117
96	包头市昆都仑区	Kundulun District in Baotou City	93
97	呼伦贝尔市新巴尔虎右旗	Xinbaerhuyou Banner in Hulunbeier City	55
101	包头市白云矿区	Baiyun Mineral District in Baotou City	
100	锡林郭勒盟二连浩特市	Erlianhaote City in Xilinguole League	
98	锡林郭勒盟阿巴嘎旗	Abaga Banner in Xilinguole League	
99	锡林郭勒盟苏尼特左旗	Sunitezuo Banner in Xilinguole League	

23-4 各旗县（区）按年末牲畜存栏头数排序（2003年）

Banners, Counties and Districts Ranked by Number of Livestock (Year end of 2003)

单位：万头（只） (10 000 heads)

位次 Order	旗县(区)名称	Name of Banners, Counties and Districts	年末牲畜存栏头数 Number of Livestock at the Year-end
1	兴安盟科尔沁右翼前旗	Keerqinyouyiqian Banner in Xingan League	319.82
2	锡林郭勒盟东乌珠穆沁旗	Dongwuzhumuqin Banner in Xilinguole League	251.39
3	巴彦淖尔盟临河市	Linhe City in Bayannaoer League	190.46
4	兴安盟扎赉特旗	Zhalaite Banner in Xingan League	178.57
5	锡林郭勒盟西乌珠穆沁旗	xiwuzhumuqin Banner in Xilinguole League	163.53
6	兴安盟科尔沁右翼中旗	Keerqinyouyizhong Banner in Xingan League	162.01
7	鄂尔多斯市达拉特旗	Dalate Banner in Erdos City	153.02
8	巴彦淖尔盟乌拉特中旗	Wulatezhong Banner in Bayannaoer League	140.48
9	巴彦淖尔盟杭锦后旗	Hangjinhou Banner in Bayannaoer League	137.69
10	通辽市扎鲁特旗	Zhalute Banner in Tongliao City	130.53
11	赤峰市阿鲁科尔沁旗	Alukeerqin Banner in Chifeng City	119.56
12	呼伦贝尔市新巴尔虎右旗	Xinbaerhuyou Banner in Hulunbeier City	119.41
13	锡林郭勒盟阿巴嘎旗	Abaga Banner in Xilinguole League	115.64
14	鄂尔多斯市杭锦旗	Hangjin Banner in Erdos City	110.07
15	阿拉善盟阿拉善左旗	Alashanzuo Banner in Alashan League	108.80
16	赤峰市克什克腾旗	Keshiketeng Banner in Chifeng City	107.57
17	巴彦淖尔盟五原县	Wuyuan County in Bayannaoer League	106.59
18	呼伦贝尔市新巴尔虎左旗	Xinbaerhuzuo Banner in Hulunbeier City	105.10
19	赤峰市巴林右旗	Balinyou Banner in Chifeng City	102.10
20	鄂尔多斯市鄂托克旗	Etuoke Banner in Erdos City	99.81
21	赤峰市敖汉旗	Aohan Banner in Chifeng City	99.10
22	巴彦淖尔盟乌拉特前旗	Wulateqian Banner in Bayannaoer League	92.58
23	呼伦贝尔市阿荣旗	Arong Banner in Hulunbeier City	88.85
24	乌兰察布盟四子王旗	Siziwang Banner in Wulanchabu League	84.27
25	锡林郭勒盟锡林浩特市	Xilinhaote City in Xilinguole League	83.91
26	鄂尔多斯市鄂托克前旗	Etuokeqian Banner in Erdos City	83.28
27	赤峰市翁牛特旗	Wengniute Banner in Chifeng City	81.23
28	鄂尔多斯市乌审旗	Wushen Banner in Erdos City	81.22
29	通辽市科尔沁区	Keerqin District in Tongliao City	81.05
30	通辽市科尔沁左翼中旗	Keerqinzuoyizhong Banner in Tongliao City	80.25
31	呼伦贝尔市扎兰屯市	Zhalantun in Hulunbeier City	79.18
32	赤峰市巴林左旗	Balinzuo Banner in Chifeng City	76.51
33	通辽市科尔沁左翼后旗	Keerqinzuoyihou Banner in Tongliao City	76.15
34	锡林郭勒盟苏尼特左旗	Sunitezuo Banner in Xilinguole League	73.19

23-4 续表 1 continued

单位：万头(只) (10 000 heads)

位次 Order	旗县(区)名称	Name of Banners, Counties and Districts	年末牲畜存栏头数 Number of Livestock at the Year-end
35	包头市达尔罕茂明安联合旗	Daerhanmaomingan Union Banner in Baotou City	70.16
36	兴安盟突泉县	Tuquan County in Xingan League	70.02
37	锡林郭勒盟苏尼特右旗	Suniteyou Banner in Xilinguole League	67.53
38	通辽市开鲁县	Kailu County in Tongliao City	65.42
39	通辽市奈曼旗	Naiman Banner in Tongliao City	57.43
40	鄂尔多斯市伊金霍洛旗	Yijinhuoluo Banner in Erdos City	55.70
41	呼伦贝尔市陈巴尔虎旗	Chenbaerhu Banner in Hulunbeier City	52.90
42	赤峰市林西县	Linxi County in Chifeng City	51.66
43	呼伦贝尔市莫力达瓦达斡尔族自治旗	Molidawadawoer National Autonomous Banner in Hulunbeier City	50.71
44	鄂尔多斯市准格尔旗	Zhungeer Banner in Erdos City	49.35
45	巴彦淖尔盟乌拉特后旗	Wulatehou Banner in Bayannaoer League	45.46
46	呼伦贝尔市鄂温克族自治旗	Ewenke National Autonomous Banner in Hulunbeier City	45.02
47	包头市土默特右旗	Tumoteyou Banner in Baotou City	44.51
48	乌兰察布盟兴和县	Xinghe County in Wulanchabu League	44.12
49	乌兰察布盟察哈尔右翼后旗	Chahaeryouyihou Banner in Wulanchabu League	40.28
50	乌兰察布盟察哈尔右翼前旗	Chahaeryouyiqian Banner in Wulanchabu League	39.86
51	锡林郭勒盟正镶白旗	Zhengxiangbai Banner in Xilinguole League	38.94
52	呼和浩特市土默特左旗	Tumotezuo Banner in Hohhot City	38.28
53	乌兰察布盟卓资县	Zhuozi County in Wulanchabu League	36.24
54	乌兰察布盟察哈尔右翼中旗	Chahaeryouyizhong Banner in Wulanchabu League	36.04
55	锡林郭勒盟正蓝旗	Zhenglan Banner in Xilinguole League	35.83
56	巴彦淖尔盟磴口县	Dengkou County in Bayannaoer League	35.56
57	锡林郭勒盟镶黄旗	Xianghuang Banner in Xilinguole League	35.00
58	赤峰市松山区	Songshan District in Chifeng City	34.55
59	赤峰市宁城县	Ningcheng County in Chifeng City	34.25
60	通辽市库伦旗	Kulun Banner in Tongliao City	33.42
61	呼和浩特市和林格尔县	Helingeer County in Hohhot City	32.04
62	包头市固阳县	Guyang County in Baotou City	30.20
63	乌兰察布盟凉城县	Liangcheng County in Wulanchabu League	30.03
64	锡林郭勒盟多伦县	Duolun County in Xilinguole League	29.56
65	呼和浩特市托克托县	Tuoketuo County in Hohhot City	28.23
66	乌兰察布盟化德县	Huade County in Wulanchabu League	28.15
67	呼伦贝尔市鄂伦春自治旗	Elunchun National Autonomous Banner in Hulunbeier City	27.67
68	锡林郭勒盟太仆寺旗	Taipusi Banner in Xilinguole League	24.89

23-4 续表 2 continued

单位：万头（只） (10 000 heads)

位次 Order	旗县(区)名称	Name of Banners, Counties and Districts	年末牲畜存栏头数 Number of Livestock at the Year-end
69	包头市九原区	Jiuyuan District in Baotou City	24.78
70	乌兰察布盟商都县	Shangdu County in Wulanchabu League	24.70
71	乌兰察布盟丰镇市	Fengzhen City in Wulanchabu League	23.50
72	赤峰市喀喇沁旗	Kalaqin Banner in Chifeng City	21.98
73	阿拉善盟阿拉善右旗	Alashanyou Banner in Alashan League	21.64
74	呼和浩特市赛罕区	Saihan District in Hohhot City	19.40
75	鄂尔多斯市东胜区	Dongsheng District in Erdos City	18.70
76	呼和浩特市武川县	Wuchuan County in Hohhot City	17.24
77	呼伦贝尔市额尔古纳市	Eerguna in Hulunbeier City	17.23
78	呼和浩特市清水河县	Qingshuihe County in Hohhot City	15.38
79	呼伦贝尔市牙克石市	Yakeshi in Hulunbeier City	14.12
80	兴安盟阿尔山市	Aershan City in Xingan League	12.42
81	兴安盟乌兰浩特市	Wulanhaote City in Xingan League	11.64
82	通辽市霍林郭勒市	Huolinguole City in Tongliao City	10.92
83	阿拉善盟额济纳旗	Ejina Banner in Alashan League	10.91
84	赤峰市元宝山区	Yuanbaoshan District in Chifeng City	10.54
85	乌海市海南区	Hainan District in Wuhai City	7.17
86	呼伦贝尔市海拉尔区	Hailaer District in Hulunbeier City	6.78
87	呼伦贝尔市满洲里市	Manzhouli in Hulunbeier City	5.51
88	锡林郭勒盟二连浩特市	Erlianhaote City in Xilinguole League	4.11
89	呼和浩特市新城区	Xincheng District in Hohhot City	3.96
90	乌海市海勃湾区	Haibowan District in Wuhai City	3.73
91	包头市石拐区	Shiguai District in Baotou City	3.11
92	乌兰察布盟集宁市	Jining City in Wulanchabu League	3.00
93	呼和浩特市玉泉区	Yuquan District in Hohhot City	2.99
94	赤峰市红山区	Hongshan District in Chifeng City	2.94
95	乌海市乌达区	Wuda District in Wuhai City	1.94
96	呼伦贝尔市根河市	Genhe in Hulunbeier City	1.93
97	包头市东河区	Donghe District in Baotou City	1.75
98	呼和浩特市回民区	Huimin District in Hohhot City	1.14
99	包头市青山区	Qingshan District in Baotou City	0.80
100	包头市昆都仑区	Kundulun District in Baotou City	
101	包头市白云矿区	Baiyun Mineral District in Baotou City	

23-5 各旗县（区）按农牧民人均纯收入排序（2003年）

Banners, Counties and Districts Ranked by Net Income of Peasants and Herdsmen （2003）

单位：元 (yuan)

位次 Order	旗县(区)名称	Name of Banners, Counties and Districts	农牧民人均纯收入 Net Income of Peasants & Herdsmen
1	锡林郭勒盟东乌珠穆沁旗	Dongwuzhumuqin Banner in Xilinguole League	5610
2	呼伦贝尔市海拉尔区	Hailaer District in Hulunbeier City	5337
3	呼伦贝尔市额尔古纳市	Eerguna in Hulunbeier City	4620
4	包头市东河区	Donghe District in Baotou City	4619
5	呼和浩特市回民区	Huimin District in Hohhot City	4609
6	呼和浩特市玉泉区	Yuquan District in Hohhot City	4428
7	包头市九原区	Jiuyuan District in Baotou City	4205
8	呼和浩特市赛罕区	Saihan District in Hohhot City	4194
9	呼伦贝尔市鄂温克族自治旗	Ewenke National Autonomous Banner in Hulunbeier City	4190
10	呼和浩特市新城区	Xincheng District in Hohhot City	4081
11	赤峰市红山区	Hongshan District in Chifeng City	4072
12	呼伦贝尔市陈巴尔虎旗	Chenbaerhu Banner in Hulunbeier City	3708
13	呼和浩特市土默特左旗	Tumotezuo Banner in Hohhot City	3540
14	通辽市科尔沁区	Keerqin District in Tongliao City	3502
15	赤峰市元宝山区	Yuanbaoshan District in Chifeng City	3456
16	鄂尔多斯市乌审旗	Wushen Banner in Erdos City	3435
17	通辽市开鲁县	Kailu County in Tongliao City	3405
18	锡林郭勒盟西乌珠穆沁旗	xiwuzhumuqin Banner in Xilinguole League	3372
19	包头市土默特右旗	Tumoteyou Banner in Baotou City	3369
20	阿拉善盟额济纳旗	Ejina Banner in Alashan League	3348
21	巴彦淖尔盟临河市	Linhe City in Bayannaoer League	3296
22	鄂尔多斯市东胜区	Dongsheng District in Erdos City	3281
23	呼和浩特市托克托县	Tuoketuo County in Hohhot City	3200
24	呼伦贝尔市新巴尔虎右旗	Xinbaerhuyou Banner in Hulunbeier City	3192
25	鄂尔多斯市伊金霍洛旗	Yijinhuoluo Banner in Erdos City	3191
26	鄂尔多斯市鄂托克前旗	Etuokeqian Banner in Erdos City	3189
27	鄂尔多斯市达拉特旗	Dalate Banner in Erdos City	3186
28	包头市达尔罕茂明安联合旗	Daerhanmaomingan Union Banner in Baotou City	3183
29	呼伦贝尔市新巴尔虎左旗	Xinbaerhuzuo Banner in Hulunbeier City	3105
30	乌海市海勃湾区	Haibowan District in Wuhai City	3083
31	巴彦淖尔盟磴口县	Dengkou County in Bayannaoer League	3070
32	鄂尔多斯市准格尔旗	Zhungeer Banner in Erdos City	3060
33	阿拉善盟阿拉善右旗	Alashanyou Banner in Alashan League	3055
34	巴彦淖尔盟杭锦后旗	Hangjinhou Banner in Bayannaoer League	3054

23-5 续表 1 continued

单位：元 (yuan)

位 次 Order	旗县(区)名称	Name of Banners, Counties and Districts	农牧民人均纯收入 Net Income of Peasants & Herdsmen
35	锡林郭勒盟锡林浩特市	Xilinhaote City in Xilinguole League	3009
36	乌海市乌达区	Wuda District in Wuhai City	2994
37	巴彦淖尔盟五原县	Wuyuan County in Bayannaoer League	2988
38	巴彦淖尔盟乌拉特前旗	Wulateqian Banner in Bayannaoer League	2937
39	乌海市海南区	Hainan District in Wuhai City	2881
40	阿拉善盟阿拉善左旗	Alashanzuo Banner in Alashan League	2840
41	鄂尔多斯市杭锦旗	Hangjin Banner in Erdos City	2814
42	乌兰察布盟集宁市	Jining City in Wulanchabu League	2802
43	鄂尔多斯市鄂托克旗	Etuoke Banner in Erdos City	2706
44	呼和浩特市和林格尔县	Helingeer County in Hohhot City	2672
45	通辽市霍林郭勒市	Huolinguole City in Tongliao City	2620
46	巴彦淖尔盟乌拉特中旗	Wulatezhong Banner in Bayannaoer League	2617
47	锡林郭勒盟阿巴嘎旗	Abaga Banner in Xilinguole League	2606
48	包头市固阳县	Guyang County in Baotou City	2581
49	兴安盟乌兰浩特市	Wulanhaote City in Xingan League	2559
50	通辽市扎鲁特旗	Zhalute Banner in Tongliao City	2408
51	包头市石拐区	Shiguai District in Baotou City	2391
52	通辽市科尔沁左翼中旗	Keerqinzuoyizhong Banner in Tongliao City	2289
53	兴安盟阿尔山市	Aershan City in Xingan League	2230
54	呼和浩特市武川县	Wuchuan County in Hohhot City	2136
55	赤峰市松山区	Songshan District in Chifeng City	2120
56	乌兰察布盟凉城县	Liangcheng County in Wulanchabu League	2103
57	乌兰察布盟丰镇市	Fengzhen City in Wulanchabu League	2058
58	乌兰察布盟四子王旗	Siziwang Banner in Wulanchabu League	2018
59	兴安盟突泉县	Tuquan County in Xingan League	2016
60	乌兰察布盟察哈尔右翼后旗	Chahaeryouyihou Banner in Wulanchabu League	1995
61	乌兰察布盟商都县	Shangdu County in Wulanchabu League	1992
62	通辽市科尔沁左翼后旗	Keerqinzuoyihou Banner in Tongliao City	1987
63	乌兰察布盟察哈尔右翼前旗	Chahaeryouyiqian Banner in Wulanchabu League	1958
64	赤峰市巴林右旗	Balinyou Banner in Chifeng City	1940
65	乌兰察布盟兴和县	Xinghe County in Wulanchabu League	1919
66	赤峰市巴林左旗	Balinzuo Banner in Chifeng City	1894
67	呼伦贝尔市牙克石市	Yakeshi in Hulunbeier City	1886
68	呼和浩特市清水河县	Qingshuihe County in Hohhot City	1882

23-5 续表 2 continued

单位：元 (yuan)

位 次 Order	旗县(区)名称	Name of Banners, Counties and Districts	农牧民人均纯收入 Net Income of Peasants & Herdsmen
69	锡林郭勒盟苏尼特左旗	Sunitezuo Banner in Xilinguole League	1856
70	乌兰察布盟察哈尔右翼中旗	Chahaeryouyizhong Banner in Wulanchabu League	1848
71	乌兰察布盟化德县	Huade County in Wulanchabu League	1828
72	乌兰察布盟卓资县	Zhuozi County in Wulanchabu League	1818
73	赤峰市林西县	Linxi County in Chifeng City	1804
74	赤峰市克什克腾旗	Keshiketeng Banner in Chifeng City	1798
75	赤峰市宁城县	Ningcheng County in Chifeng City	1786
76	通辽市奈曼旗	Naiman Banner in Tongliao City	1780
77	赤峰市翁牛特旗	Wengniute Banner in Chifeng City	1742
78	锡林郭勒盟太仆寺旗	Taipusi Banner in Xilinguole League	1660
79	通辽市库伦旗	Kulun Banner in Tongliao City	1651
80	兴安盟科尔沁右翼中旗	Keerqinyouyizhong Banner in Xingan League	1627
81	锡林郭勒盟正蓝旗	Zhenglan Banner in Xilinguole League	1622
82	兴安盟扎赉特旗	Zhalaite Banner in Xingan League	1607
84	赤峰市喀喇沁旗	Kalaqin Banner in Chifeng City	1600
83	锡林郭勒盟多伦县	Duolun County in Xilinguole League	1600
85	巴彦淖尔盟乌拉特后旗	Wulatehou Banner in Bayannaoer League	1578
86	赤峰市阿鲁科尔沁旗	Alukeerqin Banner in Chifeng City	1555
87	兴安盟科尔沁右翼前旗	Keerqinyouyiqian Banner in Xingan League	1554
88	呼伦贝尔市扎兰屯市	Zhalantun in Hulunbeier City	1545
89	赤峰市敖汉旗	Aohan Banner in Chifeng City	1541
90	呼伦贝尔市阿荣旗	Arong Banner in Hulunbeier City	1365
91	锡林郭勒盟镶黄旗	Xianghuang Banner in Xilinguole League	1340
92	呼伦贝尔市鄂伦春自治旗	Elunchun National Autonomous Banner in Hulunbeier City	1292
93	锡林郭勒盟正镶白旗	Zhengxiangbai Banner in Xilinguole League	1252
94	锡林郭勒盟苏尼特右旗	Suniteyou Banner in Xilinguole League	1119
95	呼伦贝尔市莫力达瓦达斡尔族自治旗	Molidawadawoer National Autonomous Banner in Hulunbeier City	1052
98	包头市昆都仑区	Kundulun District in Baotou City	
99	包头市青山区	Qingshan District in Baotou City	
97	包头市白云矿区	Baiyun Mineral District in Baotou City	
101	呼伦贝尔市满洲里市	Manzhouli in Hulunbeier City	
100	呼伦贝尔市根河市	Genhe in Hulunbeier City	
96	锡林郭勒盟二连浩特市	Erlianhaote City in Xilinguole League	

23-6 各旗县（区）按在岗职工平均工资排序（2003年）

Banners, Counties and Districts Ranked by Average Wage of Staff and Workers Employed in（2003）

单位：元 (yuan)

位次 Order	旗县(区)名称	Name of Banners, Counties and Districts	职工平均工资 Average Wage
1	锡林郭勒盟二连浩特市	Erlianhaote City in Xilinguole League	16476
2	鄂尔多斯市伊金霍洛旗	Yijinhuoluo Banner in Erdos City	16399
3	通辽市霍林郭勒市	Huolinguole City in Tongliao City	16140
4	鄂尔多斯市准格尔旗	Zhungeer Banner in Erdos City	14954
5	乌兰察布盟丰镇市	Fengzhen City in Wulanchabu League	14817
6	包头市白云矿区	Baiyun Mineral District in Baotou City	14694
7	呼伦贝尔市新巴尔虎右旗	Xinbaerhuyou Banner in Hulunbeier City	14496
8	包头市昆都仑区	Kundulun District in Baotou City	14466
9	包头市青山区	Qingshan District in Baotou City	14434
10	鄂尔多斯市达拉特旗	Dalate Banner in Erdos City	13935
11	阿拉善盟阿拉善左旗	Alashanzuo Banner in Alashan League	13736
12	阿拉善盟额济纳旗	Ejina Banner in Alashan League	13658
13	呼伦贝尔市海拉尔区	Hailaer District in Hulunbeier City	13284
14	呼伦贝尔市鄂温克族自治旗	Ewenke National Autonomous Banner in Hulunbeier City	13259
15	包头市达尔罕茂明安联合旗	Daerhanmaomingan Union Banner in Baotou City	13175
16	阿拉善盟阿拉善右旗	Alashanyou Banner in Alashan League	12951
17	呼伦贝尔市根河市	Genhe in Hulunbeier City	12841
18	包头市九原区	Jiuyuan District in Baotou City	12378
19	鄂尔多斯市鄂托克旗	Etuoke Banner in Erdos City	12289
20	乌兰察布盟集宁市	Jining City in Wulanchabu League	12239
21	呼和浩特市赛罕区	Saihan District in Hohhot City	12213
22	鄂尔多斯市鄂托克前旗	Etuokeqian Banner in Erdos City	12150
23	锡林郭勒盟苏尼特左旗	Sunitezuo Banner in Xilinguole League	12122
24	呼和浩特市新城区	Xincheng District in Hohhot City	12075
25	鄂尔多斯市东胜区	Dongsheng District in Erdos City	12042
26	鄂尔多斯市乌审旗	Wushen Banner in Erdos City	12029
27	呼和浩特市和林格尔县	Helingeer County in Hohhot City	12008
28	包头市固阳县	Guyang County in Baotou City	11895
29	呼和浩特市玉泉区	Yuquan District in Hohhot City	11807
30	呼和浩特市托克托县	Tuoketuo County in Hohhot City	11775
31	呼和浩特市回民区	Huimin District in Hohhot City	11762
32	锡林郭勒盟锡林浩特市	Xilinhaote City in Xilinguole League	11621
33	呼伦贝尔市新巴尔虎左旗	Xinbaerhuzuo Banner in Hulunbeier City	11523
34	乌兰察布盟察哈尔右翼中旗	Chahaeryouyizhong Banner in Wulanchabu League	11308

23-6 续表 1 continued

单位：元 (yuan)

位次 Order	旗县(区)名称	Name of Banners, Counties and Districts	职工平均工资 Average Wage
35	赤峰市红山区	Hongshan District in Chifeng City	11243
36	锡林郭勒盟正镶白旗	Zhengxiangbai Banner in Xilinguole League	11234
37	乌兰察布盟四子王旗	Siziwang Banner in Wulanchabu League	11223
38	呼和浩特市武川县	Wuchuan County in Hohhot City	11222
39	锡林郭勒盟阿巴嘎旗	Abaga Banner in Xilinguole League	11135
40	赤峰市元宝山区	Yuanbaoshan District in Chifeng City	11113
41	锡林郭勒盟苏尼特右旗	Suniteyou Banner in Xilinguole League	11091
42	锡林郭勒盟西乌珠穆沁旗	xiwuzhumuqin Banner in Xilinguole League	11070
43	乌海市海南区	Hainan District in Wuhai City	10861
44	包头市东河区	Donghe District in Baotou City	10852
45	包头市石拐区	Shiguai District in Baotou City	10830
46	锡林郭勒盟东乌珠穆沁旗	Dongwuzhumuqin Banner in Xilinguole League	10795
47	呼伦贝尔市牙克石市	Yakeshi in Hulunbeier City	10789
48	锡林郭勒盟镶黄旗	Xianghuang Banner in Xilinguole League	10785
49	乌海市海勃湾区	Haibowan District in Wuhai City	10739
50	巴彦淖尔盟乌拉特后旗	Wulatehou Banner in Bayannaoer League	10731
51	兴安盟乌兰浩特市	Wulanhaote City in Xingan League	10638
52	呼伦贝尔市陈巴尔虎旗	Chenbaerhu Banner in Hulunbeier City	10607
53	巴彦淖尔盟乌拉特中旗	Wulatezhong Banner in Bayannaoer League	10453
54	巴彦淖尔盟杭锦后旗	Hangjinhou Banner in Bayannaoer League	10441
55	赤峰市宁城县	Ningcheng County in Chifeng City	10423
56	通辽市库伦旗	Kulun Banner in Tongliao City	10326
57	锡林郭勒盟多伦县	Duolun County in Xilinguole League	10314
58	乌兰察布盟卓资县	Zhuozi County in Wulanchabu League	10294
59	乌兰察布盟商都县	Shangdu County in Wulanchabu League	10272
60	锡林郭勒盟太仆寺旗	Taipusi Banner in Xilinguole League	10259
61	呼伦贝尔市莫力达瓦达斡尔族自治旗	Molidawadawoer National Autonomous Banner in Hulunbeier City	10231
62	呼和浩特市土默特左旗	Tumotezuo Banner in Hohhot City	10222
63	赤峰市松山区	Songshan District in Chifeng City	10191
64	鄂尔多斯市杭锦旗	Hangjin Banner in Erdos City	10167
65	巴彦淖尔盟乌拉特前旗	Wulateqian Banner in Bayannaoer League	10153
66	巴彦淖尔盟五原县	Wuyuan County in Bayannaoer League	9938
67	包头市土默特右旗	Tumoteyou Banner in Baotou City	9844
68	乌海市乌达区	Wuda District in Wuhai City	9814

23-6 续表 2 continued

单位：元 (yuan)

位次 Order	旗县(区)名称	Name of Banners, Counties and Districts	职工平均工资 Average Wage
69	呼伦贝尔市扎兰屯市	Zhalantun in Hulunbeier City	9747
70	呼伦贝尔市鄂伦春自治旗	Elunchun National Autonomous Banner in Hulunbeier City	9733
71	乌兰察布盟凉城县	Liangcheng County in Wulanchabu League	9718
72	乌兰察布盟察哈尔右翼后旗	Chahaeryouyihou Banner in Wulanchabu League	9700
73	乌兰察布盟化德县	Huade County in Wulanchabu League	9571
74	通辽市科尔沁左翼后旗	Keerqinzuoyihou Banner in Tongliao City	9507
75	巴彦淖尔盟临河市	Linhe City in Bayannaoer League	9485
76	呼伦贝尔市满洲里市	Manzhouli in Hulunbeier City	9412
77	乌兰察布盟察哈尔右翼前旗	Chahaeryouyiqian Banner in Wulanchabu League	9388
78	通辽市科尔沁区	Keerqin District in Tongliao City	9374
79	通辽市奈曼旗	Naiman Banner in Tongliao City	9353
80	赤峰市林西县	Linxi County in Chifeng City	9198
81	赤峰市克什克腾旗	Keshiketeng Banner in Chifeng City	9191
82	乌兰察布盟兴和县	Xinghe County in Wulanchabu League	9171
83	赤峰市敖汉旗	Aohan Banner in Chifeng City	9135
84	赤峰市巴林左旗	Balinzuo Banner in Chifeng City	9044
85	呼伦贝尔市额尔古纳市	Eerguna in Hulunbeier City	9020
86	赤峰市喀喇沁旗	Kalaqin Banner in Chifeng City	9017
87	赤峰市巴林右旗	Balinyou Banner in Chifeng City	8940
88	通辽市科尔沁左翼中旗	Keerqinzuoyizhong Banner in Tongliao City	8848
89	锡林郭勒盟正蓝旗	Zhenglan Banner in Xilinguole League	8843
90	通辽市扎鲁特旗	Zhalute Banner in Tongliao City	8616
91	巴彦淖尔盟磴口县	Dengkou County in Bayannaoer League	8612
92	赤峰市翁牛特旗	Wengniute Banner in Chifeng City	8549
93	通辽市开鲁县	Kailu County in Tongliao City	8452
94	赤峰市阿鲁科尔沁旗	Alukeerqin Banner in Chifeng City	8406
95	兴安盟科尔沁右翼中旗	Keerqinyouyizhong Banner in Xingan League	8290
96	呼伦贝尔市阿荣旗	Arong Banner in Hulunbeier City	8247
97	兴安盟科尔沁右翼前旗	Keerqinyouyiqian Banner in Xingan League	8184
98	兴安盟阿尔山市	Aershan City in Xingan League	7992
99	兴安盟突泉县	Tuquan County in Xingan League	7514
100	兴安盟扎赉特旗	Zhalaite Banner in Xingan League	7469
101	呼和浩特市清水河县	Qingshuihe County in Hohhot City	7198

23-7 各旗县（区）按地方财政收入排序（2003年）

Banners, Counties and Districts Ranked by Local Government Revenue（2003）

单位：万元 (10 000 yuan)

位次 Order	旗县(区)名称	Name of Banners, Counties and Districts	地方财政收入 Local Government Revenue
1	鄂尔多斯市东胜区	Dongsheng District in Erdos City	43008
2	包头市昆都仑区	Kundulun District in Baotou City	42502
3	包头市青山区	Qingshan District in Baotou City	37697
4	呼和浩特市新城区	Xincheng District in Hohhot City	36946
5	鄂尔多斯市准格尔旗	Zhungeer Banner in Erdos City	35163
6	包头市东河区	Donghe District in Baotou City	28254
7	呼和浩特市赛罕区	Saihan District in Hohhot City	27006
8	呼伦贝尔市满洲里市	Manzhouli in Hulunbeier City	26460
9	呼伦贝尔市海拉尔区	Hailaer District in Hulunbeier City	25135
10	鄂尔多斯市伊金霍洛旗	Yijinhuoluo Banner in Erdos City	23883
11	通辽市科尔沁区	Keerqin District in Tongliao City	21251
12	巴彦淖尔盟临河市	Linhe City in Bayannaoer League	20527
13	呼和浩特市回民区	Huimin District in Hohhot City	20025
14	鄂尔多斯市达拉特旗	Dalate Banner in Erdos City	18841
15	呼伦贝尔市莫力达瓦达斡尔族自治旗	Molidawadawoer National Autonomous Banner in Hulunbeier City	17448
16	乌兰察布盟丰镇市	Fengzhen City in Wulanchabu League	17073
17	呼和浩特市玉泉区	Yuquan District in Hohhot City	16779
18	包头市九原区	Jiuyuan District in Baotou City	16109
19	乌兰察布盟集宁市	Jining City in Wulanchabu League	15811
20	呼伦贝尔市鄂温克族自治旗	Ewenke National Autonomous Banner in Hulunbeier City	15228
21	巴彦淖尔盟乌拉特前旗	Wulateqian Banner in Bayannaoer League	13789
22	呼和浩特市和林格尔县	Helingeer County in Hohhot City	13180
23	呼和浩特市托克托县	Tuoketuo County in Hohhot City	12931
24	赤峰市红山区	Hongshan District in Chifeng City	11916
25	呼和浩特市土默特左旗	Tumotezuo Banner in Hohhot City	11676
26	巴彦淖尔盟杭锦后旗	Hangjinhou Banner in Bayannaoer League	10964
27	呼伦贝尔市牙克石市	Yakeshi in Hulunbeier City	10768
28	赤峰市元宝山区	Yuanbaoshan District in Chifeng City	10465
29	赤峰市松山区	Songshan District in Chifeng City	10196
30	鄂尔多斯市鄂托克旗	Etuoke Banner in Erdos City	10051
31	兴安盟乌兰浩特市	Wulanhaote City in Xingan League	9719
32	巴彦淖尔盟五原县	Wuyuan County in Bayannaoer League	9642
33	包头市土默特右旗	Tumoteyou Banner in Baotou City	9477
34	锡林郭勒盟锡林浩特市	Xilinhaote City in Xilinguole League	9378

23-7 续表 1 continued

单位：万元 (10 000 yuan)

位次 Order	旗县(区)名称	Name of Banners, Counties and Districts	地方财政收入 Local Government Revenue
35	阿拉善盟阿拉善左旗	Alashanzuo Banner in Alashan League	9152
36	锡林郭勒盟二连浩特市	Erlianhaote City in Xilinguole League	8585
37	通辽市科尔沁左翼后旗	Keerqinzuoyihou Banner in Tongliao City	8253
38	通辽市科尔沁左翼中旗	Keerqinzuoyizhong Banner in Tongliao City	8202
39	通辽市扎鲁特旗	Zhalute Banner in Tongliao City	7984
40	呼伦贝尔市扎兰屯市	Zhalantun in Hulunbeier City	7691
41	乌海市海勃湾区	Haibowan District in Wuhai City	7290
42	赤峰市宁城县	Ningcheng County in Chifeng City	7219
43	兴安盟扎赉特旗	Zhalaite Banner in Xingan League	7021
44	通辽市霍林郭勒市	Huolinguole City in Tongliao City	7009
45	包头市达尔罕茂明安联合旗	Daerhanmaomingan Union Banner in Baotou City	6852
46	鄂尔多斯市杭锦旗	Hangjin Banner in Erdos City	6644
47	呼伦贝尔市鄂伦春自治旗	Elunchun National Autonomous Banner in Hulunbeier City	6539
48	通辽市开鲁县	Kailu County in Tongliao City	6528
49	呼伦贝尔市根河市	Genhe in Hulunbeier City	6524
50	乌兰察布盟察哈尔右翼前旗	Chahaeryouyiqian Banner in Wulanchabu League	6342
51	鄂尔多斯市乌审旗	Wushen Banner in Erdos City	6339
52	通辽市奈曼旗	Naiman Banner in Tongliao City	6333
53	呼伦贝尔市阿荣旗	Arong Banner in Hulunbeier City	6234
54	赤峰市敖汉旗	Aohan Banner in Chifeng City	6215
55	赤峰市巴林左旗	Balinzuo Banner in Chifeng City	5871
56	乌兰察布盟察哈尔右翼后旗	Chahaeryouyihou Banner in Wulanchabu League	5845
57	兴安盟科尔沁右翼前旗	Keerqinyouyiqian Banner in Xingan League	5757
58	乌兰察布盟卓资县	Zhuozi County in Wulanchabu League	5548
59	包头市固阳县	Guyang County in Baotou City	5479
60	乌兰察布盟凉城县	Liangcheng County in Wulanchabu League	5340
61	乌海市海南区	Hainan District in Wuhai City	5225
62	乌兰察布盟兴和县	Xinghe County in Wulanchabu League	5175
63	兴安盟突泉县	Tuquan County in Xingan League	4998
64	巴彦淖尔盟乌拉特中旗	Wulatezhong Banner in Bayannaoer League	4993
65	赤峰市翁牛特旗	Wengniute Banner in Chifeng City	4943
66	乌兰察布盟四子王旗	Siziwang Banner in Wulanchabu League	4831
67	巴彦淖尔盟磴口县	Dengkou County in Bayannaoer League	4641
68	兴安盟科尔沁右翼中旗	Keerqinyouyizhong Banner in Xingan League	4386

23-7 续表 2 continued

单位：万元 (10 000 yuan)

位次 Order	旗县(区)名称	Name of Banners, Counties and Districts	地方财政收入 Local Government Revenue
69	赤峰市阿鲁科尔沁旗	Alukeerqin Banner in Chifeng City	4289
70	赤峰市林西县	Linxi County in Chifeng City	4030
71	乌兰察布盟商都县	Shangdu County in Wulanchabu League	4024
72	呼伦贝尔市新巴尔虎右旗	Xinbaerhuyou Banner in Hulunbeier City	3982
73	锡林郭勒盟东乌珠穆沁旗	Dongwuzhumuqin Banner in Xilinguole League	3970
74	呼伦贝尔市陈巴尔虎旗	Chenbaerhu Banner in Hulunbeier City	3963
75	呼伦贝尔市额尔古纳市	Eerguna in Hulunbeier City	3941
76	赤峰市喀喇沁旗	Kalaqin Banner in Chifeng City	3776
77	巴彦淖尔盟乌拉特后旗	Wulatehou Banner in Bayannaoer League	3763
78	赤峰市巴林右旗	Balinyou Banner in Chifeng City	3667
79	乌海市乌达区	Wuda District in Wuhai City	3625
80	乌兰察布盟化德县	Huade County in Wulanchabu League	3531
81	鄂尔多斯市鄂托克前旗	Etuokeqian Banner in Erdos City	3453
82	通辽市库伦旗	Kulun Banner in Tongliao City	3369
83	赤峰市克什克腾旗	Keshiketeng Banner in Chifeng City	3249
84	包头市石拐区	Shiguai District in Baotou City	3174
85	乌兰察布盟察哈尔右翼中旗	Chahaeryouyizhong Banner in Wulanchabu League	3072
86	呼和浩特市武川县	Wuchuan County in Hohhot City	2990
87	呼和浩特市清水河县	Qingshuihe County in Hohhot City	2725
88	呼伦贝尔市新巴尔虎左旗	Xinbaerhuzuo Banner in Hulunbeier City	2725
89	兴安盟阿尔山市	Aershan City in Xingan League	2703
90	锡林郭勒盟西乌珠穆沁旗	xiwuzhumuqin Banner in Xilinguole League	2501
91	包头市白云矿区	Baiyun Mineral District in Baotou City	2264
92	锡林郭勒盟苏尼特右旗	Suniteyou Banner in Xilinguole League	2147
93	锡林郭勒盟多伦县	Duolun County in Xilinguole League	2093
94	阿拉善盟阿拉善右旗	Alashanyou Banner in Alashan League	2033
95	锡林郭勒盟正蓝旗	Zhenglan Banner in Xilinguole League	1818
96	锡林郭勒盟太仆寺旗	Taipusi Banner in Xilinguole League	1640
97	阿拉善盟额济纳旗	Ejina Banner in Alashan League	1423
98	锡林郭勒盟正镶白旗	Zhengxiangbai Banner in Xilinguole League	1119
99	锡林郭勒盟阿巴嘎旗	Abaga Banner in Xilinguole League	916
100	锡林郭勒盟苏尼特左旗	Sunitezuo Banner in Xilinguole League	703
101	锡林郭勒盟镶黄旗	Xianghuang Banner in Xilinguole League	352

23-8 呼和浩特市新城区

指标	Item	2002	2003	2003年比上年增长% Increase Rate in 2003 Over 2002(%)
行政区域土地面积(平方公里)	**Area of Administration(Sq.km)**	**700**	**700**	**0.0**
人口和就业	**Population & Employment**			
年末总人口(人)	Total Population Year-end(person)	323373	324614	0.4
#男性(人)	Male(person)	161588	162679	0.7
#乡村人口(人)	Rural(person)	49021	49185	0.3
年末总户数(户)	Total Number of Households at the Year-end(Household)	95827	98996	3.3
#乡村户数(户)	Number of Rural Household(Household)	15410	15439	0.2
出生人口(人)	Births(person)	2666	2501	-6.2
死亡人口(人)	Deaths(person)	857	680	-20.7
全社会就业人员(人)	Employment(person)	135786	166061	22.3
第一产业(人)	Primary Industry(person)	21180	34036	60.7
第二产业(人)	Secondary Industry(person)	20678	21085	2.0
第三产业(人)	Tertiary Industry(person)	93928	110940	18.1
在岗职工人数(人)	Number of Staff & Workers Employed in(person)	8754	11024	25.9
乡村劳动力(人)	Number of Rural Laborers(person)	35920	34036	-5.2
#农林牧渔业(人)	Farming,Forestry,Animal Husbandry & Fishery(person)	21174	21190	0.1
国民经济综合指标	**Summary Item on the National Economy**			
生产总值(万元)	Gross Domestic Product(10 000 yuan)	693421	869800	20.8
第一产业(万元)	Primary Industry(10 000 yuan)	6494	7000	9.9
第二产业(万元)	Secondary Industry(10 000 yuan)	193898	210700	5.3
#工业(万元)	Industry(10 000 yuan)	109735	99800	-10.0
第三产业(万元)	Tertiary Industry(10 000 yuan)	493029	652100	49.3
人均生产总值(元)	Per Capita GDP(yuan)	21435	26846	20.3
全社会固定资产投资(万元)	Total Investment in Fixed Assets(10 000 yuan)	43613	85691	96.5
按登记注册类型分	Grouped by Registered Type			
#国有(万元)	State-owned Enterprises(10 000 yuan)	35582	61826	73.8
集体(万元)	Collective-owned Enterprises(10 000 yuan)	4379	1480	-66.2
有限责任公司(万元)	Limited Liability Corporations(10 000 yuan)		3995	
股份有限公司(万元)	Share Holding Enterprises(10 000 yuan)		3750	
私营企业(万元)	Private Enterprises(10 000 yuan)			
外商及港澳台投资企业(万元)	Funds from HK,Macao,Taiwan & Foreign(10 000 yuan)			
按管理渠道分	Grouped by Channel of Management			
#基本建设(万元)	Capital Construction(10 000 yuan)	38978	59611	52.9
更新改造(万元)	Innovation(10 000 yuan)		2165	
房地产开发(万元)	Real Estate Development(10 000 yuan)			
地方财政收入(万元)	Local Governments Revenue(10 000 yuan)	9868	36946	274.4
地方财政支出(万元)	Local Governments Expenditures(10 000 yuan)	17946	25988	44.8
城乡居民储蓄存款余额(万元)	Resident Saving Deposit in Urban & Rural(10 000 yuan)			
在岗职工工资总额(万元)	Total Wages of Staff & Workers Empioyed in(10 000 yuan)	8944	12189	36.3
在岗职工平均工资(元)	Average Wage of Staff & Workers Employed in(yuan)	10362	12075	16.5
农牧民人均纯收入(元)	Per Capita Net Income of Peasant & Herdsman(yuan)	3780	4081	8.0
农村牧区经济	**Economic Development in Rural & Pastoral Area**			
耕地面积(公顷)	Cultivated Area(hectare)	13430	13409	-0.2
农作物总播种面积(公顷)	Total Sown Area(hectare)	7189	6810	-5.3
#粮食作物播种面积(公顷)	Sown Area of Grain Crops(hectare)	6389	5998	-6.1
有效灌溉面积(公顷)	Irrigated Area(hectare)	2840	3300	16.2
农牧业机械总动力(万千瓦)	Total Power of Agricultural Machinery(10 000 kw)	3.07	3.07	0.0
化肥施用折纯量(吨)	Consumption of Chemical Fertilizer(ton)	89	77	-13.5
农村用电量(万千瓦小时)	Electricity Consumed in Rural Area(10 000 kwh)	612	666	8.7
农林牧渔业总产值(万元)	Gross Output of Farming,Forestry,Animal Husbandry & Fishery(10 000 yuan)	9407	10147	7.9
粮食产量(吨)	Yield of Grain(ton)	26760	22261	-16.8
油料产量(吨)	Yield of Oil-bearing Grops(ton)	470	369	-21.5
甜菜产量(吨)	Yield of Beetroots(ton)			
猪牛羊肉产量(吨)	Output of Pork, Beef & Mutton(ton)	1737	1740	0.2
#猪肉产量(吨)	Output of Pork(ton)	1109	1226	10.6
牛肉产量(吨)	Output of Beef(ton)	268	167	-37.7
羊肉产量(吨)	Output of Mutton(ton)	360	347	-3.6

23-8 Xincheng District in Hohhot City

指标	Item	2002	2003	2003年比上年增长% Increase Rate in 2003 Over 2002(%)
羊毛产量(吨)	Output of Wool(ton)	50	50	0.0
年末牲畜存栏头数(万头只)	Total Livestock at the Year-end(10 000 heads)	3.71	3.96	6.7
# 大牲畜(万头只)	Large Animals(10 000 heads)	0.48	0.82	70.8
羊(万只)	Sheep & Goats(10 000 heads)	2.63	2.41	-8.4
猪(万头)	Hogs(10 000 heads)	0.60	0.73	21.7
独立核算工业	**Industry with Independent Accounting System**			
工业企业单位数(个)	Number of Industrial Enterprises(unit)	91	93	2.2
# 内资企业(个)	Civil Funded Enterprises(unit)	85	87	2.4
工业总产值(万元)	Gross Industrial Output Value(10 000 yuan)	22382	26655	19.8
内资企业(万元)	Civil Funded Enterprises(10 000 yuan)	20557	24629	20.1
国有企业(万元)	State-owned Enterprises(10 000 yuan)	583	318	-44.0
集体企业(万元)	Collective-owned Enterprises(10 000 yuan)	10054	9017	-6.6
股份合作企业(万元)	Share Holding Enterprises(10 000 yuan)	253	27	-89.3
联营企业(万元)	Joint Owned Enterprises(10 000 yuan)		173	
有限责任公司(万元)	Limited Company(10 000 yuan)	500	673	34.4
股份有限公司(万元)	Share Holding Limited Company(10 000 yuan)	660	1744	162.9
私营企业(万元)	Privately Owned Enterprises(10 000 yuan)	8507	12677	43.9
其他企业(万元)	Enterprises of Other Ownership(10 000 yuan)			
港澳台商投资企业(万元)	Funds from HK,Macao & Taiwan(10 000 yuan)	385	468	21.7
外商投资企业(万元)	Foreign Funded Enterprises(10 000 yuan)	1440	1558	14.3
工业企业增加值(万元)	Value Added of Industrial Enterprises(10 000 yuan)	7810	10272	13.4
工业企业资产总计(万元)	Total Assets of Industrial Enterprises(10 000 yuan)	24150	31559	30.7
工业企业负债合计(万元)	Total Liabilities of Industrial Enterprises(10 000 yuan)	10850	15363	41.6
工业企业产品销售收入(万元)	Sales of Revenue Industrial Enterprises(10 000 yuan)	18785	22163	18.0
工业企业利润总额(万元)	Total Profits of Industrial Enterprises(10 000 yuan)	881	1245	41.3
建筑业	**Construction**			
建筑企业单位数(个)	Number of Construction Enterprises(unit)	7	10	42.9
建筑企业从业人员(人)	Number of Employee in Construction Enterprises(person)	4490	6300	40.3
建筑业总产值(万元)	Gross Construction Output Value(10 000 yuan)	18000	25500	41.7
交通运输邮电通信业	**Transportation,Post & Telecommunications**			
公路里程(公里)	Total Length of Highways(km)			
邮电业务总量(万元)	Business Volume of Post & Telecoms(10 000 yuan)			
本地电话用户(户)	Number of Subscribers of Local Telephone(Household)			
国内贸易	**Demestic Trade**			
社会消费品零售总额(万元)	Total Retail Sales of Consumer Goods(10 000 yuan)	56808	76000	33.8
# 贸易业(万元)	Wholesale & Retail Sales Trades(10 000 yuan)	37230	49702	33.5
餐饮业(万元)	Catering Trade(10 000 yuan)	19227	26298	36.8
科技教育卫生	**Science,Education & Public Health**			
各类专业技术人员(人)	Speccial Technical Personnel(person)	3376	4339	28.5
幼儿园数(所)	Number of Kindergartens(unit)	4	5	25.0
学龄儿童入学率(%)	Percentage of School-Age Children Enrolled(%)	100.0	100.0	0.0
小学学校数(所)	Number of Primary Schools(unit)	56	59	5.4
小学专任教师数(人)	Number of Full-time Teachers of Primary Schools(person)	1687	1760	4.3
小学在校学生数(人)	Number of Student Enrollment of Primary Schools(person)	34944	33748	-3.4
普通中学学校数(所)	Number of Regular Secondary Schools(unit)	20	23	15.0
普通中学专任教师数(人)	Number of Teachers of Secondary Shools(person)	1549	1613	4.1
初中在校学生数(人)	Number of Student in Junior Secondary Schools(person)	14597	19392	32.8
高中在校学生数(人)	Number of Student in Senior Secondary Schools(person)	8963	9231	3.0
卫生机构数(所)	Number of Health Institutions(unit)	18	21	16.7
# 医院(所)	Hospitals(unit)	10	10	0.0
卫生院(所)	Township Hospitals(unit)	2	2	0.0
床位数(张)	Number of Beds(unit)	1383	1387	0.3
# 医院(张)	Hospitals(unit)	1370	1374	0.3
卫生院(张)	Township Hospitals(unit)	13	13	0.0
卫生技术人员(人)	Medical Technical Presonnel(person)	1389	1440	3.7
# 医院(人)	Hospitals(person)	1106	1088	-1.6
卫生院(人)	Township Hospitals(person)	24	21	-12.5

23-9 呼和浩特市回民区

指标	Item	2002	2003	2003年比上年增长% Increase Rate in 2003 Over 2002(%)
行政区域土地面积(平方公里)	**Area of Administration(Sq.km)**	**175**	**175**	**0.0**
人口和就业	**Population & Employment**			
年末总人口(人)	Total Population Year-end(person)	223776	221153	-1.2
# 男性(人)	Male(person)	113867	112414	-1.3
# 乡村人口(人)	Rural(person)	30311	32673	7.8
年末总户数(户)	Total Number of Households at the Year-end(Household)	71631	72601	1.4
# 乡村户数(户)	Number of Rural Household(Household)	10104	13577	34.4
出生人口(人)	Births(person)	2049	1665	-18.7
死亡人口(人)	Deaths(person)	557	686	23.2
全社会就业人员(人)	Employment(person)	44018	46308	5.2
第一产业(人)	Primary Industry(person)	3873	4611	19.1
第二产业(人)	Secondary Industry(person)	15226	10375	-31.9
第三产业(人)	Tertiary Industry(person)	24919	31322	25.7
在岗职工人数(人)	Number of Staff & Workers Employed in(person)	8096	8991	11.1
乡村劳动力(人)	Number of Rural Laborers(person)	13607	19149	40.7
# 农林牧渔业(人)	Farming,Forestry,Animal Husbandry & Fishery(person)	3873	4611	19.1
国民经济综合指标	**Summary Item on the National Economy**			
生产总值(万元)	Gross Domestic Product(10 000 yuan)	417038	548200	26.6
第一产业(万元)	Primary Industry(10 000 yuan)	3738	3900	9.7
第二产业(万元)	Secondary Industry(10 000 yuan)	158452	211500	28.8
# 工业(万元)	Industry(10 000 yuan)	126822	153900	17.8
第三产业(万元)	Tertiary Industry(10 000 yuan)	254848	332800	25.4
人均生产总值(元)	Per Capita GDP(yuan)	18636	24638	28.1
全社会固定资产投资(万元)	Total Investment in Fixed Assets(10 000 yuan)	22118	38028	71.9
按登记注册类型分	Grouped by Registered Type			
# 国有(万元)	State-owned Enterprises(10 000 yuan)	11168	27024	142.0
集体(万元)	Collective-owned Enterprises(10 000 yuan)	1450	1700	17.2
有限责任公司(万元)	Limited Liability Corporations(10 000 yuan)		4835	
股份有限公司(万元)	Share Holding Enterprises(10 000 yuan)		50	
私营企业(万元)	Private Enterprises(10 000 yuan)		4419	
外商及港澳台投资企业(万元)	Funds from HK,Macao,Taiwan & Foreign(10 000 yuan)			
按管理渠道分	Grouped by Channel of Management			
# 基本建设(万元)	Capital Construction(10 000 yuan)	18268	27512	50.6
更新改造(万元)	Innovation(10 000 yuan)	3850	4467	16.0
房地产开发(万元)	Real Estate Development(10 000 yuan)			
地方财政收入(万元)	Local Governments Revenue(10 000 yuan)	7419	20025	169.9
地方财政支出(万元)	Local Governments Expenditures(10 000 yuan)	13707	18786	37.1
城乡居民储蓄存款余额(万元)	Resident Saving Deposit in Urban & Rural(10 000 yuan)			
在岗职工工资总额(万元)	Total Wages of Staff & Workers Empioyed in(10 000 yuan)	8180	10541	28.9
在岗职工平均工资(元)	Average Wage of Staff & Workers Employed in(yuan)	9765	11762	20.5
农牧民人均纯收入(元)	Per Capita Net Income of Peasant & Herdsman(yuan)	4321	4609	6.7
农村牧区经济	**Economic Development in Rural & Pastoral Area**			
耕地面积(公顷)	Cultivated Area(hectare)	1410	1154	-18.2
农作物总播种面积(公顷)	Total Sown Area(hectare)	1397	1330	-4.8
# 粮食作物播种面积(公顷)	Sown Area of Grain Crops(hectare)	877	828	-5.6
有效灌溉面积(公顷)	Irrigated Area(hectare)	1070	647	-39.5
农牧业机械总动力(万千瓦)	Total Power of Agricultural Machinery(10 000 kw)	1.37	1.25	-8.8
化肥施用折纯量(吨)	Consumption of Chemical Fertilizer(ton)	362	233	-35.6
农村用电量(万千瓦小时)	Electricity Consumed in Rural Area(10 000 kwh)	1692	1664	-1.7
农林牧渔业总产值(万元)	Gross Output of Farming,Forestry,Animal Husbandry & Fishery(10 000 yuan)	5114	6404	25.2
粮食产量(吨)	Yield of Grain(ton)	3183	3780	18.8
油料产量(吨)	Yield of Oil-bearing Grops(ton)	44	46	4.5
甜菜产量(吨)	Yield of Beetroots(ton)	38	30	-21.1
猪牛羊肉产量(吨)	Output of Pork, Beef & Mutton(ton)	928	695	-25.1
# 猪肉产量(吨)	Output of Pork(ton)	829	608	-26.7
牛肉产量(吨)	Output of Beef(ton)	60	47	-21.7
羊肉产量(吨)	Output of Mutton(ton)	39	40	2.6

23-9 Huimin District in Hohhot City

指标	Item	2002	2003	2003年比上年增长% Increase Rate in 2003 Over 2002(%)
羊毛产量(吨)	Output of Wool(ton)	6	5	-16.7
年末牲畜存栏头数(万头只)	Total Livestock at the Year-end(10 000 heads)	1.05	1.14	8.6
#大牲畜(万头只)	Large Animals(10 000 heads)	0.26	0.35	34.6
羊(万只)	Sheep & Goats(10 000 heads)	0.29	0.30	3.4
猪(万头)	Hogs(10 000 heads)	0.51	0.49	-3.9
独立核算工业	**Industry with Independent Accounting System**			
工业企业单位数(个)	Number of Industrial Enterprises(unit)	105	93	-11.4
#内资企业(个)	Civil Funded Enterprises(unit)	98	92	-6.1
工业总产值(万元)	Gross Industrial Output Value(10 000 yuan)	36082	39785	11.5
内资企业(万元)	Civil Funded Enterprises(10 000 yuan)	33335	39513	19.8
国有企业(万元)	State-owned Enterprises(10 000 yuan)			
集体企业(万元)	Collective-owned Enterprises(10 000 yuan)	15091	13679	-8.4
股份合作企业(万元)	Share Holding Enterprises(10 000 yuan)			
联营企业(万元)	Joint Owned Enterprises(10 000 yuan)			
有限责任公司(万元)	Limited Company(10 000 yuan)	3387		
股份有限公司(万元)	Share Holding Limited Company(10 000 yuan)			
私营企业(万元)	Privately Owned Enterprises(10 000 yuan)	14857	25834	75.8
其他企业(万元)	Enterprises of Other Ownership(10 000 yuan)			
港澳台商投资企业(万元)	Funds from HK,Macao & Taiwan(10 000 yuan)	1554	272	-82.3
外商投资企业(万元)	Foreign Funded Enterprises(10 000 yuan)	1193		
工业企业增加值(万元)	Value Added of Industrial Enterprises(10 000 yuan)	12222	13448	14.7
工业企业资产总计(万元)	Total Assets of Industrial Enterprises(10 000 yuan)	25565	30529	19.4
工业企业负债合计(万元)	Total Liabilities of Industrial Enterprises(10 000 yuan)	13428	16557	23.3
工业企业产品销售收入(万元)	Sales of Revenue Industrial Enterprises(10 000 yuan)	29130	31828	9.3
工业企业利润总额(万元)	Total Profits of Industrial Enterprises(10 000 yuan)	818	876	7.1
建筑业	**Construction**			
建筑企业单位数(个)	Number of Construction Enterprises(unit)	4	3	-25.0
建筑企业从业人员(人)	Number of Employee in Construction Enterprises(person)	843	1025	21.6
建筑业总产值(万元)	Gross Construction Output Value(10 000 yuan)	10216	11032	8.0
交通运输邮电通信业	**Transportation,Post & Telecommunications**			
公路里程(公里)	Total Length of Highways(km)			
邮电业务总量(万元)	Business Volume of Post & Telecoms(10 000 yuan)			
本地电话用户(户)	Number of Subscribers of Local Telephone(Household)			
国内贸易	**Demestic Trade**			
社会消费品零售总额(万元)	Total Retail Sales of Consumer Goods(10 000 yuan)	31247	37191	19.0
#贸易业(万元)	Wholesale & Retail Sales Trades(10 000 yuan)	30940	36400	17.6
餐饮业(万元)	Catering Trade(10 000 yuan)	307	791	157.7
科技教育卫生	**Science,Education & Public Health**			
各类专业技术人员(人)	Speccial Technical Personnel(person)	3613	3648	1.0
幼儿园数(所)	Number of Kindergartens(unit)	20	21	5.0
学龄儿童入学率(%)	Percentage of School-Age Children Enrolled(%)	100.0	100.0	0.0
小学学校数(所)	Number of Primary Schools(unit)	39	39	0.0
小学专任教师数(人)	Number of Full-time Teachers of Primary Schools(person)	999	989	-1.0
小学在校学生数(人)	Number of Student Enrollment of Primary Schools(person)	21504	20347	-5.4
普通中学学校数(所)	Number of Regular Secondary Schools(unit)	19	23	21.1
普通中学专任教师数(人)	Number of Teachers of Secondary Shools(person)	1502	1599	6.5
初中在校学生数(人)	Number of Student in Junior Secondary Schools(person)	15315	16204	5.8
高中在校学生数(人)	Number of Student in Senior Secondary Schools(person)	8399	9651	14.9
卫生机构数(所)	Number of Health Institutions(unit)	22	22	0.0
#医院(所)	Hospitals(unit)	10	10	0.0
卫生院(所)	Township Hospitals(unit)	1	1	0.0
床位数(张)	Number of Beds(unit)	2275	2336	2.7
#医院(张)	Hospitals(unit)	2136	2076	-2.8
卫生院(张)	Township Hospitals(unit)	9	9	0.0
卫生技术人员(人)	Medical Technical Presonnel(person)	3353	3393	1.2
#医院(人)	Hospitals(person)	2711	2743	1.2
卫生院(人)	Township Hospitals(person)	19	19	0.0

23-10 呼和浩特市玉泉区

指标	Item	2002	2003	2003年比上年增长% Increase Rate in 2003 Over 2002(%)
行政区域土地面积(平方公里)	**Area of Administration(Sq.km)**	**213**	**213**	**0.0**
人口和就业	**Population & Employment**			
年末总人口(人)	Total Population Year-end(person)	191011	190813	-0.1
#男性(人)	Male(person)	100146	100482	0.3
#乡村人口(人)	Rural(person)	47259	48499	2.6
年末总户数(户)	Total Number of Households at the Year-end(Household)	65011	65817	1.2
#乡村户数(户)	Number of Rural Household(Household)	17871	17871	0.0
出生人口(人)	Births(person)	1684	1593	-5.4
死亡人口(人)	Deaths(person)	411	535	30.2
全社会就业人员(人)	Employment(person)	45235	36743	-18.8
第一产业(人)	Primary Industry(person)	15537	13724	-11.7
第二产业(人)	Secondary Industry(person)	5684	3776	-33.6
第三产业(人)	Tertiary Industry(person)	24014	19243	-19.9
在岗职工人数(人)	Number of Staff & Workers Employed in(person)	5223	6591	26.2
乡村劳动力(人)	Number of Rural Laborers(person)	21738	20794	-4.3
#农林牧渔业(人)	Farming,Forestry,Animal Husbandry & Fishery(person)	15500	13716	-11.5
国民经济综合指标	**Summary Item on the National Economy**			
生产总值(万元)	Gross Domestic Product(10 000 yuan)	299997	366900	19.4
第一产业(万元)	Primary Industry(10 000 yuan)	13838	10700	5.4
第二产业(万元)	Secondary Industry(10 000 yuan)	141752	175500	19.5
#工业(万元)	Industry(10 000 yuan)	127294	138300	5.5
第三产业(万元)	Tertiary Industry(10 000 yuan)	144407	180700	20.3
人均生产总值(元)	Per Capita GDP(yuan)	15719	19219	19.5
全社会固定资产投资(万元)	Total Investment in Fixed Assets(10 000 yuan)	16372	50431	208.0
按登记注册类型分	Grouped by Registered Type			
#国有(万元)	State-owned Enterprises(10 000 yuan)	11298	28818	155.1
集体(万元)	Collective-owned Enterprises(10 000 yuan)		70	
有限责任公司(万元)	Limited Liability Corporations(10 000 yuan)		14121	
股份有限公司(万元)	Share Holding Enterprises(10 000 yuan)		350	
私营企业(万元)	Private Enterprises(10 000 yuan)		4298	
外商及港澳台投资企业(万元)	Funds from HK,Macao,Taiwan & Foreign(10 000 yuan)			
按管理渠道分	Grouped by Channel of Management			
#基本建设(万元)	Capital Construction(10 000 yuan)	12304	35189	186.0
更新改造(万元)	Innovation(10 000 yuan)	470	10379	2108.3
房地产开发(万元)	Real Estate Development(10 000 yuan)			
地方财政收入(万元)	Local Governments Revenue(10 000 yuan)	5439	16779	208.5
地方财政支出(万元)	Local Governments Expenditures(10 000 yuan)	11902	14514	21.9
城乡居民储蓄存款余额(万元)	Resident Saving Deposit in Urban & Rural(10 000 yuan)			
在岗职工工资总额(万元)	Total Wages of Staff & Workers Empioyed in(10 000 yuan)	6071	7864	29.5
在岗职工平均工资(元)	Average Wage of Staff & Workers Employed in(yuan)	9997	11807	18.1
农牧民人均纯收入(元)	Per Capita Net Income of Peasant & Herdsman(yuan)	4093	4428	8.2
农村牧区经济	**Economic Development in Rural & Pastoral Area**			
耕地面积(公顷)	Cultivated Area(hectare)	5670	5932	4.6
农作物总播种面积(公顷)	Total Sown Area(hectare)	5783	5951	2.9
#粮食作物播种面积(公顷)	Sown Area of Grain Crops(hectare)	3737	3780	1.2
有效灌溉面积(公顷)	Irrigated Area(hectare)	4800	4800	0.0
农牧业机械总动力(万千瓦)	Total Power of Agricultural Machinery(10 000 kw)	3.44	3.77	9.6
化肥施用折纯量(吨)	Consumption of Chemical Fertilizer(ton)	790	807	2.2
农村用电量(万千瓦小时)	Electricity Consumed in Rural Area(10 000 kwh)	1273	1453	14.1
农林牧渔业总产值(万元)	Gross Output of Farming,Forestry,Animal Husbandry & Fishery(10 000 yuan)	17157	20057	16.9
粮食产量(吨)	Yield of Grain(ton)	23629	23489	-0.6
油料产量(吨)	Yield of Oil-bearing Grops(ton)	585	770	31.6
甜菜产量(吨)	Yield of Beetroots(ton)			
猪牛羊肉产量(吨)	Output of Pork, Beef & Mutton(ton)	1552	1578	1.7
#猪肉产量(吨)	Output of Pork(ton)	1204	1204	0.0
牛肉产量(吨)	Output of Beef(ton)	161	291	80.7
羊肉产量(吨)	Output of Mutton(ton)	187	83	-55.6

23-10 Yuquan District in Hohhot City

指标	Item	2002	2003	2003年比上年增长% Increase Rate in 2003 Over 2002(%)
羊毛产量(吨)	Output of Wool(ton)	15	4	-73.3
年末牲畜存栏头数(万头只)	Total Livestock at the Year-end(10 000 heads)	2.85	2.99	4.9
#大牲畜(万头只)	Large Animals(10 000 heads)	1.77	2.04	15.3
羊(万只)	Sheep & Goats(10 000 heads)	0.57	0.57	0.0
猪(万头)	Hogs(10 000 heads)	0.51	0.38	-25.5
独立核算工业	**Industry with Independent Accounting System**			
工业企业单位数(个)	Number of Industrial Enterprises(unit)	91	77	-15.4
#内资企业(个)	Civil Funded Enterprises(unit)	91	75	-17.6
工业总产值(万元)	Gross Industrial Output Value(10 000 yuan)	37481	51776	26.6
内资企业(万元)	Civil Funded Enterprises(10 000 yuan)	37481	49738	28.6
国有企业(万元)	State-owned Enterprises(10 000 yuan)	129		
集体企业(万元)	Collective-owned Enterprises(10 000 yuan)	8440	10104	31.2
股份合作企业(万元)	Share Holding Enterprises(10 000 yuan)	672	15026	38.2
联营企业(万元)	Joint Owned Enterprises(10 000 yuan)			
有限责任公司(万元)	Limited Company(10 000 yuan)	1023		
股份有限公司(万元)	Share Holding Limited Company(10 000 yuan)			
私营企业(万元)	Privately Owned Enterprises(10 000 yuan)	27217		
其他企业(万元)	Enterprises of Other Ownership(10 000 yuan)		24608	
港澳台商投资企业(万元)	Funds from HK,Macao & Taiwan(10 000 yuan)		2038	
外商投资企业(万元)	Foreign Funded Enterprises(10 000 yuan)			
工业企业增加值(万元)	Value Added of Industrial Enterprises(10 000 yuan)	11882	16397	27.0
工业企业资产总计(万元)	Total Assets of Industrial Enterprises(10 000 yuan)	33081	57257	73.1
工业企业负债合计(万元)	Total Liabilities of Industrial Enterprises(10 000 yuan)	22088	39548	79.0
工业企业产品销售收入(万元)	Sales of Revenue Industrial Enterprises(10 000 yuan)	17305	34278	98.1
工业企业利润总额(万元)	Total Profits of Industrial Enterprises(10 000 yuan)	319	6468	1927.5
建筑业	**Construction**			
建筑企业单位数(个)	Number of Construction Enterprises(unit)	4	3	-25.0
建筑企业从业人员(人)	Number of Employee in Construction Enterprises(person)	495	362	-26.9
建筑业总产值(万元)	Gross Construction Output Value(10 000 yuan)	4704	3581	-23.9
交通运输邮电通信业	**Transportation,Post & Telecommunications**			
公路里程(公里)	Total Length of Highways(km)			
邮电业务总量(万元)	Business Volume of Post & Telecoms(10 000 yuan)			
本地电话用户(户)	Number of Subscribers of Local Telephone(Household)			
国内贸易	**Demestic Trade**			
社会消费品零售总额(万元)	Total Retail Sales of Consumer Goods(10 000 yuan)	48413	86647	79.0
#贸易业(万元)	Wholesale & Retail Sales Trades(10 000 yuan)	41041	54497	32.8
餐饮业(万元)	Catering Trade(10 000 yuan)	5371	10188	89.7
科技教育卫生	**Science,Education & Public Health**			
各类专业技术人员(人)	Speccial Technical Personnel(person)	2182	2697	23.6
幼儿园数(所)	Number of Kindergartens(unit)	9	14	55.6
学龄儿童入学率(%)	Percentage of School-Age Children Enrolled(%)	100.0	100.0	0.0
小学学校数(所)	Number of Primary Schools(unit)	46	56	21.7
小学专任教师数(人)	Number of Full-time Teachers of Primary Schools(person)	1190	965	-18.9
小学在校学生数(人)	Number of Student Enrollment of Primary Schools(person)	19672	23470	19.3
普通中学学校数(所)	Number of Regular Secondary Schools(unit)	11	12	9.1
普通中学专任教师数(人)	Number of Teachers of Secondary Shools(person)	592	579	-2.2
初中在校学生数(人)	Number of Student in Junior Secondary Schools(person)	6551	7647	16.7
高中在校学生数(人)	Number of Student in Senior Secondary Schools(person)	1272	1652	29.9
卫生机构数(所)	Number of Health Institutions(unit)	16	16	0.0
#医院(所)	Hospitals(unit)	6	6	0.0
卫生院(所)	Township Hospitals(unit)	3	3	0.0
床位数(张)	Number of Beds(unit)	419	409	-2.4
#医院(张)	Hospitals(unit)	400	390	-2.5
卫生院(张)	Township Hospitals(unit)	13	13	0.0
卫生技术人员(人)	Medical Technical Presonnel(person)	721	676	-6.2
#医院(人)	Hospitals(person)	531	514	-3.2
卫生院(人)	Township Hospitals(person)	36	34	-5.6

23-11 呼和浩特市赛罕区

指标	Item	2002	2003	2003年比上年增长% Increase Rate in 2003 Over 2002(%)
行政区域土地面积(平方公里)	**Area of Administration(Sq.km)**	**1013**	**1013**	**0.0**
人口和就业	**Population & Employment**			
年末总人口(人)	Total Population Year-end(person)	357604	360375	0.8
#男性(人)	Male(person)	182667	184069	0.8
#乡村人口(人)	Rural(person)	132256	133057	0.6
年末总户数(户)	Total Number of Households at the Year-end(Household)	104731	107923	3.0
#乡村户数(户)	Number of Rural Household(Household)	37560	37730	0.5
出生人口(人)	Births(person)	2942	3092	5.1
死亡人口(人)	Deaths(person)	568	845	48.8
全社会就业人员(人)	Employment(person)	99906	101807	1.9
第一产业(人)	Primary Industry(person)	51011	51327	0.6
第二产业(人)	Secondary Industry(person)	14894	15606	4.8
第三产业(人)	Tertiary Industry(person)	34001	34874	2.6
在岗职工人数(人)	Number of Staff & Workers Employed in(person)	9686	11827	22.1
乡村劳动力(人)	Number of Rural Laborers(person)	65892	64945	-1.4
#农林牧渔业(人)	Farming,Forestry,Animal Husbandry & Fishery(person)	50024	50600	1.2
国民经济综合指标	**Summary Item on the National Economy**			
生产总值(万元)	Gross Domestic Product(10 000 yuan)	727941	942100	27.6
第一产业(万元)	Primary Industry(10 000 yuan)	59672	55600	16.8
第二产业(万元)	Secondary Industry(10 000 yuan)	322678	453600	35.5
#工业(万元)	Industry(10 000 yuan)	257035	336600	29.7
第三产业(万元)	Tertiary Industry(10 000 yuan)	345591	432900	20.4
人均生产总值(元)	Per Capita GDP(yuan)	20425	26242	26.6
全社会固定资产投资(万元)	Total Investment in Fixed Assets(10 000 yuan)	20926	121477	480.5
按登记注册类型分	Grouped by Registered Type			
#国有(万元)	State-owned Enterprises(10 000 yuan)	11041	68743	522.6
集体(万元)	Collective-owned Enterprises(10 000 yuan)	2047	96	-95.3
有限责任公司(万元)	Limited Liability Corporations(10 000 yuan)		5550	
股份有限公司(万元)	Share Holding Enterprises(10 000 yuan)		35100	
私营企业(万元)	Private Enterprises(10 000 yuan)		10492	
外商及港澳台投资企业(万元)	Funds from HK,Macao,Taiwan & Foreign(10 000 yuan)		110	
按管理渠道分	Grouped by Channel of Management			
#基本建设(万元)	Capital Construction(10 000 yuan)	11041	96625	775.1
更新改造(万元)	Innovation(10 000 yuan)		3647	
房地产开发(万元)	Real Estate Development(10 000 yuan)	2047		
地方财政收入(万元)	Local Governments Revenue(10 000 yuan)	12825	27006	110.6
地方财政支出(万元)	Local Governments Expenditures(10 000 yuan)	22902	30543	33.4
城乡居民储蓄存款余额(万元)	Resident Saving Deposit in Urban & Rural(10 000 yuan)			
在岗职工工资总额(万元)	Total Wages of Staff & Workers Empioyed in(10 000 yuan)	9948	13654	37.3
在岗职工平均工资(元)	Average Wage of Staff & Workers Employed in(yuan)	10240	12213	19.3
农牧民人均纯收入(元)	Per Capita Net Income of Peasant & Herdsman(yuan)	3870	4194	8.4
农村牧区经济	**Economic Development in Rural & Pastoral Area**			
耕地面积(公顷)	Cultivated Area(hectare)	45050	45063	0.0
农作物总播种面积(公顷)	Total Sown Area(hectare)	27357	27232	-0.5
#粮食作物播种面积(公顷)	Sown Area of Grain Crops(hectare)	20407	19043	-6.7
有效灌溉面积(公顷)	Irrigated Area(hectare)	19653	19756	0.5
农牧业机械总动力(万千瓦)	Total Power of Agricultural Machinery(10 000 kw)	16.20	16.20	0.0
化肥施用折纯量(吨)	Consumption of Chemical Fertilizer(ton)	8161	9058	11.0
农村用电量(万千瓦小时)	Electricity Consumed in Rural Area(10 000 kwh)	3405	3670	7.8
农林牧渔业总产值(万元)	Gross Output of Farming,Forestry,Animal Husbandry & Fishery(10 000 yuan)	71969	92285	28.2
粮食产量(吨)	Yield of Grain(ton)	101698	92535	-9.0
油料产量(吨)	Yield of Oil-bearing Grops(ton)	376	471	25.3
甜菜产量(吨)	Yield of Beetroots(ton)	1917	550	-71.3
猪牛羊肉产量(吨)	Output of Pork, Beef & Mutton(ton)	8610	8707	1.1
#猪肉产量(吨)	Output of Pork(ton)	7464	7546	1.1
牛肉产量(吨)	Output of Beef(ton)	459	457	-0.4
羊肉产量(吨)	Output of Mutton(ton)	687	704	2.5

23-11 Saihan District in Hohhot City

指标	Item	2002	2003	2003年比上年增长% Increase Rate in 2003 Over 2002(%)
羊毛产量(吨)	Output of Wool(ton)	136	137	0.7
年末牲畜存栏头数(万头只)	Total Livestock at the Year-end(10 000 heads)	17.66	19.40	9.9
#大牲畜(万头只)	Large Animals(10 000 heads)	6.84	10.76	57.3
羊(万只)	Sheep & Goats(10 000 heads)	5.56	4.07	-26.8
猪(万头)	Hogs(10 000 heads)	5.26	4.57	-13.1
独立核算工业	**Industry with Independent Accounting System**			
工业企业单位数(个)	Number of Industrial Enterprises(unit)	63	71	12.7
#内资企业(个)	Civil Funded Enterprises(unit)	58	66	13.8
工业总产值(万元)	Gross Industrial Output Value(10 000 yuan)	25555	35740	39.8
内资企业(万元)	Civil Funded Enterprises(10 000 yuan)	23589	33581	42.3
国有企业(万元)	State-owned Enterprises(10 000 yuan)	1028	1071	4.1
集体企业(万元)	Collective-owned Enterprises(10 000 yuan)	11066	13635	23.1
股份合作企业(万元)	Share Holding Enterprises(10 000 yuan)	915	1727	88.7
联营企业(万元)	Joint Owned Enterprises(10 000 yuan)			
有限责任公司(万元)	Limited Company(10 000 yuan)			
股份有限公司(万元)	Share Holding Limited Company(10 000 yuan)	2123	3599	69.4
私营企业(万元)	Privately Owned Enterprises(10 000 yuan)	8457	13549	60.1
其他企业(万元)	Enterprises of Other Ownership(10 000 yuan)			
港澳台商投资企业(万元)	Funds from HK,Macao & Taiwan(10 000 yuan)			
外商投资企业(万元)	Foreign Funded Enterprises(10 000 yuan)	1966	2159	9.7
工业企业增加值(万元)	Value Added of Industrial Enterprises(10 000 yuan)	8203	11580	41.1
工业企业资产总计(万元)	Total Assets of Industrial Enterprises(10 000 yuan)	26926	38704	43.7
工业企业负债合计(万元)	Total Liabilities of Industrial Enterprises(10 000 yuan)	16731	18487	10.5
工业企业产品销售收入(万元)	Sales of Revenue Industrial Enterprises(10 000 yuan)	19375	25268	30.4
工业企业利润总额(万元)	Total Profits of Industrial Enterprises(10 000 yuan)	715	1140	59.4
建筑业	**Construction**			
建筑企业单位数(个)	Number of Construction Enterprises(unit)	2	2	0.0
建筑企业从业人员(人)	Number of Employee in Construction Enterprises(person)	256	241	-5.9
建筑业总产值(万元)	Gross Construction Output Value(10 000 yuan)	1008	2875	185.2
交通运输邮电通信业	**Transportation,Post & Telecommunications**			
公路里程(公里)	Total Length of Highways(km)			
邮电业务总量(万元)	Business Volume of Post & Telecoms(10 000 yuan)			
本地电话用户(户)	Number of Subscribers of Local Telephone(Household)			
国内贸易	**Demestic Trade**			
社会消费品零售总额(万元)	Total Retail Sales of Consumer Goods(10 000 yuan)	83909	110406	31.6
#贸易业(万元)	Wholesale & Retail Sales Trades(10 000 yuan)	50181	71631	42.7
餐饮业(万元)	Catering Trade(10 000 yuan)	15298	18647	21.9
科技教育卫生	**Science,Education & Public Health**			
各类专业技术人员(人)	Speccial Technical Personnel(person)	4135	4328	4.7
幼儿园数(所)	Number of Kindergartens(unit)	16	17	6.3
学龄儿童入学率(%)	Percentage of School-Age Children Enrolled(%)	100.0	100.0	0.0
小学学校数(所)	Number of Primary Schools(unit)	98	97	-1.0
小学专任教师数(人)	Number of Full-time Teachers of Primary Schools(person)	1638	1732	5.7
小学在校学生数(人)	Number of Student Enrollment of Primary Schools(person)	32882	33410	1.6
普通中学学校数(所)	Number of Regular Secondary Schools(unit)	22	26	18.2
普通中学专任教师数(人)	Number of Teachers of Secondary Shools(person)	1362	1434	5.3
初中在校学生数(人)	Number of Student in Junior Secondary Schools(person)	17114	18651	9.0
高中在校学生数(人)	Number of Student in Senior Secondary Schools(person)	7746	8644	11.6
卫生机构数(所)	Number of Health Institutions(unit)	30	30	0.0
#医院(所)	Hospitals(unit)	14	14	0.0
卫生院(所)	Township Hospitals(unit)	7	7	0.0
床位数(张)	Number of Beds(unit)	630	636	1.0
#医院(张)	Hospitals(unit)	592	592	0.0
卫生院(张)	Township Hospitals(unit)	42	42	0.0
卫生技术人员(人)	Medical Technical Presonnel(person)	815	821	0.7
#医院(人)	Hospitals(person)	541	559	3.3
卫生院(人)	Township Hospitals(person)	43	40	-7.0

23-12 呼和浩特市土默特左旗

指标	Item	2002	2003	2003年比上年增长% Increase Rate in 2003 Over 2002(%)
行政区域土地面积(平方公里)	**Area of Administration(Sq.km)**	**2712**	**2712**	**0.0**
人口和就业	**Population & Employment**			
年末总人口(人)	Total Population Year-end(person)	349552	351097	0.4
#男性(人)	Male(person)	184831	185713	0.5
#乡村人口(人)	Rural(person)	294403	296229	0.6
年末总户数(户)	Total Number of Households at the Year-end(Household)	97716	99185	1.5
#乡村户数(户)	Number of Rural Household(Household)	73304	73594	0.4
出生人口(人)	Births(person)	2016	2464	22.2
死亡人口(人)	Deaths(person)	900	695	-22.8
全社会就业人员(人)	Employment(person)	166324	165212	-0.7
第一产业(人)	Primary Industry(person)	109700	108130	-1.4
第二产业(人)	Secondary Industry(person)	24674	24986	1.3
第三产业(人)	Tertiary Industry(person)	31950	32096	0.5
在岗职工人数(人)	Number of Staff & Workers Employed in(person)	13490	15391	14.1
乡村劳动力(人)	Number of Rural Laborers(person)	136025	135433	-0.4
#农林牧渔业(人)	Farming,Forestry,Animal Husbandry & Fishery(person)	109507	102408	-6.5
国民经济综合指标	**Summary Item on the National Economy**			
生产总值(万元)	Gross Domestic Product(10 000 yuan)	273702	349276	26.9
第一产业(万元)	Primary Industry(10 000 yuan)	93708	110807	17.6
第二产业(万元)	Secondary Industry(10 000 yuan)	127440	164368	28.7
#工业(万元)	Industry(10 000 yuan)	108890	135491	24.2
第三产业(万元)	Tertiary Industry(10 000 yuan)	52554	74101	39.4
人均生产总值(元)	Per Capita GDP(yuan)	7829	9948	26.4
全社会固定资产投资(万元)	Total Investment in Fixed Assets(10 000 yuan)	50803	71250	40.2
按登记注册类型分	Grouped by Registered Type			
#国有(万元)	State-owned Enterprises(10 000 yuan)	25594	17965	-29.8
集体(万元)	Collective-owned Enterprises(10 000 yuan)			
有限责任公司(万元)	Limited Liability Corporations(10 000 yuan)		22796	
股份有限公司(万元)	Share Holding Enterprises(10 000 yuan)		7599	
私营企业(万元)	Private Enterprises(10 000 yuan)		1440	
外商及港澳台投资企业(万元)	Funds from HK,Macao,Taiwan & Foreign(10 000 yuan)			
按管理渠道分	Grouped by Channel of Management			
#基本建设(万元)	Capital Construction(10 000 yuan)	28774	17499	-39.2
更新改造(万元)	Innovation(10 000 yuan)	10142	29265	188.6
房地产开发(万元)	Real Estate Development(10 000 yuan)			
地方财政收入(万元)	Local Governments Revenue(10 000 yuan)	9972	11676	17.1
地方财政支出(万元)	Local Governments Expenditures(10 000 yuan)	26082	33904	30.0
城乡居民储蓄存款余额(万元)	Resident Saving Deposit in Urban & Rural(10 000 yuan)	56943	66229	16.3
在岗职工工资总额(万元)	Total Wages of Staff & Workers Empioyed in(10 000 yuan)	13231	15633	18.2
在岗职工平均工资(元)	Average Wage of Staff & Workers Employed in(yuan)	9196	10222	11.2
农牧民人均纯收入(元)	Per Capita Net Income of Peasant & Herdsman(yuan)	3192	3540	10.9
农村牧区经济	**Economic Development in Rural & Pastoral Area**			
耕地面积(公顷)	Cultivated Area(hectare)	113800	113667	-0.1
农作物总播种面积(公顷)	Total Sown Area(hectare)	65133	65000	-0.2
#粮食作物播种面积(公顷)	Sown Area of Grain Crops(hectare)	37129	31926	-14.0
有效灌溉面积(公顷)	Irrigated Area(hectare)	74530	75660	1.5
农牧业机械总动力(万千瓦)	Total Power of Agricultural Machinery(10 000 kw)	34.01	35.91	5.6
化肥施用折纯量(吨)	Consumption of Chemical Fertilizer(ton)	9955	11373	14.2
农村用电量(万千瓦小时)	Electricity Consumed in Rural Area(10 000 kwh)	6332	6483	2.4
农林牧渔业总产值(万元)	Gross Output of Farming,Forestry,Animal Husbandry & Fishery(10 000 yuan)	125677	153862	22.4
粮食产量(吨)	Yield of Grain(ton)	231261	192860	-16.6
油料产量(吨)	Yield of Oil-bearing Grops(ton)	24339	16228	-33.3
甜菜产量(吨)	Yield of Beetroots(ton)	22403	11259	-49.7
猪牛羊肉产量(吨)	Output of Pork, Beef & Mutton(ton)	27389	28419	3.8
#猪肉产量(吨)	Output of Pork(ton)	22305	24212	8.5
牛肉产量(吨)	Output of Beef(ton)	1932	2046	5.9
羊肉产量(吨)	Output of Mutton(ton)	3152	2161	-31.4

23-12 Tumotezuo Banner in Hohhot City

指标	Item	2002	2003	2003年比上年增长% Increase Rate in 2003 Over 2002(%)
羊毛产量(吨)	Output of Wool(ton)	263	254	-3.4
年末牲畜存栏头数(万头只)	Total Livestock at the Year-end(10 000 heads)	40.43	38.28	-5.3
# 大牲畜(万头只)	Large Animals(10 000 heads)	9.85	13.14	33.4
羊(万只)	Sheep & Goats(10 000 heads)	14.84	11.67	-21.4
猪(万头)	Hogs(10 000 heads)	15.73	13.47	-14.4
独立核算工业	**Industry with Independent Accounting System**			
工业企业单位数(个)	Number of Industrial Enterprises(unit)	97	90	-7.2
# 内资企业(个)	Civil Funded Enterprises(unit)	91	84	-7.7
工业总产值(万元)	Gross Industrial Output Value(10 000 yuan)	81770	97901	21.8
内资企业(万元)	Civil Funded Enterprises(10 000 yuan)	65329	75601	17.2
国有企业(万元)	State-owned Enterprises(10 000 yuan)	134	45	-56.5
集体企业(万元)	Collective-owned Enterprises(10 000 yuan)	12451	17131	52.6
股份合作企业(万元)	Share Holding Enterprises(10 000 yuan)			
联营企业(万元)	Joint Owned Enterprises(10 000 yuan)			
有限责任公司(万元)	Limited Company(10 000 yuan)	17688	17525	5.2
股份有限公司(万元)	Share Holding Limited Company(10 000 yuan)	2656	2702	-5.3
私营企业(万元)	Privately Owned Enterprises(10 000 yuan)	32400	38198	13.4
其他企业(万元)	Enterprises of Other Ownership(10 000 yuan)			
港澳台商投资企业(万元)	Funds from HK,Macao & Taiwan(10 000 yuan)	10735	12374	11.8
外商投资企业(万元)	Foreign Funded Enterprises(10 000 yuan)	5706	9926	84.9
工业企业增加值(万元)	Value Added of Industrial Enterprises(10 000 yuan)	30589	32335	5.7
工业企业资产总计(万元)	Total Assets of Industrial Enterprises(10 000 yuan)	70197	81190	15.7
工业企业负债合计(万元)	Total Liabilities of Industrial Enterprises(10 000 yuan)	34842	42845	23.0
工业企业产品销售收入(万元)	Sales of Revenue Industrial Enterprises(10 000 yuan)	45695	55576	21.6
工业企业利润总额(万元)	Total Profits of Industrial Enterprises(10 000 yuan)	3476	4720	35.8
建筑业	**Construction**			
建筑企业单位数(个)	Number of Construction Enterprises(unit)	3	3	0.0
建筑企业从业人员(人)	Number of Employee in Construction Enterprises(person)	512	682	33.2
建筑业总产值(万元)	Gross Construction Output Value(10 000 yuan)	4542	5173	13.9
交通运输邮电通信业	**Transportation,Post & Telecommunications**			
公路里程(公里)	Total Length of Highways(km)	792	792	0.0
邮电业务总量(万元)	Business Volume of Post & Telecoms(10 000 yuan)	2982	4119	38.1
本地电话用户(户)	Number of Subscribers of Local Telephone(Household)	26179	34359	31.2
国内贸易	**Demestic Trade**			
社会消费品零售总额(万元)	Total Retail Sales of Consumer Goods(10 000 yuan)	46778	61279	31.0
# 贸易业(万元)	Wholesale & Retail Sales Trades(10 000 yuan)	37506	49158	31.1
餐饮业(万元)	Catering Trade(10 000 yuan)	2031	2696	32.7
科技教育卫生	**Science,Education & Public Health**			
各类专业技术人员(人)	Speccial Technical Personnel(person)	3540	3886	9.8
幼儿园数(所)	Number of Kindergartens(unit)	2	5	150.0
学龄儿童入学率(%)	Percentage of School-Age Children Enrolled(%)	100.0	100.0	0.0
小学学校数(所)	Number of Primary Schools(unit)	140	128	-8.6
小学专任教师数(人)	Number of Full-time Teachers of Primary Schools(person)	1952	1939	-0.7
小学在校学生数(人)	Number of Student Enrollment of Primary Schools(person)	33634	31723	-5.7
普通中学学校数(所)	Number of Regular Secondary Schools(unit)	26	29	11.5
普通中学专任教师数(人)	Number of Teachers of Secondary Shools(person)	779	870	11.7
初中在校学生数(人)	Number of Student in Junior Secondary Schools(person)	10355	11831	14.3
高中在校学生数(人)	Number of Student in Senior Secondary Schools(person)	3415	3882	13.7
卫生机构数(所)	Number of Health Institutions(unit)	23	23	0.0
# 医院(所)	Hospitals(unit)	2	2	0.0
卫生院(所)	Township Hospitals(unit)	16	16	0.0
床位数(张)	Number of Beds(unit)	316	317	0.3
# 医院(张)	Hospitals(unit)	152	153	0.7
卫生院(张)	Township Hospitals(unit)	164	164	0.0
卫生技术人员(人)	Medical Technical Presonnel(person)	517	519	0.4
# 医院(人)	Hospitals(person)	149	160	7.4
卫生院(人)	Township Hospitals(person)	288	273	-5.2

23-13 呼和浩特市托克托县

指 标	Item	2002	2003	2003年比上年增长% Increase Rate in 2003 Over 2002(%)
行政区域土地面积(平方公里)	**Area of Administration(Sq.km)**	**1313**	**1313**	**0.0**
人口和就业	**Population & Employment**			
年末总人口(人)	Total Population Year-end(person)	193037	194276	0.6
#男性(人)	Male(person)	101076	101600	0.5
#乡村人口(人)	Rural(person)	163195	154349	-5.4
年末总户数(户)	Total Number of Households at the Year-end(Household)	54239	54936	1.3
#乡村户数(户)	Number of Rural Household(Household)	41248	39546	-4.1
出生人口(人)	Births(person)	2701	1614	-40.2
死亡人口(人)	Deaths(person)	578	709	22.7
全社会就业人员(人)	Employment(person)	109063	109190	0.1
第一产业(人)	Primary Industry(person)	71240	68033	-4.5
第二产业(人)	Secondary Industry(person)	15580	17357	11.4
第三产业(人)	Tertiary Industry(person)	22243	23800	7.0
在岗职工人数(人)	Number of Staff & Workers Employed in(person)	9692	12098	24.8
乡村劳动力(人)	Number of Rural Laborers(person)	88518	85315	-3.6
#农林牧渔业(人)	Farming,Forestry,Animal Husbandry & Fishery(person)	71240	67733	-4.9
国民经济综合指标	**Summary Item on the National Economy**			
生产总值(万元)	Gross Domestic Product(10 000 yuan)	175038	230920	30.0
第一产业(万元)	Primary Industry(10 000 yuan)	38460	43468	8.7
第二产业(万元)	Secondary Industry(10 000 yuan)	83521	128112	51.8
#工业(万元)	Industry(10 000 yuan)	45145	85902	89.3
第三产业(万元)	Tertiary Industry(10 000 yuan)	53057	59340	10.7
人均生产总值(元)	Per Capita GDP(yuan)	9068	11924	29.6
全社会固定资产投资(万元)	Total Investment in Fixed Assets(10 000 yuan)	247288	302269	22.2
按登记注册类型分	Grouped by Registered Type			
#国有(万元)	State-owned Enterprises(10 000 yuan)	13827	17275	24.9
集体(万元)	Collective-owned Enterprises(10 000 yuan)	3650	1897	-48.0
有限责任公司(万元)	Limited Liability Corporations(10 000 yuan)		259097	
股份有限公司(万元)	Share Holding Enterprises(10 000 yuan)			
私营企业(万元)	Private Enterprises(10 000 yuan)		3000	
外商及港澳台投资企业(万元)	Funds from HK,Macao,Taiwan & Foreign(10 000 yuan)		2092	
按管理渠道分	Grouped by Channel of Management			
#基本建设(万元)	Capital Construction(10 000 yuan)	225199	284108	26.2
更新改造(万元)	Innovation(10 000 yuan)	12498	9971	-20.2
房地产开发(万元)	Real Estate Development(10 000 yuan)	900	390	-56.7
地方财政收入(万元)	Local Governments Revenue(10 000 yuan)	8108	12931	59.5
地方财政支出(万元)	Local Governments Expenditures(10 000 yuan)	17080	28111	64.6
城乡居民储蓄存款余额(万元)	Resident Saving Deposit in Urban & Rural(10 000 yuan)	35383	46712	32.0
在岗职工工资总额(万元)	Total Wages of Staff & Workers Empioyed in(10 000 yuan)	9250	14245	54.0
在岗职工平均工资(元)	Average Wage of Staff & Workers Employed in(yuan)	8965	11775	31.3
农牧民人均纯收入(元)	Per Capita Net Income of Peasant & Herdsman(yuan)	2980	3200	7.4
农村牧区经济	**Economic Development in Rural & Pastoral Area**			
耕地面积(公顷)	Cultivated Area(hectare)	41030	40440	-1.4
农作物总播种面积(公顷)	Total Sown Area(hectare)	44206	43571	-1.4
#粮食作物播种面积(公顷)	Sown Area of Grain Crops(hectare)	28719	25531	-11.1
有效灌溉面积(公顷)	Irrigated Area(hectare)	30922	31466	1.8
农牧业机械总动力(万千瓦)	Total Power of Agricultural Machinery(10 000 kw)	14.55	15.45	6.2
化肥施用折纯量(吨)	Consumption of Chemical Fertilizer(ton)	22220	25348	14.1
农村用电量(万千瓦小时)	Electricity Consumed in Rural Area(10 000 kwh)	2100	3348	59.4
农林牧渔业总产值(万元)	Gross Output of Farming,Forestry,Animal Husbandry & Fishery(10 000 yuan)	60245	68087	13.0
粮食产量(吨)	Yield of Grain(ton)	132678	139455	5.1
油料产量(吨)	Yield of Oil-bearing Grops(ton)	11882	8906	-25.0
甜菜产量(吨)	Yield of Beetroots(ton)	14647	7347	-49.8
猪牛羊肉产量(吨)	Output of Pork, Beef & Mutton(ton)	15622	12064	-22.8
#猪肉产量(吨)	Output of Pork(ton)	8818	6456	-26.8
牛肉产量(吨)	Output of Beef(ton)	3464	2801	-19.1
羊肉产量(吨)	Output of Mutton(ton)	3340	2807	-16.0

23-13 Tuoketuo County in Hohhot City

指标	Item	2002	2003	2003年比上年增长% Increase Rate in 2003 Over 2002(%)
羊毛产量(吨)	Output of Wool(ton)	674	635	-5.8
年末牲畜存栏头数(万头只)	Total Livestock at the Year-end(10 000 heads)	28.09	28.23	0.5
#大牲畜(万头只)	Large Animals(10 000 heads)	5.32	6.53	22.7
羊(万只)	Sheep & Goats(10 000 heads)	17.24	16.36	-5.1
猪(万头)	Hogs(10 000 heads)	5.53	5.34	-3.4
独立核算工业	**Industry with Independent Accounting System**			
工业企业单位数(个)	Number of Industrial Enterprises(unit)	52	41	-21.2
#内资企业(个)	Civil Funded Enterprises(unit)	51	40	-21.6
工业总产值(万元)	Gross Industrial Output Value(10 000 yuan)	82249	162973	50.4
内资企业(万元)	Civil Funded Enterprises(10 000 yuan)	81649	162533	45.9
国有企业(万元)	State-owned Enterprises(10 000 yuan)	750	1192	45.8
集体企业(万元)	Collective-owned Enterprises(10 000 yuan)	8673	3987	-57.8
股份合作企业(万元)	Share Holding Enterprises(10 000 yuan)	433		
联营企业(万元)	Joint Owned Enterprises(10 000 yuan)	866		
有限责任公司(万元)	Limited Company(10 000 yuan)	62661	150447	76.1
股份有限公司(万元)	Share Holding Limited Company(10 000 yuan)			
私营企业(万元)	Privately Owned Enterprises(10 000 yuan)	8266	7347	-18.5
其他企业(万元)	Enterprises of Other Ownership(10 000 yuan)			
港澳台商投资企业(万元)	Funds from HK,Macao & Taiwan(10 000 yuan)			
外商投资企业(万元)	Foreign Funded Enterprises(10 000 yuan)	600	440	-32.7
工业企业增加值(万元)	Value Added of Industrial Enterprises(10 000 yuan)	25157	61343	78.8
工业企业资产总计(万元)	Total Assets of Industrial Enterprises(10 000 yuan)	93701	650849	594.6
工业企业负债合计(万元)	Total Liabilities of Industrial Enterprises(10 000 yuan)	61685	490977	695.9
工业企业产品销售收入(万元)	Sales of Revenue Industrial Enterprises(10 000 yuan)	70562	153858	118.0
工业企业利润总额(万元)	Total Profits of Industrial Enterprises(10 000 yuan)	2642	16257	515.3
建筑业	**Construction**			
建筑企业单位数(个)	Number of Construction Enterprises(unit)	6	6	0.0
建筑企业从业人员(人)	Number of Employee in Construction Enterprises(person)	3183	3048	-4.2
建筑业总产值(万元)	Gross Construction Output Value(10 000 yuan)	14325	16070	12.2
交通运输邮电通信业	**Transportation,Post & Telecommunications**			
公路里程(公里)	Total Length of Highways(km)	570	570	0.0
邮电业务总量(万元)	Business Volume of Post & Telecoms(10 000 yuan)	1531	1686	10.1
本地电话用户(户)	Number of Subscribers of Local Telephone(Household)	20771	23508	13.2
国内贸易	**Demestic Trade**			
社会消费品零售总额(万元)	Total Retail Sales of Consumer Goods(10 000 yuan)	25363	27341	7.8
#贸易业(万元)	Wholesale & Retail Sales Trades(10 000 yuan)	19416	22064	13.6
餐饮业(万元)	Catering Trade(10 000 yuan)	1214	1257	3.5
科技教育卫生	**Science,Education & Public Health**			
各类专业技术人员(人)	Speccial Technical Personnel(person)	3397	3734	9.9
幼儿园数(所)	Number of Kindergartens(unit)	11	7	-36.4
学龄儿童入学率(%)	Percentage of School-Age Children Enrolled(%)	100.0	100.0	0.0
小学学校数(所)	Number of Primary Schools(unit)	98	95	-3.1
小学专任教师数(人)	Number of Full-time Teachers of Primary Schools(person)	1037	1044	0.7
小学在校学生数(人)	Number of Student Enrollment of Primary Schools(person)	18325	17382	-5.1
普通中学学校数(所)	Number of Regular Secondary Schools(unit)	14	14	0.0
普通中学专任教师数(人)	Number of Teachers of Secondary Shools(person)	678	699	3.1
初中在校学生数(人)	Number of Student in Junior Secondary Schools(person)	10149	10558	4.0
高中在校学生数(人)	Number of Student in Senior Secondary Schools(person)	3995	3527	-11.7
卫生机构数(所)	Number of Health Institutions(unit)	41	38	-7.3
#医院(所)	Hospitals(unit)	2	2	0.0
卫生院(所)	Township Hospitals(unit)	11	11	0.0
床位数(张)	Number of Beds(unit)	234	255	9.0
#医院(张)	Hospitals(unit)	130	130	0.0
卫生院(张)	Township Hospitals(unit)	104	125	20.2
卫生技术人员(人)	Medical Technical Presonnel(person)	378	430	13.8
#医院(人)	Hospitals(person)	120	110	-8.3
卫生院(人)	Township Hospitals(person)	203	203	0.0

23-14 呼和浩特市和林格尔县

指 标	Item	2002	2003	2003年比上年增长% Increase Rate in 2003 Over 2002(%)
行政区域土地面积(平方公里)	**Area of Administration(Sq.km)**	**3401**	**3401**	**0.0**
人口和就业	**Population & Employment**			
年末总人口(人)	Total Population Year-end(person)	189122	189094	0.0
#男性(人)	Male(person)	101484	101378	-0.1
#乡村人口(人)	Rural(person)	160796	160190	-0.4
年末总户数(户)	Total Number of Households at the Year-end(Household)	51439	51688	0.5
#乡村户数(户)	Number of Rural Household(Household)	40345	40218	-0.3
出生人口(人)	Births(person)	1647	1284	-22.0
死亡人口(人)	Deaths(person)	878	825	-6.0
全社会就业人员(人)	Employment(person)	86907	88359	1.7
第一产业(人)	Primary Industry(person)	64067	62763	-2.0
第二产业(人)	Secondary Industry(person)	10157	10940	7.7
第三产业(人)	Tertiary Industry(person)	12683	14656	15.6
在岗职工人数(人)	Number of Staff & Workers Employed in(person)	10600	12257	15.6
乡村劳动力(人)	Number of Rural Laborers(person)	72680	71142	-2.1
#农林牧渔业(人)	Farming,Forestry,Animal Husbandry & Fishery(person)	64067	62763	-2.0
国民经济综合指标	**Summary Item on the National Economy**			
生产总值(万元)	Gross Domestic Product(10 000 yuan)	181133	293203	70.1
第一产业(万元)	Primary Industry(10 000 yuan)	53050	63802	38.6
第二产业(万元)	Secondary Industry(10 000 yuan)	101924	183531	83.9
#工业(万元)	Industry(10 000 yuan)	79861	148526	93.1
第三产业(万元)	Tertiary Industry(10 000 yuan)	26159	45870	72.6
人均生产总值(元)	Per Capita GDP(yuan)	9578	15505	61.9
全社会固定资产投资(万元)	Total Investment in Fixed Assets(10 000 yuan)	111018	206345	85.9
按登记注册类型分	Grouped by Registered Type			
#国有(万元)	State-owned Enterprises(10 000 yuan)	42768	71890	68.1
集体(万元)	Collective-owned Enterprises(10 000 yuan)			
有限责任公司(万元)	Limited Liability Corporations(10 000 yuan)		40855	
股份有限公司(万元)	Share Holding Enterprises(10 000 yuan)			
私营企业(万元)	Private Enterprises(10 000 yuan)			
外商及港澳台投资企业(万元)	Funds from HK,Macao,Taiwan & Foreign(10 000 yuan)		58600	
按管理渠道分	Grouped by Channel of Management			
#基本建设(万元)	Capital Construction(10 000 yuan)	77854	134742	73.1
更新改造(万元)	Innovation(10 000 yuan)	32750	64920	98.2
房地产开发(万元)	Real Estate Development(10 000 yuan)			
地方财政收入(万元)	Local Governments Revenue(10 000 yuan)	10088	13180	30.7
地方财政支出(万元)	Local Governments Expenditures(10 000 yuan)	26356	32436	23.1
城乡居民储蓄存款余额(万元)	Resident Saving Deposit in Urban & Rural(10 000 yuan)	30295	39092	29.0
在岗职工工资总额(万元)	Total Wages of Staff & Workers Empioyed in(10 000 yuan)	10195	13410	31.5
在岗职工平均工资(元)	Average Wage of Staff & Workers Employed in(yuan)	9588	12008	25.2
农牧民人均纯收入(元)	Per Capita Net Income of Peasant & Herdsman(yuan)	2056	2672	30.0
农村牧区经济	**Economic Development in Rural & Pastoral Area**			
耕地面积(公顷)	Cultivated Area(hectare)	112940	106292	-5.9
农作物总播种面积(公顷)	Total Sown Area(hectare)	60456	61635	2.0
#粮食作物播种面积(公顷)	Sown Area of Grain Crops(hectare)	43018	37393	-13.1
有效灌溉面积(公顷)	Irrigated Area(hectare)	15010	15676	4.4
农牧业机械总动力(万千瓦)	Total Power of Agricultural Machinery(10 000 kw)	15.70	19.73	25.7
化肥施用折纯量(吨)	Consumption of Chemical Fertilizer(ton)	6846	6975	1.9
农村用电量(万千瓦小时)	Electricity Consumed in Rural Area(10 000 kwh)	2500	2235	-10.6
农林牧渔业总产值(万元)	Gross Output of Farming,Forestry,Animal Husbandry & Fishery(10 000 yuan)	79472	92918	16.9
粮食产量(吨)	Yield of Grain(ton)	133057	163646	23.0
油料产量(吨)	Yield of Oil-bearing Grops(ton)	5580	6667	19.5
甜菜产量(吨)	Yield of Beetroots(ton)			
猪牛羊肉产量(吨)	Output of Pork, Beef & Mutton(ton)	11336	12031	6.1
#猪肉产量(吨)	Output of Pork(ton)	8854	9341	5.5
牛肉产量(吨)	Output of Beef(ton)	517	654	26.5
羊肉产量(吨)	Output of Mutton(ton)	1965	2036	3.6

23-14 Helingeer County in Hohhot City

指 标	Item	2002	2003	2003年比上年增长% Increase Rate in 2003 Over 2002(%)
羊毛产量(吨)	Output of Wool(ton)	472	463	-1.9
年末牲畜存栏头数(万头只)	Total Livestock at the Year-end(10 000 heads)	26.57	32.04	20.6
# 大牲畜(万头只)	Large Animals(10 000 heads)	7.05	9.31	32.1
羊(万只)	Sheep & Goats(10 000 heads)	13.62	17.28	26.9
猪(万头)	Hogs(10 000 heads)	5.90	5.45	-7.6
独立核算工业	**Industry with Independent Accounting System**			
工业企业单位数(个)	Number of Industrial Enterprises(unit)	26	25	-3.8
# 内资企业(个)	Civil Funded Enterprises(unit)	25	23	-8.0
工业总产值(万元)	Gross Industrial Output Value(10 000 yuan)	218153	449021	114.6
内资企业(万元)	Civil Funded Enterprises(10 000 yuan)	214382	33766	-83.7
国有企业(万元)	State-owned Enterprises(10 000 yuan)			
集体企业(万元)	Collective-owned Enterprises(10 000 yuan)	500	750	43.7
股份合作企业(万元)	Share Holding Enterprises(10 000 yuan)			
联营企业(万元)	Joint Owned Enterprises(10 000 yuan)	4022	4116	6.0
有限责任公司(万元)	Limited Company(10 000 yuan)	4379	26204	520.2
股份有限公司(万元)	Share Holding Limited Company(10 000 yuan)	194187		
私营企业(万元)	Privately Owned Enterprises(10 000 yuan)	11294	2696	-75.3
其他企业(万元)	Enterprises of Other Ownership(10 000 yuan)			
港澳台商投资企业(万元)	Funds from HK,Macao & Taiwan(10 000 yuan)			
外商投资企业(万元)	Foreign Funded Enterprises(10 000 yuan)	3771	415255	14303.6
工业企业增加值(万元)	Value Added of Industrial Enterprises(10 000 yuan)	68282	140543	114.6
工业企业资产总计(万元)	Total Assets of Industrial Enterprises(10 000 yuan)	119939	287939	140.1
工业企业负债合计(万元)	Total Liabilities of Industrial Enterprises(10 000 yuan)	63220	143904	127.6
工业企业产品销售收入(万元)	Sales of Revenue Industrial Enterprises(10 000 yuan)	214464	429165	100.1
工业企业利润总额(万元)	Total Profits of Industrial Enterprises(10 000 yuan)	12784	31920	149.7
建筑业	**Construction**			
建筑企业单位数(个)	Number of Construction Enterprises(unit)	2	2	0.0
建筑企业从业人员(人)	Number of Employee in Construction Enterprises(person)	188	175	-6.9
建筑业总产值(万元)	Gross Construction Output Value(10 000 yuan)	1340	1810	35.1
交通运输邮电通信业	**Transportation,Post & Telecommunications**			
公路里程(公里)	Total Length of Highways(km)	560	560	0.0
邮电业务总量(万元)	Business Volume of Post & Telecoms(10 000 yuan)	2147	2961	37.9
本地电话用户(户)	Number of Subscribers of Local Telephone(Household)	14166	20208	42.7
国内贸易	**Demestic Trade**			
社会消费品零售总额(万元)	Total Retail Sales of Consumer Goods(10 000 yuan)	21145	29798	40.9
# 贸易业(万元)	Wholesale & Retail Sales Trades(10 000 yuan)	15319	22515	47.0
餐饮业(万元)	Catering Trade(10 000 yuan)	2591	3589	38.5
科技教育卫生	**Science,Education & Public Health**			
各类专业技术人员(人)	Speccial Technical Personnel(person)	2820	2794	-0.9
幼儿园数(所)	Number of Kindergartens(unit)	2	2	0.0
学龄儿童入学率(%)	Percentage of School-Age Children Enrolled(%)	99.8	99.6	-0.2
小学学校数(所)	Number of Primary Schools(unit)	144	141	-2.1
小学专任教师数(人)	Number of Full-time Teachers of Primary Schools(person)	862	828	-3.9
小学在校学生数(人)	Number of Student Enrollment of Primary Schools(person)	12270	11104	-9.5
普通中学学校数(所)	Number of Regular Secondary Schools(unit)	8	8	0.0
普通中学专任教师数(人)	Number of Teachers of Secondary Shools(person)	374	422	12.8
初中在校学生数(人)	Number of Student in Junior Secondary Schools(person)	5810	5592	-3.8
高中在校学生数(人)	Number of Student in Senior Secondary Schools(person)	2561	2904	13.4
卫生机构数(所)	Number of Health Institutions(unit)	17	17	0.0
# 医院(所)	Hospitals(unit)	1	1	0.0
卫生院(所)	Township Hospitals(unit)	13	13	0.0
床位数(张)	Number of Beds(unit)	218	226	3.7
# 医院(张)	Hospitals(unit)	153	120	-21.6
卫生院(张)	Township Hospitals(unit)	65	97	49.2
卫生技术人员(人)	Medical Technical Presonnel(person)	339	349	2.9
# 医院(人)	Hospitals(person)	108	104	-3.7
卫生院(人)	Township Hospitals(person)	147	161	9.5

23-15 呼和浩特市清水河县

指 标	Item	2002	2003	2003年比上年增长% Increase Rate in 2003 Over 2002(%)
行政区域土地面积(平方公里)	**Area of Administration(Sq.km)**	**2859**	**2859**	**0.0**
人口和就业	**Population & Employment**			
年末总人口(人)	Total Population Year-end(person)	135887	136457	0.4
#男性(人)	Male(person)	71058	71549	0.7
#乡村人口(人)	Rural(person)	115944	110508	-4.7
年末总户数(户)	Total Number of Households at the Year-end(Household)	37326	37453	0.3
#乡村户数(户)	Number of Rural Household(Household)	28337	27060	-4.5
出生人口(人)	Births(person)	1428	1248	-12.6
死亡人口(人)	Deaths(person)	705	723	2.6
全社会就业人员(人)	Employment(person)	62149	57389	-7.7
第一产业(人)	Primary Industry(person)	39778	38153	-4.1
第二产业(人)	Secondary Industry(person)	9044	9932	9.8
第三产业(人)	Tertiary Industry(person)	13327	9304	-30.2
在岗职工人数(人)	Number of Staff & Workers Employed in(person)	7705	8575	11.3
乡村劳动力(人)	Number of Rural Laborers(person)	49448	48454	-2.0
#农林牧渔业(人)	Farming,Forestry,Animal Husbandry & Fishery(person)	38476	37867	-1.6
国民经济综合指标	**Summary Item on the National Economy**			
生产总值(万元)	Gross Domestic Product(10 000 yuan)	75315	82213	9.8
第一产业(万元)	Primary Industry(10 000 yuan)	31463	31436	1.5
第二产业(万元)	Secondary Industry(10 000 yuan)	21671	28072	30.2
#工业(万元)	Industry(10 000 yuan)	15851	15058	-4.6
第三产业(万元)	Tertiary Industry(10 000 yuan)	22181	22705	1.6
人均生产总值(元)	Per Capita GDP(yuan)	5552	6037	8.7
全社会固定资产投资(万元)	Total Investment in Fixed Assets(10 000 yuan)	16676	39381	136.2
按登记注册类型分	Grouped by Registered Type			
#国有(万元)	State-owned Enterprises(10 000 yuan)	13204	30344	129.8
集体(万元)	Collective-owned Enterprises(10 000 yuan)			
有限责任公司(万元)	Limited Liability Corporations(10 000 yuan)			
股份有限公司(万元)	Share Holding Enterprises(10 000 yuan)			
私营企业(万元)	Private Enterprises(10 000 yuan)		7306	
外商及港澳台投资企业(万元)	Funds from HK,Macao,Taiwan & Foreign(10 000 yuan)			
按管理渠道分	Grouped by Channel of Management			
#基本建设(万元)	Capital Construction(10 000 yuan)	12925	35963	178.2
更新改造(万元)	Innovation(10 000 yuan)	2200	1687	-23.3
房地产开发(万元)	Real Estate Development(10 000 yuan)			
地方财政收入(万元)	Local Governments Revenue(10 000 yuan)	2509	2725	8.6
地方财政支出(万元)	Local Governments Expenditures(10 000 yuan)	12343	16114	30.6
城乡居民储蓄存款余额(万元)	Resident Saving Deposit in Urban & Rural(10 000 yuan)	35632	44576	25.1
在岗职工工资总额(万元)	Total Wages of Staff & Workers Empioyed in(10 000 yuan)	5925	6177	4.3
在岗职工平均工资(元)	Average Wage of Staff & Workers Employed in(yuan)	7656	7198	-6.0
农牧民人均纯收入(元)	Per Capita Net Income of Peasant & Herdsman(yuan)	1706	1882	10.3
农村牧区经济	**Economic Development in Rural & Pastoral Area**			
耕地面积(公顷)	Cultivated Area(hectare)	61450	57269	-6.8
农作物总播种面积(公顷)	Total Sown Area(hectare)	46115	43695	-5.2
#粮食作物播种面积(公顷)	Sown Area of Grain Crops(hectare)	23034	23942	3.9
有效灌溉面积(公顷)	Irrigated Area(hectare)	3130	3148	0.6
农牧业机械总动力(万千瓦)	Total Power of Agricultural Machinery(10 000 kw)	6.84	7.05	3.1
化肥施用折纯量(吨)	Consumption of Chemical Fertilizer(ton)	6472	7865	21.5
农村用电量(万千瓦小时)	Electricity Consumed in Rural Area(10 000 kwh)	398	444	11.5
农林牧渔业总产值(万元)	Gross Output of Farming,Forestry,Animal Husbandry & Fishery(10 000 yuan)	45560	48183	5.8
粮食产量(吨)	Yield of Grain(ton)	44030	66486	51.0
油料产量(吨)	Yield of Oil-bearing Grops(ton)	4697	8067	71.7
甜菜产量(吨)	Yield of Beetroots(ton)			
猪牛羊肉产量(吨)	Output of Pork, Beef & Mutton(ton)	12578	12697	0.9
#猪肉产量(吨)	Output of Pork(ton)	10930	11020	0.8
牛肉产量(吨)	Output of Beef(ton)	335	358	6.9
羊肉产量(吨)	Output of Mutton(ton)	1313	1319	0.5

23-15 Qingshuihe County in Hohhot City

指 标	Item	2002	2003	2003年比上年增长% Increase Rate in 2003 Over 2002(%)
羊毛产量(吨)	Output of Wool(ton)	287	292	1.7
年末牲畜存栏头数(万头只)	Total Livestock at the Year-end(10 000 heads)	14.17	15.38	8.5
# 大牲畜(万头只)	Large Animals(10 000 heads)	2.07	2.29	10.6
羊(万只)	Sheep & Goats(10 000 heads)	9.60	10.48	9.2
猪(万头)	Hogs(10 000 heads)	2.49	2.61	4.8
独立核算工业	**Industry with Independent Accounting System**			
工业企业单位数(个)	Number of Industrial Enterprises(unit)	28	22	-21.4
# 内资企业(个)	Civil Funded Enterprises(unit)	27	21	-22.2
工业总产值(万元)	Gross Industrial Output Value(10 000 yuan)	15287	10833	-36.4
内资企业(万元)	Civil Funded Enterprises(10 000 yuan)	8740	6700	-29.2
国有企业(万元)	State-owned Enterprises(10 000 yuan)	1411	1681	44.7
集体企业(万元)	Collective-owned Enterprises(10 000 yuan)	2471	956	-63.0
股份合作企业(万元)	Share Holding Enterprises(10 000 yuan)	76		
联营企业(万元)	Joint Owned Enterprises(10 000 yuan)			
有限责任公司(万元)	Limited Company(10 000 yuan)	4464	3709	-11.0
股份有限公司(万元)	Share Holding Limited Company(10 000 yuan)			
私营企业(万元)	Privately Owned Enterprises(10 000 yuan)	318	354	10.2
其他企业(万元)	Enterprises of Other Ownership(10 000 yuan)			
港澳台商投资企业(万元)	Funds from HK,Macao & Taiwan(10 000 yuan)	6548	4133	-45.9
外商投资企业(万元)	Foreign Funded Enterprises(10 000 yuan)			
工业企业增加值(万元)	Value Added of Industrial Enterprises(10 000 yuan)	6459	3792	-39.3
工业企业资产总计(万元)	Total Assets of Industrial Enterprises(10 000 yuan)	37438	42313	13.0
工业企业负债合计(万元)	Total Liabilities of Industrial Enterprises(10 000 yuan)	20365	25975	27.5
工业企业产品销售收入(万元)	Sales of Revenue Industrial Enterprises(10 000 yuan)	14181	11793	-16.8
工业企业利润总额(万元)	Total Profits of Industrial Enterprises(10 000 yuan)	143	319	122.8
建筑业	**Construction**			
建筑企业单位数(个)	Number of Construction Enterprises(unit)	1	1	0.0
建筑企业从业人员(人)	Number of Employee in Construction Enterprises(person)	380	380	0.0
建筑业总产值(万元)	Gross Construction Output Value(10 000 yuan)	965	965	0.0
交通运输邮电通信业	**Transportation,Post & Telecommunications**			
公路里程(公里)	Total Length of Highways(km)	667	667	0.0
邮电业务总量(万元)	Business Volume of Post & Telecoms(10 000 yuan)	1798	2467	37.2
本地电话用户(户)	Number of Subscribers of Local Telephone(Household)	13409	15070	12.4
国内贸易	**Demestic Trade**			
社会消费品零售总额(万元)	Total Retail Sales of Consumer Goods(10 000 yuan)	11949	13317	11.4
# 贸易业(万元)	Wholesale & Retail Sales Trades(10 000 yuan)	10295	11232	9.1
餐饮业(万元)	Catering Trade(10 000 yuan)	1253	2073	65.4
科技教育卫生	**Science,Education & Public Health**			
各类专业技术人员(人)	Speccial Technical Personnel(person)	2886	2905	0.7
幼儿园数(所)	Number of Kindergartens(unit)	3	3	0.0
学龄儿童入学率(%)	Percentage of School-Age Children Enrolled(%)	100.0	100.0	0.0
小学学校数(所)	Number of Primary Schools(unit)	35	36	2.9
小学专任教师数(人)	Number of Full-time Teachers of Primary Schools(person)	621	683	10.0
小学在校学生数(人)	Number of Student Enrollment of Primary Schools(person)	16384	15119	-7.7
普通中学学校数(所)	Number of Regular Secondary Schools(unit)	14	14	0.0
普通中学专任教师数(人)	Number of Teachers of Secondary Shools(person)	297	319	7.4
初中在校学生数(人)	Number of Student in Junior Secondary Schools(person)	6051	7259	20.0
高中在校学生数(人)	Number of Student in Senior Secondary Schools(person)	1194	1274	6.7
卫生机构数(所)	Number of Health Institutions(unit)	15	18	20.0
# 医院(所)	Hospitals(unit)	1	1	0.0
卫生院(所)	Township Hospitals(unit)	13	14	7.7
床位数(张)	Number of Beds(unit)	188	200	6.4
# 医院(张)	Hospitals(unit)	74	96	29.7
卫生院(张)	Township Hospitals(unit)	104	104	0.0
卫生技术人员(人)	Medical Technical Presonnel(person)	275	297	8.0
# 医院(人)	Hospitals(person)	88	90	2.3
卫生院(人)	Township Hospitals(person)	132	117	-11.4

23-16 呼和浩特市武川县

指 标	Item	2002	2003	2003年比上年增长% Increase Rate in 2003 Over 2002(%)
行政区域土地面积(平方公里)	**Area of Administration(Sq.km)**	**4885**	**4885**	**0.0**
人口和就业	**Population & Employment**			
年末总人口(人)	Total Population Year-end(person)	171180	170974	-0.1
#男性(人)	Male(person)	92239	92067	-0.2
#乡村人口(人)	Rural(person)	138310	137709	-0.4
年末总户数(户)	Total Number of Households at the Year-end(Household)	49795	48959	-1.7
#乡村户数(户)	Number of Rural Household(Household)	34236	34081	-0.5
出生人口(人)	Births(person)	1964	1380	-29.7
死亡人口(人)	Deaths(person)	663	569	-14.2
全社会就业人员(人)	Employment(person)	84662	85848	1.4
第一产业(人)	Primary Industry(person)	64579	65486	1.4
第二产业(人)	Secondary Industry(person)	5016	4993	-0.5
第三产业(人)	Tertiary Industry(person)	15067	15369	2.0
在岗职工人数(人)	Number of Staff & Workers Employed in(person)	6832	7859	15.0
乡村劳动力(人)	Number of Rural Laborers(person)	72776	75625	3.9
#农林牧渔业(人)	Farming,Forestry,Animal Husbandry & Fishery(person)	64270	65284	1.6
国民经济综合指标	**Summary Item on the National Economy**			
生产总值(万元)	Gross Domestic Product(10 000 yuan)	94190	121433	26.0
第一产业(万元)	Primary Industry(10 000 yuan)	34219	45606	29.4
第二产业(万元)	Secondary Industry(10 000 yuan)	36766	48677	28.4
#工业(万元)	Industry(10 000 yuan)	28106	33618	17.9
第三产业(万元)	Tertiary Industry(10 000 yuan)	23205	27150	17.3
人均生产总值(元)	Per Capita GDP(yuan)	5502	7097	29.0
全社会固定资产投资(万元)	Total Investment in Fixed Assets(10 000 yuan)	28214	56262	99.4
按登记注册类型分	Grouped by Registered Type			
#国有(万元)	State-owned Enterprises(10 000 yuan)	23827	39071	64.0
集体(万元)	Collective-owned Enterprises(10 000 yuan)			
有限责任公司(万元)	Limited Liability Corporations(10 000 yuan)		5915	
股份有限公司(万元)	Share Holding Enterprises(10 000 yuan)		1400	
私营企业(万元)	Private Enterprises(10 000 yuan)		8328	
外商及港澳台投资企业(万元)	Funds from HK,Macao,Taiwan & Foreign(10 000 yuan)			
按管理渠道分	Grouped by Channel of Management			
#基本建设(万元)	Capital Construction(10 000 yuan)	23174	44331	91.3
更新改造(万元)	Innovation(10 000 yuan)	100	3515	3415.0
房地产开发(万元)	Real Estate Development(10 000 yuan)			
地方财政收入(万元)	Local Governments Revenue(10 000 yuan)	2669	2990	12.0
地方财政支出(万元)	Local Governments Expenditures(10 000 yuan)	15940	19687	23.5
城乡居民储蓄存款余额(万元)	Resident Saving Deposit in Urban & Rural(10 000 yuan)	34825	44704	28.4
在岗职工工资总额(万元)	Total Wages of Staff & Workers Empioyed in(10 000 yuan)	6698	8002	19.5
在岗职工平均工资(元)	Average Wage of Staff & Workers Employed in(yuan)	9578	11222	17.2
农牧民人均纯收入(元)	Per Capita Net Income of Peasant & Herdsman(yuan)	1908	2136	11.9
农村牧区经济	**Economic Development in Rural & Pastoral Area**			
耕地面积(公顷)	Cultivated Area(hectare)	137380	131546	-4.2
农作物总播种面积(公顷)	Total Sown Area(hectare)	118134	118856	0.6
#粮食作物播种面积(公顷)	Sown Area of Grain Crops(hectare)	88241	79834	-9.5
有效灌溉面积(公顷)	Irrigated Area(hectare)	11560	11830	2.3
农牧业机械总动力(万千瓦)	Total Power of Agricultural Machinery(10 000 kw)	21.78	21.97	0.9
化肥施用折纯量(吨)	Consumption of Chemical Fertilizer(ton)	7848	8932	13.8
农村用电量(万千瓦小时)	Electricity Consumed in Rural Area(10 000 kwh)	1425	1439	1.0
农林牧渔业总产值(万元)	Gross Output of Farming,Forestry,Animal Husbandry & Fishery(10 000 yuan)	53937	69377	28.6
粮食产量(吨)	Yield of Grain(ton)	146494	199287	36.0
油料产量(吨)	Yield of Oil-bearing Grops(ton)	13004	24144	85.7
甜菜产量(吨)	Yield of Beetroots(ton)			
猪牛羊肉产量(吨)	Output of Pork, Beef & Mutton(ton)	7807	6691	-14.3
#猪肉产量(吨)	Output of Pork(ton)	4013	4078	1.6
牛肉产量(吨)	Output of Beef(ton)	377	156	-58.6
羊肉产量(吨)	Output of Mutton(ton)	3417	2457	-28.1

23-16 Wuchuan County in Hohhot City

指 标	Item	2002	2003	2003年比上年增长% Increase Rate in 2003 Over 2002(%)
羊毛产量(吨)	Output of Wool(ton)	319	270	-15.4
年末牲畜存栏头数(万头只)	Total Livestock at the Year-end(10 000 heads)	21.68	17.24	-20.5
# 大牲畜(万头只)	Large Animals(10 000 heads)	1.43	2.08	45.5
羊(万只)	Sheep & Goats(10 000 heads)	17.97	12.55	-30.2
猪(万头)	Hogs(10 000 heads)	2.28	2.61	14.5
独立核算工业	**Industry with Independent Accounting System**			
工业企业单位数(个)	Number of Industrial Enterprises(unit)	61	71	16.4
# 内资企业(个)	Civil Funded Enterprises(unit)	59	70	18.6
工业总产值(万元)	Gross Industrial Output Value(10 000 yuan)	22191	24860	27.2
内资企业(万元)	Civil Funded Enterprises(10 000 yuan)	21362	24373	31.2
国有企业(万元)	State-owned Enterprises(10 000 yuan)	1072	1191	60.9
集体企业(万元)	Collective-owned Enterprises(10 000 yuan)	41	44	-5.0
股份合作企业(万元)	Share Holding Enterprises(10 000 yuan)	3281	3614	43.7
联营企业(万元)	Joint Owned Enterprises(10 000 yuan)			
有限责任公司(万元)	Limited Company(10 000 yuan)	597	567	66.8
股份有限公司(万元)	Share Holding Limited Company(10 000 yuan)	658	741	94.2
私营企业(万元)	Privately Owned Enterprises(10 000 yuan)	15714	18216	25.8
其他企业(万元)	Enterprises of Other Ownership(10 000 yuan)			
港澳台商投资企业(万元)	Funds from HK,Macao & Taiwan(10 000 yuan)			
外商投资企业(万元)	Foreign Funded Enterprises(10 000 yuan)	829	487	-41.3
工业企业增加值(万元)	Value Added of Industrial Enterprises(10 000 yuan)	8835	9284	3.5
工业企业资产总计(万元)	Total Assets of Industrial Enterprises(10 000 yuan)	35421	41133	16.1
工业企业负债合计(万元)	Total Liabilities of Industrial Enterprises(10 000 yuan)	18336	19710	7.5
工业企业产品销售收入(万元)	Sales of Revenue Industrial Enterprises(10 000 yuan)	19168	23353	21.8
工业企业利润总额(万元)	Total Profits of Industrial Enterprises(10 000 yuan)	525	595	13.3
建筑业	**Construction**			
建筑企业单位数(个)	Number of Construction Enterprises(unit)	3	3	0.0
建筑企业从业人员(人)	Number of Employee in Construction Enterprises(person)	540	258	-52.2
建筑业总产值(万元)	Gross Construction Output Value(10 000 yuan)	2188	796	-63.6
交通运输邮电通信业	**Transportation,Post & Telecommunications**			
公路里程(公里)	Total Length of Highways(km)	511	511	0.0
邮电业务总量(万元)	Business Volume of Post & Telecoms(10 000 yuan)	849	874	2.9
本地电话用户(户)	Number of Subscribers of Local Telephone(Household)	14519	20340	40.1
国内贸易	**Demestic Trade**			
社会消费品零售总额(万元)	Total Retail Sales of Consumer Goods(10 000 yuan)	18712	20398	9.0
# 贸易业(万元)	Wholesale & Retail Sales Trades(10 000 yuan)	17334	18820	8.6
餐饮业(万元)	Catering Trade(10 000 yuan)	1281	1473	15.0
科技教育卫生	**Science,Education & Public Health**			
各类专业技术人员(人)	Speccial Technical Personnel(person)	2573	2069	-19.6
幼儿园数(所)	Number of Kindergartens(unit)	8	14	75.0
学龄儿童入学率(%)	Percentage of School-Age Children Enrolled(%)	99.9	99.9	0.0
小学学校数(所)	Number of Primary Schools(unit)	68	53	-22.1
小学专任教师数(人)	Number of Full-time Teachers of Primary Schools(person)	758	727	-4.1
小学在校学生数(人)	Number of Student Enrollment of Primary Schools(person)	10777	10088	-6.4
普通中学学校数(所)	Number of Regular Secondary Schools(unit)	22	22	0.0
普通中学专任教师数(人)	Number of Teachers of Secondary Shools(person)	464	518	11.6
初中在校学生数(人)	Number of Student in Junior Secondary Schools(person)	7867	8002	1.7
高中在校学生数(人)	Number of Student in Senior Secondary Schools(person)	2801	2861	2.1
卫生机构数(所)	Number of Health Institutions(unit)	29	25	-13.8
# 医院(所)	Hospitals(unit)	1	1	0.0
卫生院(所)	Township Hospitals(unit)	21	20	-4.8
床位数(张)	Number of Beds(unit)	215	208	-3.3
# 医院(张)	Hospitals(unit)	100	100	0.0
卫生院(张)	Township Hospitals(unit)	106	99	-6.6
卫生技术人员(人)	Medical Technical Presonnel(person)	456	460	0.9
# 医院(人)	Hospitals(person)	116	117	0.9
卫生院(人)	Township Hospitals(person)	233	218	-6.4

23-17 包头市东河区

指标	Item	2002	2003	2003年比上年增长% Increase Rate in 2003 Over 2002(%)
行政区域土地面积(平方公里)	**Area of Administration(Sq.km)**	**85**	**85**	**0.0**
人口和就业	**Population & Employment**			
年末总人口(人)	Total Population Year-end(person)	442335	443500	0.3
# 男性(人)	Male(person)	223634	224274	0.3
# 乡村人口(人)	Rural(person)	22000	22908	4.1
年末总户数(户)	Total Number of Households at the Year-end(Household)	122564	124242	1.4
# 乡村户数(户)	Number of Rural Household(Household)	6883	7175	4.2
出生人口(人)	Births(person)	2818	2191	-22.2
死亡人口(人)	Deaths(person)	2036	1987	-2.4
全社会就业人员(人)	Employment(person)	195362	197029	0.9
第一产业(人)	Primary Industry(person)	4620	5116	10.7
第二产业(人)	Secondary Industry(person)	65269	63166	-3.2
第三产业(人)	Tertiary Industry(person)	125473	128747	2.6
在岗职工人数(人)	Number of Staff & Workers Employed in(person)	58307	57898	-0.7
乡村劳动力(人)	Number of Rural Laborers(person)	11344	12208	7.6
# 农林牧渔业(人)	Farming,Forestry,Animal Husbandry & Fishery(person)	4620	5116	10.7
国民经济综合指标	**Summary Item on the National Economy**			
生产总值(万元)	Gross Domestic Product(10 000 yuan)	492485	654703	30.6
第一产业(万元)	Primary Industry(10 000 yuan)	3070	5218	44.1
第二产业(万元)	Secondary Industry(10 000 yuan)	228343	327565	39.7
# 工业(万元)	Industry(10 000 yuan)	181554	244205	31.4
第三产业(万元)	Tertiary Industry(10 000 yuan)	261072	321920	22.4
人均生产总值(元)	Per Capita GDP(yuan)	11160	14782	30.1
全社会固定资产投资(万元)	Total Investment in Fixed Assets(10 000 yuan)	161916	352852	117.9
按登记注册类型分	Grouped by Registered Type			
# 国有(万元)	State-owned Enterprises(10 000 yuan)	83436	140776	68.7
集体(万元)	Collective-owned Enterprises(10 000 yuan)	180	7320	3966.7
有限责任公司(万元)	Limited Liability Corporations(10 000 yuan)		119804	
股份有限公司(万元)	Share Holding Enterprises(10 000 yuan)		65424	
私营企业(万元)	Private Enterprises(10 000 yuan)		15310	
外商及港澳台投资企业(万元)	Funds from HK,Macao,Taiwan & Foreign(10 000 yuan)		1700	
按管理渠道分	Grouped by Channel of Management			
# 基本建设(万元)	Capital Construction(10 000 yuan)	40866	203869	398.9
更新改造(万元)	Innovation(10 000 yuan)	66106	107476	62.6
房地产开发(万元)	Real Estate Development(10 000 yuan)	24092	28707	19.2
地方财政收入(万元)	Local Governments Revenue(10 000 yuan)	20517	28254	37.7
地方财政支出(万元)	Local Governments Expenditures(10 000 yuan)	18693	27862	49.1
城乡居民储蓄存款余额(万元)	Resident Saving Deposit in Urban & Rural(10 000 yuan)			
在岗职工工资总额(万元)	Total Wages of Staff & Workers Empioyed in(10 000 yuan)	51716	60824	17.6
在岗职工平均工资(元)	Average Wage of Staff & Workers Employed in(yuan)	8802	10852	23.3
农牧民人均纯收入(元)	Per Capita Net Income of Peasant & Herdsman(yuan)	4022	4619	14.8
农村牧区经济	**Economic Development in Rural & Pastoral Area**			
耕地面积(公顷)	Cultivated Area(hectare)	1000	1000	0.0
农作物总播种面积(公顷)	Total Sown Area(hectare)	762	797	4.6
# 粮食作物播种面积(公顷)	Sown Area of Grain Crops(hectare)	336	345	2.7
有效灌溉面积(公顷)	Irrigated Area(hectare)	730	703	-3.7
农牧业机械总动力(万千瓦)	Total Power of Agricultural Machinery(10 000 kw)	4.50	3.90	-13.3
化肥施用折纯量(吨)	Consumption of Chemical Fertilizer(ton)	509	511	0.4
农村用电量(万千瓦小时)	Electricity Consumed in Rural Area(10 000 kwh)	569	601	5.6
农林牧渔业总产值(万元)	Gross Output of Farming,Forestry,Animal Husbandry & Fishery(10 000 yuan)	6828	7953	16.5
粮食产量(吨)	Yield of Grain(ton)	1536	1897	23.5
油料产量(吨)	Yield of Oil-bearing Grops(ton)	20	83	315.0
甜菜产量(吨)	Yield of Beetroots(ton)	455	480	5.5
猪牛羊肉产量(吨)	Output of Pork, Beef & Mutton(ton)	364	446	22.5
# 猪肉产量(吨)	Output of Pork(ton)	229	313	36.7
牛肉产量(吨)	Output of Beef(ton)	98	85	-13.3
羊肉产量(吨)	Output of Mutton(ton)	37	48	29.7

23-17 Donghe District in Baotou City

指标	Item	2002	2003	2003年比上年增长% Increase Rate in 2003 Over 2002(%)
羊毛产量(吨)	Output of Wool(ton)	3	6	100.0
年末牲畜存栏头数(万头只)	Total Livestock at the Year-end(10 000 heads)	1.17	1.75	49.6
# 大牲畜(万头只)	Large Animals(10 000 heads)	0.36	0.85	136.1
羊(万只)	Sheep & Goats(10 000 heads)	0.51	0.62	21.6
猪(万头)	Hogs(10 000 heads)	0.30	0.28	-6.7
独立核算工业	**Industry with Independent Accounting System**			
工业企业单位数(个)	Number of Industrial Enterprises(unit)	294	305	3.7
# 内资企业(个)	Civil Funded Enterprises(unit)	286	297	3.8
工业总产值(万元)	Gross Industrial Output Value(10 000 yuan)	534902	721793	39.0
内资企业(万元)	Civil Funded Enterprises(10 000 yuan)	418205	602591	44.8
国有企业(万元)	State-owned Enterprises(10 000 yuan)	26066	136714	397.9
集体企业(万元)	Collective-owned Enterprises(10 000 yuan)	24972	27956	14.7
股份合作企业(万元)	Share Holding Enterprises(10 000 yuan)	5500	4732	-7.5
联营企业(万元)	Joint Owned Enterprises(10 000 yuan)	825	543	-27.8
有限责任公司(万元)	Limited Company(10 000 yuan)	262753	345930	29.3
股份有限公司(万元)	Share Holding Limited Company(10 000 yuan)	60147	54878	12.3
私营企业(万元)	Privately Owned Enterprises(10 000 yuan)	37942	31838	16.1
其他企业(万元)	Enterprises of Other Ownership(10 000 yuan)			
港澳台商投资企业(万元)	Funds from HK,Macao & Taiwan(10 000 yuan)	111200	113914	21.7
外商投资企业(万元)	Foreign Funded Enterprises(10 000 yuan)	5497	5288	2.0
工业企业增加值(万元)	Value Added of Industrial Enterprises(10 000 yuan)	143198	209862	40.1
工业企业资产总计(万元)	Total Assets of Industrial Enterprises(10 000 yuan)	910287	1057465	16.2
工业企业负债合计(万元)	Total Liabilities of Industrial Enterprises(10 000 yuan)	545159	693658	27.2
工业企业产品销售收入(万元)	Sales of Revenue Industrial Enterprises(10 000 yuan)	462195	648542	40.3
工业企业利润总额(万元)	Total Profits of Industrial Enterprises(10 000 yuan)	17848	20674	15.8
建筑业	**Construction**			
建筑企业单位数(个)	Number of Construction Enterprises(unit)	23	17	-26.1
建筑企业从业人员(人)	Number of Employee in Construction Enterprises(person)	14421	12838	-11.0
建筑业总产值(万元)	Gross Construction Output Value(10 000 yuan)	40169	46923	16.8
交通运输邮电通信业	**Transportation,Post & Telecommunications**			
公路里程(公里)	Total Length of Highways(km)	308	324	5.2
邮电业务总量(万元)	Business Volume of Post & Telecoms(10 000 yuan)	9276	9632	3.8
本地电话用户(户)	Number of Subscribers of Local Telephone(Household)	84560	92040	8.8
国内贸易	**Demestic Trade**			
社会消费品零售总额(万元)	Total Retail Sales of Consumer Goods(10 000 yuan)	331270	380100	14.7
# 贸易业(万元)	Wholesale & Retail Sales Trades(10 000 yuan)	228823	278055	21.5
餐饮业(万元)	Catering Trade(10 000 yuan)	22915	57378	150.4
科技教育卫生	**Science,Education & Public Health**			
各类专业技术人员(人)	Speccial Technical Personnel(person)	9091	9238	1.6
幼儿园数(所)	Number of Kindergartens(unit)	16	14	-12.5
学龄儿童入学率(%)	Percentage of School-Age Children Enrolled(%)	100.0	99.9	-0.1
小学学校数(所)	Number of Primary Schools(unit)	42	39	-7.1
小学专任教师数(人)	Number of Full-time Teachers of Primary Schools(person)	1410	1373	-2.6
小学在校学生数(人)	Number of Student Enrollment of Primary Schools(person)	27379	26648	-2.7
普通中学学校数(所)	Number of Regular Secondary Schools(unit)	26	25	-3.8
普通中学专任教师数(人)	Number of Teachers of Secondary Shools(person)	1675	1801	7.5
初中在校学生数(人)	Number of Student in Junior Secondary Schools(person)	25090	23915	-4.7
高中在校学生数(人)	Number of Student in Senior Secondary Schools(person)	6964	9006	29.3
卫生机构数(所)	Number of Health Institutions(unit)	22	22	0.0
# 医院(所)	Hospitals(unit)	8	8	0.0
卫生院(所)	Township Hospitals(unit)	14	14	0.0
床位数(张)	Number of Beds(unit)	2613	2470	-5.5
# 医院(张)	Hospitals(unit)	2343	2170	-7.4
卫生院(张)	Township Hospitals(unit)	270	300	11.1
卫生技术人员(人)	Medical Technical Presonnel(person)	2998	2768	-7.7
# 医院(人)	Hospitals(person)	2656	2328	-12.3
卫生院(人)	Township Hospitals(person)	342	440	28.7

23-18 包头市昆都仑区

指标	Item	2002	2003	2003年比上年增长% Increase Rate in 2003 Over 2002(%)
行政区域土地面积(平方公里)	**Area of Administration(Sq.km)**	**119**	**119**	**0.0**
人口和就业	**Population & Employment**			
年末总人口(人)	Total Population Year-end(person)	449891	460803	2.4
#男性(人)	Male(person)	228410	233351	2.2
#乡村人口(人)	Rural(person)			
年末总户数(户)	Total Number of Households at the Year-end(Household)	121030	125810	3.9
#乡村户数(户)	Number of Rural Household(Household)			
出生人口(人)	Births(person)	3402	2257	-33.7
死亡人口(人)	Deaths(person)	1422	1263	-11.2
全社会就业人员(人)	Employment(person)	209282	179403	-14.3
第一产业(人)	Primary Industry(person)	5563	7685	38.1
第二产业(人)	Secondary Industry(person)	133136	103420	-22.3
第三产业(人)	Tertiary Industry(person)	70583	68298	-3.2
在岗职工人数(人)	Number of Staff & Workers Employed in(person)	136485	128620	-5.8
乡村劳动力(人)	Number of Rural Laborers(person)	5125	7033	37.2
#农林牧渔业(人)	Farming,Forestry,Animal Husbandry & Fishery(person)	3292	4684	42.3
国民经济综合指标	**Summary Item on the National Economy**			
生产总值(万元)	Gross Domestic Product(10 000 yuan)	1201613	1542375	25.7
第一产业(万元)	Primary Industry(10 000 yuan)	920	1014	10.2
第二产业(万元)	Secondary Industry(10 000 yuan)	690165	894771	26.4
#工业(万元)	Industry(10 000 yuan)	617035	801841	26.8
第三产业(万元)	Tertiary Industry(10 000 yuan)	510528	646590	24.6
人均生产总值(元)	Per Capita GDP(yuan)	26882	33869	23.3
全社会固定资产投资(万元)	Total Investment in Fixed Assets(10 000 yuan)	221398	355227	60.4
按登记注册类型分	Grouped by Registered Type			
#国有(万元)	State-owned Enterprises(10 000 yuan)	197330	186331	-5.6
集体(万元)	Collective-owned Enterprises(10 000 yuan)	991	2613	163.7
有限责任公司(万元)	Limited Liability Corporations(10 000 yuan)		59213	
股份有限公司(万元)	Share Holding Enterprises(10 000 yuan)		41376	
私营企业(万元)	Private Enterprises(10 000 yuan)		19128	
外商及港澳台投资企业(万元)	Funds from HK,Macao,Taiwan & Foreign(10 000 yuan)		10500	
按管理渠道分	Grouped by Channel of Management			
#基本建设(万元)	Capital Construction(10 000 yuan)	128700	108131	-16.0
更新改造(万元)	Innovation(10 000 yuan)	31942	131184	310.7
房地产开发(万元)	Real Estate Development(10 000 yuan)	25971	62316	139.9
地方财政收入(万元)	Local Governments Revenue(10 000 yuan)	24874	42502	70.9
地方财政支出(万元)	Local Governments Expenditures(10 000 yuan)	16107	32454	101.5
城乡居民储蓄存款余额(万元)	Resident Saving Deposit in Urban & Rural(10 000 yuan)	499948	649932	30.0
在岗职工工资总额(万元)	Total Wages of Staff & Workers Empioyed in(10 000 yuan)	157185	190687	21.3
在岗职工平均工资(元)	Average Wage of Staff & Workers Employed in(yuan)	11374	14466	27.2
农牧民人均纯收入(元)	Per Capita Net Income of Peasant & Herdsman(yuan)			
农村牧区经济	**Economic Development in Rural & Pastoral Area**			
耕地面积(公顷)	Cultivated Area(hectare)	450	33	-92.7
农作物总播种面积(公顷)	Total Sown Area(hectare)	360	33	-90.8
#粮食作物播种面积(公顷)	Sown Area of Grain Crops(hectare)	208	26	-87.5
有效灌溉面积(公顷)	Irrigated Area(hectare)	450	33	-92.7
农牧业机械总动力(万千瓦)	Total Power of Agricultural Machinery(10 000 kw)	1.00	1.00	0.0
化肥施用折纯量(吨)	Consumption of Chemical Fertilizer(ton)	192	10	-94.8
农村用电量(万千瓦小时)	Electricity Consumed in Rural Area(10 000 kwh)	839	2	-99.8
农林牧渔业总产值(万元)	Gross Output of Farming,Forestry,Animal Husbandry & Fishery(10 000 yuan)	1500	362	-75.9
粮食产量(吨)	Yield of Grain(ton)	1240	93	-92.5
油料产量(吨)	Yield of Oil-bearing Grops(ton)			
甜菜产量(吨)	Yield of Beetroots(ton)			
猪牛羊肉产量(吨)	Output of Pork, Beef & Mutton(ton)	151	7	-95.4
#猪肉产量(吨)	Output of Pork(ton)	140	5	-96.4
牛肉产量(吨)	Output of Beef(ton)	1		
羊肉产量(吨)	Output of Mutton(ton)	10	2	-80.0

23-18 Kundulun District in Baotou City

指 标	Item	2002	2003	2003年比上年增长% Increase Rate in 2003 Over 2002(%)
羊毛产量(吨)	Output of Wool(ton)	3		
年末牲畜存栏头数(万头只)	Total Livestock at the Year-end(10 000 heads)	0.48		
# 大牲畜(万头只)	Large Animals(10 000 heads)	0.13		
羊(万只)	Sheep & Goats(10 000 heads)	0.14		
猪(万头)	Hogs(10 000 heads)	0.21		
独立核算工业	**Industry with Independent Accounting System**			
工业企业单位数(个)	Number of Industrial Enterprises(unit)	319	267	-16.3
# 内资企业(个)	Civil Funded Enterprises(unit)	317	265	-16.4
工业总产值(万元)	Gross Industrial Output Value(10 000 yuan)	1729626	2260375	27.6
内资企业(万元)	Civil Funded Enterprises(10 000 yuan)	1721195	2250810	27.7
国有企业(万元)	State-owned Enterprises(10 000 yuan)	74252	79947	5.1
集体企业(万元)	Collective-owned Enterprises(10 000 yuan)	90804	121238	30.4
股份合作企业(万元)	Share Holding Enterprises(10 000 yuan)	5909	5110	-15.5
联营企业(万元)	Joint Owned Enterprises(10 000 yuan)			
有限责任公司(万元)	Limited Company(10 000 yuan)	876400	1055583	17.6
股份有限公司(万元)	Share Holding Limited Company(10 000 yuan)	642595	947737	43.9
私营企业(万元)	Privately Owned Enterprises(10 000 yuan)	31235	41195	28.7
其他企业(万元)	Enterprises of Other Ownership(10 000 yuan)			
港澳台商投资企业(万元)	Funds from HK,Macao & Taiwan(10 000 yuan)	4631	7125	50.3
外商投资企业(万元)	Foreign Funded Enterprises(10 000 yuan)	3800	2440	-37.4
工业企业增加值(万元)	Value Added of Industrial Enterprises(10 000 yuan)	601557	767600	18.2
工业企业资产总计(万元)	Total Assets of Industrial Enterprises(10 000 yuan)	3644675	3842410	5.4
工业企业负债合计(万元)	Total Liabilities of Industrial Enterprises(10 000 yuan)	1969328	2010194	2.1
工业企业产品销售收入(万元)	Sales of Revenue Industrial Enterprises(10 000 yuan)	1768474	2253509	27.4
工业企业利润总额(万元)	Total Profits of Industrial Enterprises(10 000 yuan)	46032	103373	124.6
建筑业	**Construction**			
建筑企业单位数(个)	Number of Construction Enterprises(unit)	15	17	13.3
建筑企业从业人员(人)	Number of Employee in Construction Enterprises(person)	32638	26286	-19.5
建筑业总产值(万元)	Gross Construction Output Value(10 000 yuan)	155572	169363	8.9
交通运输邮电通信业	**Transportation,Post & Telecommunications**			
公路里程(公里)	Total Length of Highways(km)	251	254	1.2
邮电业务总量(万元)	Business Volume of Post & Telecoms(10 000 yuan)	58128	73416	26.3
本地电话用户(户)	Number of Subscribers of Local Telephone(Household)	166132	174790	5.2
国内贸易	**Demestic Trade**			
社会消费品零售总额(万元)	Total Retail Sales of Consumer Goods(10 000 yuan)	378332	440000	16.3
# 贸易业(万元)	Wholesale & Retail Sales Trades(10 000 yuan)	272363	312400	14.7
餐饮业(万元)	Catering Trade(10 000 yuan)	90810	110880	22.1
科技教育卫生	**Science,Education & Public Health**			
各类专业技术人员(人)	Speccial Technical Personnel(person)	72160	72521	0.5
幼儿园数(所)	Number of Kindergartens(unit)	25	26	4.0
学龄儿童入学率(%)	Percentage of School-Age Children Enrolled(%)	100.0	100.0	0.0
小学学校数(所)	Number of Primary Schools(unit)	50	51	2.0
小学专任教师数(人)	Number of Full-time Teachers of Primary Schools(person)	1935	1979	2.3
小学在校学生数(人)	Number of Student Enrollment of Primary Schools(person)	38293	38486	0.5
普通中学学校数(所)	Number of Regular Secondary Schools(unit)	34	36	5.9
普通中学专任教师数(人)	Number of Teachers of Secondary Shools(person)	2253	2391	6.1
初中在校学生数(人)	Number of Student in Junior Secondary Schools(person)	31018	31626	2.0
高中在校学生数(人)	Number of Student in Senior Secondary Schools(person)	9547	12001	25.7
卫生机构数(所)	Number of Health Institutions(unit)	18	18	0.0
# 医院(所)	Hospitals(unit)	6	6	0.0
卫生院(所)	Township Hospitals(unit)		1	
床位数(张)	Number of Beds(unit)	2167	2034	-6.1
# 医院(张)	Hospitals(unit)	2076	2034	-2.0
卫生院(张)	Township Hospitals(unit)			
卫生技术人员(人)	Medical Technical Presonnel(person)	3454	3940	14.1
# 医院(人)	Hospitals(person)	3301	3533	7.0
卫生院(人)	Township Hospitals(person)		9	

23-19 包头市青山区

指 标	Item	2002	2003	2003年比上年增长% Increase Rate in 2003 Over 2002(%)
行政区域土地面积(平方公里)	**Area of Administration(Sq.km)**	**67**	**67**	**0.0**
人口和就业	**Population & Employment**			
年末总人口(人)	Total Population Year-end(person)	345256	355443	3.0
#男性(人)	Male(person)	170495	177570	4.1
#乡村人口(人)	Rural(person)			
年末总户数(户)	Total Number of Households at the Year-end(Household)	117553	123848	5.4
#乡村户数(户)	Number of Rural Household(Household)			
出生人口(人)	Births(person)	2832	2101	-25.8
死亡人口(人)	Deaths(person)	1562	1319	-15.6
全社会就业人员(人)	Employment(person)	156599	160008	2.2
第一产业(人)	Primary Industry(person)	4458	4511	1.2
第二产业(人)	Secondary Industry(person)	80336	82184	2.3
第三产业(人)	Tertiary Industry(person)	71805	73313	2.1
在岗职工人数(人)	Number of Staff & Workers Employed in(person)	92751	93205	0.5
乡村劳动力(人)	Number of Rural Laborers(person)			
#农林牧渔业(人)	Farming,Forestry,Animal Husbandry & Fishery(person)			
国民经济综合指标	**Summary Item on the National Economy**			
生产总值(万元)	Gross Domestic Product(10 000 yuan)	570811	796660	36.3
第一产业(万元)	Primary Industry(10 000 yuan)	1757	2249	25.7
第二产业(万元)	Secondary Industry(10 000 yuan)	299580	456094	48.7
#工业(万元)	Industry(10 000 yuan)	252618	374380	45.0
第三产业(万元)	Tertiary Industry(10 000 yuan)	269474	338317	23.2
人均生产总值(元)	Per Capita GDP(yuan)	16593	22736	33.8
全社会固定资产投资(万元)	Total Investment in Fixed Assets(10 000 yuan)	195286	328531	68.2
按登记注册类型分	Grouped by Registered Type			
#国有(万元)	State-owned Enterprises(10 000 yuan)	82664	146391	77.1
集体(万元)	Collective-owned Enterprises(10 000 yuan)	628	515	-18.0
有限责任公司(万元)	Limited Liability Corporations(10 000 yuan)		26028	
股份有限公司(万元)	Share Holding Enterprises(10 000 yuan)		104607	
私营企业(万元)	Private Enterprises(10 000 yuan)		1400	
外商及港澳台投资企业(万元)	Funds from HK,Macao,Taiwan & Foreign(10 000 yuan)		370	
按管理渠道分	Grouped by Channel of Management			
#基本建设(万元)	Capital Construction(10 000 yuan)	97879	197925	102.2
更新改造(万元)	Innovation(10 000 yuan)	50257	72907	45.1
房地产开发(万元)	Real Estate Development(10 000 yuan)	40737	45791	12.4
地方财政收入(万元)	Local Governments Revenue(10 000 yuan)	23886	37697	57.8
地方财政支出(万元)	Local Governments Expenditures(10 000 yuan)	14317	28444	98.7
城乡居民储蓄存款余额(万元)	Resident Saving Deposit in Urban & Rural(10 000 yuan)	405558	552073	36.1
在岗职工工资总额(万元)	Total Wages of Staff & Workers Empioyed in(10 000 yuan)	96065	133930	39.4
在岗职工平均工资(元)	Average Wage of Staff & Workers Employed in(yuan)	10232	14434	41.1
农牧民人均纯收入(元)	Per Capita Net Income of Peasant & Herdsman(yuan)			
农村牧区经济	**Economic Development in Rural & Pastoral Area**			
耕地面积(公顷)	Cultivated Area(hectare)	554	310	-44.0
农作物总播种面积(公顷)	Total Sown Area(hectare)	468	319	-31.8
#粮食作物播种面积(公顷)	Sown Area of Grain Crops(hectare)	228	131	-42.5
有效灌溉面积(公顷)	Irrigated Area(hectare)	508	229	-54.9
农牧业机械总动力(万千瓦)	Total Power of Agricultural Machinery(10 000 kw)	10.00	11.00	10.0
化肥施用折纯量(吨)	Consumption of Chemical Fertilizer(ton)	271	85	-68.6
农村用电量(万千瓦小时)	Electricity Consumed in Rural Area(10 000 kwh)	389	120	-69.2
农林牧渔业总产值(万元)	Gross Output of Farming,Forestry,Animal Husbandry & Fishery(10 000 yuan)	2638	1905	-27.8
粮食产量(吨)	Yield of Grain(ton)	1356	771	-43.1
油料产量(吨)	Yield of Oil-bearing Grops(ton)	101	236	133.7
甜菜产量(吨)	Yield of Beetroots(ton)			
猪牛羊肉产量(吨)	Output of Pork, Beef & Mutton(ton)	429	265	-38.2
#猪肉产量(吨)	Output of Pork(ton)	394	245	-37.8
牛肉产量(吨)	Output of Beef(ton)	11	12	9.1
羊肉产量(吨)	Output of Mutton(ton)	24	20	-16.7

23-19 Qingshan District in Baotou City

指标	Item	2002	2003	2003年比上年增长% Increase Rate in 2003 Over 2002(%)
羊毛产量(吨)	Output of Wool(ton)	3	1	-66.7
年末牲畜存栏头数(万头只)	Total Livestock at the Year-end(10 000 heads)	0.77	0.80	3.9
# 大牲畜(万头只)	Large Animals(10 000 heads)	0.27	0.28	3.7
羊(万只)	Sheep & Goats(10 000 heads)	0.22	0.41	86.4
猪(万头)	Hogs(10 000 heads)	0.28	0.11	-60.7
独立核算工业	**Industry with Independent Accounting System**			
工业企业单位数(个)	Number of Industrial Enterprises(unit)	217	217	0.0
# 内资企业(个)	Civil Funded Enterprises(unit)	207	205	-1.0
工业总产值(万元)	Gross Industrial Output Value(10 000 yuan)	659645	998395	42.2
内资企业(万元)	Civil Funded Enterprises(10 000 yuan)	656061	994503	42.4
国有企业(万元)	State-owned Enterprises(10 000 yuan)	96107	131795	31.7
集体企业(万元)	Collective-owned Enterprises(10 000 yuan)	21642	30861	16.4
股份合作企业(万元)	Share Holding Enterprises(10 000 yuan)	20336	35621	-11.7
联营企业(万元)	Joint Owned Enterprises(10 000 yuan)			
有限责任公司(万元)	Limited Company(10 000 yuan)	429851	664399	47.3
股份有限公司(万元)	Share Holding Limited Company(10 000 yuan)	85289	131827	47.3
私营企业(万元)	Privately Owned Enterprises(10 000 yuan)	2836		
其他企业(万元)	Enterprises of Other Ownership(10 000 yuan)			
港澳台商投资企业(万元)	Funds from HK,Macao & Taiwan(10 000 yuan)	3198	3014	-1.7
外商投资企业(万元)	Foreign Funded Enterprises(10 000 yuan)	878	386	-121.0
工业企业增加值(万元)	Value Added of Industrial Enterprises(10 000 yuan)	208052	338855	58.4
工业企业资产总计(万元)	Total Assets of Industrial Enterprises(10 000 yuan)	1092025	1492930	36.7
工业企业负债合计(万元)	Total Liabilities of Industrial Enterprises(10 000 yuan)	6168373	867958	-85.9
工业企业产品销售收入(万元)	Sales of Revenue Industrial Enterprises(10 000 yuan)	463789	764576	64.9
工业企业利润总额(万元)	Total Profits of Industrial Enterprises(10 000 yuan)	9528	17532	84.0
建筑业	**Construction**			
建筑企业单位数(个)	Number of Construction Enterprises(unit)	43	29	-32.6
建筑企业从业人员(人)	Number of Employee in Construction Enterprises(person)	17300	13654	-21.1
建筑业总产值(万元)	Gross Construction Output Value(10 000 yuan)	136769	160823	17.6
交通运输邮电通信业	**Transportation,Post & Telecommunications**			
公路里程(公里)	Total Length of Highways(km)	230	249	8.3
邮电业务总量(万元)	Business Volume of Post & Telecoms(10 000 yuan)	7282	7704	5.8
本地电话用户(户)	Number of Subscribers of Local Telephone(Household)	76830	80156	4.3
国内贸易	**Demestic Trade**			
社会消费品零售总额(万元)	Total Retail Sales of Consumer Goods(10 000 yuan)	320200	375000	17.1
# 贸易业(万元)	Wholesale & Retail Sales Trades(10 000 yuan)	260300	305600	17.4
餐饮业(万元)	Catering Trade(10 000 yuan)	43700	52500	20.1
科技教育卫生	**Science,Education & Public Health**			
各类专业技术人员(人)	Speccial Technical Personnel(person)	6561	6948	5.9
幼儿园数(所)	Number of Kindergartens(unit)	16	14	-12.5
学龄儿童入学率(%)	Percentage of School-Age Children Enrolled(%)	100.0	100.0	0.0
小学学校数(所)	Number of Primary Schools(unit)	25	28	12.0
小学专任教师数(人)	Number of Full-time Teachers of Primary Schools(person)	1216	1236	1.6
小学在校学生数(人)	Number of Student Enrollment of Primary Schools(person)	19001	24721	30.1
普通中学学校数(所)	Number of Regular Secondary Schools(unit)	20	19	-5.0
普通中学专任教师数(人)	Number of Teachers of Secondary Shools(person)	1537	1639	6.6
初中在校学生数(人)	Number of Student in Junior Secondary Schools(person)	20104	20567	2.3
高中在校学生数(人)	Number of Student in Senior Secondary Schools(person)	8596	10279	19.6
卫生机构数(所)	Number of Health Institutions(unit)	22	25	13.6
# 医院(所)	Hospitals(unit)	10	10	0.0
卫生院(所)	Township Hospitals(unit)			
床位数(张)	Number of Beds(unit)	2434	2595	6.6
# 医院(张)	Hospitals(unit)	2434	2595	6.6
卫生院(张)	Township Hospitals(unit)			
卫生技术人员(人)	Medical Technical Presonnel(person)	3506	3520	0.4
# 医院(人)	Hospitals(person)	3506	3520	0.4
卫生院(人)	Township Hospitals(person)			

23-20 包头市九原区

指 标	Item	2002	2003	2003年比上年增长% Increase Rate in 2003 Over 2002(%)
行政区域土地面积(平方公里)	**Area of Administration(Sq.km)**	**1776**	**1776**	**0.0**
人口和就业	**Population & Employment**			
年末总人口(人)	Total Population Year-end(person)	292613	299087	2.2
＃男性(人)	Male(person)	155963	159414	2.2
＃乡村人口(人)	Rural(person)	246530	251984	2.2
年末总户数(户)	Total Number of Households at the Year-end(Household)	98192	100703	2.6
＃乡村户数(户)	Number of Rural Household(Household)	84406	86296	2.2
出生人口(人)	Births(person)	2895	2682	-7.4
死亡人口(人)	Deaths(person)	1059	1009	-4.7
全社会就业人员(人)	Employment(person)	161433	176760	9.5
第一产业(人)	Primary Industry(person)	88788	94115	6.0
第二产业(人)	Secondary Industry(person)	40358	45699	13.2
第三产业(人)	Tertiary Industry(person)	32287	36946	14.4
在岗职工人数(人)	Number of Staff & Workers Employed in(person)	17761	17139	-3.5
乡村劳动力(人)	Number of Rural Laborers(person)	113160	120952	6.9
＃农林牧渔业(人)	Farming,Forestry,Animal Husbandry & Fishery(person)	87244	90734	4.0
国民经济综合指标	**Summary Item on the National Economy**			
生产总值(万元)	Gross Domestic Product(10 000 yuan)	369285	501649	32.0
第一产业(万元)	Primary Industry(10 000 yuan)	49481	65223	21.7
第二产业(万元)	Secondary Industry(10 000 yuan)	199694	281035	38.8
＃工业(万元)	Industry(10 000 yuan)	179504	242447	33.6
第三产业(万元)	Tertiary Industry(10 000 yuan)	120110	155391	25.2
人均生产总值(元)	Per Capita GDP(yuan)	12721	16953	29.5
全社会固定资产投资(万元)	Total Investment in Fixed Assets(10 000 yuan)	155368	168797	8.6
按登记注册类型分	Grouped by Registered Type			
＃国有(万元)	State-owned Enterprises(10 000 yuan)	49963	97965	96.1
集体(万元)	Collective-owned Enterprises(10 000 yuan)	1960	100	-94.9
有限责任公司(万元)	Limited Liability Corporations(10 000 yuan)		66942	
股份有限公司(万元)	Share Holding Enterprises(10 000 yuan)			
私营企业(万元)	Private Enterprises(10 000 yuan)		3630	
外商及港澳台投资企业(万元)	Funds from HK,Macao,Taiwan & Foreign(10 000 yuan)		160	
按管理渠道分	Grouped by Channel of Management			
＃基本建设(万元)	Capital Construction(10 000 yuan)	56963	97965	72.0
更新改造(万元)	Innovation(10 000 yuan)	21324	25218	18.3
房地产开发(万元)	Real Estate Development(10 000 yuan)		1250	
地方财政收入(万元)	Local Governments Revenue(10 000 yuan)	9972	16109	61.5
地方财政支出(万元)	Local Governments Expenditures(10 000 yuan)	19065	33815	77.4
城乡居民储蓄存款余额(万元)	Resident Saving Deposit in Urban & Rural(10 000 yuan)	123467	142730	15.6
在岗职工工资总额(万元)	Total Wages of Staff & Workers Empioyed in(10 000 yuan)	15628	22273	42.5
在岗职工平均工资(元)	Average Wage of Staff & Workers Employed in(yuan)	8769	12378	41.2
农牧民人均纯收入(元)	Per Capita Net Income of Peasant & Herdsman(yuan)	3515	4205	19.6
农村牧区经济	**Economic Development in Rural & Pastoral Area**			
耕地面积(公顷)	Cultivated Area(hectare)	42020	49519	17.8
农作物总播种面积(公顷)	Total Sown Area(hectare)	31512	30371	-3.6
＃粮食作物播种面积(公顷)	Sown Area of Grain Crops(hectare)	17005	16151	-5.0
有效灌溉面积(公顷)	Irrigated Area(hectare)	31130	33244	6.8
农牧业机械总动力(万千瓦)	Total Power of Agricultural Machinery(10 000 kw)	34.60	36.20	4.6
化肥施用折纯量(吨)	Consumption of Chemical Fertilizer(ton)	9208	9764	6.0
农村用电量(万千瓦小时)	Electricity Consumed in Rural Area(10 000 kwh)	7840	8967	14.4
农林牧渔业总产值(万元)	Gross Output of Farming,Forestry,Animal Husbandry & Fishery(10 000 yuan)	92973	105409	13.4
粮食产量(吨)	Yield of Grain(ton)	88392	88731	0.4
油料产量(吨)	Yield of Oil-bearing Grops(ton)	7901	4508	-42.9
甜菜产量(吨)	Yield of Beetroots(ton)	6312	3425	-45.7
猪牛羊肉产量(吨)	Output of Pork, Beef & Mutton(ton)	7985	8226	3.0
＃猪肉产量(吨)	Output of Pork(ton)	6630	6762	2.0
牛肉产量(吨)	Output of Beef(ton)	355	371	4.5
羊肉产量(吨)	Output of Mutton(ton)	1000	1093	9.3

23-20 Jiuyuan District in Baotou City

指标	Item	2002	2003	2003年比上年增长% Increase Rate in 2003 Over 2002(%)
羊毛产量(吨)	Output of Wool(ton)	119	110	-7.6
年末牲畜存栏头数(万头只)	Total Livestock at the Year-end(10 000 heads)	18.51	24.78	33.9
#大牲畜(万头只)	Large Animals(10 000 heads)	4.38	8.76	100.0
羊(万只)	Sheep & Goats(10 000 heads)	7.72	9.87	27.8
猪(万头)	Hogs(10 000 heads)	6.41	6.15	-4.1
独立核算工业	**Industry with Independent Accounting System**			
工业企业单位数(个)	Number of Industrial Enterprises(unit)	34	34	0.0
#内资企业(个)	Civil Funded Enterprises(unit)	31	32	3.2
工业总产值(万元)	Gross Industrial Output Value(10 000 yuan)	97064	135225	19.9
内资企业(万元)	Civil Funded Enterprises(10 000 yuan)	89602	127372	21.3
国有企业(万元)	State-owned Enterprises(10 000 yuan)	15503	9951	-37.1
集体企业(万元)	Collective-owned Enterprises(10 000 yuan)	5817	12146	92.2
股份合作企业(万元)	Share Holding Enterprises(10 000 yuan)	190		
联营企业(万元)	Joint Owned Enterprises(10 000 yuan)	5186		
有限责任公司(万元)	Limited Company(10 000 yuan)	27865	52227	43.9
股份有限公司(万元)	Share Holding Limited Company(10 000 yuan)	1497	8786	368.5
私营企业(万元)	Privately Owned Enterprises(10 000 yuan)	33544	44262	15.1
其他企业(万元)	Enterprises of Other Ownership(10 000 yuan)			
港澳台商投资企业(万元)	Funds from HK,Macao & Taiwan(10 000 yuan)			
外商投资企业(万元)	Foreign Funded Enterprises(10 000 yuan)	7462	7853	-0.3
工业企业增加值(万元)	Value Added of Industrial Enterprises(10 000 yuan)	32466	46282	38.6
工业企业资产总计(万元)	Total Assets of Industrial Enterprises(10 000 yuan)	128168	169376	32.2
工业企业负债合计(万元)	Total Liabilities of Industrial Enterprises(10 000 yuan)	95047	124064	30.5
工业企业产品销售收入(万元)	Sales of Revenue Industrial Enterprises(10 000 yuan)	101149	143943	42.3
工业企业利润总额(万元)	Total Profits of Industrial Enterprises(10 000 yuan)	-995	105	
建筑业	**Construction**			
建筑企业单位数(个)	Number of Construction Enterprises(unit)	5	5	0.0
建筑企业从业人员(人)	Number of Employee in Construction Enterprises(person)	595	733	23.2
建筑业总产值(万元)	Gross Construction Output Value(10 000 yuan)	14543	16439	13.0
交通运输邮电通信业	**Transportation,Post & Telecommunications**			
公路里程(公里)	Total Length of Highways(km)	1112	1120	0.7
邮电业务总量(万元)	Business Volume of Post & Telecoms(10 000 yuan)	2189	2675	22.2
本地电话用户(户)	Number of Subscribers of Local Telephone(Household)	27389	30551	11.5
国内贸易	**Demestic Trade**			
社会消费品零售总额(万元)	Total Retail Sales of Consumer Goods(10 000 yuan)	60676	70081	15.5
#贸易业(万元)	Wholesale & Retail Sales Trades(10 000 yuan)	35435	42211	19.1
餐饮业(万元)	Catering Trade(10 000 yuan)	10354	11596	12.0
科技教育卫生	**Science,Education & Public Health**			
各类专业技术人员(人)	Speccial Technical Personnel(person)	3596	3776	5.0
幼儿园数(所)	Number of Kindergartens(unit)	4	4	0.0
学龄儿童入学率(%)	Percentage of School-Age Children Enrolled(%)	100.0	100.0	0.0
小学学校数(所)	Number of Primary Schools(unit)	93	85	-8.6
小学专任教师数(人)	Number of Full-time Teachers of Primary Schools(person)	1223	1171	-4.3
小学在校学生数(人)	Number of Student Enrollment of Primary Schools(person)	20085	18930	-5.8
普通中学学校数(所)	Number of Regular Secondary Schools(unit)	23	24	4.3
普通中学专任教师数(人)	Number of Teachers of Secondary Shools(person)	1150	1161	1.0
初中在校学生数(人)	Number of Student in Junior Secondary Schools(person)	16372	16335	-0.2
高中在校学生数(人)	Number of Student in Senior Secondary Schools(person)	2271	3236	42.5
卫生机构数(所)	Number of Health Institutions(unit)	20	19	-5.0
#医院(所)	Hospitals(unit)	4	4	0.0
卫生院(所)	Township Hospitals(unit)	13	12	-7.7
床位数(张)	Number of Beds(unit)	374	416	11.2
#医院(张)	Hospitals(unit)	258	298	15.5
卫生院(张)	Township Hospitals(unit)	116	110	-5.2
卫生技术人员(人)	Medical Technical Presonnel(person)	498	524	5.2
#医院(人)	Hospitals(person)	150	194	29.3
卫生院(人)	Township Hospitals(person)	168	209	24.4

23-21 包头市石拐区

指标	Item	2002	2003	2003年比上年增长% Increase Rate in 2003 Over 2002(%)
行政区域土地面积(平方公里)	**Area of Administration(Sq.km)**	**619**	**619**	**0.0**
人口和就业	**Population & Employment**			
年末总人口(人)	Total Population Year-end(person)	48263	48921	1.4
#男性(人)	Male(person)	25434	25585	0.6
#乡村人口(人)	Rural(person)	11438	11594	1.4
年末总户数(户)	Total Number of Households at the Year-end(Household)	17875	18157	1.6
#乡村户数(户)	Number of Rural Household(Household)	4232	4285	1.3
出生人口(人)	Births(person)	474	229	-51.7
死亡人口(人)	Deaths(person)	203	228	12.3
全社会就业人员(人)	Employment(person)	21079	21235	0.7
第一产业(人)	Primary Industry(person)	5782	5963	3.1
第二产业(人)	Secondary Industry(person)	10929	11562	5.8
第三产业(人)	Tertiary Industry(person)	4368	3710	-15.1
在岗职工人数(人)	Number of Staff & Workers Employed in(person)	9482	7425	-21.7
乡村劳动力(人)	Number of Rural Laborers(person)	9630	8983	-6.7
#农林牧渔业(人)	Farming,Forestry,Animal Husbandry & Fishery(person)	5737	5939	3.5
国民经济综合指标	**Summary Item on the National Economy**			
生产总值(万元)	Gross Domestic Product(10 000 yuan)	29269	55460	84.5
第一产业(万元)	Primary Industry(10 000 yuan)	1416	1751	21.8
第二产业(万元)	Secondary Industry(10 000 yuan)	19319	42282	112.7
#工业(万元)	Industry(10 000 yuan)	16506	29787	76.2
第三产业(万元)	Tertiary Industry(10 000 yuan)	8534	11427	31.2
人均生产总值(元)	Per Capita GDP(yuan)	5933	11412	87.2
全社会固定资产投资(万元)	Total Investment in Fixed Assets(10 000 yuan)	16253	92531	469.3
按登记注册类型分	Grouped by Registered Type			
#国有(万元)	State-owned Enterprises(10 000 yuan)	10402		
集体(万元)	Collective-owned Enterprises(10 000 yuan)			
有限责任公司(万元)	Limited Liability Corporations(10 000 yuan)		80848	
股份有限公司(万元)	Share Holding Enterprises(10 000 yuan)			
私营企业(万元)	Private Enterprises(10 000 yuan)			
外商及港澳台投资企业(万元)	Funds from HK,Macao,Taiwan & Foreign(10 000 yuan)			
按管理渠道分	Grouped by Channel of Management			
#基本建设(万元)	Capital Construction(10 000 yuan)	8652	92381	967.7
更新改造(万元)	Innovation(10 000 yuan)	6417	80	-98.8
房地产开发(万元)	Real Estate Development(10 000 yuan)			
地方财政收入(万元)	Local Governments Revenue(10 000 yuan)	1955	3174	62.4
地方财政支出(万元)	Local Governments Expenditures(10 000 yuan)	5142	7897	53.6
城乡居民储蓄存款余额(万元)	Resident Saving Deposit in Urban & Rural(10 000 yuan)	30535	39120	28.1
在岗职工工资总额(万元)	Total Wages of Staff & Workers Employed in(10 000 yuan)	8878	8711	-1.9
在岗职工平均工资(元)	Average Wage of Staff & Workers Employed in(yuan)	9661	10830	12.1
农牧民人均纯收入(元)	Per Capita Net Income of Peasant & Herdsman(yuan)	1837	2391	30.2
农村牧区经济	**Economic Development in Rural & Pastoral Area**			
耕地面积(公顷)	Cultivated Area(hectare)	4900	5173	5.6
农作物总播种面积(公顷)	Total Sown Area(hectare)	1615	2001	23.9
#粮食作物播种面积(公顷)	Sown Area of Grain Crops(hectare)	1325	1335	0.8
有效灌溉面积(公顷)	Irrigated Area(hectare)	1140	1137	-0.3
农牧业机械总动力(万千瓦)	Total Power of Agricultural Machinery(10 000 kw)	0.40	0.40	0.0
化肥施用折纯量(吨)	Consumption of Chemical Fertilizer(ton)	752	556	-26.1
农村用电量(万千瓦小时)	Electricity Consumed in Rural Area(10 000 kwh)	216	182	-15.7
农林牧渔业总产值(万元)	Gross Output of Farming,Forestry,Animal Husbandry & Fishery(10 000 yuan)	2593	3223	24.3
粮食产量(吨)	Yield of Grain(ton)	4143	4841	16.8
油料产量(吨)	Yield of Oil-bearing Grops(ton)	42	527	1154.8
甜菜产量(吨)	Yield of Beetroots(ton)	32		
猪牛羊肉产量(吨)	Output of Pork, Beef & Mutton(ton)	557	542	-2.7
#猪肉产量(吨)	Output of Pork(ton)	334	340	1.8
牛肉产量(吨)	Output of Beef(ton)	4	4	0.0
羊肉产量(吨)	Output of Mutton(ton)	219	198	-9.6

23-21 Shiguai District in Baotou City

指标	Item	2002	2003	2003年比上年增长% Increase Rate in 2003 Over 2002(%)
羊毛产量(吨)	Output of Wool(ton)	13	17	30.8
年末牲畜存栏头数(万头只)	Total Livestock at the Year-end(10 000 heads)	3.01	3.11	3.3
# 大牲畜(万头只)	Large Animals(10 000 heads)	0.16	0.31	93.8
羊(万只)	Sheep & Goats(10 000 heads)	2.52	2.56	1.6
猪(万头)	Hogs(10 000 heads)	0.33	0.24	-27.3
独立核算工业	**Industry with Independent Accounting System**			
工业企业单位数(个)	Number of Industrial Enterprises(unit)	40	49	22.5
# 内资企业(个)	Civil Funded Enterprises(unit)	39	47	20.5
工业总产值(万元)	Gross Industrial Output Value(10 000 yuan)	25496	56544	91.6
内资企业(万元)	Civil Funded Enterprises(10 000 yuan)	23392	55430	123.2
国有企业(万元)	State-owned Enterprises(10 000 yuan)	17048	33603	52.7
集体企业(万元)	Collective-owned Enterprises(10 000 yuan)	3208	3727	15.3
股份合作企业(万元)	Share Holding Enterprises(10 000 yuan)			
联营企业(万元)	Joint Owned Enterprises(10 000 yuan)			
有限责任公司(万元)	Limited Company(10 000 yuan)	3136	18100	410.0
股份有限公司(万元)	Share Holding Limited Company(10 000 yuan)			
私营企业(万元)	Privately Owned Enterprises(10 000 yuan)			
其他企业(万元)	Enterprises of Other Ownership(10 000 yuan)			
港澳台商投资企业(万元)	Funds from HK,Macao & Taiwan(10 000 yuan)	2104	1114	-66.2
外商投资企业(万元)	Foreign Funded Enterprises(10 000 yuan)			
工业企业增加值(万元)	Value Added of Industrial Enterprises(10 000 yuan)	13209	29150	120.7
工业企业资产总计(万元)	Total Assets of Industrial Enterprises(10 000 yuan)	81878	53591	-34.5
工业企业负债合计(万元)	Total Liabilities of Industrial Enterprises(10 000 yuan)	64347	52874	-17.8
工业企业产品销售收入(万元)	Sales of Revenue Industrial Enterprises(10 000 yuan)	25416	51919	104.3
工业企业利润总额(万元)	Total Profits of Industrial Enterprises(10 000 yuan)	-508	-1098	
建筑业	**Construction**			
建筑企业单位数(个)	Number of Construction Enterprises(unit)	1	1	0.0
建筑企业从业人员(人)	Number of Employee in Construction Enterprises(person)	1071	1022	-4.6
建筑业总产值(万元)	Gross Construction Output Value(10 000 yuan)	2740	6175	125.4
交通运输邮电通信业	**Transportation,Post & Telecommunications**			
公路里程(公里)	Total Length of Highways(km)	38	70	84.2
邮电业务总量(万元)	Business Volume of Post & Telecoms(10 000 yuan)	921	978	6.2
本地电话用户(户)	Number of Subscribers of Local Telephone(Household)	6822	6447	-5.5
国内贸易	**Demestic Trade**			
社会消费品零售总额(万元)	Total Retail Sales of Consumer Goods(10 000 yuan)	17643	18547	5.1
# 贸易业(万元)	Wholesale & Retail Sales Trades(10 000 yuan)	9363	13392	43.0
餐饮业(万元)	Catering Trade(10 000 yuan)	3466	3776	8.9
科技教育卫生	**Science,Education & Public Health**			
各类专业技术人员(人)	Speccial Technical Personnel(person)	2576	2617	1.6
幼儿园数(所)	Number of Kindergartens(unit)	2	2	0.0
学龄儿童入学率(%)	Percentage of School-Age Children Enrolled(%)	99.6	99.4	-0.2
小学学校数(所)	Number of Primary Schools(unit)	18	17	-5.6
小学专任教师数(人)	Number of Full-time Teachers of Primary Schools(person)	372	355	-4.6
小学在校学生数(人)	Number of Student Enrollment of Primary Schools(person)	3172	2957	-6.8
普通中学学校数(所)	Number of Regular Secondary Schools(unit)	9	9	0.0
普通中学专任教师数(人)	Number of Teachers of Secondary Shools(person)	250	254	1.6
初中在校学生数(人)	Number of Student in Junior Secondary Schools(person)	2705	2513	-7.1
高中在校学生数(人)	Number of Student in Senior Secondary Schools(person)	512	556	8.6
卫生机构数(所)	Number of Health Institutions(unit)	26	24	-7.7
# 医院(所)	Hospitals(unit)	2	2	0.0
卫生院(所)	Township Hospitals(unit)	2	2	0.0
床位数(张)	Number of Beds(unit)	433	433	0.0
# 医院(张)	Hospitals(unit)	407	407	0.0
卫生院(张)	Township Hospitals(unit)	26	26	0.0
卫生技术人员(人)	Medical Technical Presonnel(person)	513	468	-8.8
# 医院(人)	Hospitals(person)	473	404	-14.6
卫生院(人)	Township Hospitals(person)	20	13	-35.0

23-22 包头市白云矿区

指 标	Item	2002	2003	2003年比上年增长% Increase Rate in 2003 Over 2002(%)
行政区域土地面积(平方公里)	**Area of Administration(Sq.km)**	**303**	**303**	**0.0**
人口和就业	**Population & Employment**			
年末总人口(人)	Total Population Year-end(person)	24767	24279	-2.0
#男性(人)	Male(person)	12891	12631	-2.0
#乡村人口(人)	Rural(person)			
年末总户数(户)	Total Number of Households at the Year-end(Household)	9194	9025	-1.8
#乡村户数(户)	Number of Rural Household(Household)			
出生人口(人)	Births(person)	229	163	-28.8
死亡人口(人)	Deaths(person)	94	93	-1.1
全社会就业人员(人)	Employment(person)	11464	11505	0.4
第一产业(人)	Primary Industry(person)	110	165	50.0
第二产业(人)	Secondary Industry(person)	8080	8108	0.3
第三产业(人)	Tertiary Industry(person)	3274	3232	-1.3
在岗职工人数(人)	Number of Staff & Workers Employed in(person)	2543	2628	3.3
乡村劳动力(人)	Number of Rural Laborers(person)			
#农林牧渔业(人)	Farming,Forestry,Animal Husbandry & Fishery(person)			
国民经济综合指标	**Summary Item on the National Economy**			
生产总值(万元)	Gross Domestic Product(10 000 yuan)	36566	46603	24.1
第一产业(万元)	Primary Industry(10 000 yuan)	20	35	65.0
第二产业(万元)	Secondary Industry(10 000 yuan)	27076	35632	28.3
#工业(万元)	Industry(10 000 yuan)	25775	34152	29.4
第三产业(万元)	Tertiary Industry(10 000 yuan)	9470	10936	13.7
人均生产总值(元)	Per Capita GDP(yuan)	14745	18944	22.0
全社会固定资产投资(万元)	Total Investment in Fixed Assets(10 000 yuan)	13664	12350	-9.6
按登记注册类型分	Grouped by Registered Type			
#国有(万元)	State-owned Enterprises(10 000 yuan)	9127	7685	-15.8
集体(万元)	Collective-owned Enterprises(10 000 yuan)	4537	3214	-29.2
有限责任公司(万元)	Limited Liability Corporations(10 000 yuan)			
股份有限公司(万元)	Share Holding Enterprises(10 000 yuan)			
私营企业(万元)	Private Enterprises(10 000 yuan)			
外商及港澳台投资企业(万元)	Funds from HK,Macao,Taiwan & Foreign(10 000 yuan)			
按管理渠道分	Grouped by Channel of Management			
#基本建设(万元)	Capital Construction(10 000 yuan)	5896	4469	-24.2
更新改造(万元)	Innovation(10 000 yuan)	7768	6430	-17.2
房地产开发(万元)	Real Estate Development(10 000 yuan)			
地方财政收入(万元)	Local Governments Revenue(10 000 yuan)	1722	2264	31.5
地方财政支出(万元)	Local Governments Expenditures(10 000 yuan)	3358	4681	39.4
城乡居民储蓄存款余额(万元)	Resident Saving Deposit in Urban & Rural(10 000 yuan)	26118	28346	8.5
在岗职工工资总额(万元)	Total Wages of Staff & Workers Empioyed in(10 000 yuan)	2136	2701	26.5
在岗职工平均工资(元)	Average Wage of Staff & Workers Employed in(yuan)	7700	14694	90.8
农牧民人均纯收入(元)	Per Capita Net Income of Peasant & Herdsman(yuan)			
农村牧区经济	**Economic Development in Rural & Pastoral Area**			
耕地面积(公顷)	Cultivated Area(hectare)		296	
农作物总播种面积(公顷)	Total Sown Area(hectare)			
#粮食作物播种面积(公顷)	Sown Area of Grain Crops(hectare)			
有效灌溉面积(公顷)	Irrigated Area(hectare)		33	
农牧业机械总动力(万千瓦)	Total Power of Agricultural Machinery(10 000 kw)			
化肥施用折纯量(吨)	Consumption of Chemical Fertilizer(ton)			
农村用电量(万千瓦小时)	Electricity Consumed in Rural Area(10 000 kwh)			
农林牧渔业总产值(万元)	Gross Output of Farming,Forestry,Animal Husbandry & Fishery(10 000 yuan)		241	
粮食产量(吨)	Yield of Grain(ton)			
油料产量(吨)	Yield of Oil-bearing Grops(ton)			
甜菜产量(吨)	Yield of Beetroots(ton)			
猪牛羊肉产量(吨)	Output of Pork, Beef & Mutton(ton)			
#猪肉产量(吨)	Output of Pork(ton)			
牛肉产量(吨)	Output of Beef(ton)			
羊肉产量(吨)	Output of Mutton(ton)			

23-22 Baiyun Mineral District in Baotou City

指标	Item	2002	2003	2003年比上年增长% Increase Rate in 2003 Over 2002(%)
羊毛产量(吨)	Output of Wool(ton)			
年末牲畜存栏头数(万头只)	Total Livestock at the Year-end(10 000 heads)			
#大牲畜(万头只)	Large Animals(10 000 heads)			
羊(万只)	Sheep & Goats(10 000 heads)			
猪(万头)	Hogs(10 000 heads)			
独立核算工业	**Industry with Independent Accounting System**			
工业企业单位数(个)	Number of Industrial Enterprises(unit)	26	34	30.8
#内资企业(个)	Civil Funded Enterprises(unit)	26	34	30.8
工业总产值(万元)	Gross Industrial Output Value(10 000 yuan)	12332	24876	80.8
内资企业(万元)	Civil Funded Enterprises(10 000 yuan)	12332	24876	80.8
国有企业(万元)	State-owned Enterprises(10 000 yuan)			
集体企业(万元)	Collective-owned Enterprises(10 000 yuan)	10530	2084	-86.1
股份合作企业(万元)	Share Holding Enterprises(10 000 yuan)			
联营企业(万元)	Joint Owned Enterprises(10 000 yuan)			
有限责任公司(万元)	Limited Company(10 000 yuan)			
股份有限公司(万元)	Share Holding Limited Company(10 000 yuan)	1802	3054	82.3
私营企业(万元)	Privately Owned Enterprises(10 000 yuan)		19738	
其他企业(万元)	Enterprises of Other Ownership(10 000 yuan)			
港澳台商投资企业(万元)	Funds from HK,Macao & Taiwan(10 000 yuan)			
外商投资企业(万元)	Foreign Funded Enterprises(10 000 yuan)			
工业企业增加值(万元)	Value Added of Industrial Enterprises(10 000 yuan)	5034	10255	81.7
工业企业资产总计(万元)	Total Assets of Industrial Enterprises(10 000 yuan)	8007	29159	264.2
工业企业负债合计(万元)	Total Liabilities of Industrial Enterprises(10 000 yuan)	6081	32138	428.5
工业企业产品销售收入(万元)	Sales of Revenue Industrial Enterprises(10 000 yuan)	12408	24378	96.5
工业企业利润总额(万元)	Total Profits of Industrial Enterprises(10 000 yuan)	442	298	-32.6
建筑业	**Construction**			
建筑企业单位数(个)	Number of Construction Enterprises(unit)	2	3	50.0
建筑企业从业人员(人)	Number of Employee in Construction Enterprises(person)	598	598	0.0
建筑业总产值(万元)	Gross Construction Output Value(10 000 yuan)	1007	448	-55.5
交通运输邮电通信业	**Transportation,Post & Telecommunications**			
公路里程(公里)	Total Length of Highways(km)	77	77	0.0
邮电业务总量(万元)	Business Volume of Post & Telecoms(10 000 yuan)	530	939	77.2
本地电话用户(户)	Number of Subscribers of Local Telephone(Household)	5853	7260	24.0
国内贸易	**Demestic Trade**			
社会消费品零售总额(万元)	Total Retail Sales of Consumer Goods(10 000 yuan)	8989	9922	10.4
#贸易业(万元)	Wholesale & Retail Sales Trades(10 000 yuan)	6176	6835	10.7
餐饮业(万元)	Catering Trade(10 000 yuan)	959	979	2.1
科技教育卫生	**Science,Education & Public Health**			
各类专业技术人员(人)	Speccial Technical Personnel(person)	331	330	-0.3
幼儿园数(所)	Number of Kindergartens(unit)	3	2	-33.3
学龄儿童入学率(%)	Percentage of School-Age Children Enrolled(%)	100.0	100.0	0.0
小学学校数(所)	Number of Primary Schools(unit)	4	4	0.0
小学专任教师数(人)	Number of Full-time Teachers of Primary Schools(person)	137	131	-4.4
小学在校学生数(人)	Number of Student Enrollment of Primary Schools(person)	2066	2029	-1.8
普通中学学校数(所)	Number of Regular Secondary Schools(unit)	2	2	0.0
普通中学专任教师数(人)	Number of Teachers of Secondary Shools(person)	114	114	0.0
初中在校学生数(人)	Number of Student in Junior Secondary Schools(person)	1378	1379	0.1
高中在校学生数(人)	Number of Student in Senior Secondary Schools(person)	144	168	16.7
卫生机构数(所)	Number of Health Institutions(unit)	12	11	-8.3
#医院(所)	Hospitals(unit)	2	2	0.0
卫生院(所)	Township Hospitals(unit)			
床位数(张)	Number of Beds(unit)	183	190	3.8
#医院(张)	Hospitals(unit)	183	190	3.8
卫生院(张)	Township Hospitals(unit)			
卫生技术人员(人)	Medical Technical Presonnel(person)	209	203	-2.9
#医院(人)	Hospitals(person)	170	160	-5.9
卫生院(人)	Township Hospitals(person)			

23-23 包头市土默特右旗

指 标	Item	2002	2003	2003年比上年增长% Increase Rate in 2003 Over 2002(%)
行政区域土地面积(平方公里)	**Area of Administration(Sq.km)**	**2368**	**2368**	**0.0**
人口和就业	**Population & Employment**			
年末总人口(人)	Total Population Year-end(person)	322307	318005	-1.3
# 男性(人)	Male(person)	169402	165391	-2.4
# 乡村人口(人)	Rural(person)	260282	253037	-2.8
年末总户数(户)	Total Number of Households at the Year-end(Household)	97119	97616	0.5
# 乡村户数(户)	Number of Rural Household(Household)	76929	77646	0.9
出生人口(人)	Births(person)	3286	2862	-12.9
死亡人口(人)	Deaths(person)	1827	1501	-17.8
全社会就业人员(人)	Employment(person)	171816	172875	0.6
第一产业(人)	Primary Industry(person)	122693	115326	-6.0
第二产业(人)	Secondary Industry(person)	17115	21761	27.1
第三产业(人)	Tertiary Industry(person)	32008	35788	11.8
在岗职工人数(人)	Number of Staff & Workers Employed in(person)	12973	13419	3.4
乡村劳动力(人)	Number of Rural Laborers(person)	152513	147973	-3.0
# 农林牧渔业(人)	Farming,Forestry,Animal Husbandry & Fishery(person)	121881	102905	-15.6
国民经济综合指标	**Summary Item on the National Economy**			
生产总值(万元)	Gross Domestic Product(10 000 yuan)	216418	254934	15.7
第一产业(万元)	Primary Industry(10 000 yuan)	70050	85516	20.3
第二产业(万元)	Secondary Industry(10 000 yuan)	65189	79971	19.7
# 工业(万元)	Industry(10 000 yuan)	45022	51874	12.5
第三产业(万元)	Tertiary Industry(10 000 yuan)	81179	89447	8.8
人均生产总值(元)	Per Capita GDP(yuan)	6725	7962	16.2
全社会固定资产投资(万元)	Total Investment in Fixed Assets(10 000 yuan)	79437	96733	21.8
按登记注册类型分	Grouped by Registered Type			
# 国有(万元)	State-owned Enterprises(10 000 yuan)	14907	31946	114.3
集体(万元)	Collective-owned Enterprises(10 000 yuan)	2263		
有限责任公司(万元)	Limited Liability Corporations(10 000 yuan)		45262	
股份有限公司(万元)	Share Holding Enterprises(10 000 yuan)		700	
私营企业(万元)	Private Enterprises(10 000 yuan)		18865	
外商及港澳台投资企业(万元)	Funds from HK,Macao,Taiwan & Foreign(10 000 yuan)			
按管理渠道分	Grouped by Channel of Management			
# 基本建设(万元)	Capital Construction(10 000 yuan)	62130	80963	30.3
更新改造(万元)	Innovation(10 000 yuan)		11750	
房地产开发(万元)	Real Estate Development(10 000 yuan)	1231	4060	229.8
地方财政收入(万元)	Local Governments Revenue(10 000 yuan)	6999	9477	35.4
地方财政支出(万元)	Local Governments Expenditures(10 000 yuan)	19506	36956	89.5
城乡居民储蓄存款余额(万元)	Resident Saving Deposit in Urban & Rural(10 000 yuan)	79481	92756	16.7
在岗职工工资总额(万元)	Total Wages of Staff & Workers Empioyed in(10 000 yuan)	12060	13108	8.7
在岗职工平均工资(元)	Average Wage of Staff & Workers Employed in(yuan)	8854	9844	11.2
农牧民人均纯收入(元)	Per Capita Net Income of Peasant & Herdsman(yuan)	2387	3369	41.1
农村牧区经济	**Economic Development in Rural & Pastoral Area**			
耕地面积(公顷)	Cultivated Area(hectare)	102982	102982	0.0
农作物总播种面积(公顷)	Total Sown Area(hectare)	90179	86017	-4.6
# 粮食作物播种面积(公顷)	Sown Area of Grain Crops(hectare)	46055	43042	-6.5
有效灌溉面积(公顷)	Irrigated Area(hectare)	91993	72962	-20.7
农牧业机械总动力(万千瓦)	Total Power of Agricultural Machinery(10 000 kw)	22.60	23.60	4.4
化肥施用折纯量(吨)	Consumption of Chemical Fertilizer(ton)	24281	25018	3.0
农村用电量(万千瓦小时)	Electricity Consumed in Rural Area(10 000 kwh)	3909	3581	-8.4
农林牧渔业总产值(万元)	Gross Output of Farming,Forestry,Animal Husbandry & Fishery(10 000 yuan)	108704	131888	21.3
粮食产量(吨)	Yield of Grain(ton)	266209	334125	25.5
油料产量(吨)	Yield of Oil-bearing Grops(ton)	49153	32154	-34.6
甜菜产量(吨)	Yield of Beetroots(ton)	91507	53804	-41.2
猪牛羊肉产量(吨)	Output of Pork, Beef & Mutton(ton)	19886	20253	1.8
# 猪肉产量(吨)	Output of Pork(ton)	12560	11310	-10.0
牛肉产量(吨)	Output of Beef(ton)	4837	5579	15.3
羊肉产量(吨)	Output of Mutton(ton)	2489	3364	35.2

23-23 Tumoteyou Banner in Baotou City

指标	Item	2002	2003	2003年比上年增长% Increase Rate in 2003 Over 2002(%)
羊毛产量(吨)	Output of Wool(ton)	487	507	4.1
年末牲畜存栏头数(万头只)	Total Livestock at the Year-end(10 000 heads)	40.39	44.51	10.2
#大牲畜(万头只)	Large Animals(10 000 heads)	8.64	11.77	36.2
羊(万只)	Sheep & Goats(10 000 heads)	19.85	22.68	14.3
猪(万头)	Hogs(10 000 heads)	11.90	10.06	-15.5
独立核算工业	**Industry with Independent Accounting System**			
工业企业单位数(个)	Number of Industrial Enterprises(unit)	59	62	5.1
#内资企业(个)	Civil Funded Enterprises(unit)	58	60	3.4
工业总产值(万元)	Gross Industrial Output Value(10 000 yuan)	15717	18183	15.3
内资企业(万元)	Civil Funded Enterprises(10 000 yuan)	15707	16689	4.7
国有企业(万元)	State-owned Enterprises(10 000 yuan)	125	122	-2.1
集体企业(万元)	Collective-owned Enterprises(10 000 yuan)	1726	1471	-18.5
股份合作企业(万元)	Share Holding Enterprises(10 000 yuan)	1180	13	-98.9
联营企业(万元)	Joint Owned Enterprises(10 000 yuan)			
有限责任公司(万元)	Limited Company(10 000 yuan)	8346	10077	26.0
股份有限公司(万元)	Share Holding Limited Company(10 000 yuan)			
私营企业(万元)	Privately Owned Enterprises(10 000 yuan)	4330	5006	18.5
其他企业(万元)	Enterprises of Other Ownership(10 000 yuan)			
港澳台商投资企业(万元)	Funds from HK,Macao & Taiwan(10 000 yuan)		1494	
外商投资企业(万元)	Foreign Funded Enterprises(10 000 yuan)	10		
工业企业增加值(万元)	Value Added of Industrial Enterprises(10 000 yuan)	4166	4902	12.5
工业企业资产总计(万元)	Total Assets of Industrial Enterprises(10 000 yuan)	23529	21793	-7.4
工业企业负债合计(万元)	Total Liabilities of Industrial Enterprises(10 000 yuan)	13334	10310	-22.7
工业企业产品销售收入(万元)	Sales of Revenue Industrial Enterprises(10 000 yuan)	13622	17629	29.4
工业企业利润总额(万元)	Total Profits of Industrial Enterprises(10 000 yuan)	532	363	-31.8
建筑业	**Construction**			
建筑企业单位数(个)	Number of Construction Enterprises(unit)	9	9	0.0
建筑企业从业人员(人)	Number of Employee in Construction Enterprises(person)	2584	2710	4.9
建筑业总产值(万元)	Gross Construction Output Value(10 000 yuan)	16340	16075	-1.6
交通运输邮电通信业	**Transportation,Post & Telecommunications**			
公路里程(公里)	Total Length of Highways(km)	795	818	2.9
邮电业务总量(万元)	Business Volume of Post & Telecoms(10 000 yuan)	1873	4202	124.3
本地电话用户(户)	Number of Subscribers of Local Telephone(Household)	21008	31189	48.5
国内贸易	**Demestic Trade**			
社会消费品零售总额(万元)	Total Retail Sales of Consumer Goods(10 000 yuan)	60083	66002	9.9
#贸易业(万元)	Wholesale & Retail Sales Trades(10 000 yuan)	26751	31221	16.7
餐饮业(万元)	Catering Trade(10 000 yuan)	7703	8684	12.7
科技教育卫生	**Science,Education & Public Health**			
各类专业技术人员(人)	Speccial Technical Personnel(person)	3684	3768	2.3
幼儿园数(所)	Number of Kindergartens(unit)	1	1	0.0
学龄儿童入学率(%)	Percentage of School-Age Children Enrolled(%)	99.9	99.9	0.0
小学学校数(所)	Number of Primary Schools(unit)	139	120	-13.7
小学专任教师数(人)	Number of Full-time Teachers of Primary Schools(person)	1233	1192	-3.3
小学在校学生数(人)	Number of Student Enrollment of Primary Schools(person)	22590	20060	-11.2
普通中学学校数(所)	Number of Regular Secondary Schools(unit)	24	22	-8.3
普通中学专任教师数(人)	Number of Teachers of Secondary Shools(person)	1203	1126	-6.4
初中在校学生数(人)	Number of Student in Junior Secondary Schools(person)	19401	19278	-0.6
高中在校学生数(人)	Number of Student in Senior Secondary Schools(person)	2688	3836	42.7
卫生机构数(所)	Number of Health Institutions(unit)	43	42	-2.3
#医院(所)	Hospitals(unit)	3	3	0.0
卫生院(所)	Township Hospitals(unit)	22	22	0.0
床位数(张)	Number of Beds(unit)	674	674	0.0
#医院(张)	Hospitals(unit)	280	280	0.0
卫生院(张)	Township Hospitals(unit)	386	386	0.0
卫生技术人员(人)	Medical Technical Presonnel(person)	684	635	-7.2
#医院(人)	Hospitals(person)	207	184	-11.1
卫生院(人)	Township Hospitals(person)	298	257	-13.8

23-24 包头市固阳县

指 标	Item	2002	2003	2003年比上年增长% Increase Rate in 2003 Over 2002(%)
行政区域土地面积(平方公里)	**Area of Administration(Sq.km)**	**5021**	**5021**	**0.0**
人口和就业	**Population & Employment**			
年末总人口(人)	Total Population Year-end(person)	174870	175109	0.1
#男性(人)	Male(person)	92994	93121	0.1
#乡村人口(人)	Rural(person)	147794	147348	-0.3
年末总户数(户)	Total Number of Households at the Year-end(Household)	53588	56486	5.4
#乡村户数(户)	Number of Rural Household(Household)	41054	37709	-8.1
出生人口(人)	Births(person)	2053	1156	-43.7
死亡人口(人)	Deaths(person)	1011	856	-15.3
全社会就业人员(人)	Employment(person)	103544	106480	2.8
第一产业(人)	Primary Industry(person)	73894	74070	0.2
第二产业(人)	Secondary Industry(person)	21891	23640	8.0
第三产业(人)	Tertiary Industry(person)	7759	8770	13.0
在岗职工人数(人)	Number of Staff & Workers Employed in(person)	7366	8410	14.2
乡村劳动力(人)	Number of Rural Laborers(person)	88437	79478	-10.1
#农林牧渔业(人)	Farming,Forestry,Animal Husbandry & Fishery(person)	70191	63089	-10.1
国民经济综合指标	**Summary Item on the National Economy**			
生产总值(万元)	Gross Domestic Product(10 000 yuan)	114160	146765	25.8
第一产业(万元)	Primary Industry(10 000 yuan)	29111	39245	34.3
第二产业(万元)	Secondary Industry(10 000 yuan)	52439	69014	28.2
#工业(万元)	Industry(10 000 yuan)	43926	54194	20.5
第三产业(万元)	Tertiary Industry(10 000 yuan)	32610	38506	16.1
人均生产总值(元)	Per Capita GDP(yuan)	6535	8387	25.6
全社会固定资产投资(万元)	Total Investment in Fixed Assets(10 000 yuan)	30402	70571	132.1
按登记注册类型分	Grouped by Registered Type			
#国有(万元)	State-owned Enterprises(10 000 yuan)	28141	44481	58.1
集体(万元)	Collective-owned Enterprises(10 000 yuan)		470	
有限责任公司(万元)	Limited Liability Corporations(10 000 yuan)		10600	
股份有限公司(万元)	Share Holding Enterprises(10 000 yuan)		6763	
私营企业(万元)	Private Enterprises(10 000 yuan)		5788	
外商及港澳台投资企业(万元)	Funds from HK,Macao,Taiwan & Foreign(10 000 yuan)		300	
按管理渠道分	Grouped by Channel of Management			
#基本建设(万元)	Capital Construction(10 000 yuan)	24811	45076	81.7
更新改造(万元)	Innovation(10 000 yuan)	5371	14662	173.0
房地产开发(万元)	Real Estate Development(10 000 yuan)			
地方财政收入(万元)	Local Governments Revenue(10 000 yuan)	2841	5479	92.9
地方财政支出(万元)	Local Governments Expenditures(10 000 yuan)	15732	22882	45.4
城乡居民储蓄存款余额(万元)	Resident Saving Deposit in Urban & Rural(10 000 yuan)	31535	39958	26.7
在岗职工工资总额(万元)	Total Wages of Staff & Workers Empioyed in(10 000 yuan)	6985	9937	42.3
在岗职工平均工资(元)	Average Wage of Staff & Workers Employed in(yuan)	9126	11895	30.3
农牧民人均纯收入(元)	Per Capita Net Income of Peasant & Herdsman(yuan)	1805	2581	43.0
农村牧区经济	**Economic Development in Rural & Pastoral Area**			
耕地面积(公顷)	Cultivated Area(hectare)	191090	191618	0.3
农作物总播种面积(公顷)	Total Sown Area(hectare)	93306	102755	10.1
#粮食作物播种面积(公顷)	Sown Area of Grain Crops(hectare)	61796	62764	1.6
有效灌溉面积(公顷)	Irrigated Area(hectare)	13310	13310	0.0
农牧业机械总动力(万千瓦)	Total Power of Agricultural Machinery(10 000 kw)	24.80	26.90	8.5
化肥施用折纯量(吨)	Consumption of Chemical Fertilizer(ton)	9880	10423	5.5
农村用电量(万千瓦小时)	Electricity Consumed in Rural Area(10 000 kwh)	3641	3820	4.9
农林牧渔业总产值(万元)	Gross Output of Farming,Forestry,Animal Husbandry & Fishery(10 000 yuan)	58136	60553	4.2
粮食产量(吨)	Yield of Grain(ton)	107778	133740	24.1
油料产量(吨)	Yield of Oil-bearing Grops(ton)	15043	22430	49.1
甜菜产量(吨)	Yield of Beetroots(ton)	9573	5554	-42.0
猪牛羊肉产量(吨)	Output of Pork, Beef & Mutton(ton)	8358	9749	16.6
#猪肉产量(吨)	Output of Pork(ton)	4991	5314	6.5
牛肉产量(吨)	Output of Beef(ton)	139	688	395.0
羊肉产量(吨)	Output of Mutton(ton)	3228	3747	16.1

23-24 Guyang County in Baotou City

指 标	Item	2002	2003	2003年比上年增长% Increase Rate in 2003 Over 2002(%)
羊毛产量(吨)	Output of Wool(ton)	631	384	-39.1
年末牲畜存栏头数(万头只)	Total Livestock at the Year-end(10 000 heads)	22.03	30.20	37.1
#大牲畜(万头只)	Large Animals(10 000 heads)	1.53	2.64	72.5
羊(万只)	Sheep & Goats(10 000 heads)	16.51	23.61	43.0
猪(万头)	Hogs(10 000 heads)	3.98	3.95	-0.8
独立核算工业	**Industry with Independent Accounting System**			
工业企业单位数(个)	Number of Industrial Enterprises(unit)	71	139	95.8
#内资企业(个)	Civil Funded Enterprises(unit)	70	138	97.1
工业总产值(万元)	Gross Industrial Output Value(10 000 yuan)	12982	42680	252.0
内资企业(万元)	Civil Funded Enterprises(10 000 yuan)	12977	42679	252.0
国有企业(万元)	State-owned Enterprises(10 000 yuan)	100	99	-1.0
集体企业(万元)	Collective-owned Enterprises(10 000 yuan)	2290	8834	285.8
股份合作企业(万元)	Share Holding Enterprises(10 000 yuan)			
联营企业(万元)	Joint Owned Enterprises(10 000 yuan)			
有限责任公司(万元)	Limited Company(10 000 yuan)	3914	8004	153.1
股份有限公司(万元)	Share Holding Limited Company(10 000 yuan)			
私营企业(万元)	Privately Owned Enterprises(10 000 yuan)	6673	25742	285.7
其他企业(万元)	Enterprises of Other Ownership(10 000 yuan)			
港澳台商投资企业(万元)	Funds from HK,Macao & Taiwan(10 000 yuan)			
外商投资企业(万元)	Foreign Funded Enterprises(10 000 yuan)	5	1	-80.0
工业企业增加值(万元)	Value Added of Industrial Enterprises(10 000 yuan)	3830	16583	333.0
工业企业资产总计(万元)	Total Assets of Industrial Enterprises(10 000 yuan)	16201	18508	14.2
工业企业负债合计(万元)	Total Liabilities of Industrial Enterprises(10 000 yuan)	8163	8555	4.8
工业企业产品销售收入(万元)	Sales of Revenue Industrial Enterprises(10 000 yuan)	10319	39472	282.5
工业企业利润总额(万元)	Total Profits of Industrial Enterprises(10 000 yuan)	587	1139	94.0
建筑业	**Construction**			
建筑企业单位数(个)	Number of Construction Enterprises(unit)	5	2	-60.0
建筑企业从业人员(人)	Number of Employee in Construction Enterprises(person)	814	451	-44.6
建筑业总产值(万元)	Gross Construction Output Value(10 000 yuan)	4121	2471	-40.0
交通运输邮电通信业	**Transportation,Post & Telecommunications**			
公路里程(公里)	Total Length of Highways(km)	1260	1260	0.0
邮电业务总量(万元)	Business Volume of Post & Telecoms(10 000 yuan)	824	918	11.4
本地电话用户(户)	Number of Subscribers of Local Telephone(Household)	10981	8839	-19.5
国内贸易	**Demestic Trade**			
社会消费品零售总额(万元)	Total Retail Sales of Consumer Goods(10 000 yuan)	28046	30865	10.1
#贸易业(万元)	Wholesale & Retail Sales Trades(10 000 yuan)	11613	14270	22.9
餐饮业(万元)	Catering Trade(10 000 yuan)	4282	4529	5.8
科技教育卫生	**Science,Education & Public Health**			
各类专业技术人员(人)	Speccial Technical Personnel(person)	2577	2737	6.2
幼儿园数(所)	Number of Kindergartens(unit)	6	6	0.0
学龄儿童入学率(%)	Percentage of School-Age Children Enrolled(%)	98.6	98.7	0.1
小学学校数(所)	Number of Primary Schools(unit)	108	84	-22.2
小学专任教师数(人)	Number of Full-time Teachers of Primary Schools(person)	1057	965	-8.7
小学在校学生数(人)	Number of Student Enrollment of Primary Schools(person)	10960	9808	-10.5
普通中学学校数(所)	Number of Regular Secondary Schools(unit)	11	11	0.0
普通中学专任教师数(人)	Number of Teachers of Secondary Shools(person)	541	578	6.8
初中在校学生数(人)	Number of Student in Junior Secondary Schools(person)	9247	9049	-2.1
高中在校学生数(人)	Number of Student in Senior Secondary Schools(person)	1133	1409	24.4
卫生机构数(所)	Number of Health Institutions(unit)	39	32	-17.9
#医院(所)	Hospitals(unit)	2	2	0.0
卫生院(所)	Township Hospitals(unit)	12	12	0.0
床位数(张)	Number of Beds(unit)	470	470	0.0
#医院(张)	Hospitals(unit)	190	190	0.0
卫生院(张)	Township Hospitals(unit)	272	272	0.0
卫生技术人员(人)	Medical Technical Presonnel(person)	546	505	-7.5
#医院(人)	Hospitals(person)	194	182	-6.2
卫生院(人)	Township Hospitals(person)	254	241	-5.1

23-25 包头市达尔罕茂明安联合旗

指 标	Item	2002	2003	2003年比上年增长% Increase Rate in 2003 Over 2002(%)
行政区域土地面积(平方公里)	**Area of Administration(Sq.km)**	**17410**	**17410**	**0.0**
人口和就业	**Population & Employment**			
年末总人口(人)	Total Population Year-end(person)	101153	101742	0.6
# 男性(人)	Male(person)	53516	53827	0.6
# 乡村人口(人)	Rural(person)	77335	77800	0.6
年末总户数(户)	Total Number of Households at the Year-end(Household)	29200	32497	11.3
# 乡村户数(户)	Number of Rural Household(Household)	21597	19336	-10.5
出生人口(人)	Births(person)	877	810	-7.6
死亡人口(人)	Deaths(person)	452	402	-11.1
全社会就业人员(人)	Employment(person)	49505	53921	8.9
第一产业(人)	Primary Industry(person)	35148	36338	3.4
第二产业(人)	Secondary Industry(person)	4083	5107	25.1
第三产业(人)	Tertiary Industry(person)	10274	12476	21.4
在岗职工人数(人)	Number of Staff & Workers Employed in(person)	8241	8152	-1.1
乡村劳动力(人)	Number of Rural Laborers(person)	43150	43232	0.2
# 农林牧渔业(人)	Farming,Forestry,Animal Husbandry & Fishery(person)	37148	38198	2.8
国民经济综合指标	**Summary Item on the National Economy**			
生产总值(万元)	Gross Domestic Product(10 000 yuan)	123315	169771	33.4
第一产业(万元)	Primary Industry(10 000 yuan)	29828	37491	19.3
第二产业(万元)	Secondary Industry(10 000 yuan)	49159	75166	48.3
# 工业(万元)	Industry(10 000 yuan)	38979	54766	36.9
第三产业(万元)	Tertiary Industry(10 000 yuan)	44328	57114	25.4
人均生产总值(元)	Per Capita GDP(yuan)	12222	16743	32.7
全社会固定资产投资(万元)	Total Investment in Fixed Assets(10 000 yuan)	62410	88435	41.7
按登记注册类型分	Grouped by Registered Type			
# 国有(万元)	State-owned Enterprises(10 000 yuan)	42486	42330	-0.4
集体(万元)	Collective-owned Enterprises(10 000 yuan)	417		
有限责任公司(万元)	Limited Liability Corporations(10 000 yuan)		44965	
股份有限公司(万元)	Share Holding Enterprises(10 000 yuan)			
私营企业(万元)	Private Enterprises(10 000 yuan)		1140	
外商及港澳台投资企业(万元)	Funds from HK,Macao,Taiwan & Foreign(10 000 yuan)			
按管理渠道分	Grouped by Channel of Management			
# 基本建设(万元)	Capital Construction(10 000 yuan)	27473	45367	65.1
更新改造(万元)	Innovation(10 000 yuan)	13322	38239	187.0
房地产开发(万元)	Real Estate Development(10 000 yuan)	861	4829	460.9
地方财政收入(万元)	Local Governments Revenue(10 000 yuan)	5105	6852	34.2
地方财政支出(万元)	Local Governments Expenditures(10 000 yuan)	21750	28346	30.3
城乡居民储蓄存款余额(万元)	Resident Saving Deposit in Urban & Rural(10 000 yuan)	25846	36485	41.2
在岗职工工资总额(万元)	Total Wages of Staff & Workers Empioyed in(10 000 yuan)	8602	10906	26.8
在岗职工平均工资(元)	Average Wage of Staff & Workers Employed in(yuan)	10180	13175	29.4
农牧民人均纯收入(元)	Per Capita Net Income of Peasant & Herdsman(yuan)	2387	3183	33.3
农村牧区经济	**Economic Development in Rural & Pastoral Area**			
耕地面积(公顷)	Cultivated Area(hectare)	53570	86021	60.6
农作物总播种面积(公顷)	Total Sown Area(hectare)	43485	44082	1.4
# 粮食作物播种面积(公顷)	Sown Area of Grain Crops(hectare)	33666	32562	-3.3
有效灌溉面积(公顷)	Irrigated Area(hectare)	8970	12600	40.5
农牧业机械总动力(万千瓦)	Total Power of Agricultural Machinery(10 000 kw)	12.90	12.90	0.0
化肥施用折纯量(吨)	Consumption of Chemical Fertilizer(ton)	2343	3279	39.9
农村用电量(万千瓦小时)	Electricity Consumed in Rural Area(10 000 kwh)	853	920	7.9
农林牧渔业总产值(万元)	Gross Output of Farming,Forestry,Animal Husbandry & Fishery(10 000 yuan)	42593	54466	27.9
粮食产量(吨)	Yield of Grain(ton)	75773	94510	24.7
油料产量(吨)	Yield of Oil-bearing Grops(ton)	4064	3472	-14.6
甜菜产量(吨)	Yield of Beetroots(ton)			
猪牛羊肉产量(吨)	Output of Pork, Beef & Mutton(ton)	9023	9771	8.3
# 猪肉产量(吨)	Output of Pork(ton)	2649	2627	-0.8
牛肉产量(吨)	Output of Beef(ton)	626	806	28.8
羊肉产量(吨)	Output of Mutton(ton)	5748	6338	10.3

23-25 Daerhanmaomingan Union Banner in Baotou City

指 标	Item	2002	2003	2003年比上年增长% Increase Rate in 2003 Over 2002(%)
羊毛产量(吨)	Output of Wool(ton)	1489	1375	-7.7
年末牲畜存栏头数(万头只)	Total Livestock at the Year-end(10 000 heads)	75.32	70.16	-6.9
#大牲畜(万头只)	Large Animals(10 000 heads)	1.33	4.45	234.6
羊(万只)	Sheep & Goats(10 000 heads)	72.08	63.71	-11.6
猪(万头)	Hogs(10 000 heads)	1.91	2.00	4.7
独立核算工业	**Industry with Independent Accounting System**			
工业企业单位数(个)	Number of Industrial Enterprises(unit)	31	70	125.8
#内资企业(个)	Civil Funded Enterprises(unit)	31	70	125.8
工业总产值(万元)	Gross Industrial Output Value(10 000 yuan)	32675	63004	39.8
内资企业(万元)	Civil Funded Enterprises(10 000 yuan)	32675	63004	39.8
国有企业(万元)	State-owned Enterprises(10 000 yuan)	392	3145	114.0
集体企业(万元)	Collective-owned Enterprises(10 000 yuan)	3006		
股份合作企业(万元)	Share Holding Enterprises(10 000 yuan)	559	593	5.3
联营企业(万元)	Joint Owned Enterprises(10 000 yuan)			
有限责任公司(万元)	Limited Company(10 000 yuan)	21896	30022	35.5
股份有限公司(万元)	Share Holding Limited Company(10 000 yuan)	1179	1000	-7.3
私营企业(万元)	Privately Owned Enterprises(10 000 yuan)	5643	28244	107.0
其他企业(万元)	Enterprises of Other Ownership(10 000 yuan)			
港澳台商投资企业(万元)	Funds from HK,Macao & Taiwan(10 000 yuan)			
外商投资企业(万元)	Foreign Funded Enterprises(10 000 yuan)			
工业企业增加值(万元)	Value Added of Industrial Enterprises(10 000 yuan)	13422	25397	36.9
工业企业资产总计(万元)	Total Assets of Industrial Enterprises(10 000 yuan)	52301	58298	11.5
工业企业负债合计(万元)	Total Liabilities of Industrial Enterprises(10 000 yuan)	30666	35839	16.9
工业企业产品销售收入(万元)	Sales of Revenue Industrial Enterprises(10 000 yuan)	30919	47499	53.6
工业企业利润总额(万元)	Total Profits of Industrial Enterprises(10 000 yuan)	1777	2394	34.7
建筑业	**Construction**			
建筑企业单位数(个)	Number of Construction Enterprises(unit)	1	2	100.0
建筑企业从业人员(人)	Number of Employee in Construction Enterprises(person)	102	592	480.4
建筑业总产值(万元)	Gross Construction Output Value(10 000 yuan)	2400	6460	169.2
交通运输邮电通信业	**Transportation,Post & Telecommunications**			
公路里程(公里)	Total Length of Highways(km)	1021	1142	11.9
邮电业务总量(万元)	Business Volume of Post & Telecoms(10 000 yuan)	1432	2100	46.6
本地电话用户(户)	Number of Subscribers of Local Telephone(Household)	9608	11000	14.5
国内贸易	**Demestic Trade**			
社会消费品零售总额(万元)	Total Retail Sales of Consumer Goods(10 000 yuan)	17362	20047	15.5
#贸易业(万元)	Wholesale & Retail Sales Trades(10 000 yuan)	15013	17353	15.6
餐饮业(万元)	Catering Trade(10 000 yuan)	403	796	97.5
科技教育卫生	**Science,Education & Public Health**			
各类专业技术人员(人)	Speccial Technical Personnel(person)	2897	2894	-0.1
幼儿园数(所)	Number of Kindergartens(unit)	4	7	75.0
学龄儿童入学率(%)	Percentage of School-Age Children Enrolled(%)	97.2	99.7	2.4
小学学校数(所)	Number of Primary Schools(unit)	47	46	-2.1
小学专任教师数(人)	Number of Full-time Teachers of Primary Schools(person)	775	734	-5.3
小学在校学生数(人)	Number of Student Enrollment of Primary Schools(person)	6412	6157	-4.0
普通中学学校数(所)	Number of Regular Secondary Schools(unit)	13	13	0.0
普通中学专任教师数(人)	Number of Teachers of Secondary Shools(person)	360	370	2.8
初中在校学生数(人)	Number of Student in Junior Secondary Schools(person)	4690	4678	-0.3
高中在校学生数(人)	Number of Student in Senior Secondary Schools(person)	659	731	10.9
卫生机构数(所)	Number of Health Institutions(unit)	27	27	0.0
#医院(所)	Hospitals(unit)	2	2	0.0
卫生院(所)	Township Hospitals(unit)	20	20	0.0
床位数(张)	Number of Beds(unit)	259	259	0.0
#医院(张)	Hospitals(unit)	140	140	0.0
卫生院(张)	Township Hospitals(unit)	119	119	0.0
卫生技术人员(人)	Medical Technical Presonnel(person)	447	440	-1.6
#医院(人)	Hospitals(person)	183	181	-1.1
卫生院(人)	Township Hospitals(person)	180	175	-2.8

23-26 乌海市海勃湾区

指标	Item	2002	2003	2003年比上年增长% Increase Rate in 2003 Over 2002(%)
行政区域土地面积(平方公里)	**Area of Administration(Sq.km)**	**529**	**529**	**0.0**
人口和就业	**Population & Employment**			
年末总人口(人)	Total Population Year-end(person)	186561	190435	2.1
#男性(人)	Male(person)	95167	96923	1.8
#乡村人口(人)	Rural(person)	22530	19164	-14.9
年末总户数(户)	Total Number of Households at the Year-end(Household)	55467	56993	2.8
#乡村户数(户)	Number of Rural Household(Household)	6439	5290	-17.8
出生人口(人)	Births(person)	2398	2252	-6.1
死亡人口(人)	Deaths(person)	427	362	-15.2
全社会就业人员(人)	Employment(person)	78746	76360	-3.0
第一产业(人)	Primary Industry(person)	11738	8273	-29.5
第二产业(人)	Secondary Industry(person)	31577	32452	2.8
第三产业(人)	Tertiary Industry(person)	35431	35635	0.6
在岗职工人数(人)	Number of Staff & Workers Employed in(person)	44966	45012	0.1
乡村劳动力(人)	Number of Rural Laborers(person)	11025	11820	7.2
#农林牧渔业(人)	Farming,Forestry,Animal Husbandry & Fishery(person)	8542	8273	-3.1
国民经济综合指标	**Summary Item on the National Economy**			
生产总值(万元)	Gross Domestic Product(10 000 yuan)	221226	306612	23.0
第一产业(万元)	Primary Industry(10 000 yuan)	4436	4761	6.2
第二产业(万元)	Secondary Industry(10 000 yuan)	115226	188143	33.9
#工业(万元)	Industry(10 000 yuan)	91695	125264	19.3
第三产业(万元)	Tertiary Industry(10 000 yuan)	101528	113708	10.5
人均生产总值(元)	Per Capita GDP(yuan)	12016	16266	20.1
全社会固定资产投资(万元)	Total Investment in Fixed Assets(10 000 yuan)	124039	196278	58.2
按登记注册类型分	Grouped by Registered Type			
#国有(万元)	State-owned Enterprises(10 000 yuan)	13920	35795	157.1
集体(万元)	Collective-owned Enterprises(10 000 yuan)	160	350	118.8
有限责任公司(万元)	Limited Liability Corporations(10 000 yuan)		79779	
股份有限公司(万元)	Share Holding Enterprises(10 000 yuan)		4291	
私营企业(万元)	Private Enterprises(10 000 yuan)		4300	
外商及港澳台投资企业(万元)	Funds from HK,Macao,Taiwan & Foreign(10 000 yuan)		21304	
按管理渠道分	Grouped by Channel of Management			
#基本建设(万元)	Capital Construction(10 000 yuan)	45600	86813	90.4
更新改造(万元)	Innovation(10 000 yuan)	42228	67906	60.8
房地产开发(万元)	Real Estate Development(10 000 yuan)	26624	33841	27.1
地方财政收入(万元)	Local Governments Revenue(10 000 yuan)	6422	7290	13.5
地方财政支出(万元)	Local Governments Expenditures(10 000 yuan)	9315	11511	23.6
城乡居民储蓄存款余额(万元)	Resident Saving Deposit in Urban & Rural(10 000 yuan)	172833	200593	16.1
在岗职工工资总额(万元)	Total Wages of Staff & Workers Empioyed in(10 000 yuan)	41839	48338	15.5
在岗职工平均工资(元)	Average Wage of Staff & Workers Employed in(yuan)	9305	10739	15.4
农牧民人均纯收入(元)	Per Capita Net Income of Peasant & Herdsman(yuan)	2883	3083	6.9
农村牧区经济	**Economic Development in Rural & Pastoral Area**			
耕地面积(公顷)	Cultivated Area(hectare)	2210	2180	-1.4
农作物总播种面积(公顷)	Total Sown Area(hectare)	2083	1976	-5.1
#粮食作物播种面积(公顷)	Sown Area of Grain Crops(hectare)	1014	1084	6.9
有效灌溉面积(公顷)	Irrigated Area(hectare)	2210	2180	-1.4
农牧业机械总动力(万千瓦)	Total Power of Agricultural Machinery(10 000 kw)	5.67	6.65	17.3
化肥施用折纯量(吨)	Consumption of Chemical Fertilizer(ton)	2452	2463	0.4
农村用电量(万千瓦小时)	Electricity Consumed in Rural Area(10 000 kwh)	1100	1100	0.0
农林牧渔业总产值(万元)	Gross Output of Farming,Forestry,Animal Husbandry & Fishery(10 000 yuan)	7571	9209	21.6
粮食产量(吨)	Yield of Grain(ton)	5817	5913	1.7
油料产量(吨)	Yield of Oil-bearing Grops(ton)	364	22	-94.0
甜菜产量(吨)	Yield of Beetroots(ton)			
猪牛羊肉产量(吨)	Output of Pork, Beef & Mutton(ton)	1809	2166	19.7
#猪肉产量(吨)	Output of Pork(ton)	1534	1821	18.7
牛肉产量(吨)	Output of Beef(ton)	78	104	33.3
羊肉产量(吨)	Output of Mutton(ton)	197	241	22.3

23-26 Haibowan District in Wuhai City

指标	Item	2002	2003	2003年比上年增长% Increase Rate in 2003 Over 2002(%)
羊毛产量(吨)	Output of Wool(ton)	42	12	-71.4
年末牲畜存栏头数(万头只)	Total Livestock at the Year-end(10 000 heads)	3.76	3.73	-0.8
#大牲畜(万头只)	Large Animals(10 000 heads)	0.18	0.17	-5.6
羊(万只)	Sheep & Goats(10 000 heads)	2.13	2.12	-0.5
猪(万头)	Hogs(10 000 heads)	1.44	1.44	0.0
独立核算工业	**Industry with Independent Accounting System**			
工业企业单位数(个)	Number of Industrial Enterprises(unit)	39	41	5.1
#内资企业(个)	Civil Funded Enterprises(unit)	39	41	5.1
工业总产值(万元)	Gross Industrial Output Value(10 000 yuan)	124598	183930	40.6
内资企业(万元)	Civil Funded Enterprises(10 000 yuan)	124598	183930	40.6
国有企业(万元)	State-owned Enterprises(10 000 yuan)	74418	54279	-30.5
集体企业(万元)	Collective-owned Enterprises(10 000 yuan)	3942	13873	235.2
股份合作企业(万元)	Share Holding Enterprises(10 000 yuan)	1768	225	-87.9
联营企业(万元)	Joint Owned Enterprises(10 000 yuan)			
有限责任公司(万元)	Limited Company(10 000 yuan)	28913	50838	67.5
股份有限公司(万元)	Share Holding Limited Company(10 000 yuan)	15212	21217	32.8
私营企业(万元)	Privately Owned Enterprises(10 000 yuan)	345	43498	11907.7
其他企业(万元)	Enterprises of Other Ownership(10 000 yuan)			
港澳台商投资企业(万元)	Funds from HK,Macao & Taiwan(10 000 yuan)			
外商投资企业(万元)	Foreign Funded Enterprises(10 000 yuan)			
工业企业增加值(万元)	Value Added of Industrial Enterprises(10 000 yuan)	66267	99477	43.0
工业企业资产总计(万元)	Total Assets of Industrial Enterprises(10 000 yuan)	343258	369047	7.5
工业企业负债合计(万元)	Total Liabilities of Industrial Enterprises(10 000 yuan)	220614	291758	32.2
工业企业产品销售收入(万元)	Sales of Revenue Industrial Enterprises(10 000 yuan)	144734	214919	48.5
工业企业利润总额(万元)	Total Profits of Industrial Enterprises(10 000 yuan)	40807	45879	12.4
建筑业	**Construction**			
建筑企业单位数(个)	Number of Construction Enterprises(unit)	25	26	4.0
建筑企业从业人员(人)	Number of Employee in Construction Enterprises(person)	6579	7590	15.4
建筑业总产值(万元)	Gross Construction Output Value(10 000 yuan)	99580	82609	-17.0
交通运输邮电通信业	**Transportation,Post & Telecommunications**			
公路里程(公里)	Total Length of Highways(km)	196	315	60.7
邮电业务总量(万元)	Business Volume of Post & Telecoms(10 000 yuan)		2390	
本地电话用户(户)	Number of Subscribers of Local Telephone(Household)	53213	86060	61.7
国内贸易	**Demestic Trade**			
社会消费品零售总额(万元)	Total Retail Sales of Consumer Goods(10 000 yuan)	111472	127491	14.4
#贸易业(万元)	Wholesale & Retail Sales Trades(10 000 yuan)		119777	
餐饮业(万元)	Catering Trade(10 000 yuan)		7455	
科技教育卫生	**Science,Education & Public Health**			
各类专业技术人员(人)	Speccial Technical Personnel(person)	19000	19473	2.5
幼儿园数(所)	Number of Kindergartens(unit)	13	7	-46.2
学龄儿童入学率(%)	Percentage of School-Age Children Enrolled(%)	100.0	100.0	0.0
小学学校数(所)	Number of Primary Schools(unit)	19	19	0.0
小学专任教师数(人)	Number of Full-time Teachers of Primary Schools(person)	1059	1006	-5.0
小学在校学生数(人)	Number of Student Enrollment of Primary Schools(person)	19205	19029	-0.9
普通中学学校数(所)	Number of Regular Secondary Schools(unit)	21	19	-9.5
普通中学专任教师数(人)	Number of Teachers of Secondary Shools(person)	891	889	-0.2
初中在校学生数(人)	Number of Student in Junior Secondary Schools(person)	10935	11566	5.8
高中在校学生数(人)	Number of Student in Senior Secondary Schools(person)	5283	5924	12.1
卫生机构数(所)	Number of Health Institutions(unit)	143	156	9.1
#医院(所)	Hospitals(unit)	6	6	0.0
卫生院(所)	Township Hospitals(unit)	1	1	0.0
床位数(张)	Number of Beds(unit)	970	970	0.0
#医院(张)	Hospitals(unit)	876	619	-29.3
卫生院(张)	Township Hospitals(unit)	10	10	0.0
卫生技术人员(人)	Medical Technical Presonnel(person)	1170	1097	-6.2
#医院(人)	Hospitals(person)	816	712	-12.7
卫生院(人)	Township Hospitals(person)	10	10	0.0

23-27 乌海市海南区

指标	Item	2002	2003	2003年比上年增长% Increase Rate in 2003 Over 2002(%)
行政区域土地面积(平方公里)	**Area of Administration(Sq.km)**	**1005**	**1005**	**0.0**
人口和就业	**Population & Employment**			
年末总人口(人)	Total Population Year-end(person)	97252	96787	-0.5
#男性(人)	Male(person)	51164	50931	-0.5
#乡村人口(人)	Rural(person)	21138	19854	-6.1
年末总户数(户)	Total Number of Households at the Year-end(Household)	32769	33162	1.2
#乡村户数(户)	Number of Rural Household(Household)	5913	5529	-6.5
出生人口(人)	Births(person)	1119	901	-19.5
死亡人口(人)	Deaths(person)	339	314	-7.4
全社会就业人员(人)	Employment(person)	52686	55824	6.0
第一产业(人)	Primary Industry(person)	9182	11753	28.0
第二产业(人)	Secondary Industry(person)	34837	34954	0.3
第三产业(人)	Tertiary Industry(person)	8667	9117	5.2
在岗职工人数(人)	Number of Staff & Workers Employed in(person)	28183	25314	-10.2
乡村劳动力(人)	Number of Rural Laborers(person)	8887	12912	45.3
#农林牧渔业(人)	Farming,Forestry,Animal Husbandry & Fishery(person)	6808	10286	51.1
国民经济综合指标	**Summary Item on the National Economy**			
生产总值(万元)	Gross Domestic Product(10 000 yuan)	138000	209649	39.4
第一产业(万元)	Primary Industry(10 000 yuan)	5692	6282	10.4
第二产业(万元)	Secondary Industry(10 000 yuan)	96216	163666	58.9
#工业(万元)	Industry(10 000 yuan)	93045	138727	39.3
第三产业(万元)	Tertiary Industry(10 000 yuan)	36092	39701	5.8
人均生产总值(元)	Per Capita GDP(yuan)	14211	21559	51.7
全社会固定资产投资(万元)	Total Investment in Fixed Assets(10 000 yuan)	115239	130744	13.5
按登记注册类型分	Grouped by Registered Type			
#国有(万元)	State-owned Enterprises(10 000 yuan)	40040		
集体(万元)	Collective-owned Enterprises(10 000 yuan)	580		
有限责任公司(万元)	Limited Liability Corporations(10 000 yuan)			
股份有限公司(万元)	Share Holding Enterprises(10 000 yuan)		5337	
私营企业(万元)	Private Enterprises(10 000 yuan)		98	
外商及港澳台投资企业(万元)	Funds from HK,Macao,Taiwan & Foreign(10 000 yuan)			
按管理渠道分	Grouped by Channel of Management			
#基本建设(万元)	Capital Construction(10 000 yuan)	83143	109112	31.2
更新改造(万元)	Innovation(10 000 yuan)	22968	12937	-43.7
房地产开发(万元)	Real Estate Development(10 000 yuan)	1368	1875	37.1
地方财政收入(万元)	Local Governments Revenue(10 000 yuan)	2887	5225	81.0
地方财政支出(万元)	Local Governments Expenditures(10 000 yuan)	7745	12004	55.0
城乡居民储蓄存款余额(万元)	Resident Saving Deposit in Urban & Rural(10 000 yuan)	65980	105564	60.0
在岗职工工资总额(万元)	Total Wages of Staff & Workers Empioyed in(10 000 yuan)	23456	27494	17.2
在岗职工平均工资(元)	Average Wage of Staff & Workers Employed in(yuan)	8327	10861	30.4
农牧民人均纯收入(元)	Per Capita Net Income of Peasant & Herdsman(yuan)	2618	2881	10.0
农村牧区经济	**Economic Development in Rural & Pastoral Area**			
耕地面积(公顷)	Cultivated Area(hectare)	2330	2300	-1.3
农作物总播种面积(公顷)	Total Sown Area(hectare)	2675	2785	4.1
#粮食作物播种面积(公顷)	Sown Area of Grain Crops(hectare)	2108	2167	2.8
有效灌溉面积(公顷)	Irrigated Area(hectare)	2330	2300	-1.3
农牧业机械总动力(万千瓦)	Total Power of Agricultural Machinery(10 000 kw)	4.11	4.59	11.7
化肥施用折纯量(吨)	Consumption of Chemical Fertilizer(ton)	2190	2500	14.2
农村用电量(万千瓦小时)	Electricity Consumed in Rural Area(10 000 kwh)	1030	1035	0.5
农林牧渔业总产值(万元)	Gross Output of Farming,Forestry,Animal Husbandry & Fishery(10 000 yuan)	9025	10666	18.2
粮食产量(吨)	Yield of Grain(ton)	14003	14369	2.6
油料产量(吨)	Yield of Oil-bearing Grops(ton)	57	198	247.4
甜菜产量(吨)	Yield of Beetroots(ton)	2280	376	-83.5
猪牛羊肉产量(吨)	Output of Pork, Beef & Mutton(ton)	3825	4030	5.4
#猪肉产量(吨)	Output of Pork(ton)	3291	3485	5.9
牛肉产量(吨)	Output of Beef(ton)	15	16	6.7
羊肉产量(吨)	Output of Mutton(ton)	520	529	1.7

23-27 Hainan District in Wuhai City

指 标	Item	2002	2003	2003年比上年增长% Increase Rate in 2003 Over 2002(%)
羊毛产量(吨)	Output of Wool(ton)	71	81	14.1
年末牲畜存栏头数(万头只)	Total Livestock at the Year-end(10 000 heads)	6.90	7.17	3.9
#大牲畜(万头只)	Large Animals(10 000 heads)	0.42	0.33	-21.4
羊(万只)	Sheep & Goats(10 000 heads)	4.56	4.81	5.5
猪(万头)	Hogs(10 000 heads)	1.92	2.03	5.7
独立核算工业	**Industry with Independent Accounting System**			
工业企业单位数(个)	Number of Industrial Enterprises(unit)	23	33	43.5
#内资企业(个)	Civil Funded Enterprises(unit)	21	31	47.6
工业总产值(万元)	Gross Industrial Output Value(10 000 yuan)	114983	253194	114.5
内资企业(万元)	Civil Funded Enterprises(10 000 yuan)	108380	244274	119.4
国有企业(万元)	State-owned Enterprises(10 000 yuan)	15366	4237	-68.9
集体企业(万元)	Collective-owned Enterprises(10 000 yuan)	4261		
股份合作企业(万元)	Share Holding Enterprises(10 000 yuan)			
联营企业(万元)	Joint Owned Enterprises(10 000 yuan)			
有限责任公司(万元)	Limited Company(10 000 yuan)	23571	121664	396.3
股份有限公司(万元)	Share Holding Limited Company(10 000 yuan)	43776	52480	18.9
私营企业(万元)	Privately Owned Enterprises(10 000 yuan)	21406	65893	197.9
其他企业(万元)	Enterprises of Other Ownership(10 000 yuan)			
港澳台商投资企业(万元)	Funds from HK,Macao & Taiwan(10 000 yuan)	6603	8920	33.4
外商投资企业(万元)	Foreign Funded Enterprises(10 000 yuan)			
工业企业增加值(万元)	Value Added of Industrial Enterprises(10 000 yuan)	60365	129477	109.0
工业企业资产总计(万元)	Total Assets of Industrial Enterprises(10 000 yuan)	430906	553208	28.4
工业企业负债合计(万元)	Total Liabilities of Industrial Enterprises(10 000 yuan)	264430	323687	22.4
工业企业产品销售收入(万元)	Sales of Revenue Industrial Enterprises(10 000 yuan)	129613	239354	84.7
工业企业利润总额(万元)	Total Profits of Industrial Enterprises(10 000 yuan)	8408	19085	127.0
建筑业	**Construction**			
建筑企业单位数(个)	Number of Construction Enterprises(unit)	1	1	0.0
建筑企业从业人员(人)	Number of Employee in Construction Enterprises(person)	115	236	105.2
建筑业总产值(万元)	Gross Construction Output Value(10 000 yuan)	897	966	7.7
交通运输邮电通信业	**Transportation,Post & Telecommunications**			
公路里程(公里)	Total Length of Highways(km)	120	120	0.0
邮电业务总量(万元)	Business Volume of Post & Telecoms(10 000 yuan)		365	
本地电话用户(户)	Number of Subscribers of Local Telephone(Household)	22632	29493	30.3
国内贸易	**Demestic Trade**			
社会消费品零售总额(万元)	Total Retail Sales of Consumer Goods(10 000 yuan)	26843	30962	15.3
#贸易业(万元)	Wholesale & Retail Sales Trades(10 000 yuan)		26460	
餐饮业(万元)	Catering Trade(10 000 yuan)		4366	
科技教育卫生	**Science,Education & Public Health**			
各类专业技术人员(人)	Speccial Technical Personnel(person)	3063	3139	2.5
幼儿园数(所)	Number of Kindergartens(unit)	7	15	114.3
学龄儿童入学率(%)	Percentage of School-Age Children Enrolled(%)	100.0	100.0	0.0
小学学校数(所)	Number of Primary Schools(unit)	18	22	22.2
小学专任教师数(人)	Number of Full-time Teachers of Primary Schools(person)	692	684	-1.2
小学在校学生数(人)	Number of Student Enrollment of Primary Schools(person)	9577	9355	-2.3
普通中学学校数(所)	Number of Regular Secondary Schools(unit)	8	9	12.5
普通中学专任教师数(人)	Number of Teachers of Secondary Shools(person)	311	322	3.5
初中在校学生数(人)	Number of Student in Junior Secondary Schools(person)	4097	4311	5.2
高中在校学生数(人)	Number of Student in Senior Secondary Schools(person)	184	286	55.4
卫生机构数(所)	Number of Health Institutions(unit)	43	81	88.4
#医院(所)	Hospitals(unit)	5	5	0.0
卫生院(所)	Township Hospitals(unit)	3	3	0.0
床位数(张)	Number of Beds(unit)	400	406	1.5
#医院(张)	Hospitals(unit)	368	367	-0.3
卫生院(张)	Township Hospitals(unit)	32	39	21.9
卫生技术人员(人)	Medical Technical Presonnel(person)	395	275	-30.4
#医院(人)	Hospitals(person)	230	213	-7.4
卫生院(人)	Township Hospitals(person)	32	24	-25.0

23-28 乌海市乌达区

指标	Item	2002	2003	2003年比上年增长% Increase Rate in 2003 Over 2002(%)
行政区域土地面积(平方公里)	**Area of Administration(Sq.km)**	**220**	**220**	**0.0**
人口和就业	**Population & Employment**			
年末总人口(人)	Total Population Year-end(person)	128150	128761	0.5
#男性(人)	Male(person)	65519	65647	0.2
#乡村人口(人)	Rural(person)	8813	7734	-12.2
年末总户数(户)	Total Number of Households at the Year-end(Household)	45050	46096	2.3
#乡村户数(户)	Number of Rural Household(Household)	2472	2386	-3.5
出生人口(人)	Births(person)	1552	1161	-25.2
死亡人口(人)	Deaths(person)	511	488	-4.5
全社会就业人员(人)	Employment(person)	48324	49316	2.1
第一产业(人)	Primary Industry(person)	4328	4354	0.6
第二产业(人)	Secondary Industry(person)	33412	34292	2.6
第三产业(人)	Tertiary Industry(person)	10584	10670	0.8
在岗职工人数(人)	Number of Staff & Workers Employed in(person)	24508	24168	-1.4
乡村劳动力(人)	Number of Rural Laborers(person)	5688	4358	-23.4
#农林牧渔业(人)	Farming,Forestry,Animal Husbandry & Fishery(person)	5005	3998	-20.1
国民经济综合指标	**Summary Item on the National Economy**			
生产总值(万元)	Gross Domestic Product(10 000 yuan)	117200	146900	24.9
第一产业(万元)	Primary Industry(10 000 yuan)	3530	3719	5.1
第二产业(万元)	Secondary Industry(10 000 yuan)	74500	99701	31.7
#工业(万元)	Industry(10 000 yuan)	74450	85601	12.7
第三产业(万元)	Tertiary Industry(10 000 yuan)	39170	43480	8.1
人均生产总值(元)	Per Capita GDP(yuan)	9176	11436	23.8
全社会固定资产投资(万元)	Total Investment in Fixed Assets(10 000 yuan)	69035	140421	103.4
按登记注册类型分	Grouped by Registered Type			
#国有(万元)	State-owned Enterprises(10 000 yuan)	26781	27787	3.8
集体(万元)	Collective-owned Enterprises(10 000 yuan)	560		
有限责任公司(万元)	Limited Liability Corporations(10 000 yuan)			
股份有限公司(万元)	Share Holding Enterprises(10 000 yuan)		45431	
私营企业(万元)	Private Enterprises(10 000 yuan)		520	
外商及港澳台投资企业(万元)	Funds from HK,Macao,Taiwan & Foreign(10 000 yuan)			
按管理渠道分	Grouped by Channel of Management			
#基本建设(万元)	Capital Construction(10 000 yuan)	51041	117620	130.4
更新改造(万元)	Innovation(10 000 yuan)	8319	18070	117.2
房地产开发(万元)	Real Estate Development(10 000 yuan)	2250	2382	5.9
地方财政收入(万元)	Local Governments Revenue(10 000 yuan)	2402	3625	50.9
地方财政支出(万元)	Local Governments Expenditures(10 000 yuan)	7387	9642	30.5
城乡居民储蓄存款余额(万元)	Resident Saving Deposit in Urban & Rural(10 000 yuan)	137240	197917	44.2
在岗职工工资总额(万元)	Total Wages of Staff & Workers Empioyed in(10 000 yuan)	20582	23718	15.2
在岗职工平均工资(元)	Average Wage of Staff & Workers Employed in(yuan)	8369	9814	17.3
农牧民人均纯收入(元)	Per Capita Net Income of Peasant & Herdsman(yuan)	2720	2994	10.1
农村牧区经济	**Economic Development in Rural & Pastoral Area**			
耕地面积(公顷)	Cultivated Area(hectare)	1900	1930	1.6
农作物总播种面积(公顷)	Total Sown Area(hectare)	1740	1673	-3.9
#粮食作物播种面积(公顷)	Sown Area of Grain Crops(hectare)	590	533	-9.7
有效灌溉面积(公顷)	Irrigated Area(hectare)	1900	1930	1.6
农牧业机械总动力(万千瓦)	Total Power of Agricultural Machinery(10 000 kw)	4.60	4.22	-8.3
化肥施用折纯量(吨)	Consumption of Chemical Fertilizer(ton)	898	905	0.8
农村用电量(万千瓦小时)	Electricity Consumed in Rural Area(10 000 kwh)	913	839	-8.1
农林牧渔业总产值(万元)	Gross Output of Farming,Forestry,Animal Husbandry & Fishery(10 000 yuan)	5895	6776	14.9
粮食产量(吨)	Yield of Grain(ton)	3234	2884	-10.8
油料产量(吨)	Yield of Oil-bearing Grops(ton)	545	539	-1.1
甜菜产量(吨)	Yield of Beetroots(ton)			
猪牛羊肉产量(吨)	Output of Pork, Beef & Mutton(ton)	1129	1361	20.5
#猪肉产量(吨)	Output of Pork(ton)	1028	1216	18.3
牛肉产量(吨)	Output of Beef(ton)	9	8	-11.1
羊肉产量(吨)	Output of Mutton(ton)	88	137	55.7

23-28 Wuda District in Wuhai City

指标	Item	2002	2003	2003年比上年增长% Increase Rate in 2003 Over 2002(%)
羊毛产量(吨)	Output of Wool(ton)	4	19	375.0
年末牲畜存栏头数(万头只)	Total Livestock at the Year-end(10 000 heads)	2.05	1.94	-5.4
# 大牲畜(万头只)	Large Animals(10 000 heads)	0.09	0.12	33.3
羊(万只)	Sheep & Goats(10 000 heads)	1.02	0.82	-19.6
猪(万头)	Hogs(10 000 heads)	0.94	1.01	7.4
独立核算工业	**Industry with Independent Accounting System**			
工业企业单位数(个)	Number of Industrial Enterprises(unit)	45	47	4.4
# 内资企业(个)	Civil Funded Enterprises(unit)	44	46	4.5
工业总产值(万元)	Gross Industrial Output Value(10 000 yuan)	125980	157642	23.9
内资企业(万元)	Civil Funded Enterprises(10 000 yuan)	124979	157218	24.6
国有企业(万元)	State-owned Enterprises(10 000 yuan)	59824	9867	-79.5
集体企业(万元)	Collective-owned Enterprises(10 000 yuan)	1844		
股份合作企业(万元)	Share Holding Enterprises(10 000 yuan)	686	534	-21.1
联营企业(万元)	Joint Owned Enterprises(10 000 yuan)			
有限责任公司(万元)	Limited Company(10 000 yuan)	32092	75373	128.4
股份有限公司(万元)	Share Holding Limited Company(10 000 yuan)	3916	15798	289.0
私营企业(万元)	Privately Owned Enterprises(10 000 yuan)	26617	55646	103.9
其他企业(万元)	Enterprises of Other Ownership(10 000 yuan)			
港澳台商投资企业(万元)	Funds from HK,Macao & Taiwan(10 000 yuan)			
外商投资企业(万元)	Foreign Funded Enterprises(10 000 yuan)	1001	424	-54.9
工业企业增加值(万元)	Value Added of Industrial Enterprises(10 000 yuan)	66769	83771	24.3
工业企业资产总计(万元)	Total Assets of Industrial Enterprises(10 000 yuan)	398677	289050	-27.5
工业企业负债合计(万元)	Total Liabilities of Industrial Enterprises(10 000 yuan)	259157	166772	-35.6
工业企业产品销售收入(万元)	Sales of Revenue Industrial Enterprises(10 000 yuan)	109785	141542	28.9
工业企业利润总额(万元)	Total Profits of Industrial Enterprises(10 000 yuan)	3785	11587	206.1
建筑业	**Construction**			
建筑企业单位数(个)	Number of Construction Enterprises(unit)	2	2	0.0
建筑企业从业人员(人)	Number of Employee in Construction Enterprises(person)	1507	1527	1.3
建筑业总产值(万元)	Gross Construction Output Value(10 000 yuan)	11795	11274	-4.4
交通运输邮电通信业	**Transportation,Post & Telecommunications**			
公路里程(公里)	Total Length of Highways(km)	54	54	0.0
邮电业务总量(万元)	Business Volume of Post & Telecoms(10 000 yuan)		512	
本地电话用户(户)	Number of Subscribers of Local Telephone(Household)	24953	31947	28.0
国内贸易	**Demestic Trade**			
社会消费品零售总额(万元)	Total Retail Sales of Consumer Goods(10 000 yuan)	20688	23697	14.5
# 贸易业(万元)	Wholesale & Retail Sales Trades(10 000 yuan)		18264	
餐饮业(万元)	Catering Trade(10 000 yuan)		5264	
科技教育卫生	**Science,Education & Public Health**			
各类专业技术人员(人)	Speccial Technical Personnel(person)	4798	4918	2.5
幼儿园数(所)	Number of Kindergartens(unit)	3	6	100.0
学龄儿童入学率(%)	Percentage of School-Age Children Enrolled(%)	100.0	100.0	0.0
小学学校数(所)	Number of Primary Schools(unit)	19	18	-5.3
小学专任教师数(人)	Number of Full-time Teachers of Primary Schools(person)	721	736	2.1
小学在校学生数(人)	Number of Student Enrollment of Primary Schools(person)	10656	10016	-6.0
普通中学学校数(所)	Number of Regular Secondary Schools(unit)	12	8	-33.3
普通中学专任教师数(人)	Number of Teachers of Secondary Shools(person)	463	519	12.1
初中在校学生数(人)	Number of Student in Junior Secondary Schools(person)	5447	5136	-5.7
高中在校学生数(人)	Number of Student in Senior Secondary Schools(person)	3441	3511	2.0
卫生机构数(所)	Number of Health Institutions(unit)	35	87	148.6
# 医院(所)	Hospitals(unit)	4	7	75.0
卫生院(所)	Township Hospitals(unit)	3	4	33.3
床位数(张)	Number of Beds(unit)	583	737	26.4
# 医院(张)	Hospitals(unit)	575	709	23.3
卫生院(张)	Township Hospitals(unit)	180	28	-84.4
卫生技术人员(人)	Medical Technical Presonnel(person)	724	770	6.4
# 医院(人)	Hospitals(person)	582	603	3.6
卫生院(人)	Township Hospitals(person)	183	59	-67.8

23-29 赤峰市红山区

指 标	Item	2002	2003	2003年比上年增长% Increase Rate in 2003 Over 2002(%)
行政区域土地面积(平方公里)	**Area of Administration(Sq.km)**	**170**	**170**	**0.0**
人口和就业	**Population & Employment**			
年末总人口(人)	Total Population Year-end(person)	305324	303116	-0.7
#男性(人)	Male(person)	151014	150269	-0.5
#乡村人口(人)	Rural(person)	50379	50088	-0.6
年末总户数(户)	Total Number of Households at the Year-end(Household)	105881	106900	1.0
#乡村户数(户)	Number of Rural Household(Household)	17061	16860	-1.2
出生人口(人)	Births(person)	2674	2199	-17.8
死亡人口(人)	Deaths(person)	587	740	26.1
全社会就业人员(人)	Employment(person)	74788	74939	0.2
第一产业(人)	Primary Industry(person)	9704	9668	-0.4
第二产业(人)	Secondary Industry(person)	13103	14664	11.9
第三产业(人)	Tertiary Industry(person)	51981	50607	-2.6
在岗职工人数(人)	Number of Staff & Workers Employed in(person)	11475	11482	0.1
乡村劳动力(人)	Number of Rural Laborers(person)	25353	26360	4.0
#农林牧渔业(人)	Farming,Forestry,Animal Husbandry & Fishery(person)	9668	9668	0.0
国民经济综合指标	**Summary Item on the National Economy**			
生产总值(万元)	Gross Domestic Product(10 000 yuan)	205137	255670	23.1
第一产业(万元)	Primary Industry(10 000 yuan)	9599	10894	13.1
第二产业(万元)	Secondary Industry(10 000 yuan)	44714	56510	25.9
#工业(万元)	Industry(10 000 yuan)	32855	40000	20.5
第三产业(万元)	Tertiary Industry(10 000 yuan)	150824	188266	22.9
人均生产总值(元)	Per Capita GDP(yuan)	8785	10208	17.9
全社会固定资产投资(万元)	Total Investment in Fixed Assets(10 000 yuan)	38500	60025	55.9
按登记注册类型分	Grouped by Registered Type			
#国有(万元)	State-owned Enterprises(10 000 yuan)	9869	17830	80.7
集体(万元)	Collective-owned Enterprises(10 000 yuan)	3570	1080	-69.7
有限责任公司(万元)	Limited Liability Corporations(10 000 yuan)		19087	
股份有限公司(万元)	Share Holding Enterprises(10 000 yuan)		17540	
私营企业(万元)	Private Enterprises(10 000 yuan)		4488	
外商及港澳台投资企业(万元)	Funds from HK,Macao,Taiwan & Foreign(10 000 yuan)			
按管理渠道分	Grouped by Channel of Management			
#基本建设(万元)	Capital Construction(10 000 yuan)	17489	39655	126.7
更新改造(万元)	Innovation(10 000 yuan)		2600	
房地产开发(万元)	Real Estate Development(10 000 yuan)	21011	15290	-27.2
地方财政收入(万元)	Local Governments Revenue(10 000 yuan)	10460	11916	13.9
地方财政支出(万元)	Local Governments Expenditures(10 000 yuan)	21174	24096	13.8
城乡居民储蓄存款余额(万元)	Resident Saving Deposit in Urban & Rural(10 000 yuan)	7600		
在岗职工工资总额(万元)	Total Wages of Staff & Workers Empioyed in(10 000 yuan)	11574	12909	11.5
在岗职工平均工资(元)	Average Wage of Staff & Workers Employed in(yuan)	10229	11243	9.9
农牧民人均纯收入(元)	Per Capita Net Income of Peasant & Herdsman(yuan)	3722	4072	9.4
农村牧区经济	**Economic Development in Rural & Pastoral Area**			
耕地面积(公顷)	Cultivated Area(hectare)	3770	2860	-24.1
农作物总播种面积(公顷)	Total Sown Area(hectare)	4018	3848	-4.2
#粮食作物播种面积(公顷)	Sown Area of Grain Crops(hectare)	2417	2275	-5.9
有效灌溉面积(公顷)	Irrigated Area(hectare)	2660	2661	0.0
农牧业机械总动力(万千瓦)	Total Power of Agricultural Machinery(10 000 kw)	4.80	4.80	0.0
化肥施用折纯量(吨)	Consumption of Chemical Fertilizer(ton)	1711	1716	0.3
农村用电量(万千瓦小时)	Electricity Consumed in Rural Area(10 000 kwh)	1366	1376	0.7
农林牧渔业总产值(万元)	Gross Output of Farming,Forestry,Animal Husbandry & Fishery(10 000 yuan)	15814	17888	13.1
粮食产量(吨)	Yield of Grain(ton)	22416	22000	-1.9
油料产量(吨)	Yield of Oil-bearing Grops(ton)	15	20	33.3
甜菜产量(吨)	Yield of Beetroots(ton)	900		
猪牛羊肉产量(吨)	Output of Pork, Beef & Mutton(ton)	4259	4377	2.8
#猪肉产量(吨)	Output of Pork(ton)	1818	1696	-6.7
牛肉产量(吨)	Output of Beef(ton)	2250	2472	9.9
羊肉产量(吨)	Output of Mutton(ton)	191	209	9.4

23-29 Hongshan District in Chifeng City

指标	Item	2002	2003	2003年比上年增长% Increase Rate in 2003 Over 2002(%)
羊毛产量(吨)	Output of Wool(ton)	10	4	-60.0
年末牲畜存栏头数(万头只)	Total Livestock at the Year-end(10 000 heads)	3.10	2.94	-5.2
# 大牲畜(万头只)	Large Animals(10 000 heads)	0.62	0.54	-12.9
羊(万只)	Sheep & Goats(10 000 heads)	1.33	1.24	-6.8
猪(万头)	Hogs(10 000 heads)	1.15	1.16	0.9
独立核算工业	**Industry with Independent Accounting System**			
工业企业单位数(个)	Number of Industrial Enterprises(unit)	31	21	-32.3
# 内资企业(个)	Civil Funded Enterprises(unit)	31	20	-35.5
工业总产值(万元)	Gross Industrial Output Value(10 000 yuan)	20930	27302	29.1
内资企业(万元)	Civil Funded Enterprises(10 000 yuan)	20930	18290	-13.2
国有企业(万元)	State-owned Enterprises(10 000 yuan)	6402	7861	21.4
集体企业(万元)	Collective-owned Enterprises(10 000 yuan)	244		
股份合作企业(万元)	Share Holding Enterprises(10 000 yuan)		125	
联营企业(万元)	Joint Owned Enterprises(10 000 yuan)			
有限责任公司(万元)	Limited Company(10 000 yuan)			
股份有限公司(万元)	Share Holding Limited Company(10 000 yuan)	5281	7673	44.2
私营企业(万元)	Privately Owned Enterprises(10 000 yuan)			
其他企业(万元)	Enterprises of Other Ownership(10 000 yuan)	9003	2631	-71.4
港澳台商投资企业(万元)	Funds from HK,Macao & Taiwan(10 000 yuan)		9012	
外商投资企业(万元)	Foreign Funded Enterprises(10 000 yuan)			
工业企业增加值(万元)	Value Added of Industrial Enterprises(10 000 yuan)	8024	11636	43.7
工业企业资产总计(万元)	Total Assets of Industrial Enterprises(10 000 yuan)	24267	31948	31.7
工业企业负债合计(万元)	Total Liabilities of Industrial Enterprises(10 000 yuan)	15653	23026	47.1
工业企业产品销售收入(万元)	Sales of Revenue Industrial Enterprises(10 000 yuan)	15525	31723	104.3
工业企业利润总额(万元)	Total Profits of Industrial Enterprises(10 000 yuan)	1124	1147	2.0
建筑业	**Construction**			
建筑企业单位数(个)	Number of Construction Enterprises(unit)	14	14	0.0
建筑企业从业人员(人)	Number of Employee in Construction Enterprises(person)	1864	3431	84.1
建筑业总产值(万元)	Gross Construction Output Value(10 000 yuan)	10385	34000	227.4
交通运输邮电通信业	**Transportation,Post & Telecommunications**			
公路里程(公里)	Total Length of Highways(km)	101	101	0.0
邮电业务总量(万元)	Business Volume of Post & Telecoms(10 000 yuan)			
本地电话用户(户)	Number of Subscribers of Local Telephone(Household)	81685	81822	0.2
国内贸易	**Demestic Trade**			
社会消费品零售总额(万元)	Total Retail Sales of Consumer Goods(10 000 yuan)	136489	163376	19.7
# 贸易业(万元)	Wholesale & Retail Sales Trades(10 000 yuan)	109568	130605	19.2
餐饮业(万元)	Catering Trade(10 000 yuan)	10457	13849	32.4
科技教育卫生	**Science,Education & Public Health**			
各类专业技术人员(人)	Speccial Technical Personnel(person)	5247	5420	3.3
幼儿园数(所)	Number of Kindergartens(unit)	26	28	7.7
学龄儿童入学率(%)	Percentage of School-Age Children Enrolled(%)	100.0	100.0	0.0
小学学校数(所)	Number of Primary Schools(unit)	36	34	-5.6
小学专任教师数(人)	Number of Full-time Teachers of Primary Schools(person)	1841	1766	-4.1
小学在校学生数(人)	Number of Student Enrollment of Primary Schools(person)	22674	23194	2.3
普通中学学校数(所)	Number of Regular Secondary Schools(unit)	19	20	5.3
普通中学专任教师数(人)	Number of Teachers of Secondary Shools(person)	1780	1984	11.5
初中在校学生数(人)	Number of Student in Junior Secondary Schools(person)	16031	14186	-11.5
高中在校学生数(人)	Number of Student in Senior Secondary Schools(person)	10657	16061	50.7
卫生机构数(所)	Number of Health Institutions(unit)	9	9	0.0
# 医院(所)	Hospitals(unit)	2	2	0.0
卫生院(所)	Township Hospitals(unit)	2	2	0.0
床位数(张)	Number of Beds(unit)	584	599	2.6
# 医院(张)	Hospitals(unit)	505	520	3.0
卫生院(张)	Township Hospitals(unit)	59	59	0.0
卫生技术人员(人)	Medical Technical Presonnel(person)	893	890	-0.3
# 医院(人)	Hospitals(person)	590	582	-1.4
卫生院(人)	Township Hospitals(person)	54	55	1.9

23-30 赤峰市元宝山区

指标	Item	2002	2003	2003年比上年增长% Increase Rate in 2003 Over 2002(%)
行政区域土地面积(平方公里)	**Area of Administration(Sq.km)**	**887**	**887**	**0.0**
人口和就业	**Population & Employment**			
年末总人口(人)	Total Population Year-end(person)	290116	291176	0.4
#男性(人)	Male(person)	147768	148274	0.3
#乡村人口(人)	Rural(person)	122590	124102	1.2
年末总户数(户)	Total Number of Households at the Year-end(Household)	95461	96950	1.6
#乡村户数(户)	Number of Rural Household(Household)	33390	33636	0.7
出生人口(人)	Births(person)	2454	2159	-12.0
死亡人口(人)	Deaths(person)	832	864	3.8
全社会就业人员(人)	Employment(person)	97589	105551	8.2
第一产业(人)	Primary Industry(person)	29590	32558	10.0
第二产业(人)	Secondary Industry(person)	36703	39052	6.4
第三产业(人)	Tertiary Industry(person)	31296	33941	8.5
在岗职工人数(人)	Number of Staff & Workers Employed in(person)	11070	10759	-2.8
乡村劳动力(人)	Number of Rural Laborers(person)	58993	59883	1.5
#农林牧渔业(人)	Farming,Forestry,Animal Husbandry & Fishery(person)	29590	30245	2.2
国民经济综合指标	**Summary Item on the National Economy**			
生产总值(万元)	Gross Domestic Product(10 000 yuan)	314158	331632	4.0
第一产业(万元)	Primary Industry(10 000 yuan)	20861	23328	4.5
第二产业(万元)	Secondary Industry(10 000 yuan)	183202	181688	-1.8
#工业(万元)	Industry(10 000 yuan)	171981	162186	-6.3
第三产业(万元)	Tertiary Industry(10 000 yuan)	110095	126616	13.6
人均生产总值(元)	Per Capita GDP(yuan)	10874	11412	3.3
全社会固定资产投资(万元)	Total Investment in Fixed Assets(10 000 yuan)	40703	72240	77.5
按登记注册类型分	Grouped by Registered Type			
#国有(万元)	State-owned Enterprises(10 000 yuan)	18509	34921	88.7
集体(万元)	Collective-owned Enterprises(10 000 yuan)	1926	6826	254.4
有限责任公司(万元)	Limited Liability Corporations(10 000 yuan)			
股份有限公司(万元)	Share Holding Enterprises(10 000 yuan)		4968	
私营企业(万元)	Private Enterprises(10 000 yuan)		800	
外商及港澳台投资企业(万元)	Funds from HK,Macao,Taiwan & Foreign(10 000 yuan)			
按管理渠道分	Grouped by Channel of Management			
#基本建设(万元)	Capital Construction(10 000 yuan)	23419	29362	25.4
更新改造(万元)	Innovation(10 000 yuan)		2524	
房地产开发(万元)	Real Estate Development(10 000 yuan)	5589	13337	138.6
地方财政收入(万元)	Local Governments Revenue(10 000 yuan)	8365	10465	25.1
地方财政支出(万元)	Local Governments Expenditures(10 000 yuan)	19735	22798	15.5
城乡居民储蓄存款余额(万元)	Resident Saving Deposit in Urban & Rural(10 000 yuan)	219367	248949	13.5
在岗职工工资总额(万元)	Total Wages of Staff & Workers Empioyed in(10 000 yuan)	11928	13443	12.7
在岗职工平均工资(元)	Average Wage of Staff & Workers Employed in(yuan)	9714	11113	14.4
农牧民人均纯收入(元)	Per Capita Net Income of Peasant & Herdsman(yuan)	3231	3456	7.0
农村牧区经济	**Economic Development in Rural & Pastoral Area**			
耕地面积(公顷)	Cultivated Area(hectare)	19840	20083	1.2
农作物总播种面积(公顷)	Total Sown Area(hectare)	20772	20427	-1.7
#粮食作物播种面积(公顷)	Sown Area of Grain Crops(hectare)	17031	16352	-4.0
有效灌溉面积(公顷)	Irrigated Area(hectare)	10748	10014	-6.8
农牧业机械总动力(万千瓦)	Total Power of Agricultural Machinery(10 000 kw)	8.15	9.30	14.1
化肥施用折纯量(吨)	Consumption of Chemical Fertilizer(ton)	4724	4774	1.1
农村用电量(万千瓦小时)	Electricity Consumed in Rural Area(10 000 kwh)	9847	16435	66.9
农林牧渔业总产值(万元)	Gross Output of Farming,Forestry,Animal Husbandry & Fishery(10 000 yuan)	34368	38267	11.3
粮食产量(吨)	Yield of Grain(ton)	96807	62500	-35.4
油料产量(吨)	Yield of Oil-bearing Grops(ton)	1680	341	-79.7
甜菜产量(吨)	Yield of Beetroots(ton)	7370	526	-92.9
猪牛羊肉产量(吨)	Output of Pork, Beef & Mutton(ton)	7597	6586	-13.3
#猪肉产量(吨)	Output of Pork(ton)	5131	3206	-37.5
牛肉产量(吨)	Output of Beef(ton)	1637	2605	59.1
羊肉产量(吨)	Output of Mutton(ton)	829	775	-6.5

23-30 Yuanbaoshan District in Chifeng City

指标	Item	2002	2003	2003年比上年增长% Increase Rate in 2003 Over 2002(%)
羊毛产量(吨)	Output of Wool(ton)	69	125	81.2
年末牲畜存栏头数(万头只)	Total Livestock at the Year-end(10 000 heads)	8.67	10.54	21.6
#大牲畜(万头只)	Large Animals(10 000 heads)	2.61	3.04	16.5
羊(万只)	Sheep & Goats(10 000 heads)	2.61	3.99	52.9
猪(万头)	Hogs(10 000 heads)	3.46	3.51	1.4
独立核算工业	**Industry with Independent Accounting System**			
工业企业单位数(个)	Number of Industrial Enterprises(unit)	29	27	-6.9
#内资企业(个)	Civil Funded Enterprises(unit)	29	27	-6.9
工业总产值(万元)	Gross Industrial Output Value(10 000 yuan)	162627	207619	28.7
内资企业(万元)	Civil Funded Enterprises(10 000 yuan)	162627	207619	28.7
国有企业(万元)	State-owned Enterprises(10 000 yuan)	1883	2411	42.5
集体企业(万元)	Collective-owned Enterprises(10 000 yuan)	16588	22694	34.7
股份合作企业(万元)	Share Holding Enterprises(10 000 yuan)			
联营企业(万元)	Joint Owned Enterprises(10 000 yuan)			
有限责任公司(万元)	Limited Company(10 000 yuan)			
股份有限公司(万元)	Share Holding Limited Company(10 000 yuan)	144156	182514	27.9
私营企业(万元)	Privately Owned Enterprises(10 000 yuan)			
其他企业(万元)	Enterprises of Other Ownership(10 000 yuan)			
港澳台商投资企业(万元)	Funds from HK,Macao & Taiwan(10 000 yuan)			
外商投资企业(万元)	Foreign Funded Enterprises(10 000 yuan)			
工业企业增加值(万元)	Value Added of Industrial Enterprises(10 000 yuan)	32135	42383	31.1
工业企业资产总计(万元)	Total Assets of Industrial Enterprises(10 000 yuan)	280219	379511	35.4
工业企业负债合计(万元)	Total Liabilities of Industrial Enterprises(10 000 yuan)	154358	162791	5.5
工业企业产品销售收入(万元)	Sales of Revenue Industrial Enterprises(10 000 yuan)	158516	202878	28.0
工业企业利润总额(万元)	Total Profits of Industrial Enterprises(10 000 yuan)	11071	9037	-18.4
建筑业	**Construction**			
建筑企业单位数(个)	Number of Construction Enterprises(unit)	7	7	0.0
建筑企业从业人员(人)	Number of Employee in Construction Enterprises(person)	5295	6143	16.0
建筑业总产值(万元)	Gross Construction Output Value(10 000 yuan)	18588	25801	38.8
交通运输邮电通信业	**Transportation,Post & Telecommunications**			
公路里程(公里)	Total Length of Highways(km)	299	299	0.0
邮电业务总量(万元)	Business Volume of Post & Telecoms(10 000 yuan)	5462	6765	23.9
本地电话用户(户)	Number of Subscribers of Local Telephone(Household)	48020	47850	-0.4
国内贸易	**Demestic Trade**			
社会消费品零售总额(万元)	Total Retail Sales of Consumer Goods(10 000 yuan)	128000	140200	9.5
#贸易业(万元)	Wholesale & Retail Sales Trades(10 000 yuan)	108316	118592	9.5
餐饮业(万元)	Catering Trade(10 000 yuan)	14961	16431	9.8
科技教育卫生	**Science,Education & Public Health**			
各类专业技术人员(人)	Speccial Technical Personnel(person)	4640	4625	-0.3
幼儿园数(所)	Number of Kindergartens(unit)	29	30	3.4
学龄儿童入学率(%)	Percentage of School-Age Children Enrolled(%)	100.0	100.0	0.0
小学学校数(所)	Number of Primary Schools(unit)	58	53	-8.6
小学专任教师数(人)	Number of Full-time Teachers of Primary Schools(person)	1231	1282	4.1
小学在校学生数(人)	Number of Student Enrollment of Primary Schools(person)	14850	14242	-4.1
普通中学学校数(所)	Number of Regular Secondary Schools(unit)	13	13	0.0
普通中学专任教师数(人)	Number of Teachers of Secondary Shools(person)	977	1014	3.8
初中在校学生数(人)	Number of Student in Junior Secondary Schools(person)	10784	10618	-1.5
高中在校学生数(人)	Number of Student in Senior Secondary Schools(person)	4339	5072	16.9
卫生机构数(所)	Number of Health Institutions(unit)	36	36	0.0
#医院(所)	Hospitals(unit)	2	2	0.0
卫生院(所)	Township Hospitals(unit)	9	9	0.0
床位数(张)	Number of Beds(unit)	540	540	0.0
#医院(张)	Hospitals(unit)	270	270	0.0
卫生院(张)	Township Hospitals(unit)	218	218	0.0
卫生技术人员(人)	Medical Technical Presonnel(person)	556	560	0.7
#医院(人)	Hospitals(person)	252	250	-0.8
卫生院(人)	Township Hospitals(person)	189	189	0.0

23-31 赤峰市松山区

指标	Item	2002	2003	2003年比上年增长% Increase Rate in 2003 Over 2002(%)
行政区域土地面积(平方公里)	**Area of Administration(Sq.km)**	**5955**	**5955**	**0.0**
人口和就业	**Population & Employment**			
年末总人口(人)	Total Population Year-end(person)	533005	536803	0.7
# 男性(人)	Male(person)	276126	278084	0.7
# 乡村人口(人)	Rural(person)	469966	457542	-2.6
年末总户数(户)	Total Number of Households at the Year-end(Household)	154660	157868	2.1
# 乡村户数(户)	Number of Rural Household(Household)	135139	132863	-1.7
出生人口(人)	Births(person)	4470	5322	19.1
死亡人口(人)	Deaths(person)	1172	2762	135.7
全社会就业人员(人)	Employment(person)	247036	243343	-1.5
第一产业(人)	Primary Industry(person)	145230	136556	-6.0
第二产业(人)	Secondary Industry(person)	35309	37315	5.7
第三产业(人)	Tertiary Industry(person)	66497	69472	4.5
在岗职工人数(人)	Number of Staff & Workers Employed in(person)	19261	20955	8.8
乡村劳动力(人)	Number of Rural Laborers(person)	202502	204943	1.2
# 农林牧渔业(人)	Farming,Forestry,Animal Husbandry & Fishery(person)	136864	129421	-5.4
国民经济综合指标	**Summary Item on the National Economy**			
生产总值(万元)	Gross Domestic Product(10 000 yuan)	185344	224555	21.8
第一产业(万元)	Primary Industry(10 000 yuan)	73500	81965	14.3
第二产业(万元)	Secondary Industry(10 000 yuan)	48697	68292	38.9
# 工业(万元)	Industry(10 000 yuan)	34696	48417	38.6
第三产业(万元)	Tertiary Industry(10 000 yuan)	63147	74298	16.7
人均生产总值(元)	Per Capita GDP(yuan)	3477	4181	17.6
全社会固定资产投资(万元)	Total Investment in Fixed Assets(10 000 yuan)	50468	75200	49.0
按登记注册类型分	Grouped by Registered Type			
# 国有(万元)	State-owned Enterprises(10 000 yuan)	37698	33727	-10.5
集体(万元)	Collective-owned Enterprises(10 000 yuan)	3811		
有限责任公司(万元)	Limited Liability Corporations(10 000 yuan)			
股份有限公司(万元)	Share Holding Enterprises(10 000 yuan)			
私营企业(万元)	Private Enterprises(10 000 yuan)			
外商及港澳台投资企业(万元)	Funds from HK,Macao,Taiwan & Foreign(10 000 yuan)			
按管理渠道分	Grouped by Channel of Management			
# 基本建设(万元)	Capital Construction(10 000 yuan)	23720	33937	43.1
更新改造(万元)	Innovation(10 000 yuan)	5844	5680	-2.8
房地产开发(万元)	Real Estate Development(10 000 yuan)	18423	6885	-62.6
地方财政收入(万元)	Local Governments Revenue(10 000 yuan)	8665	10196	17.7
地方财政支出(万元)	Local Governments Expenditures(10 000 yuan)	30400	39685	30.5
城乡居民储蓄存款余额(万元)	Resident Saving Deposit in Urban & Rural(10 000 yuan)	121015	155519	28.5
在岗职工工资总额(万元)	Total Wages of Staff & Workers Empioyed in(10 000 yuan)	18921	20894	10.4
在岗职工平均工资(元)	Average Wage of Staff & Workers Employed in(yuan)	9823	10191	3.7
农牧民人均纯收入(元)	Per Capita Net Income of Peasant & Herdsman(yuan)	1810	2120	17.1
农村牧区经济	**Economic Development in Rural & Pastoral Area**			
耕地面积(公顷)	Cultivated Area(hectare)	129990	125196	-3.7
农作物总播种面积(公顷)	Total Sown Area(hectare)	125876	126535	0.5
# 粮食作物播种面积(公顷)	Sown Area of Grain Crops(hectare)	98863	84463	-14.6
有效灌溉面积(公顷)	Irrigated Area(hectare)	53740	53740	0.0
农牧业机械总动力(万千瓦)	Total Power of Agricultural Machinery(10 000 kw)	36.20	36.40	0.6
化肥施用折纯量(吨)	Consumption of Chemical Fertilizer(ton)	28215	21476	-23.9
农村用电量(万千瓦小时)	Electricity Consumed in Rural Area(10 000 kwh)	25176	9215	-63.4
农林牧渔业总产值(万元)	Gross Output of Farming,Forestry,Animal Husbandry & Fishery(10 000 yuan)	115601	131977	14.2
粮食产量(吨)	Yield of Grain(ton)	460000	400051	-13.0
油料产量(吨)	Yield of Oil-bearing Grops(ton)	17706	24559	38.7
甜菜产量(吨)	Yield of Beetroots(ton)	129133	77771	-39.8
猪牛羊肉产量(吨)	Output of Pork, Beef & Mutton(ton)	17694	26281	48.5
# 猪肉产量(吨)	Output of Pork(ton)	12376	17880	44.5
牛肉产量(吨)	Output of Beef(ton)	4205	7661	82.2
羊肉产量(吨)	Output of Mutton(ton)	1113	740	-33.5

23-31 Songshan District in Chifeng City

指 标	Item	2002	2003	2003年比上年增长% Increase Rate in 2003 Over 2002(%)
羊毛产量(吨)	Output of Wool(ton)	120	293	144.2
年末牲畜存栏头数(万头只)	Total Livestock at the Year-end(10 000 heads)	33.42	34.55	3.4
#大牲畜(万头只)	Large Animals(10 000 heads)	11.39	13.46	18.2
羊(万只)	Sheep & Goats(10 000 heads)	7.47	9.15	22.5
猪(万头)	Hogs(10 000 heads)	14.56	11.94	-18.0
独立核算工业	**Industry with Independent Accounting System**			
工业企业单位数(个)	Number of Industrial Enterprises(unit)	61	59	-3.3
#内资企业(个)	Civil Funded Enterprises(unit)	59	57	-3.4
工业总产值(万元)	Gross Industrial Output Value(10 000 yuan)	44680	47978	30.4
内资企业(万元)	Civil Funded Enterprises(10 000 yuan)	43936	47767	43.6
国有企业(万元)	State-owned Enterprises(10 000 yuan)	2386	2904	24.0
集体企业(万元)	Collective-owned Enterprises(10 000 yuan)	3235	3147	3.0
股份合作企业(万元)	Share Holding Enterprises(10 000 yuan)	5517	820	-36.2
联营企业(万元)	Joint Owned Enterprises(10 000 yuan)			
有限责任公司(万元)	Limited Company(10 000 yuan)	11412	17965	67.9
股份有限公司(万元)	Share Holding Limited Company(10 000 yuan)	2282	2556	19.5
私营企业(万元)	Privately Owned Enterprises(10 000 yuan)	17647	18186	23.2
其他企业(万元)	Enterprises of Other Ownership(10 000 yuan)	1456	2189	16.5
港澳台商投资企业(万元)	Funds from HK,Macao & Taiwan(10 000 yuan)	164		
外商投资企业(万元)	Foreign Funded Enterprises(10 000 yuan)	580	211	-27.2
工业企业增加值(万元)	Value Added of Industrial Enterprises(10 000 yuan)	10999	17061	18.5
工业企业资产总计(万元)	Total Assets of Industrial Enterprises(10 000 yuan)	74320	70899	-4.6
工业企业负债合计(万元)	Total Liabilities of Industrial Enterprises(10 000 yuan)	40055	37751	-5.8
工业企业产品销售收入(万元)	Sales of Revenue Industrial Enterprises(10 000 yuan)	49253	54818	11.3
工业企业利润总额(万元)	Total Profits of Industrial Enterprises(10 000 yuan)	1544	2506	62.3
建筑业	**Construction**			
建筑企业单位数(个)	Number of Construction Enterprises(unit)	23	21	-8.7
建筑企业从业人员(人)	Number of Employee in Construction Enterprises(person)	16538	14759	-10.8
建筑业总产值(万元)	Gross Construction Output Value(10 000 yuan)	53516	51858	-3.1
交通运输邮电通信业	**Transportation,Post & Telecommunications**			
公路里程(公里)	Total Length of Highways(km)	1105	1105	0.0
邮电业务总量(万元)	Business Volume of Post & Telecoms(10 000 yuan)			
本地电话用户(户)	Number of Subscribers of Local Telephone(Household)	55215	72143	30.7
国内贸易	**Demestic Trade**			
社会消费品零售总额(万元)	Total Retail Sales of Consumer Goods(10 000 yuan)	72000	81778	13.6
#贸易业(万元)	Wholesale & Retail Sales Trades(10 000 yuan)	57749	66405	15.0
餐饮业(万元)	Catering Trade(10 000 yuan)	13456	14509	7.8
科技教育卫生	**Science,Education & Public Health**			
各类专业技术人员(人)	Speccial Technical Personnel(person)	9418	10749	14.1
幼儿园数(所)	Number of Kindergartens(unit)	267	265	-0.7
学龄儿童入学率(%)	Percentage of School-Age Children Enrolled(%)	100.0	100.0	0.0
小学学校数(所)	Number of Primary Schools(unit)	249	238	-4.4
小学专任教师数(人)	Number of Full-time Teachers of Primary Schools(person)	2295	2508	9.3
小学在校学生数(人)	Number of Student Enrollment of Primary Schools(person)	39895	39895	0.0
普通中学学校数(所)	Number of Regular Secondary Schools(unit)	46	46	0.0
普通中学专任教师数(人)	Number of Teachers of Secondary Shools(person)	2156	2391	10.9
初中在校学生数(人)	Number of Student in Junior Secondary Schools(person)	43616	31927	-26.8
高中在校学生数(人)	Number of Student in Senior Secondary Schools(person)	9284	11412	22.9
卫生机构数(所)	Number of Health Institutions(unit)	44	39	-11.4
#医院(所)	Hospitals(unit)	4	4	0.0
卫生院(所)	Township Hospitals(unit)	33	33	0.0
床位数(张)	Number of Beds(unit)	728	688	-5.5
#医院(张)	Hospitals(unit)	218	230	5.5
卫生院(张)	Township Hospitals(unit)	492	458	-6.9
卫生技术人员(人)	Medical Technical Presonnel(person)	1065	1026	-3.7
#医院(人)	Hospitals(person)	242	239	-1.2
卫生院(人)	Township Hospitals(person)	814	787	-3.3

23-32 赤峰市阿鲁科尔沁旗

指 标	Item	2002	2003	2003年比上年增长% Increase Rate in 2003 Over 2002(%)
行政区域土地面积(平方公里)	**Area of Administration(Sq.km)**	**14555**	**14555**	**0.0**
人口和就业	**Population & Employment**			
年末总人口(人)	Total Population Year-end(person)	296308	298655	0.8
#男性(人)	Male(person)	149076	150522	1.0
#乡村人口(人)	Rural(person)	254052	254290	0.1
年末总户数(户)	Total Number of Households at the Year-end(Household)	87774	88918	1.3
#乡村户数(户)	Number of Rural Household(Household)	69227	69601	0.5
出生人口(人)	Births(person)	2447	2765	13.0
死亡人口(人)	Deaths(person)	1645	1608	-2.2
全社会就业人员(人)	Employment(person)	135295	141752	4.8
第一产业(人)	Primary Industry(person)	88493	94280	6.5
第二产业(人)	Secondary Industry(person)	11050	11237	1.7
第三产业(人)	Tertiary Industry(person)	35752	36235	1.4
在岗职工人数(人)	Number of Staff & Workers Employed in(person)	19879	20220	1.7
乡村劳动力(人)	Number of Rural Laborers(person)	106397	113734	6.9
#农林牧渔业(人)	Farming,Forestry,Animal Husbandry & Fishery(person)	88493	94280	6.5
国民经济综合指标	**Summary Item on the National Economy**			
生产总值(万元)	Gross Domestic Product(10 000 yuan)	87346	106919	21.6
第一产业(万元)	Primary Industry(10 000 yuan)	32528	37993	15.6
第二产业(万元)	Secondary Industry(10 000 yuan)	26031	35152	34.5
#工业(万元)	Industry(10 000 yuan)	15838	18583	16.8
第三产业(万元)	Tertiary Industry(10 000 yuan)	28787	33774	16.9
人均生产总值(元)	Per Capita GDP(yuan)	2948	3579	20.7
全社会固定资产投资(万元)	Total Investment in Fixed Assets(10 000 yuan)	34576	60097	73.8
按登记注册类型分	Grouped by Registered Type			
#国有(万元)	State-owned Enterprises(10 000 yuan)	22637	46189	104.0
集体(万元)	Collective-owned Enterprises(10 000 yuan)	2669	295	-88.9
有限责任公司(万元)	Limited Liability Corporations(10 000 yuan)		3458	
股份有限公司(万元)	Share Holding Enterprises(10 000 yuan)		930	
私营企业(万元)	Private Enterprises(10 000 yuan)		1258	
外商及港澳台投资企业(万元)	Funds from HK,Macao,Taiwan & Foreign(10 000 yuan)			
按管理渠道分	Grouped by Channel of Management			
#基本建设(万元)	Capital Construction(10 000 yuan)	21812	44692	104.9
更新改造(万元)	Innovation(10 000 yuan)	4127	6455	56.4
房地产开发(万元)	Real Estate Development(10 000 yuan)			
地方财政收入(万元)	Local Governments Revenue(10 000 yuan)	3478	4289	23.3
地方财政支出(万元)	Local Governments Expenditures(10 000 yuan)	23951	34287	43.2
城乡居民储蓄存款余额(万元)	Resident Saving Deposit in Urban & Rural(10 000 yuan)	41352	48358	16.9
在岗职工工资总额(万元)	Total Wages of Staff & Workers Empioyed in(10 000 yuan)	14349	16600	15.7
在岗职工平均工资(元)	Average Wage of Staff & Workers Employed in(yuan)	7706	8406	9.1
农牧民人均纯收入(元)	Per Capita Net Income of Peasant & Herdsman(yuan)	1353	1555	14.9
农村牧区经济	**Economic Development in Rural & Pastoral Area**			
耕地面积(公顷)	Cultivated Area(hectare)	98134	89022	-9.3
农作物总播种面积(公顷)	Total Sown Area(hectare)	99614	96129	-3.5
#粮食作物播种面积(公顷)	Sown Area of Grain Crops(hectare)	94215	84136	-10.7
有效灌溉面积(公顷)	Irrigated Area(hectare)	18148	23389	28.9
农牧业机械总动力(万千瓦)	Total Power of Agricultural Machinery(10 000 kw)	19.05	22.92	20.3
化肥施用折纯量(吨)	Consumption of Chemical Fertilizer(ton)	6063	7424	22.4
农村用电量(万千瓦小时)	Electricity Consumed in Rural Area(10 000 kwh)	4429	2321	-47.6
农林牧渔业总产值(万元)	Gross Output of Farming,Forestry,Animal Husbandry & Fishery(10 000 yuan)	54629	63421	16.1
粮食产量(吨)	Yield of Grain(ton)	179933	165000	-8.3
油料产量(吨)	Yield of Oil-bearing Grops(ton)	1089	5003	359.4
甜菜产量(吨)	Yield of Beetroots(ton)	5723	15066	163.3
猪牛羊肉产量(吨)	Output of Pork, Beef & Mutton(ton)	10271	15925	55.0
#猪肉产量(吨)	Output of Pork(ton)	3889	3970	2.1
牛肉产量(吨)	Output of Beef(ton)	3116	7157	129.7
羊肉产量(吨)	Output of Mutton(ton)	3266	4798	46.9

23-32 Alukeerqin Banner in Chifeng City

指标	Item	2002	2003	2003年比上年增长% Increase Rate in 2003 Over 2002(%)
羊毛产量(吨)	Output of Wool(ton)	945	1384	46.5
年末牲畜存栏头数(万头只)	Total Livestock at the Year-end(10 000 heads)	110.09	119.56	8.6
# 大牲畜(万头只)	Large Animals(10 000 heads)	21.90	24.39	11.4
羊(万只)	Sheep & Goats(10 000 heads)	80.85	87.43	8.1
猪(万头)	Hogs(10 000 heads)	7.34	7.74	5.4
独立核算工业	**Industry with Independent Accounting System**			
工业企业单位数(个)	Number of Industrial Enterprises(unit)	88	90	2.3
# 内资企业(个)	Civil Funded Enterprises(unit)	88	90	2.3
工业总产值(万元)	Gross Industrial Output Value(10 000 yuan)	20210	23606	16.3
内资企业(万元)	Civil Funded Enterprises(10 000 yuan)	20210	23606	16.3
国有企业(万元)	State-owned Enterprises(10 000 yuan)	1328	1318	-1.2
集体企业(万元)	Collective-owned Enterprises(10 000 yuan)	675	684	0.9
股份合作企业(万元)	Share Holding Enterprises(10 000 yuan)			
联营企业(万元)	Joint Owned Enterprises(10 000 yuan)			
有限责任公司(万元)	Limited Company(10 000 yuan)	4656	6934	48.3
股份有限公司(万元)	Share Holding Limited Company(10 000 yuan)			
私营企业(万元)	Privately Owned Enterprises(10 000 yuan)			
其他企业(万元)	Enterprises of Other Ownership(10 000 yuan)	13551	14670	7.8
港澳台商投资企业(万元)	Funds from HK,Macao & Taiwan(10 000 yuan)			
外商投资企业(万元)	Foreign Funded Enterprises(10 000 yuan)			
工业企业增加值(万元)	Value Added of Industrial Enterprises(10 000 yuan)	6921	8569	23.3
工业企业资产总计(万元)	Total Assets of Industrial Enterprises(10 000 yuan)	17828	27617	54.9
工业企业负债合计(万元)	Total Liabilities of Industrial Enterprises(10 000 yuan)	10027	16214	61.7
工业企业产品销售收入(万元)	Sales of Revenue Industrial Enterprises(10 000 yuan)	18553	22968	23.8
工业企业利润总额(万元)	Total Profits of Industrial Enterprises(10 000 yuan)	987	555	-43.8
建筑业	**Construction**			
建筑企业单位数(个)	Number of Construction Enterprises(unit)	3	2	-33.3
建筑企业从业人员(人)	Number of Employee in Construction Enterprises(person)	983	930	-5.4
建筑业总产值(万元)	Gross Construction Output Value(10 000 yuan)	2741	3393	23.8
交通运输邮电通信业	**Transportation,Post & Telecommunications**			
公路里程(公里)	Total Length of Highways(km)	966	966	0.0
邮电业务总量(万元)	Business Volume of Post & Telecoms(10 000 yuan)	1930	2413	25.0
本地电话用户(户)	Number of Subscribers of Local Telephone(Household)	20956	23481	12.0
国内贸易	**Demestic Trade**			
社会消费品零售总额(万元)	Total Retail Sales of Consumer Goods(10 000 yuan)	38605	44690	15.8
# 贸易业(万元)	Wholesale & Retail Sales Trades(10 000 yuan)	34603	40178	16.1
餐饮业(万元)	Catering Trade(10 000 yuan)	3517	3996	13.6
科技教育卫生	**Science,Education & Public Health**			
各类专业技术人员(人)	Speccial Technical Personnel(person)	6991	7012	0.3
幼儿园数(所)	Number of Kindergartens(unit)	12	12	0.0
学龄儿童入学率(%)	Percentage of School-Age Children Enrolled(%)	100.0	100.0	0.0
小学学校数(所)	Number of Primary Schools(unit)	158	141	-10.8
小学专任教师数(人)	Number of Full-time Teachers of Primary Schools(person)	1761	1687	-4.2
小学在校学生数(人)	Number of Student Enrollment of Primary Schools(person)	23550	22755	-3.4
普通中学学校数(所)	Number of Regular Secondary Schools(unit)	30	29	-3.3
普通中学专任教师数(人)	Number of Teachers of Secondary Shools(person)	1158	1164	0.5
初中在校学生数(人)	Number of Student in Junior Secondary Schools(person)	17367	16218	-6.6
高中在校学生数(人)	Number of Student in Senior Secondary Schools(person)	4397	5127	16.6
卫生机构数(所)	Number of Health Institutions(unit)	30	30	0.0
# 医院(所)	Hospitals(unit)	2	2	0.0
卫生院(所)	Township Hospitals(unit)	23	23	0.0
床位数(张)	Number of Beds(unit)	566	576	1.8
# 医院(张)	Hospitals(unit)	190	220	15.8
卫生院(张)	Township Hospitals(unit)	356	336	-5.6
卫生技术人员(人)	Medical Technical Presonnel(person)	555	548	-1.3
# 医院(人)	Hospitals(person)	235	237	0.9
卫生院(人)	Township Hospitals(person)	208	200	-3.8

23-33 赤峰市巴林左旗

指标	Item	2002	2003	2003年比上年增长% Increase Rate in 2003 Over 2002(%)
行政区域土地面积(平方公里)	**Area of Administration(Sq.km)**	**6713**	**6713**	**0.0**
人口和就业	**Population & Employment**			
年末总人口(人)	Total Population Year-end(person)	357830	360277	0.7
#男性(人)	Male(person)	181696	183532	1.0
#乡村人口(人)	Rural(person)	309229	308698	-0.2
年末总户数(户)	Total Number of Households at the Year-end(Household)	103313	104974	1.6
#乡村户数(户)	Number of Rural Household(Household)	85670	85523	-0.2
出生人口(人)	Births(person)	2847	2982	4.7
死亡人口(人)	Deaths(person)	1920	1669	-13.1
全社会就业人员(人)	Employment(person)	177802	180172	1.3
第一产业(人)	Primary Industry(person)	125141	122663	-2.0
第二产业(人)	Secondary Industry(person)	14071	15259	8.4
第三产业(人)	Tertiary Industry(person)	38590	42250	9.5
在岗职工人数(人)	Number of Staff & Workers Employed in(person)	19733	20888	5.9
乡村劳动力(人)	Number of Rural Laborers(person)	152397	152221	-0.1
#农林牧渔业(人)	Farming,Forestry,Animal Husbandry & Fishery(person)	124183	117376	-5.5
国民经济综合指标	**Summary Item on the National Economy**			
生产总值(万元)	Gross Domestic Product(10 000 yuan)	120338	146150	20.8
第一产业(万元)	Primary Industry(10 000 yuan)	51251	53995	7.7
第二产业(万元)	Secondary Industry(10 000 yuan)	31599	51428	57.0
#工业(万元)	Industry(10 000 yuan)	21988	27029	21.6
第三产业(万元)	Tertiary Industry(10 000 yuan)	37488	40727	8.3
人均生产总值(元)	Per Capita GDP(yuan)	3376	4701	20.0
全社会固定资产投资(万元)	Total Investment in Fixed Assets(10 000 yuan)	48093	110906	130.6
按登记注册类型分	Grouped by Registered Type			
#国有(万元)	State-owned Enterprises(10 000 yuan)	26443	79563	200.9
集体(万元)	Collective-owned Enterprises(10 000 yuan)	12037	10867	-9.7
有限责任公司(万元)	Limited Liability Corporations(10 000 yuan)			
股份有限公司(万元)	Share Holding Enterprises(10 000 yuan)			
私营企业(万元)	Private Enterprises(10 000 yuan)			
外商及港澳台投资企业(万元)	Funds from HK,Macao,Taiwan & Foreign(10 000 yuan)			
按管理渠道分	Grouped by Channel of Management			
#基本建设(万元)	Capital Construction(10 000 yuan)	28833	79480	175.7
更新改造(万元)	Innovation(10 000 yuan)		8250	
房地产开发(万元)	Real Estate Development(10 000 yuan)	4698	6218	32.4
地方财政收入(万元)	Local Governments Revenue(10 000 yuan)	4906	5871	19.7
地方财政支出(万元)	Local Governments Expenditures(10 000 yuan)	24500	35245	43.9
城乡居民储蓄存款余额(万元)	Resident Saving Deposit in Urban & Rural(10 000 yuan)	57636	61708	7.1
在岗职工工资总额(万元)	Total Wages of Staff & Workers Empioyed in(10 000 yuan)	17800	19602	10.1
在岗职工平均工资(元)	Average Wage of Staff & Workers Employed in(yuan)	9057	9044	-0.1
农牧民人均纯收入(元)	Per Capita Net Income of Peasant & Herdsman(yuan)	1609	1894	17.7
农村牧区经济	**Economic Development in Rural & Pastoral Area**			
耕地面积(公顷)	Cultivated Area(hectare)	100991	90584	-10.3
农作物总播种面积(公顷)	Total Sown Area(hectare)	102091	92096	-9.8
#粮食作物播种面积(公顷)	Sown Area of Grain Crops(hectare)	91092	75264	-17.4
有效灌溉面积(公顷)	Irrigated Area(hectare)	28485	28533	0.2
农牧业机械总动力(万千瓦)	Total Power of Agricultural Machinery(10 000 kw)	16.80	20.40	21.4
化肥施用折纯量(吨)	Consumption of Chemical Fertilizer(ton)	7403	7819	5.6
农村用电量(万千瓦小时)	Electricity Consumed in Rural Area(10 000 kwh)	3910	3952	1.1
农林牧渔业总产值(万元)	Gross Output of Farming,Forestry,Animal Husbandry & Fishery(10 000 yuan)	82481	85058	3.1
粮食产量(吨)	Yield of Grain(ton)	246032	240046	-2.4
油料产量(吨)	Yield of Oil-bearing Grops(ton)	1428	1641	14.9
甜菜产量(吨)	Yield of Beetroots(ton)	12961	10986	-15.2
猪牛羊肉产量(吨)	Output of Pork, Beef & Mutton(ton)	15570	15416	-1.0
#猪肉产量(吨)	Output of Pork(ton)	11230	10375	-7.6
牛肉产量(吨)	Output of Beef(ton)	835	634	-24.1
羊肉产量(吨)	Output of Mutton(ton)	3505	4407	25.7

23-33 Balinzuo Banner in Chifeng City

指标	Item	2002	2003	2003年比上年增长% Increase Rate in 2003 Over 2002(%)
羊毛产量(吨)	Output of Wool(ton)	360	444	23.3
年末牲畜存栏头数(万头只)	Total Livestock at the Year-end(10 000 heads)	65.93	76.51	16.0
# 大牲畜(万头只)	Large Animals(10 000 heads)	8.69	9.58	10.2
羊(万只)	Sheep & Goats(10 000 heads)	44.40	53.48	20.5
猪(万头)	Hogs(10 000 heads)	12.84	13.45	4.8
独立核算工业	**Industry with Independent Accounting System**			
工业企业单位数(个)	Number of Industrial Enterprises(unit)	53	50	-5.7
# 内资企业(个)	Civil Funded Enterprises(unit)	53	50	-5.7
工业总产值(万元)	Gross Industrial Output Value(10 000 yuan)	37484	49936	32.7
内资企业(万元)	Civil Funded Enterprises(10 000 yuan)	37484	49128	31.2
国有企业(万元)	State-owned Enterprises(10 000 yuan)	19040	24890	34.0
集体企业(万元)	Collective-owned Enterprises(10 000 yuan)	5900	6812	13.2
股份合作企业(万元)	Share Holding Enterprises(10 000 yuan)	1578	1217	-8.5
联营企业(万元)	Joint Owned Enterprises(10 000 yuan)			
有限责任公司(万元)	Limited Company(10 000 yuan)			
股份有限公司(万元)	Share Holding Limited Company(10 000 yuan)	6835	9606	25.2
私营企业(万元)	Privately Owned Enterprises(10 000 yuan)			
其他企业(万元)	Enterprises of Other Ownership(10 000 yuan)	4131	6603	67.7
港澳台商投资企业(万元)	Funds from HK,Macao & Taiwan(10 000 yuan)		808	
外商投资企业(万元)	Foreign Funded Enterprises(10 000 yuan)			
工业企业增加值(万元)	Value Added of Industrial Enterprises(10 000 yuan)	13815	19225	37.7
工业企业资产总计(万元)	Total Assets of Industrial Enterprises(10 000 yuan)	82664	108497	31.3
工业企业负债合计(万元)	Total Liabilities of Industrial Enterprises(10 000 yuan)	36117	50269	39.2
工业企业产品销售收入(万元)	Sales of Revenue Industrial Enterprises(10 000 yuan)	36586	45675	24.8
工业企业利润总额(万元)	Total Profits of Industrial Enterprises(10 000 yuan)	2607	2879	10.4
建筑业	**Construction**			
建筑企业单位数(个)	Number of Construction Enterprises(unit)	2	2	0.0
建筑企业从业人员(人)	Number of Employee in Construction Enterprises(person)	830	2180	162.7
建筑业总产值(万元)	Gross Construction Output Value(10 000 yuan)	5104	9960	95.1
交通运输邮电通信业	**Transportation,Post & Telecommunications**			
公路里程(公里)	Total Length of Highways(km)	931	1036	11.3
邮电业务总量(万元)	Business Volume of Post & Telecoms(10 000 yuan)	3073	3853	25.4
本地电话用户(户)	Number of Subscribers of Local Telephone(Household)	13120	23991	82.9
国内贸易	**Demestic Trade**			
社会消费品零售总额(万元)	Total Retail Sales of Consumer Goods(10 000 yuan)	48620	57414	18.1
# 贸易业(万元)	Wholesale & Retail Sales Trades(10 000 yuan)	34129	46830	37.2
餐饮业(万元)	Catering Trade(10 000 yuan)	6179	7500	21.4
科技教育卫生	**Science,Education & Public Health**			
各类专业技术人员(人)	Speccial Technical Personnel(person)	5233	6845	30.8
幼儿园数(所)	Number of Kindergartens(unit)	9	19	111.1
学龄儿童入学率(%)	Percentage of School-Age Children Enrolled(%)	100.0	100.0	0.0
小学学校数(所)	Number of Primary Schools(unit)	159	158	-0.6
小学专任教师数(人)	Number of Full-time Teachers of Primary Schools(person)	2411	2588	7.3
小学在校学生数(人)	Number of Student Enrollment of Primary Schools(person)	27319	25033	-8.4
普通中学学校数(所)	Number of Regular Secondary Schools(unit)	26	25	-3.8
普通中学专任教师数(人)	Number of Teachers of Secondary Shools(person)	1329	1839	38.4
初中在校学生数(人)	Number of Student in Junior Secondary Schools(person)	18681	19113	2.3
高中在校学生数(人)	Number of Student in Senior Secondary Schools(person)	4227	5004	18.4
卫生机构数(所)	Number of Health Institutions(unit)	30	29	-3.3
# 医院(所)	Hospitals(unit)	2	2	0.0
卫生院(所)	Township Hospitals(unit)	22	22	0.0
床位数(张)	Number of Beds(unit)	587	570	-2.9
# 医院(张)	Hospitals(unit)	298	280	-6.0
卫生院(张)	Township Hospitals(unit)	268	272	1.5
卫生技术人员(人)	Medical Technical Presonnel(person)	877	923	5.2
# 医院(人)	Hospitals(person)	422	408	-3.3
卫生院(人)	Township Hospitals(person)	369	405	9.8

23-34 赤峰市巴林右旗

指标	Item	2002	2003	2003年比上年增长% Increase Rate in 2003 Over 2002(%)
行政区域土地面积(平方公里)	**Area of Administration(Sq.km)**	**9837**	**9837**	**0.0**
人口和就业	**Population & Employment**			
年末总人口(人)	Total Population Year-end(person)	177097	178610	0.9
# 男性(人)	Male(person)	90590	91320	0.8
# 乡村人口(人)	Rural(person)	128584	127651	-0.7
年末总户数(户)	Total Number of Households at the Year-end(Household)	58688	59988	2.2
# 乡村户数(户)	Number of Rural Household(Household)	30285	30606	1.1
出生人口(人)	Births(person)	1612	1491	-7.5
死亡人口(人)	Deaths(person)	657	503	-23.4
全社会就业人员(人)	Employment(person)	66236	71538	8.0
第一产业(人)	Primary Industry(person)	37408	39233	4.9
第二产业(人)	Secondary Industry(person)	3670	5382	46.6
第三产业(人)	Tertiary Industry(person)	25158	26923	7.0
在岗职工人数(人)	Number of Staff & Workers Employed in(person)	15206	16428	8.0
乡村劳动力(人)	Number of Rural Laborers(person)	41159	44050	7.0
# 农林牧渔业(人)	Farming,Forestry,Animal Husbandry & Fishery(person)	37408	39233	4.9
国民经济综合指标	**Summary Item on the National Economy**			
生产总值(万元)	Gross Domestic Product(10 000 yuan)	58673	75913	28.5
第一产业(万元)	Primary Industry(10 000 yuan)	24906	30300	20.3
第二产业(万元)	Secondary Industry(10 000 yuan)	15338	23904	55.0
# 工业(万元)	Industry(10 000 yuan)	7738	11400	46.5
第三产业(万元)	Tertiary Industry(10 000 yuan)	18429	21709	17.6
人均生产总值(元)	Per Capita GDP(yuan)	3313	4241	27.6
全社会固定资产投资(万元)	Total Investment in Fixed Assets(10 000 yuan)	30524	55023	80.3
按登记注册类型分	Grouped by Registered Type			
# 国有(万元)	State-owned Enterprises(10 000 yuan)	27524	45597	65.7
集体(万元)	Collective-owned Enterprises(10 000 yuan)			
有限责任公司(万元)	Limited Liability Corporations(10 000 yuan)			
股份有限公司(万元)	Share Holding Enterprises(10 000 yuan)			
私营企业(万元)	Private Enterprises(10 000 yuan)			
外商及港澳台投资企业(万元)	Funds from HK,Macao,Taiwan & Foreign(10 000 yuan)			
按管理渠道分	Grouped by Channel of Management			
# 基本建设(万元)	Capital Construction(10 000 yuan)	28618	39027	36.4
更新改造(万元)	Innovation(10 000 yuan)	150	6570	4280.0
房地产开发(万元)	Real Estate Development(10 000 yuan)		5125	
地方财政收入(万元)	Local Governments Revenue(10 000 yuan)	2765	3667	32.6
地方财政支出(万元)	Local Governments Expenditures(10 000 yuan)	23364	24543	5.0
城乡居民储蓄存款余额(万元)	Resident Saving Deposit in Urban & Rural(10 000 yuan)	37539	42370	12.9
在岗职工工资总额(万元)	Total Wages of Staff & Workers Empioyed in(10 000 yuan)	13465	13502	0.3
在岗职工平均工资(元)	Average Wage of Staff & Workers Employed in(yuan)	8940	8940	0.0
农牧民人均纯收入(元)	Per Capita Net Income of Peasant & Herdsman(yuan)	1709	1940	13.5
农村牧区经济	**Economic Development in Rural & Pastoral Area**			
耕地面积(公顷)	Cultivated Area(hectare)	36898	43147	16.9
农作物总播种面积(公顷)	Total Sown Area(hectare)	37179	37403	0.6
# 粮食作物播种面积(公顷)	Sown Area of Grain Crops(hectare)	34378	33063	-3.8
有效灌溉面积(公顷)	Irrigated Area(hectare)	8587	9708	13.1
农牧业机械总动力(万千瓦)	Total Power of Agricultural Machinery(10 000 kw)	11.39	13.72	20.5
化肥施用折纯量(吨)	Consumption of Chemical Fertilizer(ton)	2660	2720	2.3
农村用电量(万千瓦小时)	Electricity Consumed in Rural Area(10 000 kwh)	971	938	-3.4
农林牧渔业总产值(万元)	Gross Output of Farming,Forestry,Animal Husbandry & Fishery(10 000 yuan)	41031	53598	30.6
粮食产量(吨)	Yield of Grain(ton)	105861	101230	-4.4
油料产量(吨)	Yield of Oil-bearing Grops(ton)	382	725	89.8
甜菜产量(吨)	Yield of Beetroots(ton)			
猪牛羊肉产量(吨)	Output of Pork, Beef & Mutton(ton)	10170	8256	-18.8
# 猪肉产量(吨)	Output of Pork(ton)	2106	796	-62.2
牛肉产量(吨)	Output of Beef(ton)	2873	2760	-3.9
羊肉产量(吨)	Output of Mutton(ton)	5191	4700	-9.5

23-34 Balinyou Banner in Chifeng City

指标	Item	2002	2003	2003年比上年增长% Increase Rate in 2003 Over 2002(%)
羊毛产量(吨)	Output of Wool(ton)	765	1000	30.7
年末牲畜存栏头数(万头只)	Total Livestock at the Year-end(10 000 heads)	100.50	102.10	1.6
# 大牲畜(万头只)	Large Animals(10 000 heads)	8.52	9.60	12.7
羊(万只)	Sheep & Goats(10 000 heads)	89.44	90.00	0.6
猪(万头)	Hogs(10 000 heads)	2.54	2.50	-1.6
独立核算工业	**Industry with Independent Accounting System**			
工业企业单位数(个)	Number of Industrial Enterprises(unit)	24	30	25.0
# 内资企业(个)	Civil Funded Enterprises(unit)	24	30	25.0
工业总产值(万元)	Gross Industrial Output Value(10 000 yuan)	16571	22266	34.4
内资企业(万元)	Civil Funded Enterprises(10 000 yuan)	16571	22266	34.4
国有企业(万元)	State-owned Enterprises(10 000 yuan)	1061	1426	32.6
集体企业(万元)	Collective-owned Enterprises(10 000 yuan)			
股份合作企业(万元)	Share Holding Enterprises(10 000 yuan)	3215	4340	35.2
联营企业(万元)	Joint Owned Enterprises(10 000 yuan)			
有限责任公司(万元)	Limited Company(10 000 yuan)			
股份有限公司(万元)	Share Holding Limited Company(10 000 yuan)	10820	14519	33.4
私营企业(万元)	Privately Owned Enterprises(10 000 yuan)			
其他企业(万元)	Enterprises of Other Ownership(10 000 yuan)	1475	1981	34.3
港澳台商投资企业(万元)	Funds from HK,Macao & Taiwan(10 000 yuan)			
外商投资企业(万元)	Foreign Funded Enterprises(10 000 yuan)			
工业企业增加值(万元)	Value Added of Industrial Enterprises(10 000 yuan)	7114	9325	31.1
工业企业资产总计(万元)	Total Assets of Industrial Enterprises(10 000 yuan)	43129	46373	7.5
工业企业负债合计(万元)	Total Liabilities of Industrial Enterprises(10 000 yuan)	22332	28985	29.8
工业企业产品销售收入(万元)	Sales of Revenue Industrial Enterprises(10 000 yuan)	31440	35729	13.6
工业企业利润总额(万元)	Total Profits of Industrial Enterprises(10 000 yuan)	1030	2540	146.6
建筑业	**Construction**			
建筑企业单位数(个)	Number of Construction Enterprises(unit)	7	7	0.0
建筑企业从业人员(人)	Number of Employee in Construction Enterprises(person)	2488	2153	-13.5
建筑业总产值(万元)	Gross Construction Output Value(10 000 yuan)	11367	18702	64.5
交通运输邮电通信业	**Transportation,Post & Telecommunications**			
公路里程(公里)	Total Length of Highways(km)	1306	1444	10.6
邮电业务总量(万元)	Business Volume of Post & Telecoms(10 000 yuan)	2682	3358	25.2
本地电话用户(户)	Number of Subscribers of Local Telephone(Household)	17943	18333	2.2
国内贸易	**Demestic Trade**			
社会消费品零售总额(万元)	Total Retail Sales of Consumer Goods(10 000 yuan)	35489	39304	10.7
# 贸易业(万元)	Wholesale & Retail Sales Trades(10 000 yuan)	21766	29526	35.7
餐饮业(万元)	Catering Trade(10 000 yuan)	9146	9280	1.5
科技教育卫生	**Science,Education & Public Health**			
各类专业技术人员(人)	Speccial Technical Personnel(person)	4578	4680	2.2
幼儿园数(所)	Number of Kindergartens(unit)	5	5	0.0
学龄儿童入学率(%)	Percentage of School-Age Children Enrolled(%)	100.0	100.0	0.0
小学学校数(所)	Number of Primary Schools(unit)	69	65	-5.8
小学专任教师数(人)	Number of Full-time Teachers of Primary Schools(person)	1452	1452	0.0
小学在校学生数(人)	Number of Student Enrollment of Primary Schools(person)	16077	15595	-3.0
普通中学学校数(所)	Number of Regular Secondary Schools(unit)	16	14	-12.5
普通中学专任教师数(人)	Number of Teachers of Secondary Shools(person)	678	534	-21.2
初中在校学生数(人)	Number of Student in Junior Secondary Schools(person)	10234	11608	13.4
高中在校学生数(人)	Number of Student in Senior Secondary Schools(person)	2707	3507	29.6
卫生机构数(所)	Number of Health Institutions(unit)	24	24	0.0
# 医院(所)	Hospitals(unit)	5	5	0.0
卫生院(所)	Township Hospitals(unit)	16	16	0.0
床位数(张)	Number of Beds(unit)	461	469	1.7
# 医院(张)	Hospitals(unit)	329	327	-0.6
卫生院(张)	Township Hospitals(unit)	132	142	7.6
卫生技术人员(人)	Medical Technical Presonnel(person)	580	586	1.0
# 医院(人)	Hospitals(person)	312	297	-4.8
卫生院(人)	Township Hospitals(person)	228	289	26.8

23-35 赤峰市林西县

指 标	Item	2002	2003	2003年比上年增长% Increase Rate in 2003 Over 2002(%)
行政区域土地面积(平方公里)	**Area of Administration(Sq.km)**	**3933**	**3933**	**0.0**
人口和就业	**Population & Employment**			
年末总人口(人)	Total Population Year-end(person)	235673	236197	0.2
#男性(人)	Male(person)	121039	120780	-0.2
#乡村人口(人)	Rural(person)	175151	179545	2.5
年末总户数(户)	Total Number of Households at the Year-end(Household)	73951	75917	2.7
#乡村户数(户)	Number of Rural Household(Household)	48552	50106	3.2
出生人口(人)	Births(person)	2015	2096	4.0
死亡人口(人)	Deaths(person)	1252	1270	1.4
全社会就业人员(人)	Employment(person)	97875	104343	6.6
第一产业(人)	Primary Industry(person)	58431	42144	-27.9
第二产业(人)	Secondary Industry(person)	8789	9437	7.4
第三产业(人)	Tertiary Industry(person)	30655	52762	72.1
在岗职工人数(人)	Number of Staff & Workers Employed in(person)	18074	19573	8.3
乡村劳动力(人)	Number of Rural Laborers(person)	72523	78798	8.7
#农林牧渔业(人)	Farming,Forestry,Animal Husbandry & Fishery(person)	56040	39366	-29.8
国民经济综合指标	**Summary Item on the National Economy**			
生产总值(万元)	Gross Domestic Product(10 000 yuan)	107672	130701	21.1
第一产业(万元)	Primary Industry(10 000 yuan)	30227	35938	18.9
第二产业(万元)	Secondary Industry(10 000 yuan)	41295	51991	25.8
#工业(万元)	Industry(10 000 yuan)	30132	36191	29.2
第三产业(万元)	Tertiary Industry(10 000 yuan)	36150	42772	17.5
人均生产总值(元)	Per Capita GDP(yuan)	4570	5541	20.7
全社会固定资产投资(万元)	Total Investment in Fixed Assets(10 000 yuan)	38494	61500	59.8
按登记注册类型分	Grouped by Registered Type			
#国有(万元)	State-owned Enterprises(10 000 yuan)	14438	24408	69.1
集体(万元)	Collective-owned Enterprises(10 000 yuan)	6575	180	-97.3
有限责任公司(万元)	Limited Liability Corporations(10 000 yuan)		3955	
股份有限公司(万元)	Share Holding Enterprises(10 000 yuan)		3327	
私营企业(万元)	Private Enterprises(10 000 yuan)		780	
外商及港澳台投资企业(万元)	Funds from HK,Macao,Taiwan & Foreign(10 000 yuan)			
按管理渠道分	Grouped by Channel of Management			
#基本建设(万元)	Capital Construction(10 000 yuan)	14438	36511	152.9
更新改造(万元)	Innovation(10 000 yuan)		5006	
房地产开发(万元)	Real Estate Development(10 000 yuan)		2617	
地方财政收入(万元)	Local Governments Revenue(10 000 yuan)	3216	4030	25.3
地方财政支出(万元)	Local Governments Expenditures(10 000 yuan)	22047	24339	10.4
城乡居民储蓄存款余额(万元)	Resident Saving Deposit in Urban & Rural(10 000 yuan)	45236	53406	18.1
在岗职工工资总额(万元)	Total Wages of Staff & Workers Empioyed in(10 000 yuan)	14473	17865	23.4
在岗职工平均工资(元)	Average Wage of Staff & Workers Employed in(yuan)	8215	9198	12.0
农牧民人均纯收入(元)	Per Capita Net Income of Peasant & Herdsman(yuan)	1450	1804	24.4
农村牧区经济	**Economic Development in Rural & Pastoral Area**			
耕地面积(公顷)	Cultivated Area(hectare)	65350	67600	3.4
农作物总播种面积(公顷)	Total Sown Area(hectare)	70885	67358	-5.0
#粮食作物播种面积(公顷)	Sown Area of Grain Crops(hectare)	50618	30765	-39.2
有效灌溉面积(公顷)	Irrigated Area(hectare)	23361	24606	5.3
农牧业机械总动力(万千瓦)	Total Power of Agricultural Machinery(10 000 kw)	15.60	17.04	9.2
化肥施用折纯量(吨)	Consumption of Chemical Fertilizer(ton)	4141	4701	13.5
农村用电量(万千瓦小时)	Electricity Consumed in Rural Area(10 000 kwh)	5869	3615	-38.4
农林牧渔业总产值(万元)	Gross Output of Farming,Forestry,Animal Husbandry & Fishery(10 000 yuan)	49797	58264	17.0
粮食产量(吨)	Yield of Grain(ton)	125301	140018	11.7
油料产量(吨)	Yield of Oil-bearing Grops(ton)	3068	14111	359.9
甜菜产量(吨)	Yield of Beetroots(ton)	73340	109869	49.8
猪牛羊肉产量(吨)	Output of Pork, Beef & Mutton(ton)	11172	14899	33.4
#猪肉产量(吨)	Output of Pork(ton)	7198	6478	-10.0
牛肉产量(吨)	Output of Beef(ton)	3076	4714	53.3
羊肉产量(吨)	Output of Mutton(ton)	898	3707	312.8

23-35 Linxi County in Chifeng City

指 标	Item	2002	2003	2003年比上年增长% Increase Rate in 2003 Over 2002(%)
羊毛产量(吨)	Output of Wool(ton)	406	832	104.9
年末牲畜存栏头数(万头只)	Total Livestock at the Year-end(10 000 heads)	49.70	51.66	3.9
# 大牲畜(万头只)	Large Animals(10 000 heads)	8.68	9.79	12.8
羊(万只)	Sheep & Goats(10 000 heads)	32.60	34.21	4.9
猪(万头)	Hogs(10 000 heads)	8.42	7.66	-9.0
独立核算工业	**Industry with Independent Accounting System**			
工业企业单位数(个)	Number of Industrial Enterprises(unit)	51	51	0.0
# 内资企业(个)	Civil Funded Enterprises(unit)	51	51	0.0
工业总产值(万元)	Gross Industrial Output Value(10 000 yuan)	20333	26998	31.7
内资企业(万元)	Civil Funded Enterprises(10 000 yuan)	20333	26998	31.7
国有企业(万元)	State-owned Enterprises(10 000 yuan)	4638	5111	8.9
集体企业(万元)	Collective-owned Enterprises(10 000 yuan)			
股份合作企业(万元)	Share Holding Enterprises(10 000 yuan)			
联营企业(万元)	Joint Owned Enterprises(10 000 yuan)			
有限责任公司(万元)	Limited Company(10 000 yuan)			
股份有限公司(万元)	Share Holding Limited Company(10 000 yuan)	15695	21887	38.5
私营企业(万元)	Privately Owned Enterprises(10 000 yuan)			
其他企业(万元)	Enterprises of Other Ownership(10 000 yuan)			
港澳台商投资企业(万元)	Funds from HK,Macao & Taiwan(10 000 yuan)			
外商投资企业(万元)	Foreign Funded Enterprises(10 000 yuan)			
工业企业增加值(万元)	Value Added of Industrial Enterprises(10 000 yuan)	7340	9989	35.0
工业企业资产总计(万元)	Total Assets of Industrial Enterprises(10 000 yuan)	33771	32834	-2.8
工业企业负债合计(万元)	Total Liabilities of Industrial Enterprises(10 000 yuan)	30056	29677	-1.3
工业企业产品销售收入(万元)	Sales of Revenue Industrial Enterprises(10 000 yuan)	21534	28922	34.3
工业企业利润总额(万元)	Total Profits of Industrial Enterprises(10 000 yuan)	1179	1157	-1.9
建筑业	**Construction**			
建筑企业单位数(个)	Number of Construction Enterprises(unit)	2	2	0.0
建筑企业从业人员(人)	Number of Employee in Construction Enterprises(person)	778	578	-25.7
建筑业总产值(万元)	Gross Construction Output Value(10 000 yuan)	4487	2836	-36.8
交通运输邮电通信业	**Transportation,Post & Telecommunications**			
公路里程(公里)	Total Length of Highways(km)	539	539	0.0
邮电业务总量(万元)	Business Volume of Post & Telecoms(10 000 yuan)	1442	1515	5.1
本地电话用户(户)	Number of Subscribers of Local Telephone(Household)	18029	17745	-1.6
国内贸易	**Demestic Trade**			
社会消费品零售总额(万元)	Total Retail Sales of Consumer Goods(10 000 yuan)	40320	48788	21.0
# 贸易业(万元)	Wholesale & Retail Sales Trades(10 000 yuan)	32493	38637	18.9
餐饮业(万元)	Catering Trade(10 000 yuan)	5267	7025	33.4
科技教育卫生	**Science,Education & Public Health**			
各类专业技术人员(人)	Speccial Technical Personnel(person)	4860	4882	0.5
幼儿园数(所)	Number of Kindergartens(unit)	14	15	7.1
学龄儿童入学率(%)	Percentage of School-Age Children Enrolled(%)	100.0	100.0	0.0
小学学校数(所)	Number of Primary Schools(unit)	102	96	-5.9
小学专任教师数(人)	Number of Full-time Teachers of Primary Schools(person)	1369	1452	6.1
小学在校学生数(人)	Number of Student Enrollment of Primary Schools(person)	17742	17420	-1.8
普通中学学校数(所)	Number of Regular Secondary Schools(unit)	15	13	-13.3
普通中学专任教师数(人)	Number of Teachers of Secondary Shools(person)	628	683	8.8
初中在校学生数(人)	Number of Student in Junior Secondary Schools(person)	7641	7498	-1.9
高中在校学生数(人)	Number of Student in Senior Secondary Schools(person)	3929	4595	17.0
卫生机构数(所)	Number of Health Institutions(unit)	46	43	-6.5
# 医院(所)	Hospitals(unit)	4	4	0.0
卫生院(所)	Township Hospitals(unit)	19	16	-15.8
床位数(张)	Number of Beds(unit)	466	479	2.8
# 医院(张)	Hospitals(unit)	282	300	6.4
卫生院(张)	Township Hospitals(unit)	154	159	3.2
卫生技术人员(人)	Medical Technical Presonnel(person)	812	805	-0.9
# 医院(人)	Hospitals(person)	453	406	-10.4
卫生院(人)	Township Hospitals(person)	231	245	6.1

23-36 赤峰市克什克腾旗

指 标	Item	2002	2003	2003年比上年增长% Increase Rate in 2003 Over 2002(%)
行政区域土地面积(平方公里)	**Area of Administration(Sq.km)**	**20673**	**20673**	**0.0**
人口和就业	**Population & Employment**			
年末总人口(人)	Total Population Year-end(person)	241692	248689	2.9
#男性(人)	Male(person)	130308	127389	-2.2
#乡村人口(人)	Rural(person)	192670	193002	0.2
年末总户数(户)	Total Number of Households at the Year-end(Household)	71247	74184	4.1
#乡村户数(户)	Number of Rural Household(Household)	52414	52126	-0.5
出生人口(人)	Births(person)	1491	1551	4.0
死亡人口(人)	Deaths(person)	885	954	7.8
全社会就业人员(人)	Employment(person)	110888	114511	3.3
第一产业(人)	Primary Industry(person)	87562	87460	-0.1
第二产业(人)	Secondary Industry(person)	4197	5017	19.5
第三产业(人)	Tertiary Industry(person)	19129	22034	15.2
在岗职工人数(人)	Number of Staff & Workers Employed in(person)	12472	12108	-2.9
乡村劳动力(人)	Number of Rural Laborers(person)	98198	100734	2.6
#农林牧渔业(人)	Farming,Forestry,Animal Husbandry & Fishery(person)	86297	86296	0.0
国民经济综合指标	**Summary Item on the National Economy**			
生产总值(万元)	Gross Domestic Product(10 000 yuan)	80948	96744	19.5
第一产业(万元)	Primary Industry(10 000 yuan)	35187	41004	16.5
第二产业(万元)	Secondary Industry(10 000 yuan)	15702	20638	31.2
#工业(万元)	Industry(10 000 yuan)	11025	13622	23.6
第三产业(万元)	Tertiary Industry(10 000 yuan)	30059	35102	17.0
人均生产总值(元)	Per Capita GDP(yuan)	3331	3946	18.4
全社会固定资产投资(万元)	Total Investment in Fixed Assets(10 000 yuan)	29970	66741	122.7
按登记注册类型分	Grouped by Registered Type			
#国有(万元)	State-owned Enterprises(10 000 yuan)	16559	38241	130.9
集体(万元)	Collective-owned Enterprises(10 000 yuan)	260	430	65.4
有限责任公司(万元)	Limited Liability Corporations(10 000 yuan)		17494	
股份有限公司(万元)	Share Holding Enterprises(10 000 yuan)		1030	
私营企业(万元)	Private Enterprises(10 000 yuan)		3324	
外商及港澳台投资企业(万元)	Funds from HK,Macao,Taiwan & Foreign(10 000 yuan)			
按管理渠道分	Grouped by Channel of Management			
#基本建设(万元)	Capital Construction(10 000 yuan)	16559	34599	108.9
更新改造(万元)	Innovation(10 000 yuan)	750	21838	2811.7
房地产开发(万元)	Real Estate Development(10 000 yuan)			
地方财政收入(万元)	Local Governments Revenue(10 000 yuan)	2960	3249	9.8
地方财政支出(万元)	Local Governments Expenditures(10 000 yuan)	26042	35317	35.6
城乡居民储蓄存款余额(万元)	Resident Saving Deposit in Urban & Rural(10 000 yuan)	40570	48003	18.3
在岗职工工资总额(万元)	Total Wages of Staff & Workers Empioyed in(10 000 yuan)	10954	12972	18.4
在岗职工平均工资(元)	Average Wage of Staff & Workers Employed in(yuan)	7952	9191	15.6
农牧民人均纯收入(元)	Per Capita Net Income of Peasant & Herdsman(yuan)	1499	1798	19.9
农村牧区经济	**Economic Development in Rural & Pastoral Area**			
耕地面积(公顷)	Cultivated Area(hectare)	71990	62823	-12.7
农作物总播种面积(公顷)	Total Sown Area(hectare)	63110	61477	-2.6
#粮食作物播种面积(公顷)	Sown Area of Grain Crops(hectare)	45799	44621	-2.6
有效灌溉面积(公顷)	Irrigated Area(hectare)	11765	11761	0.0
农牧业机械总动力(万千瓦)	Total Power of Agricultural Machinery(10 000 kw)	12.81	14.33	11.9
化肥施用折纯量(吨)	Consumption of Chemical Fertilizer(ton)	5063	5261	3.9
农村用电量(万千瓦小时)	Electricity Consumed in Rural Area(10 000 kwh)	2380	2564	7.7
农林牧渔业总产值(万元)	Gross Output of Farming,Forestry,Animal Husbandry & Fishery(10 000 yuan)	56678	66257	16.9
粮食产量(吨)	Yield of Grain(ton)	94206	140143	48.8
油料产量(吨)	Yield of Oil-bearing Grops(ton)	1899	2807	47.8
甜菜产量(吨)	Yield of Beetroots(ton)	11336	5087	-55.1
猪牛羊肉产量(吨)	Output of Pork, Beef & Mutton(ton)	19486	17776	-8.8
#猪肉产量(吨)	Output of Pork(ton)	4257	4071	-4.4
牛肉产量(吨)	Output of Beef(ton)	6606	5804	-12.1
羊肉产量(吨)	Output of Mutton(ton)	8623	7901	-8.4

23-36 Keshiketeng Banner in Chifeng City

指标	Item	2002	2003	2003年比上年增长% Increase Rate in 2003 Over 2002(%)
羊毛产量(吨)	Output of Wool(ton)	2384	2731	14.6
年末牲畜存栏头数(万头只)	Total Livestock at the Year-end(10 000 heads)	117.66	107.57	-8.6
#大牲畜(万头只)	Large Animals(10 000 heads)	15.24	18.06	18.5
羊(万只)	Sheep & Goats(10 000 heads)	96.86	83.96	-13.3
猪(万头)	Hogs(10 000 heads)	5.56	5.55	-0.2
独立核算工业	**Industry with Independent Accounting System**			
工业企业单位数(个)	Number of Industrial Enterprises(unit)	61	63	3.3
#内资企业(个)	Civil Funded Enterprises(unit)	61	63	3.3
工业总产值(万元)	Gross Industrial Output Value(10 000 yuan)	14665	22257	51.0
内资企业(万元)	Civil Funded Enterprises(10 000 yuan)	14665	22257	51.0
国有企业(万元)	State-owned Enterprises(10 000 yuan)	1958	2095	10.6
集体企业(万元)	Collective-owned Enterprises(10 000 yuan)	1021	1246	23.9
股份合作企业(万元)	Share Holding Enterprises(10 000 yuan)			
联营企业(万元)	Joint Owned Enterprises(10 000 yuan)			
有限责任公司(万元)	Limited Company(10 000 yuan)	4477	8265	39.6
股份有限公司(万元)	Share Holding Limited Company(10 000 yuan)	892	1346	69.1
私营企业(万元)	Privately Owned Enterprises(10 000 yuan)	6317	9305	62.9
其他企业(万元)	Enterprises of Other Ownership(10 000 yuan)			
港澳台商投资企业(万元)	Funds from HK,Macao & Taiwan(10 000 yuan)			
外商投资企业(万元)	Foreign Funded Enterprises(10 000 yuan)			
工业企业增加值(万元)	Value Added of Industrial Enterprises(10 000 yuan)	5700	8414	51.5
工业企业资产总计(万元)	Total Assets of Industrial Enterprises(10 000 yuan)	60921	80838	32.7
工业企业负债合计(万元)	Total Liabilities of Industrial Enterprises(10 000 yuan)	34329	42040	22.5
工业企业产品销售收入(万元)	Sales of Revenue Industrial Enterprises(10 000 yuan)	13788	21714	57.5
工业企业利润总额(万元)	Total Profits of Industrial Enterprises(10 000 yuan)	1137	1795	57.9
建筑业	**Construction**			
建筑企业单位数(个)	Number of Construction Enterprises(unit)	4	4	0.0
建筑企业从业人员(人)	Number of Employee in Construction Enterprises(person)	2401	3536	47.3
建筑业总产值(万元)	Gross Construction Output Value(10 000 yuan)	8734	12245	40.2
交通运输邮电通信业	**Transportation,Post & Telecommunications**			
公路里程(公里)	Total Length of Highways(km)	1099	1187	8.0
邮电业务总量(万元)	Business Volume of Post & Telecoms(10 000 yuan)	2422	2641	9.0
本地电话用户(户)	Number of Subscribers of Local Telephone(Household)	17464	20418	16.9
国内贸易	**Demestic Trade**			
社会消费品零售总额(万元)	Total Retail Sales of Consumer Goods(10 000 yuan)	34250	39072	14.1
#贸易业(万元)	Wholesale & Retail Sales Trades(10 000 yuan)	27575	35070	27.2
餐饮业(万元)	Catering Trade(10 000 yuan)	2775	3162	13.9
科技教育卫生	**Science,Education & Public Health**			
各类专业技术人员(人)	Speccial Technical Personnel(person)	5579	4995	-10.5
幼儿园数(所)	Number of Kindergartens(unit)	12	10	-16.7
学龄儿童入学率(%)	Percentage of School-Age Children Enrolled(%)	100.0	100.0	0.0
小学学校数(所)	Number of Primary Schools(unit)	102	96	-5.9
小学专任教师数(人)	Number of Full-time Teachers of Primary Schools(person)	1204	1185	-1.6
小学在校学生数(人)	Number of Student Enrollment of Primary Schools(person)	18325	18007	-1.7
普通中学学校数(所)	Number of Regular Secondary Schools(unit)	17	17	0.0
普通中学专任教师数(人)	Number of Teachers of Secondary Shools(person)	758	753	-0.7
初中在校学生数(人)	Number of Student in Junior Secondary Schools(person)	13513	12360	-8.5
高中在校学生数(人)	Number of Student in Senior Secondary Schools(person)	2761	4090	48.1
卫生机构数(所)	Number of Health Institutions(unit)	27	26	-3.7
#医院(所)	Hospitals(unit)	2	2	0.0
卫生院(所)	Township Hospitals(unit)	19	20	5.3
床位数(张)	Number of Beds(unit)	734	736	0.3
#医院(张)	Hospitals(unit)	201	200	-0.5
卫生院(张)	Township Hospitals(unit)	278	276	-0.7
卫生技术人员(人)	Medical Technical Presonnel(person)	647	663	2.5
#医院(人)	Hospitals(person)	282	282	0.0
卫生院(人)	Township Hospitals(person)	225	261	16.0

23-37 赤峰市翁牛特旗

指标	Item	2002	2003	2003年比上年增长% Increase Rate in 2003 Over 2002(%)
行政区域土地面积(平方公里)	**Area of Administration(Sq.km)**	**11882**	**11882**	**0.0**
人口和就业	**Population & Employment**			
年末总人口(人)	Total Population Year-end(person)	464178	468777	1.0
#男性(人)	Male(person)	239467	249247	4.1
#乡村人口(人)	Rural(person)	410916	411131	0.1
年末总户数(户)	Total Number of Households at the Year-end(Household)	127761	128630	0.7
#乡村户数(户)	Number of Rural Household(Household)	102083	102891	0.8
出生人口(人)	Births(person)	3649	4381	20.1
死亡人口(人)	Deaths(person)	2231	1997	-10.5
全社会就业人员(人)	Employment(person)	187298	200740	7.2
第一产业(人)	Primary Industry(person)	138623	127805	-7.8
第二产业(人)	Secondary Industry(person)	11588	18738	61.7
第三产业(人)	Tertiary Industry(person)	37087	54197	46.1
在岗职工人数(人)	Number of Staff & Workers Employed in(person)	21521	22003	2.2
乡村劳动力(人)	Number of Rural Laborers(person)	163677	178480	9.0
#农林牧渔业(人)	Farming,Forestry,Animal Husbandry & Fishery(person)	134333	97237	-27.6
国民经济综合指标	**Summary Item on the National Economy**			
生产总值(万元)	Gross Domestic Product(10 000 yuan)	168620	205802	20.5
第一产业(万元)	Primary Industry(10 000 yuan)	84952	95811	11.4
第二产业(万元)	Secondary Industry(10 000 yuan)	41152	58620	41.8
#工业(万元)	Industry(10 000 yuan)	31154	38813	24.1
第三产业(万元)	Tertiary Industry(10 000 yuan)	42516	51371	18.1
人均生产总值(元)	Per Capita GDP(yuan)	3634	4412	18.2
全社会固定资产投资(万元)	Total Investment in Fixed Assets(10 000 yuan)	30052	66114	120.0
按登记注册类型分	Grouped by Registered Type			
#国有(万元)	State-owned Enterprises(10 000 yuan)	20850	45822	119.8
集体(万元)	Collective-owned Enterprises(10 000 yuan)	6081	10451	71.9
有限责任公司(万元)	Limited Liability Corporations(10 000 yuan)			
股份有限公司(万元)	Share Holding Enterprises(10 000 yuan)			
私营企业(万元)	Private Enterprises(10 000 yuan)			
外商及港澳台投资企业(万元)	Funds from HK,Macao,Taiwan & Foreign(10 000 yuan)			
按管理渠道分	Grouped by Channel of Management			
#基本建设(万元)	Capital Construction(10 000 yuan)	20700	27105	30.9
更新改造(万元)	Innovation(10 000 yuan)	1246	9545	666.1
房地产开发(万元)	Real Estate Development(10 000 yuan)	950	3500	268.4
地方财政收入(万元)	Local Governments Revenue(10 000 yuan)	4462	4943	10.8
地方财政支出(万元)	Local Governments Expenditures(10 000 yuan)	30382	34020	12.0
城乡居民储蓄存款余额(万元)	Resident Saving Deposit in Urban & Rural(10 000 yuan)	57524	75598	31.4
在岗职工工资总额(万元)	Total Wages of Staff & Workers Empioyed in(10 000 yuan)	16508	19002	15.1
在岗职工平均工资(元)	Average Wage of Staff & Workers Employed in(yuan)	7641	8549	11.9
农牧民人均纯收入(元)	Per Capita Net Income of Peasant & Herdsman(yuan)	1503	1742	15.9
农村牧区经济	**Economic Development in Rural & Pastoral Area**			
耕地面积(公顷)	Cultivated Area(hectare)	138395	132140	-4.5
农作物总播种面积(公顷)	Total Sown Area(hectare)	135668	135467	-0.1
#粮食作物播种面积(公顷)	Sown Area of Grain Crops(hectare)	106667	101400	-4.9
有效灌溉面积(公顷)	Irrigated Area(hectare)	49001	49875	1.8
农牧业机械总动力(万千瓦)	Total Power of Agricultural Machinery(10 000 kw)	25.00	30.00	20.0
化肥施用折纯量(吨)	Consumption of Chemical Fertilizer(ton)	11757	11811	0.5
农村用电量(万千瓦小时)	Electricity Consumed in Rural Area(10 000 kwh)	4679	5286	13.0
农林牧渔业总产值(万元)	Gross Output of Farming,Forestry,Animal Husbandry & Fishery(10 000 yuan)	137097	155470	13.4
粮食产量(吨)	Yield of Grain(ton)	415282	333103	-19.8
油料产量(吨)	Yield of Oil-bearing Grops(ton)	15049	10673	-29.1
甜菜产量(吨)	Yield of Beetroots(ton)	218860	43391	-80.2
猪牛羊肉产量(吨)	Output of Pork, Beef & Mutton(ton)	26862	45957	71.1
#猪肉产量(吨)	Output of Pork(ton)	22778	34718	52.4
牛肉产量(吨)	Output of Beef(ton)	2210	4188	89.5
羊肉产量(吨)	Output of Mutton(ton)	1874	7051	276.3

23-37 Wengniute Banner in Chifeng City

指 标	Item	2002	2003	2003年比上年增长% Increase Rate in 2003 Over 2002(%)
羊毛产量(吨)	Output of Wool(ton)	540	540	0.0
年末牲畜存栏头数(万头只)	Total Livestock at the Year-end(10 000 heads)	76.73	81.23	5.9
# 大牲畜(万头只)	Large Animals(10 000 heads)	16.31	17.91	9.8
羊(万只)	Sheep & Goats(10 000 heads)	41.60	44.80	7.7
猪(万头)	Hogs(10 000 heads)	18.82	18.52	-1.6
独立核算工业	**Industry with Independent Accounting System**			
工业企业单位数(个)	Number of Industrial Enterprises(unit)	64	66	3.1
# 内资企业(个)	Civil Funded Enterprises(unit)	62	64	3.2
工业总产值(万元)	Gross Industrial Output Value(10 000 yuan)	47569	59934	27.2
内资企业(万元)	Civil Funded Enterprises(10 000 yuan)	45505	54874	21.0
国有企业(万元)	State-owned Enterprises(10 000 yuan)	9020	10741	23.8
集体企业(万元)	Collective-owned Enterprises(10 000 yuan)	353	537	13.3
股份合作企业(万元)	Share Holding Enterprises(10 000 yuan)	5541	8114	36.6
联营企业(万元)	Joint Owned Enterprises(10 000 yuan)			
有限责任公司(万元)	Limited Company(10 000 yuan)		1164	
股份有限公司(万元)	Share Holding Limited Company(10 000 yuan)	20190	24147	29.7
私营企业(万元)	Privately Owned Enterprises(10 000 yuan)			
其他企业(万元)	Enterprises of Other Ownership(10 000 yuan)	10401	10171	-2.2
港澳台商投资企业(万元)	Funds from HK,Macao & Taiwan(10 000 yuan)	2064	5060	132.2
外商投资企业(万元)	Foreign Funded Enterprises(10 000 yuan)			
工业企业增加值(万元)	Value Added of Industrial Enterprises(10 000 yuan)	16264	22727	27.6
工业企业资产总计(万元)	Total Assets of Industrial Enterprises(10 000 yuan)	62166	60495	-2.7
工业企业负债合计(万元)	Total Liabilities of Industrial Enterprises(10 000 yuan)	35717	36307	1.7
工业企业产品销售收入(万元)	Sales of Revenue Industrial Enterprises(10 000 yuan)	50739	60326	18.9
工业企业利润总额(万元)	Total Profits of Industrial Enterprises(10 000 yuan)	1495	1727	15.5
建筑业	**Construction**			
建筑企业单位数(个)	Number of Construction Enterprises(unit)	7	7	0.0
建筑企业从业人员(人)	Number of Employee in Construction Enterprises(person)	10035	10500	4.6
建筑业总产值(万元)	Gross Construction Output Value(10 000 yuan)	35900	37714	5.1
交通运输邮电通信业	**Transportation,Post & Telecommunications**			
公路里程(公里)	Total Length of Highways(km)	1384	1384	0.0
邮电业务总量(万元)	Business Volume of Post & Telecoms(10 000 yuan)	2809	2919	3.9
本地电话用户(户)	Number of Subscribers of Local Telephone(Household)	29211	32088	9.8
国内贸易	**Demestic Trade**			
社会消费品零售总额(万元)	Total Retail Sales of Consumer Goods(10 000 yuan)	54488	64180	17.8
# 贸易业(万元)	Wholesale & Retail Sales Trades(10 000 yuan)	39817	55701	39.9
餐饮业(万元)	Catering Trade(10 000 yuan)	6094	7800	28.0
科技教育卫生	**Science,Education & Public Health**			
各类专业技术人员(人)	Speccial Technical Personnel(person)	7558	7709	2.0
幼儿园数(所)	Number of Kindergartens(unit)	23	21	-8.7
学龄儿童入学率(%)	Percentage of School-Age Children Enrolled(%)	99.9	99.6	-0.3
小学学校数(所)	Number of Primary Schools(unit)	251	234	-6.8
小学专任教师数(人)	Number of Full-time Teachers of Primary Schools(person)	3042	3095	1.7
小学在校学生数(人)	Number of Student Enrollment of Primary Schools(person)	37692	37508	-0.5
普通中学学校数(所)	Number of Regular Secondary Schools(unit)	41	38	-7.3
普通中学专任教师数(人)	Number of Teachers of Secondary Shools(person)	1895	1599	-15.6
初中在校学生数(人)	Number of Student in Junior Secondary Schools(person)	29453	29814	1.2
高中在校学生数(人)	Number of Student in Senior Secondary Schools(person)	7644	9086	18.9
卫生机构数(所)	Number of Health Institutions(unit)	38	35	-7.9
# 医院(所)	Hospitals(unit)	3	3	0.0
卫生院(所)	Township Hospitals(unit)	30	26	-13.3
床位数(张)	Number of Beds(unit)	622	626	0.6
# 医院(张)	Hospitals(unit)	246	250	1.6
卫生院(张)	Township Hospitals(unit)	370	370	0.0
卫生技术人员(人)	Medical Technical Presonnel(person)	961	1047	8.9
# 医院(人)	Hospitals(person)	330	357	8.2
卫生院(人)	Township Hospitals(person)	471	489	3.8

23-38 赤峰市喀喇沁旗

指 标	Item	2002	2003	2003年比上年增长% Increase Rate in 2003 Over 2002(%)
行政区域土地面积(平方公里)	**Area of Administration(Sq.km)**	**3071**	**3071**	**0.0**
人口和就业	**Population & Employment**			
年末总人口(人)	Total Population Year-end(person)	363285	366654	0.9
#男性(人)	Male(person)	188575	190322	0.9
#乡村人口(人)	Rural(person)	327483	328106	0.2
年末总户数(户)	Total Number of Households at the Year-end(Household)	94801	88713	-6.4
#乡村户数(户)	Number of Rural Household(Household)	84471	84741	0.3
出生人口(人)	Births(person)	2926	3946	34.9
死亡人口(人)	Deaths(person)	2527	1736	-31.3
全社会就业人员(人)	Employment(person)	150106	153619	2.3
第一产业(人)	Primary Industry(person)	89666	92240	2.9
第二产业(人)	Secondary Industry(person)	24717	24480	-1.0
第三产业(人)	Tertiary Industry(person)	35723	36899	3.3
在岗职工人数(人)	Number of Staff & Workers Employed in(person)	16010	15533	-3.0
乡村劳动力(人)	Number of Rural Laborers(person)	131700	156722	19.0
#农林牧渔业(人)	Farming,Forestry,Animal Husbandry & Fishery(person)	89026	91507	2.8
国民经济综合指标	**Summary Item on the National Economy**			
生产总值(万元)	Gross Domestic Product(10 000 yuan)	86328	104418	19.8
第一产业(万元)	Primary Industry(10 000 yuan)	25922	27690	6.8
第二产业(万元)	Secondary Industry(10 000 yuan)	30680	44922	43.3
#工业(万元)	Industry(10 000 yuan)	20695	27021	30.4
第三产业(万元)	Tertiary Industry(10 000 yuan)	29726	31806	6.6
人均生产总值(元)	Per Capita GDP(yuan)	2372	2861	19.4
全社会固定资产投资(万元)	Total Investment in Fixed Assets(10 000 yuan)	54294	78433	44.5
按登记注册类型分	Grouped by Registered Type			
#国有(万元)	State-owned Enterprises(10 000 yuan)	12420	8651	-30.3
集体(万元)	Collective-owned Enterprises(10 000 yuan)	866	325	-62.5
有限责任公司(万元)	Limited Liability Corporations(10 000 yuan)		28873	
股份有限公司(万元)	Share Holding Enterprises(10 000 yuan)		420	
私营企业(万元)	Private Enterprises(10 000 yuan)		491	
外商及港澳台投资企业(万元)	Funds from HK,Macao,Taiwan & Foreign(10 000 yuan)			
按管理渠道分	Grouped by Channel of Management			
#基本建设(万元)	Capital Construction(10 000 yuan)	48457	59440	22.7
更新改造(万元)	Innovation(10 000 yuan)	2378	8620	262.5
房地产开发(万元)	Real Estate Development(10 000 yuan)			
地方财政收入(万元)	Local Governments Revenue(10 000 yuan)	3283	3776	15.0
地方财政支出(万元)	Local Governments Expenditures(10 000 yuan)	23080	27062	17.3
城乡居民储蓄存款余额(万元)	Resident Saving Deposit in Urban & Rural(10 000 yuan)	68372	78548	14.9
在岗职工工资总额(万元)	Total Wages of Staff & Workers Empioyed in(10 000 yuan)	13708	14615	6.6
在岗职工平均工资(元)	Average Wage of Staff & Workers Employed in(yuan)	8452	9017	6.7
农牧民人均纯收入(元)	Per Capita Net Income of Peasant & Herdsman(yuan)	1398	1600	14.4
农村牧区经济	**Economic Development in Rural & Pastoral Area**			
耕地面积(公顷)	Cultivated Area(hectare)	50690	47731	-5.8
农作物总播种面积(公顷)	Total Sown Area(hectare)	50779	48102	-5.3
#粮食作物播种面积(公顷)	Sown Area of Grain Crops(hectare)	40440	37816	-6.5
有效灌溉面积(公顷)	Irrigated Area(hectare)	17899	17806	-0.5
农牧业机械总动力(万千瓦)	Total Power of Agricultural Machinery(10 000 kw)	18.80	18.30	-2.7
化肥施用折纯量(吨)	Consumption of Chemical Fertilizer(ton)	10174	11750	15.5
农村用电量(万千瓦小时)	Electricity Consumed in Rural Area(10 000 kwh)	4672	4747	1.6
农林牧渔业总产值(万元)	Gross Output of Farming,Forestry,Animal Husbandry & Fishery(10 000 yuan)	48409	49755	2.8
粮食产量(吨)	Yield of Grain(ton)	175111	124020	-29.2
油料产量(吨)	Yield of Oil-bearing Grops(ton)	3898	1307	-66.5
甜菜产量(吨)	Yield of Beetroots(ton)	9167	789	-91.4
猪牛羊肉产量(吨)	Output of Pork, Beef & Mutton(ton)	8797	5915	-32.8
#猪肉产量(吨)	Output of Pork(ton)	7170	4502	-37.2
牛肉产量(吨)	Output of Beef(ton)	588	847	44.0
羊肉产量(吨)	Output of Mutton(ton)	1039	566	-45.5

23-38 Kalaqin Banner in Chifeng City

指标	Item	2002	2003	2003年比上年增长% Increase Rate in 2003 Over 2002(%)
羊毛产量(吨)	Output of Wool(ton)	125	188	50.4
年末牲畜存栏头数(万头只)	Total Livestock at the Year-end(10 000 heads)	18.37	21.98	19.7
# 大牲畜(万头只)	Large Animals(10 000 heads)	5.37	5.99	11.5
羊(万只)	Sheep & Goats(10 000 heads)	5.95	9.28	56.0
猪(万头)	Hogs(10 000 heads)	7.04	6.71	-4.7
独立核算工业	**Industry with Independent Accounting System**			
工业企业单位数(个)	Number of Industrial Enterprises(unit)	48	45	-6.3
# 内资企业(个)	Civil Funded Enterprises(unit)	46	39	-15.2
工业总产值(万元)	Gross Industrial Output Value(10 000 yuan)	28300	47269	66.8
内资企业(万元)	Civil Funded Enterprises(10 000 yuan)	25358	45602	79.7
国有企业(万元)	State-owned Enterprises(10 000 yuan)	3929	4595	16.9
集体企业(万元)	Collective-owned Enterprises(10 000 yuan)	2575	2696	4.6
股份合作企业(万元)	Share Holding Enterprises(10 000 yuan)	251	330	31.4
联营企业(万元)	Joint Owned Enterprises(10 000 yuan)			
有限责任公司(万元)	Limited Company(10 000 yuan)			
股份有限公司(万元)	Share Holding Limited Company(10 000 yuan)	17809	37390	109.7
私营企业(万元)	Privately Owned Enterprises(10 000 yuan)			
其他企业(万元)	Enterprises of Other Ownership(10 000 yuan)	794	591	-25.6
港澳台商投资企业(万元)	Funds from HK,Macao & Taiwan(10 000 yuan)	2942	1667	-43.4
外商投资企业(万元)	Foreign Funded Enterprises(10 000 yuan)			
工业企业增加值(万元)	Value Added of Industrial Enterprises(10 000 yuan)	8323	14702	76.5
工业企业资产总计(万元)	Total Assets of Industrial Enterprises(10 000 yuan)	68370	68238	-0.2
工业企业负债合计(万元)	Total Liabilities of Industrial Enterprises(10 000 yuan)	39884	42403	6.3
工业企业产品销售收入(万元)	Sales of Revenue Industrial Enterprises(10 000 yuan)	37243	50798	36.4
工业企业利润总额(万元)	Total Profits of Industrial Enterprises(10 000 yuan)	-453	648	
建筑业	**Construction**			
建筑企业单位数(个)	Number of Construction Enterprises(unit)	5	6	20.0
建筑企业从业人员(人)	Number of Employee in Construction Enterprises(person)	2674	2740	2.5
建筑业总产值(万元)	Gross Construction Output Value(10 000 yuan)	20838	21856	4.9
交通运输邮电通信业	**Transportation,Post & Telecommunications**			
公路里程(公里)	Total Length of Highways(km)	614	675	9.9
邮电业务总量(万元)	Business Volume of Post & Telecoms(10 000 yuan)	2306	2249	-2.5
本地电话用户(户)	Number of Subscribers of Local Telephone(Household)	26002	29903	15.0
国内贸易	**Demestic Trade**			
社会消费品零售总额(万元)	Total Retail Sales of Consumer Goods(10 000 yuan)	35308	39746	12.6
# 贸易业(万元)	Wholesale & Retail Sales Trades(10 000 yuan)	32948	37046	12.4
餐饮业(万元)	Catering Trade(10 000 yuan)	2151	2450	13.9
科技教育卫生	**Science,Education & Public Health**			
各类专业技术人员(人)	Speccial Technical Personnel(person)	5223	6043	15.7
幼儿园数(所)	Number of Kindergartens(unit)	13	8	-38.5
学龄儿童入学率(%)	Percentage of School-Age Children Enrolled(%)	100.0	99.6	-0.4
小学学校数(所)	Number of Primary Schools(unit)	168	165	-1.8
小学专任教师数(人)	Number of Full-time Teachers of Primary Schools(person)	1962	1964	0.1
小学在校学生数(人)	Number of Student Enrollment of Primary Schools(person)	23739	21856	-7.9
普通中学学校数(所)	Number of Regular Secondary Schools(unit)	34	31	-8.8
普通中学专任教师数(人)	Number of Teachers of Secondary Shools(person)	1547	1569	1.4
初中在校学生数(人)	Number of Student in Junior Secondary Schools(person)	19885	18201	-8.5
高中在校学生数(人)	Number of Student in Senior Secondary Schools(person)	5621	7260	29.2
卫生机构数(所)	Number of Health Institutions(unit)	43	43	0.0
# 医院(所)	Hospitals(unit)	4	4	0.0
卫生院(所)	Township Hospitals(unit)	18	18	0.0
床位数(张)	Number of Beds(unit)	850	850	0.0
# 医院(张)	Hospitals(unit)	240	290	20.8
卫生院(张)	Township Hospitals(unit)	530	530	0.0
卫生技术人员(人)	Medical Technical Presonnel(person)	783	799	2.0
# 医院(人)	Hospitals(person)	343	281	-18.1
卫生院(人)	Township Hospitals(person)	407	368	-9.6

23-39 赤峰市宁城县

指标	Item	2002	2003	2003年比上年增长% Increase Rate in 2003 Over 2002(%)
行政区域土地面积(平方公里)	**Area of Administration(Sq.km)**	**4305**	**4305**	**0.0**
人口和就业	**Population & Employment**			
年末总人口(人)	Total Population Year-end(person)	592792	596609	0.6
#男性(人)	Male(person)	307566	309176	0.5
#乡村人口(人)	Rural(person)	520790	522276	0.3
年末总户数(户)	Total Number of Households at the Year-end(Household)	169574	172036	1.5
#乡村户数(户)	Number of Rural Household(Household)	137660	137803	0.1
出生人口(人)	Births(person)	5267	5319	1.0
死亡人口(人)	Deaths(person)	2993	3017	0.8
全社会就业人员(人)	Employment(person)	244909	262273	7.1
第一产业(人)	Primary Industry(person)	148646	164034	10.4
第二产业(人)	Secondary Industry(person)	56148	32481	-42.2
第三产业(人)	Tertiary Industry(person)	40115	65758	63.9
在岗职工人数(人)	Number of Staff & Workers Employed in(person)	29642	29202	-1.5
乡村劳动力(人)	Number of Rural Laborers(person)	210696	217530	3.2
#农林牧渔业(人)	Farming,Forestry,Animal Husbandry & Fishery(person)	147709	152583	3.3
国民经济综合指标	**Summary Item on the National Economy**			
生产总值(万元)	Gross Domestic Product(10 000 yuan)	225578	274005	20.4
第一产业(万元)	Primary Industry(10 000 yuan)	65442	75713	15.7
第二产业(万元)	Secondary Industry(10 000 yuan)	79938	100935	25.9
#工业(万元)	Industry(10 000 yuan)	61464	74811	21.7
第三产业(万元)	Tertiary Industry(10 000 yuan)	80198	97357	18.5
人均生产总值(元)	Per Capita GDP(yuan)	3815	4607	19.9
全社会固定资产投资(万元)	Total Investment in Fixed Assets(10 000 yuan)	66000	96245	45.8
按登记注册类型分	Grouped by Registered Type			
#国有(万元)	State-owned Enterprises(10 000 yuan)	12104	8404	-30.6
集体(万元)	Collective-owned Enterprises(10 000 yuan)	1264	1468	16.1
有限责任公司(万元)	Limited Liability Corporations(10 000 yuan)		14064	
股份有限公司(万元)	Share Holding Enterprises(10 000 yuan)			
私营企业(万元)	Private Enterprises(10 000 yuan)		9807	
外商及港澳台投资企业(万元)	Funds from HK,Macao,Taiwan & Foreign(10 000 yuan)			
按管理渠道分	Grouped by Channel of Management			
#基本建设(万元)	Capital Construction(10 000 yuan)	21596	70016	224.2
更新改造(万元)	Innovation(10 000 yuan)	3624	15144	317.9
房地产开发(万元)	Real Estate Development(10 000 yuan)	2720	2620	-3.7
地方财政收入(万元)	Local Governments Revenue(10 000 yuan)	6954	7219	3.8
地方财政支出(万元)	Local Governments Expenditures(10 000 yuan)	29688	38924	31.1
城乡居民储蓄存款余额(万元)	Resident Saving Deposit in Urban & Rural(10 000 yuan)	132637	141100	6.4
在岗职工工资总额(万元)	Total Wages of Staff & Workers Empioyed in(10 000 yuan)	27343	29827	9.1
在岗职工平均工资(元)	Average Wage of Staff & Workers Employed in(yuan)	9060	10423	15.0
农牧民人均纯收入(元)	Per Capita Net Income of Peasant & Herdsman(yuan)	1576	1786	13.3
农村牧区经济	**Economic Development in Rural & Pastoral Area**			
耕地面积(公顷)	Cultivated Area(hectare)	90810	86428	-4.8
农作物总播种面积(公顷)	Total Sown Area(hectare)	95401	96077	0.7
#粮食作物播种面积(公顷)	Sown Area of Grain Crops(hectare)	79097	74687	-5.6
有效灌溉面积(公顷)	Irrigated Area(hectare)	25548	26400	3.3
农牧业机械总动力(万千瓦)	Total Power of Agricultural Machinery(10 000 kw)	26.10	26.90	3.1
化肥施用折纯量(吨)	Consumption of Chemical Fertilizer(ton)	33645	27073	-19.5
农村用电量(万千瓦小时)	Electricity Consumed in Rural Area(10 000 kwh)	5951	6031	1.3
农林牧渔业总产值(万元)	Gross Output of Farming,Forestry,Animal Husbandry & Fishery(10 000 yuan)	107812	124847	15.8
粮食产量(吨)	Yield of Grain(ton)	430049	352500	-18.0
油料产量(吨)	Yield of Oil-bearing Grops(ton)	1685	1068	-36.6
甜菜产量(吨)	Yield of Beetroots(ton)	34395	4519	-86.9
猪牛羊肉产量(吨)	Output of Pork, Beef & Mutton(ton)	11363	10567	-7.0
#猪肉产量(吨)	Output of Pork(ton)	9438	8225	-12.9
牛肉产量(吨)	Output of Beef(ton)	1023	1690	65.2
羊肉产量(吨)	Output of Mutton(ton)	902	652	-27.7

23-39 Ningcheng County in Chifeng City

指标	Item	2002	2003	2003年比上年增长% Increase Rate in 2003 Over 2002(%)
羊毛产量(吨)	Output of Wool(ton)	162	163	0.6
年末牲畜存栏头数(万头只)	Total Livestock at the Year-end(10 000 heads)	29.53	34.25	16.0
# 大牲畜(万头只)	Large Animals(10 000 heads)	12.37	14.24	15.1
羊(万只)	Sheep & Goats(10 000 heads)	7.47	9.74	30.4
猪(万头)	Hogs(10 000 heads)	9.69	10.27	6.0
独立核算工业	**Industry with Independent Accounting System**			
工业企业单位数(个)	Number of Industrial Enterprises(unit)	60	68	13.3
# 内资企业(个)	Civil Funded Enterprises(unit)	60	68	13.3
工业总产值(万元)	Gross Industrial Output Value(10 000 yuan)	72749	85193	17.4
内资企业(万元)	Civil Funded Enterprises(10 000 yuan)	72749	85193	17.4
国有企业(万元)	State-owned Enterprises(10 000 yuan)	25067	15500	-37.9
集体企业(万元)	Collective-owned Enterprises(10 000 yuan)	11489	14535	26.9
股份合作企业(万元)	Share Holding Enterprises(10 000 yuan)			
联营企业(万元)	Joint Owned Enterprises(10 000 yuan)			
有限责任公司(万元)	Limited Company(10 000 yuan)	36193	46779	29.6
股份有限公司(万元)	Share Holding Limited Company(10 000 yuan)			
私营企业(万元)	Privately Owned Enterprises(10 000 yuan)		8379	
其他企业(万元)	Enterprises of Other Ownership(10 000 yuan)			
港澳台商投资企业(万元)	Funds from HK,Macao & Taiwan(10 000 yuan)			
外商投资企业(万元)	Foreign Funded Enterprises(10 000 yuan)			
工业企业增加值(万元)	Value Added of Industrial Enterprises(10 000 yuan)	27108	31521	16.3
工业企业资产总计(万元)	Total Assets of Industrial Enterprises(10 000 yuan)	139586	159559	14.3
工业企业负债合计(万元)	Total Liabilities of Industrial Enterprises(10 000 yuan)	76945	98730	28.3
工业企业产品销售收入(万元)	Sales of Revenue Industrial Enterprises(10 000 yuan)	66401	88162	32.8
工业企业利润总额(万元)	Total Profits of Industrial Enterprises(10 000 yuan)	95	2503	2534.7
建筑业	**Construction**			
建筑企业单位数(个)	Number of Construction Enterprises(unit)	8	9	12.5
建筑企业从业人员(人)	Number of Employee in Construction Enterprises(person)	3285	3689	12.3
建筑业总产值(万元)	Gross Construction Output Value(10 000 yuan)	20222	27342	35.2
交通运输邮电通信业	**Transportation,Post & Telecommunications**			
公路里程(公里)	Total Length of Highways(km)	1200	1203	0.3
邮电业务总量(万元)	Business Volume of Post & Telecoms(10 000 yuan)	3289	3357	2.1
本地电话用户(户)	Number of Subscribers of Local Telephone(Household)	43303	49834	15.1
国内贸易	**Demestic Trade**			
社会消费品零售总额(万元)	Total Retail Sales of Consumer Goods(10 000 yuan)	78778	93420	18.6
# 贸易业(万元)	Wholesale & Retail Sales Trades(10 000 yuan)	71332	85212	19.5
餐饮业(万元)	Catering Trade(10 000 yuan)	7266	8008	10.2
科技教育卫生	**Science,Education & Public Health**			
各类专业技术人员(人)	Speccial Technical Personnel(person)	12786	13233	3.5
幼儿园数(所)	Number of Kindergartens(unit)	25	22	-12.0
学龄儿童入学率(%)	Percentage of School-Age Children Enrolled(%)	99.8	99.9	0.1
小学学校数(所)	Number of Primary Schools(unit)	299	245	-18.1
小学专任教师数(人)	Number of Full-time Teachers of Primary Schools(person)	2786	2783	-0.1
小学在校学生数(人)	Number of Student Enrollment of Primary Schools(person)	44782	39524	-11.7
普通中学学校数(所)	Number of Regular Secondary Schools(unit)	51	51	0.0
普通中学专任教师数(人)	Number of Teachers of Secondary Shools(person)	2408	2429	0.9
初中在校学生数(人)	Number of Student in Junior Secondary Schools(person)	37690	35785	-5.1
高中在校学生数(人)	Number of Student in Senior Secondary Schools(person)	9160	10064	9.9
卫生机构数(所)	Number of Health Institutions(unit)	38	37	-2.6
# 医院(所)	Hospitals(unit)	5	4	-20.0
卫生院(所)	Township Hospitals(unit)	28	26	-7.1
床位数(张)	Number of Beds(unit)	1276	1226	-3.9
# 医院(张)	Hospitals(unit)	622	610	-1.9
卫生院(张)	Township Hospitals(unit)	654	531	-18.8
卫生技术人员(人)	Medical Technical Presonnel(person)	1591	1716	7.9
# 医院(人)	Hospitals(person)	847	673	-20.5
卫生院(人)	Township Hospitals(person)	744	791	6.3

23-40 赤峰市敖汉旗

指 标	Item	2002	2003	2003年比上年增长% Increase Rate in 2003 Over 2002(%)
行政区域土地面积(平方公里)	**Area of Administration(Sq.km)**	**8294**	**8294**	**0.0**
人口和就业	**Population & Employment**			
年末总人口(人)	Total Population Year-end(person)	583629	587034	0.6
#男性(人)	Male(person)	304087	304249	0.1
#乡村人口(人)	Rural(person)	525627	532934	1.4
年末总户数(户)	Total Number of Households at the Year-end(Household)	161209	163503	1.4
#乡村户数(户)	Number of Rural Household(Household)	131003	134004	2.3
出生人口(人)	Births(person)	5274	5564	5.5
死亡人口(人)	Deaths(person)	2199	2399	9.1
全社会就业人员(人)	Employment(person)	295635	289657	-2.0
第一产业(人)	Primary Industry(person)	184439	164005	-11.1
第二产业(人)	Secondary Industry(person)	34739	35605	2.5
第三产业(人)	Tertiary Industry(person)	76457	90047	17.8
在岗职工人数(人)	Number of Staff & Workers Employed in(person)	25507	24251	-4.9
乡村劳动力(人)	Number of Rural Laborers(person)	232802	267168	14.8
#农林牧渔业(人)	Farming,Forestry,Animal Husbandry & Fishery(person)	173365	164005	-5.4
国民经济综合指标	**Summary Item on the National Economy**			
生产总值(万元)	Gross Domestic Product(10 000 yuan)	186938	227778	21.6
第一产业(万元)	Primary Industry(10 000 yuan)	87821	106020	20.6
第二产业(万元)	Secondary Industry(10 000 yuan)	37815	47824	26.6
#工业(万元)	Industry(10 000 yuan)	28735	35523	24.0
第三产业(万元)	Tertiary Industry(10 000 yuan)	61302	73934	19.8
人均生产总值(元)	Per Capita GDP(yuan)	3217	3891	20.9
全社会固定资产投资(万元)	Total Investment in Fixed Assets(10 000 yuan)	32000	60128	87.9
按登记注册类型分	Grouped by Registered Type			
#国有(万元)	State-owned Enterprises(10 000 yuan)	21690	41546	91.5
集体(万元)	Collective-owned Enterprises(10 000 yuan)		4530	
有限责任公司(万元)	Limited Liability Corporations(10 000 yuan)			
股份有限公司(万元)	Share Holding Enterprises(10 000 yuan)			
私营企业(万元)	Private Enterprises(10 000 yuan)			
外商及港澳台投资企业(万元)	Funds from HK,Macao,Taiwan & Foreign(10 000 yuan)			
按管理渠道分	Grouped by Channel of Management			
#基本建设(万元)	Capital Construction(10 000 yuan)	21690	34616	59.6
更新改造(万元)	Innovation(10 000 yuan)		7670	
房地产开发(万元)	Real Estate Development(10 000 yuan)			
地方财政收入(万元)	Local Governments Revenue(10 000 yuan)	4711	6215	31.9
地方财政支出(万元)	Local Governments Expenditures(10 000 yuan)	27978	38551	37.8
城乡居民储蓄存款余额(万元)	Resident Saving Deposit in Urban & Rural(10 000 yuan)	76163	85912	12.8
在岗职工工资总额(万元)	Total Wages of Staff & Workers Empioyed in(10 000	21414	22273	4.0
在岗职工平均工资(元)	Average Wage of Staff & Workers Employed in(yuan)	8385	9135	8.9
农牧民人均纯收入(元)	Per Capita Net Income of Peasant & Herdsman(yuan)	1158	1541	33.1
农村牧区经济	**Economic Development in Rural & Pastoral Area**			
耕地面积(公顷)	Cultivated Area(hectare)	151910	164265	8.1
农作物总播种面积(公顷)	Total Sown Area(hectare)	138613	139617	0.7
#粮食作物播种面积(公顷)	Sown Area of Grain Crops(hectare)	118975	118889	-0.1
有效灌溉面积(公顷)	Irrigated Area(hectare)	36112	38591	6.9
农牧业机械总动力(万千瓦)	Total Power of Agricultural Machinery(10 000 kw)	23.40	25.80	10.3
化肥施用折纯量(吨)	Consumption of Chemical Fertilizer(ton)	22274	26185	17.6
农村用电量(万千瓦小时)	Electricity Consumed in Rural Area(10 000 kwh)	7515	10027	33.4
农林牧渔业总产值(万元)	Gross Output of Farming,Forestry,Animal Husbandry & Fishery(10 000 yuan)	143214	165697	15.7
粮食产量(吨)	Yield of Grain(ton)	350000	340000	-2.9
油料产量(吨)	Yield of Oil-bearing Grops(ton)	3180	2830	-11.0
甜菜产量(吨)	Yield of Beetroots(ton)	49314	22794	-53.8
猪牛羊肉产量(吨)	Output of Pork, Beef & Mutton(ton)	49111	47134	-4.0
#猪肉产量(吨)	Output of Pork(ton)	46296	39664	-14.3
牛肉产量(吨)	Output of Beef(ton)	573	869	51.7
羊肉产量(吨)	Output of Mutton(ton)	2242	6601	194.4

23-40 Aohan Banner in Chifeng City

指 标	Item	2002	2003	2003年比上年增长% Increase Rate in 2003 Over 2002(%)
羊毛产量(吨)	Output of Wool(ton)	615	616	0.2
年末牲畜存栏头数(万头只)	Total Livestock at the Year-end(10 000 heads)	73.97	99.10	34.0
# 大牲畜(万头只)	Large Animals(10 000 heads)	16.78	18.10	7.9
羊(万只)	Sheep & Goats(10 000 heads)	26.47	51.10	93.0
猪(万头)	Hogs(10 000 heads)	30.73	29.90	-2.7
独立核算工业	**Industry with Independent Accounting System**			
工业企业单位数(个)	Number of Industrial Enterprises(unit)	89	89	0.0
# 内资企业(个)	Civil Funded Enterprises(unit)	89	89	0.0
工业总产值(万元)	Gross Industrial Output Value(10 000 yuan)	30366	40709	32.6
内资企业(万元)	Civil Funded Enterprises(10 000 yuan)	30366	40709	32.6
国有企业(万元)	State-owned Enterprises(10 000 yuan)	6498	6668	2.4
集体企业(万元)	Collective-owned Enterprises(10 000 yuan)	10604	9109	-15.8
股份合作企业(万元)	Share Holding Enterprises(10 000 yuan)			
联营企业(万元)	Joint Owned Enterprises(10 000 yuan)	2355		
有限责任公司(万元)	Limited Company(10 000 yuan)	768		
股份有限公司(万元)	Share Holding Limited Company(10 000 yuan)	8372	14525	71.2
私营企业(万元)	Privately Owned Enterprises(10 000 yuan)	1769		
其他企业(万元)	Enterprises of Other Ownership(10 000 yuan)		10407	
港澳台商投资企业(万元)	Funds from HK,Macao & Taiwan(10 000 yuan)			
外商投资企业(万元)	Foreign Funded Enterprises(10 000 yuan)			
工业企业增加值(万元)	Value Added of Industrial Enterprises(10 000 yuan)	14938	19738	31.6
工业企业资产总计(万元)	Total Assets of Industrial Enterprises(10 000 yuan)	51389	46270	-10.0
工业企业负债合计(万元)	Total Liabilities of Industrial Enterprises(10 000 yuan)	28684	7143	-75.1
工业企业产品销售收入(万元)	Sales of Revenue Industrial Enterprises(10 000 yuan)	25282	40563	60.4
工业企业利润总额(万元)	Total Profits of Industrial Enterprises(10 000 yuan)	505	2062	308.3
建筑业	**Construction**			
建筑企业单位数(个)	Number of Construction Enterprises(unit)	4	4	0.0
建筑企业从业人员(人)	Number of Employee in Construction Enterprises(person)	2870	2980	3.8
建筑业总产值(万元)	Gross Construction Output Value(10 000 yuan)	13411	14518	8.3
交通运输邮电通信业	**Transportation,Post & Telecommunications**			
公路里程(公里)	Total Length of Highways(km)	2407	2407	0.0
邮电业务总量(万元)	Business Volume of Post & Telecoms(10 000 yuan)	3760	4203	11.8
本地电话用户(户)	Number of Subscribers of Local Telephone(Household)	32250	36107	12.0
国内贸易	**Demestic Trade**			
社会消费品零售总额(万元)	Total Retail Sales of Consumer Goods(10 000 yuan)	50002	59275	18.5
# 贸易业(万元)	Wholesale & Retail Sales Trades(10 000 yuan)	32518	51446	58.2
餐饮业(万元)	Catering Trade(10 000 yuan)	6002	7562	26.0
科技教育卫生	**Science,Education & Public Health**			
各类专业技术人员(人)	Speccial Technical Personnel(person)	7856	7864	0.1
幼儿园数(所)	Number of Kindergartens(unit)	42	42	0.0
学龄儿童入学率(%)	Percentage of School-Age Children Enrolled(%)	100.0	100.0	0.0
小学学校数(所)	Number of Primary Schools(unit)	272	259	-4.8
小学专任教师数(人)	Number of Full-time Teachers of Primary Schools(person)	3191	3136	-1.7
小学在校学生数(人)	Number of Student Enrollment of Primary Schools(person)	50969	46781	-8.2
普通中学学校数(所)	Number of Regular Secondary Schools(unit)	44	39	-11.4
普通中学专任教师数(人)	Number of Teachers of Secondary Shools(person)	2182	2018	-7.5
初中在校学生数(人)	Number of Student in Junior Secondary Schools(person)	34914	34516	-1.1
高中在校学生数(人)	Number of Student in Senior Secondary Schools(person)	6438	7920	23.0
卫生机构数(所)	Number of Health Institutions(unit)	37	40	8.1
# 医院(所)	Hospitals(unit)	4	4	0.0
卫生院(所)	Township Hospitals(unit)	28	28	0.0
床位数(张)	Number of Beds(unit)	853	928	8.8
# 医院(张)	Hospitals(unit)	388	496	27.8
卫生院(张)	Township Hospitals(unit)	465	432	-7.1
卫生技术人员(人)	Medical Technical Presonnel(person)	1280	1386	8.3
# 医院(人)	Hospitals(person)	565	435	-23.0
卫生院(人)	Township Hospitals(person)	715	951	33.0

23-41 通辽市科尔沁区

指标	Item	2002	2003	2003年比上年增长% Increase Rate in 2003 Over 2002(%)
行政区域土地面积(平方公里)	**Area of Administration(Sq.km)**	**3212**	**3212**	**0.0**
人口和就业	**Population & Employment**			
年末总人口(人)	Total Population Year-end(person)	795233	801851	0.8
#男性(人)	Male(person)	400521	402262	0.4
#乡村人口(人)	Rural(person)	440210	439663	-0.1
年末总户数(户)	Total Number of Households at the Year-end(Household)	243776	249433	2.3
#乡村户数(户)	Number of Rural Household(Household)	121586	121323	-0.2
出生人口(人)	Births(person)	7995	6341	-20.7
死亡人口(人)	Deaths(person)	3285	3787	15.3
全社会就业人员(人)	Employment(person)	264130	310493	17.6
第一产业(人)	Primary Industry(person)	140624	189513	34.8
第二产业(人)	Secondary Industry(person)	30540	42922	40.5
第三产业(人)	Tertiary Industry(person)	92966	78058	-16.0
在岗职工人数(人)	Number of Staff & Workers Employed in(person)	99070	87437	-11.7
乡村劳动力(人)	Number of Rural Laborers(person)	193556	191755	-0.9
#农林牧渔业(人)	Farming,Forestry,Animal Husbandry & Fishery(person)	155482	151911	-2.3
国民经济综合指标	**Summary Item on the National Economy**			
生产总值(万元)	Gross Domestic Product(10 000 yuan)	765132	946241	20.3
第一产业(万元)	Primary Industry(10 000 yuan)	175272	203373	4.8
第二产业(万元)	Secondary Industry(10 000 yuan)	334408	434057	26.2
#工业(万元)	Industry(10 000 yuan)	254220	310125	19.3
第三产业(万元)	Tertiary Industry(10 000 yuan)	255452	308811	23.9
人均生产总值(元)	Per Capita GDP(yuan)	9647	11811	23.2
全社会固定资产投资(万元)	Total Investment in Fixed Assets(10 000 yuan)	301990	524970	73.8
按登记注册类型分	Grouped by Registered Type			
#国有(万元)	State-owned Enterprises(10 000 yuan)	157410	308515	96.0
集体(万元)	Collective-owned Enterprises(10 000 yuan)	17456	750	-95.7
有限责任公司(万元)	Limited Liability Corporations(10 000 yuan)			
股份有限公司(万元)	Share Holding Enterprises(10 000 yuan)			
私营企业(万元)	Private Enterprises(10 000 yuan)			
外商及港澳台投资企业(万元)	Funds from HK,Macao,Taiwan & Foreign(10 000 yuan)			
按管理渠道分	Grouped by Channel of Management			
#基本建设(万元)	Capital Construction(10 000 yuan)	152943	255034	66.8
更新改造(万元)	Innovation(10 000 yuan)	69311	183702	165.0
房地产开发(万元)	Real Estate Development(10 000 yuan)	65320	64902	-0.6
地方财政收入(万元)	Local Governments Revenue(10 000 yuan)	17010	21251	24.9
地方财政支出(万元)	Local Governments Expenditures(10 000 yuan)	51672	51894	0.4
城乡居民储蓄存款余额(万元)	Resident Saving Deposit in Urban & Rural(10 000 yuan)	252204	281647	11.7
在岗职工工资总额(万元)	Total Wages of Staff & Workers Empioyed in(10 000	70378	83146	18.1
在岗职工平均工资(元)	Average Wage of Staff & Workers Employed in(yuan)	7089	9374	32.2
农牧民人均纯收入(元)	Per Capita Net Income of Peasant & Herdsman(yuan)	3212	3502	9.0
农村牧区经济	**Economic Development in Rural & Pastoral Area**			
耕地面积(公顷)	Cultivated Area(hectare)	125702	122927	-2.2
农作物总播种面积(公顷)	Total Sown Area(hectare)	132846	130614	-1.7
#粮食作物播种面积(公顷)	Sown Area of Grain Crops(hectare)	95524	94971	-0.6
有效灌溉面积(公顷)	Irrigated Area(hectare)	103840	126851	22.2
农牧业机械总动力(万千瓦)	Total Power of Agricultural Machinery(10 000 kw)	33.30	42.19	26.7
化肥施用折纯量(吨)	Consumption of Chemical Fertilizer(ton)	45122	44996	-0.3
农村用电量(万千瓦小时)	Electricity Consumed in Rural Area(10 000 kwh)	15394	15451	0.4
农林牧渔业总产值(万元)	Gross Output of Farming,Forestry,Animal Husbandry & Fishery(10 000 yuan)	282938	330613	16.8
粮食产量(吨)	Yield of Grain(ton)	795698	825348	3.7
油料产量(吨)	Yield of Oil-bearing Grops(ton)	6952	10790	55.2
甜菜产量(吨)	Yield of Beetroots(ton)	534	14	-97.4
猪牛羊肉产量(吨)	Output of Pork, Beef & Mutton(ton)	71409	87806	23.0
#猪肉产量(吨)	Output of Pork(ton)	43883	48601	10.8
牛肉产量(吨)	Output of Beef(ton)	26350	37435	42.1
羊肉产量(吨)	Output of Mutton(ton)	1176	1770	50.5

23-41 Keerqin District in Tongliao City

指标	Item	2002	2003	2003年比上年增长% Increase Rate in 2003 Over 2002(%)
羊毛产量(吨)	Output of Wool(ton)	286	179	-37.4
年末牲畜存栏头数(万头只)	Total Livestock at the Year-end(10 000 heads)	64.00	81.05	26.6
#大牲畜(万头只)	Large Animals(10 000 heads)	20.10	21.28	5.9
羊(万只)	Sheep & Goats(10 000 heads)	7.10	10.33	45.5
猪(万头)	Hogs(10 000 heads)	37.00	49.44	33.6
独立核算工业	**Industry with Independent Accounting System**			
工业企业单位数(个)	Number of Industrial Enterprises(unit)	151	182	20.5
#内资企业(个)	Civil Funded Enterprises(unit)	143	176	23.1
工业总产值(万元)	Gross Industrial Output Value(10 000 yuan)	568374	693346	20.0
内资企业(万元)	Civil Funded Enterprises(10 000 yuan)	522210	574444	8.9
国有企业(万元)	State-owned Enterprises(10 000 yuan)	215645	289196	34.9
集体企业(万元)	Collective-owned Enterprises(10 000 yuan)	52162	12470	-56.8
股份合作企业(万元)	Share Holding Enterprises(10 000 yuan)	122621	72990	-17.0
联营企业(万元)	Joint Owned Enterprises(10 000 yuan)			
有限责任公司(万元)	Limited Company(10 000 yuan)		109499	
股份有限公司(万元)	Share Holding Limited Company(10 000 yuan)	64298	4552	-93.2
私营企业(万元)	Privately Owned Enterprises(10 000 yuan)		112207	
其他企业(万元)	Enterprises of Other Ownership(10 000 yuan)	67483	523	-99.5
港澳台商投资企业(万元)	Funds from HK,Macao & Taiwan(10 000 yuan)	46165	607	-99.2
外商投资企业(万元)	Foreign Funded Enterprises(10 000 yuan)		1182952	
工业企业增加值(万元)	Value Added of Industrial Enterprises(10 000 yuan)	203819	254649	20.0
工业企业资产总计(万元)	Total Assets of Industrial Enterprises(10 000 yuan)	528071	584094	10.6
工业企业负债合计(万元)	Total Liabilities of Industrial Enterprises(10 000 yuan)	333689	367895	10.3
工业企业产品销售收入(万元)	Sales of Revenue Industrial Enterprises(10 000 yuan)	469227	590174	25.8
工业企业利润总额(万元)	Total Profits of Industrial Enterprises(10 000 yuan)	16415	22387	36.4
建筑业	**Construction**			
建筑企业单位数(个)	Number of Construction Enterprises(unit)	24	23	-4.2
建筑企业从业人员(人)	Number of Employee in Construction Enterprises(person)	10001	13276	32.7
建筑业总产值(万元)	Gross Construction Output Value(10 000 yuan)	74058	86100	16.3
交通运输邮电通信业	**Transportation,Post & Telecommunications**			
公路里程(公里)	Total Length of Highways(km)	246	451	83.3
邮电业务总量(万元)	Business Volume of Post & Telecoms(10 000 yuan)	19651	22596	15.0
本地电话用户(户)	Number of Subscribers of Local Telephone(Household)	98256	233677	137.8
国内贸易	**Demestic Trade**			
社会消费品零售总额(万元)	Total Retail Sales of Consumer Goods(10 000 yuan)	260504	299507	15.0
#贸易业(万元)	Wholesale & Retail Sales Trades(10 000 yuan)	209567	258678	23.4
餐饮业(万元)	Catering Trade(10 000 yuan)	13187	16751	27.0
科技教育卫生	**Science,Education & Public Health**			
各类专业技术人员(人)	Speccial Technical Personnel(person)	18031	18192	0.9
幼儿园数(所)	Number of Kindergartens(unit)	4	3	-25.0
学龄儿童入学率(%)	Percentage of School-Age Children Enrolled(%)	99.0	100.0	1.0
小学学校数(所)	Number of Primary Schools(unit)	262	246	-6.1
小学专任教师数(人)	Number of Full-time Teachers of Primary Schools(person)	3620	3889	7.4
小学在校学生数(人)	Number of Student Enrollment of Primary Schools(person)	63696	61823	-2.9
普通中学学校数(所)	Number of Regular Secondary Schools(unit)	54	55	1.9
普通中学专任教师数(人)	Number of Teachers of Secondary Shools(person)	3191	3229	1.2
初中在校学生数(人)	Number of Student in Junior Secondary Schools(person)	42167	40914	-3.0
高中在校学生数(人)	Number of Student in Senior Secondary Schools(person)	14728	16902	14.8
卫生机构数(所)	Number of Health Institutions(unit)	61	61	0.0
#医院(所)	Hospitals(unit)	14	12	-14.3
卫生院(所)	Township Hospitals(unit)	20	22	10.0
床位数(张)	Number of Beds(unit)	2908	2894	-0.5
#医院(张)	Hospitals(unit)	2440	2417	-0.9
卫生院(张)	Township Hospitals(unit)	238	338	42.0
卫生技术人员(人)	Medical Technical Presonnel(person)	4820	4927	2.2
#医院(人)	Hospitals(person)	3409	3428	0.6
卫生院(人)	Township Hospitals(person)	780	746	-4.4

23-42 通辽市霍林郭勒市

指 标	Item	2002	2003	2003年比上年增长% Increase Rate in 2003 Over 2002(%)
行政区域土地面积(平方公里)	**Area of Administration(Sq.km)**	**585**	**585**	**0.0**
人口和就业	**Population & Employment**			
年末总人口(人)	Total Population Year-end(person)	68876	70173	1.9
#男性(人)	Male(person)	36004	36008	0.0
#乡村人口(人)	Rural(person)	7335	8155	11.2
年末总户数(户)	Total Number of Households at the Year-end(Household)	22189	22334	0.7
#乡村户数(户)	Number of Rural Household(Household)	2093	2108	0.7
出生人口(人)	Births(person)	925	485	-47.6
死亡人口(人)	Deaths(person)	98	115	17.3
全社会就业人员(人)	Employment(person)	23974	24212	1.0
第一产业(人)	Primary Industry(person)	4250	3512	-17.4
第二产业(人)	Secondary Industry(person)	9197	10065	9.4
第三产业(人)	Tertiary Industry(person)	10527	10635	1.0
在岗职工人数(人)	Number of Staff & Workers Employed in(person)	12274	12993	5.9
乡村劳动力(人)	Number of Rural Laborers(person)	3764	4237	12.6
#农林牧渔业(人)	Farming,Forestry,Animal Husbandry & Fishery(person)	3226	3295	2.1
国民经济综合指标	**Summary Item on the National Economy**			
生产总值(万元)	Gross Domestic Product(10 000 yuan)	96592	125476	24.2
第一产业(万元)	Primary Industry(10 000 yuan)	6611	6800	5.3
第二产业(万元)	Secondary Industry(10 000 yuan)	49981	74450	36.1
#工业(万元)	Industry(10 000 yuan)	46545	46545	22.1
第三产业(万元)	Tertiary Industry(10 000 yuan)	40011	44226	11.7
人均生产总值(元)	Per Capita GDP(yuan)	14024	18054	23.1
全社会固定资产投资(万元)	Total Investment in Fixed Assets(10 000 yuan)	24546	90549	268.9
按登记注册类型分	Grouped by Registered Type			
#国有(万元)	State-owned Enterprises(10 000 yuan)	17008	21704	27.6
集体(万元)	Collective-owned Enterprises(10 000 yuan)			
有限责任公司(万元)	Limited Liability Corporations(10 000 yuan)			
股份有限公司(万元)	Share Holding Enterprises(10 000 yuan)			
私营企业(万元)	Private Enterprises(10 000 yuan)			
外商及港澳台投资企业(万元)	Funds from HK,Macao,Taiwan & Foreign(10 000 yuan)			
按管理渠道分	Grouped by Channel of Management			
#基本建设(万元)	Capital Construction(10 000 yuan)	9747	8205	-15.8
更新改造(万元)	Innovation(10 000 yuan)	9878	75797	667.3
房地产开发(万元)	Real Estate Development(10 000 yuan)	376	3970	955.9
地方财政收入(万元)	Local Governments Revenue(10 000 yuan)	5778	7009	21.3
地方财政支出(万元)	Local Governments Expenditures(10 000 yuan)	8892	12160	36.8
城乡居民储蓄存款余额(万元)	Resident Saving Deposit in Urban & Rural(10 000 yuan)	51921	52935	2.0
在岗职工工资总额(万元)	Total Wages of Staff & Workers Empioyed in(10 000	16286	20661	26.9
在岗职工平均工资(元)	Average Wage of Staff & Workers Employed in(yuan)	13067	16140	23.5
农牧民人均纯收入(元)	Per Capita Net Income of Peasant & Herdsman(yuan)	2306	2620	13.6
农村牧区经济	**Economic Development in Rural & Pastoral Area**			
耕地面积(公顷)	Cultivated Area(hectare)	13000	12600	-3.1
农作物总播种面积(公顷)	Total Sown Area(hectare)	7244	7841	8.2
#粮食作物播种面积(公顷)	Sown Area of Grain Crops(hectare)	5199	3716	-28.5
有效灌溉面积(公顷)	Irrigated Area(hectare)	467	433	-7.3
农牧业机械总动力(万千瓦)	Total Power of Agricultural Machinery(10 000 kw)	2.70	2.90	7.4
化肥施用折纯量(吨)	Consumption of Chemical Fertilizer(ton)	863	785	-9.0
农村用电量(万千瓦小时)	Electricity Consumed in Rural Area(10 000 kwh)	220	188	-14.5
农林牧渔业总产值(万元)	Gross Output of Farming,Forestry,Animal Husbandry & Fishery(10 000 yuan)	9429	8829	-6.4
粮食产量(吨)	Yield of Grain(ton)	15208	8197	-46.1
油料产量(吨)	Yield of Oil-bearing Grops(ton)	890	956	7.4
甜菜产量(吨)	Yield of Beetroots(ton)			
猪牛羊肉产量(吨)	Output of Pork, Beef & Mutton(ton)	1971	3279	66.4
#猪肉产量(吨)	Output of Pork(ton)	791	1664	110.4
牛肉产量(吨)	Output of Beef(ton)	703	876	24.6
羊肉产量(吨)	Output of Mutton(ton)	477	739	54.9

23-42 Huolinguole City in Tongliao City

指 标	Item	2002	2003	2003年比上年增长% Increase Rate in 2003 Over 2002(%)
羊毛产量(吨)	Output of Wool(ton)	95	219	130.5
年末牲畜存栏头数(万头只)	Total Livestock at the Year-end(10 000 heads)	9.93	10.92	10.0
#大牲畜(万头只)	Large Animals(10 000 heads)	0.64	0.71	10.9
羊(万只)	Sheep & Goats(10 000 heads)	8.65	9.52	10.1
猪(万头)	Hogs(10 000 heads)	0.64	0.70	9.4
独立核算工业	**Industry with Independent Accounting System**			
工业企业单位数(个)	Number of Industrial Enterprises(unit)	27	25	-7.4
#内资企业(个)	Civil Funded Enterprises(unit)	26	24	-7.7
工业总产值(万元)	Gross Industrial Output Value(10 000 yuan)	101820	150156	52.8
内资企业(万元)	Civil Funded Enterprises(10 000 yuan)	101614	149524	52.5
国有企业(万元)	State-owned Enterprises(10 000 yuan)	79143		
集体企业(万元)	Collective-owned Enterprises(10 000 yuan)			
股份合作企业(万元)	Share Holding Enterprises(10 000 yuan)	2239	3777	66.5
联营企业(万元)	Joint Owned Enterprises(10 000 yuan)			
有限责任公司(万元)	Limited Company(10 000 yuan)		104415	
股份有限公司(万元)	Share Holding Limited Company(10 000 yuan)	18914	39762	109.2
私营企业(万元)	Privately Owned Enterprises(10 000 yuan)		242	
其他企业(万元)	Enterprises of Other Ownership(10 000 yuan)	1318	1328	0.6
港澳台商投资企业(万元)	Funds from HK,Macao & Taiwan(10 000 yuan)	206		
外商投资企业(万元)	Foreign Funded Enterprises(10 000 yuan)		632	
工业企业增加值(万元)	Value Added of Industrial Enterprises(10 000 yuan)	42764	71726	52.8
工业企业资产总计(万元)	Total Assets of Industrial Enterprises(10 000 yuan)	358357	502126	40.1
工业企业负债合计(万元)	Total Liabilities of Industrial Enterprises(10 000 yuan)	155411	283675	82.5
工业企业产品销售收入(万元)	Sales of Revenue Industrial Enterprises(10 000 yuan)	93272	176930	89.7
工业企业利润总额(万元)	Total Profits of Industrial Enterprises(10 000 yuan)	8659	13505	56.0
建筑业	**Construction**			
建筑企业单位数(个)	Number of Construction Enterprises(unit)	4	5	25.0
建筑企业从业人员(人)	Number of Employee in Construction Enterprises(person)	267	155	-41.9
建筑业总产值(万元)	Gross Construction Output Value(10 000 yuan)	6817	7908	16.0
交通运输邮电通信业	**Transportation,Post & Telecommunications**			
公路里程(公里)	Total Length of Highways(km)	65	65	0.2
邮电业务总量(万元)	Business Volume of Post & Telecoms(10 000 yuan)	2359	2094	-11.2
本地电话用户(户)	Number of Subscribers of Local Telephone(Household)	15007	22148	47.6
国内贸易	**Demestic Trade**			
社会消费品零售总额(万元)	Total Retail Sales of Consumer Goods(10 000 yuan)	24444	30027	22.8
#贸易业(万元)	Wholesale & Retail Sales Trades(10 000 yuan)	16780	22382	33.4
餐饮业(万元)	Catering Trade(10 000 yuan)	5099	5791	13.6
科技教育卫生	**Science,Education & Public Health**			
各类专业技术人员(人)	Speccial Technical Personnel(person)	633	1313	107.4
幼儿园数(所)	Number of Kindergartens(unit)	1	6	500.0
学龄儿童入学率(%)	Percentage of School-Age Children Enrolled(%)	100.0	100.0	0.0
小学学校数(所)	Number of Primary Schools(unit)	17	13	-23.5
小学专任教师数(人)	Number of Full-time Teachers of Primary Schools(person)	356	340	-4.5
小学在校学生数(人)	Number of Student Enrollment of Primary Schools(person)	6250	5882	-5.9
普通中学学校数(所)	Number of Regular Secondary Schools(unit)	7	8	14.3
普通中学专任教师数(人)	Number of Teachers of Secondary Shools(person)	445	500	12.4
初中在校学生数(人)	Number of Student in Junior Secondary Schools(person)	4318	4943	14.5
高中在校学生数(人)	Number of Student in Senior Secondary Schools(person)	1610	2343	45.5
卫生机构数(所)	Number of Health Institutions(unit)	4	3	-25.0
#医院(所)	Hospitals(unit)	2	3	50.0
卫生院(所)	Township Hospitals(unit)	2		
床位数(张)	Number of Beds(unit)	248	258	4.0
#医院(张)	Hospitals(unit)	240	258	7.5
卫生院(张)	Township Hospitals(unit)	8		
卫生技术人员(人)	Medical Technical Presonnel(person)	307	272	-11.4
#医院(人)	Hospitals(person)	295	272	-7.8
卫生院(人)	Township Hospitals(person)	12		

23-43 通辽市科尔沁左翼中旗

指 标	Item	2002	2003	2003年比上年增长% Increase Rate in 2003 Over 2002(%)
行政区域土地面积(平方公里)	**Area of Administration(Sq.km)**	**9811**	**9811**	**0.0**
人口和就业	**Population & Employment**			
年末总人口(人)	Total Population Year-end(person)	527599	526998	-0.1
# 男性(人)	Male(person)	267461	266865	-0.2
# 乡村人口(人)	Rural(person)	432220	438088	1.4
年末总户数(户)	Total Number of Households at the Year-end(Household)	130385	133285	2.2
# 乡村户数(户)	Number of Rural Household(Household)	100134	100865	0.7
出生人口(人)	Births(person)	4761	3738	-21.5
死亡人口(人)	Deaths(person)	1936	1375	-29.0
全社会就业人员(人)	Employment(person)	178042	221659	24.5
第一产业(人)	Primary Industry(person)	119477	169433	41.8
第二产业(人)	Secondary Industry(person)	6779	6057	-10.7
第三产业(人)	Tertiary Industry(person)	51786	46169	-10.8
在岗职工人数(人)	Number of Staff & Workers Employed in(person)	28825	27503	-4.6
乡村劳动力(人)	Number of Rural Laborers(person)	137028	175236	27.9
# 农林牧渔业(人)	Farming,Forestry,Animal Husbandry & Fishery(person)	116276	150803	29.7
国民经济综合指标	**Summary Item on the National Economy**			
生产总值(万元)	Gross Domestic Product(10 000 yuan)	184082	225408	21.1
第一产业(万元)	Primary Industry(10 000 yuan)	87073	105520	17.8
第二产业(万元)	Secondary Industry(10 000 yuan)	30071	38404	29.3
# 工业(万元)	Industry(10 000 yuan)	25485	28004	10.3
第三产业(万元)	Tertiary Industry(10 000 yuan)	66938	81484	22.1
人均生产总值(元)	Per Capita GDP(yuan)	3490	4276	21.2
全社会固定资产投资(万元)	Total Investment in Fixed Assets(10 000 yuan)	29700	45000	51.5
按登记注册类型分	Grouped by Registered Type			
# 国有(万元)	State-owned Enterprises(10 000 yuan)	22173	41313	86.3
集体(万元)	Collective-owned Enterprises(10 000 yuan)	4032	1083	-73.1
有限责任公司(万元)	Limited Liability Corporations(10 000 yuan)			
股份有限公司(万元)	Share Holding Enterprises(10 000 yuan)			
私营企业(万元)	Private Enterprises(10 000 yuan)			
外商及港澳台投资企业(万元)	Funds from HK,Macao,Taiwan & Foreign(10 000 yuan)			
按管理渠道分	Grouped by Channel of Management			
# 基本建设(万元)	Capital Construction(10 000 yuan)	20903	30345	45.2
更新改造(万元)	Innovation(10 000 yuan)	1270	10598	734.5
房地产开发(万元)	Real Estate Development(10 000 yuan)	432		
地方财政收入(万元)	Local Governments Revenue(10 000 yuan)	6973	8202	17.6
地方财政支出(万元)	Local Governments Expenditures(10 000 yuan)	27179	27068	-0.4
城乡居民储蓄存款余额(万元)	Resident Saving Deposit in Urban & Rural(10 000 yuan)	39637	44367	11.9
在岗职工工资总额(万元)	Total Wages of Staff & Workers Empioyed in(10 000	22166	25085	13.2
在岗职工平均工资(元)	Average Wage of Staff & Workers Employed in(yuan)	7507	8848	17.9
农牧民人均纯收入(元)	Per Capita Net Income of Peasant & Herdsman(yuan)	1952	2289	17.3
农村牧区经济	**Economic Development in Rural & Pastoral Area**			
耕地面积(公顷)	Cultivated Area(hectare)	189530	188340	-0.6
农作物总播种面积(公顷)	Total Sown Area(hectare)	193849	177929	-8.2
# 粮食作物播种面积(公顷)	Sown Area of Grain Crops(hectare)	142040	137820	-3.0
有效灌溉面积(公顷)	Irrigated Area(hectare)	129320	76857	-40.6
农牧业机械总动力(万千瓦)	Total Power of Agricultural Machinery(10 000 kw)	40.00	43.00	7.5
化肥施用折纯量(吨)	Consumption of Chemical Fertilizer(ton)	21024	27355	30.1
农村用电量(万千瓦小时)	Electricity Consumed in Rural Area(10 000 kwh)	4950	5254	6.1
农林牧渔业总产值(万元)	Gross Output of Farming,Forestry,Animal Husbandry & Fishery(10 000 yuan)	143208	170575	19.1
粮食产量(吨)	Yield of Grain(ton)	530512	707651	33.4
油料产量(吨)	Yield of Oil-bearing Grops(ton)	19757	49474	150.4
甜菜产量(吨)	Yield of Beetroots(ton)	19660	14070	-28.4
猪牛羊肉产量(吨)	Output of Pork, Beef & Mutton(ton)	19224	32947	71.4
# 猪肉产量(吨)	Output of Pork(ton)	11003	14518	31.9
牛肉产量(吨)	Output of Beef(ton)	6735	16457	144.4
羊肉产量(吨)	Output of Mutton(ton)	1486	1972	32.7

23-43 Keerqinzuoyizhong Banner in Tongliao City

指标	Item	2002	2003	2003年比上年增长% Increase Rate in 2003 Over 2002(%)
羊毛产量(吨)	Output of Wool(ton)	1054	711	-32.5
年末牲畜存栏头数(万头只)	Total Livestock at the Year-end(10 000 heads)	77.43	80.25	3.6
#大牲畜(万头只)	Large Animals(10 000 heads)	19.78	18.19	-8.0
羊(万只)	Sheep & Goats(10 000 heads)	29.82	38.94	30.6
猪(万头)	Hogs(10 000 heads)	27.82	23.12	-16.9
独立核算工业	**Industry with Independent Accounting System**			
工业企业单位数(个)	Number of Industrial Enterprises(unit)	45	72	60.0
#内资企业(个)	Civil Funded Enterprises(unit)	45	72	60.0
工业总产值(万元)	Gross Industrial Output Value(10 000 yuan)	46798	61273	35.3
内资企业(万元)	Civil Funded Enterprises(10 000 yuan)	46798	61273	35.3
国有企业(万元)	State-owned Enterprises(10 000 yuan)	686	1156	21.3
集体企业(万元)	Collective-owned Enterprises(10 000 yuan)	19922	14848	-26.5
股份合作企业(万元)	Share Holding Enterprises(10 000 yuan)	4000	5603	39.5
联营企业(万元)	Joint Owned Enterprises(10 000 yuan)			
有限责任公司(万元)	Limited Company(10 000 yuan)			
股份有限公司(万元)	Share Holding Limited Company(10 000 yuan)	8001	4281	-47.3
私营企业(万元)	Privately Owned Enterprises(10 000 yuan)		19574	
其他企业(万元)	Enterprises of Other Ownership(10 000 yuan)	14189	15811	10.5
港澳台商投资企业(万元)	Funds from HK,Macao & Taiwan(10 000 yuan)			
外商投资企业(万元)	Foreign Funded Enterprises(10 000 yuan)			
工业企业增加值(万元)	Value Added of Industrial Enterprises(10 000 yuan)	16782	21989	35.3
工业企业资产总计(万元)	Total Assets of Industrial Enterprises(10 000 yuan)	27970	48303	72.7
工业企业负债合计(万元)	Total Liabilities of Industrial Enterprises(10 000 yuan)	13139	30287	130.5
工业企业产品销售收入(万元)	Sales of Revenue Industrial Enterprises(10 000 yuan)	35163	50149	42.6
工业企业利润总额(万元)	Total Profits of Industrial Enterprises(10 000 yuan)	1481	2299	55.2
建筑业	**Construction**			
建筑企业单位数(个)	Number of Construction Enterprises(unit)			
建筑企业从业人员(人)	Number of Employee in Construction Enterprises(person)			
建筑业总产值(万元)	Gross Construction Output Value(10 000 yuan)			
交通运输邮电通信业	**Transportation,Post & Telecommunications**			
公路里程(公里)	Total Length of Highways(km)	552	552	0.0
邮电业务总量(万元)	Business Volume of Post & Telecoms(10 000 yuan)	3691	4129	11.9
本地电话用户(户)	Number of Subscribers of Local Telephone(Household)	28605	75175	162.8
国内贸易	**Demestic Trade**			
社会消费品零售总额(万元)	Total Retail Sales of Consumer Goods(10 000 yuan)	54894	64916	18.3
#贸易业(万元)	Wholesale & Retail Sales Trades(10 000 yuan)	32080	47403	47.8
餐饮业(万元)	Catering Trade(10 000 yuan)	12955	14296	10.3
科技教育卫生	**Science,Education & Public Health**			
各类专业技术人员(人)	Speccial Technical Personnel(person)	6240	7058	13.1
幼儿园数(所)	Number of Kindergartens(unit)	1	1	0.0
学龄儿童入学率(%)	Percentage of School-Age Children Enrolled(%)	99.9	99.6	-0.3
小学学校数(所)	Number of Primary Schools(unit)	312	285	-8.7
小学专任教师数(人)	Number of Full-time Teachers of Primary Schools(person)	3436	3385	-1.5
小学在校学生数(人)	Number of Student Enrollment of Primary Schools(person)	46899	42499	-9.4
普通中学学校数(所)	Number of Regular Secondary Schools(unit)	45	41	-8.9
普通中学专任教师数(人)	Number of Teachers of Secondary Shools(person)	1657	1811	9.3
初中在校学生数(人)	Number of Student in Junior Secondary Schools(person)	22027	21245	-3.6
高中在校学生数(人)	Number of Student in Senior Secondary Schools(person)	4296	5793	34.8
卫生机构数(所)	Number of Health Institutions(unit)	35	35	0.0
#医院(所)	Hospitals(unit)	4	4	0.0
卫生院(所)	Township Hospitals(unit)	27	27	0.0
床位数(张)	Number of Beds(unit)	485	485	0.0
#医院(张)	Hospitals(unit)	257	289	12.5
卫生院(张)	Township Hospitals(unit)	210	188	-10.5
卫生技术人员(人)	Medical Technical Presonnel(person)	1182	1169	-1.1
#医院(人)	Hospitals(person)	414	412	-0.5
卫生院(人)	Township Hospitals(person)	623	596	-4.3

23-44 通辽市科尔沁左翼后旗

指标	Item	2002	2003	2003年比上年增长% Increase Rate in 2003 Over 2002(%)
行政区域土地面积(平方公里)	**Area of Administration(Sq.km)**	**11481**	**11481**	**0.0**
人口和就业	**Population & Employment**			
年末总人口(人)	Total Population Year-end(person)	390286	395400	1.3
#男性(人)	Male(person)	201096	203632	1.3
#乡村人口(人)	Rural(person)	292123	292000	0.0
年末总户数(户)	Total Number of Households at the Year-end(Household)	107928	110475	2.4
#乡村户数(户)	Number of Rural Household(Household)	71791	75086	4.6
出生人口(人)	Births(person)	3645	3371	-7.5
死亡人口(人)	Deaths(person)	2140	1083	-49.4
全社会就业人员(人)	Employment(person)	118456	138715	17.1
第一产业(人)	Primary Industry(person)	90047	108660	20.7
第二产业(人)	Secondary Industry(person)	3106	4957	59.6
第三产业(人)	Tertiary Industry(person)	25303	25098	-0.8
在岗职工人数(人)	Number of Staff & Workers Employed in(person)	24036	22372	-6.9
乡村劳动力(人)	Number of Rural Laborers(person)	87729	116330	32.6
#农林牧渔业(人)	Farming,Forestry,Animal Husbandry & Fishery(person)	83676	102340	22.3
国民经济综合指标	**Summary Item on the National Economy**			
生产总值(万元)	Gross Domestic Product(10 000 yuan)	253508	305996	19.0
第一产业(万元)	Primary Industry(10 000 yuan)	96330	108920	9.0
第二产业(万元)	Secondary Industry(10 000 yuan)	57845	83448	44.0
#工业(万元)	Industry(10 000 yuan)	36248	54342	51.0
第三产业(万元)	Tertiary Industry(10 000 yuan)	99333	113628	15.0
人均生产总值(元)	Per Capita GDP(yuan)	6499	7790	18.2
全社会固定资产投资(万元)	Total Investment in Fixed Assets(10 000 yuan)	56000	80000	42.9
按登记注册类型分	Grouped by Registered Type			
#国有(万元)	State-owned Enterprises(10 000 yuan)	23134	58406	152.5
集体(万元)	Collective-owned Enterprises(10 000 yuan)	480		
有限责任公司(万元)	Limited Liability Corporations(10 000 yuan)			
股份有限公司(万元)	Share Holding Enterprises(10 000 yuan)			
私营企业(万元)	Private Enterprises(10 000 yuan)			
外商及港澳台投资企业(万元)	Funds from HK,Macao,Taiwan & Foreign(10 000 yuan)			
按管理渠道分	Grouped by Channel of Management			
#基本建设(万元)	Capital Construction(10 000 yuan)	25627	59126	130.7
更新改造(万元)	Innovation(10 000 yuan)	9302	12274	32.0
房地产开发(万元)	Real Estate Development(10 000 yuan)		235	
地方财政收入(万元)	Local Governments Revenue(10 000 yuan)	6354	8253	29.9
地方财政支出(万元)	Local Governments Expenditures(10 000 yuan)	27968	28270	1.1
城乡居民储蓄存款余额(万元)	Resident Saving Deposit in Urban & Rural(10 000 yuan)	37205	43422	16.7
在岗职工工资总额(万元)	Total Wages of Staff & Workers Empioyed in(10 000	20164	21804	8.1
在岗职工平均工资(元)	Average Wage of Staff & Workers Employed in(yuan)	8241	9507	15.4
农牧民人均纯收入(元)	Per Capita Net Income of Peasant & Herdsman(yuan)	1643	1987	20.9
农村牧区经济	**Economic Development in Rural & Pastoral Area**			
耕地面积(公顷)	Cultivated Area(hectare)	135570	135300	-0.2
农作物总播种面积(公顷)	Total Sown Area(hectare)	136672	134935	-1.3
#粮食作物播种面积(公顷)	Sown Area of Grain Crops(hectare)	112682	115516	2.5
有效灌溉面积(公顷)	Irrigated Area(hectare)	67330	67330	0.0
农牧业机械总动力(万千瓦)	Total Power of Agricultural Machinery(10 000 kw)	25.20	26.00	3.2
化肥施用折纯量(吨)	Consumption of Chemical Fertilizer(ton)	31705	33844	6.7
农村用电量(万千瓦小时)	Electricity Consumed in Rural Area(10 000 kwh)	2095	3100	48.0
农林牧渔业总产值(万元)	Gross Output of Farming,Forestry,Animal Husbandry & Fishery(10 000 yuan)	134873	161708	19.9
粮食产量(吨)	Yield of Grain(ton)	357500	446233	24.8
油料产量(吨)	Yield of Oil-bearing Grops(ton)	10827	18222	68.3
甜菜产量(吨)	Yield of Beetroots(ton)	4883		
猪牛羊肉产量(吨)	Output of Pork, Beef & Mutton(ton)	13875	12993	-6.4
#猪肉产量(吨)	Output of Pork(ton)	7811	8005	2.5
牛肉产量(吨)	Output of Beef(ton)	5268	4197	-20.3
羊肉产量(吨)	Output of Mutton(ton)	796	791	-0.6

23-44 Keerqinzuoyihou Banner in Tongliao City

指标	Item	2002	2003	2003年比上年增长% Increase Rate in 2003 Over 2002(%)
羊毛产量(吨)	Output of Wool(ton)	392	441	12.5
年末牲畜存栏头数(万头只)	Total Livestock at the Year-end(10 000 heads)	66.01	76.15	15.4
# 大牲畜(万头只)	Large Animals(10 000 heads)	27.33	29.50	7.9
羊(万只)	Sheep & Goats(10 000 heads)	20.14	27.54	36.7
猪(万头)	Hogs(10 000 heads)	18.54	19.10	3.0
独立核算工业	**Industry with Independent Accounting System**			
工业企业单位数(个)	Number of Industrial Enterprises(unit)	42	42	0.0
# 内资企业(个)	Civil Funded Enterprises(unit)	42	42	0.0
工业总产值(万元)	Gross Industrial Output Value(10 000 yuan)	56343	78762	41.2
内资企业(万元)	Civil Funded Enterprises(10 000 yuan)	56343	78762	41.2
国有企业(万元)	State-owned Enterprises(10 000 yuan)	560	6005	941.1
集体企业(万元)	Collective-owned Enterprises(10 000 yuan)	22212	1360	-94.5
股份合作企业(万元)	Share Holding Enterprises(10 000 yuan)	12212		
联营企业(万元)	Joint Owned Enterprises(10 000 yuan)			
有限责任公司(万元)	Limited Company(10 000 yuan)	16814	19549	15.4
股份有限公司(万元)	Share Holding Limited Company(10 000 yuan)			
私营企业(万元)	Privately Owned Enterprises(10 000 yuan)	16144	25832	59.2
其他企业(万元)	Enterprises of Other Ownership(10 000 yuan)	21359	26016	20.2
港澳台商投资企业(万元)	Funds from HK,Macao & Taiwan(10 000 yuan)			
外商投资企业(万元)	Foreign Funded Enterprises(10 000 yuan)			
工业企业增加值(万元)	Value Added of Industrial Enterprises(10 000 yuan)	20205	35088	41.2
工业企业资产总计(万元)	Total Assets of Industrial Enterprises(10 000 yuan)	27879	121653	336.4
工业企业负债合计(万元)	Total Liabilities of Industrial Enterprises(10 000 yuan)	11493	79501	591.7
工业企业产品销售收入(万元)	Sales of Revenue Industrial Enterprises(10 000 yuan)	43102	63474	47.3
工业企业利润总额(万元)	Total Profits of Industrial Enterprises(10 000 yuan)	1748	5753	229.1
建筑业	**Construction**			
建筑企业单位数(个)	Number of Construction Enterprises(unit)		1	
建筑企业从业人员(人)	Number of Employee in Construction Enterprises(person)		45	
建筑业总产值(万元)	Gross Construction Output Value(10 000 yuan)		1905	
交通运输邮电通信业	**Transportation,Post & Telecommunications**			
公路里程(公里)	Total Length of Highways(km)	1135	1135	0.0
邮电业务总量(万元)	Business Volume of Post & Telecoms(10 000 yuan)	1848	2438	31.9
本地电话用户(户)	Number of Subscribers of Local Telephone(Household)	29096	71100	144.4
国内贸易	**Demestic Trade**			
社会消费品零售总额(万元)	Total Retail Sales of Consumer Goods(10 000 yuan)	59579	63075	5.9
# 贸易业(万元)	Wholesale & Retail Sales Trades(10 000 yuan)	33336	47579	42.7
餐饮业(万元)	Catering Trade(10 000 yuan)	7760	7767	0.1
科技教育卫生	**Science,Education & Public Health**			
各类专业技术人员(人)	Speccial Technical Personnel(person)	5469	6909	26.3
幼儿园数(所)	Number of Kindergartens(unit)	3	3	0.0
学龄儿童入学率(%)	Percentage of School-Age Children Enrolled(%)	99.6	100.0	0.4
小学学校数(所)	Number of Primary Schools(unit)	270	170	-37.0
小学专任教师数(人)	Number of Full-time Teachers of Primary Schools(person)	2722	2709	-0.5
小学在校学生数(人)	Number of Student Enrollment of Primary Schools(person)	29626	27745	-6.3
普通中学学校数(所)	Number of Regular Secondary Schools(unit)	40	39	-2.5
普通中学专任教师数(人)	Number of Teachers of Secondary Shools(person)	1673	1664	-0.5
初中在校学生数(人)	Number of Student in Junior Secondary Schools(person)	17167	16855	-1.8
高中在校学生数(人)	Number of Student in Senior Secondary Schools(person)	3997	4874	21.9
卫生机构数(所)	Number of Health Institutions(unit)	52	54	3.8
# 医院(所)	Hospitals(unit)	6	6	0.0
卫生院(所)	Township Hospitals(unit)	27	29	7.4
床位数(张)	Number of Beds(unit)	650	786	20.9
# 医院(张)	Hospitals(unit)	350	386	10.3
卫生院(张)	Township Hospitals(unit)	264	360	36.4
卫生技术人员(人)	Medical Technical Presonnel(person)	1050	1036	-1.3
# 医院(人)	Hospitals(person)	513	517	0.8
卫生院(人)	Township Hospitals(person)	430	425	-1.2

23-45 通辽市开鲁县

指 标	Item	2002	2003	2003年比上年增长% Increase Rate in 2003 Over 2002(%)
行政区域土地面积(平方公里)	**Area of Administration(Sq.km)**	**4488**	**4488**	**0.0**
人口和就业	**Population & Employment**			
年末总人口(人)	Total Population Year-end(person)	384138	388921	1.2
# 男性(人)	Male(person)	196875	199784	1.5
# 乡村人口(人)	Rural(person)	296263	302114	2.0
年末总户数(户)	Total Number of Households at the Year-end(Household)	112304	112478	0.2
# 乡村户数(户)	Number of Rural Household(Household)	77881	82439	5.9
出生人口(人)	Births(person)	3716	3283	-11.7
死亡人口(人)	Deaths(person)	1520	1165	-23.4
全社会就业人员(人)	Employment(person)	192211	196367	2.2
第一产业(人)	Primary Industry(person)	147466	143428	-2.7
第二产业(人)	Secondary Industry(person)	10916	18907	73.2
第三产业(人)	Tertiary Industry(person)	33829	34032	0.6
在岗职工人数(人)	Number of Staff & Workers Employed in(person)	21614	22006	1.8
乡村劳动力(人)	Number of Rural Laborers(person)	162775	159428	-2.1
# 农林牧渔业(人)	Farming,Forestry,Animal Husbandry & Fishery(person)	147466	140428	-4.8
国民经济综合指标	**Summary Item on the National Economy**			
生产总值(万元)	Gross Domestic Product(10 000 yuan)	257022	310098	18.6
第一产业(万元)	Primary Industry(10 000 yuan)	135012	155094	12.3
第二产业(万元)	Secondary Industry(10 000 yuan)	52004	69003	28.2
# 工业(万元)	Industry(10 000 yuan)	32004	42003	30.2
第三产业(万元)	Tertiary Industry(10 000 yuan)	70006	86001	23.7
人均生产总值(元)	Per Capita GDP(yuan)	6704	8023	17.7
全社会固定资产投资(万元)	Total Investment in Fixed Assets(10 000 yuan)	50212	77439	54.2
按登记注册类型分	Grouped by Registered Type			
# 国有(万元)	State-owned Enterprises(10 000 yuan)	25737	46544	80.8
集体(万元)	Collective-owned Enterprises(10 000 yuan)	5334	3093	-42.0
有限责任公司(万元)	Limited Liability Corporations(10 000 yuan)			
股份有限公司(万元)	Share Holding Enterprises(10 000 yuan)			
私营企业(万元)	Private Enterprises(10 000 yuan)			
外商及港澳台投资企业(万元)	Funds from HK,Macao,Taiwan & Foreign(10 000 yuan)			
按管理渠道分	Grouped by Channel of Management			
# 基本建设(万元)	Capital Construction(10 000 yuan)	25642	47959	87.0
更新改造(万元)	Innovation(10 000 yuan)	4043	7908	95.6
房地产开发(万元)	Real Estate Development(10 000 yuan)		110	
地方财政收入(万元)	Local Governments Revenue(10 000 yuan)	5519	6528	18.3
地方财政支出(万元)	Local Governments Expenditures(10 000 yuan)	24277	21773	-10.3
城乡居民储蓄存款余额(万元)	Resident Saving Deposit in Urban & Rural(10 000 yuan)	60697	67021	10.4
在岗职工工资总额(万元)	Total Wages of Staff & Workers Empioyed in(10 000	14556	18439	26.7
在岗职工平均工资(元)	Average Wage of Staff & Workers Employed in(yuan)	6648	8452	27.1
农牧民人均纯收入(元)	Per Capita Net Income of Peasant & Herdsman(yuan)	3104	3405	9.7
农村牧区经济	**Economic Development in Rural & Pastoral Area**			
耕地面积(公顷)	Cultivated Area(hectare)	104630	102873	-1.7
农作物总播种面积(公顷)	Total Sown Area(hectare)	98268	102035	3.8
# 粮食作物播种面积(公顷)	Sown Area of Grain Crops(hectare)	61122	65559	7.3
有效灌溉面积(公顷)	Irrigated Area(hectare)	80050	100740	25.8
农牧业机械总动力(万千瓦)	Total Power of Agricultural Machinery(10 000 kw)	33.79	39.97	18.3
化肥施用折纯量(吨)	Consumption of Chemical Fertilizer(ton)	16588	17095	3.1
农村用电量(万千瓦小时)	Electricity Consumed in Rural Area(10 000 kwh)	6217	5771	-7.2
农林牧渔业总产值(万元)	Gross Output of Farming,Forestry,Animal Husbandry & Fishery(10 000 yuan)	206322	241602	17.1
粮食产量(吨)	Yield of Grain(ton)	476660	585002	22.7
油料产量(吨)	Yield of Oil-bearing Grops(ton)	1937	4030	108.1
甜菜产量(吨)	Yield of Beetroots(ton)			
猪牛羊肉产量(吨)	Output of Pork, Beef & Mutton(ton)	39705	27179	-31.5
# 猪肉产量(吨)	Output of Pork(ton)	32694	20780	-36.4
牛肉产量(吨)	Output of Beef(ton)	5468	4680	-14.4
羊肉产量(吨)	Output of Mutton(ton)	1543	1719	11.4

23-45 Kailu County in Tongliao City

指标	Item	2002	2003	2003年比上年增长% Increase Rate in 2003 Over 2002(%)
羊毛产量(吨)	Output of Wool(ton)	566	511	-9.7
年末牲畜存栏头数(万头只)	Total Livestock at the Year-end(10 000 heads)	42.18	65.42	55.1
# 大牲畜(万头只)	Large Animals(10 000 heads)	9.82	11.35	15.6
羊(万只)	Sheep & Goats(10 000 heads)	15.68	28.97	84.8
猪(万头)	Hogs(10 000 heads)	16.68	25.10	50.5
独立核算工业	**Industry with Independent Accounting System**			
工业企业单位数(个)	Number of Industrial Enterprises(unit)	85	86	1.2
# 内资企业(个)	Civil Funded Enterprises(unit)	85	86	1.2
工业总产值(万元)	Gross Industrial Output Value(10 000 yuan)	29376	38877	36.1
内资企业(万元)	Civil Funded Enterprises(10 000 yuan)	29376	38877	36.1
国有企业(万元)	State-owned Enterprises(10 000 yuan)	1693	2054	4.9
集体企业(万元)	Collective-owned Enterprises(10 000 yuan)	8763	11819	35.1
股份合作企业(万元)	Share Holding Enterprises(10 000 yuan)	1809	2576	36.8
联营企业(万元)	Joint Owned Enterprises(10 000 yuan)			
有限责任公司(万元)	Limited Company(10 000 yuan)			
股份有限公司(万元)	Share Holding Limited Company(10 000 yuan)	2563	1092	-59.2
私营企业(万元)	Privately Owned Enterprises(10 000 yuan)		21336	
其他企业(万元)	Enterprises of Other Ownership(10 000 yuan)	14548		
港澳台商投资企业(万元)	Funds from HK,Macao & Taiwan(10 000 yuan)			
外商投资企业(万元)	Foreign Funded Enterprises(10 000 yuan)			
工业企业增加值(万元)	Value Added of Industrial Enterprises(10 000 yuan)	10534	15714	36.1
工业企业资产总计(万元)	Total Assets of Industrial Enterprises(10 000 yuan)	33454	37607	12.4
工业企业负债合计(万元)	Total Liabilities of Industrial Enterprises(10 000 yuan)	16127	20638	28.0
工业企业产品销售收入(万元)	Sales of Revenue Industrial Enterprises(10 000 yuan)	30163	39137	29.8
工业企业利润总额(万元)	Total Profits of Industrial Enterprises(10 000 yuan)	614	855	39.3
建筑业	**Construction**			
建筑企业单位数(个)	Number of Construction Enterprises(unit)	3	3	0.0
建筑企业从业人员(人)	Number of Employee in Construction Enterprises(person)	128	1140	790.6
建筑业总产值(万元)	Gross Construction Output Value(10 000 yuan)	5421	6411	18.3
交通运输邮电通信业	**Transportation,Post & Telecommunications**			
公路里程(公里)	Total Length of Highways(km)	1238	2947	138.0
邮电业务总量(万元)	Business Volume of Post & Telecoms(10 000 yuan)	3751	5128	36.7
本地电话用户(户)	Number of Subscribers of Local Telephone(Household)	28821	33261	15.4
国内贸易	**Demestic Trade**			
社会消费品零售总额(万元)	Total Retail Sales of Consumer Goods(10 000 yuan)	49266	66208	34.4
# 贸易业(万元)	Wholesale & Retail Sales Trades(10 000 yuan)	43773	60996	39.3
餐饮业(万元)	Catering Trade(10 000 yuan)	3243	4322	33.3
科技教育卫生	**Science,Education & Public Health**			
各类专业技术人员(人)	Speccial Technical Personnel(person)	6642	6412	-3.5
幼儿园数(所)	Number of Kindergartens(unit)			
学龄儿童入学率(%)	Percentage of School-Age Children Enrolled(%)	100.0	99.9	-0.1
小学学校数(所)	Number of Primary Schools(unit)	166	162	-2.4
小学专任教师数(人)	Number of Full-time Teachers of Primary Schools(person)	2406	2504	4.1
小学在校学生数(人)	Number of Student Enrollment of Primary Schools(person)	38455	36217	-5.8
普通中学学校数(所)	Number of Regular Secondary Schools(unit)	34	30	-11.8
普通中学专任教师数(人)	Number of Teachers of Secondary Shools(person)	1419	1467	3.4
初中在校学生数(人)	Number of Student in Junior Secondary Schools(person)	15175	16673	9.9
高中在校学生数(人)	Number of Student in Senior Secondary Schools(person)	2949	3610	22.4
卫生机构数(所)	Number of Health Institutions(unit)	28	26	-7.1
# 医院(所)	Hospitals(unit)	4	4	0.0
卫生院(所)	Township Hospitals(unit)	18	18	0.0
床位数(张)	Number of Beds(unit)	421	380	-9.7
# 医院(张)	Hospitals(unit)	234	184	-21.4
卫生院(张)	Township Hospitals(unit)	157	172	9.6
卫生技术人员(人)	Medical Technical Presonnel(person)	943	915	-3.0
# 医院(人)	Hospitals(person)	354	366	3.4
卫生院(人)	Township Hospitals(person)	450	432	-4.0

23-46 通辽市库伦旗

指标	Item	2002	2003	2003年比上年增长% Increase Rate in 2003 Over 2002(%)
行政区域土地面积(平方公里)	**Area of Administration(Sq.km)**	**4650**	**4650**	**0.0**
人口和就业	**Population & Employment**			
年末总人口(人)	Total Population Year-end(person)	172865	174826	1.1
#男性(人)	Male(person)	88677	89882	1.4
#乡村人口(人)	Rural(person)	134725	136493	1.3
年末总户数(户)	Total Number of Households at the Year-end(Household)	44043	44960	2.1
#乡村户数(户)	Number of Rural Household(Household)	33016	33825	2.5
出生人口(人)	Births(person)	1552	1462	-5.8
死亡人口(人)	Deaths(person)	401	436	8.7
全社会就业人员(人)	Employment(person)	74161	76332	2.9
第一产业(人)	Primary Industry(person)	59193	58252	-1.6
第二产业(人)	Secondary Industry(person)	3812	4230	11.0
第三产业(人)	Tertiary Industry(person)	11156	13850	24.1
在岗职工人数(人)	Number of Staff & Workers Employed in(person)	10110	10092	-0.2
乡村劳动力(人)	Number of Rural Laborers(person)	58927	62310	5.7
#农林牧渔业(人)	Farming,Forestry,Animal Husbandry & Fishery(person)	55970	56503	1.0
国民经济综合指标	**Summary Item on the National Economy**			
生产总值(万元)	Gross Domestic Product(10 000 yuan)	70502	84048	17.3
第一产业(万元)	Primary Industry(10 000 yuan)	26000	27500	3.7
第二产业(万元)	Secondary Industry(10 000 yuan)	17601	23046	30.1
#工业(万元)	Industry(10 000 yuan)	11680	15540	31.5
第三产业(万元)	Tertiary Industry(10 000 yuan)	26901	33502	22.0
人均生产总值(元)	Per Capita GDP(yuan)	4094	4808	16.5
全社会固定资产投资(万元)	Total Investment in Fixed Assets(10 000 yuan)	29064	40211	38.4
按登记注册类型分	Grouped by Registered Type			
#国有(万元)	State-owned Enterprises(10 000 yuan)	20471	36231	77.0
集体(万元)	Collective-owned Enterprises(10 000 yuan)	3460		
有限责任公司(万元)	Limited Liability Corporations(10 000 yuan)			
股份有限公司(万元)	Share Holding Enterprises(10 000 yuan)			
私营企业(万元)	Private Enterprises(10 000 yuan)			
外商及港澳台投资企业(万元)	Funds from HK,Macao,Taiwan & Foreign(10 000 yuan)			
按管理渠道分	Grouped by Channel of Management			
#基本建设(万元)	Capital Construction(10 000 yuan)	20910	32326	54.6
更新改造(万元)	Innovation(10 000 yuan)	4025	3860	-4.1
房地产开发(万元)	Real Estate Development(10 000 yuan)			
地方财政收入(万元)	Local Governments Revenue(10 000 yuan)	2562	3369	31.5
地方财政支出(万元)	Local Governments Expenditures(10 000 yuan)	14380	19286	34.1
城乡居民储蓄存款余额(万元)	Resident Saving Deposit in Urban & Rural(10 000 yuan)	18565	22050	18.8
在岗职工工资总额(万元)	Total Wages of Staff & Workers Empioyed in(10 000	9698	10314	6.4
在岗职工平均工资(元)	Average Wage of Staff & Workers Employed in(yuan)	9197	10326	12.3
农牧民人均纯收入(元)	Per Capita Net Income of Peasant & Herdsman(yuan)	1300	1651	27.0
农村牧区经济	**Economic Development in Rural & Pastoral Area**			
耕地面积(公顷)	Cultivated Area(hectare)	102920	99250	-3.6
农作物总播种面积(公顷)	Total Sown Area(hectare)	72471	68993	-4.8
#粮食作物播种面积(公顷)	Sown Area of Grain Crops(hectare)	56445	53862	-4.6
有效灌溉面积(公顷)	Irrigated Area(hectare)	18460	16480	-10.7
农牧业机械总动力(万千瓦)	Total Power of Agricultural Machinery(10 000 kw)	9.80	12.19	24.4
化肥施用折纯量(吨)	Consumption of Chemical Fertilizer(ton)	11264	24798	120.2
农村用电量(万千瓦小时)	Electricity Consumed in Rural Area(10 000 kwh)	1871	2018	7.9
农林牧渔业总产值(万元)	Gross Output of Farming,Forestry,Animal Husbandry & Fishery(10 000 yuan)	42003	44061	4.9
粮食产量(吨)	Yield of Grain(ton)	149574	154368	3.2
油料产量(吨)	Yield of Oil-bearing Grops(ton)	5393	6468	19.9
甜菜产量(吨)	Yield of Beetroots(ton)			
猪牛羊肉产量(吨)	Output of Pork, Beef & Mutton(ton)	9047	10553	16.6
#猪肉产量(吨)	Output of Pork(ton)	5676	6457	13.8
牛肉产量(吨)	Output of Beef(ton)	2432	3037	24.9
羊肉产量(吨)	Output of Mutton(ton)	939	1023	8.9

23-46 Kulun Banner in Tongliao City

指标	Item	2002	2003	2003年比上年增长% Increase Rate in 2003 Over 2002(%)
羊毛产量(吨)	Output of Wool(ton)	338	238	-29.6
年末牲畜存栏头数(万头只)	Total Livestock at the Year-end(10 000 heads)	28.64	33.42	16.7
# 大牲畜(万头只)	Large Animals(10 000 heads)	11.36	12.11	6.6
羊(万只)	Sheep & Goats(10 000 heads)	9.35	13.26	41.8
猪(万头)	Hogs(10 000 heads)	7.93	8.05	1.5
独立核算工业	**Industry with Independent Accounting System**			
工业企业单位数(个)	Number of Industrial Enterprises(unit)	52	52	0.0
# 内资企业(个)	Civil Funded Enterprises(unit)	52	52	0.0
工业总产值(万元)	Gross Industrial Output Value(10 000 yuan)	19821	30515	54.5
内资企业(万元)	Civil Funded Enterprises(10 000 yuan)	19821	30515	54.5
国有企业(万元)	State-owned Enterprises(10 000 yuan)	2315	4430	80.5
集体企业(万元)	Collective-owned Enterprises(10 000 yuan)	9351	7358	-22.5
股份合作企业(万元)	Share Holding Enterprises(10 000 yuan)			
联营企业(万元)	Joint Owned Enterprises(10 000 yuan)			
有限责任公司(万元)	Limited Company(10 000 yuan)			
股份有限公司(万元)	Share Holding Limited Company(10 000 yuan)			
私营企业(万元)	Privately Owned Enterprises(10 000 yuan)	15613	18727	18.5
其他企业(万元)	Enterprises of Other Ownership(10 000 yuan)	8155		
港澳台商投资企业(万元)	Funds from HK,Macao & Taiwan(10 000 yuan)			
外商投资企业(万元)	Foreign Funded Enterprises(10 000 yuan)			
工业企业增加值(万元)	Value Added of Industrial Enterprises(10 000 yuan)	7108	12541	54.5
工业企业资产总计(万元)	Total Assets of Industrial Enterprises(10 000 yuan)	16929	19482	15.1
工业企业负债合计(万元)	Total Liabilities of Industrial Enterprises(10 000 yuan)	10410	12442	19.5
工业企业产品销售收入(万元)	Sales of Revenue Industrial Enterprises(10 000 yuan)	19360	29869	54.3
工业企业利润总额(万元)	Total Profits of Industrial Enterprises(10 000 yuan)	63	1150	1725.4
建筑业	**Construction**			
建筑企业单位数(个)	Number of Construction Enterprises(unit)	1	1	0.0
建筑企业从业人员(人)	Number of Employee in Construction Enterprises(person)	2	2	0.0
建筑业总产值(万元)	Gross Construction Output Value(10 000 yuan)	216	426	97.2
交通运输邮电通信业	**Transportation,Post & Telecommunications**			
公路里程(公里)	Total Length of Highways(km)	1300	1300	0.0
邮电业务总量(万元)	Business Volume of Post & Telecoms(10 000 yuan)	1790	1986	10.9
本地电话用户(户)	Number of Subscribers of Local Telephone(Household)	27504	35918	30.6
国内贸易	**Demestic Trade**			
社会消费品零售总额(万元)	Total Retail Sales of Consumer Goods(10 000 yuan)	24006	27022	12.6
# 贸易业(万元)	Wholesale & Retail Sales Trades(10 000 yuan)	15349	21636	41.0
餐饮业(万元)	Catering Trade(10 000 yuan)	2499	2825	13.0
科技教育卫生	**Science,Education & Public Health**			
各类专业技术人员(人)	Speccial Technical Personnel(person)	6985	3599	-48.5
幼儿园数(所)	Number of Kindergartens(unit)	2	3	50.0
学龄儿童入学率(%)	Percentage of School-Age Children Enrolled(%)	92.7	100.0	7.3
小学学校数(所)	Number of Primary Schools(unit)	85	69	-18.8
小学专任教师数(人)	Number of Full-time Teachers of Primary Schools(person)	1637	1624	-0.8
小学在校学生数(人)	Number of Student Enrollment of Primary Schools(person)	13529	13070	-3.4
普通中学学校数(所)	Number of Regular Secondary Schools(unit)	14	12	-14.3
普通中学专任教师数(人)	Number of Teachers of Secondary Shools(person)	641	640	-0.2
初中在校学生数(人)	Number of Student in Junior Secondary Schools(person)	7421	7244	-2.4
高中在校学生数(人)	Number of Student in Senior Secondary Schools(person)	2820	3256	15.5
卫生机构数(所)	Number of Health Institutions(unit)	36	25	-30.6
# 医院(所)	Hospitals(unit)	2	2	0.0
卫生院(所)	Township Hospitals(unit)	14	10	-28.6
床位数(张)	Number of Beds(unit)	249	320	28.5
# 医院(张)	Hospitals(unit)	130	190	46.2
卫生院(张)	Township Hospitals(unit)	117	130	11.1
卫生技术人员(人)	Medical Technical Presonnel(person)	547	514	-6.0
# 医院(人)	Hospitals(person)	199	186	-6.5
卫生院(人)	Township Hospitals(person)	264	243	-8.0

23-47 通辽市奈曼旗

指标	Item	2002	2003	2003年比上年增长% Increase Rate in 2003 Over 2002(%)
行政区域土地面积(平方公里)	**Area of Administration(Sq.km)**	**8120**	**8120**	**0.0**
人口和就业	**Population & Employment**			
年末总人口(人)	Total Population Year-end(person)	427021	431477	1.0
#男性(人)	Male(person)	219175	220939	0.8
#乡村人口(人)	Rural(person)	367545	368446	0.2
年末总户数(户)	Total Number of Households at the Year-end(Household)	116875	118321	1.2
#乡村户数(户)	Number of Rural Household(Household)	90680	93509	3.1
出生人口(人)	Births(person)	3551	3716	4.6
死亡人口(人)	Deaths(person)	851	797	-6.3
全社会就业人员(人)	Employment(person)	188083	187591	-0.3
第一产业(人)	Primary Industry(person)	143109	141794	-0.9
第二产业(人)	Secondary Industry(person)	10843	10890	0.4
第三产业(人)	Tertiary Industry(person)	34131	34907	2.3
在岗职工人数(人)	Number of Staff & Workers Employed in(person)	19533	18813	-3.7
乡村劳动力(人)	Number of Rural Laborers(person)	158741	159639	0.6
#农林牧渔业(人)	Farming,Forestry,Animal Husbandry & Fishery(person)	142210	138505	-2.6
国民经济综合指标	**Summary Item on the National Economy**			
生产总值(万元)	Gross Domestic Product(10 000 yuan)	210012	247802	17.8
第一产业(万元)	Primary Industry(10 000 yuan)	75805	82166	8.5
第二产业(万元)	Secondary Industry(10 000 yuan)	63402	78906	28.1
#工业(万元)	Industry(10 000 yuan)	43802	53962	28.0
第三产业(万元)	Tertiary Industry(10 000 yuan)	70805	86730	18.6
人均生产总值(元)	Per Capita GDP(yuan)	4935	5773	16.8
全社会固定资产投资(万元)	Total Investment in Fixed Assets(10 000 yuan)	37600	53767	43.0
按登记注册类型分	Grouped by Registered Type			
#国有(万元)	State-owned Enterprises(10 000 yuan)	24986	26302	5.3
集体(万元)	Collective-owned Enterprises(10 000 yuan)			
有限责任公司(万元)	Limited Liability Corporations(10 000 yuan)			
股份有限公司(万元)	Share Holding Enterprises(10 000 yuan)			
私营企业(万元)	Private Enterprises(10 000 yuan)			
外商及港澳台投资企业(万元)	Funds from HK,Macao,Taiwan & Foreign(10 000 yuan)			
按管理渠道分	Grouped by Channel of Management			
#基本建设(万元)	Capital Construction(10 000 yuan)	20899	36277	73.6
更新改造(万元)	Innovation(10 000 yuan)		10940	
房地产开发(万元)	Real Estate Development(10 000 yuan)		3461	
地方财政收入(万元)	Local Governments Revenue(10 000 yuan)	5462	6333	15.9
地方财政支出(万元)	Local Governments Expenditures(10 000 yuan)	29103	27302	-6.2
城乡居民储蓄存款余额(万元)	Resident Saving Deposit in Urban & Rural(10 000 yuan)	54771	58499	6.8
在岗职工工资总额(万元)	Total Wages of Staff & Workers Empioyed in(10 000	14415	17771	23.3
在岗职工平均工资(元)	Average Wage of Staff & Workers Employed in(yuan)	7355	9353	27.2
农牧民人均纯收入(元)	Per Capita Net Income of Peasant & Herdsman(yuan)	1430	1780	24.5
农村牧区经济	**Economic Development in Rural & Pastoral Area**			
耕地面积(公顷)	Cultivated Area(hectare)	97770	92370	-5.5
农作物总播种面积(公顷)	Total Sown Area(hectare)	113629	110121	-3.1
#粮食作物播种面积(公顷)	Sown Area of Grain Crops(hectare)	88721	85584	-3.5
有效灌溉面积(公顷)	Irrigated Area(hectare)	40000	42210	5.5
农牧业机械总动力(万千瓦)	Total Power of Agricultural Machinery(10 000 kw)	30.30	34.07	12.4
化肥施用折纯量(吨)	Consumption of Chemical Fertilizer(ton)	42802	45509	6.3
农村用电量(万千瓦小时)	Electricity Consumed in Rural Area(10 000 kwh)	3520	5239	48.8
农林牧渔业总产值(万元)	Gross Output of Farming,Forestry,Animal Husbandry & Fishery(10 000 yuan)	116609	126086	8.1
粮食产量(吨)	Yield of Grain(ton)	362681	372042	2.6
油料产量(吨)	Yield of Oil-bearing Grops(ton)	9263	8922	-3.7
甜菜产量(吨)	Yield of Beetroots(ton)	2400		
猪牛羊肉产量(吨)	Output of Pork, Beef & Mutton(ton)	31287	42827	36.9
#猪肉产量(吨)	Output of Pork(ton)	23957	32526	35.8
牛肉产量(吨)	Output of Beef(ton)	5936	7600	28.0
羊肉产量(吨)	Output of Mutton(ton)	1394	2701	93.8

23-47 Naiman Banner in Tongliao City

指标	Item	2002	2003	2003年比上年增长% Increase Rate in 2003 Over 2002(%)
羊毛产量(吨)	Output of Wool(ton)	397	619	55.9
年末牲畜存栏头数(万头只)	Total Livestock at the Year-end(10 000 heads)	44.59	57.43	28.8
#大牲畜(万头只)	Large Animals(10 000 heads)	14.38	16.15	12.3
羊(万只)	Sheep & Goats(10 000 heads)	10.05	19.47	93.7
猪(万头)	Hogs(10 000 heads)	20.16	21.81	8.2
独立核算工业	**Industry with Independent Accounting System**			
工业企业单位数(个)	Number of Industrial Enterprises(unit)	39	65	66.7
#内资企业(个)	Civil Funded Enterprises(unit)	37	65	75.7
工业总产值(万元)	Gross Industrial Output Value(10 000 yuan)	33500	45679	37.5
内资企业(万元)	Civil Funded Enterprises(10 000 yuan)	33500	45679	37.5
国有企业(万元)	State-owned Enterprises(10 000 yuan)	1436	1055	-27.2
集体企业(万元)	Collective-owned Enterprises(10 000 yuan)	6063	5986	-1.8
股份合作企业(万元)	Share Holding Enterprises(10 000 yuan)	6360	1400	-79.5
联营企业(万元)	Joint Owned Enterprises(10 000 yuan)		800	
有限责任公司(万元)	Limited Company(10 000 yuan)			
股份有限公司(万元)	Share Holding Limited Company(10 000 yuan)		500	
私营企业(万元)	Privately Owned Enterprises(10 000 yuan)	19641	35938	81.5
其他企业(万元)	Enterprises of Other Ownership(10 000 yuan)			
港澳台商投资企业(万元)	Funds from HK,Macao & Taiwan(10 000 yuan)			
外商投资企业(万元)	Foreign Funded Enterprises(10 000 yuan)			
工业企业增加值(万元)	Value Added of Industrial Enterprises(10 000 yuan)	12013	18393	37.5
工业企业资产总计(万元)	Total Assets of Industrial Enterprises(10 000 yuan)	22587	32833	45.4
工业企业负债合计(万元)	Total Liabilities of Industrial Enterprises(10 000 yuan)	23317	26842	15.1
工业企业产品销售收入(万元)	Sales of Revenue Industrial Enterprises(10 000 yuan)	26416	47405	79.5
工业企业利润总额(万元)	Total Profits of Industrial Enterprises(10 000 yuan)	367	571	55.7
建筑业	**Construction**			
建筑企业单位数(个)	Number of Construction Enterprises(unit)	3	3	0.0
建筑企业从业人员(人)	Number of Employee in Construction Enterprises(person)	298	97	-67.4
建筑业总产值(万元)	Gross Construction Output Value(10 000 yuan)	7535	6794	-9.8
交通运输邮电通信业	**Transportation,Post & Telecommunications**			
公路里程(公里)	Total Length of Highways(km)	1450	2400	65.5
邮电业务总量(万元)	Business Volume of Post & Telecoms(10 000 yuan)	3368	2080	-38.2
本地电话用户(户)	Number of Subscribers of Local Telephone(Household)	12127	61809	409.7
国内贸易	**Demestic Trade**			
社会消费品零售总额(万元)	Total Retail Sales of Consumer Goods(10 000 yuan)	47181	55800	18.3
#贸易业(万元)	Wholesale & Retail Sales Trades(10 000 yuan)	33098	47149	42.5
餐饮业(万元)	Catering Trade(10 000 yuan)	5602	6529	16.5
科技教育卫生	**Science,Education & Public Health**			
各类专业技术人员(人)	Speccial Technical Personnel(person)	6769	6434	-4.9
幼儿园数(所)	Number of Kindergartens(unit)	3	3	0.0
学龄儿童入学率(%)	Percentage of School-Age Children Enrolled(%)	100.0	100.0	0.0
小学学校数(所)	Number of Primary Schools(unit)	229	228	-0.4
小学专任教师数(人)	Number of Full-time Teachers of Primary Schools(person)	2397	2483	3.6
小学在校学生数(人)	Number of Student Enrollment of Primary Schools(person)	37477	36339	-3.0
普通中学学校数(所)	Number of Regular Secondary Schools(unit)	36	31	-13.9
普通中学专任教师数(人)	Number of Teachers of Secondary Shools(person)	1438	1416	-1.5
初中在校学生数(人)	Number of Student in Junior Secondary Schools(person)	20328	20229	-0.5
高中在校学生数(人)	Number of Student in Senior Secondary Schools(person)	4928	5962	21.0
卫生机构数(所)	Number of Health Institutions(unit)	28	26	-7.1
#医院(所)	Hospitals(unit)	2	2	0.0
卫生院(所)	Township Hospitals(unit)	21	21	0.0
床位数(张)	Number of Beds(unit)	531	555	4.5
#医院(张)	Hospitals(unit)	148	160	8.1
卫生院(张)	Township Hospitals(unit)	359	371	3.3
卫生技术人员(人)	Medical Technical Presonnel(person)	939	1044	11.2
#医院(人)	Hospitals(person)	246	299	21.5
卫生院(人)	Township Hospitals(person)	576	637	10.6

23-48 通辽市扎鲁特旗

指 标	Item	2002	2003	2003年比上年增长% Increase Rate in 2003 Over 2002(%)
行政区域土地面积(平方公里)	**Area of Administration(Sq.km)**	**17193**	**17193**	**0.0**
人口和就业	**Population & Employment**			
年末总人口(人)	Total Population Year-end(person)	303154	303392	0.1
# 男性(人)	Male(person)	154314	154510	0.1
# 乡村人口(人)	Rural(person)	236854	234203	-1.1
年末总户数(户)	Total Number of Households at the Year-end(Household)	81745	82335	0.7
# 乡村户数(户)	Number of Rural Household(Household)	57803	58219	0.7
出生人口(人)	Births(person)	2808	2595	-7.6
死亡人口(人)	Deaths(person)	1180	957	-18.9
全社会就业人员(人)	Employment(person)	122683	121182	-1.2
第一产业(人)	Primary Industry(person)	88870	87439	-1.6
第二产业(人)	Secondary Industry(person)	9252	9310	0.6
第三产业(人)	Tertiary Industry(person)	24561	24433	-0.5
在岗职工人数(人)	Number of Staff & Workers Employed in(person)	22662	22303	-1.6
乡村劳动力(人)	Number of Rural Laborers(person)	102733	98711	-3.9
# 农林牧渔业(人)	Farming,Forestry,Animal Husbandry & Fishery(person)	88870	87439	-1.6
国民经济综合指标	**Summary Item on the National Economy**			
生产总值(万元)	Gross Domestic Product(10 000 yuan)	189007	226510	18.3
第一产业(万元)	Primary Industry(10 000 yuan)	88909	97490	6.1
第二产业(万元)	Secondary Industry(10 000 yuan)	39080	55026	37.9
# 工业(万元)	Industry(10 000 yuan)	21016	28003	31.6
第三产业(万元)	Tertiary Industry(10 000 yuan)	61018	73994	24.6
人均生产总值(元)	Per Capita GDP(yuan)	6270	7469	17.4
全社会固定资产投资(万元)	Total Investment in Fixed Assets(10 000 yuan)	43892	71480	62.9
按登记注册类型分	Grouped by Registered Type			
# 国有(万元)	State-owned Enterprises(10 000 yuan)	20041	37394	86.6
集体(万元)	Collective-owned Enterprises(10 000 yuan)	764	4896	540.8
有限责任公司(万元)	Limited Liability Corporations(10 000 yuan)			
股份有限公司(万元)	Share Holding Enterprises(10 000 yuan)			
私营企业(万元)	Private Enterprises(10 000 yuan)			
外商及港澳台投资企业(万元)	Funds from HK,Macao,Taiwan & Foreign(10 000 yuan)			
按管理渠道分	Grouped by Channel of Management			
# 基本建设(万元)	Capital Construction(10 000 yuan)	36757	52818	43.7
更新改造(万元)	Innovation(10 000 yuan)	337	12220	3526.1
房地产开发(万元)	Real Estate Development(10 000 yuan)	4160	1072	-74.2
地方财政收入(万元)	Local Governments Revenue(10 000 yuan)	6457	7984	23.6
地方财政支出(万元)	Local Governments Expenditures(10 000 yuan)	26449	25421	-3.9
城乡居民储蓄存款余额(万元)	Resident Saving Deposit in Urban & Rural(10 000 yuan)	42519	46399	9.1
在岗职工工资总额(万元)	Total Wages of Staff & Workers Empioyed in(10 000	15894	19221	20.9
在岗职工平均工资(元)	Average Wage of Staff & Workers Employed in(yuan)	7026	8616	22.6
农牧民人均纯收入(元)	Per Capita Net Income of Peasant & Herdsman(yuan)	2074	2408	16.1
农村牧区经济	**Economic Development in Rural & Pastoral Area**			
耕地面积(公顷)	Cultivated Area(hectare)	110930	106780	-3.7
农作物总播种面积(公顷)	Total Sown Area(hectare)	113562	110142	-3.0
# 粮食作物播种面积(公顷)	Sown Area of Grain Crops(hectare)	98017	89689	-8.5
有效灌溉面积(公顷)	Irrigated Area(hectare)	61920	57253	-7.5
农牧业机械总动力(万千瓦)	Total Power of Agricultural Machinery(10 000 kw)	29.40	21.60	-26.5
化肥施用折纯量(吨)	Consumption of Chemical Fertilizer(ton)	9118	9433	3.5
农村用电量(万千瓦小时)	Electricity Consumed in Rural Area(10 000 kwh)	2608	2645	1.4
农林牧渔业总产值(万元)	Gross Output of Farming,Forestry,Animal Husbandry & Fishery(10 000 yuan)	133639	146793	9.8
粮食产量(吨)	Yield of Grain(ton)	316048	318452	0.8
油料产量(吨)	Yield of Oil-bearing Grops(ton)	5860	3846	-34.4
甜菜产量(吨)	Yield of Beetroots(ton)			
猪牛羊肉产量(吨)	Output of Pork, Beef & Mutton(ton)	27427	30161	10.0
# 猪肉产量(吨)	Output of Pork(ton)	12522	10855	-13.3
牛肉产量(吨)	Output of Beef(ton)	6847	10072	47.1
羊肉产量(吨)	Output of Mutton(ton)	8058	9234	14.6

23-48 Zhalute Banner in Tongliao City

指标	Item	2002	2003	2003年比上年增长% Increase Rate in 2003 Over 2002(%)
羊毛产量(吨)	Output of Wool(ton)	1080	1283	18.8
年末牲畜存栏头数(万头只)	Total Livestock at the Year-end(10 000 heads)	121.57	130.53	7.4
#大牲畜(万头只)	Large Animals(10 000 heads)	16.42	16.60	1.1
羊(万只)	Sheep & Goats(10 000 heads)	94.83	104.19	9.9
猪(万头)	Hogs(10 000 heads)	10.32	9.74	-5.6
独立核算工业	**Industry with Independent Accounting System**			
工业企业单位数(个)	Number of Industrial Enterprises(unit)	45	41	-8.9
#内资企业(个)	Civil Funded Enterprises(unit)	45	41	-8.9
工业总产值(万元)	Gross Industrial Output Value(10 000 yuan)	27942	35526	27.8
内资企业(万元)	Civil Funded Enterprises(10 000 yuan)	27942	35526	27.8
国有企业(万元)	State-owned Enterprises(10 000 yuan)	1332	1117	32.1
集体企业(万元)	Collective-owned Enterprises(10 000 yuan)	2902	3592	21.0
股份合作企业(万元)	Share Holding Enterprises(10 000 yuan)	6592	6832	3.0
联营企业(万元)	Joint Owned Enterprises(10 000 yuan)			
有限责任公司(万元)	Limited Company(10 000 yuan)		6453	
股份有限公司(万元)	Share Holding Limited Company(10 000 yuan)	13529	8937	-35.2
私营企业(万元)	Privately Owned Enterprises(10 000 yuan)			
其他企业(万元)	Enterprises of Other Ownership(10 000 yuan)	3588	261	-92.5
港澳台商投资企业(万元)	Funds from HK,Macao & Taiwan(10 000 yuan)			
外商投资企业(万元)	Foreign Funded Enterprises(10 000 yuan)			
工业企业增加值(万元)	Value Added of Industrial Enterprises(10 000 yuan)	10020	16113	27.9
工业企业资产总计(万元)	Total Assets of Industrial Enterprises(10 000 yuan)	20897	27492	31.6
工业企业负债合计(万元)	Total Liabilities of Industrial Enterprises(10 000 yuan)	13006	19298	48.4
工业企业产品销售收入(万元)	Sales of Revenue Industrial Enterprises(10 000 yuan)	17355	20975	20.9
工业企业利润总额(万元)	Total Profits of Industrial Enterprises(10 000 yuan)	-91	169	
建筑业	**Construction**			
建筑企业单位数(个)	Number of Construction Enterprises(unit)	3	1	-66.7
建筑企业从业人员(人)	Number of Employee in Construction Enterprises(person)	374	650	73.8
建筑业总产值(万元)	Gross Construction Output Value(10 000 yuan)	3015	2633	-12.7
交通运输邮电通信业	**Transportation,Post & Telecommunications**			
公路里程(公里)	Total Length of Highways(km)	1155	1171	1.4
邮电业务总量(万元)	Business Volume of Post & Telecoms(10 000 yuan)	2558	3570	39.6
本地电话用户(户)	Number of Subscribers of Local Telephone(Household)	21810	54931	151.9
国内贸易	**Demestic Trade**			
社会消费品零售总额(万元)	Total Retail Sales of Consumer Goods(10 000 yuan)	42200	58508	38.6
#贸易业(万元)	Wholesale & Retail Sales Trades(10 000 yuan)	30080	44018	46.3
餐饮业(万元)	Catering Trade(10 000 yuan)	6966	6980	0.2
科技教育卫生	**Science,Education & Public Health**			
各类专业技术人员(人)	Speccial Technical Personnel(person)	3961	4059	2.5
幼儿园数(所)	Number of Kindergartens(unit)	2	2	0.0
学龄儿童入学率(%)	Percentage of School-Age Children Enrolled(%)	100.0	100.0	0.0
小学学校数(所)	Number of Primary Schools(unit)	193	190	-1.6
小学专任教师数(人)	Number of Full-time Teachers of Primary Schools(person)	2552	2572	0.8
小学在校学生数(人)	Number of Student Enrollment of Primary Schools(person)	27250	26011	-4.5
普通中学学校数(所)	Number of Regular Secondary Schools(unit)	35	35	0.0
普通中学专任教师数(人)	Number of Teachers of Secondary Shools(person)	1267	1260	-0.6
初中在校学生数(人)	Number of Student in Junior Secondary Schools(person)	16059	16191	0.8
高中在校学生数(人)	Number of Student in Senior Secondary Schools(person)	2318	2613	12.7
卫生机构数(所)	Number of Health Institutions(unit)	31	31	0.0
#医院(所)	Hospitals(unit)	2	2	0.0
卫生院(所)	Township Hospitals(unit)	26	26	0.0
床位数(张)	Number of Beds(unit)	314	310	-1.3
#医院(张)	Hospitals(unit)	163	163	0.0
卫生院(张)	Township Hospitals(unit)	151	147	-2.6
卫生技术人员(人)	Medical Technical Presonnel(person)	766	745	-2.7
#医院(人)	Hospitals(person)	261	255	-2.3
卫生院(人)	Township Hospitals(person)	505	324	-35.8

23-49 鄂尔多斯市东胜区

指 标	Item	2002	2003	2003年比上年增长% Increase Rate in 2003 Over 2002(%)
行政区域土地面积(平方公里)	**Area of Administration(Sq.km)**	**2137**	**2530**	**18.4**
人口和就业	**Population & Employment**			
年末总人口(人)	Total Population Year-end(person)	205500	219403	6.8
#男性(人)	Male(person)	103905	111137	7.0
#乡村人口(人)	Rural(person)	60707	66397	9.4
年末总户数(户)	Total Number of Households at the Year-end(Household)	58216	62950	8.1
#乡村户数(户)	Number of Rural Household(Household)	13807	14979	8.5
出生人口(人)	Births(person)	2161	2183	1.0
死亡人口(人)	Deaths(person)	325	304	-6.5
全社会就业人员(人)	Employment(person)	137299	145757	6.2
第一产业(人)	Primary Industry(person)	36394	26052	-28.4
第二产业(人)	Secondary Industry(person)	61455	60200	-2.0
第三产业(人)	Tertiary Industry(person)	39450	59505	50.8
在岗职工人数(人)	Number of Staff & Workers Employed in(person)	44721	46162	3.2
乡村劳动力(人)	Number of Rural Laborers(person)	43225	46427	7.4
#农林牧渔业(人)	Farming,Forestry,Animal Husbandry & Fishery(person)	25748	24509	-4.8
国民经济综合指标	**Summary Item on the National Economy**			
生产总值(万元)	Gross Domestic Product(10 000 yuan)	490159	620122	22.6
第一产业(万元)	Primary Industry(10 000 yuan)	11755	16498	36.5
第二产业(万元)	Secondary Industry(10 000 yuan)	318084	370117	21.0
#工业(万元)	Industry(10 000 yuan)	290084	334117	21.6
第三产业(万元)	Tertiary Industry(10 000 yuan)	160320	233507	24.3
人均生产总值(元)	Per Capita GDP(yuan)	23852	28264	14.8
全社会固定资产投资(万元)	Total Investment in Fixed Assets(10 000 yuan)	133547	173188	29.7
按登记注册类型分	Grouped by Registered Type			
#国有(万元)	State-owned Enterprises(10 000 yuan)	76677	67499	-12.0
集体(万元)	Collective-owned Enterprises(10 000 yuan)			
有限责任公司(万元)	Limited Liability Corporations(10 000 yuan)		31538	
股份有限公司(万元)	Share Holding Enterprises(10 000 yuan)		2594	
私营企业(万元)	Private Enterprises(10 000 yuan)		69092	
外商及港澳台投资企业(万元)	Funds from HK,Macao,Taiwan & Foreign(10 000 yuan)		1130	
按管理渠道分	Grouped by Channel of Management			
#基本建设(万元)	Capital Construction(10 000 yuan)	60252	88735	47.3
更新改造(万元)	Innovation(10 000 yuan)	41738	16296	-61.0
房地产开发(万元)	Real Estate Development(10 000 yuan)	22053	41855	89.8
地方财政收入(万元)	Local Governments Revenue(10 000 yuan)	32578	43008	32.0
地方财政支出(万元)	Local Governments Expenditures(10 000 yuan)	30874	45364	46.9
城乡居民储蓄存款余额(万元)	Resident Saving Deposit in Urban & Rural(10 000 yuan)	341001	412294	20.9
在岗职工工资总额(万元)	Total Wages of Staff & Workers Empioyed in(10 000	48055	54457	13.3
在岗职工平均工资(元)	Average Wage of Staff & Workers Employed in(yuan)	10882	12042	10.7
农牧民人均纯收入(元)	Per Capita Net Income of Peasant & Herdsman(yuan)	2456	3281	33.6
农村牧区经济	**Economic Development in Rural & Pastoral Area**			
耕地面积(公顷)	Cultivated Area(hectare)	33910	37116	9.5
农作物总播种面积(公顷)	Total Sown Area(hectare)	13235	15309	15.7
#粮食作物播种面积(公顷)	Sown Area of Grain Crops(hectare)	8707	7472	-14.2
有效灌溉面积(公顷)	Irrigated Area(hectare)	3304	2809	-15.0
农牧业机械总动力(万千瓦)	Total Power of Agricultural Machinery(10 000 kw)	9.40	11.70	24.5
化肥施用折纯量(吨)	Consumption of Chemical Fertilizer(ton)	1425	2577	80.8
农村用电量(万千瓦小时)	Electricity Consumed in Rural Area(10 000 kwh)	1571	1600	1.8
农林牧渔业总产值(万元)	Gross Output of Farming,Forestry,Animal Husbandry & Fishery(10 000 yuan)	18195	25713	41.3
粮食产量(吨)	Yield of Grain(ton)	13213	49114	271.7
油料产量(吨)	Yield of Oil-bearing Grops(ton)	2010	4873	142.4
甜菜产量(吨)	Yield of Beetroots(ton)	90	2048	2175.6
猪牛羊肉产量(吨)	Output of Pork, Beef & Mutton(ton)	2630	4463	69.7
#猪肉产量(吨)	Output of Pork(ton)	1965	3443	75.2
牛肉产量(吨)	Output of Beef(ton)	52	62	19.2
羊肉产量(吨)	Output of Mutton(ton)	613	958	56.3

23-49 Dongsheng District in Erdos City

指 标	Item	2002	2003	2003年比上年增长% Increase Rate in 2003 Over 2002(%)
羊毛产量(吨)	Output of Wool(ton)	79	70	-11.4
年末牲畜存栏头数(万头只)	Total Livestock at the Year-end(10 000 heads)	13.90	18.70	34.5
# 大牲畜(万头只)	Large Animals(10 000 heads)	0.70	1.00	42.9
羊(万只)	Sheep & Goats(10 000 heads)	10.70	15.00	40.2
猪(万头)	Hogs(10 000 heads)	2.50	2.70	8.0
独立核算工业	**Industry with Independent Accounting System**			
工业企业单位数(个)	Number of Industrial Enterprises(unit)	104	300	188.5
# 内资企业(个)	Civil Funded Enterprises(unit)	100	277	177.0
工业总产值(万元)	Gross Industrial Output Value(10 000 yuan)	497028	630774	34.8
内资企业(万元)	Civil Funded Enterprises(10 000 yuan)	111623	349780	62.3
国有企业(万元)	State-owned Enterprises(10 000 yuan)	28489	24219	-49.4
集体企业(万元)	Collective-owned Enterprises(10 000 yuan)			
股份合作企业(万元)	Share Holding Enterprises(10 000 yuan)			
联营企业(万元)	Joint Owned Enterprises(10 000 yuan)	4407		
有限责任公司(万元)	Limited Company(10 000 yuan)	41528	81652	90.4
股份有限公司(万元)	Share Holding Limited Company(10 000 yuan)	3051	209790	1355.3
私营企业(万元)	Privately Owned Enterprises(10 000 yuan)	34148	34119	-3.5
其他企业(万元)	Enterprises of Other Ownership(10 000 yuan)			
港澳台商投资企业(万元)	Funds from HK,Macao & Taiwan(10 000 yuan)	13477	29063	95.3
外商投资企业(万元)	Foreign Funded Enterprises(10 000 yuan)	371928	251931	18.3
工业企业增加值(万元)	Value Added of Industrial Enterprises(10 000 yuan)	179762	233205	30.3
工业企业资产总计(万元)	Total Assets of Industrial Enterprises(10 000 yuan)	963139	1107456	15.0
工业企业负债合计(万元)	Total Liabilities of Industrial Enterprises(10 000 yuan)	433740	548330	26.4
工业企业产品销售收入(万元)	Sales of Revenue Industrial Enterprises(10 000 yuan)	505648	674360	33.4
工业企业利润总额(万元)	Total Profits of Industrial Enterprises(10 000 yuan)	39002	44786	14.8
建筑业	**Construction**			
建筑企业单位数(个)	Number of Construction Enterprises(unit)	28	31	10.7
建筑企业从业人员(人)	Number of Employee in Construction Enterprises(person)	17538	23021	31.3
建筑业总产值(万元)	Gross Construction Output Value(10 000 yuan)	174019	264076	51.8
交通运输邮电通信业	**Transportation,Post & Telecommunications**			
公路里程(公里)	Total Length of Highways(km)	528	540	2.3
邮电业务总量(万元)	Business Volume of Post & Telecoms(10 000 yuan)	22224	37647	69.4
本地电话用户(户)	Number of Subscribers of Local Telephone(Household)	54790	58027	5.9
国内贸易	**Demestic Trade**			
社会消费品零售总额(万元)	Total Retail Sales of Consumer Goods(10 000 yuan)	126100	149581	18.6
# 贸易业(万元)	Wholesale & Retail Sales Trades(10 000 yuan)	110764	129286	16.7
餐饮业(万元)	Catering Trade(10 000 yuan)	14836	18599	25.4
科技教育卫生	**Science,Education & Public Health**			
各类专业技术人员(人)	Speccial Technical Personnel(person)	9632	9656	0.2
幼儿园数(所)	Number of Kindergartens(unit)	10	10	0.0
学龄儿童入学率(%)	Percentage of School-Age Children Enrolled(%)	100.0	100.0	0.0
小学学校数(所)	Number of Primary Schools(unit)	26	23	-11.5
小学专任教师数(人)	Number of Full-time Teachers of Primary Schools(person)	1065	1071	0.6
小学在校学生数(人)	Number of Student Enrollment of Primary Schools(person)	21186	20950	-1.1
普通中学学校数(所)	Number of Regular Secondary Schools(unit)	14	18	28.6
普通中学专任教师数(人)	Number of Teachers of Secondary Shools(person)	1002	1157	15.5
初中在校学生数(人)	Number of Student in Junior Secondary Schools(person)	11300	13916	23.2
高中在校学生数(人)	Number of Student in Senior Secondary Schools(person)	7587	9278	22.3
卫生机构数(所)	Number of Health Institutions(unit)	310	314	1.3
# 医院(所)	Hospitals(unit)	8	10	25.0
卫生院(所)	Township Hospitals(unit)	7	8	14.3
床位数(张)	Number of Beds(unit)	1427	1623	13.7
# 医院(张)	Hospitals(unit)	1364	1551	13.7
卫生院(张)	Township Hospitals(unit)	63	72	14.3
卫生技术人员(人)	Medical Technical Presonnel(person)	1385	1424	2.8
# 医院(人)	Hospitals(person)	923	1217	31.9
卫生院(人)	Township Hospitals(person)	102	107	4.9

23-50 鄂尔多斯市达拉特旗

指标	Item	2002	2003	2003年比上年增长% Increase Rate in 2003 Over 2002(%)
行政区域土地面积(平方公里)	**Area of Administration(Sq.km)**	**8192**	**8192**	**0.0**
人口和就业	**Population & Employment**			
年末总人口(人)	Total Population Year-end(person)	331059	333147	0.6
#男性(人)	Male(person)	173532	174403	0.5
#乡村人口(人)	Rural(person)	246275	237945	-3.4
年末总户数(户)	Total Number of Households at the Year-end(Household)	105748	106891	1.1
#乡村户数(户)	Number of Rural Household(Household)	67657	64462	-4.7
出生人口(人)	Births(person)	2969	3039	2.4
死亡人口(人)	Deaths(person)	1497	1553	3.7
全社会就业人员(人)	Employment(person)	214748	198727	-7.5
第一产业(人)	Primary Industry(person)	145532	113824	-21.8
第二产业(人)	Secondary Industry(person)	27595	32063	16.2
第三产业(人)	Tertiary Industry(person)	41621	52840	27.0
在岗职工人数(人)	Number of Staff & Workers Employed in(person)	17663	18115	2.6
乡村劳动力(人)	Number of Rural Laborers(person)	160933	154746	-3.8
#农林牧渔业(人)	Farming,Forestry,Animal Husbandry & Fishery(person)	145532	113824	-21.8
国民经济综合指标	**Summary Item on the National Economy**			
生产总值(万元)	Gross Domestic Product(10 000 yuan)	420021	480263	12.8
第一产业(万元)	Primary Industry(10 000 yuan)	90016	97965	5.5
第二产业(万元)	Secondary Industry(10 000 yuan)	221973	250928	10.9
#工业(万元)	Industry(10 000 yuan)	198918	211420	4.3
第三产业(万元)	Tertiary Industry(10 000 yuan)	108032	131370	22.7
人均生产总值(元)	Per Capita GDP(yuan)	12716	14461	11.8
全社会固定资产投资(万元)	Total Investment in Fixed Assets(10 000 yuan)	166169	241942	45.6
按登记注册类型分	Grouped by Registered Type			
#国有(万元)	State-owned Enterprises(10 000 yuan)	56559	180779	219.6
集体(万元)	Collective-owned Enterprises(10 000 yuan)		168	
有限责任公司(万元)	Limited Liability Corporations(10 000 yuan)		30199	
股份有限公司(万元)	Share Holding Enterprises(10 000 yuan)		1826	
私营企业(万元)	Private Enterprises(10 000 yuan)		1202	
外商及港澳台投资企业(万元)	Funds from HK,Macao,Taiwan & Foreign(10 000 yuan)		950	
按管理渠道分	Grouped by Channel of Management			
#基本建设(万元)	Capital Construction(10 000 yuan)	81257	202991	149.8
更新改造(万元)	Innovation(10 000 yuan)	2200	1936	-12.0
房地产开发(万元)	Real Estate Development(10 000 yuan)	8730	6982	-20.0
地方财政收入(万元)	Local Governments Revenue(10 000 yuan)	16622	18841	13.3
地方财政支出(万元)	Local Governments Expenditures(10 000 yuan)	32202	38199	18.6
城乡居民储蓄存款余额(万元)	Resident Saving Deposit in Urban & Rural(10 000 yuan)	91930	121020	31.6
在岗职工工资总额(万元)	Total Wages of Staff & Workers Empioyed in(10 000	22723	25659	12.9
在岗职工平均工资(元)	Average Wage of Staff & Workers Employed in(yuan)	12630	13935	10.3
农牧民人均纯收入(元)	Per Capita Net Income of Peasant & Herdsman(yuan)	2822	3186	12.9
农村牧区经济	**Economic Development in Rural & Pastoral Area**			
耕地面积(公顷)	Cultivated Area(hectare)	126880	121040	-4.6
农作物总播种面积(公顷)	Total Sown Area(hectare)	75556	86518	14.5
#粮食作物播种面积(公顷)	Sown Area of Grain Crops(hectare)	35049	32013	-8.7
有效灌溉面积(公顷)	Irrigated Area(hectare)	65330	78330	19.9
农牧业机械总动力(万千瓦)	Total Power of Agricultural Machinery(10 000 kw)	31.77	34.99	10.1
化肥施用折纯量(吨)	Consumption of Chemical Fertilizer(ton)	23352	26282	12.5
农村用电量(万千瓦小时)	Electricity Consumed in Rural Area(10 000 kwh)	11243	11248	0.0
农林牧渔业总产值(万元)	Gross Output of Farming,Forestry,Animal Husbandry & Fishery(10 000 yuan)	138749	143294	3.3
粮食产量(吨)	Yield of Grain(ton)	252433	236995	-6.1
油料产量(吨)	Yield of Oil-bearing Grops(ton)	53349	24527	-54.0
甜菜产量(吨)	Yield of Beetroots(ton)	65058	59482	-8.6
猪牛羊肉产量(吨)	Output of Pork, Beef & Mutton(ton)	21974	31237	42.2
#猪肉产量(吨)	Output of Pork(ton)	16061	22624	40.9
牛肉产量(吨)	Output of Beef(ton)	715	1498	109.5
羊肉产量(吨)	Output of Mutton(ton)	4394	7115	61.9

23-50 Dalate Banner in Erdos City

指标	Item	2002	2003	2003年比上年增长% Increase Rate in 2003 Over 2002(%)
羊毛产量(吨)	Output of Wool(ton)	552	747	35.3
年末牲畜存栏头数(万头只)	Total Livestock at the Year-end(10 000 heads)	105.35	153.02	45.2
#大牲畜(万头只)	Large Animals(10 000 heads)	6.53	6.79	4.0
羊(万只)	Sheep & Goats(10 000 heads)	83.46	129.91	55.7
猪(万头)	Hogs(10 000 heads)	15.36	16.32	6.3
独立核算工业	**Industry with Independent Accounting System**			
工业企业单位数(个)	Number of Industrial Enterprises(unit)	27	27	0.0
#内资企业(个)	Civil Funded Enterprises(unit)	27	27	0.0
工业总产值(万元)	Gross Industrial Output Value(10 000 yuan)	232658	303048	44.9
内资企业(万元)	Civil Funded Enterprises(10 000 yuan)	232658	303048	44.9
国有企业(万元)	State-owned Enterprises(10 000 yuan)			
集体企业(万元)	Collective-owned Enterprises(10 000 yuan)	758	832	2.5
股份合作企业(万元)	Share Holding Enterprises(10 000 yuan)			
联营企业(万元)	Joint Owned Enterprises(10 000 yuan)			
有限责任公司(万元)	Limited Company(10 000 yuan)			
股份有限公司(万元)	Share Holding Limited Company(10 000 yuan)	230492	299864	44.7
私营企业(万元)	Privately Owned Enterprises(10 000 yuan)			
其他企业(万元)	Enterprises of Other Ownership(10 000 yuan)	1408	2352	89.9
港澳台商投资企业(万元)	Funds from HK,Macao & Taiwan(10 000 yuan)			
外商投资企业(万元)	Foreign Funded Enterprises(10 000 yuan)			
工业企业增加值(万元)	Value Added of Industrial Enterprises(10 000 yuan)	198918	211240	5.9
工业企业资产总计(万元)	Total Assets of Industrial Enterprises(10 000 yuan)	551370	577262	4.7
工业企业负债合计(万元)	Total Liabilities of Industrial Enterprises(10 000 yuan)	369590	392250	6.1
工业企业产品销售收入(万元)	Sales of Revenue Industrial Enterprises(10 000 yuan)	197515	283403	43.5
工业企业利润总额(万元)	Total Profits of Industrial Enterprises(10 000 yuan)	30919	36271	17.3
建筑业	**Construction**			
建筑企业单位数(个)	Number of Construction Enterprises(unit)	8	8	0.0
建筑企业从业人员(人)	Number of Employee in Construction Enterprises(person)	1836	2148	17.0
建筑业总产值(万元)	Gross Construction Output Value(10 000 yuan)	38460	62701	63.0
交通运输邮电通信业	**Transportation,Post & Telecommunications**			
公路里程(公里)	Total Length of Highways(km)	1524	2405	57.8
邮电业务总量(万元)	Business Volume of Post & Telecoms(10 000 yuan)	5083	6508	28.0
本地电话用户(户)	Number of Subscribers of Local Telephone(Household)	33406	61002	82.6
国内贸易	**Demestic Trade**			
社会消费品零售总额(万元)	Total Retail Sales of Consumer Goods(10 000 yuan)	74950	84250	12.4
#贸易业(万元)	Wholesale & Retail Sales Trades(10 000 yuan)	60955	68322	12.1
餐饮业(万元)	Catering Trade(10 000 yuan)	9973	11758	17.9
科技教育卫生	**Science,Education & Public Health**			
各类专业技术人员(人)	Speccial Technical Personnel(person)	4741	5396	13.8
幼儿园数(所)	Number of Kindergartens(unit)	22	23	4.5
学龄儿童入学率(%)	Percentage of School-Age Children Enrolled(%)	100.0	100.0	0.0
小学学校数(所)	Number of Primary Schools(unit)	81	76	-6.2
小学专任教师数(人)	Number of Full-time Teachers of Primary Schools(person)	1228	1171	-4.6
小学在校学生数(人)	Number of Student Enrollment of Primary Schools(person)	21807	20213	-7.3
普通中学学校数(所)	Number of Regular Secondary Schools(unit)	10	10	0.0
普通中学专任教师数(人)	Number of Teachers of Secondary Shools(person)	657	874	33.0
初中在校学生数(人)	Number of Student in Junior Secondary Schools(person)	7922	10440	31.8
高中在校学生数(人)	Number of Student in Senior Secondary Schools(person)	5946	7012	17.9
卫生机构数(所)	Number of Health Institutions(unit)	28	27	-3.6
#医院(所)	Hospitals(unit)	2	3	50.0
卫生院(所)	Township Hospitals(unit)	23	21	-8.7
床位数(张)	Number of Beds(unit)	480	607	26.5
#医院(张)	Hospitals(unit)	232	348	50.0
卫生院(张)	Township Hospitals(unit)	168	259	54.2
卫生技术人员(人)	Medical Technical Presonnel(person)	735	830	12.9
#医院(人)	Hospitals(person)	188	284	51.1
卫生院(人)	Township Hospitals(person)	276	283	2.5

23-51 鄂尔多斯市准格尔旗

指 标	Item	2002	2003	2003年比上年增长% Increase Rate in 2003 Over 2002(%)
行政区域土地面积(平方公里)	**Area of Administration(Sq.km)**	**7535**	**7535**	**0.0**
人口和就业	**Population & Employment**			
年末总人口(人)	Total Population Year-end(person)	271719	272157	0.2
#男性(人)	Male(person)	146375	145190	-0.8
#乡村人口(人)	Rural(person)	194212	188335	-3.0
年末总户数(户)	Total Number of Households at the Year-end(Household)	85911	87459	1.8
#乡村户数(户)	Number of Rural Household(Household)	57443	52904	-7.9
出生人口(人)	Births(person)	2302	2254	-2.1
死亡人口(人)	Deaths(person)	1349	1283	-4.9
全社会就业人员(人)	Employment(person)	154397	154400	0.0
第一产业(人)	Primary Industry(person)	71263	56500	-20.7
第二产业(人)	Secondary Industry(person)	43949	49200	11.9
第三产业(人)	Tertiary Industry(person)	39185	48700	24.3
在岗职工人数(人)	Number of Staff & Workers Employed in(person)	22807	22097	-3.1
乡村劳动力(人)	Number of Rural Laborers(person)	119917	91131	-24.0
#农林牧渔业(人)	Farming,Forestry,Animal Husbandry & Fishery(person)	72666	56464	-22.3
国民经济综合指标	**Summary Item on the National Economy**			
生产总值(万元)	Gross Domestic Product(10 000 yuan)	398000	570050	35.8
第一产业(万元)	Primary Industry(10 000 yuan)	25882	38564	44.9
第二产业(万元)	Secondary Industry(10 000 yuan)	251864	359932	38.5
#工业(万元)	Industry(10 000 yuan)	219464	318216	40.4
第三产业(万元)	Tertiary Industry(10 000 yuan)	120254	171554	29.1
人均生产总值(元)	Per Capita GDP(yuan)	14681	20965	35.4
全社会固定资产投资(万元)	Total Investment in Fixed Assets(10 000 yuan)	144756	193131	33.4
按登记注册类型分	Grouped by Registered Type			
#国有(万元)	State-owned Enterprises(10 000 yuan)	118647	63268	-46.7
集体(万元)	Collective-owned Enterprises(10 000 yuan)			
有限责任公司(万元)	Limited Liability Corporations(10 000 yuan)		25660	
股份有限公司(万元)	Share Holding Enterprises(10 000 yuan)		57038	
私营企业(万元)	Private Enterprises(10 000 yuan)		24015	
外商及港澳台投资企业(万元)	Funds from HK,Macao,Taiwan & Foreign(10 000 yuan)			
按管理渠道分	Grouped by Channel of Management			
#基本建设(万元)	Capital Construction(10 000 yuan)	112545	73467	-34.7
更新改造(万元)	Innovation(10 000 yuan)		12001	
房地产开发(万元)	Real Estate Development(10 000 yuan)	5590	5032	-10.0
地方财政收入(万元)	Local Governments Revenue(10 000 yuan)	23448	35163	50.0
地方财政支出(万元)	Local Governments Expenditures(10 000 yuan)	37525	51064	36.1
城乡居民储蓄存款余额(万元)	Resident Saving Deposit in Urban & Rural(10 000 yuan)	112046	141980	26.7
在岗职工工资总额(万元)	Total Wages of Staff & Workers Empioyed in(10 000	27563	32504	17.9
在岗职工平均工资(元)	Average Wage of Staff & Workers Employed in(yuan)	11651	14954	28.3
农牧民人均纯收入(元)	Per Capita Net Income of Peasant & Herdsman(yuan)	2181	3060	40.3
农村牧区经济	**Economic Development in Rural & Pastoral Area**			
耕地面积(公顷)	Cultivated Area(hectare)	101250	85976	-15.1
农作物总播种面积(公顷)	Total Sown Area(hectare)	53931	47300	-12.3
#粮食作物播种面积(公顷)	Sown Area of Grain Crops(hectare)	38019	33431	-12.1
有效灌溉面积(公顷)	Irrigated Area(hectare)	7420	7410	-0.1
农牧业机械总动力(万千瓦)	Total Power of Agricultural Machinery(10 000 kw)	31.78	32.20	1.3
化肥施用折纯量(吨)	Consumption of Chemical Fertilizer(ton)	6112	5225	-14.5
农村用电量(万千瓦小时)	Electricity Consumed in Rural Area(10 000 kwh)	1299	1490	14.7
农林牧渔业总产值(万元)	Gross Output of Farming,Forestry,Animal Husbandry & Fishery(10 000 yuan)	40884	56779	38.9
粮食产量(吨)	Yield of Grain(ton)	86440	112998	30.7
油料产量(吨)	Yield of Oil-bearing Grops(ton)	4068	5254	29.2
甜菜产量(吨)	Yield of Beetroots(ton)	4701	5772	22.8
猪牛羊肉产量(吨)	Output of Pork, Beef & Mutton(ton)	8582	15216	77.3
#猪肉产量(吨)	Output of Pork(ton)	6907	12009	73.9
牛肉产量(吨)	Output of Beef(ton)	152	79	-48.0
羊肉产量(吨)	Output of Mutton(ton)	1523	3128	105.4

23-51 Zhungeer Banner in Erdos City

指标	Item	2002	2003	2003年比上年增长% Increase Rate in 2003 Over 2002(%)
羊毛产量(吨)	Output of Wool(ton)	230	1120	387.0
年末牲畜存栏头数(万头只)	Total Livestock at the Year-end(10 000 heads)	33.01	49.35	49.5
# 大牲畜(万头只)	Large Animals(10 000 heads)	2.73	3.06	12.1
羊(万只)	Sheep & Goats(10 000 heads)	23.66	38.38	62.2
猪(万头)	Hogs(10 000 heads)	6.62	7.91	19.5
独立核算工业	**Industry with Independent Accounting System**			
工业企业单位数(个)	Number of Industrial Enterprises(unit)	65	120	84.6
# 内资企业(个)	Civil Funded Enterprises(unit)	65	120	84.6
工业总产值(万元)	Gross Industrial Output Value(10 000 yuan)	217318	336034	46.6
内资企业(万元)	Civil Funded Enterprises(10 000 yuan)	217318	336034	46.6
国有企业(万元)	State-owned Enterprises(10 000 yuan)	43137	17579	-61.4
集体企业(万元)	Collective-owned Enterprises(10 000 yuan)	39152	42513	2.9
股份合作企业(万元)	Share Holding Enterprises(10 000 yuan)	16843	27036	52.1
联营企业(万元)	Joint Owned Enterprises(10 000 yuan)			
有限责任公司(万元)	Limited Company(10 000 yuan)			
股份有限公司(万元)	Share Holding Limited Company(10 000 yuan)	114756	237179	95.9
私营企业(万元)	Privately Owned Enterprises(10 000 yuan)			
其他企业(万元)	Enterprises of Other Ownership(10 000 yuan)	3430	11727	224.1
港澳台商投资企业(万元)	Funds from HK,Macao & Taiwan(10 000 yuan)			
外商投资企业(万元)	Foreign Funded Enterprises(10 000 yuan)			
工业企业增加值(万元)	Value Added of Industrial Enterprises(10 000 yuan)	103639	172557	57.8
工业企业资产总计(万元)	Total Assets of Industrial Enterprises(10 000 yuan)	1494965	1460325	-2.3
工业企业负债合计(万元)	Total Liabilities of Industrial Enterprises(10 000 yuan)	520100	513555	-1.3
工业企业产品销售收入(万元)	Sales of Revenue Industrial Enterprises(10 000 yuan)	261859	465959	77.9
工业企业利润总额(万元)	Total Profits of Industrial Enterprises(10 000 yuan)	10183	43946	331.6
建筑业	**Construction**			
建筑企业单位数(个)	Number of Construction Enterprises(unit)	4	6	50.0
建筑企业从业人员(人)	Number of Employee in Construction Enterprises(person)	1815	1371	-24.5
建筑业总产值(万元)	Gross Construction Output Value(10 000 yuan)	12144	18268	50.4
交通运输邮电通信业	**Transportation,Post & Telecommunications**			
公路里程(公里)	Total Length of Highways(km)	1043	2550	144.5
邮电业务总量(万元)	Business Volume of Post & Telecoms(10 000 yuan)	8212	9964	21.3
本地电话用户(户)	Number of Subscribers of Local Telephone(Household)	27554	27922	1.3
国内贸易	**Demestic Trade**			
社会消费品零售总额(万元)	Total Retail Sales of Consumer Goods(10 000 yuan)	68548	76727	11.9
# 贸易业(万元)	Wholesale & Retail Sales Trades(10 000 yuan)	48736	55037	12.9
餐饮业(万元)	Catering Trade(10 000 yuan)	14299	16844	17.8
科技教育卫生	**Science,Education & Public Health**			
各类专业技术人员(人)	Speccial Technical Personnel(person)	4120	4233	2.7
幼儿园数(所)	Number of Kindergartens(unit)	10	12	20.0
学龄儿童入学率(%)	Percentage of School-Age Children Enrolled(%)	100.0	100.0	0.0
小学学校数(所)	Number of Primary Schools(unit)	79	81	2.5
小学专任教师数(人)	Number of Full-time Teachers of Primary Schools(person)	1248	1361	9.1
小学在校学生数(人)	Number of Student Enrollment of Primary Schools(person)	20741	18760	-9.6
普通中学学校数(所)	Number of Regular Secondary Schools(unit)	15	15	0.0
普通中学专任教师数(人)	Number of Teachers of Secondary Shools(person)	645	661	2.5
初中在校学生数(人)	Number of Student in Junior Secondary Schools(person)	11340	11240	-0.9
高中在校学生数(人)	Number of Student in Senior Secondary Schools(person)	2699	2704	0.2
卫生机构数(所)	Number of Health Institutions(unit)	151	154	2.0
# 医院(所)	Hospitals(unit)	3	4	33.3
卫生院(所)	Township Hospitals(unit)	21	23	9.5
床位数(张)	Number of Beds(unit)	567	1330	134.6
# 医院(张)	Hospitals(unit)	337	1026	204.5
卫生院(张)	Township Hospitals(unit)	230	304	32.2
卫生技术人员(人)	Medical Technical Presonnel(person)	785	882	12.4
# 医院(人)	Hospitals(person)	565	587	3.9
卫生院(人)	Township Hospitals(person)	220	295	34.1

23-52 鄂尔多斯市鄂托克前旗

指标	Item	2002	2003	2003年比上年增长% Increase Rate in 2003 Over 2002(%)
行政区域土地面积(平方公里)	**Area of Administration(Sq.km)**	**12318**	**12318**	**0.0**
人口和就业	**Population & Employment**			
年末总人口(人)	Total Population Year-end(person)	72243	73285	1.4
#男性(人)	Male(person)	37322	37734	1.1
#乡村人口(人)	Rural(person)	49088	41083	-16.3
年末总户数(户)	Total Number of Households at the Year-end(Household)	23836	24784	4.0
#乡村户数(户)	Number of Rural Household(Household)	14813	11887	-19.8
出生人口(人)	Births(person)	914	726	-20.6
死亡人口(人)	Deaths(person)	214	152	-29.0
全社会就业人员(人)	Employment(person)	36968	35637	-3.6
第一产业(人)	Primary Industry(person)	24565	23634	-3.8
第二产业(人)	Secondary Industry(person)	3934	4746	20.6
第三产业(人)	Tertiary Industry(person)	8469	7257	-14.3
在岗职工人数(人)	Number of Staff & Workers Employed in(person)	4638	4527	-2.4
乡村劳动力(人)	Number of Rural Laborers(person)	30243	27463	-9.2
#农林牧渔业(人)	Farming,Forestry,Animal Husbandry & Fishery(person)	24565	23634	-3.8
国民经济综合指标	**Summary Item on the National Economy**			
生产总值(万元)	Gross Domestic Product(10 000 yuan)	82126	102167	15.8
第一产业(万元)	Primary Industry(10 000 yuan)	30758	38059	22.7
第二产业(万元)	Secondary Industry(10 000 yuan)	23642	30075	16.2
#工业(万元)	Industry(10 000 yuan)	12361	17640	28.0
第三产业(万元)	Tertiary Industry(10 000 yuan)	27726	34033	8.4
人均生产总值(元)	Per Capita GDP(yuan)	11368	14743	20.7
全社会固定资产投资(万元)	Total Investment in Fixed Assets(10 000 yuan)	46327	60200	29.9
按登记注册类型分	Grouped by Registered Type			
#国有(万元)	State-owned Enterprises(10 000 yuan)	31394	36028	14.8
集体(万元)	Collective-owned Enterprises(10 000 yuan)	6350		
有限责任公司(万元)	Limited Liability Corporations(10 000 yuan)		7736	
股份有限公司(万元)	Share Holding Enterprises(10 000 yuan)		4110	
私营企业(万元)	Private Enterprises(10 000 yuan)		3225	
外商及港澳台投资企业(万元)	Funds from HK,Macao,Taiwan & Foreign(10 000 yuan)			
按管理渠道分	Grouped by Channel of Management			
#基本建设(万元)	Capital Construction(10 000 yuan)	33044	46096	39.5
更新改造(万元)	Innovation(10 000 yuan)	4700	2560	-45.5
房地产开发(万元)	Real Estate Development(10 000 yuan)		300	
地方财政收入(万元)	Local Governments Revenue(10 000 yuan)	2004	3453	72.3
地方财政支出(万元)	Local Governments Expenditures(10 000 yuan)	14005	16326	16.6
城乡居民储蓄存款余额(万元)	Resident Saving Deposit in Urban & Rural(10 000 yuan)	13749	17106	24.4
在岗职工工资总额(万元)	Total Wages of Staff & Workers Empioyed in(10 000	4652	5485	17.9
在岗职工平均工资(元)	Average Wage of Staff & Workers Employed in(yuan)	9884	12150	22.9
农牧民人均纯收入(元)	Per Capita Net Income of Peasant & Herdsman(yuan)	2525	3189	26.3
农村牧区经济	**Economic Development in Rural & Pastoral Area**			
耕地面积(公顷)	Cultivated Area(hectare)	13613	15870	16.6
农作物总播种面积(公顷)	Total Sown Area(hectare)	14809	17636	19.1
#粮食作物播种面积(公顷)	Sown Area of Grain Crops(hectare)	7507	6192	-17.5
有效灌溉面积(公顷)	Irrigated Area(hectare)	13613	15870	16.6
农牧业机械总动力(万千瓦)	Total Power of Agricultural Machinery(10 000 kw)	11.02	11.08	0.5
化肥施用折纯量(吨)	Consumption of Chemical Fertilizer(ton)	2676	3869	44.6
农村用电量(万千瓦小时)	Electricity Consumed in Rural Area(10 000 kwh)	446	837	87.7
农林牧渔业总产值(万元)	Gross Output of Farming,Forestry,Animal Husbandry & Fishery(10 000 yuan)	46459	49307	6.1
粮食产量(吨)	Yield of Grain(ton)	51233	44340	-13.5
油料产量(吨)	Yield of Oil-bearing Grops(ton)	503	718	42.7
甜菜产量(吨)	Yield of Beetroots(ton)	368	197	-46.5
猪牛羊肉产量(吨)	Output of Pork, Beef & Mutton(ton)	9524	12185	27.9
#猪肉产量(吨)	Output of Pork(ton)	3809	4636	21.7
牛肉产量(吨)	Output of Beef(ton)	122	183	50.0
羊肉产量(吨)	Output of Mutton(ton)	5593	7366	31.7

23-52 Etuokeqian Banner in Erdos City

指标	Item	2002	2003	2003年比上年增长% Increase Rate in 2003 Over 2002(%)
羊毛产量(吨)	Output of Wool(ton)	1193	1460	22.4
年末牲畜存栏头数(万头只)	Total Livestock at the Year-end(10 000 heads)	70.97	83.28	17.3
# 大牲畜(万头只)	Large Animals(10 000 heads)	1.35	1.94	43.7
羊(万只)	Sheep & Goats(10 000 heads)	67.19	78.16	16.3
猪(万头)	Hogs(10 000 heads)	2.43	3.18	30.9
独立核算工业	**Industry with Independent Accounting System**			
工业企业单位数(个)	Number of Industrial Enterprises(unit)	15	15	0.0
# 内资企业(个)	Civil Funded Enterprises(unit)	15	15	0.0
工业总产值(万元)	Gross Industrial Output Value(10 000 yuan)	16146	18740	13.3
内资企业(万元)	Civil Funded Enterprises(10 000 yuan)	16146	18740	13.3
国有企业(万元)	State-owned Enterprises(10 000 yuan)	6454	7673	11.2
集体企业(万元)	Collective-owned Enterprises(10 000 yuan)			
股份合作企业(万元)	Share Holding Enterprises(10 000 yuan)			
联营企业(万元)	Joint Owned Enterprises(10 000 yuan)			
有限责任公司(万元)	Limited Company(10 000 yuan)			
股份有限公司(万元)	Share Holding Limited Company(10 000 yuan)	5017	6078	22.0
私营企业(万元)	Privately Owned Enterprises(10 000 yuan)	4675	4989	5.8
其他企业(万元)	Enterprises of Other Ownership(10 000 yuan)			
港澳台商投资企业(万元)	Funds from HK,Macao & Taiwan(10 000 yuan)			
外商投资企业(万元)	Foreign Funded Enterprises(10 000 yuan)			
工业企业增加值(万元)	Value Added of Industrial Enterprises(10 000 yuan)	6704	7496	12.8
工业企业资产总计(万元)	Total Assets of Industrial Enterprises(10 000 yuan)	33731	33844	0.3
工业企业负债合计(万元)	Total Liabilities of Industrial Enterprises(10 000 yuan)	16623	16848	1.4
工业企业产品销售收入(万元)	Sales of Revenue Industrial Enterprises(10 000 yuan)	14461	17837	23.3
工业企业利润总额(万元)	Total Profits of Industrial Enterprises(10 000 yuan)	576	453	-21.4
建筑业	**Construction**			
建筑企业单位数(个)	Number of Construction Enterprises(unit)	4	3	-25.0
建筑企业从业人员(人)	Number of Employee in Construction Enterprises(person)	706	915	29.6
建筑业总产值(万元)	Gross Construction Output Value(10 000 yuan)	8500	7945	-6.5
交通运输邮电通信业	**Transportation,Post & Telecommunications**			
公路里程(公里)	Total Length of Highways(km)	990	1500	51.5
邮电业务总量(万元)	Business Volume of Post & Telecoms(10 000 yuan)	4723	2918	-38.2
本地电话用户(户)	Number of Subscribers of Local Telephone(Household)	10328	10393	0.6
国内贸易	**Demestic Trade**			
社会消费品零售总额(万元)	Total Retail Sales of Consumer Goods(10 000 yuan)	16975	18843	11.0
# 贸易业(万元)	Wholesale & Retail Sales Trades(10 000 yuan)	12534	13540	8.0
餐饮业(万元)	Catering Trade(10 000 yuan)	2712	3384	24.8
科技教育卫生	**Science,Education & Public Health**			
各类专业技术人员(人)	Speccial Technical Personnel(person)	1152	1376	19.4
幼儿园数(所)	Number of Kindergartens(unit)	13	12	-7.7
学龄儿童入学率(%)	Percentage of School-Age Children Enrolled(%)	100.0	100.0	0.0
小学学校数(所)	Number of Primary Schools(unit)	10	11	10.0
小学专任教师数(人)	Number of Full-time Teachers of Primary Schools(person)	335	307	-8.4
小学在校学生数(人)	Number of Student Enrollment of Primary Schools(person)	5394	4926	-8.7
普通中学学校数(所)	Number of Regular Secondary Schools(unit)	5	5	0.0
普通中学专任教师数(人)	Number of Teachers of Secondary Shools(person)	285	304	6.7
初中在校学生数(人)	Number of Student in Junior Secondary Schools(person)	4359	4840	11.0
高中在校学生数(人)	Number of Student in Senior Secondary Schools(person)	525	738	40.6
卫生机构数(所)	Number of Health Institutions(unit)	29	29	0.0
# 医院(所)	Hospitals(unit)	2	2	0.0
卫生院(所)	Township Hospitals(unit)	8	9	12.5
床位数(张)	Number of Beds(unit)	153	214	39.9
# 医院(张)	Hospitals(unit)	75	125	66.7
卫生院(张)	Township Hospitals(unit)	66	77	16.7
卫生技术人员(人)	Medical Technical Presonnel(person)	242	268	10.7
# 医院(人)	Hospitals(person)	89	108	21.3
卫生院(人)	Township Hospitals(person)	95	84	-11.6

23-53 鄂尔多斯市鄂托克旗

指 标	Item	2002	2003	2003年比上年增长% Increase Rate in 2003 Over 2002(%)
行政区域土地面积(平方公里)	**Area of Administration(Sq.km)**	**20064**	**20064**	**0.0**
人口和就业	**Population & Employment**			
年末总人口(人)	Total Population Year-end(person)	88863	90852	2.2
#男性(人)	Male(person)	46297	47168	1.9
#乡村人口(人)	Rural(person)	49603	46168	-6.9
年末总户数(户)	Total Number of Households at the Year-end(Household)	30464	31842	4.5
#乡村户数(户)	Number of Rural Household(Household)	15614	12717	-18.6
出生人口(人)	Births(person)	743	1037	39.6
死亡人口(人)	Deaths(person)	271	199	-26.6
全社会就业人员(人)	Employment(person)	53434	61927	15.9
第一产业(人)	Primary Industry(person)	22130	21335	-3.6
第二产业(人)	Secondary Industry(person)	17283	23239	34.5
第三产业(人)	Tertiary Industry(person)	14021	17353	23.8
在岗职工人数(人)	Number of Staff & Workers Employed in(person)	8004	8825	10.3
乡村劳动力(人)	Number of Rural Laborers(person)	32229	30661	-4.9
#农林牧渔业(人)	Farming,Forestry,Animal Husbandry & Fishery(person)	25683	24399	-5.0
国民经济综合指标	**Summary Item on the National Economy**			
生产总值(万元)	Gross Domestic Product(10 000 yuan)	169466	248420	39.5
第一产业(万元)	Primary Industry(10 000 yuan)	18166	20039	7.3
第二产业(万元)	Secondary Industry(10 000 yuan)	113800	180540	52.8
#工业(万元)	Industry(10 000 yuan)	98400	137500	35.3
第三产业(万元)	Tertiary Industry(10 000 yuan)	37500	47841	16.5
人均生产总值(元)	Per Capita GDP(yuan)	19127	27633	37.5
全社会固定资产投资(万元)	Total Investment in Fixed Assets(10 000 yuan)	70000	224539	220.8
按登记注册类型分	Grouped by Registered Type			
#国有(万元)	State-owned Enterprises(10 000 yuan)	28124	73876	162.7
集体(万元)	Collective-owned Enterprises(10 000 yuan)			
有限责任公司(万元)	Limited Liability Corporations(10 000 yuan)		100671	
股份有限公司(万元)	Share Holding Enterprises(10 000 yuan)		34697	
私营企业(万元)	Private Enterprises(10 000 yuan)		15295	
外商及港澳台投资企业(万元)	Funds from HK,Macao,Taiwan & Foreign(10 000 yuan)			
按管理渠道分	Grouped by Channel of Management			
#基本建设(万元)	Capital Construction(10 000 yuan)	39294	187691	377.7
更新改造(万元)	Innovation(10 000 yuan)	10482	16760	59.9
房地产开发(万元)	Real Estate Development(10 000 yuan)		1080	
地方财政收入(万元)	Local Governments Revenue(10 000 yuan)	6076	10051	65.4
地方财政支出(万元)	Local Governments Expenditures(10 000 yuan)	18606	27033	45.3
城乡居民储蓄存款余额(万元)	Resident Saving Deposit in Urban & Rural(10 000 yuan)	44188	59263	34.1
在岗职工工资总额(万元)	Total Wages of Staff & Workers Empioyed in(10 000	7736	10851	40.3
在岗职工平均工资(元)	Average Wage of Staff & Workers Employed in(yuan)	9766	12289	25.8
农牧民人均纯收入(元)	Per Capita Net Income of Peasant & Herdsman(yuan)	2309	2706	17.2
农村牧区经济	**Economic Development in Rural & Pastoral Area**			
耕地面积(公顷)	Cultivated Area(hectare)	8720	10348	18.7
农作物总播种面积(公顷)	Total Sown Area(hectare)	9638	10034	4.1
#粮食作物播种面积(公顷)	Sown Area of Grain Crops(hectare)	6062	7030	16.0
有效灌溉面积(公顷)	Irrigated Area(hectare)	8610	10348	20.2
农牧业机械总动力(万千瓦)	Total Power of Agricultural Machinery(10 000 kw)	10.54	12.11	14.9
化肥施用折纯量(吨)	Consumption of Chemical Fertilizer(ton)	2914	3768	29.3
农村用电量(万千瓦小时)	Electricity Consumed in Rural Area(10 000 kwh)	559	521	-6.8
农林牧渔业总产值(万元)	Gross Output of Farming,Forestry,Animal Husbandry & Fishery(10 000 yuan)	29258	31626	8.1
粮食产量(吨)	Yield of Grain(ton)	36983	45198	22.2
油料产量(吨)	Yield of Oil-bearing Grops(ton)	264	348	31.8
甜菜产量(吨)	Yield of Beetroots(ton)	480	606	26.3
猪牛羊肉产量(吨)	Output of Pork, Beef & Mutton(ton)	7131	8410	17.9
#猪肉产量(吨)	Output of Pork(ton)	2020	2293	13.5
牛肉产量(吨)	Output of Beef(ton)	118	281	138.1
羊肉产量(吨)	Output of Mutton(ton)	4993	5836	16.9

23-53 Etuoke Banner in Erdos City

指标	Item	2002	2003	2003年比上年增长% Increase Rate in 2003 Over 2002(%)
羊毛产量(吨)	Output of Wool(ton)	663	807	21.7
年末牲畜存栏头数(万头只)	Total Livestock at the Year-end(10 000 heads)	87.44	99.81	14.1
# 大牲畜(万头只)	Large Animals(10 000 heads)	1.12	1.29	15.2
羊(万只)	Sheep & Goats(10 000 heads)	84.43	96.30	14.1
猪(万头)	Hogs(10 000 heads)	1.89	2.22	17.5
独立核算工业	**Industry with Independent Accounting System**			
工业企业单位数(个)	Number of Industrial Enterprises(unit)	173	236	36.4
# 内资企业(个)	Civil Funded Enterprises(unit)	173	236	36.4
工业总产值(万元)	Gross Industrial Output Value(10 000 yuan)	180300	282380	51.6
内资企业(万元)	Civil Funded Enterprises(10 000 yuan)	180300	282380	51.6
国有企业(万元)	State-owned Enterprises(10 000 yuan)	2568	3769	31.3
集体企业(万元)	Collective-owned Enterprises(10 000 yuan)	18260	25786	36.2
股份合作企业(万元)	Share Holding Enterprises(10 000 yuan)			
联营企业(万元)	Joint Owned Enterprises(10 000 yuan)			
有限责任公司(万元)	Limited Company(10 000 yuan)	1702	2518	44.9
股份有限公司(万元)	Share Holding Limited Company(10 000 yuan)	106823	164594	51.8
私营企业(万元)	Privately Owned Enterprises(10 000 yuan)	50947	85713	65.2
其他企业(万元)	Enterprises of Other Ownership(10 000 yuan)			
港澳台商投资企业(万元)	Funds from HK,Macao & Taiwan(10 000 yuan)			
外商投资企业(万元)	Foreign Funded Enterprises(10 000 yuan)			
工业企业增加值(万元)	Value Added of Industrial Enterprises(10 000 yuan)	88400	121600	33.8
工业企业资产总计(万元)	Total Assets of Industrial Enterprises(10 000 yuan)	266890	331259	24.1
工业企业负债合计(万元)	Total Liabilities of Industrial Enterprises(10 000 yuan)	174167	204062	17.2
工业企业产品销售收入(万元)	Sales of Revenue Industrial Enterprises(10 000 yuan)	146094	262055	79.4
工业企业利润总额(万元)	Total Profits of Industrial Enterprises(10 000 yuan)	19404	31240	61.0
建筑业	**Construction**			
建筑企业单位数(个)	Number of Construction Enterprises(unit)	3	4	33.3
建筑企业从业人员(人)	Number of Employee in Construction Enterprises(person)	666	611	-8.3
建筑业总产值(万元)	Gross Construction Output Value(10 000 yuan)	12885	24424	89.6
交通运输邮电通信业	**Transportation,Post & Telecommunications**			
公路里程(公里)	Total Length of Highways(km)	1120	1188	6.1
邮电业务总量(万元)	Business Volume of Post & Telecoms(10 000 yuan)	5630	7410	31.6
本地电话用户(户)	Number of Subscribers of Local Telephone(Household)	17105	27216	59.1
国内贸易	**Demestic Trade**			
社会消费品零售总额(万元)	Total Retail Sales of Consumer Goods(10 000 yuan)	26508	29633	11.8
# 贸易业(万元)	Wholesale & Retail Sales Trades(10 000 yuan)	21596	23946	10.9
餐饮业(万元)	Catering Trade(10 000 yuan)	2925	3531	20.7
科技教育卫生	**Science,Education & Public Health**			
各类专业技术人员(人)	Speccial Technical Personnel(person)	2001	2040	1.9
幼儿园数(所)	Number of Kindergartens(unit)	10	11	10.0
学龄儿童入学率(%)	Percentage of School-Age Children Enrolled(%)	100.0	100.0	0.0
小学学校数(所)	Number of Primary Schools(unit)	19	18	-5.3
小学专任教师数(人)	Number of Full-time Teachers of Primary Schools(person)	549	564	2.7
小学在校学生数(人)	Number of Student Enrollment of Primary Schools(person)	7033	6903	-1.8
普通中学学校数(所)	Number of Regular Secondary Schools(unit)	7	6	-14.3
普通中学专任教师数(人)	Number of Teachers of Secondary Shools(person)	401	440	9.7
初中在校学生数(人)	Number of Student in Junior Secondary Schools(person)	4252	4551	7.0
高中在校学生数(人)	Number of Student in Senior Secondary Schools(person)	784	918	17.1
卫生机构数(所)	Number of Health Institutions(unit)	188	104	-44.7
# 医院(所)	Hospitals(unit)	2	3	50.0
卫生院(所)	Township Hospitals(unit)	13	13	0.0
床位数(张)	Number of Beds(unit)	250	275	10.0
# 医院(张)	Hospitals(unit)	110	110	0.0
卫生院(张)	Township Hospitals(unit)	78	165	111.5
卫生技术人员(人)	Medical Technical Presonnel(person)	560	245	-56.3
# 医院(人)	Hospitals(person)	184	104	-43.5
卫生院(人)	Township Hospitals(person)	91	112	23.1

23-54 鄂尔多斯市杭锦旗

指标	Item	2002	2003	2003年比上年增长% Increase Rate in 2003 Over 2002(%)
行政区域土地面积(平方公里)	**Area of Administration(Sq.km)**	**18903**	**18903**	**0.0**
人口和就业	**Population & Employment**			
年末总人口(人)	Total Population Year-end(person)	132618	133948	1.0
#男性(人)	Male(person)	69281	70216	1.3
#乡村人口(人)	Rural(person)	91448	63732	-30.3
年末总户数(户)	Total Number of Households at the Year-end(Household)	39982	42182	5.5
#乡村户数(户)	Number of Rural Household(Household)	25683	22880	-10.9
出生人口(人)	Births(person)	1263	1360	7.7
死亡人口(人)	Deaths(person)	405	589	45.4
全社会就业人员(人)	Employment(person)	71443	71561	0.2
第一产业(人)	Primary Industry(person)	59123	55811	-5.6
第二产业(人)	Secondary Industry(person)	6731	8456	25.6
第三产业(人)	Tertiary Industry(person)	5589	7294	30.5
在岗职工人数(人)	Number of Staff & Workers Employed in(person)	11174	11269	0.9
乡村劳动力(人)	Number of Rural Laborers(person)	76067	55811	-26.6
#农林牧渔业(人)	Farming,Forestry,Animal Husbandry & Fishery(person)	54423	39641	-27.2
国民经济综合指标	**Summary Item on the National Economy**			
生产总值(万元)	Gross Domestic Product(10 000 yuan)	125210	144227	11.7
第一产业(万元)	Primary Industry(10 000 yuan)	38779	45336	12.3
第二产业(万元)	Secondary Industry(10 000 yuan)	47721	57714	17.0
#工业(万元)	Industry(10 000 yuan)	39192	48678	20.4
第三产业(万元)	Tertiary Industry(10 000 yuan)	38710	41177	4.7
人均生产总值(元)	Per Capita GDP(yuan)	9449	10821	11.1
全社会固定资产投资(万元)	Total Investment in Fixed Assets(10 000 yuan)	65000	70184	8.0
按登记注册类型分	Grouped by Registered Type			
#国有(万元)	State-owned Enterprises(10 000 yuan)	50047	42609	-14.9
集体(万元)	Collective-owned Enterprises(10 000 yuan)			
有限责任公司(万元)	Limited Liability Corporations(10 000 yuan)			
股份有限公司(万元)	Share Holding Enterprises(10 000 yuan)		26645	
私营企业(万元)	Private Enterprises(10 000 yuan)		180	
外商及港澳台投资企业(万元)	Funds from HK,Macao,Taiwan & Foreign(10 000 yuan)			
按管理渠道分	Grouped by Channel of Management			
#基本建设(万元)	Capital Construction(10 000 yuan)	49557	69119	39.5
更新改造(万元)	Innovation(10 000 yuan)	4390	560	-87.2
房地产开发(万元)	Real Estate Development(10 000 yuan)			
地方财政收入(万元)	Local Governments Revenue(10 000 yuan)	5851	6644	13.6
地方财政支出(万元)	Local Governments Expenditures(10 000 yuan)	21900	26349	20.3
城乡居民储蓄存款余额(万元)	Resident Saving Deposit in Urban & Rural(10 000 yuan)	31353	39704	26.6
在岗职工工资总额(万元)	Total Wages of Staff & Workers Empioyed in(10 000	10153	10894	7.3
在岗职工平均工资(元)	Average Wage of Staff & Workers Employed in(yuan)	9196	10167	10.6
农牧民人均纯收入(元)	Per Capita Net Income of Peasant & Herdsman(yuan)	2158	2814	30.4
农村牧区经济	**Economic Development in Rural & Pastoral Area**			
耕地面积(公顷)	Cultivated Area(hectare)	58780	58784	0.0
农作物总播种面积(公顷)	Total Sown Area(hectare)	38457	40525	5.4
#粮食作物播种面积(公顷)	Sown Area of Grain Crops(hectare)	15326	11727	-23.5
有效灌溉面积(公顷)	Irrigated Area(hectare)	38520	39450	2.4
农牧业机械总动力(万千瓦)	Total Power of Agricultural Machinery(10 000 kw)	23.02	25.80	12.1
化肥施用折纯量(吨)	Consumption of Chemical Fertilizer(ton)	10876	21112	94.1
农村用电量(万千瓦小时)	Electricity Consumed in Rural Area(10 000 kwh)	2015	2232	10.8
农林牧渔业总产值(万元)	Gross Output of Farming,Forestry,Animal Husbandry & Fishery(10 000 yuan)	60560	70789	16.9
粮食产量(吨)	Yield of Grain(ton)	102107	80541	-21.1
油料产量(吨)	Yield of Oil-bearing Grops(ton)	26259	20666	-21.3
甜菜产量(吨)	Yield of Beetroots(ton)	14067	25917	84.2
猪牛羊肉产量(吨)	Output of Pork, Beef & Mutton(ton)	9446	13750	45.6
#猪肉产量(吨)	Output of Pork(ton)	5449	6429	18.0
牛肉产量(吨)	Output of Beef(ton)	78	85	9.0
羊肉产量(吨)	Output of Mutton(ton)	3919	7236	84.6

23-54 Hangjin Banner in Erdos City

指标	Item	2002	2003	2003年比上年增长% Increase Rate in 2003 Over 2002(%)
羊毛产量(吨)	Output of Wool(ton)	751	747	-0.5
年末牲畜存栏头数(万头只)	Total Livestock at the Year-end(10 000 heads)	88.23	110.07	24.8
#大牲畜(万头只)	Large Animals(10 000 heads)	1.51	1.47	-2.6
羊(万只)	Sheep & Goats(10 000 heads)	82.55	104.19	26.2
猪(万头)	Hogs(10 000 heads)	4.17	4.41	5.8
独立核算工业	**Industry with Independent Accounting System**			
工业企业单位数(个)	Number of Industrial Enterprises(unit)	58	65	12.1
#内资企业(个)	Civil Funded Enterprises(unit)	58	65	12.1
工业总产值(万元)	Gross Industrial Output Value(10 000 yuan)	77673	103510	31.9
内资企业(万元)	Civil Funded Enterprises(10 000 yuan)	77673	103510	31.9
国有企业(万元)	State-owned Enterprises(10 000 yuan)	22394	34813	60.3
集体企业(万元)	Collective-owned Enterprises(10 000 yuan)	30963	14832	-53.0
股份合作企业(万元)	Share Holding Enterprises(10 000 yuan)			
联营企业(万元)	Joint Owned Enterprises(10 000 yuan)			
有限责任公司(万元)	Limited Company(10 000 yuan)			
股份有限公司(万元)	Share Holding Limited Company(10 000 yuan)	24316	53865	98.0
私营企业(万元)	Privately Owned Enterprises(10 000 yuan)			
其他企业(万元)	Enterprises of Other Ownership(10 000 yuan)			
港澳台商投资企业(万元)	Funds from HK,Macao & Taiwan(10 000 yuan)			
外商投资企业(万元)	Foreign Funded Enterprises(10 000 yuan)			
工业企业增加值(万元)	Value Added of Industrial Enterprises(10 000 yuan)	39192	48678	34.5
工业企业资产总计(万元)	Total Assets of Industrial Enterprises(10 000 yuan)	95696	109373	14.3
工业企业负债合计(万元)	Total Liabilities of Industrial Enterprises(10 000 yuan)	75107	73289	-2.4
工业企业产品销售收入(万元)	Sales of Revenue Industrial Enterprises(10 000 yuan)	54390	87202	60.3
工业企业利润总额(万元)	Total Profits of Industrial Enterprises(10 000 yuan)	4120	6414	55.7
建筑业	**Construction**			
建筑企业单位数(个)	Number of Construction Enterprises(unit)	1	1	0.0
建筑企业从业人员(人)	Number of Employee in Construction Enterprises(person)	420	430	2.4
建筑业总产值(万元)	Gross Construction Output Value(10 000 yuan)	2532	3829	51.2
交通运输邮电通信业	**Transportation,Post & Telecommúnications**			
公路里程(公里)	Total Length of Highways(km)	1318	1396	5.9
邮电业务总量(万元)	Business Volume of Post & Telecoms(10 000 yuan)	4834	4816	-0.4
本地电话用户(户)	Number of Subscribers of Local Telephone(Household)	14661	17900	22.1
国内贸易	**Demestic Trade**			
社会消费品零售总额(万元)	Total Retail Sales of Consumer Goods(10 000 yuan)	32090	35930	12.0
#贸易业(万元)	Wholesale & Retail Sales Trades(10 000 yuan)	25172	28040	11.4
餐饮业(万元)	Catering Trade(10 000 yuan)	5064	5984	18.2
科技教育卫生	**Science,Education & Public Health**			
各类专业技术人员(人)	Speccial Technical Personnel(person)	3167	3198	1.0
幼儿园数(所)	Number of Kindergartens(unit)	5	8	60.0
学龄儿童入学率(%)	Percentage of School-Age Children Enrolled(%)	100.0	100.0	0.0
小学学校数(所)	Number of Primary Schools(unit)	30	29	-3.3
小学专任教师数(人)	Number of Full-time Teachers of Primary Schools(person)	540	547	1.3
小学在校学生数(人)	Number of Student Enrollment of Primary Schools(person)	8541	7801	-8.7
普通中学学校数(所)	Number of Regular Secondary Schools(unit)	3	3	0.0
普通中学专任教师数(人)	Number of Teachers of Secondary Shools(person)	260	291	11.9
初中在校学生数(人)	Number of Student in Junior Secondary Schools(person)	3485	3307	-5.1
高中在校学生数(人)	Number of Student in Senior Secondary Schools(person)	1509	1461	-3.2
卫生机构数(所)	Number of Health Institutions(unit)	16	56	250.0
#医院(所)	Hospitals(unit)	2	2	0.0
卫生院(所)	Township Hospitals(unit)	12	12	0.0
床位数(张)	Number of Beds(unit)	343	385	12.2
#医院(张)	Hospitals(unit)	135	135	0.0
卫生院(张)	Township Hospitals(unit)	170	180	5.9
卫生技术人员(人)	Medical Technical Presonnel(person)	455	464	2.0
#医院(人)	Hospitals(person)	180	190	5.6
卫生院(人)	Township Hospitals(person)	190	188	-1.1

23-55 鄂尔多斯市乌审旗

指标	Item	2002	2003	2003年比上年增长% Increase Rate in 2003 Over 2002(%)
行政区域土地面积(平方公里)	**Area of Administration(Sq.km)**	**11645**	**11645**	**0.0**
人口和就业	**Population & Employment**			
年末总人口(人)	Total Population Year-end(person)	94648	95384	0.8
# 男性(人)	Male(person)	49792	50312	1.0
# 乡村人口(人)	Rural(person)	75304	68127	-9.5
年末总户数(户)	Total Number of Households at the Year-end(Household)	28146	28678	1.9
# 乡村户数(户)	Number of Rural Household(Household)	19046	18396	-3.4
出生人口(人)	Births(person)	590	681	15.4
死亡人口(人)	Deaths(person)	398	255	-35.9
全社会就业人员(人)	Employment(person)	64567	64339	-0.4
第一产业(人)	Primary Industry(person)	46038	44278	-3.8
第二产业(人)	Secondary Industry(person)	7581	8254	8.9
第三产业(人)	Tertiary Industry(person)	10948	11807	7.8
在岗职工人数(人)	Number of Staff & Workers Employed in(person)	6939	6926	-0.2
乡村劳动力(人)	Number of Rural Laborers(person)	52644	47059	-10.6
# 农林牧渔业(人)	Farming,Forestry,Animal Husbandry & Fishery(person)	45312	43784	-3.4
国民经济综合指标	**Summary Item on the National Economy**			
生产总值(万元)	Gross Domestic Product(10 000 yuan)	122201	149837	14.1
第一产业(万元)	Primary Industry(10 000 yuan)	35615	45281	3.6
第二产业(万元)	Secondary Industry(10 000 yuan)	58492	66928	24.9
# 工业(万元)	Industry(10 000 yuan)	55992	61428	21.2
第三产业(万元)	Tertiary Industry(10 000 yuan)	28094	37628	6.9
人均生产总值(元)	Per Capita GDP(yuan)	12911	15709	13.4
全社会固定资产投资(万元)	Total Investment in Fixed Assets(10 000 yuan)	45007	121796	170.6
按登记注册类型分	Grouped by Registered Type			
# 国有(万元)	State-owned Enterprises(10 000 yuan)	39441	26368	-33.1
集体(万元)	Collective-owned Enterprises(10 000 yuan)			
有限责任公司(万元)	Limited Liability Corporations(10 000 yuan)		28850	
股份有限公司(万元)	Share Holding Enterprises(10 000 yuan)		57422	
私营企业(万元)	Private Enterprises(10 000 yuan)		1400	
外商及港澳台投资企业(万元)	Funds from HK,Macao,Taiwan & Foreign(10 000 yuan)		4375	
按管理渠道分	Grouped by Channel of Management			
# 基本建设(万元)	Capital Construction(10 000 yuan)	38831	118415	204.9
更新改造(万元)	Innovation(10 000 yuan)	150		
房地产开发(万元)	Real Estate Development(10 000 yuan)	460		
地方财政收入(万元)	Local Governments Revenue(10 000 yuan)	5681	6339	11.6
地方财政支出(万元)	Local Governments Expenditures(10 000 yuan)	19081	18908	-0.9
城乡居民储蓄存款余额(万元)	Resident Saving Deposit in Urban & Rural(10 000 yuan)	20539	25839	25.8
在岗职工工资总额(万元)	Total Wages of Staff & Workers Empioyed in(10 000	7107	7704	8.4
在岗职工平均工资(元)	Average Wage of Staff & Workers Employed in(yuan)	11026	12029	9.1
农牧民人均纯收入(元)	Per Capita Net Income of Peasant & Herdsman(yuan)	2865	3435	19.9
农村牧区经济	**Economic Development in Rural & Pastoral Area**			
耕地面积(公顷)	Cultivated Area(hectare)	28015	29730	6.1
农作物总播种面积(公顷)	Total Sown Area(hectare)	23333	28401	21.7
# 粮食作物播种面积(公顷)	Sown Area of Grain Crops(hectare)	14092	14722	4.5
有效灌溉面积(公顷)	Irrigated Area(hectare)	25200	26805	6.4
农牧业机械总动力(万千瓦)	Total Power of Agricultural Machinery(10 000 kw)	18.10	19.40	7.2
化肥施用折纯量(吨)	Consumption of Chemical Fertilizer(ton)	3877	4263	10.0
农村用电量(万千瓦小时)	Electricity Consumed in Rural Area(10 000 kwh)	847	973	14.9
农林牧渔业总产值(万元)	Gross Output of Farming,Forestry,Animal Husbandry & Fishery(10 000 yuan)	54735	68966	26.0
粮食产量(吨)	Yield of Grain(ton)	96313	100416	4.3
油料产量(吨)	Yield of Oil-bearing Grops(ton)	1560	957	-38.7
甜菜产量(吨)	Yield of Beetroots(ton)			
猪牛羊肉产量(吨)	Output of Pork, Beef & Mutton(ton)	11724	18924	61.4
# 猪肉产量(吨)	Output of Pork(ton)	7517	13029	73.3
牛肉产量(吨)	Output of Beef(ton)	858	1412	64.6
羊肉产量(吨)	Output of Mutton(ton)	3349	4483	33.9

23-55 Wushen Banner in Erdos City

指 标	Item	2002	2003	2003年比上年增长% Increase Rate in 2003 Over 2002(%)
羊毛产量(吨)	Output of Wool(ton)	2419	2809	16.1
年末牲畜存栏头数(万头只)	Total Livestock at the Year-end(10 000 heads)	69.15	81.22	17.5
# 大牲畜(万头只)	Large Animals(10 000 heads)	3.19	5.29	65.8
羊(万只)	Sheep & Goats(10 000 heads)	60.70	68.90	13.5
猪(万头)	Hogs(10 000 heads)	5.27	7.03	33.4
独立核算工业	**Industry with Independent Accounting System**			
工业企业单位数(个)	Number of Industrial Enterprises(unit)	21	24	14.3
# 内资企业(个)	Civil Funded Enterprises(unit)	21	24	14.3
工业总产值(万元)	Gross Industrial Output Value(10 000 yuan)	82931	105838	14.1
内资企业(万元)	Civil Funded Enterprises(10 000 yuan)	82931	105838	14.1
国有企业(万元)	State-owned Enterprises(10 000 yuan)	596	634	4.2
集体企业(万元)	Collective-owned Enterprises(10 000 yuan)	1500	1371	11.2
股份合作企业(万元)	Share Holding Enterprises(10 000 yuan)			
联营企业(万元)	Joint Owned Enterprises(10 000 yuan)			
有限责任公司(万元)	Limited Company(10 000 yuan)			
股份有限公司(万元)	Share Holding Limited Company(10 000 yuan)	78177	100047	8.3
私营企业(万元)	Privately Owned Enterprises(10 000 yuan)	2658	3786	96.3
其他企业(万元)	Enterprises of Other Ownership(10 000 yuan)			
港澳台商投资企业(万元)	Funds from HK,Macao & Taiwan(10 000 yuan)			
外商投资企业(万元)	Foreign Funded Enterprises(10 000 yuan)			
工业企业增加值(万元)	Value Added of Industrial Enterprises(10 000 yuan)	37015	47520	26.3
工业企业资产总计(万元)	Total Assets of Industrial Enterprises(10 000 yuan)	61568	54083	-12.2
工业企业负债合计(万元)	Total Liabilities of Industrial Enterprises(10 000 yuan)	48928	36642	-25.1
工业企业产品销售收入(万元)	Sales of Revenue Industrial Enterprises(10 000 yuan)	72264	94590	30.9
工业企业利润总额(万元)	Total Profits of Industrial Enterprises(10 000 yuan)	2460	2912	18.4
建筑业	**Construction**			
建筑企业单位数(个)	Number of Construction Enterprises(unit)	3	2	-33.3
建筑企业从业人员(人)	Number of Employee in Construction Enterprises(person)	203	221	8.9
建筑业总产值(万元)	Gross Construction Output Value(10 000 yuan)	3850	1081	-71.9
交通运输邮电通信业	**Transportation,Post & Telecommunications**			
公路里程(公里)	Total Length of Highways(km)	833	833	0.0
邮电业务总量(万元)	Business Volume of Post & Telecoms(10 000 yuan)	692	1591	129.9
本地电话用户(户)	Number of Subscribers of Local Telephone(Household)	10558	12960	22.8
国内贸易	**Demestic Trade**			
社会消费品零售总额(万元)	Total Retail Sales of Consumer Goods(10 000 yuan)	22520	24720	9.8
# 贸易业(万元)	Wholesale & Retail Sales Trades(10 000 yuan)	13007	14136	8.7
餐饮业(万元)	Catering Trade(10 000 yuan)	7650	8654	13.1
科技教育卫生	**Science,Education & Public Health**			
各类专业技术人员(人)	Speccial Technical Personnel(person)	2179	2381	9.3
幼儿园数(所)	Number of Kindergartens(unit)	3	3	0.0
学龄儿童入学率(%)	Percentage of School-Age Children Enrolled(%)	100.0	100.0	0.0
小学学校数(所)	Number of Primary Schools(unit)	24	23	-4.2
小学专任教师数(人)	Number of Full-time Teachers of Primary Schools(person)	503	522	3.8
小学在校学生数(人)	Number of Student Enrollment of Primary Schools(person)	6829	6363	-6.8
普通中学学校数(所)	Number of Regular Secondary Schools(unit)	8	9	12.5
普通中学专任教师数(人)	Number of Teachers of Secondary Shools(person)	418	499	19.4
初中在校学生数(人)	Number of Student in Junior Secondary Schools(person)	5172	5010	-3.1
高中在校学生数(人)	Number of Student in Senior Secondary Schools(person)	1528	1601	4.8
卫生机构数(所)	Number of Health Institutions(unit)	49	48	-2.0
# 医院(所)	Hospitals(unit)	2	2	0.0
卫生院(所)	Township Hospitals(unit)	13	12	-7.7
床位数(张)	Number of Beds(unit)	341	265	-22.3
# 医院(张)	Hospitals(unit)	135	100	-25.9
卫生院(张)	Township Hospitals(unit)	197	156	-20.8
卫生技术人员(人)	Medical Technical Presonnel(person)	208	219	5.3
# 医院(人)	Hospitals(person)	66	70	6.1
卫生院(人)	Township Hospitals(person)	91	97	6.6

23-56 鄂尔多斯市伊金霍洛旗

指标	Item	2002	2003	2003年比上年增长% Increase Rate in 2003 Over 2002(%)
行政区域土地面积(平方公里)	**Area of Administration(Sq.km)**	**5958**	**5565**	**-6.6**
人口和就业	**Population & Employment**			
年末总人口(人)	Total Population Year-end(person)	147599	141571	-4.1
#男性(人)	Male(person)	79469	76031	-4.3
#乡村人口(人)	Rural(person)	92459	78705	-14.9
年末总户数(户)	Total Number of Households at the Year-end(Household)	48903	51720	5.8
#乡村户数(户)	Number of Rural Household(Household)	29746	21810	-26.7
出生人口(人)	Births(person)	1610	1243	-22.8
死亡人口(人)	Deaths(person)	805	657	-18.4
全社会就业人员(人)	Employment(person)	92917	97870	5.3
第一产业(人)	Primary Industry(person)	50673	42357	-16.4
第二产业(人)	Secondary Industry(person)	23855	34548	44.8
第三产业(人)	Tertiary Industry(person)	18389	20965	14.0
在岗职工人数(人)	Number of Staff & Workers Employed in(person)	13667	15568	13.9
乡村劳动力(人)	Number of Rural Laborers(person)	65801	57040	-13.3
#农林牧渔业(人)	Farming,Forestry,Animal Husbandry & Fishery(person)	50673	42357	-16.4
国民经济综合指标	**Summary Item on the National Economy**			
生产总值(万元)	Gross Domestic Product(10 000 yuan)	233162	383953	39.5
第一产业(万元)	Primary Industry(10 000 yuan)	27445	34101	20.3
第二产业(万元)	Secondary Industry(10 000 yuan)	142266	234585	52.2
#工业(万元)	Industry(10 000 yuan)	118238	176557	38.3
第三产业(万元)	Tertiary Industry(10 000 yuan)	63451	115267	23.9
人均生产总值(元)	Per Capita GDP(yuan)	15878	27115	44.6
全社会固定资产投资(万元)	Total Investment in Fixed Assets(10 000 yuan)	109264	256766	135.0
按登记注册类型分	Grouped by Registered Type			
#国有(万元)	State-owned Enterprises(10 000 yuan)	56160	161550	187.7
集体(万元)	Collective-owned Enterprises(10 000 yuan)	4485	120	-97.3
有限责任公司(万元)	Limited Liability Corporations(10 000 yuan)		1400	
股份有限公司(万元)	Share Holding Enterprises(10 000 yuan)		650	
私营企业(万元)	Private Enterprises(10 000 yuan)		18200	
外商及港澳台投资企业(万元)	Funds from HK,Macao,Taiwan & Foreign(10 000 yuan)			
按管理渠道分	Grouped by Channel of Management			
#基本建设(万元)	Capital Construction(10 000 yuan)	66412	166186	150.2
更新改造(万元)	Innovation(10 000 yuan)	421	1750	315.7
房地产开发(万元)	Real Estate Development(10 000 yuan)			
地方财政收入(万元)	Local Governments Revenue(10 000 yuan)	14261	23883	67.5
地方财政支出(万元)	Local Governments Expenditures(10 000 yuan)	25407	35821	41.0
城乡居民储蓄存款余额(万元)	Resident Saving Deposit in Urban & Rural(10 000 yuan)	82529	99561	20.6
在岗职工工资总额(万元)	Total Wages of Staff & Workers Empioyed in(10 000	17723	24245	36.8
在岗职工平均工资(元)	Average Wage of Staff & Workers Employed in(yuan)	12683	16399	29.3
农牧民人均纯收入(元)	Per Capita Net Income of Peasant & Herdsman(yuan)	2236	3191	42.7
农村牧区经济	**Economic Development in Rural & Pastoral Area**			
耕地面积(公顷)	Cultivated Area(hectare)	44240	39684	-10.3
农作物总播种面积(公顷)	Total Sown Area(hectare)	29719	26598	-10.5
#粮食作物播种面积(公顷)	Sown Area of Grain Crops(hectare)	22318	14934	-33.1
有效灌溉面积(公顷)	Irrigated Area(hectare)	19170	19260	0.5
农牧业机械总动力(万千瓦)	Total Power of Agricultural Machinery(10 000 kw)	14.83	16.35	10.2
化肥施用折纯量(吨)	Consumption of Chemical Fertilizer(ton)	3312	3808	15.0
农村用电量(万千瓦小时)	Electricity Consumed in Rural Area(10 000 kwh)	1212	2149	77.3
农林牧渔业总产值(万元)	Gross Output of Farming,Forestry,Animal Husbandry & Fishery(10 000 yuan)	42890	50896	18.7
粮食产量(吨)	Yield of Grain(ton)	120282	90321	-24.9
油料产量(吨)	Yield of Oil-bearing Grops(ton)	3982	7204	80.9
甜菜产量(吨)	Yield of Beetroots(ton)	3234	4294	32.8
猪牛羊肉产量(吨)	Output of Pork, Beef & Mutton(ton)	7316	14836	102.8
#猪肉产量(吨)	Output of Pork(ton)	4856	10046	106.9
牛肉产量(吨)	Output of Beef(ton)	141	171	21.3
羊肉产量(吨)	Output of Mutton(ton)	2319	4619	99.2

23-56 Yijinhuoluo Banner in Erdos City

指标	Item	2002	2003	2003年比上年增长% Increase Rate in 2003 Over 2002(%)
羊毛产量(吨)	Output of Wool(ton)	681	662	-2.8
年末牲畜存栏头数(万头只)	Total Livestock at the Year-end(10 000 heads)	53.59	55.70	3.9
#大牲畜(万头只)	Large Animals(10 000 heads)	2.04	1.76	-13.7
羊(万只)	Sheep & Goats(10 000 heads)	47.18	49.76	5.5
猪(万头)	Hogs(10 000 heads)	4.36	4.18	-4.1
独立核算工业	**Industry with Independent Accounting System**			
工业企业单位数(个)	Number of Industrial Enterprises(unit)	43	37	-14.0
#内资企业(个)	Civil Funded Enterprises(unit)	42	36	-14.3
工业总产值(万元)	Gross Industrial Output Value(10 000 yuan)	145830	212828	43.1
内资企业(万元)	Civil Funded Enterprises(10 000 yuan)	144502	211100	43.2
国有企业(万元)	State-owned Enterprises(10 000 yuan)	3720	4836	27.5
集体企业(万元)	Collective-owned Enterprises(10 000 yuan)	20313	19948	-1.8
股份合作企业(万元)	Share Holding Enterprises(10 000 yuan)	120469	186316	48.9
联营企业(万元)	Joint Owned Enterprises(10 000 yuan)			
有限责任公司(万元)	Limited Company(10 000 yuan)			
股份有限公司(万元)	Share Holding Limited Company(10 000 yuan)			
私营企业(万元)	Privately Owned Enterprises(10 000 yuan)			
其他企业(万元)	Enterprises of Other Ownership(10 000 yuan)			
港澳台商投资企业(万元)	Funds from HK,Macao & Taiwan(10 000 yuan)	1328	1728	30.2
外商投资企业(万元)	Foreign Funded Enterprises(10 000 yuan)			
工业企业增加值(万元)	Value Added of Industrial Enterprises(10 000 yuan)	72667	,104286	40.7
工业企业资产总计(万元)	Total Assets of Industrial Enterprises(10 000 yuan)	359456	425284	18.3
工业企业负债合计(万元)	Total Liabilities of Industrial Enterprises(10 000 yuan)	280107	327140	16.8
工业企业产品销售收入(万元)	Sales of Revenue Industrial Enterprises(10 000 yuan)	158173	212935	34.6
工业企业利润总额(万元)	Total Profits of Industrial Enterprises(10 000 yuan)	6740	8429	25.1
建筑业	**Construction**			
建筑企业单位数(个)	Number of Construction Enterprises(unit)	3	3	0.0
建筑企业从业人员(人)	Number of Employee in Construction Enterprises(person)	197	309	56.9
建筑业总产值(万元)	Gross Construction Output Value(10 000 yuan)	6756	6671	-1.3
交通运输邮电通信业	**Transportation,Post & Telecommunications**			
公路里程(公里)	Total Length of Highways(km)	935	1001	7.1
邮电业务总量(万元)	Business Volume of Post & Telecoms(10 000 yuan)	5110	5300	3.7
本地电话用户(户)	Number of Subscribers of Local Telephone(Household)	14972	20616	37.7
国内贸易	**Demestic Trade**			
社会消费品零售总额(万元)	Total Retail Sales of Consumer Goods(10 000 yuan)	44819	50921	13.6
#贸易业(万元)	Wholesale & Retail Sales Trades(10 000 yuan)	33200	39097	17.8
餐饮业(万元)	Catering Trade(10 000 yuan)	9114	9295	2.0
科技教育卫生	**Science,Education & Public Health**			
各类专业技术人员(人)	Speccial Technical Personnel(person)	3278	3850	17.4
幼儿园数(所)	Number of Kindergartens(unit)	7	8	14.3
学龄儿童入学率(%)	Percentage of School-Age Children Enrolled(%)	100.0	100.0	0.0
小学学校数(所)	Number of Primary Schools(unit)	26	24	-7.7
小学专任教师数(人)	Number of Full-time Teachers of Primary Schools(person)	832	810	-2.6
小学在校学生数(人)	Number of Student Enrollment of Primary Schools(person)	9866	9249	-6.3
普通中学学校数(所)	Number of Regular Secondary Schools(unit)	6	6	0.0
普通中学专任教师数(人)	Number of Teachers of Secondary Shools(person)	510	457	-10.4
初中在校学生数(人)	Number of Student in Junior Secondary Schools(person)	5991	5567	-7.1
高中在校学生数(人)	Number of Student in Senior Secondary Schools(person)	2327	2972	27.7
卫生机构数(所)	Number of Health Institutions(unit)	28	26	-7.1
#医院(所)	Hospitals(unit)	1	1	0.0
卫生院(所)	Township Hospitals(unit)	17	16	-5.9
床位数(张)	Number of Beds(unit)	388	282	-27.3
#医院(张)	Hospitals(unit)	200	100	-50.0
卫生院(张)	Township Hospitals(unit)	173	167	-3.5
卫生技术人员(人)	Medical Technical Presonnel(person)	406	478	17.7
#医院(人)	Hospitals(person)	124	126	1.6
卫生院(人)	Township Hospitals(person)	236	228	-3.4

23-57 呼伦贝尔市海拉尔区

指标	Item	2002	2003	2003年比上年增长% Increase Rate in 2003 Over 2002(%)
行政区域土地面积(平方公里)	**Area of Administration(Sq.km)**	**1440**	**1440**	**0.0**
人口和就业	**Population & Employment**			
年末总人口(人)	Total Population Year-end(person)	249668	253420	1.5
#男性(人)	Male(person)	124079	125902	1.5
#乡村人口(人)	Rural(person)	14389	15023	4.4
年末总户数(户)	Total Number of Households at the Year-end(Household)	73973	75193	1.6
#乡村户数(户)	Number of Rural Household(Household)	4365	4499	3.1
出生人口(人)	Births(person)	1850	1341	-27.5
死亡人口(人)	Deaths(person)	1136	1182	4.0
全社会就业人员(人)	Employment(person)	83573	76643	-8.3
第一产业(人)	Primary Industry(person)	12755	9543	-25.2
第二产业(人)	Secondary Industry(person)	18859	14905	-21.0
第三产业(人)	Tertiary Industry(person)	51959	52195	0.5
在岗职工人数(人)	Number of Staff & Workers Employed in(person)	43892	42026	-4.3
乡村劳动力(人)	Number of Rural Laborers(person)	7666	7531	-1.8
#农林牧渔业(人)	Farming,Forestry,Animal Husbandry & Fishery(person)	5815	5515	-5.2
国民经济综合指标	**Summary Item on the National Economy**			
生产总值(万元)	Gross Domestic Product(10 000 yuan)	257826	294259	14.1
第一产业(万元)	Primary Industry(10 000 yuan)	23996	25811	17.6
第二产业(万元)	Secondary Industry(10 000 yuan)	77863	93868	23.4
#工业(万元)	Industry(10 000 yuan)	54489	68134	29.6
第三产业(万元)	Tertiary Industry(10 000 yuan)	155967	174580	9.1
人均生产总值(元)	Per Capita GDP(yuan)	10384	11626	11.9
全社会固定资产投资(万元)	Total Investment in Fixed Assets(10 000 yuan)	101117	140987	39.4
按登记注册类型分	Grouped by Registered Type			
#国有(万元)	State-owned Enterprises(10 000 yuan)	72446	90074	24.3
集体(万元)	Collective-owned Enterprises(10 000 yuan)		170	
有限责任公司(万元)	Limited Liability Corporations(10 000 yuan)		40004	
股份有限公司(万元)	Share Holding Enterprises(10 000 yuan)		2703	
私营企业(万元)	Private Enterprises(10 000 yuan)		5116	
外商及港澳台投资企业(万元)	Funds from HK,Macao,Taiwan & Foreign(10 000 yuan)		2520	
按管理渠道分	Grouped by Channel of Management			
#基本建设(万元)	Capital Construction(10 000 yuan)	50453	59545	18.0
更新改造(万元)	Innovation(10 000 yuan)	25017	54290	117.0
房地产开发(万元)	Real Estate Development(10 000 yuan)	22023	23839	8.2
地方财政收入(万元)	Local Governments Revenue(10 000 yuan)	21511	25135	16.8
地方财政支出(万元)	Local Governments Expenditures(10 000 yuan)	30366	40488	33.3
城乡居民储蓄存款余额(万元)	Resident Saving Deposit in Urban & Rural(10 000 yuan)	344683	410690	19.2
在岗职工工资总额(万元)	Total Wages of Staff & Workers Empioyed in(10 000	47231	55123	16.7
在岗职工平均工资(元)	Average Wage of Staff & Workers Employed in(yuan)	11103	13284	19.6
农牧民人均纯收入(元)	Per Capita Net Income of Peasant & Herdsman(yuan)	5124	5337	4.2
农村牧区经济	**Economic Development in Rural & Pastoral Area**			
耕地面积(公顷)	Cultivated Area(hectare)	34751	34321	-1.2
农作物总播种面积(公顷)	Total Sown Area(hectare)	17892	20918	16.9
#粮食作物播种面积(公顷)	Sown Area of Grain Crops(hectare)	6224	4857	-22.0
有效灌溉面积(公顷)	Irrigated Area(hectare)	1674	3460	106.7
农牧业机械总动力(万千瓦)	Total Power of Agricultural Machinery(10 000 kw)	7.46	7.50	0.5
化肥施用折纯量(吨)	Consumption of Chemical Fertilizer(ton)	3546	3344	-5.7
农村用电量(万千瓦小时)	Electricity Consumed in Rural Area(10 000 kwh)	556	476	-14.4
农林牧渔业总产值(万元)	Gross Output of Farming,Forestry,Animal Husbandry & Fishery(10 000 yuan)	36048	37224	3.3
粮食产量(吨)	Yield of Grain(ton)	14779	2217	-85.0
油料产量(吨)	Yield of Oil-bearing Grops(ton)	8048	3299	-59.0
甜菜产量(吨)	Yield of Beetroots(ton)			
猪牛羊肉产量(吨)	Output of Pork, Beef & Mutton(ton)	4022	4717	17.3
#猪肉产量(吨)	Output of Pork(ton)	2071	1855	-10.4
牛肉产量(吨)	Output of Beef(ton)	1604	2006	25.1
羊肉产量(吨)	Output of Mutton(ton)	347	249	-28.2

23-57 Hailaer District in Hulunbeier City

指标	Item	2002	2003	2003年比上年增长% Increase Rate in 2003 Over 2002(%)
羊毛产量(吨)	Output of Wool(ton)	57	56	-1.8
年末牲畜存栏头数(万头只)	Total Livestock at the Year-end(10 000 heads)	6.08	6.78	11.5
# 大牲畜(万头只)	Large Animals(10 000 heads)	2.61	3.02	15.7
羊(万只)	Sheep & Goats(10 000 heads)	2.06	2.56	24.3
猪(万头)	Hogs(10 000 heads)	1.40	1.19	-15.0
独立核算工业	**Industry with Independent Accounting System**			
工业企业单位数(个)	Number of Industrial Enterprises(unit)	81	79	-2.5
# 内资企业(个)	Civil Funded Enterprises(unit)	79	77	-2.5
工业总产值(万元)	Gross Industrial Output Value(10 000 yuan)	88500	102215	27.5
内资企业(万元)	Civil Funded Enterprises(10 000 yuan)	84878	89867	12.8
国有企业(万元)	State-owned Enterprises(10 000 yuan)	16449	19753	46.4
集体企业(万元)	Collective-owned Enterprises(10 000 yuan)	2710	1364	-27.6
股份合作企业(万元)	Share Holding Enterprises(10 000 yuan)			
联营企业(万元)	Joint Owned Enterprises(10 000 yuan)			
有限责任公司(万元)	Limited Company(10 000 yuan)	64048	63367	4.2
股份有限公司(万元)	Share Holding Limited Company(10 000 yuan)			
私营企业(万元)	Privately Owned Enterprises(10 000 yuan)	1671	5381	13306.8
其他企业(万元)	Enterprises of Other Ownership(10 000 yuan)			
港澳台商投资企业(万元)	Funds from HK,Macao & Taiwan(10 000 yuan)	3622	10547	196.2
外商投资企业(万元)	Foreign Funded Enterprises(10 000 yuan)	209	1801	998.2
工业企业增加值(万元)	Value Added of Industrial Enterprises(10 000 yuan)	31972	41540	25.6
工业企业资产总计(万元)	Total Assets of Industrial Enterprises(10 000 yuan)	203350	227723	12.0
工业企业负债合计(万元)	Total Liabilities of Industrial Enterprises(10 000 yuan)	135582	151075	11.4
工业企业产品销售收入(万元)	Sales of Revenue Industrial Enterprises(10 000 yuan)	55920	63963	14.4
工业企业利润总额(万元)	Total Profits of Industrial Enterprises(10 000 yuan)	3352	3765	12.3
建筑业	**Construction**			
建筑企业单位数(个)	Number of Construction Enterprises(unit)	26	17	-34.6
建筑企业从业人员(人)	Number of Employee in Construction Enterprises(person)	8127	8190	0.8
建筑业总产值(万元)	Gross Construction Output Value(10 000 yuan)	68784	65211	-5.2
交通运输邮电通信业	**Transportation,Post & Telecommunications**			
公路里程(公里)	Total Length of Highways(km)	167	221	32.3
邮电业务总量(万元)	Business Volume of Post & Telecoms(10 000 yuan)	21108	21311	1.0
本地电话用户(户)	Number of Subscribers of Local Telephone(Household)	67909	68031	0.2
国内贸易	**Demestic Trade**			
社会消费品零售总额(万元)	Total Retail Sales of Consumer Goods(10 000 yuan)	172296	170813	-0.9
# 贸易业(万元)	Wholesale & Retail Sales Trades(10 000 yuan)	111481	130371	16.9
餐饮业(万元)	Catering Trade(10 000 yuan)	12755	14731	15.5
科技教育卫生	**Science,Education & Public Health**			
各类专业技术人员(人)	Speccial Technical Personnel(person)	3881	3975	2.4
幼儿园数(所)	Number of Kindergartens(unit)	36	37	2.8
学龄儿童入学率(%)	Percentage of School-Age Children Enrolled(%)	84.4	100.0	15.6
小学学校数(所)	Number of Primary Schools(unit)	37	30	-18.9
小学专任教师数(人)	Number of Full-time Teachers of Primary Schools(person)	1048	1055	0.7
小学在校学生数(人)	Number of Student Enrollment of Primary Schools(person)	17497	17021	-2.7
普通中学学校数(所)	Number of Regular Secondary Schools(unit)	30	31	3.3
普通中学专任教师数(人)	Number of Teachers of Secondary Shools(person)	1603	1629	1.6
初中在校学生数(人)	Number of Student in Junior Secondary Schools(person)	14111	12899	-8.6
高中在校学生数(人)	Number of Student in Senior Secondary Schools(person)	9530	10870	14.1
卫生机构数(所)	Number of Health Institutions(unit)	98	100	2.0
# 医院(所)	Hospitals(unit)	12	12	0.0
卫生院(所)	Township Hospitals(unit)	5	5	0.0
床位数(张)	Number of Beds(unit)	1526	1571	2.9
# 医院(张)	Hospitals(unit)	1385	1428	3.1
卫生院(张)	Township Hospitals(unit)	44	40	-9.1
卫生技术人员(人)	Medical Technical Presonnel(person)	2108	2123	0.7
# 医院(人)	Hospitals(person)	1549	1523	-1.7
卫生院(人)	Township Hospitals(person)	37	34	-8.1

23-58 呼伦贝尔市满洲里市

指 标	Item	2002	2003	2003年比上年增长% Increase Rate in 2003 Over 2002(%)
行政区域土地面积(平方公里)	**Area of Administration(Sq.km)**	**696**	**696**	**0.0**
人口和就业	**Population & Employment**			
年末总人口(人)	Total Population Year-end(person)	154241	157150	1.9
#男性(人)	Male(person)	78564	79955	1.8
#乡村人口(人)	Rural(person)			
年末总户数(户)	Total Number of Households at the Year-end(Household)	56616	58928	4.1
#乡村户数(户)	Number of Rural Household(Household)			
出生人口(人)	Births(person)	1052	963	-8.5
死亡人口(人)	Deaths(person)	513	602	17.3
全社会就业人员(人)	Employment(person)	54615	55027	0.8
第一产业(人)	Primary Industry(person)	2426	1645	-32.2
第二产业(人)	Secondary Industry(person)	21167	22140	4.6
第三产业(人)	Tertiary Industry(person)	31022	31242	0.7
在岗职工人数(人)	Number of Staff & Workers Employed in(person)	32355	32326	-0.1
乡村劳动力(人)	Number of Rural Laborers(person)			
#农林牧渔业(人)	Farming,Forestry,Animal Husbandry & Fishery(person)			
国民经济综合指标	**Summary Item on the National Economy**			
生产总值(万元)	Gross Domestic Product(10 000 yuan)	201843	245815	20.6
第一产业(万元)	Primary Industry(10 000 yuan)	11768	10555	-5.3
第二产业(万元)	Secondary Industry(10 000 yuan)	51496	62579	20.8
#工业(万元)	Industry(10 000 yuan)	23493	34347	45.1
第三产业(万元)	Tertiary Industry(10 000 yuan)	138579	172681	22.5
人均生产总值(元)	Per Capita GDP(yuan)	13175	13888	4.4
全社会固定资产投资(万元)	Total Investment in Fixed Assets(10 000 yuan)	77449	100560	29.8
按登记注册类型分	Grouped by Registered Type			
#国有(万元)	State-owned Enterprises(10 000 yuan)	48351	55188	14.1
集体(万元)	Collective-owned Enterprises(10 000 yuan)	7700	2000	-74.0
有限责任公司(万元)	Limited Liability Corporations(10 000 yuan)		19502	
股份有限公司(万元)	Share Holding Enterprises(10 000 yuan)		6207	
私营企业(万元)	Private Enterprises(10 000 yuan)		6643	
外商及港澳台投资企业(万元)	Funds from HK,Macao,Taiwan & Foreign(10 000 yuan)		11020	
按管理渠道分	Grouped by Channel of Management			
#基本建设(万元)	Capital Construction(10 000 yuan)	30802	57482	86.6
更新改造(万元)	Innovation(10 000 yuan)	13990	9633	-31.1
房地产开发(万元)	Real Estate Development(10 000 yuan)	26721	18685	-30.1
地方财政收入(万元)	Local Governments Revenue(10 000 yuan)	20438	26460	29.5
地方财政支出(万元)	Local Governments Expenditures(10 000 yuan)	33988	42251	24.3
城乡居民储蓄存款余额(万元)	Resident Saving Deposit in Urban & Rural(10 000 yuan)	264660	318768	20.4
在岗职工工资总额(万元)	Total Wages of Staff & Workers Empioyed in(10 000 yuan)	28098	29893	6.4
在岗职工平均工资(元)	Average Wage of Staff & Workers Employed in(yuan)	8388	9412	12.2
农牧民人均纯收入(元)	Per Capita Net Income of Peasant & Herdsman(yuan)			
农村牧区经济	**Economic Development in Rural & Pastoral Area**			
耕地面积(公顷)	Cultivated Area(hectare)	1839	1839	0.0
农作物总播种面积(公顷)	Total Sown Area(hectare)	1532	1435	-6.3
#粮食作物播种面积(公顷)	Sown Area of Grain Crops(hectare)	254	146	-42.5
有效灌溉面积(公顷)	Irrigated Area(hectare)	1650		
农牧业机械总动力(万千瓦)	Total Power of Agricultural Machinery(10 000 kw)	1.52		
化肥施用折纯量(吨)	Consumption of Chemical Fertilizer(ton)	90	92	2.2
农村用电量(万千瓦小时)	Electricity Consumed in Rural Area(10 000 kwh)	100	100	0.0
农林牧渔业总产值(万元)	Gross Output of Farming,Forestry,Animal Husbandry & Fishery(10 000 yuan)	20514	18678	-8.9
粮食产量(吨)	Yield of Grain(ton)	1334	767	-42.5
油料产量(吨)	Yield of Oil-bearing Grops(ton)			
甜菜产量(吨)	Yield of Beetroots(ton)	510		
猪牛羊肉产量(吨)	Output of Pork, Beef & Mutton(ton)	1884	1780	-5.5
#猪肉产量(吨)	Output of Pork(ton)	985	1091	10.8
牛肉产量(吨)	Output of Beef(ton)	565	315	-44.2
羊肉产量(吨)	Output of Mutton(ton)	334	374	12.0

23-58 Manzhouli in Hulunbeier City

指标	Item	2002	2003	2003年比上年增长% Increase Rate in 2003 Over 2002(%)
羊毛产量(吨)	Output of Wool(ton)	92	92	0.0
年末牲畜存栏头数(万头只)	Total Livestock at the Year-end(10 000 heads)	5.24	5.51	5.2
# 大牲畜(万头只)	Large Animals(10 000 heads)	0.43	0.46	7.0
羊(万只)	Sheep & Goats(10 000 heads)	3.91	4.01	2.6
猪(万头)	Hogs(10 000 heads)	0.90	1.05	16.7
独立核算工业	**Industry with Independent Accounting System**			
工业企业单位数(个)	Number of Industrial Enterprises(unit)	76	81	6.6
# 内资企业(个)	Civil Funded Enterprises(unit)	74	78	5.4
工业总产值(万元)	Gross Industrial Output Value(10 000 yuan)	51837	61387	17.1
内资企业(万元)	Civil Funded Enterprises(10 000 yuan)	51589	61111	17.1
国有企业(万元)	State-owned Enterprises(10 000 yuan)	38527	43346	8.0
集体企业(万元)	Collective-owned Enterprises(10 000 yuan)	2064	1264	-40.0
股份合作企业(万元)	Share Holding Enterprises(10 000 yuan)	1952	2234	10.1
联营企业(万元)	Joint Owned Enterprises(10 000 yuan)			
有限责任公司(万元)	Limited Company(10 000 yuan)	6123	7584	28.7
股份有限公司(万元)	Share Holding Limited Company(10 000 yuan)	370	511	38.1
私营企业(万元)	Privately Owned Enterprises(10 000 yuan)	2553	6172	112.8
其他企业(万元)	Enterprises of Other Ownership(10 000 yuan)			
港澳台商投资企业(万元)	Funds from HK,Macao & Taiwan(10 000 yuan)	248	276	11.3
外商投资企业(万元)	Foreign Funded Enterprises(10 000 yuan)			
工业企业增加值(万元)	Value Added of Industrial Enterprises(10 000 yuan)	22425	28857	27.2
工业企业资产总计(万元)	Total Assets of Industrial Enterprises(10 000 yuan)	194125	221311	14.0
工业企业负债合计(万元)	Total Liabilities of Industrial Enterprises(10 000 yuan)	82785	104592	26.3
工业企业产品销售收入(万元)	Sales of Revenue Industrial Enterprises(10 000 yuan)	46626	54635	17.2
工业企业利润总额(万元)	Total Profits of Industrial Enterprises(10 000 yuan)	850	1670	96.5
建筑业	**Construction**			
建筑企业单位数(个)	Number of Construction Enterprises(unit)	12	8	-33.3
建筑企业从业人员(人)	Number of Employee in Construction Enterprises(person)	3041	1864	-38.7
建筑业总产值(万元)	Gross Construction Output Value(10 000 yuan)	17371	12716	-26.8
交通运输邮电通信业	**Transportation,Post & Telecommunications**			
公路里程(公里)	Total Length of Highways(km)	151	151	0.0
邮电业务总量(万元)	Business Volume of Post & Telecoms(10 000 yuan)	7436	9295	25.0
本地电话用户(户)	Number of Subscribers of Local Telephone(Household)	43493	46969	8.0
国内贸易	**Demestic Trade**			
社会消费品零售总额(万元)	Total Retail Sales of Consumer Goods(10 000 yuan)	105619	121386	14.9
# 贸易业(万元)	Wholesale & Retail Sales Trades(10 000 yuan)	86002	99762	16.0
餐饮业(万元)	Catering Trade(10 000 yuan)	12567	15081	20.0
科技教育卫生	**Science,Education & Public Health**			
各类专业技术人员(人)	Speccial Technical Personnel(person)	2281	3026	32.7
幼儿园数(所)	Number of Kindergartens(unit)	3	3	0.0
学龄儿童入学率(%)	Percentage of School-Age Children Enrolled(%)	100.0	100.0	0.0
小学学校数(所)	Number of Primary Schools(unit)	21	21	0.0
小学专任教师数(人)	Number of Full-time Teachers of Primary Schools(person)	817	827	1.2
小学在校学生数(人)	Number of Student Enrollment of Primary Schools(person)	14424	14145	-1.9
普通中学学校数(所)	Number of Regular Secondary Schools(unit)	13	13	0.0
普通中学专任教师数(人)	Number of Teachers of Secondary Shools(person)	825	846	2.5
初中在校学生数(人)	Number of Student in Junior Secondary Schools(person)	10562	10929	3.5
高中在校学生数(人)	Number of Student in Senior Secondary Schools(person)	2454	2724	11.0
卫生机构数(所)	Number of Health Institutions(unit)	69	104	50.7
# 医院(所)	Hospitals(unit)	10	15	50.0
卫生院(所)	Township Hospitals(unit)	1	1	0.0
床位数(张)	Number of Beds(unit)	930	860	-7.5
# 医院(张)	Hospitals(unit)	830	850	2.4
卫生院(张)	Township Hospitals(unit)	10	10	0.0
卫生技术人员(人)	Medical Technical Presonnel(person)	1207	1262	4.6
# 医院(人)	Hospitals(person)	913	1010	10.6
卫生院(人)	Township Hospitals(person)	18	22	22.2

23-59 呼伦贝尔市扎兰屯市

指标	Item	2002	2003	2003年比上年增长% Increase Rate in 2003 Over 2002(%)
行政区域土地面积(平方公里)	**Area of Administration(Sq.km)**	**16800**	**16800**	**0.0**
人口和就业	**Population & Employment**			
年末总人口(人)	Total Population Year-end(person)	434037	435870	0.4
#男性(人)	Male(person)	222591	224424	0.8
#乡村人口(人)	Rural(person)	296370	298249	0.6
年末总户数(户)	Total Number of Households at the Year-end(Household)	125851	128882	2.4
#乡村户数(户)	Number of Rural Household(Household)	77148	79519	3.1
出生人口(人)	Births(person)	2947	2492	-15.4
死亡人口(人)	Deaths(person)	1677	1614	-3.8
全社会就业人员(人)	Employment(person)	111596	113311	1.5
第一产业(人)	Primary Industry(person)	68071	68686	0.9
第二产业(人)	Secondary Industry(person)	13192	13388	1.5
第三产业(人)	Tertiary Industry(person)	30333	31237	3.0
在岗职工人数(人)	Number of Staff & Workers Employed in(person)	26818	26312	-1.9
乡村劳动力(人)	Number of Rural Laborers(person)	72273	74221	2.7
#农林牧渔业(人)	Farming,Forestry,Animal Husbandry & Fishery(person)	60867	61609	1.2
国民经济综合指标	**Summary Item on the National Economy**			
生产总值(万元)	Gross Domestic Product(10 000 yuan)	174762	202240	13.6
第一产业(万元)	Primary Industry(10 000 yuan)	68883	64900	-13.3
第二产业(万元)	Secondary Industry(10 000 yuan)	45859	65919	40.4
#工业(万元)	Industry(10 000 yuan)	32743	40230	22.0
第三产业(万元)	Tertiary Industry(10 000 yuan)	60020	71421	20.4
人均生产总值(元)	Per Capita GDP(yuan)	4043	4650	12.9
全社会固定资产投资(万元)	Total Investment in Fixed Assets(10 000 yuan)	41514	73751	77.7
按登记注册类型分	Grouped by Registered Type			
#国有(万元)	State-owned Enterprises(10 000 yuan)	33147	53612	61.7
集体(万元)	Collective-owned Enterprises(10 000 yuan)	905	480	-47.0
有限责任公司(万元)	Limited Liability Corporations(10 000 yuan)	7462	16798	125.1
股份有限公司(万元)	Share Holding Enterprises(10 000 yuan)		1580	
私营企业(万元)	Private Enterprises(10 000 yuan)		130	
外商及港澳台投资企业(万元)	Funds from HK,Macao,Taiwan & Foreign(10 000 yuan)			
按管理渠道分	Grouped by Channel of Management			
#基本建设(万元)	Capital Construction(10 000 yuan)	33147	52004	56.9
更新改造(万元)	Innovation(10 000 yuan)	3842	16807	337.5
房地产开发(万元)	Real Estate Development(10 000 yuan)	2085	2279	9.3
地方财政收入(万元)	Local Governments Revenue(10 000 yuan)	8440	7691	-8.9
地方财政支出(万元)	Local Governments Expenditures(10 000 yuan)	26061	31639	21.4
城乡居民储蓄存款余额(万元)	Resident Saving Deposit in Urban & Rural(10 000 yuan)	144095	135399	-6.0
在岗职工工资总额(万元)	Total Wages of Staff & Workers Empioyed in(10 000	22575	25646	13.6
在岗职工平均工资(元)	Average Wage of Staff & Workers Employed in(yuan)	8270	9747	17.9
农牧民人均纯收入(元)	Per Capita Net Income of Peasant & Herdsman(yuan)	2091	1545	-26.1
农村牧区经济	**Economic Development in Rural & Pastoral Area**			
耕地面积(公顷)	Cultivated Area(hectare)	175988	175988	0.0
农作物总播种面积(公顷)	Total Sown Area(hectare)	157496	142650	-9.4
#粮食作物播种面积(公顷)	Sown Area of Grain Crops(hectare)	126782	111091	-12.4
有效灌溉面积(公顷)	Irrigated Area(hectare)	4216	4216	0.0
农牧业机械总动力(万千瓦)	Total Power of Agricultural Machinery(10 000 kw)	27.03	27.00	-0.1
化肥施用折纯量(吨)	Consumption of Chemical Fertilizer(ton)	16977	18007	6.1
农村用电量(万千瓦小时)	Electricity Consumed in Rural Area(10 000 kwh)	1903	2392	25.7
农林牧渔业总产值(万元)	Gross Output of Farming,Forestry,Animal Husbandry & Fishery(10 000 yuan)	112330	93378	-16.9
粮食产量(吨)	Yield of Grain(ton)	393300	122130	-68.9
油料产量(吨)	Yield of Oil-bearing Grops(ton)	22250	2959	-86.7
甜菜产量(吨)	Yield of Beetroots(ton)	15968	669	-95.8
猪牛羊肉产量(吨)	Output of Pork, Beef & Mutton(ton)	23319	30481	30.7
#猪肉产量(吨)	Output of Pork(ton)	19477	20498	5.2
牛肉产量(吨)	Output of Beef(ton)	1761	3152	79.0
羊肉产量(吨)	Output of Mutton(ton)	2081	4939	137.3

23-59 Zhalantun in Hulunbeier City

指标	Item	2002	2003	2003年比上年增长% Increase Rate in 2003 Over 2002(%)
羊毛产量(吨)	Output of Wool(ton)	880	1143	29.9
年末牲畜存栏头数(万头只)	Total Livestock at the Year-end(10 000 heads)	62.57	79.18	26.5
#大牲畜(万头只)	Large Animals(10 000 heads)	8.03	9.47	17.9
羊(万只)	Sheep & Goats(10 000 heads)	36.79	53.28	44.8
猪(万头)	Hogs(10 000 heads)	17.75	16.43	-7.4
独立核算工业	**Industry with Independent Accounting System**			
工业企业单位数(个)	Number of Industrial Enterprises(unit)	50	42	-16.0
#内资企业(个)	Civil Funded Enterprises(unit)	48	40	-16.7
工业总产值(万元)	Gross Industrial Output Value(10 000 yuan)	72025	85378	18.0
内资企业(万元)	Civil Funded Enterprises(10 000 yuan)	71127	83465	4.6
国有企业(万元)	State-owned Enterprises(10 000 yuan)	7037	7428	0.5
集体企业(万元)	Collective-owned Enterprises(10 000 yuan)	2753	2669	-1.3
股份合作企业(万元)	Share Holding Enterprises(10 000 yuan)	100	108	8.0
联营企业(万元)	Joint Owned Enterprises(10 000 yuan)			
有限责任公司(万元)	Limited Company(10 000 yuan)	61237	73260	4.3
股份有限公司(万元)	Share Holding Limited Company(10 000 yuan)			
私营企业(万元)	Privately Owned Enterprises(10 000 yuan)			
其他企业(万元)	Enterprises of Other Ownership(10 000 yuan)			
港澳台商投资企业(万元)	Funds from HK,Macao & Taiwan(10 000 yuan)			
外商投资企业(万元)	Foreign Funded Enterprises(10 000 yuan)	898	1913	102.3
工业企业增加值(万元)	Value Added of Industrial Enterprises(10 000 yuan)	27010	32512	20.2
工业企业资产总计(万元)	Total Assets of Industrial Enterprises(10 000 yuan)	90092	101917	13.1
工业企业负债合计(万元)	Total Liabilities of Industrial Enterprises(10 000 yuan)	53857	67768	25.8
工业企业产品销售收入(万元)	Sales of Revenue Industrial Enterprises(10 000 yuan)	54595	68726	25.9
工业企业利润总额(万元)	Total Profits of Industrial Enterprises(10 000 yuan)	1860	1940	4.3
建筑业	**Construction**			
建筑企业单位数(个)	Number of Construction Enterprises(unit)	10	7	-30.0
建筑企业从业人员(人)	Number of Employee in Construction Enterprises(person)	1263	1909	51.1
建筑业总产值(万元)	Gross Construction Output Value(10 000 yuan)	8420	13439	59.6
交通运输邮电通信业	**Transportation,Post & Telecommunications**			
公路里程(公里)	Total Length of Highways(km)	1557	1557	0.0
邮电业务总量(万元)	Business Volume of Post & Telecoms(10 000 yuan)	4196	7143	70.2
本地电话用户(户)	Number of Subscribers of Local Telephone(Household)	40674	44206	8.7
国内贸易	**Demestic Trade**			
社会消费品零售总额(万元)	Total Retail Sales of Consumer Goods(10 000 yuan)	57500	65340	13.6
#贸易业(万元)	Wholesale & Retail Sales Trades(10 000 yuan)	51169	58404	14.1
餐饮业(万元)	Catering Trade(10 000 yuan)	6287	6884	9.5
科技教育卫生	**Science,Education & Public Health**			
各类专业技术人员(人)	Speccial Technical Personnel(person)	7707	7810	1.3
幼儿园数(所)	Number of Kindergartens(unit)	70	51	-27.1
学龄儿童入学率(%)	Percentage of School-Age Children Enrolled(%)	93.9	96.4	2.5
小学学校数(所)	Number of Primary Schools(unit)	180	172	-4.4
小学专任教师数(人)	Number of Full-time Teachers of Primary Schools(person)	2307	2220	-3.8
小学在校学生数(人)	Number of Student Enrollment of Primary Schools(person)	28498	25530	-10.4
普通中学学校数(所)	Number of Regular Secondary Schools(unit)	37	37	0.0
普通中学专任教师数(人)	Number of Teachers of Secondary Shools(person)	1472	1449	-1.6
初中在校学生数(人)	Number of Student in Junior Secondary Schools(person)	19694	19888	1.0
高中在校学生数(人)	Number of Student in Senior Secondary Schools(person)	3603	4220	17.1
卫生机构数(所)	Number of Health Institutions(unit)	280	274	-2.1
#医院(所)	Hospitals(unit)	10	10	0.0
卫生院(所)	Township Hospitals(unit)	24	24	0.0
床位数(张)	Number of Beds(unit)	1538	1495	-2.8
#医院(张)	Hospitals(unit)	1111	800	-28.0
卫生院(张)	Township Hospitals(unit)	335	325	-3.0
卫生技术人员(人)	Medical Technical Presonnel(person)	1703	1627	-4.5
#医院(人)	Hospitals(person)	919	845	-8.1
卫生院(人)	Township Hospitals(person)	598	590	-1.3

23-60 呼伦贝尔市牙克石市

指标	Item	2002	2003	2003年比上年增长% Increase Rate in 2003 Over 2002(%)
行政区域土地面积(平方公里)	**Area of Administration(Sq.km)**	**27590**	**27590**	**0.0**
人口和就业	**Population & Employment**			
年末总人口(人)	Total Population Year-end(person)	403984	401343	-0.7
# 男性(人)	Male(person)	204499	203600	-0.4
# 乡村人口(人)	Rural(person)	4780	4514	-5.6
年末总户数(户)	Total Number of Households at the Year-end(Household)	136018	139356	2.5
# 乡村户数(户)	Number of Rural Household(Household)	1399	1315	-6.0
出生人口(人)	Births(person)	2859	2450	-14.3
死亡人口(人)	Deaths(person)	2197	2216	0.9
全社会就业人员(人)	Employment(person)	100722	102232	1.5
第一产业(人)	Primary Industry(person)	12076	39027	223.2
第二产业(人)	Secondary Industry(person)	43363	19699	-54.6
第三产业(人)	Tertiary Industry(person)	45283	43506	-3.9
在岗职工人数(人)	Number of Staff & Workers Employed in(person)	29380	28029	-4.6
乡村劳动力(人)	Number of Rural Laborers(person)	3610	3284	-9.0
# 农林牧渔业(人)	Farming,Forestry,Animal Husbandry & Fishery(person)	2788	2616	-6.2
国民经济综合指标	**Summary Item on the National Economy**			
生产总值(万元)	Gross Domestic Product(10 000 yuan)	204114	232606	14.1
第一产业(万元)	Primary Industry(10 000 yuan)	49275	49851	2.8
第二产业(万元)	Secondary Industry(10 000 yuan)	62886	78207	22.3
# 工业(万元)	Industry(10 000 yuan)	41733	48274	14.3
第三产业(万元)	Tertiary Industry(10 000 yuan)	91953	104548	14.3
人均生产总值(元)	Per Capita GDP(yuan)	5072	5799	14.4
全社会固定资产投资(万元)	Total Investment in Fixed Assets(10 000 yuan)	51003	55505	8.8
按登记注册类型分	Grouped by Registered Type			
# 国有(万元)	State-owned Enterprises(10 000 yuan)	35834	29718	-17.1
集体(万元)	Collective-owned Enterprises(10 000 yuan)			
有限责任公司(万元)	Limited Liability Corporations(10 000 yuan)		18350	
股份有限公司(万元)	Share Holding Enterprises(10 000 yuan)			
私营企业(万元)	Private Enterprises(10 000 yuan)		7092	
外商及港澳台投资企业(万元)	Funds from HK,Macao,Taiwan & Foreign(10 000 yuan)			
按管理渠道分	Grouped by Channel of Management			
# 基本建设(万元)	Capital Construction(10 000 yuan)	25913	31077	19.9
更新改造(万元)	Innovation(10 000 yuan)	9921	9124	-8.0
房地产开发(万元)	Real Estate Development(10 000 yuan)	14660	12802	-12.7
地方财政收入(万元)	Local Governments Revenue(10 000 yuan)	9289	10768	15.9
地方财政支出(万元)	Local Governments Expenditures(10 000 yuan)	23368	27992	19.8
城乡居民储蓄存款余额(万元)	Resident Saving Deposit in Urban & Rural(10 000 yuan)	334983	359563	7.3
在岗职工工资总额(万元)	Total Wages of Staff & Workers Empioyed in(10 000	27132	31236	15.1
在岗职工平均工资(元)	Average Wage of Staff & Workers Employed in(yuan)	8828	10789	22.2
农牧民人均纯收入(元)	Per Capita Net Income of Peasant & Herdsman(yuan)	2408	1886	-21.7
农村牧区经济	**Economic Development in Rural & Pastoral Area**			
耕地面积(公顷)	Cultivated Area(hectare)	114876	114436	-0.4
农作物总播种面积(公顷)	Total Sown Area(hectare)	73641	75526	2.6
# 粮食作物播种面积(公顷)	Sown Area of Grain Crops(hectare)	35244	32449	-7.9
有效灌溉面积(公顷)	Irrigated Area(hectare)	1820	2090	14.8
农牧业机械总动力(万千瓦)	Total Power of Agricultural Machinery(10 000 kw)	20.61	20.63	0.1
化肥施用折纯量(吨)	Consumption of Chemical Fertilizer(ton)	8613	8640	0.3
农村用电量(万千瓦小时)	Electricity Consumed in Rural Area(10 000 kwh)	1691	1847	9.2
农林牧渔业总产值(万元)	Gross Output of Farming,Forestry,Animal Husbandry & Fishery(10 000 yuan)	92271	85128	-7.7
粮食产量(吨)	Yield of Grain(ton)	92805	51400	-44.6
油料产量(吨)	Yield of Oil-bearing Grops(ton)	41389	19247	-53.5
甜菜产量(吨)	Yield of Beetroots(ton)	23359	6130	-73.8
猪牛羊肉产量(吨)	Output of Pork, Beef & Mutton(ton)	8779	10029	14.2
# 猪肉产量(吨)	Output of Pork(ton)	6416	6925	7.9
牛肉产量(吨)	Output of Beef(ton)	1928	2227	15.5
羊肉产量(吨)	Output of Mutton(ton)	435	877	101.6

23-60 Yakeshi in Hulunbeier City

指标	Item	2002	2003	2003年比上年增长% Increase Rate in 2003 Over 2002(%)
羊毛产量(吨)	Output of Wool(ton)	66	113	71.2
年末牲畜存栏头数(万头只)	Total Livestock at the Year-end(10 000 heads)	10.34	14.12	36.6
#大牲畜(万头只)	Large Animals(10 000 heads)	3.32	3.88	16.9
羊(万只)	Sheep & Goats(10 000 heads)	3.84	7.38	92.2
猪(万头)	Hogs(10 000 heads)	3.18	2.86	-10.1
独立核算工业	**Industry with Independent Accounting System**			
工业企业单位数(个)	Number of Industrial Enterprises(unit)	111	118	6.3
#内资企业(个)	Civil Funded Enterprises(unit)	111	117	5.4
工业总产值(万元)	Gross Industrial Output Value(10 000 yuan)	46933	65211	23.4
内资企业(万元)	Civil Funded Enterprises(10 000 yuan)	46933	65023	22.9
国有企业(万元)	State-owned Enterprises(10 000 yuan)	14064	16046	20.7
集体企业(万元)	Collective-owned Enterprises(10 000 yuan)	5774	14543	8.2
股份合作企业(万元)	Share Holding Enterprises(10 000 yuan)	1612	858	6.8
联营企业(万元)	Joint Owned Enterprises(10 000 yuan)			
有限责任公司(万元)	Limited Company(10 000 yuan)	24389	29310	30.5
股份有限公司(万元)	Share Holding Limited Company(10 000 yuan)			
私营企业(万元)	Privately Owned Enterprises(10 000 yuan)	1094	4267	330.9
其他企业(万元)	Enterprises of Other Ownership(10 000 yuan)			
港澳台商投资企业(万元)	Funds from HK,Macao & Taiwan(10 000 yuan)			
外商投资企业(万元)	Foreign Funded Enterprises(10 000 yuan)		188	
工业企业增加值(万元)	Value Added of Industrial Enterprises(10 000 yuan)	22551	31979	23.4
工业企业资产总计(万元)	Total Assets of Industrial Enterprises(10 000 yuan)	86008	101993	18.6
工业企业负债合计(万元)	Total Liabilities of Industrial Enterprises(10 000 yuan)	46136	73533	59.4
工业企业产品销售收入(万元)	Sales of Revenue Industrial Enterprises(10 000 yuan)	31079	44958	44.7
工业企业利润总额(万元)	Total Profits of Industrial Enterprises(10 000 yuan)	1899	2760	45.3
建筑业	**Construction**			
建筑企业单位数(个)	Number of Construction Enterprises(unit)	18	8	-55.6
建筑企业从业人员(人)	Number of Employee in Construction Enterprises(person)	779	762	-2.2
建筑业总产值(万元)	Gross Construction Output Value(10 000 yuan)	8181	8375	2.4
交通运输邮电通信业	**Transportation,Post & Telecommunications**			
公路里程(公里)	Total Length of Highways(km)	1046	1046	0.0
邮电业务总量(万元)	Business Volume of Post & Telecoms(10 000 yuan)	6284	6870	9.3
本地电话用户(户)	Number of Subscribers of Local Telephone(Household)	66519	84427	26.9
国内贸易	**Demestic Trade**			
社会消费品零售总额(万元)	Total Retail Sales of Consumer Goods(10 000 yuan)	80390	80772	0.5
#贸易业(万元)	Wholesale & Retail Sales Trades(10 000 yuan)	67260	67835	0.9
餐饮业(万元)	Catering Trade(10 000 yuan)	7118	10601	48.9
科技教育卫生	**Science,Education & Public Health**			
各类专业技术人员(人)	Speccial Technical Personnel(person)	3370	3385	0.4
幼儿园数(所)	Number of Kindergartens(unit)	15	15	0.0
学龄儿童入学率(%)	Percentage of School-Age Children Enrolled(%)	100.0	100.0	0.0
小学学校数(所)	Number of Primary Schools(unit)	52	41	-21.2
小学专任教师数(人)	Number of Full-time Teachers of Primary Schools(person)	1687	1702	0.9
小学在校学生数(人)	Number of Student Enrollment of Primary Schools(person)	25843	24492	-5.2
普通中学学校数(所)	Number of Regular Secondary Schools(unit)	47	46	-2.1
普通中学专任教师数(人)	Number of Teachers of Secondary Shools(person)	1729	1747	1.0
初中在校学生数(人)	Number of Student in Junior Secondary Schools(person)	20252	19496	-3.7
高中在校学生数(人)	Number of Student in Senior Secondary Schools(person)	6439	7686	19.4
卫生机构数(所)	Number of Health Institutions(unit)	228	254	11.4
#医院(所)	Hospitals(unit)	24	24	0.0
卫生院(所)	Township Hospitals(unit)	15	15	0.0
床位数(张)	Number of Beds(unit)	2043	2080	1.8
#医院(张)	Hospitals(unit)	1887	1908	1.1
卫生院(张)	Township Hospitals(unit)	148	145	-2.0
卫生技术人员(人)	Medical Technical Presonnel(person)	2913	2820	-3.2
#医院(人)	Hospitals(person)	2109	2158	2.3
卫生院(人)	Township Hospitals(person)	193	198	2.6

23-61 呼伦贝尔市额尔古纳市

指标	Item	2002	2003	2003年比上年增长% Increase Rate in 2003 Over 2002(%)
行政区域土地面积(平方公里)	**Area of Administration(Sq.km)**	**28000**	**28000**	**0.0**
人口和就业	**Population & Employment**			
年末总人口(人)	Total Population Year-end(person)	84782	84654	-0.2
#男性(人)	Male(person)	45228	43596	-3.6
#乡村人口(人)	Rural(person)	1672	1729	3.4
年末总户数(户)	Total Number of Households at the Year-end(Household)	27770	29878	7.6
#乡村户数(户)	Number of Rural Household(Household)	477	490	2.7
出生人口(人)	Births(person)	1350	555	-58.9
死亡人口(人)	Deaths(person)	226	271	19.9
全社会就业人员(人)	Employment(person)	28977	32649	12.7
第一产业(人)	Primary Industry(person)	11280	12481	10.6
第二产业(人)	Secondary Industry(person)	7466	5967	-20.1
第三产业(人)	Tertiary Industry(person)	10231	14201	38.8
在岗职工人数(人)	Number of Staff & Workers Employed in(person)	17097	17078	-0.1
乡村劳动力(人)	Number of Rural Laborers(person)	919	1029	12.0
#农林牧渔业(人)	Farming,Forestry,Animal Husbandry & Fishery(person)	617	673	9.1
国民经济综合指标	**Summary Item on the National Economy**			
生产总值(万元)	Gross Domestic Product(10 000 yuan)	75460	84035	10.3
第一产业(万元)	Primary Industry(10 000 yuan)	39821	42633	3.7
第二产业(万元)	Secondary Industry(10 000 yuan)	13932	16739	23.7
#工业(万元)	Industry(10 000 yuan)	9011	10710	25.5
第三产业(万元)	Tertiary Industry(10 000 yuan)	21707	24663	13.4
人均生产总值(元)	Per Capita GDP(yuan)	8888	9772	8.9
全社会固定资产投资(万元)	Total Investment in Fixed Assets(10 000 yuan)	16398	23135	41.1
按登记注册类型分	Grouped by Registered Type			
#国有(万元)	State-owned Enterprises(10 000 yuan)	15795	15371	-2.7
集体(万元)	Collective-owned Enterprises(10 000 yuan)			
有限责任公司(万元)	Limited Liability Corporations(10 000 yuan)			
股份有限公司(万元)	Share Holding Enterprises(10 000 yuan)			
私营企业(万元)	Private Enterprises(10 000 yuan)			
外商及港澳台投资企业(万元)	Funds from HK,Macao,Taiwan & Foreign(10 000 yuan)			
按管理渠道分	Grouped by Channel of Management			
#基本建设(万元)	Capital Construction(10 000 yuan)	14370	14339	-0.2
更新改造(万元)	Innovation(10 000 yuan)	1400	1147	-18.1
房地产开发(万元)	Real Estate Development(10 000 yuan)			
地方财政收入(万元)	Local Governments Revenue(10 000 yuan)	3919	3941	0.6
地方财政支出(万元)	Local Governments Expenditures(10 000 yuan)	9692	11946	23.3
城乡居民储蓄存款余额(万元)	Resident Saving Deposit in Urban & Rural(10 000 yuan)	63272	69640	10.1
在岗职工工资总额(万元)	Total Wages of Staff & Workers Empioyed in(10 000	14455	15797	9.3
在岗职工平均工资(元)	Average Wage of Staff & Workers Employed in(yuan)	8213	9020	9.8
农牧民人均纯收入(元)	Per Capita Net Income of Peasant & Herdsman(yuan)	4015	4620	15.1
农村牧区经济	**Economic Development in Rural & Pastoral Area**			
耕地面积(公顷)	Cultivated Area(hectare)	152479	152304	-0.1
农作物总播种面积(公顷)	Total Sown Area(hectare)	81313	81663	0.4
#粮食作物播种面积(公顷)	Sown Area of Grain Crops(hectare)	12025	7739	-35.6
有效灌溉面积(公顷)	Irrigated Area(hectare)			
农牧业机械总动力(万千瓦)	Total Power of Agricultural Machinery(10 000 kw)	12.90	13.10	1.6
化肥施用折纯量(吨)	Consumption of Chemical Fertilizer(ton)	9065	9586	5.7
农村用电量(万千瓦小时)	Electricity Consumed in Rural Area(10 000 kwh)	1024	1100	7.4
农林牧渔业总产值(万元)	Gross Output of Farming,Forestry,Animal Husbandry & Fishery(10 000 yuan)	51547	68651	24.3
粮食产量(吨)	Yield of Grain(ton)	21686	26002	19.9
油料产量(吨)	Yield of Oil-bearing Grops(ton)	113074	111172	-1.7
甜菜产量(吨)	Yield of Beetroots(ton)			
猪牛羊肉产量(吨)	Output of Pork, Beef & Mutton(ton)	2921	2318	-20.6
#猪肉产量(吨)	Output of Pork(ton)	717	536	-25.2
牛肉产量(吨)	Output of Beef(ton)	1651	1164	-29.5
羊肉产量(吨)	Output of Mutton(ton)	553	618	11.8

23-61 Eerguna in Hulunbeier City

指标	Item	2002	2003	2003年比上年增长% Increase Rate in 2003 Over 2002(%)
羊毛产量(吨)	Output of Wool(ton)	134	190	41.8
年末牲畜存栏头数(万头只)	Total Livestock at the Year-end(10 000 heads)	13.41	17.23	28.5
#大牲畜(万头只)	Large Animals(10 000 heads)	4.29	5.00	16.6
羊(万只)	Sheep & Goats(10 000 heads)	8.37	11.46	36.9
猪(万头)	Hogs(10 000 heads)	0.75	0.77	2.7
独立核算工业	**Industry with Independent Accounting System**			
工业企业单位数(个)	Number of Industrial Enterprises(unit)	13	20	53.8
#内资企业(个)	Civil Funded Enterprises(unit)	13	20	53.8
工业总产值(万元)	Gross Industrial Output Value(10 000 yuan)	10495	18889	18.3
内资企业(万元)	Civil Funded Enterprises(10 000 yuan)	10495	18889	18.3
国有企业(万元)	State-owned Enterprises(10 000 yuan)	6291	10133	61.1
集体企业(万元)	Collective-owned Enterprises(10 000 yuan)	964	884	-8.4
股份合作企业(万元)	Share Holding Enterprises(10 000 yuan)			
联营企业(万元)	Joint Owned Enterprises(10 000 yuan)			
有限责任公司(万元)	Limited Company(10 000 yuan)	3240	7872	143.0
股份有限公司(万元)	Share Holding Limited Company(10 000 yuan)			
私营企业(万元)	Privately Owned Enterprises(10 000 yuan)			
其他企业(万元)	Enterprises of Other Ownership(10 000 yuan)			
港澳台商投资企业(万元)	Funds from HK,Macao & Taiwan(10 000 yuan)			
外商投资企业(万元)	Foreign Funded Enterprises(10 000 yuan)			
工业企业增加值(万元)	Value Added of Industrial Enterprises(10 000 yuan)	8400	8630	30.1
工业企业资产总计(万元)	Total Assets of Industrial Enterprises(10 000 yuan)	15281	21090	38.0
工业企业负债合计(万元)	Total Liabilities of Industrial Enterprises(10 000 yuan)	7319	10860	48.4
工业企业产品销售收入(万元)	Sales of Revenue Industrial Enterprises(10 000 yuan)	10241	19051	86.0
工业企业利润总额(万元)	Total Profits of Industrial Enterprises(10 000 yuan)	605	830	37.2
建筑业	**Construction**			
建筑企业单位数(个)	Number of Construction Enterprises(unit)	6	2	-66.7
建筑企业从业人员(人)	Number of Employee in Construction Enterprises(person)	336	823	144.9
建筑业总产值(万元)	Gross Construction Output Value(10 000 yuan)	2833	3457	22.0
交通运输邮电通信业	**Transportation,Post & Telecommunications**			
公路里程(公里)	Total Length of Highways(km)	1643	2448	49.0
邮电业务总量(万元)	Business Volume of Post & Telecoms(10 000 yuan)	2032	2550	25.5
本地电话用户(户)	Number of Subscribers of Local Telephone(Household)	18859	19855	5.3
国内贸易	**Demestic Trade**			
社会消费品零售总额(万元)	Total Retail Sales of Consumer Goods(10 000 yuan)	11801	12957	9.8
#贸易业(万元)	Wholesale & Retail Sales Trades(10 000 yuan)	9150	11195	22.3
餐饮业(万元)	Catering Trade(10 000 yuan)	1093	1200	9.8
科技教育卫生	**Science,Education & Public Health**			
各类专业技术人员(人)	Speccial Technical Personnel(person)	1145	1280	11.8
幼儿园数(所)	Number of Kindergartens(unit)	6	9	50.0
学龄儿童入学率(%)	Percentage of School-Age Children Enrolled(%)	100.0	100.0	0.0
小学学校数(所)	Number of Primary Schools(unit)	13	13	0.0
小学专任教师数(人)	Number of Full-time Teachers of Primary Schools(person)	549	538	-2.0
小学在校学生数(人)	Number of Student Enrollment of Primary Schools(person)	6488	6234	-3.9
普通中学学校数(所)	Number of Regular Secondary Schools(unit)	11	11	0.0
普通中学专任教师数(人)	Number of Teachers of Secondary Shools(person)	441	458	3.9
初中在校学生数(人)	Number of Student in Junior Secondary Schools(person)	4814	4616	-4.1
高中在校学生数(人)	Number of Student in Senior Secondary Schools(person)	1098	1222	11.3
卫生机构数(所)	Number of Health Institutions(unit)	113	111	-1.8
#医院(所)	Hospitals(unit)	7	7	0.0
卫生院(所)	Township Hospitals(unit)	3	3	0.0
床位数(张)	Number of Beds(unit)	402	418	4.0
#医院(张)	Hospitals(unit)	345	362	4.9
卫生院(张)	Township Hospitals(unit)	48	48	0.0
卫生技术人员(人)	Medical Technical Presonnel(person)	756	750	-0.8
#医院(人)	Hospitals(person)	437	441	0.9
卫生院(人)	Township Hospitals(person)	55	52	-5.5

23-62 呼伦贝尔市根河市

指 标	Item	2002	2003	2003年比上年增长% Increase Rate in 2003 Over 2002(%)
行政区域土地面积(平方公里)	**Area of Administration(Sq.km)**	**19659**	**19659**	**0.0**
人口和就业	**Population & Employment**			
年末总人口(人)	Total Population Year-end(person)	172263	171127	-0.7
#男性(人)	Male(person)	87550	86543	-1.2
#乡村人口(人)	Rural(person)			
年末总户数(户)	Total Number of Households at the Year-end(Household)	53292	53762	0.9
#乡村户数(户)	Number of Rural Household(Household)			
出生人口(人)	Births(person)	1015	774	-23.7
死亡人口(人)	Deaths(person)	722	702	-2.8
全社会就业人员(人)	Employment(person)	41109	39185	-4.7
第一产业(人)	Primary Industry(person)	3010	10123	236.3
第二产业(人)	Secondary Industry(person)	16708	9306	-44.3
第三产业(人)	Tertiary Industry(person)	21391	19756	-7.6
在岗职工人数(人)	Number of Staff & Workers Employed in(person)	6130	5815	-5.1
乡村劳动力(人)	Number of Rural Laborers(person)			
#农林牧渔业(人)	Farming,Forestry,Animal Husbandry & Fishery(person)			
国民经济综合指标	**Summary Item on the National Economy**			
生产总值(万元)	Gross Domestic Product(10 000 yuan)	142403	162340	16.2
第一产业(万元)	Primary Industry(10 000 yuan)	34830	34933	-1.4
第二产业(万元)	Secondary Industry(10 000 yuan)	37813	47125	34.5
#工业(万元)	Industry(10 000 yuan)	23581	34420	60.6
第三产业(万元)	Tertiary Industry(10 000 yuan)	69760	80282	14.8
人均生产总值(元)	Per Capita GDP(yuan)	8250	9435	16.8
全社会固定资产投资(万元)	Total Investment in Fixed Assets(10 000 yuan)	12644	19824	56.8
按登记注册类型分	Grouped by Registered Type			
#国有(万元)	State-owned Enterprises(10 000 yuan)	9464	10763	13.7
集体(万元)	Collective-owned Enterprises(10 000 yuan)	1194		
有限责任公司(万元)	Limited Liability Corporations(10 000 yuan)		8334	
股份有限公司(万元)	Share Holding Enterprises(10 000 yuan)		100	
私营企业(万元)	Private Enterprises(10 000 yuan)		627	
外商及港澳台投资企业(万元)	Funds from HK,Macao,Taiwan & Foreign(10 000 yuan)			
按管理渠道分	Grouped by Channel of Management			
#基本建设(万元)	Capital Construction(10 000 yuan)	10593	5394	-49.1
更新改造(万元)	Innovation(10 000 yuan)	376	8198	2080.3
房地产开发(万元)	Real Estate Development(10 000 yuan)	1194	5605	369.4
地方财政收入(万元)	Local Governments Revenue(10 000 yuan)	5897	6524	10.6
地方财政支出(万元)	Local Governments Expenditures(10 000 yuan)	11697	14186	21.3
城乡居民储蓄存款余额(万元)	Resident Saving Deposit in Urban & Rural(10 000 yuan)	145917	152214	4.3
在岗职工工资总额(万元)	Total Wages of Staff & Workers Empioyed in(10 000	7820	8027	2.6
在岗职工平均工资(元)	Average Wage of Staff & Workers Employed in(yuan)	12336	12841	4.1
农牧民人均纯收入(元)	Per Capita Net Income of Peasant & Herdsman(yuan)			
农村牧区经济	**Economic Development in Rural & Pastoral Area**			
耕地面积(公顷)	Cultivated Area(hectare)	2168	2168	0.0
农作物总播种面积(公顷)	Total Sown Area(hectare)	1916	1970	2.8
#粮食作物播种面积(公顷)	Sown Area of Grain Crops(hectare)	982	737	-24.9
有效灌溉面积(公顷)	Irrigated Area(hectare)	149		
农牧业机械总动力(万千瓦)	Total Power of Agricultural Machinery(10 000 kw)	1.50	1.50	0.0
化肥施用折纯量(吨)	Consumption of Chemical Fertilizer(ton)	288	286	-0.7
农村用电量(万千瓦小时)	Electricity Consumed in Rural Area(10 000 kwh)			
农林牧渔业总产值(万元)	Gross Output of Farming,Forestry,Animal Husbandry & Fishery(10 000 yuan)	64062	65355	2.0
粮食产量(吨)	Yield of Grain(ton)	1978	1780	-10.0
油料产量(吨)	Yield of Oil-bearing Grops(ton)	835	812	-2.8
甜菜产量(吨)	Yield of Beetroots(ton)			
猪牛羊肉产量(吨)	Output of Pork, Beef & Mutton(ton)	2907	2945	1.3
#猪肉产量(吨)	Output of Pork(ton)	2312	2473	7.0
牛肉产量(吨)	Output of Beef(ton)	497	313	-37.0
羊肉产量(吨)	Output of Mutton(ton)	98	159	62.2

23-62 Genhe in Hulunbeier City

指标	Item	2002	2003	2003年比上年增长% Increase Rate in 2003 Over 2002(%)
羊毛产量(吨)	Output of Wool(ton)			
年末牲畜存栏头数(万头只)	Total Livestock at the Year-end(10 000 heads)	2.35	1.93	-17.9
#大牲畜(万头只)	Large Animals(10 000 heads)	0.30	0.21	-30.0
羊(万只)	Sheep & Goats(10 000 heads)	0.58	0.65	12.1
猪(万头)	Hogs(10 000 heads)	1.47	1.06	-27.9
独立核算工业	**Industry with Independent Accounting System**			
工业企业单位数(个)	Number of Industrial Enterprises(unit)	40	38	-5.0
#内资企业(个)	Civil Funded Enterprises(unit)	40	38	-5.0
工业总产值(万元)	Gross Industrial Output Value(10 000 yuan)	5716	8196	56.2
内资企业(万元)	Civil Funded Enterprises(10 000 yuan)	5716	8196	56.2
国有企业(万元)	State-owned Enterprises(10 000 yuan)			
集体企业(万元)	Collective-owned Enterprises(10 000 yuan)	1917	1331	-17.9
股份合作企业(万元)	Share Holding Enterprises(10 000 yuan)	590	730	25.5
联营企业(万元)	Joint Owned Enterprises(10 000 yuan)			
有限责任公司(万元)	Limited Company(10 000 yuan)	317	5062	122.9
股份有限公司(万元)	Share Holding Limited Company(10 000 yuan)			
私营企业(万元)	Privately Owned Enterprises(10 000 yuan)	2891	1072	312.1
其他企业(万元)	Enterprises of Other Ownership(10 000 yuan)			
港澳台商投资企业(万元)	Funds from HK,Macao & Taiwan(10 000 yuan)			
外商投资企业(万元)	Foreign Funded Enterprises(10 000 yuan)			
工业企业增加值(万元)	Value Added of Industrial Enterprises(10 000 yuan)	2301	3351	68.2
工业企业资产总计(万元)	Total Assets of Industrial Enterprises(10 000 yuan)	6573	9509	44.7
工业企业负债合计(万元)	Total Liabilities of Industrial Enterprises(10 000 yuan)	2998	4547	51.7
工业企业产品销售收入(万元)	Sales of Revenue Industrial Enterprises(10 000 yuan)	3695	6476	75.3
工业企业利润总额(万元)	Total Profits of Industrial Enterprises(10 000 yuan)	298	764	156.4
建筑业	**Construction**			
建筑企业单位数(个)	Number of Construction Enterprises(unit)	5	4	-20.0
建筑企业从业人员(人)	Number of Employee in Construction Enterprises(person)	1352	652	-51.8
建筑业总产值(万元)	Gross Construction Output Value(10 000 yuan)	4596	3080	-33.0
交通运输邮电通信业	**Transportation,Post & Telecommunications**			
公路里程(公里)	Total Length of Highways(km)	504	905	79.5
邮电业务总量(万元)	Business Volume of Post & Telecoms(10 000 yuan)	3589	3685	2.7
本地电话用户(户)	Number of Subscribers of Local Telephone(Household)	30550	32307	5.8
国内贸易	**Demestic Trade**			
社会消费品零售总额(万元)	Total Retail Sales of Consumer Goods(10 000 yuan)	36469	41137	12.8
#贸易业(万元)	Wholesale & Retail Sales Trades(10 000 yuan)	29038	37637	29.6
餐饮业(万元)	Catering Trade(10 000 yuan)	3188	3500	9.8
科技教育卫生	**Science,Education & Public Health**			
各类专业技术人员(人)	Speccial Technical Personnel(person)	1433	1474	2.9
幼儿园数(所)	Number of Kindergartens(unit)	11	9	-18.2
学龄儿童入学率(%)	Percentage of School-Age Children Enrolled(%)	100.0	100.0	0.0
小学学校数(所)	Number of Primary Schools(unit)	16	15	-6.3
小学专任教师数(人)	Number of Full-time Teachers of Primary Schools(person)	913	971	6.4
小学在校学生数(人)	Number of Student Enrollment of Primary Schools(person)	10107	10327	2.2
普通中学学校数(所)	Number of Regular Secondary Schools(unit)	19	21	10.5
普通中学专任教师数(人)	Number of Teachers of Secondary Shools(person)	874	860	-1.6
初中在校学生数(人)	Number of Student in Junior Secondary Schools(person)	8782	7204	-18.0
高中在校学生数(人)	Number of Student in Senior Secondary Schools(person)	2687	2767	3.0
卫生机构数(所)	Number of Health Institutions(unit)	110	145	31.8
#医院(所)	Hospitals(unit)	9	9	0.0
卫生院(所)	Township Hospitals(unit)	5	5	0.0
床位数(张)	Number of Beds(unit)	706	730	3.4
#医院(张)	Hospitals(unit)	675	695	3.0
卫生院(张)	Township Hospitals(unit)	31	32	3.2
卫生技术人员(人)	Medical Technical Presonnel(person)	1234	1285	4.1
#医院(人)	Hospitals(person)	893	941	5.4
卫生院(人)	Township Hospitals(person)	60	66	10.0

23-63 呼伦贝尔市阿荣旗

指 标	Item	2002	2003	2003年比上年增长% Increase Rate in 2003 Over 2002(%)
行政区域土地面积(平方公里)	**Area of Administration(Sq.km)**	**12063**	**12063**	**0.0**
人口和就业	**Population & Employment**			
年末总人口(人)	Total Population Year-end(person)	316365	316974	0.2
#男性(人)	Male(person)	161663	162825	0.7
#乡村人口(人)	Rural(person)	229400	230537	0.5
年末总户数(户)	Total Number of Households at the Year-end(Household)	82046	83849	2.2
#乡村户数(户)	Number of Rural Household(Household)	52333	53041	1.4
出生人口(人)	Births(person)	2587	2486	-3.9
死亡人口(人)	Deaths(person)	785	738	-6.0
全社会就业人员(人)	Employment(person)	113292	113842	0.5
第一产业(人)	Primary Industry(person)	60964	64379	5.6
第二产业(人)	Secondary Industry(person)	4922	5682	15.4
第三产业(人)	Tertiary Industry(person)	17406	19223	10.4
在岗职工人数(人)	Number of Staff & Workers Employed in(person)	21875	20108	-8.1
乡村劳动力(人)	Number of Rural Laborers(person)	85597	85670	0.1
#农林牧渔业(人)	Farming,Forestry,Animal Husbandry & Fishery(person)	81428	81599	0.2
国民经济综合指标	**Summary Item on the National Economy**			
生产总值(万元)	Gross Domestic Product(10 000 yuan)	142514	116114	-14.8
第一产业(万元)	Primary Industry(10 000 yuan)	96739	52284	-37.4
第二产业(万元)	Secondary Industry(10 000 yuan)	18517	31146	56.7
#工业(万元)	Industry(10 000 yuan)	10105	16474	42.0
第三产业(万元)	Tertiary Industry(10 000 yuan)	27258	32684	17.7
人均生产总值(元)	Per Capita GDP(yuan)	4523	3664	-15.3
全社会固定资产投资(万元)	Total Investment in Fixed Assets(10 000 yuan)	27477	53649	95.3
按登记注册类型分	Grouped by Registered Type			
#国有(万元)	State-owned Enterprises(10 000 yuan)	18979	34768	83.2
集体(万元)	Collective-owned Enterprises(10 000 yuan)	2575	690	-73.2
有限责任公司(万元)	Limited Liability Corporations(10 000 yuan)		10649	
股份有限公司(万元)	Share Holding Enterprises(10 000 yuan)		1270	
私营企业(万元)	Private Enterprises(10 000 yuan)		747	
外商及港澳台投资企业(万元)	Funds from HK,Macao,Taiwan & Foreign(10 000 yuan)			
按管理渠道分	Grouped by Channel of Management			
#基本建设(万元)	Capital Construction(10 000 yuan)	16336	37243	128.0
更新改造(万元)	Innovation(10 000 yuan)	3553	7624	114.6
房地产开发(万元)	Real Estate Development(10 000 yuan)			
地方财政收入(万元)	Local Governments Revenue(10 000 yuan)	10053	6234	-38.0
地方财政支出(万元)	Local Governments Expenditures(10 000 yuan)	26282	24282	-7.6
城乡居民储蓄存款余额(万元)	Resident Saving Deposit in Urban & Rural(10 000 yuan)	66032	70149	6.2
在岗职工工资总额(万元)	Total Wages of Staff & Workers Empioyed in(10 000	18892	17269	-8.6
在岗职工平均工资(元)	Average Wage of Staff & Workers Employed in(yuan)	8636	8247	-4.5
农牧民人均纯收入(元)	Per Capita Net Income of Peasant & Herdsman(yuan)	2582	1365	-47.1
农村牧区经济	**Economic Development in Rural & Pastoral Area**			
耕地面积(公顷)	Cultivated Area(hectare)	237179	290410	22.4
农作物总播种面积(公顷)	Total Sown Area(hectare)	254260	233144	-8.3
#粮食作物播种面积(公顷)	Sown Area of Grain Crops(hectare)	226915	207765	-8.4
有效灌溉面积(公顷)	Irrigated Area(hectare)	3110	6000	92.9
农牧业机械总动力(万千瓦)	Total Power of Agricultural Machinery(10 000 kw)	25.30	25.90	2.4
化肥施用折纯量(吨)	Consumption of Chemical Fertilizer(ton)	14372	9691	-32.6
农村用电量(万千瓦小时)	Electricity Consumed in Rural Area(10 000 kwh)	2299	2553	11.0
农林牧渔业总产值(万元)	Gross Output of Farming,Forestry,Animal Husbandry & Fishery(10 000 yuan)	148837	73822	-50.4
粮食产量(吨)	Yield of Grain(ton)	663622	96881	-85.4
油料产量(吨)	Yield of Oil-bearing Grops(ton)	22236	2111	-90.5
甜菜产量(吨)	Yield of Beetroots(ton)	114403	2306	-98.0
猪牛羊肉产量(吨)	Output of Pork, Beef & Mutton(ton)	19706	26457	34.3
#猪肉产量(吨)	Output of Pork(ton)	16207	19942	23.0
牛肉产量(吨)	Output of Beef(ton)	840	1734	106.4
羊肉产量(吨)	Output of Mutton(ton)	2659	4781	79.8

23-63 Arong Banner in Hulunbeier City

指标	Item	2002	2003	2003年比上年增长% Increase Rate in 2003 Over 2002(%)
羊毛产量(吨)	Output of Wool(ton)	740	960	29.7
年末牲畜存栏头数(万头只)	Total Livestock at the Year-end(10 000 heads)	66.23	88.85	34.2
#大牲畜(万头只)	Large Animals(10 000 heads)	4.19	6.55	56.3
羊(万只)	Sheep & Goats(10 000 heads)	43.99	66.38	50.9
猪(万头)	Hogs(10 000 heads)	18.05	15.91	-11.9
独立核算工业	**Industry with Independent Accounting System**			
工业企业单位数(个)	Number of Industrial Enterprises(unit)	34	36	5.9
#内资企业(个)	Civil Funded Enterprises(unit)	34	36	5.9
工业总产值(万元)	Gross Industrial Output Value(10 000 yuan)	25469	43596	43.4
内资企业(万元)	Civil Funded Enterprises(10 000 yuan)	25469	43596	43.4
国有企业(万元)	State-owned Enterprises(10 000 yuan)	560	734	17.9
集体企业(万元)	Collective-owned Enterprises(10 000 yuan)	368	311	13.5
股份合作企业(万元)	Share Holding Enterprises(10 000 yuan)			
联营企业(万元)	Joint Owned Enterprises(10 000 yuan)			
有限责任公司(万元)	Limited Company(10 000 yuan)	22153	37773	39.5
股份有限公司(万元)	Share Holding Limited Company(10 000 yuan)			
私营企业(万元)	Privately Owned Enterprises(10 000 yuan)	2388	4778	77.6
其他企业(万元)	Enterprises of Other Ownership(10 000 yuan)			
港澳台商投资企业(万元)	Funds from HK,Macao & Taiwan(10 000 yuan)			
外商投资企业(万元)	Foreign Funded Enterprises(10 000 yuan)			
工业企业增加值(万元)	Value Added of Industrial Enterprises(10 000 yuan)	7131	13951	50.5
工业企业资产总计(万元)	Total Assets of Industrial Enterprises(10 000 yuan)	24163	38219	58.2
工业企业负债合计(万元)	Total Liabilities of Industrial Enterprises(10 000 yuan)	14947	20718	38.6
工业企业产品销售收入(万元)	Sales of Revenue Industrial Enterprises(10 000 yuan)	22838	35899	57.2
工业企业利润总额(万元)	Total Profits of Industrial Enterprises(10 000 yuan)	842	-181	
建筑业	**Construction**			
建筑企业单位数(个)	Number of Construction Enterprises(unit)	7	4	-42.9
建筑企业从业人员(人)	Number of Employee in Construction Enterprises(person)	2971	2211	-25.6
建筑业总产值(万元)	Gross Construction Output Value(10 000 yuan)	10172	8499	-16.4
交通运输邮电通信业	**Transportation,Post & Telecommunications**			
公路里程(公里)	Total Length of Highways(km)	871	871	0.0
邮电业务总量(万元)	Business Volume of Post & Telecoms(10 000 yuan)	2117	2329	10.0
本地电话用户(户)	Number of Subscribers of Local Telephone(Household)	22418	29611	32.1
国内贸易	**Demestic Trade**			
社会消费品零售总额(万元)	Total Retail Sales of Consumer Goods(10 000 yuan)	44539	50554	13.5
#贸易业(万元)	Wholesale & Retail Sales Trades(10 000 yuan)	29035	45571	57.0
餐饮业(万元)	Catering Trade(10 000 yuan)	3659	4061	11.0
科技教育卫生	**Science,Education & Public Health**			
各类专业技术人员(人)	Speccial Technical Personnel(person)	4312	4370	1.3
幼儿园数(所)	Number of Kindergartens(unit)	11	11	0.0
学龄儿童入学率(%)	Percentage of School-Age Children Enrolled(%)	100.0	100.0	0.0
小学学校数(所)	Number of Primary Schools(unit)	146	149	2.1
小学专任教师数(人)	Number of Full-time Teachers of Primary Schools(person)	1669	1624	-2.7
小学在校学生数(人)	Number of Student Enrollment of Primary Schools(person)	23822	21772	-8.6
普通中学学校数(所)	Number of Regular Secondary Schools(unit)	28	27	-3.6
普通中学专任教师数(人)	Number of Teachers of Secondary Shools(person)	1195	1232	3.1
初中在校学生数(人)	Number of Student in Junior Secondary Schools(person)	13540	16341	20.7
高中在校学生数(人)	Number of Student in Senior Secondary Schools(person)	3878	3293	-15.1
卫生机构数(所)	Number of Health Institutions(unit)	111	107	-3.6
#医院(所)	Hospitals(unit)	4	4	0.0
卫生院(所)	Township Hospitals(unit)	18	17	-5.6
床位数(张)	Number of Beds(unit)	421	423	0.5
#医院(张)	Hospitals(unit)	277	277	0.0
卫生院(张)	Township Hospitals(unit)	139	136	-2.2
卫生技术人员(人)	Medical Technical Presonnel(person)	877	869	-0.9
#医院(人)	Hospitals(person)	397	397	0.0
卫生院(人)	Township Hospitals(person)	282	286	1.4

23-64 呼伦贝尔市莫力达瓦达斡尔族自治旗

指 标	Item	2002	2003	2003年比上年增长% Increase Rate in 2003 Over 2002(%)
行政区域土地面积(平方公里)	**Area of Administration(Sq.km)**	**10500**	**10500**	**0.0**
人口和就业	**Population & Employment**			
年末总人口(人)	Total Population Year-end(person)	305516	314584	3.0
# 男性(人)	Male(person)	158287	162594	2.7
# 乡村人口(人)	Rural(person)	243011	250213	3.0
年末总户数(户)	Total Number of Households at the Year-end(Household)	83088	88055	6.0
# 乡村户数(户)	Number of Rural Household(Household)	58725	59715	1.7
出生人口(人)	Births(person)	2101	3294	56.8
死亡人口(人)	Deaths(person)	496	805	62.3
全社会就业人员(人)	Employment(person)	99265	119268	20.2
第一产业(人)	Primary Industry(person)	82592	102501	24.1
第二产业(人)	Secondary Industry(person)	3919	3959	1.0
第三产业(人)	Tertiary Industry(person)	12754	12808	0.4
在岗职工人数(人)	Number of Staff & Workers Employed in(person)	24325	23854	-1.9
乡村劳动力(人)	Number of Rural Laborers(person)	74394	95414	28.3
# 农林牧渔业(人)	Farming,Forestry,Animal Husbandry & Fishery(person)	69912	90094	28.9
国民经济综合指标	**Summary Item on the National Economy**			
生产总值(万元)	Gross Domestic Product(10 000 yuan)	178437	172071	-3.8
第一产业(万元)	Primary Industry(10 000 yuan)	96749	68162	-29.1
第二产业(万元)	Secondary Industry(10 000 yuan)	48795	67010	34.2
# 工业(万元)	Industry(10 000 yuan)	8353	13314	53.6
第三产业(万元)	Tertiary Industry(10 000 yuan)	32893	36899	10.6
人均生产总值(元)	Per Capita GDP(yuan)	5905	5549	-6.2
全社会固定资产投资(万元)	Total Investment in Fixed Assets(10 000 yuan)	132866	162696	22.5
按登记注册类型分	Grouped by Registered Type			
# 国有(万元)	State-owned Enterprises(10 000 yuan)	27476	38002	38.3
集体(万元)	Collective-owned Enterprises(10 000 yuan)	506	668	32.0
有限责任公司(万元)	Limited Liability Corporations(10 000 yuan)			
股份有限公司(万元)	Share Holding Enterprises(10 000 yuan)			
私营企业(万元)	Private Enterprises(10 000 yuan)			
外商及港澳台投资企业(万元)	Funds from HK,Macao,Taiwan & Foreign(10 000 yuan)			
按管理渠道分	Grouped by Channel of Management			
# 基本建设(万元)	Capital Construction(10 000 yuan)	126913	132283	4.2
更新改造(万元)	Innovation(10 000 yuan)	1555	5277	239.4
房地产开发(万元)	Real Estate Development(10 000 yuan)	1640	733	-55.3
地方财政收入(万元)	Local Governments Revenue(10 000 yuan)	14534	17448	20.0
地方财政支出(万元)	Local Governments Expenditures(10 000 yuan)	26417	33657	27.4
城乡居民储蓄存款余额(万元)	Resident Saving Deposit in Urban & Rural(10 000 yuan)	54600	63073	15.5
在岗职工工资总额(万元)	Total Wages of Staff & Workers Empioyed in(10 000	24266	24808	2.2
在岗职工平均工资(元)	Average Wage of Staff & Workers Employed in(yuan)	9972	10231	2.6
农牧民人均纯收入(元)	Per Capita Net Income of Peasant & Herdsman(yuan)	2430	1052	-56.7
农村牧区经济	**Economic Development in Rural & Pastoral Area**			
耕地面积(公顷)	Cultivated Area(hectare)	267884	336667	25.7
农作物总播种面积(公顷)	Total Sown Area(hectare)	258807	282507	9.2
# 粮食作物播种面积(公顷)	Sown Area of Grain Crops(hectare)	253553	280050	10.5
有效灌溉面积(公顷)	Irrigated Area(hectare)	42910	42900	0.0
农牧业机械总动力(万千瓦)	Total Power of Agricultural Machinery(10 000 kw)	36.07	36.29	0.6
化肥施用折纯量(吨)	Consumption of Chemical Fertilizer(ton)	17656	20397	15.5
农村用电量(万千瓦小时)	Electricity Consumed in Rural Area(10 000 kwh)	2649	2745	3.6
农林牧渔业总产值(万元)	Gross Output of Farming,Forestry,Animal Husbandry & Fishery(10 000 yuan)	146944	86983	-40.8
粮食产量(吨)	Yield of Grain(ton)	623830	206694	-66.9
油料产量(吨)	Yield of Oil-bearing Grops(ton)	1541	74	-95.2
甜菜产量(吨)	Yield of Beetroots(ton)	8281	14	-99.8
猪牛羊肉产量(吨)	Output of Pork, Beef & Mutton(ton)	7618	13002	70.7
# 猪肉产量(吨)	Output of Pork(ton)	5758	8505	47.7
牛肉产量(吨)	Output of Beef(ton)	1202	2617	117.7
羊肉产量(吨)	Output of Mutton(ton)	658	1880	185.7

23-64 Molidawadawoer National Autonomous Banner in Hulunbeier City

指标	Item	2002	2003	2003年比上年增长% Increase Rate in 2003 Over 2002(%)
羊毛产量(吨)	Output of Wool(ton)	297	577	94.3
年末牲畜存栏头数(万头只)	Total Livestock at the Year-end(10 000 heads)	33.96	50.71	49.3
#大牲畜(万头只)	Large Animals(10 000 heads)	6.54	9.21	40.8
羊(万只)	Sheep & Goats(10 000 heads)	19.11	32.62	70.7
猪(万头)	Hogs(10 000 heads)	8.30	8.89	7.1
独立核算工业	**Industry with Independent Accounting System**			
工业企业单位数(个)	Number of Industrial Enterprises(unit)	31	33	6.5
#内资企业(个)	Civil Funded Enterprises(unit)	31	33	6.5
工业总产值(万元)	Gross Industrial Output Value(10 000 yuan)	17902	26340	41.6
内资企业(万元)	Civil Funded Enterprises(10 000 yuan)	17902	26340	41.6
国有企业(万元)	State-owned Enterprises(10 000 yuan)	711	986	59.8
集体企业(万元)	Collective-owned Enterprises(10 000 yuan)	1191	1384	26.2
股份合作企业(万元)	Share Holding Enterprises(10 000 yuan)			
联营企业(万元)	Joint Owned Enterprises(10 000 yuan)			
有限责任公司(万元)	Limited Company(10 000 yuan)	6078	6546	2.3
股份有限公司(万元)	Share Holding Limited Company(10 000 yuan)			
私营企业(万元)	Privately Owned Enterprises(10 000 yuan)	9923	17423	65.1
其他企业(万元)	Enterprises of Other Ownership(10 000 yuan)			
港澳台商投资企业(万元)	Funds from HK,Macao & Taiwan(10 000 yuan)			
外商投资企业(万元)	Foreign Funded Enterprises(10 000 yuan)			
工业企业增加值(万元)	Value Added of Industrial Enterprises(10 000 yuan)	5552	10321	74.8
工业企业资产总计(万元)	Total Assets of Industrial Enterprises(10 000 yuan)	31793	42558	33.9
工业企业负债合计(万元)	Total Liabilities of Industrial Enterprises(10 000 yuan)	19891	25848	29.9
工业企业产品销售收入(万元)	Sales of Revenue Industrial Enterprises(10 000 yuan)	19800	27850	40.7
工业企业利润总额(万元)	Total Profits of Industrial Enterprises(10 000 yuan)	1524	1769	16.1
建筑业	**Construction**			
建筑企业单位数(个)	Number of Construction Enterprises(unit)	5	3	-40.0
建筑企业从业人员(人)	Number of Employee in Construction Enterprises(person)	1430	1155	-19.2
建筑业总产值(万元)	Gross Construction Output Value(10 000 yuan)	4465	4962	11.1
交通运输邮电通信业	**Transportation,Post & Telecommunications**			
公路里程(公里)	Total Length of Highways(km)	898	912	1.6
邮电业务总量(万元)	Business Volume of Post & Telecoms(10 000 yuan)	2248	2587	15.1
本地电话用户(户)	Number of Subscribers of Local Telephone(Household)	22772	26746	17.5
国内贸易	**Demestic Trade**			
社会消费品零售总额(万元)	Total Retail Sales of Consumer Goods(10 000 yuan)	44300	50392	13.8
#贸易业(万元)	Wholesale & Retail Sales Trades(10 000 yuan)	36999	43957	18.8
餐饮业(万元)	Catering Trade(10 000 yuan)	4582	5036	9.9
科技教育卫生	**Science,Education & Public Health**			
各类专业技术人员(人)	Speccial Technical Personnel(person)	4765	4246	-10.9
幼儿园数(所)	Number of Kindergartens(unit)	14	3	-78.6
学龄儿童入学率(%)	Percentage of School-Age Children Enrolled(%)	97.5	94.3	-3.2
小学学校数(所)	Number of Primary Schools(unit)	257	223	-13.2
小学专任教师数(人)	Number of Full-time Teachers of Primary Schools(person)	2492	2346	-5.9
小学在校学生数(人)	Number of Student Enrollment of Primary Schools(person)	27760	24835	-10.5
普通中学学校数(所)	Number of Regular Secondary Schools(unit)	31	30	-3.2
普通中学专任教师数(人)	Number of Teachers of Secondary Shools(person)	1277	1208	-5.4
初中在校学生数(人)	Number of Student in Junior Secondary Schools(person)	15317	14575	-4.8
高中在校学生数(人)	Number of Student in Senior Secondary Schools(person)	2302	2724	18.3
卫生机构数(所)	Number of Health Institutions(unit)	48	48	0.0
#医院(所)	Hospitals(unit)	6	6	0.0
卫生院(所)	Township Hospitals(unit)	19	19	0.0
床位数(张)	Number of Beds(unit)	473	471	-0.4
#医院(张)	Hospitals(unit)	299	299	0.0
卫生院(张)	Township Hospitals(unit)	158	156	-1.3
卫生技术人员(人)	Medical Technical Presonnel(person)	731	650	-11.1
#医院(人)	Hospitals(person)	363	330	-9.1
卫生院(人)	Township Hospitals(person)	280	247	-11.8

23-65 呼伦贝尔市鄂伦春自治旗

指 标	Item	2002	2003	2003年比上年增长% Increase Rate in 2003 Over 2002(%)
行政区域土地面积(平方公里)	**Area of Administration(Sq.km)**	**59800**	**59800**	**0.0**
人口和就业	**Population & Employment**			
年末总人口(人)	Total Population Year-end(person)	283466	283129	-0.1
#男性(人)	Male(person)	145241	144378	-0.6
#乡村人口(人)	Rural(person)	54154	56164	3.7
年末总户数(户)	Total Number of Households at the Year-end(Household)	88027	91864	4.4
#乡村户数(户)	Number of Rural Household(Household)	14806	15607	5.4
出生人口(人)	Births(person)	3891	2637	-32.2
死亡人口(人)	Deaths(person)	934	1108	18.6
全社会就业人员(人)	Employment(person)	72756	77642	6.7
第一产业(人)	Primary Industry(person)	35002	35220	0.6
第二产业(人)	Secondary Industry(person)	21498	24775	15.2
第三产业(人)	Tertiary Industry(person)	16256	17647	8.6
在岗职工人数(人)	Number of Staff & Workers Employed in(person)	16724	16571	-0.9
乡村劳动力(人)	Number of Rural Laborers(person)	29320	29951	2.2
#农林牧渔业(人)	Farming,Forestry,Animal Husbandry & Fishery(person)	26542	26976	1.6
国民经济综合指标	**Summary Item on the National Economy**			
生产总值(万元)	Gross Domestic Product(10 000 yuan)	101780	88838	-12.9
第一产业(万元)	Primary Industry(10 000 yuan)	53341	32106	-40.1
第二产业(万元)	Secondary Industry(10 000 yuan)	12260	16098	27.5
#工业(万元)	Industry(10 000 yuan)	5941	8545	38.3
第三产业(万元)	Tertiary Industry(10 000 yuan)	36179	40634	12.2
人均生产总值(元)	Per Capita GDP(yuan)	3591	3136	-12.9
全社会固定资产投资(万元)	Total Investment in Fixed Assets(10 000 yuan)	15815	20570	30.1
按登记注册类型分	Grouped by Registered Type			
#国有(万元)	State-owned Enterprises(10 000 yuan)	12854	14718	14.5
集体(万元)	Collective-owned Enterprises(10 000 yuan)			
有限责任公司(万元)	Limited Liability Corporations(10 000 yuan)		4515	
股份有限公司(万元)	Share Holding Enterprises(10 000 yuan)			
私营企业(万元)	Private Enterprises(10 000 yuan)		660	
外商及港澳台投资企业(万元)	Funds from HK,Macao,Taiwan & Foreign(10 000 yuan)			
按管理渠道分	Grouped by Channel of Management			
#基本建设(万元)	Capital Construction(10 000 yuan)	12732	14017	10.1
更新改造(万元)	Innovation(10 000 yuan)	2622	4876	86.0
房地产开发(万元)	Real Estate Development(10 000 yuan)			
地方财政收入(万元)	Local Governments Revenue(10 000 yuan)	8066	6539	-18.9
地方财政支出(万元)	Local Governments Expenditures(10 000 yuan)	20969	25107	19.7
城乡居民储蓄存款余额(万元)	Resident Saving Deposit in Urban & Rural(10 000 yuan)	144691	153565	6.1
在岗职工工资总额(万元)	Total Wages of Staff & Workers Empioyed in(10 000	15893	16170	1.7
在岗职工平均工资(元)	Average Wage of Staff & Workers Employed in(yuan)	9385	9733	3.7
农牧民人均纯收入(元)	Per Capita Net Income of Peasant & Herdsman(yuan)	1943	1292	-33.5
农村牧区经济	**Economic Development in Rural & Pastoral Area**			
耕地面积(公顷)	Cultivated Area(hectare)	133077	132139	-0.7
农作物总播种面积(公顷)	Total Sown Area(hectare)	114003	120837	6.0
#粮食作物播种面积(公顷)	Sown Area of Grain Crops(hectare)	110120	117791	7.0
有效灌溉面积(公顷)	Irrigated Area(hectare)			
农牧业机械总动力(万千瓦)	Total Power of Agricultural Machinery(10 000 kw)	18.30	18.30	0.0
化肥施用折纯量(吨)	Consumption of Chemical Fertilizer(ton)	5710	7285	27.6
农村用电量(万千瓦小时)	Electricity Consumed in Rural Area(10 000 kwh)	345	551	59.7
农林牧渔业总产值(万元)	Gross Output of Farming,Forestry,Animal Husbandry & Fishery(10 000 yuan)	76202	61875	-18.8
粮食产量(吨)	Yield of Grain(ton)	205081	107255	-47.7
油料产量(吨)	Yield of Oil-bearing Grops(ton)	1009	1522	50.8
甜菜产量(吨)	Yield of Beetroots(ton)			
猪牛羊肉产量(吨)	Output of Pork, Beef & Mutton(ton)	7032	8156	16.0
#猪肉产量(吨)	Output of Pork(ton)	5399	4913	-9.0
牛肉产量(吨)	Output of Beef(ton)	942	1545	64.0
羊肉产量(吨)	Output of Mutton(ton)	691	1698	145.7

23-65 Elunchun National Autonomous Banner in Hulunbeier City

指标	Item	2002	2003	2003年比上年增长% Increase Rate in 2003 Over 2002(%)
羊毛产量(吨)	Output of Wool(ton)	132	140	6.1
年末牲畜存栏头数(万头只)	Total Livestock at the Year-end(10 000 heads)	19.91	27.67	39.0
#大牲畜(万头只)	Large Animals(10 000 heads)	2.36	3.10	31.4
羊(万只)	Sheep & Goats(10 000 heads)	14.03	21.59	53.9
猪(万头)	Hogs(10 000 heads)	3.52	2.90	-17.6
独立核算工业	**Industry with Independent Accounting System**			
工业企业单位数(个)	Number of Industrial Enterprises(unit)	20	22	10.0
#内资企业(个)	Civil Funded Enterprises(unit)	18	22	22.2
工业总产值(万元)	Gross Industrial Output Value(10 000 yuan)	8302	14367	78.1
内资企业(万元)	Civil Funded Enterprises(10 000 yuan)	7835	14367	88.3
国有企业(万元)	State-owned Enterprises(10 000 yuan)	4444		
集体企业(万元)	Collective-owned Enterprises(10 000 yuan)	170	151	-1.1
股份合作企业(万元)	Share Holding Enterprises(10 000 yuan)			
联营企业(万元)	Joint Owned Enterprises(10 000 yuan)			
有限责任公司(万元)	Limited Company(10 000 yuan)	3112	10545	116.0
股份有限公司(万元)	Share Holding Limited Company(10 000 yuan)		2770	
私营企业(万元)	Privately Owned Enterprises(10 000 yuan)	109	900	947.0
其他企业(万元)	Enterprises of Other Ownership(10 000 yuan)			
港澳台商投资企业(万元)	Funds from HK.Macao & Taiwan(10 000 yuan)	3		
外商投资企业(万元)	Foreign Funded Enterprises(10 000 yuan)	9		
工业企业增加值(万元)	Value Added of Industrial Enterprises(10 000 yuan)	2564	4710	75.6
工业企业资产总计(万元)	Total Assets of Industrial Enterprises(10 000 yuan)	18645	11883	-36.3
工业企业负债合计(万元)	Total Liabilities of Industrial Enterprises(10 000 yuan)	14272	6796	-52.4
工业企业产品销售收入(万元)	Sales of Revenue Industrial Enterprises(10 000 yuan)	6729	12158	80.7
工业企业利润总额(万元)	Total Profits of Industrial Enterprises(10 000 yuan)	224	350	56.3
建筑业	**Construction**			
建筑企业单位数(个)	Number of Construction Enterprises(unit)	2	1	-50.0
建筑企业从业人员(人)	Number of Employee in Construction Enterprises(person)	79	329	316.5
建筑业总产值(万元)	Gross Construction Output Value(10 000 yuan)	2745	945	-65.6
交通运输邮电通信业	**Transportation,Post & Telecommunications**			
公路里程(公里)	Total Length of Highways(km)	1214	1214	0.0
邮电业务总量(万元)	Business Volume of Post & Telecoms(10 000 yuan)	5512	6688	21.3
本地电话用户(户)	Number of Subscribers of Local Telephone(Household)	58192	68701	18.1
国内贸易	**Demestic Trade**			
社会消费品零售总额(万元)	Total Retail Sales of Consumer Goods(10 000 yuan)	54899	49759	-9.4
#贸易业(万元)	Wholesale & Retail Sales Trades(10 000 yuan)	38276	42613	11.3
餐饮业(万元)	Catering Trade(10 000 yuan)	4575	4977	8.8
科技教育卫生	**Science,Education & Public Health**			
各类专业技术人员(人)	Speccial Technical Personnel(person)	2370	2475	4.4
幼儿园数(所)	Number of Kindergartens(unit)	7	7	0.0
学龄儿童入学率(%)	Percentage of School-Age Children Enrolled(%)	100.0	100.0	0.0
小学学校数(所)	Number of Primary Schools(unit)	104	103	-1.0
小学专任教师数(人)	Number of Full-time Teachers of Primary Schools(person)	1729	1742	0.8
小学在校学生数(人)	Number of Student Enrollment of Primary Schools(person)	26975	25700	-4.7
普通中学学校数(所)	Number of Regular Secondary Schools(unit)	27	28	3.7
普通中学专任教师数(人)	Number of Teachers of Secondary Shools(person)	1151	1205	4.7
初中在校学生数(人)	Number of Student in Junior Secondary Schools(person)	13639	13531	-0.8
高中在校学生数(人)	Number of Student in Senior Secondary Schools(person)	4335	5272	21.6
卫生机构数(所)	Number of Health Institutions(unit)	95	96	1.1
#医院(所)	Hospitals(unit)	17	16	-5.9
卫生院(所)	Township Hospitals(unit)	9	9	0.0
床位数(张)	Number of Beds(unit)	1249	1150	-7.9
#医院(张)	Hospitals(unit)	1145	1046	-8.6
卫生院(张)	Township Hospitals(unit)	104	65	-37.5
卫生技术人员(人)	Medical Technical Presonnel(person)	1571	1577	0.4
#医院(人)	Hospitals(person)	1355	1327	-2.1
卫生院(人)	Township Hospitals(person)	104	104	0.0

23-66 呼伦贝尔市鄂温克族自治旗

指标	Item	2002	2003	2003年比上年增长% Increase Rate in 2003 Over 2002(%)
行政区域土地面积(平方公里)	**Area of Administration(Sq.km)**	**19111**	**19111**	**0.0**
人口和就业	**Population & Employment**			
年末总人口(人)	Total Population Year-end(person)	143324	144303	0.7
#男性(人)	Male(person)	75219	75562	0.5
#乡村人口(人)	Rural(person)	19149	19448	1.6
年末总户数(户)	Total Number of Households at the Year-end(Household)	44250	45480	2.8
#乡村户数(户)	Number of Rural Household(Household)	4949	5512	11.4
出生人口(人)	Births(person)	1969	999	-49.3
死亡人口(人)	Deaths(person)	581	617	6.2
全社会就业人员(人)	Employment(person)	41462	41402	-0.1
第一产业(人)	Primary Industry(person)	11191	10742	-4.0
第二产业(人)	Secondary Industry(person)	20247	19047	-5.9
第三产业(人)	Tertiary Industry(person)	10024	11613	15.9
在岗职工人数(人)	Number of Staff & Workers Employed in(person)	26999	25864	-4.2
乡村劳动力(人)	Number of Rural Laborers(person)	10216	11792	15.4
#农林牧渔业(人)	Farming,Forestry,Animal Husbandry & Fishery(person)	9500	10742	13.1
国民经济综合指标	**Summary Item on the National Economy**			
生产总值(万元)	Gross Domestic Product(10 000 yuan)	149703	183930	22.0
第一产业(万元)	Primary Industry(10 000 yuan)	30332	29773	-17.3
第二产业(万元)	Secondary Industry(10 000 yuan)	80094	102541	32.7
#工业(万元)	Industry(10 000 yuan)	66477	83261	31.1
第三产业(万元)	Tertiary Industry(10 000 yuan)	39277	51616	28.5
人均生产总值(元)	Per Capita GDP(yuan)	10528	12782	20.6
全社会固定资产投资(万元)	Total Investment in Fixed Assets(10 000 yuan)	46374	68784	48.3
按登记注册类型分	Grouped by Registered Type			
#国有(万元)	State-owned Enterprises(10 000 yuan)	44238	39179	-11.4
集体(万元)	Collective-owned Enterprises(10 000 yuan)			
有限责任公司(万元)	Limited Liability Corporations(10 000 yuan)		29002	
股份有限公司(万元)	Share Holding Enterprises(10 000 yuan)		135	
私营企业(万元)	Private Enterprises(10 000 yuan)			
外商及港澳台投资企业(万元)	Funds from HK,Macao,Taiwan & Foreign(10 000 yuan)			
按管理渠道分	Grouped by Channel of Management			
#基本建设(万元)	Capital Construction(10 000 yuan)	30398	48814	60.6
更新改造(万元)	Innovation(10 000 yuan)	12230	18261	49.3
房地产开发(万元)	Real Estate Development(10 000 yuan)	1418	1241	-12.5
地方财政收入(万元)	Local Governments Revenue(10 000 yuan)	14312	15228	6.4
地方财政支出(万元)	Local Governments Expenditures(10 000 yuan)	23035	25521	10.8
城乡居民储蓄存款余额(万元)	Resident Saving Deposit in Urban & Rural(10 000 yuan)	83095	94288	13.5
在岗职工工资总额(万元)	Total Wages of Staff & Workers Empioyed in(10 000	28788	32460	12.8
在岗职工平均工资(元)	Average Wage of Staff & Workers Employed in(yuan)	12322	13259	7.6
农牧民人均纯收入(元)	Per Capita Net Income of Peasant & Herdsman(yuan)	3983	4190	5.2
农村牧区经济	**Economic Development in Rural & Pastoral Area**			
耕地面积(公顷)	Cultivated Area(hectare)	17919	30280	69.0
农作物总播种面积(公顷)	Total Sown Area(hectare)	30910	34631	12.0
#粮食作物播种面积(公顷)	Sown Area of Grain Crops(hectare)	15120	12786	-15.4
有效灌溉面积(公顷)	Irrigated Area(hectare)			
农牧业机械总动力(万千瓦)	Total Power of Agricultural Machinery(10 000 kw)	6.89	6.99	1.5
化肥施用折纯量(吨)	Consumption of Chemical Fertilizer(ton)	1429	4093	186.4
农村用电量(万千瓦小时)	Electricity Consumed in Rural Area(10 000 kwh)	43	44	2.3
农林牧渔业总产值(万元)	Gross Output of Farming,Forestry,Animal Husbandry & Fishery(10 000 yuan)	51203	56406	10.2
粮食产量(吨)	Yield of Grain(ton)	35194	9305	-73.6
油料产量(吨)	Yield of Oil-bearing Grops(ton)	14340	1460	-89.8
甜菜产量(吨)	Yield of Beetroots(ton)	893	9997	1019.5
猪牛羊肉产量(吨)	Output of Pork, Beef & Mutton(ton)	9610	12545	30.5
#猪肉产量(吨)	Output of Pork(ton)	1858	1987	6.9
牛肉产量(吨)	Output of Beef(ton)	5718	7737	35.3
羊肉产量(吨)	Output of Mutton(ton)	2034	2821	38.7

23-66 Ewenke National Autonomous Banner in Hulunbeier City

指标	Item	2002	2003	2003年比上年增长% Increase Rate in 2003 Over 2002(%)
羊毛产量(吨)	Output of Wool(ton)	503	651	29.4
年末牲畜存栏头数(万头只)	Total Livestock at the Year-end(10 000 heads)	38.73	45.02	16.2
#大牲畜(万头只)	Large Animals(10 000 heads)	9.71	10.36	6.7
羊(万只)	Sheep & Goats(10 000 heads)	28.52	34.16	19.8
猪(万头)	Hogs(10 000 heads)	0.50	0.50	0.0
独立核算工业	**Industry with Independent Accounting System**			
工业企业单位数(个)	Number of Industrial Enterprises(unit)	20	27	35.0
#内资企业(个)	Civil Funded Enterprises(unit)	20	27	35.0
工业总产值(万元)	Gross Industrial Output Value(10 000 yuan)	172528	204257	17.4
内资企业(万元)	Civil Funded Enterprises(10 000 yuan)	172528	204257	17.4
国有企业(万元)	State-owned Enterprises(10 000 yuan)			
集体企业(万元)	Collective-owned Enterprises(10 000 yuan)	1100	2156	75.2
股份合作企业(万元)	Share Holding Enterprises(10 000 yuan)		140	
联营企业(万元)	Joint Owned Enterprises(10 000 yuan)	81		
有限责任公司(万元)	Limited Company(10 000 yuan)	170694	201696	16.3
股份有限公司(万元)	Share Holding Limited Company(10 000 yuan)			
私营企业(万元)	Privately Owned Enterprises(10 000 yuan)	653	265	212.3
其他企业(万元)	Enterprises of Other Ownership(10 000 yuan)			
港澳台商投资企业(万元)	Funds from HK,Macao & Taiwan(10 000 yuan)			
外商投资企业(万元)	Foreign Funded Enterprises(10 000 yuan)			
工业企业增加值(万元)	Value Added of Industrial Enterprises(10 000 yuan)	65466	85482	35.0
工业企业资产总计(万元)	Total Assets of Industrial Enterprises(10 000 yuan)	1078124	1060164	-1.7
工业企业负债合计(万元)	Total Liabilities of Industrial Enterprises(10 000 yuan)	1196127	1203790	0.6
工业企业产品销售收入(万元)	Sales of Revenue Industrial Enterprises(10 000 yuan)	168501	189398	12.4
工业企业利润总额(万元)	Total Profits of Industrial Enterprises(10 000 yuan)	-33411	-26417	
建筑业	**Construction**			
建筑企业单位数(个)	Number of Construction Enterprises(unit)	7	5	-28.6
建筑企业从业人员(人)	Number of Employee in Construction Enterprises(person)	3489	4039	15.8
建筑业总产值(万元)	Gross Construction Output Value(10 000 yuan)	32218	29022	-9.9
交通运输邮电通信业	**Transportation,Post & Telecommunications**			
公路里程(公里)	Total Length of Highways(km)	357	357	0.0
邮电业务总量(万元)	Business Volume of Post & Telecoms(10 000 yuan)	2690	2932	9.0
本地电话用户(户)	Number of Subscribers of Local Telephone(Household)	29612	30910	4.4
国内贸易	**Demestic Trade**			
社会消费品零售总额(万元)	Total Retail Sales of Consumer Goods(10 000 yuan)	21270	24035	13.0
#贸易业(万元)	Wholesale & Retail Sales Trades(10 000 yuan)	15095	22837	51.3
餐饮业(万元)	Catering Trade(10 000 yuan)	1091	1198	9.8
科技教育卫生	**Science,Education & Public Health**			
各类专业技术人员(人)	Speccial Technical Personnel(person)	1950	1950	0.0
幼儿园数(所)	Number of Kindergartens(unit)	6	4	-33.3
学龄儿童入学率(%)	Percentage of School-Age Children Enrolled(%)	100.0	100.0	0.0
小学学校数(所)	Number of Primary Schools(unit)	23	23	0.0
小学专任教师数(人)	Number of Full-time Teachers of Primary Schools(person)	864	867	0.3
小学在校学生数(人)	Number of Student Enrollment of Primary Schools(person)	10662	9992	-6.3
普通中学学校数(所)	Number of Regular Secondary Schools(unit)	17	17	0.0
普通中学专任教师数(人)	Number of Teachers of Secondary Shools(person)	823	786	-4.5
初中在校学生数(人)	Number of Student in Junior Secondary Schools(person)	9499	8865	-6.7
高中在校学生数(人)	Number of Student in Senior Secondary Schools(person)	2158	2398	11.1
卫生机构数(所)	Number of Health Institutions(unit)	94	80	-14.9
#医院(所)	Hospitals(unit)	8	7	-12.5
卫生院(所)	Township Hospitals(unit)	9	10	11.1
床位数(张)	Number of Beds(unit)	680	718	5.6
#医院(张)	Hospitals(unit)	621	616	-0.8
卫生院(张)	Township Hospitals(unit)	51	88	72.5
卫生技术人员(人)	Medical Technical Presonnel(person)	920	775	-15.8
#医院(人)	Hospitals(person)	593	542	-8.6
卫生院(人)	Township Hospitals(person)	87	103	18.4

23-67 呼伦贝尔市新巴尔虎右旗

指 标	Item	2002	2003	2003年比上年增长% Increase Rate in 2003 Over 2002(%)
行政区域土地面积(平方公里)	**Area of Administration(Sq.km)**	**25102**	**25102**	**0.0**
人口和就业	**Population & Employment**			
年末总人口(人)	Total Population Year-end(person)	32952	34640	5.1
#男性(人)	Male(person)	16957	17534	3.4
#乡村人口(人)	Rural(person)	15893	16065	1.1
年末总户数(户)	Total Number of Households at the Year-end(Household)	9725	10926	12.3
#乡村户数(户)	Number of Rural Household(Household)	4086	4172	2.1
出生人口(人)	Births(person)	452	411	-9.1
死亡人口(人)	Deaths(person)	229	215	-6.1
全社会就业人员(人)	Employment(person)	14753	14011	-5.0
第一产业(人)	Primary Industry(person)	7646	7833	2.4
第二产业(人)	Secondary Industry(person)	1508	1651	9.5
第三产业(人)	Tertiary Industry(person)	5599	4527	-19.1
在岗职工人数(人)	Number of Staff & Workers Employed in(person)	4277	4586	7.2
乡村劳动力(人)	Number of Rural Laborers(person)	8569	8812	2.8
#农林牧渔业(人)	Farming,Forestry,Animal Husbandry & Fishery(person)	7152	7344	2.7
国民经济综合指标	**Summary Item on the National Economy**			
生产总值(万元)	Gross Domestic Product(10 000 yuan)	38685	49910	32.8
第一产业(万元)	Primary Industry(10 000 yuan)	20332	20654	10.3
第二产业(万元)	Secondary Industry(10 000 yuan)	7996	17677	123.2
#工业(万元)	Industry(10 000 yuan)	2186	9418	562.0
第三产业(万元)	Tertiary Industry(10 000 yuan)	10357	11579	9.6
人均生产总值(元)	Per Capita GDP(yuan)	11687	14551	28.1
全社会固定资产投资(万元)	Total Investment in Fixed Assets(10 000 yuan)	32507	43329	33.3
按登记注册类型分	Grouped by Registered Type			
#国有(万元)	State-owned Enterprises(10 000 yuan)	21986	36098	64.2
集体(万元)	Collective-owned Enterprises(10 000 yuan)			
有限责任公司(万元)	Limited Liability Corporations(10 000 yuan)		4618	
股份有限公司(万元)	Share Holding Enterprises(10 000 yuan)		800	
私营企业(万元)	Private Enterprises(10 000 yuan)		418	
外商及港澳台投资企业(万元)	Funds from HK,Macao,Taiwan & Foreign(10 000 yuan)		270	
按管理渠道分	Grouped by Channel of Management			
#基本建设(万元)	Capital Construction(10 000 yuan)	25431	37706	48.3
更新改造(万元)	Innovation(10 000 yuan)	5480	1730	-68.4
房地产开发(万元)	Real Estate Development(10 000 yuan)	700	2850	307.1
地方财政收入(万元)	Local Governments Revenue(10 000 yuan)	1634	3982	143.7
地方财政支出(万元)	Local Governments Expenditures(10 000 yuan)	9167	11813	28.9
城乡居民储蓄存款余额(万元)	Resident Saving Deposit in Urban & Rural(10 000 yuan)	9114	10327	13.3
在岗职工工资总额(万元)	Total Wages of Staff & Workers Empioyed in(10 000	5022	6210	23.7
在岗职工平均工资(元)	Average Wage of Staff & Workers Employed in(yuan)	12051	14496	20.3
农牧民人均纯收入(元)	Per Capita Net Income of Peasant & Herdsman(yuan)	2950	3192	8.2
农村牧区经济	**Economic Development in Rural & Pastoral Area**			
耕地面积(公顷)	Cultivated Area(hectare)	320	320	0.0
农作物总播种面积(公顷)	Total Sown Area(hectare)	832	320	-61.5
#粮食作物播种面积(公顷)	Sown Area of Grain Crops(hectare)	430	65	-84.9
有效灌溉面积(公顷)	Irrigated Area(hectare)			
农牧业机械总动力(万千瓦)	Total Power of Agricultural Machinery(10 000 kw)	4.99	4.80	-3.8
化肥施用折纯量(吨)	Consumption of Chemical Fertilizer(ton)	5	6	20.0
农村用电量(万千瓦小时)	Electricity Consumed in Rural Area(10 000 kwh)	85	94	10.6
农林牧渔业总产值(万元)	Gross Output of Farming,Forestry,Animal Husbandry & Fishery(10 000 yuan)	14596	28988	98.6
粮食产量(吨)	Yield of Grain(ton)	1380	55	-96.0
油料产量(吨)	Yield of Oil-bearing Grops(ton)	2		
甜菜产量(吨)	Yield of Beetroots(ton)			
猪牛羊肉产量(吨)	Output of Pork, Beef & Mutton(ton)	11357	15965	40.6
#猪肉产量(吨)	Output of Pork(ton)	12	14	16.7
牛肉产量(吨)	Output of Beef(ton)	1511	1297	-14.2
羊肉产量(吨)	Output of Mutton(ton)	9834	14654	49.0

23-67 Xinbaerhuyou Banner in Hulunbeier City

指 标	Item	2002	2003	2003年比上年增长% Increase Rate in 2003 Over 2002(%)
羊毛产量(吨)	Output of Wool(ton)	1316	1710	29.9
年末牲畜存栏头数(万头只)	Total Livestock at the Year-end(10 000 heads)	108.93	119.41	9.6
#大牲畜(万头只)	Large Animals(10 000 heads)	5.95	5.90	-0.8
羊(万只)	Sheep & Goats(10 000 heads)	102.97	113.50	10.2
猪(万头)	Hogs(10 000 heads)		0.01	
独立核算工业	**Industry with Independent Accounting System**			
工业企业单位数(个)	Number of Industrial Enterprises(unit)	15	18	20.0
#内资企业(个)	Civil Funded Enterprises(unit)	15	18	20.0
工业总产值(万元)	Gross Industrial Output Value(10 000 yuan)	7706	29814	504.9
内资企业(万元)	Civil Funded Enterprises(10 000 yuan)	7706	29814	504.9
国有企业(万元)	State-owned Enterprises(10 000 yuan)			
集体企业(万元)	Collective-owned Enterprises(10 000 yuan)	88	80	-35.9
股份合作企业(万元)	Share Holding Enterprises(10 000 yuan)			
联营企业(万元)	Joint Owned Enterprises(10 000 yuan)	597		
有限责任公司(万元)	Limited Company(10 000 yuan)	7021	28222	618.7
股份有限公司(万元)	Share Holding Limited Company(10 000 yuan)		1103	
私营企业(万元)	Privately Owned Enterprises(10 000 yuan)		409	
其他企业(万元)	Enterprises of Other Ownership(10 000 yuan)			
港澳台商投资企业(万元)	Funds from HK,Macao & Taiwan(10 000 yuan)			
外商投资企业(万元)	Foreign Funded Enterprises(10 000 yuan)			
工业企业增加值(万元)	Value Added of Industrial Enterprises(10 000 yuan)	2010	9200	504.9
工业企业资产总计(万元)	Total Assets of Industrial Enterprises(10 000 yuan)	14329	48404	237.8
工业企业负债合计(万元)	Total Liabilities of Industrial Enterprises(10 000 yuan)	7233	15126	109.1
工业企业产品销售收入(万元)	Sales of Revenue Industrial Enterprises(10 000 yuan)	8080	28854	257.1
工业企业利润总额(万元)	Total Profits of Industrial Enterprises(10 000 yuan)	2229	8581	285.0
建筑业	**Construction**			
建筑企业单位数(个)	Number of Construction Enterprises(unit)			
建筑企业从业人员(人)	Number of Employee in Construction Enterprises(person)			
建筑业总产值(万元)	Gross Construction Output Value(10 000 yuan)			
交通运输邮电通信业	**Transportation,Post & Telecommunications**			
公路里程(公里)	Total Length of Highways(km)	222	426	91.9
邮电业务总量(万元)	Business Volume of Post & Telecoms(10 000 yuan)	525	601	14.5
本地电话用户(户)	Number of Subscribers of Local Telephone(Household)	4552	4953	8.8
国内贸易	**Demestic Trade**			
社会消费品零售总额(万元)	Total Retail Sales of Consumer Goods(10 000 yuan)	10917	12183	11.6
#贸易业(万元)	Wholesale & Retail Sales Trades(10 000 yuan)	3766	11483	204.9
餐饮业(万元)	Catering Trade(10 000 yuan)	423	538	27.2
科技教育卫生	**Science,Education & Public Health**			
各类专业技术人员(人)	Speccial Technical Personnel(person)	1129	1081	-4.3
幼儿园数(所)	Number of Kindergartens(unit)	4	4	0.0
学龄儿童入学率(%)	Percentage of School-Age Children Enrolled(%)	100.0	100.0	0.0
小学学校数(所)	Number of Primary Schools(unit)	17	15	-11.8
小学专任教师数(人)	Number of Full-time Teachers of Primary Schools(person)	329	330	0.3
小学在校学生数(人)	Number of Student Enrollment of Primary Schools(person)	2827	2607	-7.8
普通中学学校数(所)	Number of Regular Secondary Schools(unit)	2	2	0.0
普通中学专任教师数(人)	Number of Teachers of Secondary Shools(person)	129	121	-6.2
初中在校学生数(人)	Number of Student in Junior Secondary Schools(person)	1515	1600	5.6
高中在校学生数(人)	Number of Student in Senior Secondary Schools(person)			
卫生机构数(所)	Number of Health Institutions(unit)	25	23	-8.0
#医院(所)	Hospitals(unit)	3	3	0.0
卫生院(所)	Township Hospitals(unit)	12	12	0.0
床位数(张)	Number of Beds(unit)	130	128	-1.5
#医院(张)	Hospitals(unit)	79	79	0.0
卫生院(张)	Township Hospitals(unit)	39	39	0.0
卫生技术人员(人)	Medical Technical Presonnel(person)	296	285	-3.7
#医院(人)	Hospitals(person)	136	141	3.7
卫生院(人)	Township Hospitals(person)	92	77	-16.3

23-68 呼伦贝尔市新巴尔虎左旗

指标	Item	2002	2003	2003年比上年增长% Increase Rate in 2003 Over 2002(%)
行政区域土地面积(平方公里)	**Area of Administration(Sq.km)**	**22000**	**222000**	**909.1**
人口和就业	**Population & Employment**			
年末总人口(人)	Total Population Year-end(person)	39740	41382	4.1
#男性(人)	Male(person)	20185	21230	5.2
#乡村人口(人)	Rural(person)	19132	19285	0.8
年末总户数(户)	Total Number of Households at the Year-end(Household)	12504	12975	3.8
#乡村户数(户)	Number of Rural Household(Household)	4987	5025	0.8
出生人口(人)	Births(person)	360	499	38.6
死亡人口(人)	Deaths(person)	172	197	14.5
全社会就业人员(人)	Employment(person)	19762	19583	-0.9
第一产业(人)	Primary Industry(person)	13330	13223	-0.8
第二产业(人)	Secondary Industry(person)	691	956	38.4
第三产业(人)	Tertiary Industry(person)	5741	5404	-5.9
在岗职工人数(人)	Number of Staff & Workers Employed in(person)	4788	5627	17.5
乡村劳动力(人)	Number of Rural Laborers(person)	11215	11302	0.8
#农林牧渔业(人)	Farming,Forestry,Animal Husbandry & Fishery(person)	10359	10406	0.5
国民经济综合指标	**Summary Item on the National Economy**			
生产总值(万元)	Gross Domestic Product(10 000 yuan)	50477	61636	16.0
第一产业(万元)	Primary Industry(10 000 yuan)	24826	28708	4.0
第二产业(万元)	Secondary Industry(10 000 yuan)	9993	16454	64.2
#工业(万元)	Industry(10 000 yuan)	1180	1913	57.8
第三产业(万元)	Tertiary Industry(10 000 yuan)	15658	16474	3.8
人均生产总值(元)	Per Capita GDP(yuan)	12134	14537	13.8
全社会固定资产投资(万元)	Total Investment in Fixed Assets(10 000 yuan)	32988	37884	14.8
按登记注册类型分	Grouped by Registered Type			
#国有(万元)	State-owned Enterprises(10 000 yuan)	34176	36037	5.4
集体(万元)	Collective-owned Enterprises(10 000 yuan)			
有限责任公司(万元)	Limited Liability Corporations(10 000 yuan)			
股份有限公司(万元)	Share Holding Enterprises(10 000 yuan)			
私营企业(万元)	Private Enterprises(10 000 yuan)			
外商及港澳台投资企业(万元)	Funds from HK,Macao,Taiwan & Foreign(10 000 yuan)			
按管理渠道分	Grouped by Channel of Management			
#基本建设(万元)	Capital Construction(10 000 yuan)	32988	37197	12.8
更新改造(万元)	Innovation(10 000 yuan)			
房地产开发(万元)	Real Estate Development(10 000 yuan)		30	
地方财政收入(万元)	Local Governments Revenue(10 000 yuan)	1946	2725	40.0
地方财政支出(万元)	Local Governments Expenditures(10 000 yuan)	9807	12242	24.8
城乡居民储蓄存款余额(万元)	Resident Saving Deposit in Urban & Rural(10 000 yuan)	7883	9129	15.8
在岗职工工资总额(万元)	Total Wages of Staff & Workers Empioyed in(10 000	5928	6499	9.6
在岗职工平均工资(元)	Average Wage of Staff & Workers Employed in(yuan)	12217	11523	-5.7
农牧民人均纯收入(元)	Per Capita Net Income of Peasant & Herdsman(yuan)	2505	3105	24.0
农村牧区经济	**Economic Development in Rural & Pastoral Area**			
耕地面积(公顷)	Cultivated Area(hectare)	30346	30346	0.0
农作物总播种面积(公顷)	Total Sown Area(hectare)	19110	19284	0.9
#粮食作物播种面积(公顷)	Sown Area of Grain Crops(hectare)	10030	9363	-6.7
有效灌溉面积(公顷)	Irrigated Area(hectare)			
农牧业机械总动力(万千瓦)	Total Power of Agricultural Machinery(10 000 kw)	5.19	5.39	3.9
化肥施用折纯量(吨)	Consumption of Chemical Fertilizer(ton)	555	550	-0.9
农村用电量(万千瓦小时)	Electricity Consumed in Rural Area(10 000 kwh)	201	210	4.5
农林牧渔业总产值(万元)	Gross Output of Farming,Forestry,Animal Husbandry & Fishery(10 000 yuan)	31017	36561	17.9
粮食产量(吨)	Yield of Grain(ton)	26300	17549	-33.3
油料产量(吨)	Yield of Oil-bearing Grops(ton)	9750	6435	-34.0
甜菜产量(吨)	Yield of Beetroots(ton)			
猪牛羊肉产量(吨)	Output of Pork, Beef & Mutton(ton)	11711	13331	13.8
#猪肉产量(吨)	Output of Pork(ton)	113	93	-17.7
牛肉产量(吨)	Output of Beef(ton)	2371	3793	60.0
羊肉产量(吨)	Output of Mutton(ton)	9227	9445	2.4

23-68 Xinbaerhuzuo Banner in Hulunbeier City

指标	Item	2002	2003	2003年比上年增长% Increase Rate in 2003 Over 2002(%)
羊毛产量(吨)	Output of Wool(ton)	1888	2642	39.9
年末牲畜存栏头数(万头只)	Total Livestock at the Year-end(10 000 heads)	93.13	105.10	12.9
#大牲畜(万头只)	Large Animals(10 000 heads)	7.49	8.35	11.5
羊(万只)	Sheep & Goats(10 000 heads)	85.56	96.67	13.0
猪(万头)	Hogs(10 000 heads)	0.08	0.08	0.0
独立核算工业	**Industry with Independent Accounting System**			
工业企业单位数(个)	Number of Industrial Enterprises(unit)	9	14	55.6
#内资企业(个)	Civil Funded Enterprises(unit)	9	14	55.6
工业总产值(万元)	Gross Industrial Output Value(10 000 yuan)	3591	5937	54.2
内资企业(万元)	Civil Funded Enterprises(10 000 yuan)	3591	5937	54.2
国有企业(万元)	State-owned Enterprises(10 000 yuan)	180	460	809.3
集体企业(万元)	Collective-owned Enterprises(10 000 yuan)	46	52	26.4
股份合作企业(万元)	Share Holding Enterprises(10 000 yuan)	348	149	-48.4
联营企业(万元)	Joint Owned Enterprises(10 000 yuan)			
有限责任公司(万元)	Limited Company(10 000 yuan)		4928	
股份有限公司(万元)	Share Holding Limited Company(10 000 yuan)	3017	277	-70.4
私营企业(万元)	Privately Owned Enterprises(10 000 yuan)		71	
其他企业(万元)	Enterprises of Other Ownership(10 000 yuan)			
港澳台商投资企业(万元)	Funds from HK,Macao & Taiwan(10 000 yuan)			
外商投资企业(万元)	Foreign Funded Enterprises(10 000 yuan)			
工业企业增加值(万元)	Value Added of Industrial Enterprises(10 000 yuan)	1059	1838	65.3
工业企业资产总计(万元)	Total Assets of Industrial Enterprises(10 000 yuan)	24615	54653	122.0
工业企业负债合计(万元)	Total Liabilities of Industrial Enterprises(10 000 yuan)	1923	2157	12.2
工业企业产品销售收入(万元)	Sales of Revenue Industrial Enterprises(10 000 yuan)	3768	5591	48.4
工业企业利润总额(万元)	Total Profits of Industrial Enterprises(10 000 yuan)	104	-93	
建筑业	**Construction**			
建筑企业单位数(个)	Number of Construction Enterprises(unit)			
建筑企业从业人员(人)	Number of Employee in Construction Enterprises(person)			
建筑业总产值(万元)	Gross Construction Output Value(10 000 yuan)			
交通运输邮电通信业	**Transportation,Post & Telecommunications**			
公路里程(公里)	Total Length of Highways(km)	239	258	7.9
邮电业务总量(万元)	Business Volume of Post & Telecoms(10 000 yuan)	657	747	13.7
本地电话用户(户)	Number of Subscribers of Local Telephone(Household)	6240	6753	8.2
国内贸易	**Demestic Trade**			
社会消费品零售总额(万元)	Total Retail Sales of Consumer Goods(10 000 yuan)	18770	20580	9.6
#贸易业(万元)	Wholesale & Retail Sales Trades(10 000 yuan)	7025	9486	35.0
餐饮业(万元)	Catering Trade(10 000 yuan)	1364	1542	13.0
科技教育卫生	**Science,Education & Public Health**			
各类专业技术人员(人)	Speccial Technical Personnel(person)	1340	1353	1.0
幼儿园数(所)	Number of Kindergartens(unit)	9	5	-44.4
学龄儿童入学率(%)	Percentage of School-Age Children Enrolled(%)	99.7	100.0	0.3
小学学校数(所)	Number of Primary Schools(unit)	14	14	0.0
小学专任教师数(人)	Number of Full-time Teachers of Primary Schools(person)	385	381	-1.0
小学在校学生数(人)	Number of Student Enrollment of Primary Schools(person)	3310	3127	-5.5
普通中学学校数(所)	Number of Regular Secondary Schools(unit)	6	5	-16.7
普通中学专任教师数(人)	Number of Teachers of Secondary Shools(person)	181	166	-8.3
初中在校学生数(人)	Number of Student in Junior Secondary Schools(person)	1656	1616	-2.4
高中在校学生数(人)	Number of Student in Senior Secondary Schools(person)			
卫生机构数(所)	Number of Health Institutions(unit)	38	40	5.3
#医院(所)	Hospitals(unit)	2	2	0.0
卫生院(所)	Township Hospitals(unit)	15	15	0.0
床位数(张)	Number of Beds(unit)	143	143	0.0
#医院(张)	Hospitals(unit)	85	85	0.0
卫生院(张)	Township Hospitals(unit)	58	58	0.0
卫生技术人员(人)	Medical Technical Presonnel(person)	246	262	6.5
#医院(人)	Hospitals(person)	112	185	65.2
卫生院(人)	Township Hospitals(person)	134	77	-42.5

23-69 呼伦贝尔市陈巴尔虎旗

指 标	Item	2002	2003	2003年比上年增长% Increase Rate in 2003 Over 2002(%)
行政区域土地面积(平方公里)	**Area of Administration(Sq.km)**	**21192**	**21192**	**0.0**
人口和就业	**Population & Employment**			
年末总人口(人)	Total Population Year-end(person)	56204	58422	3.9
# 男性(人)	Male(person)	28828	30081	4.3
# 乡村人口(人)	Rural(person)	10038	10167	1.3
年末总户数(户)	Total Number of Households at the Year-end(Household)	19006	20271	6.7
# 乡村户数(户)	Number of Rural Household(Household)	2385	2783	16.7
出生人口(人)	Births(person)	547	519	-5.1
死亡人口(人)	Deaths(person)	321	255	-20.6
全社会就业人员(人)	Employment(person)	20312	23534	15.9
第一产业(人)	Primary Industry(person)	11255	13316	18.3
第二产业(人)	Secondary Industry(person)	3911	3924	0.3
第三产业(人)	Tertiary Industry(person)	5146	6294	22.3
在岗职工人数(人)	Number of Staff & Workers Employed in(person)	12839	15246	18.7
乡村劳动力(人)	Number of Rural Laborers(person)	5220	5367	2.8
# 农林牧渔业(人)	Farming,Forestry,Animal Husbandry & Fishery(person)	5025	5038	0.3
国民经济综合指标	**Summary Item on the National Economy**			
生产总值(万元)	Gross Domestic Product(10 000 yuan)	61868	71158	13.1
第一产业(万元)	Primary Industry(10 000 yuan)	24410	22165	-17.7
第二产业(万元)	Secondary Industry(10 000 yuan)	16451	26449	68.7
# 工业(万元)	Industry(10 000 yuan)	14629	15610	9.0
第三产业(万元)	Tertiary Industry(10 000 yuan)	21007	22544	5.9
人均生产总值(元)	Per Capita GDP(yuan)	11008	12185	8.8
全社会固定资产投资(万元)	Total Investment in Fixed Assets(10 000 yuan)	8836	52694	496.4
按登记注册类型分	Grouped by Registered Type			
# 国有(万元)	State-owned Enterprises(10 000 yuan)	5026	35810	612.5
集体(万元)	Collective-owned Enterprises(10 000 yuan)			
有限责任公司(万元)	Limited Liability Corporations(10 000 yuan)			
股份有限公司(万元)	Share Holding Enterprises(10 000 yuan)			
私营企业(万元)	Private Enterprises(10 000 yuan)			
外商及港澳台投资企业(万元)	Funds from HK,Macao,Taiwan & Foreign(10 000 yuan)			
按管理渠道分	Grouped by Channel of Management			
# 基本建设(万元)	Capital Construction(10 000 yuan)	8259	43363	425.0
更新改造(万元)	Innovation(10 000 yuan)		2131	
房地产开发(万元)	Real Estate Development(10 000 yuan)		4780	
地方财政收入(万元)	Local Governments Revenue(10 000 yuan)	3496	3963	13.4
地方财政支出(万元)	Local Governments Expenditures(10 000 yuan)	10612	12983	22.3
城乡居民储蓄存款余额(万元)	Resident Saving Deposit in Urban & Rural(10 000 yuan)	24897	38165	53.3
在岗职工工资总额(万元)	Total Wages of Staff & Workers Empioyed in(10 000	12257	14954	22.0
在岗职工平均工资(元)	Average Wage of Staff & Workers Employed in(yuan)	9976	10607	6.3
农牧民人均纯收入(元)	Per Capita Net Income of Peasant & Herdsman(yuan)	3432	3708	8.0
农村牧区经济	**Economic Development in Rural & Pastoral Area**			
耕地面积(公顷)	Cultivated Area(hectare)	79448	87914	10.7
农作物总播种面积(公顷)	Total Sown Area(hectare)	41477	69864	68.4
# 粮食作物播种面积(公顷)	Sown Area of Grain Crops(hectare)	12863	16259	26.4
有效灌溉面积(公顷)	Irrigated Area(hectare)			
农牧业机械总动力(万千瓦)	Total Power of Agricultural Machinery(10 000 kw)	11.07	11.72	5.9
化肥施用折纯量(吨)	Consumption of Chemical Fertilizer(ton)	3807	3848	1.1
农村用电量(万千瓦小时)	Electricity Consumed in Rural Area(10 000 kwh)	646	701	8.5
农林牧渔业总产值(万元)	Gross Output of Farming,Forestry,Animal Husbandry & Fishery(10 000 yuan)	38119	36709	-3.7
粮食产量(吨)	Yield of Grain(ton)	46011	7086	-84.6
油料产量(吨)	Yield of Oil-bearing Grops(ton)	38582	12143	-68.5
甜菜产量(吨)	Yield of Beetroots(ton)			
猪牛羊肉产量(吨)	Output of Pork, Beef & Mutton(ton)	9811	10641	8.5
# 猪肉产量(吨)	Output of Pork(ton)	662	537	-18.9
牛肉产量(吨)	Output of Beef(ton)	5349	5909	10.5
羊肉产量(吨)	Output of Mutton(ton)	3800	4195	10.4

23-69 Chenbaerhu Banner in Hulunbeier City

指 标	Item	2002	2003	2003年比上年增长% Increase Rate in 2003 Over 2002(%)
羊毛产量(吨)	Output of Wool(ton)	450	514	14.2
年末牲畜存栏头数(万头只)	Total Livestock at the Year-end(10 000 heads)	46.68	52.90	13.3
# 大牲畜(万头只)	Large Animals(10 000 heads)	8.62	9.20	6.7
羊(万只)	Sheep & Goats(10 000 heads)	37.61	41.40	10.1
猪(万头)	Hogs(10 000 heads)	0.45	0.40	-11.1
独立核算工业	**Industry with Independent Accounting System**			
工业企业单位数(个)	Number of Industrial Enterprises(unit)	15	17	13.3
# 内资企业(个)	Civil Funded Enterprises(unit)	15	17	13.3
工业总产值(万元)	Gross Industrial Output Value(10 000 yuan)	17549	23692	35.5
内资企业(万元)	Civil Funded Enterprises(10 000 yuan)	17549	23692	35.5
国有企业(万元)	State-owned Enterprises(10 000 yuan)	11248	20832	87.0
集体企业(万元)	Collective-owned Enterprises(10 000 yuan)	236	575	104.0
股份合作企业(万元)	Share Holding Enterprises(10 000 yuan)	5162	151	-96.1
联营企业(万元)	Joint Owned Enterprises(10 000 yuan)			
有限责任公司(万元)	Limited Company(10 000 yuan)		953	
股份有限公司(万元)	Share Holding Limited Company(10 000 yuan)	712	722	1.4
私营企业(万元)	Privately Owned Enterprises(10 000 yuan)	191	459	187.7
其他企业(万元)	Enterprises of Other Ownership(10 000 yuan)			
港澳台商投资企业(万元)	Funds from HK,Macao & Taiwan(10 000 yuan)			
外商投资企业(万元)	Foreign Funded Enterprises(10 000 yuan)			
工业企业增加值(万元)	Value Added of Industrial Enterprises(10 000 yuan)	10146	15610	51.1
工业企业资产总计(万元)	Total Assets of Industrial Enterprises(10 000 yuan)	47741	60698	27.1
工业企业负债合计(万元)	Total Liabilities of Industrial Enterprises(10 000 yuan)	35768	46002	28.6
工业企业产品销售收入(万元)	Sales of Revenue Industrial Enterprises(10 000 yuan)	14569	22536	54.7
工业企业利润总额(万元)	Total Profits of Industrial Enterprises(10 000 yuan)	768	1153	50.1
建筑业	**Construction**			
建筑企业单位数(个)	Number of Construction Enterprises(unit)	1	1	0.0
建筑企业从业人员(人)	Number of Employee in Construction Enterprises(person)	380	260	-31.6
建筑业总产值(万元)	Gross Construction Output Value(10 000 yuan)	834	840	0.7
交通运输邮电通信业	**Transportation,Post & Telecommunications**			
公路里程(公里)	Total Length of Highways(km)	307	307	0.0
邮电业务总量(万元)	Business Volume of Post & Telecoms(10 000 yuan)	1748	1803	3.1
本地电话用户(户)	Number of Subscribers of Local Telephone(Household)	12070	18951	57.0
国内贸易	**Demestic Trade**			
社会消费品零售总额(万元)	Total Retail Sales of Consumer Goods(10 000 yuan)	18425	20767	12.7
# 贸易业(万元)	Wholesale & Retail Sales Trades(10 000 yuan)	8250	9305	12.8
餐饮业(万元)	Catering Trade(10 000 yuan)	575	600	4.3
科技教育卫生	**Science,Education & Public Health**			
各类专业技术人员(人)	Speccial Technical Personnel(person)	1298	1225	-5.6
幼儿园数(所)	Number of Kindergartens(unit)	1	1	0.0
学龄儿童入学率(%)	Percentage of School-Age Children Enrolled(%)	100.0	100.0	0.0
小学学校数(所)	Number of Primary Schools(unit)	9	9	0.0
小学专任教师数(人)	Number of Full-time Teachers of Primary Schools(person)	469	436	-7.0
小学在校学生数(人)	Number of Student Enrollment of Primary Schools(person)	5010	5052	0.8
普通中学学校数(所)	Number of Regular Secondary Schools(unit)	8	8	0.0
普通中学专任教师数(人)	Number of Teachers of Secondary Shools(person)	331	316	-4.5
初中在校学生数(人)	Number of Student in Junior Secondary Schools(person)	3563	3676	3.2
高中在校学生数(人)	Number of Student in Senior Secondary Schools(person)	65	105	61.5
卫生机构数(所)	Number of Health Institutions(unit)	15	14	-6.7
# 医院(所)	Hospitals(unit)	6	6	0.0
卫生院(所)	Township Hospitals(unit)	9	6	-33.3
床位数(张)	Number of Beds(unit)	183	216	18.0
# 医院(张)	Hospitals(unit)	135	160	18.5
卫生院(张)	Township Hospitals(unit)	48	56	16.7
卫生技术人员(人)	Medical Technical Presonnel(person)	543	418	-23.0
# 医院(人)	Hospitals(person)	271	255	-5.9
卫生院(人)	Township Hospitals(person)	177	163	-7.9

23-70 兴安盟乌兰浩特市

指标	Item	2002	2003	2003年比上年增长% Increase Rate in 2003 Over 2002(%)
行政区域土地面积(平方公里)	**Area of Administration(Sq.km)**	**772**	**772**	**0.0**
人口和就业	**Population & Employment**			
年末总人口(人)	Total Population Year-end(person)	280265	282764	0.9
# 男性(人)	Male(person)	140213	141037	0.6
# 乡村人口(人)	Rural(person)	61280	62142	1.4
年末总户数(户)	Total Number of Households at the Year-end(Household)	87360	90140	3.2
# 乡村户数(户)	Number of Rural Household(Household)	15899	16025	0.8
出生人口(人)	Births(person)	1609	1696	5.4
死亡人口(人)	Deaths(person)	838	940	12.2
全社会就业人员(人)	Employment(person)	98739	140470	42.3
第一产业(人)	Primary Industry(person)	24643	25714	4.3
第二产业(人)	Secondary Industry(person)	20352	24809	21.9
第三产业(人)	Tertiary Industry(person)	53744	53947	0.4
在岗职工人数(人)	Number of Staff & Workers Employed in(person)	38353	39116	2.0
乡村劳动力(人)	Number of Rural Laborers(person)	30003	31703	5.7
# 农林牧渔业(人)	Farming,Forestry,Animal Husbandry & Fishery(person)	24072	24387	1.3
国民经济综合指标	**Summary Item on the National Economy**			
生产总值(万元)	Gross Domestic Product(10 000 yuan)	235007	290002	22.7
第一产业(万元)	Primary Industry(10 000 yuan)	20608	23337	10.1
第二产业(万元)	Secondary Industry(10 000 yuan)	85399	118898	39.2
# 工业(万元)	Industry(10 000 yuan)	65199	90204	39.0
第三产业(万元)	Tertiary Industry(10 000 yuan)	129000	147767	13.7
人均生产总值(元)	Per Capita GDP(yuan)	8435	10302	21.5
全社会固定资产投资(万元)	Total Investment in Fixed Assets(10 000 yuan)	111233	166103	49.3
按登记注册类型分	Grouped by Registered Type			
# 国有(万元)	State-owned Enterprises(10 000 yuan)	74658	116559	56.1
集体(万元)	Collective-owned Enterprises(10 000 yuan)	4060	806	-80.1
有限责任公司(万元)	Limited Liability Corporations(10 000 yuan)		29373	
股份有限公司(万元)	Share Holding Enterprises(10 000 yuan)			
私营企业(万元)	Private Enterprises(10 000 yuan)		15356	
外商及港澳台投资企业(万元)	Funds from HK,Macao,Taiwan & Foreign(10 000 yuan)		300	
按管理渠道分	Grouped by Channel of Management			
# 基本建设(万元)	Capital Construction(10 000 yuan)	63208	115667	83.0
更新改造(万元)	Innovation(10 000 yuan)	24962	27165	8.8
房地产开发(万元)	Real Estate Development(10 000 yuan)	18852	16842	-10.7
地方财政收入(万元)	Local Governments Revenue(10 000 yuan)	7493	9719	29.7
地方财政支出(万元)	Local Governments Expenditures(10 000 yuan)	25776	29554	14.7
城乡居民储蓄存款余额(万元)	Resident Saving Deposit in Urban & Rural(10 000 yuan)	179460	210846	17.5
在岗职工工资总额(万元)	Total Wages of Staff & Workers Empioyed in(10 000	39384	44616	13.3
在岗职工平均工资(元)	Average Wage of Staff & Workers Employed in(yuan)	9818	10638	8.4
农牧民人均纯收入(元)	Per Capita Net Income of Peasant & Herdsman(yuan)	2303	2559	11.1
农村牧区经济	**Economic Development in Rural & Pastoral Area**			
耕地面积(公顷)	Cultivated Area(hectare)	26410	25390	-3.9
农作物总播种面积(公顷)	Total Sown Area(hectare)	18596	17750	-4.5
# 粮食作物播种面积(公顷)	Sown Area of Grain Crops(hectare)	15182	13710	-9.7
有效灌溉面积(公顷)	Irrigated Area(hectare)	7850	5060	-35.5
农牧业机械总动力(万千瓦)	Total Power of Agricultural Machinery(10 000 kw)	7.30	8.41	15.2
化肥施用折纯量(吨)	Consumption of Chemical Fertilizer(ton)	3871	3788	-2.1
农村用电量(万千瓦小时)	Electricity Consumed in Rural Area(10 000 kwh)	1004	1411	40.5
农林牧渔业总产值(万元)	Gross Output of Farming,Forestry,Animal Husbandry & Fishery(10 000 yuan)	32545	38410	18.0
粮食产量(吨)	Yield of Grain(ton)	57763	42657	-26.2
油料产量(吨)	Yield of Oil-bearing Grops(ton)	1005	684	-31.9
甜菜产量(吨)	Yield of Beetroots(ton)	3224	120	-96.3
猪牛羊肉产量(吨)	Output of Pork, Beef & Mutton(ton)	6668	7950	19.2
# 猪肉产量(吨)	Output of Pork(ton)	5647	6774	20.0
牛肉产量(吨)	Output of Beef(ton)	389	400	2.8
羊肉产量(吨)	Output of Mutton(ton)	638	776	21.6

23-70 Wulanhaote City in Xingan League

指标	Item	2002	2003	2003年比上年增长% Increase Rate in 2003 Over 2002(%)
羊毛产量(吨)	Output of Wool(ton)	170	234	37.6
年末牲畜存栏头数(万头只)	Total Livestock at the Year-end(10 000 heads)	14.31	11.64	-18.7
# 大牲畜(万头只)	Large Animals(10 000 heads)	2.13	2.93	37.6
羊(万只)	Sheep & Goats(10 000 heads)	6.46	5.34	-17.3
猪(万头)	Hogs(10 000 heads)	5.72	3.37	-41.1
独立核算工业	**Industry with Independent Accounting System**			
工业企业单位数(个)	Number of Industrial Enterprises(unit)	195	207	6.2
# 内资企业(个)	Civil Funded Enterprises(unit)	193	204	5.7
工业总产值(万元)	Gross Industrial Output Value(10 000 yuan)	150588	210936	42.4
内资企业(万元)	Civil Funded Enterprises(10 000 yuan)	147310	206863	43.2
国有企业(万元)	State-owned Enterprises(10 000 yuan)	37619	40682	6.3
集体企业(万元)	Collective-owned Enterprises(10 000 yuan)	7105	5781	-3.4
股份合作企业(万元)	Share Holding Enterprises(10 000 yuan)	1950	2975	28.3
联营企业(万元)	Joint Owned Enterprises(10 000 yuan)			
有限责任公司(万元)	Limited Company(10 000 yuan)	84110	132780	60.8
股份有限公司(万元)	Share Holding Limited Company(10 000 yuan)	3188	2905	-12.2
私营企业(万元)	Privately Owned Enterprises(10 000 yuan)	13338	21740	73.2
其他企业(万元)	Enterprises of Other Ownership(10 000 yuan)			
港澳台商投资企业(万元)	Funds from HK,Macao & Taiwan(10 000 yuan)	294	401	40.3
外商投资企业(万元)	Foreign Funded Enterprises(10 000 yuan)	2984	3672	8.2
工业企业增加值(万元)	Value Added of Industrial Enterprises(10 000 yuan)	51938	78037	52.8
工业企业资产总计(万元)	Total Assets of Industrial Enterprises(10 000 yuan)	187529	268840	43.4
工业企业负债合计(万元)	Total Liabilities of Industrial Enterprises(10 000 yuan)	124362	186341	49.8
工业企业产品销售收入(万元)	Sales of Revenue Industrial Enterprises(10 000 yuan)	112516	201481	79.1
工业企业利润总额(万元)	Total Profits of Industrial Enterprises(10 000 yuan)	453	-1289	
建筑业	**Construction**			
建筑企业单位数(个)	Number of Construction Enterprises(unit)	13	13	0.0
建筑企业从业人员(人)	Number of Employee in Construction Enterprises(person)	4042	1498	-62.9
建筑业总产值(万元)	Gross Construction Output Value(10 000 yuan)	37989	30635	-19.4
交通运输邮电通信业	**Transportation,Post & Telecommunications**			
公路里程(公里)	Total Length of Highways(km)	231	183	-20.8
邮电业务总量(万元)	Business Volume of Post & Telecoms(10 000 yuan)	15074	20301	34.7
本地电话用户(户)	Number of Subscribers of Local Telephone(Household)	67826	97424	43.6
国内贸易	**Demestic Trade**			
社会消费品零售总额(万元)	Total Retail Sales of Consumer Goods(10 000 yuan)	158079	176733	11.8
# 贸易业(万元)	Wholesale & Retail Sales Trades(10 000 yuan)	130296	145719	11.8
餐饮业(万元)	Catering Trade(10 000 yuan)	25854	28964	12.0
科技教育卫生	**Science,Education & Public Health**			
各类专业技术人员(人)	Speccial Technical Personnel(person)	8958	8359	-6.7
幼儿园数(所)	Number of Kindergartens(unit)	85	83	-2.4
学龄儿童入学率(%)	Percentage of School-Age Children Enrolled(%)	100.0	100.0	0.0
小学学校数(所)	Number of Primary Schools(unit)	60	60	0.0
小学专任教师数(人)	Number of Full-time Teachers of Primary Schools(person)	1550	1514	-2.3
小学在校学生数(人)	Number of Student Enrollment of Primary Schools(person)	22471	21530	-4.2
普通中学学校数(所)	Number of Regular Secondary Schools(unit)	19	17	-10.5
普通中学专任教师数(人)	Number of Teachers of Secondary Shools(person)	1359	1347	-0.9
初中在校学生数(人)	Number of Student in Junior Secondary Schools(person)	14979	15037	0.4
高中在校学生数(人)	Number of Student in Senior Secondary Schools(person)	9244	9319	0.8
卫生机构数(所)	Number of Health Institutions(unit)	157	146	-7.0
# 医院(所)	Hospitals(unit)	9	10	11.1
卫生院(所)	Township Hospitals(unit)	3	3	0.0
床位数(张)	Number of Beds(unit)	1149	1135	-1.2
# 医院(张)	Hospitals(unit)	1072	1077	0.5
卫生院(张)	Township Hospitals(unit)	40	30	-25.0
卫生技术人员(人)	Medical Technical Presonnel(person)	1781	1743	-2.1
# 医院(人)	Hospitals(person)	1125	1136	1.0
卫生院(人)	Township Hospitals(person)	57	54	-5.3

23-71 兴安盟阿尔山市

指标	Item	2002	2003	2003年比上年增长% Increase Rate in 2003 Over 2002(%)
行政区域土地面积(平方公里)	**Area of Administration(Sq.km)**	**7409**	**7409**	**0.0**
人口和就业	**Population & Employment**			
年末总人口(人)	Total Population Year-end(person)	47348	50209	6.0
#男性(人)	Male(person)	24863	26446	6.4
#乡村人口(人)	Rural(person)	889	1132	27.3
年末总户数(户)	Total Number of Households at the Year-end(Household)	17110	17934	4.8
#乡村户数(户)	Number of Rural Household(Household)	303	382	26.1
出生人口(人)	Births(person)	260	492	89.2
死亡人口(人)	Deaths(person)	151	102	-32.5
全社会就业人员(人)	Employment(person)	7860	7977	1.5
第一产业(人)	Primary Industry(person)	441	3070	596.1
第二产业(人)	Secondary Industry(person)	3538	583	-83.5
第三产业(人)	Tertiary Industry(person)	3881	4324	11.4
在岗职工人数(人)	Number of Staff & Workers Employed in(person)	5533	5075	-8.3
乡村劳动力(人)	Number of Rural Laborers(person)	412	534	29.6
#农林牧渔业(人)	Farming,Forestry,Animal Husbandry & Fishery(person)	383	459	19.8
国民经济综合指标	**Summary Item on the National Economy**			
生产总值(万元)	Gross Domestic Product(10 000 yuan)	29549	35215	18.5
第一产业(万元)	Primary Industry(10 000 yuan)	8776	10676	20.9
第二产业(万元)	Secondary Industry(10 000 yuan)	7034	8087	13.3
#工业(万元)	Industry(10 000 yuan)	727	894	25.4
第三产业(万元)	Tertiary Industry(10 000 yuan)	13739	16452	19.6
人均生产总值(元)	Per Capita GDP(yuan)	6438	7216	11.4
全社会固定资产投资(万元)	Total Investment in Fixed Assets(10 000 yuan)	19817	21241	7.2
按登记注册类型分	Grouped by Registered Type			
#国有(万元)	State-owned Enterprises(10 000 yuan)	15408	8672	-43.7
集体(万元)	Collective-owned Enterprises(10 000 yuan)			
有限责任公司(万元)	Limited Liability Corporations(10 000 yuan)		735	
股份有限公司(万元)	Share Holding Enterprises(10 000 yuan)			
私营企业(万元)	Private Enterprises(10 000 yuan)		5867	
外商及港澳台投资企业(万元)	Funds from HK,Macao,Taiwan & Foreign(10 000 yuan)			
按管理渠道分	Grouped by Channel of Management			
#基本建设(万元)	Capital Construction(10 000 yuan)	14998	8674	-42.2
更新改造(万元)	Innovation(10 000 yuan)	512		
房地产开发(万元)	Real Estate Development(10 000 yuan)	340	970	185.3
地方财政收入(万元)	Local Governments Revenue(10 000 yuan)	1796	2703	50.5
地方财政支出(万元)	Local Governments Expenditures(10 000 yuan)	5939	12181	105.1
城乡居民储蓄存款余额(万元)	Resident Saving Deposit in Urban & Rural(10 000 yuan)	26910	26862	-0.2
在岗职工工资总额(万元)	Total Wages of Staff & Workers Empioyed in(10 000	3251	4027	23.9
在岗职工平均工资(元)	Average Wage of Staff & Workers Employed in(yuan)	5894	7992	35.6
农牧民人均纯收入(元)	Per Capita Net Income of Peasant & Herdsman(yuan)	2082	2230	7.1
农村牧区经济	**Economic Development in Rural & Pastoral Area**			
耕地面积(公顷)	Cultivated Area(hectare)	16720	16080	-3.8
农作物总播种面积(公顷)	Total Sown Area(hectare)	11779	11617	-1.4
#粮食作物播种面积(公顷)	Sown Area of Grain Crops(hectare)	6428	6246	-2.8
有效灌溉面积(公顷)	Irrigated Area(hectare)			
农牧业机械总动力(万千瓦)	Total Power of Agricultural Machinery(10 000 kw)	5.10	4.96	-2.7
化肥施用折纯量(吨)	Consumption of Chemical Fertilizer(ton)	2120	2125	0.2
农村用电量(万千瓦小时)	Electricity Consumed in Rural Area(10 000 kwh)	8	9	12.5
农林牧渔业总产值(万元)	Gross Output of Farming,Forestry,Animal Husbandry & Fishery(10 000 yuan)	17073	17492	2.5
粮食产量(吨)	Yield of Grain(ton)	21233	17503	-17.6
油料产量(吨)	Yield of Oil-bearing Grops(ton)	2572	852	-66.9
甜菜产量(吨)	Yield of Beetroots(ton)			
猪牛羊肉产量(吨)	Output of Pork, Beef & Mutton(ton)	1115	1231	10.4
#猪肉产量(吨)	Output of Pork(ton)	475	299	-37.1
牛肉产量(吨)	Output of Beef(ton)	329	548	66.6
羊肉产量(吨)	Output of Mutton(ton)	311	384	23.5

23-71 Aershan City in Xingan League

指标	Item	2002	2003	2003年比上年增长% Increase Rate in 2003 Over 2002(%)
羊毛产量(吨)	Output of Wool(ton)	41	178	334.1
年末牲畜存栏头数(万头只)	Total Livestock at the Year-end(10 000 heads)	6.63	12.42	87.3
#大牲畜(万头只)	Large Animals(10 000 heads)	0.68	0.83	22.1
羊(万只)	Sheep & Goats(10 000 heads)	5.64	11.16	97.9
猪(万头)	Hogs(10 000 heads)	0.31	0.43	38.7
独立核算工业	**Industry with Independent Accounting System**			
工业企业单位数(个)	Number of Industrial Enterprises(unit)	7	7	0.0
#内资企业(个)	Civil Funded Enterprises(unit)	7	7	0.0
工业总产值(万元)	Gross Industrial Output Value(10 000 yuan)	1084	1437	29.6
内资企业(万元)	Civil Funded Enterprises(10 000 yuan)	1084	1437	29.6
国有企业(万元)	State-owned Enterprises(10 000 yuan)	463	617	-13.2
集体企业(万元)	Collective-owned Enterprises(10 000 yuan)	376	496	31.9
股份合作企业(万元)	Share Holding Enterprises(10 000 yuan)			
联营企业(万元)	Joint Owned Enterprises(10 000 yuan)			
有限责任公司(万元)	Limited Company(10 000 yuan)			
股份有限公司(万元)	Share Holding Limited Company(10 000 yuan)			
私营企业(万元)	Privately Owned Enterprises(10 000 yuan)	245	324	43.5
其他企业(万元)	Enterprises of Other Ownership(10 000 yuan)			
港澳台商投资企业(万元)	Funds from HK,Macao & Taiwan(10 000 yuan)			
外商投资企业(万元)	Foreign Funded Enterprises(10 000 yuan)			
工业企业增加值(万元)	Value Added of Industrial Enterprises(10 000 yuan)	525	539	-6.5
工业企业资产总计(万元)	Total Assets of Industrial Enterprises(10 000 yuan)	2388	2904	21.6
工业企业负债合计(万元)	Total Liabilities of Industrial Enterprises(10 000 yuan)	1353	1851	36.8
工业企业产品销售收入(万元)	Sales of Revenue Industrial Enterprises(10 000 yuan)	1498	1739	16.1
工业企业利润总额(万元)	Total Profits of Industrial Enterprises(10 000 yuan)	173	38	-78.0
建筑业	**Construction**			
建筑企业单位数(个)	Number of Construction Enterprises(unit)			
建筑企业从业人员(人)	Number of Employee in Construction Enterprises(person)			
建筑业总产值(万元)	Gross Construction Output Value(10 000 yuan)			
交通运输邮电通信业	**Transportation,Post & Telecommunications**			
公路里程(公里)	Total Length of Highways(km)	515	629	22.1
邮电业务总量(万元)	Business Volume of Post & Telecoms(10 000 yuan)	1694	4436	161.9
本地电话用户(户)	Number of Subscribers of Local Telephone(Household)	9282	13141	41.6
国内贸易	**Demestic Trade**			
社会消费品零售总额(万元)	Total Retail Sales of Consumer Goods(10 000 yuan)	17339	18729	8.0
#贸易业(万元)	Wholesale & Retail Sales Trades(10 000 yuan)	11137	12065	8.3
餐饮业(万元)	Catering Trade(10 000 yuan)	3166	3322	4.9
科技教育卫生	**Science,Education & Public Health**			
各类专业技术人员(人)	Speccial Technical Personnel(person)	145	191	31.7
幼儿园数(所)	Number of Kindergartens(unit)	2	2	0.0
学龄儿童入学率(%)	Percentage of School-Age Children Enrolled(%)	97.3	100.0	2.7
小学学校数(所)	Number of Primary Schools(unit)	8	8	0.0
小学专任教师数(人)	Number of Full-time Teachers of Primary Schools(person)	229	247	7.9
小学在校学生数(人)	Number of Student Enrollment of Primary Schools(person)	3537	3277	-7.4
普通中学学校数(所)	Number of Regular Secondary Schools(unit)	4	4	0.0
普通中学专任教师数(人)	Number of Teachers of Secondary Shools(person)	159	175	10.1
初中在校学生数(人)	Number of Student in Junior Secondary Schools(person)	1707	1713	0.4
高中在校学生数(人)	Number of Student in Senior Secondary Schools(person)	271	284	4.8
卫生机构数(所)	Number of Health Institutions(unit)	24	24	0.0
#医院(所)	Hospitals(unit)	4	4	0.0
卫生院(所)	Township Hospitals(unit)	1	1	0.0
床位数(张)	Number of Beds(unit)	675	656	-2.8
#医院(张)	Hospitals(unit)	138	141	2.2
卫生院(张)	Township Hospitals(unit)	18	18	0.0
卫生技术人员(人)	Medical Technical Presonnel(person)	246	277	12.6
#医院(人)	Hospitals(person)	134	163	21.6
卫生院(人)	Township Hospitals(person)	12	12	0.0

23-72 兴安盟科尔沁右翼前旗

指标	Item	2002	2003	2003年比上年增长% Increase Rate in 2003 Over 2002(%)
行政区域土地面积(平方公里)	**Area of Administration(Sq.km)**	**19375**	**19375**	**0.0**
人口和就业	**Population & Employment**			
年末总人口(人)	Total Population Year-end(person)	360304	359792	-0.1
#男性(人)	Male(person)	185152	185312	0.1
#乡村人口(人)	Rural(person)	294989	297941	1.0
年末总户数(户)	Total Number of Households at the Year-end(Household)	96656	98912	2.3
#乡村户数(户)	Number of Rural Household(Household)	87513	87719	0.2
出生人口(人)	Births(person)	2785	2670	-4.1
死亡人口(人)	Deaths(person)	1335	1719	28.8
全社会就业人员(人)	Employment(person)	133407	134908	1.1
第一产业(人)	Primary Industry(person)	105027	105966	0.9
第二产业(人)	Secondary Industry(person)	3477	5763	65.7
第三产业(人)	Tertiary Industry(person)	24903	23179	-6.9
在岗职工人数(人)	Number of Staff & Workers Employed in(person)	22307	22146	-0.7
乡村劳动力(人)	Number of Rural Laborers(person)	106906	105867	-1.0
#农林牧渔业(人)	Farming,Forestry,Animal Husbandry & Fishery(person)	98255	98791	0.5
国民经济综合指标	**Summary Item on the National Economy**			
生产总值(万元)	Gross Domestic Product(10 000 yuan)	128688	169344	28.9
第一产业(万元)	Primary Industry(10 000 yuan)	49814	74017	43.6
第二产业(万元)	Secondary Industry(10 000 yuan)	33228	45264	34.1
#工业(万元)	Industry(10 000 yuan)	25812	31184	19.6
第三产业(万元)	Tertiary Industry(10 000 yuan)	45646	50063	8.9
人均生产总值(元)	Per Capita GDP(yuan)	3570	4703	29.1
全社会固定资产投资(万元)	Total Investment in Fixed Assets(10 000 yuan)	7728	44810	479.8
按登记注册类型分	Grouped by Registered Type			
#国有(万元)	State-owned Enterprises(10 000 yuan)	4911	24852	406.0
集体(万元)	Collective-owned Enterprises(10 000 yuan)			
有限责任公司(万元)	Limited Liability Corporations(10 000 yuan)		10690	
股份有限公司(万元)	Share Holding Enterprises(10 000 yuan)		1095	
私营企业(万元)	Private Enterprises(10 000 yuan)		4611	
外商及港澳台投资企业(万元)	Funds from HK,Macao,Taiwan & Foreign(10 000 yuan)			
按管理渠道分	Grouped by Channel of Management			
#基本建设(万元)	Capital Construction(10 000 yuan)	4605	24525	432.6
更新改造(万元)	Innovation(10 000 yuan)	800	10665	1233.1
房地产开发(万元)	Real Estate Development(10 000 yuan)	507	171	-66.3
地方财政收入(万元)	Local Governments Revenue(10 000 yuan)	4178	5757	37.8
地方财政支出(万元)	Local Governments Expenditures(10 000 yuan)	22768	27431	20.5
城乡居民储蓄存款余额(万元)	Resident Saving Deposit in Urban & Rural(10 000 yuan)	29826	39085	31.0
在岗职工工资总额(万元)	Total Wages of Staff & Workers Empioyed in(10 000	17963	18938	5.4
在岗职工平均工资(元)	Average Wage of Staff & Workers Employed in(yuan)	7700	8184	6.3
农牧民人均纯收入(元)	Per Capita Net Income of Peasant & Herdsman(yuan)	1215	1554	27.9
农村牧区经济	**Economic Development in Rural & Pastoral Area**			
耕地面积(公顷)	Cultivated Area(hectare)	160240	153430	-4.2
农作物总播种面积(公顷)	Total Sown Area(hectare)	171526	160327	-6.5
#粮食作物播种面积(公顷)	Sown Area of Grain Crops(hectare)	129651	120615	-7.0
有效灌溉面积(公顷)	Irrigated Area(hectare)	26520	50930	92.0
农牧业机械总动力(万千瓦)	Total Power of Agricultural Machinery(10 000 kw)	34.80	37.68	8.3
化肥施用折纯量(吨)	Consumption of Chemical Fertilizer(ton)	11850	31326	164.4
农村用电量(万千瓦小时)	Electricity Consumed in Rural Area(10 000 kwh)	3647	3811	4.5
农林牧渔业总产值(万元)	Gross Output of Farming,Forestry,Animal Husbandry & Fishery(10 000 yuan)	85992	121710	41.5
粮食产量(吨)	Yield of Grain(ton)	276515	410395	48.4
油料产量(吨)	Yield of Oil-bearing Grops(ton)	26383	27958	6.0
甜菜产量(吨)	Yield of Beetroots(ton)	66303	32736	-50.6
猪牛羊肉产量(吨)	Output of Pork, Beef & Mutton(ton)	40898	40511	-0.9
#猪肉产量(吨)	Output of Pork(ton)	24572	21037	-14.4
牛肉产量(吨)	Output of Beef(ton)	4387	6302	43.7
羊肉产量(吨)	Output of Mutton(ton)	11939	13172	10.3

23-72 Keerqinyouyiqian Banner in Xingan League

指标	Item	2002	2003	2003年比上年增长% Increase Rate in 2003 Over 2002(%)
羊毛产量(吨)	Output of Wool(ton)	4301	4694	9.1
年末牲畜存栏头数(万头只)	Total Livestock at the Year-end(10 000 heads)	188.29	319.82	69.9
#大牲畜(万头只)	Large Animals(10 000 heads)	8.70	10.62	22.1
羊(万只)	Sheep & Goats(10 000 heads)	166.40	291.37	75.1
猪(万头)	Hogs(10 000 heads)	13.19	17.83	35.2
独立核算工业	**Industry with Independent Accounting System**			
工业企业单位数(个)	Number of Industrial Enterprises(unit)	54	53	-1.9
#内资企业(个)	Civil Funded Enterprises(unit)	52	51	-1.9
工业总产值(万元)	Gross Industrial Output Value(10 000 yuan)	28491	38247	27.8
内资企业(万元)	Civil Funded Enterprises(10 000 yuan)	27446	36860	27.6
国有企业(万元)	State-owned Enterprises(10 000 yuan)	91	165	11.2
集体企业(万元)	Collective-owned Enterprises(10 000 yuan)	9557	10383	8.9
股份合作企业(万元)	Share Holding Enterprises(10 000 yuan)	1140	1513	21.0
联营企业(万元)	Joint Owned Enterprises(10 000 yuan)			
有限责任公司(万元)	Limited Company(10 000 yuan)	7606	6655	-10.8
股份有限公司(万元)	Share Holding Limited Company(10 000 yuan)			
私营企业(万元)	Privately Owned Enterprises(10 000 yuan)	9052	18144	97.0
其他企业(万元)	Enterprises of Other Ownership(10 000 yuan)			
港澳台商投资企业(万元)	Funds from HK,Macao & Taiwan(10 000 yuan)			
外商投资企业(万元)	Foreign Funded Enterprises(10 000 yuan)	1045	1387	32.8
工业企业增加值(万元)	Value Added of Industrial Enterprises(10 000 yuan)	10863	15973	47.0
工业企业资产总计(万元)	Total Assets of Industrial Enterprises(10 000 yuan)	28269	36276	28.3
工业企业负债合计(万元)	Total Liabilities of Industrial Enterprises(10 000 yuan)	13335	19800	48.5
工业企业产品销售收入(万元)	Sales of Revenue Industrial Enterprises(10 000 yuan)	20365	42510	108.7
工业企业利润总额(万元)	Total Profits of Industrial Enterprises(10 000 yuan)	1185	1406	18.6
建筑业	**Construction**			
建筑企业单位数(个)	Number of Construction Enterprises(unit)	2	2	0.0
建筑企业从业人员(人)	Number of Employee in Construction Enterprises(person)	188	393	109.0
建筑业总产值(万元)	Gross Construction Output Value(10 000 yuan)	2667	2930	9.9
交通运输邮电通信业	**Transportation,Post & Telecommunications**			
公路里程(公里)	Total Length of Highways(km)	1163	1375	18.2
邮电业务总量(万元)	Business Volume of Post & Telecoms(10 000 yuan)	1533	1933	26.1
本地电话用户(户)	Number of Subscribers of Local Telephone(Household)	12235	15109	23.5
国内贸易	**Demestic Trade**			
社会消费品零售总额(万元)	Total Retail Sales of Consumer Goods(10 000 yuan)	36099	42100	16.6
#贸易业(万元)	Wholesale & Retail Sales Trades(10 000 yuan)	33014	38924	17.9
餐饮业(万元)	Catering Trade(10 000 yuan)	2174	2371	9.1
科技教育卫生	**Science,Education & Public Health**			
各类专业技术人员(人)	Speccial Technical Personnel(person)	5359	8106	51.3
幼儿园数(所)	Number of Kindergartens(unit)	6	6	0.0
学龄儿童入学率(%)	Percentage of School-Age Children Enrolled(%)	100.0	100.0	0.0
小学学校数(所)	Number of Primary Schools(unit)	268	267	-0.4
小学专任教师数(人)	Number of Full-time Teachers of Primary Schools(person)	2974	2777	-6.6
小学在校学生数(人)	Number of Student Enrollment of Primary Schools(person)	30115	25637	-14.9
普通中学学校数(所)	Number of Regular Secondary Schools(unit)	31	31	0.0
普通中学专任教师数(人)	Number of Teachers of Secondary Shools(person)	1444	1449	0.3
初中在校学生数(人)	Number of Student in Junior Secondary Schools(person)	17373	15374	-11.5
高中在校学生数(人)	Number of Student in Senior Secondary Schools(person)	2856	2923	2.3
卫生机构数(所)	Number of Health Institutions(unit)	33	23	-30.3
#医院(所)	Hospitals(unit)	1	1	0.0
卫生院(所)	Township Hospitals(unit)	28	28	0.0
床位数(张)	Number of Beds(unit)	632	711	12.5
#医院(张)	Hospitals(unit)	302	302	0.0
卫生院(张)	Township Hospitals(unit)	320	409	27.8
卫生技术人员(人)	Medical Technical Presonnel(person)	1276	1337	4.8
#医院(人)	Hospitals(person)	321	316	-1.6
卫生院(人)	Township Hospitals(person)	787	821	4.3

23-73 兴安盟科尔沁右翼中旗

指标	Item	2002	2003	2003年比上年增长% Increase Rate in 2003 Over 2002(%)
行政区域土地面积(平方公里)	**Area of Administration(Sq.km)**	**15613**	**15613**	**0.0**
人口和就业	**Population & Employment**			
年末总人口(人)	Total Population Year-end(person)	244566	245708	0.5
# 男性(人)	Male(person)	123376	124248	0.7
# 乡村人口(人)	Rural(person)	168210	167926	-0.2
年末总户数(户)	Total Number of Households at the Year-end(Household)	59358	59995	1.1
# 乡村户数(户)	Number of Rural Household(Household)	38457	38775	0.8
出生人口(人)	Births(person)	2377	2443	2.8
死亡人口(人)	Deaths(person)	1061	1033	-2.6
全社会就业人员(人)	Employment(person)	73657	82506	12.0
第一产业(人)	Primary Industry(person)	53725	62200	15.8
第二产业(人)	Secondary Industry(person)	3614	4287	18.6
第三产业(人)	Tertiary Industry(person)	16318	16019	-1.8
在岗职工人数(人)	Number of Staff & Workers Employed in(person)	15534	15201	-2.1
乡村劳动力(人)	Number of Rural Laborers(person)	54063	63148	16.8
# 农林牧渔业(人)	Farming,Forestry,Animal Husbandry & Fishery(person)	49378	57917	17.3
国民经济综合指标	**Summary Item on the National Economy**			
生产总值(万元)	Gross Domestic Product(10 000 yuan)	81135	103379	24.6
第一产业(万元)	Primary Industry(10 000 yuan)	30151	39302	26.7
第二产业(万元)	Secondary Industry(10 000 yuan)	22020	31283	40.9
# 工业(万元)	Industry(10 000 yuan)	17567	24412	37.9
第三产业(万元)	Tertiary Industry(10 000 yuan)	28964	32794	9.8
人均生产总值(元)	Per Capita GDP(yuan)	3325	4217	24.0
全社会固定资产投资(万元)	Total Investment in Fixed Assets(10 000 yuan)	14506	26038	79.5
按登记注册类型分	Grouped by Registered Type			
# 国有(万元)	State-owned Enterprises(10 000 yuan)	7578	17816	135.1
集体(万元)	Collective-owned Enterprises(10 000 yuan)	300		
有限责任公司(万元)	Limited Liability Corporations(10 000 yuan)			
股份有限公司(万元)	Share Holding Enterprises(10 000 yuan)		3285	
私营企业(万元)	Private Enterprises(10 000 yuan)		1630	
外商及港澳台投资企业(万元)	Funds from HK,Macao,Taiwan & Foreign(10 000 yuan)		780	
按管理渠道分	Grouped by Channel of Management			
# 基本建设(万元)	Capital Construction(10 000 yuan)	8958	17400	94.2
更新改造(万元)	Innovation(10 000 yuan)	403		
房地产开发(万元)	Real Estate Development(10 000 yuan)	3980	3166	-20.5
地方财政收入(万元)	Local Governments Revenue(10 000 yuan)	3298	4386	33.0
地方财政支出(万元)	Local Governments Expenditures(10 000 yuan)	20075	21261	5.9
城乡居民储蓄存款余额(万元)	Resident Saving Deposit in Urban & Rural(10 000 yuan)	21948	25819	17.6
在岗职工工资总额(万元)	Total Wages of Staff & Workers Employed in(10 000	12107	12900	6.5
在岗职工平均工资(元)	Average Wage of Staff & Workers Employed in(yuan)	7684	8290	7.9
农牧民人均纯收入(元)	Per Capita Net Income of Peasant & Herdsman(yuan)	1447	1627	12.4
农村牧区经济	**Economic Development in Rural & Pastoral Area**			
耕地面积(公顷)	Cultivated Area(hectare)	101130	99410	-1.7
农作物总播种面积(公顷)	Total Sown Area(hectare)	88637	98943	11.6
# 粮食作物播种面积(公顷)	Sown Area of Grain Crops(hectare)	78952	82972	5.1
有效灌溉面积(公顷)	Irrigated Area(hectare)	12050	40500	236.1
农牧业机械总动力(万千瓦)	Total Power of Agricultural Machinery(10 000 kw)	21.90	22.37	2.1
化肥施用折纯量(吨)	Consumption of Chemical Fertilizer(ton)	13132	11365	-13.5
农村用电量(万千瓦小时)	Electricity Consumed in Rural Area(10 000 kwh)	1282	1223	-4.6
农林牧渔业总产值(万元)	Gross Output of Farming,Forestry,Animal Husbandry & Fishery(10 000 yuan)	63748	69908	9.7
粮食产量(吨)	Yield of Grain(ton)	190626	182582	-4.2
油料产量(吨)	Yield of Oil-bearing Grops(ton)	4900	9111	85.9
甜菜产量(吨)	Yield of Beetroots(ton)	14642	56	-99.6
猪牛羊肉产量(吨)	Output of Pork, Beef & Mutton(ton)	22463	22646	0.8
# 猪肉产量(吨)	Output of Pork(ton)	8303	9178	10.5
牛肉产量(吨)	Output of Beef(ton)	9780	7491	-23.4
羊肉产量(吨)	Output of Mutton(ton)	4380	5977	36.5

23-73 Keerqinyouyizhong Banner in Xingan League

指 标	Item	2002	2003	2003年比上年增长% Increase Rate in 2003 Over 2002(%)
羊毛产量(吨)	Output of Wool(ton)	1122	1891	68.5
年末牲畜存栏头数(万头只)	Total Livestock at the Year-end(10 000 heads)	140.11	162.01	15.6
#大牲畜(万头只)	Large Animals(10 000 heads)	18.34	19.73	7.6
羊(万只)	Sheep & Goats(10 000 heads)	107.37	124.80	16.2
猪(万头)	Hogs(10 000 heads)	14.40	17.48	21.4
独立核算工业	**Industry with Independent Accounting System**			
工业企业单位数(个)	Number of Industrial Enterprises(unit)	82	112	36.6
#内资企业(个)	Civil Funded Enterprises(unit)	82	112	36.6
工业总产值(万元)	Gross Industrial Output Value(10 000 yuan)	39051	54919	35.9
内资企业(万元)	Civil Funded Enterprises(10 000 yuan)	29051	54919	35.9
国有企业(万元)	State-owned Enterprises(10 000 yuan)	2157	858	-81.1
集体企业(万元)	Collective-owned Enterprises(10 000 yuan)	9864	9140	-9.1
股份合作企业(万元)	Share Holding Enterprises(10 000 yuan)	8276	7549	-22.6
联营企业(万元)	Joint Owned Enterprises(10 000 yuan)			
有限责任公司(万元)	Limited Company(10 000 yuan)	506	120	-76.3
股份有限公司(万元)	Share Holding Limited Company(10 000 yuan)	1486	1009	-32.4
私营企业(万元)	Privately Owned Enterprises(10 000 yuan)	16573	36243	124.6
其他企业(万元)	Enterprises of Other Ownership(10 000 yuan)			
港澳台商投资企业(万元)	Funds from HK,Macao & Taiwan(10 000 yuan)			
外商投资企业(万元)	Foreign Funded Enterprises(10 000 yuan)			
工业企业增加值(万元)	Value Added of Industrial Enterprises(10 000 yuan)	15285	20727	31.0
工业企业资产总计(万元)	Total Assets of Industrial Enterprises(10 000 yuan)	21190	23379	10.3
工业企业负债合计(万元)	Total Liabilities of Industrial Enterprises(10 000 yuan)	12336	12510	1.4
工业企业产品销售收入(万元)	Sales of Revenue Industrial Enterprises(10 000 yuan)	37917	51082	34.7
工业企业利润总额(万元)	Total Profits of Industrial Enterprises(10 000 yuan)	711	533	-25.0
建筑业	**Construction**			
建筑企业单位数(个)	Number of Construction Enterprises(unit)			
建筑企业从业人员(人)	Number of Employee in Construction Enterprises(person)			
建筑业总产值(万元)	Gross Construction Output Value(10 000 yuan)			
交通运输邮电通信业	**Transportation,Post & Telecommunications**			
公路里程(公里)	Total Length of Highways(km)	959	722	-24.7
邮电业务总量(万元)	Business Volume of Post & Telecoms(10 000 yuan)	2842	2845	0.1
本地电话用户(户)	Number of Subscribers of Local Telephone(Household)	19291	23349	21.0
国内贸易	**Demestic Trade**			
社会消费品零售总额(万元)	Total Retail Sales of Consumer Goods(10 000 yuan)	35065	37800	7.8
#贸易业(万元)	Wholesale & Retail Sales Trades(10 000 yuan)	29196	31856	9.1
餐饮业(万元)	Catering Trade(10 000 yuan)	1858	1918	3.2
科技教育卫生	**Science,Education & Public Health**			
各类专业技术人员(人)	Speccial Technical Personnel(person)	4720	7238	53.3
幼儿园数(所)	Number of Kindergartens(unit)	1	1	0.0
学龄儿童入学率(%)	Percentage of School-Age Children Enrolled(%)	99.7	100.0	0.3
小学学校数(所)	Number of Primary Schools(unit)	66	58	-12.1
小学专任教师数(人)	Number of Full-time Teachers of Primary Schools(person)	2122	2076	-2.2
小学在校学生数(人)	Number of Student Enrollment of Primary Schools(person)	24320	22733	-6.5
普通中学学校数(所)	Number of Regular Secondary Schools(unit)	28	28	0.0
普通中学专任教师数(人)	Number of Teachers of Secondary Shools(person)	1053	1026	-2.6
初中在校学生数(人)	Number of Student in Junior Secondary Schools(person)	10585	10514	-0.7
高中在校学生数(人)	Number of Student in Senior Secondary Schools(person)	3218	3480	8.1
卫生机构数(所)	Number of Health Institutions(unit)	40	40	0.0
#医院(所)	Hospitals(unit)	4	4	0.0
卫生院(所)	Township Hospitals(unit)	20	20	0.0
床位数(张)	Number of Beds(unit)	607	583	-4.0
#医院(张)	Hospitals(unit)	311	297	-4.5
卫生院(张)	Township Hospitals(unit)	282	272	-3.5
卫生技术人员(人)	Medical Technical Presonnel(person)	1047	987	-5.7
#医院(人)	Hospitals(person)	427	393	-8.0
卫生院(人)	Township Hospitals(person)	467	582	24.6

23-74 兴安盟扎赉特旗

指标	Item	2002	2003	2003年比上年增长% Increase Rate in 2003 Over 2002(%)
行政区域土地面积(平方公里)	**Area of Administration(Sq.km)**	**11837**	**11837**	**0.0**
人口和就业	**Population & Employment**			
年末总人口(人)	Total Population Year-end(person)	393760	394307	0.1
#男性(人)	Male(person)	206342	207061	0.3
#乡村人口(人)	Rural(person)	293877	307382	4.6
年末总户数(户)	Total Number of Households at the Year-end(Household)	107122	108942	1.7
#乡村户数(户)	Number of Rural Household(Household)	69803	72182	3.4
出生人口(人)	Births(person)	2657	2891	8.8
死亡人口(人)	Deaths(person)	1401	1972	40.8
全社会就业人员(人)	Employment(person)	151837	154396	1.7
第一产业(人)	Primary Industry(person)	124728	129380	3.7
第二产业(人)	Secondary Industry(person)	2578	3065	18.9
第三产业(人)	Tertiary Industry(person)	24531	21951	-10.5
在岗职工人数(人)	Number of Staff & Workers Employed in(person)	21844	21296	-2.5
乡村劳动力(人)	Number of Rural Laborers(person)	125899	130489	3.6
#农林牧渔业(人)	Farming,Forestry,Animal Husbandry & Fishery(person)	119599	123511	3.3
国民经济综合指标	**Summary Item on the National Economy**			
生产总值(万元)	Gross Domestic Product(10 000 yuan)	110108	132732	18.8
第一产业(万元)	Primary Industry(10 000 yuan)	55705	69037	20.5
第二产业(万元)	Secondary Industry(10 000 yuan)	17940	21530	15.6
#工业(万元)	Industry(10 000 yuan)	12440	15234	16.8
第三产业(万元)	Tertiary Industry(10 000 yuan)	36463	42165	17.6
人均生产总值(元)	Per Capita GDP(yuan)	2794	3369	18.7
全社会固定资产投资(万元)	Total Investment in Fixed Assets(10 000 yuan)	29293	30925	5.6
按登记注册类型分	Grouped by Registered Type			
#国有(万元)	State-owned Enterprises(10 000 yuan)	23336	20181	-13.5
集体(万元)	Collective-owned Enterprises(10 000 yuan)		276	
有限责任公司(万元)	Limited Liability Corporations(10 000 yuan)			
股份有限公司(万元)	Share Holding Enterprises(10 000 yuan)		6160	
私营企业(万元)	Private Enterprises(10 000 yuan)		580	
外商及港澳台投资企业(万元)	Funds from HK,Macao,Taiwan & Foreign(10 000 yuan)			
按管理渠道分	Grouped by Channel of Management			
#基本建设(万元)	Capital Construction(10 000 yuan)	21521	20663	-4.0
更新改造(万元)	Innovation(10 000 yuan)	2805	3960	41.2
房地产开发(万元)	Real Estate Development(10 000 yuan)		2100	
地方财政收入(万元)	Local Governments Revenue(10 000 yuan)	5432	7021	29.3
地方财政支出(万元)	Local Governments Expenditures(10 000 yuan)	24473	25624	4.7
城乡居民储蓄存款余额(万元)	Resident Saving Deposit in Urban & Rural(10 000 yuan)	48390	52531	8.6
在岗职工工资总额(万元)	Total Wages of Staff & Workers Empioyed in(10 000	14104	15886	12.6
在岗职工平均工资(元)	Average Wage of Staff & Workers Employed in(yuan)	6463	7469	15.6
农牧民人均纯收入(元)	Per Capita Net Income of Peasant & Herdsman(yuan)	1328	1607	21.0
农村牧区经济	**Economic Development in Rural & Pastoral Area**			
耕地面积(公顷)	Cultivated Area(hectare)	202390	203560	0.6
农作物总播种面积(公顷)	Total Sown Area(hectare)	250209	209341	-16.3
#粮食作物播种面积(公顷)	Sown Area of Grain Crops(hectare)	214825	188988	-12.0
有效灌溉面积(公顷)	Irrigated Area(hectare)	41130	61880	50.4
农牧业机械总动力(万千瓦)	Total Power of Agricultural Machinery(10 000 kw)	34.10	35.60	4.4
化肥施用折纯量(吨)	Consumption of Chemical Fertilizer(ton)	12577	24555	95.2
农村用电量(万千瓦小时)	Electricity Consumed in Rural Area(10 000 kwh)	4116	3243	-21.2
农林牧渔业总产值(万元)	Gross Output of Farming,Forestry,Animal Husbandry & Fishery(10 000 yuan)	92908	105892	14.0
粮食产量(吨)	Yield of Grain(ton)	431674	482397	11.8
油料产量(吨)	Yield of Oil-bearing Grops(ton)	12249	8480	-30.8
甜菜产量(吨)	Yield of Beetroots(ton)	22742	2835	-87.5
猪牛羊肉产量(吨)	Output of Pork, Beef & Mutton(ton)	13986	15249	9.0
#猪肉产量(吨)	Output of Pork(ton)	8584	8529	-0.6
牛肉产量(吨)	Output of Beef(ton)	2245	2525	12.5
羊肉产量(吨)	Output of Mutton(ton)	3157	4195	32.9

23-74 Zhalaite Banner in Xingan League

指标	Item	2002	2003	2003年比上年增长% Increase Rate in 2003 Over 2002(%)
羊毛产量(吨)	Output of Wool(ton)	1935	2918	50.8
年末牲畜存栏头数(万头只)	Total Livestock at the Year-end(10 000 heads)	122.47	178.57	45.8
# 大牲畜(万头只)	Large Animals(10 000 heads)	6.08	7.85	29.1
羊(万只)	Sheep & Goats(10 000 heads)	106.44	158.05	48.5
猪(万头)	Hogs(10 000 heads)	9.95	12.67	27.3
独立核算工业	**Industry with Independent Accounting System**			
工业企业单位数(个)	Number of Industrial Enterprises(unit)	32	42	31.3
# 内资企业(个)	Civil Funded Enterprises(unit)	32	42	31.3
工业总产值(万元)	Gross Industrial Output Value(10 000 yuan)	10764	19046	73.3
内资企业(万元)	Civil Funded Enterprises(10 000 yuan)	10764	19046	73.3
国有企业(万元)	State-owned Enterprises(10 000 yuan)	1111	1780	78.6
集体企业(万元)	Collective-owned Enterprises(10 000 yuan)	926	1449	64.9
股份合作企业(万元)	Share Holding Enterprises(10 000 yuan)	184		
联营企业(万元)	Joint Owned Enterprises(10 000 yuan)			
有限责任公司(万元)	Limited Company(10 000 yuan)	2043	3164	35.1
股份有限公司(万元)	Share Holding Limited Company(10 000 yuan)			
私营企业(万元)	Privately Owned Enterprises(10 000 yuan)	1256	6058	425.3
其他企业(万元)	Enterprises of Other Ownership(10 000 yuan)		6595	
港澳台商投资企业(万元)	Funds from HK,Macao & Taiwan(10 000 yuan)			
外商投资企业(万元)	Foreign Funded Enterprises(10 000 yuan)			
工业企业增加值(万元)	Value Added of Industrial Enterprises(10 000 yuan)	3054	5991	92.1
工业企业资产总计(万元)	Total Assets of Industrial Enterprises(10 000 yuan)	18048	20945	16.1
工业企业负债合计(万元)	Total Liabilities of Industrial Enterprises(10 000 yuan)	11073	8753	-21.0
工业企业产品销售收入(万元)	Sales of Revenue Industrial Enterprises(10 000 yuan)	9308	15987	71.8
工业企业利润总额(万元)	Total Profits of Industrial Enterprises(10 000 yuan)	574	949	65.3
建筑业	**Construction**			
建筑企业单位数(个)	Number of Construction Enterprises(unit)	1	1	0.0
建筑企业从业人员(人)	Number of Employee in Construction Enterprises(person)	360	620	72.2
建筑业总产值(万元)	Gross Construction Output Value(10 000 yuan)	1120	2593	131.5
交通运输邮电通信业	**Transportation,Post & Telecommunications**			
公路里程(公里)	Total Length of Highways(km)	946	1139	20.4
邮电业务总量(万元)	Business Volume of Post & Telecoms(10 000 yuan)	4211	4730	12.3
本地电话用户(户)	Number of Subscribers of Local Telephone(Household)	20340	26979	32.6
国内贸易	**Demestic Trade**			
社会消费品零售总额(万元)	Total Retail Sales of Consumer Goods(10 000 yuan)	50800	54400	7.1
# 贸易业(万元)	Wholesale & Retail Sales Trades(10 000 yuan)	46861	50277	7.3
餐饮业(万元)	Catering Trade(10 000 yuan)	1518	1636	7.8
科技教育卫生	**Science,Education & Public Health**			
各类专业技术人员(人)	Speccial Technical Personnel(person)	5216	7022	34.6
幼儿园数(所)	Number of Kindergartens(unit)	1	1	0.0
学龄儿童入学率(%)	Percentage of School-Age Children Enrolled(%)	99.0	99.0	0.0
小学学校数(所)	Number of Primary Schools(unit)	235	210	-10.6
小学专任教师数(人)	Number of Full-time Teachers of Primary Schools(person)	2654	2611	-1.6
小学在校学生数(人)	Number of Student Enrollment of Primary Schools(person)	28701	24685	-14.0
普通中学学校数(所)	Number of Regular Secondary Schools(unit)	33	33	0.0
普通中学专任教师数(人)	Number of Teachers of Secondary Shools(person)	1337	1566	17.1
初中在校学生数(人)	Number of Student in Junior Secondary Schools(person)	18709	18888	1.0
高中在校学生数(人)	Number of Student in Senior Secondary Schools(person)	2968	3003	1.2
卫生机构数(所)	Number of Health Institutions(unit)	41	41	0.0
# 医院(所)	Hospitals(unit)	7	7	0.0
卫生院(所)	Township Hospitals(unit)	21	21	0.0
床位数(张)	Number of Beds(unit)	653	663	1.5
# 医院(张)	Hospitals(unit)	454	464	2.2
卫生院(张)	Township Hospitals(unit)	195	195	0.0
卫生技术人员(人)	Medical Technical Presonnel(person)	1001	954	-4.7
# 医院(人)	Hospitals(person)	487	468	-3.9
卫生院(人)	Township Hospitals(person)	361	348	-3.6

23-75 兴安盟突泉县

指标	Item	2002	2003	2003年比上年增长% Increase Rate in 2003 Over 2002(%)
行政区域土地面积(平方公里)	**Area of Administration(Sq.km)**	**4800**	**4800**	**0.0**
人口和就业	**Population & Employment**			
年末总人口(人)	Total Population Year-end(person)	303126	305593	0.8
#男性(人)	Male(person)	155911	157158	0.8
#乡村人口(人)	Rural(person)	239734	245155	2.3
年末总户数(户)	Total Number of Households at the Year-end(Household)	82571	84564	2.4
#乡村户数(户)	Number of Rural Household(Household)	59606	60237	1.1
出生人口(人)	Births(person)	2254	3251	44.2
死亡人口(人)	Deaths(person)	1117	1309	17.2
全社会就业人员(人)	Employment(person)	139121	142769	2.6
第一产业(人)	Primary Industry(person)	112561	110607	-1.7
第二产业(人)	Secondary Industry(person)	7422	11445	54.2
第三产业(人)	Tertiary Industry(person)	19138	20717	8.3
在岗职工人数(人)	Number of Staff & Workers Employed in(person)	13567	12943	-4.6
乡村劳动力(人)	Number of Rural Laborers(person)	119515	125194	4.8
#农林牧渔业(人)	Farming,Forestry,Animal Husbandry & Fishery(person)	110265	107907	-2.1
国民经济综合指标	**Summary Item on the National Economy**			
生产总值(万元)	Gross Domestic Product(10 000 yuan)	102642	122587	17.7
第一产业(万元)	Primary Industry(10 000 yuan)	53010	61423	13.6
第二产业(万元)	Secondary Industry(10 000 yuan)	27884	36995	30.2
#工业(万元)	Industry(10 000 yuan)	21044	27112	25.7
第三产业(万元)	Tertiary Industry(10 000 yuan)	21748	24169	11.4
人均生产总值(元)	Per Capita GDP(yuan)	3398	4035	17.0
全社会固定资产投资(万元)	Total Investment in Fixed Assets(10 000 yuan)	29093	30479	4.8
按登记注册类型分	Grouped by Registered Type			
#国有(万元)	State-owned Enterprises(10 000 yuan)	21442	22061	2.9
集体(万元)	Collective-owned Enterprises(10 000 yuan)		194	
有限责任公司(万元)	Limited Liability Corporations(10 000 yuan)			
股份有限公司(万元)	Share Holding Enterprises(10 000 yuan)		930	
私营企业(万元)	Private Enterprises(10 000 yuan)		1250	
外商及港澳台投资企业(万元)	Funds from HK,Macao,Taiwan & Foreign(10 000 yuan)			
按管理渠道分	Grouped by Channel of Management			
#基本建设(万元)	Capital Construction(10 000 yuan)	9950	13251	33.2
更新改造(万元)	Innovation(10 000 yuan)	10580	690	-93.5
房地产开发(万元)	Real Estate Development(10 000 yuan)	1850	9500	413.5
地方财政收入(万元)	Local Governments Revenue(10 000 yuan)	3785	4998	32.0
地方财政支出(万元)	Local Governments Expenditures(10 000 yuan)	20005	22109	10.5
城乡居民储蓄存款余额(万元)	Resident Saving Deposit in Urban & Rural(10 000 yuan)	37356	45244	21.1
在岗职工工资总额(万元)	Total Wages of Staff & Workers Empioyed in(10 000	9641	9726	0.9
在岗职工平均工资(元)	Average Wage of Staff & Workers Employed in(yuan)	6671	7514	12.6
农牧民人均纯收入(元)	Per Capita Net Income of Peasant & Herdsman(yuan)	1641	2016	22.9
农村牧区经济	**Economic Development in Rural & Pastoral Area**			
耕地面积(公顷)	Cultivated Area(hectare)	117110	110440	-5.7
农作物总播种面积(公顷)	Total Sown Area(hectare)	124476	117158	-5.9
#粮食作物播种面积(公顷)	Sown Area of Grain Crops(hectare)	108633	102727	-5.4
有效灌溉面积(公顷)	Irrigated Area(hectare)	36540	41540	13.7
农牧业机械总动力(万千瓦)	Total Power of Agricultural Machinery(10 000 kw)	17.50	20.80	18.9
化肥施用折纯量(吨)	Consumption of Chemical Fertilizer(ton)	12004	12072	0.6
农村用电量(万千瓦小时)	Electricity Consumed in Rural Area(10 000 kwh)	612	823	34.5
农林牧渔业总产值(万元)	Gross Output of Farming,Forestry,Animal Husbandry & Fishery(10 000 yuan)	82117	92964	13.2
粮食产量(吨)	Yield of Grain(ton)	270045	407073	50.7
油料产量(吨)	Yield of Oil-bearing Grops(ton)	2862	7019	145.2
甜菜产量(吨)	Yield of Beetroots(ton)	33593	5689	-83.1
猪牛羊肉产量(吨)	Output of Pork, Beef & Mutton(ton)	17305	14339	-17.1
#猪肉产量(吨)	Output of Pork(ton)	12281	9593	-21.9
牛肉产量(吨)	Output of Beef(ton)	2227	1034	-53.6
羊肉产量(吨)	Output of Mutton(ton)	2797	3712	32.7

23-75 Tuquan County in Xingan League

指标	Item	2002	2003	2003年比上年增长% Increase Rate in 2003 Over 2002(%)
羊毛产量(吨)	Output of Wool(ton)	843	963	14.2
年末牲畜存栏头数(万头只)	Total Livestock at the Year-end(10 000 heads)	55.30	70.02	26.6
#大牲畜(万头只)	Large Animals(10 000 heads)	4.28	4.36	1.9
羊(万只)	Sheep & Goats(10 000 heads)	40.32	53.57	32.9
猪(万头)	Hogs(10 000 heads)	10.70	12.09	13.0
独立核算工业	**Industry with Independent Accounting System**			
工业企业单位数(个)	Number of Industrial Enterprises(unit)	93	79	-15.1
#内资企业(个)	Civil Funded Enterprises(unit)	93	79	-15.1
工业总产值(万元)	Gross Industrial Output Value(10 000 yuan)	43260	54847	27.1
内资企业(万元)	Civil Funded Enterprises(10 000 yuan)	43260	54847	27.1
国有企业(万元)	State-owned Enterprises(10 000 yuan)	2053	1104	-56.7
集体企业(万元)	Collective-owned Enterprises(10 000 yuan)	24074	26439	15.3
股份合作企业(万元)	Share Holding Enterprises(10 000 yuan)	3939	5467	42.1
联营企业(万元)	Joint Owned Enterprises(10 000 yuan)			
有限责任公司(万元)	Limited Company(10 000 yuan)			
股份有限公司(万元)	Share Holding Limited Company(10 000 yuan)	5667	7564	30.1
私营企业(万元)	Privately Owned Enterprises(10 000 yuan)	2071	3236	52.1
其他企业(万元)	Enterprises of Other Ownership(10 000 yuan)		11037	
港澳台商投资企业(万元)	Funds from HK,Macao & Taiwan(10 000 yuan)			
外商投资企业(万元)	Foreign Funded Enterprises(10 000 yuan)			
工业企业增加值(万元)	Value Added of Industrial Enterprises(10 000 yuan)	15530	19701	27.2
工业企业资产总计(万元)	Total Assets of Industrial Enterprises(10 000 yuan)	23014	22735	-1.2
工业企业负债合计(万元)	Total Liabilities of Industrial Enterprises(10 000 yuan)	13507	12988	-3.8
工业企业产品销售收入(万元)	Sales of Revenue Industrial Enterprises(10 000 yuan)	35077	42040	19.9
工业企业利润总额(万元)	Total Profits of Industrial Enterprises(10 000 yuan)	1265	1211	-4.3
建筑业	**Construction**			
建筑企业单位数(个)	Number of Construction Enterprises(unit)	1	1	0.0
建筑企业从业人员(人)	Number of Employee in Construction Enterprises(person)	145	106	-26.9
建筑业总产值(万元)	Gross Construction Output Value(10 000 yuan)	3182	8200	157.7
交通运输邮电通信业	**Transportation,Post & Telecommunications**			
公路里程(公里)	Total Length of Highways(km)	811	581	-28.4
邮电业务总量(万元)	Business Volume of Post & Telecoms(10 000 yuan)	3473	6726	93.7
本地电话用户(户)	Number of Subscribers of Local Telephone(Household)	19644	26424	34.5
国内贸易	**Demestic Trade**			
社会消费品零售总额(万元)	Total Retail Sales of Consumer Goods(10 000 yuan)	31486	40339	28.1
#贸易业(万元)	Wholesale & Retail Sales Trades(10 000 yuan)	28616	34868	21.8
餐饮业(万元)	Catering Trade(10 000 yuan)	2048	3933	92.0
科技教育卫生	**Science,Education & Public Health**			
各类专业技术人员(人)	Speccial Technical Personnel(person)	3543	3543	0.0
幼儿园数(所)	Number of Kindergartens(unit)	5	5	0.0
学龄儿童入学率(%)	Percentage of School-Age Children Enrolled(%)	99.3	98.9	-0.3
小学学校数(所)	Number of Primary Schools(unit)	164	158	-3.7
小学专任教师数(人)	Number of Full-time Teachers of Primary Schools(person)	1428	1290	-9.7
小学在校学生数(人)	Number of Student Enrollment of Primary Schools(person)	22817	21008	-7.9
普通中学学校数(所)	Number of Regular Secondary Schools(unit)	19	19	0.0
普通中学专任教师数(人)	Number of Teachers of Secondary Shools(person)	979	988	0.9
初中在校学生数(人)	Number of Student in Junior Secondary Schools(person)	12480	12729	2.0
高中在校学生数(人)	Number of Student in Senior Secondary Schools(person)	3428	3510	2.4
卫生机构数(所)	Number of Health Institutions(unit)	29	30	3.4
#医院(所)	Hospitals(unit)	2	2	0.0
卫生院(所)	Township Hospitals(unit)	12	12	0.0
床位数(张)	Number of Beds(unit)	412	397	-3.6
#医院(张)	Hospitals(unit)	210	210	0.0
卫生院(张)	Township Hospitals(unit)	192	177	-7.8
卫生技术人员(人)	Medical Technical Presonnel(person)	758	762	0.5
#医院(人)	Hospitals(person)	338	350	3.6
卫生院(人)	Township Hospitals(person)	290	274	-5.5

23-76 锡林郭勒盟二连浩特市

指标	Item	2002	2003	2003年比上年增长% Increase Rate in 2003 Over 2002(%)
行政区域土地面积(平方公里)	**Area of Administration(Sq.km)**	**450**	**450**	**0.0**
人口和就业	**Population & Employment**			
年末总人口(人)	Total Population Year-end(person)	19017	22045	15.9
# 男性(人)	Male(person)	9845	11419	16.0
# 乡村人口(人)	Rural(person)		1480	
年末总户数(户)	Total Number of Households at the Year-end(Household)	6758	8724	29.1
# 乡村户数(户)	Number of Rural Household(Household)		420	
出生人口(人)	Births(person)	150	166	10.7
死亡人口(人)	Deaths(person)	31	18	-41.9
全社会就业人员(人)	Employment(person)	14605	17295	18.4
第一产业(人)	Primary Industry(person)	31	1137	3567.7
第二产业(人)	Secondary Industry(person)	524	535	2.1
第三产业(人)	Tertiary Industry(person)	14050	15623	11.2
在岗职工人数(人)	Number of Staff & Workers Employed in(person)	3905	3943	1.0
乡村劳动力(人)	Number of Rural Laborers(person)		1197	
# 农林牧渔业(人)	Farming,Forestry,Animal Husbandry & Fishery(person)		1099	
国民经济综合指标	**Summary Item on the National Economy**			
生产总值(万元)	Gross Domestic Product(10 000 yuan)	63454	81183	22.9
第一产业(万元)	Primary Industry(10 000 yuan)	102	426	305.0
第二产业(万元)	Secondary Industry(10 000 yuan)	13707	20281	41.8
# 工业(万元)	Industry(10 000 yuan)	1503	3335	112.9
第三产业(万元)	Tertiary Industry(10 000 yuan)	49645	60476	17.1
人均生产总值(元)	Per Capita GDP(yuan)	11385	15000	26.6
全社会固定资产投资(万元)	Total Investment in Fixed Assets(10 000 yuan)	37717	50918	35.0
按登记注册类型分	Grouped by Registered Type			
# 国有(万元)	State-owned Enterprises(10 000 yuan)	21182	29614	39.8
集体(万元)	Collective-owned Enterprises(10 000 yuan)		156	
有限责任公司(万元)	Limited Liability Corporations(10 000 yuan)			
股份有限公司(万元)	Share Holding Enterprises(10 000 yuan)			
私营企业(万元)	Private Enterprises(10 000 yuan)		8108	
外商及港澳台投资企业(万元)	Funds from HK,Macao,Taiwan & Foreign(10 000 yuan)			
按管理渠道分	Grouped by Channel of Management			
# 基本建设(万元)	Capital Construction(10 000 yuan)	22417	29878	33.3
更新改造(万元)	Innovation(10 000 yuan)			
房地产开发(万元)	Real Estate Development(10 000 yuan)	11650	13040	11.9
地方财政收入(万元)	Local Governments Revenue(10 000 yuan)	7267	8585	18.1
地方财政支出(万元)	Local Governments Expenditures(10 000 yuan)	12408	15837	27.6
城乡居民储蓄存款余额(万元)	Resident Saving Deposit in Urban & Rural(10 000 yuan)	61901	71951	16.2
在岗职工工资总额(万元)	Total Wages of Staff & Workers Empioyed in(10 000	5373	6100	13.5
在岗职工平均工资(元)	Average Wage of Staff & Workers Employed in(yuan)	14230	16476	15.8
农牧民人均纯收入(元)	Per Capita Net Income of Peasant & Herdsman(yuan)			
农村牧区经济	**Economic Development in Rural & Pastoral Area**			
耕地面积(公顷)	Cultivated Area(hectare)	30	330	1000.0
农作物总播种面积(公顷)	Total Sown Area(hectare)	30	500	1566.7
# 粮食作物播种面积(公顷)	Sown Area of Grain Crops(hectare)			
有效灌溉面积(公顷)	Irrigated Area(hectare)	30	130	333.3
农牧业机械总动力(万千瓦)	Total Power of Agricultural Machinery(10 000 kw)	0.72	0.83	15.3
化肥施用折纯量(吨)	Consumption of Chemical Fertilizer(ton)	10	25	150.0
农村用电量(万千瓦小时)	Electricity Consumed in Rural Area(10 000 kwh)		11	
农林牧渔业总产值(万元)	Gross Output of Farming,Forestry,Animal Husbandry & Fishery(10 000 yuan)	239	1117	367.2
粮食产量(吨)	Yield of Grain(ton)			
油料产量(吨)	Yield of Oil-bearing Grops(ton)			
甜菜产量(吨)	Yield of Beetroots(ton)			
猪牛羊肉产量(吨)	Output of Pork, Beef & Mutton(ton)		145	
# 猪肉产量(吨)	Output of Pork(ton)			
牛肉产量(吨)	Output of Beef(ton)		10	
羊肉产量(吨)	Output of Mutton(ton)		135	

23-76 Erlianhaote City in Xilinguole League

指标	Item	2002	2003	2003年比上年增长% Increase Rate in 2003 Over 2002(%)
羊毛产量(吨)	Output of Wool(ton)		38	
年末牲畜存栏头数(万头只)	Total Livestock at the Year-end(10 000 heads)	0.01	4.11	41000.0
# 大牲畜(万头只)	Large Animals(10 000 heads)	0.01	0.02	100.0
羊(万只)	Sheep & Goats(10 000 heads)		3.91	
猪(万头)	Hogs(10 000 heads)			
独立核算工业	**Industry with Independent Accounting System**			
工业企业单位数(个)	Number of Industrial Enterprises(unit)	11	20	81.8
# 内资企业(个)	Civil Funded Enterprises(unit)	11	20	81.8
工业总产值(万元)	Gross Industrial Output Value(10 000 yuan)	2927	5295	291.4
内资企业(万元)	Civil Funded Enterprises(10 000 yuan)	2927	5295	291.4
国有企业(万元)	State-owned Enterprises(10 000 yuan)	2285	2324	6.0
集体企业(万元)	Collective-owned Enterprises(10 000 yuan)	46	90	96.0
股份合作企业(万元)	Share Holding Enterprises(10 000 yuan)	159		
联营企业(万元)	Joint Owned Enterprises(10 000 yuan)			
有限责任公司(万元)	Limited Company(10 000 yuan)			
股份有限公司(万元)	Share Holding Limited Company(10 000 yuan)		1524	
私营企业(万元)	Privately Owned Enterprises(10 000 yuan)			
其他企业(万元)	Enterprises of Other Ownership(10 000 yuan)	437	1357	248.7
港澳台商投资企业(万元)	Funds from HK,Macao & Taiwan(10 000 yuan)			
外商投资企业(万元)	Foreign Funded Enterprises(10 000 yuan)			
工业企业增加值(万元)	Value Added of Industrial Enterprises(10 000 yuan)	1182	2375	92.8
工业企业资产总计(万元)	Total Assets of Industrial Enterprises(10 000 yuan)	3085	9175	197.4
工业企业负债合计(万元)	Total Liabilities of Industrial Enterprises(10 000 yuan)	356	6152	1628.1
工业企业产品销售收入(万元)	Sales of Revenue Industrial Enterprises(10 000 yuan)	2259	5690	151.9
工业企业利润总额(万元)	Total Profits of Industrial Enterprises(10 000 yuan)	388	217	-44.1
建筑业	**Construction**			
建筑企业单位数(个)	Number of Construction Enterprises(unit)			
建筑企业从业人员(人)	Number of Employee in Construction Enterprises(person)			
建筑业总产值(万元)	Gross Construction Output Value(10 000 yuan)			
交通运输邮电通信业	**Transportation,Post & Telecommunications**			
公路里程(公里)	Total Length of Highways(km)	29	29	0.0
邮电业务总量(万元)	Business Volume of Post & Telecoms(10 000 yuan)	1993	3602	80.7
本地电话用户(户)	Number of Subscribers of Local Telephone(Household)	10199	15907	56.0
国内贸易	**Demestic Trade**			
社会消费品零售总额(万元)	Total Retail Sales of Consumer Goods(10 000 yuan)	38607	46931	21.6
# 贸易业(万元)	Wholesale & Retail Sales Trades(10 000 yuan)	32379	40510	25.1
餐饮业(万元)	Catering Trade(10 000 yuan)	6057	6361	5.0
科技教育卫生	**Science,Education & Public Health**			
各类专业技术人员(人)	Speccial Technical Personnel(person)	583	533	-8.6
幼儿园数(所)	Number of Kindergartens(unit)	7	7	0.0
学龄儿童入学率(%)	Percentage of School-Age Children Enrolled(%)	100.0	100.0	0.0
小学学校数(所)	Number of Primary Schools(unit)	6	7	16.7
小学专任教师数(人)	Number of Full-time Teachers of Primary Schools(person)	233	233	0.0
小学在校学生数(人)	Number of Student Enrollment of Primary Schools(person)	5696	5690	-0.1
普通中学学校数(所)	Number of Regular Secondary Schools(unit)	4	4	0.0
普通中学专任教师数(人)	Number of Teachers of Secondary Shools(person)	140	153	9.3
初中在校学生数(人)	Number of Student in Junior Secondary Schools(person)	2653	2805	5.7
高中在校学生数(人)	Number of Student in Senior Secondary Schools(person)	193	317	64.2
卫生机构数(所)	Number of Health Institutions(unit)	5	5	0.0
# 医院(所)	Hospitals(unit)	2	2	0.0
卫生院(所)	Township Hospitals(unit)	3	3	0.0
床位数(张)	Number of Beds(unit)	109	121	11.0
# 医院(张)	Hospitals(unit)	92	92	0.0
卫生院(张)	Township Hospitals(unit)	17	17	0.0
卫生技术人员(人)	Medical Technical Presonnel(person)	148	176	18.9
# 医院(人)	Hospitals(person)	82	102	24.4
卫生院(人)	Township Hospitals(person)	66	66	0.0

23-77 锡林郭勒盟锡林浩特市

指标	Item	2002	2003	2003年比上年增长% Increase Rate in 2003 Over 2002(%)
行政区域土地面积(平方公里)	**Area of Administration(Sq.km)**	**15758**	**15758**	**0.0**
人口和就业	**Population & Employment**			
年末总人口(人)	Total Population Year-end(person)	147414	150357	2.0
#男性(人)	Male(person)	74834	75830	1.3
#乡村人口(人)	Rural(person)	9806	9845	0.4
年末总户数(户)	Total Number of Households at the Year-end(Household)	45774	48948	6.9
#乡村户数(户)	Number of Rural Household(Household)	2359	2369	0.4
出生人口(人)	Births(person)	4345	2261	-48.0
死亡人口(人)	Deaths(person)	285	439	54.0
全社会就业人员(人)	Employment(person)	56633	61572	8.7
第一产业(人)	Primary Industry(person)	12736	12957	1.7
第二产业(人)	Secondary Industry(person)	12302	15117	22.9
第三产业(人)	Tertiary Industry(person)	31595	33498	6.0
在岗职工人数(人)	Number of Staff & Workers Employed in(person)	39753	39203	-1.4
乡村劳动力(人)	Number of Rural Laborers(person)	5805	6006	3.5
#农林牧渔业(人)	Farming,Forestry,Animal Husbandry & Fishery(person)	5737	5738	0.0
国民经济综合指标	**Summary Item on the National Economy**			
生产总值(万元)	Gross Domestic Product(10 000 yuan)	255102	310350	14.9
第一产业(万元)	Primary Industry(10 000 yuan)	24509	26690	8.0
第二产业(万元)	Secondary Industry(10 000 yuan)	158618	202473	17.4
#工业(万元)	Industry(10 000 yuan)	118124	151256	14.7
第三产业(万元)	Tertiary Industry(10 000 yuan)	71975	81187	11.5
人均生产总值(元)	Per Capita GDP(yuan)	16095	19373	13.4
全社会固定资产投资(万元)	Total Investment in Fixed Assets(10 000 yuan)	127244	150547	18.3
按登记注册类型分	Grouped by Registered Type			
#国有(万元)	State-owned Enterprises(10 000 yuan)	88574	54404	-38.6
集体(万元)	Collective-owned Enterprises(10 000 yuan)			
有限责任公司(万元)	Limited Liability Corporations(10 000 yuan)			
股份有限公司(万元)	Share Holding Enterprises(10 000 yuan)			
私营企业(万元)	Private Enterprises(10 000 yuan)		12857	
外商及港澳台投资企业(万元)	Funds from HK,Macao,Taiwan & Foreign(10 000 yuan)			
按管理渠道分	Grouped by Channel of Management			
#基本建设(万元)	Capital Construction(10 000 yuan)	101372	117026	15.4
更新改造(万元)	Innovation(10 000 yuan)	7788	6581	-15.5
房地产开发(万元)	Real Estate Development(10 000 yuan)	8232	11143	35.4
地方财政收入(万元)	Local Governments Revenue(10 000 yuan)	8230	9378	13.9
地方财政支出(万元)	Local Governments Expenditures(10 000 yuan)	14914	18276	22.5
城乡居民储蓄存款余额(万元)	Resident Saving Deposit in Urban & Rural(10 000 yuan)	132012	138076	4.6
在岗职工工资总额(万元)	Total Wages of Staff & Workers Empioyed in(10 000	43172	46504	7.7
在岗职工平均工资(元)	Average Wage of Staff & Workers Employed in(yuan)	10451	11621	11.2
农牧民人均纯收入(元)	Per Capita Net Income of Peasant & Herdsman(yuan)	2759	3009	9.1
农村牧区经济	**Economic Development in Rural & Pastoral Area**			
耕地面积(公顷)	Cultivated Area(hectare)	13740	13430	-2.3
农作物总播种面积(公顷)	Total Sown Area(hectare)	11040	8370	-24.2
#粮食作物播种面积(公顷)	Sown Area of Grain Crops(hectare)	1700	1460	-14.1
有效灌溉面积(公顷)	Irrigated Area(hectare)	1630	2320	42.3
农牧业机械总动力(万千瓦)	Total Power of Agricultural Machinery(10 000 kw)	3.80	3.80	0.0
化肥施用折纯量(吨)	Consumption of Chemical Fertilizer(ton)	320	492	53.8
农村用电量(万千瓦小时)	Electricity Consumed in Rural Area(10 000 kwh)	225	281	24.9
农林牧渔业总产值(万元)	Gross Output of Farming,Forestry,Animal Husbandry & Fishery(10 000 yuan)	35013	37275	6.5
粮食产量(吨)	Yield of Grain(ton)	2297	4462	94.3
油料产量(吨)	Yield of Oil-bearing Grops(ton)	679	726	6.9
甜菜产量(吨)	Yield of Beetroots(ton)			
猪牛羊肉产量(吨)	Output of Pork, Beef & Mutton(ton)	11266	12034	6.8
#猪肉产量(吨)	Output of Pork(ton)	209	205	-1.9
牛肉产量(吨)	Output of Beef(ton)	941	589	-37.4
羊肉产量(吨)	Output of Mutton(ton)	9843	11240	14.2

23-77 Xilinhaote City in Xilinguole League

指 标	Item	2002	2003	2003年比上年增长% Increase Rate in 2003 Over 2002(%)
羊毛产量(吨)	Output of Wool(ton)	1041	1106	6.2
年末牲畜存栏头数(万头只)	Total Livestock at the Year-end(10 000 heads)	70.51	83.91	19.0
# 大牲畜(万头只)	Large Animals(10 000 heads)	1.72	2.31	34.3
羊(万只)	Sheep & Goats(10 000 heads)	68.54	81.37	18.7
猪(万头)	Hogs(10 000 heads)	0.25	0.23	-8.0
独立核算工业	**Industry with Independent Accounting System**			
工业企业单位数(个)	Number of Industrial Enterprises(unit)	123	109	-11.4
# 内资企业(个)	Civil Funded Enterprises(unit)	122	108	-11.5
工业总产值(万元)	Gross Industrial Output Value(10 000 yuan)	167873	201379	9.2
内资企业(万元)	Civil Funded Enterprises(10 000 yuan)	142406	200855	41.0
国有企业(万元)	State-owned Enterprises(10 000 yuan)	24865	25015	-11.4
集体企业(万元)	Collective-owned Enterprises(10 000 yuan)	8001	9665	28.6
股份合作企业(万元)	Share Holding Enterprises(10 000 yuan)	933	1040	4.3
联营企业(万元)	Joint Owned Enterprises(10 000 yuan)			
有限责任公司(万元)	Limited Company(10 000 yuan)	112606	145238	19.5
股份有限公司(万元)	Share Holding Limited Company(10 000 yuan)			
私营企业(万元)	Privately Owned Enterprises(10 000 yuan)			
其他企业(万元)	Enterprises of Other Ownership(10 000 yuan)	20866	19897	-8.7
港澳台商投资企业(万元)	Funds from HK,Macao & Taiwan(10 000 yuan)			
外商投资企业(万元)	Foreign Funded Enterprises(10 000 yuan)	602	524	25.4
工业企业增加值(万元)	Value Added of Industrial Enterprises(10 000 yuan)	114831	148532	15.9
工业企业资产总计(万元)	Total Assets of Industrial Enterprises(10 000 yuan)	354278	423428	19.5
工业企业负债合计(万元)	Total Liabilities of Industrial Enterprises(10 000 yuan)	121133	155148	28.1
工业企业产品销售收入(万元)	Sales of Revenue Industrial Enterprises(10 000 yuan)	133197	162385	21.9
工业企业利润总额(万元)	Total Profits of Industrial Enterprises(10 000 yuan)	471	1124	138.6
建筑业	**Construction**			
建筑企业单位数(个)	Number of Construction Enterprises(unit)	15	14	-6.7
建筑企业从业人员(人)	Number of Employee in Construction Enterprises(person)	5181	4247	-18.0
建筑业总产值(万元)	Gross Construction Output Value(10 000 yuan)	37148	45079	21.3
交通运输邮电通信业	**Transportation,Post & Telecommunications**			
公路里程(公里)	Total Length of Highways(km)	547	582	6.4
邮电业务总量(万元)	Business Volume of Post & Telecoms(10 000 yuan)	7870	11461	45.6
本地电话用户(户)	Number of Subscribers of Local Telephone(Household)	44818	63777	42.3
国内贸易	**Demestic Trade**			
社会消费品零售总额(万元)	Total Retail Sales of Consumer Goods(10 000 yuan)	85637	90591	5.8
# 贸易业(万元)	Wholesale & Retail Sales Trades(10 000 yuan)	59630	73658	23.5
餐饮业(万元)	Catering Trade(10 000 yuan)	15159	15670	3.4
科技教育卫生	**Science,Education & Public Health**			
各类专业技术人员(人)	Speccial Technical Personnel(person)	2809	4278	52.3
幼儿园数(所)	Number of Kindergartens(unit)	3	3	0.0
学龄儿童入学率(%)	Percentage of School-Age Children Enrolled(%)	100.0	100.0	0.0
小学学校数(所)	Number of Primary Schools(unit)	22	20	-9.1
小学专任教师数(人)	Number of Full-time Teachers of Primary Schools(person)	887	883	-0.5
小学在校学生数(人)	Number of Student Enrollment of Primary Schools(person)	13548	13252	-2.2
普通中学学校数(所)	Number of Regular Secondary Schools(unit)	11	11	0.0
普通中学专任教师数(人)	Number of Teachers of Secondary Shools(person)	918	939	2.3
初中在校学生数(人)	Number of Student in Junior Secondary Schools(person)	11586	11566	-0.2
高中在校学生数(人)	Number of Student in Senior Secondary Schools(person)	8349	9981	19.5
卫生机构数(所)	Number of Health Institutions(unit)	24	24	0.0
# 医院(所)	Hospitals(unit)	10	9	-10.0
卫生院(所)	Township Hospitals(unit)	5	5	0.0
床位数(张)	Number of Beds(unit)	817	920	12.6
# 医院(张)	Hospitals(unit)	618	576	-6.8
卫生院(张)	Township Hospitals(unit)	36	30	-16.7
卫生技术人员(人)	Medical Technical Presonnel(person)	1332	1267	-4.9
# 医院(人)	Hospitals(person)	718	735	2.4
卫生院(人)	Township Hospitals(person)	30	35	16.7

23-78 锡林郭勒盟阿巴嘎旗

指 标	Item	2002	2003	2003年比上年增长% Increase Rate in 2003 Over 2002(%)
行政区域土地面积(平方公里)	**Area of Administration(Sq.km)**	**27495**	**27495**	**0.0**
人口和就业	**Population & Employment**			
年末总人口(人)	Total Population Year-end(person)	43165	43761	1.4
# 男性(人)	Male(person)	22383	22745	1.6
# 乡村人口(人)	Rural(person)	22402	21022	-6.2
年末总户数(户)	Total Number of Households at the Year-end(Household)	13035	13196	1.2
# 乡村户数(户)	Number of Rural Household(Household)	6098	5762	-5.5
出生人口(人)	Births(person)	499	395	-20.8
死亡人口(人)	Deaths(person)	140	157	12.1
全社会就业人员(人)	Employment(person)	20340	23202	14.1
第一产业(人)	Primary Industry(person)	13313	12743	-4.3
第二产业(人)	Secondary Industry(person)	1024	1314	28.3
第三产业(人)	Tertiary Industry(person)	6003	9145	52.3
在岗职工人数(人)	Number of Staff & Workers Employed in(person)	3495	3407	-2.5
乡村劳动力(人)	Number of Rural Laborers(person)	14958	14072	-5.9
# 农林牧渔业(人)	Farming,Forestry,Animal Husbandry & Fishery(person)	12989	12245	-5.7
国民经济综合指标	**Summary Item on the National Economy**			
生产总值(万元)	Gross Domestic Product(10 000 yuan)	38133	44068	11.8
第一产业(万元)	Primary Industry(10 000 yuan)	19140	22279	9.2
第二产业(万元)	Secondary Industry(10 000 yuan)	5892	7351	20.2
# 工业(万元)	Industry(10 000 yuan)	3225	3941	17.5
第三产业(万元)	Tertiary Industry(10 000 yuan)	13101	14438	11.9
人均生产总值(元)	Per Capita GDP(yuan)	8495	9694	10.4
全社会固定资产投资(万元)	Total Investment in Fixed Assets(10 000 yuan)	8082	13518	67.3
按登记注册类型分	Grouped by Registered Type			
# 国有(万元)	State-owned Enterprises(10 000 yuan)	6818	10568	55.0
集体(万元)	Collective-owned Enterprises(10 000 yuan)			
有限责任公司(万元)	Limited Liability Corporations(10 000 yuan)			
股份有限公司(万元)	Share Holding Enterprises(10 000 yuan)			
私营企业(万元)	Private Enterprises(10 000 yuan)		1950	
外商及港澳台投资企业(万元)	Funds from HK,Macao,Taiwan & Foreign(10 000 yuan)			
按管理渠道分	Grouped by Channel of Management			
# 基本建设(万元)	Capital Construction(10 000 yuan)	5653	8845	56.5
更新改造(万元)	Innovation(10 000 yuan)	1070	1386	29.5
房地产开发(万元)	Real Estate Development(10 000 yuan)	200	1000	400.0
地方财政收入(万元)	Local Governments Revenue(10 000 yuan)	699	916	31.0
地方财政支出(万元)	Local Governments Expenditures(10 000 yuan)	6703	7496	11.8
城乡居民储蓄存款余额(万元)	Resident Saving Deposit in Urban & Rural(10 000 yuan)	18919	22237	17.5
在岗职工工资总额(万元)	Total Wages of Staff & Workers Empioyed in(10 000	3750	3894	3.8
在岗职工平均工资(元)	Average Wage of Staff & Workers Employed in(yuan)	10730	11135	3.8
农牧民人均纯收入(元)	Per Capita Net Income of Peasant & Herdsman(yuan)	2430	2606	7.2
农村牧区经济	**Economic Development in Rural & Pastoral Area**			
耕地面积(公顷)	Cultivated Area(hectare)	820	540	-34.1
农作物总播种面积(公顷)	Total Sown Area(hectare)	1070	1030	-3.7
# 粮食作物播种面积(公顷)	Sown Area of Grain Crops(hectare)			
有效灌溉面积(公顷)	Irrigated Area(hectare)	70	100	42.9
农牧业机械总动力(万千瓦)	Total Power of Agricultural Machinery(10 000 kw)	3.30	3.50	6.1
化肥施用折纯量(吨)	Consumption of Chemical Fertilizer(ton)			
农村用电量(万千瓦小时)	Electricity Consumed in Rural Area(10 000 kwh)	30	30	0.0
农林牧渔业总产值(万元)	Gross Output of Farming,Forestry,Animal Husbandry & Fishery(10 000 yuan)	28574	33250	16.4
粮食产量(吨)	Yield of Grain(ton)			
油料产量(吨)	Yield of Oil-bearing Grops(ton)			
甜菜产量(吨)	Yield of Beetroots(ton)			
猪牛羊肉产量(吨)	Output of Pork, Beef & Mutton(ton)	15624	17729	13.5
# 猪肉产量(吨)	Output of Pork(ton)	19	22	15.8
牛肉产量(吨)	Output of Beef(ton)	2698	2908	7.8
羊肉产量(吨)	Output of Mutton(ton)	12365	14799	19.7

23-78 Abaga Banner in Xilinguole League

指 标	Item	2002	2003	2003年比上年增长% Increase Rate in 2003 Over 2002(%)
羊毛产量(吨)	Output of Wool(ton)	1092	1227	12.4
年末牲畜存栏头数(万头只)	Total Livestock at the Year-end(10 000 heads)	119.82	115.64	-3.5
#大牲畜(万头只)	Large Animals(10 000 heads)	6.87	7.64	11.2
羊(万只)	Sheep & Goats(10 000 heads)	112.94	107.98	-4.4
猪(万头)	Hogs(10 000 heads)	0.01	0.02	100.0
独立核算工业	**Industry with Independent Accounting System**			
工业企业单位数(个)	Number of Industrial Enterprises(unit)	17	17	0.0
#内资企业(个)	Civil Funded Enterprises(unit)	17	17	0.0
工业总产值(万元)	Gross Industrial Output Value(10 000 yuan)	5997	7127	13.8
内资企业(万元)	Civil Funded Enterprises(10 000 yuan)	5997	7127	13.8
国有企业(万元)	State-owned Enterprises(10 000 yuan)	278	1034	65.3
集体企业(万元)	Collective-owned Enterprises(10 000 yuan)	595	793	32.6
股份合作企业(万元)	Share Holding Enterprises(10 000 yuan)	3972		
联营企业(万元)	Joint Owned Enterprises(10 000 yuan)			
有限责任公司(万元)	Limited Company(10 000 yuan)			
股份有限公司(万元)	Share Holding Limited Company(10 000 yuan)		3528	
私营企业(万元)	Privately Owned Enterprises(10 000 yuan)			
其他企业(万元)	Enterprises of Other Ownership(10 000 yuan)	1152	1772	56.7
港澳台商投资企业(万元)	Funds from HK,Macao & Taiwan(10 000 yuan)			
外商投资企业(万元)	Foreign Funded Enterprises(10 000 yuan)			
工业企业增加值(万元)	Value Added of Industrial Enterprises(10 000 yuan)	2073	2640	22.5
工业企业资产总计(万元)	Total Assets of Industrial Enterprises(10 000 yuan)	5985	6004	0.3
工业企业负债合计(万元)	Total Liabilities of Industrial Enterprises(10 000 yuan)	2105	1571	-25.4
工业企业产品销售收入(万元)	Sales of Revenue Industrial Enterprises(10 000 yuan)	6141	7254	18.1
工业企业利润总额(万元)	Total Profits of Industrial Enterprises(10 000 yuan)	288	249	-13.5
建筑业	**Construction**			
建筑企业单位数(个)	Number of Construction Enterprises(unit)	1	1	0.0
建筑企业从业人员(人)	Number of Employee in Construction Enterprises(person)	16	24	50.0
建筑业总产值(万元)	Gross Construction Output Value(10 000 yuan)	64	81	26.6
交通运输邮电通信业	**Transportation,Post & Telecommunications**			
公路里程(公里)	Total Length of Highways(km)	762	762	0.0
邮电业务总量(万元)	Business Volume of Post & Telecoms(10 000 yuan)	1049	1168	11.3
本地电话用户(户)	Number of Subscribers of Local Telephone(Household)	8640	9900	14.6
国内贸易	**Demestic Trade**			
社会消费品零售总额(万元)	Total Retail Sales of Consumer Goods(10 000 yuan)	19449	21336	9.7
#贸易业(万元)	Wholesale & Retail Sales Trades(10 000 yuan)	16987	18673	9.9
餐饮业(万元)	Catering Trade(10 000 yuan)	1715	1889	10.1
科技教育卫生	**Science,Education & Public Health**			
各类专业技术人员(人)	Speccial Technical Personnel(person)	752	1121	49.1
幼儿园数(所)	Number of Kindergartens(unit)	2	2	0.0
学龄儿童入学率(%)	Percentage of School-Age Children Enrolled(%)	100.0	100.0	0.0
小学学校数(所)	Number of Primary Schools(unit)	11	10	-9.1
小学专任教师数(人)	Number of Full-time Teachers of Primary Schools(person)	322	298	-7.5
小学在校学生数(人)	Number of Student Enrollment of Primary Schools(person)	3588	3181	-11.3
普通中学学校数(所)	Number of Regular Secondary Schools(unit)	2	2	0.0
普通中学专任教师数(人)	Number of Teachers of Secondary Shools(person)	109	164	50.5
初中在校学生数(人)	Number of Student in Junior Secondary Schools(person)	2215	2078	-6.2
高中在校学生数(人)	Number of Student in Senior Secondary Schools(person)	80	40	-50.0
卫生机构数(所)	Number of Health Institutions(unit)	18	16	-11.1
#医院(所)	Hospitals(unit)	2	2	0.0
卫生院(所)	Township Hospitals(unit)	13	11	-15.4
床位数(张)	Number of Beds(unit)	165	148	-10.3
#医院(张)	Hospitals(unit)	78	80	2.6
卫生院(张)	Township Hospitals(unit)	75	54	-28.0
卫生技术人员(人)	Medical Technical Presonnel(person)	247	251	1.6
#医院(人)	Hospitals(person)	91	119	30.8
卫生院(人)	Township Hospitals(person)	105	81	-22.9

23-79 锡林郭勒盟苏尼特左旗

指标	Item	2002	2003	2003年比上年增长% Increase Rate in 2003 Over 2002(%)
行政区域土地面积(平方公里)	**Area of Administration(Sq.km)**	**33469**	**33469**	**0.0**
人口和就业	**Population & Employment**			
年末总人口(人)	Total Population Year-end(person)	32870	33080	0.6
#男性(人)	Male(person)	16544	16603	0.4
#乡村人口(人)	Rural(person)	17317	17457	0.8
年末总户数(户)	Total Number of Households at the Year-end(Household)	9685	9893	2.1
#乡村户数(户)	Number of Rural Household(Household)	4712	4791	1.7
出生人口(人)	Births(person)	322	255	-20.8
死亡人口(人)	Deaths(person)	80	74	-7.5
全社会就业人员(人)	Employment(person)	14515	17659	21.7
第一产业(人)	Primary Industry(person)	10046	10363	3.2
第二产业(人)	Secondary Industry(person)	487	573	17.7
第三产业(人)	Tertiary Industry(person)	3982	6723	68.8
在岗职工人数(人)	Number of Staff & Workers Employed in(person)	2891	3003	3.9
乡村劳动力(人)	Number of Rural Laborers(person)	10752	10795	0.4
#农林牧渔业(人)	Farming,Forestry,Animal Husbandry & Fishery(person)	9887	9992	1.1
国民经济综合指标	**Summary Item on the National Economy**			
生产总值(万元)	Gross Domestic Product(10 000 yuan)	33089	41460	19.0
第一产业(万元)	Primary Industry(10 000 yuan)	13069	17599	20.2
第二产业(万元)	Secondary Industry(10 000 yuan)	9210	12311	30.1
#工业(万元)	Industry(10 000 yuan)	5217	6857	29.3
第三产业(万元)	Tertiary Industry(10 000 yuan)	10810	11550	8.0
人均生产总值(元)	Per Capita GDP(yuan)	9536	11981	19.4
全社会固定资产投资(万元)	Total Investment in Fixed Assets(10 000 yuan)	13243	18087	36.6
按登记注册类型分	Grouped by Registered Type			
#国有(万元)	State-owned Enterprises(10 000 yuan)	10313	15039	45.8
集体(万元)	Collective-owned Enterprises(10 000 yuan)			
有限责任公司(万元)	Limited Liability Corporations(10 000 yuan)			
股份有限公司(万元)	Share Holding Enterprises(10 000 yuan)			
私营企业(万元)	Private Enterprises(10 000 yuan)		1965	
外商及港澳台投资企业(万元)	Funds from HK,Macao,Taiwan & Foreign(10 000 yuan)			
按管理渠道分	Grouped by Channel of Management			
#基本建设(万元)	Capital Construction(10 000 yuan)	6982	10428	49.4
更新改造(万元)	Innovation(10 000 yuan)	2600	1106	-57.5
房地产开发(万元)	Real Estate Development(10 000 yuan)	1115		
地方财政收入(万元)	Local Governments Revenue(10 000 yuan)	472	703	48.9
地方财政支出(万元)	Local Governments Expenditures(10 000 yuan)	6878	6337	-7.9
城乡居民储蓄存款余额(万元)	Resident Saving Deposit in Urban & Rural(10 000 yuan)	11892	12841	8.0
在岗职工工资总额(万元)	Total Wages of Staff & Workers Empioyed in(10 000	3391	3639	7.3
在岗职工平均工资(元)	Average Wage of Staff & Workers Employed in(yuan)	11871	12122	2.1
农牧民人均纯收入(元)	Per Capita Net Income of Peasant & Herdsman(yuan)	1728	1856	7.4
农村牧区经济	**Economic Development in Rural & Pastoral Area**			
耕地面积(公顷)	Cultivated Area(hectare)	1300	2050	57.7
农作物总播种面积(公顷)	Total Sown Area(hectare)	2080	2180	4.8
#粮食作物播种面积(公顷)	Sown Area of Grain Crops(hectare)			
有效灌溉面积(公顷)	Irrigated Area(hectare)	1300	2050	57.7
农牧业机械总动力(万千瓦)	Total Power of Agricultural Machinery(10 000 kw)	2.87	4.60	60.3
化肥施用折纯量(吨)	Consumption of Chemical Fertilizer(ton)	17	13	-23.5
农村用电量(万千瓦小时)	Electricity Consumed in Rural Area(10 000 kwh)	15	14	-2.0
农林牧渔业总产值(万元)	Gross Output of Farming,Forestry,Animal Husbandry & Fishery(10 000 yuan)	19378	26320	35.8
粮食产量(吨)	Yield of Grain(ton)			
油料产量(吨)	Yield of Oil-bearing Grops(ton)			
甜菜产量(吨)	Yield of Beetroots(ton)			
猪牛羊肉产量(吨)	Output of Pork, Beef & Mutton(ton)	12764	12803	0.3
#猪肉产量(吨)	Output of Pork(ton)	14	15	7.1
牛肉产量(吨)	Output of Beef(ton)	2538	1987	-21.7
羊肉产量(吨)	Output of Mutton(ton)	9534	10801	13.3

23-79 Sunitezuo Banner in Xilinguole League

指标	Item	2002	2003	2003年比上年增长% Increase Rate in 2003 Over 2002(%)
羊毛产量(吨)	Output of Wool(ton)	665	694	4.4
年末牲畜存栏头数(万头只)	Total Livestock at the Year-end(10 000 heads)	79.30	73.19	-7.7
# 大牲畜(万头只)	Large Animals(10 000 heads)	4.32	4.60	6.5
羊(万只)	Sheep & Goats(10 000 heads)	74.97	68.57	-8.5
猪(万头)	Hogs(10 000 heads)	0.01	0.02	100.0
独立核算工业	**Industry with Independent Accounting System**			
工业企业单位数(个)	Number of Industrial Enterprises(unit)	25	30	20.0
# 内资企业(个)	Civil Funded Enterprises(unit)	25	30	20.0
工业总产值(万元)	Gross Industrial Output Value(10 000 yuan)	12067	14633	15.0
内资企业(万元)	Civil Funded Enterprises(10 000 yuan)	12067	14633	15.0
国有企业(万元)	State-owned Enterprises(10 000 yuan)	2219	3541	68.0
集体企业(万元)	Collective-owned Enterprises(10 000 yuan)	124	4	-94.7
股份合作企业(万元)	Share Holding Enterprises(10 000 yuan)			
联营企业(万元)	Joint Owned Enterprises(10 000 yuan)			
有限责任公司(万元)	Limited Company(10 000 yuan)	1976	4102	102.2
股份有限公司(万元)	Share Holding Limited Company(10 000 yuan)			
私营企业(万元)	Privately Owned Enterprises(10 000 yuan)			
其他企业(万元)	Enterprises of Other Ownership(10 000 yuan)	7748	6986	-14.9
港澳台商投资企业(万元)	Funds from HK,Macao & Taiwan(10 000 yuan)			
外商投资企业(万元)	Foreign Funded Enterprises(10 000 yuan)			
工业企业增加值(万元)	Value Added of Industrial Enterprises(10 000 yuan)	4263	5142	18.6
工业企业资产总计(万元)	Total Assets of Industrial Enterprises(10 000 yuan)	9633	12934	34.3
工业企业负债合计(万元)	Total Liabilities of Industrial Enterprises(10 000 yuan)	5082	6167	21.3
工业企业产品销售收入(万元)	Sales of Revenue Industrial Enterprises(10 000 yuan)	10444	14887	42.5
工业企业利润总额(万元)	Total Profits of Industrial Enterprises(10 000 yuan)	194	884	355.7
建筑业	**Construction**			
建筑企业单位数(个)	Number of Construction Enterprises(unit)			
建筑企业从业人员(人)	Number of Employee in Construction Enterprises(person)			
建筑业总产值(万元)	Gross Construction Output Value(10 000 yuan)			
交通运输邮电通信业	**Transportation,Post & Telecommunications**			
公路里程(公里)	Total Length of Highways(km)	1012	1012	0.0
邮电业务总量(万元)	Business Volume of Post & Telecoms(10 000 yuan)	880	826	-6.1
本地电话用户(户)	Number of Subscribers of Local Telephone(Household)	7531	8277	9.9
国内贸易	**Demestic Trade**			
社会消费品零售总额(万元)	Total Retail Sales of Consumer Goods(10 000 yuan)	9165	10267	12.0
# 贸易业(万元)	Wholesale & Retail Sales Trades(10 000 yuan)	5716	8293	45.1
餐饮业(万元)	Catering Trade(10 000 yuan)	1872	1962	4.8
科技教育卫生	**Science,Education & Public Health**			
各类专业技术人员(人)	Special Technical Personnel(person)	765	775	1.3
幼儿园数(所)	Number of Kindergartens(unit)	3	3	0.0
学龄儿童入学率(%)	Percentage of School-Age Children Enrolled(%)	100.0	100.0	0.0
小学学校数(所)	Number of Primary Schools(unit)	10	9	-10.0
小学专任教师数(人)	Number of Full-time Teachers of Primary Schools(person)	253	261	3.2
小学在校学生数(人)	Number of Student Enrollment of Primary Schools(person)	2592	2386	-7.9
普通中学学校数(所)	Number of Regular Secondary Schools(unit)	2	2	0.0
普通中学专任教师数(人)	Number of Teachers of Secondary Shools(person)	97	127	30.9
初中在校学生数(人)	Number of Student in Junior Secondary Schools(person)	1186	1673	41.1
高中在校学生数(人)	Number of Student in Senior Secondary Schools(person)	39		
卫生机构数(所)	Number of Health Institutions(unit)	13	13	0.0
# 医院(所)	Hospitals(unit)	2	2	0.0
卫生院(所)	Township Hospitals(unit)	9	9	0.0
床位数(张)	Number of Beds(unit)	84	77	-8.3
# 医院(张)	Hospitals(unit)	46	46	0.0
卫生院(张)	Township Hospitals(unit)	35	27	-22.9
卫生技术人员(人)	Medical Technical Presonnel(person)	186	203	9.1
# 医院(人)	Hospitals(person)	79	88	11.4
卫生院(人)	Township Hospitals(person)	64	64	0.0

23-80 锡林郭勒盟苏尼特右旗

指 标	Item	2002	2003	2003年比上年增长% Increase Rate in 2003 Over 2002(%)
行政区域土地面积(平方公里)	**Area of Administration(Sq.km)**	**26700**	**26700**	**0.0**
人口和就业	**Population & Employment**			
年末总人口(人)	Total Population Year-end(person)	68850	67907	-1.4
# 男性(人)	Male(person)	35172	34619	-1.6
# 乡村人口(人)	Rural(person)	31755	30116	-5.2
年末总户数(户)	Total Number of Households at the Year-end(Household)	22374	22363	0.0
# 乡村户数(户)	Number of Rural Household(Household)	8472	8102	-4.4
出生人口(人)	Births(person)	781	437	-44.0
死亡人口(人)	Deaths(person)	209	238	13.9
全社会就业人员(人)	Employment(person)	31809	34614	8.8
第一产业(人)	Primary Industry(person)	18517	18053	-2.5
第二产业(人)	Secondary Industry(person)	3124	3710	18.8
第三产业(人)	Tertiary Industry(person)	10168	12851	26.4
在岗职工人数(人)	Number of Staff & Workers Employed in(person)	7547	7266	-3.7
乡村劳动力(人)	Number of Rural Laborers(person)	21339	21415	0.4
# 农林牧渔业(人)	Farming,Forestry,Animal Husbandry & Fishery(person)	17672	17568	-0.6
国民经济综合指标	**Summary Item on the National Economy**			
生产总值(万元)	Gross Domestic Product(10 000 yuan)	64417	71339	11.7
第一产业(万元)	Primary Industry(10 000 yuan)	7756	10512	24.2
第二产业(万元)	Secondary Industry(10 000 yuan)	34807	36929	11.0
# 工业(万元)	Industry(10 000 yuan)	30857	30104	2.7
第三产业(万元)	Tertiary Industry(10 000 yuan)	21854	23898	8.4
人均生产总值(元)	Per Capita GDP(yuan)	8555	9627	13.5
全社会固定资产投资(万元)	Total Investment in Fixed Assets(10 000 yuan)	15568	28734	84.6
按登记注册类型分	Grouped by Registered Type			
# 国有(万元)	State-owned Enterprises(10 000 yuan)	7017	20477	191.8
集体(万元)	Collective-owned Enterprises(10 000 yuan)	110		
有限责任公司(万元)	Limited Liability Corporations(10 000 yuan)			
股份有限公司(万元)	Share Holding Enterprises(10 000 yuan)			
私营企业(万元)	Private Enterprises(10 000 yuan)		4757	
外商及港澳台投资企业(万元)	Funds from HK,Macao,Taiwan & Foreign(10 000 yuan)			
按管理渠道分	Grouped by Channel of Management			
# 基本建设(万元)	Capital Construction(10 000 yuan)	6531	24144	269.7
更新改造(万元)	Innovation(10 000 yuan)	4016	1291	-67.9
房地产开发(万元)	Real Estate Development(10 000 yuan)	1761	932	-47.1
地方财政收入(万元)	Local Governments Revenue(10 000 yuan)	1748	2147	22.8
地方财政支出(万元)	Local Governments Expenditures(10 000 yuan)	10014	11845	18.3
城乡居民储蓄存款余额(万元)	Resident Saving Deposit in Urban & Rural(10 000 yuan)	36567	40095	9.6
在岗职工工资总额(万元)	Total Wages of Staff & Workers Employed in(10 000	8699	8442	-3.0
在岗职工平均工资(元)	Average Wage of Staff & Workers Employed in(yuan)	10936	11091	1.4
农牧民人均纯收入(元)	Per Capita Net Income of Peasant & Herdsman(yuan)	845	1119	32.4
农村牧区经济	**Economic Development in Rural & Pastoral Area**			
耕地面积(公顷)	Cultivated Area(hectare)	2900	2370	-18.3
农作物总播种面积(公顷)	Total Sown Area(hectare)	2440	1500	-38.5
# 粮食作物播种面积(公顷)	Sown Area of Grain Crops(hectare)	570	300	-47.4
有效灌溉面积(公顷)	Irrigated Area(hectare)	1510	1400	-7.3
农牧业机械总动力(万千瓦)	Total Power of Agricultural Machinery(10 000 kw)	4.92	5.16	4.9
化肥施用折纯量(吨)	Consumption of Chemical Fertilizer(ton)	129	132	2.3
农村用电量(万千瓦小时)	Electricity Consumed in Rural Area(10 000 kwh)	129	125	-2.9
农林牧渔业总产值(万元)	Gross Output of Farming,Forestry,Animal Husbandry & Fishery(10 000 yuan)	11218	15616	39.2
粮食产量(吨)	Yield of Grain(ton)	713	563	-21.0
油料产量(吨)	Yield of Oil-bearing Grops(ton)		75	
甜菜产量(吨)	Yield of Beetroots(ton)			
猪牛羊肉产量(吨)	Output of Pork, Beef & Mutton(ton)	3491	7774	122.7
# 猪肉产量(吨)	Output of Pork(ton)	143	279	95.1
牛肉产量(吨)	Output of Beef(ton)	222	446	100.9
羊肉产量(吨)	Output of Mutton(ton)	2979	7049	136.6

23-80 Suniteyou Banner in Xilinguole League

指 标	Item	2002	2003	2003年比上年增长% Increase Rate in 2003 Over 2002(%)
羊毛产量(吨)	Output of Wool(ton)	359	448	24.8
年末牲畜存栏头数(万头只)	Total Livestock at the Year-end(10 000 heads)	61.34	67.53	10.1
# 大牲畜(万头只)	Large Animals(10 000 heads)	1.31	1.31	0.0
羊(万只)	Sheep & Goats(10 000 heads)	59.64	66.09	10.8
猪(万头)	Hogs(10 000 heads)	0.39	0.12	-69.2
独立核算工业	**Industry with Independent Accounting System**			
工业企业单位数(个)	Number of Industrial Enterprises(unit)	29	34	17.2
# 内资企业(个)	Civil Funded Enterprises(unit)	29	34	17.2
工业总产值(万元)	Gross Industrial Output Value(10 000 yuan)	47631	59404	12.9
内资企业(万元)	Civil Funded Enterprises(10 000 yuan)	47631	59404	12.9
国有企业(万元)	State-owned Enterprises(10 000 yuan)	2261	2734	24.2
集体企业(万元)	Collective-owned Enterprises(10 000 yuan)	320	814	158.2
股份合作企业(万元)	Share Holding Enterprises(10 000 yuan)	366	420	39.8
联营企业(万元)	Joint Owned Enterprises(10 000 yuan)			
有限责任公司(万元)	Limited Company(10 000 yuan)	44503	55014	12.1
股份有限公司(万元)	Share Holding Limited Company(10 000 yuan)			
私营企业(万元)	Privately Owned Enterprises(10 000 yuan)			
其他企业(万元)	Enterprises of Other Ownership(10 000 yuan)	181	422	101.0
港澳台商投资企业(万元)	Funds from HK,Macao & Taiwan(10 000 yuan)			
外商投资企业(万元)	Foreign Funded Enterprises(10 000 yuan)			
工业企业增加值(万元)	Value Added of Industrial Enterprises(10 000 yuan)	27364	26605	2.3
工业企业资产总计(万元)	Total Assets of Industrial Enterprises(10 000 yuan)	90341	90281	-0.1
工业企业负债合计(万元)	Total Liabilities of Industrial Enterprises(10 000 yuan)	36211	35874	-0.9
工业企业产品销售收入(万元)	Sales of Revenue Industrial Enterprises(10 000 yuan)	48534	55193	13.7
工业企业利润总额(万元)	Total Profits of Industrial Enterprises(10 000 yuan)	3955	4902	23.9
建筑业	**Construction**			
建筑企业单位数(个)	Number of Construction Enterprises(unit)	1	1	0.0
建筑企业从业人员(人)	Number of Employee in Construction Enterprises(person)	75	72	-4.0
建筑业总产值(万元)	Gross Construction Output Value(10 000 yuan)	1068	1068	0.0
交通运输邮电通信业	**Transportation,Post & Telecommunications**			
公路里程(公里)	Total Length of Highways(km)	774	794	2.6
邮电业务总量(万元)	Business Volume of Post & Telecoms(10 000 yuan)	1238	1190	-3.9
本地电话用户(户)	Number of Subscribers of Local Telephone(Household)	13000	15200	16.9
国内贸易	**Demestic Trade**			
社会消费品零售总额(万元)	Total Retail Sales of Consumer Goods(10 000 yuan)	21599	22836	5.7
# 贸易业(万元)	Wholesale & Retail Sales Trades(10 000 yuan)	17931	19026	6.1
餐饮业(万元)	Catering Trade(10 000 yuan)	2195	2524	15.0
科技教育卫生	**Science,Education & Public Health**			
各类专业技术人员(人)	Speccial Technical Personnel(person)	1173	1289	9.9
幼儿园数(所)	Number of Kindergartens(unit)	2	2	0.0
学龄儿童入学率(%)	Percentage of School-Age Children Enrolled(%)	100.0	100.0	0.0
小学学校数(所)	Number of Primary Schools(unit)	13	11	-15.4
小学专任教师数(人)	Number of Full-time Teachers of Primary Schools(person)	431	415	-3.7
小学在校学生数(人)	Number of Student Enrollment of Primary Schools(person)	5675	5430	-4.3
普通中学学校数(所)	Number of Regular Secondary Schools(unit)	5	5	0.0
普通中学专任教师数(人)	Number of Teachers of Secondary Shools(person)	263	266	1.1
初中在校学生数(人)	Number of Student in Junior Secondary Schools(person)	3429	3298	-3.8
高中在校学生数(人)	Number of Student in Senior Secondary Schools(person)	470	557	18.5
卫生机构数(所)	Number of Health Institutions(unit)	19	18	-5.3
# 医院(所)	Hospitals(unit)	3	3	0.0
卫生院(所)	Township Hospitals(unit)	13	12	-7.7
床位数(张)	Number of Beds(unit)	182	172	-5.5
# 医院(张)	Hospitals(unit)	122	122	0.0
卫生院(张)	Township Hospitals(unit)	44	34	-22.7
卫生技术人员(人)	Medical Technical Presonnel(person)	299	295	-1.3
# 医院(人)	Hospitals(person)	138	142	2.9
卫生院(人)	Township Hospitals(person)	93	87	-6.5

23-81 锡林郭勒盟东乌珠穆沁旗

指标	Item	2002	2003	2003年比上年增长% Increase Rate in 2003 Over 2002(%)
行政区域土地面积(平方公里)	**Area of Administration(Sq.km)**	**47554**	**47554**	**0.0**
人口和就业	**Population & Employment**			
年末总人口(人)	Total Population Year-end(person)	68280	69494	1.8
#男性(人)	Male(person)	35306	35868	1.6
#乡村人口(人)	Rural(person)	30238	30682	1.5
年末总户数(户)	Total Number of Households at the Year-end(Household)	19894	20593	3.5
#乡村户数(户)	Number of Rural Household(Household)	6871	7242	5.4
出生人口(人)	Births(person)	791	803	1.5
死亡人口(人)	Deaths(person)	264	270	2.3
全社会就业人员(人)	Employment(person)	31593	35098	11.1
第一产业(人)	Primary Industry(person)	19258	19335	0.4
第二产业(人)	Secondary Industry(person)	2119	4699	121.8
第三产业(人)	Tertiary Industry(person)	10216	11064	8.3
在岗职工人数(人)	Number of Staff & Workers Employed in(person)	7592	8420	10.9
乡村劳动力(人)	Number of Rural Laborers(person)	19007	19506	2.6
#农林牧渔业(人)	Farming,Forestry,Animal Husbandry & Fishery(person)	16959	17204	1.4
国民经济综合指标	**Summary Item on the National Economy**			
生产总值(万元)	Gross Domestic Product(10 000 yuan)	90508	117570	23.1
第一产业(万元)	Primary Industry(10 000 yuan)	42560	57083	24.3
第二产业(万元)	Secondary Industry(10 000 yuan)	30298	40442	27.1
#工业(万元)	Industry(10 000 yuan)	19123	31085	59.8
第三产业(万元)	Tertiary Industry(10 000 yuan)	17650	20045	13.1
人均生产总值(元)	Per Capita GDP(yuan)	11932	15164	19.7
全社会固定资产投资(万元)	Total Investment in Fixed Assets(10 000 yuan)	35880	40303	12.3
按登记注册类型分	Grouped by Registered Type			
#国有(万元)	State-owned Enterprises(10 000 yuan)	23007	25415	10.5
集体(万元)	Collective-owned Enterprises(10 000 yuan)		2080	
有限责任公司(万元)	Limited Liability Corporations(10 000 yuan)			
股份有限公司(万元)	Share Holding Enterprises(10 000 yuan)			
私营企业(万元)	Private Enterprises(10 000 yuan)		8508	
外商及港澳台投资企业(万元)	Funds from HK,Macao,Taiwan & Foreign(10 000 yuan)			
按管理渠道分	Grouped by Channel of Management			
#基本建设(万元)	Capital Construction(10 000 yuan)	20820	24716	18.7
更新改造(万元)	Innovation(10 000 yuan)		4629	
房地产开发(万元)	Real Estate Development(10 000 yuan)	2244	2780	23.9
地方财政收入(万元)	Local Governments Revenue(10 000 yuan)	2720	3970	46.0
地方财政支出(万元)	Local Governments Expenditures(10 000 yuan)	11259	13490	19.8
城乡居民储蓄存款余额(万元)	Resident Saving Deposit in Urban & Rural(10 000 yuan)	29113	33576	15.3
在岗职工工资总额(万元)	Total Wages of Staff & Workers Empioyed in(10 000	7291	9090	24.7
在岗职工平均工资(元)	Average Wage of Staff & Workers Employed in(yuan)	9604	10795	12.4
农牧民人均纯收入(元)	Per Capita Net Income of Peasant & Herdsman(yuan)	4879	5610	15.0
农村牧区经济	**Economic Development in Rural & Pastoral Area**			
耕地面积(公顷)	Cultivated Area(hectare)	20630	17900	-13.2
农作物总播种面积(公顷)	Total Sown Area(hectare)	13250	9550	-27.9
#粮食作物播种面积(公顷)	Sown Area of Grain Crops(hectare)	4410	350	-92.1
有效灌溉面积(公顷)	Irrigated Area(hectare)	850	850	0.0
农牧业机械总动力(万千瓦)	Total Power of Agricultural Machinery(10 000 kw)	12.42	8.33	-32.9
化肥施用折纯量(吨)	Consumption of Chemical Fertilizer(ton)	1509	1593	5.6
农村用电量(万千瓦小时)	Electricity Consumed in Rural Area(10 000 kwh)	103	104	0.6
农林牧渔业总产值(万元)	Gross Output of Farming,Forestry,Animal Husbandry & Fishery(10 000 yuan)	61549	82324	33.8
粮食产量(吨)	Yield of Grain(ton)	13028	676	-94.8
油料产量(吨)	Yield of Oil-bearing Grops(ton)	3697	2981	-19.4
甜菜产量(吨)	Yield of Beetroots(ton)			
猪牛羊肉产量(吨)	Output of Pork, Beef & Mutton(ton)	33305	41317	24.1
#猪肉产量(吨)	Output of Pork(ton)	208	247	18.8
牛肉产量(吨)	Output of Beef(ton)	4636	5969	28.8
羊肉产量(吨)	Output of Mutton(ton)	26531	35101	32.3

23-81 Dongwuzhumuqin Banner in Xilinguole League

指标	Item	2002	2003	2003年比上年增长% Increase Rate in 2003 Over 2002(%)
羊毛产量(吨)	Output of Wool(ton)	2448	2775	13.4
年末牲畜存栏头数(万头只)	Total Livestock at the Year-end(10 000 heads)	262.34	251.39	-4.2
#大牲畜(万头只)	Large Animals(10 000 heads)	11.64	10.90	-6.4
羊(万只)	Sheep & Goats(10 000 heads)	250.57	240.36	-4.1
猪(万头)	Hogs(10 000 heads)	0.13	0.13	0.0
独立核算工业	**Industry with Independent Accounting System**			
工业企业单位数(个)	Number of Industrial Enterprises(unit)	50	53	6.0
#内资企业(个)	Civil Funded Enterprises(unit)	50	53	6.0
工业总产值(万元)	Gross Industrial Output Value(10 000 yuan)	34344	56369	72.9
内资企业(万元)	Civil Funded Enterprises(10 000 yuan)	34344	56369	72.9
国有企业(万元)	State-owned Enterprises(10 000 yuan)	11380	13989	23.0
集体企业(万元)	Collective-owned Enterprises(10 000 yuan)	3323	5129	32.9
股份合作企业(万元)	Share Holding Enterprises(10 000 yuan)			
联营企业(万元)	Joint Owned Enterprises(10 000 yuan)			
有限责任公司(万元)	Limited Company(10 000 yuan)		12945	
股份有限公司(万元)	Share Holding Limited Company(10 000 yuan)			
私营企业(万元)	Privately Owned Enterprises(10 000 yuan)			
其他企业(万元)	Enterprises of Other Ownership(10 000 yuan)	19641	24306	31.7
港澳台商投资企业(万元)	Funds from HK,Macao & Taiwan(10 000 yuan)			
外商投资企业(万元)	Foreign Funded Enterprises(10 000 yuan)			
工业企业增加值(万元)	Value Added of Industrial Enterprises(10 000 yuan)	16829	28161	58.5
工业企业资产总计(万元)	Total Assets of Industrial Enterprises(10 000 yuan)	28319	72441	155.8
工业企业负债合计(万元)	Total Liabilities of Industrial Enterprises(10 000 yuan)	9787	33771	245.1
工业企业产品销售收入(万元)	Sales of Revenue Industrial Enterprises(10 000 yuan)	27438	44815	63.3
工业企业利润总额(万元)	Total Profits of Industrial Enterprises(10 000 yuan)	1663	2134	28.3
建筑业	**Construction**			
建筑企业单位数(个)	Number of Construction Enterprises(unit)			
建筑企业从业人员(人)	Number of Employee in Construction Enterprises(person)			
建筑业总产值(万元)	Gross Construction Output Value(10 000 yuan)			
交通运输邮电通信业	**Transportation,Post & Telecommunications**			
公路里程(公里)	Total Length of Highways(km)	1220	1236	1.3
邮电业务总量(万元)	Business Volume of Post & Telecoms(10 000 yuan)	1888	2497	32.3
本地电话用户(户)	Number of Subscribers of Local Telephone(Household)	14812	17437	17.7
国内贸易	**Demestic Trade**			
社会消费品零售总额(万元)	Total Retail Sales of Consumer Goods(10 000 yuan)	36013	40028	11.1
#贸易业(万元)	Wholesale & Retail Sales Trades(10 000 yuan)	27305	34234	25.4
餐饮业(万元)	Catering Trade(10 000 yuan)	4650	5010	7.7
科技教育卫生	**Science,Education & Public Health**			
各类专业技术人员(人)	Speccial Technical Personnel(person)	1610	1624	0.9
幼儿园数(所)	Number of Kindergartens(unit)	1	1	0.0
学龄儿童入学率(%)	Percentage of School-Age Children Enrolled(%)	100.0	100.0	0.0
小学学校数(所)	Number of Primary Schools(unit)	22	22	0.0
小学专任教师数(人)	Number of Full-time Teachers of Primary Schools(person)	461	434	-5.9
小学在校学生数(人)	Number of Student Enrollment of Primary Schools(person)	7342	7281	-0.8
普通中学学校数(所)	Number of Regular Secondary Schools(unit)	4	4	0.0
普通中学专任教师数(人)	Number of Teachers of Secondary Shools(person)	237	249	5.1
初中在校学生数(人)	Number of Student in Junior Secondary Schools(person)	2971	2977	0.2
高中在校学生数(人)	Number of Student in Senior Secondary Schools(person)	592	817	38.0
卫生机构数(所)	Number of Health Institutions(unit)	25	25	0.0
#医院(所)	Hospitals(unit)	3	3	0.0
卫生院(所)	Township Hospitals(unit)	18	18	0.0
床位数(张)	Number of Beds(unit)	243	244	0.4
#医院(张)	Hospitals(unit)	135	135	0.0
卫生院(张)	Township Hospitals(unit)	101	102	1.0
卫生技术人员(人)	Medical Technical Presonnel(person)	366	367	0.3
#医院(人)	Hospitals(person)	206	210	1.9
卫生院(人)	Township Hospitals(person)	113	107	-5.3

23-82 锡林郭勒盟西乌珠穆沁旗

指标	Item	2002	2003	2003年比上年增长% Increase Rate in 2003 Over 2002(%)
行政区域土地面积(平方公里)	**Area of Administration(Sq.km)**	**22960**	**22960**	**0.0**
人口和就业	**Population & Employment**			
年末总人口(人)	Total Population Year-end(person)	71514	71923	0.6
#男性(人)	Male(person)	36283	36539	0.7
#乡村人口(人)	Rural(person)	35666	34830	-2.3
年末总户数(户)	Total Number of Households at the Year-end(Household)	19284	19661	2.0
#乡村户数(户)	Number of Rural Household(Household)	8642	8688	0.5
出生人口(人)	Births(person)	658	778	18.2
死亡人口(人)	Deaths(person)	199	274	37.7
全社会就业人员(人)	Employment(person)	25084	28570	13.9
第一产业(人)	Primary Industry(person)	17372	16205	-6.7
第二产业(人)	Secondary Industry(person)	1760	2317	31.6
第三产业(人)	Tertiary Industry(person)	5952	10048	68.8
在岗职工人数(人)	Number of Staff & Workers Employed in(person)	5056	5361	6.0
乡村劳动力(人)	Number of Rural Laborers(person)	17857	17021	-4.7
#农林牧渔业(人)	Farming,Forestry,Animal Husbandry & Fishery(person)	16613	15797	-4.9
国民经济综合指标	**Summary Item on the National Economy**			
生产总值(万元)	Gross Domestic Product(10 000 yuan)	73891	86238	15.6
第一产业(万元)	Primary Industry(10 000 yuan)	39291	43630	11.0
第二产业(万元)	Secondary Industry(10 000 yuan)	12972	18385	37.3
#工业(万元)	Industry(10 000 yuan)	8595	10986	24.0
第三产业(万元)	Tertiary Industry(10 000 yuan)	21628	24223	11.0
人均生产总值(元)	Per Capita GDP(yuan)	9932	11990	14.9
全社会固定资产投资(万元)	Total Investment in Fixed Assets(10 000 yuan)	11800	23298	97.4
按登记注册类型分	Grouped by Registered Type			
#国有(万元)	State-owned Enterprises(10 000 yuan)	6984	16833	141.0
集体(万元)	Collective-owned Enterprises(10 000 yuan)			
有限责任公司(万元)	Limited Liability Corporations(10 000 yuan)			
股份有限公司(万元)	Share Holding Enterprises(10 000 yuan)			
私营企业(万元)	Private Enterprises(10 000 yuan)		3635	
外商及港澳台投资企业(万元)	Funds from HK,Macao,Taiwan & Foreign(10 000 yuan)			
按管理渠道分	Grouped by Channel of Management			
#基本建设(万元)	Capital Construction(10 000 yuan)	5677	16115	183.9
更新改造(万元)	Innovation(10 000 yuan)	3567	4208	18.0
房地产开发(万元)	Real Estate Development(10 000 yuan)		430	
地方财政收入(万元)	Local Governments Revenue(10 000 yuan)	1981	2501	26.2
地方财政支出(万元)	Local Governments Expenditures(10 000 yuan)	8929	11081	24.1
城乡居民储蓄存款余额(万元)	Resident Saving Deposit in Urban & Rural(10 000 yuan)	17634	20459	16.0
在岗职工工资总额(万元)	Total Wages of Staff & Workers Employed in(10 000	5199	5625	8.2
在岗职工平均工资(元)	Average Wage of Staff & Workers Employed in(yuan)	10327	11070	7.2
农牧民人均纯收入(元)	Per Capita Net Income of Peasant & Herdsman(yuan)	3173	3372	6.3
农村牧区经济	**Economic Development in Rural & Pastoral Area**			
耕地面积(公顷)	Cultivated Area(hectare)	4140	3890	-6.0
农作物总播种面积(公顷)	Total Sown Area(hectare)	3810	4970	30.4
#粮食作物播种面积(公顷)	Sown Area of Grain Crops(hectare)	100	270	170.0
有效灌溉面积(公顷)	Irrigated Area(hectare)	3700	3700	0.0
农牧业机械总动力(万千瓦)	Total Power of Agricultural Machinery(10 000 kw)	4.23	5.67	34.0
化肥施用折纯量(吨)	Consumption of Chemical Fertilizer(ton)	86	86	0.0
农村用电量(万千瓦小时)	Electricity Consumed in Rural Area(10 000 kwh)	150	150	0.0
农林牧渔业总产值(万元)	Gross Output of Farming,Forestry,Animal Husbandry & Fishery(10 000 yuan)	56879	63707	12.0
粮食产量(吨)	Yield of Grain(ton)	75	855	1040.0
油料产量(吨)	Yield of Oil-bearing Grops(ton)		15	
甜菜产量(吨)	Yield of Beetroots(ton)			
猪牛羊肉产量(吨)	Output of Pork, Beef & Mutton(ton)	27907	30892	10.7
#猪肉产量(吨)	Output of Pork(ton)	63	52	-17.5
牛肉产量(吨)	Output of Beef(ton)	5383	5924	10.1
羊肉产量(吨)	Output of Mutton(ton)	21250	24916	17.3

23-82 xiwuzhumuqin Banner in Xilinguole League

指标	Item	2002	2003	2003年比上年增长% Increase Rate in 2003 Over 2002(%)
羊毛产量(吨)	Output of Wool(ton)	1823	2030	11.4
年末牲畜存栏头数(万头只)	Total Livestock at the Year-end(10 000 heads)	179.42	163.53	-8.9
# 大牲畜(万头只)	Large Animals(10 000 heads)	9.08	9.08	0.0
羊(万只)	Sheep & Goats(10 000 heads)	170.30	154.40	-9.3
猪(万头)	Hogs(10 000 heads)	0.04	0.05	25.0
独立核算工业	**Industry with Independent Accounting System**			
工业企业单位数(个)	Number of Industrial Enterprises(unit)	38	40	5.3
# 内资企业(个)	Civil Funded Enterprises(unit)	38	40	5.3
工业总产值(万元)	Gross Industrial Output Value(10 000 yuan)	15900	20584	17.3
内资企业(万元)	Civil Funded Enterprises(10 000 yuan)	15900	20584	17.3
国有企业(万元)	State-owned Enterprises(10 000 yuan)	3744	4707	20.3
集体企业(万元)	Collective-owned Enterprises(10 000 yuan)	500	372	-24.1
股份合作企业(万元)	Share Holding Enterprises(10 000 yuan)			
联营企业(万元)	Joint Owned Enterprises(10 000 yuan)			
有限责任公司(万元)	Limited Company(10 000 yuan)	8966	10894	11.5
股份有限公司(万元)	Share Holding Limited Company(10 000 yuan)			
私营企业(万元)	Privately Owned Enterprises(10 000 yuan)			
其他企业(万元)	Enterprises of Other Ownership(10 000 yuan)	2690	4611	40.3
港澳台商投资企业(万元)	Funds from HK,Macao & Taiwan(10 000 yuan)			
外商投资企业(万元)	Foreign Funded Enterprises(10 000 yuan)			
工业企业增加值(万元)	Value Added of Industrial Enterprises(10 000 yuan)	5947	8011	30.7
工业企业资产总计(万元)	Total Assets of Industrial Enterprises(10 000 yuan)	17876	19287	7.9
工业企业负债合计(万元)	Total Liabilities of Industrial Enterprises(10 000 yuan)	7680	11086	44.3
工业企业产品销售收入(万元)	Sales of Revenue Industrial Enterprises(10 000 yuan)	13593	16969	24.8
工业企业利润总额(万元)	Total Profits of Industrial Enterprises(10 000 yuan)	508	861	69.5
建筑业	**Construction**			
建筑企业单位数(个)	Number of Construction Enterprises(unit)	2	2	0.0
建筑企业从业人员(人)	Number of Employee in Construction Enterprises(person)	580	310	-46.6
建筑业总产值(万元)	Gross Construction Output Value(10 000 yuan)	1155	654	-43.4
交通运输邮电通信业	**Transportation,Post & Telecommunications**			
公路里程(公里)	Total Length of Highways(km)	708	693	-2.1
邮电业务总量(万元)	Business Volume of Post & Telecoms(10 000 yuan)	814	1025	25.9
本地电话用户(户)	Number of Subscribers of Local Telephone(Household)	12215	13011	6.5
国内贸易	**Demestic Trade**			
社会消费品零售总额(万元)	Total Retail Sales of Consumer Goods(10 000 yuan)	29424	34129	16.0
# 贸易业(万元)	Wholesale & Retail Sales Trades(10 000 yuan)	13763	32846	138.7
餐饮业(万元)	Catering Trade(10 000 yuan)	1049	1234	17.6
科技教育卫生	**Science,Education & Public Health**			
各类专业技术人员(人)	Speccial Technical Personnel(person)	1319	1424	8.0
幼儿园数(所)	Number of Kindergartens(unit)	1	9	800.0
学龄儿童入学率(%)	Percentage of School-Age Children Enrolled(%)	85.5	100.0	14.5
小学学校数(所)	Number of Primary Schools(unit)	20	20	0.0
小学专任教师数(人)	Number of Full-time Teachers of Primary Schools(person)	384	382	-0.5
小学在校学生数(人)	Number of Student Enrollment of Primary Schools(person)	5388	4776	-11.4
普通中学学校数(所)	Number of Regular Secondary Schools(unit)	3	2	-33.3
普通中学专任教师数(人)	Number of Teachers of Secondary Shools(person)	238	244	2.5
初中在校学生数(人)	Number of Student in Junior Secondary Schools(person)	3193	2955	-7.5
高中在校学生数(人)	Number of Student in Senior Secondary Schools(person)	375	513	36.8
卫生机构数(所)	Number of Health Institutions(unit)	20	20	0.0
# 医院(所)	Hospitals(unit)	3	3	0.0
卫生院(所)	Township Hospitals(unit)	14	14	0.0
床位数(张)	Number of Beds(unit)	224	238	6.3
# 医院(张)	Hospitals(unit)	120	130	8.3
卫生院(张)	Township Hospitals(unit)	91	95	4.4
卫生技术人员(人)	Medical Technical Presonnel(person)	420	423	0.7
# 医院(人)	Hospitals(person)	180	180	0.0
卫生院(人)	Township Hospitals(person)	160	158	-1.3

23-83 锡林郭勒盟太仆寺旗

指 标	Item	2002	2003	2003年比上年增长% Increase Rate in 2003 Over 2002(%)
行政区域土地面积(平方公里)	**Area of Administration(Sq.km)**	**3415**	**3415**	**0.0**
人口和就业	**Population & Employment**			
年末总人口(人)	Total Population Year-end(person)	204001	202780	-0.6
#男性(人)	Male(person)	107729	106670	-1.0
#乡村人口(人)	Rural(person)	150594	138681	-7.9
年末总户数(户)	Total Number of Households at the Year-end(Household)	61459	62418	1.6
#乡村户数(户)	Number of Rural Household(Household)	42105	37652	-10.6
出生人口(人)	Births(person)	1467	945	-35.6
死亡人口(人)	Deaths(person)	1112	952	-14.4
全社会就业人员(人)	Employment(person)	88753	92326	4.0
第一产业(人)	Primary Industry(person)	65047	67529	3.8
第二产业(人)	Secondary Industry(person)	5424	6215	14.6
第三产业(人)	Tertiary Industry(person)	18282	18582	1.6
在岗职工人数(人)	Number of Staff & Workers Employed in(person)	7359	7565	2.8
乡村劳动力(人)	Number of Rural Laborers(person)	84887	81871	-3.6
#农林牧渔业(人)	Farming,Forestry,Animal Husbandry & Fishery(person)	64295	66920	4.1
国民经济综合指标	**Summary Item on the National Economy**			
生产总值(万元)	Gross Domestic Product(10 000 yuan)	71957	86782	14.1
第一产业(万元)	Primary Industry(10 000 yuan)	26438	33905	13.7
第二产业(万元)	Secondary Industry(10 000 yuan)	22729	27297	15.4
#工业(万元)	Industry(10 000 yuan)	16949	19527	9.8
第三产业(万元)	Tertiary Industry(10 000 yuan)	22790	25580	13.2
人均生产总值(元)	Per Capita GDP(yuan)	3505	4267	15.2
全社会固定资产投资(万元)	Total Investment in Fixed Assets(10 000 yuan)	17800	25857	45.3
按登记注册类型分	Grouped by Registered Type			
#国有(万元)	State-owned Enterprises(10 000 yuan)	13850	14125	2.0
集体(万元)	Collective-owned Enterprises(10 000 yuan)		55	
有限责任公司(万元)	Limited Liability Corporations(10 000 yuan)			
股份有限公司(万元)	Share Holding Enterprises(10 000 yuan)			
私营企业(万元)	Private Enterprises(10 000 yuan)		994	
外商及港澳台投资企业(万元)	Funds from HK,Macao,Taiwan & Foreign(10 000 yuan)			
按管理渠道分	Grouped by Channel of Management			
#基本建设(万元)	Capital Construction(10 000 yuan)	13850	16320	17.8
更新改造(万元)	Innovation(10 000 yuan)		1317	
房地产开发(万元)	Real Estate Development(10 000 yuan)	3340	2586	-22.6
地方财政收入(万元)	Local Governments Revenue(10 000 yuan)	1195	1640	37.2
地方财政支出(万元)	Local Governments Expenditures(10 000 yuan)	13094	12981	-0.9
城乡居民储蓄存款余额(万元)	Resident Saving Deposit in Urban & Rural(10 000 yuan)	31047	36814	18.6
在岗职工工资总额(万元)	Total Wages of Staff & Workers Empioyed in(10 000	7331	7678	4.7
在岗职工平均工资(元)	Average Wage of Staff & Workers Employed in(yuan)	9924	10259	3.4
农牧民人均纯收入(元)	Per Capita Net Income of Peasant & Herdsman(yuan)	1248	1660	33.0
农村牧区经济	**Economic Development in Rural & Pastoral Area**			
耕地面积(公顷)	Cultivated Area(hectare)	69760	61640	-11.6
农作物总播种面积(公顷)	Total Sown Area(hectare)	65000	57440	-11.6
#粮食作物播种面积(公顷)	Sown Area of Grain Crops(hectare)	27280	16220	-40.5
有效灌溉面积(公顷)	Irrigated Area(hectare)	8210	9570	16.6
农牧业机械总动力(万千瓦)	Total Power of Agricultural Machinery(10 000 kw)	9.57	10.04	4.9
化肥施用折纯量(吨)	Consumption of Chemical Fertilizer(ton)	3066	3404	11.0
农村用电量(万千瓦小时)	Electricity Consumed in Rural Area(10 000 kwh)	1117	740	-33.7
农林牧渔业总产值(万元)	Gross Output of Farming,Forestry,Animal Husbandry & Fishery(10 000 yuan)	40509	50659	25.1
粮食产量(吨)	Yield of Grain(ton)	36045	51075	41.7
油料产量(吨)	Yield of Oil-bearing Grops(ton)	2451	5993	144.5
甜菜产量(吨)	Yield of Beetroots(ton)		18315	
猪牛羊肉产量(吨)	Output of Pork, Beef & Mutton(ton)	5113	5664	10.8
#猪肉产量(吨)	Output of Pork(ton)	1335	1211	-9.3
牛肉产量(吨)	Output of Beef(ton)	630	792	25.7
羊肉产量(吨)	Output of Mutton(ton)	2432	3661	50.5

23-83 Taipusi Banner in Xilinguole League

指标	Item	2002	2003	2003年比上年增长% Increase Rate in 2003 Over 2002(%)
羊毛产量(吨)	Output of Wool(ton)	520	660	26.9
年末牲畜存栏头数(万头只)	Total Livestock at the Year-end(10 000 heads)	24.05	24.89	3.5
# 大牲畜(万头只)	Large Animals(10 000 heads)	2.17	2.78	28.1
羊(万只)	Sheep & Goats(10 000 heads)	21.06	21.15	0.4
猪(万头)	Hogs(10 000 heads)	0.82	0.96	17.1
独立核算工业	**Industry with Independent Accounting System**			
工业企业单位数(个)	Number of Industrial Enterprises(unit)	50	40	-20.0
# 内资企业(个)	Civil Funded Enterprises(unit)	50	40	-20.0
工业总产值(万元)	Gross Industrial Output Value(10 000 yuan)	17867	21274	9.8
内资企业(万元)	Civil Funded Enterprises(10 000 yuan)	17867	21274	9.8
国有企业(万元)	State-owned Enterprises(10 000 yuan)	1506	1309	16.0
集体企业(万元)	Collective-owned Enterprises(10 000 yuan)			
股份合作企业(万元)	Share Holding Enterprises(10 000 yuan)	194	181	-12.8
联营企业(万元)	Joint Owned Enterprises(10 000 yuan)			
有限责任公司(万元)	Limited Company(10 000 yuan)	8854	10245	-12.0
股份有限公司(万元)	Share Holding Limited Company(10 000 yuan)			
私营企业(万元)	Privately Owned Enterprises(10 000 yuan)			
其他企业(万元)	Enterprises of Other Ownership(10 000 yuan)	7313	9539	48.2
港澳台商投资企业(万元)	Funds from HK,Macao & Taiwan(10 000 yuan)			
外商投资企业(万元)	Foreign Funded Enterprises(10 000 yuan)			
工业企业增加值(万元)	Value Added of Industrial Enterprises(10 000 yuan)	7108	8099	8.6
工业企业资产总计(万元)	Total Assets of Industrial Enterprises(10 000 yuan)	16572	14506	-12.5
工业企业负债合计(万元)	Total Liabilities of Industrial Enterprises(10 000 yuan)	6482	6077	-6.2
工业企业产品销售收入(万元)	Sales of Revenue Industrial Enterprises(10 000 yuan)	16407	18475	12.6
工业企业利润总额(万元)	Total Profits of Industrial Enterprises(10 000 yuan)	860	409	-52.4
建筑业	**Construction**			
建筑企业单位数(个)	Number of Construction Enterprises(unit)	2	3	50.0
建筑企业从业人员(人)	Number of Employee in Construction Enterprises(person)	260	368	41.5
建筑业总产值(万元)	Gross Construction Output Value(10 000 yuan)	3671	3170	-13.6
交通运输邮电通信业	**Transportation,Post & Telecommunications**			
公路里程(公里)	Total Length of Highways(km)	785	785	0.0
邮电业务总量(万元)	Business Volume of Post & Telecoms(10 000 yuan)	1450	1700	17.2
本地电话用户(户)	Number of Subscribers of Local Telephone(Household)	15168	20000	31.9
国内贸易	**Demestic Trade**			
社会消费品零售总额(万元)	Total Retail Sales of Consumer Goods(10 000 yuan)	31612	34655	9.6
# 贸易业(万元)	Wholesale & Retail Sales Trades(10 000 yuan)	22606	31847	40.9
餐饮业(万元)	Catering Trade(10 000 yuan)	2034	2381	17.1
科技教育卫生	**Science,Education & Public Health**			
各类专业技术人员(人)	Speccial Technical Personnel(person)	2540	2735	7.7
幼儿园数(所)	Number of Kindergartens(unit)	1	1	0.0
学龄儿童入学率(%)	Percentage of School-Age Children Enrolled(%)	100.0	100.0	0.0
小学学校数(所)	Number of Primary Schools(unit)	45	45	0.0
小学专任教师数(人)	Number of Full-time Teachers of Primary Schools(person)	1109	1155	4.1
小学在校学生数(人)	Number of Student Enrollment of Primary Schools(person)	11043	10563	-4.3
普通中学学校数(所)	Number of Regular Secondary Schools(unit)	9	6	-33.3
普通中学专任教师数(人)	Number of Teachers of Secondary Shools(person)	432	415	-3.9
初中在校学生数(人)	Number of Student in Junior Secondary Schools(person)	5347	7462	39.6
高中在校学生数(人)	Number of Student in Senior Secondary Schools(person)	1842	2585	40.3
卫生机构数(所)	Number of Health Institutions(unit)	15	15	0.0
# 医院(所)	Hospitals(unit)	2	2	0.0
卫生院(所)	Township Hospitals(unit)	11	11	0.0
床位数(张)	Number of Beds(unit)	176	182	3.4
# 医院(张)	Hospitals(unit)	115	110	-4.3
卫生院(张)	Township Hospitals(unit)	49	53	8.2
卫生技术人员(人)	Medical Technical Presonnel(person)	334	363	8.7
# 医院(人)	Hospitals(person)	188	188	0.0
卫生院(人)	Township Hospitals(person)	66	87	31.8

23-84 锡林郭勒盟镶黄旗

指 标	Item	2002	2003	2003年比上年增长% Increase Rate in 2003 Over 2002(%)
行政区域土地面积(平方公里)	**Area of Administration(Sq.km)**	**4960**	**4960**	**0.0**
人口和就业	**Population & Employment**			
年末总人口(人)	Total Population Year-end(person)	27889	28365	1.7
# 男性(人)	Male(person)	14009	14289	2.0
# 乡村人口(人)	Rural(person)	14563	15741	8.1
年末总户数(户)	Total Number of Households at the Year-end(Household)	8941	8956	0.2
# 乡村户数(户)	Number of Rural Household(Household)	3934	4216	7.2
出生人口(人)	Births(person)	213	197	-7.5
死亡人口(人)	Deaths(person)	80	113	41.3
全社会就业人员(人)	Employment(person)	10305	13033	26.5
第一产业(人)	Primary Industry(person)	6884	6737	-2.1
第二产业(人)	Secondary Industry(person)	252	246	-2.4
第三产业(人)	Tertiary Industry(person)	3169	6050	90.9
在岗职工人数(人)	Number of Staff & Workers Employed in(person)	2383	2492	4.6
乡村劳动力(人)	Number of Rural Laborers(person)	7460	7660	2.7
# 农林牧渔业(人)	Farming,Forestry,Animal Husbandry & Fishery(person)	6572	6396	-2.7
国民经济综合指标	**Summary Item on the National Economy**			
生产总值(万元)	Gross Domestic Product(10 000 yuan)	11670	15548	20.3
第一产业(万元)	Primary Industry(10 000 yuan)	5084	6562	6.7
第二产业(万元)	Secondary Industry(10 000 yuan)	2120	3842	80.5
# 工业(万元)	Industry(10 000 yuan)	1470	1781	14.6
第三产业(万元)	Tertiary Industry(10 000 yuan)	4466	5144	9.0
人均生产总值(元)	Per Capita GDP(yuan)	4198	5533	19.0
全社会固定资产投资(万元)	Total Investment in Fixed Assets(10 000 yuan)	2705	9534	252.5
按登记注册类型分	Grouped by Registered Type			
# 国有(万元)	State-owned Enterprises(10 000 yuan)	2257	8983	298.0
集体(万元)	Collective-owned Enterprises(10 000 yuan)			
有限责任公司(万元)	Limited Liability Corporations(10 000 yuan)			
股份有限公司(万元)	Share Holding Enterprises(10 000 yuan)			
私营企业(万元)	Private Enterprises(10 000 yuan)		551	
外商及港澳台投资企业(万元)	Funds from HK,Macao,Taiwan & Foreign(10 000 yuan)			
按管理渠道分	Grouped by Channel of Management			
# 基本建设(万元)	Capital Construction(10 000 yuan)	2178	8682	298.6
更新改造(万元)	Innovation(10 000 yuan)	270	301	11.5
房地产开发(万元)	Real Estate Development(10 000 yuan)			
地方财政收入(万元)	Local Governments Revenue(10 000 yuan)	218	352	61.5
地方财政支出(万元)	Local Governments Expenditures(10 000 yuan)	5052	5835	15.5
城乡居民储蓄存款余额(万元)	Resident Saving Deposit in Urban & Rural(10 000 yuan)	6678	8160	22.2
在岗职工工资总额(万元)	Total Wages of Staff & Workers Empioyed in(10 000	2638	2690	2.0
在岗职工平均工资(元)	Average Wage of Staff & Workers Employed in(yuan)	11000	10785	-2.0
农牧民人均纯收入(元)	Per Capita Net Income of Peasant & Herdsman(yuan)	1168	1340	14.7
农村牧区经济	**Economic Development in Rural & Pastoral Area**			
耕地面积(公顷)	Cultivated Area(hectare)	2250	2250	0.0
农作物总播种面积(公顷)	Total Sown Area(hectare)	3780	2630	-30.4
# 粮食作物播种面积(公顷)	Sown Area of Grain Crops(hectare)	130	150	15.4
有效灌溉面积(公顷)	Irrigated Area(hectare)	420	420	0.0
农牧业机械总动力(万千瓦)	Total Power of Agricultural Machinery(10 000 kw)	1.94	1.84	-5.2
化肥施用折纯量(吨)	Consumption of Chemical Fertilizer(ton)		4	
农村用电量(万千瓦小时)	Electricity Consumed in Rural Area(10 000 kwh)	49	58	17.1
农林牧渔业总产值(万元)	Gross Output of Farming,Forestry,Animal Husbandry & Fishery(10 000 yuan)	7429	10472	41.0
粮食产量(吨)	Yield of Grain(ton)	31	117	277.4
油料产量(吨)	Yield of Oil-bearing Grops(ton)	18	34	88.9
甜菜产量(吨)	Yield of Beetroots(ton)			
猪牛羊肉产量(吨)	Output of Pork, Beef & Mutton(ton)	3117	5232	67.9
# 猪肉产量(吨)	Output of Pork(ton)	30	33	10.0
牛肉产量(吨)	Output of Beef(ton)	440	929	111.1
羊肉产量(吨)	Output of Mutton(ton)	2621	4270	62.9

23-84 Xianghuang Banner in Xilinguole League

指标	Item	2002	2003	2003年比上年增长% Increase Rate in 2003 Over 2002(%)
羊毛产量(吨)	Output of Wool(ton)	497	610	22.7
年末牲畜存栏头数(万头只)	Total Livestock at the Year-end(10 000 heads)	40.44	35.00	-13.5
#大牲畜(万头只)	Large Animals(10 000 heads)	1.32	1.36	3.0
羊(万只)	Sheep & Goats(10 000 heads)	39.11	33.62	-14.0
猪(万头)	Hogs(10 000 heads)	0.01	0.02	100.0
独立核算工业	**Industry with Independent Accounting System**			
工业企业单位数(个)	Number of Industrial Enterprises(unit)	13	13	0.0
#内资企业(个)	Civil Funded Enterprises(unit)	13	13	0.0
工业总产值(万元)	Gross Industrial Output Value(10 000 yuan)	1661	1451	61.3
内资企业(万元)	Civil Funded Enterprises(10 000 yuan)	1661	1451	61.3
国有企业(万元)	State-owned Enterprises(10 000 yuan)	268	282	-28.6
集体企业(万元)	Collective-owned Enterprises(10 000 yuan)			
股份合作企业(万元)	Share Holding Enterprises(10 000 yuan)	168	252	52.9
联营企业(万元)	Joint Owned Enterprises(10 000 yuan)			
有限责任公司(万元)	Limited Company(10 000 yuan)			
股份有限公司(万元)	Share Holding Limited Company(10 000 yuan)			
私营企业(万元)	Privately Owned Enterprises(10 000 yuan)			
其他企业(万元)	Enterprises of Other Ownership(10 000 yuan)	1225	917	72.7
港澳台商投资企业(万元)	Funds from HK,Macao & Taiwan(10 000 yuan)			
外商投资企业(万元)	Foreign Funded Enterprises(10 000 yuan)			
工业企业增加值(万元)	Value Added of Industrial Enterprises(10 000 yuan)	636	587	-12.5
工业企业资产总计(万元)	Total Assets of Industrial Enterprises(10 000 yuan)	2220	3047	37.3
工业企业负债合计(万元)	Total Liabilities of Industrial Enterprises(10 000 yuan)	427	892	108.9
工业企业产品销售收入(万元)	Sales of Revenue Industrial Enterprises(10 000 yuan)	778	1199	54.1
工业企业利润总额(万元)	Total Profits of Industrial Enterprises(10 000 yuan)	14	22	57.1
建筑业	**Construction**			
建筑企业单位数(个)	Number of Construction Enterprises(unit)			
建筑企业从业人员(人)	Number of Employee in Construction Enterprises(person)			
建筑业总产值(万元)	Gross Construction Output Value(10 000 yuan)			
交通运输邮电通信业	**Transportation,Post & Telecommunications**			
公路里程(公里)	Total Length of Highways(km)	311	311	0.0
邮电业务总量(万元)	Business Volume of Post & Telecoms(10 000 yuan)	433	456	5.3
本地电话用户(户)	Number of Subscribers of Local Telephone(Household)	4682	5414	15.6
国内贸易	**Demestic Trade**			
社会消费品零售总额(万元)	Total Retail Sales of Consumer Goods(10 000 yuan)	4789	5759	20.3
#贸易业(万元)	Wholesale & Retail Sales Trades(10 000 yuan)	4415	5405	22.4
餐饮业(万元)	Catering Trade(10 000 yuan)	256	272	6.3
科技教育卫生	**Science,Education & Public Health**			
各类专业技术人员(人)	Speccial Technical Personnel(person)	700	720	2.9
幼儿园数(所)	Number of Kindergartens(unit)	2	2	0.0
学龄儿童入学率(%)	Percentage of School-Age Children Enrolled(%)	100.0	100.0	0.0
小学学校数(所)	Number of Primary Schools(unit)	6	6	0.0
小学专任教师数(人)	Number of Full-time Teachers of Primary Schools(person)	145	144	-0.7
小学在校学生数(人)	Number of Student Enrollment of Primary Schools(person)	1701	1654	-2.8
普通中学学校数(所)	Number of Regular Secondary Schools(unit)	3	3	0.0
普通中学专任教师数(人)	Number of Teachers of Secondary Shools(person)	151	150	-0.7
初中在校学生数(人)	Number of Student in Junior Secondary Schools(person)	1414	1176	-16.8
高中在校学生数(人)	Number of Student in Senior Secondary Schools(person)	197	221	12.2
卫生机构数(所)	Number of Health Institutions(unit)	15	8	-46.7
#医院(所)	Hospitals(unit)	3	2	-33.3
卫生院(所)	Township Hospitals(unit)	9	3	-66.7
床位数(张)	Number of Beds(unit)	119	79	-33.6
#医院(张)	Hospitals(unit)	80	56	-30.0
卫生院(张)	Township Hospitals(unit)	30	14	-53.3
卫生技术人员(人)	Medical Technical Presonnel(person)	227	223	-1.8
#医院(人)	Hospitals(person)	101	97	-4.0
卫生院(人)	Township Hospitals(person)	68	67	-1.5

23-85 锡林郭勒盟正镶白旗

指标	Item	2002	2003	2003年比上年增长% Increase Rate in 2003 Over 2002(%)
行政区域土地面积(平方公里)	**Area of Administration(Sq.km)**	**6083**	**6083**	**0.0**
人口和就业	**Population & Employment**			
年末总人口(人)	Total Population Year-end(person)	70833	71350	0.7
# 男性(人)	Male(person)	36927	37126	0.5
# 乡村人口(人)	Rural(person)	54442	54293	-0.3
年末总户数(户)	Total Number of Households at the Year-end(Household)	21260	21519	1.2
# 乡村户数(户)	Number of Rural Household(Household)	14299	14279	-0.1
出生人口(人)	Births(person)	511	604	18.2
死亡人口(人)	Deaths(person)	240	325	35.4
全社会就业人员(人)	Employment(person)	35137	37021	5.4
第一产业(人)	Primary Industry(person)	27075	26967	-0.4
第二产业(人)	Secondary Industry(person)	1583	695	-56.1
第三产业(人)	Tertiary Industry(person)	6479	9359	44.5
在岗职工人数(人)	Number of Staff & Workers Employed in(person)	3765	3648	-3.1
乡村劳动力(人)	Number of Rural Laborers(person)	28890	28883	0.0
# 农林牧渔业(人)	Farming,Forestry,Animal Husbandry & Fishery(person)	26805	26724	-0.3
国民经济综合指标	**Summary Item on the National Economy**			
生产总值(万元)	Gross Domestic Product(10 000 yuan)	34256	46088	30.9
第一产业(万元)	Primary Industry(10 000 yuan)	10786	13669	21.6
第二产业(万元)	Secondary Industry(10 000 yuan)	8411	17188	98.9
# 工业(万元)	Industry(10 000 yuan)	4121	5047	19.1
第三产业(万元)	Tertiary Industry(10 000 yuan)	15059	15231	0.4
人均生产总值(元)	Per Capita GDP(yuan)	4836	6459	30.9
全社会固定资产投资(万元)	Total Investment in Fixed Assets(10 000 yuan)	10502	43668	315.8
按登记注册类型分	Grouped by Registered Type			
# 国有(万元)	State-owned Enterprises(10 000 yuan)	6795	37641	454.0
集体(万元)	Collective-owned Enterprises(10 000 yuan)		256	
有限责任公司(万元)	Limited Liability Corporations(10 000 yuan)			
股份有限公司(万元)	Share Holding Enterprises(10 000 yuan)			
私营企业(万元)	Private Enterprises(10 000 yuan)		3821	
外商及港澳台投资企业(万元)	Funds from HK,Macao,Taiwan & Foreign(10 000 yuan)			
按管理渠道分	Grouped by Channel of Management			
# 基本建设(万元)	Capital Construction(10 000 yuan)	6711	37336	456.3
更新改造(万元)	Innovation(10 000 yuan)	1038	753	-27.5
房地产开发(万元)	Real Estate Development(10 000 yuan)	161	1310	713.7
地方财政收入(万元)	Local Governments Revenue(10 000 yuan)	930	1119	20.3
地方财政支出(万元)	Local Governments Expenditures(10 000 yuan)	7609	8515	11.9
城乡居民储蓄存款余额(万元)	Resident Saving Deposit in Urban & Rural(10 000 yuan)	22252	26658	19.8
在岗职工工资总额(万元)	Total Wages of Staff & Workers Empioyed in(10 000	3764	4035	7.2
在岗职工平均工资(元)	Average Wage of Staff & Workers Employed in(yuan)	9527	11234	17.9
农牧民人均纯收入(元)	Per Capita Net Income of Peasant & Herdsman(yuan)	1078	1252	16.1
农村牧区经济	**Economic Development in Rural & Pastoral Area**			
耕地面积(公顷)	Cultivated Area(hectare)	19720	17060	-13.5
农作物总播种面积(公顷)	Total Sown Area(hectare)	14110	11610	-17.7
# 粮食作物播种面积(公顷)	Sown Area of Grain Crops(hectare)	5270	2590	-50.9
有效灌溉面积(公顷)	Irrigated Area(hectare)	2490	2620	5.2
农牧业机械总动力(万千瓦)	Total Power of Agricultural Machinery(10 000 kw)	6.17	5.62	-8.9
化肥施用折纯量(吨)	Consumption of Chemical Fertilizer(ton)	360	385	6.9
农村用电量(万千瓦小时)	Electricity Consumed in Rural Area(10 000 kwh)	195	204	4.6
农林牧渔业总产值(万元)	Gross Output of Farming,Forestry,Animal Husbandry & Fishery(10 000 yuan)	16342	21861	33.8
粮食产量(吨)	Yield of Grain(ton)	6280	7749	23.4
油料产量(吨)	Yield of Oil-bearing Grops(ton)	560	1459	160.5
甜菜产量(吨)	Yield of Beetroots(ton)			
猪牛羊肉产量(吨)	Output of Pork, Beef & Mutton(ton)	7288	6527	-10.4
# 猪肉产量(吨)	Output of Pork(ton)	123	145	17.9
牛肉产量(吨)	Output of Beef(ton)	1744	1318	-24.4
羊肉产量(吨)	Output of Mutton(ton)	5094	5064	-0.6

23-85 Zhengxiangbai Banner in Xilinguole League

指 标	Item	2002	2003	2003年比上年增长% Increase Rate in 2003 Over 2002(%)
羊毛产量(吨)	Output of Wool(ton)	864	832	-3.7
年末牲畜存栏头数(万头只)	Total Livestock at the Year-end(10 000 heads)	44.64	38.94	-12.8
# 大牲畜(万头只)	Large Animals(10 000 heads)	3.18	3.68	15.7
羊(万只)	Sheep & Goats(10 000 heads)	41.38	35.16	-15.0
猪(万头)	Hogs(10 000 heads)	0.08	0.10	25.0
独立核算工业	**Industry with Independent Accounting System**			
工业企业单位数(个)	Number of Industrial Enterprises(unit)	19	20	5.3
# 内资企业(个)	Civil Funded Enterprises(unit)	19	20	5.3
工业总产值(万元)	Gross Industrial Output Value(10 000 yuan)	6203	9071	62.1
内资企业(万元)	Civil Funded Enterprises(10 000 yuan)	6203	9071	62.1
国有企业(万元)	State-owned Enterprises(10 000 yuan)	593	844	38.9
集体企业(万元)	Collective-owned Enterprises(10 000 yuan)	24	24	
股份合作企业(万元)	Share Holding Enterprises(10 000 yuan)			
联营企业(万元)	Joint Owned Enterprises(10 000 yuan)			
有限责任公司(万元)	Limited Company(10 000 yuan)	4083	5263	47.8
股份有限公司(万元)	Share Holding Limited Company(10 000 yuan)			
私营企业(万元)	Privately Owned Enterprises(10 000 yuan)			
其他企业(万元)	Enterprises of Other Ownership(10 000 yuan)	1503	2940	88.3
港澳台商投资企业(万元)	Funds from HK,Macao & Taiwan(10 000 yuan)			
外商投资企业(万元)	Foreign Funded Enterprises(10 000 yuan)			
工业企业增加值(万元)	Value Added of Industrial Enterprises(10 000 yuan)	1999	3849	87.3
工业企业资产总计(万元)	Total Assets of Industrial Enterprises(10 000 yuan)	6261	6912	10.4
工业企业负债合计(万元)	Total Liabilities of Industrial Enterprises(10 000 yuan)	2873	3470	20.8
工业企业产品销售收入(万元)	Sales of Revenue Industrial Enterprises(10 000 yuan)	3349	6343	89.4
工业企业利润总额(万元)	Total Profits of Industrial Enterprises(10 000 yuan)	90	154	71.1
建筑业	**Construction**			
建筑企业单位数(个)	Number of Construction Enterprises(unit)	1	1	0.0
建筑企业从业人员(人)	Number of Employee in Construction Enterprises(person)		220	
建筑业总产值(万元)	Gross Construction Output Value(10 000 yuan)		580	
交通运输邮电通信业	**Transportation,Post & Telecommunications**			
公路里程(公里)	Total Length of Highways(km)	331	348	5.1
邮电业务总量(万元)	Business Volume of Post & Telecoms(10 000 yuan)	969	724	-25.3
本地电话用户(户)	Number of Subscribers of Local Telephone(Household)	7094	9075	27.9
国内贸易	**Demestic Trade**			
社会消费品零售总额(万元)	Total Retail Sales of Consumer Goods(10 000 yuan)	9002	7525	-16.4
# 贸易业(万元)	Wholesale & Retail Sales Trades(10 000 yuan)	5428	6512	20.0
餐饮业(万元)	Catering Trade(10 000 yuan)	722	752	4.2
科技教育卫生	**Science,Education & Public Health**			
各类专业技术人员(人)	Speccial Technical Personnel(person)	1406	1428	1.6
幼儿园数(所)	Number of Kindergartens(unit)	2	2	0.0
学龄儿童入学率(%)	Percentage of School-Age Children Enrolled(%)	100.0	100.0	0.0
小学学校数(所)	Number of Primary Schools(unit)	16	16	0.0
小学专任教师数(人)	Number of Full-time Teachers of Primary Schools(person)	442	375	-15.2
小学在校学生数(人)	Number of Student Enrollment of Primary Schools(person)	4307	4127	-4.2
普通中学学校数(所)	Number of Regular Secondary Schools(unit)	3	3	0.0
普通中学专任教师数(人)	Number of Teachers of Secondary Shools(person)	118	183	55.1
初中在校学生数(人)	Number of Student in Junior Secondary Schools(person)	1213	2632	117.0
高中在校学生数(人)	Number of Student in Senior Secondary Schools(person)	245	368	50.2
卫生机构数(所)	Number of Health Institutions(unit)	15	15	0.0
# 医院(所)	Hospitals(unit)	2	2	0.0
卫生院(所)	Township Hospitals(unit)	11	11	0.0
床位数(张)	Number of Beds(unit)	239	172	-28.0
# 医院(张)	Hospitals(unit)	140	110	-21.4
卫生院(张)	Township Hospitals(unit)	86	52	-39.5
卫生技术人员(人)	Medical Technical Presonnel(person)	265	246	-7.2
# 医院(人)	Hospitals(person)	133	131	-1.5
卫生院(人)	Township Hospitals(person)	75	58	-22.7

23-86 锡林郭勒盟正蓝旗

指 标	Item	2002	2003	2003年比上年增长% Increase Rate in 2003 Over 2002(%)
行政区域土地面积(平方公里)	**Area of Administration(Sq.km)**	**9963**	**9963**	**0.0**
人口和就业	**Population & Employment**			
年末总人口(人)	Total Population Year-end(person)	78728	77907	-1.0
#男性(人)	Male(person)	40299	39719	-1.4
#乡村人口(人)	Rural(person)	51392	51742	0.7
年末总户数(户)	Total Number of Households at the Year-end(Household)	21972	22590	2.8
#乡村户数(户)	Number of Rural Household(Household)	13055	13274	1.7
出生人口(人)	Births(person)	645	383	-40.6
死亡人口(人)	Deaths(person)	221	399	80.5
全社会就业人员(人)	Employment(person)	33976	38543	13.4
第一产业(人)	Primary Industry(person)	26450	27398	3.6
第二产业(人)	Secondary Industry(person)	1214	1456	19.9
第三产业(人)	Tertiary Industry(person)	6312	9689	53.5
在岗职工人数(人)	Number of Staff & Workers Employed in(person)	6668	6797	1.9
乡村劳动力(人)	Number of Rural Laborers(person)	26434	29305	10.9
#农林牧渔业(人)	Farming,Forestry,Animal Husbandry & Fishery(person)	23415	24396	4.2
国民经济综合指标	**Summary Item on the National Economy**			
生产总值(万元)	Gross Domestic Product(10 000 yuan)	40817	73535	69.1
第一产业(万元)	Primary Industry(10 000 yuan)	17054	22869	21.9
第二产业(万元)	Secondary Industry(10 000 yuan)	11212	36280	207.4
#工业(万元)	Industry(10 000 yuan)	6755	9091	28.8
第三产业(万元)	Tertiary Industry(10 000 yuan)	12551	14386	12.9
人均生产总值(元)	Per Capita GDP(yuan)	5226	9440	69.5
全社会固定资产投资(万元)	Total Investment in Fixed Assets(10 000 yuan)	11025	98581	794.2
按登记注册类型分	Grouped by Registered Type			
#国有(万元)	State-owned Enterprises(10 000 yuan)	9555	84081	780.0
集体(万元)	Collective-owned Enterprises(10 000 yuan)	260		
有限责任公司(万元)	Limited Liability Corporations(10 000 yuan)			
股份有限公司(万元)	Share Holding Enterprises(10 000 yuan)			
私营企业(万元)	Private Enterprises(10 000 yuan)		1940	
外商及港澳台投资企业(万元)	Funds from HK,Macao,Taiwan & Foreign(10 000 yuan)			
按管理渠道分	Grouped by Channel of Management			
#基本建设(万元)	Capital Construction(10 000 yuan)	7794	91791	1077.7
更新改造(万元)	Innovation(10 000 yuan)	1531		
房地产开发(万元)	Real Estate Development(10 000 yuan)		5000	
地方财政收入(万元)	Local Governments Revenue(10 000 yuan)	1006	1818	80.7
地方财政支出(万元)	Local Governments Expenditures(10 000 yuan)	7665	8944	16.7
城乡居民储蓄存款余额(万元)	Resident Saving Deposit in Urban & Rural(10 000 yuan)	19839	17371	-12.4
在岗职工工资总额(万元)	Total Wages of Staff & Workers Empioyed in(10 000	4864	6011	23.6
在岗职工平均工资(元)	Average Wage of Staff & Workers Employed in(yuan)	7360	8843	20.1
农牧民人均纯收入(元)	Per Capita Net Income of Peasant & Herdsman(yuan)	1346	1622	20.5
农村牧区经济	**Economic Development in Rural & Pastoral Area**			
耕地面积(公顷)	Cultivated Area(hectare)	17880	12190	-31.8
农作物总播种面积(公顷)	Total Sown Area(hectare)	18440	12100	-34.4
#粮食作物播种面积(公顷)	Sown Area of Grain Crops(hectare)	5960	2970	-50.2
有效灌溉面积(公顷)	Irrigated Area(hectare)	2180	3170	45.4
农牧业机械总动力(万千瓦)	Total Power of Agricultural Machinery(10 000 kw)	6.49	9.39	44.7
化肥施用折纯量(吨)	Consumption of Chemical Fertilizer(ton)	545	642	17.8
农村用电量(万千瓦小时)	Electricity Consumed in Rural Area(10 000 kwh)	400	485	21.3
农林牧渔业总产值(万元)	Gross Output of Farming,Forestry,Animal Husbandry & Fishery(10 000 yuan)	25959	34821	34.1
粮食产量(吨)	Yield of Grain(ton)	6387	12134	90.0
油料产量(吨)	Yield of Oil-bearing Grops(ton)	117	711	507.7
甜菜产量(吨)	Yield of Beetroots(ton)		135	
猪牛羊肉产量(吨)	Output of Pork, Beef & Mutton(ton)	9452	9636	1.9
#猪肉产量(吨)	Output of Pork(ton)	385	269	-30.1
牛肉产量(吨)	Output of Beef(ton)	4323	4963	14.8
羊肉产量(吨)	Output of Mutton(ton)	4540	4404	-3.0

23-86 Zhenglan Banner in Xilinguole League

指标	Item	2002	2003	2003年比上年增长% Increase Rate in 2003 Over 2002(%)
羊毛产量(吨)	Output of Wool(ton)	965	976	1.1
年末牲畜存栏头数(万头只)	Total Livestock at the Year-end(10 000 heads)	41.19	35.83	-13.0
#大牲畜(万头只)	Large Animals(10 000 heads)	9.15	9.99	9.2
羊(万只)	Sheep & Goats(10 000 heads)	31.75	25.62	-19.3
猪(万头)	Hogs(10 000 heads)	0.29	0.22	-24.1
独立核算工业	**Industry with Independent Accounting System**			
工业企业单位数(个)	Number of Industrial Enterprises(unit)	19	18	-5.3
#内资企业(个)	Civil Funded Enterprises(unit)	19	18	-5.3
工业总产值(万元)	Gross Industrial Output Value(10 000 yuan)	7750	12370	71.3
内资企业(万元)	Civil Funded Enterprises(10 000 yuan)	7750	12370	71.3
国有企业(万元)	State-owned Enterprises(10 000 yuan)	892	4931	202.4
集体企业(万元)	Collective-owned Enterprises(10 000 yuan)	8		
股份合作企业(万元)	Share Holding Enterprises(10 000 yuan)	4340	4696	8.4
联营企业(万元)	Joint Owned Enterprises(10 000 yuan)			
有限责任公司(万元)	Limited Company(10 000 yuan)	1218	1344	1351.4
股份有限公司(万元)	Share Holding Limited Company(10 000 yuan)			
私营企业(万元)	Privately Owned Enterprises(10 000 yuan)			
其他企业(万元)	Enterprises of Other Ownership(10 000 yuan)	1292	1399	19.7
港澳台商投资企业(万元)	Funds from HK,Macao & Taiwan(10 000 yuan)			
外商投资企业(万元)	Foreign Funded Enterprises(10 000 yuan)			
工业企业增加值(万元)	Value Added of Industrial Enterprises(10 000 yuan)	2814	4980	69.4
工业企业资产总计(万元)	Total Assets of Industrial Enterprises(10 000 yuan)	5854	9471	61.8
工业企业负债合计(万元)	Total Liabilities of Industrial Enterprises(10 000 yuan)	2753	5015	82.2
工业企业产品销售收入(万元)	Sales of Revenue Industrial Enterprises(10 000 yuan)	4978	9128	83.4
工业企业利润总额(万元)	Total Profits of Industrial Enterprises(10 000 yuan)	100	73	-27.0
建筑业	**Construction**			
建筑企业单位数(个)	Number of Construction Enterprises(unit)			
建筑企业从业人员(人)	Number of Employee in Construction Enterprises(person)			
建筑业总产值(万元)	Gross Construction Output Value(10 000 yuan)			
交通运输邮电通信业	**Transportation,Post & Telecommunications**			
公路里程(公里)	Total Length of Highways(km)	501	501	0.0
邮电业务总量(万元)	Business Volume of Post & Telecoms(10 000 yuan)	900	1143	27.0
本地电话用户(户)	Number of Subscribers of Local Telephone(Household)	8850	12177	37.6
国内贸易	**Demestic Trade**			
社会消费品零售总额(万元)	Total Retail Sales of Consumer Goods(10 000 yuan)	17663	18687	5.8
#贸易业(万元)	Wholesale & Retail Sales Trades(10 000 yuan)	16582	17690	6.7
餐饮业(万元)	Catering Trade(10 000 yuan)	745	654	-12.2
科技教育卫生	**Science,Education & Public Health**			
各类专业技术人员(人)	Speccial Technical Personnel(person)	1361	1295	-4.8
幼儿园数(所)	Number of Kindergartens(unit)	2	2	0.0
学龄儿童入学率(%)	Percentage of School-Age Children Enrolled(%)	100.0	100.0	0.0
小学学校数(所)	Number of Primary Schools(unit)	21	16	-23.8
小学专任教师数(人)	Number of Full-time Teachers of Primary Schools(person)	379	390	2.9
小学在校学生数(人)	Number of Student Enrollment of Primary Schools(person)	5272	4820	-8.6
普通中学学校数(所)	Number of Regular Secondary Schools(unit)	4	4	0.0
普通中学专任教师数(人)	Number of Teachers of Secondary Shools(person)	167	177	6.0
初中在校学生数(人)	Number of Student in Junior Secondary Schools(person)	2062	2043	-0.9
高中在校学生数(人)	Number of Student in Senior Secondary Schools(person)	462	508	10.0
卫生机构数(所)	Number of Health Institutions(unit)	17	17	0.0
#医院(所)	Hospitals(unit)	2	2	0.0
卫生院(所)	Township Hospitals(unit)	13	13	0.0
床位数(张)	Number of Beds(unit)	173	160	-7.5
#医院(张)	Hospitals(unit)	86	86	0.0
卫生院(张)	Township Hospitals(unit)	82	69	-15.9
卫生技术人员(人)	Medical Technical Presonnel(person)	229	220	-3.9
#医院(人)	Hospitals(person)	104	96	-7.7
卫生院(人)	Township Hospitals(person)	86	86	0.0

23-87 锡林郭勒盟多伦县

指标	Item	2002	2003	2003年比上年增长% Increase Rate in 2003 Over 2002(%)
行政区域土地面积(平方公里)	**Area of Administration(Sq.km)**	**3773**	**3773**	**0.0**
人口和就业	**Population & Employment**			
年末总人口(人)	Total Population Year-end(person)	100489	100767	0.3
#男性(人)	Male(person)	52070	51837	-0.4
#乡村人口(人)	Rural(person)	71286	70192	-1.5
年末总户数(户)	Total Number of Households at the Year-end(Household)	29024	29761	2.5
#乡村户数(户)	Number of Rural Household(Household)	18840	18193	-3.4
出生人口(人)	Births(person)	557	563	1.1
死亡人口(人)	Deaths(person)	380	348	-8.4
全社会就业人员(人)	Employment(person)	45603	46477	1.9
第一产业(人)	Primary Industry(person)	32609	31444	-3.6
第二产业(人)	Secondary Industry(person)	1839	1500	-18.4
第三产业(人)	Tertiary Industry(person)	11155	13533	21.3
在岗职工人数(人)	Number of Staff & Workers Employed in(person)	5131	4881	-4.9
乡村劳动力(人)	Number of Rural Laborers(person)	42772	41995	-1.8
#农林牧渔业(人)	Farming,Forestry,Animal Husbandry & Fishery(person)	32185	31181	-3.1
国民经济综合指标	**Summary Item on the National Economy**			
生产总值(万元)	Gross Domestic Product(10 000 yuan)	52079	61499	12.6
第一产业(万元)	Primary Industry(10 000 yuan)	23772	28964	10.6
第二产业(万元)	Secondary Industry(10 000 yuan)	11325	13810	20.6
#工业(万元)	Industry(10 000 yuan)	6019	7478	21.6
第三产业(万元)	Tertiary Industry(10 000 yuan)	16982	18725	10.1
人均生产总值(元)	Per Capita GDP(yuan)	5161	6113	13.0
全社会固定资产投资(万元)	Total Investment in Fixed Assets(10 000 yuan)	15660	24139	54.1
按登记注册类型分	Grouped by Registered Type			
#国有(万元)	State-owned Enterprises(10 000 yuan)	12281	15991	30.2
集体(万元)	Collective-owned Enterprises(10 000 yuan)	60		
有限责任公司(万元)	Limited Liability Corporations(10 000 yuan)			
股份有限公司(万元)	Share Holding Enterprises(10 000 yuan)			
私营企业(万元)	Private Enterprises(10 000 yuan)		7966	
外商及港澳台投资企业(万元)	Funds from HK,Macao,Taiwan & Foreign(10 000 yuan)			
按管理渠道分	Grouped by Channel of Management			
#基本建设(万元)	Capital Construction(10 000 yuan)	12020	22138	84.2
更新改造(万元)	Innovation(10 000 yuan)	1379		
房地产开发(万元)	Real Estate Development(10 000 yuan)	200		
地方财政收入(万元)	Local Governments Revenue(10 000 yuan)	1277	2093	63.9
地方财政支出(万元)	Local Governments Expenditures(10 000 yuan)	10112	12121	19.9
城乡居民储蓄存款余额(万元)	Resident Saving Deposit in Urban & Rural(10 000 yuan)	15994	20050	25.4
在岗职工工资总额(万元)	Total Wages of Staff & Workers Empioyed in(10 000	5109	5108	0.0
在岗职工平均工资(元)	Average Wage of Staff & Workers Employed in(yuan)	9726	10314	6.0
农牧民人均纯收入(元)	Per Capita Net Income of Peasant & Herdsman(yuan)	1410	1600	13.5
农村牧区经济	**Economic Development in Rural & Pastoral Area**			
耕地面积(公顷)	Cultivated Area(hectare)	46900	39570	-15.6
农作物总播种面积(公顷)	Total Sown Area(hectare)	58710	46820	-20.3
#粮食作物播种面积(公顷)	Sown Area of Grain Crops(hectare)	20800	22540	8.4
有效灌溉面积(公顷)	Irrigated Area(hectare)	5480	3280	-40.1
农牧业机械总动力(万千瓦)	Total Power of Agricultural Machinery(10 000 kw)	5.97	7.94	33.0
化肥施用折纯量(吨)	Consumption of Chemical Fertilizer(ton)	1645	1600	-2.7
农村用电量(万千瓦小时)	Electricity Consumed in Rural Area(10 000 kwh)	409	386	-5.6
农林牧渔业总产值(万元)	Gross Output of Farming,Forestry,Animal Husbandry & Fishery(10 000 yuan)	34222	42407	23.9
粮食产量(吨)	Yield of Grain(ton)	37330	68518	83.5
油料产量(吨)	Yield of Oil-bearing Grops(ton)	1950	698	-64.2
甜菜产量(吨)	Yield of Beetroots(ton)			
猪牛羊肉产量(吨)	Output of Pork, Beef & Mutton(ton)	12073	9511	-21.2
#猪肉产量(吨)	Output of Pork(ton)	4430	2544	-42.6
牛肉产量(吨)	Output of Beef(ton)	2230	2590	16.1
羊肉产量(吨)	Output of Mutton(ton)	4966	4377	-11.9

23-87 Duolun County in Xilinguole League

指标	Item	2002	2003	2003年比上年增长% Increase Rate in 2003 Over 2002(%)
羊毛产量(吨)	Output of Wool(ton)	1255	1360	8.4
年末牲畜存栏头数(万头只)	Total Livestock at the Year-end(10 000 heads)	36.83	29.56	-19.7
#大牲畜(万头只)	Large Animals(10 000 heads)	4.09	4.34	6.1
羊(万只)	Sheep & Goats(10 000 heads)	29.16	23.66	-18.9
猪(万头)	Hogs(10 000 heads)	3.58	1.56	-56.4
独立核算工业	**Industry with Independent Accounting System**			
工业企业单位数(个)	Number of Industrial Enterprises(unit)	26	27	3.8
#内资企业(个)	Civil Funded Enterprises(unit)	26	27	3.8
工业总产值(万元)	Gross Industrial Output Value(10 000 yuan)	6801	11022	65.1
内资企业(万元)	Civil Funded Enterprises(10 000 yuan)	6801	11022	65.1
国有企业(万元)	State-owned Enterprises(10 000 yuan)	535	861	102.1
集体企业(万元)	Collective-owned Enterprises(10 000 yuan)			
股份合作企业(万元)	Share Holding Enterprises(10 000 yuan)	1842	1133	-33.3
联营企业(万元)	Joint Owned Enterprises(10 000 yuan)			
有限责任公司(万元)	Limited Company(10 000 yuan)	2074	3033	79.4
股份有限公司(万元)	Share Holding Limited Company(10 000 yuan)			
私营企业(万元)	Privately Owned Enterprises(10 000 yuan)			
其他企业(万元)	Enterprises of Other Ownership(10 000 yuan)	2350	5995	103.4
港澳台商投资企业(万元)	Funds from HK,Macao & Taiwan(10 000 yuan)			
外商投资企业(万元)	Foreign Funded Enterprises(10 000 yuan)			
工业企业增加值(万元)	Value Added of Industrial Enterprises(10 000 yuan)	2668	4139	51.8
工业企业资产总计(万元)	Total Assets of Industrial Enterprises(10 000 yuan)	3932	16385	316.7
工业企业负债合计(万元)	Total Liabilities of Industrial Enterprises(10 000 yuan)	1818	10424	473.4
工业企业产品销售收入(万元)	Sales of Revenue Industrial Enterprises(10 000 yuan)	2442	9069	271.4
工业企业利润总额(万元)	Total Profits of Industrial Enterprises(10 000 yuan)	92	154	67.4
建筑业	**Construction**			
建筑企业单位数(个)	Number of Construction Enterprises(unit)	2	2	0.0
建筑企业从业人员(人)	Number of Employee in Construction Enterprises(person)	60	86	43.3
建筑业总产值(万元)	Gross Construction Output Value(10 000 yuan)	194	430	121.6
交通运输邮电通信业	**Transportation,Post & Telecommunications**			
公路里程(公里)	Total Length of Highways(km)	520	520	0.0
邮电业务总量(万元)	Business Volume of Post & Telecoms(10 000 yuan)	1004	1262	25.7
本地电话用户(户)	Number of Subscribers of Local Telephone(Household)	9532	10844	13.8
国内贸易	**Demestic Trade**			
社会消费品零售总额(万元)	Total Retail Sales of Consumer Goods(10 000 yuan)	16110	17928	11.3
#贸易业(万元)	Wholesale & Retail Sales Trades(10 000 yuan)	12335	14535	17.8
餐饮业(万元)	Catering Trade(10 000 yuan)	690	773	12.0
科技教育卫生	**Science,Education & Public Health**			
各类专业技术人员(人)	Speccial Technical Personnel(person)	1482	1513	2.1
幼儿园数(所)	Number of Kindergartens(unit)	2	3	50.0
学龄儿童入学率(%)	Percentage of School-Age Children Enrolled(%)	100.0	100.0	0.0
小学学校数(所)	Number of Primary Schools(unit)	33	30	-9.1
小学专任教师数(人)	Number of Full-time Teachers of Primary Schools(person)	575	577	0.3
小学在校学生数(人)	Number of Student Enrollment of Primary Schools(person)	7838	6947	-11.4
普通中学学校数(所)	Number of Regular Secondary Schools(unit)	7	5	-28.6
普通中学专任教师数(人)	Number of Teachers of Secondary Shools(person)	297	284	-4.4
初中在校学生数(人)	Number of Student in Junior Secondary Schools(person)	4004	3929	-1.9
高中在校学生数(人)	Number of Student in Senior Secondary Schools(person)	1142	1131	-1.0
卫生机构数(所)	Number of Health Institutions(unit)	15	14	-6.7
#医院(所)	Hospitals(unit)	2	2	0.0
卫生院(所)	Township Hospitals(unit)	11	10	-9.1
床位数(张)	Number of Beds(unit)	147	130	-11.6
#医院(张)	Hospitals(unit)	90	91	1.1
卫生院(张)	Township Hospitals(unit)	49	31	-36.7
卫生技术人员(人)	Medical Technical Presonnel(person)	226	216	-4.4
#医院(人)	Hospitals(person)	106	103	-2.8
卫生院(人)	Township Hospitals(person)	55	52	-5.5

23-88 乌兰察布盟集宁市

指 标	Item	2002	2003	2003年比上年增长% Increase Rate in 2003 Over 2002(%)
行政区域土地面积(平方公里)	**Area of Administration(Sq.km)**	**114**	**114**	**0.0**
人口和就业	**Population & Employment**			
年末总人口(人)	Total Population Year-end(person)	254559	257869	1.3
#男性(人)	Male(person)	131144	132171	0.8
#乡村人口(人)	Rural(person)	27368	26796	-2.1
年末总户数(户)	Total Number of Households at the Year-end(Household)	80748	83282	3.1
#乡村户数(户)	Number of Rural Household(Household)	10123	10184	0.6
出生人口(人)	Births(person)	2110	1966	-6.8
死亡人口(人)	Deaths(person)	441	535	21.3
全社会就业人员(人)	Employment(person)	127191	129683	2.0
第一产业(人)	Primary Industry(person)	12578	12697	0.9
第二产业(人)	Secondary Industry(person)	32403	33541	3.5
第三产业(人)	Tertiary Industry(person)	82210	83445	1.5
在岗职工人数(人)	Number of Staff & Workers Employed in(person)	34342	35480	3.3
乡村劳动力(人)	Number of Rural Laborers(person)	16026	18374	14.7
#农林牧渔业(人)	Farming,Forestry,Animal Husbandry & Fishery(person)	5539	7638	37.9
国民经济综合指标	**Summary Item on the National Economy**			
生产总值(万元)	Gross Domestic Product(10 000 yuan)	245390	325960	29.5
第一产业(万元)	Primary Industry(10 000 yuan)	9805	6708	6.1
第二产业(万元)	Secondary Industry(10 000 yuan)	64237	125000	88.8
#工业(万元)	Industry(10 000 yuan)	42100	53900	24.2
第三产业(万元)	Tertiary Industry(10 000 yuan)	171348	194252	8.4
人均生产总值(元)	Per Capita GDP(yuan)	9122	11223	23.0
全社会固定资产投资(万元)	Total Investment in Fixed Assets(10 000 yuan)	116341	249012	114.0
按登记注册类型分	Grouped by Registered Type			
#国有(万元)	State-owned Enterprises(10 000 yuan)	86925	217875	150.6
集体(万元)	Collective-owned Enterprises(10 000 yuan)	60		
有限责任公司(万元)	Limited Liability Corporations(10 000 yuan)			
股份有限公司(万元)	Share Holding Enterprises(10 000 yuan)			
私营企业(万元)	Private Enterprises(10 000 yuan)		25135	
外商及港澳台投资企业(万元)	Funds from HK,Macao,Taiwan & Foreign(10 000 yuan)			
按管理渠道分	Grouped by Channel of Management			
#基本建设(万元)	Capital Construction(10 000 yuan)	75527	189520	150.9
更新改造(万元)	Innovation(10 000 yuan)	11100	16502	48.7
房地产开发(万元)	Real Estate Development(10 000 yuan)	17043	9983	-41.4
地方财政收入(万元)	Local Governments Revenue(10 000 yuan)	13034	15811	21.3
地方财政支出(万元)	Local Governments Expenditures(10 000 yuan)	23524	27628	17.4
城乡居民储蓄存款余额(万元)	Resident Saving Deposit in Urban & Rural(10 000 yuan)	327461	451870	38.0
在岗职工工资总额(万元)	Total Wages of Staff & Workers Empioyed in(10 000	39062	43398	11.1
在岗职工平均工资(元)	Average Wage of Staff & Workers Employed in(yuan)	11155	12239	9.7
农牧民人均纯收入(元)	Per Capita Net Income of Peasant & Herdsman(yuan)	2304	2802	21.6
农村牧区经济	**Economic Development in Rural & Pastoral Area**			
耕地面积(公顷)	Cultivated Area(hectare)	1500	1210	-19.3
农作物总播种面积(公顷)	Total Sown Area(hectare)	1408	1393	-1.1
#粮食作物播种面积(公顷)	Sown Area of Grain Crops(hectare)	733	590	-19.5
有效灌溉面积(公顷)	Irrigated Area(hectare)	540	670	24.1
农牧业机械总动力(万千瓦)	Total Power of Agricultural Machinery(10 000 kw)	4.40	5.10	15.9
化肥施用折纯量(吨)	Consumption of Chemical Fertilizer(ton)	226	273	20.8
农村用电量(万千瓦小时)	Electricity Consumed in Rural Area(10 000 kwh)	498	499	0.2
农林牧渔业总产值(万元)	Gross Output of Farming,Forestry,Animal Husbandry & Fishery(10 000 yuan)	11885	11143	-6.3
粮食产量(吨)	Yield of Grain(ton)	2088	1902	-8.9
油料产量(吨)	Yield of Oil-bearing Grops(ton)			
甜菜产量(吨)	Yield of Beetroots(ton)			
猪牛羊肉产量(吨)	Output of Pork, Beef & Mutton(ton)	1656	1728	4.3
#猪肉产量(吨)	Output of Pork(ton)	1361	1259	-7.5
牛肉产量(吨)	Output of Beef(ton)	47	13	-72.3
羊肉产量(吨)	Output of Mutton(ton)	248	456	83.9

23-88 Jining City in Wulanchabu League

指标	Item	2002	2003	2003年比上年增长% Increase Rate in 2003 Over 2002(%)
羊毛产量(吨)	Output of Wool(ton)	96	61	-36.5
年末牲畜存栏头数(万头只)	Total Livestock at the Year-end(10 000 heads)	2.79	3.00	7.5
#大牲畜(万头只)	Large Animals(10 000 heads)	0.40	0.61	52.5
羊(万只)	Sheep & Goats(10 000 heads)	1.58	1.50	-5.1
猪(万头)	Hogs(10 000 heads)	0.81	0.89	9.9
独立核算工业	**Industry with Independent Accounting System**			
工业企业单位数(个)	Number of Industrial Enterprises(unit)	34	57	67.6
#内资企业(个)	Civil Funded Enterprises(unit)	32	57	78.1
工业总产值(万元)	Gross Industrial Output Value(10 000 yuan)	120752	152156	26.0
内资企业(万元)	Civil Funded Enterprises(10 000 yuan)	108838	133083	22.3
国有企业(万元)	State-owned Enterprises(10 000 yuan)	30653	33118	8.0
集体企业(万元)	Collective-owned Enterprises(10 000 yuan)	1270	1561	22.9
股份合作企业(万元)	Share Holding Enterprises(10 000 yuan)			
联营企业(万元)	Joint Owned Enterprises(10 000 yuan)			
有限责任公司(万元)	Limited Company(10 000 yuan)	14339	16537	15.3
股份有限公司(万元)	Share Holding Limited Company(10 000 yuan)	1780	13755	672.6
私营企业(万元)	Privately Owned Enterprises(10 000 yuan)	19079	21180	11.0
其他企业(万元)	Enterprises of Other Ownership(10 000 yuan)	41717	46931	12.5
港澳台商投资企业(万元)	Funds from HK,Macao & Taiwan(10 000 yuan)	11324	19073	68.4
外商投资企业(万元)	Foreign Funded Enterprises(10 000 yuan)	589		
工业企业增加值(万元)	Value Added of Industrial Enterprises(10 000 yuan)	42263	53255	26.0
工业企业资产总计(万元)	Total Assets of Industrial Enterprises(10 000 yuan)	150012	160794	7.2
工业企业负债合计(万元)	Total Liabilities of Industrial Enterprises(10 000 yuan)	87006	8548	-90.2
工业企业产品销售收入(万元)	Sales of Revenue Industrial Enterprises(10 000 yuan)	97376	119913	23.1
工业企业利润总额(万元)	Total Profits of Industrial Enterprises(10 000 yuan)	7531	9112	21.0
建筑业	**Construction**			
建筑企业单位数(个)	Number of Construction Enterprises(unit)	21	19	-9.5
建筑企业从业人员(人)	Number of Employee in Construction Enterprises(person)	11919	13408	12.5
建筑业总产值(万元)	Gross Construction Output Value(10 000 yuan)	42240	54314	28.6
交通运输邮电通信业	**Transportation,Post & Telecommunications**			
公路里程(公里)	Total Length of Highways(km)	174	174	0.0
邮电业务总量(万元)	Business Volume of Post & Telecoms(10 000 yuan)	7998	9958	24.5
本地电话用户(户)	Number of Subscribers of Local Telephone(Household)	61000	67500	10.7
国内贸易	**Demestic Trade**			
社会消费品零售总额(万元)	Total Retail Sales of Consumer Goods(10 000 yuan)	91018	101395	11.4
#贸易业(万元)	Wholesale & Retail Sales Trades(10 000 yuan)	51199	64040	25.1
餐饮业(万元)	Catering Trade(10 000 yuan)	27992	31291	11.8
科技教育卫生	**Science,Education & Public Health**			
各类专业技术人员(人)	Speccial Technical Personnel(person)	1234	1300	5.3
幼儿园数(所)	Number of Kindergartens(unit)	4	4	0.0
学龄儿童入学率(%)	Percentage of School-Age Children Enrolled(%)	100.0	100.0	0.0
小学学校数(所)	Number of Primary Schools(unit)	30	31	3.3
小学专任教师数(人)	Number of Full-time Teachers of Primary Schools(person)	1251	1263	1.0
小学在校学生数(人)	Number of Student Enrollment of Primary Schools(person)	25336	24353	-3.9
普通中学学校数(所)	Number of Regular Secondary Schools(unit)	18	18	0.0
普通中学专任教师数(人)	Number of Teachers of Secondary Shools(person)	1230	1284	4.4
初中在校学生数(人)	Number of Student in Junior Secondary Schools(person)	13449	14837	10.3
高中在校学生数(人)	Number of Student in Senior Secondary Schools(person)	11636	13659	17.4
卫生机构数(所)	Number of Health Institutions(unit)	26	20	-23.1
#医院(所)	Hospitals(unit)	7	7	0.0
卫生院(所)	Township Hospitals(unit)	1	3	200.0
床位数(张)	Number of Beds(unit)	1363	1403	2.9
#医院(张)	Hospitals(unit)	1289	1297	0.6
卫生院(张)	Township Hospitals(unit)	34	34	0.0
卫生技术人员(人)	Medical Technical Presonnel(person)	2621	2650	1.1
#医院(人)	Hospitals(person)	1722	1936	12.4
卫生院(人)	Township Hospitals(person)	62	59	-4.8

23-89 乌兰察布盟丰镇市

指 标	Item	2002	2003	2003年比上年增长% Increase Rate in 2003 Over 2002(%)
行政区域土地面积(平方公里)	**Area of Administration(Sq.km)**	**2704**	**2704**	**0.0**
人口和就业	**Population & Employment**			
年末总人口(人)	Total Population Year-end(person)	313624	312412	-0.4
#男性(人)	Male(person)	168126	168517	0.2
#乡村人口(人)	Rural(person)	242911	239092	-1.6
年末总户数(户)	Total Number of Households at the Year-end(Household)	94784	95697	1.0
#乡村户数(户)	Number of Rural Household(Household)	52186	49182	-5.8
出生人口(人)	Births(person)	2151	1984	-7.8
死亡人口(人)	Deaths(person)	1760	1231	-30.1
全社会就业人员(人)	Employment(person)	163340	168932	3.4
第一产业(人)	Primary Industry(person)	66955	67543	0.9
第二产业(人)	Secondary Industry(person)	32076	33081	3.1
第三产业(人)	Tertiary Industry(person)	64309	68308	6.2
在岗职工人数(人)	Number of Staff & Workers Employed in(person)	14484	14555	0.5
乡村劳动力(人)	Number of Rural Laborers(person)	91738	86029	-6.2
#农林牧渔业(人)	Farming,Forestry,Animal Husbandry & Fishery(person)	61529	55303	-10.1
国民经济综合指标	**Summary Item on the National Economy**			
生产总值(万元)	Gross Domestic Product(10 000 yuan)	167049	220730	33.2
第一产业(万元)	Primary Industry(10 000 yuan)	40361	40878	1.8
第二产业(万元)	Secondary Industry(10 000 yuan)	92103	139650	52.3
#工业(万元)	Industry(10 000 yuan)	85694	103000	19.1
第三产业(万元)	Tertiary Industry(10 000 yuan)	34585	40202	16.8
人均生产总值(元)	Per Capita GDP(yuan)	5320	7015	31.9
全社会固定资产投资(万元)	Total Investment in Fixed Assets(10 000 yuan)	18323	91321	398.4
按登记注册类型分	Grouped by Registered Type			
#国有(万元)	State-owned Enterprises(10 000 yuan)	15197	37128	144.3
集体(万元)	Collective-owned Enterprises(10 000 yuan)	231		
有限责任公司(万元)	Limited Liability Corporations(10 000 yuan)			
股份有限公司(万元)	Share Holding Enterprises(10 000 yuan)			
私营企业(万元)	Private Enterprises(10 000 yuan)		8615	
外商及港澳台投资企业(万元)	Funds from HK,Macao,Taiwan & Foreign(10 000 yuan)			
按管理渠道分	Grouped by Channel of Management			
#基本建设(万元)	Capital Construction(10 000 yuan)	14787	37128	151.1
更新改造(万元)	Innovation(10 000 yuan)	2580		
房地产开发(万元)	Real Estate Development(10 000 yuan)	686	8643	1159.9
地方财政收入(万元)	Local Governments Revenue(10 000 yuan)	9833	17073	73.6
地方财政支出(万元)	Local Governments Expenditures(10 000 yuan)	24033	33334	38.7
城乡居民储蓄存款余额(万元)	Resident Saving Deposit in Urban & Rural(10 000 yuan)	85380	101683	19.1
在岗职工工资总额(万元)	Total Wages of Staff & Workers Empioyed in(10 000	18780	22269	18.6
在岗职工平均工资(元)	Average Wage of Staff & Workers Employed in(yuan)	12886	14817	15.0
农牧民人均纯收入(元)	Per Capita Net Income of Peasant & Herdsman(yuan)	1750	2058	17.6
农村牧区经济	**Economic Development in Rural & Pastoral Area**			
耕地面积(公顷)	Cultivated Area(hectare)	69820	67430	-3.4
农作物总播种面积(公顷)	Total Sown Area(hectare)	55199	48000	-13.0
#粮食作物播种面积(公顷)	Sown Area of Grain Crops(hectare)	47146	44667	-5.3
有效灌溉面积(公顷)	Irrigated Area(hectare)	6590	4460	-32.3
农牧业机械总动力(万千瓦)	Total Power of Agricultural Machinery(10 000 kw)	8.20	8.50	3.7
化肥施用折纯量(吨)	Consumption of Chemical Fertilizer(ton)	6720	4100	-39.0
农村用电量(万千瓦小时)	Electricity Consumed in Rural Area(10 000 kwh)	1188	1278	7.6
农林牧渔业总产值(万元)	Gross Output of Farming,Forestry,Animal Husbandry & Fishery(10 000 yuan)	58978	62444	5.9
粮食产量(吨)	Yield of Grain(ton)	141620	144645	2.1
油料产量(吨)	Yield of Oil-bearing Grops(ton)	4925	385	-92.2
甜菜产量(吨)	Yield of Beetroots(ton)	8470	5250	-38.0
猪牛羊肉产量(吨)	Output of Pork, Beef & Mutton(ton)	17139	15340	-10.5
#猪肉产量(吨)	Output of Pork(ton)	14491	11795	-18.6
牛肉产量(吨)	Output of Beef(ton)	1321	625	-52.7
羊肉产量(吨)	Output of Mutton(ton)	1327	2920	120.0

23-89 Fengzhen City in Wulanchabu League

指标	Item	2002	2003	2003年比上年增长% Increase Rate in 2003 Over 2002(%)
羊毛产量(吨)	Output of Wool(ton)	343	394	14.9
年末牲畜存栏头数(万头只)	Total Livestock at the Year-end(10 000 heads)	20.37	23.50	15.4
#大牲畜(万头只)	Large Animals(10 000 heads)	3.91	4.57	16.9
羊(万只)	Sheep & Goats(10 000 heads)	12.29	15.23	23.9
猪(万头)	Hogs(10 000 heads)	4.18	3.70	-11.5
独立核算工业	**Industry with Independent Accounting System**			
工业企业单位数(个)	Number of Industrial Enterprises(unit)	221	228	3.2
#内资企业(个)	Civil Funded Enterprises(unit)	220	227	3.2
工业总产值(万元)	Gross Industrial Output Value(10 000 yuan)	130083	165010	26.8
内资企业(万元)	Civil Funded Enterprises(10 000 yuan)	127833	161958	26.7
国有企业(万元)	State-owned Enterprises(10 000 yuan)	5577	3855	-30.9
集体企业(万元)	Collective-owned Enterprises(10 000 yuan)	116		
股份合作企业(万元)	Share Holding Enterprises(10 000 yuan)	1480	2040	37.8
联营企业(万元)	Joint Owned Enterprises(10 000 yuan)			
有限责任公司(万元)	Limited Company(10 000 yuan)	125		
股份有限公司(万元)	Share Holding Limited Company(10 000 yuan)	111209		
私营企业(万元)	Privately Owned Enterprises(10 000 yuan)			
其他企业(万元)	Enterprises of Other Ownership(10 000 yuan)	8204	156063	1802.3
港澳台商投资企业(万元)	Funds from HK,Macao & Taiwan(10 000 yuan)	2250	3052	35.6
外商投资企业(万元)	Foreign Funded Enterprises(10 000 yuan)			
工业企业增加值(万元)	Value Added of Industrial Enterprises(10 000 yuan)	51100	66004	29.2
工业企业资产总计(万元)	Total Assets of Industrial Enterprises(10 000 yuan)	304537	308511	1.3
工业企业负债合计(万元)	Total Liabilities of Industrial Enterprises(10 000 yuan)	176899	174528	-1.3
工业企业产品销售收入(万元)	Sales of Revenue Industrial Enterprises(10 000 yuan)	13960	31981	129.1
工业企业利润总额(万元)	Total Profits of Industrial Enterprises(10 000 yuan)	1190	1271	6.8
建筑业	**Construction**			
建筑企业单位数(个)	Number of Construction Enterprises(unit)	3	3	0.0
建筑企业从业人员(人)	Number of Employee in Construction Enterprises(person)	923	533	-42.3
建筑业总产值(万元)	Gross Construction Output Value(10 000 yuan)	3224	2062	-36.0
交通运输邮电通信业	**Transportation,Post & Telecommunications**			
公路里程(公里)	Total Length of Highways(km)	699	1180	68.8
邮电业务总量(万元)	Business Volume of Post & Telecoms(10 000 yuan)	1479	2219	50.0
本地电话用户(户)	Number of Subscribers of Local Telephone(Household)	21835	33069	51.4
国内贸易	**Demestic Trade**			
社会消费品零售总额(万元)	Total Retail Sales of Consumer Goods(10 000 yuan)	45124	49141	8.9
#贸易业(万元)	Wholesale & Retail Sales Trades(10 000 yuan)	35989	39372	9.4
餐饮业(万元)	Catering Trade(10 000 yuan)	5154	5577	8.2
科技教育卫生	**Science,Education & Public Health**			
各类专业技术人员(人)	Speccial Technical Personnel(person)	693	710	2.5
幼儿园数(所)	Number of Kindergartens(unit)	4	4	0.0
学龄儿童入学率(%)	Percentage of School-Age Children Enrolled(%)	94.0	99.8	5.9
小学学校数(所)	Number of Primary Schools(unit)	104	75	-27.9
小学专任教师数(人)	Number of Full-time Teachers of Primary Schools(person)	1737	1529	-12.0
小学在校学生数(人)	Number of Student Enrollment of Primary Schools(person)	20311	17834	-12.2
普通中学学校数(所)	Number of Regular Secondary Schools(unit)	11	12	9.1
普通中学专任教师数(人)	Number of Teachers of Secondary Shools(person)	683	698	2.2
初中在校学生数(人)	Number of Student in Junior Secondary Schools(person)	13487	10570	-21.6
高中在校学生数(人)	Number of Student in Senior Secondary Schools(person)	4399	3865	-12.1
卫生机构数(所)	Number of Health Institutions(unit)	27	27	0.0
#医院(所)	Hospitals(unit)	3	3	0.0
卫生院(所)	Township Hospitals(unit)	20	20	0.0
床位数(张)	Number of Beds(unit)	358	343	-4.2
#医院(张)	Hospitals(unit)	226	216	-4.4
卫生院(张)	Township Hospitals(unit)	132	127	-3.8
卫生技术人员(人)	Medical Technical Presonnel(person)	519	536	3.3
#医院(人)	Hospitals(person)	264	273	3.4
卫生院(人)	Township Hospitals(person)	98	108	10.2

23-90 乌兰察布盟卓资县

指标	Item	2002	2003	2003年比上年增长% Increase Rate in 2003 Over 2002(%)
行政区域土地面积(平方公里)	**Area of Administration(Sq.km)**	**3119**	**3119**	**0.0**
人口和就业	**Population & Employment**			
年末总人口(人)	Total Population Year-end(person)	226574	227754	0.5
#男性(人)	Male(person)	121531	121474	0.0
#乡村人口(人)	Rural(person)	190446	190376	0.0
年末总户数(户)	Total Number of Households at the Year-end(Household)	72156	73393	1.7
#乡村户数(户)	Number of Rural Household(Household)	35051	37193	6.1
出生人口(人)	Births(person)	1665	1470	-11.7
死亡人口(人)	Deaths(person)	1489	1120	-24.8
全社会就业人员(人)	Employment(person)	109919	118243	7.5
第一产业(人)	Primary Industry(person)	57636	59874	3.9
第二产业(人)	Secondary Industry(person)	15478	18361	18.6
第三产业(人)	Tertiary Industry(person)	36508	40008	9.6
在岗职工人数(人)	Number of Staff & Workers Employed in(person)	5713	5542	-3.0
乡村劳动力(人)	Number of Rural Laborers(person)	81651	84726	3.8
#农林牧渔业(人)	Farming,Forestry,Animal Husbandry & Fishery(person)	55654	60862	9.4
国民经济综合指标	**Summary Item on the National Economy**			
生产总值(万元)	Gross Domestic Product(10 000 yuan)	94832	111202	20.5
第一产业(万元)	Primary Industry(10 000 yuan)	32373	32705	8.7
第二产业(万元)	Secondary Industry(10 000 yuan)	37866	51008	36.3
#工业(万元)	Industry(10 000 yuan)	20110	25481	30.4
第三产业(万元)	Tertiary Industry(10 000 yuan)	24593	27489	10.3
人均生产总值(元)	Per Capita GDP(yuan)	4123	4908	19.0
全社会固定资产投资(万元)	Total Investment in Fixed Assets(10 000 yuan)	59188	28692	-51.5
按登记注册类型分	Grouped by Registered Type			
#国有(万元)	State-owned Enterprises(10 000 yuan)	56826	14505	-74.5
集体(万元)	Collective-owned Enterprises(10 000 yuan)			
有限责任公司(万元)	Limited Liability Corporations(10 000 yuan)			
股份有限公司(万元)	Share Holding Enterprises(10 000 yuan)			
私营企业(万元)	Private Enterprises(10 000 yuan)		1499	
外商及港澳台投资企业(万元)	Funds from HK,Macao,Taiwan & Foreign(10 000 yuan)			
按管理渠道分	Grouped by Channel of Management			
#基本建设(万元)	Capital Construction(10 000 yuan)	55776	11708	-79.0
更新改造(万元)	Innovation(10 000 yuan)	1661	9120	449.1
房地产开发(万元)	Real Estate Development(10 000 yuan)	1575	1464	-7.0
地方财政收入(万元)	Local Governments Revenue(10 000 yuan)	3740	5548	48.3
地方财政支出(万元)	Local Governments Expenditures(10 000 yuan)	15017	17356	15.6
城乡居民储蓄存款余额(万元)	Resident Saving Deposit in Urban & Rural(10 000 yuan)	45832	52112	13.7
在岗职工工资总额(万元)	Total Wages of Staff & Workers Empioyed in(10 000	5176	5670	9.5
在岗职工平均工资(元)	Average Wage of Staff & Workers Employed in(yuan)	8844	10294	16.4
农牧民人均纯收入(元)	Per Capita Net Income of Peasant & Herdsman(yuan)	1416	1818	28.4
农村牧区经济	**Economic Development in Rural & Pastoral Area**			
耕地面积(公顷)	Cultivated Area(hectare)	42730	47320	10.7
农作物总播种面积(公顷)	Total Sown Area(hectare)	50060	43635	-12.8
#粮食作物播种面积(公顷)	Sown Area of Grain Crops(hectare)	46177	41099	-11.0
有效灌溉面积(公顷)	Irrigated Area(hectare)	6330	6340	0.2
农牧业机械总动力(万千瓦)	Total Power of Agricultural Machinery(10 000 kw)	7.80	8.30	6.4
化肥施用折纯量(吨)	Consumption of Chemical Fertilizer(ton)	3390	2872	-15.3
农村用电量(万千瓦小时)	Electricity Consumed in Rural Area(10 000 kwh)	1440	1456	1.1
农林牧渔业总产值(万元)	Gross Output of Farming,Forestry,Animal Husbandry & Fishery(10 000 yuan)	48736	52028	6.8
粮食产量(吨)	Yield of Grain(ton)	124248	121046	-2.6
油料产量(吨)	Yield of Oil-bearing Grops(ton)	2537	903	-64.4
甜菜产量(吨)	Yield of Beetroots(ton)	114	464	307.0
猪牛羊肉产量(吨)	Output of Pork, Beef & Mutton(ton)	12501	14524	16.2
#猪肉产量(吨)	Output of Pork(ton)	9012	9398	4.3
牛肉产量(吨)	Output of Beef(ton)	1018	1440	41.5
羊肉产量(吨)	Output of Mutton(ton)	2471	3686	49.2

23-90 Zhuozi County in Wulanchabu League

指 标	Item	2002	2003	2003年比上年增长% Increase Rate in 2003 Over 2002(%)
羊毛产量(吨)	Output of Wool(ton)	458	483	5.5
年末牲畜存栏头数(万头只)	Total Livestock at the Year-end(10 000 heads)	29.12	36.24	24.5
# 大牲畜(万头只)	Large Animals(10 000 heads)	4.31	4.13	-4.2
羊(万只)	Sheep & Goats(10 000 heads)	20.94	27.62	31.9
猪(万头)	Hogs(10 000 heads)	3.87	4.50	16.3
独立核算工业	**Industry with Independent Accounting System**			
工业企业单位数(个)	Number of Industrial Enterprises(unit)	54	56	3.7
# 内资企业(个)	Civil Funded Enterprises(unit)	54	56	3.7
工业总产值(万元)	Gross Industrial Output Value(10 000 yuan)	26741	46015	72.1
内资企业(万元)	Civil Funded Enterprises(10 000 yuan)	26741	46015	72.1
国有企业(万元)	State-owned Enterprises(10 000 yuan)	1225	1935	58.0
集体企业(万元)	Collective-owned Enterprises(10 000 yuan)			
股份合作企业(万元)	Share Holding Enterprises(10 000 yuan)			
联营企业(万元)	Joint Owned Enterprises(10 000 yuan)			
有限责任公司(万元)	Limited Company(10 000 yuan)	1251	123	-90.2
股份有限公司(万元)	Share Holding Limited Company(10 000 yuan)	4225	4524	7.1
私营企业(万元)	Privately Owned Enterprises(10 000 yuan)	20040	39574	97.5
其他企业(万元)	Enterprises of Other Ownership(10 000 yuan)			
港澳台商投资企业(万元)	Funds from HK,Macao & Taiwan(10 000 yuan)			
外商投资企业(万元)	Foreign Funded Enterprises(10 000 yuan)			
工业企业增加值(万元)	Value Added of Industrial Enterprises(10 000 yuan)	8319	14354	72.5
工业企业资产总计(万元)	Total Assets of Industrial Enterprises(10 000 yuan)	16853	17368	3.1
工业企业负债合计(万元)	Total Liabilities of Industrial Enterprises(10 000 yuan)	6818	6974	2.3
工业企业产品销售收入(万元)	Sales of Revenue Industrial Enterprises(10 000 yuan)	28446	46354	63.0
工业企业利润总额(万元)	Total Profits of Industrial Enterprises(10 000 yuan)	751	919	22.4
建筑业	**Construction**			
建筑企业单位数(个)	Number of Construction Enterprises(unit)	3	2	-33.3
建筑企业从业人员(人)	Number of Employee in Construction Enterprises(person)	1137	839	-26.2
建筑业总产值(万元)	Gross Construction Output Value(10 000 yuan)	3711	2708	-27.0
交通运输邮电通信业	**Transportation,Post & Telecommunications**			
公路里程(公里)	Total Length of Highways(km)	558	580	3.9
邮电业务总量(万元)	Business Volume of Post & Telecoms(10 000 yuan)	1033	1055	2.1
本地电话用户(户)	Number of Subscribers of Local Telephone(Household)	9534	13556	42.2
国内贸易	**Demestic Trade**			
社会消费品零售总额(万元)	Total Retail Sales of Consumer Goods(10 000 yuan)	20500	23265	13.5
# 贸易业(万元)	Wholesale & Retail Sales Trades(10 000 yuan)	14156	18392	29.9
餐饮业(万元)	Catering Trade(10 000 yuan)	5950	3833	-35.6
科技教育卫生	**Science,Education & Public Health**			
各类专业技术人员(人)	Speccial Technical Personnel(person)	382	396	3.7
幼儿园数(所)	Number of Kindergartens(unit)	12	12	0.0
学龄儿童入学率(%)	Percentage of School-Age Children Enrolled(%)	99.9	99.9	0.0
小学学校数(所)	Number of Primary Schools(unit)	59	47	-20.3
小学专任教师数(人)	Number of Full-time Teachers of Primary Schools(person)	893	880	-1.5
小学在校学生数(人)	Number of Student Enrollment of Primary Schools(person)	11024	10976	-0.4
普通中学学校数(所)	Number of Regular Secondary Schools(unit)	12	11	-8.3
普通中学专任教师数(人)	Number of Teachers of Secondary Shools(person)	549	588	7.1
初中在校学生数(人)	Number of Student in Junior Secondary Schools(person)	8783	6159	-29.9
高中在校学生数(人)	Number of Student in Senior Secondary Schools(person)	3546	3124	-11.9
卫生机构数(所)	Number of Health Institutions(unit)	27	22	-18.5
# 医院(所)	Hospitals(unit)	1	1	0.0
卫生院(所)	Township Hospitals(unit)	19	19	0.0
床位数(张)	Number of Beds(unit)	189	207	9.5
# 医院(张)	Hospitals(unit)	101	101	0.0
卫生院(张)	Township Hospitals(unit)	88	106	20.5
卫生技术人员(人)	Medical Technical Presonnel(person)	260	247	-5.0
# 医院(人)	Hospitals(person)	95	91	-4.2
卫生院(人)	Township Hospitals(person)	111	102	-8.1

23-91 乌兰察布盟化德县

指 标	Item	2002	2003	2003年比上年增长% Increase Rate in 2003 Over 2002(%)
行政区域土地面积(平方公里)	**Area of Administration(Sq.km)**	**2527**	**2527**	**0.0**
人口和就业	**Population & Employment**			
年末总人口(人)	Total Population Year-end(person)	157268	157028	-0.2
#男性(人)	Male(person)	82635	82918	0.3
#乡村人口(人)	Rural(person)	136814	135560	-0.9
年末总户数(户)	Total Number of Households at the Year-end(Household)	51477	51881	0.8
#乡村户数(户)	Number of Rural Household(Household)	28555	27912	-2.3
出生人口(人)	Births(person)	1173	940	-19.9
死亡人口(人)	Deaths(person)	682	761	11.6
全社会就业人员(人)	Employment(person)	81570	82831	1.5
第一产业(人)	Primary Industry(person)	50237	51076	1.7
第二产业(人)	Secondary Industry(person)	6786	6834	0.7
第三产业(人)	Tertiary Industry(person)	24547	24921	1.5
在岗职工人数(人)	Number of Staff & Workers Employed in(person)	5646	5858	3.8
乡村劳动力(人)	Number of Rural Laborers(person)	58033	57522	-0.9
#农林牧渔业(人)	Farming,Forestry,Animal Husbandry & Fishery(person)	48624	46786	-3.8
国民经济综合指标	**Summary Item on the National Economy**			
生产总值(万元)	Gross Domestic Product(10 000 yuan)	50360	71958	32.5
第一产业(万元)	Primary Industry(10 000 yuan)	25630	31502	9.7
第二产业(万元)	Secondary Industry(10 000 yuan)	14960	26817	67.5
#工业(万元)	Industry(10 000 yuan)	12360	19045	58.6
第三产业(万元)	Tertiary Industry(10 000 yuan)	9770	13639	31.4
人均生产总值(元)	Per Capita GDP(yuan)	3202	4451	39.0
全社会固定资产投资(万元)	Total Investment in Fixed Assets(10 000 yuan)	13745	27308	98.7
按登记注册类型分	Grouped by Registered Type			
#国有(万元)	State-owned Enterprises(10 000 yuan)	9931	19575	97.1
集体(万元)	Collective-owned Enterprises(10 000 yuan)	50	215	330.0
有限责任公司(万元)	Limited Liability Corporations(10 000 yuan)			
股份有限公司(万元)	Share Holding Enterprises(10 000 yuan)			
私营企业(万元)	Private Enterprises(10 000 yuan)		7086	
外商及港澳台投资企业(万元)	Funds from HK,Macao,Taiwan & Foreign(10 000 yuan)			
按管理渠道分	Grouped by Channel of Management			
#基本建设(万元)	Capital Construction(10 000 yuan)	9931	19575	97.1
更新改造(万元)	Innovation(10 000 yuan)	360	1565	334.7
房地产开发(万元)	Real Estate Development(10 000 yuan)	90	200	122.2
地方财政收入(万元)	Local Governments Revenue(10 000 yuan)	2018	3531	75.0
地方财政支出(万元)	Local Governments Expenditures(10 000 yuan)	16299	17667	8.4
城乡居民储蓄存款余额(万元)	Resident Saving Deposit in Urban & Rural(10 000 yuan)	28117	33191	18.0
在岗职工工资总额(万元)	Total Wages of Staff & Workers Employed in(10 000	5140	5508	7.2
在岗职工平均工资(元)	Average Wage of Staff & Workers Employed in(yuan)	8646	9571	10.7
农牧民人均纯收入(元)	Per Capita Net Income of Peasant & Herdsman(yuan)	1440	1828	26.9
农村牧区经济	**Economic Development in Rural & Pastoral Area**			
耕地面积(公顷)	Cultivated Area(hectare)	61000	66000	8.2
农作物总播种面积(公顷)	Total Sown Area(hectare)	52042	50025	-3.9
#粮食作物播种面积(公顷)	Sown Area of Grain Crops(hectare)	35242	37167	5.5
有效灌溉面积(公顷)	Irrigated Area(hectare)	2330	2000	-14.2
农牧业机械总动力(万千瓦)	Total Power of Agricultural Machinery(10 000 kw)	7.70	9.40	22.1
化肥施用折纯量(吨)	Consumption of Chemical Fertilizer(ton)	1036	1717	65.7
农村用电量(万千瓦小时)	Electricity Consumed in Rural Area(10 000 kwh)	324	493	52.4
农林牧渔业总产值(万元)	Gross Output of Farming,Forestry,Animal Husbandry & Fishery(10 000 yuan)	46702	50910	9.0
粮食产量(吨)	Yield of Grain(ton)	68823	82051	19.2
油料产量(吨)	Yield of Oil-bearing Grops(ton)	10872	7520	-30.8
甜菜产量(吨)	Yield of Beetroots(ton)			
猪牛羊肉产量(吨)	Output of Pork, Beef & Mutton(ton)	16394	16099	-1.8
#猪肉产量(吨)	Output of Pork(ton)	7520	6102	-18.9
牛肉产量(吨)	Output of Beef(ton)	4696	4982	6.1
羊肉产量(吨)	Output of Mutton(ton)	4178	5015	20.0

23-91 Huade County in Wulanchabu League

指 标	Item	2002	2003	2003年比上年增长% Increase Rate in 2003 Over 2002(%)
羊毛产量(吨)	Output of Wool(ton)	687	510	-25.8
年末牲畜存栏头数(万头只)	Total Livestock at the Year-end(10 000 heads)	29.60	28.15	-4.9
#大牲畜(万头只)	Large Animals(10 000 heads)	2.23	2.32	4.0
羊(万只)	Sheep & Goats(10 000 heads)	22.61	19.85	-12.2
猪(万头)	Hogs(10 000 heads)	4.76	5.98	25.6
独立核算工业	**Industry with Independent Accounting System**			
工业企业单位数(个)	Number of Industrial Enterprises(unit)	48	48	0.0
#内资企业(个)	Civil Funded Enterprises(unit)	48	48	0.0
工业总产值(万元)	Gross Industrial Output Value(10 000 yuan)	36534	46386	27.0
内资企业(万元)	Civil Funded Enterprises(10 000 yuan)	36534	46386	27.0
国有企业(万元)	State-owned Enterprises(10 000 yuan)	539	620	15.1
集体企业(万元)	Collective-owned Enterprises(10 000 yuan)			
股份合作企业(万元)	Share Holding Enterprises(10 000 yuan)	4148	9294	124.1
联营企业(万元)	Joint Owned Enterprises(10 000 yuan)			
有限责任公司(万元)	Limited Company(10 000 yuan)	648	794	22.5
股份有限公司(万元)	Share Holding Limited Company(10 000 yuan)	23475	35678	52.0
私营企业(万元)	Privately Owned Enterprises(10 000 yuan)			
其他企业(万元)	Enterprises of Other Ownership(10 000 yuan)			
港澳台商投资企业(万元)	Funds from HK,Macao & Taiwan(10 000 yuan)			
外商投资企业(万元)	Foreign Funded Enterprises(10 000 yuan)			
工业企业增加值(万元)	Value Added of Industrial Enterprises(10 000 yuan)	9752	16184	66.0
工业企业资产总计(万元)	Total Assets of Industrial Enterprises(10 000 yuan)	17370	20644	18.8
工业企业负债合计(万元)	Total Liabilities of Industrial Enterprises(10 000 yuan)	10874	13598	25.1
工业企业产品销售收入(万元)	Sales of Revenue Industrial Enterprises(10 000 yuan)	22417	46645	108.1
工业企业利润总额(万元)	Total Profits of Industrial Enterprises(10 000 yuan)	860	1195	39.0
建筑业	**Construction**			
建筑企业单位数(个)	Number of Construction Enterprises(unit)	2	2	0.0
建筑企业从业人员(人)	Number of Employee in Construction Enterprises(person)	230	650	182.6
建筑业总产值(万元)	Gross Construction Output Value(10 000 yuan)	830	1035	24.7
交通运输邮电通信业	**Transportation,Post & Telecommunications**			
公路里程(公里)	Total Length of Highways(km)	361	381	5.5
邮电业务总量(万元)	Business Volume of Post & Telecoms(10 000 yuan)	1209	1524	26.0
本地电话用户(户)	Number of Subscribers of Local Telephone(Household)	9296	14926	60.6
国内贸易	**Demestic Trade**			
社会消费品零售总额(万元)	Total Retail Sales of Consumer Goods(10 000 yuan)	19095	21425	12.2
#贸易业(万元)	Wholesale & Retail Sales Trades(10 000 yuan)	16500	18447	11.8
餐饮业(万元)	Catering Trade(10 000 yuan)	1483	1641	10.7
科技教育卫生	**Science,Education & Public Health**			
各类专业技术人员(人)	Speccial Technical Personnel(person)	412	420	1.9
幼儿园数(所)	Number of Kindergartens(unit)	12	12	0.0
学龄儿童入学率(%)	Percentage of School-Age Children Enrolled(%)	99.9	99.3	-0.6
小学学校数(所)	Number of Primary Schools(unit)	21	21	0.0
小学专任教师数(人)	Number of Full-time Teachers of Primary Schools(person)	779	809	3.9
小学在校学生数(人)	Number of Student Enrollment of Primary Schools(person)	9775	9860	0.9
普通中学学校数(所)	Number of Regular Secondary Schools(unit)	8	8	0.0
普通中学专任教师数(人)	Number of Teachers of Secondary Shools(person)	358	444	24.0
初中在校学生数(人)	Number of Student in Junior Secondary Schools(person)	6360	5708	-10.3
高中在校学生数(人)	Number of Student in Senior Secondary Schools(person)	2101	1584	-24.6
卫生机构数(所)	Number of Health Institutions(unit)	27	16	-40.7
#医院(所)	Hospitals(unit)	1	1	0.0
卫生院(所)	Township Hospitals(unit)	13	12	-7.7
床位数(张)	Number of Beds(unit)	164	155	-5.5
#医院(张)	Hospitals(unit)	80	80	0.0
卫生院(张)	Township Hospitals(unit)	69	60	-13.0
卫生技术人员(人)	Medical Technical Presonnel(person)	350	294	-16.0
#医院(人)	Hospitals(person)	120	96	-20.0
卫生院(人)	Township Hospitals(person)	108	84	-22.2

23-92 乌兰察布盟商都县

指标	Item	2002	2003	2003年比上年增长% Increase Rate in 2003 Over 2002(%)
行政区域土地面积(平方公里)	**Area of Administration(Sq.km)**	**4304**	**4304**	**0.0**
人口和就业	**Population & Employment**			
年末总人口(人)	Total Population Year-end(person)	334236	334531	0.1
# 男性(人)	Male(person)	174371	174661	0.2
# 乡村人口(人)	Rural(person)	289104	286701	-0.8
年末总户数(户)	Total Number of Households at the Year-end(Household)	111554	113090	1.4
# 乡村户数(户)	Number of Rural Household(Household)	60586	54401	-10.2
出生人口(人)	Births(person)	2346	3021	28.8
死亡人口(人)	Deaths(person)	1172	1579	34.7
全社会就业人员(人)	Employment(person)	170156	176605	3.8
第一产业(人)	Primary Industry(person)	103505	100138	-3.3
第二产业(人)	Secondary Industry(person)	12324	16348	32.7
第三产业(人)	Tertiary Industry(person)	54327	60117	10.7
在岗职工人数(人)	Number of Staff & Workers Employed in(person)	8919	9240	3.6
乡村劳动力(人)	Number of Rural Laborers(person)	138530	122214	-11.8
# 农林牧渔业(人)	Farming,Forestry,Animal Husbandry & Fishery(person)	101395	95718	-5.6
国民经济综合指标	**Summary Item on the National Economy**			
生产总值(万元)	Gross Domestic Product(10 000 yuan)	101000	108414	12.7
第一产业(万元)	Primary Industry(10 000 yuan)	44692	50394	14.3
第二产业(万元)	Secondary Industry(10 000 yuan)	31896	28000	9.5
# 工业(万元)	Industry(10 000 yuan)	22608	16000	14.3
第三产业(万元)	Tertiary Industry(10 000 yuan)	24412	30020	12.8
人均生产总值(元)	Per Capita GDP(yuan)	3018	3291	9.0
全社会固定资产投资(万元)	Total Investment in Fixed Assets(10 000 yuan)	11204	22484	100.7
按登记注册类型分	Grouped by Registered Type			
# 国有(万元)	State-owned Enterprises(10 000 yuan)	10424	18074	73.4
集体(万元)	Collective-owned Enterprises(10 000 yuan)			
有限责任公司(万元)	Limited Liability Corporations(10 000 yuan)			
股份有限公司(万元)	Share Holding Enterprises(10 000 yuan)			
私营企业(万元)	Private Enterprises(10 000 yuan)		3810	
外商及港澳台投资企业(万元)	Funds from HK,Macao,Taiwan & Foreign(10 000 yuan)			
按管理渠道分	Grouped by Channel of Management			
# 基本建设(万元)	Capital Construction(10 000 yuan)	9674	18074	86.8
更新改造(万元)	Innovation(10 000 yuan)	750	1200	60.0
房地产开发(万元)	Real Estate Development(10 000 yuan)		510	
地方财政收入(万元)	Local Governments Revenue(10 000 yuan)	2934	4024	37.2
地方财政支出(万元)	Local Governments Expenditures(10 000 yuan)	18616	24483	31.5
城乡居民储蓄存款余额(万元)	Resident Saving Deposit in Urban & Rural(10 000 yuan)	38950	47482	21.9
在岗职工工资总额(万元)	Total Wages of Staff & Workers Empioyed in(10 000	8794	9483	7.8
在岗职工平均工资(元)	Average Wage of Staff & Workers Employed in(yuan)	9875	10272	4.0
农牧民人均纯收入(元)	Per Capita Net Income of Peasant & Herdsman(yuan)	1559	1992	27.8
农村牧区经济	**Economic Development in Rural & Pastoral Area**			
耕地面积(公顷)	Cultivated Area(hectare)	149954	163000	8.7
农作物总播种面积(公顷)	Total Sown Area(hectare)	72667	74416	2.4
# 粮食作物播种面积(公顷)	Sown Area of Grain Crops(hectare)	55890	53855	-3.6
有效灌溉面积(公顷)	Irrigated Area(hectare)	21197	22660	6.9
农牧业机械总动力(万千瓦)	Total Power of Agricultural Machinery(10 000 kw)	11.90	13.10	10.1
化肥施用折纯量(吨)	Consumption of Chemical Fertilizer(ton)	7687	3595	-53.2
农村用电量(万千瓦小时)	Electricity Consumed in Rural Area(10 000 kwh)	1687	2088	23.8
农林牧渔业总产值(万元)	Gross Output of Farming,Forestry,Animal Husbandry & Fishery(10 000 yuan)	65918	76396	15.9
粮食产量(吨)	Yield of Grain(ton)	121808	133593	9.7
油料产量(吨)	Yield of Oil-bearing Grops(ton)	4544	13174	189.9
甜菜产量(吨)	Yield of Beetroots(ton)	43840	32941	-24.9
猪牛羊肉产量(吨)	Output of Pork, Beef & Mutton(ton)	22347	24109	7.9
# 猪肉产量(吨)	Output of Pork(ton)	15888	16861	6.1
牛肉产量(吨)	Output of Beef(ton)	2081	832	-60.0
羊肉产量(吨)	Output of Mutton(ton)	4378	6416	46.6

23-92 Shangdu County in Wulanchabu League

指标	Item	2002	2003	2003年比上年增长% Increase Rate in 2003 Over 2002(%)
羊毛产量(吨)	Output of Wool(ton)	1053	836	-20.6
年末牲畜存栏头数(万头只)	Total Livestock at the Year-end(10 000 heads)	35.48	24.70	-30.4
# 大牲畜(万头只)	Large Animals(10 000 heads)	3.05	2.89	-5.2
羊(万只)	Sheep & Goats(10 000 heads)	28.28	18.10	-36.0
猪(万头)	Hogs(10 000 heads)	4.15	3.72	-10.4
独立核算工业	**Industry with Independent Accounting System**			
工业企业单位数(个)	Number of Industrial Enterprises(unit)	47	47	0.0
# 内资企业(个)	Civil Funded Enterprises(unit)	47	47	0.0
工业总产值(万元)	Gross Industrial Output Value(10 000 yuan)	49745	13657	-72.5
内资企业(万元)	Civil Funded Enterprises(10 000 yuan)	49745	13657	-72.5
国有企业(万元)	State-owned Enterprises(10 000 yuan)	606	689	13.7
集体企业(万元)	Collective-owned Enterprises(10 000 yuan)	6139	6370	3.8
股份合作企业(万元)	Share Holding Enterprises(10 000 yuan)			
联营企业(万元)	Joint Owned Enterprises(10 000 yuan)			
有限责任公司(万元)	Limited Company(10 000 yuan)	43001		
股份有限公司(万元)	Share Holding Limited Company(10 000 yuan)		6598	
私营企业(万元)	Privately Owned Enterprises(10 000 yuan)			
其他企业(万元)	Enterprises of Other Ownership(10 000 yuan)			
港澳台商投资企业(万元)	Funds from HK.Macao & Taiwan(10 000 yuan)			
外商投资企业(万元)	Foreign Funded Enterprises(10 000 yuan)			
工业企业增加值(万元)	Value Added of Industrial Enterprises(10 000 yuan)	15918	4370	-72.5
工业企业资产总计(万元)	Total Assets of Industrial Enterprises(10 000 yuan)	30445	8426	-72.3
工业企业负债合计(万元)	Total Liabilities of Industrial Enterprises(10 000 yuan)	17052	3608	-78.8
工业企业产品销售收入(万元)	Sales of Revenue Industrial Enterprises(10 000 yuan)	49333	11639	-76.4
工业企业利润总额(万元)	Total Profits of Industrial Enterprises(10 000 yuan)	1298	609	-53.1
建筑业	**Construction**			
建筑企业单位数(个)	Number of Construction Enterprises(unit)	1	1	0.0
建筑企业从业人员(人)	Number of Employee in Construction Enterprises(person)	258	671	160.1
建筑业总产值(万元)	Gross Construction Output Value(10 000 yuan)	187	2032	986.6
交通运输邮电通信业	**Transportation,Post & Telecommunications**			
公路里程(公里)	Total Length of Highways(km)	756	813	7.6
邮电业务总量(万元)	Business Volume of Post & Telecoms(10 000 yuan)	670	1080	61.2
本地电话用户(户)	Number of Subscribers of Local Telephone(Household)	12166	18266	50.1
国内贸易	**Demestic Trade**			
社会消费品零售总额(万元)	Total Retail Sales of Consumer Goods(10 000 yuan)	35576	38600	8.5
# 贸易业(万元)	Wholesale & Retail Sales Trades(10 000 yuan)	31741	34630	9.1
餐饮业(万元)	Catering Trade(10 000 yuan)	2430	2530	4.1
科技教育卫生	**Science,Education & Public Health**			
各类专业技术人员(人)	Speccial Technical Personnel(person)	682	690	1.2
幼儿园数(所)	Number of Kindergartens(unit)	4	4	0.0
学龄儿童入学率(%)	Percentage of School-Age Children Enrolled(%)	99.8	100.0	0.2
小学学校数(所)	Number of Primary Schools(unit)	55	54	-1.8
小学专任教师数(人)	Number of Full-time Teachers of Primary Schools(person)	1294	1297	0.2
小学在校学生数(人)	Number of Student Enrollment of Primary Schools(person)	18478	16743	-9.4
普通中学学校数(所)	Number of Regular Secondary Schools(unit)	16	15	-6.3
普通中学专任教师数(人)	Number of Teachers of Secondary Shools(person)	617	639	3.6
初中在校学生数(人)	Number of Student in Junior Secondary Schools(person)	9469	9936	4.9
高中在校学生数(人)	Number of Student in Senior Secondary Schools(person)	3820	3384	-11.4
卫生机构数(所)	Number of Health Institutions(unit)	31	28	-9.7
# 医院(所)	Hospitals(unit)	2	2	0.0
卫生院(所)	Township Hospitals(unit)	22	22	0.0
床位数(张)	Number of Beds(unit)	323	323	0.0
# 医院(张)	Hospitals(unit)	220	220	0.0
卫生院(张)	Township Hospitals(unit)	87	85	-2.3
卫生技术人员(人)	Medical Technical Presonnel(person)	536	544	1.5
# 医院(人)	Hospitals(person)	261	262	0.4
卫生院(人)	Township Hospitals(person)	174	174	0.0

23-93 乌兰察布盟兴和县

指 标	Item	2002	2003	2003年比上年增长% Increase Rate in 2003 Over 2002(%)
行政区域土地面积(平方公里)	**Area of Administration(Sq.km)**	**3518**	**3518**	**0.0**
人口和就业	**Population & Employment**			
年末总人口(人)	Total Population Year-end(person)	297040	295360	-0.6
#男性(人)	Male(person)	156894	155734	-0.7
#乡村人口(人)	Rural(person)	263241	260906	-0.9
年末总户数(户)	Total Number of Households at the Year-end(Household)	77039	78330	1.7
#乡村户数(户)	Number of Rural Household(Household)	53722	53053	-1.2
出生人口(人)	Births(person)	2370	1963	-17.2
死亡人口(人)	Deaths(person)	1536	1237	-19.5
全社会就业人员(人)	Employment(person)	187980	189982	1.1
第一产业(人)	Primary Industry(person)	93658	94386	0.8
第二产业(人)	Secondary Industry(person)	21234	22756	7.2
第三产业(人)	Tertiary Industry(person)	73088	72840	-0.1
在岗职工人数(人)	Number of Staff & Workers Employed in(person)	8137	9123	12.1
乡村劳动力(人)	Number of Rural Laborers(person)	122395	119703	-2.2
#农林牧渔业(人)	Farming,Forestry,Animal Husbandry & Fishery(person)	87935	84807	-3.6
国民经济综合指标	**Summary Item on the National Economy**			
生产总值(万元)	Gross Domestic Product(10 000 yuan)	83314	102774	15.6
第一产业(万元)	Primary Industry(10 000 yuan)	43885	47086	4.9
第二产业(万元)	Secondary Industry(10 000 yuan)	22102	34550	36.3
#工业(万元)	Industry(10 000 yuan)	21505	24500	0.4
第三产业(万元)	Tertiary Industry(10 000 yuan)	17327	21138	15.4
人均生产总值(元)	Per Capita GDP(yuan)	2802	3501	24.9
全社会固定资产投资(万元)	Total Investment in Fixed Assets(10 000 yuan)	13548	38475	184.0
按登记注册类型分	Grouped by Registered Type			
#国有(万元)	State-owned Enterprises(10 000 yuan)	8003	20797	159.9
集体(万元)	Collective-owned Enterprises(10 000 yuan)	90		
有限责任公司(万元)	Limited Liability Corporations(10 000 yuan)			
股份有限公司(万元)	Share Holding Enterprises(10 000 yuan)			
私营企业(万元)	Private Enterprises(10 000 yuan)		18742	
外商及港澳台投资企业(万元)	Funds from HK,Macao,Taiwan & Foreign(10 000 yuan)			
按管理渠道分	Grouped by Channel of Management			
#基本建设(万元)	Capital Construction(10 000 yuan)	7853	20227	157.6
更新改造(万元)	Innovation(10 000 yuan)		570	
房地产开发(万元)	Real Estate Development(10 000 yuan)	580	1118	92.8
地方财政收入(万元)	Local Governments Revenue(10 000 yuan)	2611	5175	98.2
地方财政支出(万元)	Local Governments Expenditures(10 000 yuan)	16687	21446	28.5
城乡居民储蓄存款余额(万元)	Resident Saving Deposit in Urban & Rural(10 000 yuan)	33002	40400	22.4
在岗职工工资总额(万元)	Total Wages of Staff & Workers Empioyed in(10 000	5967	8359	40.1
在岗职工平均工资(元)	Average Wage of Staff & Workers Employed in(yuan)	7423	9171	23.5
农牧民人均纯收入(元)	Per Capita Net Income of Peasant & Herdsman(yuan)	1423	1919	34.9
农村牧区经济	**Economic Development in Rural & Pastoral Area**			
耕地面积(公顷)	Cultivated Area(hectare)	107850	116586	8.1
农作物总播种面积(公顷)	Total Sown Area(hectare)	74662	66677	-10.7
#粮食作物播种面积(公顷)	Sown Area of Grain Crops(hectare)	53852	45020	-16.4
有效灌溉面积(公顷)	Irrigated Area(hectare)	19520	22884	17.2
农牧业机械总动力(万千瓦)	Total Power of Agricultural Machinery(10 000 kw)	9.30	10.70	15.1
化肥施用折纯量(吨)	Consumption of Chemical Fertilizer(ton)	7092	5291	-25.4
农村用电量(万千瓦小时)	Electricity Consumed in Rural Area(10 000 kwh)	2024	2003	-1.0
农林牧渔业总产值(万元)	Gross Output of Farming,Forestry,Animal Husbandry & Fishery(10 000 yuan)	64808	73658	13.7
粮食产量(吨)	Yield of Grain(ton)	137518	128865	-6.3
油料产量(吨)	Yield of Oil-bearing Grops(ton)	5942	7366	24.0
甜菜产量(吨)	Yield of Beetroots(ton)	14877	7495	-49.6
猪牛羊肉产量(吨)	Output of Pork, Beef & Mutton(ton)	17604	21507	22.2
#猪肉产量(吨)	Output of Pork(ton)	13544	14965	10.5
牛肉产量(吨)	Output of Beef(ton)	2008	2333	16.2
羊肉产量(吨)	Output of Mutton(ton)	2052	4209	105.1

23-93 Xinghe County in Wulanchabu League

指标	Item	2002	2003	2003年比上年增长% Increase Rate in 2003 Over 2002(%)
羊毛产量(吨)	Output of Wool(ton)	272	933	243.0
年末牲畜存栏头数(万头只)	Total Livestock at the Year-end(10 000 heads)	32.38	44.12	36.3
#大牲畜(万头只)	Large Animals(10 000 heads)	7.45	5.94	-20.3
羊(万只)	Sheep & Goats(10 000 heads)	13.46	30.62	127.5
猪(万头)	Hogs(10 000 heads)	11.47	7.56	-34.1
独立核算工业	**Industry with Independent Accounting System**			
工业企业单位数(个)	Number of Industrial Enterprises(unit)	38	41	7.9
#内资企业(个)	Civil Funded Enterprises(unit)	38	41	7.9
工业总产值(万元)	Gross Industrial Output Value(10 000 yuan)	20868	29626	42.0
内资企业(万元)	Civil Funded Enterprises(10 000 yuan)	20868	29626	42.0
国有企业(万元)	State-owned Enterprises(10 000 yuan)	983	1208	22.9
集体企业(万元)	Collective-owned Enterprises(10 000 yuan)	3162	2769	-12.4
股份合作企业(万元)	Share Holding Enterprises(10 000 yuan)	1513	3372	122.9
联营企业(万元)	Joint Owned Enterprises(10 000 yuan)		9800	
有限责任公司(万元)	Limited Company(10 000 yuan)			
股份有限公司(万元)	Share Holding Limited Company(10 000 yuan)	2656		
私营企业(万元)	Privately Owned Enterprises(10 000 yuan)			
其他企业(万元)	Enterprises of Other Ownership(10 000 yuan)	12553	12477	-0.6
港澳台商投资企业(万元)	Funds from HK,Macao & Taiwan(10 000 yuan)			
外商投资企业(万元)	Foreign Funded Enterprises(10 000 yuan)			
工业企业增加值(万元)	Value Added of Industrial Enterprises(10 000 yuan)	7758	10991	41.7
工业企业资产总计(万元)	Total Assets of Industrial Enterprises(10 000 yuan)	19875	42988	116.3
工业企业负债合计(万元)	Total Liabilities of Industrial Enterprises(10 000 yuan)	8619	25670	197.8
工业企业产品销售收入(万元)	Sales of Revenue Industrial Enterprises(10 000 yuan)	20338	28517	40.2
工业企业利润总额(万元)	Total Profits of Industrial Enterprises(10 000 yuan)	1049	869	-17.2
建筑业	**Construction**			
建筑企业单位数(个)	Number of Construction Enterprises(unit)	1	1	0.0
建筑企业从业人员(人)	Number of Employee in Construction Enterprises(person)	550	536	-2.5
建筑业总产值(万元)	Gross Construction Output Value(10 000 yuan)	2180	2322	6.5
交通运输邮电通信业	**Transportation,Post & Telecommunications**			
公路里程(公里)	Total Length of Highways(km)	931	997	7.1
邮电业务总量(万元)	Business Volume of Post & Telecoms(10 000 yuan)	955	1119	17.2
本地电话用户(户)	Number of Subscribers of Local Telephone(Household)	11625	18253	57.0
国内贸易	**Demestic Trade**			
社会消费品零售总额(万元)	Total Retail Sales of Consumer Goods(10 000 yuan)	28101	31529	12.2
#贸易业(万元)	Wholesale & Retail Sales Trades(10 000 yuan)	25729	28997	12.7
餐饮业(万元)	Catering Trade(10 000 yuan)	1340	1408	5.1
科技教育卫生	**Science,Education & Public Health**			
各类专业技术人员(人)	Speccial Technical Personnel(person)	594	602	1.3
幼儿园数(所)	Number of Kindergartens(unit)	1	1	0.0
学龄儿童入学率(%)	Percentage of School-Age Children Enrolled(%)	95.6	99.9	4.3
小学学校数(所)	Number of Primary Schools(unit)	78	66	-15.4
小学专任教师数(人)	Number of Full-time Teachers of Primary Schools(person)	1266	1276	0.8
小学在校学生数(人)	Number of Student Enrollment of Primary Schools(person)	19637	18633	-5.1
普通中学学校数(所)	Number of Regular Secondary Schools(unit)	11	9	-18.2
普通中学专任教师数(人)	Number of Teachers of Secondary Shools(person)	347	376	8.4
初中在校学生数(人)	Number of Student in Junior Secondary Schools(person)	8148	3980	-51.2
高中在校学生数(人)	Number of Student in Senior Secondary Schools(person)	1950	1972	1.1
卫生机构数(所)	Number of Health Institutions(unit)	30	27	-10.0
#医院(所)	Hospitals(unit)	3	3	0.0
卫生院(所)	Township Hospitals(unit)	20	20	0.0
床位数(张)	Number of Beds(unit)	210	210	0.0
#医院(张)	Hospitals(unit)	102	102	0.0
卫生院(张)	Township Hospitals(unit)	101	101	0.0
卫生技术人员(人)	Medical Technical Presonnel(person)	482	481	-0.2
#医院(人)	Hospitals(person)	229	219	-4.4
卫生院(人)	Township Hospitals(person)	153	153	0.0

23-94 乌兰察布盟凉城县

指标	Item	2002	2003	2003年比上年增长% Increase Rate in 2003 Over 2002(%)
行政区域土地面积(平方公里)	**Area of Administration(Sq.km)**	**3451**	**3451**	**0.0**
人口和就业	**Population & Employment**			
年末总人口(人)	Total Population Year-end(person)	234734	233475	-0.5
#男性(人)	Male(person)	124472	126603	1.7
#乡村人口(人)	Rural(person)	203239	201748	-0.7
年末总户数(户)	Total Number of Households at the Year-end(Household)	69919	73337	4.9
#乡村户数(户)	Number of Rural Household(Household)	41999	45786	9.0
出生人口(人)	Births(person)	1815	1546	-14.8
死亡人口(人)	Deaths(person)	1344	1655	23.1
全社会就业人员(人)	Employment(person)	186659	192453	3.1
第一产业(人)	Primary Industry(person)	80687	82374	2.1
第二产业(人)	Secondary Industry(person)	27839	29384	5.5
第三产业(人)	Tertiary Industry(person)	78133	80695	3.3
在岗职工人数(人)	Number of Staff & Workers Employed in(person)	8632	8809	2.1
乡村劳动力(人)	Number of Rural Laborers(person)	91138	95550	4.8
#农林牧渔业(人)	Farming,Forestry,Animal Husbandry & Fishery(person)	71976	73706	2.4
国民经济综合指标	**Summary Item on the National Economy**			
生产总值(万元)	Gross Domestic Product(10 000 yuan)	74033	118893	60.1
第一产业(万元)	Primary Industry(10 000 yuan)	38760	48224	26.5
第二产业(万元)	Secondary Industry(10 000 yuan)	13374	48191	187.6
#工业(万元)	Industry(10 000 yuan)	12826	19086	44.6
第三产业(万元)	Tertiary Industry(10 000 yuan)	21899	22478	16.2
人均生产总值(元)	Per Capita GDP(yuan)	3154	4729	49.9
全社会固定资产投资(万元)	Total Investment in Fixed Assets(10 000 yuan)	11666	86804	644.1
按登记注册类型分	Grouped by Registered Type			
#国有(万元)	State-owned Enterprises(10 000 yuan)	11166	10804	-3.2
集体(万元)	Collective-owned Enterprises(10 000 yuan)			
有限责任公司(万元)	Limited Liability Corporations(10 000 yuan)			
股份有限公司(万元)	Share Holding Enterprises(10 000 yuan)			
私营企业(万元)	Private Enterprises(10 000 yuan)		2670	
外商及港澳台投资企业(万元)	Funds from HK,Macao,Taiwan & Foreign(10 000 yuan)			
按管理渠道分	Grouped by Channel of Management			
#基本建设(万元)	Capital Construction(10 000 yuan)	9876	78804	697.9
更新改造(万元)	Innovation(10 000 yuan)			
房地产开发(万元)	Real Estate Development(10 000 yuan)	1290	300	-76.7
地方财政收入(万元)	Local Governments Revenue(10 000 yuan)	3208	5340	66.5
地方财政支出(万元)	Local Governments Expenditures(10 000 yuan)	17010	18601	9.4
城乡居民储蓄存款余额(万元)	Resident Saving Deposit in Urban & Rural(10 000 yuan)	41200	50874	23.5
在岗职工工资总额(万元)	Total Wages of Staff & Workers Empioyed in(10 000	7147	8494	18.8
在岗职工平均工资(元)	Average Wage of Staff & Workers Employed in(yuan)	8350	9718	16.4
农牧民人均纯收入(元)	Per Capita Net Income of Peasant & Herdsman(yuan)	1876	2103	12.1
农村牧区经济	**Economic Development in Rural & Pastoral Area**			
耕地面积(公顷)	Cultivated Area(hectare)	59064	60600	2.6
农作物总播种面积(公顷)	Total Sown Area(hectare)	71329	60605	-15.0
#粮食作物播种面积(公顷)	Sown Area of Grain Crops(hectare)	64078	46055	-28.1
有效灌溉面积(公顷)	Irrigated Area(hectare)	16700	16700	0.0
农牧业机械总动力(万千瓦)	Total Power of Agricultural Machinery(10 000 kw)	13.20	8.70	-34.1
化肥施用折纯量(吨)	Consumption of Chemical Fertilizer(ton)	8448	9226	9.2
农村用电量(万千瓦小时)	Electricity Consumed in Rural Area(10 000 kwh)	1162	1383	19.0
农林牧渔业总产值(万元)	Gross Output of Farming,Forestry,Animal Husbandry & Fishery(10 000 yuan)	71678	86941	21.3
粮食产量(吨)	Yield of Grain(ton)	211785	177548	-16.2
油料产量(吨)	Yield of Oil-bearing Grops(ton)	5740	4646	-19.1
甜菜产量(吨)	Yield of Beetroots(ton)	4100	2448	-40.3
猪牛羊肉产量(吨)	Output of Pork, Beef & Mutton(ton)	26001	19335	-25.6
#猪肉产量(吨)	Output of Pork(ton)	20854	14826	-28.9
牛肉产量(吨)	Output of Beef(ton)	1974	2019	2.3
羊肉产量(吨)	Output of Mutton(ton)	3173	2510	-20.9

23-94 Liangcheng County in Wulanchabu League

指标	Item	2002	2003	2003年比上年增长% Increase Rate in 2003 Over 2002(%)
羊毛产量(吨)	Output of Wool(ton)	309	327	5.8
年末牲畜存栏头数(万头只)	Total Livestock at the Year-end(10 000 heads)	21.38	30.03	40.5
# 大牲畜(万头只)	Large Animals(10 000 heads)	5.87	6.67	13.6
羊(万只)	Sheep & Goats(10 000 heads)	11.37	19.49	71.4
猪(万头)	Hogs(10 000 heads)	4.13	6.86	66.1
独立核算工业	**Industry with Independent Accounting System**			
工业企业单位数(个)	Number of Industrial Enterprises(unit)	34	34	0.0
# 内资企业(个)	Civil Funded Enterprises(unit)	33	33	0.0
工业总产值(万元)	Gross Industrial Output Value(10 000 yuan)	22197	30444	37.2
内资企业(万元)	Civil Funded Enterprises(10 000 yuan)	21767	29583	35.9
国有企业(万元)	State-owned Enterprises(10 000 yuan)	583	756	29.7
集体企业(万元)	Collective-owned Enterprises(10 000 yuan)	252	542	115.1
股份合作企业(万元)	Share Holding Enterprises(10 000 yuan)	3825	7068	84.8
联营企业(万元)	Joint Owned Enterprises(10 000 yuan)			
有限责任公司(万元)	Limited Company(10 000 yuan)	15570	19190	23.2
股份有限公司(万元)	Share Holding Limited Company(10 000 yuan)			
私营企业(万元)	Privately Owned Enterprises(10 000 yuan)	1537	2027	31.9
其他企业(万元)	Enterprises of Other Ownership(10 000 yuan)			
港澳台商投资企业(万元)	Funds from HK,Macao & Taiwan(10 000 yuan)			
外商投资企业(万元)	Foreign Funded Enterprises(10 000 yuan)	430	861	100.2
工业企业增加值(万元)	Value Added of Industrial Enterprises(10 000 yuan)	11107	15240	37.2
工业企业资产总计(万元)	Total Assets of Industrial Enterprises(10 000 yuan)	23108	26343	14.0
工业企业负债合计(万元)	Total Liabilities of Industrial Enterprises(10 000 yuan)	12807	12509	-2.3
工业企业产品销售收入(万元)	Sales of Revenue Industrial Enterprises(10 000 yuan)	22169	26914	21.4
工业企业利润总额(万元)	Total Profits of Industrial Enterprises(10 000 yuan)	3148	4992	58.6
建筑业	**Construction**			
建筑企业单位数(个)	Number of Construction Enterprises(unit)	3	3	0.0
建筑企业从业人员(人)	Number of Employee in Construction Enterprises(person)	489	956	95.5
建筑业总产值(万元)	Gross Construction Output Value(10 000 yuan)	1705	4157	143.8
交通运输邮电通信业	**Transportation,Post & Telecommunications**			
公路里程(公里)	Total Length of Highways(km)	996	1002	0.6
邮电业务总量(万元)	Business Volume of Post & Telecoms(10 000 yuan)	921	962	4.5
本地电话用户(户)	Number of Subscribers of Local Telephone(Household)	11000	18625	69.3
国内贸易	**Demestic Trade**			
社会消费品零售总额(万元)	Total Retail Sales of Consumer Goods(10 000 yuan)	27372	29015	6.0
# 贸易业(万元)	Wholesale & Retail Sales Trades(10 000 yuan)	23919	25522	6.7
餐饮业(万元)	Catering Trade(10 000 yuan)	3142	2399	-23.6
科技教育卫生	**Science,Education & Public Health**			
各类专业技术人员(人)	Speccial Technical Personnel(person)	713	740	3.8
幼儿园数(所)	Number of Kindergartens(unit)	3	3	0.0
学龄儿童入学率(%)	Percentage of School-Age Children Enrolled(%)	99.8	99.9	0.1
小学学校数(所)	Number of Primary Schools(unit)	78	77	-1.3
小学专任教师数(人)	Number of Full-time Teachers of Primary Schools(person)	1004	1023	1.9
小学在校学生数(人)	Number of Student Enrollment of Primary Schools(person)	13799	11837	-14.2
普通中学学校数(所)	Number of Regular Secondary Schools(unit)	6	6	0.0
普通中学专任教师数(人)	Number of Teachers of Secondary Shools(person)	557	589	5.7
初中在校学生数(人)	Number of Student in Junior Secondary Schools(person)	10362	10274	-0.8
高中在校学生数(人)	Number of Student in Senior Secondary Schools(person)	3479	3408	-2.0
卫生机构数(所)	Number of Health Institutions(unit)	24	24	0.0
# 医院(所)	Hospitals(unit)	1	1	0.0
卫生院(所)	Township Hospitals(unit)	19	19	0.0
床位数(张)	Number of Beds(unit)	254	254	0.0
# 医院(张)	Hospitals(unit)	129	129	0.0
卫生院(张)	Township Hospitals(unit)	117	117	0.0
卫生技术人员(人)	Medical Technical Presonnel(person)	320	318	-0.6
# 医院(人)	Hospitals(person)	135	135	0.0
卫生院(人)	Township Hospitals(person)	117	114	-2.6

23-95 乌兰察布盟察哈尔右翼前旗

指 标	Item	2002	2003	2003年比上年增长% Increase Rate in 2003 Over 2002(%)
行政区域土地面积（平方公里）	**Area of Administration(Sq.km)**	**2734**	**2734**	**0.0**
人口和就业	**Population & Employment**			
年末总人口（人）	Total Population Year-end(person)	261206	260187	-0.4
#男性(人)	Male(person)	136170	135510	-0.5
#乡村人口(人)	Rural(person)	225095	222630	-1.1
年末总户数（户）	Total Number of Households at the Year-end(Household)	77947	79071	1.4
#乡村户数(户)	Number of Rural Household(Household)	45210	45814	1.3
出生人口（人）	Births(person)	1681	1516	-9.8
死亡人口（人）	Deaths(person)	1256	1223	-2.6
全社会就业人员（人）	Employment(person)	133192	134267	0.8
第一产业(人)	Primary Industry(person)	81154	81177	0.0
第二产业(人)	Secondary Industry(person)	18416	18476	0.3
第三产业(人)	Tertiary Industry(person)	33631	34613	2.9
在岗职工人数（人）	Number of Staff & Workers Employed in(person)	8724	7832	-10.2
乡村劳动力（人）	Number of Rural Laborers(person)	96226	98045	1.9
#农林牧渔业(人)	Farming,Forestry,Animal Husbandry & Fishery(person)	78596	78475	-0.2
国民经济综合指标	**Summary Item on the National Economy**			
生产总值（万元）	Gross Domestic Product(10 000 yuan)	108565	139140	29.6
第一产业(万元)	Primary Industry(10 000 yuan)	47462	47776	10.4
第二产业(万元)	Secondary Industry(10 000 yuan)	27060	51091	73.0
#工业(万元)	Industry(10 000 yuan)	21436	34391	46.0
第三产业(万元)	Tertiary Industry(10 000 yuan)	34043	40273	19.2
人均生产总值（元）	Per Capita GDP(yuan)	4160	5440	30.8
全社会固定资产投资（万元）	Total Investment in Fixed Assets(10 000 yuan)	12750	30080	135.9
按登记注册类型分	Grouped by Registered Type			
#国有(万元)	State-owned Enterprises(10 000 yuan)	9713	16907	74.1
集体(万元)	Collective-owned Enterprises(10 000 yuan)		656	
有限责任公司(万元)	Limited Liability Corporations(10 000 yuan)			
股份有限公司(万元)	Share Holding Enterprises(10 000 yuan)			
私营企业(万元)	Private Enterprises(10 000 yuan)		2502	
外商及港澳台投资企业（万元）	Funds from HK,Macao,Taiwan & Foreign(10 000 yuan)			
按管理渠道分	Grouped by Channel of Management			
#基本建设(万元)	Capital Construction(10 000 yuan)	9875	16907	71.2
更新改造(万元)	Innovation(10 000 yuan)	2776	2560	-7.8
房地产开发(万元)	Real Estate Development(10 000 yuan)		1357	
地方财政收入（万元）	Local Governments Revenue(10 000 yuan)	4008	6342	58.2
地方财政支出（万元）	Local Governments Expenditures(10 000 yuan)	20805	26037	25.1
城乡居民储蓄存款余额（万元）	Resident Saving Deposit in Urban & Rural(10 000 yuan)	40957	48000	17.2
在岗职工工资总额（万元）	Total Wages of Staff & Workers Empioyed in(10 000	7225	7722	6.9
在岗职工平均工资（元）	Average Wage of Staff & Workers Employed in(yuan)	8058	9388	16.5
农牧民人均纯收入（元）	Per Capita Net Income of Peasant & Herdsman(yuan)	1458	1958	34.3
农村牧区经济	**Economic Development in Rural & Pastoral Area**			
耕地面积（公顷）	Cultivated Area(hectare)	79651	81324	2.1
农作物总播种面积（公顷）	Total Sown Area(hectare)	60002	53334	-11.1
#粮食作物播种面积(公顷)	Sown Area of Grain Crops(hectare)	43008	32467	-24.5
有效灌溉面积（公顷）	Irrigated Area(hectare)	19710	20992	6.5
农牧业机械总动力（万千瓦）	Total Power of Agricultural Machinery(10 000 kw)	11.00	11.80	7.3
化肥施用折纯量（吨）	Consumption of Chemical Fertilizer(ton)	5502	6694	21.7
农村用电量（万千瓦小时）	Electricity Consumed in Rural Area(10 000 kwh)	1457	1505	3.3
农林牧渔业总产值（万元）	Gross Output of Farming,Forestry,Animal Husbandry & Fishery(10 000 yuan)	80507	76637	-4.8
粮食产量（吨）	Yield of Grain(ton)	144014	126289	-12.3
油料产量（吨）	Yield of Oil-bearing Grops(ton)	4197	4060	-3.3
甜菜产量（吨）	Yield of Beetroots(ton)	105000	119880	14.2
猪牛羊肉产量（吨）	Output of Pork, Beef & Mutton(ton)	21224	23640	11.4
#猪肉产量(吨)	Output of Pork(ton)	16293	16423	0.8
牛肉产量(吨)	Output of Beef(ton)	2083	1719	-17.5
羊肉产量(吨)	Output of Mutton(ton)	2848	5498	93.0

23-95 Chahaeryouyiqian Banner in Wulanchabu League

指 标	Item	2002	2003	2003年比上年增长% Increase Rate in 2003 Over 2002(%)
羊毛产量(吨)	Output of Wool(ton)	694	695	0.1
年末牲畜存栏头数(万头只)	Total Livestock at the Year-end(10 000 heads)	39.85	39.86	0.0
#大牲畜(万头只)	Large Animals(10 000 heads)	5.37	5.18	-3.5
羊(万只)	Sheep & Goats(10 000 heads)	20.92	24.04	14.9
猪(万头)	Hogs(10 000 heads)	13.56	10.64	-21.5
独立核算工业	**Industry with Independent Accounting System**			
工业企业单位数(个)	Number of Industrial Enterprises(unit)	52	55	5.8
#内资企业(个)	Civil Funded Enterprises(unit)	52	55	5.8
工业总产值(万元)	Gross Industrial Output Value(10 000 yuan)	38970	66448	70.5
内资企业(万元)	Civil Funded Enterprises(10 000 yuan)	38970	66448	70.5
国有企业(万元)	State-owned Enterprises(10 000 yuan)	976	1075	10.2
集体企业(万元)	Collective-owned Enterprises(10 000 yuan)	384	369	-3.9
股份合作企业(万元)	Share Holding Enterprises(10 000 yuan)			
联营企业(万元)	Joint Owned Enterprises(10 000 yuan)	2597	3270	25.9
有限责任公司(万元)	Limited Company(10 000 yuan)	1979	7063	256.8
股份有限公司(万元)	Share Holding Limited Company(10 000 yuan)	7700	7614	-1.1
私营企业(万元)	Privately Owned Enterprises(10 000 yuan)	25334	43722	72.6
其他企业(万元)	Enterprises of Other Ownership(10 000 yuan)			
港澳台商投资企业(万元)	Funds from HK,Macao & Taiwan(10 000 yuan)			
外商投资企业(万元)	Foreign Funded Enterprises(10 000 yuan)			
工业企业增加值(万元)	Value Added of Industrial Enterprises(10 000 yuan)	13640	23257	70.5
工业企业资产总计(万元)	Total Assets of Industrial Enterprises(10 000 yuan)	52509	58556	11.5
工业企业负债合计(万元)	Total Liabilities of Industrial Enterprises(10 000 yuan)	33956	37142	9.4
工业企业产品销售收入(万元)	Sales of Revenue Industrial Enterprises(10 000 yuan)	37485	59158	57.8
工业企业利润总额(万元)	Total Profits of Industrial Enterprises(10 000 yuan)	1866	2216	18.7
建筑业	**Construction**			
建筑企业单位数(个)	Number of Construction Enterprises(unit)	2	2	0.0
建筑企业从业人员(人)	Number of Employee in Construction Enterprises(person)	1415	1350	-4.6
建筑业总产值(万元)	Gross Construction Output Value(10 000 yuan)	4778	4380	-8.3
交通运输邮电通信业	**Transportation,Post & Telecommunications**			
公路里程(公里)	Total Length of Highways(km)	572	596	4.2
邮电业务总量(万元)	Business Volume of Post & Telecoms(10 000 yuan)	840	985	17.3
本地电话用户(户)	Number of Subscribers of Local Telephone(Household)	10349	11458	10.7
国内贸易	**Demestic Trade**			
社会消费品零售总额(万元)	Total Retail Sales of Consumer Goods(10 000 yuan)	29130	30849	5.9
#贸易业(万元)	Wholesale & Retail Sales Trades(10 000 yuan)	23824	25301	6.2
餐饮业(万元)	Catering Trade(10 000 yuan)	2924	3082	5.4
科技教育卫生	**Science,Education & Public Health**			
各类专业技术人员(人)	Speccial Technical Personnel(person)	804	871	8.3
幼儿园数(所)	Number of Kindergartens(unit)	8	8	0.0
学龄儿童入学率(%)	Percentage of School-Age Children Enrolled(%)	100.0	100.0	0.0
小学学校数(所)	Number of Primary Schools(unit)	69	55	-20.3
小学专任教师数(人)	Number of Full-time Teachers of Primary Schools(person)	1115	1005	-9.9
小学在校学生数(人)	Number of Student Enrollment of Primary Schools(person)	14524	13004	-10.5
普通中学学校数(所)	Number of Regular Secondary Schools(unit)	8	8	0.0
普通中学专任教师数(人)	Number of Teachers of Secondary Shools(person)	452	481	6.4
初中在校学生数(人)	Number of Student in Junior Secondary Schools(person)	7126	6084	-14.6
高中在校学生数(人)	Number of Student in Senior Secondary Schools(person)	3338	2712	-18.8
卫生机构数(所)	Number of Health Institutions(unit)	39	27	-30.8
#医院(所)	Hospitals(unit)	1	1	0.0
卫生院(所)	Township Hospitals(unit)	23	23	0.0
床位数(张)	Number of Beds(unit)	242	230	-5.0
#医院(张)	Hospitals(unit)	82	80	-2.4
卫生院(张)	Township Hospitals(unit)	154	140	-9.1
卫生技术人员(人)	Medical Technical Presonnel(person)	429	457	6.5
#医院(人)	Hospitals(person)	134	140	4.5
卫生院(人)	Township Hospitals(person)	214	235	9.8

23-96 乌兰察布盟察哈尔右翼中旗

指标	Item	2002	2003	2003年比上年增长% Increase Rate in 2003 Over 2002(%)
行政区域土地面积(平方公里)	**Area of Administration(Sq.km)**	**4200**	**4200**	**0.0**
人口和就业	**Population & Employment**			
年末总人口(人)	Total Population Year-end(person)	215223	214896	-0.2
#男性(人)	Male(person)	114256	113635	-0.5
#乡村人口(人)	Rural(person)	186750	186330	-0.2
年末总户数(户)	Total Number of Households at the Year-end(Household)	61950	61752	-0.3
#乡村户数(户)	Number of Rural Household(Household)	38379	39113	1.9
出生人口(人)	Births(person)	1231	1294	5.1
死亡人口(人)	Deaths(person)	982	1004	2.2
全社会就业人员(人)	Employment(person)	116063	121766	4.9
第一产业(人)	Primary Industry(person)	72390	76858	6.2
第二产业(人)	Secondary Industry(person)	8943	9203	2.9
第三产业(人)	Tertiary Industry(person)	34730	35703	2.8
在岗职工人数(人)	Number of Staff & Workers Employed in(person)	6509	5966	-8.3
乡村劳动力(人)	Number of Rural Laborers(person)	87546	93351	6.6
#农林牧渔业(人)	Farming,Forestry,Animal Husbandry & Fishery(person)	70099	74540	6.3
国民经济综合指标	**Summary Item on the National Economy**			
生产总值(万元)	Gross Domestic Product(10 000 yuan)	80908	96043	18.6
第一产业(万元)	Primary Industry(10 000 yuan)	50890	60574	18.9
第二产业(万元)	Secondary Industry(10 000 yuan)	14265	18254	27.4
#工业(万元)	Industry(10 000 yuan)	10065	11035	9.6
第三产业(万元)	Tertiary Industry(10 000 yuan)	15753	17215	9.0
人均生产总值(元)	Per Capita GDP(yuan)	3746	4446	18.7
全社会固定资产投资(万元)	Total Investment in Fixed Assets(10 000 yuan)	9876	43569	341.2
按登记注册类型分	Grouped by Registered Type			
#国有(万元)	State-owned Enterprises(10 000 yuan)	8663	37643	334.5
集体(万元)	Collective-owned Enterprises(10 000 yuan)	90		
有限责任公司(万元)	Limited Liability Corporations(10 000 yuan)			
股份有限公司(万元)	Share Holding Enterprises(10 000 yuan)			
私营企业(万元)	Private Enterprises(10 000 yuan)		1230	
外商及港澳台投资企业(万元)	Funds from HK,Macao,Taiwan & Foreign(10 000 yuan)			
按管理渠道分	Grouped by Channel of Management			
#基本建设(万元)	Capital Construction(10 000 yuan)	8663	36123	317.0
更新改造(万元)	Innovation(10 000 yuan)		2240	
房地产开发(万元)	Real Estate Development(10 000 yuan)	403	830	106.0
地方财政收入(万元)	Local Governments Revenue(10 000 yuan)	2393	3072	28.4
地方财政支出(万元)	Local Governments Expenditures(10 000 yuan)	15626	19444	24.4
城乡居民储蓄存款余额(万元)	Resident Saving Deposit in Urban & Rural(10 000 yuan)	25483	31406	23.2
在岗职工工资总额(万元)	Total Wages of Staff & Workers Empioyed in(10 000	5865	6743	15.0
在岗职工平均工资(元)	Average Wage of Staff & Workers Employed in(yuan)	8917	11308	26.8
农牧民人均纯收入(元)	Per Capita Net Income of Peasant & Herdsman(yuan)	1540	1848	20.0
农村牧区经济	**Economic Development in Rural & Pastoral Area**			
耕地面积(公顷)	Cultivated Area(hectare)	75770	75770	0.0
农作物总播种面积(公顷)	Total Sown Area(hectare)	60885	61020	0.2
#粮食作物播种面积(公顷)	Sown Area of Grain Crops(hectare)	43271	43765	1.1
有效灌溉面积(公顷)	Irrigated Area(hectare)	15240	15240	0.0
农牧业机械总动力(万千瓦)	Total Power of Agricultural Machinery(10 000 kw)	11.40	12.80	12.3
化肥施用折纯量(吨)	Consumption of Chemical Fertilizer(ton)	5622	3047	-45.8
农村用电量(万千瓦小时)	Electricity Consumed in Rural Area(10 000 kwh)	1937	943	-51.3
农林牧渔业总产值(万元)	Gross Output of Farming,Forestry,Animal Husbandry & Fishery(10 000 yuan)	69621	86929	24.9
粮食产量(吨)	Yield of Grain(ton)	108420	139805	28.9
油料产量(吨)	Yield of Oil-bearing Grops(ton)	4413	13301	201.4
甜菜产量(吨)	Yield of Beetroots(ton)	7400	6008	-18.8
猪牛羊肉产量(吨)	Output of Pork, Beef & Mutton(ton)	13686	16691	22.0
#猪肉产量(吨)	Output of Pork(ton)	7895	7467	-5.4
牛肉产量(吨)	Output of Beef(ton)	1092	316	-71.1
羊肉产量(吨)	Output of Mutton(ton)	4699	8908	89.6

23-96 Chahaeryouyizhong Banner in Wulanchabu League

指标	Item	2002	2003	2003年比上年增长% Increase Rate in 2003 Over 2002(%)
羊毛产量(吨)	Output of Wool(ton)	1007	1129	12.1
年末牲畜存栏头数(万头只)	Total Livestock at the Year-end(10 000 heads)	49.79	36.04	-27.6
# 大牲畜(万头只)	Large Animals(10 000 heads)	2.70	3.15	16.7
羊(万只)	Sheep & Goats(10 000 heads)	41.05	28.22	-31.3
猪(万头)	Hogs(10 000 heads)	6.04	4.68	-22.5
独立核算工业	**Industry with Independent Accounting System**			
工业企业单位数(个)	Number of Industrial Enterprises(unit)	32	33	3.1
# 内资企业(个)	Civil Funded Enterprises(unit)	32	33	3.1
工业总产值(万元)	Gross Industrial Output Value(10 000 yuan)	18456	19234	4.2
内资企业(万元)	Civil Funded Enterprises(10 000 yuan)	18456	19234	4.2
国有企业(万元)	State-owned Enterprises(10 000 yuan)	2170	2982	37.4
集体企业(万元)	Collective-owned Enterprises(10 000 yuan)			
股份合作企业(万元)	Share Holding Enterprises(10 000 yuan)			
联营企业(万元)	Joint Owned Enterprises(10 000 yuan)	908	1014	11.6
有限责任公司(万元)	Limited Company(10 000 yuan)	9074	8034	-11.5
股份有限公司(万元)	Share Holding Limited Company(10 000 yuan)			
私营企业(万元)	Privately Owned Enterprises(10 000 yuan)	6304	7204	14.3
其他企业(万元)	Enterprises of Other Ownership(10 000 yuan)			
港澳台商投资企业(万元)	Funds from HK,Macao & Taiwan(10 000 yuan)			
外商投资企业(万元)	Foreign Funded Enterprises(10 000 yuan)			
工业企业增加值(万元)	Value Added of Industrial Enterprises(10 000 yuan)	6431	6757	5.1
工业企业资产总计(万元)	Total Assets of Industrial Enterprises(10 000 yuan)	43911	48619	10.7
工业企业负债合计(万元)	Total Liabilities of Industrial Enterprises(10 000 yuan)	24306	27310	12.4
工业企业产品销售收入(万元)	Sales of Revenue Industrial Enterprises(10 000 yuan)	9115	11683	28.2
工业企业利润总额(万元)	Total Profits of Industrial Enterprises(10 000 yuan)	485	505	4.2
建筑业	**Construction**			
建筑企业单位数(个)	Number of Construction Enterprises(unit)	1	1	0.0
建筑企业从业人员(人)	Number of Employee in Construction Enterprises(person)	350	510	45.7
建筑业总产值(万元)	Gross Construction Output Value(10 000 yuan)	1100	1926	75.1
交通运输邮电通信业	**Transportation,Post & Telecommunications**			
公路里程(公里)	Total Length of Highways(km)	689	720	4.5
邮电业务总量(万元)	Business Volume of Post & Telecoms(10 000 yuan)	828	927	12.0
本地电话用户(户)	Number of Subscribers of Local Telephone(Household)	15150	17044	12.5
国内贸易	**Demestic Trade**			
社会消费品零售总额(万元)	Total Retail Sales of Consumer Goods(10 000 yuan)	21404	23181	8.3
# 贸易业(万元)	Wholesale & Retail Sales Trades(10 000 yuan)	19100	20800	8.9
餐饮业(万元)	Catering Trade(10 000 yuan)	1248	1343	7.6
科技教育卫生	**Science,Education & Public Health**			
各类专业技术人员(人)	Speccial Technical Personnel(person)	673	709	5.3
幼儿园数(所)	Number of Kindergartens(unit)	3	3	0.0
学龄儿童入学率(%)	Percentage of School-Age Children Enrolled(%)	99.6	98.8	-0.8
小学学校数(所)	Number of Primary Schools(unit)	36	34	-5.6
小学专任教师数(人)	Number of Full-time Teachers of Primary Schools(person)	1234	1159	-6.1
小学在校学生数(人)	Number of Student Enrollment of Primary Schools(person)	11555	9992	-13.5
普通中学学校数(所)	Number of Regular Secondary Schools(unit)	5	5	0.0
普通中学专任教师数(人)	Number of Teachers of Secondary Shools(person)	382	401	5.0
初中在校学生数(人)	Number of Student in Junior Secondary Schools(person)	7021	5064	-27.9
高中在校学生数(人)	Number of Student in Senior Secondary Schools(person)	2803	2342	-16.4
卫生机构数(所)	Number of Health Institutions(unit)	29	29	0.0
# 医院(所)	Hospitals(unit)	1	1	0.0
卫生院(所)	Township Hospitals(unit)	26	26	0.0
床位数(张)	Number of Beds(unit)	241	230	-4.6
# 医院(张)	Hospitals(unit)	100	100	0.0
卫生院(张)	Township Hospitals(unit)	129	118	-8.5
卫生技术人员(人)	Medical Technical Presonnel(person)	282	284	0.7
# 医院(人)	Hospitals(person)	115	110	-4.3
卫生院(人)	Township Hospitals(person)	101	109	7.9

23-97 乌兰察布盟察哈尔右翼后旗

指 标	Item	2002	2003	2003年比上年增长% Increase Rate in 2003 Over 2002(%)
行政区域土地面积(平方公里)	**Area of Administration(Sq.km)**	**3803**	**3803**	**0.0**
人口和就业	**Population & Employment**			
年末总人口(人)	Total Population Year-end(person)	207995	208500	0.2
# 男性(人)	Male(person)	108855	110454	1.5
# 乡村人口(人)	Rural(person)	174359	173415	-0.5
年末总户数(户)	Total Number of Households at the Year-end(Household)	64702	65594	1.4
# 乡村户数(户)	Number of Rural Household(Household)	32372	31873	-1.5
出生人口(人)	Births(person)	1705	1941	13.8
死亡人口(人)	Deaths(person)	563	988	75.5
全社会就业人员(人)	Employment(person)	97153	92677	-4.6
第一产业(人)	Primary Industry(person)	56233	51788	-7.9
第二产业(人)	Secondary Industry(person)	10694	12080	13.0
第三产业(人)	Tertiary Industry(person)	30226	28808	-4.7
在岗职工人数(人)	Number of Staff & Workers Employed in(person)	8050	8421	4.6
乡村劳动力(人)	Number of Rural Laborers(person)	67789	66778	-1.5
# 农林牧渔业(人)	Farming,Forestry,Animal Husbandry & Fishery(person)	54157	50036	-7.6
国民经济综合指标	**Summary Item on the National Economy**			
生产总值(万元)	Gross Domestic Product(10 000 yuan)	86319	130619	37.3
第一产业(万元)	Primary Industry(10 000 yuan)	32275	41215	25.3
第二产业(万元)	Secondary Industry(10 000 yuan)	32522	64927	60.5
# 工业(万元)	Industry(10 000 yuan)	26602	45065	42.6
第三产业(万元)	Tertiary Industry(10 000 yuan)	21522	24477	13.1
人均生产总值(元)	Per Capita GDP(yuan)	4149	6178	48.9
全社会固定资产投资(万元)	Total Investment in Fixed Assets(10 000 yuan)	34286	44085	28.6
按登记注册类型分	Grouped by Registered Type			
# 国有(万元)	State-owned Enterprises(10 000 yuan)	13333	21825	63.7
集体(万元)	Collective-owned Enterprises(10 000 yuan)	150	340	126.7
有限责任公司(万元)	Limited Liability Corporations(10 000 yuan)			
股份有限公司(万元)	Share Holding Enterprises(10 000 yuan)			
私营企业(万元)	Private Enterprises(10 000 yuan)		11200	
外商及港澳台投资企业(万元)	Funds from HK,Macao,Taiwan & Foreign(10 000 yuan)			
按管理渠道分	Grouped by Channel of Management			
# 基本建设(万元)	Capital Construction(10 000 yuan)	32076	22775	-29.0
更新改造(万元)	Innovation(10 000 yuan)			
房地产开发(万元)	Real Estate Development(10 000 yuan)			
地方财政收入(万元)	Local Governments Revenue(10 000 yuan)	3579	5845	63.3
地方财政支出(万元)	Local Governments Expenditures(10 000 yuan)	19699	24515	24.4
城乡居民储蓄存款余额(万元)	Resident Saving Deposit in Urban & Rural(10 000 yuan)	35450	41375	16.7
在岗职工工资总额(万元)	Total Wages of Staff & Workers Empioyed in(10 000	6933	8090	16.7
在岗职工平均工资(元)	Average Wage of Staff & Workers Employed in(yuan)	8383	9700	15.7
农牧民人均纯收入(元)	Per Capita Net Income of Peasant & Herdsman(yuan)	1640	1995	21.6
农村牧区经济	**Economic Development in Rural & Pastoral Area**			
耕地面积(公顷)	Cultivated Area(hectare)	66191	70361	6.3
农作物总播种面积(公顷)	Total Sown Area(hectare)	53575	64401	20.2
# 粮食作物播种面积(公顷)	Sown Area of Grain Crops(hectare)	40108	36915	-8.0
有效灌溉面积(公顷)	Irrigated Area(hectare)	5890	6749	14.6
农牧业机械总动力(万千瓦)	Total Power of Agricultural Machinery(10 000 kw)	7.10	8.00	12.7
化肥施用折纯量(吨)	Consumption of Chemical Fertilizer(ton)	3987	4089	2.6
农村用电量(万千瓦小时)	Electricity Consumed in Rural Area(10 000 kwh)	1025	754	-26.4
农林牧渔业总产值(万元)	Gross Output of Farming,Forestry,Animal Husbandry & Fishery(10 000 yuan)	54953	69513	26.5
粮食产量(吨)	Yield of Grain(ton)	104417	118003	13.0
油料产量(吨)	Yield of Oil-bearing Grops(ton)	4940	5197	5.2
甜菜产量(吨)	Yield of Beetroots(ton)	5500		
猪牛羊肉产量(吨)	Output of Pork, Beef & Mutton(ton)	14237	15157	6.5
# 猪肉产量(吨)	Output of Pork(ton)	7986	5826	-27.0
牛肉产量(吨)	Output of Beef(ton)	604	533	-11.8
羊肉产量(吨)	Output of Mutton(ton)	5647	8798	55.8

23-97 Chahaeryouyihou Banner in Wulanchabu League

指标	Item	2002	2003	2003年比上年增长% Increase Rate in 2003 Over 2002(%)
羊毛产量(吨)	Output of Wool(ton)	1518	1832	20.7
年末牲畜存栏头数(万头只)	Total Livestock at the Year-end(10 000 heads)	40.03	40.28	0.6
# 大牲畜(万头只)	Large Animals(10 000 heads)	1.53	2.03	32.7
羊(万只)	Sheep & Goats(10 000 heads)	36.31	36.56	0.7
猪(万头)	Hogs(10 000 heads)	2.19	1.69	-22.8
独立核算工业	**Industry with Independent Accounting System**			
工业企业单位数(个)	Number of Industrial Enterprises(unit)	65	69	6.2
# 内资企业(个)	Civil Funded Enterprises(unit)	65	69	6.2
工业总产值(万元)	Gross Industrial Output Value(10 000 yuan)	59658	85345	43.1
内资企业(万元)	Civil Funded Enterprises(10 000 yuan)	59658	85345	43.1
国有企业(万元)	State-owned Enterprises(10 000 yuan)	21149	5173	-75.5
集体企业(万元)	Collective-owned Enterprises(10 000 yuan)	632		
股份合作企业(万元)	Share Holding Enterprises(10 000 yuan)	1726	962	-44.3
联营企业(万元)	Joint Owned Enterprises(10 000 yuan)			
有限责任公司(万元)	Limited Company(10 000 yuan)			
股份有限公司(万元)	Share Holding Limited Company(10 000 yuan)	19929	47682	139.3
私营企业(万元)	Privately Owned Enterprises(10 000 yuan)			
其他企业(万元)	Enterprises of Other Ownership(10 000 yuan)	16221	31527	94.4
港澳台商投资企业(万元)	Funds from HK.Macao & Taiwan(10 000 yuan)			
外商投资企业(万元)	Foreign Funded Enterprises(10 000 yuan)			
工业企业增加值(万元)	Value Added of Industrial Enterprises(10 000 yuan)	22073	31577	43.1
工业企业资产总计(万元)	Total Assets of Industrial Enterprises(10 000 yuan)	231885	143670	-38.0
工业企业负债合计(万元)	Total Liabilities of Industrial Enterprises(10 000 yuan)	80365	65125	-19.0
工业企业产品销售收入(万元)	Sales of Revenue Industrial Enterprises(10 000 yuan)	48247	68630	42.2
工业企业利润总额(万元)	Total Profits of Industrial Enterprises(10 000 yuan)	2070	3545	71.3
建筑业	**Construction**			
建筑企业单位数(个)	Number of Construction Enterprises(unit)	3	3	0.0
建筑企业从业人员(人)	Number of Employee in Construction Enterprises(person)	2034	2136	5.0
建筑业总产值(万元)	Gross Construction Output Value(10 000 yuan)	4041	5376	33.0
交通运输邮电通信业	**Transportation,Post & Telecommunications**			
公路里程(公里)	Total Length of Highways(km)	469	502	7.0
邮电业务总量(万元)	Business Volume of Post & Telecoms(10 000 yuan)	991	1123	13.4
本地电话用户(户)	Number of Subscribers of Local Telephone(Household)	19192	22839	19.0
国内贸易	**Demestic Trade**			
社会消费品零售总额(万元)	Total Retail Sales of Consumer Goods(10 000 yuan)	21896	24326	11.1
# 贸易业(万元)	Wholesale & Retail Sales Trades(10 000 yuan)	17158	19148	11.6
餐饮业(万元)	Catering Trade(10 000 yuan)	3680	3788	2.9
科技教育卫生	**Science,Education & Public Health**			
各类专业技术人员(人)	Speccial Technical Personnel(person)	548	578	5.5
幼儿园数(所)	Number of Kindergartens(unit)	2	2	0.0
学龄儿童入学率(%)	Percentage of School-Age Children Enrolled(%)	99.7	99.0	-0.8
小学学校数(所)	Number of Primary Schools(unit)	59	18	-69.5
小学专任教师数(人)	Number of Full-time Teachers of Primary Schools(person)	875	813	-7.1
小学在校学生数(人)	Number of Student Enrollment of Primary Schools(person)	12019	10735	-10.7
普通中学学校数(所)	Number of Regular Secondary Schools(unit)	12	9	-25.0
普通中学专任教师数(人)	Number of Teachers of Secondary Shools(person)	395	408	3.3
初中在校学生数(人)	Number of Student in Junior Secondary Schools(person)	4874	5040	3.4
高中在校学生数(人)	Number of Student in Senior Secondary Schools(person)	1697	1818	7.1
卫生机构数(所)	Number of Health Institutions(unit)	31	26	-16.1
# 医院(所)	Hospitals(unit)	2	2	0.0
卫生院(所)	Township Hospitals(unit)	21	21	0.0
床位数(张)	Number of Beds(unit)	218	218	0.0
# 医院(张)	Hospitals(unit)	102	110	7.8
卫生院(张)	Township Hospitals(unit)	110	102	-7.3
卫生技术人员(人)	Medical Technical Presonnel(person)	328	357	8.8
# 医院(人)	Hospitals(person)	125	131	4.8
卫生院(人)	Township Hospitals(person)	139	144	3.6

23-98 乌兰察布盟四子王旗

指标	Item	2002	2003	2003年比上年增长% Increase Rate in 2003 Over 2002(%)
行政区域土地面积(平方公里)	**Area of Administration(Sq.km)**	**24016**	**24016**	**0.0**
人口和就业	**Population & Employment**			
年末总人口(人)	Total Population Year-end(person)	203463	204032	0.3
# 男性(人)	Male(person)	106817	107097	0.3
# 乡村人口(人)	Rural(person)	170365	169748	-0.4
年末总户数(户)	Total Number of Households at the Year-end(Household)	60394	61792	2.3
# 乡村户数(户)	Number of Rural Household(Household)	34052	34907	2.5
出生人口(人)	Births(person)	1518	1661	9.4
死亡人口(人)	Deaths(person)	886	975	10.0
全社会就业人员(人)	Employment(person)	110676	108417	-2.0
第一产业(人)	Primary Industry(person)	79589	80690	1.4
第二产业(人)	Secondary Industry(person)	7518	6155	-18.1
第三产业(人)	Tertiary Industry(person)	23569	21571	-8.5
在岗职工人数(人)	Number of Staff & Workers Employed in(person)	7409	6735	-9.1
乡村劳动力(人)	Number of Rural Laborers(person)	87710	87788	0.1
# 农林牧渔业(人)	Farming,Forestry,Animal Husbandry & Fishery(person)	78181	79352	1.5
国民经济综合指标	**Summary Item on the National Economy**			
生产总值(万元)	Gross Domestic Product(10 000 yuan)	92309	122877	26.6
第一产业(万元)	Primary Industry(10 000 yuan)	45752	64280	25.9
第二产业(万元)	Secondary Industry(10 000 yuan)	21873	28995	35.5
# 工业(万元)	Industry(10 000 yuan)	16435	18350	14.5
第三产业(万元)	Tertiary Industry(10 000 yuan)	24684	29602	20.0
人均生产总值(元)	Per Capita GDP(yuan)	4536	5406	19.2
全社会固定资产投资(万元)	Total Investment in Fixed Assets(10 000 yuan)	18757	26629	42.0
按登记注册类型分	Grouped by Registered Type			
# 国有(万元)	State-owned Enterprises(10 000 yuan)	12729	21447	68.5
集体(万元)	Collective-owned Enterprises(10 000 yuan)		28	
有限责任公司(万元)	Limited Liability Corporations(10 000 yuan)			
股份有限公司(万元)	Share Holding Enterprises(10 000 yuan)			
私营企业(万元)	Private Enterprises(10 000 yuan)		5557	
外商及港澳台投资企业(万元)	Funds from HK,Macao,Taiwan & Foreign(10 000 yuan)			
按管理渠道分	Grouped by Channel of Management			
# 基本建设(万元)	Capital Construction(10 000 yuan)	12406	22168	78.7
更新改造(万元)	Innovation(10 000 yuan)		1500	
房地产开发(万元)	Real Estate Development(10 000 yuan)	2006	1409	-29.8
地方财政收入(万元)	Local Governments Revenue(10 000 yuan)	3921	4831	23.2
地方财政支出(万元)	Local Governments Expenditures(10 000 yuan)	23333	29858	28.0
城乡居民储蓄存款余额(万元)	Resident Saving Deposit in Urban & Rural(10 000 yuan)	95120	89283	-6.1
在岗职工工资总额(万元)	Total Wages of Staff & Workers Empioyed in(10 000	6806	7572	11.3
在岗职工平均工资(元)	Average Wage of Staff & Workers Employed in(yuan)	9164	11223	22.5
农牧民人均纯收入(元)	Per Capita Net Income of Peasant & Herdsman(yuan)	1615	2018	25.0
农村牧区经济	**Economic Development in Rural & Pastoral Area**			
耕地面积(公顷)	Cultivated Area(hectare)	117758	120467	2.3
农作物总播种面积(公顷)	Total Sown Area(hectare)	82840	82760	-0.1
# 粮食作物播种面积(公顷)	Sown Area of Grain Crops(hectare)	63815	58885	-7.7
有效灌溉面积(公顷)	Irrigated Area(hectare)	18610	19340	3.9
农牧业机械总动力(万千瓦)	Total Power of Agricultural Machinery(10 000 kw)	21.30	26.80	25.8
化肥施用折纯量(吨)	Consumption of Chemical Fertilizer(ton)	6789	8290	22.1
农村用电量(万千瓦小时)	Electricity Consumed in Rural Area(10 000 kwh)	1393	1461	4.9
农林牧渔业总产值(万元)	Gross Output of Farming,Forestry,Animal Husbandry & Fishery(10 000 yuan)	67937	90862	33.7
粮食产量(吨)	Yield of Grain(ton)	158813	184375	16.1
油料产量(吨)	Yield of Oil-bearing Grops(ton)	3465	10280	196.7
甜菜产量(吨)	Yield of Beetroots(ton)			
猪牛羊肉产量(吨)	Output of Pork, Beef & Mutton(ton)	17824	21843	22.5
# 猪肉产量(吨)	Output of Pork(ton)	8364	10110	20.9
牛肉产量(吨)	Output of Beef(ton)	413	299	-27.6
羊肉产量(吨)	Output of Mutton(ton)	9047	11434	26.4

23-98 Siziwang Banner in Wulanchabu League

指标	Item	2002	2003	2003年比上年增长% Increase Rate in 2003 Over 2002(%)
羊毛产量(吨)	Output of Wool(ton)	1776	1795	1.1
年末牲畜存栏头数(万头只)	Total Livestock at the Year-end(10 000 heads)	86.54	84.27	-2.6
# 大牲畜(万头只)	Large Animals(10 000 heads)	1.26	1.16	-7.9
羊(万只)	Sheep & Goats(10 000 heads)	83.00	81.09	-2.3
猪(万头)	Hogs(10 000 heads)	2.28	2.02	-11.4
独立核算工业	**Industry with Independent Accounting System**			
工业企业单位数(个)	Number of Industrial Enterprises(unit)	29	30	3.4
# 内资企业(个)	Civil Funded Enterprises(unit)	29	30	3.4
工业总产值(万元)	Gross Industrial Output Value(10 000 yuan)	20487	32761	59.9
内资企业(万元)	Civil Funded Enterprises(10 000 yuan)	20487	32761	59.9
国有企业(万元)	State-owned Enterprises(10 000 yuan)	790	903	14.3
集体企业(万元)	Collective-owned Enterprises(10 000 yuan)	40	41	2.5
股份合作企业(万元)	Share Holding Enterprises(10 000 yuan)			
联营企业(万元)	Joint Owned Enterprises(10 000 yuan)			
有限责任公司(万元)	Limited Company(10 000 yuan)	2389	2623	9.8
股份有限公司(万元)	Share Holding Limited Company(10 000 yuan)			
私营企业(万元)	Privately Owned Enterprises(10 000 yuan)	17118	26795	56.5
其他企业(万元)	Enterprises of Other Ownership(10 000 yuan)	150	2399	1499.3
港澳台商投资企业(万元)	Funds from HK,Macao & Taiwan(10 000 yuan)			
外商投资企业(万元)	Foreign Funded Enterprises(10 000 yuan)			
工业企业增加值(万元)	Value Added of Industrial Enterprises(10 000 yuan)	7785	12449	59.9
工业企业资产总计(万元)	Total Assets of Industrial Enterprises(10 000 yuan)	31022	38681	24.7
工业企业负债合计(万元)	Total Liabilities of Industrial Enterprises(10 000 yuan)	16582	22126	33.4
工业企业产品销售收入(万元)	Sales of Revenue Industrial Enterprises(10 000 yuan)	18491	31143	68.4
工业企业利润总额(万元)	Total Profits of Industrial Enterprises(10 000 yuan)	892	1197	34.2
建筑业	**Construction**			
建筑企业单位数(个)	Number of Construction Enterprises(unit)	1	1	0.0
建筑企业从业人员(人)	Number of Employee in Construction Enterprises(person)	389	518	33.2
建筑业总产值(万元)	Gross Construction Output Value(10 000 yuan)	357	2185	512.0
交通运输邮电通信业	**Transportation,Post & Telecommunications**			
公路里程(公里)	Total Length of Highways(km)	1190	1200	0.8
邮电业务总量(万元)	Business Volume of Post & Telecoms(10 000 yuan)	1114	1070	-3.9
本地电话用户(户)	Number of Subscribers of Local Telephone(Household)	11505	17713	54.0
国内贸易	**Demestic Trade**			
社会消费品零售总额(万元)	Total Retail Sales of Consumer Goods(10 000 yuan)	28841	32274	11.9
# 贸易业(万元)	Wholesale & Retail Sales Trades(10 000 yuan)	24288	27276	12.3
餐饮业(万元)	Catering Trade(10 000 yuan)	3558	3837	7.8
科技教育卫生	**Science,Education & Public Health**			
各类专业技术人员(人)	Speccial Technical Personnel(person)	508	530	4.3
幼儿园数(所)	Number of Kindergartens(unit)	4	4	0.0
学龄儿童入学率(%)	Percentage of School-Age Children Enrolled(%)	96.6	95.4	-1.2
小学学校数(所)	Number of Primary Schools(unit)	91	85	-6.6
小学专任教师数(人)	Number of Full-time Teachers of Primary Schools(person)	1144	1185	3.6
小学在校学生数(人)	Number of Student Enrollment of Primary Schools(person)	14215	13049	-8.2
普通中学学校数(所)	Number of Regular Secondary Schools(unit)	9	10	11.1
普通中学专任教师数(人)	Number of Teachers of Secondary Shools(person)	393	408	3.8
初中在校学生数(人)	Number of Student in Junior Secondary Schools(person)	9742	6483	-33.5
高中在校学生数(人)	Number of Student in Senior Secondary Schools(person)	3638	3248	-10.7
卫生机构数(所)	Number of Health Institutions(unit)	30	30	0.0
# 医院(所)	Hospitals(unit)	1	1	0.0
卫生院(所)	Township Hospitals(unit)	26	26	0.0
床位数(张)	Number of Beds(unit)	252	260	3.2
# 医院(张)	Hospitals(unit)	148	148	0.0
卫生院(张)	Township Hospitals(unit)	94	92	-2.1
卫生技术人员(人)	Medical Technical Presonnel(person)	457	395	-13.6
# 医院(人)	Hospitals(person)	171	169	-1.2
卫生院(人)	Township Hospitals(person)	202	196	-3.0

23-99 巴彦淖尔盟临河市

指 标	Item	2002	2003	2003年比上年增长% Increase Rate in 2003 Over 2002(%)
行政区域土地面积(平方公里)	**Area of Administration(Sq.km)**	**2354**	**2354**	**0.0**
人口和就业	**Population & Employment**			
年末总人口(人)	Total Population Year-end(person)	507137	521401	2.8
# 男性(人)	Male(person)	254864	259407	1.8
# 乡村人口(人)	Rural(person)	262943	259566	-1.3
年末总户数(户)	Total Number of Households at the Year-end(Household)	134882	139133	3.2
# 乡村户数(户)	Number of Rural Household(Household)	61615	61079	-0.9
出生人口(人)	Births(person)	3889	2666	-31.4
死亡人口(人)	Deaths(person)	1174	925	-21.2
全社会就业人员(人)	Employment(person)	260608	263892	1.3
第一产业(人)	Primary Industry(person)	128556	120682	-6.1
第二产业(人)	Secondary Industry(person)	24769	25475	2.9
第三产业(人)	Tertiary Industry(person)	107283	117735	9.7
在岗职工人数(人)	Number of Staff & Workers Employed in(person)	58334	55872	-4.2
乡村劳动力(人)	Number of Rural Laborers(person)	149666	147726	-1.3
# 农林牧渔业(人)	Farming,Forestry,Animal Husbandry & Fishery(person)	128556	120682	-6.1
国民经济综合指标	**Summary Item on the National Economy**			
生产总值(万元)	Gross Domestic Product(10 000 yuan)	403848	488273	13.7
第一产业(万元)	Primary Industry(10 000 yuan)	119716	136648	6.7
第二产业(万元)	Secondary Industry(10 000 yuan)	99591	136224	30.2
# 工业(万元)	Industry(10 000 yuan)	68362	89892	31.6
第三产业(万元)	Tertiary Industry(10 000 yuan)	184541	215401	9.0
人均生产总值(元)	Per Capita GDP(yuan)	7996	9494	11.6
全社会固定资产投资(万元)	Total Investment in Fixed Assets(10 000 yuan)	111619	183326	64.2
按登记注册类型分	Grouped by Registered Type			
# 国有(万元)	State-owned Enterprises(10 000 yuan)	49823	72404	45.3
集体(万元)	Collective-owned Enterprises(10 000 yuan)	1100		
有限责任公司(万元)	Limited Liability Corporations(10 000 yuan)			
股份有限公司(万元)	Share Holding Enterprises(10 000 yuan)			
私营企业(万元)	Private Enterprises(10 000 yuan)			
外商及港澳台投资企业(万元)	Funds from HK,Macao,Taiwan & Foreign(10 000 yuan)			
按管理渠道分	Grouped by Channel of Management			
# 基本建设(万元)	Capital Construction(10 000 yuan)	59968	81859	36.5
更新改造(万元)	Innovation(10 000 yuan)	5680	29902	426.4
房地产开发(万元)	Real Estate Development(10 000 yuan)	26373	48412	83.6
地方财政收入(万元)	Local Governments Revenue(10 000 yuan)	15289	20527	34.3
地方财政支出(万元)	Local Governments Expenditures(10 000 yuan)	36898	36831	-0.2
城乡居民储蓄存款余额(万元)	Resident Saving Deposit in Urban & Rural(10 000 yuan)	368614	430103	16.7
在岗职工工资总额(万元)	Total Wages of Staff & Workers Empioyed in(10 000	55760	64398	15.5
在岗职工平均工资(元)	Average Wage of Staff & Workers Employed in(yuan)	8574	9485	10.6
农牧民人均纯收入(元)	Per Capita Net Income of Peasant & Herdsman(yuan)	2994	3296	10.1
农村牧区经济	**Economic Development in Rural & Pastoral Area**			
耕地面积(公顷)	Cultivated Area(hectare)	127550	127550	0.0
农作物总播种面积(公顷)	Total Sown Area(hectare)	87580	92378	5.5
# 粮食作物播种面积(公顷)	Sown Area of Grain Crops(hectare)	44174	41376	-6.3
有效灌溉面积(公顷)	Irrigated Area(hectare)	115880	127550	10.1
农牧业机械总动力(万千瓦)	Total Power of Agricultural Machinery(10 000 kw)	31.89	32.50	1.9
化肥施用折纯量(吨)	Consumption of Chemical Fertilizer(ton)	55669	55731	0.1
农村用电量(万千瓦小时)	Electricity Consumed in Rural Area(10 000 kwh)	4799	5435	13.3
农林牧渔业总产值(万元)	Gross Output of Farming,Forestry,Animal Husbandry & Fishery(10 000 yuan)	176482	210491	19.3
粮食产量(吨)	Yield of Grain(ton)	359067	366977	2.2
油料产量(吨)	Yield of Oil-bearing Grops(ton)	66873	70532	5.5
甜菜产量(吨)	Yield of Beetroots(ton)	170170	79893	-53.1
猪牛羊肉产量(吨)	Output of Pork, Beef & Mutton(ton)	31223	45437	45.5
# 猪肉产量(吨)	Output of Pork(ton)	24165	25238	4.4
牛肉产量(吨)	Output of Beef(ton)	382	1613	322.3
羊肉产量(吨)	Output of Mutton(ton)	6676	18586	178.4

23-99 Linhe City in Bayannaoer League

指标	Item	2002	2003	2003年比上年增长% Increase Rate in 2003 Over 2002(%)
羊毛产量(吨)	Output of Wool(ton)	1258	973	-22.7
年末牲畜存栏头数(万头只)	Total Livestock at the Year-end(10 000 heads)	155.55	190.46	22.4
# 大牲畜(万头只)	Large Animals(10 000 heads)	6.59	7.29	10.6
羊(万只)	Sheep & Goats(10 000 heads)	124.06	158.24	27.6
猪(万头)	Hogs(10 000 heads)	24.90	24.93	0.1
独立核算工业	**Industry with Independent Accounting System**			
工业企业单位数(个)	Number of Industrial Enterprises(unit)	182	192	5.5
# 内资企业(个)	Civil Funded Enterprises(unit)	172	185	7.6
工业总产值(万元)	Gross Industrial Output Value(10 000 yuan)	181664	216399	29.5
内资企业(万元)	Civil Funded Enterprises(10 000 yuan)	126779	176615	38.4
国有企业(万元)	State-owned Enterprises(10 000 yuan)	18802	19868	2.1
集体企业(万元)	Collective-owned Enterprises(10 000 yuan)	1858	798	-57.9
股份合作企业(万元)	Share Holding Enterprises(10 000 yuan)	385	196	-46.5
联营企业(万元)	Joint Owned Enterprises(10 000 yuan)	206		
有限责任公司(万元)	Limited Company(10 000 yuan)	18631	29699	49.5
股份有限公司(万元)	Share Holding Limited Company(10 000 yuan)			
私营企业(万元)	Privately Owned Enterprises(10 000 yuan)	86897	126054	35.1
其他企业(万元)	Enterprises of Other Ownership(10 000 yuan)			
港澳台商投资企业(万元)	Funds from HK,Macao & Taiwan(10 000 yuan)	36039	20839	-52.3
外商投资企业(万元)	Foreign Funded Enterprises(10 000 yuan)	18846	18945	1.5
工业企业增加值(万元)	Value Added of Industrial Enterprises(10 000 yuan)	57565	77078	34.8
工业企业资产总计(万元)	Total Assets of Industrial Enterprises(10 000 yuan)	319918	336900	5.3
工业企业负债合计(万元)	Total Liabilities of Industrial Enterprises(10 000 yuan)	229941	256666	11.6
工业企业产品销售收入(万元)	Sales of Revenue Industrial Enterprises(10 000 yuan)	167629	191993	14.5
工业企业利润总额(万元)	Total Profits of Industrial Enterprises(10 000 yuan)	4433	2595	-41.5
建筑业	**Construction**			
建筑企业单位数(个)	Number of Construction Enterprises(unit)	40	35	-12.5
建筑企业从业人员(人)	Number of Employee in Construction Enterprises(person)	9456	9550	1.0
建筑业总产值(万元)	Gross Construction Output Value(10 000 yuan)	103027	155891	51.3
交通运输邮电通信业	**Transportation,Post & Telecommunications**			
公路里程(公里)	Total Length of Highways(km)	837	851	1.7
邮电业务总量(万元)	Business Volume of Post & Telecoms(10 000 yuan)	43677	47127	7.9
本地电话用户(户)	Number of Subscribers of Local Telephone(Household)	86521	90510	4.6
国内贸易	**Demestic Trade**			
社会消费品零售总额(万元)	Total Retail Sales of Consumer Goods(10 000 yuan)	140042	160427	14.6
# 贸易业(万元)	Wholesale & Retail Sales Trades(10 000 yuan)	71890	86764	20.7
餐饮业(万元)	Catering Trade(10 000 yuan)	46620	44817	-3.9
科技教育卫生	**Science,Education & Public Health**			
各类专业技术人员(人)	Speccial Technical Personnel(person)	15948	16761	5.1
幼儿园数(所)	Number of Kindergartens(unit)	33	64	93.9
学龄儿童入学率(%)	Percentage of School-Age Children Enrolled(%)	100.0	100.0	0.0
小学学校数(所)	Number of Primary Schools(unit)	147	141	-4.1
小学专任教师数(人)	Number of Full-time Teachers of Primary Schools(person)	2745	2386	-13.1
小学在校学生数(人)	Number of Student Enrollment of Primary Schools(person)	40700	39235	-3.6
普通中学学校数(所)	Number of Regular Secondary Schools(unit)	25	23	-8.0
普通中学专任教师数(人)	Number of Teachers of Secondary Shools(person)	1910	1788	-6.4
初中在校学生数(人)	Number of Student in Junior Secondary Schools(person)	26624	27202	2.2
高中在校学生数(人)	Number of Student in Senior Secondary Schools(person)	14422	14985	3.9
卫生机构数(所)	Number of Health Institutions(unit)	41	43	4.9
# 医院(所)	Hospitals(unit)	5	7	40.0
卫生院(所)	Township Hospitals(unit)	25	26	4.0
床位数(张)	Number of Beds(unit)	2016	2050	1.7
# 医院(张)	Hospitals(unit)	1431	1410	-1.5
卫生院(张)	Township Hospitals(unit)	448	482	7.6
卫生技术人员(人)	Medical Technical Presonnel(person)	2972	2916	-1.9
# 医院(人)	Hospitals(person)	1521	1598	5.1
卫生院(人)	Township Hospitals(person)	768	741	-3.5

23-100 巴彦淖尔盟五原县

指标	Item	2002	2003	2003年比上年增长% Increase Rate in 2003 Over 2002(%)
行政区域土地面积(平方公里)	**Area of Administration(Sq.km)**	**2493**	**2493**	**0.0**
人口和就业	**Population & Employment**			
年末总人口(人)	Total Population Year-end(person)	285939	288556	0.9
#男性(人)	Male(person)	146123	147251	0.8
#乡村人口(人)	Rural(person)	214211	214878	0.3
年末总户数(户)	Total Number of Households at the Year-end(Household)	76214	76801	0.8
#乡村户数(户)	Number of Rural Household(Household)	49630	49820	0.4
出生人口(人)	Births(person)	2139	1996	-6.7
死亡人口(人)	Deaths(person)	963	1040	8.0
全社会就业人员(人)	Employment(person)	134623	135037	0.3
第一产业(人)	Primary Industry(person)	105623	102745	-2.7
第二产业(人)	Secondary Industry(person)	10131	9834	-2.9
第三产业(人)	Tertiary Industry(person)	18869	22458	19.0
在岗职工人数(人)	Number of Staff & Workers Employed in(person)	13158	13018	-1.1
乡村劳动力(人)	Number of Rural Laborers(person)	121259	121855	0.5
#农林牧渔业(人)	Farming,Forestry,Animal Husbandry & Fishery(person)	90581	89874	-0.8
国民经济综合指标	**Summary Item on the National Economy**			
生产总值(万元)	Gross Domestic Product(10 000 yuan)	172711	195494	12.2
第一产业(万元)	Primary Industry(10 000 yuan)	85743	89704	4.9
第二产业(万元)	Secondary Industry(10 000 yuan)	30033	39287	28.7
#工业(万元)	Industry(10 000 yuan)	16637	20773	24.0
第三产业(万元)	Tertiary Industry(10 000 yuan)	56935	66503	13.6
人均生产总值(元)	Per Capita GDP(yuan)	6047	6920	14.0
全社会固定资产投资(万元)	Total Investment in Fixed Assets(10 000 yuan)	38839	68396	76.1
按登记注册类型分	Grouped by Registered Type			
#国有(万元)	State-owned Enterprises(10 000 yuan)	15286	22414	46.6
集体(万元)	Collective-owned Enterprises(10 000 yuan)			
有限责任公司(万元)	Limited Liability Corporations(10 000 yuan)			
股份有限公司(万元)	Share Holding Enterprises(10 000 yuan)			
私营企业(万元)	Private Enterprises(10 000 yuan)			
外商及港澳台投资企业(万元)	Funds from HK,Macao,Taiwan & Foreign(10 000 yuan)			
按管理渠道分	Grouped by Channel of Management			
#基本建设(万元)	Capital Construction(10 000 yuan)	23936	38666	61.5
更新改造(万元)	Innovation(10 000 yuan)	3371		
房地产开发(万元)	Real Estate Development(10 000 yuan)	1520		
地方财政收入(万元)	Local Governments Revenue(10 000 yuan)	8683	9642	11.0
地方财政支出(万元)	Local Governments Expenditures(10 000 yuan)	22074	23643	7.1
城乡居民储蓄存款余额(万元)	Resident Saving Deposit in Urban & Rural(10 000 yuan)	86572	101291	17.0
在岗职工工资总额(万元)	Total Wages of Staff & Workers Empioyed in(10 000	11234	12698	13.0
在岗职工平均工资(元)	Average Wage of Staff & Workers Employed in(yuan)	8925	9938	11.4
农牧民人均纯收入(元)	Per Capita Net Income of Peasant & Herdsman(yuan)	2748	2988	8.7
农村牧区经济	**Economic Development in Rural & Pastoral Area**			
耕地面积(公顷)	Cultivated Area(hectare)	110770	110710	-0.1
农作物总播种面积(公顷)	Total Sown Area(hectare)	87480	88807	1.5
#粮食作物播种面积(公顷)	Sown Area of Grain Crops(hectare)	44820	42993	-4.1
有效灌溉面积(公顷)	Irrigated Area(hectare)	110770	110710	-0.1
农牧业机械总动力(万千瓦)	Total Power of Agricultural Machinery(10 000 kw)	51.16	57.81	13.0
化肥施用折纯量(吨)	Consumption of Chemical Fertilizer(ton)	33230	39306	18.3
农村用电量(万千瓦小时)	Electricity Consumed in Rural Area(10 000 kwh)	4378	4773	9.0
农林牧渔业总产值(万元)	Gross Output of Farming,Forestry,Animal Husbandry & Fishery(10 000 yuan)	121020	133156	10.0
粮食产量(吨)	Yield of Grain(ton)	288586	301161	4.4
油料产量(吨)	Yield of Oil-bearing Grops(ton)	110093	105205	-4.4
甜菜产量(吨)	Yield of Beetroots(ton)	154006	89754	-41.7
猪牛羊肉产量(吨)	Output of Pork, Beef & Mutton(ton)	17381	21456	23.4
#猪肉产量(吨)	Output of Pork(ton)	12601	12157	-3.5
牛肉产量(吨)	Output of Beef(ton)	50	504	908.0
羊肉产量(吨)	Output of Mutton(ton)	4730	8795	85.9

23-100 Wuyuan County in Bayannaoer League

指 标	Item	2002	2003	2003年比上年增长% Increase Rate in 2003 Over 2002(%)
羊毛产量(吨)	Output of Wool(ton)	814	880	8.1
年末牲畜存栏头数(万头只)	Total Livestock at the Year-end(10 000 heads)	75.06	106.59	42.0
#大牲畜(万头只)	Large Animals(10 000 heads)	2.66	3.34	25.6
羊(万只)	Sheep & Goats(10 000 heads)	57.99	90.82	56.6
猪(万头)	Hogs(10 000 heads)	14.41	12.43	-13.7
独立核算工业	**Industry with Independent Accounting System**			
工业企业单位数(个)	Number of Industrial Enterprises(unit)	63	58	-7.9
#内资企业(个)	Civil Funded Enterprises(unit)	63	58	-7.9
工业总产值(万元)	Gross Industrial Output Value(10 000 yuan)	32666	45059	49.2
内资企业(万元)	Civil Funded Enterprises(10 000 yuan)	32666	45059	49.2
国有企业(万元)	State-owned Enterprises(10 000 yuan)	3218	278	-98.8
集体企业(万元)	Collective-owned Enterprises(10 000 yuan)	883	372	-63.5
股份合作企业(万元)	Share Holding Enterprises(10 000 yuan)			
联营企业(万元)	Joint Owned Enterprises(10 000 yuan)	242	69	-68.8
有限责任公司(万元)	Limited Company(10 000 yuan)	3501	8246	133.2
股份有限公司(万元)	Share Holding Limited Company(10 000 yuan)	4324	6457	50.3
私营企业(万元)	Privately Owned Enterprises(10 000 yuan)	20498	29637	30.4
其他企业(万元)	Enterprises of Other Ownership(10 000 yuan)			
港澳台商投资企业(万元)	Funds from HK,Macao & Taiwan(10 000 yuan)			
外商投资企业(万元)	Foreign Funded Enterprises(10 000 yuan)			
工业企业增加值(万元)	Value Added of Industrial Enterprises(10 000 yuan)	11830	15760	37.6
工业企业资产总计(万元)	Total Assets of Industrial Enterprises(10 000 yuan)	33766	45038	33.4
工业企业负债合计(万元)	Total Liabilities of Industrial Enterprises(10 000 yuan)	21658	29825	37.7
工业企业产品销售收入(万元)	Sales of Revenue Industrial Enterprises(10 000 yuan)	28450	41835	47.0
工业企业利润总额(万元)	Total Profits of Industrial Enterprises(10 000 yuan)	788	817	3.7
建筑业	**Construction**			
建筑企业单位数(个)	Number of Construction Enterprises(unit)	5	5	0.0
建筑企业从业人员(人)	Number of Employee in Construction Enterprises(person)	279	318	14.0
建筑业总产值(万元)	Gross Construction Output Value(10 000 yuan)	5537	5278	-4.7
交通运输邮电通信业	**Transportation,Post & Telecommunications**			
公路里程(公里)	Total Length of Highways(km)	588	602	2.4
邮电业务总量(万元)	Business Volume of Post & Telecoms(10 000 yuan)	3894	5170	32.8
本地电话用户(户)	Number of Subscribers of Local Telephone(Household)	27010	32498	20.3
国内贸易	**Demestic Trade**			
社会消费品零售总额(万元)	Total Retail Sales of Consumer Goods(10 000 yuan)	47502	54302	14.3
#贸易业(万元)	Wholesale & Retail Sales Trades(10 000 yuan)	40352	47476	17.7
餐饮业(万元)	Catering Trade(10 000 yuan)	5262	4935	-6.2
科技教育卫生	**Science,Education & Public Health**			
各类专业技术人员(人)	Speccial Technical Personnel(person)	6261	6277	0.3
幼儿园数(所)	Number of Kindergartens(unit)	11	11	0.0
学龄儿童入学率(%)	Percentage of School-Age Children Enrolled(%)	100.0	100.0	0.0
小学学校数(所)	Number of Primary Schools(unit)	121	121	0.0
小学专任教师数(人)	Number of Full-time Teachers of Primary Schools(person)	1439	1435	-0.3
小学在校学生数(人)	Number of Student Enrollment of Primary Schools(person)	24807	22390	-9.7
普通中学学校数(所)	Number of Regular Secondary Schools(unit)	11	11	0.0
普通中学专任教师数(人)	Number of Teachers of Secondary Shools(person)	745	782	5.0
初中在校学生数(人)	Number of Student in Junior Secondary Schools(person)	11545	11938	3.4
高中在校学生数(人)	Number of Student in Senior Secondary Schools(person)	4954	5480	10.6
卫生机构数(所)	Number of Health Institutions(unit)	22	24	9.1
#医院(所)	Hospitals(unit)	2	2	0.0
卫生院(所)	Township Hospitals(unit)	17	17	0.0
床位数(张)	Number of Beds(unit)	528	528	0.0
#医院(张)	Hospitals(unit)	241	241	0.0
卫生院(张)	Township Hospitals(unit)	239	226	-5.4
卫生技术人员(人)	Medical Technical Presonnel(person)	550	595	8.2
#医院(人)	Hospitals(person)	260	279	7.3
卫生院(人)	Township Hospitals(person)	192	186	-3.1

23-101 巴彦淖尔盟磴口县

指标	Item	2002	2003	2003年比上年增长% Increase Rate in 2003 Over 2002(%)
行政区域土地面积(平方公里)	**Area of Administration(Sq.km)**	**4167**	**4167**	**0.0**
人口和就业	**Population & Employment**			
年末总人口(人)	Total Population Year-end(person)	121545	122971	1.2
#男性(人)	Male(person)	62218	63218	1.6
#乡村人口(人)	Rural(person)	56287	56359	0.1
年末总户数(户)	Total Number of Households at the Year-end(Household)	35511	36237	2.0
#乡村户数(户)	Number of Rural Household(Household)	14252	14386	0.9
出生人口(人)	Births(person)	799	706	-11.6
死亡人口(人)	Deaths(person)	355	363	2.3
全社会就业人员(人)	Employment(person)	60276	58357	-3.2
第一产业(人)	Primary Industry(person)	35615	33277	-6.6
第二产业(人)	Secondary Industry(person)	9315	9520	2.2
第三产业(人)	Tertiary Industry(person)	15346	15560	1.4
在岗职工人数(人)	Number of Staff & Workers Employed in(person)	13504	13530	0.2
乡村劳动力(人)	Number of Rural Laborers(person)	40306	40365	0.1
#农林牧渔业(人)	Farming,Forestry,Animal Husbandry & Fishery(person)	29962	29977	0.1
国民经济综合指标	**Summary Item on the National Economy**			
生产总值(万元)	Gross Domestic Product(10 000 yuan)	94936	112919	12.8
第一产业(万元)	Primary Industry(10 000 yuan)	27216	29216	1.9
第二产业(万元)	Secondary Industry(10 000 yuan)	37482	49503	27.6
#工业(万元)	Industry(10 000 yuan)	22380	28452	23.7
第三产业(万元)	Tertiary Industry(10 000 yuan)	30238	34200	4.0
人均生产总值(元)	Per Capita GDP(yuan)	7846	9233	11.6
全社会固定资产投资(万元)	Total Investment in Fixed Assets(10 000 yuan)	55291	95820	73.3
按登记注册类型分	Grouped by Registered Type			
#国有(万元)	State-owned Enterprises(10 000 yuan)	42234	63599	50.6
集体(万元)	Collective-owned Enterprises(10 000 yuan)			
有限责任公司(万元)	Limited Liability Corporations(10 000 yuan)		5608	
股份有限公司(万元)	Share Holding Enterprises(10 000 yuan)		15000	
私营企业(万元)	Private Enterprises(10 000 yuan)		810	
外商及港澳台投资企业(万元)	Funds from HK,Macao,Taiwan & Foreign(10 000 yuan)		2300	
按管理渠道分	Grouped by Channel of Management			
#基本建设(万元)	Capital Construction(10 000 yuan)	46584	81399	74.7
更新改造(万元)	Innovation(10 000 yuan)	7108	5108	-28.1
房地产开发(万元)	Real Estate Development(10 000 yuan)	650		
地方财政收入(万元)	Local Governments Revenue(10 000 yuan)	3885	4641	19.5
地方财政支出(万元)	Local Governments Expenditures(10 000 yuan)	11303	13660	20.9
城乡居民储蓄存款余额(万元)	Resident Saving Deposit in Urban & Rural(10 000 yuan)	60125	69308	15.3
在岗职工工资总额(万元)	Total Wages of Staff & Workers Empioyed in(10 000	10691	11642	8.9
在岗职工平均工资(元)	Average Wage of Staff & Workers Employed in(yuan)	7856	8612	9.6
农牧民人均纯收入(元)	Per Capita Net Income of Peasant & Herdsman(yuan)	2820	3070	8.9
农村牧区经济	**Economic Development in Rural & Pastoral Area**			
耕地面积(公顷)	Cultivated Area(hectare)	43560	42840	-1.7
农作物总播种面积(公顷)	Total Sown Area(hectare)	22459	21779	-3.0
#粮食作物播种面积(公顷)	Sown Area of Grain Crops(hectare)	10333	9451	-8.5
有效灌溉面积(公顷)	Irrigated Area(hectare)	34360	25607	-25.5
农牧业机械总动力(万千瓦)	Total Power of Agricultural Machinery(10 000 kw)	13.05	13.94	6.8
化肥施用折纯量(吨)	Consumption of Chemical Fertilizer(ton)	7797	7764	-0.4
农村用电量(万千瓦小时)	Electricity Consumed in Rural Area(10 000 kwh)	581	770	32.5
农林牧渔业总产值(万元)	Gross Output of Farming,Forestry,Animal Husbandry & Fishery(10 000 yuan)	42596	41420	-2.8
粮食产量(吨)	Yield of Grain(ton)	70252	66271	-5.7
油料产量(吨)	Yield of Oil-bearing Grops(ton)	9823	13447	36.9
甜菜产量(吨)	Yield of Beetroots(ton)	110320	11321	-89.7
猪牛羊肉产量(吨)	Output of Pork, Beef & Mutton(ton)	5749	6249	8.7
#猪肉产量(吨)	Output of Pork(ton)	3843	3818	-0.7
牛肉产量(吨)	Output of Beef(ton)	88	214	143.2
羊肉产量(吨)	Output of Mutton(ton)	1818	2217	21.9

23-101 Dengkou County in Bayannaoer League

指标	Item	2002	2003	2003年比上年增长% Increase Rate in 2003 Over 2002(%)
羊毛产量(吨)	Output of Wool(ton)	216	214	-0.9
年末牲畜存栏头数(万头只)	Total Livestock at the Year-end(10 000 heads)	32.58	35.56	9.1
# 大牲畜(万头只)	Large Animals(10 000 heads)	1.61	2.11	31.1
羊(万只)	Sheep & Goats(10 000 heads)	27.21	30.18	10.9
猪(万头)	Hogs(10 000 heads)	3.76	3.27	-13.0
独立核算工业	**Industry with Independent Accounting System**			
工业企业单位数(个)	Number of Industrial Enterprises(unit)	34	33	-2.9
# 内资企业(个)	Civil Funded Enterprises(unit)	33	32	-3.0
工业总产值(万元)	Gross Industrial Output Value(10 000 yuan)	38273	66502	62.3
内资企业(万元)	Civil Funded Enterprises(10 000 yuan)	33883	57285	59.2
国有企业(万元)	State-owned Enterprises(10 000 yuan)	9069	11379	19.8
集体企业(万元)	Collective-owned Enterprises(10 000 yuan)	2971	3618	52.2
股份合作企业(万元)	Share Holding Enterprises(10 000 yuan)			
联营企业(万元)	Joint Owned Enterprises(10 000 yuan)			
有限责任公司(万元)	Limited Company(10 000 yuan)	5380	7418	36.4
股份有限公司(万元)	Share Holding Limited Company(10 000 yuan)	10351	15365	36.7
私营企业(万元)	Privately Owned Enterprises(10 000 yuan)	6112	19505	181.4
其他企业(万元)	Enterprises of Other Ownership(10 000 yuan)			
港澳台商投资企业(万元)	Funds from HK,Macao & Taiwan(10 000 yuan)			
外商投资企业(万元)	Foreign Funded Enterprises(10 000 yuan)	4390	9217	113.8
工业企业增加值(万元)	Value Added of Industrial Enterprises(10 000 yuan)	13123	23369	65.6
工业企业资产总计(万元)	Total Assets of Industrial Enterprises(10 000 yuan)	57582	59463	3.3
工业企业负债合计(万元)	Total Liabilities of Industrial Enterprises(10 000 yuan)	37743	37081	-1.8
工业企业产品销售收入(万元)	Sales of Revenue Industrial Enterprises(10 000 yuan)	33273	48576	46.0
工业企业利润总额(万元)	Total Profits of Industrial Enterprises(10 000 yuan)	754	2050	171.9
建筑业	**Construction**			
建筑企业单位数(个)	Number of Construction Enterprises(unit)	2	1	-50.0
建筑企业从业人员(人)	Number of Employee in Construction Enterprises(person)	58	50	-13.8
建筑业总产值(万元)	Gross Construction Output Value(10 000 yuan)	2766	2000	-27.7
交通运输邮电通信业	**Transportation,Post & Telecommunications**			
公路里程(公里)	Total Length of Highways(km)	339	339	0.0
邮电业务总量(万元)	Business Volume of Post & Telecoms(10 000 yuan)	2117	2420	14.3
本地电话用户(户)	Number of Subscribers of Local Telephone(Household)	15720	24332	54.8
国内贸易	**Demestic Trade**			
社会消费品零售总额(万元)	Total Retail Sales of Consumer Goods(10 000 yuan)	32760	33088	1.0
# 贸易业(万元)	Wholesale & Retail Sales Trades(10 000 yuan)	22991	25132	9.3
餐饮业(万元)	Catering Trade(10 000 yuan)	8485	6613	-22.1
科技教育卫生	**Science,Education & Public Health**			
各类专业技术人员(人)	Speccial Technical Personnel(person)	3441	3897	13.3
幼儿园数(所)	Number of Kindergartens(unit)	12	13	8.3
学龄儿童入学率(%)	Percentage of School-Age Children Enrolled(%)	100.0	100.0	0.0
小学学校数(所)	Number of Primary Schools(unit)	36	37	2.8
小学专任教师数(人)	Number of Full-time Teachers of Primary Schools(person)	546	561	2.7
小学在校学生数(人)	Number of Student Enrollment of Primary Schools(person)	8942	8369	-6.4
普通中学学校数(所)	Number of Regular Secondary Schools(unit)	11	9	-18.2
普通中学专任教师数(人)	Number of Teachers of Secondary Shools(person)	373	354	-5.1
初中在校学生数(人)	Number of Student in Junior Secondary Schools(person)	4853	4369	-10.0
高中在校学生数(人)	Number of Student in Senior Secondary Schools(person)	1850	2309	24.8
卫生机构数(所)	Number of Health Institutions(unit)	12	12	0.0
# 医院(所)	Hospitals(unit)	2	2	0.0
卫生院(所)	Township Hospitals(unit)	8	8	0.0
床位数(张)	Number of Beds(unit)	339	337	-0.6
# 医院(张)	Hospitals(unit)	210	210	0.0
卫生院(张)	Township Hospitals(unit)	91	95	4.4
卫生技术人员(人)	Medical Technical Presonnel(person)	372	384	3.2
# 医院(人)	Hospitals(person)	208	226	8.7
卫生院(人)	Township Hospitals(person)	92	92	0.0

23-102 巴彦淖尔盟乌拉特前旗

指标	Item	2002	2003	2003年比上年增长% Increase Rate in 2003 Over 2002(%)
行政区域土地面积(平方公里)	**Area of Administration(Sq.km)**	**7476**	**7476**	**0.0**
人口和就业	**Population & Employment**			
年末总人口(人)	Total Population Year-end(person)	333957	334804	0.3
#男性(人)	Male(person)	172552	173937	0.8
#乡村人口(人)	Rural(person)	242485	241960	-0.2
年末总户数(户)	Total Number of Households at the Year-end(Household)	95624	95695	0.1
#乡村户数(户)	Number of Rural Household(Household)	55251	56920	3.0
出生人口(人)	Births(person)	3608	1870	-48.2
死亡人口(人)	Deaths(person)	1237	1133	-8.4
全社会就业人员(人)	Employment(person)	151640	148604	-2.0
第一产业(人)	Primary Industry(person)	105460	108920	3.3
第二产业(人)	Secondary Industry(person)	15709	14218	-9.5
第三产业(人)	Tertiary Industry(person)	30471	25466	-16.4
在岗职工人数(人)	Number of Staff & Workers Employed in(person)	29567	28240	-4.5
乡村劳动力(人)	Number of Rural Laborers(person)	124140	123640	-0.4
#农林牧渔业(人)	Farming,Forestry,Animal Husbandry & Fishery(person)	96224	98720	2.6
国民经济综合指标	**Summary Item on the National Economy**			
生产总值(万元)	Gross Domestic Product(10 000 yuan)	231705	281150	14.2
第一产业(万元)	Primary Industry(10 000 yuan)	90654	99387	2.8
第二产业(万元)	Secondary Industry(10 000 yuan)	65508	96363	39.5
#工业(万元)	Industry(10 000 yuan)	50374	54993	16.9
第三产业(万元)	Tertiary Industry(10 000 yuan)	75543	85400	5.7
人均生产总值(元)	Per Capita GDP(yuan)	6952	8408	13.9
全社会固定资产投资(万元)	Total Investment in Fixed Assets(10 000 yuan)	56721	164156	189.4
按登记注册类型分	Grouped by Registered Type			
#国有(万元)	State-owned Enterprises(10 000 yuan)	28235	105060	272.1
集体(万元)	Collective-owned Enterprises(10 000 yuan)	2800	26273	838.3
有限责任公司(万元)	Limited Liability Corporations(10 000 yuan)			
股份有限公司(万元)	Share Holding Enterprises(10 000 yuan)			
私营企业(万元)	Private Enterprises(10 000 yuan)		25652	
外商及港澳台投资企业(万元)	Funds from HK,Macao,Taiwan & Foreign(10 000 yuan)			
按管理渠道分	Grouped by Channel of Management			
#基本建设(万元)	Capital Construction(10 000 yuan)	25394	111097	337.5
更新改造(万元)	Innovation(10 000 yuan)	8076	12305	52.4
房地产开发(万元)	Real Estate Development(10 000 yuan)	1663	4620	177.8
地方财政收入(万元)	Local Governments Revenue(10 000 yuan)	12436	13789	10.9
地方财政支出(万元)	Local Governments Expenditures(10 000 yuan)	29302	32879	12.2
城乡居民储蓄存款余额(万元)	Resident Saving Deposit in Urban & Rural(10 000 yuan)	114489	143365	25.2
在岗职工工资总额(万元)	Total Wages of Staff & Workers Empioyed in(10 000	28092	29354	4.5
在岗职工平均工资(元)	Average Wage of Staff & Workers Employed in(yuan)	9140	10153	11.1
农牧民人均纯收入(元)	Per Capita Net Income of Peasant & Herdsman(yuan)	2666	2937	10.2
农村牧区经济	**Economic Development in Rural & Pastoral Area**			
耕地面积(公顷)	Cultivated Area(hectare)	144110	142180	-1.3
农作物总播种面积(公顷)	Total Sown Area(hectare)	81305	81497	0.2
#粮食作物播种面积(公顷)	Sown Area of Grain Crops(hectare)	41949	32546	-22.4
有效灌溉面积(公顷)	Irrigated Area(hectare)	107150	106520	-0.6
农牧业机械总动力(万千瓦)	Total Power of Agricultural Machinery(10 000 kw)	43.51	44.26	1.7
化肥施用折纯量(吨)	Consumption of Chemical Fertilizer(ton)	23311	23567	1.1
农村用电量(万千瓦小时)	Electricity Consumed in Rural Area(10 000 kwh)	9249	9478	2.5
农林牧渔业总产值(万元)	Gross Output of Farming,Forestry,Animal Husbandry & Fishery(10 000 yuan)	130128	144538	11.1
粮食产量(吨)	Yield of Grain(ton)	309368	258109	-16.6
油料产量(吨)	Yield of Oil-bearing Grops(ton)	88120	102609	16.4
甜菜产量(吨)	Yield of Beetroots(ton)	137925	60738	-56.0
猪牛羊肉产量(吨)	Output of Pork, Beef & Mutton(ton)	18003	17044	-5.3
#猪肉产量(吨)	Output of Pork(ton)	11647	11053	-5.1
牛肉产量(吨)	Output of Beef(ton)	470	501	6.6
羊肉产量(吨)	Output of Mutton(ton)	5886	5490	-6.7

23-102 Wulateqian Banner in Bayannaoer League

指标	Item	2002	2003	2003年比上年增长% Increase Rate in 2003 Over 2002(%)
羊毛产量(吨)	Output of Wool(ton)	867	1027	18.5
年末牲畜存栏头数(万头只)	Total Livestock at the Year-end(10 000 heads)	80.61	92.58	14.8
# 大牲畜(万头只)	Large Animals(10 000 heads)	2.05	2.06	0.5
羊(万只)	Sheep & Goats(10 000 heads)	67.67	80.04	18.3
猪(万头)	Hogs(10 000 heads)	10.89	10.48	-3.8
独立核算工业	**Industry with Independent Accounting System**			
工业企业单位数(个)	Number of Industrial Enterprises(unit)	103	102	-1.0
# 内资企业(个)	Civil Funded Enterprises(unit)	102	101	-1.0
工业总产值(万元)	Gross Industrial Output Value(10 000 yuan)	108740	138992	31.1
内资企业(万元)	Civil Funded Enterprises(10 000 yuan)	107455	137547	31.2
国有企业(万元)	State-owned Enterprises(10 000 yuan)	2124	1564	-15.1
集体企业(万元)	Collective-owned Enterprises(10 000 yuan)	2814	2780	-7.7
股份合作企业(万元)	Share Holding Enterprises(10 000 yuan)	198	314	44.8
联营企业(万元)	Joint Owned Enterprises(10 000 yuan)	240	281	17.6
有限责任公司(万元)	Limited Company(10 000 yuan)	8865	10812	24.0
股份有限公司(万元)	Share Holding Limited Company(10 000 yuan)	61722	65253	4.9
私营企业(万元)	Privately Owned Enterprises(10 000 yuan)	31492	56543	93.1
其他企业(万元)	Enterprises of Other Ownership(10 000 yuan)			
港澳台商投资企业(万元)	Funds from HK,Macao & Taiwan(10 000 yuan)			
外商投资企业(万元)	Foreign Funded Enterprises(10 000 yuan)	1285	1445	26.4
工业企业增加值(万元)	Value Added of Industrial Enterprises(10 000 yuan)	39117	48793	24.0
工业企业资产总计(万元)	Total Assets of Industrial Enterprises(10 000 yuan)	176717	229514	29.9
工业企业负债合计(万元)	Total Liabilities of Industrial Enterprises(10 000 yuan)	84321	119551	41.8
工业企业产品销售收入(万元)	Sales of Revenue Industrial Enterprises(10 000 yuan)	84805	106105	25.1
工业企业利润总额(万元)	Total Profits of Industrial Enterprises(10 000 yuan)	1822	2596	42.5
建筑业	**Construction**			
建筑企业单位数(个)	Number of Construction Enterprises(unit)	6	7	16.7
建筑企业从业人员(人)	Number of Employee in Construction Enterprises(person)	447	446	-0.2
建筑业总产值(万元)	Gross Construction Output Value(10 000 yuan)	7470	7267	-2.7
交通运输邮电通信业	**Transportation,Post & Telecommunications**			
公路里程(公里)	Total Length of Highways(km)	2383	2383	0.0
邮电业务总量(万元)	Business Volume of Post & Telecoms(10 000 yuan)	2369	3109	31.2
本地电话用户(户)	Number of Subscribers of Local Telephone(Household)	30954	46655	50.7
国内贸易	**Demestic Trade**			
社会消费品零售总额(万元)	Total Retail Sales of Consumer Goods(10 000 yuan)	76282	69124	-9.4
# 贸易业(万元)	Wholesale & Retail Sales Trades(10 000 yuan)	46864	44912	-4.2
餐饮业(万元)	Catering Trade(10 000 yuan)	6408	6500	1.4
科技教育卫生	**Science,Education & Public Health**			
各类专业技术人员(人)	Speccial Technical Personnel(person)	7746	7444	-3.9
幼儿园数(所)	Number of Kindergartens(unit)	29	34	17.2
学龄儿童入学率(%)	Percentage of School-Age Children Enrolled(%)	99.9	99.9	0.0
小学学校数(所)	Number of Primary Schools(unit)	124	120	-3.2
小学专任教师数(人)	Number of Full-time Teachers of Primary Schools(person)	1899	1770	-6.8
小学在校学生数(人)	Number of Student Enrollment of Primary Schools(person)	22075	20332	-7.9
普通中学学校数(所)	Number of Regular Secondary Schools(unit)	26	26	0.0
普通中学专任教师数(人)	Number of Teachers of Secondary Shools(person)	1310	1303	-0.5
初中在校学生数(人)	Number of Student in Junior Secondary Schools(person)	19686	19435	-1.3
高中在校学生数(人)	Number of Student in Senior Secondary Schools(person)	6023	6539	8.6
卫生机构数(所)	Number of Health Institutions(unit)	25	25	0.0
# 医院(所)	Hospitals(unit)	3	4	33.3
卫生院(所)	Township Hospitals(unit)	19	19	0.0
床位数(张)	Number of Beds(unit)	637	722	13.3
# 医院(张)	Hospitals(unit)	278	358	28.8
卫生院(张)	Township Hospitals(unit)	299	304	1.7
卫生技术人员(人)	Medical Technical Presonnel(person)	1008	957	-5.1
# 医院(人)	Hospitals(person)	316	354	12.0
卫生院(人)	Township Hospitals(person)	487	408	-16.2

23-103 巴彦淖尔盟乌拉特中旗

指标	Item	2002	2003	2003年比上年增长% Increase Rate in 2003 Over 2002(%)
行政区域土地面积(平方公里)	**Area of Administration(Sq.km)**	**22606**	**22606**	**0.0**
人口和就业	**Population & Employment**			
年末总人口(人)	Total Population Year-end(person)	138949	138312	-0.5
#男性(人)	Male(person)	71501	71373	-0.2
#乡村人口(人)	Rural(person)	98824	98669	-0.2
年末总户数(户)	Total Number of Households at the Year-end(Household)	41067	41850	1.9
#乡村户数(户)	Number of Rural Household(Household)	24260	24275	0.1
出生人口(人)	Births(person)	1212	1007	-16.9
死亡人口(人)	Deaths(person)	443	684	54.4
全社会就业人员(人)	Employment(person)	66773	68165	2.1
第一产业(人)	Primary Industry(person)	48642	47768	-1.8
第二产业(人)	Secondary Industry(person)	6961	6583	-5.4
第三产业(人)	Tertiary Industry(person)	11170	13814	23.7
在岗职工人数(人)	Number of Staff & Workers Employed in(person)	9724	9949	2.3
乡村劳动力(人)	Number of Rural Laborers(person)	57951	58098	0.3
#农林牧渔业(人)	Farming,Forestry,Animal Husbandry & Fishery(person)	47203	47412	0.4
国民经济综合指标	**Summary Item on the National Economy**			
生产总值(万元)	Gross Domestic Product(10 000 yuan)	87685	104900	14.0
第一产业(万元)	Primary Industry(10 000 yuan)	46806	50981	2.1
第二产业(万元)	Secondary Industry(10 000 yuan)	21273	32621	49.3
#工业(万元)	Industry(10 000 yuan)	11857	18279	53.1
第三产业(万元)	Tertiary Industry(10 000 yuan)	19606	21298	2.6
人均生产总值(元)	Per Capita GDP(yuan)	6295	7569	14.6
全社会固定资产投资(万元)	Total Investment in Fixed Assets(10 000 yuan)	29425	83004	182.1
按登记注册类型分	Grouped by Registered Type			
#国有(万元)	State-owned Enterprises(10 000 yuan)	15846	49283	211.0
集体(万元)	Collective-owned Enterprises(10 000 yuan)			
有限责任公司(万元)	Limited Liability Corporations(10 000 yuan)			
股份有限公司(万元)	Share Holding Enterprises(10 000 yuan)			
私营企业(万元)	Private Enterprises(10 000 yuan)			
外商及港澳台投资企业(万元)	Funds from HK,Macao,Taiwan & Foreign(10 000 yuan)			
按管理渠道分	Grouped by Channel of Management			
#基本建设(万元)	Capital Construction(10 000 yuan)	17938	70196	291.3
更新改造(万元)	Innovation(10 000 yuan)			
房地产开发(万元)	Real Estate Development(10 000 yuan)			
地方财政收入(万元)	Local Governments Revenue(10 000 yuan)	4333	4993	15.2
地方财政支出(万元)	Local Governments Expenditures(10 000 yuan)	23266	24491	5.3
城乡居民储蓄存款余额(万元)	Resident Saving Deposit in Urban & Rural(10 000 yuan)	40618	47754	17.6
在岗职工工资总额(万元)	Total Wages of Staff & Workers Empioyed in(10 000	9252	10367	12.1
在岗职工平均工资(元)	Average Wage of Staff & Workers Employed in(yuan)	9478	10453	10.3
农牧民人均纯收入(元)	Per Capita Net Income of Peasant & Herdsman(yuan)	2447	2617	6.9
农村牧区经济	**Economic Development in Rural & Pastoral Area**			
耕地面积(公顷)	Cultivated Area(hectare)	70080	66740	-4.8
农作物总播种面积(公顷)	Total Sown Area(hectare)	37087	37766	1.8
#粮食作物播种面积(公顷)	Sown Area of Grain Crops(hectare)	23321	19709	-15.5
有效灌溉面积(公顷)	Irrigated Area(hectare)	47730	27507	-42.4
农牧业机械总动力(万千瓦)	Total Power of Agricultural Machinery(10 000 kw)	21.39	22.80	6.6
化肥施用折纯量(吨)	Consumption of Chemical Fertilizer(ton)	5347	4261	-20.3
农村用电量(万千瓦小时)	Electricity Consumed in Rural Area(10 000 kwh)	3760	4128	9.8
农林牧渔业总产值(万元)	Gross Output of Farming,Forestry,Animal Husbandry & Fishery(10 000 yuan)	60833	70312	15.6
粮食产量(吨)	Yield of Grain(ton)	118467	111321	-6.0
油料产量(吨)	Yield of Oil-bearing Grops(ton)	18369	20446	11.3
甜菜产量(吨)	Yield of Beetroots(ton)	6085	3358	-44.8
猪牛羊肉产量(吨)	Output of Pork, Beef & Mutton(ton)	13392	12277	-8.3
#猪肉产量(吨)	Output of Pork(ton)	7016	3575	-49.0
牛肉产量(吨)	Output of Beef(ton)	144	169	17.4
羊肉产量(吨)	Output of Mutton(ton)	6232	8533	36.9

23-103 Wulatezhong Banner in Bayannaoer League

指标	Item	2002	2003	2003年比上年增长% Increase Rate in 2003 Over 2002(%)
羊毛产量(吨)	Output of Wool(ton)	983	988	0.5
年末牲畜存栏头数(万头只)	Total Livestock at the Year-end(10 000 heads)	117.20	140.48	19.9
#大牲畜(万头只)	Large Animals(10 000 heads)	0.63	0.72	14.3
羊(万只)	Sheep & Goats(10 000 heads)	112.56	136.90	21.6
猪(万头)	Hogs(10 000 heads)	4.01	2.86	-28.7
独立核算工业	**Industry with Independent Accounting System**			
工业企业单位数(个)	Number of Industrial Enterprises(unit)	44	51	15.9
#内资企业(个)	Civil Funded Enterprises(unit)	43	50	16.3
工业总产值(万元)	Gross Industrial Output Value(10 000 yuan)	23012	40294	55.7
内资企业(万元)	Civil Funded Enterprises(10 000 yuan)	18539	34419	70.1
国有企业(万元)	State-owned Enterprises(10 000 yuan)	759	2675	232.8
集体企业(万元)	Collective-owned Enterprises(10 000 yuan)	1862	3066	57.1
股份合作企业(万元)	Share Holding Enterprises(10 000 yuan)			
联营企业(万元)	Joint Owned Enterprises(10 000 yuan)			
有限责任公司(万元)	Limited Company(10 000 yuan)	4182	7607	94.6
股份有限公司(万元)	Share Holding Limited Company(10 000 yuan)			
私营企业(万元)	Privately Owned Enterprises(10 000 yuan)	11736	21071	60.5
其他企业(万元)	Enterprises of Other Ownership(10 000 yuan)			
港澳台商投资企业(万元)	Funds from HK,Macao & Taiwan(10 000 yuan)	4473	5875	21.8
外商投资企业(万元)	Foreign Funded Enterprises(10 000 yuan)			
工业企业增加值(万元)	Value Added of Industrial Enterprises(10 000 yuan)	8840	15411	73.1
工业企业资产总计(万元)	Total Assets of Industrial Enterprises(10 000 yuan)	38257	60199	57.4
工业企业负债合计(万元)	Total Liabilities of Industrial Enterprises(10 000 yuan)	18694	27757	48.5
工业企业产品销售收入(万元)	Sales of Revenue Industrial Enterprises(10 000 yuan)	21743	35871	65.0
工业企业利润总额(万元)	Total Profits of Industrial Enterprises(10 000 yuan)	739	2468	234.0
建筑业	**Construction**			
建筑企业单位数(个)	Number of Construction Enterprises(unit)	4	3	-25.0
建筑企业从业人员(人)	Number of Employee in Construction Enterprises(person)	189	169	-10.6
建筑业总产值(万元)	Gross Construction Output Value(10 000 yuan)	1302	1242	-4.6
交通运输邮电通信业	**Transportation,Post & Telecommunications**			
公路里程(公里)	Total Length of Highways(km)	1294	1294	0.0
邮电业务总量(万元)	Business Volume of Post & Telecoms(10 000 yuan)	1412	1448	2.5
本地电话用户(户)	Number of Subscribers of Local Telephone(Household)	15836	16721	5.6
国内贸易	**Demestic Trade**			
社会消费品零售总额(万元)	Total Retail Sales of Consumer Goods(10 000 yuan)	28926	32033	10.7
#贸易业(万元)	Wholesale & Retail Sales Trades(10 000 yuan)	26026	27970	7.5
餐饮业(万元)	Catering Trade(10 000 yuan)	2171	3169	46.0
科技教育卫生	**Science,Education & Public Health**			
各类专业技术人员(人)	Speccial Technical Personnel(person)	2933	2811	-4.2
幼儿园数(所)	Number of Kindergartens(unit)	13	17	30.8
学龄儿童入学率(%)	Percentage of School-Age Children Enrolled(%)	100.0	100.0	0.0
小学学校数(所)	Number of Primary Schools(unit)	55	48	-12.7
小学专任教师数(人)	Number of Full-time Teachers of Primary Schools(person)	936	905	-3.3
小学在校学生数(人)	Number of Student Enrollment of Primary Schools(person)	9834	8808	-10.4
普通中学学校数(所)	Number of Regular Secondary Schools(unit)	13	12	-7.7
普通中学专任教师数(人)	Number of Teachers of Secondary Shools(person)	524	538	2.7
初中在校学生数(人)	Number of Student in Junior Secondary Schools(person)	5721	5892	3.0
高中在校学生数(人)	Number of Student in Senior Secondary Schools(person)	1228	1294	5.4
卫生机构数(所)	Number of Health Institutions(unit)	20	19	-5.0
#医院(所)	Hospitals(unit)	1	2	100.0
卫生院(所)	Township Hospitals(unit)	16	15	-6.3
床位数(张)	Number of Beds(unit)	299	297	-0.7
#医院(张)	Hospitals(unit)	100	129	29.0
卫生院(张)	Township Hospitals(unit)	174	148	-14.9
卫生技术人员(人)	Medical Technical Presonnel(person)	495	470	-5.1
#医院(人)	Hospitals(person)	134	174	29.9
卫生院(人)	Township Hospitals(person)	272	202	-25.7

23-104 巴彦淖尔盟乌拉特后旗

指 标	Item	2002	2003	2003年比上年增长% Increase Rate in 2003 Over 2002(%)
行政区域土地面积(平方公里)	**Area of Administration(Sq.km)**	**24925**	**24925**	**0.0**
人口和就业	**Population & Employment**			
年末总人口(人)	Total Population Year-end(person)	56379	56589	0.4
# 男性(人)	Male(person)	29103	29547	1.5
# 乡村人口(人)	Rural(person)	20409	20396	-0.1
年末总户数(户)	Total Number of Households at the Year-end(Household)	18469	18919	2.4
# 乡村户数(户)	Number of Rural Household(Household)	5065	5053	-0.2
出生人口(人)	Births(person)	377	280	-25.7
死亡人口(人)	Deaths(person)	85	82	-3.5
全社会就业人员(人)	Employment(person)	20070	18749	-6.6
第一产业(人)	Primary Industry(person)	11474	11041	-3.8
第二产业(人)	Secondary Industry(person)	2645	2663	0.7
第三产业(人)	Tertiary Industry(person)	5951	5045	-15.2
在岗职工人数(人)	Number of Staff & Workers Employed in(person)	6555	6332	-3.4
乡村劳动力(人)	Number of Rural Laborers(person)	12409	12385	-0.2
# 农林牧渔业(人)	Farming,Forestry,Animal Husbandry & Fishery(person)	11195	11041	-1.4
国民经济综合指标	**Summary Item on the National Economy**			
生产总值(万元)	Gross Domestic Product(10 000 yuan)	50627	66201	16.2
第一产业(万元)	Primary Industry(10 000 yuan)	8034	9644	0.4
第二产业(万元)	Secondary Industry(10 000 yuan)	18683	28707	37.5
# 工业(万元)	Industry(10 000 yuan)	9367	19052	73.4
第三产业(万元)	Tertiary Industry(10 000 yuan)	23910	27850	5.6
人均生产总值(元)	Per Capita GDP(yuan)	9041	11717	15.2
全社会固定资产投资(万元)	Total Investment in Fixed Assets(10 000 yuan)	26618	44551	67.4
按登记注册类型分	Grouped by Registered Type			
# 国有(万元)	State-owned Enterprises(10 000 yuan)	9951		
集体(万元)	Collective-owned Enterprises(10 000 yuan)			
有限责任公司(万元)	Limited Liability Corporations(10 000 yuan)		14918	
股份有限公司(万元)	Share Holding Enterprises(10 000 yuan)		335	
私营企业(万元)	Private Enterprises(10 000 yuan)		200	
外商及港澳台投资企业(万元)	Funds from HK,Macao,Taiwan & Foreign(10 000 yuan)			
按管理渠道分	Grouped by Channel of Management			
# 基本建设(万元)	Capital Construction(10 000 yuan)	12826	36583	185.2
更新改造(万元)	Innovation(10 000 yuan)	10310	1615	-84.3
房地产开发(万元)	Real Estate Development(10 000 yuan)			
地方财政收入(万元)	Local Governments Revenue(10 000 yuan)	2602	3763	44.6
地方财政支出(万元)	Local Governments Expenditures(10 000 yuan)	12414	16951	36.5
城乡居民储蓄存款余额(万元)	Resident Saving Deposit in Urban & Rural(10 000 yuan)	19861	23391	17.8
在岗职工工资总额(万元)	Total Wages of Staff & Workers Empioyed in(10 000	6019	6773	12.5
在岗职工平均工资(元)	Average Wage of Staff & Workers Employed in(yuan)	9239	10731	16.1
农牧民人均纯收入(元)	Per Capita Net Income of Peasant & Herdsman(yuan)	1407	1578	12.2
农村牧区经济	**Economic Development in Rural & Pastoral Area**			
耕地面积(公顷)	Cultivated Area(hectare)	5730	5420	-5.4
农作物总播种面积(公顷)	Total Sown Area(hectare)	3421	3337	-2.5
# 粮食作物播种面积(公顷)	Sown Area of Grain Crops(hectare)	2200	2263	2.9
有效灌溉面积(公顷)	Irrigated Area(hectare)	5730	4336	-24.3
农牧业机械总动力(万千瓦)	Total Power of Agricultural Machinery(10 000 kw)	6.50	4.20	-35.4
化肥施用折纯量(吨)	Consumption of Chemical Fertilizer(ton)	1460	1483	1.6
农村用电量(万千瓦小时)	Electricity Consumed in Rural Area(10 000 kwh)	985	1041	5.7
农林牧渔业总产值(万元)	Gross Output of Farming,Forestry,Animal Husbandry & Fishery(10 000 yuan)	11347	12827	13.0
粮食产量(吨)	Yield of Grain(ton)	14239	14752	3.6
油料产量(吨)	Yield of Oil-bearing Grops(ton)	1258	975	-22.5
甜菜产量(吨)	Yield of Beetroots(ton)	163		
猪牛羊肉产量(吨)	Output of Pork, Beef & Mutton(ton)	1607	3019	87.9
# 猪肉产量(吨)	Output of Pork(ton)	190	234	23.2
牛肉产量(吨)	Output of Beef(ton)	21	5	-76.2
羊肉产量(吨)	Output of Mutton(ton)	1396	2780	99.1

23-104 Wulatehou Banner in Bayannaoer League

指标	Item	2002	2003	2003年比上年增长% Increase Rate in 2003 Over 2002(%)
羊毛产量(吨)	Output of Wool(ton)	105	104	-1.0
年末牲畜存栏头数(万头只)	Total Livestock at the Year-end(10 000 heads)	44.70	45.46	1.7
#大牲畜(万头只)	Large Animals(10 000 heads)	0.59	0.65	10.2
羊(万只)	Sheep & Goats(10 000 heads)	43.89	44.49	1.4
猪(万头)	Hogs(10 000 heads)	0.22	0.32	45.5
独立核算工业	**Industry with Independent Accounting System**			
工业企业单位数(个)	Number of Industrial Enterprises(unit)	33	34	3.0
#内资企业(个)	Civil Funded Enterprises(unit)	32	33	3.1
工业总产值(万元)	Gross Industrial Output Value(10 000 yuan)	19403	40447	98.8
内资企业(万元)	Civil Funded Enterprises(10 000 yuan)	16434	40447	98.8
国有企业(万元)	State-owned Enterprises(10 000 yuan)	4166	1171	-82.5
集体企业(万元)	Collective-owned Enterprises(10 000 yuan)		49	
股份合作企业(万元)	Share Holding Enterprises(10 000 yuan)			
联营企业(万元)	Joint Owned Enterprises(10 000 yuan)			
有限责任公司(万元)	Limited Company(10 000 yuan)	9027	34477	230.1
股份有限公司(万元)	Share Holding Limited Company(10 000 yuan)			
私营企业(万元)	Privately Owned Enterprises(10 000 yuan)	3241	4750	44.3
其他企业(万元)	Enterprises of Other Ownership(10 000 yuan)			
港澳台商投资企业(万元)	Funds from HK,Macao & Taiwan(10 000 yuan)	2969		
外商投资企业(万元)	Foreign Funded Enterprises(10 000 yuan)			
工业企业增加值(万元)	Value Added of Industrial Enterprises(10 000 yuan)	7091	17274	101.2
工业企业资产总计(万元)	Total Assets of Industrial Enterprises(10 000 yuan)	76785	90247	17.5
工业企业负债合计(万元)	Total Liabilities of Industrial Enterprises(10 000 yuan)	76523	35412	-53.7
工业企业产品销售收入(万元)	Sales of Revenue Industrial Enterprises(10 000 yuan)	20666	43308	109.6
工业企业利润总额(万元)	Total Profits of Industrial Enterprises(10 000 yuan)	-860	4223	
建筑业	**Construction**			
建筑企业单位数(个)	Number of Construction Enterprises(unit)			
建筑企业从业人员(人)	Number of Employee in Construction Enterprises(person)			
建筑业总产值(万元)	Gross Construction Output Value(10 000 yuan)			
交通运输邮电通信业	**Transportation,Post & Telecommunications**			
公路里程(公里)	Total Length of Highways(km)	880	880	0.0
邮电业务总量(万元)	Business Volume of Post & Telecoms(10 000 yuan)	563	600	6.6
本地电话用户(户)	Number of Subscribers of Local Telephone(Household)	6191	7589	22.6
国内贸易	**Demestic Trade**			
社会消费品零售总额(万元)	Total Retail Sales of Consumer Goods(10 000 yuan)	10995	5946	-45.9
#贸易业(万元)	Wholesale & Retail Sales Trades(10 000 yuan)	8116	4336	-46.6
餐饮业(万元)	Catering Trade(10 000 yuan)	2228	1089	-51.1
科技教育卫生	**Science,Education & Public Health**			
各类专业技术人员(人)	Speccial Technical Personnel(person)	2059	1994	-3.2
幼儿园数(所)	Number of Kindergartens(unit)	1	1	0.0
学龄儿童入学率(%)	Percentage of School-Age Children Enrolled(%)	100.0	100.0	0.0
小学学校数(所)	Number of Primary Schools(unit)	14	15	7.1
小学专任教师数(人)	Number of Full-time Teachers of Primary Schools(person)	473	472	-0.2
小学在校学生数(人)	Number of Student Enrollment of Primary Schools(person)	3019	2800	-7.3
普通中学学校数(所)	Number of Regular Secondary Schools(unit)	4	4	0.0
普通中学专任教师数(人)	Number of Teachers of Secondary Shools(person)	242	292	20.7
初中在校学生数(人)	Number of Student in Junior Secondary Schools(person)	1997	2084	4.4
高中在校学生数(人)	Number of Student in Senior Secondary Schools(person)	187	201	7.5
卫生机构数(所)	Number of Health Institutions(unit)	14	14	0.0
#医院(所)	Hospitals(unit)	2	2	0.0
卫生院(所)	Township Hospitals(unit)	10	10	0.0
床位数(张)	Number of Beds(unit)	141	142	0.7
#医院(张)	Hospitals(unit)	61	62	1.6
卫生院(张)	Township Hospitals(unit)	74	74	0.0
卫生技术人员(人)	Medical Technical Presonnel(person)	221	224	1.4
#医院(人)	Hospitals(person)	72	74	2.8
卫生院(人)	Township Hospitals(person)	116	116	0.0

23-105 巴彦淖尔盟杭锦后旗

指 标	Item	2002	2003	2003年比上年增长% Increase Rate in 2003 Over 2002(%)
行政区域土地面积(平方公里)	**Area of Administration(Sq.km)**	**1767**	**1767**	**0.0**
人口和就业	**Population & Employment**			
年末总人口(人)	Total Population Year-end(person)	297412	298690	0.4
#男性(人)	Male(person)	150742	151175	0.3
#乡村人口(人)	Rural(person)	225704	222625	-1.4
年末总户数(户)	Total Number of Households at the Year-end(Household)	78532	79349	1.0
#乡村户数(户)	Number of Rural Household(Household)	52565	51733	-1.6
出生人口(人)	Births(person)	1718	1475	-14.1
死亡人口(人)	Deaths(person)	1188	1045	-12.0
全社会就业人员(人)	Employment(person)	133220	130098	-2.3
第一产业(人)	Primary Industry(person)	102940	97385	-5.4
第二产业(人)	Secondary Industry(person)	9784	10760	10.0
第三产业(人)	Tertiary Industry(person)	20496	21953	7.1
在岗职工人数(人)	Number of Staff & Workers Employed in(person)	12947	13027	0.6
乡村劳动力(人)	Number of Rural Laborers(person)	120049	115102	-4.1
#农林牧渔业(人)	Farming,Forestry,Animal Husbandry & Fishery(person)	102940	97385	-5.4
国民经济综合指标	**Summary Item on the National Economy**			
生产总值(万元)	Gross Domestic Product(10 000 yuan)	219576	255298	12.5
第一产业(万元)	Primary Industry(10 000 yuan)	98536	107784	4.1
第二产业(万元)	Secondary Industry(10 000 yuan)	50121	66271	30.3
#工业(万元)	Industry(10 000 yuan)	33839	46494	36.4
第三产业(万元)	Tertiary Industry(10 000 yuan)	70919	81243	10.7
人均生产总值(元)	Per Capita GDP(yuan)	7356	8564	12.6
全社会固定资产投资(万元)	Total Investment in Fixed Assets(10 000 yuan)	64945	100851	55.3
按登记注册类型分	Grouped by Registered Type			
#国有(万元)	State-owned Enterprises(10 000 yuan)	31927	45323	42.0
集体(万元)	Collective-owned Enterprises(10 000 yuan)	54	1000	1751.9
有限责任公司(万元)	Limited Liability Corporations(10 000 yuan)		8378	
股份有限公司(万元)	Share Holding Enterprises(10 000 yuan)		6825	
私营企业(万元)	Private Enterprises(10 000 yuan)		11270	
外商及港澳台投资企业(万元)	Funds from HK,Macao,Taiwan & Foreign(10 000 yuan)			
按管理渠道分	Grouped by Channel of Management			
#基本建设(万元)	Capital Construction(10 000 yuan)	35447	50717	43.1
更新改造(万元)	Innovation(10 000 yuan)	4137	6347	53.4
房地产开发(万元)	Real Estate Development(10 000 yuan)	1960	1555	-20.7
地方财政收入(万元)	Local Governments Revenue(10 000 yuan)	8995	10964	21.9
地方财政支出(万元)	Local Governments Expenditures(10 000 yuan)	25499	27161	6.5
城乡居民储蓄存款余额(万元)	Resident Saving Deposit in Urban & Rural(10 000 yuan)	107021	126520	18.2
在岗职工工资总额(万元)	Total Wages of Staff & Workers Empioyed in(10 000	12462	14026	12.6
在岗职工平均工资(元)	Average Wage of Staff & Workers Employed in(yuan)	9156	10441	14.0
农牧民人均纯收入(元)	Per Capita Net Income of Peasant & Herdsman(yuan)	2779	3054	9.9
农村牧区经济	**Economic Development in Rural & Pastoral Area**			
耕地面积(公顷)	Cultivated Area(hectare)	86930	85510	-1.6
农作物总播种面积(公顷)	Total Sown Area(hectare)	66317	66483	0.3
#粮食作物播种面积(公顷)	Sown Area of Grain Crops(hectare)	34781	33386	-4.0
有效灌溉面积(公顷)	Irrigated Area(hectare)	86930	85510	-1.6
农牧业机械总动力(万千瓦)	Total Power of Agricultural Machinery(10 000 kw)	30.20	34.70	14.9
化肥施用折纯量(吨)	Consumption of Chemical Fertilizer(ton)	37375	37486	0.3
农村用电量(万千瓦小时)	Electricity Consumed in Rural Area(10 000 kwh)	2962	3004	1.4
农林牧渔业总产值(万元)	Gross Output of Farming,Forestry,Animal Husbandry & Fishery(10 000 yuan)	141006	155168	10.0
粮食产量(吨)	Yield of Grain(ton)	294545	308986	4.9
油料产量(吨)	Yield of Oil-bearing Grops(ton)	61327	41433	-32.4
甜菜产量(吨)	Yield of Beetroots(ton)	63175	8580	-86.4
猪牛羊肉产量(吨)	Output of Pork, Beef & Mutton(ton)	32479	32016	-1.4
#猪肉产量(吨)	Output of Pork(ton)	24842	22199	-10.6
牛肉产量(吨)	Output of Beef(ton)	1063	868	-18.3
羊肉产量(吨)	Output of Mutton(ton)	6574	8949	36.1

23-105 Hangjinhou Banner in Bayannaoer League

指 标	Item	2002	2003	2003年比上年增长% Increase Rate in 2003 Over 2002(%)
羊毛产量(吨)	Output of Wool(ton)	1006	2323	130.9
年末牲畜存栏头数(万头只)	Total Livestock at the Year-end(10 000 heads)	115.39	137.69	19.3
#大牲畜(万头只)	Large Animals(10 000 heads)	5.35	6.43	20.2
羊(万只)	Sheep & Goats(10 000 heads)	87.62	113.06	29.0
猪(万头)	Hogs(10 000 heads)	22.42	18.20	-18.8
独立核算工业	**Industry with Independent Accounting System**			
工业企业单位数(个)	Number of Industrial Enterprises(unit)	86	87	1.2
#内资企业(个)	Civil Funded Enterprises(unit)	85	86	1.2
工业总产值(万元)	Gross Industrial Output Value(10 000 yuan)	73985	102355	42.8
内资企业(万元)	Civil Funded Enterprises(10 000 yuan)	70485	98500	45.2
国有企业(万元)	State-owned Enterprises(10 000 yuan)	6382	6770	5.8
集体企业(万元)	Collective-owned Enterprises(10 000 yuan)	1781	2989	68.5
股份合作企业(万元)	Share Holding Enterprises(10 000 yuan)	141	342	144.1
联营企业(万元)	Joint Owned Enterprises(10 000 yuan)			
有限责任公司(万元)	Limited Company(10 000 yuan)	2237	2875	24.7
股份有限公司(万元)	Share Holding Limited Company(10 000 yuan)	42038	52459	31.6
私营企业(万元)	Privately Owned Enterprises(10 000 yuan)	17906	33065	79.7
其他企业(万元)	Enterprises of Other Ownership(10 000 yuan)			
港澳台商投资企业(万元)	Funds from HK,Macao & Taiwan(10 000 yuan)	3500	3855	9.1
外商投资企业(万元)	Foreign Funded Enterprises(10 000 yuan)			
工业企业增加值(万元)	Value Added of Industrial Enterprises(10 000 yuan)	27777	38648	31.8
工业企业资产总计(万元)	Total Assets of Industrial Enterprises(10 000 yuan)	76330	103091	35.1
工业企业负债合计(万元)	Total Liabilities of Industrial Enterprises(10 000 yuan)	42529	63295	48.8
工业企业产品销售收入(万元)	Sales of Revenue Industrial Enterprises(10 000 yuan)	65570	86704	32.2
工业企业利润总额(万元)	Total Profits of Industrial Enterprises(10 000 yuan)	6186	10598	71.3
建筑业	**Construction**			
建筑企业单位数(个)	Number of Construction Enterprises(unit)	4	2	-50.0
建筑企业从业人员(人)	Number of Employee in Construction Enterprises(person)	447	234	-47.7
建筑业总产值(万元)	Gross Construction Output Value(10 000 yuan)	5200	2521	-51.5
交通运输邮电通信业	**Transportation,Post & Telecommunications**			
公路里程(公里)	Total Length of Highways(km)	411	426	3.6
邮电业务总量(万元)	Business Volume of Post & Telecoms(10 000 yuan)	4199	5290	26.0
本地电话用户(户)	Number of Subscribers of Local Telephone(Household)	26151	28936	10.6
国内贸易	**Demestic Trade**			
社会消费品零售总额(万元)	Total Retail Sales of Consumer Goods(10 000 yuan)	47250	55105	16.6
#贸易业(万元)	Wholesale & Retail Sales Trades(10 000 yuan)	38732	47379	22.3
餐饮业(万元)	Catering Trade(10 000 yuan)	6826	6075	-11.0
科技教育卫生	**Science,Education & Public Health**			
各类专业技术人员(人)	Speccial Technical Personnel(person)	3121	3733	19.6
幼儿园数(所)	Number of Kindergartens(unit)	6	6	0.0
学龄儿童入学率(%)	Percentage of School-Age Children Enrolled(%)	100.0	100.0	0.0
小学学校数(所)	Number of Primary Schools(unit)	142	139	-2.1
小学专任教师数(人)	Number of Full-time Teachers of Primary Schools(person)	1327	1368	3.1
小学在校学生数(人)	Number of Student Enrollment of Primary Schools(person)	20807	20825	0.1
普通中学学校数(所)	Number of Regular Secondary Schools(unit)	20	20	0.0
普通中学专任教师数(人)	Number of Teachers of Secondary Shools(person)	1150	1167	1.5
初中在校学生数(人)	Number of Student in Junior Secondary Schools(person)	16299	14735	-9.6
高中在校学生数(人)	Number of Student in Senior Secondary Schools(person)	5089	5116	0.5
卫生机构数(所)	Number of Health Institutions(unit)	23	23	0.0
#医院(所)	Hospitals(unit)	1	2	100.0
卫生院(所)	Township Hospitals(unit)	18	18	0.0
床位数(张)	Number of Beds(unit)	551	553	0.4
#医院(张)	Hospitals(unit)	220	240	9.1
卫生院(张)	Township Hospitals(unit)	251	253	0.8
卫生技术人员(人)	Medical Technical Presonnel(person)	742	737	-0.7
#医院(人)	Hospitals(person)	295	288	-2.4
卫生院(人)	Township Hospitals(person)	219	222	1.4

23-106 阿拉善盟阿拉善左旗

指标	Item	2002	2003	2003年比上年增长% Increase Rate in 2003 Over 2002(%)
行政区域土地面积(平方公里)	**Area of Administration(Sq.km)**	**80412**	**80412**	**0.0**
人口和就业	**Population & Employment**			
年末总人口(人)	Total Population Year-end(person)	139447	139296	-0.1
# 男性(人)	Male(person)	71327	71216	-0.2
# 乡村人口(人)	Rural(person)	46406	45914	-1.1
年末总户数(户)	Total Number of Households at the Year-end(Household)	50867	52392	3.0
# 乡村户数(户)	Number of Rural Household(Household)	12398	12789	3.2
出生人口(人)	Births(person)	1301	1210	-7.0
死亡人口(人)	Deaths(person)	332	425	28.0
全社会就业人员(人)	Employment(person)	52092	46693	-10.4
第一产业(人)	Primary Industry(person)	29217	28730	-1.7
第二产业(人)	Secondary Industry(person)	5218	6331	21.3
第三产业(人)	Tertiary Industry(person)	17657	11631	-34.1
在岗职工人数(人)	Number of Staff & Workers Employed in(person)	10612	9630	-9.3
乡村劳动力(人)	Number of Rural Laborers(person)	33280	33782	1.5
# 农林牧渔业(人)	Farming,Forestry,Animal Husbandry & Fishery(person)	27376	27358	-0.1
国民经济综合指标	**Summary Item on the National Economy**			
生产总值(万元)	Gross Domestic Product(10 000 yuan)	110078	135879	29.8
第一产业(万元)	Primary Industry(10 000 yuan)	29756	24740	5.3
第二产业(万元)	Secondary Industry(10 000 yuan)	40019	66263	61.6
# 工业(万元)	Industry(10 000 yuan)	33375	52200	54.5
第三产业(万元)	Tertiary Industry(10 000 yuan)	40303	44876	11.7
人均生产总值(元)	Per Capita GDP(yuan)	14446	17576	27.5
全社会固定资产投资(万元)	Total Investment in Fixed Assets(10 000 yuan)	30202	74088	145.3
按登记注册类型分	Grouped by Registered Type			
# 国有(万元)	State-owned Enterprises(10 000 yuan)	13697	29845	117.9
集体(万元)	Collective-owned Enterprises(10 000 yuan)	984		
有限责任公司(万元)	Limited Liability Corporations(10 000 yuan)		25665	
股份有限公司(万元)	Share Holding Enterprises(10 000 yuan)		14500	
私营企业(万元)	Private Enterprises(10 000 yuan)		3170	
外商及港澳台投资企业(万元)	Funds from HK,Macao,Taiwan & Foreign(10 000 yuan)			
按管理渠道分	Grouped by Channel of Management			
# 基本建设(万元)	Capital Construction(10 000 yuan)	24931	70713	183.6
更新改造(万元)	Innovation(10 000 yuan)	880		
房地产开发(万元)	Real Estate Development(10 000 yuan)			
地方财政收入(万元)	Local Governments Revenue(10 000 yuan)	7547	9152	21.3
地方财政支出(万元)	Local Governments Expenditures(10 000 yuan)	26924	30916	14.8
城乡居民储蓄存款余额(万元)	Resident Saving Deposit in Urban & Rural(10 000 yuan)	137039	167375	22.1
在岗职工工资总额(万元)	Total Wages of Staff & Workers Empioyed in(10 000	12506	13273	6.1
在岗职工平均工资(元)	Average Wage of Staff & Workers Employed in(yuan)	11700	13736	17.4
农牧民人均纯收入(元)	Per Capita Net Income of Peasant & Herdsman(yuan)	2580	2840	10.1
农村牧区经济	**Economic Development in Rural & Pastoral Area**			
耕地面积(公顷)	Cultivated Area(hectare)	18867	18977	0.6
农作物总播种面积(公顷)	Total Sown Area(hectare)	16311	14914	-8.6
# 粮食作物播种面积(公顷)	Sown Area of Grain Crops(hectare)	10682	8133	-23.9
有效灌溉面积(公顷)	Irrigated Area(hectare)	18000	16000	-11.1
农牧业机械总动力(万千瓦)	Total Power of Agricultural Machinery(10 000 kw)	12.57	14.70	16.9
化肥施用折纯量(吨)	Consumption of Chemical Fertilizer(ton)	7113	3381	-52.5
农村用电量(万千瓦小时)	Electricity Consumed in Rural Area(10 000 kwh)	4749	6660	40.2
农林牧渔业总产值(万元)	Gross Output of Farming,Forestry,Animal Husbandry & Fishery(10 000 yuan)	46000	37485	-18.5
粮食产量(吨)	Yield of Grain(ton)	74051	57691	-22.1
油料产量(吨)	Yield of Oil-bearing Grops(ton)	6951	11053	59.0
甜菜产量(吨)	Yield of Beetroots(ton)	472	1224	159.3
猪牛羊肉产量(吨)	Output of Pork, Beef & Mutton(ton)	6071	7634	25.7
# 猪肉产量(吨)	Output of Pork(ton)	491	594	21.0
牛肉产量(吨)	Output of Beef(ton)	218	178	-18.3
羊肉产量(吨)	Output of Mutton(ton)	5362	6862	28.0

23-106 Alashanzuo Banner in Alashan League

指标	Item	2002	2003	2003年比上年增长% Increase Rate in 2003 Over 2002(%)
羊毛产量(吨)	Output of Wool(ton)	586	663	13.1
年末牲畜存栏头数(万头只)	Total Livestock at the Year-end(10 000 heads)	95.64	108.80	13.8
#大牲畜(万头只)	Large Animals(10 000 heads)	3.34	3.50	4.8
羊(万只)	Sheep & Goats(10 000 heads)	91.67	104.80	14.3
猪(万头)	Hogs(10 000 heads)	0.63	0.50	-20.6
独立核算工业	**Industry with Independent Accounting System**			
工业企业单位数(个)	Number of Industrial Enterprises(unit)	206	223	8.3
#内资企业(个)	Civil Funded Enterprises(unit)	206	223	8.3
工业总产值(万元)	Gross Industrial Output Value(10 000 yuan)	62747	99249	70.7
内资企业(万元)	Civil Funded Enterprises(10 000 yuan)	62747	99249	70.7
国有企业(万元)	State-owned Enterprises(10 000 yuan)	473	451	-1.1
集体企业(万元)	Collective-owned Enterprises(10 000 yuan)	9030	9750	0.1
股份合作企业(万元)	Share Holding Enterprises(10 000 yuan)	3992	3320	-16.8
联营企业(万元)	Joint Owned Enterprises(10 000 yuan)			
有限责任公司(万元)	Limited Company(10 000 yuan)	42095	73123	77.9
股份有限公司(万元)	Share Holding Limited Company(10 000 yuan)		1714	
私营企业(万元)	Privately Owned Enterprises(10 000 yuan)	6158	10518	69.5
其他企业(万元)	Enterprises of Other Ownership(10 000 yuan)		373	
港澳台商投资企业(万元)	Funds from HK,Macao & Taiwan(10 000 yuan)			
外商投资企业(万元)	Foreign Funded Enterprises(10 000 yuan)			
工业企业增加值(万元)	Value Added of Industrial Enterprises(10 000 yuan)	31323	49652	54.5
工业企业资产总计(万元)	Total Assets of Industrial Enterprises(10 000 yuan)	95534	144628	51.4
工业企业负债合计(万元)	Total Liabilities of Industrial Enterprises(10 000 yuan)	56589	93835	65.8
工业企业产品销售收入(万元)	Sales of Revenue Industrial Enterprises(10 000 yuan)	46894	89110	90.0
工业企业利润总额(万元)	Total Profits of Industrial Enterprises(10 000 yuan)	3094	7416	139.7
建筑业	**Construction**			
建筑企业单位数(个)	Number of Construction Enterprises(unit)	2	2	0.0
建筑企业从业人员(人)	Number of Employee in Construction Enterprises(person)	697	446	-36.0
建筑业总产值(万元)	Gross Construction Output Value(10 000 yuan)	4924	3053	-38.0
交通运输邮电通信业	**Transportation,Post & Telecommunications**			
公路里程(公里)	Total Length of Highways(km)	2236	2278	1.9
邮电业务总量(万元)	Business Volume of Post & Telecoms(10 000 yuan)	12013	13715	14.2
本地电话用户(户)	Number of Subscribers of Local Telephone(Household)	33687	49240	46.2
国内贸易	**Demestic Trade**			
社会消费品零售总额(万元)	Total Retail Sales of Consumer Goods(10 000 yuan)	46253	54088	16.9
#贸易业(万元)	Wholesale & Retail Sales Trades(10 000 yuan)	38115	38218	0.3
餐饮业(万元)	Catering Trade(10 000 yuan)	5089	12462	144.9
科技教育卫生	**Science,Education & Public Health**			
各类专业技术人员(人)	Speccial Technical Personnel(person)	3247	3334	2.7
幼儿园数(所)	Number of Kindergartens(unit)	6	6	0.0
学龄儿童入学率(%)	Percentage of School-Age Children Enrolled(%)	100.0	100.0	0.0
小学学校数(所)	Number of Primary Schools(unit)	31	26	-16.1
小学专任教师数(人)	Number of Full-time Teachers of Primary Schools(person)	855	820	-4.1
小学在校学生数(人)	Number of Student Enrollment of Primary Schools(person)	10143	9841	-3.0
普通中学学校数(所)	Number of Regular Secondary Schools(unit)	14	13	-7.1
普通中学专任教师数(人)	Number of Teachers of Secondary Shools(person)	876	923	5.4
初中在校学生数(人)	Number of Student in Junior Secondary Schools(person)	8778	8849	0.8
高中在校学生数(人)	Number of Student in Senior Secondary Schools(person)	2228	2788	25.1
卫生机构数(所)	Number of Health Institutions(unit)	40	41	2.5
#医院(所)	Hospitals(unit)	6	6	0.0
卫生院(所)	Township Hospitals(unit)	23	23	0.0
床位数(张)	Number of Beds(unit)	501	479	-4.4
#医院(张)	Hospitals(unit)	329	343	4.3
卫生院(张)	Township Hospitals(unit)	109	92	-15.6
卫生技术人员(人)	Medical Technical Presonnel(person)	1082	996	-7.9
#医院(人)	Hospitals(person)	599	587	-2.0
卫生院(人)	Township Hospitals(person)	193	148	-23.3

23-107 阿拉善盟阿拉善右旗

指标	Item	2002	2003	2003年比上年增长% Increase Rate in 2003 Over 2002(%)
行政区域土地面积(平方公里)	**Area of Administration(Sq.km)**	**75226**	**75226**	**0.0**
人口和就业	**Population & Employment**			
年末总人口(人)	Total Population Year-end(person)	23717	23626	-0.4
#男性(人)	Male(person)	12049	11964	-0.7
#乡村人口(人)	Rural(person)	8800	8592	-2.4
年末总户数(户)	Total Number of Households at the Year-end(Household)	8386	8489	1.2
#乡村户数(户)	Number of Rural Household(Household)	2751	2584	-6.1
出生人口(人)	Births(person)	179	238	33.0
死亡人口(人)	Deaths(person)	52	130	150.0
全社会就业人员(人)	Employment(person)	10764	11100	3.1
第一产业(人)	Primary Industry(person)	5208	5400	3.7
第二产业(人)	Secondary Industry(person)	2250	2300	2.2
第三产业(人)	Tertiary Industry(person)	3306	3400	2.8
在岗职工人数(人)	Number of Staff & Workers Employed in(person)	4705	4301	-8.6
乡村劳动力(人)	Number of Rural Laborers(person)	6264	6290	0.4
#农林牧渔业(人)	Farming,Forestry,Animal Husbandry & Fishery(person)	5020	5378	7.1
国民经济综合指标	**Summary Item on the National Economy**			
生产总值(万元)	Gross Domestic Product(10 000 yuan)	29330	39450	46.0
第一产业(万元)	Primary Industry(10 000 yuan)	7860	7817	17.0
第二产业(万元)	Secondary Industry(10 000 yuan)	13570	20572	65.0
#工业(万元)	Industry(10 000 yuan)	12100	15825	45.0
第三产业(万元)	Tertiary Industry(10 000 yuan)	7900	11061	40.0
人均生产总值(元)	Per Capita GDP(yuan)	12221	16716	36.8
全社会固定资产投资(万元)	Total Investment in Fixed Assets(10 000 yuan)	8045	17236	114.2
按登记注册类型分	Grouped by Registered Type			
#国有(万元)	State-owned Enterprises(10 000 yuan)	4143	6056	46.2
集体(万元)	Collective-owned Enterprises(10 000 yuan)	1565		
有限责任公司(万元)	Limited Liability Corporations(10 000 yuan)		5577	
股份有限公司(万元)	Share Holding Enterprises(10 000 yuan)		269	
私营企业(万元)	Private Enterprises(10 000 yuan)		2610	
外商及港澳台投资企业(万元)	Funds from HK,Macao,Taiwan & Foreign(10 000 yuan)			
按管理渠道分	Grouped by Channel of Management			
#基本建设(万元)	Capital Construction(10 000 yuan)	5683	10501	84.8
更新改造(万元)	Innovation(10 000 yuan)	1071	1401	30.8
房地产开发(万元)	Real Estate Development(10 000 yuan)	300		
地方财政收入(万元)	Local Governments Revenue(10 000 yuan)	1468	2033	38.5
地方财政支出(万元)	Local Governments Expenditures(10 000 yuan)	8421	12416	47.4
城乡居民储蓄存款余额(万元)	Resident Saving Deposit in Urban & Rural(10 000 yuan)	19457	22891	17.6
在岗职工工资总额(万元)	Total Wages of Staff & Workers Empioyed in(10 000	5041	5526	9.6
在岗职工平均工资(元)	Average Wage of Staff & Workers Employed in(yuan)	10439	12951	24.1
农牧民人均纯收入(元)	Per Capita Net Income of Peasant & Herdsman(yuan)	2758	3055	10.8
农村牧区经济	**Economic Development in Rural & Pastoral Area**			
耕地面积(公顷)	Cultivated Area(hectare)	2040	2409	18.1
农作物总播种面积(公顷)	Total Sown Area(hectare)	2003	2339	16.8
#粮食作物播种面积(公顷)	Sown Area of Grain Crops(hectare)	697	856	22.8
有效灌溉面积(公顷)	Irrigated Area(hectare)		2300	
农牧业机械总动力(万千瓦)	Total Power of Agricultural Machinery(10 000 kw)	1.51	1.67	10.6
化肥施用折纯量(吨)	Consumption of Chemical Fertilizer(ton)	232	281	21.1
农村用电量(万千瓦小时)	Electricity Consumed in Rural Area(10 000 kwh)	324	228	-29.6
农林牧渔业总产值(万元)	Gross Output of Farming,Forestry,Animal Husbandry & Fishery(10 000 yuan)	12111	11843	-2.2
粮食产量(吨)	Yield of Grain(ton)	5074	6826	34.5
油料产量(吨)	Yield of Oil-bearing Grops(ton)	8	62	675.0
甜菜产量(吨)	Yield of Beetroots(ton)	51		
猪牛羊肉产量(吨)	Output of Pork, Beef & Mutton(ton)	845	1629	92.8
#猪肉产量(吨)	Output of Pork(ton)	50	38	-24.0
牛肉产量(吨)	Output of Beef(ton)	9	8	-11.1
羊肉产量(吨)	Output of Mutton(ton)	786	1583	101.4

23-107 Alashanyou Banner in Alashan League

指 标	Item	2002	2003	2003年比上年增长% Increase Rate in 2003 Over 2002(%)
羊毛产量(吨)	Output of Wool(ton)	110	109	-0.9
年末牲畜存栏头数(万头只)	Total Livestock at the Year-end(10 000 heads)	17.67	21.64	22.5
# 大牲畜(万头只)	Large Animals(10 000 heads)	1.78	1.68	-5.6
羊(万只)	Sheep & Goats(10 000 heads)	15.86	19.93	25.7
猪(万头)	Hogs(10 000 heads)	0.03	0.03	0.0
独立核算工业	**Industry with Independent Accounting System**			
工业企业单位数(个)	Number of Industrial Enterprises(unit)	23	25	8.7
# 内资企业(个)	Civil Funded Enterprises(unit)	22	24	9.1
工业总产值(万元)	Gross Industrial Output Value(10 000 yuan)	13909	18632	33.6
内资企业(万元)	Civil Funded Enterprises(10 000 yuan)	10292	15631	86.7
国有企业(万元)	State-owned Enterprises(10 000 yuan)			
集体企业(万元)	Collective-owned Enterprises(10 000 yuan)	2132	2999	47.5
股份合作企业(万元)	Share Holding Enterprises(10 000 yuan)	42	561	868.2
联营企业(万元)	Joint Owned Enterprises(10 000 yuan)			
有限责任公司(万元)	Limited Company(10 000 yuan)			
股份有限公司(万元)	Share Holding Limited Company(10 000 yuan)			
私营企业(万元)	Privately Owned Enterprises(10 000 yuan)			
其他企业(万元)	Enterprises of Other Ownership(10 000 yuan)	8118	12071	98.9
港澳台商投资企业(万元)	Funds from HK,Macao & Taiwan(10 000 yuan)	3617	3001	-38.5
外商投资企业(万元)	Foreign Funded Enterprises(10 000 yuan)			
工业企业增加值(万元)	Value Added of Industrial Enterprises(10 000 yuan)	6623	12015	75.7
工业企业资产总计(万元)	Total Assets of Industrial Enterprises(10 000 yuan)	23047	29846	29.5
工业企业负债合计(万元)	Total Liabilities of Industrial Enterprises(10 000 yuan)	13728	19754	43.9
工业企业产品销售收入(万元)	Sales of Revenue Industrial Enterprises(10 000 yuan)	12776	15546	21.7
工业企业利润总额(万元)	Total Profits of Industrial Enterprises(10 000 yuan)	558	636	14.0
建筑业	**Construction**			
建筑企业单位数(个)	Number of Construction Enterprises(unit)	1	1	0.0
建筑企业从业人员(人)	Number of Employee in Construction Enterprises(person)	131	200	52.7
建筑业总产值(万元)	Gross Construction Output Value(10 000 yuan)	1870	734	-60.7
交通运输邮电通信业	**Transportation,Post & Telecommunications**			
公路里程(公里)	Total Length of Highways(km)	976	976	0.0
邮电业务总量(万元)	Business Volume of Post & Telecoms(10 000 yuan)	601	886	47.4
本地电话用户(户)	Number of Subscribers of Local Telephone(Household)	5503	5656	2.8
国内贸易	**Demestic Trade**			
社会消费品零售总额(万元)	Total Retail Sales of Consumer Goods(10 000 yuan)	7647	9991	30.7
# 贸易业(万元)	Wholesale & Retail Sales Trades(10 000 yuan)	6674	8630	29.3
餐饮业(万元)	Catering Trade(10 000 yuan)	694	1070	54.2
科技教育卫生	**Science,Education & Public Health**			
各类专业技术人员(人)	Speccial Technical Personnel(person)	878	876	-0.2
幼儿园数(所)	Number of Kindergartens(unit)	3	3	0.0
学龄儿童入学率(%)	Percentage of School-Age Children Enrolled(%)	100.0	100.0	0.0
小学学校数(所)	Number of Primary Schools(unit)	6	6	0.0
小学专任教师数(人)	Number of Full-time Teachers of Primary Schools(person)	200	192	-4.0
小学在校学生数(人)	Number of Student Enrollment of Primary Schools(person)	1619	1599	-1.2
普通中学学校数(所)	Number of Regular Secondary Schools(unit)	4	4	0.0
普通中学专任教师数(人)	Number of Teachers of Secondary Shools(person)	140	129	-7.9
初中在校学生数(人)	Number of Student in Junior Secondary Schools(person)	1346	1168	-13.2
高中在校学生数(人)	Number of Student in Senior Secondary Schools(person)	313	350	11.8
卫生机构数(所)	Number of Health Institutions(unit)	12	12	0.0
# 医院(所)	Hospitals(unit)	2	2	0.0
卫生院(所)	Township Hospitals(unit)	8	8	0.0
床位数(张)	Number of Beds(unit)	99	103	4.0
# 医院(张)	Hospitals(unit)	67	74	10.4
卫生院(张)	Township Hospitals(unit)	27	29	7.4
卫生技术人员(人)	Medical Technical Presonnel(person)	220	218	-0.9
# 医院(人)	Hospitals(person)	109	108	-0.9
卫生院(人)	Township Hospitals(person)	70	66	-5.7

23-108 阿拉善盟额济纳旗

指标	Item	2002	2003	2003年比上年增长% Increase Rate in 2003 Over 2002(%)
行政区域土地面积(平方公里)	**Area of Administration(Sq.km)**	**114606**	**114606**	**0.0**
人口和就业	**Population & Employment**			
年末总人口(人)	Total Population Year-end(person)	16617	16694	0.5
# 男性(人)	Male(person)	8476	8519	0.5
# 乡村人口(人)	Rural(person)	3169	3338	5.3
年末总户数(户)	Total Number of Households at the Year-end(Household)	5926	6030	1.8
# 乡村户数(户)	Number of Rural Household(Household)	1039	1096	5.5
出生人口(人)	Births(person)	112	132	17.9
死亡人口(人)	Deaths(person)	46	106	130.4
全社会就业人员(人)	Employment(person)	7338	9019	22.9
第一产业(人)	Primary Industry(person)	2872	3037	5.7
第二产业(人)	Secondary Industry(person)	1190	2360	98.3
第三产业(人)	Tertiary Industry(person)	3276	3622	10.6
在岗职工人数(人)	Number of Staff & Workers Employed in(person)	3374	3870	14.7
乡村劳动力(人)	Number of Rural Laborers(person)	2142	2449	14.3
# 农林牧渔业(人)	Farming,Forestry,Animal Husbandry & Fishery(person)	2280	2443	7.1
国民经济综合指标	**Summary Item on the National Economy**			
生产总值(万元)	Gross Domestic Product(10 000 yuan)	19004	27731	45.8
第一产业(万元)	Primary Industry(10 000 yuan)	4543	4905	8.4
第二产业(万元)	Secondary Industry(10 000 yuan)	6651	11870	78.0
# 工业(万元)	Industry(10 000 yuan)	4343	7997	83.7
第三产业(万元)	Tertiary Industry(10 000 yuan)	7810	10956	40.7
人均生产总值(元)	Per Capita GDP(yuan)	11413	16649	44.9
全社会固定资产投资(万元)	Total Investment in Fixed Assets(10 000 yuan)	10480	17605	68.0
按登记注册类型分	Grouped by Registered Type			
# 国有(万元)	State-owned Enterprises(10 000 yuan)	8838	4280	-51.6
集体(万元)	Collective-owned Enterprises(10 000 yuan)			
有限责任公司(万元)	Limited Liability Corporations(10 000 yuan)		3100	
股份有限公司(万元)	Share Holding Enterprises(10 000 yuan)		1920	
私营企业(万元)	Private Enterprises(10 000 yuan)		3298	
外商及港澳台投资企业(万元)	Funds from HK,Macao,Taiwan & Foreign(10 000 yuan)			
按管理渠道分	Grouped by Channel of Management			
# 基本建设(万元)	Capital Construction(10 000 yuan)	5116	9126	78.4
更新改造(万元)	Innovation(10 000 yuan)	3722	4730	27.1
房地产开发(万元)	Real Estate Development(10 000 yuan)		728	
地方财政收入(万元)	Local Governments Revenue(10 000 yuan)	1213	1423	17.3
地方财政支出(万元)	Local Governments Expenditures(10 000 yuan)	7676	11319	47.5
城乡居民储蓄存款余额(万元)	Resident Saving Deposit in Urban & Rural(10 000 yuan)	14917	18380	23.2
在岗职工工资总额(万元)	Total Wages of Staff & Workers Empioyed in(10 000	4601	5294	15.1
在岗职工平均工资(元)	Average Wage of Staff & Workers Employed in(yuan)	13718	13658	-0.4
农牧民人均纯收入(元)	Per Capita Net Income of Peasant & Herdsman(yuan)	3037	3348	10.2
农村牧区经济	**Economic Development in Rural & Pastoral Area**			
耕地面积(公顷)	Cultivated Area(hectare)	2404	2916	21.3
农作物总播种面积(公顷)	Total Sown Area(hectare)	1655	2339	41.3
# 粮食作物播种面积(公顷)	Sown Area of Grain Crops(hectare)	238	170	-28.6
有效灌溉面积(公顷)	Irrigated Area(hectare)		2352	
农牧业机械总动力(万千瓦)	Total Power of Agricultural Machinery(10 000 kw)	1.30	1.60	23.1
化肥施用折纯量(吨)	Consumption of Chemical Fertilizer(ton)	795	1208	51.9
农村用电量(万千瓦小时)	Electricity Consumed in Rural Area(10 000 kwh)	72	156	116.2
农林牧渔业总产值(万元)	Gross Output of Farming,Forestry,Animal Husbandry & Fishery(10 000 yuan)	7050	7431	5.4
粮食产量(吨)	Yield of Grain(ton)	1243	917	-26.2
油料产量(吨)	Yield of Oil-bearing Grops(ton)	1		
甜菜产量(吨)	Yield of Beetroots(ton)	58	16	-72.4
猪牛羊肉产量(吨)	Output of Pork, Beef & Mutton(ton)	791	855	8.1
# 猪肉产量(吨)	Output of Pork(ton)	267	300	12.4
牛肉产量(吨)	Output of Beef(ton)	7	10	42.9
羊肉产量(吨)	Output of Mutton(ton)	517	545	5.4

23-108 Ejina Banner in Alashan League

指标	Item	2002	2003	2003年比上年增长% Increase Rate in 2003 Over 2002(%)
羊毛产量(吨)	Output of Wool(ton)	50	52	4.0
年末牲畜存栏头数(万头只)	Total Livestock at the Year-end(10 000 heads)	11.74	10.91	-7.1
#大牲畜(万头只)	Large Animals(10 000 heads)	1.66	1.51	-9.0
羊(万只)	Sheep & Goats(10 000 heads)	9.94	9.33	-6.1
猪(万头)	Hogs(10 000 heads)	0.14	0.08	-42.9
独立核算工业	**Industry with Independent Accounting System**			
工业企业单位数(个)	Number of Industrial Enterprises(unit)	16	16	0.0
#内资企业(个)	Civil Funded Enterprises(unit)	16	16	0.0
工业总产值(万元)	Gross Industrial Output Value(10 000 yuan)	9153	16417	69.4
内资企业(万元)	Civil Funded Enterprises(10 000 yuan)	9153	16417	69.4
国有企业(万元)	State-owned Enterprises(10 000 yuan)	483	448	-12.6
集体企业(万元)	Collective-owned Enterprises(10 000 yuan)	309	205	-37.1
股份合作企业(万元)	Share Holding Enterprises(10 000 yuan)	7021		
联营企业(万元)	Joint Owned Enterprises(10 000 yuan)			
有限责任公司(万元)	Limited Company(10 000 yuan)			
股份有限公司(万元)	Share Holding Limited Company(10 000 yuan)		14935	
私营企业(万元)	Privately Owned Enterprises(10 000 yuan)	1340	829	-41.6
其他企业(万元)	Enterprises of Other Ownership(10 000 yuan)		967	
港澳台商投资企业(万元)	Funds from HK,Macao & Taiwan(10 000 yuan)			
外商投资企业(万元)	Foreign Funded Enterprises(10 000 yuan)			
工业企业增加值(万元)	Value Added of Industrial Enterprises(10 000 yuan)	3738	7583	91.5
工业企业资产总计(万元)	Total Assets of Industrial Enterprises(10 000 yuan)	6919	9354	35.2
工业企业负债合计(万元)	Total Liabilities of Industrial Enterprises(10 000 yuan)	4236	7454	76.0
工业企业产品销售收入(万元)	Sales of Revenue Industrial Enterprises(10 000 yuan)	7584	10450	37.8
工业企业利润总额(万元)	Total Profits of Industrial Enterprises(10 000 yuan)	20	836	4080.0
建筑业	**Construction**			
建筑企业单位数(个)	Number of Construction Enterprises(unit)	1	1	0.0
建筑企业从业人员(人)	Number of Employee in Construction Enterprises(person)	188	252	34.0
建筑业总产值(万元)	Gross Construction Output Value(10 000 yuan)	2409	949	-60.6
交通运输邮电通信业	**Transportation,Post & Telecommunications**			
公路里程(公里)	Total Length of Highways(km)	1913	2129	11.3
邮电业务总量(万元)	Business Volume of Post & Telecoms(10 000 yuan)	427	899	110.4
本地电话用户(户)	Number of Subscribers of Local Telephone(Household)	4285	11704	173.1
国内贸易	**Demestic Trade**			
社会消费品零售总额(万元)	Total Retail Sales of Consumer Goods(10 000 yuan)	9345	10728	13.7
#贸易业(万元)	Wholesale & Retail Sales Trades(10 000 yuan)	6944	8978	29.3
餐饮业(万元)	Catering Trade(10 000 yuan)	1300	1510	16.2
科技教育卫生	**Science,Education & Public Health**			
各类专业技术人员(人)	Speccial Technical Personnel(person)	674	685	1.6
幼儿园数(所)	Number of Kindergartens(unit)	3	3	0.0
学龄儿童入学率(%)	Percentage of School-Age Children Enrolled(%)	100.0	100.0	0.0
小学学校数(所)	Number of Primary Schools(unit)	3	4	33.3
小学专任教师数(人)	Number of Full-time Teachers of Primary Schools(person)	143	134	-6.3
小学在校学生数(人)	Number of Student Enrollment of Primary Schools(person)	1080	1054	-2.4
普通中学学校数(所)	Number of Regular Secondary Schools(unit)	2	2	0.0
普通中学专任教师数(人)	Number of Teachers of Secondary Shools(person)	95	89	-6.3
初中在校学生数(人)	Number of Student in Junior Secondary Schools(person)	955	915	-4.2
高中在校学生数(人)	Number of Student in Senior Secondary Schools(person)	250	341	36.4
卫生机构数(所)	Number of Health Institutions(unit)	12	13	8.3
#医院(所)	Hospitals(unit)	3	3	0.0
卫生院(所)	Township Hospitals(unit)	7	7	0.0
床位数(张)	Number of Beds(unit)	162	147	-9.3
#医院(张)	Hospitals(unit)	110	110	0.0
卫生院(张)	Township Hospitals(unit)	42	37	-11.9
卫生技术人员(人)	Medical Technical Presonnel(person)	183	175	-4.4
#医院(人)	Hospitals(person)	110	107	-2.7
卫生院(人)	Township Hospitals(person)	40	37	-7.5

二十四 企业资料

STATISTICS OF ENTERPRISES

资料整理 杨文武 云俊生 王亦兵 田兰运 史润林

Arranged by Yang Wenwu , Yun Junsheng , Wang Yibing , Tian Lanyun , Shi Runlin

24-1 全区资产总计最大的100家大中型工业企业(2003年)

Autonomous Regional Top 100 Large-scale and Medium-scale Industrial Enterprises of Total Assets(2003)

位次 Order	企业名称	Name of Enterprise	资产总计 (万元) Total Assets (10 000 yuan)
1	包钢(集团)有限责任公司	Baotou Iron & Steel (Group) Co.,LTD	2258829
2	内蒙古包钢钢联股份有限公司	Inner Mongolia Baotou Steel Union Co.,LTD	993272
3	神华集团准格尔能源有限责任公司	Shen Hua Group Zhungeer Coal Industry Co.,LTD	936712
4	伊敏华能东电煤电有限责任公司	Yiminhe Hua Neng Dong Dian Coal & Electricity Co.,LTD	932983
5	内蒙古霍林河煤业集团有限责任公司	Inner Mongolia Haolinhe Coal Industry Co.,LTD	453680
6	鄂尔多斯羊绒制品股份有限公司	Eerduos Cashmere Product Co.,LTD	433298
7	内蒙古第一机械制造(集团)有限公司	Inner Mongolia No.1 Machinery Co.,LTD	408768
8	元宝山发电厂有限责任公司	Yuanbaoshan Power Plant Co.,LTD	382635
9	内蒙古伊利实业集团股份有限公司	Inner Mongolia YiLi Industrial Group Co.,LTD	360032
10	神华集团神府东胜煤炭有限责任公司	Shen Hua Group Dongsheng Coal Industry Co.,LTD	355684
11	内蒙古天野化工（集团）有限责任公司	Inner Mongolia Tian Ye Chemical Industry (Group) Co.,LTD	351529
12	内蒙古草原兴发股份有限公司	Inner Mongolia Prairie Xingfa Corp.,LTD	332108
13	包头铝业(集团)有限责任公司	Baotou Aluminium Industry Group Corp.,LTD	328742
14	内蒙古平庄煤业集团有限责任公司	Pingzhuang Coal Industry Group Co.,LTD	262880
15	包头明天科技股份有限公司	Baotou Tomorrow Technology Co.,LTD	253113
16	内蒙古北方重工业集团公司	Inner Mongolia North Heavy Industry Group Corp.,LTD	245255
17	赤峰富龙热力股份在限公司	Chifeng Fulong Public Group Co.,LTD	234597
18	包头市北方奔驰重型汽车有限责任公司	Baotou North Benz Heavy duty Automobile Co.,LTD	224701
19	内蒙古蒙牛乳业(集团)股份有限公司	Inner Mongolia Mengniu Milk Industry Group Co.,LTD	219376
20	中国石油华北油田二连公司	Erlian Branch of North China Petroleum	217230
21	包头华资实业股份有限公司	Baotou Hua Zi Industry Co.,LTD	165605
22	TCL移动通信(呼和浩特)有限公司	TCL Co. Mobile Comunication Co.,LTD Hohhot Branch	165354
23	内蒙古伊泰煤炭股份有限公司	Inner Mongolia Yi Tai Coal Industry Co.,LTD	163385
24	包头鹿金羊绒制品有限公司	Baotou City lu Jin Cashmere Product Co.,LTD	163303
25	东达蒙古王羊绒集团公司	Dongda Mongolia King Cashmere (Group) Co.,LTD	156885
26	内蒙古包钢稀土高科技股份有限公司	Inner Mongolia Baotou Steel Rare earth Hi tech Co.,LTD	154909
27	扎莱诺尔煤业有限责任公司	Inner Mongolia Zhalainuoer Coal Industry Co.,LTD	142838
28	通辽发电总厂	Tongliao Power General Plant	128348
29	神华集团乌达矿业有限责任公司	Shenhua Group Wuda Mining Industry Co.,LTD	125842
30	呼和浩特市自来水公司	Hohhot City Piped Water Corporation	121976
31	神华集团海勃湾矿业有限责任公司	Shenhua Group Haibowan Mining Industry Co.,LTD	117839
32	内蒙古兰太实业股份有限公司	Inner Mongolia LanTai Industrial Co.,LTD	114990
33	内蒙古乌兰水泥有限责任公司	Inner Mongolia Wu Lan Cement Co.,LTD	114308

24-1 续表 1 continued

位次 Order	企业名称	Name of Enterprise	资产总计 (万元) Total Assets (10 000 yuan)
34	中国核工业总公司二0二厂	China National Nuclear Corporation 202 Factory	112540
35	中国石油天然气股份有限公司呼和浩特分公司	China National Petroleum Corporation Hohhot Branch	110883
36	内蒙古西水创业股份有限公司	Inner Mongolia Xi Shui Strong Year Co.,LTD	108889
37	内蒙古北方重型汽车股份有限公司	Inner Mongolia North Heavy-duty Automobile Co.,LTD	106156
38	大雁煤业有限责任公司	Inner Mongolia DaYan Coal Industry Co.,LTD	101925
39	内蒙古鹿王羊绒集团公司	Inner Mongolia King deer Cashmere Group	99546
40	赤峰市电业局	Chifeng Electric Power Bureau	97831
41	乌兰浩特钢铁有限责任公司	Wulanhaote Iron & Steel Co.,LTD	90897
42	呼和浩特卷烟厂	Hohhot Cigarette Factory	84082
43	内蒙古蒙西高新材料股份有限公司	Inner Mongolia Meng Xi High tech Material Co.,LTD	80059
44	内蒙古金河集团华蒙实业有限公司	Inner Mongolia Jinhe Group Huameng Industry Co.,LTD	78908
45	赤峰制药集团有限责任公司	Chifeng City Pharmaceutical Group Co.,LTD	77490
46	通辽电业局	Tongliao Electric Power Bureau	73280
47	霍煤集团通铝公司	Hullinhe Tongshun Aluminium Industry Co.	71823
48	锡林郭勒苏尼特碱业有限公司	Xilinguole League Sunite Alkali Industry Co.,LTD	69359
49	内蒙古自治区包头矿务局	Inner Mongolia Baotou Mining Ministry	67982
50	元宝山发电厂	Yuanbaoshan Power Plant	67574
51	神华集团万利煤炭有限责任公司	Shenhua Group Wan Li Coal Co.,LTD	64795
52	满归林业局	Inner Mongolia Mangui Forest Industry Bureau	64174
53	包头市热力总公司	Baotou City Heat and Power General Corporation	63414
54	海勃湾电力股份有限公司	Inner Mongolia Haibowan Electricity Co.,LTD	60875
55	内蒙古远兴天然碱股份有限公司吉碱分公司	Inner Mongolia Yuanxing Alkali Co.,LTD Jilantai Branch	60532
56	内蒙宁城集团公司	Inner Mongolia Ningcheng Group Co.	60445
57	金河林业局	Inner Mongolia Jinhe Forest Industry Bureau	58963
58	莫尔道嘎林业局	Inner Mongolia Moerdaoga Forest Industry Bureau	58763
59	内蒙古太西煤集团股份有限公司	Inner Mongolia Taixi Coal Group Co.,LTD	57016
60	呼和浩特市煤气化总公司	Hohhot Gas and Chemistry General Corporation	55632
61	内蒙古众兴煤炭集团有限责任公司	Inner Mongolia Zhongxing Coal Group Co.,LTD	54563
62	乌尔其汉林业局	Inner Mongolia Wuerqihan Forest Industry Bureau	51852
63	赤峰市白音诺尔铅锌矿	Chifeng City Baiyinnuoer Lead and Zinc Mineral	51440
64	宝日希勒煤业有限责任公司	Baorixile Coal Industry Co.,LTD	51283
65	根河林业局	Inner Mongolia Genhe Forest Industry Bureau	50129

24-1 续表 2 continued

位次 Order	企业名称	Name of Enterprise	资产总计(万元) Total Assets (10 000 yuan)
66	呼和浩特科林热电有限责任公司	Hohhot City Kelin Heat and Power Co.,LTD	48670
67	通辽市通华蓖麻化工有限责任公司	Tongliao City Tong Hua Flax Chemical Industry Co.,LTD	47150
68	包头鹿达吉利羊绒制品有限公司	Baotou City Lu Da Cashmere Product Co.,LTD	45939
69	内蒙古三联化工股份有限公司	Inner Mongolia San Lian Chemical Industry Co.,LTD	45770
70	赤峰红烨锌冶炼有限责任公司	Chinfeng City Hong Ye Zinc Smelt Metal Co.,LTD	45442
71	内蒙古河套酒业集团股份有限公司	Inner Mongolia Mongolia King Wine Co.,LTD	45175
72	阿龙山林业局	Inner Mongolia Alongshan Forest Industry Bureau	43980
73	内蒙古塞飞亚集团有限责任公司	Inner Mongolia Saifeiya Group Co.,LTD	43711
74	阿里河林业局	Inner Mongolia Alihe Forest Industry Co.,LTD	41750
75	内蒙古黄河化工有限责任公司	Inner Mongolia Yellow River Chemical Industry Co.,LTD	41188
76	内蒙古乌海市拉僧庙有限责任公司	Wuhai City Lasengmiao Chemical Iudustry Co.,LTD	40920
77	内蒙古包钢新型耐火材料股份有限公司	Inner Mongolia Baotou Steel Fireproof material Co.,LTD	40246
78	库都尔林业局	Inner Mongolia Kuduer Forest Industry Bureau	39593
79	兴安电业局	Xingan League Electric Power Bureau	39420
80	图里河林业局	Inner Mongolia Tulihe Forest Industry Bureau	39379
81	阿尔山林业局	Inner Mongolia Aershan Forest Industry Bureau	39011
82	内蒙古乌拉山化肥有限责任公司	Inner Mongolia Wulashan Chemical Fertilizer Co.,LTD	38618
83	阿拉善电力有限责任公司	Alashan League Power Co.,LTD	37137
84	绰尔林业局	Inner Mongolia Chaoer Forest Industry Bureau	37034
85	呼和浩特市众环集团有限责任公司	Hohhot Zhong Huan Machine Tool Accessory Co.,LTD	35634
86	通辽世猛玻璃有限责任公司	Tongliao City Shi Meng Glass Co.,LTD	34692
87	赤峰华源毛业有限公司	Chifeng City Hua Yuan Wool Industry Co.,LTD	33376
88	甘河林业局	Inner Mongolia Ganhe Forest Industry Bureau	33046
89	赤峰热电厂	Chifeng City Heat and Power Plant	32260
90	东华羊绒精纺织有限责任公司	Dong Hua Cashmere Intensive Spinning Co.,LTD	32252
91	内蒙古TCL王牌电器有限公司	Inner Mongolia TCL King Electric Appliance(Holdings)	31976
92	内蒙古满世煤炭运销有限责任公司	Inner Mongolia Man Shi Coal Transport and Selling Co.,LTD	31920
93	内蒙古森工集团富伦纸业有限责任公司	Inner Mongolia Forest Industry Group Fulun Paper Co.,LTD	31490
94	内蒙古华章纸业集团股份有限公司	Inner Mongolia Hua Zhang Papper Industry (Group) Co.,LTD	31385
95	内蒙古赛立特尔纺织有限公司	Inner Mongolia Siliteer Textile Co.,LTD	30715
96	内蒙古乾坤金银精炼股份有限公司	Inner Mongolia Qiankun Gold & Silver Smelting Co.,LTD	30359
97	内蒙古蒙牛乳业包头分公司	Inner Mongolia Mengniu Milk Group Co.,LTD Baotou Branch	30176
98	克一河林业局	Inner Mongolia Keyihe he Forest Industry Bureau	30120
99	包头市自来水公司	Baotou City Piped Water Corporation	30100
100	三维铁合金有限责任公司	San Wei Alloy Iron Co.,LTD	29366

24-2 全区工业总产值最大的100家大中型工业企业(2003年)

Autonomous Rgional Top 100 Large-scal and Mdium-scal Industrial ntrpriss of Gross Output Valu(2003)

位次 Ordr	企业名称 中国石油天然气股份有限公司呼和	Name of Enterprise Innr Mongolia Mngniu Milk Industry Groupaa	工业总产值（万元） Gross Industrial Output Value (10 000 yuan)
1	内蒙古包钢钢联股份有限公司	Inner Mongolia Baotou Steel Union Co.,LTD	1018988
2	包钢(集团)有限责任公司	Baotou Iron & Steel (Group) Co.,LTD	834731
3	内蒙古蒙牛乳业集团股份有限公司	Inner Mongolia Mengniu Milk Industry Group Co.,LTD	410757
4	内蒙古第一机械制造(集团)有限公司	Inner Mongolia No.1 Machinery Co.,LTD	377562
5	内蒙古伊利实业集团股份有限公司	Inner Mongolia YiLi Industrial Group Co.,LTD	337888
6	包头铝业(集团)有限责任公司	Baotou Aluminium Industry Group Co.,LTD	261234
7	中国石油天然气呼和浩特分公司	China National Petroleum Corporation Hohhot Branch	260352
8	TCL移动通信(呼和浩特)有限公司	TCL Co. Mobile Comunication Co.,LTD Hohhot Branch	248928
9	内蒙古伊泰煤炭股份有限公司	Inner Mongolia Yi Tai Coal Industry Co.,LTD	202170
10	内蒙古草原兴发股份有限公司	Inner Mongolia Prairie Xingfa Co.,LTD	182514
11	内蒙古乾坤金银精炼股份有限公司	Inner Mongolia Qiankun Gold & Silver Smelting Co.,LTD	158090
12	伊敏华能东电煤电有限责任公司	Yiminhe Huaneng Dongdian Coal & Electricity Co.,LTD	152184
13	神东集团神府东胜煤炭有限责任公司	Shendong Shenfu Dongsheng Coal Industry Co.,LTD	144031
14	内蒙古TCL王牌电器有限公司	Inner Mongolia TCL King Electric Appliance(Holdings)	124541
15	内蒙古北方重工业集团公司	Inner Mongolia North Heavy Industry Group Co.,LTD	114227
16	中国石油华北油田二连公司	Erlian Branch of North China Petroleum	113272
17	神华集团准格尔能源有限责任公司	Shen Hua Group Zhungeer Coal Industry Co.,LTD	111185
18	东达蒙古王羊绒集团公司	Dongda Mongolia King Cashmere (Group) Co.,LTD	110026
19	内蒙古鹿王羊绒集团公司	Inner Mongolia King deer Cashmere Group	107017
20	鄂尔多斯羊绒制品股份有限公司	Erdos Cashmere Product Co.,LTD	104006
21	通辽发电总厂	Tongliao Power General Plant	93911
22	包头鹿金羊绒制品有限公司	Baotou City lu Jin Cashmere Product Co.,LTD	93166
23	包头北方奔驰重型汽车有限责任公司	Baotou North Benz Heavy-duty Automobile Co.,LTD	90785
24	呼和浩特卷烟厂	Hohhot City Cigarette Factory	90136
25	金锣食品有限责任公司	Jin Luo Food Co.,LTD	81966
26	元宝山发电厂有限责任公司	Yuanbaoshan Power Co.,LTD	80543
27	霍煤集团通铝公司	Hullinhe Tongshun Aluminium Industry Co.	78737
28	元宝山发电厂	Yuanbaoshan Power Plant	77467
29	内蒙古霍林河煤业集团有限责任公司	Inner Mongolia Haolinhe Coal Industry Co.,LTD	76561
30	内蒙古金河集团华蒙实业有限公司	Inner Mongolia Jinhe Group Huameng Industry Co.,LTD	71874
31	通辽岳泰股份有限公司	Tongliao Yue Tai Co.,LTD	70800
32	包钢（集团）公司友谊轧钢厂	Baotou Iron & Steel You Yi Steel Rolling Mill	70226
33	内蒙古平庄煤业集团有限责任公司	Pingzhuang Coal Industry Group Co.,LTD	69782

24-2 续表 1 continued

位次 Order	企业名称	Name of Enterprise	工业总产值 (万元) Gross Industrial Output Value (10 000 yuan)
34	神华集团乌达矿业有限责任公司	Shenhua Group Wuda Mining Industry Co.,LTD	67753
35	神华集团海勃湾矿业有限责任公司	Shenhua Group Haibowan Mining Industry Co.,LTD	62370
36	内蒙天野化工（集团）有限责任公司	Inner Mongolia Tianye Chemical Industry (Group) Co.,LTD	60537
37	乌兰浩特钢铁有限责任公司	Wu Lanhaote Iron & Steel Co.,LTD	59737
38	内蒙古鄂尔多斯羊绒制品原料分公司	Eerduos Cashmere Product Co.,LTD Row Material Branch	56895
39	内蒙古蒙牛乳业包头分公司	Inner Mongolia Mengniu Milk Co.,LTD Baotou Branch	52200
40	包头华资实业股份有限公司	Baotou Hua Zi Industry Co.,LTD	51292
41	包头伊利乳业有限责任公司	Baotou YiLi Milk Industry Co.,LTD	49764
42	中国核工业总公司二0二厂	China National Nuclear Corporation 202 Factory	47888
43	包头明天科技股份有限公司	Baotou City Tomorrow Technology Co.,LTD	45701
44	内蒙古河套酒业集团股份有限公司	Inner Mongolia He Tao Liquor Industrial Group Co.,LTD	45020
45	内蒙古蒙西高新材料股份有限公司	Inner Mongolia Meng Xi Hi tech Material Co.,LTD	44040
46	内蒙古三联化工股份有限公司	Inner Mongolia San Lian Chemical Industry Co.,LTD	40464
47	内蒙古塞飞亚集团有限责任公司	Inner Mongolia Saifeiya Group Co.,LTD	40331
48	赤峰制药集团有限责任公司	Chifeng City Pharmaceutical Group Co.,LTD	39747
49	通辽世猛玻璃有限责任公司	Tongliao City Shi Meng Glass Co.,LTD	35930
50	内蒙古北方重型汽车股份有限公司	Inner Mongolia North Heavy duty Automobile Co.,LTD	35063
51	内蒙古兰太实业股份有限公司	Inner Mongolia LanTai Industrial Co.,LTD	34531
52	大雁煤业有限责任公司	Inner Mongolia DaYan Coal Industry Co.,LTD	33603
53	内蒙古自治区包头矿务局	Inner Mongolia Baotou Mining Ministry	33603
54	三维铁合金有限责任公司	San Wei Alloy Iron Co.,LTD	33148
55	扎莱诺尔煤业有限责任公司	Inner Mongolia Zhalainuoer Coal Industry Co.,LTD	33135
56	内蒙古包钢稀土高科技股份有限公司	Inner Mongolia Baotou Steel Rare earth Hi-tech Co.,LTD	32350
57	锡林郭勒苏尼特碱业有限公司	Xilinguole League Sunite Alkali Industry Co.,LTD	32163
58	内蒙古临河市大兴羊绒制品有限公司	Inner Mongolia Linhe Daxing Cashmere Product Co.,LTD	28950
59	赤峰金峰铜业有限公司	Chifeng City Ji Feng Copper Industry Co.,LTD	27769
60	内蒙古西水创业股份有限公司	Inner Mongolia Xishaui Sirong Year Cement Co.,LTD	27620
61	内蒙古蒙牛乳业科尔沁有限责任公司	Inner Mongolia Mengniu Milk Co.,LTD Keerqin Branch	26677
62	包钢新型耐火材料股份有限公司	Inner Mongolia Baotou Steel Fireproof material Co.,LTD	26565
63	蒙牛乳业乌市公司	Inner Mongolia Mengniu Milk Co.,LTD Wulanhaote Branch	25829
64	内蒙古五三0三工厂	Armed Police of China Factory 5303 Factory	25590
65	科尔沁乳业有限公司	Keerqin Milk Industry Corporation	25408

24-2 续表 2 continued

位次 Order	企业名称	Name of Enterprise	工业总产值 (万元) Gross Output Value (10 000 yuan)
66	内蒙古太西煤集团股份有限公司	Inner Mongolia Taixi Coal Group Co.,LTD	25195
67	通辽通华蓖麻化工有限责任公司	Tongliao City Tong Hua Flax Chemical Industry Co.,LTD	25008
68	内蒙古乌拉山化肥有限责任公司	Inner Mongolia Wulashan Chemical Fertilizer Co.,LTD	24925
69	内蒙古乌兰水泥有限责任公司	Inner Mongolia Wulashan Chemical Fertilizer Co.,LTD	24897
70	内蒙古临河市双河羊绒制品有限公司	Inner Mongolia Linhe Shuanghe Cashmere Product Co.,LTD	24287
71	鄂托克旗星光煤炭集团有限责任公司	Etuoke Banner Xin Guang Coal (Group) Co.,LTD	24000
72	鄂尔多斯乌煤集团有限责任公司	Eerduosi City Banner Wu Lan Coal(Group)Co.,LTD	23969
73	乌兰浩特卷烟厂	Wulanhaote Cigarette Factory	23803
74	海勃湾电力股份有限公司	Haibowan Power Co.,LTD	23760
75	赤峰富龙热力股份在限公司	Chifeng Fulong Public Group Co.,LTD	23711
76	赤峰市白音诺尔铅锌矿	Chifeng City Baiyinnuoer Lead and Zinc Mineral	23323
77	内蒙古塞外星纸浆股份有限公司	Inner Mongolia Sai Wai Xin Paper Pulp Co.,LTD	22919
78	内蒙古白雁湖化工股份有限公司	Inner Mongolia Baiyan Lake Chemical Industry Co.,LTD	22666
79	内蒙古众兴煤炭集团有限责任公司	Inner Mongolia Zhong Xing Coal (Group) Co.,LTD	21887
80	内蒙古东昊羊绒制品有限公司	Inner Mongolia Dong Hao Cashmere Product Co.,LTD	21318
81	呼和浩特市煤气化总公司	Hohhot Gas and Chemistry General Corporation	20455
82	内蒙森工集团富伦纸业有限责任公司	Inner Mongolia Fulun Paper Co.,LTD	19787
83	内蒙古黄河工贸黄海煤焦有限责任公司	Inner Mongolia Huanghai Coking Coal Co.,LTD	19660
84	包头洽洽食品有限公司	Baotou Qia Qia Food Co.,LTD	19450
85	达茂旗稀土有限责任公司	Damao Banner Rare earth Co.,LTD	19344
86	内蒙古凉城鸿茅集团有限责任公司	Inner Mongolia Liangcheng Hongmao (Group) Co.,LTD	19190
87	呼和浩特科林热电有限责任公司	Hohhot Ke Lin Heat and Power Co.,LTD	19030
88	内蒙古蒙药股份有限公司	Inner Mongolia Mongolia Medicine Co.,LTD	18940
89	神华集团万利煤炭有限责任公司	Shenhua Group Wan Li Coal Co.,LTD	18886
90	东胜东友羊绒衫有限责任公司	Dongsheng City Dong You Cashmere Shirt Co.,LTD	18817
91	内蒙远兴天然碱股份有限公司吉碱分公司	Inner Mongolia Yuanxing Co.,LTD Jilantai Branch	18770
92	霍林郭勒源源能源有限责任公司	Huolinguole City Yuan Yuan Energy Co.,LTD	18586
93	赤峰红烨锌冶炼有限责任公司	Chifeng City Hong Ye Zinc Smelt Metal Co.,LTD	18491
94	内蒙古黄河化工有限责任公司	Inner Mongolia Yellow River Chemical Industry Co.,LTD	18371
95	临河维信深喜绒毛纺织有限公司	Linhe Viction Shenxi Cashmere & Wool Textile Co.,LTD	18025
96	内蒙古亿利科技股份富达分公司	Inner Mongolia Yili Industrial Co.,LTD Fuda Branch	17857
97	海勃湾海晶玻璃集团股份有限公司	Inner Mongolia Haibowan Hai Jing Glass Group Co.,LTD	17534
98	赤峰市电业局	Chifeng Electric Power Bureau	17431
99	内蒙古康源药业有限公司	Inner Mongolia Kang Yuan Medicine Industry Co.,LTD	17358
100	赤峰金剑铜业有限责任公司	Chifeng City Ji Feng Copper Industry Co.,LTD	17276

24-3 全区工业产品销售收入最大的100家大中型工业企业(2003年)

Autonomous Regional Top 100 Large-scale and Medium-scale Industrial Enterprises of Sales Revenue(2003)

位次 Order	企业名称	Name of Enterprise	产品销售收入(万元) Sales Revenue (10 000 yuan)
1	内蒙古包钢钢联股份有限公司	Inner Mongolia Baotou Steel Union Co.,LTD	1046451
2	包钢(集团)有限责任公司	Baotou Iron & Steel (Group) Co.,LTD	905000
3	内蒙古蒙牛乳业集团股份有限公司	Inner Mongolia Mengniu Milk Industry Group Co.,LTD	389344
4	内蒙古第一机械制造(集团)有限公司	Inner Mongolia No.1 Machinery Co.,LTD	359833
5	内蒙古伊利实业集团股份有限公司	Inner Mongolia YiLi Industrial Group Co.,LTD	337888
6	中国石油天然气股份呼和浩特分公司	China National Petroleum Corporation Hohhot Branch	268426
7	包头铝业(集团)有限责任公司	Baotou Aluminium Industry Group Co.,LTD	246318
8	神华集团准格尔能源有限责任公司	Shenhua Group Zhungeer Energy Co.,LTD	240390
9	TCL移动通信(呼和浩特)有限公司	TCL Co. Mobile Comunication Co.,LTD Hohhot Branch	238433
10	内蒙古草原兴发股份有限公司	Inner Mongolia Prairie Xingfa Corp.,LTD	179172
11	内蒙古伊泰煤炭股份有限公司	Inner Mongolia Yi Tai Coal Industry Co.,LTD	167842
12	鄂尔多斯羊绒制品股份有限公司	Erdos Cashmere Product Co.,LTD	154516
13	神东集团神府东胜煤炭有限责任公司	Shendong Shenfu Dongsheng Coal Industry Co.,LTD	144219
14	伊敏华能东电煤电有限责任公司	Yiminhe Hua Neng Dong Dian Coal & Electricity Co.,LTD	143246
15	内蒙古TCL王牌电器有限公司	Inner Mongolia TCL King Electric ApplianceCo.,LTD	124541
16	内蒙古霍林河煤业集团有限责任公司	Inner Mongolia Huolinhe Coal Industry Co.,LTD	116800
17	中国石油华北油田二连公司	Erlian Oil Branch of North China Petroleum	116151
18	鄂尔多斯羊绒制品股份公司原料分公司	Eerduos Cashmere Product Co.,LTD Row Material Branch	113779
19	内蒙古北方重工业集团公司	Inner Mongolia North Heavy Industry Group Co.,LTD	112221
20	东达蒙古王羊绒集团公司	Dongda Mongolia King Cashmere (Group) Co.,LTD	106800
21	内蒙古乾坤金银精炼股份有限公司	Inner Mongolia Qiankun Gold & Silver Smelting Co.,LTD	99928
22	通辽发电总厂	Tongliao Power General Plant	93911
23	内蒙古鹿王羊绒集团公司	Inner Mongolia King deer Cashmere Group	90806
24	呼和浩特卷烟厂	Hohhot Cigarette Factory	90692
25	包头鹿金羊绒制品有限公司	Baotou City lu Jin Cashmere Product Co.,LTD	89601
26	元宝山发电厂有限责任公司	Yuanbaoshan Power Plant Co.,LTD	82624
27	金锣食品有限责任公司	Jin Luo Food Co.,LTD	81018
28	元宝山发电厂	Yuanbaoshan Power Plant	77466
29	包头北方奔驰重型汽车有限责任公司	Baotou City Nor. Benz Heavy-duty Automobile Co.,LTD	74478
30	包钢（集团）公司友谊轧钢厂	Baotou Iron & Steel Group Youyi Steel Rolling Mill	66482
31	内蒙古平庄煤业集团有限责任公司	Pingzhuang Coal Industry Group Co.,LTD	66297
32	乌兰浩特钢铁有限责任公司	Wulanhaote Iron & Steel Co.,LTD	64447
33	神华集团乌达矿业有限责任公司	Shenhua Group Wuda Mining Industry Co.,LTD	63477

24-3 续表 1 continued

位次 Order	企业名称	Name of Enterprise	产品销售收入 (万元) Sales Revenue (10 000 yuan)
34	通辽岳泰股份有限公司	Tongliao Yue Tai Co.,LTD	62919
35	内蒙古金河集团华蒙实业有限公司	Inner Mongolia Jinhe Group Huameng Industry Co.,LTD	61431
36	霍煤集团通铝公司	Hullinhe Tongshun Aluminium Industry Co.	61267
37	内蒙古天野化工（集团）有限责任公司	Inner Mongolia Tianye Chemical Industry (Group) Co.,LTD	60654
38	神华集团海勃湾矿业有限责任公司	Shenhua Group Haibowan Mining Industry Co.,LTD	54721
39	内蒙古蒙牛乳业股份包头分公司	Inner Mongolia Mengniu Milk Co.,LTD Baotou Branch	53911
40	包头伊利乳业有限责任公司	Baotou YiLi Milk Industry Co.,LTD	44851
41	中国核工业总公司二０二厂	China National Nuclear Corporation 202 Factory	44030
42	内蒙古塞飞亚集团有限责任公司	Inner Mongolia Saifeiya Group Co.,LTD	42752
43	内蒙古三联化工股份有限公司	Inner Mongolia San Lian Chemical Industry Co.,LTD	42686
44	赤峰制药集团有限责任公司	Chifeng City Pharmaceutical Group Co.,LTD	41126
45	包头华资实业股份有限公司	Baotou Hua Zi Industry Co.,LTD	40840
46	内蒙古河套酒业集团股份有限公司	Inner Mongolia He Tao Liquor Industrial Group Co.,LTD	39149
47	包头明天科技股份有限公司	Baotou Tomorrow Technology Co.,LTD	38882
48	包钢稀土高科技股份有限公司	Inner Mongolia Baotou Steel Rare earth Hi tech Co.,LTD	36590
49	内蒙古蒙西高新材料股份有限公司	Inner Mongolia Meng Xi Hi tech Material Co.,LTD	36533
50	三维铁合金有限责任公司	San Wei Alloy Iron Co.,LTD	35195
51	内蒙古自治区包头矿务局	Inner Mongolia Baotou Mining Ministry	34400
52	扎莱诺尔煤业有限责任公司	Inner Mongolia Zhalainuoer Coal Industry Co.,LTD	33171
53	大雁煤业有限责任公司	Inner Mongolia DaYan Coal Industry Co.,LTD	31001
54	通辽世猛玻璃有限责任公司	Tongliao City Shi Meng Glass Co.,LTD	30369
55	锡林郭勒苏尼特碱业有限公司	Xilinguole League Sunite Alkali Industry Co.,LTD	30067
56	鄂尔多斯市乌煤集团有限责任公司	Eerduosi City Banner Wu Lan Coal(Group)Co.,LTD	29544
57	内蒙古北方重型汽车股份有限公司	North Heavy duty Automobile Co.,LTD	29398
58	内蒙古兰太实业股份有限公司	Inner Mongolia LanTai Industrial Co.,LTD	29150
59	呼和浩特科林热电有限责任公司	Hohhot Ke Lin Heat and Power Co.,LTD	28168
60	赤峰金峰铜业有限公司	Chifeng City Ji Feng Copper Industry Co.,LTD	27780
61	赤峰金剑铜业有限责任公司	Chifeng City Ji Feng Copper Industry Co.,LTD	27099
62	包钢新型耐火材料股份有限公司	Inner Mongolia Baotou Steel Fireproof material Co.,LTD	25849
63	内蒙临河市大兴羊绒制品有限公司	Inner Mongolia Linhe Daxing Cashmere Product Co.,LTD	25466
64	内蒙古西水创业股份有限公司	Inner Mongolia Xishaui Sirong Year Cement Co.,LTD	24204
65	海勃湾电力股份有限公司	Haibowan Power Co.,LTD	24029

24-3 续表 2 continued

位次 Order	企业名称	Name of Enterprise	产品销售收入 (万元) Sales Revenue (10 000 yuan)
66	乌兰浩特卷烟厂	Wulanhaote Cigarette Factory	23833
67	赤峰富龙热力股份在限公司	Chifeng Fulong Public Group Co.,LTD	23564
68	阿拉善电力有限责任公司	Alashan League Power Co.,LTD	23425
69	内蒙古临河市双河羊绒制品有限公司	Inner Mongolia Linhe Shuanghe Cashmere Product Co.,LTD	23215
70	蒙牛乳业乌市公司	Inner Mongolia Mengniu Milk Co.,LTD Wulanhaote Branch	22875
71	内蒙古太西煤集团股份有限公司	Inner Mongolia Taixi Coal Group Co.,LTD	22820
72	鄂托克旗星光煤炭集团有限责任公司	Etuoke Banner Xin Guang Coal (Group) Co.,LTD	22768
73	内蒙古乌拉山化肥有限责任公司	Inner Mongolia Wulashan Chemical Fertilizer Co.,LTD	22621
74	内蒙古森工集团富伦纸业有限责任公司	Inner Mongolia Fulun Paper Co.,LTD	22296
75	呼和浩特市煤气化总公司	Hohhot Gas and Chemistry General Corporation	21710
76	赤峰红烨锌冶炼有限责任公司	Chifeng Hong Ye Zinc Smelt Metal Co.,LTD	21535
77	内蒙古白雁湖化工股份有限公司	Inner Mongolia Baiyan Lake Chemical Industry Co.,LTD	21226
78	内蒙古乌兰水泥有限责任公司	Inner Mongolia Wulashan Chemical Fertilizer Co.,LTD	20888
79	霍林郭勒市源源能源有限责任公司	Huolinguole City Yuan Yuan Energy Co.,LTD	20471
80	内蒙古蒙牛乳业科尔沁有限责任公司	Inner Mongolia Mengniu Milk Co.,LTD Keerqin Branch	20149
81	赤峰市白音诺尔铅锌矿	Chifeng City Baiyinnuoer Lead and Zinc Mineral	20003
82	燕京啤酒有限责任公司赤峰分公司	Yan Jing Beer Chifeng Co.,LTD	19770
83	神华集团万利煤炭有限责任公司	Shenhua Group Wan Li Coal Co.,LTD	19737
84	兴安电业局	Xingan League Electric Power Bureau	19704
85	内蒙古东昊羊绒制品有限公司	Inner Mongolia Dong Hao Cashmere Product Co.,LTD	19530
86	内蒙古黄河工贸黄海煤焦有限责任公司	Inner Mongolia Huanghai Coking Coal Co.,LTD	19314
87	东胜东友羊绒衫有限责任公司	Dongsheng City Dong You Cashmere Shirt Co.,LTD	18817
88	包头洽洽食品有限公司	Baotou Qia Qia Food Co.,LTD	18637
89	内蒙古塞外星纸浆股份有限公司	Inner Mongolia Sai Wai Xing Paper Pulp Co.,LTD	18604
90	内蒙古凉城鸿茅集团有限责任公司	Inner Mongolia Liangcheng Banner Hongmao Co.,LTD	18431
91	内蒙古远兴天然碱吉碱分公司	Inner Mongolia Yuan Xing Co.,LTD Jilantai Branch	18160
92	赤峰市电业局	Chifeng Electric Power Bureau	18135
93	通辽电业局	Tongliao Electric Power Bureau	18107
94	内蒙古黄河化工有限责任公司	Inner Mongolia Yellow River Chemical Industry Group Co.	18068
95	赤峰热电厂	Chifeng Heat and Power Plant	17873
96	达茂旗稀土有限责任公司	Damao Banner Rare earth Co.,LTD	17566
97	内蒙古生物药品厂	Inner Mongolia Pharmaceutical Factory	17394
98	内蒙古亿利科技实业富达分公司	Inner Mongolia Yili Industrial Co.,LTD Fuda Branch	17168
99	内蒙古赛立特尔纺织有限公司	Inner Mongolia Sai Li Te Textile Co.,LTD	16534
100	鄂托克旗绒毛厂	Etuoke Banner Cashmere Plant	16417

24-4 全区实现利税总额最大的100家大中型工业企业(2003年)

Autonomous Regional Top 100 Large-scale and Medium-scale Industrial Enterprises of Profit and Taxes(2003)

位次 Order	企业名称	Name of Enterprise	利税总额 (万元) Profit & Taxes (10 000 yuan)
1	内蒙古包钢钢联股份有限公司	Inner Mongolia Baotou Steel Union Co.,LTD	129572
2	包钢(集团)有限责任公司	Baotou Iron & Steel (Group) Co.,LTD	95257
3	TCL移动通信(呼和浩特)有限公司	TCL Co. Mobile Comunication Co.,LTD Hohhot Branch	91203
4	呼和浩特卷烟厂	Hohhot Cigarette Factory	57011
5	内蒙古伊利实业集团股份有限公司	Inner Mongolia YiLi Industrial Group Co.,LTD	55688
6	内蒙古蒙牛乳业集团股份有限公司	Inner Mongolia Mengniu Milk Industry Group Co.,LTD	37096
7	神华集团准格尔能源有限责任公司	Shen Hua Group Zhungeer Coal Industry Co.,LTD	25683
8	中国石油天然气呼和浩特分公司	China National Petroleum Corporation Hohhot Branch	23923
9	鄂尔多斯羊绒制品股份有限公司	Eerduosi Cashmere Product Co.,LTD	23917
10	神东集团神府东胜煤炭有限责任公司	Shendong Shenfu Dongsheng Coal Industry Co.,LTD	22096
11	内蒙古伊泰煤炭股份有限公司	Inner Mongolia Yi Tai Coal Industry Co.,LTD	21303
12	内蒙古霍林河煤业集团有限责任公司	Inner Mongolia Huolinhe Coal Industry Group Co.,LTD	20949
13	内蒙古TCL王牌电器有限公司	Inner Mongolia TCL King Electric Appliance Co., LTD	18723
14	内蒙古河套酒业集团股份有限公司	Inner Mongolia Hetao Wine Industry (Group) Co.,LTD	16147
15	中国石油华北油田二连公司	Erlian Branch of North China Petroleum	15576
16	乌兰浩特卷烟厂	Wulanhaote Cigarette Factory	12719
17	东达蒙古王羊绒集团公司	Dongda Mongolia King Cashmere (Group) Co.,LTD	12321
18	赤峰市电业局	Chifeng Electric Power Bureau	11866
19	元宝山发电厂	Yuanbaoshan Power Plant	11644
20	内蒙古蒙牛乳业公司包头分公司	Inner Mongolia Mengniu Milk Co.,LTD Baotou Branch	11474
21	神华集团乌达矿业有限责任公司	Shenhua Group Wuda Mining Industry Co.,LTD	10984
22	元宝山发电厂有限责任公司	Yuanbaoshan Power Plant Co.,LTD	10886
23	包头华资实业股份有限公司	Baotou Hua Zi Industry Co.,LTD	10262
24	包头铝业(集团)有限责任公司	Baotou Aluminium Industry Group Co.,LTD	10201
25	包头明天科技股份有限公司	Baotou City Tomorrow Technology Co.,LTD	10053
26	内蒙古平庄煤业集团有限责任公司	Pingzhuang Coal Industry Group Co.,LTD	9315
27	内蒙古蒙西高新材料股份有限公司	Inner Mongolia Meng Xi Hi tech Material Co.,LTD	9186
28	内蒙古西水创业股份有限公司	Inner Mongolia Xi Shui Strong Year Co.,LTD	8822
29	海勃湾电力股份有限公司	Inner Mongolia Haibowan Electricity Co.,LTD	8504
30	内蒙古兰太实业股份有限公司	Inner Mongolia LanTai Industrial Co.,LTD	8440
31	内蒙古第一机械制造(集团)有限公司	Inner Mongolia No.1 Machinery (Group) Co.,LTD	8209
32	内蒙古草原兴发股份有限公司	Inner Mongolia Prairie Xingfa Co.,LTD	7281
33	内蒙古生物药品厂	Inner Mongolia Pharmaceutical Factory	7174

24-4 续表 1 continued

位次 Order	企业名称	Name of Enterprise	利税总额 (万元) Profit & Taxes (10 000 yuan)
34	通辽发电总厂	Tongliao Power General Plant	6422
35	包头伊利乳业有限责任公司	Baotou YiLi Milk Industry Co.,LTD	6352
36	内蒙古凉城鸿茅集团有限责任公司	Inner Mongolia Liangcheng Banner Hongmao Co.,LTD	5914
37	内蒙古包钢稀土高科技股份有限公司	Inner Mongolia Baotou Steel Rare earth Hi tech Co.,LTD	5777
38	通辽电业局	Tongliao Electric Power Bureau	5434
39	内蒙古黄河工贸黄海煤焦有限责任公司	Inner Mongolia Huanghai Coking Coal Co.,LTD	5278
40	内蒙古铁骑纺织有限责任公司	Inner Mongolia Tie Qi Textile Co.,LTD	5242
41	乌兰浩特钢铁有限责任公司	Wulanhaote Iron & Steel Co.,LTD	5170
42	内蒙古北方重工业集团公司	Inner Mongolia North Heavy Industry Group Co.,LTD	5158
43	神华集团海勃湾矿业有限责任公司	Shenhua Group Haibowan Mining Industry Co.,LTD	5053
44	通辽世猛玻璃有限责任公司	Tongliao City Shi Meng Glass Co.,LTD	4760
45	海拉尔啤酒集团有限责任公司	Hailaer City Beer Group Co.,LTD	4714
46	燕京啤酒有限责任公司赤峰分公司	Yan Jing Beer Chifeng Co.,LTD	4659
47	内蒙古黄河化工有限责任公司	Inner Mongolia Yellow River Chemical Industry Group Co.	4556
48	内蒙古三联化工股份有限公司	Inner Mongolia San Lian Chemical Industry Co.,LTD	4529
49	内蒙古伊东煤炭股份有限纳林庙煤矿	Inner Mongolia Yi Dong Coal Co.,LTD Nalinmiao Mine	4319
50	内蒙古黄河工贸华西焦化有限公司	Inner Mongolia Yellow River Group Huaxin Coking Coal Co.,LTD	4252
51	燕京啤酒(包头雪鹿)股份有限公司	Yan Jing Beer (Baotou Xue Lu)) Co.,LTD	4226
52	霍煤集团通铝公司	Hullinhe Tongshun Aluminium Industry Co.	4196
53	扎莱诺尔煤业有限责任公司	Inner Mongolia Zhalainuoer Coal Industry Co.,LTD	4131
54	赤峰制药集团有限责任公司	Chifeng City Pharmaceutical Group Co.,LTD	4130
55	赤峰富龙热力股份在限公司	Chifeng Fulong Public Group Co.,LTD	3930
56	赤峰市白音诺尔铅锌矿	Chifeng City Baiyinnuoer Lead and Zinc Mineral	3788
57	大雁煤业有限责任公司	Inner Mongolia DaYan Coal Industry Co.,LTD	3484
58	内蒙金川保健啤酒高科技股份有限公司	Inner Mongolia Jinchuan Health Beer Hi-tech Co.,LTD	3465
59	内蒙古北方重型汽车股份有限公司	North Heavy duty Automobile Co.,LTD	3455
60	锡林郭勒苏尼特碱业有限公司	Xilinguole League Sunite Alkali Industry Co.,LTD	3437
61	莫尔道嘎林业局	Moerdaoga Forest Industry Bureau	3402
62	内蒙古众兴煤炭集团有限责任公司	Inner Mongolia Zhong Xing Coal Group Co.,LTD	3393
63	内蒙古鹿王羊绒集团公司	Inner Mongolia King deer Cashmere Group	3381
64	内蒙古海吉氯碱化工股份有限公司	Inner Mongolia Hai Ji Chlorofor Salt Chemical Co.,LTD	3346
65	内蒙古自治区包头矿务局	Inner Mongolia Baotou Mining Ministry	3242

24-4 续表 2 continued

位次 Order	企业名称	Name of Enterprise	利税总额 (万元) Profit and Taxes (10 000yuan)
66	三维铁合金有限责任公司	San Wei Alloy Iron Co.,LTD	3101
67	内蒙古乌兰水泥有限责任公司	Inner Mongolia Wulashan Chemical Fertilizer Co.,LTD	3095
68	达茂旗石宝铁矿有限责任公司	Inner Mongolia Damao Banner Shibao Iron Mine Co.,LTD	3094
69	鄂尔多斯市乌煤集团有限责任公司	Eerduosi City Wu Lan Coal(Group)Co.,LTD	3044
70	赤峰金剑铜业有限责任公司	Chifeng City Ji Feng Copper Industry Co.,LTD	3022
71	内蒙古福瑞中蒙药科技股份有限公司	Free Chinese Mongolia Medicine Technology Co.,LTD	3003
72	内蒙古金河集团华蒙实业有限公司	Inner Mongolia Jinhe Group Hua Meng Industry Co.,LTD	2940
73	内蒙古白雁湖化工股份有限公司	Inner Mongolia Baiyan Lake Chemical Industry Co.,LTD	2899
74	阿左旗瑞钢联实业发展有限责任公司	Alashan Left Banner Rui Steel Union Development Co.,LTD	2820
75	内蒙古乌拉山化肥有限责任公司	Inner Mongolia Wulashan Chemical Fertilizer Co.,LTD	2765
76	宝日希勒煤业有限责任公司	Baorixile Coal Industry Co.,LTD	2705
77	准格尔旗伊东煤炭有限责任公司	Zhungeer Banner Yi Dong Coal Co.,LTD	2703
78	内蒙古骆驼酒业有限责任公司	Inner Mongolia Camel Wine Industry Co.,LTD	2563
79	金锣食品有限责任公司	Jin Luo Food Co.,LTD	2546
80	内蒙古巴特罕酒业股份有限公司	Inner Mongolia Batehan Wine Industry Co.,LTD	2545
81	内蒙古太西煤集团股份有限公司	Inner Mongolia Taixi Coal Group Co.,LTD	2534
82	呼和浩特市煤气化总公司	Hohhot Gas and Chemistry General Corporation	2486
83	内蒙古远兴天然碱股份碱湖试验站	Inner Mongolia Yuanxing Co.,LTD Test Station of Alkaline Lake	2389
84	内蒙古鄂尔多斯酒业有限责任公司	Inner Mongolia Erdos Wine Industry Co.,LTD	2372
85	海勃湾海晶玻璃集团股份有限公司	Inner Mongolia Haibowan Hai Jing Glass Co.,LTD	2330
86	内蒙古东昊羊绒制品有限公司	Inner Mongolia Dong Hao Cashmere Product Co.,LTD	2328
87	赤峰红烨锌冶炼有限责任公司	Inner Mongolia Wuerqihan Forest Industry Co.,LTD	2327
88	海拉尔蒙西水泥有限公司	Hailaer City Meng Xi Cement Co.,LTD	2315
89	内蒙古远兴天然碱股份吉碱分公司	Inner Mongolia Yuanxing Co.,LTD Jilantai Branch	2311
90	牙克石五九煤炭实业有限责任公司	Inner Mongolia Yakeshi 59 Coal Industry Co.,LTD	2281
91	包钢（集团）公司友谊轧钢厂	Baotou Iron & Steel Group Youyi Steel Rolling Mill	2220
92	内蒙森工集团富伦纸业有限责任公司	Inner Mongolia Fulun Paper Co.,LTD	2144
93	赤峰金峰铜业有限公司	Chifeng City Ji Feng Copper Industry Co.,LTD	2132
94	包钢新型耐火材料股份有限公司	Inner Mongolia Baotou Steel Fireproof material Co.,LTD	2105
95	乌海市融鑫焦化有限责任公司	Wuhai City Rong Xin Coking Coal Co.,LTD	2099
96	乌海市千里山钢铁有限责任公司	Wuhai City Qian Li Shan Iron & Steel Co.,LTD	2041
97	神华集团万利煤炭有限责任公司	Shenhua Group Wan Li Coal Co.,LTD	2027
98	通辽岳泰股份有限公司	Tongliao Yue Tai Co.,LTD	1990
99	呼和浩特科林热电有限责任公司	Hohhot Ke Lin Heat and Power Co.,LTD	1934
100	包头鹿金羊绒制品有限公司	Baotou City lu Jin Cashmere Product Co.,LTD	1873

24-5 全区实现利润最大的100家大中型工业企业(2003年)

Autonomous Regional Top 100 Large-scale and Medium-scale Industrial Enterprises of Total Profit(2003)

位次 Order	企业名称	Name of Enterprise	利润总额 (万元) Total Profit (10 000yuan)
1	内蒙古包钢钢联股份有限公司	Inner Mongolia Baotou Steel Union Co.,LTD	92779
2	TCL移动通信(呼和浩特)有限公司	TCL mobile Telecommunication (huhhot) Co.,LTD	74290
3	内蒙古伊利实业集团股份有限公司	Inner Mongolia YiLi Industrial Group Co.,LTD	30000
4	内蒙古蒙牛乳业集团股份有限公司	Inner Mongolia MenNiu Milk Industrial Group Co.,LTD	26840
5	鄂尔多斯羊绒制品股份有限公司	Erdos Cashmere Product Co.,LTD	19857
6	内蒙古TCL王牌电器有限公司	Inner Mongolia TCL King Electric Appliance(Holdings)	15141
7	内蒙古霍林河煤业集团有限责任公司	Inner Mongolia Huolinhe Coal Industry Group Co.,LTD	11603
8	内蒙古蒙牛乳业股份包头分公司	Inner Mongolia MenNiu Milk Co.,LTD BaoTou Branch	10518
9	内蒙古河套酒业集团股份有限公司	Inner Mongolia He Tao Wine Group Co.,LTD	9415
10	内蒙古伊泰煤炭股份有限公司	Inner Mongolia Yi Tai Coal Industry Co.,LTD	9096
11	神华集团准格尔能源有限责任公司	Shen Hua Group Zhungeer Coal Industry Co.,LTD	8608
12	东达蒙古王羊绒集团公司	Dongda Mongolia King Cashmere Group	8272
13	呼和浩特卷烟厂	Hohhot Cigarettes Factory	8225
14	包头华资实业股份有限公司	Baotou Hua Zi Industry Co.,LTD	8007
15	包头明天科技股份有限公司	Baotou Tomorrow Technology Co.,LTD	8000
16	神东集团神府东胜煤炭有限责任公司	Shendong Group Shenfu Dongsheng Coal Industry Co.,LTD	6771
17	内蒙古草原兴发股份有限公司	Inner Mongolia Prairie Xingfa Co.,LTD	6341
18	包头铝业(集团)有限责任公司	Baotou Aluminium Industry Group Co.,LTD	6123
19	内蒙古生物药品厂	Inner Mongolia Living Thing Medicines Factory	6114
20	内蒙古西水创业股份有限公司	Inner Mongolia Xi Shui Strong Year Co.,LTD	5975
21	神华集团乌达矿业有限责任公司	Shen Hua Group WuDa Mining Industry Co., Ltd	5852
22	包头伊利乳业有限责任公司	Baotou Yi Li Milk Industry Co.,LTD	5190
23	内蒙古蒙西高新材料股份有限公司	Inner Mongolia Meng Xi Hi-tech Material Co.,LTD	5179
24	内蒙古铁骑纺织有限责任公司	Inner Mongolia TieQi Textile Co.,LTD	4946
25	海勃湾电力股份有限公司	Inner Mongolia Haibowan Electricity Co.,LTD	4933
26	内蒙包钢稀土高科技股份有限公司	Inner Mongolia Baotou Steel Rare earth Hi-tech Co.,LTD	4868
27	包钢(集团)有限责任公司	Baotou Iron & Steel (Group) Co.,LTD	3800
28	元宝山发电厂	Yuanbaoshan Power Plant	3757
29	内蒙古兰太实业股份有限公司	Inner Mongolia LanTai Industrial Co.,LTD	3380
30	通辽世猛玻璃有限责任公司	Tongliao City ShiMeng Glass Co., Ltd	3363
31	内蒙古凉城鸿茅集团有限责任公司	Inner Mongolia Liangchen Banner Hongmao Group Co.,LTD	3245
32	内蒙古黄河化工有限责任公司	Inner Mongolia Yellow River Chemical Industry Co.,LTD	3208
33	霍煤集团通铝公司	Huolinhe Coal Group Tong Shun Aluminium Industry Co.	3061

24-5 续表 1 continued

位次 Order	企业名称	Name of Enterprise	利润总额 (万元) Total Profit (10 000yuan)
34	内蒙古三联化工股份有限公司	Inner Mongolia San Lian Chemical Industry Co.,LTD	3043
35	内蒙古北方重型汽车股份有限公司	Inner Mongolia North Heavy Truck Group Co.,LTD	3004
36	通辽发电总厂	Tongliao Power General Plant	2939
37	通辽电业局	Tongliao Electric Power Bureau	2892
38	内蒙古北方重工业集团公司	Inner Mongolia North Heavy Industry Group Co.,LTD	2874
39	内蒙古伊东煤炭股份有限纳林庙煤矿	Inner Mongolia Yidong Co.,LTD NaLinMiao Coal Mineral	2855
40	乌海市黄河工贸华西焦化有限公司	Yellow River Group HuaXi Coke & Chemical Co., Ltd	2661
41	内蒙古黄河工贸黄海煤焦有限责任公司	Yellow River Group Huanghai Coke & Chemical Co., Ltd	2634
42	莫尔道嘎林业局	Inner Mongolia Moerdaoga Forest Industry Bureau	2631
43	内蒙古金河集团华蒙实业有限公司	Inner Mongolia JinHe Group HuaMeng Industrial Co., Ltd	2452
44	阿左旗瑞钢联实业发展有限责任公司	Azuo Banner Ruiganglian Industrial Development Co., Ltd	2331
45	内蒙古东昊羊绒制品有限公司	Inner Mongolia Dong Hao Cashmere Product Co.,LTD	2326
46	内蒙古海吉氯碱化工股份有限公司	Inner Mongolia Haiji Chlorine-Alkali Chemical Co.,Ltd	2308
47	赤峰市白音诺尔铅锌矿	Chifeng City Baiyinnuoer Lead and Zinc Mineral	2164
48	内蒙古众兴煤炭集团有限责任公司	Inner Mongolia Zhongxing Coal Industry Group Co.,LTD	2115
49	内蒙古福瑞中蒙药科技股份有限公司	Furui Chinese-Mongolia Medicines Technological Co.,LTD	2072
50	赤峰富龙热力股份在限公司	Chifeng Fulong Heat Power Co.,LTD	2070
51	金锣食品有限责任公司	Jinluo Foodstuff Co.,Ltd	2016
52	内蒙古乌拉山化肥有限责任公司	Inner Mongolia Wulashan Chemical Fertilizer Co.,LTD	2007
53	通辽岳泰股份有限公司	Tongliao City YueTai Co., Ltd	1990
54	赤峰金剑铜业有限责任公司	Chifeng City Jinjian Copper Co.,Ltd	1938
55	内蒙古鄂尔多斯酒业有限责任公司	Inner Mongolia Erdos Wine Co.,LTD	1906
56	三维铁合金有限责任公司	Inner Mongolia Sanwei Ferroalloy Co.,LTD	1884
57	赤峰市电业局	Chifeng Electric Power Bureau	1558
58	内蒙古蒙牛乳业科尔沁有限责任公司	Inner Mongolia MenNiu Milk Industrial Keerqin Co.,LTD	1513
59	东华羊绒精纺织有限责任公司	Inner Mongolia Dong Hua Cashmere Product Co.,LTD	1513
60	内蒙古白雁湖化工股份有限公司	Inner Mongolia Baiyan Lake Chemical Industry Co.,LTD	1495
61	达茂旗石宝铁矿有限责任公司	Damao Banner Shibao Iron Mine Co., Ltd	1463
62	内蒙金川保健啤酒高科技股份有限公司	Inner Mongolia Jinchuan Health Beer Hi-tech Co.,LTD	1412
63	内蒙古金陶股份有限责任公司	Inner Mongolia Jin Tao Co.,LTD	1350
64	海拉尔蒙西水泥有限公司	Hailaer City MengXi Cement Co.,Ltd	1322
65	内蒙古平庄煤业集团有限责任公司	Inner Mongolia Pingzhuang Coal Industry Group Co.,LTD	1321

24-5 续表 2 continued

位次 Order	企业名称	Name of Enterprise	利润总额(万元) Total Profit (10 000 yuan)
66	赤峰制药集团有限责任公司	Chifeng Pharmaceutical Group Co.,Ltd	1274
67	乌海市千里山钢铁有限责任公司	WuHai City Qianlishan Iron and Steel Co., Ltd	1218
68	乌海市融鑫焦化有限责任公司	WuHai City RongXin Coke and Chemical Co., Ltd	1218
69	赤峰金峰铜业有限公司	Chifeng City Jinfeng Copper Co.,Ltd	1215
70	宝日希勒煤业有限责任公司	Baorixile Coal Industry Group Co.	1206
71	海拉尔晨鸣纸业有限责任公司	Hailaer City ChengMing Paper Co.,Ltd	1204
72	内蒙古鹿王羊绒集团公司	Inner Mongolia Deer King Cashmere Group	1189
73	霍林郭勒市源源能源有限责任公司	Huolinguole City Yuanyuan Energy Co.,Ltd	1121
74	乌尔其汉林业局	Inner Mongolia Wuerqihan Forest Industry Bureau	1116
75	内蒙古塞飞亚集团有限责任公司	Inner Mongolia Saifeiya Group Co.,Ltd	1100
76	内蒙古乌兰水泥有限责任公司	Inner Mongolia Wulan Cement Co.,Ltd	1093
77	准格尔旗伊东煤炭有限责任公司	Zhungeer Banner Yidong Coal Co.,Ltd	1089
78	锡林郭勒苏尼特碱业有限公司	Xilinguole Sunite Alkali Industry Co.,Ltd	1068
79	燕京啤酒有限责任公司赤峰分公司	Yan Jing Beer Chifeng Branch	1066
80	内蒙古盘古羊绒制品有限公司	Inner Mongolia PanGu Cashmere Product Co.,Ltd	1057
81	燕京啤酒(包头雪鹿)股份有限公司	Yan Jing Beer (Baotou Xue Lu)) Co.,Ltd	1055
82	鄂托克旗棋盘井煤矿	Ertuoke Banner Qipanjing Coal Mineral	1054
83	鄂尔多斯市东利羊绒时装有限责任公司	Erdos City Dongli Cashmere Product Co.,Ltd	1046
84	牙克石五九煤炭实业有限责任公司	Inner Mongolia Yakeshi 59 Coal Industry Co.,Ltd	1015
85	内蒙古巴特罕酒业股份有限公司	Inner Mongolia Batehan Wine Co.,Ltd	1015
86	赤峰东黎绒毛制品有限公司	ChiFeng City Dong Li Cashmere Product Co.,Ltd	1012
87	海拉尔啤酒集团有限责任公司	Hailaer Beer Group Co.,Ltd	1008
88	内蒙古黄岗矿业有限责任公司	Inner Mongolia y Huanggang Mineral Co., Ltd	1001
89	根河林业局	Inner Mongolia Genhe Forest Industry Bureau	984
90	赤峰红烨锌冶炼有限责任公司	ChiFeng City Hongye Zn Smelt Co.,Ltd	960
91	内蒙古和发稀土科技开发股份有限公司	Inner Mongolia Hefa Rare Earth Tech--devel Co.,Ltd	951
92	赤峰市元宝山区建昌营煤矿	Chifeng City Yuanbaoshan Jianchangying Coal Mineral	918
93	内蒙古黄河铬盐股份有限公司	Inner Mongolia Yellow River Salt of Chromium Co.,Ltd	898
94	庆华集团额济纳矿业科技有限责任公司	Qinghua Group Ejina Mineral Industrial Technology Co.,Ltd	874
95	内蒙古乾坤金银精炼股份有限公司	Inner Mongolia Qiankun Gold & Silver Smelt Co.,Ltd	822
96	阿里河林业局	Inner Mongolia Alihe Forest Industry Bureau	820
97	包头市青建股份有限公司	BaoTou QingJian Co., Ltd	819
98	内蒙古太西煤集团股份有限公司	Inner Mongolia Taixi Coal Group Co.,Ltd	786
99	包头铝厂综合企业公司	BaoTou Aluminium Industry Group General Co.,Ltd	782
100	中国核工业总公司二0二厂	China National Nuclear Corporation 二0二 Factory	776

24-6 全区施工产值最大的50家建筑企业(2003年)

The Autonomous' Regional 50 Construction Enterprises by Gross Output Value of Construction(2003)

位次 Order	企业名称	Name of Enterprise	施工产值(万元) Gross Output Value (10 000 yuan)
1	中国第二冶金建设有限公司	The 2nd Metallurgical Construction Corporation,China	148796
2	内蒙古送变电有限责任公司	Inner Mongolia Transmission & Transformation Co., Ltd	82405
3	内蒙古森工集团森天建设有限公司	Inner Mongolia Forest Group Sentian Construction Co.,Ltd	62059
4	呼和浩特铁路建设(集团)有限责任公司	Hohhot Railway Construction (Group) Co., Ltd	54184
5	鄂尔多斯市东方路桥有限责任公司	Eerduosi City DongFang Road & Bridge Co.,Ltd	49555
6	内蒙古公路工程局	Inner Mongolia Highway Engineering Bureau	49368
7	内蒙古联手路桥有限责任公司	Inner Mongolia lian Shou Road & Bridge Co.,Ltd	48608
8	内蒙古黄河辽河工程局股份有限公司	Yellow River Engineering Bureau of Inner Mongolia Co.,Ltd	43344
9	内蒙古第二电力建设工程有限责任公司	Inner Mongolia No.2 Electric Power Construction Co.	40583
10	内蒙古第三电力建设工程有限责任公司	Inner Mongolia No.3 Electric Power Construction Co.	35439
11	通辽市交通工程局	Tongliao City Traffic Engineering Bureau	33038
12	内蒙古电力第一电力建设工程有限责任公司	Inner Mongolia No.1 Electric Power Construction Co.	24794
13	达拉特旗万通路桥有限责任公司	Dalate Banner WanTong Road & Bridge Co.,Ltd	23478
14	内蒙古中色建设工程总公司	Inner Mongolia Zhong Se Construction Co.	23103
15	内蒙古鑫隆有限公司	Inner Mongolia Xin Long Co.,Ltd	21845
16	包头市公路工程公司	Baotou City Highway Engineering Co.	21304
17	鄂尔多斯市荣联路桥有限责任公司	Eerduosi City RongLian Road & Bridge Co.,Ltd	21213
18	鄂尔多斯东联建筑集团有限公司	Eerduosi City DongLian Construction (Group) Co.,Ltd	21168
19	内蒙古第二建筑安装工程的限责任公司	Inner Mongolia No.2 Construction & Installation Co.,Ltd	20607
20	鄂尔多斯大华建筑集团有限责任公司	Eerduosi City Dahua Construction Group Co.	20468
21	鄂尔多斯市兴泰建筑有限责任公司	Eerduosi City XingTai Construction Co.,Ltd	20356
22	内蒙古自治区第三建筑工程公司	Inner Mongolia No.3 Construction Engineering Co.	20170
23	内蒙古自治区安装工程公司	Inner Mongolia Installation Engineering Co.	20093
24	呼伦贝尔道路桥梁建筑有限责任公司	Hulunbeier League Road & Bridge Construction Co.,Ltd	20016
25	鄂尔多斯市亨通路建有限责任公司	Eerduosi City HengTong Road Constrution Co.,Ltd	17895

24-6 续表 continued

位次 Order	企业名称	Name of Enterprise	施工产值(万元) Gross Output Value (10 000 yuan)
26	赤峰建设建筑工程有限责任公司	Chifeng City Jian She Construction Engineering Co.,Ltd	17605
27	内蒙古包头兴业集团股份有限公司	Inner Mongolia Baotou Xing Ye Group Co.,Ltd	16899
28	锡林郭勒盟公路路桥有限责任公司	Xilinguole League Road & Bridge Co.,Ltd	16502
29	呼市建筑工程公司	Huhhot City Construction Engineering Co.,Ltd	16368
30	鄂尔多斯市公路工程局	Eerduosi City Highway Higluay Engineering Bureau	15000
31	呼伦贝尔天成建筑安装有限责任公司	Hulunbeier City Tiancheng Construction & Installation Co.,Ltd	13609
32	内蒙古巨华集团大华建筑安装有限责任公司	Inner Mongolia Juhua Group Dahua Construction & Installation Co.,Ltd	12823
33	临河市华裕建筑有限责任公司	Linhe City Huayu Construction Engineering Co.,Ltd	12696
34	内蒙古新华建筑工程有限公司	Inner Mongolia Xin Hua Construction Engineering Co.,Ltd	12386
35	鄂尔多斯市通源水利市政有限责任公司	Eerduosi City Tong Yuan Water Conse & Municipal Engineering Co.,Ltd	12321
36	包头市市政公路工程股份有限公司	Baotou City Highway Engineering Co.,Ltd	12055
37	呼伦贝尔建筑安装工程集团有限责任公司	Hulunbeier City Construction & Installation Engineering (Group) Co.,Ltd	12022
38	内蒙古蒙建建筑公司	Inner Mongolia Mong Jian Construction Co.	12005
39	内蒙古煤炭建设工程（集团）总公司	Inner Mongolia Coal Construction Engineering (Group) Co.	11870
40	包头市第一建筑工程股份有限公司	Baotou City No.1 Construction Engineering Co.,Ltd	11859
41	乌海市公路工程局	Inner Mongolia Wuhai City Highway Engineering Bureau	11346
42	巴盟经纬建筑工程有限责任公司	Bayannaoer League Jingwei Construction Engineering Co.,Ltd	11081
43	翁牛特旗路源建筑工程有限公司	Wengniute Banner Luyuan Construction Engineering Co.,Ltd	10841
44	内蒙古神华建筑安装有限责任公司	Inner Mongolia Shen Hua Construction & Installation Co.,Ltd	10721
45	巴盟富源建筑工程有限责任公司	Bayannaoer League Fuyuan Construction Engineering Co.,Ltd	10212
46	赤峰市巴林左旗建筑工程总公司	Chifeng City Balinzuo Banner Construction Engineering Co.,Ltd	10060
47	内蒙尚华建筑安装集团股份有限公司	Inner Mongolia Shanghua Construction & Installation Group Co.,Ltd	9800
48	呼和浩特市公路工程局有限责任公司	Huhhot City Highway Engineering Bureau Co., Ltd	9153
49	内蒙古通信工程有限公司	Inner Mongolia Telecommunication Engineering Co.,Ltd	9068
50	内蒙古大准铁路工程有限责任公司	Inner Mongolia DaZhun Railway Engineering Co.,Ltd	9047

24-7 全区商品销售总额最大的50家批发零售贸易企业(2003年)

Autonomous Regional 50 Top Wholesale & Retail Enteprises of Sales Volume(2003)

位次 Order	企业名称	Name of Enterprise	商品销售总额(万元) Sales Volume (10 000 yuan)
1	内蒙古粮油购销储运总公司	Inner Mongolia Foodstuffs Purchase,Sales, Stockes & Transport General Co.	122220
2	自治区卷烟销售公司	Inner Mongolia Tobacco & Cigarettee Sales Corporation	100973
3	内蒙古自治区石油总公司赤峰分公司	Inner Mongolia Petroleum General Co.Chifeng Branch	94542.4
4	内蒙古民族实业集团股份有限公司	Inner Mongolia Min Zu Industry & Commerce Group Stockes Co., Ltd	81042.5
5	中国石油天然气股份有限呼盟销售分公司	PetroChina Hulunbeier League Sales Co.	77303.1
6	内蒙古烟草公司呼和浩特分公司	Huhhot Tobacco Branch Co.	70974.1
7	中国石油内蒙分公司八拜油库	PetroChina Inner Mongolia Sales Co.Babai Oil Depot	69761.4
8	内蒙古自治区农牧业生产资料公司	Inner Mongolia Agricultural Means of Production Corpotation	60642
9	内蒙古烟草公司包头分公司	Inner Mongolia Tobacco Co.Baotou Branch	59234.8
10	内蒙古贸发粮油食品进出口有限责任公司	Inner Mongolia Maofa Foodstuff Import & Export Co., Ltd	56227.1
11	中国石油天然气股份有限兴安销售分公司	PetroChina Xingan League Sales Co.	45556.4
12	内蒙古自治区烟草公司赤峰公司	Inner Mongolia Tobacco Co.Chifeng Branch	44500.3
13	呼和浩特市石油公司	Hohhot Petroeum Co.	41423.8
14	中国石油天然气股份有限公司包头销售公司	PetroChina Baotou City Sales Co.	39770.6
15	杭锦后旗河套酒业销售公司	Hangjinhou Banner He Tao Liquor Sales Co.	39149
16	中国石油天然气股份有限鄂尔多斯销售公司	PetroChina Erdos City Sales Co.	37822
17	阿尔丁友谊蔬菜批发市场有限责任公司	Aerding Friengship Vegetable Wholesales Market Co., Ltd	36930.8
18	内蒙古烟草公司通辽市分公司	Inner Mongolia Tobacco Co.Tongliao City Branch	36718.4
19	内蒙古亿阳汽车销售责任有限公司	Inner Mongolia Yiyang Automobile Sales Co.,Ltd	36430.1
20	巴盟石油销售分公司	Bayannaoer League Petroleum Sales Co.	35835.9
21	中国石油天然气股份有限乌盟销售分公司	PetroChina Wulanchabu League Sales Co.	35128.4
22	内蒙古新华书店集团有限责任公司	Inner Mongolia Xinhua Book Store Group Co., Ltd	33906.7
23	内蒙古利丰企业集团有限公司	Inner Mongolia Lifeng Enterprises Group Co.,Ltd	33848.3
24	包头市宁鹿石油经销公司	Baotou City Ninglu Petroleum Sales Co.	32499.5
25	鄂尔多斯市蒙凯汽车销售集团有限公司	Erdos City Kai Meng Automobile Sales Group Co., Ltd	32350

24-7 续表 continued

位次 Order	企业名称	Name of Enterprise	商品销售总额(万元) Sales Volume (10 000 yuan)
26	包头百货大楼股份有限公司	Baotou Department Store Building Stockes Co.,Ltd	30268
27	内蒙古自治区石油公司乌海市分公司	Inner Mongolia Petroleum General Co.Wuhai City Branch	26527
28	内蒙古自治区烟草公司兴安分公司	Inner Mongolia Tobacco Co.Xingan League Branch	25681
29	满洲里大陆经济贸易有限责任公司	Manzhouli City Dalu Economic & Trade Co.,Ltd	25662
30	包头市鹿城工程机械有限公司	Baotou City Lucheng Engineering Machine Co.,Ltd	25470
31	内蒙古烟草公司巴盟分公司	Inner Mongolia Tobacco Co.Bayannaoer Branch	24476
32	包头市神华有限责任公司	Baotou City Shenhua Co.,Ltd	22986
33	乌兰浩特市捷成粮食购销公司	Wulanhaote City Jiecheng Grain Purchase & Sales Co.	22617
34	内蒙古自治区石油总公司通辽市分公司	Inner Mongolia Petroleum General Co.Tongliao City Branch	22599
35	内蒙古自治区烟草公司鄂尔多斯分公司	Inner Mongolia Tobacco Co.Erdos Branch	22446
36	内蒙古紫维汽车有限公司	Inner Mongolia Ziwei Automobile Co.,Ltd	22124
37	包头西北汽车商城有限责任公司	Baotou City West-North Automobile Commercial City Co.,Ltd	21371
38	北京华联综合超市股份有限公司呼和浩特分公司	Beijing HuaLian SuperMarket Co.,Ltd Huhhot Branch	20691
39	海拉尔市友谊有限责任公司	Hailaer City Friengship Co., Ltd	20093
40	中石化包头石油产品销售有限责任公司	Sinopec Group Baotou City Petroleum Sales Co.,Ltd	19819
41	内蒙古西蒙科工贸集团有限公司	Inner Mongolia Ximeng Industry & Trade Group Co.,Ltd	18974
42	内蒙古天元商贸股份有限公司	Inner Mongolia TianYuan Commerical Building Co.,Ltd	18720
43	包头王府井百货有限责任公司	Baotou City Wangfujing Department Store Co.,Ltd	18307
44	内蒙古烟草公司乌兰察布分公司	Inner Mongolia Tobacco Co.Wulachabu League Branch	18055
45	内蒙古食全食美股份有限公司	Inner Mongolia Shi Quan Shi Mei Stockes Co.,Ltd	17111
46	临河乐丰内蒙古粮食储备库	Inner Mongolia GrainStorage Depot of Linghe City Lefeng	15493
47	呼市海尔工贸有限公司	Huhhot City Haier Industry & Trade Co., Ltd	15019
48	乌兰浩特市第三粮食仓库	Wulanhaote City No.3 Grain Depot	14696
49	内蒙古乌兰浩特国家粮食储备中转库	Inner Mongolia Wulanhaote GrainStorage Depot	13585
50	满洲里东方国际贸易股份有限公司	Manzhouli City Dongfang International Trade Stocks Co.,Ltd	12617

24-8 全区企业集团按主营业务收入排序(2003年)

Arranging in Main Business of Autonomous Regional Enterprise Groups(2003)

位次 Order	企业名称	Name of Enterprise	主营业务收入(万元) Main Business Revenue (10 000 yuan)
1	包钢（集团）公司	Baotou Iron & Steel (Group) Co., Ltd	1404883
2	内蒙古电力（集团）有限责任公司	Inner Mongolia Power (Group) Co., Ltd	917987
3	内蒙古伊利实业集团股份有限公司	Inner Mongolia YiLi Industry Co., Ltd	629933
4	内蒙古第一机械制造（集团）有限公司	Inner Mongolia No.1Machinery (Group) Co.,LID	434786
5	内蒙古蒙牛乳业（集团）股份有限公司	Inner Mongolia Mengniu Milk Industry Group Co.,Ltd	433209
6	内蒙古鄂尔多斯集团	Inner Mongolia Eerduosi Group	397245
7	内蒙古草原兴发股份有限公司	Inner Mongolia Prairie Xingfa Group Co., Ltd	306581
8	包头铝业（集团）有限责任公司	Baotou A1uminium Industry (Group) Corp.Ltd	258648
9	内蒙古鹿王羊绒（集团）公司	Inner Mongolia King-deer Cashmere (Group) Co., Ltd	205109
10	中国内蒙古森林工业集团	China Inner Mongolia Forest Industry Group	198906
11	内蒙古伊泰集团有限公司	Inner Mongolia Yi Tai Group Co., Ltd	172785
12	内蒙古北方重工业集团有限公司	Inner Mongolia North Heavy Industry Group Corp., Ltd	143648
13	亿利资源集团公司	YiLi Resource Group Co.	122472
14	内蒙古霍林河煤业集团有限责任公司	Inner Mongolia Huolihe Coal Industry Group Co., Ltd	116800
15	内蒙古商业粮油（集团）有限责任公司	Inner Mongolia Commerical Foodstuff (Group) Co., Ltd	101436
16	包头草原糖业集团	Baotou Grassland Sugar Industry Group Co., Ltd	98505
17	内蒙古伊化化学工业企业集团有限公司	Inner Mongolia Yikezhao Chemical Industry Group	97551
18	内蒙古对外经贸合作有限责任公司	Inner Mongolia Foreign Trade(Group) Co., Ltd	86849
19	内蒙古东达蒙古王羊绒集团	Inner Mongolia Dongda Mongolia King Cashmere Group	76800
20	内蒙古平庄煤业（集团）有限责任公司	Inner Mongolia Pingzhuang Coal (Group) Co., Ltd	73258
21	内蒙古呼伦贝尔煤业集团有限责任公司	Inner Mongolia Hulunbeier Coal Group Co., Ltd	72437
22	内蒙古金河集团	Inner Mongolia Jinhe Co., Ltd	71192
23	鄂尔多斯市兴泰置业集团	Eerduosi City Xing Tai Construction Group	66181
24	内蒙古蒙西高新技术集团公司	Inner Mongolia Meng Xi High-tech Group Co.	65503
25	内蒙古天野化工（集团）有限责任公司	Inner Mongolia Tianye Chemicals(Group) Co., Ltd	61269
26	内蒙古新华书店集团有限责任公司	Inner Mongolia Xinhua Book Store Group Co., Ltd	57466
27	内蒙古河套酒业集团股份有限公司	Inner Mongolia He Tao Liquor Industrial Group Co., Ltd	52127
28	鄂尔多斯市东方路桥集团	Eerduosi City Dong Fang Road & Bridge Group	50041
29	内蒙古吉兰泰盐化集团	Inner Mongolia Jilantai Salt & Chemical Industry Group	48938

24-8 续表 continued

位次 Order	企业名称	Name of Enterprise	主营业务收入(万元) Main Business Revenue (10 000 yuan)
30	内蒙古三联化工集团	Inner Mongolia Sanlian Chemical Industry Group	42686
31	内蒙古金宇集团股份有限公司	Inner Mongolia Jin Yu Group Co., Ltd	33403
32	内蒙古盘古集团	Inner Mongolia Pan Gu CashmereGroup	32477
33	包头市百货大楼集团公司	Baotou Department Store Building Group Corp.	30268
34	内蒙古奈伦（集团）有限责任公司	Inner Mongolia Nai Lun (Group) Co., Ltd	28600
35	赤峰富龙公用（集团）有限责任公司	Chifeng Fulong Public (Group) Co., Ltd	27952
36	内蒙古西卓子山草原水泥集团	Inner Mongolia Xizhuozishan Grassl & Cement Group	25359
37	内蒙古太西煤集团股份有限公司	Inner Mongolia Taixi Coal Group Co., Ltd	22820
38	鄂尔多斯市东联建筑集团有限责任公司	Eerduosi City Donglian Construction Group Co., Ltd	21168
39	鄂尔多斯大华建筑集团	Eerduosi City Da hua Construction Group Co., Ltd	20468
40	包头市恒通（集团）有限责任公司	Baotou City Heng Tong (Group) Co., Ltd	20014
41	包头市粮油（集团）有限公司	Baotou City Foodstuff Group Co., Ltd	18711
42	鄂尔多斯市乌兰煤炭集团有限责任公司	Eerduosi City Wu Lan Coal Group Co., Ltd	16583
43	海拉尔啤酒（集团）有限责任公司	Hailaer Beer (Group) Co., Ltd	14396
44	内蒙恒丰食品工业（集团）股份有限公司	Inner Mongolia Hengfeng Food Industry(Group) Co., Ltd	13767
45	内蒙古众兴企业集团	Inner Mongolia Zhong Xing Enterprises Group	13717
46	内蒙古牙克石五九煤炭集团	Inner Mongolia Yakeshi 59 Coal Group	13610
47	内蒙古仕奇集团有限责任公司	Inner Mongolia ShiQi Group Co., Ltd	13347
48	包头市公交运输集团有限责任公司	Baotou City Public Transportation Group Co., Ltd	12191
49	内蒙古仙纺纺织集团	Inner Mongolia Xian Fang Textile Group	11907
50	呼和浩特众环（集团）有限责任公司	Hohhot Zhong Huan (Group) Co., Ltd	10285
51	内蒙古力仁集团有限公司	Inner Mongolia Li Ren Group Co., Ltd	10068
52	内蒙古新城宾馆旅游业集团有限责任公司	Inner Mongolia Xincheng Hotel Tourism Group Co., Ltd	6027
53	内蒙古华荣实业（集团）有限公司	Inner Mongolia Hua Rong (Group) Co., Ltd	4648
54	中油内蒙古爱力蒙集团有限责任公司	Petro China Inner Mongolia Ailimeng Group Co., Ltd	3150
55	内蒙古呼伦湖渔业集团有限公司	Inner Mongolia Hulun Lake Fishery Group Co., Ltd	3117
56	呼伦贝尔百合生态旅游集团有限责任公司	Hulunbeier Bai He Ecological Tourism Group Co.Ltd	1866
57	内蒙古海德实业（集团）公司	Inner Mongolia Hai De Industry (Group) Co.	1543
58	驰誉科工贸（集团）有限总公司	Chiyu Scientific Industry & Trade (Group) Co., Ltd	1246

24-9 全区企业集团按资产排序(2003年)

Autonomous Regional Enterprise Groups Ranked by Total Profit(2003)

位次 Order	企业名称	Name of Enterprise	年末资产总计(万元) Total Assets at Yearend (10 000 yuan)
1	内蒙古电力（集团）有限责任公司	Inner Mongolia Power (Group) Co., Ltd	3437879
2	包钢（集团）公司	Baotou Iron & Steel (Group) Co., Ltd	3142060
3	中国内蒙古森林工业集团	China Inner Mongolia Forest Industry Group	1127013
4	内蒙古鄂尔多斯集团	Inner Mongolia Eerduosi Group	751208
5	内蒙古第一机械制造（集团）有限公司	Inner Mongolia No.1 Machinery Co., Ltd	631205
6	内蒙古霍林河煤业集团有限责任公司	Inner Mongolia Huolinhe Coal Industry Group Co., Ltd	453634
7	内蒙古伊化化学工业企业集团有限公司	Inner Mongolia Yikezhao Chemical Industry Group	446348
8	内蒙古伊利实业集团股份有限公司	Inner Mongolia Yili Industrial (Group) Stock Co., Ltd	402627
9	内蒙古草原兴发股份有限公司	Inner Mongolia Prairie Xingfa Group Co., Ltd	376154
10	包头铝业（集团）有限责任公司	Baotou Aluminium Industry (Group) Co., Ltd	356832
11	内蒙古天野化工（集团）有限责任公司	Inner Mongolia Tianye Chemicals(Group) Co., Ltd	352265
12	内蒙古北方重工业集团有限公司	Inner Mongolia North Heavy Industry Group Corp., Ltd	326982
13	内蒙古呼伦贝尔煤业集团有限责任公司	Inner Mongolia Hulunbeier Coal Group Co., Ltd	298835
14	内蒙古平庄煤业（集团）有限责任公司	Inner Mongolia Pingzhuang Coal (Group) Co., Ltd	278258
15	亿利资源集团公司	YiLiResource Group Co.	274848
16	内蒙古伊泰集团有限公司	Inner Mongolia Yi Tai Group Co., Ltd	251952
17	包头草原糖业集团	Baotou Grassland Sugar Industry Co., Ltd	239925
18	内蒙古鹿王羊绒（集团）公司	Inner Mongolia King-deer Cashmere Group Co., Ltd	238984
19	赤峰富龙公用（集团）有限责任公司	Chifeng Fulong Public (Group) Co., Ltd	235337
20	内蒙古蒙牛乳业(集团)股份有限公司	Inner Mongolia Mengniu Milk Industry Group Co.,LTD	232771
21	内蒙古蒙西高新技术集团公司	Inner Mongolia Meng Xi High-tech Group CO.	198842
22	内蒙古商业粮油（集团）有限责任公司	Inner Mongolia Commercial Foodstuff(Group) Co., Ltd	167015
23	内蒙古吉兰泰盐化集团	Inner Mongolia Jilantai Slat & Chemical Group	158875
24	内蒙古东达蒙古王羊绒集团	Inner Mongolia Dong Da Mongolia-king Cashmere Group	156885
25	内蒙古仕奇集团有限责任公司	Inner Mongolia ShiQi(Group) Co., Ltd	153329
26	内蒙古奈伦（集团）有限责任公司	Inner Mongolia Nai Lun Group Co., Ltd	142256
27	内蒙古西卓子山草原水泥集团	Inner Mongolia Xizhuozishan Grasslands Cement Group	130364
28	内蒙古对外经贸合作有限责任公司	Inner Mongolia Foreign Trade(Group) Co., Ltd	128540
29	包头市恒通（集团）有限责任公司	Baotou City Heng Tong (Group) Co., Ltd	102876

24-9 续表 continued

位次 Order	企业名称	Name of Enterprise	年末资产总计（万元） Total Assets at Yearend (10 000 yuan)
30	内蒙古金河集团	Inner Mongolia Jinhe Co., Ltd	97447
31	内蒙古金宇集团股份有限公司	Inner Mongolia Jinyu Group Stock Co., Ltd	95843
32	内蒙古盘古集团	Inner Mongolia Pan Gu Cashmere Group	95695
33	鄂尔多斯市东方路桥集团	Eerduosi City Dong Fang Road & Bridge Group	81697
34	鄂尔多斯市兴泰置业集团	Eerduosi City Xing Tai Construction Group	68750
35	内蒙古新华书店集团有限责任公司	Inner Mongolia Hinhua Book Group Co., Ltd	67938
36	内蒙古众兴企业集团	Inner Mongolia Zhongxing Enterprises Group	54863
37	内蒙古河套酒业集团股份有限公司	Inner Mongolia Hetao Liquor Industrial Group Co., Ltd	53481
38	内蒙古太西煤集团股份有限公司	Inner Mongolia Taixi Coal Group Co., Ltd	52762
39	内蒙古三联化工集团	Inner Mongolia Sanlian Chemical Industry Group Co., Ltd	51792
40	内蒙古仙纺纺织集团	Inner Mongolia Xianfang Textile Group	38012
41	呼和浩特众环（集团）有限责任公司	Hohhot Zhong Huan (Group) Co., Ltd	35634
42	内蒙古力仁集团有限公司	Inner Mongolia Li ren Group Co., Ltd	35035
43	内蒙古华荣实业（集团）有限公司	Inner Mongolia Huarong (Group) Co., Ltd	33703
44	包头市粮油（集团）有限公司	Baotou City Foodstuff Group	25346
45	海拉尔啤酒（集团）有限责任公司	Hailaer Beer (Group) Co., Ltd	23449
46	鄂尔多斯大华建筑集团	Eerduosi City Dahua Construction Group	22410
47	鄂尔多斯市东联建筑集团有限责任公司	Eerduosi City Donglian Construction Group Co., Ltd	22150
48	驰誉科工贸（集团）有限总公司	Chiyu Scientific Industry & Trade (Group) Co., Ltd	21449
49	包头市公交运输集团有限责任公司	Baotou City Public Transportation Group Co., Ltd	20633
50	内蒙恒丰食品工业（集团）股份有限公司	Inner Mongolia Hengfeng Food Industry Co.,Ltd	17715
51	内蒙古牙克石五九煤炭集团	Inner Mongolia Yakeshi 59 Coal Group	17148
52	包头市百货大楼集团公司	Baotou Department Store Building Group Co., Ltd	16296
53	内蒙古新城宾馆旅游业集团有限责任公司	Inner Mongolia Xin Cheng Hotel Tourism Group Co., Ltd	15971
54	鄂尔多斯市乌兰煤炭集团有限责任公司	Eerduosi Wulan Coal Group Co., Ltd	14503
55	内蒙古海德实业（集团）公司	Inner Mongolia Haide Industry (Group) Co.	12248
56	内蒙古呼伦湖渔业集团有限责任公司	Inner Mongolia Hulun Lake Fishery Group Co., Ltd	7960
57	呼伦贝尔百合生态旅游集团有限责任公司	Hulunbeier Baihe Ecological Tourisrm Group Co., Ltd	7554
58	中油内蒙古爱力蒙集团有限责任公司	Petro China Inner Mongolia Ailimeng Group Co., Ltd	7495

24-10 上市公司发展基本情况(2003年)

上市公司名称	Name of Listed Companies
内蒙古蒙电华能热电股份有限公司(内蒙华电)	Inner Mongolia Meng Dian Hua Neng Co.,LTD
鄂尔多斯羊绒制品股份有限公司(鄂绒B股)	Inner Mongolia Eerduosi Cashmere Products Co.,LTD
鄂尔多斯羊绒制品股份有限公司(鄂尔多斯A股)	Inner Mongolia Eerduosi Cashmere Products Co.,LTD
内蒙古伊利实业股份有限公司(伊利股份)	Inner Mongolia YiLi Industrial Group Co.,LTD
内蒙古宏峰实业股份有限公司(内蒙宏峰)	Inner Mongolia Hong Feng Industry Co.,LTD
赤峰大地基础产业股份有限公司(大地基础)	Chifeng DaDi Jichu Production Co.,LTD
内蒙古远兴天然碱股份有限公司(天然碱)	Inner Mongolia Yuan Xing Natural Alkali Co.,LTD
内蒙古草原兴发股份有限公司(草原兴发)	Inner Mongolia Prairie Xingfa Co.,LTD
包头明天科技股份有限公司(明天科技)	Baotou Tomorrow Technology Co.,LTD
内蒙古伊泰煤炭股份有限公司(伊煤B股)	Inner Mongolia Yi Tai Coal Industry Co.,LTD
内蒙古包钢稀土高科技股份有限公司(稀土高科)	Inner Mongolia Baotou Steel Rare-earth Hi-tech Co.,LTD
内蒙古宁城老窖股份有限公司(宁城老窖)	Inner Mongolia Ningcheng Liaojiao Co.,LTD
包头华资实业股份有限公司(华资实业)	Baotou Hua Zi Industry Co.,LTD
内蒙古金宇集团股份有限公司(金宇集团)	Inner Mongolia Jin Yu Group Co.,LTD
内蒙古仕奇实业股份有限公司(仕奇实业)	Inner Mongolia ShiQi Industrial Co.,LTD
北方重型股份有限公司(北方股份)	North Heavy-duty Automobile Co.,LTD
内蒙古亿利科技实业股份有限公司	Inner Mongolia YiLi Science and Technological Industry Co.,LTD
内蒙古西水创业股份有限公司(西水股份)	Xishui Strong Year Co.,LTD Inner Mongolia
内蒙古兰太实业股份有限公司(兰太实业)	Inner Mongolia LanTai Industrial Co.,LTD
内蒙古包钢钢联股份有限公司(钢联股份)	Inner Mongolia Baotou Steel Union Co.,LTD

24-10 续表 1

上市公司名称	Name of Listed Companies
总 计	**Total**
内蒙古蒙电华能热电股份有限公司(内蒙华电)	Inner Mongolia Meng Dian Hua Neng Co.,LTD
鄂尔多斯羊绒制品股份有限公司(鄂绒B股)	Inner Mongolia Eerduosi Cashmere Products Co.,LTD
鄂尔多斯羊绒制品股份有限公司(鄂尔多斯A股)	Inner Mongolia Eerduosi Cashmere Products Co.,LTD
内蒙古伊利实业股份有限公司(伊利股份)	Inner Mongolia YiLi Industrial Group Co.,LTD
内蒙古伊利实业股份有限公司(伊利股份)	Inner Mongolia YiLi Industrial Group Co.,LTD
内蒙古宏峰实业股份有限公司(内蒙宏峰)	Inner Mongolia Hong Feng Industry Co.,LTD
赤峰大地基础产业股份有限公司(大地基础)	Chifeng DaDi Jichu Production Co.,LTD
内蒙古远兴天然碱股份有限公司(天然碱)	Inner Mongolia Yuan Xing Natural Alkali Co.,LTD
内蒙古草原兴发股份有限公司(草原兴发)	Inner Mongolia Prairie Xingfa Co.,LTD
包头明天科技股份有限公司(明天科技)	Baotou Tomorrow Technology Co.,LTD
包头明天科技股份有限公司(明天科技)	Baotou Tomorrow Technology Co.,LTD
内蒙古伊泰煤炭股份有限公司(伊煤B股)	Inner Mongolia Yi Tai Coal Industry Co.,LTD
内蒙古包钢稀土高科技股份有限公司(稀土高科)	Inner Mongolia Baotou Steel Rare earth Hi tech Co.,LTD
内蒙古宁城老窖股份有限公司(宁城老窖)	Inner Mongolia Ningcheng Liaojiao Co.,LTD
包头华资实业股份有限公司(华资实业)	Baotou Hua Zi Industry Co.,LTD
内蒙古金宇集团股份有限公司(金宇集团)	Inner Mongolia Jin Yu Group Co.,LTD
内蒙古仕奇实业股份有限公司(仕奇实业)	Inner Mongolia ShiQi Industrial Co.,LTD
北方重型股份有限公司(北方股份)	North Heavy duty Automobile Co.,LTD
内蒙古亿利科技实业股份有限公司	Inner Mongolia YiLi Science and Technological Industry Co.,LTD
内蒙古西水创业股份有限公司(西水股份)	Xishui Strong Year Co.,LTD Inner Mongolia
内蒙古兰太实业股份有限公司(兰太实业)	Inner Mongolia LanTai Industrial Co.,LTD
内蒙古包钢钢联股份有限公司(钢联股份)	Inner Mongolia Baotou Steel Union Co.,LTD

Inner Mongolia Autonomous Regional Development of Listed Companies(2003)

股票类别	Classification of Shares	行业划分	Classification of Industries
上证A股	A Shares of Shanghai Stock Exchange	电力	Elec.Power Industry
上证B股	B Shares of Shanghai Stock Exchange	纺织	Textile
上证A股	A Shares of Shanghai Stock Exchange		
上证A股	A Shares of Shanghai Stock Exchange	乳制品、食品制造	Dairy Product,Foodstuff
深证A股	A Shares of Shenzhen Stock Exchange	有色冶金	Nonferrous Metal(Smelting)
深证A股	A Shares of Shenzhen Stock Exchange	蒸汽、热水生产和供应业	Production and Supply of Steam and Hot Water
深证A股	A Shares of Shenzhen Stock Exchange	化工	Chemical Industry
深证A股	A Shares of Shenzhen Stock Exchange	养殖加工	Breeding, Processing
上证A股	A Shares of Shanghai Stock Exchange	化工	Chemical Industry
上证B股	B Shares of Shanghai Stock Exchange	能源	Energy
上证A股	A Shares of Shanghai Stock Exchange	稀土冶炼、稀土产品	Smelting and Reprocessing of Rare-earth
上证A股	A Shares of Shanghai Stock Exchange	酿酒	Making Wine
上证A股	A Shares of Shanghai Stock Exchange	制糖、电子工业	Refining Sugar and Electron
上证A股	A Shares of Shanghai Stock Exchange	纺织、生物制药	Textile,Biological Pharmacy
上证A股	A Shares of Shanghai Stock Exchange	服装制造	Making Clothes
上证A股	A Shares of Shanghai Stock Exchange	汽车制造	Making Automobile
上证A股	A Shares of Shanghai Stock Exchange	化工、制药	Chemical Industry,Pharmcy
上证A股	A Shares of Shanghai Stock Exchange	水泥	Making Cement
上证A股	A Shares of Shanghai Stock Exchange	盐业、化工	Salt & Chemical Industry
上证A股	A Shares of Shanghai Stock Exchange	黑色金属冶炼	Smelting and Pressing of Ferrous Metals

continued

2003年末股本结构(万股) Composition of Capital at the End of 2003 (10 000 shares)		股票发行情况 Issuing Summary for Stocks			
总股本 Total Issued Capital	流通股 Negotiable Shares	发行日期 Issuing Date	发行价格(元/股) Price of Issuing (yuan/share)	发行量(万股) Amount Issued (10 000 shares)	股票发行筹资额(亿元) Raised Capital (100 million yuan)
907088	**330729**			**164436**	**108.12**
198122	39546	1994-3-30	3.90	5000	1.95
103200	42000	1995-9-25	3.98	11000	4.38
	16000	2001-3-26	16.80	8000	13.44
39127	25771	1996-1-25	5.98	1800	1.02
		2002-8-28	16.85	增发A股4896	8.25
56112	19459	1989-9-4		1820	0.50
26621	8759	1996-8-1	5.88	1370	0.81
46900	16900	1997-1-13	5.11	6500	3.32
40912	18617	1997-5-19	5.66	4000	2.16
33653	20620	1997-6-13	5.28	3700	1.95
		2002-6-6	8.82	增发A股11000	9.70
36600	16600	1997-7-18	3.38	16600	5.61
40367	14560	1997-8-28	4.43	8000	3.40
30500	8801	1998-4-16	7.42	4000	2.97
30308	10465	1998-11-2	4.30	5600	3.01
10921	5031	1998-12-2	6.83	3500	2.39
17500	7500	2000-5-16	8.00	7500	6.00
17000	5500	2000-6-9	8.00	5500	4.40
15800	5800	2000-7-4	8.88	5800	5.15
16000	6000	2000-7-13	6.38	6000	3.83
22445	7800	2000-11-30	7.88	6000	4.72
125000	35000	2001-2-14	5.18	35000	18.13

24-10 续表 2

上市公司名称	Name of Listed Companies
总 计	Total
内蒙古蒙电华能热电股份有限公司(内蒙华电)	Inner Mongolia Meng Dian Hua Neng Co.,LTD
鄂尔多斯羊绒制品股份有限公司(鄂绒B股)	Inner Mongolia Eerduosi Cashmere Products Co.,LTD
鄂尔多斯羊绒制品股份有限公司(鄂尔多斯A股)	Inner Mongolia Eerduosi Cashmere Products Co.,LTD
内蒙古伊利实业股份有限公司(伊利股份)	Inner Mongolia YiLi Industrial Group Co.,LTD
内蒙古宏峰实业股份有限公司(内蒙宏峰)	Inner Mongolia Hong Feng Industry Co.,LTD
赤峰大地基础产业股份有限公司(大地基础)	Chifeng DaDi Jichu Production Co.,LTD
内蒙古远兴天然碱股份有限公司(天然碱)	Inner Mongolia Yuan Xing Natural Alkali Co.,LTD
内蒙古草原兴发股份有限公司(草原兴发)	Inner Mongolia Prairie Xingfa Co.,LTD
包头明天科技股份有限公司(明天科技)	Baotou Tomorrow Technology Co.,LTD
内蒙古伊泰煤炭股份有限公司(伊煤B股)	Inner Mongolia Yi Tai Coal Industry Co.,LTD
内蒙古包钢稀土高科技股份有限公司(稀土高科)	Inner Mongolia Rare-earth Hi-tech Co.,LTD
内蒙古宁城老窖股份有限公司(宁城老窖)	Inner Mongolia Ningcheng Liaojiao Co.,LTD
包头华资实业股份有限公司(华资实业)	Baotou Hua Zi Industry Co.,LTD
内蒙古金宇集团股份有限公司(金宇集团)	Inner Mongolia Jin Yu Group Co.,LTD
内蒙古仕奇实业股份有限公司(仕奇实业)	Inner Mongolia ShiQi Industrial Co.,LTD
北方重型股份有限公司(北方股份)	North Heavy-duty Automobile Co.,LTD
内蒙古亿利科技实业股份有限公司	Inner Mongolia YiLi Science and Technological Industry Co.,LTD
内蒙古西水创业股份有限公司(西水股份)	Xishui Strong Year Co.,LTD Inner Mongolia
内蒙古兰太实业股份有限公司(兰太实业)	Inner Mongolia LanTai Industrial Co.,LTD
内蒙古包钢钢联股份有限公司(钢联股份)	Inner Mongolia Baotou Steel Union Co.,LTD

24-10 续表 3

上市公司名称	Name of Listed Companies
总 计	Total
内蒙古蒙电华能热电股份有限公司(内蒙华电)	Inner Mongolia Meng Dian Hua Neng Co.,LTD
鄂尔多斯羊绒制品股份有限公司(鄂绒B股、A股)	Inner Mongolia Eerduosi Cashmere Products Co.,LTD
内蒙古伊利实业股份有限公司(伊利股份)	Inner Mongolia YiLi Industrial Group Co.,LTD
内蒙古宏峰实业股份有限公司(内蒙宏峰)	Inner Mongolia Hong Feng Industry Co.,LTD
赤峰大地基础产业股份有限公司(大地基础)	Chifeng DaDi Jichu Production Co.,LTD
内蒙古远兴天然碱股份有限公司(天然碱)	Inner Mongolia Yuan Xing Natural Alkali Co.,LTD
内蒙古草原兴发股份有限公司(草原兴发)	Inner Mongolia Prairie Xingfa Co.,LTD
包头明天科技股份有限公司(明天科技)	Baotou Tomorrow Technology Co.,LTD
内蒙古伊泰煤炭股份有限公司(伊煤B股)	Inner Mongolia Yi Tai Coal Industry Co.,LTD
内蒙古包钢稀土高科技股份有限公司(稀土高科)	Inner Mongolia Baotou Steel Rare-earth Hi-tech Co.,LTD
内蒙古宁城老窖股份有限公司(宁城老窖)	Inner Mongolia Ningcheng Liaojiao Co.,LTD
包头华资实业股份有限公司(华资实业)	Baotou Hua Zi Industry Co.,LTD
内蒙古金宇集团股份有限公司(金宇集团)	Inner Mongolia Jin Yu Group Co.,LTD
内蒙古仕奇实业股份有限公司(仕奇实业)	Inner Mongolia ShiQi Industrial Co.,LTD
北方重型股份有限公司(北方股份)	North Heavy-duty Automobile Co.,LTD
内蒙古亿利科技实业股份有限公司	Inner Mongolia YiLi Science and Technological Industry Co.,LTD
内蒙古西水创业股份有限公司(西水股份)	Xishui Strong Year Co.,LTD Inner Mongolia
内蒙古兰太实业股份有限公司(兰太实业)	Inner Mongolia LanTai Industrial Co.,LTD
内蒙古包钢钢联股份有限公司(钢联股份)	Inner Mongolia Baotou Steel Union Co.,LTD continued

continued

股票上市情况 Listed Summary for Stocks		股票配售情况 Distribution of Stocks				股票筹资总额(亿元) Total Raised Capital (100 million yuan)
上市日期 Listed Date	上市价格(元/股) Listed Price Per Share (yuan/share)	配股时间 Date of Distribution	配股价格(元/股) Price of Distribution Per Share (yuan/share)	配股比例 Proportion of Distribution	配股筹资额(亿元) Raised Capital Owing to Distribution (100 million yuan)	
					44.33	**152.45**
1994-5-20	5.18	1996-11-25	4.00	10：3	0.60	6.29
		1998-12-17	5.00	10：8	3.74	
1995-10-20	USD0.518		6.88	10000股(share)	6.88	11.26
2001-4-26						13.44
1996-3-12	9.00	1997-4-12	6.80	10：3	2.04	14.17
		1998-11-8	15.00	10：3	2.86	
1996-3-20	10.08	1999-3-19	5.00	10：8	3.78	4.28
1996-8-29	10.32	1998-5-11	8.00	10：4	3.51	6.59
		2001-5-3	13.20	10：3	2.27	
1997-1-31	11.80	1998-8-7	8.60	10：3	3.35	6.67
1997-6-6	15.49	1999-8-31	8.00	10：3	2.50	12.50
		2003-10-1	6.43	10：7	7.84	
1997-7-4	8.18	1999-12-10	14.23	10：3	3.43	15.08
1997-8-8	USD0.4073					5.61
1997-9-24	7.38	2000-3-8	7.60	10：3	2.98	6.38
1998-5-26	24.60					2.97
1998-12-10	7.80	2000-9-28	15.00	10：3	3.50	6.51
1999-1-15	13.68	2000-12-29	17.00	10：3	2.00	4.39
2000-6-28	17.00					6.00
2000-6-30	15.70					4.40
2000-7-25	18.18					5.15
2000-7-31	12.12					3.83
2000-12-22	17.78					4.72
2001-9-3						18.13

continued

主营业务收入(万元) Main Business Revenue(10 000 yuan)		利润总额(万元) Total Profit(10 000 yuan)		净利润(万元) Net Profit(10 000 yuan)	
2002	2003	2002	2003	2002	2003
2303988	**3329009**	**126170**	**237755**	**87601**	**170388**
200823	303737	30105	46398	23906	33435
221502	291720	21761	25004	16242	17523
401009	629933	21334	31889	14195	19959
24254	23037	2345	963	1571	646
25124	28347	6925	5202	6968	5320
93791	85398	4088	-2962	710	-4951
161809	210415	7045	3975	7090	3902
71889	88186	7574	8374	7713	8138
140024	167925	7808	8557	6833	7250
30302	50111	6805	4296	6519	3788
8115	1569	-58295	18	-55235	2115
80215	98119	8696	9507	7431	7728
29324	33403	4496	4325	4017	4415
5653	3031	-5371	-8406	-5377	-8307
26962	29487	3213	1770	2906	1511
55943	96279	4546	4413	3682	3517
47928	67963	3961	5704	3506	4798
38843	48366	5126	3793	4381	3046
640478	1071983	44008	84935	30543	56555

24-10 续表 4

上市公司名称	Name of Listed Companies
总 计	**Total**
内蒙古蒙电华能热电股份有限公司(内蒙华电)	Inner Mongolia Meng Dian Hua Neng Co.,LTD
鄂尔多斯羊绒制品股份有限公司(鄂绒B、A股)	Inner Mongolia Eerduosi Cashmere Products Co.,LTD
内蒙古伊利实业股份有限公司(伊利股份)	Inner Mongolia YiLi Industrial Group Co.,LTD
内蒙古宏峰实业股份有限公司(内蒙宏峰)	Inner Mongolia Hong Feng Industry Co.,LTD
赤峰大地基础产业股份有限公司(大地基础)	Chifeng DaDi Jichu Production Co.,LTD
内蒙古远兴天然碱股份有限公司(天然碱)	Inner Mongolia Yuan Xing Natural Alkali Co.,LTD
内蒙古草原兴发股份有限公司(草原兴发)	Inner Mongolia Prairie Xingfa Co.,LTD
包头明天科技股份有限公司(明天科技)	Baotou Tomorrow Technology Co.,LTD
内蒙古伊泰煤炭股份有限公司(伊煤B股)	Inner Mongolia Yi Tai Coal Industry Co.,LTD
内蒙古包钢稀土高科技股份有限公司(稀土高科)	Inner Mongolia Baotou Steel Rare earth Hi tech Co.,LTD
内蒙古宁城老窖股份有限公司(宁城老窖)	Inner Mongolia Ningcheng Liaojiao Co.,LTD
包头华资实业股份有限公司(华资实业)	Baotou Hua Zi Industry Co.,LTD
内蒙古金宇集团股份有限公司(金宇集团)	Inner Mongolia Jin Yu Group Co.,LTD
内蒙古仕奇实业股份有限公司(仕奇实业)	Inner Mongolia ShiQi Industrial Co.,LTD
北方重型股份有限公司(北方股份)	North Heavy-duty Automobile Co.,LTD
内蒙古亿利科技实业股份有限公司	Inner Mongolia YiLi Science and Technological Industry Co.,LTD
内蒙古西水创业股份有限公司(西水股份)	Xishui Strong Year Co.,LTD Inner Mongolia
内蒙古兰太实业股份有限公司(兰太实业)	Inner Mongolia LanTai Industrial Co.,LTD
内蒙古包钢钢联股份有限公司(钢联股份)	Inner Mongolia Baotou Steel Union Co.,LTD

24-10 续表 5

上市公司名称	Name of Listed Companies
总 计	**Total**
内蒙古蒙电华能热电股份有限公司(内蒙华电)	Inner Mongolia Meng Dian Hua Neng Co.,LTD
鄂尔多斯羊绒制品股份有限公司(鄂绒B、A股)	Inner Mongolia Eerduosi Cashmere Products Co.,LTD
内蒙古伊利实业股份有限公司(伊利股份)	Inner Mongolia YiLi Industrial Group Co.,LTD
内蒙古宏峰实业股份有限公司(内蒙宏峰)	Inner Mongolia Hong Feng Industry Co.,LTD
赤峰大地基础产业股份有限公司(大地基础)	Chifeng DaDi Jichu Production Co.,LTD
内蒙古远兴天然碱股份有限公司(天然碱)	Inner Mongolia Yuan Xing Natural Alkali Co.,LTD
内蒙古草原兴发股份有限公司(草原兴发)	Inner Mongolia Prairie Xingfa Co.,LTD
包头明天科技股份有限公司(明天科技)	Baotou Tomorrow Technology Co.,LTD
内蒙古伊泰煤炭股份有限公司(伊煤B股)	Inner Mongolia Yi Tai Coal Industry Co.,LTD
内蒙古包钢稀土高科技股份有限公司(稀土高科)	Inner Mongolia Baotou Steel Rare-earth Hi-tech Co.,LTD
内蒙古宁城老窖股份有限公司(宁城老窖)	Inner Mongolia Ningcheng Liaojiao Co.,LTD
包头华资实业股份有限公司(华资实业)	Baotou Hua Zi Industry Co.,LTD
内蒙古金宇集团股份有限公司(金宇集团)	Inner Mongolia Jin Yu Group Co.,LTD
内蒙古仕奇实业股份有限公司(仕奇实业)	Inner Mongolia ShiQi Industrial Co.,LTD
北方重型股份有限公司(北方股份)	North Heavy-duty Automobile Co.,LTD
内蒙古亿利科技实业股份有限公司	Inner Mongolia YiLi Science and Technological Industry Co.,LTD
内蒙古西水创业股份有限公司(西水股份)	Xishui Strong Year Co.,LTD Inner Mongolia
内蒙古兰太实业股份有限公司(兰太实业)	Inner Mongolia LanTai Industrial Co.,LTD
内蒙古包钢钢联股份有限公司(钢联股份)	Inner Mongolia Baotou Steel Union Co.,LTD

continued

总资产(万元) Total Assets(10 000 yuan)		股东权益(万元) Shareholder's Eguity(10 000 yuan)		资产负债率(%) Assets-Liability Ratio(%)	
2002	2003	2002	2003	2002	2003
4585989	**5717871**	**2435585**	**2660514**	**43.9**	**46.1**
811652	1168017	385878	415390	43.7	54.7
475041	518410	308728	311287	33.9	36.0
289854	402627	174263	195106	35.9	44.9
100270	104177	74317	74987	25.4	28.0
218283	343679	108194	115562	49.5	64.1
251072	245898	52396	47584	71.0	74.2
255221	364148	105310	187573	56.3	46.8
249905	276857	177750	185888	28.6	31.9
148386	165440	82908	90162	55.9	44.8
140173	200867	106513	110334	38.6	37.5
49084	51409	7275	8891	100.7	84.5
153993	202398	112413	120400	25.5	32.0
81322	95843	55598	56737	34.8	40.1
75510	65765	67164	58764	10.4	10.0
86720	105513	59359	59033	33.9	44.1
137344	161682	72367	75888	44.3	50.4
114087	131695	58107	62905	47.5	47.8
121389	139513	67866	68289	41.5	47.1
826683	973933	359179	415734	56.6	57.3

continued

每股收益(元) Profit Per Share(yuan)		每股净资产(元) Net Assets Per Share(yuan)		净资产收益率(%) Ratio of Net Assets' Per Profit(%)	
2002	2003	2002	2003	2002	2003
0.21	**0.17**	**3.85**	**3.36**	**5.17**	**5.06**
0.24	0.17	3.99	2.10	6.04	8.05
0.31	0.17	5.98	3.02	5.26	5.63
0.73	0.51	8.91	4.99	8.15	10.23
0.03	0.01	1.32	1.33	2.11	0.70
0.26	0.20	4.06	4.34	6.44	4.60
0.02	-0.11	1.12	1.02	1.35	-10.41
0.25	0.10	3.72	4.59	6.73	2.08
0.23	0.24	5.28	5.52	4.34	4.38
0.19	0.38	2.15	2.72	8.24	13.89
0.16	0.09	2.69	2.73	6.01	3.43
-1.81	0.07	0.24	0.29		23.79
0.25	0.26	3.71	3.97	6.61	6.42
0.37	0.40	5.09	5.20	7.22	7.78
-0.31	-0.47	3.84	3.36	-8.01	-14.14
0.17	0.09	3.49	3.47	4.90	2.56
0.23	0.22	4.58	4.80	5.19	4.63
0.22	0.30	3.63	3.93	6.03	7.63
0.25	0.14	3.93	3.04	6.46	4.46
0.24	0.45	2.87	3.33	8.08	13.60

二十五　附录

APPENDIX

资料整理 张晶
Arranged by Zhang Jing

25-1 内蒙古自治区国民经济主要指标占全国的比重(2003年)

Inner Mongolia Main Indicators of National Economy as Percentage of Whole Nation(2003)

指 标	Item	全 国 Whole Nation	内蒙古 Inner Mongolia	内蒙古占全国的比重(%) Inner Mongolia as Percentage of Whole Nation (%)
土地面积(万平方公里)	Land Area(10 000 sq.km)	960.0	118.3	12.3
年末总人口数(万人)	Population at the Year-end(10 000 persons)	129227.0	2379.6	1.8
社会从业人员(万人)	Employment(10 000 persons)	74432.0	1088.1	1.5
# 城镇	Urban	25639.0	435.8	1.7
生产总值(当年价)(亿元)	Gross Domestic Product(current pirces) (100 million yuan)	116694.0	2150.4	1.6
第一产业	Primary Industry	17247.0	420.1	2.5
第二产业	Secondray industry	61778.0	973.9	1.5
# 工业	Industry	53612.0	721.6	1.3
第三产业	Tertiary Industry	37669.0	756.4	1.5
规模以上工业总产值(当年价)(亿元)	Gross Output Value of Industry (current pirces)(100 million yuan)	141481.2	1354.5	1.0
# 国有及国有控股	State-owned & State Holding	54406.6	797.3	1.5
集体	Collective-owned	10283.0	22.1	0.2
农林牧渔业总产值(当年价)(亿元)	Gross Output Value of Farming, Forestry, Animal Husbandry & Fishery (current prices)(100 million yuan)	29691.8	666.4	2.2
农业	Farming	14870.1	336.0	2.3
林业	Forestry	1239.9	47.9	3.9
牧业	Animal Husbandry	9538.8	267.1	2.8
渔业	Fishery	3137.6	4.9	0.2
工农业主要产品产量	Output of Major Farm & Industrial Products			
钢(万吨)	Steel(10 000 tons)	22233.6	576.8	2.6
原煤(万吨)	Coal(10 000 tons)	167000.0	14706.8	8.8
发电量(亿千瓦小时)	Electricity(100 million Kwh)	19107.6	647.7	3.4
汽车(万辆)	Motor Vehicles(10 000 vehicles)	444.4	0.3	0.1
粮食(万吨)	Grain(10 000 vehiches)	43066.8	1360.7	3.2
油料(万吨)	Oil-bearing Crops(10 000 tons)	2804.7	102.3	3.6
货物运输总量(万吨)	Total Freight Traffic(10 000 tons)	1561422.0	50046.0	3.2
客运总量(万人次)	Total Passenger Traffic(10 000 Person-times)	1587497.0	23521.0	1.5
邮电业务总量(亿元)	Total Business Revenue of Postal & Telecommunication Services(100 million yuan)	7281.8	108.6	1.5
社会消费品零售总额(亿元)	Retail Sales of Consumer Goods (100 million yuan)	45842.0	726.8	1.5
全社会固定资产投资(亿元)	Total Investment in Fixed Assets (100 million yuan)	55117.9	1209.4	2.2
# 基本建设	Capital Construction	22729.0	781.1	3.4
更新改造	Innovation	8443.9	177.9	2.1
房地产开发	Real Estate Development	10106.0	90.9	0.9
地方财政预算收入(亿元)	Local Financial Budgetary Revenue (100 million yuan)	9850.0	162.7	1.7
年末城乡居民储蓄余额(亿元)	Year-end Saving Deposits of Urban & Rural Residents(100 million yuan)	110695.0	1355.7	1.2

25-2 西部地区国民经济和社会发展主要指标(2003年)

指标	Item	内蒙古 Inner Mongolia	广西 Guangxi	重庆 Chongqing
土地面积(万平方公里)	Land Area(10 000 sq.km)	118.30	23.70	8.20
年末总人口(万人)	Population at the Year-end(10 000 persons)	2379.60	4857.00	3130.00
人口自然增长率(‰)	Natural Growth Rate of Population(‰)	3.10	7.29	2.69
人口密度(人/平方公里)	Population Density (persons/sq.km)	20.00	204.90	381.70
在岗职工人数(万人)	Staff and Workers at Post(10 000 persons)	240.30	255.70	205.60
生产总值(亿元)	Gross Domestic Product(100 million yuan)	2150.41	2733.20	2250.10
第一产业	Primary Industry	420.10	628.20	343.10
第二产业	Secondray industry	973.94	1005.90	976.00
# 工业	Industry	721.59	811.50	768.40
第三产业	Tertiary Industry	756.38	1099.10	931.10
人均生产总值(元)	Per Capita GDP(yuan)	8975.00	5964.00	8075.00
生产总值指数(上年=100)	Indices of Gross Domestic Product (preceding year=100)	116.80	110.20	111.40
第一产业	Primary Industry	105.90	104.00	104.20
第二产业	Secondray industry	127.90	114.50	115.90
# 工业	Industry	121.80	114.70	116.40
第三产业	Tertiary Industry	111.20	110.00	109.40
全社会固定资产投资(亿元)	Total Investment in Fixed Assets (100 million yuan)	1209.44	987.00	1269.40
# 基本建设	Capital Construction	781.12	446.51	691.55
更新改造	Innovation	177.90	142.74	161.09
房地产开发	Real Estate Development	90.87	120.26	327.89
全社会固定资产投资指数(上年=100)	Indices of Gross Total Investment in Fixed Assets(preceding year=100)	169.10	118.20	127.50
# 基本建设	Capital Construction	185.20	119.90	138.50
更新改造	Innovation	165.20	135.30	101.70
房地产开发	Real Estate Development	125.30	159.80	133.30
地方财政预算收入(亿元)	Local Financial Budgetary Revenue (100 million yuan)	162.72	203.66	161.56
地方财政预算支出(亿元)	Local Financial Budgetary Expenditures (100 million yuan)	471.09	443.66	341.58
金融机构存款余额(亿元)	Deposit Balance(100 million yuan)	2090.98	3175.30	3438.60
# 储蓄存款余额	Saving Deposits of Urban and Rural Residents	1355.66	1971.66	1896.56
金融机构贷款余额(亿元)	Loan Balance(100 million yuan)	1924.10	2320.70	2774.80
粮食产量(万吨)	Grain(10 000 tons)	1360.73	1465.10	1087.10
油料产量(万吨)	Oil-bearing Crops(10 000 tons)	102.29	55.70	38.30
糖料产量(万吨)	Sugar(10 000 tons)	99.44	4861.80	11.30
肉类总产量(万吨)	Output of Meat(10 000 tons)	162.72	227.10	160.60
# 猪肉	Pork	71.27	179.80	132.10
牛肉	Beef	24.03	12.90	5.30
羊肉	Mutton	45.32	2.80	2.70
奶类产量(万吨)	Milk(10 000 tons)	308.02	3.82	
规模以上工业增加值(亿元)	Value Added of Industry(100 million yuan)	515.87	436.90	477.90
规模以上工业增加值指数(上年=100)	Indices of Value Added of Industry (preceding year=100)	131.50	117.60	121.10
规模以上工业产品销售收入(亿元)	Sales Revenus above Designated Size	1357.52	1388.70	1595.10
规模以上工业产品税金总额(亿元)	Total Tax above Designated Size	89.38	105.40	105.20
规模以上工业产品利润总额(亿元)	Total profit above Designated Size	64.97	63.70	86.00

注：本表数据来源于各地区2003年统计公报初步统计数

Main Indicators of National Economic and Social Development of Western Region(2003)

四川 Sichuan	云南 Yunnan	贵州 Cuizhou	西藏 Tibet	陕西 Shanxi	甘肃 Gansu	青海 Qinghai	宁夏 Ningxia	新疆 Xingjiang
48.5	39.40	17.60	122.80	20.60	45.40	72.10	5.20	166.00
8700	4376.00	3870.00	270.00	3690.00	2603.00	534.00	580.00	1934.00
3.12	9.80	9.04	11.10	4.29	6.12	10.85	10.95	10.78
179.4	111.10	221.10	2.20	179.10	57.30	7.40	111.50	11.70
486.7	244.00	188.70	14.50	319.40	189.00	41.10	59.40	237.90
5456.3	2458.80	1344.30	184.60	2398.60	1301.10	390.20	384.90	1849.80
1128.6	499.00	294.50	40.97	320.00	240.00	47.00	55.50	388.00
2266.1	1067.80	571.90	48.11	1133.60	607.60	184.30	191.70	795.50
1771.4	866.40	450.50	13.07	834.60	449.80	120.80	143.30	571.00
2061.7	892.10	477.90	95.51	945.00	453.40	158.90	137.70	666.30
6418	5647.00	3601.00	6874.00	6480.00	4984.00	7276.00	6685.00	9686.00
111.8	108.60	110.10	112.10	110.90	110.10	112.10	112.20	110.80
105.5	105.00	104.60	103.00	105.10	106.00	103.80	102.50	108.20
116.5	110.40	113.20	129.40	114.80	112.20	116.40	118.70	112.30
116.1	109.60	113.30	110.10		112.90	117.10	116.30	111.20
110.1	108.60	110.10	108.90	108.50	109.40	109.70	108.30	110.40
2158.2	1023.60	754.13	138.62	1249.70	655.10	285.10	318.20	1002.00
979.6	491.80	384.81	119.51	677.59	322.45	184.19	164.20	647.21
369.1	146.10	140.54	9.36	168.17	174.31	37.83	41.10	127.15
449.3	112.20	104.95	2.00	188.56	50.80	22.31	50.90	98.54
119.6	123.50	120.20	127.20	128.20	113.80	116.40	137.90	123.20
116.9	116.70	123.10	137.40	131.50	112.80	111.90	132.40	128.50
143.4	128.20	116.40	100.80	113.20	112.60	150.10	155.80	110.20
110.4	116.00	126.40	71.20	152.60	134.70	132.10	164.90	112.30
336.6	229.00	124.56	8.15	177.33	87.66	24.04	30.03	128.22
732.3	587.35	332.35	145.91	418.20	300.00	122.04	105.78	368.47
7235.8	3747.50	1898.60	322.23	4593.10	2129.60	538.80	746.40	2661.70
4333.82	1766.51	912.84	92.87	3549.60	1727.71	260.50	681.61	2099.09
5910.6	2955.60	1714.00	145.00	3549.60	1727.70	564.80	681.60	2099.10
3054.1	1471.00	1104.30	96.60	968.40	789.30	86.80	270.20	775.50
217.1	29.70	72.30	4.90	41.30	46.00	26.20	13.20	50.10
170.8	1695.20	75.70		0.80	19.90		0.02	381.60
581.8	253.70	152.50	19.00	92.10	75.90	23.70	23.40	110.00
461.6	208.80	126.90	0.90	62.00	48.70	7.40	10.70	17.40
25.6	17.60	10.10	10.80	10.50	10.70	7.10	3.70	28.80
17.4	8.20	4.50	7.40	7.90	10.60	8.50	5.50	45.50
44.7	21.75	3.20	19.63	74.20	22.18	22.14		113.00
1156	719.70	331.90	11.00	664.70	389.80	95.50	105.10	463.20
121	109.10	113.50	109.50	116.80	113.00	115.90	117.50	110.80
3345.6	1500.20	923.20		1814.90	1130.30	264.50	362.90	1069.00
223.1	325.30	99.30		136.50	91.20	19.30	21.40	88.10
162.8	102.30	32.00		147.70	30.40	12.70	7.70	138.00

a)Data in the table are obtained from every regional statistical bulletin in Western Region,and are the preliminary statistics.

25-2 续表

指 标	Item	内蒙古 Inner Mongolia	广 西 Guangxi	重 庆 Chongqing
原煤产量(万吨)	Coal(10 000 tons)	14706.82	417.10	1484.20
发电量(亿千瓦时)	Electricity(100 million Kwh)	647.73	362.90	204.20
钢(万吨)	Stee(10 000 tons)	576.83	206.20	225.20
生铁(万吨)	Pig Iron(10 000 tons)	606.90	250.40	203.50
成品钢材(万吨)	Steel Products(10 000 tons)	560.36	242.20	242.30
水泥(万吨)	Cement(10 000 tons)	947.86	2665.20	2037.70
化肥(万吨)	Chemical Fertilizer(10 000 tons)	50.93	68.90	96.60
汽车(辆)	Motor Vehicles(vehicles)	2709.00	18100.00	405000.00
建筑业增加值(亿元)	Construction(100 million yuan)	252.35	194.40	207.60
建筑业增加值指数(上年=100)	(preceding year=100)	157.30	114.00	113.90
建筑业施工面积(万平方米)	Floor Space under Construction(10 000 sq.m)	2494.80	4094.10	9007.10
建筑业竣工面积(万平方米)	Floor Space Completed(10 000 sq.m)	1450.70	1663.80	4033.60
交通运输货运量(万吨)	Total Freight Troffic(10 000 tons)	50046.00	31525.00	32563.00
# 铁路	Railway	11513.00	4587.00	1943.00
公路	Highway	38532.00	24164.00	28406.00
交通运输客运量(万人次)	Passenger Traffic(10 000 persons-times)	23521.00	42932.00	58159.00
# 铁路	Railway	2552.00	1623.00	1069.00
公路	Highway	20831.00	40524.00	55673.00
邮电业务总量(亿元)	Business Volume of Postal and Telecommun -ication Services(100 million yuan)	108.55	172.50	125.14
社会消费品零售总额(亿元)	Retail Sales of Goods(100 Million yuan)	726.76	857.70	835.50
对外贸易进出口总额(亿美元)	Total Imports and Exports(USD 100 million)	31.14	31.90	25.90
# 出口总额	Imports	14.41	19.70	15.85
# 外商直接投资额	Foreign Direct Capital	6.65	4.19	2.61
国际旅游人数(万人次)	International Tourists(10 000 person-times)	41.36	65.00	23.50
旅游外汇收入(亿美元)	Foreign Exchange Earning from International Tourism(USD 100 million)	1.39	1.60	1.10
在校学生数(万人)	Student Enrolment(10 000 persons)			
普通高等学校	Colleges and Universities	15.87	22.73	25.53
普通中学	Secondary Schools	154.37	303.50	166.37
小学	Primary Schools	173.37	491.85	277.94
广播人口覆盖率(%)	Listener Rating(%)	90.00	86.70	92.30
电视人口覆盖率(%)	Viewer Rating(%)	87.50	91.50	95.70
医院、卫生院个数(个)	Hospitals(unit)	1819.00	1748.00	364.00
医院、卫生院床位数(万张)	Hospitals Beds(10 000 beds)	6.04	8.13	
执业医师和助理医师数(万人)	Doctors(10 000 persons)	4.93	4.28	3.46
在岗职工平均工资(元)	Annual Average Wages of Staff and Wokrers at Post(yuan)	11279.00	11953.00	12425.00
城镇居民人均可支配收入(元)	Urban Households Per Capita Average Disposable Income(yuan)	7013.00	7785.00	8093.70
城镇居民人均生活消费支出(元)	Urban Households Per Capita Living Expen -ditures for Consumptiom(yuan)	5419.00	5763.50	7118.10
农村居民人均纯收入(元)	Rural Huseholds Per Capita Average Net Income(yuan)	2267.65	2094.50	2214.60
农村居民人均生活消费支出(元)	Rural Households Per Capita Living Expen -ditures for Consumption(yuan)	1770.56	1751.20	1583.30

continued

四川 Sichuan	云南 Yunnan	贵州 Cuizhou	西藏 Tibet	陕西 Shanxi	甘肃 Gansu	青海 Qinghai	宁夏 Ningxia	新疆 Xingjiang
3133.90	1399.40	7802.50	2.20	7392.80	2603.30	310.60	2047.90	1845.70
849.30	474.80	641.00	10.16	419.20	404.90	130.50	206.10	233.50
738.90	294.80	206.20		180.20	223.90	47.70	13.30	204.10
695.10	423.30	182.80		162.70	237.20		13.20	143.90
827.30	286.50	193.10		133.00	245.60	40.30	12.70	204.20
4059.90	2052.80	1591.00	124.90	1828.00	1160.80	307.00	494.10	1127.70
432.00	260.60	188.80		106.30	74.20	90.00	76.30	85.30
48000.00	41000.00	1000.00		43000.00				
494.70	201.40	121.40	35.04	298.80	157.80	63.50	48.40	224.50
118.00	114.10	112.70	138.50		110.30	115.20	130.50	115.00
15325.30	3525.30	2514.80	67.50	3873.80	2544.10	511.90	1068.10	2728.60
8978.80	1795.70	816.20	18.10	1440.00	1179.70	238.80	535.00	1215.40
57527.00	58170.00	18224.00	266.00	34961.00	24539.00	5653.00	7344.00	27078.00
7278.00	4146.00	4971.00		6686.00	3783.00	858.00	2296.00	4416.00
47467.00	53864.00	12886.00	266.00	28165.00	20713.00	4795.00	5048.00	22662.00
141148.00	34785.00	55074.00	125.00	30977.00	14961.00	4265.00	5856.00	18103.00
4233.00	1364.00	1796.00		2497.00	989.00	395.00	251.00	852.00
133782.00	33039.00	52695.00	125.00	28159.00	13732.00	3870.00	5605.00	17251.00
261.20	160.09	107.10	9.82		82.47	21.37	28.90	119.80
2091.10	782.50	458.80	58.30	853.20	474.60	102.70	120.80	421.20
56.40	26.70	9.80	1.60	27.80	13.30	3.40	6.50	47.70
32.13	16.77	5.88	1.22	17.35	8.78	2.74	5.12	25.42
4.12	0.84	0.45		3.32	0.23	0.25	0.17	0.15
45.20	100.00	7.70	5.10	46.60	10.20	1.80	0.30	17.10
1.50	3.40	0.30	0.20	2.00	0.20	0.05	0.01	0.50
51.30	17.53	14.94	1.04	49.97	17.34	2.61	3.51	14.76
481.10	228.47	239.65	11.41		173.30	29.43	37.71	144.86
755.40	441.88	476.87	32.21	401.48	322.76	50.69	66.95	228.90
94.80	90.35	80.20	83.10	91.95	88.90	85.00	91.20	92.80
95.50	91.66	89.20	84.40	93.18	89.37	91.30	89.00	92.50
	2085.00		769.00	5039.00	1861.00	536.00	1499.00	14.60
			0.62	9.57	5.69	1.62	1.57	6.49
12.20	5.24	3.87	0.83	6.03	3.51	0.77	1.07	4.04
12441.00	12870.00	11037.00	26931.00	11461.00	12307.00	15356.00	12981.00	13255.00
7041.90	7643.60	6569.20	8765.50	6806.40	6657.20	6745.30	6530.50	7173.50
5759.20	6023.60	4949.00	8045.30	5666.50	5298.90	5400.20	5330.30	5540.60
2229.90	1697.70	1564.70	1691.00	1675.70	1673.10	1794.10	2043.30	2106.20
1747.00	1405.70	1185.20	1030.10	1455.40	1336.90	1563.20	1637.10	1465.30

西部概况

中国西部地区包括内蒙古、广西、重庆、四川、云南、贵州、西藏、陕西、甘肃、宁夏、青海和新疆等12个省、市、自治区。其土地面积687.1万平方公里，占全国陆地面积的71.6%；2003年末人口总数3.69亿，占全国总人数的28.6%；全年实现国内生产总值22902亿元，占全国的17%。

西部地区拥有辽阔的疆域，丰富的自然资源和人力资源，具有极大的开发潜力，是我国国民经济长期持续发展的重要后备基地。

西部地区是我国的四条主要河流，即长江、黄河、珠江、雅鲁藏布江的发源地和主要流域所在地，水能蕴藏量达5.57亿千瓦，占全国水能蕴藏量的82.5%，目前已开发利用的尚不足1%，开发潜力十分可观，全国规划中的十大水电基地有7个分布在西部。西部地区的地质条件复杂，矿产资源极为丰富。在全国已探明的140多种矿产资源中，西部地区有120多种，其中煤炭储量占全国的39.4%，石油储量占27.8%，天然气储量占87.5%，一些稀有金属的储量名列全国乃至世界前茅。如内蒙古稀土储量居世界之首，煤炭储量居全国第二，特别是新探明的内蒙古鄂尔多斯盆地苏里格天然气田，是迄今我国发现的几个为数不多的世界级陆上特大整装气田。

西部是我国目前自然风貌保持最完好的地区，旅游资源得天独厚。气势恢宏的秦兵马俑，享誉世界的敦煌莫高窟，人间仙境九寨沟、黄龙寺，驰名中外的长江三峡，独具魅力的内蒙古草原文化旅游。可以预见，在不久的将来，旅游产业将作为西部地区的支柱产业而焕发出勃勃生机。

西部地区地广人稀，经济发展相对缓慢，剩余劳动力较多，每年都有大量劳动力向外转移，劳动力供给丰富，成本低廉，具有人力资源方面的独特优势。

西部地区边境线漫长，与周边国家交流频繁，是中国向西、向北和向南亚国家开放的门户地区，具有特殊的区位优势。西部地区有20多个少数民族与邻国属同一民族，各民族族缘关系悠久，语言文字相通，习俗相近，很多民族有着共同的宗教信仰，与周边各国有着传统的经济文化联系，在资源结构和经济技术结构方面与周边国家存在很强的互补性。西部地区在历史上曾出现过“丝绸之路”时期的开放繁荣，随着国家对外开放由东向西推进，西部将发展成为我国对外开放的“前沿”地区。

新中国成立50多年来，中国西部地区经济社会有了较大的发展，积累了较强的经济技术基础。“三线”建设时期，由于国家的重点投入，西部各省、市、自治区建立起了2000多个大中型企业，形成了一批专业化程度高，幅射能力强的行业，培养了一批专业技术人才，积累了较强的技术力量，不少领域的技术水平领先于全国甚至全世界，从而确立了西部地区在全国工业布局中的重要地位。此外，西部各省、市、自治区还依托本地资源优势，大力发展特色工业，使西部地区在电力、有色金属采选、航空航天、冶炼及压延加工业，通讯设备制造、煤炭、烟草加工等行业形成优势。

西部地区在中国历史上有过耀眼的辉煌。如今，西部又面临着前所未有的机遇。随着西部大开发进军号角的奏响，西部地区各项事业的发展必将进入一个崭新的阶段。

General Introduction of Western Region

The western region embraces six provinces of Shanxi, Gansu, Qinghai, Sichuan, Yunnan and Guizhou, five autonomous regions of Inner Mongolia, Guangxi, Ningxia, Xinjiang and Tibet, and Chongqing Municipality that is directly under the administration of the Central Government. The region, covering 6. 87 million square km, takes up 71. 6 percent of the country's total land areas. In 2003, there are 0. 37 billion persons living in the region, which is home to 28. 6 percent of the nation's total population. In 2003 GDP of the western region was 22902 billion yuan, contributing 17 percent of the national GDP.

The region enjoys vast territory, rich natural resources and plentiful labor power. With tremendous developing potential, the region is the key reserve base for sustainable development of national economy.

As the source and main valley of four major rivers in China: Yangtze, Yellow, Pearl and Yarlung Zangbo Rivers, hydropower capacity of the western region amounts 0. 56 billion kw, accounting for 82. 5 percent of national total. However, developed and utilized hydropower is less than 1 percent. 7 of 10 hydropower bases in plan are located in the region for substantial developing potential. Physical features are very complicated, abundant mineral resources are contained in the region. Among 140 sorts of surveyed mineral resources, more than 120 sorts of mineral resources have been found in the western region. Of this total, coal is as much as 39. 4 percent of national total; petroleum, 27. 8 percent; and natural gas, 87. 5 percent. Capacities of some rare metals are top in China, even in the world. Such as in Inner Mongolia, the reserve of rare-earth is the first in the world, the coal reserves is the second in China. Recently discovered natural gas field in Sulige Erdos of Inner Mongolia is a few world level super scale whole field of natural gas in China. Natural appearances of the region are preserved best in China at present, so that it is rich in tourism resources. It is famous for grand Majesty Terra-cotta Army. World-famous Macao Grottoes, wonderland Jiuzhai-Huanglong, well-known the Three Gorges, and Mongolian grassland cultural tourism. It can be foreseen that tourism will be the pillar industry of the western region and is to be vigorous in the future.

With vast territory and low population density, the region's economic development is relatively slow. There are many spare labor forces, and most of them transfer to outside every year. It has the unique advantage on labor power for rich supply and low cost.

The region has long boundary. Exchanges with neighboring countries are frequent. As the door opening to west, to north and to South Asia, the western region enjoys special territorial advantage. More than 20 minority nationalities in the western region are part of the same tribe as the citizen of neighboring countries.

With long history of relationship, they share the same language and character, and close custom. Most of minority nationalities believe the same religion, and traditional economic and cultural relations with neighboring countries are kept well for a long time. So complementarities with neighboring countries in the structures of resources, economy and technology are available. The western region was booming in the period of the silk Road. While the opening police is carried out from east to west, the western region is bound to be another foreland area opening to outside.

Since the foundation of PRC, the social and economic development of the region has advanced greatly, and laid tough basis of economy and technology. During the Period of constructing remote regions away from the coastal areas, with the emphasized input by the state, more than 2000 large and medium sized enterprises had been set up in every province (municipality, autonomous region) . A batch of industries of high specialty and strong influence has been formed. Lots of competent persons of specialized techniques have been brought up. Technical level in some fields is at the top of the state even of the world. The western region is regarded as the important role in the national industrial distribution. Besides, in support of rich resources, provinces (municipalities, autonomous regions) of the region made great efforts to develop characteristic industry, forming advanced industries of electricity, nonferrous metals mining and dressing, aviation and aerospace technology, smelting and pressing, communication facility manufacturing, coal and tobacco processing.

The western region once was brilliant in history. Today the region faces unprecedented opportunity. While westward bound is brought into effect, development of all causes in the region will enter a new phase.

中国统计出版社最新资料书简目

中国统计年鉴-2004
中国统计摘要-2004
2004 中国发展报告
中国城市统计年鉴-2003
中国农村统计年鉴-2004
中国劳动统计年鉴-2004
中国人口统计年鉴-2004
中国工业经济统计年鉴-2004
中国市场统计年鉴-2004
2003 中国城市发展报告
中国建筑业统计年鉴-2003
中国价格及城镇居民家庭收支调查统计年鉴-2004
国际统计年鉴-2004
中国对外经济贸易统计年鉴-2003
中国基本单位统计年鉴-2003
中国民政统计年鉴-2004
中国高技术产业统计年鉴-2004
中国房地产行业名录

北京统计年鉴-2004
天津统计年鉴-2004
河北经济年鉴-2004
山西统计年鉴-2004
内蒙古统计年鉴-2004
辽宁统计年鉴-2004
吉林统计年鉴-2004
黑龙江统计年鉴-2004
上海统计年鉴-2004
江苏统计年鉴-2004
浙江统计年鉴-2004
安徽统计年鉴-2004
福建统计年鉴-2004
江西统计年鉴-2004
山东统计年鉴-2004
河南统计年鉴-2004
湖北统计年鉴-2004
湖南统计年鉴-2004
广东统计年鉴-2004
广西统计年鉴-2004
海南统计年鉴-2004
重庆统计年鉴-2004

四川统计年鉴-2004
贵州统计年鉴-2004
云南统计年鉴-2004
西藏统计年鉴-2004
陕西统计年鉴-2004
甘肃年鉴-2004
青海统计年鉴-2004
宁夏统计年鉴-2004
新疆统计年鉴-2004
新疆生产建设兵团统计年鉴-2004
石家庄统计年鉴-2004
唐山统计年鉴-2004
邯郸统计年鉴-2004
呼和浩特经济统计年鉴-2004
鄂尔多斯市统计年鉴-2004
包头统计年鉴-2004
赤峰统计年鉴-2004
沈阳年鉴-2004
大连统计年鉴-2004
鞍山统计年鉴-2004
长春统计年鉴-2004
吉林市社会经济统计年鉴-2004
四平统计年鉴-2004
延吉统计年鉴-2004
哈尔滨统计年鉴-2004
齐齐哈尔经济统计年鉴-2004
牡丹江统计年鉴-2004
大庆统计年鉴-2004
黑龙江垦区统计年鉴-2004
上海浦东新区统计年鉴-2004
南京统计年鉴-2004
苏州统计年鉴-2004
无锡统计年鉴-2004
常州统计年鉴-2004
徐州统计年鉴-2004
南通统计年鉴-2004
盐城统计年鉴-2004
镇江统计年鉴-2004
杭州统计年鉴-2004
宁波统计年鉴-2004
绍兴统计年鉴-2004
台州统计年鉴-2004

舟山统计年鉴-2004
温州统计年鉴-2004
金华统计年鉴-2004
嘉兴统计年鉴-2004
丽水统计年鉴-2004
福州年鉴-2004
厦门经济特区年鉴-2004
福州经济技术开发区年鉴-2004
南昌经济社会统计年鉴-2004
九江经济统计年鉴-2004
济南统计年鉴-2004
青岛统计年鉴-2004
潍坊统计年鉴-2004
郑州统计年鉴-2004
洛阳统计年鉴-2004
三门峡统计年鉴-2004
平顶山统计年鉴-2004
南阳经济统计年鉴-2004
武汉统计年鉴-2004
宜昌统计年鉴-2004
十堰统计年鉴-2004
荆州统计年鉴-2004
广州统计年鉴-2004
东莞统计年鉴-2004
惠州统计年鉴-2004
深圳统计年鉴-2004
南宁统计年鉴-2004
桂林经济社会统计年鉴-2004
柳州经济统计年鉴-2004
来宾统计年鉴-2004
河池地区经济社会统计年鉴-2004
海口统计年鉴-2004
成都统计年鉴-2004
贵阳统计年鉴-2004
昆明统计年鉴-2004
西安统计年鉴-2004
兰州年鉴-2003
西宁统计年鉴-2004
银川统计年鉴-2004
乌鲁木齐统计年鉴-2004
巴音郭楞统计年鉴-2004
吐鲁番统计年鉴-2004

编辑部电话：（010）63262276　63266600—30607
欲购以上图书请与中国统计出版社发行部联系。电话：（010）63459084　同榭行书店电话：68585978
通讯地址：北京市西城区三里河月坛南街 75 号　邮政编码：100826

New Published Statistical Yearbook by China Statistics Press